致謝

《中国证券投资基金年鉴（2012—2013）》出版工作得到以下单位的大力支持，在此表示诚挚感谢！

中国工商银行资产托管部
中国工商银行个人金融业务部
中国农业银行托管业务部
中国农业银行总行个人业务部
中国银行总行托管及投资者服务部
中国银行总行个人金融总部(财富与私行)
中国建设银行投资托管服务部
中国建设银行个人存款与投资部
交通银行资产托管部
交通银行个人金融业务部
中国邮政储蓄银行金融业务部
兴业银行资产托管部
中国民生银行资产托管部
上海浦东发展银行总行零售产品部
上海浦东发展银行资产托管与养老金业务部

国泰基金管理有限公司
南方基金管理有限公司
华夏基金管理有限公司
易方达基金管理有限公司
银华基金管理有限公司
广发基金管理有限公司
招商基金管理有限公司
华安基金管理有限公司
长城基金管理有限公司
太平洋资产管理有限责任公司

美国普信集团
汇丰银行
联博资产管理
中国银河证券基金研究中心
济安金信基金评价中心
华泰证券金融产品研究评价中心
中国证券报
上海证券报
证券时报
全景网

（以上排名不分先后）

中国证券投资基金年鉴编辑部

创新进取　砥砺前行

2012年，中国证券投资基金业成立14周年。

2012年是中国证券投资基金业走过的第14个年头，也是中国基金业发展史上不平凡的一年。它既承接了前14年的成长经验与教训，又开启了未来的壮行之篇。

这一年，新基金法审议通过；中国基金业协会成立；基金子公司破土；第三方基金销售扬帆起航……中国基金业步入新的历史发展阶段，将在更加法治化、规范化、市场化的轨道上前行。

这一年，市场新增基金260只，新增募集规模6 447亿元，基金数量突破1 000只，截至年末达到1 174只，基金资产规模2.87万亿元，实现稳步增长。

放眼未来，泛资产管理时代，群雄逐鹿，中国基金业面临新的机遇与挑战。在全面深化金融改革的大环境下，我们有足够的理由相信，中国基金业将以更加坚实的步伐，夯实基础，砥砺前行，创造新的辉煌。

2012—2013

ALMANAC OF CHINA'S SECURITIES INVESTMENT FUNDS

中国证券投资基金年鉴

总第十卷

国务院发展研究中心金融研究所 主办

香山财富论坛　联合主办

中国证券投资基金年鉴编辑委员会 编

G基金公司地区分布图

Geographical Distribution of Fund Management Companies

2012年，国内新成立4家基金管理公司。截至2012年末，我国基金管理公司总数量达到73家（合资公司41家），分别分布在北京、上海、深圳、天津、重庆、珠海、南宁和杭州八个地区。

10家 ↗1家
140只 ↗31只
5 247.58 亿元 ↗1 430.29亿元
市场占比18.31%
华夏 泰达宏利 东方 工银瑞信 建信 华商
中邮创业 方正富邦 国金通用 英大

2家
14只 ↗3只
157.36亿元 ↗47.04亿元
市场占比0.55%
新华 益民

重庆

1家
12只 ↗3只
169.77亿元 ↗22.29亿元
市场占比0.59%
国海富兰克林

3家
82只 ↗21只
3 232.82亿元 ↗755.44亿元
市场占比11.28%
易方达 金鹰 广发

上海：37家（24家合资）
基金数量568只
基金资产净值11 251.31亿元
市场占比39.25%

深圳：18家（9家合资）
基金数量344只
基金资产净值8 496.37亿元
市场占比29.64%

北京：10家(6家合资)
基金数量140只
基金资产净值5 247.58亿元
市场占比18.31%

珠海：3家（1家合资）
基金数量82只
基金资产净值3 232.82亿元
市场占比11.28%

注：以上数据截至2012年12月31日

重庆：2家
基金数量14只
基金资产净值157.36亿元
市场占比0.55%

南宁：1家（合资）
基金数量12只
基金资产净值169.77亿元
市场占比0.59%

天津：1家
基金数量10只
基金资产净值99.50亿元
市场占比0.35%

杭州：1家
基金数量4只
基金资产净值12.59亿元
市场占比0.04%

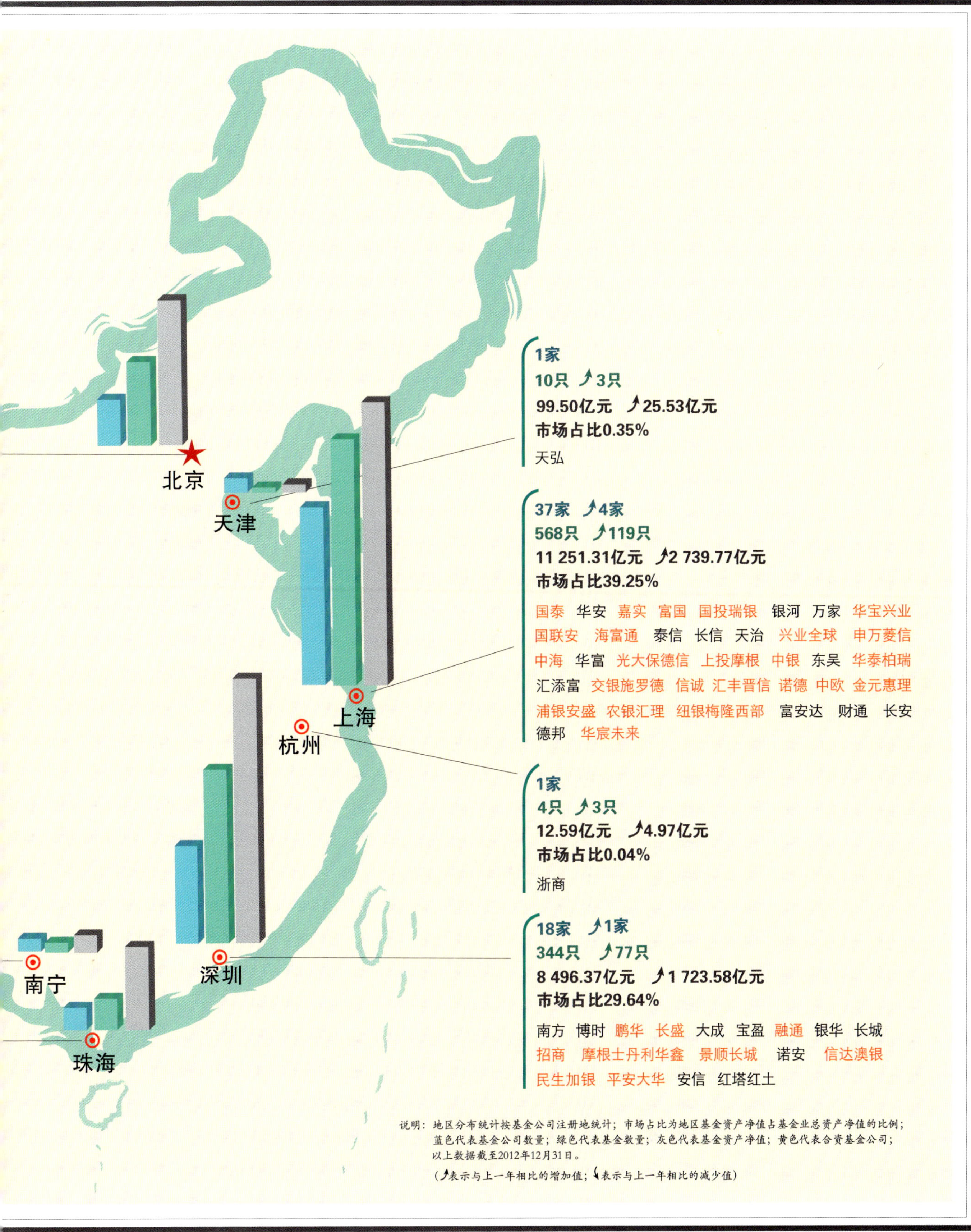

说明：地区分布统计按基金公司注册地统计；市场占比为地区基金资产净值占基金业总资产净值的比例；蓝色代表基金公司数量；绿色代表基金数量；灰色代表基金资产净值；黄色代表合资基金公司；以上数据截至2012年12月31日。

（↗表示与上一年相比的增加值；↙表示与上一年相比的减少值）

G基金市场地区分布图

Geographical Distribution of Fund Market

前10大基金管理公司市场集中度地区分布

截至2012年12月31日，我国前十大基金管理公司共管理基金产品333只，管理基金资产净值14 377.31亿元，市场集中度为50.15%，与上年同期相比，增加1.24个百分点。

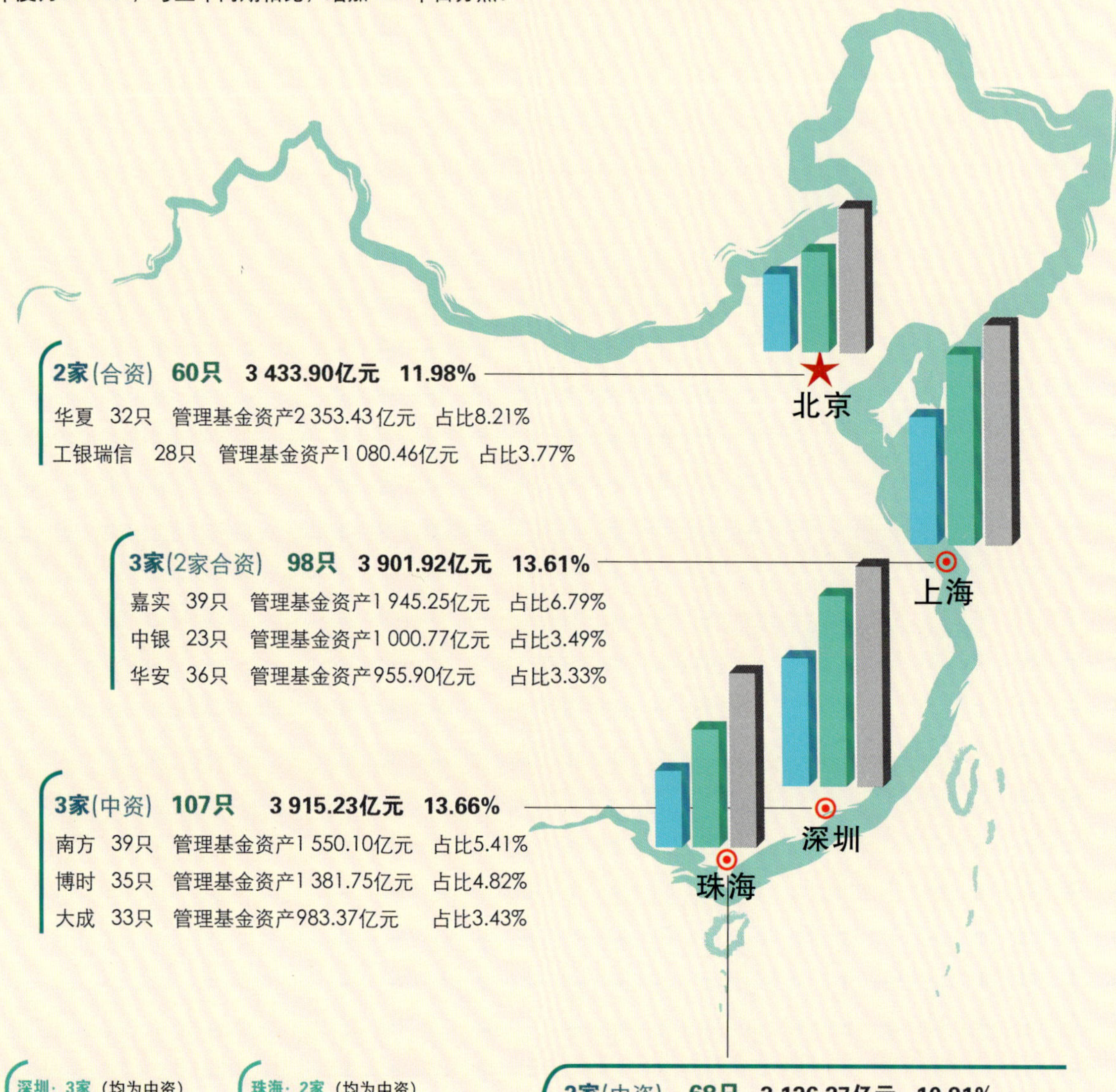

深圳：3家（均为中资）
管理基金107只
管理基金资产3 915.23亿元
市场占比13.66%

珠海：2家（均为中资）
管理基金68只
管理基金资产3 126.27亿元
市场占比10.91%

上海：3家（2家合资）
管理基金98只
管理基金资产3 901.92亿元
市场占比13.61%

北京：2家（均为合资）
管理基金60只
管理基金资产3 433.90亿元
市场占比11.98%

数据截至2012年12月31日

说明：地区分布统计按照基金公司注册地统计；市场占比为基金公司资产净值占基金行业总资产净值比例；
蓝色代表基金公司数量；绿色代表基金数量；灰色代表基金资产净值。

18家托管银行基金业务地区分布

2012年，宁波银行获得基金托管资格。至此，我国基金托管银行数量增至19家。
截至2012年12月31日，正式开展基金托管业务的商业银行为18家，托管基金产品共计1 174只，托管基金总资产净值28 667.31亿元。
其中，前5大托管银行——工行、建行、中行、农行、交行托管基金合计998只，
托管基金资产净值25 021.78亿元，市场占比87.28%，与上年同期相比，略有下降，
但市场集中度仍保持在较高水平。

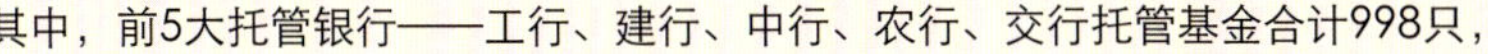

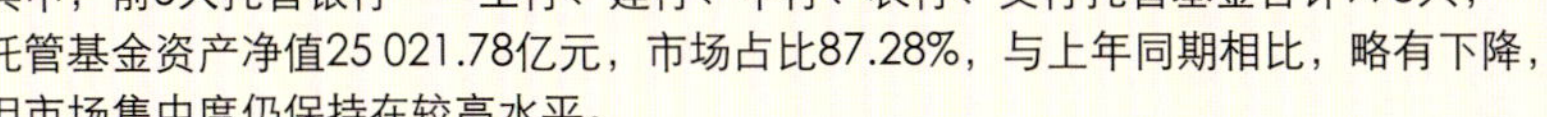

北京

10家　1 009只　24 720.71亿元　86.23%

工商银行　304只　托管基金资产8 412.81亿元　占比29.35%
建设银行　285只　托管基金资产6 418.96亿元　占比22.39%
中国银行　189只　托管基金资产4 949.88亿元　占比17.27%
农业银行　144只　托管基金资产3 050.75亿元　占比10.64%
光大银行　21只　托管基金资产723.59亿元　占比2.52%
民生银行　19只　托管基金资产637.38亿元　占比2.22%
华夏银行　9只　托管基金资产187.00亿元　占比0.65%
中信银行　20只　托管基金资产208.37亿元　占比0.73%
邮储银行　17只　托管基金资产116.28亿元　占比0.41%
北京银行　1只　托管基金资产15.69亿元　占比0.05%

天津

1家　渤海银行
1只　1.49亿元
0.01%

上海

3家　88只　2 541.29亿元　8.86%

交通银行　76只　托管基金资产2 189.38亿元　占比7.64%
浦发银行　10只　托管基金资产339.96亿元　占比1.19%
上海银行　2只　托管基金资产11.95亿元　占比0.04%

福州

1家　16只　320.85亿元　1.12%

兴业银行

深圳

2家　56只　1 071.58亿元　3.74%

招商银行　53只　托管基金资产1 067.85亿元　占比3.72%
平安银行　3只　托管基金资产3.74亿元　占比0.01%

广州

1家　4只　11.38亿元　0.04%

广东发展银行

说明：仅对开展基金业务的托管银行进行统计；地区分布按托管银行注册地进行统计；
蓝色代表托管银行数量；绿色代表基金数量；灰色代表基金资产；市场占比为地区托管基金资产占基金托管总资产的比例。
以上数据截至2012年12月31日

F基金数字
Fund Figures

1 174只　**260**只　**28.45**%

2012年，在新基金快速发行的市场背景下，证券投资基金数量突破1 000只。截至2012年末，证券投资基金数量达到1 174只，相比2011年末的914只增加260只，增幅为28.45%。

28 667.31亿元　**6 748.91**亿元　**30.79**%

2012年，证券投资基金资产净值保持增长趋势。截至2012年末，证券投资基金总资产净值达到28 667.31亿元，相比2011年末的21 918.40亿元增加6 748.91亿元，增幅为30.79%。

8家　**4**家　**73**家　**41**家　**56.16**%

2012年，中国证监会批准设立8家新基金管理公司，期间正式成立的有4家。截至2012年末，基金管理公司总数量达到73家。其中，合资基金管理公司41家，市场占比56.16%。

1家　**19**家　**48.77**亿元　**−5.41**%

2012年，新增加1家基金托管银行。截至2012年末，基金托管银行数量达到19家；其中已经开展业务的18家托管银行全年实现基金托管费收入为48.77亿元，同比2011年小幅下降，降幅为5.41%。

7家　**2**家　**4**家　**14**家　**180**家

2012年，管理层积极推进建立多元化的基金销售格局。全年除新增7家商业银行、2家证券公司获准基金销售资格外，同时还新增4家证券投资咨询机构、创新性引入14家第三方基金独立销售机构加入到基金销售队伍。截至2012年末，共有180家机构具备基金代销资格。

260只　**6 446.63**亿元　**3 684.17**亿元　**133.37**%

2012年，新基金发行数量和募集规模均创出历史新高。全年设立新基金260只，募集总额6 446.63亿元。相比2011年募集总额增加3 684.17亿元，增幅高达133.37% 。

110只　**42.31**%　**4 448.34**亿元　**69.00**%　**58.49**%

2012年，受益于市场对固定收益类投资产品的需求，债券型基金大扩容。全年新增债券型基金110只，占新基金总数的42.31%；新增债券型基金募集规模4 448.34亿元，占基金募集规模总额的69.00 %。其中，短期理财债券型基金33只，募集规模2 601.96亿元，占债券型基金募集总规模的58.49%。

12家　**2**家　**17**家

设立专业子公司、拓展资产管理业务是基金管理公司未来发展的主要方向。2012年12月，境内基金子公司破土。截至2012年末，共有12家基金管理公司获批在国内设立子公司。同时，全年新增2家基金公司香港子公司，截至2012年末，境内共有17家基金管理公司在香港设立子公司。

21 798.70亿份　**72.75**%　**8 164.50**亿份　**27.25**%

截至2012年末，个人投资者持有基金份额21 798.70亿份，占基金总份额的72.75%；机构投资者持有基金份额8 164.50亿份，占基金总份额的27.25%，基金市场继续保持以个人投资者为主的持有人结构。

7 481.79亿元　**3 696.06**亿元　**1 862.92**亿元　**1 922.82**亿元

据中国基金业协会数据显示，截至2012年12月31日，我国基金行业所管理的非公开募集资产（社保基金、企业年金和特定客户资产）规模合计为7 481.79亿元。其中管理社保基金规模3 696.06亿元；管理企业年金规模1 862.92亿元；管理特定客户资产管理规模1 922.82亿元。

基金管理公司历年发展趋势（2003—2012年）

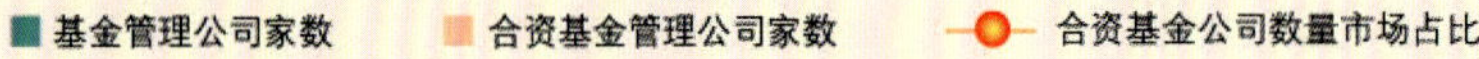

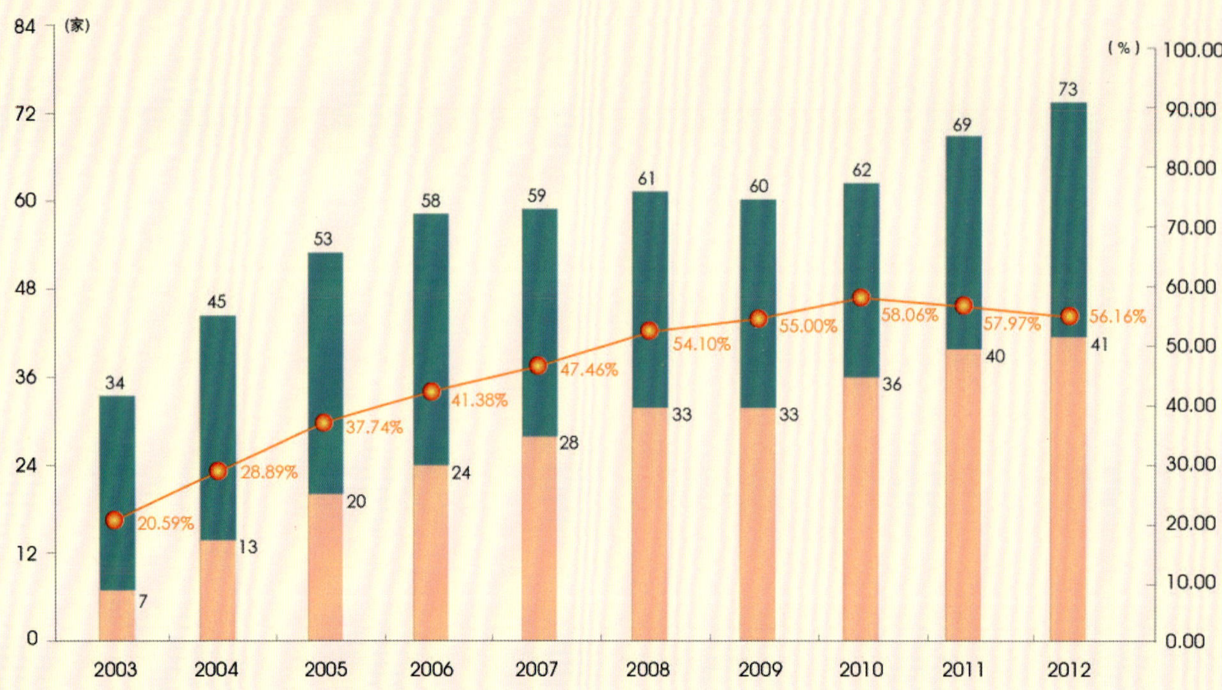

前10大基金管理公司市场集中度（2001—2012年）

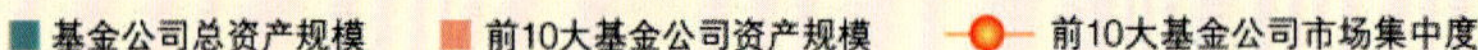

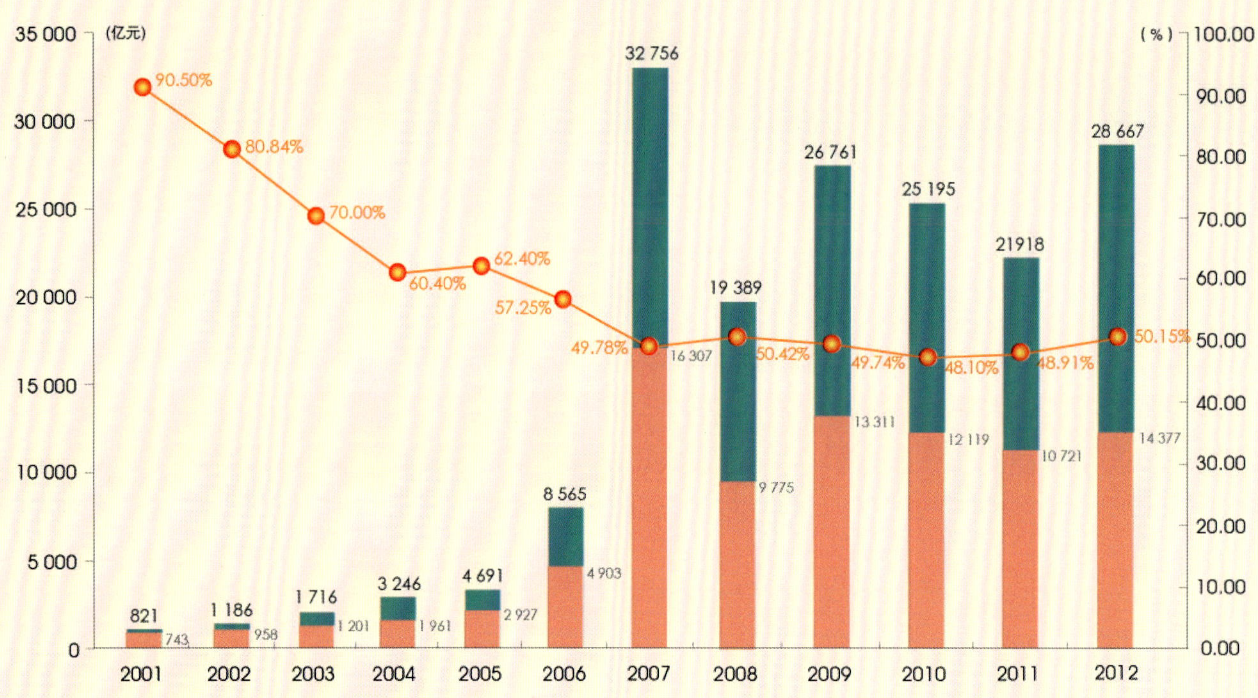

证券投资基金历年数量发展（2001—2012年）

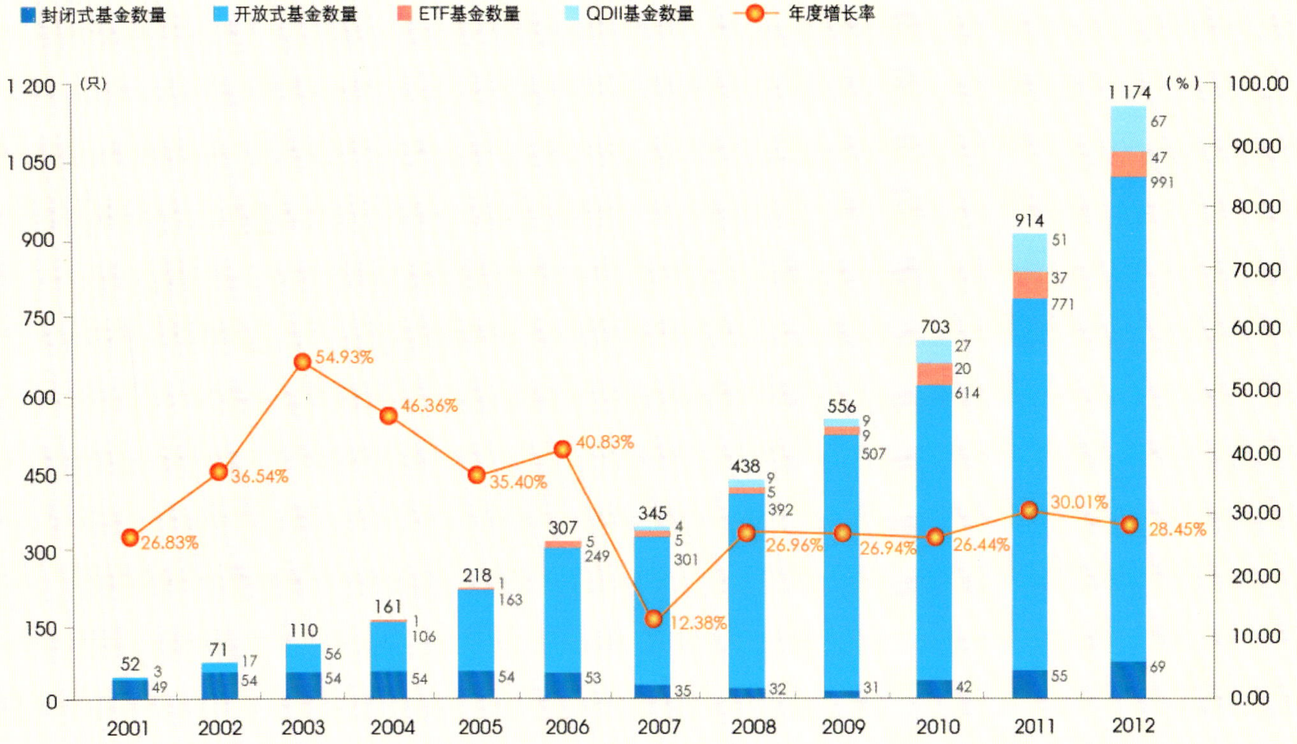

证券投资基金历年资产净值变动（2001—2012年）

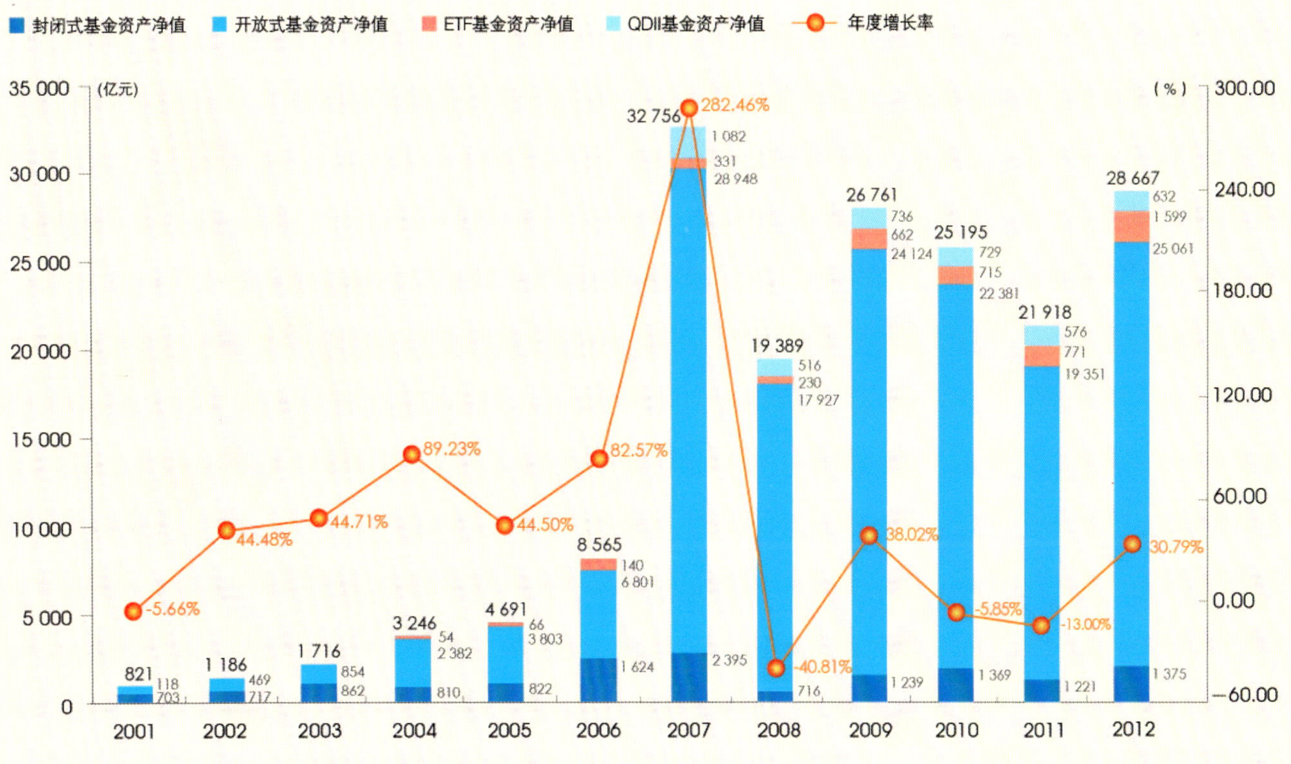

证券投资基金历年发行数量（2001—2012年）

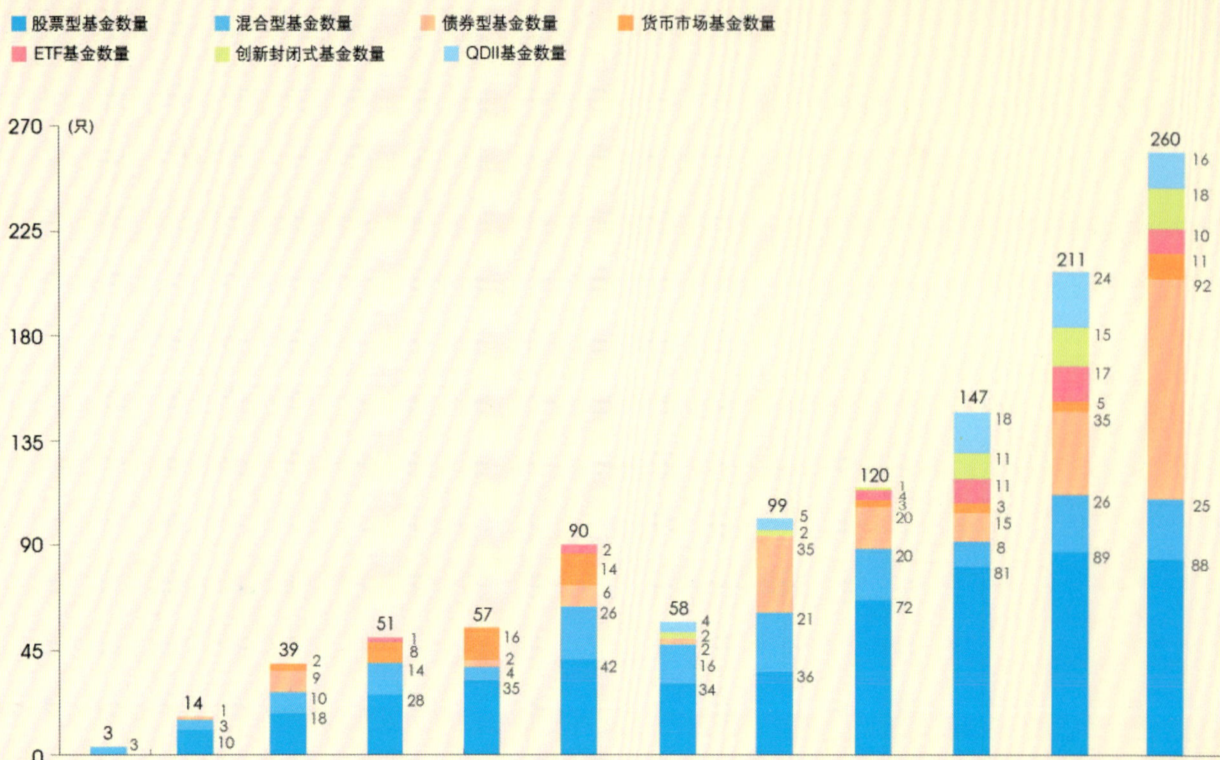

证券投资基金总数量（2012年）

1 174只

开放式基金数量（2012年）

991只

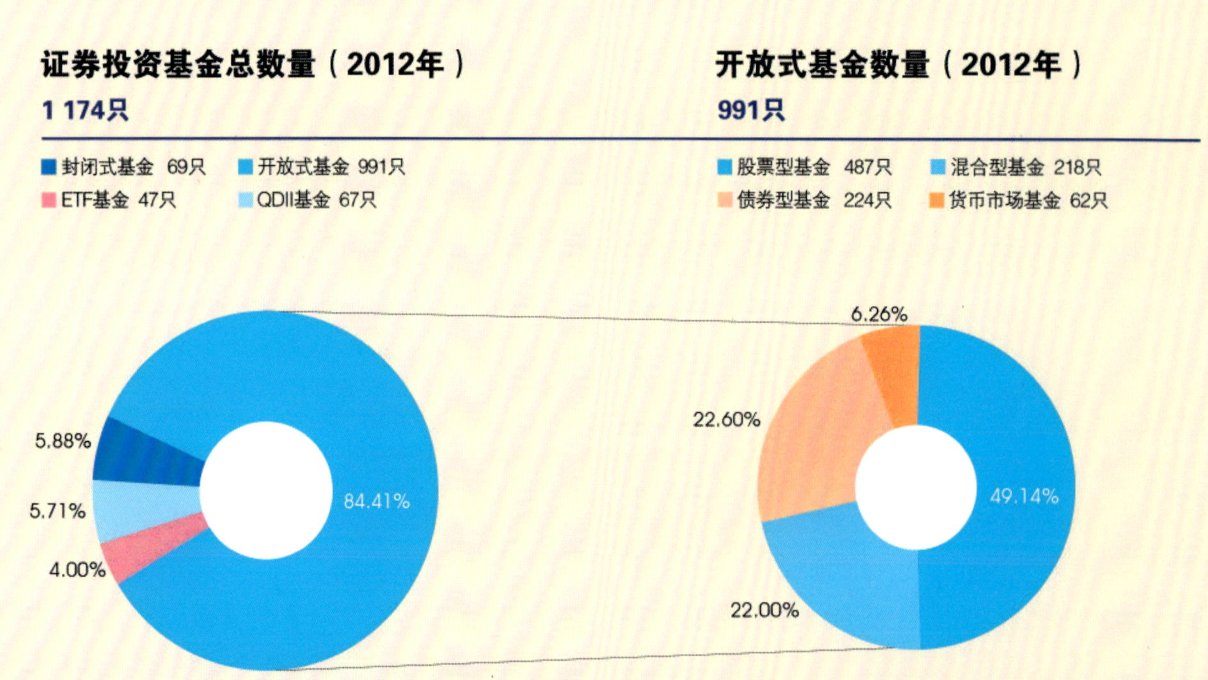

注：以上数据截至2012年12月31日。

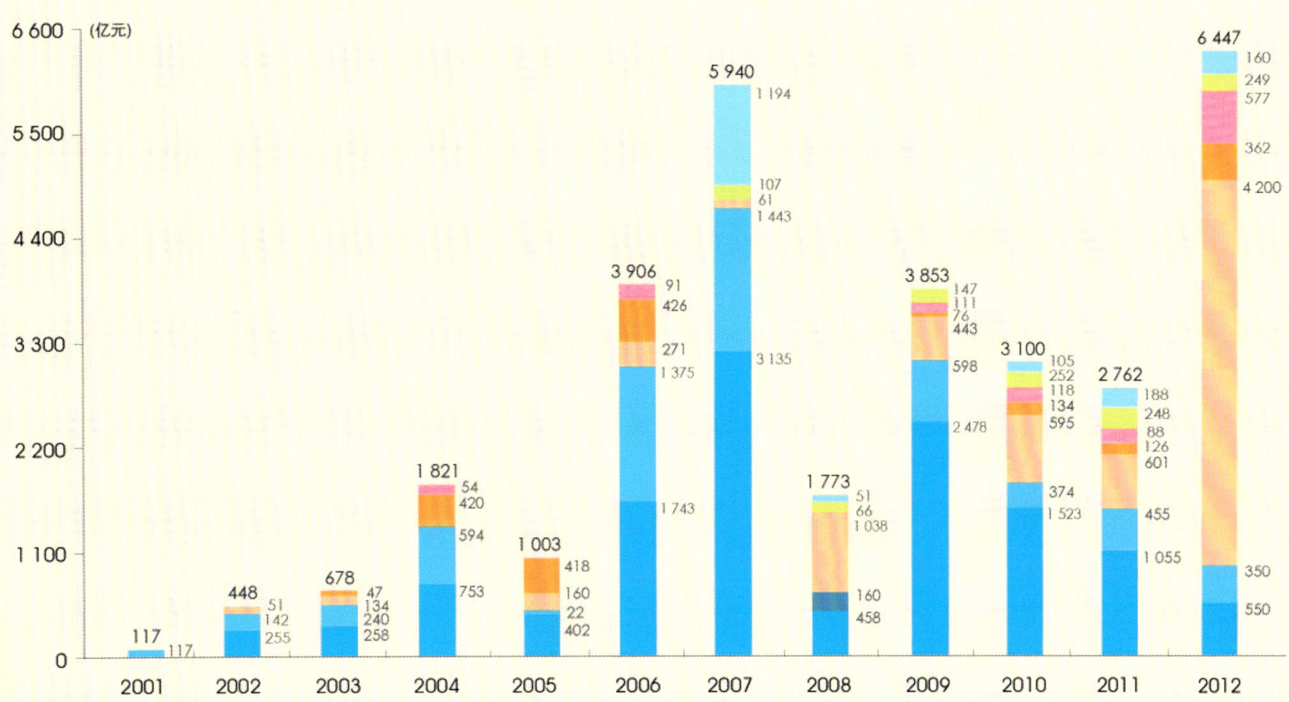

证券投资基金总资产净值（2012年）

28 667亿元

封闭式基金 1 375亿元　开放式基金 25 061亿元

ETF基金 1 599亿元　QDII基金 632亿元

开放式基金资产净值（2012年）

25 061亿元

股票型基金 9 878亿元　混合型基金 5 646亿元

债券型基金 3 815亿元　货币市场基金 5 722亿元

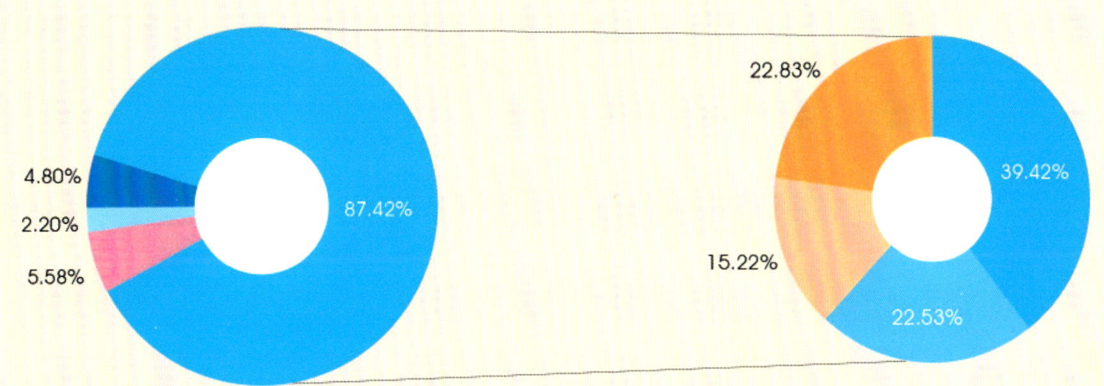

注：以上数据截至2012年12月31日。

■ 基金行业机构　■ 基金成立　■ 基金分红　■ 基金法规文件

一月/January

04 中国人民银行颁发《关于〈实施基金管理公司、证券公司人民币合格境外机构投资者境内证券投资试点办法〉有关事项的通知》
10 证监会颁发《分级基金产品审核指引》

30 长城久兆中小300指数分级基金募集设立
31 工银中证500指数基金募集设立

04 2只债券、1只混合基金分红
10 1只混合基金分红
11 1只债券基金分红
12 1只股票、1只混合基金分红
13 3只债券、2只股票基金分红
16 4只债券基金分红
17 8只债券、1只股票、1只混合基金分红
18 4只债券、2只股票、2只混合基金分红
19 1只债券基金分红
20 1只债券基金分红

二月/February

17 诺亚正行(上海)投资顾问公司获准基金销售资格
20 上海东方财富投资顾问公司、上海好买财富管理公司、深圳众禄投资顾问公司分别获准基金销售资格
27 德邦基金管理有限公司获批成立

01 招商优势企业混合基金募集设立
信诚沪深300指数分级基金募集设立
上投摩根健康品质生活股票基金设立
15 光大保德信行业轮动股票基金设立
16 诺德双翼分级债券基金募集设立
22 国富亚洲机会股票(QDII)基金募集设立
国联安定期开放债券基金募集设立
泰信保本混合基金募集设立
28 华宝兴业医药生物优选股票基金设立
29 博时天颐债券基金募集设立

09 1只债券基金分红
13 1只混合基金分红
17 3只债券基金分红
20 1只QDII基金分红
24 1只股票基金分红

三月/March

16 证监会颁发《证券投资基金信息披露XBRL模板第2号〈净值公告〉》

15 银华基金香港子公司获批成立
21 华宸未来基金管理有限公司获批成立

01 融通四季添利债券基金募集设立
05 诺安新动力混合基金募集设立
07 中海上证380指数基金募集设立
08 民生加银中证内地资源主题指数基金、浙商聚潮新思维混合基金募集设立
09 汇添富逆向投资股票基金募集设立
长安宏观策略股票基金募集设立
金鹰持久回报分级债券基金募集设立
东吴深证100指数增强(LOF)基金募集设立
12 中银信用增利债券基金募集设立
13 广发聚财信用债券基金募集设立
南方新兴消费增长分级股票基金募集设立
大摩主题优选股票基金募集设立
15 景顺长城优信增利债券基金募集设立
国泰中小板300成长ETF及其联接基金设立
16 建信深证100指数增强基金募集设立
20 大成新锐产业股票基金募集设立
国泰成长优选股票基金募集设立
21 招商产业债券基金募集设立
诺德周期策略股票基金募集设立
22 嘉实中创400ETF及其联接基金募集设立
23 国联安双力中小板综指分级基金募集设立
26 上投摩根全球天然资源股票(QDII)基金设立
27 长盛电子信息产业股票基金募集设立
29 华安石油基金募集设立
中欧盛世成长分级股票基金募集设立
诺安中证创业成长指数分级基金募集设立
30 长信可转债债券基金募集设立

02 1只混合基金分红
03 1只股票基金分红
05 1只混合基金分红
06 1只股票基金分红
07 1只QDII基金分红
08 1只混合基金分红
12 2只债券基金分红
16 1只股票基金分红
21 1只债券基金分红
22 2只债券基金分红
23 1只股票基金分红
27 2只债券、1只股票基金分红
28 1只封闭式基金分红
29 1只债券基金分红
30 1只债券基金分红

四月/April

05 浙江同花顺经济信息咨询公司、上海长量信息科技发展公司分别获准基金销售资格
06 杭州数米网科技公司获准基金销售资格
22 郑州银行获准基金销售资格

05 兴全轻资产股票(LOF)基金募集设立
06 融通创业板指数基金募集设立
10 博时上证自然资源ETF及其联接基金募集设立
13 信诚双盈分级债券基金募集设立
16 中欧信用增利分级债券基金募集设立
鹏华价值精选股票基金募集设立
20 长城优化升级股票基金募集设立
24 农银消费主题股票基金募集设立
25 民生加银信用双利债券基金募集设立
银河通利分级债券基金募集设立
富安达策略精选混合基金募集设立
26 工银量化策略股票基金募集设立

05 1只债券基金分红
09 1只混合基金分红
10 1只债券基金分红
11 1只债券基金分红
16 4只债券、1只混合基金分红
17 2只债券基金分红
20 1只债券基金分红
23 1只封闭式基金分红
25 1只债券基金分红
26 2只股票、1只混合基金分红

五月/May

02 厦门银行、江苏金百临投资咨询公司分别获准基金销售资格
08 北京金昌投资咨询公司获准基金销售资格
10 红塔红土基金管理有限公司获批成立
17 富国基金香港子公司获批成立

03 易方达纯债债券基金募集设立
国泰大宗商品(QDII-LOF)基金募集设立
04 华泰柏瑞沪深300ETF基金募集设立
07 嘉实沪深300ETF基金募集设立
富国新天锋定期开放债券基金募集设立
信达澳银稳定增利分级债券基金募集设立
浙商沪深300指数分级基金募集设立
广发深证100指数分级基金募集设立
信诚周期轮动股票(LOF)基金募集设立
08 申万菱信中小板指数分级基金募集设立
09 汇添富理财30天债券基金募集设立
华安月月鑫短期理财债券基金募集设立
14 浦银安盛基本面400指数基金募集设立
17 南方金利定期开放债券基金募集设立
中银沪深300等权重指数(LOF)基金募集设立
22 国富研究精选股票基金募集设立
交银全球资源股票(QDII) 基金募集设立
23 华安季季鑫短期理财债券基金募集设立
金鹰核心资源股票基金募集设立
泰达宏利逆向股票基金募集设立
25 海富通中证内地低碳指数基金募集设立
28 诺安汇鑫保本混合基金募集设立
29 建信转债增强债券基金募集设立
平安大华策略先锋混合基金募集设立
华泰柏瑞沪深300ETF联接基金募集设立
31 华商主题精选股票基金募集设立

02 1只混合基金分红
07 1只混合基金分红
11 4只债券基金分红
14 1只股票、1只债券基金分红
15 1只混合、1只ETF基金分红
16 1只混合基金分红
17 2只债券基金分红
18 1只债券基金分红
21 2只债券基金分红
22 1只债券基金分红
29 1只债券基金分红

六月/June

12 证监会颁发《关于基金从业人员投资证券投资基金有关事项的规定》
19 证监会颁发《关于修改〈证券投资基金运作管理办法〉第六条及第十二条的决定》

05 英大基金管理有限公司获批成立
14 和讯信息科技公司、北京展恒投资管理公司分别获准基金销售资格

04 国联安双佳信用分级债券基金募集设立
易方达标普消费品指数增强(QDII)基金设立
05 金鹰中证500指数分级基金募集设立
12 汇添富理财60天债券基金募集设立
景顺长城上证180等权重ETF基金募集设立
中邮战略新兴产业股票基金募集设立
广发消费品精选股票基金募集设立
华宝兴业中证短融50指数债券基金设立
13 鹏华金刚保本混合基金募集设立
新华优选消费股票基金募集设立
14 华安双月鑫短期理财债券基金募集设立
博时标普500指数(QDII)基金募集设立
15 大成景恒保本混合基金募集设立
19 农银信用添利债券基金募集设立
光大保德信添天利理财债券基金募集设立
易方达永旭定期开放债券基金募集设立
20 交银荣安保本混合基金募集设立
安信灵活配置混合基金募集设立
天弘现金管家货币基金募集设立
中海保本混合基金募集设立
银华中小盘股票基金募集设立
21 工银纯债定期开放债券基金募集设立
25 上投摩根分红添利债券基金募集设立
长安沪深300非周期指数基金募集设立
华安沪深300指数分级基金募集设立
景顺长城上证180等权重ETF联接基金设立
26 纽银稳健双利债券基金募集设立
嘉实优化红利股票基金募集设立
建信全球资源股票(QDII) 基金募集设立
27 富国高新技术产业股票基金募集设立
28 招商中证大宗商品指数分级基金募集设立

06 1只债券基金分红
08 1只债券基金分红
11 2只债券基金分红
12 2只债券基金分红
15 2只债券基金分红
18 1只债券基金分红
20 1只债券基金分红
21 1只债券基金分红
25 6只债券、1只股票基金分红
26 3只债券基金分红
27 2只债券基金分红
28 3只债券基金分红
29 5只债券基金分红

F基金日历
Fund Calendar

■基金行业机构 ■基金成立 ■基金分红 ■基金法规文件

七月/July

27 证监会颁发《关于实施〈合格境外机构投资者境内证券投资管理办法〉有关问题的规定》

02 广州农村商业银行获准基金销售资格

05 易方达量化衍伸股票基金募集设立
10 汇添富理财14天债券基金募集设立
长盛同鑫二号保本混合基金募集设立
13 财通多策略稳健增长债券基金募集设立
19 广发理财年年红债券基金募集设立
20 南方润元纯债债券基金募集设立
招商信用增强债券基金募集设立
24 嘉实全球房地产(QDII)基金募集设立
25 中银主题策略股票基金募集设立
富安达增强收益债券基金募集设立
26 融通医疗保健股票基金募集设立
汇添富季季红定期开放债券基金募集设立
31 国泰信用债券基金募集设立
金元惠理新经济主题股票基金募集设立

02 2只债券、1只混合基金分红
03 1只债券基金分红
04 1只债券基金分红
06 1只债券、1只混合基金分红
09 2只债券基金分红
10 4只债券基金分红
11 2只债券基金分红
13 1只债券、1只混合基金分红
16 2只债券基金分红
17 1只债券基金分红
19 2只债券基金分红
20 1只债券基金分红
26 1只混合基金分红

八月/August

13 上海基德金融信息技术服务有限公司获准基金销售资格

01 汇丰晋信恒生行业龙头指数基金设立
02 长城保本混合基金募集设立
万家中证创业成长指数分级基金设立
03 交银阿尔法核心股票基金设立
09 民生红利回报混合基金募集设立
华夏恒生ETF基金募集设立
银华纯债信用债券(LOF)基金设立
易方达恒生国企(QDII-ETF)基金设立
10 天弘债券发起式基金募集设立
13 东吴保本混合基金募集设立
14 南方理财14天债券基金募集设立
建信社会责任股票基金募集设立
15 广发纳斯达克100指数(QDII)基金设立
16 益民核心增长混合基金募集设立
华安逆向策略股票基金募集设立
20 招商安盈保本混合基金募集设立
21 易方达恒生国企联接(QDII)基金设立
华夏恒生ETF联接基金募集设立
华宝兴业资源优选股票基金设立
22 工银7天理财债券基金募集设立
23 银华上证50等权ETF基金设立
24 大成中证500沪市ETF基金设立
28 建信双周理财债券基金募集设立
大摩多元收益债券基金募集设立
博时医疗保健行业股票基金设立
国金通用国鑫混合发起基金设立
大成中证500沪市ETF联接基金设立
29 嘉实理财宝7天债券基金设立
银华上证50等权ETF联接基金设立

02 1只债券基金分红
07 1只债券基金分红
09 1只债券基金分红
10 1只债券基金分红
13 1只债券基金分红
14 1只债券基金分红
15 2只债券基金分红
16 1只债券基金分红
27 1只债券、1只QDII基金分红

九月/September

20 证监会颁发《证券投资基金管理公司管理办法》
26 证监会颁发《关于实施〈基金管理公司特定客户资产管理业务试点办法〉有关问题的规定》、《基金管理公司单一客户资产管理合同内容与格式准则(2012年修订)》、《基金管理公司特定多个客户资产管理合同内容与格式准则(2012年修订)》和《基金管理公司特定客户资产管理业务试点办法》

04 成都农村商业银行、深圳新兰德证券投资咨询公司分别获准基金销售资格

03 鹏华纯债债券基金募集设立
04 农银深证100指数基金募集设立
信达澳银消费优选股票基金募集设立
富国中国中小盘股票(QDII)基金募集设立
05 光大保德信添盛双月理财债券基金募集设立
06 华商中证500指数分级基金募集设立
07 华安安心收益债券基金募集设立
博时信用债纯债债券基金募集设立
泰信基本面400指数分级基金募集设立
10 诺德深证300指数分级基金募集设立
11 华夏安康债券基金募集设立
平安大华保本混合基金募集设立
国富恒久信用债券基金募集设立
13 长盛同辉深100等权重分级基金募集设立
18 浦银安盛幸福回报债券基金募集设立
汇添富多元收益债券基金募集设立
浙商聚盈信用债债券基金募集设立
19 中银保本混合基金募集设立
20 大成月添利理财债券基金募集设立
广发双债添利债券基金募集设立
易方达中小板指数分级基金募集设立
21 万家信用恒利债券基金募集设立
银河主题股票基金募集设立
24 中银理财14天债券基金募集设立
嘉实增强收益定期债券基金募集设立
25 安信目标收益债券基金募集设立
国泰6个月短期理财债券基金募集设立
南方金粮油商品股票基金募集设立
上投摩根中证消费服务领先指数基金设立
德邦优化股票基金募集设立
27 鹏华资源指数分级基金募集设立

12 3只债券、1只股票基金分红
17 2只债券基金分红
20 1只股票基金分红
21 1只债券、1只QDII基金分红
25 1只债券、1只QDII基金分红
26 1只股票基金分红
27 2只债券基金分红
28 1只混合基金分红

十月/October

17 证监会颁发《关于规范短期理财基金产品赎回业务工作的通知》
26 证监会颁发《证券投资基金托管业务管理办法（征求意见稿）》
29 证监会颁发《证券投资基金管理公司子公司管理暂行规定》

10 吉林银行获准基金销售资格
16 天津凤凰财富资产管理公司获准基金销售资格
30 宁波银行获准基金托管资格

09 东方强化收益债券基金募集设立
18 汇添富理财28天债券基金募集设立
19 南方理财60天债券基金募集设立
富国7天理财宝债券基金募集设立
24 华夏理财30天债券基金募集设立
25 光大保德信添天盈季度理财债券基金募集设立
工银深证100指数分级基金募集设立
26 工银14天理财债券发起基金募集设立
中银理财60天债券发起基金募集设立
长盛添利30天理财债券基金募集设立

08 2只债券基金分红
09 1只债券基金分红
16 2只债券基金分红
17 3只债券基金分红
18 2只债券基金分红
19 2只债券,1只股票基金分红
22 2只债券基金分红
25 1只债券基金分红
29 1只债券基金分红

十一月/November

15 证监会颁发《关于实施〈基金管理公司开展投资、研究活动防控内幕交易指导意见〉》
23 证监会颁发《证券投资基金销售业务资格申请材料的内容与格式》

14 工银瑞信基金公司子公司、嘉实基金公司子公司、平安大华基金公司子公司分别获批成立
20 北京中期世纪时代科技公司获准基金销售资格
30 太平洋证券获准基金销售资格

05 交银理财21天债券基金募集设立
鹏华中小企业债券基金募集设立
06 融通岁岁添利定期开放债券基金募集设立
07 交银沪深300分层等权指数基金募集设立
08 易方达中债新综指发起式基金募集设立
14 工银信用纯债债券基金募集设立
农银行业轮动股票基金募集设立
15 建信纯债债券基金募集设立
民生加银平稳增利债券基金募集设立
20 大成现金增利货币基金募集设立
景顺长城支柱产业股票基金募集设立
方正富邦红利精选股票基金募集设立
21 中邮稳定收益债券基金募集设立
22 富国纯债债券发起基金募集设立
26 易方达月月利理财债券基金募集设立
华安日日鑫货币基金募集设立
27 平安大华添利债券基金募集设立
信诚理财7日盈债券基金募集设立
28 天弘安康养老混合基金募集设立
上投摩根核心优选股票基金募集设立
29 长盛添利60天理财发起式基金募集设立
诺安双利债券发起基金募集设立
大成理财21天债券发起式基金募集设立
金鹰元泰信用债券基金募集设立
银河领先债券基金募集设立

07 1只股票基金分红
08 1只债券、1只混合基金分红
09 2只债券基金分红
12 3只债券、1只ETF基金分红
13 2只债券基金分红
14 1只ETF基金分红
15 3只债券基金分红
20 1只股票基金分红
22 1只股票、1只债券基金分红
27 1只股票、1只债券、1只混合基金分红
29 1只QDII基金分红
30 1只债券基金分红

十二月/December

13 证监会颁发《关于深化基金审核制度改革有关问题的通知》及其配套措施
28 全国人大常委会第三十次会议表决通过修订后的《中华人民共和国证券投资基金法》

05 苏州银行获准基金销售资格
11 方正富邦、长安、华夏基金公司子公司获批成立
19 天弘基金公司子公司获批成立
融通基金公司香港子公司获批成立
20 江信基金管理有限公司获批成立
中原英石基金管理有限公司获批成立
鹏华基金子公司、招商基金香港子公司、长盛基金香港子公司获批成立
26 华润元大基金管理有限公司获批成立
27 前海开源基金管理有限公司获批成立
北京创金启富投资、开源证券、嘉实财富管理和珠海华润银行获准基金销售资格
28 富安达、红塔红土、兴业全球和国金通用基金公司子公司获批成立
31 杭州金观诚投资管理公司获准基金销售资格

04 华泰柏瑞稳健收益债券基金募集设立
06 博时安心收益定期开放债券基金募集设立
07 招商理财7天债券、华夏收益债券(QDII)和金鹰货币基金募集设立
10 诺安中小板等权重ETF及其联接基金募集设立
11 嘉实纯债债券、国投瑞银纯债债券、大摩量化配置股票、国泰现金管理货币和华商现金增利货币基金募集设立
12 广发纯债债券、中银纯债债券、信诚添金分级债券、中欧货币和国联安中债信用债指数增强基金募集设立
13 银华中证中票50指数债券基金募集设立
18 民生加银现金增利货币、兴全商业模式优选股票、富国强收益定期开放债券和安信平稳增长混合发起基金募集设立
19 交银纯债债券发起、东方央视财经50指数和鹏华理财21天债券基金募集设立
20 建信月盈安心理财债券和财通保本混合发起基金设立
21 汇添富收益快线货币、南方安心保本混合和新华纯债添利债券发起基金募集设立
24 中银理财7天债券、华安信用增强债券基金设立
25 华夏沪深300ETF基金募集设立
纽银稳定增利债券基金募集设立
26 华安7日鑫短期理财债券、国泰民安增利债券和方正富邦货币基金募集设立
27 华宝现金添益ETF、长盛同丰分级债券基金设立

05 1只债券基金分红
06 4只债券、1只混合基金分红
10 3只债券基金分红
11 2只债券基金分红
12 2只债券基金分红
17 2只债券、2只ETF、1只QDII基金分红
18 1只债券、1只QDII基金分红
20 2只债券、1只QDII基金分红
21 1只混合基金分红
24 3只债券基金分红
25 1只债券基金分
26 7只债券基金分红
27 1只债券基金分红
28 1只股票基金分红

（以上基金分红统计不含货币市场基金和短期理财债券型基金）

F基金图片
Fund Pictures

2012年12月28日，第十一届全国人大常委会第三十次会议审议通过了修订后的《中华人民共和国证券投资基金法》，新基金法将于2013年6月1日正式实施。

2012年6月7日，中国证监会主席郭树清为中国基金业协会揭牌，并发表题为“我们需要一个强大的财富管理行业”的讲话。

2012年6月7日，中国证券投资基金业协会在北京成立，并举行第一次会员大会。

2012年3月28日，中国证监会副主席姚刚、基金监管部主任王林、上海证监局局长张宁莅临华安基金管理公司指导。

2012年7月3日，中国证券投资基金业协会副会长范勇宏莅临长安基金管理公司指导。

2012年5月25日，德邦基金管理有限公司在上海举行开业庆典，成为我国成立的第70家基金管理公司。

2012年3月20日，金元比联基金管理有限公司正式更名为金元惠理基金管理有限公司，成为境内首家港资入股的合资基金管理公司。图为公司更名新闻发布会现场。

2012年8月31日，红塔红土基金管理公司在深圳召开公司成立后首次股东会及董事会。

F基金图片 Fund Pictures

2012年4月20日，由国务院发展研究中心金融研究所主办、《中国证券投资基金年鉴》承办的“2012(第七届)中国证券投资基金业年会暨机构投资者高层论坛”在北京举行。

2012年11月21日，由《中国证券投资基金年鉴》主办、通力律师事务所协办的2012基金管理公司突围发展圆桌会在北京香山举办。

2012年4月24日，由上海证监局和上海市基金同业公会组织，国联安基金公司承办的上海市基金业群星计划第四期培训班在上海举行。

2012年9月8日，民生加银基金市场团队与民生银行部分代表进行座谈。

2012年10月25日，中国建设银行在厦门召开2012基金产品设计研讨会。

F基金图片
Fund Pictures

2012年5月28日，境内首只T+0跨市场ETF——华泰柏瑞沪深300ETF基金在上海证券交易所挂牌上市。

2012年7月27日，境内首只发起式基金——天弘债券型发起式基金在北京举办媒体交流会。

2012年8月7日，国金通用基金管理公司旗下国鑫灵活配置混合型发起式基金发布会在上海召开。图为公司领导和员工签署认购该基金的承诺函。

2012年7月17日，由华夏基金(香港)有限公司推出的全球首只人民币合格境外机构投资者(RQFII)A股ETF——华夏沪深300ETF在香港联合交易所挂牌上市。图为香港财经事务及库务局局长陈家强教授(左六)、香港证监会副行政总裁张灼华女士(右六)与华夏基金(香港)董事长范勇宏(中)等人在仪式上合影。

2012年12月21日，境内首只场内“T+0”货币市场基金——汇添富收益快线货币市场基金成立，首次实现了货币市场基金的场内实时申赎功能。图为该基金挂牌典礼现场。

2012年2月15日，富国基金旗下指数产品富国指数增强子品牌发布会暨“超越”系列微电影首映礼在北京举行。

2012年6月19日，中央电视台财经频道与建信基金管理公司等六家机构在北京就央视财经50指数的开发授权签署协议。图为建信基金总经理孙志晨（左一）在现场签约仪式上合影。

2012年7月2日，交银施罗德基金管理公司举办第三届宽客论坛。

2012年4月22日，南方基金2012“彩虹之旅”巡讲活动走进苏州。

2012年5月12日，银华基金管理公司举办趣味运动会。

2012年6月27日，广发基金管理公司参加在广州举办的首届中国(广州)国际金融交易·博览会。

F基金图片

Fund Pictures

2012年6月15日，信达澳银基金管理公司举办“喜迎老客户，同庆六周年”开放日活动。

2012年9月26日，富安达基金管理公司举办“积极回报投资者”主题讲座。

2012年12月16日，鹏华基金管理公司携手壹基金“为爱奔跑”公益马拉松活动。

2012—2013

ALMANAC OF CHINA' S SECURITIES INVESTMENT FUNDS

中国证券投资基金年鉴

总第十卷

国务院发展研究中心金融研究所 主办

香山财富论坛　联合主办

中国证券投资基金年鉴编辑委员会 编

图书在版编目（CIP）数据

中国证券投资基金年鉴(2012—2013)／《中国证券投资基金年鉴》编委员编.—北京：中国经济出版社，2014.1

ISBN 978-7-5136-3024-5

Ⅰ.①中… Ⅱ.①中… Ⅲ.①证券投资—基金—中国—2012～2013—年鉴 Ⅳ.①F832.51-54

中国版本图书馆CIP数据核字（2013）第309310号

责任编辑：陈所华　师少林
装帧设计：北京金萍广告有限公司
出版发行：中国经济出版社
（北京市西城区百万庄北街3号　100037）
经　销：各地新华书店
承　印：北京科信印刷有限公司
开　本：889mm×1194mm　1/16
印　张：54.25
插　页：46
字　数：1300千字
版　次：2014年1月第1版 第1次印刷
书　号：ISBN 978-7-5136-3024-5/F·10010
定　价：768.00元（精装）

编辑说明 Editor's Note

《中国证券投资基金年鉴》(以下简称"《年鉴》")创刊于2003年，由国务院发展研究中心金融研究所主办，是中国首部系统、全面记录中国证券投资基金行业创新与发展进程，逐年编撰、连续出版的大型史料性工具书。

一、本卷《年鉴》系总第十卷，为充分体现2012年中国基金行业发展的新特点，《年鉴》对部分篇目进行了调整与充实，全书整体调整为五个部分，包括：第一部分(特载)、第二部分(市场发展综述)、第三部分(综合数据统计)、第四部分(基金市场体系)、第五部分(附录)。

二、中国证监会目前将基金分为封闭式基金和开放式基金，开放式基金进一步划分为股票型基金、混合型基金、债券型基金、货币市场基金。在此基础上，为了方便研究，《年鉴》将ETF、QDII基金单独列为归类。为体现近年来基金市场发展的新特点，从2009年开始，《年鉴》将封闭式基金进一步细分为传统封闭式基金和创新封闭式基金两大类。

三、《年鉴》中的"基金"特指证券投资基金；为增加检索途径，目录编排按各章节顺序进行；篇章中，"基金市场体系、基金行业大事记"均以时间为序进行编辑，彩图部分与数据统计篇中的数据、基金专论、基金市场体系和附录的内容截至时间为2012年12月31日。数据统计篇中由于四舍五入，总计与分项相加略有误差。

四、《年鉴》相关数据依据我国证券投资基金公开披露的信息加以汇总，包括基金年报、中报、季报以及基金管理公司对外公开的网站等，并经各编委单位相关领导审核；部分内容主要参考了相关单位及媒体对外公开的信息，包括国家统计局、中国人民银行、中国证监会、中国银监会、上海证券交易所、深圳证券交易所、中国基金业协会、中国信托业协会、中国证券业协会和《中国证券报》、《上海证券报》、《证券时报》等；基金图片由各家基金管理公司、商业银行及相关媒体单位提供。

五、本卷《年鉴》的编纂工作，得到了各编委单位的鼎力支持，编委会各位委员也对《年鉴》的相关内容提出了宝贵意见，对提高《年鉴》的编辑质量起到了重要作用。在此，我们谨向有关方面的同志和单位表示最衷心的感谢。

中国证券投资基金年鉴编辑部

《中国证券投资基金年鉴（2012—2013）》

国务院发展研究中心金融研究所 主办

香山财富论坛 联合主办

目 录 CONTENTS

第三部分　综合数据统计 | Composite Data Statistics

目 录 CONTENTS

目 录 CONTENTS

第三章 行业发展相关数据 Industry Development Statistics

第四部分 基金市场体系 | Fund Market System

第一章 基金管理人及旗下产品 Fund Managers and Their Products

目 录 CONTENTS

编委风采 Highlight

夏 斌

国务院参事、国务院发展研究中心金融研究所名誉所长

中国证券投资基金年鉴编委会名誉主任

享受国务院特殊津贴，研究员，博士生导师，国家哲学社会科学规划评审组专家、“中国经济学家50人论坛”成员，中国金融学会常务理事、《银行家》杂志编委会主任、上海、北京等多个省市政府特聘专家、顾问、北京大学中国经济研究中心及国家行政学院等高校兼职教授、中国人民银行总行博士后流动站学术委员会委员、中国并购公会首席经济学家。曾任中国人民银行金融研究所副所长、中国证监会交易部主任、深圳证券交易所总经理、中国人民银行政策研究室负责人、非银行金融机构监管司司长。

张承惠

国务院发展研究中心金融研究所所长、中国金融学会副秘书长、中国房地产学会副会长

中国证券投资基金年鉴编委会主任

享受国务院特殊津贴，研究员。1994年毕业于中国社科院研究生院，获经济学博士学位。此后进入国务院发展研究中心工作，历任宏观经济研究部副研究员、研究室副主任。1998年破格晋升研究员并任技术经济研究部研究室主任。2002年起任技术经济研究部副部长，2003年2月起任国务院发展研究中心金融研究所副所长，2011年12月起任金融所所长。

主要研究领域：金融改革、中小企业融资。曾参加20余项国务院发展研究中心的重点课题；主持研究多个课题；7次获得中国发展研究奖，发表论文200多篇，独立、合作撰写专著10多部。

王连洲

全国人大财经委证券投资基金法起草工作组首任组长

中国证券投资基金年鉴编委会执行主任

研究员。1964年毕业于山东财经学院财政金融专业，进入中国人民银行总行工作。1983年调任全国人大财经委员会，先后担任委员会办公室财金组组长、办公室副主任、经济法室副主任、研究室负责人、巡视员，是中国《证券法》、《信托法》以及《证券投资基金法》起草工作的主要组织者和参与者。其作品和谈话涉猎证券、信托和投资基金等方面，表达了具有独立个性的视点，为促进中国资本市场规范发展做出了自己坚持不懈的努力，得到了社会比较广泛的认知。从原公务员岗位退休后，现任中国人民大学信托与基金研究所理事长、中国证券投资基金年鉴编委会执行主任等社会兼职。

编委风采 Highlight

范勇宏

中国证券投资基金业协会副会长
香山财富论坛理事长
中国证券投资基金年鉴主编

华夏基金创始人。自1998年2月开始创建华夏基金并一直担任公司总经理至2012年7月。中国基金业协会副会长。之前就职于中国建设银行总行和华夏证券公司。

马庆泉

香山财富论坛副理事长
中国证券投资基金年鉴执行主编

中共党员，经济学教授，博士生导师。1988年毕业于中国人民大学经济学系，获经济学博士学位。1988年7月分配到中共中央党校工作，任研究室主任，校委秘书；1993年5月—1999年初在广发证券公司工作，先后任常务副总裁、总裁、副董事长；1999—2000年初在嘉实基金管理公司工作，任董事长；2000年2月—2005年5月在中国证券业协会工作，曾任秘书长、常务副会长、基金业专业委员会主任；2005年5月—2011年3月在广发基金管理公司工作，任公司董事长。在中国证券业协会任职期间，曾因在证券监管领域的贡献，获得国务院政府特殊津贴。

叶俊英

易方达基金管理有限公司董事长

经济学博士，董事长。曾任广发证券有限责任公司投资银行部总经理、公司董事、副总裁，易方达基金管理有限公司董事兼总裁、副董事长兼总裁。现任易方达基金管理有限公司董事长。

金 旭

国泰基金管理有限公司总经理
国泰元鑫资产管理公司董事长

北京大学法学硕士，美国纽约大学法学硕士。曾任中国证监会法规处副处长、深圳监管专员办事处机构处副处长、基金监管部综合处处长，华夏基金管理有限公司党支部副书记、副总经理，宝盈基金管理有限公司总经理，梅隆全球投资有限公司北京代表处首席代表。

王立新

银华基金管理有限公司总经理

经济学博士。历任中国工商银行总行科员，南方证券股份有限公司基金部副处长，南方基金管理有限公司研究开发部、市场拓展部总监，银华基金管理有限公司总经理助理、副总经理、代总经理。现任银华基金管理有限公司总经理。

林传辉

广发基金管理有限公司总经理

现任广发基金管理有限公司副董事长、总经理，兼任广发国际资产管理有限公司董事长。曾任广发证券投资银行总部北京业务总部总经理、投资银行总部副总经理兼投资银行上海业务总部副总经理、投资银行部常务副总经理。

编委风采 Highlight

林　羿

美国普信集团副总裁、北亚区总经理

林羿博士现任美国著名资产管理公司普信集团公司北亚区总经理。曾在美国美林公司和林肯金融集团就任高管职务。具有在美国金融业工作近22年的丰富经验。曾在美国参议院金融委员会上，就美国证券投资基金和养老金法律的改革提供专业证词。此外，他还担任过美国国会金融法改革委员会的特别法律顾问。林羿博士是中国证监会聘任的QDII产品评审专家;并担任中国人社部企业年金基金管理机构资格认定评审专家及特聘的“企业年金基金管理咨询专家”。林羿博士毕业于美国天普大学法学院(Temple University School of Law)并获法律博士(Juri-sdoctor)学位。

杨晓松

南方基金管理有限公司董事总裁、党委副书记

中共党员，经济学硕士，注册会计师。历任德勤国际会计师行会计专业翻译，光大银行证券部职员，美国NASDAQ实习职员，证监会处长、副主任。2012年加入南方基金，担任督察长。

李　勍

华安基金管理有限公司总裁

大学学历，高级管理人员工商管理硕士(EMBA)。历任中国兴南(集团)公司证券投资部副总经理，北京汇正财经顾问有限公司董事总经理，上海证券交易所深圳办事处主任，自2001年开始，长驻香港任职中国投资信息有限公司董事总经理，现任华安基金管理有限公司总裁。

刘晓艳

易方达基金管理有限公司董事、总裁

经济学博士，董事、总裁。

曾任广发证券有限责任公司投资理财部副经理、基金经理，基金投资理财部副总经理、基金资产管理部总经理，易方达基金管理有限公司督察员兼监察部总经理、总裁助理兼市场部总经理、公司副总裁、常务副总裁。现任易方达基金管理有限公司董事、总裁，兼任易方达资产管理(香港)有限公司董事长。

许小松

招商基金管理有限公司总经理董事

经济学博士，历任深圳证券交易所综合研究所副所长，南方基金管理有限公司首席经济学家、副总经理，国联安基金管理有限公司总经理，2011年加入招商基金管理有限公司，现任公司总经理、董事。

于业明

太平洋资产管理有限责任公司董事党委书记、总经理

博士研究生，高级会计师职称，1991年3月参加工作，1998年3月加入中国共产党。

1993.03—1995.03 宝钢生产财务处资本主办、主管；1995.03—1997.08 宝钢集团财务有限责任公司副总经理；1997.08—1998.03 宝钢集团财务有限责任公司常务副总经理；1998.03—1999.11 宝钢集团财务有限责任公司总经理、董事长。其中：1998.03—2001.07复旦大学西方经济学博士研究生学员；1999.11—2002.02 华宝信托投资公司总经理；2002.02—2004.02 联合证券有限责任公司总经理；2004.03—2006.09 宝钢集团财务有限责任公司董事长；2006.09—2009.10 华宝信托有限责任公司董事长，华宝投资有限公司 总经理，华宝证券有限公司董事长；2009.11至今太平洋资产管理有限责任公司董事、党委书记（2012年12月起）、总经理。

编委风采 Highlight

周月秋

中国工商银行资产托管部
总经理

经济学博士，研究员，享受国务院政府特殊津贴专家。

现任中国工商银行资产托管部总经理，1993年加入中国工商银行，历任工商银行资金营运部处长、资金营运部副总经理、基金托管部副总经理(主持工作)。目前兼任中国银行业协会托管业务专业委员会常务副主任，中国证券业协会基金专业委员会委员，中国基金业委员会中唯一的托管银行委员，中国工商银行年金理事会副主席，中国工商银行博士后工作站指导专家，中央财经大学硕士生导师，中国金融学会会员。

苑书义

中国工商银行个人金融业务部
副总经理

经济学博士，MBA，高级经济师。

1995年加入中国工商银行，历任信贷评估部副处长、办公室副处级秘书。2000年调任中国人民银行，任办公厅副处级秘书、正处级秘书。2005年调任中国工商银行个人金融业务部副总经理。2009年至2012年任中国工商银行云南省分行副行长。

张　健

中国农业银行托管业务部
总经理

经济学学士、高级经济师。

曾任中国农业银行党委组织部副部长、人事部副总经理(主持工作)，中国农业银行房地产信贷部总经理，中国农业银行河南分行党委书记、行长。28年金融从业经历。

印金强

中国农业银行总行个人金融部副总经理

1987年毕业于中国人民大学获硕士学位。自参加工作至今，一直就职于中国农业银行总行从事个人金融业务，历任综合处处长助理、存款处副处长、代理业务处处长、投资基金管理处处长，现任总行个人金融部副总经理。印金强先生自2001年起即从事开放式证券投资基金销售管理工作，直接负责了代销系统研发、销售队伍建设、投资者教育以及产品服务创新等。

李爱华

中国银行总行托管及投资者服务部总经理

中共党员，硕士研究生（中国人民银行研究生部国际金融专业，意大利乔达诺阿莫瑞基金学院金融专业硕士学位），1988年7月进入中国银行参加工作，曾任总行金融机构部助理总经理，副总经理；曾任约翰内斯堡分行总经理；现任金融市场总部托管投资服务模块总经理。

杨 柳

中国银行总行个人金融总部（财富和私行）总监

武汉大学硕士，从事金融工作20多年。曾任中国银行东方信托投资公司处长、中国银行总行投资管理部处长。2003年起任中国银行托管及投资者服务部副总经理、销售总监。现任中国银行总行个人金融总部(财富和私行)总监。

编委风采 Highlight

杨新丰

中国建设银行投资托管业务部总经理

现任中国建设银行投资托管业务部总经理，曾就职于中国建设银行江苏省分行、广东省分行、中国建设银行总行会计部、营运管理部，长期从事计划财务、会计结算、营运管理等工作，具有丰富的客户服务和业务管理经验。

曹 伟

中国建设银行个人存款与投资部副总经理

北京师范大学硕士研究生毕业，中共党员，现任中国建设银行总行个人存款与投资部副总经理。

曾任中国建设银行北京市分行储蓄证券部副总经理、北京安华支行副行长、北京西四支行副行长、北京朝阳支行行长、党委书记、北京分行个人银行业务部总经理。

刘树军

交通银行资产托管部总经理

管理学硕士，高级经济师。曾任中国农业银行长春分行办公室主任、农行总行办公室正处级秘书，农行总行信贷部工业信贷处处长，农行总行托管部及养老金中心副总经理，交通银行内蒙古分行副行长。2011年10月起任交通银行资产托管部副总经理，2012年5月起任交通银行资产托管部总经理。

杨旭东

交通银行个人金融业务部
副总经理

1998年3月起任交通银行珠海分行副行长，党委副书记；

2007年4月起任交通银行个人金融业务部副总经理。

周 琼

中国邮政储蓄银行金融同业部
副总经理（主持工作）

1994—1998年，在北京大学经济学院学习，获经济学学士学位。

1998年—2007年5月，在国家邮政局邮政储汇局(中国邮政储蓄银行前身)储蓄业务部工作。

2007年—2013年3月，任中国邮政储蓄银行信贷业务部副总经理。被银监会评为“2011年度全国银行业金融机构小微企业金融服务先进个人”。

2013年3月至今，任中国邮政储蓄银行总行金融同业部副总经理(主持工作)

工作期间，2004—2007年，在中国人民大学财金学院学习，获金融学博士学位。

吴若曼

兴业银行资产托管部
总经理

毕业于中国人民大学，具有二十三年金融从业经历。历任南方证券公司上海分公司副总经理、蔚深证券公司副总裁、光大证券公司总裁助理、中国光大银行资产托管部副总经理(主持工作)、兴业银行资产托管部副总经理，现任兴业银行资产托管部总经理兼期货金融部总经理。

编委风采 Highlight

杨春萍

中国民生银行资产托管部
副总经理

北京大学本科、硕士。曾就职于中国投资银行总行，意大利联合信贷银行北京代表处，中国民生银行金融市场部和资产托管部。历任中国投资银行总行业务经理，意大利联合信贷银行北京代表处代表，中国民生银行金融市场部处长、资产托管部总经理助理、副总经理等职务。具有近三十年的金融从业经历，丰富的外资银行工作经验，具有广阔的视野和前瞻性的战略眼光。

谢 红

上海浦东发展银行总行零售
产品部总经理

中共党员，本科学历，经济师职称。

历任上海浦东发展银行南昌分行副行长、上海浦东发展银行移动金融部总经理。负责浦发银行与中国移动战略合作的全面开展和深化，推出了首款“三账户合一”的全国性手机支付产品，基于NFC-SWP技术的手机支付产品的研发始终走在国内的前列。并全面负责浦发银行个人电子银行业务，构建了包括网上银行、手机银行、自助银行、电视银行在内的多渠道服务体系，两年来电子银行客户规模翻一番。

2013年5月，谢红女士担任浦发银行总行零售产品部总经理。

李 桦

上海浦东发展银行资产托管
与养老金业务部负责人

毕业于复旦大学国际经济法专业，现任上海浦东发展银行资产托管与养老金业务部副总经理（主持工作）。

1995年起，先后在中国工商银行上海市分行、中国华融资产管理公司上海分公司就职，历任华融上海分公司资产经营二部高级副经理、市场业务工作组高级经理、副总经理、党委副书记等职务，并曾兼任上海纺织控股集团副董事长、德隆国际战略投资有限公司破产清算组副组长等社会职务。

2012年起加入上海浦东发展银行，担任资产托管部门负责人。专业领域涵盖金融不良资产收购、管理与处置，高风险机构托管、整顿与清算，股权管理，企业重组，结构化融资，投资银行，资产托管。曾获得全国金融五一劳动奖章。

吴国鸿

汇丰银行证券服务全球托管业务中国区总经理

2009年至今,吴国鸿先生任职汇丰证券服务部全球托管业务中国区负责人，结合中国客户的投资需求为中国客户(包括QDII客户)提供各类全球托管产品及服务。2007年至2009年, 吴先生任职香港上海汇丰银行欧洲区全球托管托管业务主管,主要负责英国的托管与银行服务团队,这些团队主要负责向欧美客户提供全球托管服务。2001年至2007年就任香港上海汇丰银行亚太区托管与银行服务总监。1997年,吴先生被任命为合规和控制部门负责人，业务主管。加入汇丰银行前,吴先生先后在大型国际会计师事务所有12年工作经验。1995年至1997年,吴先生任职于Butterfild信托公司(香港)任基金服务部担任总监职位,主要负责各项基金管理事项。吴先生持有巴斯大学工商管理学,英国学士学位。同时他也是在英格兰、威尔士以及香港会计师公会特许会计师以及公会资深会员。

胡立峰

中国银河证券基金研究中心总经理
基金评价业务负责人

从1998年以来一直从事我国基金研究评价工作，在基金评价、行业发展、产品与销售、投资运作等领域有较深的研究。曾经获得全国金融系统青年岗位能手和全国金融系统先进个人等荣誉。

王群航

济安金信科技有限公司副总经理
济安金信基金评价中心主任

曾担任银河证券基金研究中心研究总监、华泰联合证券基金研究中心总经理兼研究总监、华泰证券金融产品研究中心总经理兼首席分析师。为中国专业研究基金时间最长的人；在多家权威媒体撰写过多个基金专栏，发表过基金研究文520多万字；中央电视台、中央人民广播电台相关栏目的特邀嘉宾；中国证券网特聘专家；参加过全国基金从业人员资格考试教材《证券基础知识》、《证券投资基金》、高校教材《个人理财》的编写工作，出版过《初买基金必读》、《王群航选基金》(系列)等书籍；中国基金行业最高奖项“金牛奖”和“金基金”奖的评委；专业研究论文获得过中国证券业协会的一等奖和三等奖；清华大学、北京大学外聘教师；获得过中央金融工作委员会的嘉奖。

中国农业银行托管业务部全体员工将继续本着“开拓进取、勤勉尽责、诚实守信、严谨自律”的执业原则，以科学严谨的风险管理和内部控制体系、高效安全的业务营运和技术保障系统、开拓创新的托管服务团队，为广大客户提供安全、专业、高效的托管服务，与广大客户共创价值、共同成长。

托管业务部：

地址：北京市西城区复兴门内大街28号凯晨世贸中心东座F9

电话：010—66060069

传真：010—63201816　　邮编：100031

网址：www.abchina.com

www.boc.cn

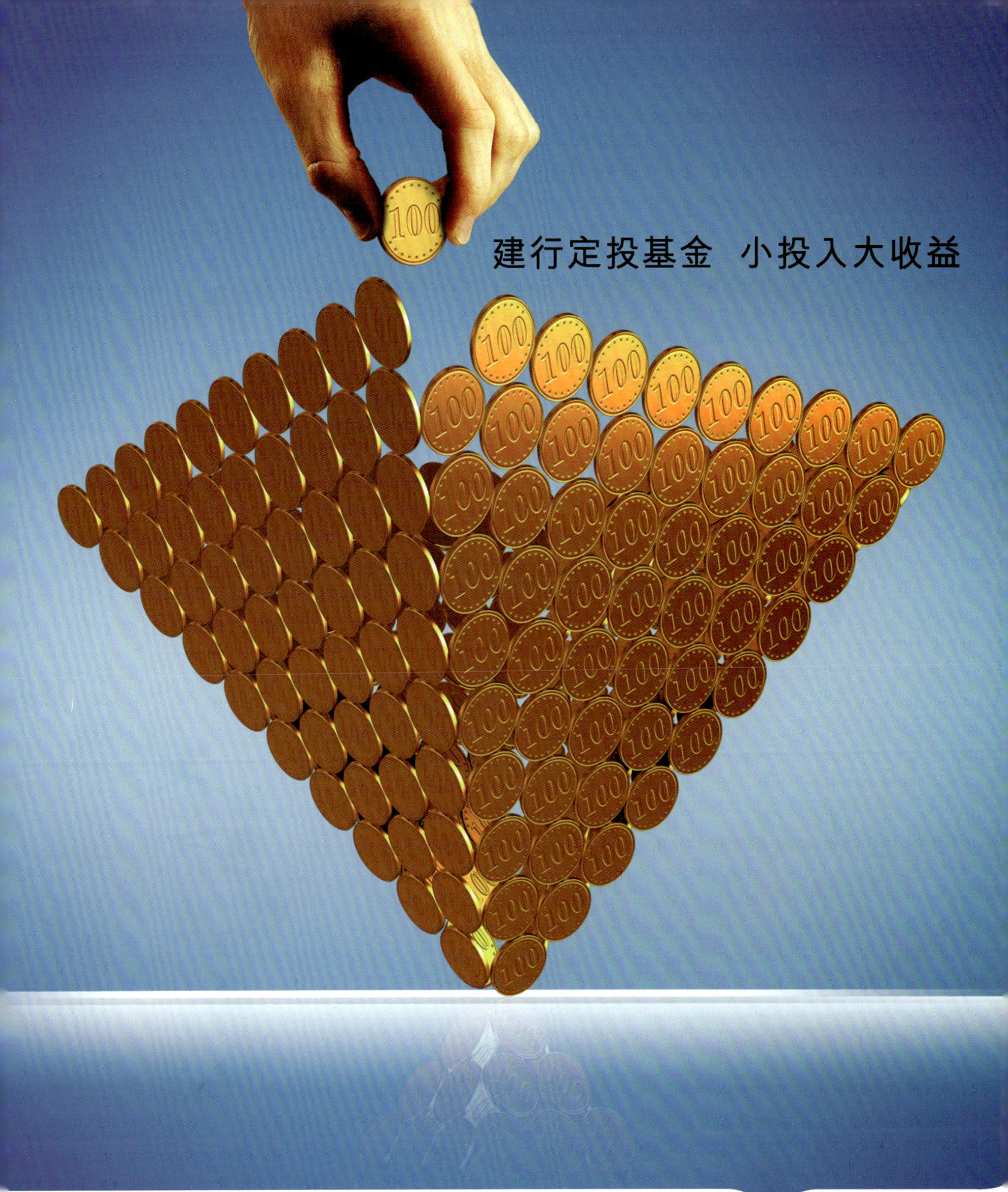

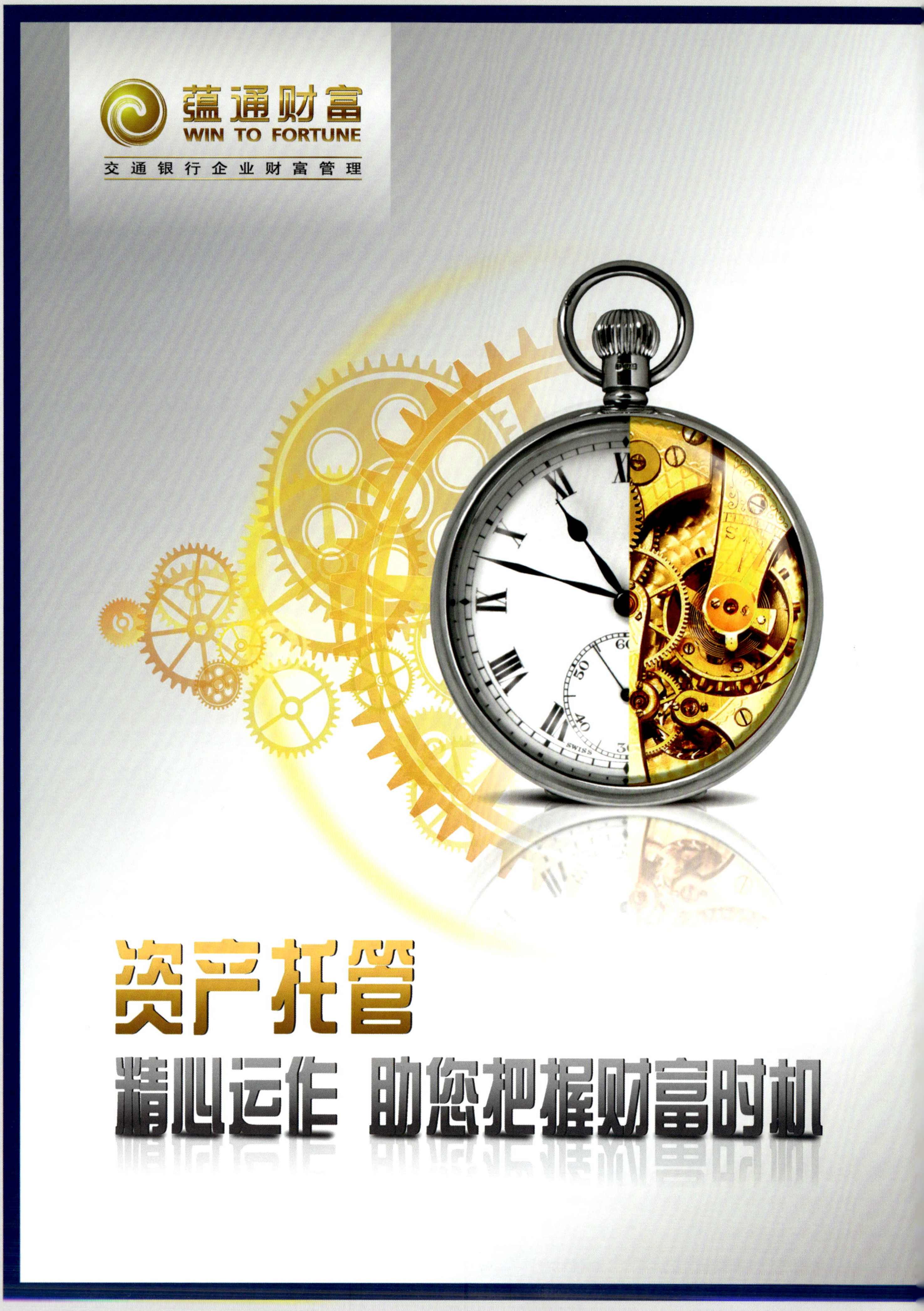
蕴通财富
WIN TO FORTUNE
交通银行企业财富管理
资产托管
精心运作 助您把握财富时机

汇丰在遵守适用法律法规的前提下在世界各地开展业务。

目前兴业银行可开展的托管业务品种涵盖证券投资基金、基金公司特定客户资产、证计划、证券公司定向资产、保险资金、集合资金信托、单一资金信托、合格境内机构合格境外机构投资者资产（QFII）、银行理财产品、产业投资基金、私募股权基金、直资金、基本养老保险个人账户基金、全国社保基金托管业务、账户监管类资产等门类。

邮银理财 关爱未来

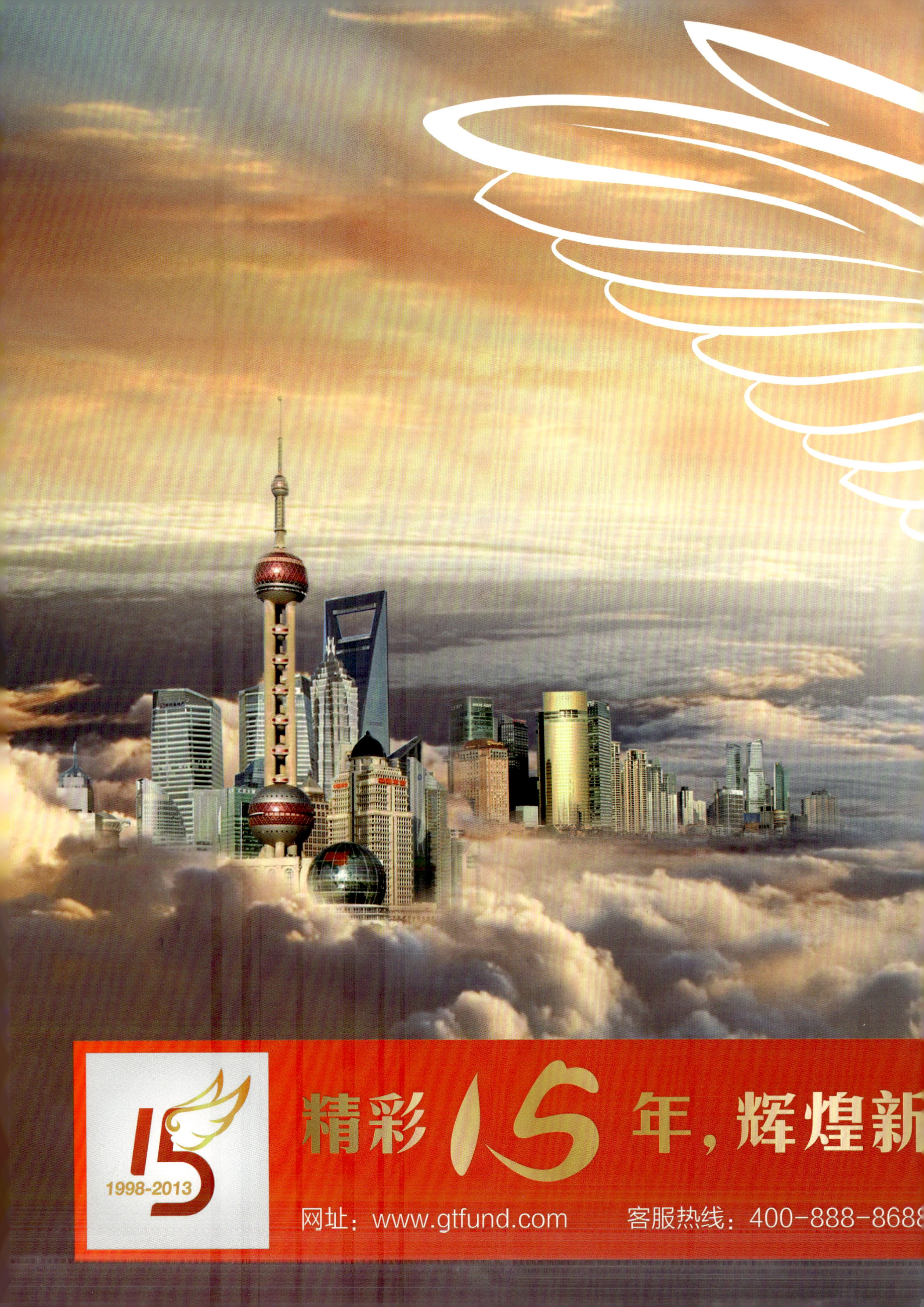

1998-2013
精彩15年，辉煌新
网址：www.gtfund.com
客服热线：400-888-868

我们努力耕耘，勤勉工作，虽取得不菲业绩，可我们从不敢居功自傲，为的
作为基金行业的先行者，我们深知：使命在肩！

银华基金管理有限公司
YINHUA FUND MANAGEMENT CO.,LTD.

银华优势企业混合

银华保本增值混合

银华一道琼斯88指数

银华货币

银华价值优选股票

银华和谐主题混合

银华内需精选
股票（LOF）

银华沪深300
指数(LOF)

银华深证100指数分级

银华信用债券封闭

银华消费分级股票

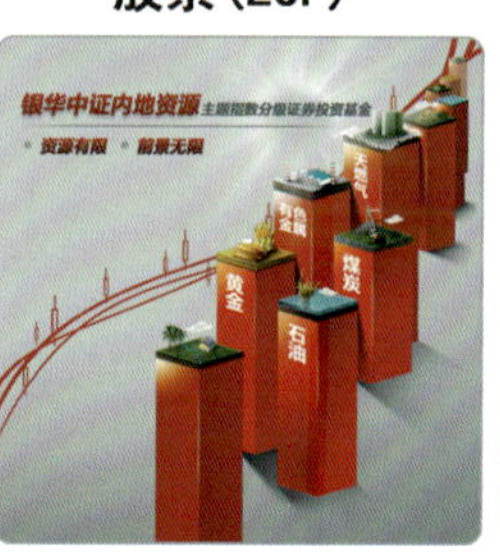

银华中证内地资源
指数分级

银华永泰积极债券

银华中小盘股票

银华纯债信用主题
债券（LOF）

银华信用四季红债券

银华中证转债
指数增强分级

银华信用季季红债券

银华中证800等权
指数增强分级

更多精

公司网址:www.yhfund.com.cn

资产管理产品

稳健1号

- 费率低，管理费最低为0.28%
- 流动性高，T+1日划出
- 收益率高，远高于货币基金

产品类型	投资目标	投资范围	业绩比较基准
集合投资	在保持低风险和高流动性的前提下活的高于投资基准的回报	央行票据、政府/准政府债券、金融债、企业（公司）债、中期票据、（超）短期融资券、分离交易转债的纯债部分、回购及银行存款	同期银行7天通知存款利率*40% +同期银行6个月定期存款利率+*30% +同期银行1年定期存款利率*30%

收费标准

费用种类		费率标准
管理费（含托管费）	产品市值<2亿	0. 35%
	2亿≤产品市值<10亿	0. 32%
	产品市值≥10亿	0. 28%
认购费		0
申购费		0
赎回费		0

认购要求：机构客户 首次申购1000万起，此后单笔100万起

投资经理 沈世君

专业资格证书

- 美国特许金融分析师
- 美国注册管理会计师
- 中国注册会计师协会非执业会员

毕业于上海财经大学金融学硕士专业。于2002年加入太平洋保险集团，曾任职于太平洋寿险计划财务部；寿险资产管理部高级经理；长江养老受托业务部资产配置主管；2008年9月加入本公司任职资深投资经理。由2011年底开始管理产品“稳健一号”，历史业绩始终领先公募货币基金。

净值超越同类产品的卓越表现

年份	货币资金	净值增长率	稳健一号排名
2012年	稳健一号 公募基金A 公募基金B 公募基金C	4.66% 4.65% 4.59% 4.57%	第一名
2011年	稳健一号 公募基金A 公募基金B 公募基金C	4.27% 4.41% 4.28% 4.20%	第三名
2010年	稳健一号 公募基金A 公募基金B 公募基金C	4.06% 2.48% 2.39% 2.30%	第一名
2009年	稳健一号 公募基金A 公募基金B 公募基金C	4.21% 2.15% 2.10% 1.86%	第一名
2008年	稳健一号 公募基金A 公募基金B 公募基金C	4.85% 4.70% 4.39% 4.37%	第一名

数据来源：Wind咨讯

稳健1号
今年上半年净值增长与波动情况

稳健1号
成立至今净值增长与波动情况

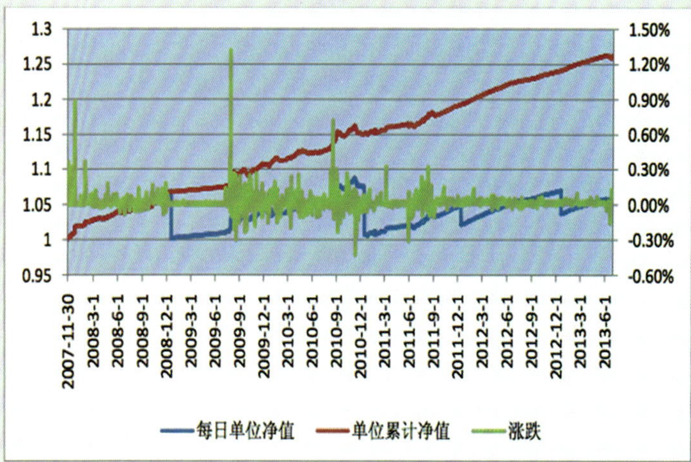

投资案例

李先生，外贸公司CEO，由于行业特性，对资金的周转性要求较高，因此李先生虽时常在账面上有大额资金，却苦于不敢做任何投资，让资金呆坐在活期账面上。

李先生在保险公司工作的朋友了解到李先生的资金情况及投资需求后，向其推荐了"稳健一号"。

李先生于是尝试性地于今年1月4号购买了1000万份"稳健一号"，合计1039.5万元。由于1月10日要给工厂付款，于1月9日提出500万份的赎回申请。春节过后，李先生又于2月18日赎回了剩下的500万份。

我们公司需要

- ✔ 阶段性的现金流
- ✔ 操作方便
- ✔ 交易时省时省力
- ✔ 低风险产品
- ✔ 活期的灵活性
- ✔ 申赎免费
- ✔ 定期的收益率
- ✔ 低管理费

1039.5万元资金投资收益

投资"稳健一号"1000万份（1月4日）		
操 作		收 益
赎回500万份	（1月9日）	4500元
赎回500万份	（2月1日）	35000元
总 计		39500元

投资银行活期存款	
操 作	收 益
存入银行	2500元
总 计	2500元

李先生投资"稳健一号"资产管理产品的收益，是银行活期存款收益的15.8倍

您可以在以下网址获取更多产品信息:
www.cpic.com.cn/asset

或通过以下方式与我们联系:
联络人: 孟小姐
联系电话: +21 65659993
电子邮箱: mengli@cpic.com.cn
公司地址: 上海市银城中路68号31层

2012—2013

ALMANAC OF CHINA' S SECURITIES INVESTMENT FUNDS

中国证券投资基金年鉴

总第十卷

国务院发展研究中心金融研究所 主办

香山财富论坛　联合主办

中国证券投资基金年鉴编辑委员会 编

序言 Preface

中国基金业在泛资产管理时代，既有挑战，更有机会

□王连洲

2012年是中国基金行业发展史上不平凡的一年。在这一年，新基金法审议通过；中国基金业协会成立；基金子公司破土。中国基金业步入新的历史发展阶段，将在更加法治化、规范化、市场化的轨道上前行。

2012年是中国基金业发展的第14个年头，它既承接了前14年的成长经验和教训，又开启了未来的壮行之篇。在资产管理行业加快改革创新步伐的背景下，中国基金业面临新一轮的机遇与挑战。

从市场发展来说，2012年是新基金密集发行的一年。这一年，新增基金260只，新增募集资金6 447亿元，均较上一年有大幅度提高。截至2012年末，证券投资基金数量突破1 000只，达到1 174只，证券投资基金资产规模达到2.87万亿元，保持稳步增长趋势。与此同时，一批新基金管理公司获批成立，基金子公司破土，不仅为行业增添了新生力量，同时也加快基金公司股权结构的多元化发展。从基金业绩表现来说，2012年尽管尚未达到投资者预期的收益率，但就行业整体来说，还是可圈可点。至年末各类型基金均获得了正收益。

回顾已经走过的2012年，基金业发生的几件大事，值得我们总结与思考：首先是基金公司高管变动频繁。全年共有14位总经理、20位副总离职，涉及26家基金公司人员发生变化，这是行业高管变动最频繁的一年。高管的频繁变动，固然各有其因，但重要的一点，这与基金公司的治理结构和机制的缺陷、瑕疵，不无重要关联。目前中国基金业要走出困境，当务之急必须要有一批稳定的职业经理人来引领行业变革。其次，中国证券投资基金业协会于2012年6月7日在北京成立，这是行业盼望已久的一件大事。它标志着基金业第一次有了自己的行业自律组织，将进一步推动基金业的规范发展，扩大基金业的社会影响力。第三，2012年12月28日，第十一届全国人大常委会第三十次会议审议通过《中华人民共和国证券投资基金法》修改草案，并将于2013年6月1日正式实施。新基金法及其相关配套规章的出台，预示着包括券商资管、保险资管、私募、PE和VC在内的资产管理机构只要符合一定条件的，都可以从事公募基金业务。公募基金牌照已不再是稀缺资源，金融业混业经营的趋势和特征逐步显现，中国金融市场开始进入了泛资产管理时代。

面对泛资产管理时代的来临，基金业将与银行、券商、保险等其它资产管理机构同台竞技，共同分享中国理财市场的这块大蛋糕。在新的发展时期，基金业如何发挥自身优势、扬长避短、设计出更加符合投资者风险收益特征的产品，如何构筑基金公司治理结构、搞好经营团队的建设，以适应更加激烈的市场竞争，将成为基金业

面前一道现实而严峻的课题。我们欣喜地看到，一些基金公司已经迎难而上，走特色化、差异化之路，已经初步探索出一条新路子。比如基金子公司的获批和成立，可以说是基金业发展史上具有里程碑意义的事件。子公司大大拓展了基金公司的业务范围，放开了很多投资限制，并实施了股权激励等制度试点，这不妨也可以成为今后公募基金完善治理机制的试验田。当然，由于基金子公司是个新事物，业务范围极其宽阔，这给监管层、基金子公司风险管控提出了更高的要求。需要对其各种潜在的风险因素引起足够重视，真正把基金子公司变成一个风险能控的新业务和新的赢利点。

当前基金业面临的主要问题是，投资业绩仍然没有达到投资者的预期，不能给持有人带来持续稳健的回报，甚至有一些个别基金经理搞内幕交易和利益输送，老鼠仓行为屡禁不止。凡此种种，都严重损伤了基金业的形象，损伤了持有人的利益，以及对基金的信赖。基金公司久遭诟病的治理结构，目前还没有取得实质性进展，股权激励对于大部分基金公司来说仍然是“只闻楼梯响，不见人下来”，基金公司的制度创新仍然步履艰难。

继往开来，中国基金业除了认真继承和发挥原有优势，更需要从以下几个方面切实做好做实：

第一，真正把持有人利益切实地放在首位。说千道万，基金公司必须给持有人带来持续稳定的收益，才能取得持有人的信任，基金行业才能持续稳健向前发展。

第二，要勇于创新，运用股权激励等多种形式，切实改善基金公司治理机构，优化运行机制，减少内耗，通过良好体制和机制的再造，调动基金公司的一切积极因素，做好资产管理。

第三，在泛资产管理时代，基金公司要直面新问题，不断研究新问题，以创新和改革的勇气开拓新局面。比如随着互联网金融时代的到来，基金公司要尽快转变思维，用互联网思维和体制武装自身，成为互联网金融时代的积极参与者，开创互联网金融的新局面。

第四，基金子公司突破了公募基金的很多投资限制，为基金公司盈利开创了又一条新路径。但子公司等毕竟是行业的新事物和新业务，一定要防止“一管就死、一放就乱”的卷土重来。子公司等基金公司的新业务必须合法合规，控制好风险。风险控制是基金行业任何业务的生命线和底线，动摇不得。

第五，监管理念也要与时俱进。监管层对基金业的监管要更加市场化，减少不必要的行政审批，不断给基金业松绑，给中国基金业的发展创造良好的内外部环境。

回望过去，中国基金业取得了骄人的业绩，尽管问题仍然不少，但这些问题都是前进中存在的问题，成绩还是主要的。展望未来，我们有足够的理由相信，在泛资产管理时代，中国基金业将以更加坚实的步伐，夯实基础、开拓创新，创造新的辉煌。

第一部分 特载

Part I Special Articles

第一章 领导讲话

我们需要一个强大的财富管理行业

中国财富管理市场的发展与相关法律体系建设和完善

建设现代财富管理行业

推动和保障财富管理行业健康发展的重要举措

第二章 基金专论

中国资本市场发展的六大战略课题

基金治理困境与持有人利益保护

关于基金管理公司应用“侧袋账户”结算机制的初步研究

对于2012年度新基金发行的回顾与分析

在变化的全球市场中调整投资策略

第一章

领导讲话

Leader's Lectures

我们需要一个强大的财富管理行业

——在第一届基金业年会暨基金业协会成立大会上的讲话

中国证监会主席 郭树清

（2012年6月7日 中国深圳）

各位代表、各位来宾、同志们：

经过一年半的精心筹备，中国证券投资基金业协会正式成立了。首先，我代表中国证监会向长期以来支持协会筹建的国务院各部门和北京市各有关单位表示衷心的感谢！向基金业协会的全体同志表示热烈的祝贺！

1998年春天，我国的第一只证券投资基金诞生。短短14年里，中国的财富管理服务蓬勃发展起来。从封闭式基金到开放式基金，从信托计划到银行理财，从投资连接保险到天使基金和阳光私募，从各种各样的资产管理公司到林林总总的另类投资项目，都显示出勃勃生机，中国的金融业也因之而五彩缤纷、熠熠生辉。截至2011年底，证券投资基金资产净值2.19万亿元，银行理财产品余额达到4.57万亿元，信托资产4.81万亿元，保险资产6.01万亿元，各类创投与私募股权投资4.77万亿元。

然而，我们的财富管理行业总体上还处于幼年时期，不仅远远未能满足市场的需要，而且自身也存在种种的缺点与不足。比如，产品设计针对性不强，行业分割还比较严重，监管标准不尽一致，对投资者保护的制度安排存在缺失等等。总之，前述各个领域都遇到严峻的挑战，同时也蕴藏着巨大的潜力。

一、发展财富管理对经济转型具有根本意义

首先，这是提高我国经济效率的需要。

中国是世界少有的储蓄大国，截至今年4月底，全部本外币存款余额达到86.5万亿元。但是，储蓄向投资的转化还不够顺畅、不够理想。中小企业、“三农”、教育、医疗、文化及其他民生服务领域，资金都十分紧缺，但制造业、重化工业、矿业、能源交通等领域，投资冲动却非常强烈，出现了较为普遍的产能过剩。中小企业多、融资难，民间资本多、投资难的“两多两难”问题突出。这说明，我国经济中存在比较严重的资源错配和资源浪费。国内外经验表明，专业的财富管理，能够以市场化的方式，把社会资本集中起来，在实体经济不同领域和企业发展的不同阶段进行资本的优化配置，从而把资源引导到国民经济最需要和最有竞争力的环节。例如，天使基金、风险投资可以培育创意、鼓励创新，股权投资基金可以帮助企业把特有的业务模式变成市场竞争优势，证券投资基金等机构投资者则可以通过参与股票公开发行、购买债券、支持并购重组等方式，推动优势企业发展壮大。这些多样化的直接融资方式，对科技创新和文化创意具有根本的推动作用，是间接融资所不可能具备的特性。

第二，这是改善国民收入分配的需要。

胡锦涛总书记在十七大报告中首次提出，创造条件让更多群众拥有财产性收入。按目前汇率计算，我国人均GDP已经超过5 400美元，中等收入家庭的数量越来越多，但是收入分配中的

结构性问题还比较突出，收入分配差距较大。改善国民收入分配结构，涉及到很多方面，其中很重要一条就是提高广大中低收入群众的财产性收入。这就需要财富管理行业发挥优势，根据居民多样化的投资需求和风险偏好，进行合理有效的组合投资、集合理财、专业管理，实现居民财富不缩水，能够跑赢通胀，努力争取更好的投资收益。在市场化和国际化日益发展的背景下，不仅个人、企业的财产需要保值增值，社保资金、养老基金、保险资金、住房公积金，也都面临着投资运营的挑战。这也涉及到我们每一个人的切身利益，事实上也是收入分配和再分配的一个重要方面。

尽管我国资本市场还很不成熟，但是这个市场在总体上已经具备投资价值，并不是所谓的零和游戏场所，因为绝大多数上市公司保持着世界公认的稳步快速成长。根据有关市场机构的计算，2001年到2011年，购买股票的年化平均投资收益率是7.8%，公司债是6.7%，国债是3.6%。这里最关键的是要避免急功近利和短期炒作。由于坚持了长期稳定的价值投资理念，全国社保基金在过去11年里，年化收益率为8.41%，比同期通胀率高出6个百分点；2003年6月投资股票以来，历年股票资产占全部资产的比例平均为19.22%，占全部投资收益的46%，年化收益率达到18.61%。另外，境外合格机构投资者也采取了相近的投资策略，同样取得了较好的投资收益。据市场机构统计，境外合格机构投资者自2003年7月进入我国资本市场以来，先后共汇入资金1 200多亿元，累计盈利1 500多亿元，年化收益率达到16%。

第三，这是改善金融体系结构的需要。

我国直接融资长期滞后，到目前为止，企业部门融资的80%左右仍然依靠银行信贷。在整个金融体系中，银行业资产规模占90%，另外，近60%的债券由银行体系持有。截止到今年4月底，我国银行贷款余额达到61.45万亿元，比全部股票市值和公司债券余额多出一倍以上。国际经验表明，这种过度依赖银行信贷的金融体系存在着较大的脆弱性，一定条件下很容易形成系统性风险。大力发展财富管理行业，有利于分流银行资金，改善直接金融与间接金融的比例失衡。通过专业机构的理财服务，转化为对企业的直接融资支持，在平衡企业资产负债水平、改善企业财务结构的同时，分散和化解金融体系内部的风险。特别是对许多具有创新性质的小型企业，一些专业财富管理机构还可以通过利益共享、风险共担的机制，开展高风险、高回报的股本或债券融资，从而有效弥补银行类机构风险识别能力和承受能力不足的缺陷，增强整个金融体系的弹性。中国有80多万亿元的银行存款，如果分流一半，无疑会造就出一个规模十分可观的财富管理行业。更重要的是，社会融资结构会大为优化，实体经济能够从中获得恒久的好处，虚拟经济也会增强抵抗危机传染和扩散的能力。

第四，这是推进资本市场健康发展的需要。

个人投资者高度活跃，是我国资本市场的一个显著特征，也是我国证券期货市场富有生机和活力的一个重要原因。长期以来，个人投资者为我国资本市场的发展做出了巨大贡献，其中，部分投资者经过市场历练，现在已经非常专业。但是，从近年统计情况看，多数个人投资者在多数时候处于亏损状态。分析其原因，有两点值得关注。一是个人投资者往往喜欢频繁买卖，支付了大量的市场交易成本。据统计，截至2011年底，投资者累计缴纳印花税6 900亿元，各种交易费用6 200亿元。由于个人投资者在整个市场的交易量中占比达到85%左右，实际相应承担了超过八成的税费。二是个人投资者常常倾向于高买低卖，市场热的时候容易跟进，市场冷的时候又急于退出，这样就把账面亏损很快转化成了实际亏损。一些个人投资者还热衷于炒新、炒小、炒差，那就更容易导致损失。从经济理论来分析，说到底是因为信息不对称，因为一般居民个人对市场情况、公司处境的了解总是非常有限的，而专业化的机构或企业就很不一样。我们无意要求个人投资者远离股市，但是数以千万计的居民家庭可能不宜直接理财。因此，要大力发展专业投资，鼓励和引导个人投资者主动改变财富管理习惯，通过机构的专业理财来分享资本市场的成长收益。这是投资者的根本利益所在，也是我国资本市场持续健康发展的基础。

从另一个角度来观察，结论也非常一致。上市公司是资本市场投资价值的源泉，要提升上市公司质量，就需要有更多的专业机构投资者积极参与公司治理。在中国，公司治理实践中的突出问题就是资本约束不到位，一股独大或内部人控制严重，公司内部制衡缺乏实施基础。日前，在格力电器股东会上，一家境外合格机构投资者耶鲁大学和鹏华基金推选的董事获任，市场对改善这家企业的公司治理颇有期待。随着越来越多投资机构参与到公司治理，必将深刻影响上市公司的决策机制，使股份制的制度优势充分发挥出来，从而切实提高企业的核心竞争力。

二、基金公司应当加快向现代财富管理机构转型

众所周知，基金公司的转型不是一个新话题。2009年证监会就提出要把基金公司建设成为专业精良、治理完善、诚信合规、运作稳健的现代资产管理机构。这几年来，基金行业做了不少努力，但行业总体资产管理规模刚过3万亿元，其中专户业务不过1 000多亿元。2011年底基金公司持有的流通股，只占到沪深两市的7.71%，而美国共同基金和ETF持有美国股票市场份额的将近1/4。近年来中国基金业在全球排名始终在10强门槛之外，这与我们的经济总量和资本市场名列前茅的地位极不相称。2010年，中国基金规模仅相当于GDP的6%，而同期，美国的这一比例高达80%，巴西、马来西亚和韩国也分别达到45%、31%和27%。

在非常相对的意义上说，公募基金之外的其他财富管理业务近两年发展颇为迅速。基金公司被其他同行赶超，这是有多方面原因的。第一，产品结构不合理，创新能力不足。整个行业的同质化问题严重，行业的整体投资收益率受股市波动影响很大，难以提供差异化的理财产品。第二，投资行为的散户化、短期化特征明显。去年下半年，尽管基金对股市持谨慎态度，但整体的换手率仍然达到100%左右。有些公司研究不深入，跟风炒作，与价值投资理念背道而驰。第三，公司治理问题突出。比如，如何充分维护基金持有人利益仍然缺乏制度保障，整个行业在公司治理、人才培养和激励约束等方面缺乏长效机制。

当前，成熟市场的财富管理行业已经进入多元投资管理时代，而中国的基金行业则刚刚开始转型，差距还比较明显。从产品结构看，国内基金公司主要以公募基金等零售产品为主，海外机构则既提供多样化个性化的零售产品，也包括大量的私募计划和专户产品。从投资方向看，国内基金公司主要集中在股票、债券和货币市场工具等领域，而海外机构还包括衍生产品及各种资产证券化品种。从资产管理方式看，国内基金公司主要是自己发行基金产品，并直接投资于基础投资品种，海外机构还包括投资于基金产品的FOF(fund of fund)和通过选择基金管理人来管理资产的MOM(manager of managers)等模式。从涉及的市场看，国内基金公司基本还限于境内单一市场，与境外市场相关的业务都还处于起步阶段，而海外机构基本上都是全球募集资金，全球

配置资产。从上述几方面来看，我们的基金公司转型发展还有很大空间，还有很长的路要走。

为此，基金公司要加快创新发展步伐。可能需要把握以下几点：第一，坚持从实体经济需要出发，通过设立专项资产管理计划，投资实体资产，扩大专户产品的覆盖范围，服务实体经济。第二，认真学习、消化、吸收国外资产管理公司的先进模式和成功做法，深入分析自身的优势和劣势，明确创新战略。既可以提供全面服务，实现在专业化基础上的多元化、集团化发展；也可探索部分业务外包，走特色化、个性化道路。第三，重视分析研究工作，下大力气提高研究能力。不能完全依赖外部的研究报告，更不能靠小道消息、盲目跟风。第四，坚持价值投资、长期投资理念，建立科学清晰的决策流程和管理制度，形成成熟稳定的投资风格，发挥对市场的引领作用。第五，认真研究改进绩效考核与激励机制，要使从业人员和机构的收入与投资者的回报紧密联系在一起。

他山之石，可以攻玉。美欧资本市场上的一些投资企业为我们提供了许多可资借鉴的经验教训。沃伦·巴菲特的伯克希尔·哈撒韦公司，始终坚持长期投资、价值投资理念，40多年来每股净资产增长了5 000多倍。据说今年这家公司召开股东大会，有400多位中国人前往参加，这可能是一个非常有意义的信息。昨天，KKR的联合董事长兼首席执行官亨利·克拉维斯来证监会访问，这家公司也拥有非常独特的经验。他们在国际上成功投资过数百个项目，完成的投资额达到数千亿美元。目前，他们投资入股企业的平均持有时间是7.5年，公司正在进行新的战略转型，他们的目标是为所投资企业带来真正的价值增加，而不再是财务运作。据介绍，现在美欧的PE公司都遇到了巨大的挑战，杠杆收购后包装出售的模式已难以为继。他们走过的道路值得我们深思。

三、关键是牢固树立以客户为中心的经营理念

推进财富管理行业发展，要害在于普遍建立起以市场为导向、以客户为中心的经营理念。过去商业银行改革的时候，社会舆论往往把焦点都集中到引进战略投资者、股票上市等事件上，其实真正的核心是转变经营理念，再造业务流程和提升客户服务水平。千千万万的老百姓、各种各样的经济组织，实际上有多种多样的财富管理需求， 客观上呼唤多元化的理财服务和产品。关键是根据客户偏好，既能够为大众投资者设计出一些可以跑赢通胀、风险又不太大的产品，也能给少数高端客户提供一些较高风险、较高收益的投资组合。

我们必须承认，中国的财富管理行业目前正处于一个比较矛盾和尴尬的境地。一方面我们有世所罕见的储蓄资源，另一方面我们有许多缺乏资金的企业和产业，但是中间的桥梁或通道不够用。除了知识、经验和人才不足之外，我们还缺乏品牌，缺乏值得市场和公众信赖的投资理财机构，缺乏人们可以将自有财产放心托付的，或大或小、或进取一点或审慎一些，但确实能够信守承诺，永远把客户放在第一位的金融投资企业。我国古代历史上有过的钱庄和票号，就是因为坚持“信取天下”、“以义制利”，构建出道德为本、人格为用、伦理约束为保障的信用与品牌体系，曾经创造出今天看来都令世人所难以置信的辉煌。完全复制老祖宗的模式，既无可能，也无必要。但是，我们不能不看到的是，在财富管理方面，品牌一直比技术更重要。

毫无疑问，目前各家机构的基础条件和外部环境不尽相同，不能简单类比，盲目照抄。但是，有一些必须共同遵守的行为准则。

一是讲求诚信，时刻把客户利益放在优先位置。

行业管理的资金，代表着社会公众的重托。要珍惜这份信任。只有懂得珍惜，才会找到正确

的发展思路。只要对得起投资者，市场就一定会给予很好的回报。

二是强化信息披露，保证投资者能够按照约定及时、准确、完整地获取信息。

信息披露是保障客户权益的一项重要措施。对于公募产品，相关的投资策略、标的、风险等都要在媒体上及时披露；对于私募产品，则要在合同中充分揭示，让客户购买前对相关的风险有足够的认识。

三是注重创新，切实满足多样化的理财需求。

要持续加大创新产品的研发力度和对市场的研究能力，不断深化市场细分，开发更多符合市场需求的产品。

四要合规运作，注意风险控制。

要强化合规意识，完善合规制度，采取形式多样、灵活有效的措施，加强合规教育，健全依法运营保障机制。从业人员特别是高管人员要坚守职业道德，忠诚于投资者的利益，敬畏于法律的威严，不触碰底线。

证监会将继续加强基础制度建设，不断优化有利于行业发展的外部环境。当务之急，是要配合立法机关，加快《证券投资基金法》的修订，争取在拓宽基金公司业务范围，扩大基金投资标的，松绑投资运作限制，优化公司治理，规范行业服务行为等方面取得突破性进展。同时，要切实强化监管，对银行、信托、保险、证券、基金、期货、股权投资等各个领域的财富管理产品，在依法合规、公平竞争的前提下，按照分业监管、行为监管的原则，重点解决好监管标准协调统一的问题，避免监管套利和监管真空情形的出现。对损害市场“三公”、侵犯投资者利益的，不管涉及什么机构，都要坚持“零容忍”。严厉打击“老鼠仓”、操纵市场和各种形式的利益输送等违法行为，发现一起、查处一起、公布一起。

四、基金业协会应当也能够大有作为

成立行业协会，归根结底是行业发展的需要。协会是行业自我管理、自我服务的平台，也是行业和政府部门沟通传导的桥梁。当前，我国亟待建设一个强大的财富管理行业，基金业协会的成立正当其时，相信协会一定能够大有作为！希望协会从成立开始，就能跳出公募投资基金行业的小圈子，牢牢把握财富管理行业的发展大趋势，引领行业发展方向，凝聚行业发展共识，共谋行业发展大局。要真正发挥行业协会作用，打破目前存在的低水平重复、条块分割、产品单一、服务能力不足的局面，大胆创新，闯出一条符合国情的财富管理业务发展之路。

一是转变观念，回归行业协会的本性，突出服务宗旨。

既要做好各类行业协会普遍承担的专业性服务，组织好专业培训、行业宣传、会员交流，也要组织行业力量做好有前瞻性、事关行业发展方向的课题研究，建立完善行业基础性的统计分析制度，着力加强人才建设；同时，要充分发挥好传导作用，搭建监管部门与行业之间沟通的桥梁，把行业的情况和诉求及时反映给监管部门，为制定监管政策提供第一手的资料，也要全面客观地宣传监管政策，集全行业之力，一心一意搞好资本市场建设。

二是包容开放，鼓励竞争，促进行业创新。

要把推进创新作为一项重要职责和使命，下大力气研究行业创新发展战略，推动行业开展组织、制度和产品创新，使各种类型的财富管理机构公平竞争，不断做优做强，切实满足大众理财需求。同时，加快建立国际交流合作机制，积极引进和消化吸收境外财富管理的先进经验，为我所用，不断提高整个行业的服务能力 。

三是严格自律，加强行业管理，积极探索符合实际的自我约束的方式、手段。

协会党委、会员大会、理事会和监事会要各司其职，各尽其责，为会员单位完善公司治理结构做出表率。要充分借鉴国内外行业协会的成熟经验，完善各项制度规则，建立自律档案，积极探索会员自我规范、自我约束、自我教育、自我监督的方式和途径。大力加强诚信建设，推动会员单位诚实待人、守法经营、规范运作、勤勉尽责。要像爱护自己的眼睛一样，珍惜行业和自己的声誉，维护行业公信力，严惩“害群之马”。

四是勇于担当，切实负起行业和社会责任。

财富管理是与千家万户息息相关的行业，可以说是人民大众的事业，也关系到金融结构的优化和经济效率的提升。协会和全行业都应有一种神圣的使命感、荣誉心和责任意识。全行业都应以实实在在的行动回馈社会，不能脱离群众，更不能站到社会公众的对立面。协会要发挥作用，引导全行业从业人员牢固树立关心国家、热爱人民、回馈社会、共创和谐的理念，使财富管理行业成为履行社会责任的模范。

证券基金业的朋友们，协会的同事们，财富管理是一个大有作为的朝阳产业，是一项高尚的事业，已经并将继续汇集大量的优秀人才。相信大家一定能够发挥聪明才智，以更加坚定的信心、更加振奋的精神、更加开阔的胸襟，团结一致，锐意进取，脚踏实地，开拓创新，使我国财富管理行业跨入一个崭新的发展阶段！

中国财富管理市场的发展与相关法律体系建设和完善

—— 在《信托法》颁布十周年纪念研讨会上的讲话

全国人大财经委副主任　吴晓灵

（2011年4月28日　中国昆明）

非常高兴能够应邀来参加信托业的峰会，我认为在中国金融业发展的整个框架之下，信托业能够呈现出“经济冷了，但是信托火了”这样一种局面，这是由中国金融业发展的一个特定阶段所决定的。也就是说未来中国金融业发展最大的蓝海是财富管理，而信托是财富管理的主要法律形式和产品形式。今天，我就借信托业峰会的这个机会，讲一讲中国财富管理市场的发展与相关法律体系建设和完善。

一、财富管理市场是未来金融业发展的蓝海

(一) 财富管理

财富管理可以分为三个方面，第一是企业的资产管理；第二是居民的个人理财，第三是财富管理的咨询。企业的资产管理，未来可能发展的量是非常之大的，截至2011年底，仅工业、建筑业、批发零售业企业的资产总额就达到了90.8万亿元。除此之外，还有很多其他的产业，但由于我国没有全部企业资产的统计，因此只能报到这种程度。

(二) 货币资产管理是财富管理的重要内容

我们可以看到，截至2012年9月底，单位存款余额达到43万亿元，个人存款余额达到40万亿元，两者合起来，货币资产存在的状况就是83万亿元。根据《2012年中国私人银行市场》，民生银行、麦肯锡所做的报告中提到，可投资产在1亿元或1亿元以上的高净值人士2015年将接近200万人，超高净值人士将达到13万人；瑞信研究所所做的《全球财富报告》当中指出，2012年中国资产净值超过5 000万美元的人士为4 700名，百万富翁人数为93.1万名，到2017年预计为190万名。

二、财富管理需要统一的监管安排

从上述数据可以看出，财富管理的潜力是非常大的，但是财富管理需要统一的监管安排。

(一) 多种形式的财富管理

现在市场上有多种形式的资产管理，如银行业的理财产品、证券公司的理财产品、公司制或合伙制的基金产品、基金管理公司的理财产品、信托公司的理财产品和保险公司的投连险产品等。

(二) 财富管理活动的基本制度框架

在资产管理活动的基本制度框架方面，信托制度依靠《信托法》和《证券投资基金法》，委托代理制度适用于《民法通则》和《合同法》，而对于公司制和合伙企业制的基金，虽然它们的本质是基金，但由于它有一个公司的外壳和合伙企业的外壳，因而在目前阶段，我们国家公司制的基金和合伙制的基金是在适用《公司法》和《合伙企业法》。

(三) 私募资产管理活动缺乏统一监管标准

1. 集合管理计划的法律形式不同

现在的集合理财实际上是一种私募理财，但是社会上有将集合理财计划当作委托代理的，有当作是信托制的，还有当作一个公司来看待的。

2. 集合管理计划的投资者资格不同

银行的理财产品最低的投资者资格有5万或10万的，信托是百万，而保险是按照保费的份额来认购，基本上没有进入门槛，因而，投资者的资格限制是不同的。

3. 管理者市场准入条件和监管标准不同

目前，实际上对五类机构的监管要求是不一样的，而监管者并没有明确其产品到底是什么样的法律关系，这是最要命的。

(四) 缺乏统一监管标准的问题

首先，缺乏统一监管标准，不利于保护投资者的利益。刚刚李雨霏讲到的问题，我认为恰好是目前财富管理市场上最混乱的问题，这也是为什么在2008年我成为人大代表后，第一件事就提出要修《证券投资基金法》的原因。我于2004年作为人民银行副行长时，就开始关注这个问题，并不断地在社会上发表言论称我们国家的理财市场是多种金融机构做同一个法律关系的产品，但是标准不同、法律关系的表述不同、监管标准不同。因而自2008年我进入人大以后，就把修法作为一个主要的任务来做。我认为目前理财市场上出现的乱象，恰好证明了我们有必要在法律关系上对产品做认真的界定。

刚刚所谈到的社会上想买理财产品的人的心态，以及暴露出来的众多理财产品的风险，我认为反映了这样几个问题：

第一，产品的法律性质不清。很多人到银行柜台上去买理财产品，买的不是产品，而是银行的信誉。银行的理财产品就其本质来说是一个资金信托，如果银行的理财产品承诺保本，那么就是一个债权产品，是一个结构化的存款。按照银监会的规定，保本的理财产品必须进入到表内，要占资本金。我在人民银行就职时也一再建议，保本的理财产品应该纳入存款，征收存款准备金。因为它是一个结构性的存款，而不是一个信托产品。如果这款产品不保本，风险和收益是属于投资者的，那么它就是一个信托产品。为什么这么说？很多人认为，银行理财产品是委托代理，而我不这样认为。委托代理制的一个很重要的标志是，受托人是以委托人的名义在进行各种活动，而信托最本质的特征是以受托人的名义在进行投资。所有的银行理财产品，仅从不保本的理财产品来看，实际上是银行在投资，所有买理财产品的投资者不会以张三、李四的名义去投资，因而这是地地道道的一个信托产品。目前市场上把银行的理财产品说成一种庞氏骗局，我也不认同这个观点。我认为目前银行理财产品唯一的缺陷是它没有明示这是一个信托产品，没有明确风险要由投资人来承担，同时银监会也一再在规范，不允许有资金池对资产池的这种理财方式，但信托现在也有在做，我认为这也是不对的。银行的短资金池不断地滚动发行理财产品，然后有一个长资产池，这个长的资产池的组合确实是符合证券投资基金的规定的，因为它的资产池的产品期限比较长，长短搭配，但是以长资产为主，因而它的收益率高。拿长资产池的收益兑付短资金池的回报，中间有一个差额，是理财资金的收益来源。因为银行给投资者一个预期回报收入，预期收入与资产池收益的差额就是利润。要是从信托关系来说，这个长资产池和短资金池的差额，银行只能收取手续费，但是银行除了收手续费，在保证了客户的最低预期收入之后，差额的全部利润都被作为超额利润留了下来。有良心的银行可能会比预期收益率多给些，但大多数的利润都留到了银行。我也理解银行的苦衷，因为它无法一一对应地计算短资金和长资产的配比，这就是银监会为什么一再下文要求银行做理财产品的时候资金池和资产池必须一一对应的原因。信托同样应该掌握这个原则，在这里我就不详细说明了。既然老百姓把资金给了你，你就应该明示这个产品的资金要投到什么方向，怎么去投，这是一个契约关系。我们的信托产品中的资金池和资产池问题不出现在短资金长资产上，而出现在资产池的投资方向没有一个明确的界定上。由于调整的时候没有明确地跟投资人去说明，因而引起了很多的纠纷。

第二，无法明确法律责任。即使委托代理及信托的法律责任应是完全由投资者自担风险、获取收益，但由于这一点没有明确，所以客户在银行柜台买了理财产品之后，就会要求银行刚性兑付。有些信托产品和保险产品，如保险的投连险等都是在银行柜台上代销，和储蓄在同一个窗口上，老百姓会认为他买的不是这个产品的风险，而是银行的信誉。在这种情况下，他出了问题就要找银行，而银行由于没有把产品的性质界定清楚，没有给客户明示这个产品的风险要由客户自行承担，因而最终老百姓会来找银行要求兑付。我们的“风险承担”的字样都特别小，而“收益”的字样特别大，大家看到的都是预期的收益，而对风险则提示不够。我认为银行的责任就在于没有明示这个产品的风险到底由谁承担，而刚才所提到的短资金池和长资产池的不合理收益分配也是银行要承担一定责任的一个原因。

第三，银行理财产品和信托产品只有出现了不兑付的情况、只有跌破面值，市场才能够成熟起来。如果全民来买银行理财产品和信托产品的时候，都有着保本、不亏本的心态的话，那么就没有成熟的理财产品市场和成熟的信托产品市场。现在证券和基金的日子不好过，为什么？因为他们已经走向成熟了。投资者承担着风险，股票无论跌到什么程度，老百姓也知道买的是股票，自己承担最后的后果。基金现在可以跌破面值，尽管老百姓非常不满意，但是他也认这个账，这是成熟的表现。但是我认为，我们国家目前资本市场的表现和基金的这种表现是有问题的，这个问题不在于它们本身，而在于整个资本市场的设计存在制度性的缺陷。在前几天的一些论坛上我曾说过，如果我们的资本市场能够健康、正常发展的话，基金不至于跌破面值，它还是可以更好地发展的。在国外，小投资人其实是不适宜去买股票的，也不适合于买信托产品，我们国家的信托产品是私募产品，必须是有钱人来买。老百姓最适合的是公募基金，即公募资金的信托产品。这就是我想讲的我们的产品由于法律关系不清所带来不利于投资者保护的三个问题。

其次，缺乏统一监管标准，不利于建立公平竞争环境。因为同样的业务五类机构都在做，但他们的准入标准和风险监控标准是不一样的，因此处于一种不公平竞争的地位。

最后，正是由于各类金融机构处于一种不公平的竞争地位，因此需要完善制度、统一监管。

(五) 财富管理的法律框架

财富管理的法律框架应从三个方向在法律上加以规范。一是委托、代理。这一方面有《合同法》和《民法通则》就可以了。二是从信托角度来立法。很多人希望立一个资产管理法，但我认为这个法要单独立不太容易。资产管理就其法律本质来说是信托关系，从这一点来看只修《信托法》就可以了。而《信托法》怎么修？我认为我国目前的《信托法》只规定了信托关系，而没有对信托经营进行规定。因此可以在修《信托法》时，就像此次修《证券投资基金法》对私募基金专立一章一样，比照这样的修法方式在《信托法》中针对信托经营专立一章。作为信托经营，就应该针对民事信托、公益信托，将什么样的条件可以干、什么机构可以干、最主要的经营原则是什么等描述清楚。而在我们的信托关系当中，即资产管理，财富管理中最主要的资金信托、资金管理部分，通过修订《证券投资基金法》已经把这个法律问题解决了。《证券投资基金法》已经完成了资金信托的法律规范，剩下的财产信托和公益信托还未明确。所以在经营信托这一章中，可以略写资金信托，而对财产信托和公益信托做比较详尽的规范。三是财富管理顾问。原本我想在这次《证券投资基金法》的修订中对投资顾问、财务顾问这一个机构做一定的规范。但是大家认为财务顾问、投资顾问涉及的机构太多、涉及的面太宽，因而证监会说还是要在目前证监会所管的范围之内，狭义地把投资顾问、财务顾问作一个原则性的规定，我认为这并没有涵盖所有的财务顾问、投资顾问所应该规定的事情，因此在修《信托法》时，是不是可以加一章或者是在经营信托这一章当中加一些条款，把这部分明确出来。

三、《信托法》修改与信托配套制度建设

(一) 关于修改《信托法》，完善信托制度的工作进展情况

目前已开始了《信托法》的立法后评估工作，正在积极推进最高人民法院的“《信托法》司法解释工作”，正在进行有关信托配套制度建设的研究与法规制订工作，即将开展修改《信托法》的工作。

(二) 关于《信托法》立法后评估工作

人大财经委通过一个委托函，委托信托业协会做立法的后评估。最初信托业协会希望由人大法工委来进行立法的后评估工作，但由于法工委的任务太多，最终决定由信托业协会先做基础性的工作，人大财经委参与，同时要求法工委也一起参与，用社会的力量来对法律进行后评估。后评估的作用就在于怎样去完善它，我们现在要建立法治国家，要民主立法，信托业的立法后评估是大家参与民主立法非常重要的一个环节。

《信托法》立法后评估工作的主要内容是司法实践中《信托法》适用情况、信托登记与信托税收制度适用存在的问题、公益信托制度适用存在的问题，大家都可通过这个形式讲出来。

(三)《信托法》修改、完善的主要方面

一是关于设立信托时委托人是否应当将信托财产转移给受托人的规定，二是关于信托目的的合法性，三是关于受托人的审慎义务。这三方面是《信托法》原来的条款当中应该注意修订的东西，但我认为并不局限于这些。我刚才提到要把信托经营在《信托法》中作为专门的一章来写，也是《信托法》修法当中非常重要的内容。此外，通过《信托法》的立法后评估，很可能还会有更多的问题被提出来，也可以充实到《信托法》的修法当中去。

四、《证券投资基金法》的修改

这是财富管理当中最主要的一部分。

(一) 投资基金是货币资产管理的重要形式

投资基金的特征是：募集资金；由基金管理人管理，收取管理费用；为持有人利益投资；持有人承担风险、享受收益。我认为我们看任何一个问题都不能只看表象，不能看它的名称，而要看行为的实质。如果具备了以上四点，那实际上就是一个资金信托，也可以把它叫作投资基金。

(二) 法律关系：信托关系

在1999年厉以宁教授牵头立法时，就是要立“投资基金”法，但由于大家当时在法律上对私募基金并没有非常清醒的认识，而且在对于投资基金的立法是关注筹资方还是投资方等很多问题的认识上不统一，形不成共识。在第九届人大即将结束的时候，立法小组决定在“投资基金”前加“证券”两个字，就仅限于证监会所管的公开募集的投资基金，于是在第十届人大，周正庆主席作为人大财经委副主任委员时通过了这个

法。应该说，通过了《证券投资基金法》，对我国基金业的发展特别是对公募基金的发展起到了极大的推动作用，而相应地，对私募基金也起到了推进作用。我认为投资基金本身就是信托基金的典型标准方式，加上“证券”两个字并不改变这个实质。在我国，为什么把“证券”两个字加上去投资的范围就变得窄小了？这是因为我国对证券的定义定得太狭小了，《证券法》调整的对象是股票、债券、国务院认可的其他证券，因而我国只认为股票和债券是证券，其他的就不是证券。于是现在社会集资乱象丛生，各地的交易所名目繁多，其实大家做的都是一件事情，都是实物资产的证券化，把一些实物资产变成可分割的资产进行交易，筹建资金，再进行投资。

证券的定义应该是什么？我希望未来经过大家的共同研讨能够接受我的这个定义：“证券”，说文解字，就是一个人获得权益的凭证，如此而已。不管你的凭证以什么形式存在，只要能证明对某物有权益，这就是证券。“券”就是一张纸，“证”就是证明，“证券”就是你有权益的证明。按此理解的话，我国很多想交易的东西都能变成可交易的证券，都能有流动性，这样我们的财富才能流转起来。但是人们会担心，证券作了这么广义的解释，会不会形成证监会的权力过于扩大。监管权是法律所授，同样都是证券，可以有不同的监管当局。公开募集和非公开募集，这些可以按照不同的属性来划分监管权限，而不应该因为怕监管权限的集中而否定一个客观事物的本质，我认为这是中国金融压抑非常重要的理论原因。如果不解除这个问题，我们很多资产都难以流动起来，而客观经济需要这些东西流转起来，那么怎么办？就要把“猫”叫成“咪”，换一个名字来流通，这样就产生了各地不规范的交易中心。

(三) 这一工具的标志特征不是资金的投向，而是委托人与受托人的法律关系

筹集资金的多和少、面对筹集资金的人多和少，这是这个工具非常重要的标志特征。在立法的时候不要管这个基金投向什么地方，为什么大家不愿意用“投资基金”这四个字立法？因为认为投资基金复杂，有投资已经上市的证券的，也有投资于未上市的证券的，还有投资于另类如红酒、古玩等的，有这么多复杂的投向，就认为没法立法。实际上想一想，金融是干什么的？金融是作为一个中介机构，把想投资但没有能力投资的人的钱集合在一起，然后帮他投资，投到更好的方向上，获得更高的收益，这是我们金融机构要做的事情。这时作为监管当局应该关注什么？关注的是这个金融机构管的是大多数人的钱还是少数人的钱。管大多数人的钱由于有搭便车的现象，有从众的心理，因而有道德风险，所以需要公权力的介入，由监管当局代表公众来监督这些替大家管钱的人管得好不好。但是对少数人，对有钱的人来募集资金，这些人完全有能力来识别风险，即使没有能力来识别风险，也有钱雇人替他做财务顾问，因而这些人的风险不需要用公权力来替他承担责任，这就是私募。我们在立法的时候把公募和私募分清楚了，对公募我们要严格监管，要规定公募基金能够投向什么，不能够投向什么，为的是保护社会公众的利益，保护小投资人的利益。那些老奶奶们钱少，只能买公募基金，这时有国家的公权力保护这些人的利益。那么私募呢？像信托做的这些计划都是私募的，所以必须要是有钱的人、高净值的人、有风险承受能力的人。而且在投资的时候，比如这次王亚伟的首只私募产品，是1 000万元的起点，而且要求投资人投资的钱只能占他净资产的5%，意思是，即使全赔光了也不会对自身有任何影响。我们现在有一个非常大的误区，是退休的人、没钱的人进股市去，想通过股市来发财，这个是不行的。凡是进股市的人，进到投资市场的人，如果没有准备赔掉的心就不要进来，赚钱的人踏踏实实去搞实业，搞实业是凭自己的劳动、凭自己的智力能够获得报酬的最稳当的办法。因而在立法时，我们不在乎你投向什么，而在乎于是公募还是私募。如果是公募，法律就要界定清楚能够投到什么方向；如果是私募，合同约定投向什么方向，周瑜打黄盖，一个愿打一个愿挨。如果信任中信信托，那么就和中信信托签订协议，把钱交给他们，允许他们把钱投到哪些方面，如中信信托有哪些长项，告诉投资者他善于管什么、善于在哪些方面投资，然后帮投资者在这些方面投资，如果同意，订个合同就可以做，今后中信信托收管理费，投资者来承担风险。

(四)《证券投资基金法》修法的重点和焦点

第一，修法的本意是更好地保护投资人利益。也就是让投资人搞清楚你是公募投资人还私募投资人，公募投资人我们要更多地保护。

第二，要规范基金管理人的行为，创造公平竞争的环境。无论是哪一类机构，只要搞了公募基金，就必须受同样的管理。银行理财产品其本质是公募基金，早超过了200份，机构可以由银监会来管，但是管的标准应该遵循同样的监管标准。私募基金现在也有众多的机构在做，管理私募基金的人也应该遵循同样的准则。

第三，给私募基金合法的地位，更好地为社会管理财富。未来财富管理的蓝海，是将富起来的人的财富通过私募方式来管理，这样，投资渠道会多种多样投资的产品的创新才可能是多种多样的。对于社会公众来说，搞好存款、搞好共同基金、搞好国债、搞好保险，对于老百姓来说，净资产在20万元以下的，我提议也就搞这四件事情：存款、基金、保险、国债，否则，是难以承受金融市场的波动的。

第四，给基金以类财团法人的地位，避免重复纳税。刚才谈到的信托产品重复纳税问题，其实这次修法以后，只要真正落实这部法，所有的信托产品就不是纳税主体，不会纳税。

第五，修法的焦点是投向未上市公司的股权的投资行为是否纳入本法调整。按照刚才所说的原则，把它们纳入本法调整是情理之中的事情，而且也是国际的惯例。因为投资基金本身就是一种金融工具，应该由金融监管当局来监管，这在全球都是共识，但在我国由于监管权力和政府权力的争议，使得本法难以实现刚才所说的立法修法的思想。

五、本次《证券投资基金法》修订的亮点

(一) 将非公开募集基金纳入了调整范围

首先，规定了基金管理人的注册，登记制度和豁免规定，按照本法的规定，基金管理人必须进行登记。如果参加一个协会，那么要在那里登记，而当所管理的资金，大到一定数额时，要到监管当局证监会去注册，若是小于一定数量的，就可豁免到监管当局注册。

其次是建立合格投资人制度，累计应不超过200人。这个合格人制度可能要和信托的制度进行衔接，信托目前定的标准为100万，300万以上的不计数，在二审稿时是累计不超过200人，而下周的三审表决中，我们建议修改为“累计不超过200人，但是净资产达到一定规模的机构投资人不纳入其内”，这样基金上规定的就是自然人，可以拓宽私募基金的范围，就能跟信托管理衔接在一起。

这个法律所列的私募的一章，主要是以合同来管理私募的行为，以委托人、管理人的合同为行为准则。在法律当中，规定了合同的要件是什么，哪些方面必须有相互的规定和约束，而至于怎样规定和约束是委托人和受托人之间的关系。

同时，私募以自律管理为基础，监管当局只关注可能产生系统性风险的大额基金管理人。

最后，最重要的一点是不得公开宣传推介，

我认为目前现有的金融机构大部分在做私募时都会违背这个规则，都在变相地作公开推介。我希望大家一定要记住这一点，为什么不让公开推介？就是要让委托人和管理人一定要有密切的接触，要双方接触在一起，要对管理人有尽职调查和了解。目前，我们的委托人并不了解管理人是个什么状况，就盲目地投信任票，把钱给了人家，这是不行的。现在总会提到信托业要刚性兑付，我不确定是真有此说法还是市场的误读，我认为如果强调刚性兑付，这个市场是发展不起来的。因为信托本身就是一个直接投资，应该由委托人来承担这个风险。管理人要让委托人通过某种渠道找到你，而不是你找到他，即使可以你找到他，但是这种寻找的方式一定是亲力亲为的，而不是通过广告的形式。各国在进行私募监管的时候，非常重要的一条，就是不得公开宣传推介，有了这一条，信托业的资金信托才完全有了法律保障。

(二) 加强了对基金投资者权益的保护

1. 公募基金持有人大会出席人数从50%调整为1/3，并引入二次召集大会制度

对于具体的人数，也可能会有一些调整，有人认为在这次修改以后，开持有人大会的人数比例太少了，不利于保护。其实不是这样的，在人大常委会审议时，有些常委提出了这个意见，因此法工委正在考虑是否接受。

2. 拓展了基金的组织形式，基金的基本形式是一个信托契约

通过这几年的讨论参与，修法的人有了这个共识，公司型的基金和合伙型的基金本身只是一个法律外壳，只是要用它的治理形式，因此原本在《基金法》修法时，有过几版稿子，第一稿认为有公司型基金和合伙型基金，有人不太理解，提出既然是公司型基金就适用《公司法》，合伙型基金就适用《合伙企业法》，为什么还要到《基金法》中约束，我们给出解释，公司型基金和合伙型基金是用这个法律外壳，用的是它管理的实质。到一审稿时，我们进行实质的描述，变成了理事会型基金和无限合伙型基金，就是想把公司和有限合伙企业的治理结构的本质放在这儿，但依然不被大家理解和接受，最后在二审稿时提出，既然都是一种契约，那么就把它作为一个信托契约来描述。

公募基金可以根据合同约定，持有人可以设立日常机构，即可以出一个董事会。按照这个规定，基金管理公司今后很可能会采用发起设立的方式设立基金。目前，基金管理公司已经在做这个事情，基金管理公司本身也会投一些钱在里头，跟大家一起组成董事会，同时也有持有人大会，用这样的机构、这样的一种机制来管理公募基金。通过董事会，包括聘请一些独立董事，更好地代表基金持有人的利益，也为私募基金的公司型基金奠定了法律基础。

非公开募集基金可以有对基金债务承担无限连带责任的基金份额持有人，也就是有限合伙型的基金，通过这样的规定，公司型的基金和有限合伙型的基金本身都不会成为一个纳税主体，它是一个产品不是一个机构。

(三) 避免基金层面的重复纳税问题

在《基金法》第八条中规定：基金财产投资的相关税收，依照法律由基金管理人代为缴纳或由基金份额持有人自行缴纳。这是指，在资金集合这个环节当中，不产生任何税收。

怎样来实现这一点呢？就是在监管部门报备，并与税务部门联网的报备基金可以不到工商部门做税务登记。信托计划的本身是不到工商部门去登记的，但是信托计划如果投资于私募股权，就很难作为基金的股东，这个信托计划本身不能够成为投资的股东主体，但是如果建立了这个制度，比如说中信信托做了一个南方一号的信托计划，如果投资一个企业股权时，到工商局去作为股东登记注册时，这个股权是由中信信托来代为持股，标注为中信信托——南方一号，以后产生的各种税收都应当由中信信托来向监管当局报备，保证国家税收不流失。第一保证不重复纳税，第二保证税收不流失。我想每一个公民都愿意做一个合法纳税、合法经营的好公民，这样才吃得下睡得稳，没有那么多额外的担心。

行业自律组织要有监管部门认可并能与监管部门连接的信息系统。大的基金可以到监管部门来报备，小的基金要到行业自律组织来登记。其实证监会是很开通的，不要求全国成立一个行业自律组织，也不要求某一个地方只成立唯一的行业自律组织，但是有一个硬性的条件就是行业自律组织必须组织起来建立一套信息系统，能把成员所有交易的行为有所登记、报备。税收状况能够和监管当局联网，能够让监管当局看到正在干什么，有多少税收，如果要想建立这样一个完备的自律系统，即使在同一个城市，甚至在同一个地区可能都是不经济的。如果实现不了怎么办，就还当公司或者是合伙企业。但是该法案的最后一条也提到，即使是以这样的名义在经营，如果实质上是以证券投资为主的话，也要受本法的调整。

六、本次《证券投资基金法》修订对信托业的影响

(一) 本次修法没有改变现有的监管格局

在该法第三十四条中写道，“对非公开募集基金的基金管理人进行规范的具体办法，由国务院金融监督管理机构依照本章的原则制定”。这里提到的“本章”指的是对公募基金管理人的那一章，也就是说现在承认各个监管当局所管理的机构在做这个私募基金的业务，但是要实行统一的监管标准，即规则应该是统一的，监管主体可以是不一样的。为什么？只要有人对这个被监管主体的风险处置负责，那么就达到了国家设立监管机构的目的，当然最理想的办法是实行功能监管，在不能实行功能监管的前提下，我们可以实行监管规则的统一。

(二) 法律生效后也为信托公司发起设立公募基金提供了可能

信托公司本身就是替人理财的，是最标准的搞信托工具的机构。但是过去把信托公司算在了私募基金的范围之内，极大地限制了信托公司的发展空间，因而未来应解放信托公司，让他可以做公募基金。在该法第九十九条中规定，“专门从事非公开募集基金管理业务的基金管理人，其股东、高级管理人员、经营期限、管理的基金资产规模等符合规定条件的，经国务院证券监督管理机构核准，可以从事公开募集基金的管理业务”。这里也有一个很大的制度性突破，公募基金在现有情况下应该由证监会实行统一的公开管理，信托公司可以到证监会去申请公募。刚才提到第三十四条提出了私募可以由各个监管机构来管，在公募基金的管理人里，有一个股东3亿元资本的要求，本来想在修法时将资本金的要求降低，因为资产管理行业不是一个资本密集的行业，它是一个人力资本的行业，实有资本基本上应该是办公场所网络系统和必要的违规补偿，如果违规了，要补偿客户，如此而已。它本身的资本金并不承担风险，因为作为中介人，没有债权债务，而人力资本是最重要的。但是鉴于很多人对这些问题的认识不一致，因此没有修改这一条款。可是第九十九条允许私募基金的管理人今后达到条件可以申请管理公募基金，当然有很多的私募基金不愿意去管公募基金，因为管理公募和私募是两套完全不同的技术系统。但是如果愿意，那么他也可以变为公募基金的管理人。而大家知道私募基金管理人的股票资格要求没有这么多，而且自然人也可以是他的股东，从这一点上，把私募基金向公募基金的管理打通之后，其

实也是为自然人投资成立基金管理公司开辟了渠道。

(三) 本次修法及金融发展的需要出现了大财富管理的局面，信托业将面临更多的挑战

阳光私募可能不再借道信托，直接可进行私募基金管理业务。但私募基金能否作为一个产品，而不是以公司和合伙企业的身份进行各项经济活动，还取决于行业自律发展的程度。刚才我曾提到，在登记时，如果你的行业自律组织的管理程度得不到监管当局的认可，那么你可能还要作为一个企业，作为一个合伙人去经营，还要去借道一些其他的经营机构。在该法第一百五十七条当中规定，“公开或非公开募集资金，以进行证券投资活动为目的设立的公司或者合伙企业，资产由基金管理人或普通合伙人管理的，其证券投资活动适用本法”。即除了能够避免双重征税的资金信托之外，以公司或者合伙企业去经营的基金，即使得不到资金信托产品的地位，也要接受本法的调整。这也就是大财富管理的局面，除了金融机构以外，也有可能会有一些以公司或者合伙企业身份的机构，来管理那些非常小的基金。

(四) 资金信托要严格按照《基金法》的原则进行管理

资金池的信托产品和资金池的理财产品不符合法律规定，蕴藏风险，不利于保护委托人利益。这一问题应下大力气去解决，我们也看到银监会在这方面做了极大的努力，我希望业界为了自身的信誉，为了自己对客户的诚信，应该完善资金信托产品，树立契约精神。

(五) 信托业要寻找自己的特点，在财富管理市场上差异定位

资金信托是财富管理的重要一环，但不是唯一的。在资产管理、收购兼并方面，很可能PE的作用更大；在创业投资方面，VC的作用可能更大；而在财产管理方面，我们的信托公司用武之地更大一些，中国的财富已经到了代际交替的时候，三十年的创业者，他们的二代要继承财富，怎样很好地继承财富是他们所面临的问题。报纸上曾说目前有一千零五十多万家私营企业，即使这里是有重复的，私人企业家也有几百万，而这几百万人中，他们的财产怎么继承？包括现在没钱的人，工薪阶层，也有财产继承的问题，现在有多少人家，父母去世后为一点点财产打得头破血流，有多少人为了争夺、纠缠一些财产连父母出殡都不去。如果我们为人民服务的话，就应该是为所有的人，为所有有财富的公民服务，做好财产管理，我想这应该是信托业的长处。

以上是我所要讲的全部内容，如有不对的地方，希望大家批评指正。

谢谢！

建设现代财富管理行业

—— 在第十一届中国证券投资基金国际论坛上的讲话

中国证监会主席助理　张育军

（2012年12月2日　中国深圳）

尊敬的桂敏杰主席，陈应春副市长，各位来宾、女士们、先生们：

大家上午好！

很高兴参加“第十一届中国证券投资基金国际论坛”。今年6月7日，郭树清主席在证券投资基金业协会成立大会上发表了《我们需要一个强大的财富管理行业》的重要讲话，明确指出基金管理公司应当加快向现代财富管理机构转型，为行业下一步的发展指明了方向。在这个背景下，本届基金论坛广邀各界人士，共商行业转型发展大计，无论对于财富管理行业还是对于整个资本市场的发展，都具有十分重要的现实意义。借此机会我谨代表中国证监会对论坛的召开表示热烈祝贺！

党的十八大对全面建设小康社会和全面深化改革开放做出了重大部署，明确提出了“加快发展多层次资本市场”的具体要求。大力发展财富管理行业，对于贯彻落实党的十八大精神，服务经济社会发展，具有重要意义。发展财富管理行业，有利于提高我国经济效率，在实体经济不同领域和企业发展的不同阶段进行资本优化配置；有利于优化国民收入分配，提高广大中低收入群众的财产性收入，推动我国社会保障和养老体系的建设，更好地服务民生；有利于完善金融体系，改善直接金融与间接金融比例失衡，优化社会融资结构，化解金融风险；有利于推进资本市场健康发展，特别是优化投资者结构、促进上市公司完善公司治理。从一定意义上说，加快建设一个强大的现代财富管理行业，不仅关系资本市场的稳定健康发展，更关系到金融强国战略的实现，关系到国民经济的顺利转型和和谐社会建设。

当前我国财富管理行业正处于创新发展的重要机遇期。我国工业化、城镇化、信息化和市场化的快速推进，为经济持续较快发展奠定了坚实基础，也为资本市场和财富管理行业的发展提供了不竭动力。我国金融业正在进行战略性调整，间接融资与直接融资比例关系的调整，为财富管理行业创造了巨大需求。同时，居民财富的持续积累、利率市场和汇率市场化的推进、资产证券化业务的创新发展、养老社保体系的不断完善，以及金融国际化进程的进一步深化，为财富管理行业拓展了广阔的发展空间。行业要正确认识和把握我国的经济形势和资本市场形势，坚定发展信心，善于把握机遇、乘势而上，努力实现新的发展和跨越。

在监管方面，证监会始终强调要“放松管制，加强监管”。我们将坚定不移地坚持市场化取向，努力做到“放得更开，管得更好”，进一步优化有利于行业发展的外部环境。核心思想是要建立一个开放、包容、多元的财富管理体系。要积极发展各种类型的资产管理机构，促进私募基金规范化、透明化发展，做好社保基金、保险资金、养老基金、住房公积金等投资资本市场的衔接和服务，积极为银行、保险、信托等专业机构和产品参与资本市场创造良好条件。

在公募基金领域，要不断拓宽基金公司业务范围，松绑投资运作限制，优化公司治理，提高公募基金行业的整体竞争力。无论机构准入还是产品创新，都要尽量降低门槛、弱化审批。要把监管部门从繁琐的审批中解放出来，更多地关注对过程和行为的检查，更加注重风控合规，从以审批带动监管的模式逐步转变为以检查带动监管。证监会将始终坚持"零容忍"的态度，强化现场检查，严厉打击"老鼠仓"、操纵市场和各种形式的利益输送，加大对违法违规行为的惩处力度，在降低市场准入和运行成本的同时，大幅提高违法违规成本。

对于行业而言，创新和发展的责任主体首先在于机构自身。基金公司要在管理团队、客户对象、产品设计、风控机制等各个方面实现全面升级，努力建设专业精良、治理完善、诚信合规、运作稳健的现代财富管理机构。

一是要树立以客户为中心的理念。要时刻把客户权益放在优先位置，把投资人的价值增值作为公司发展的基础。唯有持续地回报投资人，行业才有机会和未来。

二是要提升核心竞争能力。包括投资管理能力、产品设计创新能力、销售服务能力、风险控制能力和公司管理能力等，这些基本能力决定了公司能否把握机遇，在竞争中实现创新发展。

三是要探索特色化发展道路。要结合股东背景、资金实力、团队人才、地域背景、行业背景，深入分析自身的比较优势，寻求适合自身定位的个性化、差异化发展模式。

四是要树立正确的精神和文化。大力弘扬诚信文化、受托文化，强化勤勉尽责和对标意识。我始终鼓励大家都要找到自己的标杆，树立学习、借鉴、赶超标杆的强烈进取精神。

五是要加强人才团队建设。财富管理行业是以智力资本为核心的行业，人才是行业发展的关键。一个机构人才不在多而在精，要通过完善包括股权激励在内的各种激励约束机制，把既有工作能力又有强烈进取意识和奉献精神的核心人才留住、用好。

六是要高度重视风控机制建设。风险控制是一切创新业务的前提和基础，因此风控能力和创新能力必须齐头并进。不应当简单地把合规理解为风控，要根据自身的资产结构特征、业务模式等具体情况，把风控关口向一线部门前移，重在建立适合自身需要的现代风控机制，形成一种渗透到各个环节、各个部门的风控文化。

各位来宾，女士们，先生们！我们相信，在党的十八大精神指引下，随着中国经济的强势崛起和资本市场的健康发展，基金行业必将迎来新的发展，为经济社会发展做出更大贡献！最后预祝本次论坛取得圆满成功！谢谢大家！

推动和保障财富管理行业健康发展的重要举措

—— 中国证监会祝贺《证券投资基金法》修订通过

中国证监会

（2012年12月30日）

12月28日，第十一届全国人大常委会第三十次会议审议通过了修订后的《中华人民共和国证券投资基金法》，新基金法将于2013年6月1日正式实施。法律的修订完善，夯实了基金业的制度基础，优化了基金业的发展环境，拓展了基金业改革创新的空间，强化了依法治市、依法监管和投资者保护。作为基金业基础性制度顶层设计和整体安排的总纲领、财富管理行业规范的新标杆，新基金法必将增强行业的公信力和市场的吸引力，促进培育养成专业、长期、理性的投资文化，对于推动资本市场的稳定健康发展，具有非常重要而深远的意义。

现行基金法自2004年实施的九年来，我国基金业发展迅速，取得了令人瞩目的成就。基金份额总数迅速增加，基金资产规模不断增长，基金产品日渐丰富，基金已成为广大投资者参与社会投资、增加居民财产性收入的重要渠道，社会影响力和市场影响力日益广泛。基金业的发展，促进了各类金融资产的优化配置，加快储蓄向投资转化的进程和效率，进一步完善金融市场结构。基金的专业化服务为社保基金、企业年金等各类养老金提供了保值增值的平台，为建立健全社会保障体系做出了巨大贡献。同时，作为资本市场最主要的机构投资者之一，基金的发展壮大有力地推动了资本市场新股发行询价、上市公司治理等制度改革。但是，随着经济和金融体制改革的不断深化和社会主义市场经济不断发展，我国财富管理行业和资本市场发生了很大的变化，实践中新的情况和问题不断出现。例如，对市场和投资者具有重要影响的私募基金，作为一种金融工具，在推动我国转变经济发展方式、促进经济结构调整和提高自主创新能力等方面起到非常重要的作用，是我国资本市场发展的重要领域，但存在法律地位和法律关系不明确、监管缺位、资金募集和使用不规范等问题，蕴含一定的金融风险和社会风险。又如，公募基金的市场准入门槛过高，妨碍了更充分的竞争；业务范围限制过严，局限了服务领域的拓展空间；行政审批管制过多，制约了市场活力的发挥；业务规范过于细致，抑制了市场创新和差异化竞争；组织形式的单一和专业人士持股的限制，忽视了基金业以人力资本、智力资本为核心价值的特点，也影响了运作的灵活性。同时，基金治理结构不健全，基金“老鼠仓”、内幕交易等现象时有发生，投资者权益保护力度尚待进一步加强。市场改革发展实践反映出现行法律存在的制度空白和缺陷，已经严重影响市场功能作用的发挥，难以适应财富管理市场快速发展和金融产品日益多样的要求。

基金业的发展实践迫切需要法律制度与时俱进地做出调整。立法机关对资本市场高度重视、关心和支持，及时启动法律修改，系统研究实践中出现的新情况、新问题，全面总结九年来法律实施的经验，不断深化对资本市场运行规律的认识，并充分借鉴国际金融危机发生后各国对基金监管制度改革的经验，主动适应世界发展的潮流。立足于更加适应市场发展的客观要求，为基金业发展创新创造良好环境、保护投资者合法权益和防范系统性风险，立法机关对法律的调整范围、私募基金监管和公募基金规范等问题作了大幅补充、修改和完善，为基金业的规范发展和有效监管提供了强有力的法律保障。新基金法共15章，与现行法律12章相比，新增4章、删除一章；共155条，与现行法律103条相比，新增55条，删除3条，并对74个条款的内容和文字作了修改。

适当扩大调整范围，规范私募基金运作，统一监管标准，防范监管套利和监管真空，优化机构投资者结构。

新基金法明确了“公开募集”与“非公开募集”的界限，将私募基金作为具有金融属性的金融产品纳入规制范围，并针对其资产规模小、客户人数少、风险外溢弱等特点，在基金合同签订、资金募集对象、宣传推介方式、基金登记备案、信息资料提供、基金资产托管等方面，设定与公募基金明显不同的行为规范和制度安排，实施适度、有限的监管。同时，按照功能监管的理念，统一金融机构私募基金业务的执业规则和监管要求，对名为公司或者合伙企业、实为私募基金的机构，适用相同的监管标准。新基金法将私募基金纳入规范运作的法制化轨道，在防范其非法集资、欺诈客户、挪用资产、不正当竞争等风险的同时，保证其运作应有的动力和活力，并在投资主体地位和合理配置税负等方面做出特殊安排，将吸引越来越多的机构参与财富管理行业，投身于资本市场，为财富管理行业迎来大好的发展机遇。对于完善市场结构，强化市场竞争，形成开放、包容、多元的机构投资者结构，丰富基金产品体系，意义十分重大。不断壮大机构投资者队伍，有利于发挥其促进资本形成和财富管理的功能，带动社会和民间投资，提高企业直接融资比例，推动产业结构调整，完善多层次资本市场。

以放松管制、加强监管为导向，促进公募基金向财富管理机构全面升级转型。

一方面，新基金法立足于推动业务创新、提升行业活力和竞争力，在市场准入、投资范围、业务运作等方面为公募基金大幅“松绑”：一是简政放权，大幅弱化行政审批，减少对基金管理人的任职核准项目，取消基金托管人的任职核准，取消基金管理人设立分支机构核准、5%以下股东变更核准，以及变更公司章程条款审批等项目，将基金募集申请由须作出实质性判断的“核准制”，改为仅需作合规性审查的“注册制”；二是从主要股东的资质等方面，降低基金管理人的市场准入条件，允许基金管理人通过专业人士持股等方式，强化激励约束机制；三是在控制风险的基础上，扩大基金财产的投资范围，适当放松基金关联交易和从业人员买卖证券的限制；四是为合伙制基金管理人、保险资产管理公司等金融机构及符合条件的私募基金管理人从事公募业务，商业银行之外的其他金融机构从事基金托管业务，留足法律空间。这些新规定充分体现了财富管理行业的特点，有利于鼓励引导民营资本进入金融服务领域，有利于基金管理人建立长效激励约束机制以及经营管理团队的稳定，也有利于树立长期投资、价值投资理念，促进公募基金向财富管理机构发展。另一方面，新基金法立足于防范业务风险、切实保护投资者合法权益，在行为要求、监督管理和责任追究等方面同步“收紧”：一是将基金管理人的股东及其实际控制人纳入监管范围，防范其擅自干预基金经营活动，禁止其要求基金管理人利用基金财产进行利益输送；二是要求基金管理人和基金托管人计提风险准备金，增强抵御风险的能力；三是有针对性地增加从业人员“基金份额持有人利益优先”的利益冲突处理原则，补充其勤勉尽责、诚实信用等受托义务，禁止其从事“老鼠仓”交易等背信行为；四是进一步丰富查封、冻结等执法手段和监管措施，加大监管权力和责任，特别是补充了接管、托管、撤销等对基金管理人的风险处置措施；五是增补大量法律责任条款，明确市场禁入制度，提高处罚力度，增加违法成本，健全民事赔偿、行政处罚、刑事制裁相协调、全覆盖、多层次的责任体系。这些规定为完善市场监管提供了有力武器，对于震慑违法违规行为、惩治“害群之马”、维护市场秩序、净化市场环境，将产生非常积极的影响。

以市场化为重点，促进中介服务机构和行业自律的作用发挥，强化市场自我规范、自我调整和自我救济的内在约束机制。

一是健全基金治理结构。针对基金份额持有人的利益代表机制较为薄弱，基金管理人、基金托管人同时承担对基金份额持有人负责和对其股东负责的双重责任等特点，新基金法补充了基金份额持有人大会的“二次召集”制度，有效解决了作为集体行动机制的基金份额持有人大会召集难度大、成本高等问题，能更好地发挥其监督约束基金管理人、基金托管人的作用。同时，参照公司治理的机理和有限合伙企业的运行机制，允许基金份额持有人大会设立常设机构，增加部分基金份额持有人作为基金管理人并承担无限连带责任的规定，促进基金组织形式的多元化，更好地发挥基金相关主体的内在约束制衡功能。**二是发挥中介机构的作用。**新基金法完善了基金销售机构、基金份额登记机构、律师事务所、会计师事务所等机构的监管规定，补充了基金销售支付、估值、投资顾问、评价、信息技术系统服务等机构的监管规定，明确其市场准入、行为规范和法律责任，确认了基金销售结算资金、基金份额等投资者资产的独立性和安全性。新基金法支持各类基金服务机构发展，允许基金管理人将投资决策之外的非核心业务外包，有利于基金行业各参与主体形成合理的专业化分工，基金管理人可以根据自身条件和特点扬长避短，开展差异化、特色化竞争，在产品创新、组织创新和机制创新方面寻求突破，为投资者提供更多更好的理财服务。基金中介服务机构在参与行业专业化分工的同时，也将承担更多的独立职责，为基金运作的安全性、合规性、透明度发挥监督约束、复核把关等“看门人”的作用。**三是鼓励行业自律管理。**新基金法专门增加了“基金行业协会”一章，详细规定了协会的性质及组成、组织构架及主要职责等内容，特别是考虑到私募基金更加强调自律管理的特点，专门规定了协会履行私募基金管理人登记、基金产品备案的职责。这些规定将促进协会更好地发挥行业自我管理、自我服务的平台作用，以及行业与政府部门沟通传导的桥梁作用，增强行业的自我规范，推动行业创新发展和公平竞争，减少行政监管介入干预。

法律的生命和权威在于执行。充分发挥新基金法的规范、保障作用，重在贯彻落实，推动形成市场主体严格守法、监管机构规范执法的良好局面。

贯彻落实好新基金法，首要是做好法律的宣传、教育。

要组织证券期货监管系统的全体监管干部，基金管理公司、基金托管银行、基金服务机构及其从业人员、普通投资者等市场主体，认真学习新基金法，使之充分认识新基金法出台的重大意义，全面理解和掌握新基金法规定的有关制度和措施，使市场参与者真正做到知法、懂法、守法，严格依法办事。

贯彻落实好新基金法，重点是抓紧制定配套规章规则。

此次法律修订幅度大、涉及内容多，确立

了一些新的监管制度，还对现行制度作了大量修改、补充，并设定了大量条款授权监管机构制定有关事项的具体管理办法。贯彻执行新基金法，有的需要制定新的规则具体落实，有的涉及现行规章、规范性文件的修改，有的涉及部分行政审批事项调整和后续监管安排衔接，特别是私募基金监管需要一整套制度配套。要组织对现行规章、规范性文件作一次全方位梳理，及时修订或者废止与修改后的法律相抵触或者不相适应的内容，并根据法律的授权，及时制定出台相应规则，使之更好地适应财富管理行业和资本市场进一步发展的需要。

贯彻落实好新基金法，核心是推进财富管理行业的改革创新发展。

新基金法在拓宽基金行业服务范围、扩大基金投资标的、松绑投资运作限制、优化基金治理结构、规范行业服务行为等方面，为行业的改革创新发展留出了广阔的法律空间。要切实采取有效措施，促进全行业向财富管理服务转型，提升创新能力和服务水平，坚持服务实体经济发展的经营宗旨，形成以市场为导向、以客户为中心的经营理念，完善公司治理、人才培养和激励约束的长效机制，再造科学清晰的业务流程、决策机制和管理制度，优化基金产品结构，在专业化的基础上探索多元化、集团化、特色化、个性化发展路子。

贯彻落实好新基金法，关键是牢固树立依法行政、依法监管的理念，完善体制机制，严格监管执法。

新基金法按照“放松管制、加强监管”的思路作出的制度安排，将促进日常监管工作从重事项审批向重行为监管转变，从重事前控制向重事后查处转变，从重微观管理向重防系统性风险转变，从重机构监管向重功能监管转变。同时，新基金法丰富了监管机构的执法手段，形成了区分不同主体、不同情形的多层次、逐渐升级的监管措施体系，为进一步提高监管的有效性提供了法律保障。监管机构需要认真思考梳理，在监管理念、监管方式、监管规则、资源配备等方面作出相应的调整，及时跟上法律的发展变化，切实采取措施改进监管方式，研究和构建一套公开透明、运作高效、保障有力的监管体系，提高监管水平，保证监管质量，增强监管效果。

党的十八大提出发展多层次资本市场，深化金融体制改革，完善金融监管，推进金融创新，维护金融稳定。新基金法将党的相关决策措施予以制度化、法律化、条文化，其修订出台，标志着我国财富管理行业进入了一个崭新的发展阶段。我们坚信，在新的起点上，认真贯彻实施好新基金法，必将推动资本市场改革发展引向深入，促进资本市场稳定健康发展，为国民经济发展做出更大贡献。

第二章

基金专论

Fund Thesis

中国资本市场发展的六大战略课题

□ 祁斌　中国证监会研究中心主任兼北京证券期货研究院执行院长

中国资本市场发展需要研究六大战略课题，包括制定市场发展蓝图、发展多层次股权市场、发展统一互联的债券市场、推进期货与衍生品市场发展、协同养老体系建设与资本市场发展、加快市场对外开放等。

中国资本市场的发展历经20余年，实现了非凡的成长，市场规模位居世界前列。当然，资本市场或股市的规模并不能完全代表市场发展的水平。我们还应该清醒地知道，中国资本市场在很多方面比起发达市场，甚至一些新兴市场或周边的市场都有相当大的差距。

中国的资本市场和美国华尔街的发展道路是完全不同的，美国是自下而上的发展模式，中国则是自上而下和自下而上的结合。美国资本市场早期的野蛮生长甚至是很荒唐的，在长达七、八十年的时间，上市公司都不需要披露信息，长达100多年中没有证券法，没有证监会，直到美国1929年股市崩溃之后才有了证券法，有了证监会。而中国资本市场的早期虽然也有一个野蛮生长的阶段，但非常短暂，很快出现了全国性的监管机构。所以中国和美国是两个完全不同的发展模式，在形态和发展方向上常常是正好相反的。美国的市场往往是过度自由、过度繁荣，中国总体来说是要推动市场化改革，当然同时也要不断加强监管和把控风险。

一个国家的资本市场不可能脱离经济社会的发展水平，它受制于社会的法制环境、诚信水平、文化因素等方方面面的影响。但是作为一个经济中比较活跃、比较先进、比较市场化的部分，它同时必须引领经济和社会的发展。比如中国的上市公司，就应该通过各种努力成为中国经济中较为先进或优秀的部分。

一、与成熟市场的差距

中国资本市场的发展成就，非常值得自豪。但中国资本市场与发达市场还有相当大的差距，主要体现在四个方面。

第一，金融结构的差距。2008年中国证监会出版的《中国资本市场发展报告》比较了几个国家的金融结构。日本是典型的商业银行主导型，38%的金融资产在商业银行里，而美国只有18%，所以美国金融体系比日本的市场化程度高很多。但中国的这个数据是63%，说明我们的结构相比日本来说还更加过度倚重商业银行。五年过去了，今天这个比例达到了78%，也就是说，过去几年中，在某种程度上中国金融结构的发展是走向了更加严重的失衡。

第二，在市场机制上的差距。以企业IPO的机制为例，全球几乎所有主要的交易所都实行注册制，我国目前还是核准制。但事实上，注册制、核准制或审批制之间并不是绝对的黑和白的关系，不是一个非此即彼的关系，而是一个渐进的变革过程。事实上，美国证监会的注册制也很严格，有上百个需要打勾的栏目，专司IPO注册的工作人员也有百人之多。其真正值得我们借鉴的是这些流程的机制化、标准化和透明化程度，但这些也是以较为成熟的市场化机制为前提的，例如较为良好的市场诚信环境、对于虚假信息披露较为严厉的市场和法律惩戒机制、相对规范和守纪的金融中介机构，以及相对成熟和专业的机构投资者群体，等等。中国证监会一直致力于发行体制的市场化改革，取得了很大的成效，但是并不可能一天之内就达到最终目标。同时，发行体制的改革也需要与多层次资本市场的建设、机构投资者的发展、市场诚信环境的改善、中介机构勤勉尽责意识的提高等方面协同推进。总的来看，发行体制和资本市场其他诸多改革的市场化取向是坚定不移的。

第三，市场深度上的差距。中国市场结构是一个倒金字塔，美国是一个正金字塔。美国纽交所有2 300家挂牌公司，然后是纳斯达克，有2 500个，再往下是OTCBB和粉单市场，大致将近1万家挂牌公司，再往下是一个灰色市场，有6万个挂牌公司，尽管在这些市场上挂牌的公司与交易所上市的公司无法同日而语，但它们服务于低层次企业，实现了很好的分化。而中国正好相反，主板有1 400家挂牌公司，中小板是700个，创业板是355个，中关村(000931)代办转让系统原来只有100多个，今年以来多了些，当然中国还有很多区域性产权交易所，但发展不太规范，良莠不齐。所以要加快三板和四板的市场建设，尤其是“新三板”。

此外，与股票市场相比，中国债券市场的差距更大。中国债券市场的发展滞后于股票市场，金融衍生品和期货市场又滞后于债券市场，相对更加欠缺。

第四，市场文化上有一定差距。中国资本市场的一个很大的特色，就是换手率比较高。A股市场是一个以散户为主的市场，尽管散户在中国市场中持有的市值仅有20%多一些，但却贡献了70%以上的交易量。当然，全世界的很多市场都是经历了一个过程才发展成为以机构投资者为主的市场。例如美国早期的市场完全是投机，但在1929年股市崩溃后，以巴菲特的老师格雷厄姆为代表，基本面和价值投资的理念才逐步出现，随后共同基金的发展和养老金的参与，才逐步在上个世纪七八十年代最终建立起了相对成熟的市场文化。

市场的活跃度是一件非常微妙的事情，没有一定的活跃度、没有一定的流动性就不能称之为市场，但如果投机气氛过浓，也是比较危险的。1921年的中国，上海滩上就曾经出现过100多个光怪陆离的各类交易所，但次年便因投机过度而几乎全数倒闭了。从中国市场的参与者众多、活跃度总体较高来看，中国从来不缺乏发展资本市场的基因，但要真正走向一个比较成熟的市场文化，中国的市场还有很长的路要走。

二、六大战略课题

我们正在积极推进以下六个资本市场战略课题的研究。

(一) 制定蓝图

制定中国资本市场发展的蓝图，借鉴国际经验教训，充分发挥后发优势，对中国资本市场进行一定的顶层设计，凝结共识，明确预期。

借鉴世界银行和国际证监会组织等国际机构的评估方法，我们试图为中国资本市场建立一个“四加一”的评估体系。“四”是指世界银行对于金融市场的评估指标，市场的深度、广度、效率和稳定性，“一”是指国际证监会组织(IOSCO)对监管机构有效性的一套评价指标。这套体系可以每年给中国的市场做一个体检，看看它在什么样的水平上，在哪些方面取得了进步，在哪些方面还需要改进。

2008年，证监会曾经对中国资本市场的历史回顾和未来发展做了比较全面的介绍。当时提出了资本市场的五个重要的发展原则：第一，把发展资本市场作为一个重要的战略任务；第二，立足于为国民经济服务，实现资本市场与中国经济社会的协调发展；第三，坚持市场化改革方向；第四，大力加强法制建设，不断提高资本市场行业规范化程度；第五，稳步推进对外开放，提高中国资本市场的国际竞争力。

今天如果我们需要补充一条的话，就应该加上把投资者利益的保护作为我们工作的重中之重，因为投资者的信任和信心是一个市场发展的源泉，一个市场如果不能充分保护投资者的合法权益，那么从长远来看是不可持续发展的。

(二) 建设多层次股权市场

在增速放缓的背景下，中国经济面临着深刻的转型挑战，其中，中小企业和创新、创业型企业的发展是这一转型的重要抓手之一。中小企业融资难问题一直困扰着中国经济的发展，正规渠道的融资成本极高，非正规渠道的融资风险又极大。而且，作为中国金融的主渠道的银行，其风险厌恶型的金融运作本质，使得其对于中小微企业的支持非常有限。相对而言，直接融资体系风险共担、收益共享、市场化定价和多层次服务等特性使得其必然成为支持中小企业发展的重要渠道。但截至2012年底，浙江省销售过亿的企业有9 710家，这些企业有可能都上市吗?显然不太可能。在这种情况下，就必然需要有一个多层次的资本市场。所以，要加快发展三板市场，并逐步将区域性股权市场纳入多层次资本市场体系中去。大量的暂时不够条件去上市或到三板挂牌的企业，可以先到区域市场挂牌，完善一下治理结构，有个价格，有人买有人卖，有个市场机制约束它们，整个中国经济都会上一个新的台阶。未来中国股权市场的结构，也将是一个正金字塔形。

(三) 发展债市

第三个课题是发展债券市场。大家都知道CNN(美国有线电视新闻网)，但可能很少有人知道CNN是依靠垃圾债发展起来的。美国的垃圾债曾有力地支持了一大批创新企业的崛起。中国在去年推出了中小企业私募债，在某种意义上相当于美国的高收益债和垃圾债。一批中小企业就可以以相对较低的成本获得资金，获得了成长壮大的机会。

中国的债券市场总体来说是比较落后的，银行间债券市场、企业债市场和交易所债券市场都加在一起，勉强排到全球第四，绝对数远低于排在第一位的美国和第二位的日本，纯粹的公司债规模就更小了，债券市场的发展需要加快。

未来债券市场的发展，首先要做到“五个统一”，也就是统一准入条件、统一信息披露标准、统一资信评级要求、统一投资者市场性制度、统一投资者保护制度。其次，要培育更多的市场机制，减少信用背书或者说隐性担保，进一步市场化。第三，要扩大私募债的发行与场外交易 。最后，要增加资产证券化等结构性产品，包括类市政债、信贷资产证券化、企业资产证券化等产品，同时要对整体风险进行较为严格的把控。

大家都知道，改革是中国最大的红利，城镇化是中国最大的潜力。但要将城镇化这个潜力发挥出来，需要解决融资的巨大需求。靠卖地难以为继，靠收税远远不够，解决这个瓶颈的根本方法是资产支持证券化和类似于美国的市政债这些产品。

(四) 推进期货与金融衍生品市场的发展

中国的期货市场在过去20年取得了长足的进步，但与大部分人的生活还离得非常遥远。黄浦江上出现了1万头死猪，引起了全社会甚至是全世界的广泛关注。原因显然很多，其中一条可能与期货相关。中国今天大致有四亿头猪，猪肉市场的行情变化会对农户的市场判断和生产积极性产生巨大的影响。如果中国有一个有效的生猪期货市场，农户可以大致预判出数月后的猪价，就会降低很多养猪的盲目性，也会少掉很多类似的黄浦江上的尴尬。当然生猪期货是个很复杂的产品，检疫、标准化、交割，都有很多的难点，而且，猪肉价格因地而异，有很多非市场化的因素，这么一个市场或许不是那么轻易就能建设起来的。但这个事件反映出，在目前的发展阶段，中国经济对很多期货产品尤其农产品期货的需求都是巨大的，任何一个期货产品的成功推出对于经济社会的贡献都将是巨大的。

美国的商品期货市场中场外交易占95%，中国场外交易基本还是空白；美国场内交易中，期权占比58%，中国目前还没有商品期权；金融衍生品方面，目前中国仅有股指期货一个金融衍生品，美国场内金融衍生品就多达700个，场外金融衍生品更是不计其数。

2008年的时候，有很多人说，千万不能搞金融创新，不能发展金融衍生品，不能发展资产证券化产品。用一个比方来说，好比美国人是开了一辆法拉利，没开好，开到沟里去了，而我们有些同志骑了一辆自行车，觉得还是骑自行车比较安全，但这种想法的危险性在于，如果某一天别人的法拉利修好了，他发现自己还骑着自行车。今天，金融危机后的第五年，美国人的法拉利基本上修好了，道琼斯指数创了历史新高，美国的实业和房地产业也基本完全复苏了。所以我们应该积极稳健地推动金融创新，推进资产证券化产品和金融衍生品的发展。

(五) 协同养老体系改革

关于中国的养老体系与资本市场的协同发展问题，社会关注度很高，而且已有很多的讨论，亦有不少认识误区。

在过去50年中，世界上所有发达国家和一些发展中国家，都有关于延迟纳税、税收优惠、企业强制补充等方面的制度安排，都值得我们去好好研究和借鉴。80年代初期，美国开启了著名的401(K)计划，这是针对所有雇员的养老金计划，属于基本养老第一支柱之上的第二支柱。随后30年中，美国401(K)账户的平均资产增加和道琼斯指数的相关系数高达98%，每个普通美国人在401k计划账户中的平均个人资产翻了6倍。这说明美国的养老体系和资本市场的关系，是相辅相成、相互促进和互为因果的。

过去10年中，全国社保基金取得了年均8%以上的回报，做出了一个好榜样。但它的运作并没有什么特殊之处，只是遵循了全球所有的养老金投资的基本方法，即资产配置、基金经理选拔、业绩归因分析和风险管理，并坚持了三大原则，即专业投资、分散投资、长期投资。全国社保的成功，证明了世界各国普遍采用的养老金投资管理方法，具有很强的科学性，在中国也是可以走得通的。

一个国家的养老金体系建设和社会的和谐稳定具有很高的相关性。凡是养老体制建设比较完善的国家，基尼系数大部分都比较低。未来，我们不仅要发展好第一支柱，还应逐步发展第二和第三支柱，并根据各个支柱不同的风险偏好，做出不同的投资安排，建立起全社会的可持续的养老制度安排，增加社会稳定性，促进社会和谐。

(六) 加快对外开放

中国资本市场发展的历程，是和对外开放的过程紧密相连的。在这个过程中，我们学到了很多，进入中国市场的外资也有收获，两者之间是一种相互学习补充和竞争的关系。即便是竞争，对双方都是有利的，因为最好的学习就是在市场的竞争中去提高自己。

在中国资本市场对外开放的过程中，有一点非常重要，那就是我们对自己一定要有自信。中国改革开放30年，除了一些不能开放的行业如军工等，凡是最开放的，结果我们往往都是最强大的，如家用电器，中国的电视机已经可以远销欧美；凡是最不开放的，结果可能反而不如人意，如汽车，今天满街跑的都仍然是外国品牌。金融亦如此。中国基金业在开放数年后，行业的前十名，基本上都是本土公司，甚至，很多本土公司的国际化程度甚至远超于合资公司。为什么?因为合资公司的竞争，本土公司把大量的员工送到国外学习培训，有的比例竟高达70%。另外一个有利于我们的重要因素是，市场本身是在中国的，培养出来的人才并不会流失。

同时，资本市场的发展还有很多非常重要的基础性工作要做。我们需要做好资本市场风险监测、预警和防范工作，坚守不发生系统性风险的底线。我们需要进一步加强投资者的保护工作，加强法制和诚信体系建设，加强执法力度，严厉打击各项违法违规活动。我们还需要完善监管体系，提高监管能力。只有这样，我们才能建立一个越来越公开、公平、公正和透明的市场。

党的十八大报告提出了“加快发展多层次资本市场”要求。我们发现，十八大提出的很多中国经济社会的目标，都和资本市场的发展密不可分。实现国内生产总值和居民人均收入翻一番，需要资本市场支持经济转型和可持续增长；维护金融稳定，防范金融风险，需要加快资本市场发展，尽快改变金融结构的失衡；推动科技和经济紧密结合，需要资本市场引导和促进科学技术的产业化进程；社会保险基金的保值增值，需要资本市场提供稳健的投资平台；此外，城镇化、农业现代化等多项经济社会的发展目标，也都离不开一个强大的资本市场的支持。

基金治理困境与持有人利益保护

□ 杨宗儒　张扬　中国证监会广东监管局

证券投资基金治理研究的基本问题是优化基金当事人(主要是指基金持有人、管理人和托管人)权利义务方面的制度设计，完善基金当事人监督制衡体系，建立激励相容的利益协调机制，督促受托人切实履行信托责任，最大程度保障持有人合法权益。本文在深入分析基金治理结构的法律关系和影响因素的基础上，对目前基金治理存在问题进行研究，并结合新修订的《证券投资基金法》提出相应对策建议。

基金治理结构的法律分析

证券投资基金根据组织形式的不同，可以分为契约型基金和公司型基金。两类基金的治理基础均为信托法律关系，基金管理人所承担的受托人义务决定了基金持有人的利益应始终高于自身利益。两种类型基金在当事人内部关系的具体安排上存在差异，尤其是公司型基金在持有人利益保护方面的制度设计具有明显的优势。

(一) 契约型基金的治理结构

按照我国2003年制定的《证券投资基金法》和基金行业实践，目前我国证券投资基金采用契约型的组织形式，基金当事人通过签订基金契约建立信托关系。

具体而言就是持有人采用自益信托的方式，通过购买管理人发行的基金份额，与管理人和托管人达成信托契约，成为信托关系中的委托人和受益人；基金管理人和托管人处于共同受托人地位，通过信托契约和托管协议明确各自在管理、运用、监督基金财产方面的职责。契约型基金不具有独立的法律主体资格。

(二) 公司型基金的治理结构

公司型基金制度设计的独到之处在于投资者先通过出资成立独立的法律实体“基金公司”，由基金公司将基金财产委托给管理人运作和托管人保管。从法律关系上看，投资者与基金公司之间存在股权关系；基金公司与管理人和托管人之间存在信托关系，基金公司是委托人和受益人，管理人和托管人是共同受托人；投资者与管理人和托管人之间不存在直接的法律关系。由于基金公司是投资者通过出资设立、作为投资者身份集合的特殊商事主体，所以可以认为投资者是信托法律关系中的实际委托人和实际受益人。公司型基金具有独立的法律主体资格。

(三) 公司型和契约型基金治理结构差异

从英美等国基金行业实际运作情况来看，公司型和契约型基金治理结构存在明显差异。

一是治理的核心不同。公司型基金的治理核心是基金公司，基金公司的董事会承担管理基金的最终责任，负责审批基金公司与管理人等服务机构之间的合同事项。契约型基金的治理核心是基金管理人，基金的设计、发行和运作均由管理人负责。

二是治理机构设置不同。公司型基金的治理机构主要是基金公司董事会，契约型基金的治理机构主要是基金持有人大会。

三是治理效率不同。公司型基金的董事会是常设机构，能够对管理人进行全方位实时监督，契约型基金的持有人大会是就特定事项临时召集的议事机制，监督作用相对滞后和低效。

四是托管人的地位不同。公司型基金的托管人主要辅助基金公司董事会对管理人进行监督，契约型基金的托管人对管理人的监督权限相对较大，地位相对独立。

影响基金治理的主要因素

基金治理涉及多方利益主体，影响基金治理的因素也是多层次的，由外而内看，主要包括外部环境、基金当事人监督制衡机制和利益协同机制、基金管理人内部控制等。

(一) 外部环境是基金治理的重要基础

基金治理的外部环境包括监管环境和竞争环境。首先，公募基金是受到高度监管的行业。主要原因在于公募基金涉及广大投资者的切身利益，而基金管理人难以主动约束自己的行为，需要政府通过强有力的行政监管进行规范。因此，监管制度的安排、监管政策的取向、监管方式的选择、监管力度的强弱都对基金管理人的行为模式以及持有人利益保护具有重要影响。其次，公募基金是需要充分竞争的行业。基金管理人的核心竞争力在于投资管理能力和诚信合规水平，优胜劣汰的竞争压力能够倒逼管理人努力提升投资管理水平和基金业绩，真正关注投资者的利益和诉求，树立按照投资者最佳利益行事的经营理念。在我国基金行业发展的现阶段，放松行政管制、加强行为监管、优化市场结构、促进行业竞争是完善基金治理的重要基础。

(二) 监督制衡机制是基金治理的关键因素

完善有效的监督制衡机制是基金治理的关键因素，具体来看，基金当事人之间存在三层监督关系：

一是基金持有人对管理人和托管人的监督。在契约型基金中，基金份额持有人大会是主要监督机构，持有人有权通过召开持有人大会更换管理人和托管人；在公司型基金中，基金公司董事会是主要监督机构，代表投资者对管理人的投资交易活动实施监督。

二是管理人和托管人相互制衡。基金管理人和托管人分别负责基金资产的运营和保管，双方之间存在相互监督制衡的关系，任何一方发现对方存在违反法律法规或者基金契约的情况，都应及时采取必要措施保护投资者利益。

三是独立董事的监督。在契约型基金中，基金管理人是基金治理的核心，基金管理公司的独立董事被赋予监督管理人的职责，发挥保护持有人利益的作用。在公司型基金中，基金公司是基金治理的核心，基金公司董事会成员中独立董事的比例较高，职责在于监督内部董事并代表全体投资者的利益。

(三) 利益协同机制是基金治理的根本途径

追求自身利益最大化是市场主体的基本行为特征，基金当事人及相关利益主体的利益目标不一致是基金治理面临的现实困境。基金持有人的利益目标是基金资产的增值。基金管理人的利益目标相对多元，其股东的利益目标是追求股权投资回报；其管理层的利益目标是取得良好的经营业绩，从而获得较好的业绩考核和高薪回报；其投资管理人员可能还有自身财富管理目标。基金托管人的利益目标是获得托管费，对管理人具有较强的依附性。上述利益分歧以及基金当事人内部关系上的地位差异可能导致管理人利用自身优势损害持有人权益。因此，建立基金当事人利益目标协同机制是基金治理的根本途径。

(四) 内部控制是基金治理的首要防线

基金管理人内部控制水平直接影响基金投资行为和持有人的利益，管理人内部控制是基金治理的首要防线，也是监管部门重点关注的内容。内部控制应当包括管理人的各项业务、各个部门或机构和各级人员，并涵盖到决策、执行、监督、反馈等各个环节，实现投资决策科学化、业务运作规范化、风险控制流程化。在提高投资绩效的同时，切实防范各类风险，有效维护持有人权益。按照我国相关法规规定，基金管理人应建立督察长制度。督察长作为监督检查内部风险控制情况的高级管理人员，应当以保护基金份额持有人利益为根本出发点，保持充分的独立性，对基金及公司运作的合法合规情况以及公司内部风险控制情况作出独立、客观、公正的判断。

目前基金治理存在的问题

(一) 充分竞争的市场环境尚未完全形成

我国基金行业发展至今，虽然多家基金管理公司长期亏损，多只基金规模濒临清盘界限，但是没有一家基金公司倒闭，没有一只基金被清盘。与此形成鲜明对比的是，美国2011年新成立开放式基金580只，进行合并的基金有292只，而清盘的基金数量达到了194只。我国基金行业出现这种情况的主要原因在于，在相当长的时间基金管理公司的设立和基金发行均受到严格管控，近年来才逐渐出现放松管制的趋势。基金管理公司牌照和基金产品仍然属于稀缺资源，基金行业的竞争力过度向牌照倾斜，难以形成有效的行业竞争格局和市场退出机制。基金持有人完全处于被动地位，“用脚投票”的机制无法对管理人形成足够压力，管理人通过收取固定管理费实现“旱涝保收”的心态明显，竞争意识和竞争能力不强。

(二) 监督制衡机制的作用未能充分发挥

一是基金持有人的监督缺位。在契约型基金的治理结构中，基金份额持有人大会并非常设机构，基金持有人较为分散，中小投资者参与基金治理的成本较高，普遍存在“搭便车”的心态，召开持有人大会存在一定操作困难，对管理人的监督作用难以有效发挥。

二是基金托管人监督不力。主要原因在于托管人缺乏独立性，首先，管理人在基金产品设计阶段有权决定托管人的选聘；其次，商业银行同时作为基金托管人和主要销售渠道，为抢占市场份额增加中间业务收入，有可能纵容管理人的违法违规行为，在一定程度上存在利益冲突；最后，从利益分配机制看，托管人收取固定的托管费，缺乏足够的动力积极主动实施监督。

三是基金管理公司的独立董事履职情况不佳。首先缺乏独立性。虽然一些基金管理公司章程规定继任独立董事可以由上任独立董事提名，但是独立董事在被提名之前往往要经过管理人考察和认可，薪酬也是由管理人支付，这种经济利益的联系削弱了独立董事的独立性。其次缺乏专业性。据有关资料统计，基金行业来自学校和科研院所的独立董事所占比例约为45%；还有部分独立董事来自行政机关和行业协会的退休群体；来自金融机构的独立董事仅占约33%。大部分独立董事为学者和退休人士，缺乏实践经验，对基金行业了解不深，难以就专业问题发表有效意见。再次缺乏主动性。独立董事一般社会兼职多，没有足够的时间和精力参与公司事务，难以发挥监督作用。

(三) 基金管理人内部控制存在薄弱环节

一是管理层对内控建设重视不够。存在“重业务、轻内控”的错误倾向，从业人员合规意识不强，公司欠缺诚信尽责的受托人文化和投资者利益至上的经营理念。

二是内控制度流于形式。内控措施未能嵌入具体业务流程，内部控制效果不明显，尤其在创新业务风险控制方面较为薄弱。

三是督察长未能充分发挥内控监督作用。督察长作为负责内控的高级管理人员，由总经理提名，董事会聘任，薪酬由公司发放，日常工作受总经理直接领导，难以保持独立性。在职能上，部分督察长除负责合规管理、风险控制、监察稽核等本职工作外，还须承担其他业务管理工作，实际成为服务公司业务发展的“稽核总管”。

(四) 基金管理人遵守基金契约的意识不强

基金契约作为基金持有人、管理人和托管人之间的基本法律文件，应当得到充分遵守。但是由于监督制衡体系不健全、追责赔偿机制不完善等原因，基金管理人在基金运作过程中违反基金契约以及基金招募说明书的情况时有发生，一定程度上损害了持有人利益。较为常见的违约行为包括：资产配置方向和配置比例不符合基金契约、基金业绩严重偏离比较基准、基金经理代为履职违反基金招募说明书、“老鼠仓”和利益输送等背信行为、基金销售过程中的盘后交易和销售费用违规打折、未按照基金契约分红、基金信息披露差错等。其中基金业绩偏离比较基准的问题容易被忽视，基金管理人在基金经理的日常管理、业绩考核，甚至离任审查过程中较少关注基金业绩比较基准的实现情况，导致基金业绩比较基准形同虚设。根据相关媒体报道，2012年全行业可比的350只偏股型基金中，有205只基金业绩落后于比较基准，占比达到59%。

(五) 利益目标趋同的格局尚未完全形成

在契约型基金治理结构下，实现基金当事人利益目标趋同的有效手段是推动基金从业人员持有本公司旗下基金。相关研究结果显示，基金从业人员持基能够有效促进基金业绩的提升。目前持基计划的实施尚存在以下问题：

一是基金管理人推动从业人员持基计划的意愿不强、力度不够。从业人员的薪酬均为现金的形式，激励方式较为单一，未能建立基金份额激励等多元化的薪酬机制以实现与持有人利益的绑定。

二是大部分从业人员投资基金的主动性不强，投资比例较小，难以形成与持有人之间有效的利益捆绑机制。部分从业人员投资公司旗下基金主要是为完成公司安排的新基金销售任务，持有期限届满后即进行赎回，持有期限普遍不长。

三是对从业人员持基的管理存在漏洞。有的从业人员倾向于通过直系亲属名义投资基金，以规避从业人员投资基金的持有期限限制和信息披露要求等。管理人目前仅对从业人员本人投资基金进行备案管理，但是未对借用直系亲属名义投资基金的情况采取相应管理措施。

(六) 基金从业人员考核与激励机制不合理

人力资本是基金行业最重要的生产要素。考核和激励方式对基金从业人员的行为模式具有重大影响。目前，基金从业人员考核与激励机制存在不合理之处：

一是考核指标的设定不合理。着重考核短期基金管理规模、市场份额增长和股东回报，忽视基金长期业绩和风险控制等维护基金持有人利益的情况。

二是考核指标的设定未能对被考核人员产生正确引导和激励。新基金发行以及基金规模指标权重较大，导致管理层过分注重通过新基金发行的方式扩大基金规模。

三是合规类指标权重不足。在督察长的考核指标中，公司经营业绩类指标的权重超过合规类指标，与督察长的职能定位明显不符。

四是考核期限过短。过于短期化的考核，如每半年或每季度，可能影响基金经理的投资行为，造成基金投资短期化和阶段化特征，不利于基金业绩的稳定。

五是薪酬发放方式不合理。主要采用一次性发放的方式，未能建立根据更长期间业绩表现的综合评价和递延支付机制，不利于基金经理队伍的稳定。

关于完善基金治理机制的对策建议

(一) 以法律法规的修改为契机，持续完善基金行业顶层制度设计

2012年12月28日，全国人大常委会审议通过新修订的《中华人民共和国证券投资基金法》，并将于2013年6月1日正式实施。新基金法作为基金业基础性制度顶层设计和整体安排的总纲领，放松了公开募集基金的管制，确立了非公开募集基金的基本制度，强化了基金持有人保护，对推动基金行业长期稳定健康发展具有重要而深远的意义。为更好地贯彻落实新基金法，建议及时制定修改相关配套法规，进一步健全基金业法规体系。

一是明确公司型基金的制度细则。公司型基金在保护持有人利益方面具有明显优势，在基金业最为发达的美国，公司型基金居于绝对的主导地位。我国一直没有公司型基金，新基金法在附则中对公司型基金进行了原则性规定，为公司型基金的推出预留了法律空间。建议有关方面制定相应配套规章，明确公司型基金的制度细则，为尽快推出公司型基金创造条件。

二是切实发挥基金份额持有人大会日常机构的作用。根据新基金法的规定，基金份额持有人大会可以设立日常机构，行使对管理人的监督职权。日常机构设立与否以及议事规则等均由基金合同约定。由于基金合同一般由管理人事先拟定，管理人可能选择不设立或者刻意弱化持有人大会日常机构，导致其监督作用难以有效发挥。建议修改《基金合同的内容与格式准则》，明确基金合同必须设定持有人大会日常机构的相关条款，同时细化对日常机构人员组成和议事规则等内容的约定。

三是推动基金当事人利益目标协调统一。新基金法允许管理人实行专业人士持股计划。建议制定相应配套规则，将专业人士持股与持基相结合，即明确持有基金管理公司股权的同时必须持有一定比例的公司旗下基金，实现持有人利益、基金管理人利益以及从业人员个人利益的协调统一。

(二) 优化监管模式，激发行业创新发展的内生动力

针对基金治理中存在的问题，监管部门应当按照放松管制、有效监管的原则，不断优化监管模式，提

提高行业竞争水平，推动行业创新发展。放松管制就是要放松基金行业的准入标准，积极引入银行、信托、保险、券商、私募等其他金融行业以及有实力的实业企业参与公募基金的竞争与发展，引导管理人、托管人、销售渠道以及相关服务机构各层面的充分竞争，形成基金市场各类主体优胜劣汰的竞争格局。推动基金产品由核准制向备案制的过渡，在实现基金产品多元化的同时，健全基金产品清盘机制。有效监管就是要抓住基金治理的主要矛盾，强化基金管理人的受托义务，对基金业绩严重落后比较基准、基金风格漂移等违反基金契约的行为增强监管关注度和处罚力度，同时依法查处“老鼠仓”、非公平交易和利益输送等违法违规行为，切实保护持有人合法权益。

(三) 理顺内部治理结构，强化监督制衡机制

在基金持有人方面，建议成立包含基金持有人在内的投资者协会，作为专门扶助与联合中小投资者维权的公益性机构，承担向投资者提供咨询建议、集体维权、共同诉讼等职能，在全行业层面代表基金持有人监督制衡基金管理人。在托管人方面，建议督促托管人和管理人切实履行共同受托义务，强化托管人对管理人的监督作用，对基金出现重大违法违规行为而托管人失察的，应与管理人承担连带责任。在独立董事方面，建议加强对独立董事的管理，可以考虑由监管部门或行业协会出台《基金公司独立董事行为规范》，在法规层面对独立董事履职提出规范化的要求。在督察长方面，可以要求基金管理公司在督察长的任免、薪酬和考核等方面作出与其他高管不同的制度安排，增强督察长的独立性。

(四) 优化激励约束机制，形成对从业人员的正确导向

一是推动基金管理人建立科学化、长期化、合理化的考核与激励机制，探索基金份额激励和递延支付等多元化的薪酬体制，增强对优秀人才的吸引力，充分发挥人力资本价值，大力督促从业人员勤勉尽责。二是引导管理人在考核中关注基金长期投资业绩、公司合规和风险控制等维护持有人利益的情况，不以短期的基金管理规模、盈利增长作为主要考核指标。三是发挥薪酬与考核委员会的作用。基金管理人董事会一般设立薪酬与考核委员会负责对管理层的考核工作。建议由独立董事担任薪酬与考核委员会主任委员，增强独立董事在该委员会中的话语权，保证薪酬与考核委员会能够中立、客观、有效地评价管理层的工作。

(五) 发挥基金业绩比较基准的规范约束作用

可以考虑围绕基金业绩比较基准在管理费提取、考核、信息披露、赔偿和评价等方面建立相关制度安排。一是将基金业绩比较基准与基金管理费挂钩，即“基金业绩跑赢比较基准时，管理费提取比例可以向上浮动；基金业绩跑输比较基准时，管理费提取比例向下浮动”，并将其写入基金契约。二是将业绩比较基准作为对基金经理的重要考核指标，促使基金经理注重价值投资和长期投资。三是在基金经理离任审查时重点关注业绩比较基准实现情况，对落后业绩比较基准较多的，要求基金经理详细解释原因并对其采取一定内部问责措施。四是当基金业绩落后比较基准达到一定程度时，公司应当履行相应信息披露义务，向持有人详细披露具体原因和处理措施等，并应当使用风险准备金或自有资金对持有人作出一定赔偿。五是基金评价机构应将业绩比较基准实现情况作为重要评价内容或者直接增加业绩比较基准实现情况的单一指标排名。

(六) 完善以基金管理公司为主体的信息披露制度，发挥持有人及社会公众对管理人的监督作用

目前，基金行业的信息披露制度主要以基金为主体，缺少以基金管理公司为主体的信息披露要求。基金管理公司具有公开性和准公共性的特点，但以基金管理公司为主体的信息披露内容较为分散、不系统、不全面。持有人无法从外部获知有效信息，也无法综合评价基金管理人。因此，建议建立一整套以基金管理公司为主体的信息披露制度，明确基金管理公司应当进行信息披露的具体事项、披露要求、违规披露的责任等。例如，股东的基本情况、公司的组织机构，包括总部的主要职能部门、分公司和子公司等、公司简要的财务数据、员工的基本情况，包括人数、专业结构、年龄分布、教育程度等、发生的关联交易、高管和基金经理任职期间出现的重大事项、基金总体业绩情况、业绩比较基准实现状况、公司及公司股东、公司高管人员、基金经理申赎基金状况、其他承诺事项履行状况及未实现重大承诺的主要原因等，都可以要求公司在定期报告和临时报告中披露。通过加强信息披露，促使管理人自觉接受持有人及社会公众的监督，提高管理人运作的透明度和规范水平。

本文来源：深圳证券交易所《证券市场导报》2013年第6期。

关于基金管理公司应用“侧袋账户”结算机制的初步研究

招商基金管理公司课题组

□ 赵生章 李扬 庄永宙 詹晓波 宋宇彬 凌小威 卞文瑶

“侧袋账户”是国外对冲基金和共同基金在基金管理过程中采用的一种特殊估值、结算技术，旨在更好地评估流动性不足资产的价值，公平地对待不同时期持有人的利益。目前，国内部分基金公司的专户业务已有类似的实践，且采用只开放退出(赎回)业务、关闭参与(申购)业务的方式进行。由于目前“侧袋账户”结算机制在国内刚开始应用，我们认为尽快建立一套行业性的管理规范至为重要。另外，从实践的角度出发，本文提出了完善专户产品应用“侧袋账户”结算的建议，并对公募基金实施“侧袋账户”结算进行了初步探讨。

“侧袋账户”和国外的实践

(一)“侧袋账户”的基本概念

“侧袋账户”结算，是指当基金组合中持有包括房产(Real estate)、交易量较低的股票(Securities that currently have low trading volume)、文物(Antiques)、担保债务凭证(CDO, Collateralized Debt Obligation)、私募股权(Private Equity)等一项或几项流动性缺失的资产(Illiquid assets)，无法采用适当的估值技术对这些资产进行估值或及时变现，而将这部分资产独立于主要投资组合，在另一个账户中存放、运作和核算。这个账户被称为“侧袋账户”，原投资组合剩余资产的存放账户称为“主袋账户”。

“侧袋账户”机制实施后，当投资者在退出(赎回)基金时，将得到“主袋账户”资产对应的退出(赎回)资金，“侧袋账户”资产对应的退出(赎回)资金被锁定；当“侧袋账户”中的资产交易活跃并变现后，再收到其余的退出(赎回)资金。

(二)国外的实践

“侧袋账户”的使用起源于上世纪90年代末。当时，因为对冲基金的迅速发展，投资经理的投资标的范围从传统的股票扩大至流动性相对较小的房产、私募股权。这类资产的特点是不能迅速地在交易所或场外交易中出售，并且对于它们的潜在市场价值难以进行定期的定价。按照传统的基金申购、赎回模式，基金经理在现金流不足的情况下将优先变现流动性好的资产以应付投资者的赎回，未赎回的投资者则需承受错失流动性好的资产可能带来的收益以及因持有上述资产所可能带来损能带来损失的双重影响。为了保护投资者利益，基金公司采用了“侧袋账户”结算机制来应对上述情况的发生。

在海外现有的“侧袋账户”结算机制中，一个投资组合中，可存在多个“侧袋账户”。每个“侧袋账户”包含一项资产并独立于“主袋账户”运作和估值。当此项资产可以变现或基金经理决定此项资产具有流动性时，“侧袋账户”将被撤销，其中资产将重回投资组合中。“主袋账户”对新、旧投资者开放正常申购、赎回。新投资者仅享有“主袋账户”所带来的权益；旧投资者不仅享有“主袋账户”所带来的权益，而且在“侧袋资产”具有流动性后，享有其带来的权益。

在“侧袋账户”运用较为广泛的美国，证监会(SEC)资产管理部门为监管“侧袋账户”的主体。其监管范围包括：是否对资产移入“侧袋账户”进行滥用；对“侧袋账户”中资产估值是否公允和信息披露是否完全等。在此情况下，资产管理者协会(Asset Managers' Committee)在向总统金融市场工作小组(President's Working Group on Financial Markets)提出的议案中提出基金经理在将资产移入“侧袋账户”中时，需考虑以下的一些要素：资产移入“侧袋账户”的合理性，“侧袋资产”和“主袋资产”管理的一致性和估值委员会的批准实施等；并以此对对冲基金和共同基金使用“侧袋账户”的情况进行监管和处罚。

我国“侧袋账户”结算机制应用的初步尝试

目前，我国基金行业内已有少数公司的部分专户产品开始尝试采用“侧袋账户”结算机制进行结算。其中一家基金公司是因为其一只专户产品在开放期持有非公开发行并处于流通受限期的股票，另一家基金公司是因为其专户产品持有较大比重的因重大资产重组事项停牌的股票。在上述两种情况下，使用常规的估值结算不仅不能准确地评估所持资产的价值，而且因为流动性的问题，资产无法及时变现以应付投资者的退出(赎回)，必须对其“另袋”处理。

该结算方式首先在专户资产领域中进行尝试与以下几个因素密切相关：

(1) 从产品特性来看，在相关规定中，对专户资产的规模、持有人数量、相关投资比例的要求，使得专户资产更易出现因持有投资品种流通受限而产生的估值、结算困扰。

(2) 从持有人利益来看，专户资产投资人单笔投资金额相对较高、户数相对较少，当出现客户较大规模的退出且较难采用适当的估值技术对流通受限的证券进行估值时，在任何估值技术选择上的差别，将对持有、退出客户产生较大影响。

(3) 从合规角度来看，因相关资产管理合同的规范性文件中对该结算方式尚无明确约定，在实施过程中取得监管机构、客户、托管机构、代销机构以及律师事务所、会计师事务所的一致性意见显得尤为重要，专户资产客户、代销机构数量相对较少，使得沟通效率较高，比较容易达成一致性意见。

(4) 从系统与运营角度来看，因涉及的专户客户数量相对有限，在系统支持与运行保障方面，比较容易保障该结算方式的平稳运行。

因此，我们认为，“侧袋账户”结算机制在专户领域的采用，具有良好的实践意义，有利于保护基金持有人的利益，并能从会计核算上严谨、公平地对待不同阶段参与基金产品的投资者，是对基金行业现有估值技术的提升和完善。

但目前，业内实践仅限于在专户产品的结算中采用，并且在客户参与(申购)与退出(赎回)的业务上，采用了只开放退出(赎回)业务、关闭参与(申购)业务的方式进行。但基于上述分析，我们认为，在公平对待“侧袋结算”机制实施日持有人利益的基础上并同时兼顾新客户参与(申购)的投资需要，从运营流程、信息系统支持等方面来看，在“侧袋结算”机制实施后，同时开放“主袋资产”参与(申购)、赎回(退出)业务是可行的。

规范“侧袋账户”结算机制的建议

由于目前“侧袋账户”结算机制在国内刚开始应用，我们认为尽快建立一套行业性的管理规范至为重要。从实践的角度来看，不仅专户管理资产需要“侧袋账户”结算来完善现有的估值、结算体系，公募基金的估值也具有同样的需求；而且在现有的技术条件下，通过进一步提升专户产品“侧袋账户”的结算技术，可以更好地服务投资者，提高基金行业的管理水平。

(一)完善专户产品“侧袋账户”结算的建议

在“侧袋账户结算”机制实施中，“侧袋账户”中可包含一只或多只证券，并且“侧袋账户”的建立以剥离流通受限证券的时间点为基准进行，原则上根据不同时间点可建立多个“侧袋账户”。对于“侧袋结算”机制实施后的新参与客户的参与(申购)、退出(赎回)业务参照常规专户开放期业务在“主袋账户”进行。对于“侧袋结算”机制实施期间的原持有人在“侧袋结算”机制实施日持有份额的退出(赎回)业务按“侧袋结算”方式进行。当“侧袋资产”部分(全部)变现后，对于“侧袋结算”期间退出(赎回)的原客户按相应金额进行支付。对于未退出(赎回)的原客户，在与该类客户沟通并采用有效方式确认后，将其对应的“侧袋资产”部分，以“侧袋资产”部分(全部)变现日的“主袋资产份额净值”为计算基础，来增加该类客户的“主袋资产”份额，并注销该类客户“侧袋资产”的相应份额，同时向“主袋账户”移入剩余的“侧袋资产”。

该方案与目前国内“侧袋结算”机制实施方案的区别在于：

(1) 投资者在开放期可以进行“主袋资产”的参与(申购)业务。

(2) 在“侧袋”结算期结束后，对原未退出(赎回)持有人对应的“侧袋账户”中的剩余资产，以增加“主袋资产份额”的方式进行处理。

在会计核算方面，“侧袋结算”机制实施日后，对于新参与客户的“主袋资产”参与(申购)、退出(赎回)业务与原持有人新增的“主袋资产”参与(申购)以及该类份额的退出(赎回)业务与常规专户的开放期会计核算业务相同。对于“侧袋结算”机制实施期间的原持有人在“侧袋结算”机制实施日持有份额的退出(赎回)业务按“侧袋结算”方式进行资金支付与会计核算。待“侧袋资产”部分(全部)变现后，对“侧袋结算”机制实施期间的原持有人的退出(赎回)进行款项支付与账务核算。最后，对于在“侧袋结算”机制实施日未赎回的客户，在完成该类客户所对应的“侧袋资产”部分对应的“主袋资产”份额重新计算、确认后，在“主袋账户”对于该部分份额以及移入资产等进行相应核算。

在注册登记方面，“主袋账户”和“侧袋账户”实行份额分开管理，并以不同的产品代码进行标识。对于出现多个“侧袋账户”的情形，则需建立多个产品代码。“侧袋账户”的份额复制“主袋账户”持有人信息及份额，对于存在多个“侧袋账户”，则需进行多次复制操作，每次复制均以当时的“主袋账户”为基础。投资者在“侧袋账户”实施期间参与、退出(申购赎回)均按“主袋账户”份额净值进行确认，退出(赎回)客户当期收到按“主袋账户”净值计算并扣除业绩报酬(如有)后的确认金额，如其份额持有期间发生过“侧袋账户”资产的剥离，则享有“侧袋账户”资产的权益，此部分权益待所属“侧袋账户”资产变现后，按其占“侧袋账户”份额的比例在扣除业绩报酬(如有)后支付变现金额。对于未退出(赎回)的客户将通过以“侧袋资产”部分(全部)变现日的“主袋资产份额净值”为计算基础来增加“主袋账户”份额的方式处理，且该类份额的持有时间与初始份额持有时间相等。在上述处理中，如存在可进行业绩报酬计提的情形，将分“主袋资产”、“侧袋资产”分别计提。在专户合同到期时，如仍存在“主袋账户”、“侧袋账户”的情况，清盘资金需根据“侧袋资产”变现进度进行多次支付，直到所有“侧袋资产”变现完毕。

在系统支持方面，重点从以下两个角度进行考虑。首先是注册登记系统对于“侧袋结算”业务中涉及“主袋账户”、“侧袋账户”份额确认等相关功能以及对于在单一“侧袋资产”持有多个证券分次变现并支付以及多个“侧袋资产”的单一或多个证券变现并支付时，在业绩报酬计提等相关功能的支持；其次是向客户进行与“侧袋结算”机制实施相关的服务信息展示、推送的支持。综上所述，我们认为在“侧袋账户”结算期间开放“主袋账户”参与(申购)在运营处理与技术支持方面是可行的，并能有效满足新客户参与(申购)的需要，更好地为投资者服务。

(二) 公募基金实施“侧袋账户”结算的初步建议

公募基金在“侧袋结算”处理方面可以参照上述方案进行，但需关注以下四个方面的情况：

(1) 在持有人利益方面，管理人需制定完整的“侧袋结算”机制启动流程。在启动时，及时向监管机构报备，并与相关会计师事务所、律师事务所、代销机构、托管机构从公平对待各类持有人利益的角度出发，在综合考虑与评估对各方的影响后，审慎采用。另外，由于公募基金持有人数量较多，对于在“侧袋结算”机制实施日未赎回的持有人是否接受在“侧袋资产”部分(全部)变现后，以增加“主袋资产”份额的方式处理该部分“侧袋资产”方案的沟通、确认成本较大，建议在契约或招募说明书中进行事先约定。

(2) 在系统支持方面，因公募基金普遍代销机构较多，在进行“侧袋账户”业务处理时，需代销机构新增基金代码和相应的参数设置，否则无法接受本方案下发的数据。所以，需充分考虑代销机构对本方案的认同和信息系统的支持，建议事先在代销协议中进行约定。

(3) 在运营支持方面，由于公募基金持有人数量远高于专户产品持有人，需要对注册登记系统以及资金多次划拨的准确性方面给予更高的关注。

(4) 在信息披露方面，对于已管理基金，因国内目前尚未有类似处理，仅限于专户领域，且在基金合同等文件中无相关内容说明。在实施前，建议管理人向投资者做好“侧袋结算”机制的充分解释工作以及对“侧袋账户”资产的各类公司行为事项的及时跟踪、披露工作。对于新增管理基金，建议在信息披露的相关文件中增加对“侧袋结算”相关业务的表述内容。

(5) 在其他方面，管理人与托管人还需根据“侧袋结算”发生的场景，酌情考虑对“侧袋资产”的相关费用的计提范围、计提标准与计算规则。

对于2012年度新基金发行的回顾与分析

□ 王群航 济安金信基金评价中心主任

对于2012年度新基金发行情况的总结，我们遵循以下几个基本要素：

(一) 统计新发行的基金数量，以当年开始发行的基金为准。

(二) 在年末公布了招募说明书、但没有发行的基金不在统计范围。

(三) 年初成立的基金归于2011年度的发行统计范围，或也可以视为2012年度的成立范围。

(四) 转型的基金不在统计范围之列。

(五) 基金的基本数量以公布了招募说明书为依据。

(六) 有份额分类、份额分级的基金，不再单独按照基金代码计算市场数量。

基于上述六条原则，根据济安金信基金评价中心的统计，2012年度新基金的发行数量为252只，再创历史新高。2012年度新基金发行情况，可以被看作为新基金即将快速发行之前的预跑，但即使是这个预跑，"速度"也已经很快了。原因有两点：第一，从主观方面来看，随着监管机构的人事调整，相关的监管理念、监管方式也随着有了一定的变化，其标志之一，就是审批速度加快。第二，从客观方面来看，经过多年积累，如常规的股票型基金、指数型基金、ETF、债券型基金等都已经发展为成熟类别，为产品审批提供了很大便利。

图1 新基金历年发行数量统计

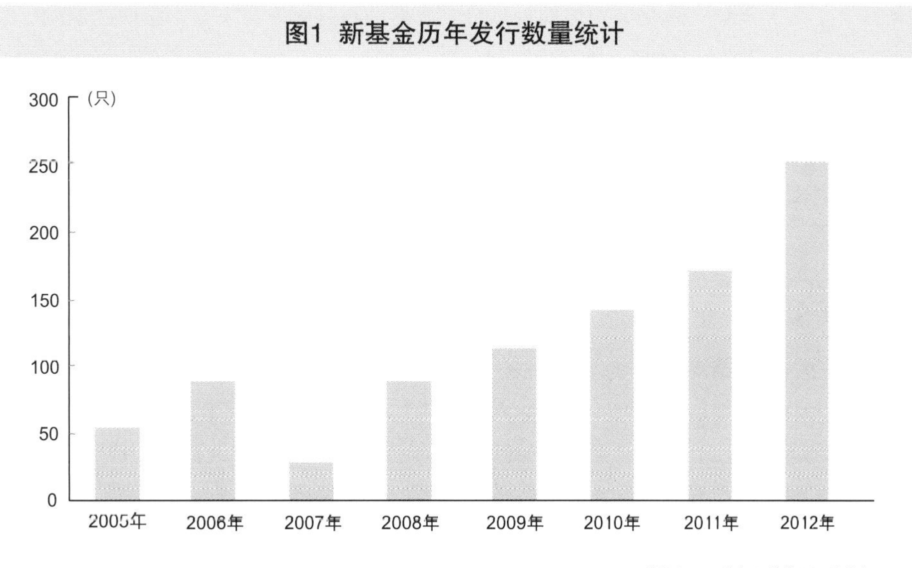

数据来源：济安金信基金评价中心

2012年度的新基金不仅数量再创历史新高，同时还呈现一些显著的特点：

(一) 多种类型的创新产品出现，如发起式基金、短期理财债券基金、债券型QDII、带有“T+0”交易特征的货币市场基金、定期开放债券基金、跨市场ETF等。

(二) 以安信平稳增长混合型发起式基金的发行为标志，混合型基金的大量资产配置策略设置开始突破“下30%、上80%”的固定模式，回归混合型基金应有的高度灵活配置特色。

(三) 虽然新基金的发行数量和成立总规模均双双创下历史新高，但基金平均规模却在下降，以主做股票的基金为例，在剔除掉两只有着特定情况支持发行的跨市场沪深300ETF之后，102只此类基金的平均首募规模仅为6.48亿元，远低于2011年近10亿元的水平。

(四) 由于股票市场行情的持续低迷，债券市场的走势良好，主做债券的各类基金发行火爆，总量远远超过主做股票的基金，这标志着全市场对于基金的认识更加理性，行为更加稳健。

(五) 由于发展策略、公司实力、历史业绩、合规监管等因素，各家基金公司对于新基金的发行差距很大，发行基金数量最多的是华安，达到10只；之后，是易方达发行了9只；嘉实、汇添富、国泰、中银8只；博时、广发、建信、南方等发行了7只。在发行落后的基金公司方面，东方、金元惠理、浦银安盛、泰信、万家等公司全年均只发行2只新产品；益民等公司仅发行了1只；而宝盈、天治、华富三家公司在全年没有发行新基金。

一、对于新基金快速发行的冷静思考

2012年新基金发行数量之大，已屡创同期市场之最。但是，在这一番热闹现象的背后，如果除去短期理财债券基金、个别非常规爆发天量的ETF基金、一部分债券型基金，其他很多类型基金的发行情况并不乐观，或许有帮忙资金的水份。个人认为，当前开放式基金敞开式的发行状况，或许对于市场的健康发展不利。因此，本文建议：是否可以建立一些规则，适度控制一下新基金的发行速度，让基金发行更为“有序”一些。

(一) 禁止同质化基金的发行。这里所说的同质化，指的是基金公司内部的同质化，而非基金公司之间的同质化。因为从某些基金公司为同一基金经理所发行的新产品来看，投资范围的相似度很高，通常在80%左右。这样的产品发行，完全没有必要。

(二) 禁止跨界管理的新基金发行。所谓的跨界管理，有两层含义，第一，它指的是股票与债券之间的跨界，即原先管理主做股票基金的基金经理，随着新基金的发行将开始管理主做债券的基金；或者原先管理债券基金的基金经理，即将开始管理新的主做股票的基金。第二，它指的是主动投资与被动投资之间的跨界。之所以有跨界管理的情况出现，极有可能是因为相关基金公司的人手不够。做股票与做债券、主动与被动，历来在行业中就是不同的部门，属于不同的专业。搞跨界管理，是相关基金公司对于投资者的极度不负责。

(三) 禁止研究人员数量不达标的公司发行新基金。为了对投资者负责，作为专业化的资产管理机构，作为公募基金管理公司，研究人员的数量必须达到一定的标准或比例，如15%。这里所说的研究人员种类包括宏观、策略、行业、固定收益等，其中，对于后者，还要有明确的规定。人数不达标，要暂停相关公司的发行资格。关于人员的数量、姓名、从业经历等，或者必须在新基金的申报材料中备案、备查，可以不做公开披露；或者直接公开披露，让市场去监督。

(四) 禁止业绩不达标的公司发行同类产品。目前已经有多家机构获得了基金评价资格，完全可以对相关基金公司、对于同类基金的业绩给出明确的评价。以此为基础，股票投资管理能力低于一定的标准、固定收益投资管理能力低于一定的标准；或者旗下基金同类型基金的业绩排名情况低于一定标准，都可以暂时停止相关基金公司发行新基金。另外，拟任基金经理的多个时间段业绩低于一定的标准，也要禁止其再管理新的基金。对于新基金经理，更要有严格的限制，如业绩标准更严格，年之内通常不允许管理两只基金。

(五) 禁止基金平均规模小于一定标准的公司发行新基金。这里的基金平均规模，指的是相关基金公司旗下同类型基金的平均规模，基金的分类可以参照《证券投资基金运作管理办法》第29条中的分类。之所以给出这样的建议，是因为相关基金公司已有基金的平均规模偏小，说明了投资者对于该公司的态度。那么，在该情况没有显著的改变之前，应该禁止其发行新基金。这里所使用的规模，必须是份额规模与资产规模两个标准，缺一不可。

(六) 禁止高管不达标的公司发行新基金。这里所说的高管，主要指的是公司总经理、副总经理、研究总监、投资总监这些岗位，禁止的时间可以因岗位的不同而不同，如总经理变动，禁止发行新基金一年。因为通常随着总经理的变动，公司内部会有一系列的人事动荡，这样的动荡，对于基金的业绩很不利。另外，这样的规定如果出台，或许会促使业内减少一些不必要的高管变动。

(七) 实行“到点成立”制度。所谓的“到点成立”，指的是当任何一只新基金募集到了2亿元之后，即停止募集，宣布成立，并尽快开始运作，同时，建仓期不再是“六个月之内”，而是“一个月之内”。实施“到点成立”的好处还是比较多的：

1. 提高发行效率。既减轻托管银行、以及其他代销渠道的发行压力，更减轻基金公司的发行压力，这样一来，发行的速度将会提升。

2. 让发行回归其发行的本质。即让相关的新基金成立，然后有利于促进持续营销工作的开展，同时，这也是理顺基金公司与营销渠道规模管理理念的有效措施。

3. 降低基金公司的发行成本。这里所说的成本可以是多方面的，或许基金“裸发”将就此流行，即不再印刷、配送过多的宣传材料。

4. 快速发行、快速成立、快速运作，有利于基金公司真正掌握好发行的时机和节奏，在合适的时间里发行合适的产品，提高新产品的发行质量。

5. 杜绝帮忙资金，尤其是对于很多市场营销实力雄厚的大公司而言。同时这对于那些真心诚意认购新基金的投资者而言，也是公平的。

二、备案制将改变中国基金业界生态

根据2012年度的既定政策，2013年将是新基金发行备案制的第一个年份，新基金的发行速度还将会快速增加。如此众多的公募基金发行，将会极大地改变基金行业的生态。

(一) 基金的数量。几乎不难预计，公募基金的基本数量(以公布了招募说明书为统计依据)将会在2015年突破2 000只，而其市场数量(以取得了交易代码和另行公布参考净值统计依据)或将极有可能在2013年就突破2 000只。后者的增速如此快，在于基金份额的分类和基金的分级将会越来越多，基本数量上的1只基金，在市场数量上常常会是3只。

现在部分基金公司如此大量地、快速地发行新产品，有一种较为独特的解释是：不久的将来，证券公司的资管部门将可以发行公募类基金产品，届时，相关的证券公司必将不会再销售其他公司的基金产品。对此，作者不认为将会这样，因为：①券商的销售占比一直不是很高，大约在10%左右，这样的比重，对未来即使有影响，也将不大。②券商的资管部门不是都具备发行公募基金的资格，目前来看，拥有该资格的，数量不超过1/3。③如果之前的集合资管计划业绩不好，未来发行公募基金，投资者的响应将是有限的。④销售自己不好的产品，把其他公司的好产品拒之门外，等于是把客户赶走，这种做法，值得三思。⑤之前券商的某些集合资管计划也与公募基金类似，还未曾见过券商明显拒售公募基金的情况。⑥目前具有T+0交易特征的货币市场基金与很多券商的保证金管理产品类似，销售时个别券商仅仅是做了轻微的抵制之后，就“投降”了。

(二) 投资管理方式。基金的数量，理论上可以无限地发，但是，基金经理的数量，是无法无限增加的。未来，面对无限增长的基金和有限增长的基金经理，矛盾必然出来。对此，我们不妨针对具体情况具体来分析。

对于一拖多现象的关注，应该主要聚焦于基金经理是否有足够的时间和精力去管理基金产品，如果有，一拖多是可以的，反之则不可以。而这一切如果延伸到具体的工作层面，就是基金经理是否有足够的时间和精力去做研究、做决策；以此再往实际操作层面去落实，那就是对于主做债券的各类基金产品、对于采取被动型投资策略的各类型基金产品，个人认为可以有一拖多。

主做债券的各类基金，主要有各种债券型基金、货币市场基金、短期理财债券基金等，由于债券基金的价格波动幅度小，该类型基金在投资债券的时候主要是买入并长期持有，交易活动很少，因此，基金经理可以有足够的时间和精力管理多只基金。采取被动型投资策略基金都是指数型基金，基金经理无需选股，只需严格按照权重配置好相关的股票和债券即可，另外，管理ETF，更是由投资者自己用一篮子股票做申购和赎回，总之，管理被动型产品，完全要依靠高度发达的计算机技术和程序化的交易流程，大大降低了对于人力的依赖，也可以使用一拖多。

对于主动型权益类产品，如股票型基金、混合型基金等，由于研究复杂、交易频繁，我们必须关注其中的一拖多现象。并且，也不是所有的这类型基金都不可以一拖多。历史数据和相关研究结果表明，基金经理管理主动型权益基金产品的规模和能够有效管理股票的数量是有上限的，前者在40亿元左右，后者的上限通常是80只股票。那么，以此为标准，如果某基金经理管理了多只基金，而这些基金都是小规模的基金，合计总规模相对有限，那么，理论上讲，一拖多是可以的。

其次，如果相关基金的投资标的之间相似度比较高，比如一只是投资新兴产业的、一只是投资成长类股票的、一只是做中小盘股票的，这些基金的投资标的都可能会有很多的交集，在这样的情况下，一拖多也是可以的，并且，这也是当前市场中较为普遍的一种情况。

再者，就要看一些基金公司的投资管理方式了，即有的公司实行的是团队管理的方式，即法定信息公开披露出来的基金经理人数有限，但其背后其实有多位基金经理助理、多位高级研究员支持其工作。这样的管理方式，随着现在新产品的快速发行、产品数量的快速增加，应该会在今后成为一种较为普遍的情况。

需要市场关注的一拖多情况主要是：①其中有一只基金的业绩长期落后；②合计资产规模较大；③投资标的差异较大，跨界较大。

(三)公开的宣传。目前，新基金发行数量虽然众多，但是，很多产品的市场营销宣传却很少。分析其原因有两方面：第一，出于成本控制的考虑，有些费用被减免了；第二，新产品数量太多，无论是营销策划，还是市场销售，都有忙不过来的感觉，于是，就干脆少做，甚至不做了。这样一来的直接效果就是，不仅投资者不知道有一些新基金在销售，即使是市场上研究基金的专业人士，对于一些新基金也非常“陌生”。

在新基金这种平时重要的宣传对象上尚且如此，那么，对于日渐增加的、众多的老基金，基金公司方面又将会如何做好宣传工作呢？这既是基金公司长期未有效解决的、难度却又在不断增加的老问题，这或许也将会给市场的第三方服务机构带来新的业务机会。

本文必须要强调的是，在财富管理市场上，公募基金的最大优势在于可以公开宣传。现在，在新基金发行大潮的冲击下，很多基金公司的上述做法实在很让人费解。如果行业整体开始倾向于淡化宣传、放弃宣传，那么，这等于是在自废武功。未来，公募基金公司要想胜出，除了必须做好业绩之外，积极主动、适时到位的宣传工作必不可少，这样的工作，说小了，对于公司自身有利，说大了，对于保护投资者权益和促进市场的良性发展有利。因此，公开宣传公募基金的特有优势，不仅不能丢，反而更应该加强。

总之，备案制的实施，是基金市场开始走向成熟的一个重要标志，与此相对应，是广大投资者的投基策略也应该同时进步，既不唯新，也不拒新，合理地对待新基金，积极主动地发掘其中可能潜藏的新式投基机会。

在变化的全球市场中调整投资策略

□ 孙昊 美国联博资产管理公司董事总经理

2008年发生的全球金融危机使全球的资本市场发生了重大的变化，这些变化不仅直接影响了全球资本市场中各类资产的回报，而且也对全球投资者的资产配置方式、投资理念和程序、风险管理的内容和方法等产生了重要的影响。正确地把握金融危机之后全球市场的这些变化，对于我们未来的投资有极其重要的意义。

我们可以从不同的角度来观察和分析全球资本市场的变化

第一，全球整体经济发生的变化。这其中包括全球经济增长方式发生了变化，经济增长方式由过去美国及发达国家消费主导的增长演变成更多地由新兴市场国家主导经济增长；全球经济，特别是美国和发达国家经济的杠杆率大大减低；在发达国家个人及公司资产负债状况不断改善的同时，政府及国家的资产负债状况进一步恶化；低利率环境和信贷相对萎缩同时存在，特别是发达国家，私人信贷恢复缓慢；这些变化都直接影响了资本市场中的投资取向。比如新兴市场国家更多地引领经济增长，使得国际投资者会进一步关注在新兴市场的投资，从趋势上看，新兴市场长期向好，但也会出现部分新兴市场资产价值被过度高估的情况，这需要投资者在投资决策过程中进行合理的判断；发达国家经济杠杆率的大大降低，使得原来受惠于经济高杠杆的行业，如银行及金融服务、房地产等行业受到更多负面的影响，相关企业估值要重新调正；发达国家个人及公司资产负债状况的改善和发达国家政府资产负债状况的进一步恶化使得投资发达国家政府债的风险越来越大，而在公司债和高收益债方面存在着更好的投资机会；低利率环境和信贷相对萎缩同时存在，这使得更多的资金流到虚拟经济和资本市场中，导致在实体经济增长和就业恢复乏力的同时，虚拟经济过度膨胀，资产泡沫风险增加。全球经济中的这些变化是显而易见的。而作为投资者，更重要的问题是甄别出这些变化是周期性的，还是结构性的。如果这些变化是结构性的，很多过去有效的投资理念和程序都要做相应的变化，很多估值的方法要做调整，类似均值回归这类的工具可能不再有效；如果这些变化是周期性的，那么投资者原来的长期投资策略应该依然有效，股票市场的P/E和债券市场的风险价差等都有希望恢复至危机前的水平，原有个股估值方法和过去的数量分析模型可以继续使用。我们尚不能简单判定这些变化是结构性的还是周期性的，市场上关于这一点的争论和研究也在继续。这是我们要继续关注的。

第二，投资管理行业自身发生的变化。金融危机无疑使得投资管理行业也发生了一系列变化。

1. 资产配置的要求变得与以往不同。以往的资产配置相对简单，基本上是股票和债券两大类资产比例的调整。经济恢复到高涨阶段多配股票，危机及衰退阶段多配债券。全球金融危机后，而新形势下则必须考虑市场波动率增加，各个资产类别回报的相关性也不断变化。受杠杆率调整影响，有时出现股债同跌的形势下则必须考虑市场波动率增加，各个资产类别回报的相关性也不断变化。受杠杆率调整影响，有时出现股债同跌的情况，而受中央银行刺激政策影响，也出现过股债同涨的情况。新兴国家政府债风险价差收窄的同时，欧元区很多国家政府债风险价差大幅度增加；新兴市场股票表现不佳的同时，发达国家市场股票表现不凡；黄金价格和黄金生产企业股票也一度背向而行。各资产类别回报的剧烈波动也增加了资产配置的难度。以债券市场各类别资产为例，如图1所示(截至2013年6月底)。我们可以看到，高收益债在2007、2008年回报表现最差，而2009、2010年两年回报表现最佳；高收益债和新兴市场美元债传统上高度相关，但2013年该两类资产回报又背向而驰。

图1　年度回报（美元百分比）

	2004	2005	2006	2007	2008	2009	2010	2011	2012	YTD 2013
回报最好	新兴市场本币债 23.1	新兴市场美元债 10.7	新兴市场本币债 12.0	新兴市场本币债 16.3	美国国债 13.8	高收益债 58.2	高收益债 15.1	美国国债 9.8	新兴市场本币债 19.9	高收益债 1.42
↑	新兴市场美元债 11.7	全球政府债 5.0	高收益债 11.9	美国国债 9.0	全球政府债 9.1	新兴市场美元债 28.2	新兴市场本币债 13.1	新兴市场美元债 8.5	新兴市场美元债 18.5	新兴市场美元债 −0.71
	高收益债 11.1	新兴市场本币债 2.9	新兴市场美元债 9.9	美国住房贷款抵押债 6.9	美国住房贷款抵押债 8.3	投资级别公司债 18.7	新兴市场美元债 12.0	投资级别公司债 8.2	高收益债 15.8	美国住房贷款抵押债 −2.01
	投资级别公司债 5.4	美国国债 2.8	美国住房贷款抵押债 5.2	新兴市场美元债 6.3	投资级别公司债 −4.9	新兴市场本币债 16.6	投资级别公司债 9.0	美国住房贷款抵押债 6.2	投资级别公司债 9.8	美国国债 −2.11
	全球政府债 4.8	高收益债 2.7	投资级别公司债 4.3	全球政府债 5.6	新兴市场本币债 −6.9	美国住房贷款抵押债 5.9	美国国债 5.9	全球政府债 5.5	全球政府债 4.5	投资级别公司债 −3.41
↓	美国住房贷款抵押债 4.7	美国住房贷款抵押债 2.6	全球政府债 3.3	投资级别公司债 4.6	新兴市场美元债 −10.9	全球政府债 1.0	美国住房贷款抵押债 5.4	高收益债 5.0	美国住房贷款抵押债 2.6	新兴市场本币债 −6.42
回报最差	美国国债 3.5	投资级别公司债 1.7	美国国债 3.1	高收益债 1.9	高收益债 −26.2	美国国债 −3.6	全球政府债 3.6	新兴市场本币债 −6.4	美国国债 2.0	新兴市场美元债 −8.22
回报最好/最差差距	19.6	9.0	8.9	14.4	40.0	61.8	11.5	16.2	17.9	9.64

2. 风险管理的内容与方法发生了变化。以往危机的原因通常源自于实体经济中制造业企业因产品滞销所产生的债务违约，进而波及至银行和金融信贷机构，最后导致相关金融资产价格下跌。而此次金融危机中的一个最重要风险因素是杠杆率。去杠杆化导致资产价格首先下跌，直接影响到的是金融投资者，而后才波及到实体经济和制造业。政府及中央银行刺激政策也首先影响的是杠杆率。在此市场环境中，杠杆化风险的管理成为风险管理中的一个新内容。另外，在快速去杠杆化过程中，流动性风险管理较以往更加重要，美国的贝尔斯登公司(Bear Sterns)实际上就是因为流动性管理失败而被JP Morgan收购。在利率不变的情况下，杠杆率的变化同样可以导致资产价格的变化，因此在管理利率风险的同时，杠杆化风险也应该纳入风险管理的范畴。另外，所谓尾端风险(Tail Risk)和交易对手风险在金融危机之后也都受到重视。这些都给投资机构的风险管理部门提出了新的要求。

3. 投资策略上也发生了变化。最重要的变化就是由侧重长期基本因素的分析，变成更加关注短期因素。这一点在价值型股票投资中表现得最为明显。传统的价值型股票投资策略是通过长期基本因素和数量化的分析，挖掘和发现公司的内在价值，从而获取长期优质的回报。但在危机后，价值型股票投资策略一直绩效欠佳，重要的原因是市场投资者目前并不看重长期价值，他们更加关注短期因素，如政府和中央银行政策，短期事件影响，公司安全性，保本的可能性及各种短期风险溢价等等。为此，投资者更喜欢那些防守性的股票类别，如公共事业类，健康保健类，电讯类等等，而不喜欢那些对经济增长周期性敏感的行业，如工业类股，金融类股，消费类股等等，无论他们多么有内在价值。

第三，资金流向的变化。金融危机之后资金流向的变化其实是非常明显的。其主要呈现出以下几个特点：

1. 资金由风险类资产流向保守类资产。这其中最明显的是从股票流向债券。从2008年1月到2012年底，美国公募基金市场上股票的资金净流出为2 440亿美元，而债券市场的资金净流入12 190亿美元。2009年之后，从货币市场流出的资金基本上全部流进债券市场。按美国从1984年初到2013年初这20年资产增加移动平均值来看，在2013年初，债券市场的资金净流入较历史移动平均值高出9 600亿美元，而相反的，股票市场的资金净流入较历史移动平均值少了12 500亿美元。从全球范围看，仅2012年，全球现货股票市场资金净流出1 247亿美元，全球债券市场资金净流入5 351亿美元。

2. 资金由主动型投资流向被动型投资。仅就美国股票基金而言，2008年初到2012年底，主动型股票投资净流出的资金为4 770亿美元，而被动型股票投资净流入为5 100亿美元。美国股票基金中，被动型投资的比例已经从10年前的11%增加到目前的26%。

3. 在股票市场中，资金从对经济周期敏感性高的股票流向有稳定股息回报的股票，从价值型股流向防守型股。从2008年初到2012年底，美国大市值价值型股票资金净流出790亿美元，而同期防守型股票净流入680亿美元。由于这样的变化，在美国标普500指数中，高股息收益类股的市值已经接近45%的历史高位，而价值类股的市值则接近24%的历史低位。这意味着目前投资美国标普500指数基金，实际上过多地购买了估值较贵的高股息收益类股，而相对少买了估值较便宜的价值类股。

全球市场中的这些变化，要求投资者从根本上重新检讨自己的投资理念和程序，这包括加强资产配置的研究和投入，完善风险管理的系统和架构，调整主动型和被动型投资的比例，控制投资管理的成本和费用。

就目前的市场而言，全球专业投资者所关注的问题有哪些呢?

第一，债券和股票的配置比例。因为目前全球很多市场的利率处于历史的绝对低点，很多投资者担心债券的利率久期风险。我们知道从长期看，股票投资有较高的系统性回报，同时，股票回报的波动率会高于债券回报的波动率。以美国市场为例，1952年初投资1美元的美国股票(标普500指数)，到1999年底共47年累计的价值为359美元；同样在此期间投资1美元美国公司债，到1999年底累计的价值为26美元；投资1美元美国国债，到1999年底累计的价值只有17美元。股票回报远远跑赢债券。然而在1999年之后，情况大有不同。从1999年初到2008年底，美国股票的累计回报为负的13%，而美国公司债和国债的累计回报分别为61%和82%。从投资者对股票和债券的配置比例看，美国多数长久期投资者在1952年至2008年之间一直在增加股票配置的比例，而自2008年开始则一直在减少股票配置的比例，大幅度增加债券配置的比例。现在看来，正确的做法是随着2008年前股票市场的上涨，投资者应该逐渐减少股票配置的比例，增加债券的配置比例；而在2008年后，应该逐渐增加股票配置，减少债券配置。而现实的情况则相反。在2008年后的这几年里，多数投资者在不断地增加债券配置的比例。如果参考图2“股票与债券相对P/E”，不难看出，股票和债券的相对收益表明目前应该增加股票配置并减少债券配置。

图2 股票与债券的相对P/E

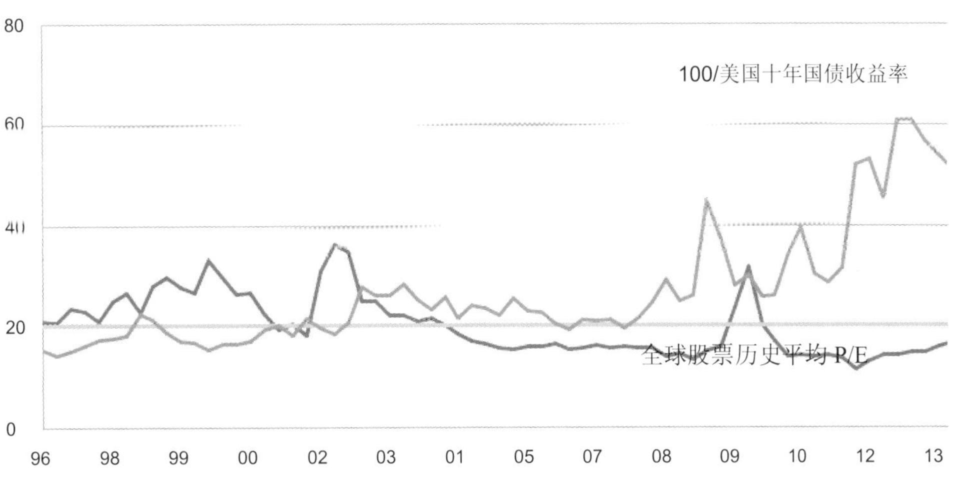

结论是：如果现在回顾历史的市场，我们同意股票、债券有自身大的涨落周期，在过去的几年投资者大大增加了债券的配置比例，这使得投资者所承受的利率久期风险已经过高，目前的收益率不能够抵销所承受的利率上涨风险，在目前水平减少债券配置比例，增加股票配置比例是必要的。

第二，目前股票市场的估值。投资者的问题是美国及全球股票在过去几年有了很大幅度的上涨，目前的估值是否已经偏贵？目前是否可以继续追涨，或者应该等待调整的机会？我们的基本看法是，美国及全球股票已经不像过去几年那么便宜，但目前估值仍然处在合理水平，特别是相对全球低利率和低债券收益率的环境而言，股票估值不算贵。具体的原因有以下几点：

1. 我们相信美国及发达国家经济仍然会缓慢复苏及保持温和的增长，新兴市场经济增长会放缓，但不会大幅度下滑和硬着陆。在此环境中，经济基本面仍然有利于股市。

2. 美联储及各国中央银行政策会继续支持刺激经济和改善就业。低利率环境会持续。

3. 公司普遍的基本盈利还在提高，公司资产负债继续改善，在资产负债状况持续改善的同时，公司会更多地派发股息，回购股票。这更加有利于股票投资者。

4. 债券市场实际收益率及短期市场利率目前较低，债券投资的未来久期风险不断增加，股票投资相对更加有吸引力。结论是：平衡型的资产组合目前应该相应增加股票配置比例而减少债券配置比例。

第三，主动型投资还是被动型投资。这一问题的讨论在资产管理行业内从来没有停止过，在金融危机之后，这样的讨论更加热烈。在此次全球金融危机后的这段时间里，主动型投资管理战胜指数的比例大大降低了。2010年仅有25%的以标普500为基准的基金其回报跑赢指数，2011年这一比例更降低到17%。大量资金从主动型投资转向被动型投资。主动型投资的业绩在危机后普遍落后于指数，有以下几个原因：

1. 金融危机使得证券市场价值的运动偏离内在价值。主动型投资管理人的能力在于发现股票的内在价值及其偏离市场的程度。但当投资者购买证券不是基于追逐内在价值，而是为了避险(如购买有政府担保的公司股票)、为了保持流动性(如购买指数成份股)、为了获取稳定现金流(购买公共事业类等防守型股)，这会使已经偏贵的股票估值更贵，或者已经很便宜的股票估值更加便宜。这一点也可以从技术上作解释：当市场处于上升状态时，投资者建仓将购买那些估值较便宜的股票，大家都这样做的结果将使得股票的市场价格不断趋近其内自价值。这时先发现便宜估值而买入的投资管理人(通常是主动型投资管理人)获益更大。而在市场下跌时，投资者常常是有什么股卖什么股，市价便宜的股可能因某些人继续卖出而变得更加便宜，其市价更加偏离其内在价值，这时主动型投资管理人的价值分析可能失去作用。

2. 此次金融危机之后，大量资金由主动型投资转向指数基金和ETF，这也拖累了主动型投资管理人的业绩。主动型投资管理人通常持有更多的非指数成份股，资金从主动型基金流向指数基金的时候，会迫使管理人抛售那些非指数成份股而买入指数成份股，造成指数成份股越来越贵，非指数成份股越来越便宜的情况。这时，相对持有较多非指数成份股的主动型投资管理人业绩就会受到影响。

3. 流动性溢价。金融危机后，流动性溢价增加，主动型投资管理人为此会付出更多成本，这也拖累了业绩表现。

实际上，从更长的投资时间段看，仍然可以看到大批主动型投资的业绩跑赢指数。近一年多来，随着市场渐渐恢复正常，主动型投资的相对回报普遍有所改善。我们的结论是：投资者应该根据自己的投资目标选择主动型或被动型投资。如果以增加资产配置种类分散风险为主要目的，可以选择被动型投资；但如果在分散风险的同时也希望获取超额回报，或者以绝对回报为目标，那应该选择主动型投资。

重要风险提示：本文只代表作者本人个人看法，而并不代表公司或公司投资组合团队就市场和投资的意见。本文中的观点并也并不代表任何税务、投资和交易的推荐。本文讨论的过往业绩并不确保未来的回报。

第二部分 市场发展综述

Part II Overview of Market Development

2012年 中国证券投资基金市场发展综述

□ 华泰证券金融产品研究评价中心　王乐乐

从1998年第一家基金管理公司成立，中国公募基金行业走过了14个春秋。截至2012年末，获批成立的基金管理公司数量达到77家，正式成立的为73家，其中已经开展公募基金业务的70家基金管理公司，管理基金数量达到1174只，管理公募基金资产规模达到2.87万亿元。与发达国家基金市场发展相比，中国公募基金行业的发展历程仍相对较短。

2012年，新修订的《基金法》出台，打开了行业未来发展的新空间。在此之际，本文特回顾2012年基金行业发展所呈现的特征与面貌，对未来中国基金行业的发展将起到一定的参考与借鉴作用。

第一部分　2012年证券投资基金市场发展环境分析

本部分要点：

● 2012年中国经济呈现小幅下行，国内生产总值519 322亿元，同比上年增长7.8%，较上年同比增速9.30%降低了1.5个百分点，是最近十年经济增速的低点。

● 2012年A股整体震荡上行，上证综指、深圳成指分别收于2269点、9116点，涨幅分别为3.17%、2.22%；至2012年末，沪、深股市流通市值为18.2万亿元，同比增长10.1%。创业板流通市值为3 335亿元，同比上年末增长33.2%。

● 2012年银行间市场国债收益率曲线总体呈现平坦化上移走势。中债综合全价指数由年初的111.28点上升至年末的111.66点，升幅为0.34%。

一、中国宏观经济与金融市场发展概况

2012年中国经济呈现小幅下行，国内生产总值同比增速为7.80%，较2011年的同比增速9.30%降低了1.5个百分点，连续两年下行。受国外经济(尤其是欧洲市场)发展放缓以及国内需求不足的影响，2012年国内经济调整压力较大，经济增长率首次低于8%，是最近十年经济增速的低点。

具体来看，第一产业增加值52 377亿元，同比增长4.5%；第二产业增加值235 319亿元，同比增长8.1%；第三产业增加值231 626亿元，增长8.1%。2012年全年农村居民人均纯收入7 917元，比上年增长13.5%，扣除价格因素，实际增长10.7%，农村居民人均纯收入中位数为7 019元，增长13.3%。2012年城镇居民人均可支配收入24 565元，比上年增长12.6%，扣除价格因素，实际增长9.6%，城镇居民人均可支配收入中位数为21 986元，增长15.0%。农村居民食品消费支出占消费总支出的比重为39.3%。

图1　2001—2012年国内生产总值及其增长速度

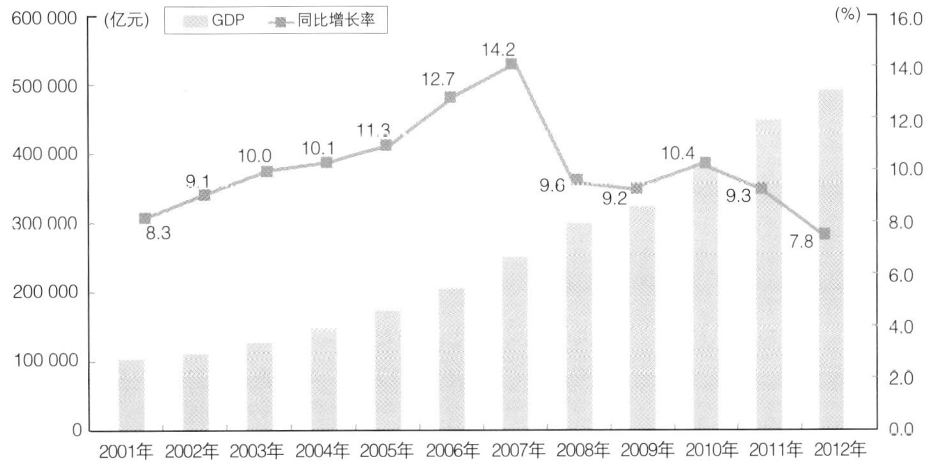

数据来源：国家统计局

图2 2001—2012年农村居民人均纯收入、城镇居民人均可支配收入及其增速

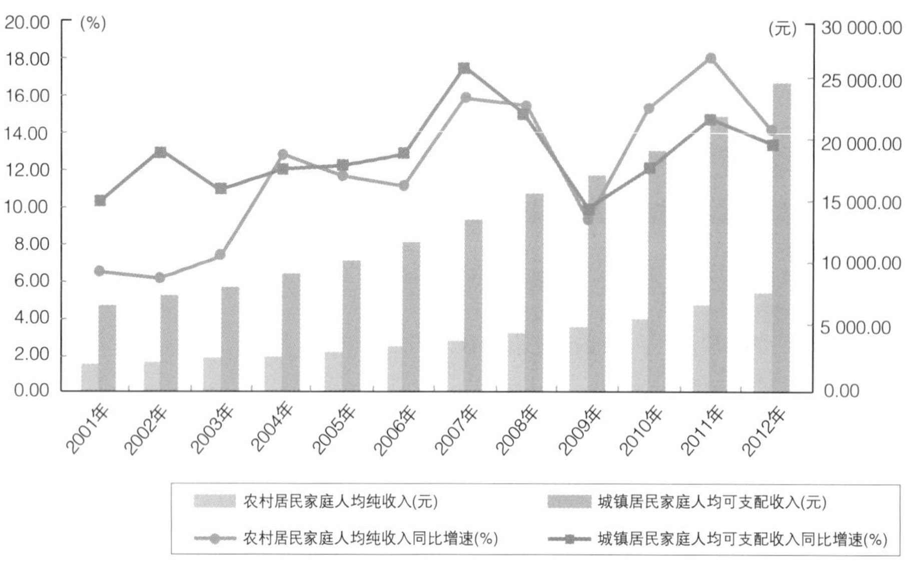

数据来源：国家统计局

2012年全年全国公共财政收入117 210亿元，同比上年增加13 335亿元，增长12.8%；其中税收收入100 601亿元，增加10 862亿元，增长12.1%。2012年末国家外汇储备33 116亿美元，比上年末增加1 304亿美元。2012年末人民币汇率为1美元兑6.29元人民币，比上年末升值0.25%。

2012年末广义货币供应量(M2)余额为97.4万亿元，比上年末增长13.8%；狭义货币供应量(M1)余额为30.9万亿元，增长6.5%；流通中现金(M0)余额为5.5万亿元，增长7.7%。2012年末全部金融机构本外币各项存款余额94.3万亿元，比年初增加11.6万亿元，其中人民币各项存款余额91.8万亿元，增加10.8万亿元。全部金融机构本外币各项贷款余额67.3万亿元，增加9.1万亿元，其中人民币各项贷款余额63.0万亿元，增加8.2万亿元。全年社会融资规模为15.8万亿元，按可比口径计算，比上年增加2.9万亿元。

二、股票市场发展与走势

2012年A股整体震荡上行，上证综指、深圳成指分别收于2269点和9116点，涨幅分别为3.17%、2.22%。在企业利润提高的推动下，沪、深两市A股加权平均市盈率分别从上年末的13.4倍、23.5倍下降至12.3倍、22.2倍。2012年末，沪、深股市流通市值为18.2万亿元，同比上年增长10.1%。创业板流通市值为3 335亿元，比上年末增长33.2%。

2012年A股市场呈现出明显的结构化行情，其中大盘股表现相对较好，中证100指数上涨了10.77%。中小盘股表现明显偏弱，中证200指数、中证500指数的涨幅不足2%。相比之下，中小板、创业板呈现不同程度的下跌。

图3 2012年市场指数表现

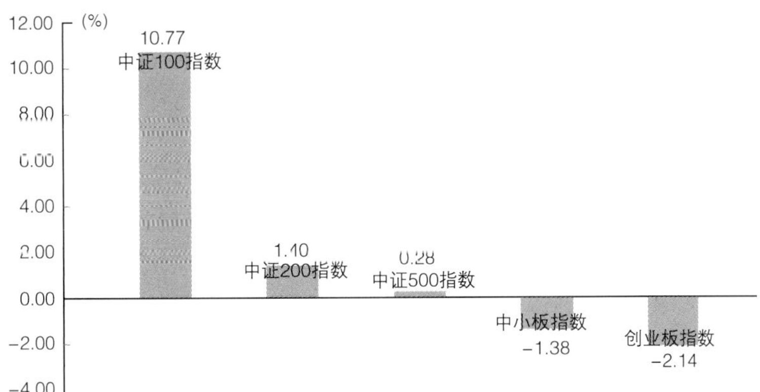

数据来源：Wind、华泰证券金融产品研究评价中心
数据截至：2012年12月31日

根据中证SAC行业指数，2012年地产、金融、建筑等行业表现较为突出，其中房地产行业涨幅高达32.73%。相比之下，信息、纺织、批发零售等行业跌幅相对较高。从季度来看，中证SAC行业呈现一定程度的轮动特征，比如：食品饮料在2012年上半年表现相对较好，而下半年表现相对较差；采掘业在2012年一季度和三季度表现相对较好，而在二、四季度表现一般；交通运输行业在2012年前三个季度表现相对较差，但是该行业在四季度表现相对较好等等。A股市场的这种行业轮动，为主动权益类基金进行行业轮动投资提供了可能。

图4 2012年中证SAC行业指数表现

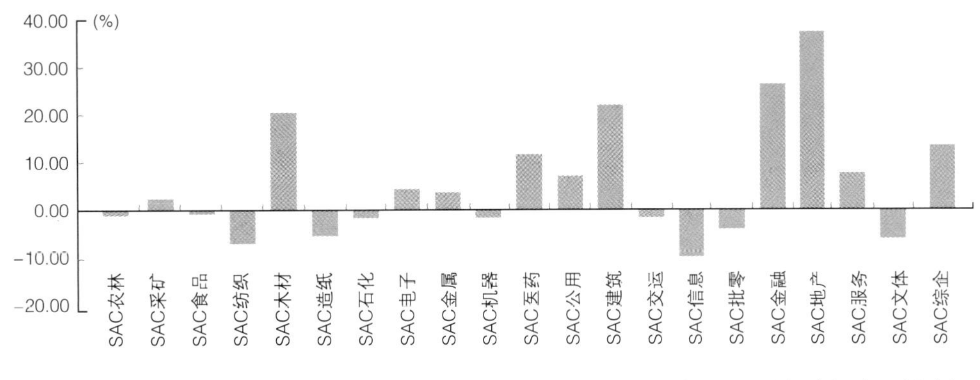

数据来源：Wind、华泰证券金融产品研究评价中心

2012年股票市场成交量下降。2012年，沪、深股市累计成交31.5万亿元，同比下降25.4%；日均成交1 291亿元，同比下降25.4%。其中，创业板累计成交2.33万亿元，同比增长23.4%。

股票市场筹资额减少。2012年各类企业和金融机构在境内外股票市场上通过发行、增发、配股等方式累计筹资3 862亿元，同比上年减少33.4%。其中A股累计筹资3 128亿元，H股累计筹资734亿元。

三、债券市场发展趋势

2012年，中债综合净价指数由年初的101.23点下降至年末的100.75点，跌幅为0.47%；中债综合全价指数由年初的111.28点上升至年末的111.66点，升幅为0.34%。交易所市场国债指数由年初的131.44点升至年末的135.79点，升幅为3.31%。

2012年银行间市场国债收益率曲线总体呈现平坦化上移走势。全年大致分为三个阶段：第一阶段为前4个月，受CPI处于年内相对较高水平等因素影响，国债收益率曲线总体呈现平坦化上移趋势。第二阶段为5月至7月，受央行年内第二次下调准备金率、两次降息并扩大利率浮动区间等因素影响，各期限国债收益率明显下行，国债收益率曲线陡峭化下移。第三阶段为8月至12月，经济显现企稳回升态势，带动收益率震荡中有所上升，收益率曲线出现平坦化上移。

国债发行利率基本平稳。2012年12月份发行的10年期国债利率为3.55%，比上年12月份发行的同期限国债利率低2个基点。2012年债券一级市场发行固定利率企业债483只，发行总量6 490亿元，全部参照Shibor定价；发行参照Shibor定价的固定利率短期融资券3 888亿元，占固定利率短期融资券发行总量的46%，比2011年提高15个百分点。

银行间债券市场现券交易持续增长。2012年全年累计成交75.2万亿元，日均成交3 020亿元，同比增长18.6%。从交易主体看，中资大型银行、外资金融机构是银行间现券市场上的净买入方，分别净买入现券4 492亿元和1 417亿元；中资中小型银行、证券及基金公司为净卖出方，分别净卖出现券5 113亿元和1 619亿元。2012年交易所国债现券全年累计成交886亿元，同比减少成交367亿元。

2012年全年我国债券发行规模大幅增长。累计发行各类债券（不含中央银行票据）7.97万亿元，比上年同期增加发行1.56万亿元，增长24.3%。全年发行债券中，金融债以及公司信用类债券中的企业债券、超短期融资券和非公开定向债务融资工具同比增加较多。此外，2012年年末中央国债登记结算有限责任公司债券托管量余额为23.8万亿元，同比增长11.2%。

第二部分　2012年证券投资基金行业发展现状

本部分要点：

● 截至2012年年末，基金市场上共有73家[①]基金管理公司，管理公募基金1 174只，公募基金总资产净值为2.87万亿元，低于银行理财、信托、保险的资产规模，但仍是财富管理行业的重要组成部分。

● 2012年是开启公募基金业务“白热化”竞争的元年。在基金业务竞争加剧的环境下，在相关新出台政策的推动下，基金管理公司积极拓展资产管理业务，向现代资产管理行业转型。

● 国内基金托管机构目前仍然全部为商业银行，随着相关政策放开，一些合格的非银行金融机构将逐步进入托管行业中，这将进一步促进基金托管市场的充分竞争。

①，仅统计正式成立的基金管理公司

● 近年来行业发展相对较为缓慢，基金资产规模徘徊不前，而同时基金销售机构的客户维护费持续上升，在一定程度上影响了基金行业发展。在此背景下，监管部门积极推进建立多元化基金销售格局。

● 2012年，新修订的《证券投资基金法》出台、监管层简化基金审批流程、拓展基金销售渠道等系列法律法规政策出台，积极推动基金行业创新发展。

一、基金资产规模发展

截至2012年末，基金市场上共有73家[①]基金管理公司，其中70家公司发行了公募基金产品，公募基金总资产净值为2.87万亿元。

自2007年以来，银行理财、信托等资产管理业务发展迅速，相比较公募基金发展较为缓慢，总资产净值仍低于2007年末的3.28万亿元。虽然基金资产规模没有大幅提升，但是监管部门通过修改和颁布相关法律法规、增加新基金管理公司及其他金融机构开展公募业务提高行业竞争度、大力推动创新基金产品、拓展基金销售渠道等系列措施来促进基金行业发展。

(一) 2012年公募基金业务开启“白热化”竞争

2012年是开启公募基金业务“白热化”竞争的元年。这种白热化竞争主要体现在：①新基金管理公司设立速度加快；②证券公司、保险公司、私募机构等机构将开展公募基金业务。

2012年共有8家新基金管理公司获批设立，较2011年增加2家。自2010年以来监管层加快新基金管理公司的获批数量，并在“新基金法”中允许非金融设立基金管理公司预留一定的空间。

除了新基金管理公司之外，2012年“新基金法”放开对公募基金业务的限制，未来允许证券公司、保险公司、私募基金管理机构等开展公募基金业务，这就意味着：未来公募基金市场，基金公司、证券公司、保险公司等资产管理机构将进入白热化竞争，推动行业优胜劣汰，进一步促进公募基金行业发展。

图5 基金管理公司历年获批成立情况

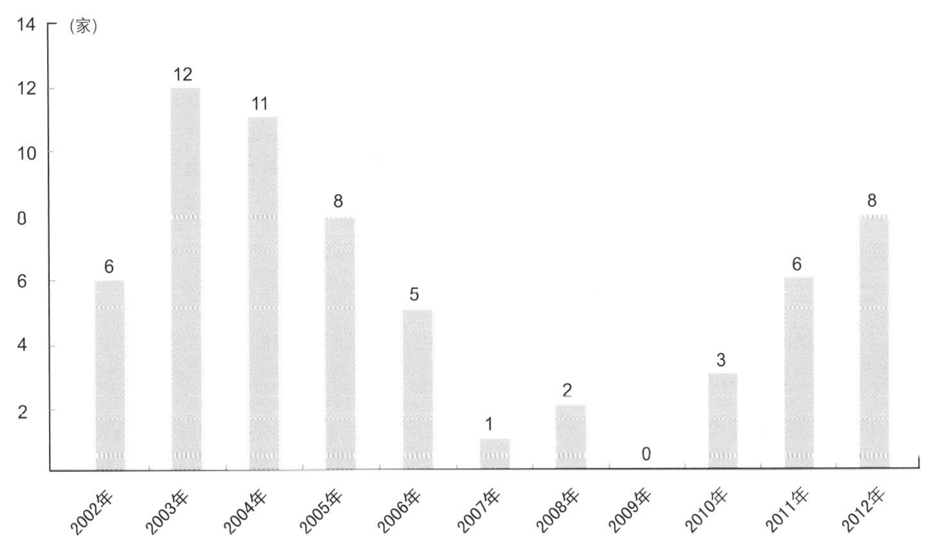

数据来源：华泰证券金融产品研究评价中心、wind资讯

①，仅统计正式成立的基金管理公司

（二）基金管理公司积极拓展资产管理业务，向现代资产管理机构转型

从目前来看，基金管理公司主要通过两种方式来拓展资产管理业务：①在香港设立子公司，融入全球资产管理大市场；②在国内设立子公司，拓展基金公司的业务范围，参与非上市股权、债权、收益权等等，融入到国内大财富管理平台。

国内基金管理公司在香港设立资产管理公司、参与全球资产管理大市场可以追溯到2008年。2008年6月，南方基金管理公司和东英资产管理公司出资2亿元，在香港设立合资资产管理公司——南方东英资产管理公司，其中南方基金占该公司70%的股权。南方东英资产管理公司的成立拉开了国内基金管理公司参与全球资产管理业务的序幕。

2008年之后，一些大型基金管理公司纷纷在香港设立子公司。截至2012年末，共有17家基金公司在香港设立子公司，其中2012年成立2家，分别为富国管理(香港)有限公司和银华基金管理公司(香港)。从目前来看，在香港设立子公司主要是一些资产规模相对较大的基金公司。截至2012年末在资产规模前10位的基金管理公司中，有9家公司在香港设立了子公司。

推出RQFII产品。2012年7月，华夏基金(香港)有限公司率先在香港市场发行了RQFII产品——沪深300ETF。随后易方达(香港)、南方东英、嘉实国际等子公司也发行了基于A股市场指数的RQFII产品，满足了境外投资者对于国内市场的投资需求，拓宽了基金管理公司的客户群。

图6　基金管理公司香港子公司成立情况

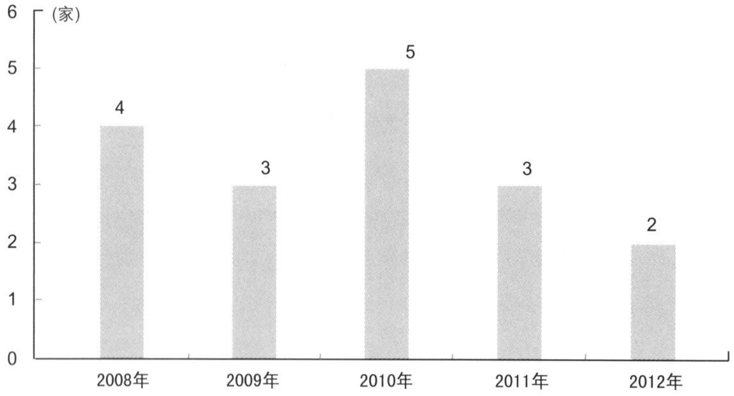

数据来源：华泰证券金融产品研究评价中心

2012年11月14日，中国证监会先后修订和发布了《基金管理公司特定客户资产管理业务试点办法》和《证券投资基金管理公司子公司管理暂行规定》。至此，基金公司通过设立子公司可以将其投资范围由传统的二级市场扩展到非上市股权、债权、收益权等另类投资市场，大大拓展了基金公司的业务范围，使得基金公司可以开发各种策略的金融产品，满足多样化投资者的投资需求。这就意味着：基金公司整体可以在一个更为宽阔的平台上和信托公司、商业银行等资产管理机构进行竞争。

2012年在公布《证券投资基金管理公司子公司管理暂行规定》不到一个月的时间，首批三家基金管理公司分别设立了子公司：工银瑞信投资管理有限公司、深圳平安大华汇通财富管理有限公司和嘉实资本管理有限公司，注册资本金分别为0.5亿元、0.2亿元和1.0亿元。截至2012年末，共有12家基金管理公司获批在国内设立了子公司。

二、基金托管机构发展状况

2012年10月30日，宁波银行获准基金托管业务资格，截至2012年末共有19家商业银行取得了基金托管资格，与2011年相比增加了1家。从基金托管机构发展来看，全国商业银行大部分取得了基金托管资格，最近几年以上海银行、北京银行、宁波银行为代表的城商行逐渐开始加入基金托管行列。随着相关政策的放开，一些合格的非银行金融机构也将逐步参与到托管行业中，将进一步促进基金托管市场竞争。

图7 基金托管机构历年发展情况

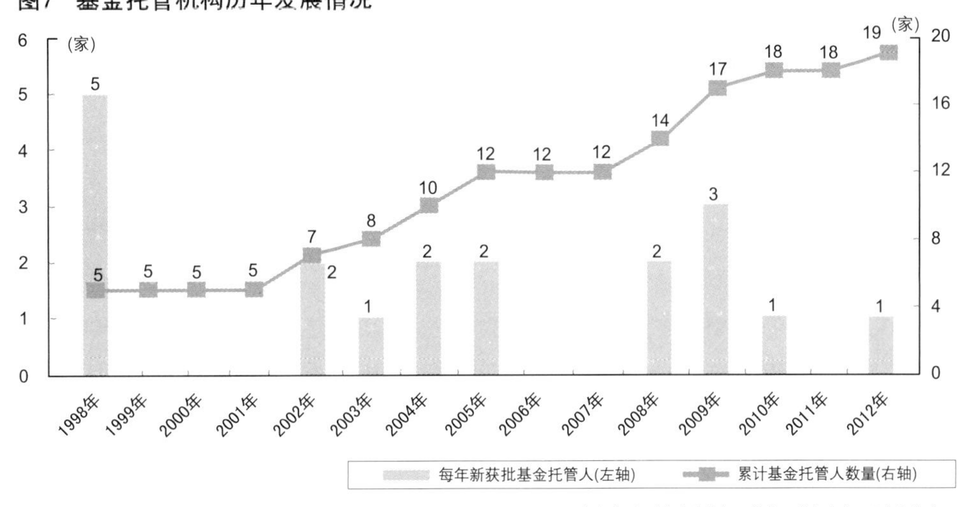

数据来源：《基金年鉴》、华泰证券金融产品研究评价中心

2012年，在19家取得托管资格的商业银行中，18家已经托管了不同数量的基金产品，托管费总收入为48.77亿元，较上年降低4.11%。在18家托管银行中，工商银行、建设银行、中国银行、农业银行仍然占据明显优势，托管基金数量分别为293只、269只、178只、133只，托管费收入分别为14.35亿元、11.85亿元、7.54亿元、5.57亿元，这是由于这些大中型银行的渠道布局相对较广，在基金销售方面具有明显的天然优势，基金公司纷纷选择与这些银行进行合作。从托管的单只产品来看，前5大托管银行托管的基金，平均资产净值都在20亿元以上，相比之下，小型银行托管的单只基金规模相对较低，大多在10亿元以下。

图8 2012年前10大托管银行托管费收入和托管基金数量分布

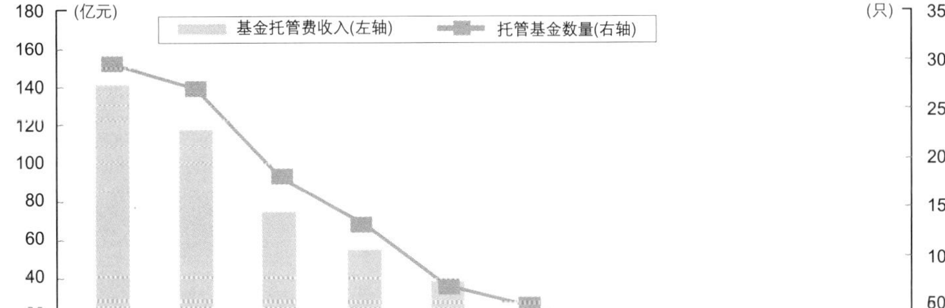

数据来源：《基金年鉴》、华泰证券金融产品研究评价中心

图9　2012年托管银行托管基金的平均资产净值

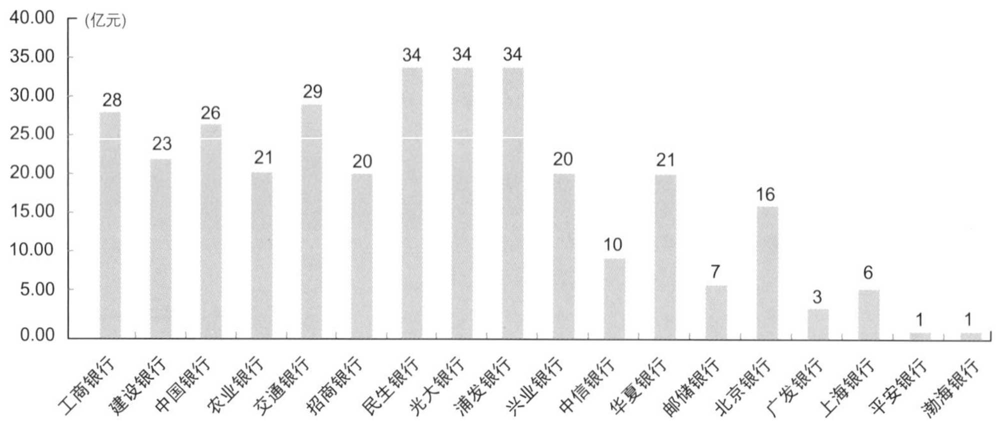

数据来源：《基金年鉴》、华泰证券金融产品研究评价中心
截至日期：2012年12月31日

2012年，从托管费变动情况来看，上海银行、中国邮储银行、中信银行等发展较为迅速，2012年基金托管费较上年分别增长了454.00%、229.69%、48.77%。在基金发行数量持续增加、渠道相对较为拥挤的市场背景下，基金公司纷纷寻求和中小银行合作，提高了中小银行托管基金份额占比和托管费收入。

从市场集中度来看，前5大托管银行的基金托管份额合计占总托管份额的88.59%，行业集中度进一步降低。与此同时，中型银行积极拓展基金托管业务，其托管份额占比由2007年的6.54%提高到9.24%。相比之下，小型银行由于渠道相对较少，其托管费占比提升幅度相对较慢。

图10　基金托管银行托管份额占比走势

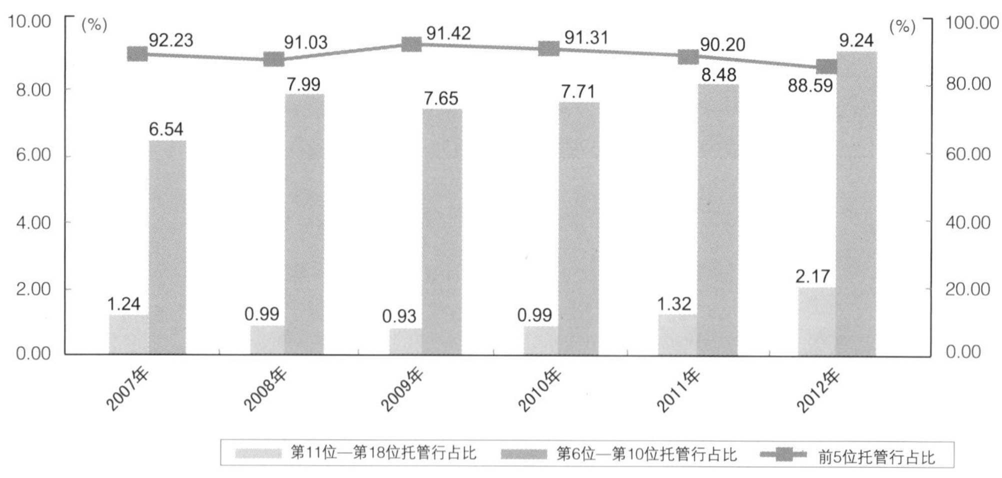

数据来源：《基金年鉴》、华泰证券金融产品研究评价中心

三、基金代销机构发展状况

近年来，基金行业发展相对较为缓慢，资产规模徘徊不前。然而以商业银行为代表的基金销售机构的客户维护费却持续上升，占基金管理费的比例甚至达到了20%左右。一些中小基金公司的客

户维护费占基金管理费的比例高达50%左右，在一定程度上影响了行业发展。

在此背景下，管理层积极推进建立多元化的基金销售格局。2011—2012年先后发布了《证券投资基金销售管理办法》、《证券投资基金托管业务管理办法》、《保险机构销售证券投资基金管理暂行规定》、《证券投资基金销售机构通过第三方电子商务平台开展证券投资基金销售业务指引》等多项法规文件，并取得一定的成效。

2012年以前国内基金销售机构仅限于商业银行、证券公司和证券投资咨询机构(仅1家)。2012年证监会增加了4家证券投资咨询机构，并创新引入了第三方基金独立销售机构，多元化基金销售格局逐步形成。

从商业银行来看，2010年以来，随着大部分全国性商业银行取得基金代销资格之后，越来越多的城市商业银行和农村商业银行加入到基金代销的行列。2012年全年新增5家城商银行、2家农村商业银行加入到基金代销行列，同比上年略有降低。

图11　具有代销资格的商业银行数量及发展趋势

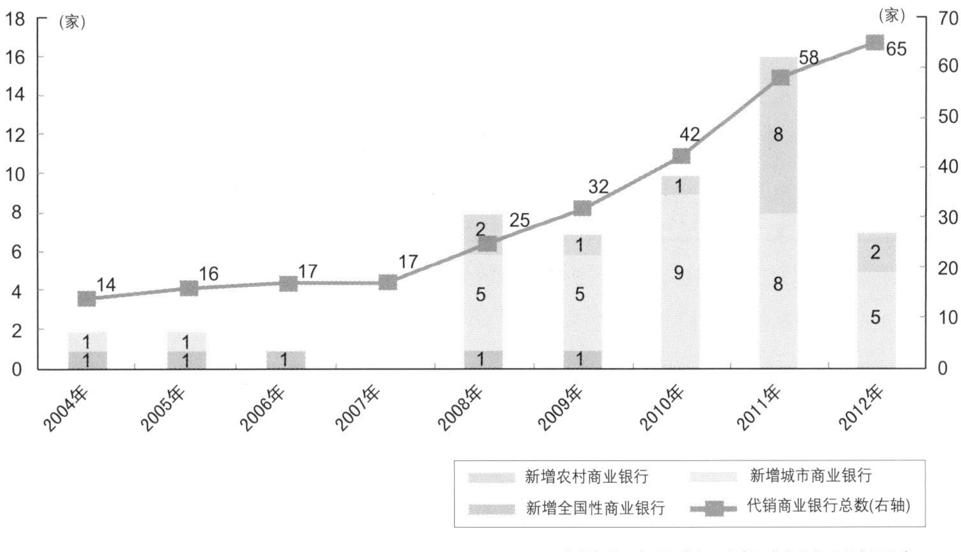

数据来源：中国证监会、华泰证券金融产品研究评价中心

2012年共有95家证券公司具备基金代销资格，同比上年增加两家，分别为太平洋证券和开源证券。目前证券市场上共有114家证券公司，这意味着：①未来新增基金代销资格的证券公司数量将相对有限；②证券公司代销基金的市场格局已经基本形成，未来证券公司在基金代销业务方面的发展将更多体现在专业性、个性化服务等方面。

2012年证券投资咨询机构在基金销售方面取得较快发展。自2004年天相投资顾问公司取得基金代销资格之后的7年，监管层没有再批基金代销资格给证券投资咨询机构。2012年监管层重新开放了该类机构基金代销资格审查，全年共有4家证券投资咨询机构加入，分别为：江苏金百临投资咨询有限公司、鼎信汇金(北京)投资管理有限公司、和讯信息科技有限公司和深圳市新兰德证券投资咨询有限公司。与传统商业银行相比，证券投资咨询机构在渠道上并没有优势，但是它们的引入或将对于基金销售的专业性有一定程度提高。

图12　具有代销资格的证券公司数量及发展趋势

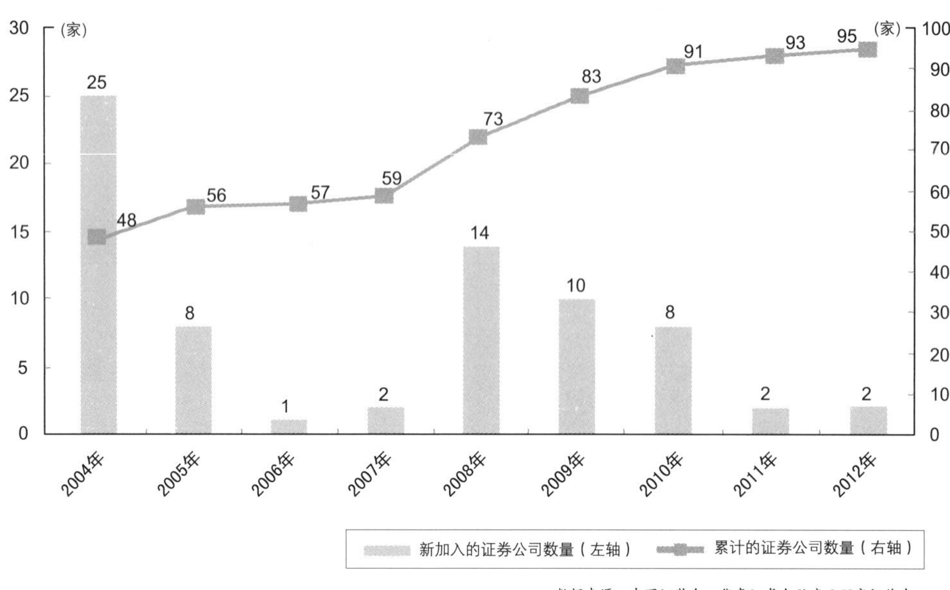

数据来源：中国证监会、华泰证券金融产品研究评价中心

2012年，基金销售市场创新地引入独立基金销售机构。独立基金销售机构主要有两类：第一类，从基金公司中独立而来。这类机构主要以母基金公司的基金产品销售为主，同时也代销其他基金公司的基金产品，比如：嘉实财富管理公司；第二类，与基金公司相对独立、以基金市场上的产品作为备选对象的专业基金销售机构，目前独立基金销售机构主要以第二类为主。截至2012年末，基金市场上共有14家独立基金销售机构成立。

未来，随着越来越多的证券投资咨询机构、独立基金销售机构取得基金代销资格，基金销售将从过去的渠道为主导，逐渐升级为以专业性、持续性、客观性基金投资服务为导向。

表1　2012年获批成立的独立基金销售机构

序号	机构名称	核准时间
1	诺亚正行(上海)基金销售投资顾问有限公司	2012年2月
2	上海天天基金销售有限公司	2012年2月
3	上海好买基金销售有限公司	2012年2月
4	深圳众禄基金销售有限公司	2012年2月
5	浙江同花顺基金销售有限公司	2012年4月
6	上海长量基金销售投资顾问有限公司	2012年4月
7	杭州数米基金销售有限公司	2012年4月
8	北京展恒基金销售有限公司	2012年6月
9	上海利得基金销售有限公司	2012年8月
10	天津凤凰财富基金销售有限公司	2012年10月
11	中期时代基金销售(北京)有限公司	2012年11月

（续上表）

序号	机构名称	核准时间
12	杭州金观诚基金销售有限公司	2012年12月
13	北京创金启富投资管理有限公司	2012年12月
14	嘉实财富管理有限公司	2012年12月

数据来源：中国证监会

四、2012年证券投资基金行业重大事件

(一) 新修订《证券投资基金法》出台，推动行业创新发展

2012年12月28日，新修订的《证券投资基金法》在十一届全国人民代表大会上审议通过，将于2013年6月1日正式实施。

“新基金法”放宽了基金公司主要股东的经营范围，即：“主要股东应当具有经营金融业务或管理金融机构的良好业绩、良好的财务状况、资产规模达到国务院规定的标准，最近三年没有违法记录”，并降低了注册资本不低于三亿元人民币的限制，这为非金融机构设立基金公司预留了一定的空间。由于基金公司门槛降低，未来或将有更多的基金公司成立，提高公募基金行业的竞争力度。

“新基金法”拓宽了基金的投资范围。基金的财产可以投资于①上市交易的股票、债券；②国务院证券监管机构规定的证券及其衍生品种，其中第二条为基金参与衍生产品提供了法律基础。随着金融衍生产品的逐渐涌现，以及监管机构认定的衍生产品增多，未来基金的投资策略将多种多样，更好地满足投资者的需求。另外，基金公司在遵循基金份额持有人利益优先的情况下，购买基金托管行股票、以及托管行、控股股东承销的证券，这对基金、尤其是被动型基金的运作提供了便利。

“新基金法”首次将非公募基金纳入监管，明确了公募基金和非公募基金的界限。对于私募基金，从投资者制度、投资运作、收益分配、信息披露、产品备案、推介方式等进行了明确说明，更好地保障了投资者的利益。另外，对于非公募募集基金管理人达到规定条件，经监管机构核准，可以从事公募基金业务，进一步扩充公募基金业务的参与机构，对原有的基金公司将形成一定挑战。

此外“新基金法”还对基金合并、基金服务机构、其他机构作为基金托管人、设立股权激励、基金管理人的组织形式等等进行了一定程度的拓宽。在新的背景下，“新基金法”的出台将有利于基金行业更好地创新发展。

(二) 资产管理机构开展公募基金业务，开启公募基金业务“白热化”竞争

2012年底，证监会发布《资产管理机构开展公募证券投资基金管理业务暂行规定(征求意见稿)》，规定了保险公司、证券公司、私募基金管理机构等开展公募基金业务的基本条件，即：三年以上证券资产管理经验；公司治理完善、内部控制健全、风险管理有效；最近3年经营状况良好、财务稳健；诚信合规，最近三年没有违规记录；成为基金业协会会员等等。此外，还进一步规定了明确的限制条件。

证券公司、保险公司、私募基金等机构获准开展公募基金业务，对于传统公募基金来说，是一

个巨大的挑战，使得公募基金市场将形成“白热化”的竞争格局。在此背景下，基金人才资源的抢夺将会更加激烈，基金产品创新将会不断涌现，这些都将有利于基金行业的优胜劣汰，将优势公募基金业务保留下来。从美国基金市场发展来看，每年都有金融机构加入公募基金行业，同时也有金融机构选择离开，比如：2012年有62家金融机构进入，39家金融机构离开。正是由于这种高度竞争的状态，一些长期优秀的金融机构得以“沉淀”。

(三) 简化基金审批流程，提高内在核心竞争力

2012年12月，证监会发布《关于深化基金审核制度改革有关问题的通知》和《证券投资基金合同填报指引》(试行)作为产品审核制制度改革的配套措施，全面改革基金产品的审核制度。该制度将于2013年1月1日正式实施。

根据证监会的观点，深化基金审核制度改革的总体思路是：转变审核观念，取消基金产品通道制；简化审核程序，缩短审核期限；实施网上审批，强化市场主体责任。具体包括：①取消产品适合通道；②缩短产品审核期限，常规产品按照简易程序在20个交易日内完成审核，包括：股票型基金、混合型基金、指数基金、货币市场基金、发起式基金、常规QDII以及单市场ETF；③实行常规基金产品的网上申报与审核；④推动各方归位尽责、加大监督检查力度；⑤鼓励基金公司建立基金退出机制。

该《通知》及其配套措施的实施，将大幅提高基金产品审批速度、新发基金数量将出现快速增长。与之前证监会“同一类产品只能发行一只基金”的规定不同，2013年之后基金公司可以根据自身特点、市场特征以及投资者需要，发行任意数量的基金，给基金行业发展带来一定的空间。在此背景下，一些基金公司可以通过快速发行一系列风格不同、投资策略差异、标的特征清晰的产品，来完成旗下基金产品线的布局，这就是说：该《通知》对于一些具有创新精神的基金公司，无疑提供了巨大的发展空间。但是对于一些渠道薄弱的基金公司，将形成一定的压力。

随着基金数量增多，基金的优胜劣汰将会出现，不可避免地会出现一批规模较小“迷你基金”。证监会规定基金经理不能同时管理三只以上的基金，在新基金快速增加的情况下，基金经理将成为一种稀缺资源，但是“迷你基金”由于资产规模较小，其收益不足以覆盖公司的运作成本。在此情况下，“迷你基金”往往成为基金公司的累赘，基金公司对于这类产品的重视程度也相对较弱。适时地将一些业绩相对较差的“迷你基金”自动终止清盘或合并入其他业绩相对较好的基金中，不但可以减少基金公司的成本支出，而且对于原有基金持有人也相对有利，因此该《通知》鼓励基金公司根据产品的特点和管理成本因素，在基金合同中约定自动终止清盘或合并条款。

(四) 拓展基金销售渠道，促进行业健康发展

在新基金快速发行以及老基金数量持续增多的情况，传统以商业银行为主的销售格局将难以适应基金行业的发展，因此监管层最近两年先后发布了《证券投资基金销售管理办法》、《证券投资基金托管业务管理办法(征求意见稿)》、《保险机构销售证券投资基金管理暂行规定》等多项法规，推动建立多元化的销售格局，促进基金销售机构差异化竞争。

虽然多元化基金销售格局的建立，在短期内难以撼动商业银行为基金销售主要渠道的局面，但是从中长期来看，多元化销售格局的建立将有益于基金销售由“渠道为王”转向以“投资者需求、投资咨询服务”等为主的基金销售格局，提高投资者对于基金产品的认识，推动行业健康发展。

此外，除了多元化基金销售格局提供差异性服务外，基金销售机构的竞争也将有利于降低基金相关成本，比如：客户维护费用、基金申购费用等等。

第三部分　2012年证券投资基金市场发展回顾

本部分要点：

- 截至2012年末，国内证券投资基金(简称“基金”)市场上共有70家基金管理公司[①]，管理着1 174只基金，总资产规模2.87万亿元。同比上年增加6 749亿元，增幅30.79%，基金资产规模连续三年稳步增加，但仍低于2007年末的3.28万亿元。

- 截至2012年末，国内合资基金公司管理公募基金的资产净值为724.52亿元，占基金总资产净值的比例为58.34%，超过中资基金公司占比。

- 在开放式基金中，股票型基金和混合型基金的资产规模仍然占据了半壁江山；然而从相对变化来看，该两类基金资产规模的相对占比在持续减少。

- 债券型基金是最近几年基金市场发展迅速的品种。从债券型基金资产净值占基金总资产净值的比例来看，该数据由2007年末的2.08%，提高到2012年末的13.31%。

- 从基金类型的资产规模来看，ETF基金资产规模发展迅猛，其资产规模由2007年末的331.28亿元，增至2012年末的1 599.90亿元，占基金总资产净值的比例由2007年末的1.03%，稳步提高到5.58%。

- 新基金发行为市场提供新的血液，丰富了基金品种。2012年全年共有260只新基金成立，共募集市场资金6 446.63亿元，均较上年有大幅提高，其中募集资金同比增长133.37%。

- 从基金业绩表现来看，2012年各类型基金整体均获得了正收益。其中债券创新封闭式基金的净值涨幅高达10.92%，其次是QDII、债券型基金、ETF等，净值涨幅均在6%以上。

- 截至2012年末，股票型基金、混合型基金和传统封闭式基金的股票仓位分别为85.20%、73.24%、75.17%，不仅比上年末有一定程度提高，而且高于过去五年的历史平均股票仓位，在一定程度上说明基金对于市场的判断并不悲观。

- 2012年基金总费用为433.17亿元，占基金总资产净值的1.51%。其中基金管理费用最高，为0.91%，占基金总费率的60%；其次是交易费率，为0.25%，占基金总费率的17%。从基金总费用占基金净资产比例来看，基金总费率由2007年的1.87%降低为2012年末的1.51%，主要是由于近年来低费率的债券型基金和货币市场基金等品种发展较为迅速。

①，仅统计已经开展公募基金业务的基金管理公司

● 从投资者情况来看，截至2012年末，个人投资者持有基金份额为21 798.70亿份，占基金总份额的72.75%；机构投资者持有基金份额8 164.50亿份，占基金总份额的27.25%；基金市场仍然以个人投资者为主。

一、基金资产规模概况

(一) 基金市场资产规模变动

截至2012年末，国内证券投资基金(简称“基金”)市场上共有70家[①]基金公司，管理着1 174只基金，总资产净值达到2.87万亿元，同比上年末增加了6 749亿元，增幅30.79%，基金资产规模连续三年稳步增加，但是仍低于2007年末的3.28万亿元。近年来股票型基金和混合型基金资产规模持续降低是基金总资产规模徘徊不前的主要原因：该两类基金的资产净值由2007年末的2.68万亿元降低到2012年末的1.47万亿元，降幅高达44.88%。

2012年基金资产规模增加主要源于：①2012年A股市场小幅上涨提升了权益类基金的资产规模：2012年沪深300指数涨幅7.55%；②投资者对于老基金(成立于2011年之前的基金)的申购增加：2012年投资者对于老基金的净申购量达到1 607.56亿元；③新基金带来的增量效应：2012年共有260只基金成立，募集市场资金高达6 446.63亿元。

图13 证券投资基金历年资产规模变动

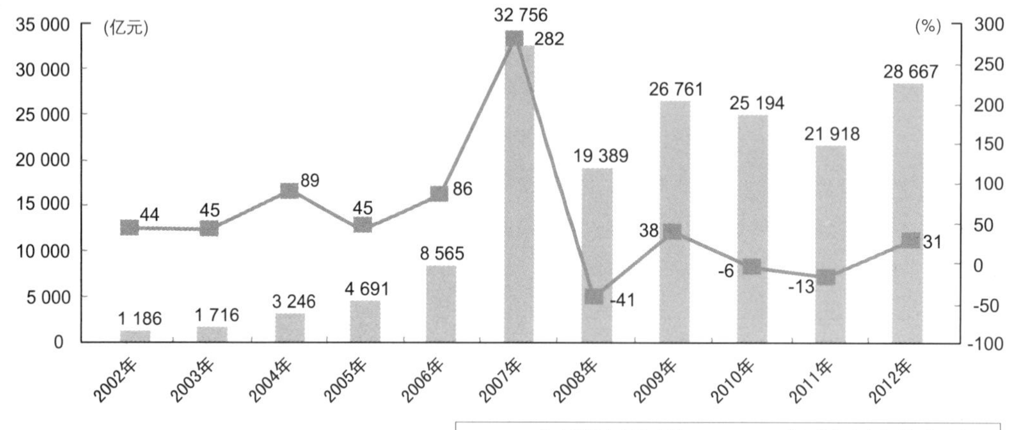

数据来源：《基金年鉴》、华泰证券金融产品研究评价中心

(二) 基金管理公司资产规模分布

截至2012年末，在管理基金产品的70家基金公司中，华夏基金、易方达基金、嘉实基金、南方基金和博时基金的资产规模位列前五位，其中华夏基金的资产净值高达2 353.43亿元。

基金管理公司资产规模集中度相对较高。根据2012年基金年报数据显示，前10大基金管理公司的资产规模占基金总资产净值的50.15%；前25大基金管理公司资产规模占基金总资产规模79.91%，而剩余45家基金管理公司资产规模占基金资产规模20%左右。

①，仅统计已经开展公募基金业务的基金管理公司

表2 2012年管理基金资产规模前20的基金管理公司

序号	基金管理公司	成立日期	注册地	旗下基金数量(只)	基金资产净值(亿元)	基金份额规模(亿元)
1	华夏	1998.04.09	北京	32	2 353.43	2 271.07
2	易方达	2001.04.17	珠海	40	1 995.21	2 235.62
3	嘉实	1999.03.25	上海	39	1 945.25	1 888.97
4	南方	1998.03.06	深圳	39	1 550.10	1 664.46
5	博时	1998.07.13	深圳	35	1 381.75	1 544.62
6	广发	2003.08.05	珠海	28	1 131.06	1 220.95
7	工银瑞信	2005.06.21	北京	28	1 080.46	1 346.25
8	中银	2004.08.12	上海	23	1 000.77	1 039.09
9	大成	1999.04.12	深圳	33	983.37	1 202.83
10	华安	1998.06.04	上海	36	955.90	1 148.69
11	建信	2005.09.19	北京	28	952.20	1 034.03
12	银华	2001.05.28	深圳	28	794.85	822.55
13	富国	1999.04.13	上海	32	754.91	794.26
14	鹏华	1998.12.22	深圳	33	624.59	660.88
15	汇添富	2005.02.03	上海	27	610.25	692.80
16	上投摩根	2004.05.12	上海	20	603.49	657.02
17	交银施罗德	2005.08.04	上海	24	572.78	593.41
18	招商	2002.12.27	深圳	28	554.13	592.66
19	国泰	1998.03.05	上海	31	552.90	659.39
20	融通	2001.05.22	深圳	16	509.97	594.78

数据来源：《基金年鉴》、华泰证券金融产品研究评价中心
截至日期：2012年12月31日

目前国内基金管理公司分为中资公司和合资公司两类。截至2012年末，国内合资基金公司管理公募基金资产净值为16 724.52亿元，占基金总资产净值的比例为58.34%，超过中资基金公司的资产净值。从合资基金公司的发展路径来看，有部分公司是在发展中逐步引入外资股东由中资基金公司转变为合资的。

从基金管理公司注册地来看，上海、深圳和北京三地是基金资产规模最为集中的地区。其中上海地区的基金资产净值达到11 251.31亿元，占基金总资产净值的比例高达39.25%；深圳、北京地区的基金资产规模分别为8 496.37亿元、5 247.58亿元，分别占比29.64%、18.31%。

图14　2012年基金资产规模的地域分布

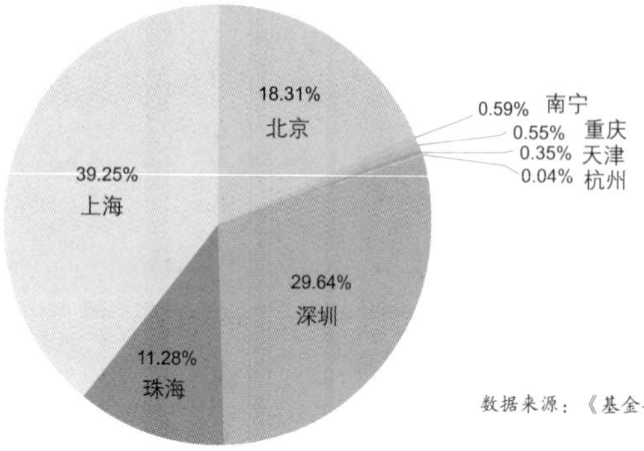

18.31% 北京
0.59% 南宁
0.55% 重庆
0.35% 天津
0.04% 杭州
39.25% 上海
29.64% 深圳
11.28% 珠海

数据来源：《基金年鉴》、华泰证券金融产品研究评价中心
截至日期：2012年12月31日

二、各类型基金发展与资产分布

根据基金的运作和申赎方式，证券投资基金分为封闭式基金、开放式基金、ETF以及ETF联接基金和海外基金四大类。在此基础上，封闭式基金进一步划分为：传统封闭式基金、创新封闭式基金；开放式基金划分为：股票型基金、混合型基金、债券型基金和货币市场基金。

目前国内证券投资基金主要以开放式基金为主。截至2012年末，开放式基金总资产净值为24 281.13亿元，占基金总资产净值的84.70%，其次是ETF以及ETF联接基金，资产净值合计2 378.55亿元，占基金总资产净值的8.30%。封闭式基金和海外基金资产规模合计占比约为7%左右。

在开放式基金中，股票型基金和混合型基金的资产规模占据半壁江山。截至2012年末，股票型基金和混合型基金的资产净值合计为14 743.94亿元，占开放式基金总资产净值的60.72%。相比之下，债券型基金和货币型基金的资产规模占比分别为15.71%、23.57%。最近几年由于A股市场持续震荡走弱，投资者对于债券型基金的关注度相对较高，债券型基金资产规模的占比在逐年提升。

图15　不同类型基金的资产规模分布

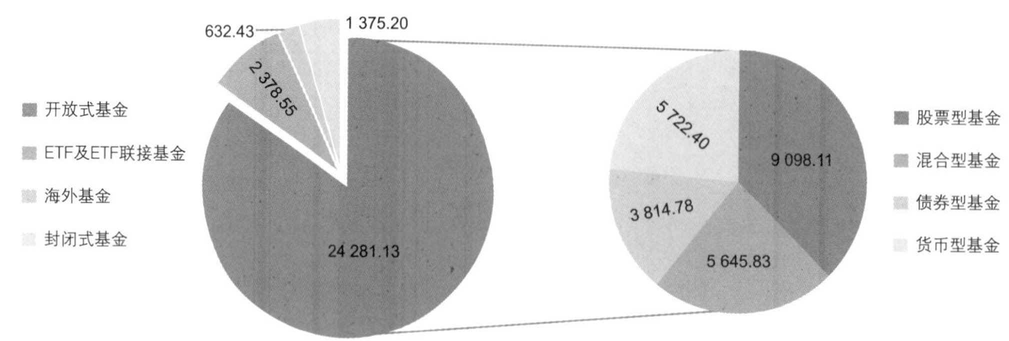

数据来源：《基金年鉴》、华泰证券金融产品研究评价中心
截至日期：2012年12月31日

(一) 股票型基金和混合型基金

2012年，从基金资产规模来看，股票型基金和混合型基金的资产规模虽然占据了开放式基金总资产规模一半以上，然而从变化趋势来看，该两类基金资产规模的相对占比呈现持续降低趋势。

股票型基金和混合型基金的资产净值占基金总资产净值的比例由2007年末的82.84%降低为2012年末的51.43%，投资者对它们的投资热情正在逐渐降低；2012年该两类基金继续呈现净流出状态，其中股票型基金净流出226.76亿元，混合型基金净流出507.57亿元。这主要是由于2007年以来A股震荡下行，股票型基金和混合型基金作为投资于A股市场的主要产品，在A股震荡下行的过程中，整体业绩表现不佳。

图16 股票型基金和混合型基金的资产净值占基金总资产净值的比例

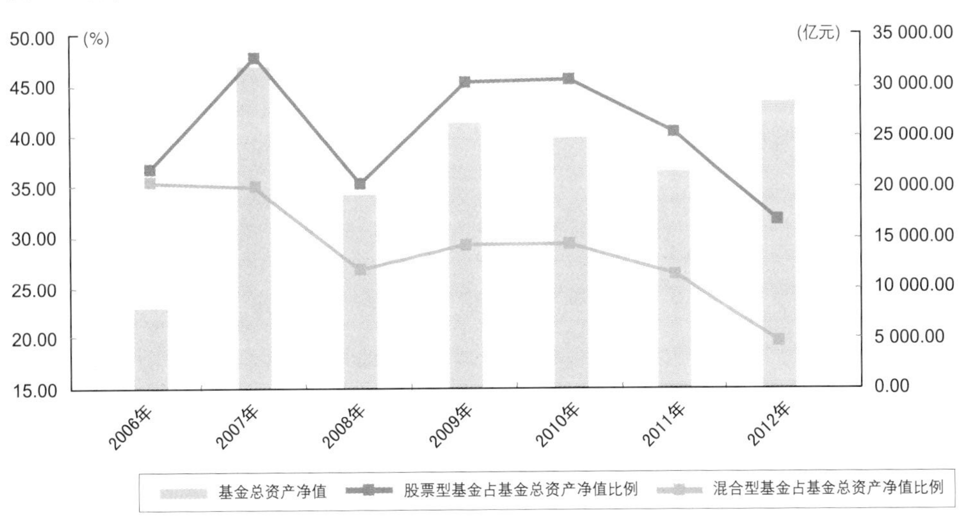

数据来源：《基金年鉴》、华泰证券金融产品研究评价中心

图17 2007—2012年股票型基金和混合型基金的业绩表现

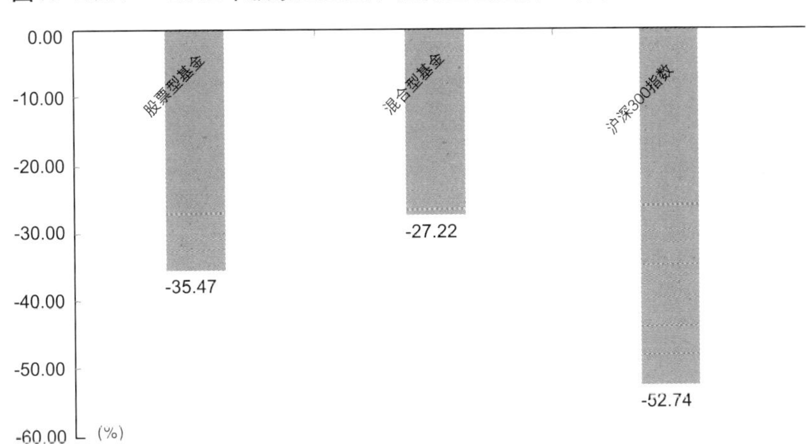

数据来源：Wind资讯、华泰证券金融产品研究评价中心

最近几年虽然开放式权益类基金[①]发展缓慢，然而在股票型基金中被动跟踪标的指数的指数基金发展相对较为迅速。该类基金由于具有较高的透明度、稳定且具有较高的股票仓位、较低的费率和相对确定的投资风格，受到投资者关注。其资产规模由2007年末的1 331.67亿元增加到2012年末的1 902.40亿元，占股票型基金资产净值的比例由2007年末的9.42%，提高到2012年末的26.44%。

图18　指数股票基金资产净值占股票型基金资产净值的比例

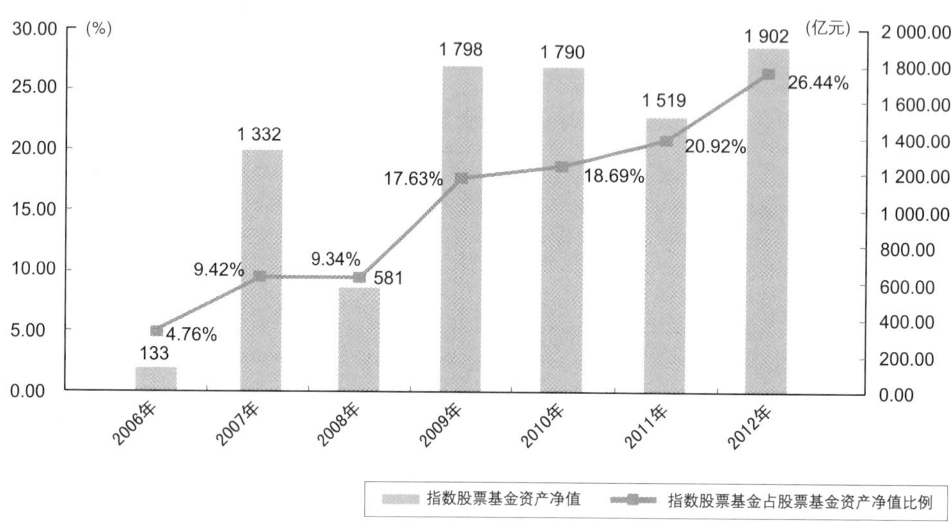

数据来源：《基金年鉴》、华泰证券金融产品研究评价中心
截至日期：2012年12月31日

(二) 债券型基金

债券型基金是最近几年基金市场发展迅速的品种。截至2012年末，其资产规模达到3 814.78亿元，同比上年增长212.04%。2007年以来A股市场震荡下行，而债券市场表现则相对较好，提高了投资者的参与力度：2012年新债券型基金发行募集4 448.34亿元，占全年募集总金额的69.00%，而同时老债券型基金[②]在2012年净流入40.47亿元。

从债券型基金资产净值占基金总资产净值的比例来看，该数据由2007年末的2.32%提高到2012年末的13.31%。债券型基金作为基金市场发展较快的一类产品，不但源于该类基金为投资者提供了稳定的正收益，而且其创新也层出不穷，更好地满足了投资者需求，比如：短期理财债券基金、债券指数基金、发起式债券基金等等。

① 包括股票型基金和混合型基金；②成立于2012年之前的债券型基金

图19 债券型基金资产净值占基金总资产净值的比例

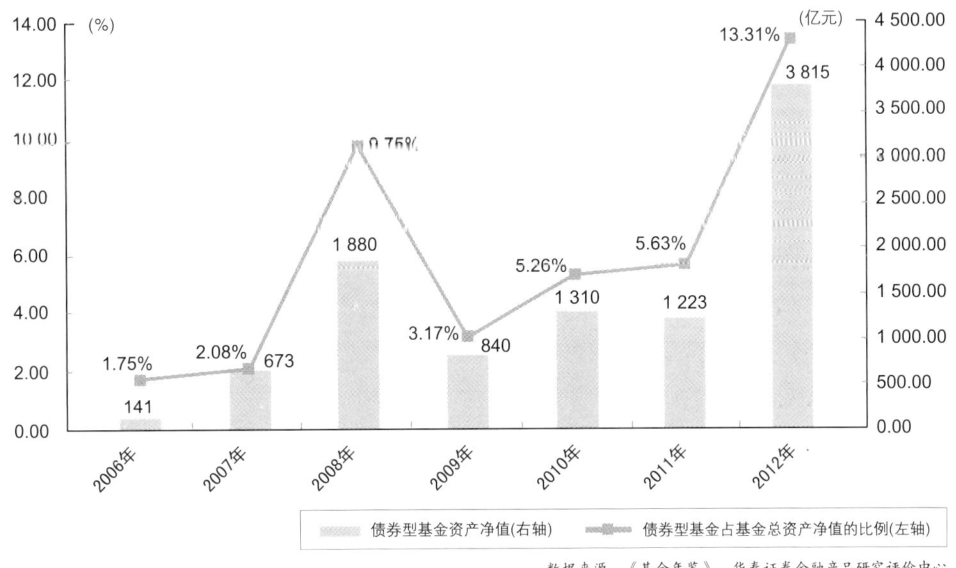

数据来源：《基金年鉴》、华泰证券金融产品研究评价中心

2012年基金市场上推出创新产品——短期理财债券基金，该类基金介于货币市场基金和普通债券型基金之间，试图通过一定的封闭期来提高产品的收益率。2012年银监会限制期限在1个月以内的银行理财产品发行，这为短期理财债券基金的发展创造了机遇。首批发行的两只产品——华安月月鑫、汇添富理财，受到了大量低风险投资者的追捧，两只基金合计募集规模超过了400亿元。截至2012年末，短期理财债券基金的资产净值达到1 353.01亿元，占债券型基金总资产净值的35.47%。从募集金额来看，2012年短期理财债券基金募集规模高达2 601.96亿元，占全年基金募集总额的40.36%。

图20 2012年不同类型债券型基金的资产规模构成

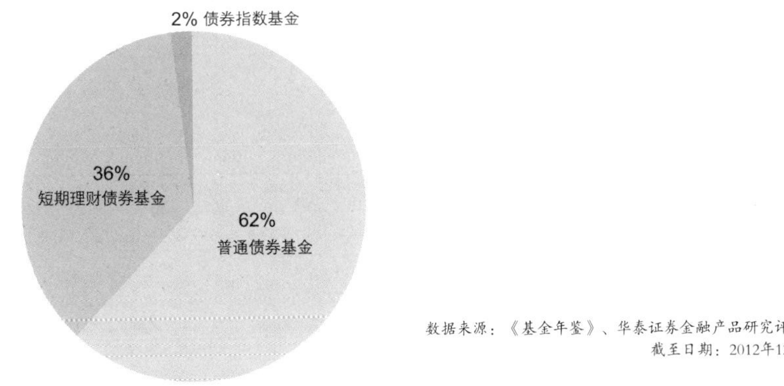

数据来源：《基金年鉴》、华泰证券金融产品研究评价中心
截至日期：2012年12月31日

(三) ETF基金

从资产规模来看，近年来ETF基金资产规模发展十分迅猛，其资产规模由2007年末的331.28亿元，增加到2012年末的1 599.09亿元，占基金总资产净值的比例由2007年末的1.01%，稳步提高到5.58%。2012年跨市场ETF——嘉实沪深300ETF、华泰柏瑞沪深300ETF的推出，为ETF提供了近600多亿元的增量。我们相信，随着债券ETF、跨境ETF、货币ETF、商品ETF等的逐渐出现，未来ETF将获得进一步发展。

图21 ETF基金资产净值占基金总资产净值的比例

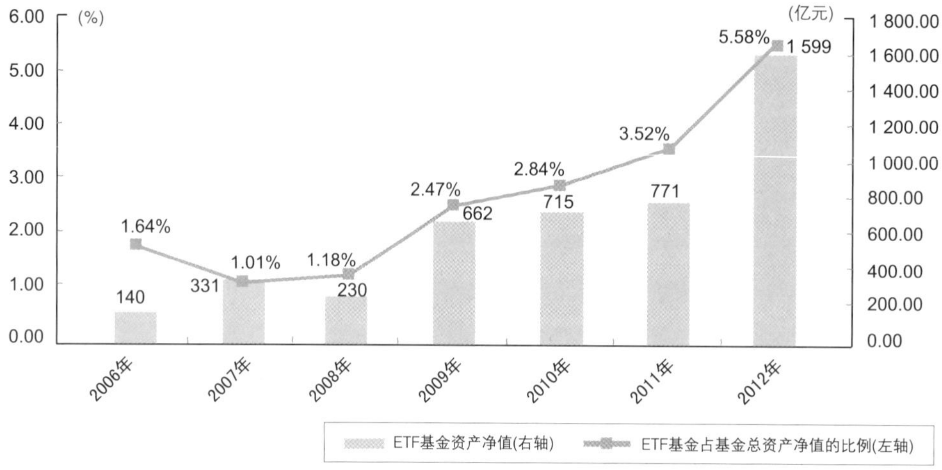

数据来源：《基金年鉴》、华泰证券金融产品研究评价中心

从标的指数来看，ETF基金的集中度相对较高。截至2012年末，跟踪沪深300指数的ETF基金资产规模为813.63亿元，占ETF总资产规模的50.88%；其次是跟踪深证100价格指数、上证50指数、上证180指数、中小企业板指数的ETF基金，占ETF总资产规模的比例分别为12.18%、12.11%、5.57%、2.68%。剩余30多个标的指数对应的ETF资产规模合计为265.07亿元，占比16.57%。

图22 2012年不同标的指数对应的ETF资产净值占ETF总资产净值的比例

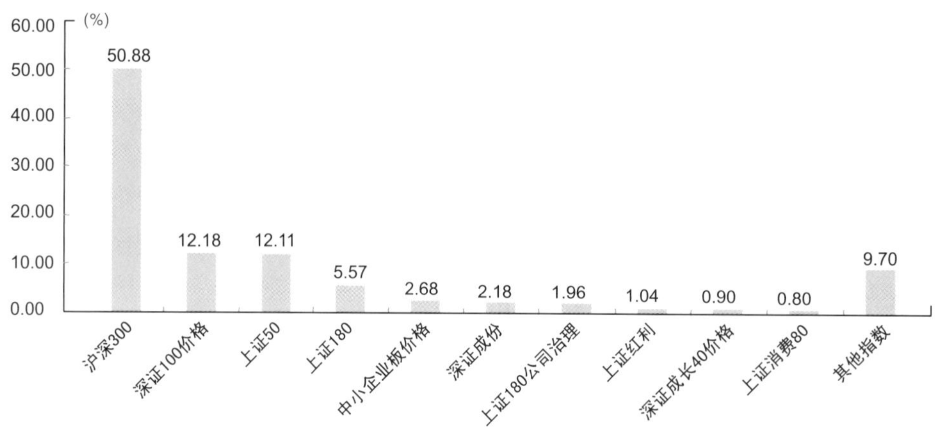

数据来源：《基金年鉴》、华泰证券金融产品研究评价中心
截至日期：2012年12月31日

(四) QDII基金

相对其他基金产品，QDII基金发展相对缓慢。截至2012年末，QDII基金资产规模为632.43亿元，相比上年同期提高了56.44亿元，这主要是新QDII基金发行带来的增量资金：2012年新增QDII基金募集总金额为159.97亿元。从相对比例来看，QDII基金资产规模从2007年以来持续走低，由2007年末的3.29%降低为2012年末的2.21%。

虽然QDII发展较为缓慢，然而各家基金公司仍积极推进QDII基金发展，主要表现在三个方面：

①推出细分主题类QDII，满足国内投资者对于海外特定类资产的配置需求，比如：天然气资源QDII、全球房地产QDII、高端消费品QDII等。②指数QDII成为基金公司发展的重点，比如：标普500指数QDII、纳斯达克100指数QDII、石油指数QDII等。③海外债券QDII的发展等。

图23 QDII基金资产净值占基金总资产净值的比例

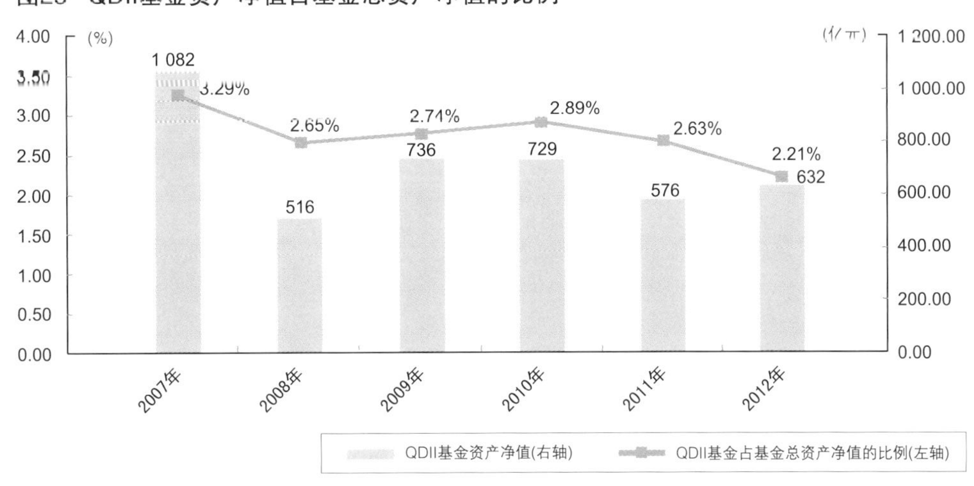

数据来源：《基金年鉴》、华泰证券金融产品研究评价中心

(五) 创新封闭式基金

创新封闭式基金是最近几年引入的一些具有创新性、封闭运作特征基金产品的总称，涵盖了分级基金、定期开放封闭式债券基金等(作为临时性分类，随着该类基金的运作模式成熟将单独进行分类)。

根据基金的投资范围，创新封闭式基金分为股票型创新封闭式基金、债券型创新封闭式基金。从资产规模来看，创新封闭式基金主要以债券型为主：截至2012年末，债券型创新封闭式基金的资产净值为695.78亿元，占创新封闭式基金总资产净值的85.01%；股票型创新封闭式基金的资产净值为122.66亿元，占创新封闭式基金总资产净值的14.99%。

根据基金的运作方式，债券型创新封闭式基金进一步细分为：封闭式分级债券型基金、定期开放封闭式债券型基金。从资产规模来看，定期开放封闭式债券型基金的资产规模相对较高，截至2012年末达到373.83亿元，占债券型创新封闭式基金总资产净值的53.73%；封闭式分级债券型基金的资产规模为321.94元，占债券型创新封闭式基金总资产净值的46.27%。

图24 2012年不同类型创新封闭式基金的资产规模构成

数据来源：《基金年鉴》、华泰证券金融产品研究评价中心
截至日期：2012年12月31日

三、新基金发行与老基金申赎情况

新基金发行为基金市场提供新的血液，更好地丰富了基金品种。2012年全年共有260只①新基金成立，合计募集市场资金6 446.63亿元，均较上年有大幅提高。从参与户数来看，2012年共有2 999 684户投资者参与新基金认购，较上年的3 159 542户略低。综合募集金额和募集户数，2012年投资者对于新基金的参与热情有所提高，户均认购规模在21.49万元，大幅高于2011年的户均认购规模(8.74)万元。

从具体品种来看，债券型基金是2012年新基金发行的重点，全年共有92只债券型基金②募集成立，占总发行数量的35.38%；募集金额4 199.61亿元③，占总募集金额的65.14%。

图25 2012年不同类型基金发行数量和募集资金占比

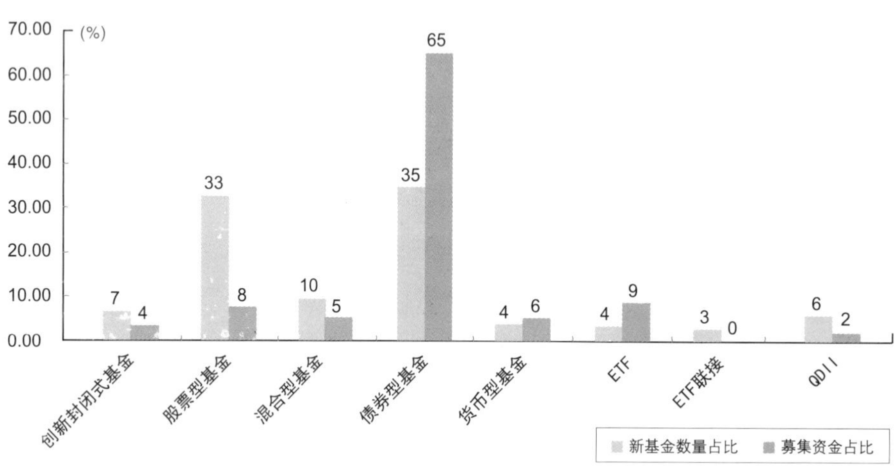

数据来源：《基金年鉴》、华泰证券金融产品研究评价中心，截至日期：2012年12月31日

2012年新基金发行延续之前的快速节奏，全年共计发行260只基金，较上年增加49只，募集金额6 446.63亿元，较上年的募集金额3 684.17亿元，增幅133.37%。在新基金快速发行的市场背景下，证券投资基金总数量超过了1 000只，达到1 174只。

图26 证券投资基金的存量和新发基金数量

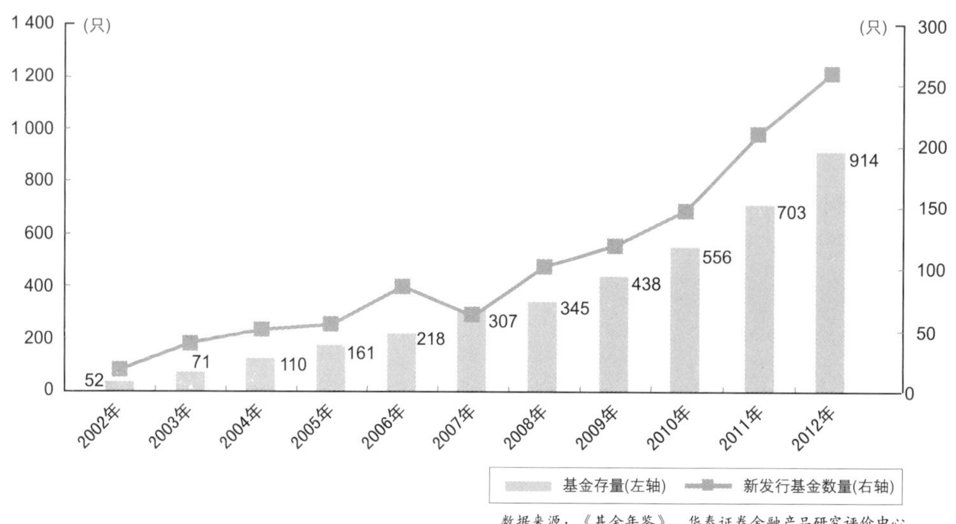

数据来源：《基金年鉴》、华泰证券金融产品研究评价中心

① 新基金不包括转型基金；创新封闭式基金全部为债券型基金。

②，③不包括创新封闭式基金。

在新基金快速发行的市场背景下，基金呈现“微型化”特征。截至2012年末，单只基金平均资产净值为24.42亿元，仅为2007年单只基金平均资产规模的1/4左右。

具体来看，不同类型基金的单只基金资产规模发展差异性较大。股票型基金、混合型基金的单只基金资产规模震荡下行，基本处于2007年以来的低位。其中股票型基金单只基金资产规模为20.45亿元，仅为2007年末的16.26%；相比之下，货币市场基金单只基金资产规模有所提升，由2007年末的27.76亿元提高到2012年末的92.30亿元。

表3 不同类型基金单只平均资产规模变动情况

单位：亿元

	2012年	2011年	2010年	2009年	2008年	2007年
股票型基金	20.45	24.48	39.66	55.01	43.65	125.73
混合型基金	25.90	29.66	43.88	48.79	37.48	95.17
债券型基金	17.03	9.26	13.50	10.37	30.83	27.16
货币型基金	92.30	57.82	33.32	60.36	97.29	27.76
ETF	34.02	20.83	35.76	73.58	45.94	66.26
ETF联接	18.56	20.50	50.74	139.84	182.56	393.42
QDII	9.44	11.29	27.01	81.77	57.34	270.45
全部基金	24.42	23.98	35.84	48.13	44.27	94.94

数据来源：《基金年鉴》，华泰证券金融产品研究评价中心

从不同类型基金来看，债券型基金无疑是2012年投资者认购最多的基金类型。2012年新发行的92只债券型基金[①]共计募集资金4 199.61亿元，占全部募集总额的65.14%，同比上年的601.29亿元，增长了5.98倍。其中，创新品种“短期理财债券基金”是投资者参与力度最大的品种，共募集资金2 601.96亿元，占债券型基金全部募集金额的61.96%，占基金总募集金额的40.36%。剔除短期理财债券基金的增量部分，剩余债券型基金的募集金额为1 597.66亿元，仍较上年增长165.70%。

此外，ETF、股票型基金、货币市场基金的募集金额相对较高。其中ETF基金募集金额为576.91亿元，较上年增长558.20%，主要是由于2012年首批引入的跨市场ETF——嘉实沪深300ETF、华泰柏瑞沪深300ETF，为ETF提供了近600多亿元的增量。其次股票型基金募集金额为519.46亿元，较上年降低了45.70%，但与此同时，股票型基金的发行数量较上年增加近10%，2012年股票型基金平均募集金额为6.49亿元，仅为全部基金平均募集金额的26.18%。

从单只基金的平均募集金额来看，债券型基金、ETF、货币市场基金等单只基金的平均募集金额均较上年有明显增长。其中，债券型基金单只平均募集金额为45.65亿元，较上年增长了165.71%；ETF基金平均募集金额为57.69亿元，较上年增长了1 018.88%。相比之下，股票型基金和混合型基金，平均募集规模均较上年有较大幅度降低，说明2012年投资者对于这两类基金的参与程度相对较低。

①包括创新封闭式基金。

图27 2012年不同类型基金的平均募集金额

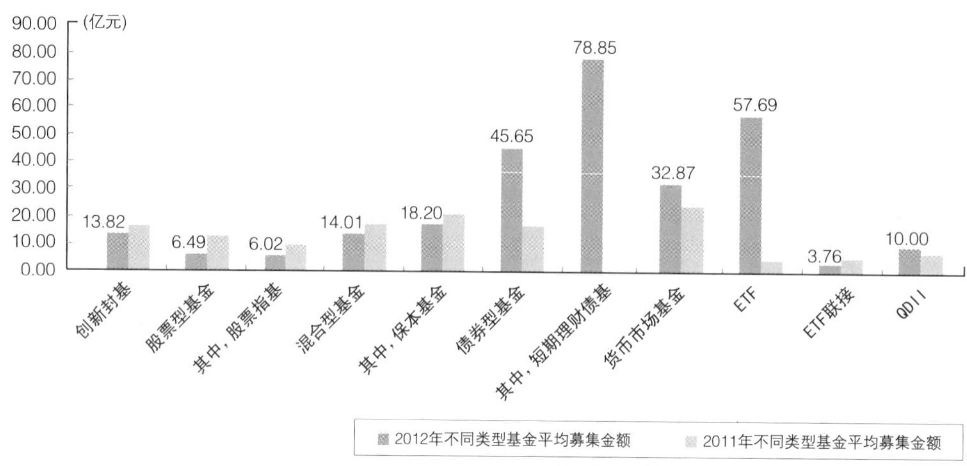

数据来源：《基金年鉴》、华泰证券金融产品研究评价中心
截至日期：2012年12月31日

从市场情况来看，基金首发募集金额常常具有一定的虚高效应。根据2012年基金年报数据显示，2012年新发行的QDII、ETF联接基金、股票型基金等资产规模降幅相对较大。其中新发QDII基金，年末资产净值仅为募集金额的16.23%，降幅高达83.67%；新发行的股票型基金，年末资产净值为募集金额的28.94%，降幅71.06%。相比之下，新发行的ETF、创新封闭式基金的资产规模较其募集金额有所提高，其中ETF增幅最大，为16.41%。

图28 2012年新基金资产净值变动情况

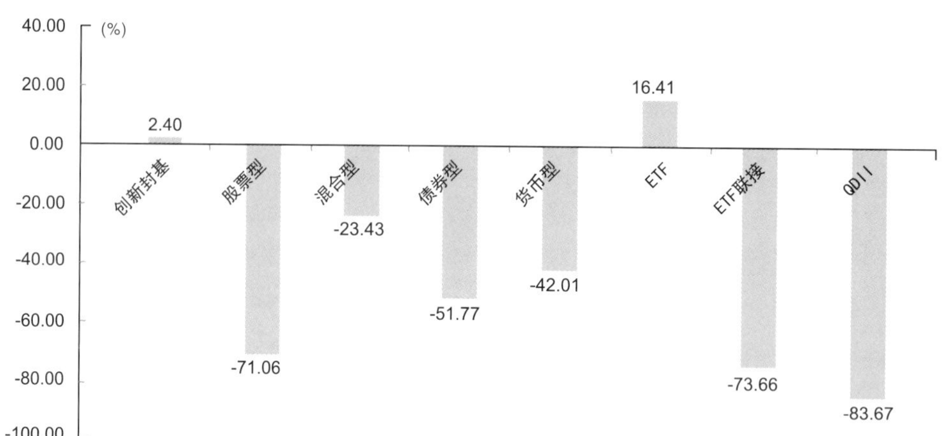

数据来源：《基金年鉴》、华泰证券金融产品研究评价中心
截至日期：2012年12月31日
注：仅统计在2012年披露年报的新基金

除新基金之外，2012年老基金呈现净流入状态，全年净流入1 611.91亿元，占基金资产规模增量的23.82%。具体来看，低风险的货币市场基金、债券型基金依然是净流入的主要品种。其中货币市场基金净流入高达2 405.16亿元；债券型基金净流入40.47亿元；股票型基金、混合型基金依然呈现大面积净赎回，赎回总金额达到736.68亿元。

表4　2012年老基金申购、赎回情况

基金类型	基金数量(只)	申购总额(亿元)	赎回总额(亿元)	总流量(亿元)	净流量(亿元)
股票型基金	364	2 052.71	2 279.47	4 332.18	−226.76
混合型基金	192	543.55	1 055.47	1 599.02	−511.92
货币市场基金	51	27 604.71	25 199.54	52 804.25	2 405.16
债券型基金	139	2 643.07	2 602.00	5 245.07	40.47
ETF	37	1 180.41	1 235.86	2 416.28	−55.45
ETF联接	34	191.87	177.24	369.10	14.63
QDII	51	27.94	86.52	114.46	−58.57
总　计	868	34 244.26	32 636.70	66 880.96	1 607.56

数据来源：《基金年鉴》，华泰证券金融产品研究评价中心

截至日期：2012年12月31日

说明：当年新成立的基金不在统计范围内；总流量=申购总额+赎回总额；净流量=申购总额-赎回总额

四、2012年创新基金及创新趋势

2012年，国内基金市场积极谋求创新，推出了较多的创新产品，包括：创新ETF、短期理财债券基金、发起式基金、货币T+0、分级基金创新等等。这些创新基金产品突破了传统基金的设计，更好地满足了投资者需求。

(一) ETF创新

2012年ETF创新表现突出，不但在沪深交易所进行跨市场ETF创新——沪深300ETF，而且进行了跨境ETF创新——华夏恒生ETF和易方达恒生ETF，以及货币ETF的创新——华宝兴业现金添利ETF。

2012年5月，华泰柏瑞沪深300ETF、嘉实沪深300ETF相继成立，突破了长期以来沪深两个交易所结算机制的不同导致跨市场ETF的缺失。华泰柏瑞沪深300ETF和嘉实沪深300ETF代表了两种不同的解决方案，分别简称“华泰柏瑞模式”和“嘉实模式”。其中“华泰柏瑞模式”通过沪市证券+深市证券现金替代的方式来实现沪市300ETF的申购和赎回，实现了华泰柏瑞沪市300ETF的“T+0”交易；“嘉实模式”对于沪深两市证券均采用实物申购和赎回方式。

2012年8月，华夏恒生ETF和易方达恒生ETF的成立标志着ETF产品开始逐渐融入到全球资本市场。由于香港市场以及境外市场受到资本管制的影响，投资者只能全部现金替代来申购这两只ETF，其中华夏恒生ETF由代理券商实时买卖成份股，未能成功买卖的部分，由基金公司代为买卖，并按T+2日收盘价结算；易方达恒生H股ETF由代理券商在T+2日首先对申购赎回申请进行轧平，轧平的部分按T+2日收盘价结算，未轧平的部分，按T+2日收盘附近的实际买卖成本结算。相比较于国内ETF跨境ETF的申赎效率相对较差，但是在香港或境外资本市场研究深度、广度以及人员配置充裕度尚不能和国内资本市场相比的情况下，跨境ETF将比主动QDII基金更具有优势，可以有效地满足投资者对于境外市场资产配置的需求。

2012年市场也创新推出了货币ETF。该类产品以2012年12月成立的华宝兴业现金添利货币ETF为代表。与股票指数ETF不同的是，货币ETF没有标的跟踪指数，为主动型产品。华宝兴业现金添利货币ETF，既可以像普通货币市场基金在一级市场申赎，也可以在二级市场买卖基金份额。不同的是，华宝兴业添利货币ETF的净值始终为100元、收益每日分配，而非普通货币市场基金净值的1元：T日申购的份额T+2日可以卖出或赎回；T日买入的份额，T日可以赎回，T+1日可以卖出；当日申购当日可享收益，当日赎回当日不享收益。华宝兴业添利货币ETF的推出对于盘活券商保证金具有积极意义，投资者在不参与A股投资的情况下，可以将剩余的资金买入华宝兴业添利货币ETF来分享货币市场基金的收益。

此外，国债ETF——国泰国债ETF、博时上证企业债30ETF均已获得证监会批准，ETF创新逐渐迈入债券市场。

(二) 短期理财债券基金

2012年1月，在中国银监会禁止银行发行短期和超短期理财产品变相高息揽储之后，国内短期理财产品市场处于一片空白。在此背景下，短期理财债券基金的出现抢占了这一市场，在较短时间内获得了投资者青睐。首发的两只短期理财债券基金——华安月月鑫、汇添富理财30天，募集总额超过了400亿元；随后，工银瑞信7天理财基金募集规模接近400亿元，创下近几年来新基金募集规模的新高，足以显示投资者对于该类产品的青睐。

短期理财债券基金从本质来说属于货币市场基金范畴。从估值方法来看，它与普通货币市场基金相同，均采用摊余成本法来进行估值；但不同之处也很明显，从投资范围来看，短期理财债券基金可投资于信用等级在A+级及以上的企业债券，投资范围更广，此外短期理财债券基金的正回购上限是40%，高于货币市场基金20%的上限比例。

(三) 发起式基金

2012年6月，证监会修改了《证券投资基金运作管理办法》，规定基金公司在募集基金时，使用公司股东资金、固有资金、公司高级管理人员或基金经理等人的资金认购基金的金额不少于1 000万元人民币，且持有期限不少于3年，募集金额不低于5 000万元，可以设立发起式基金。

对于发起式基金，基金管理人认购了一定数量的基金，且持有期限不少于3年，使得基金管理人的利益和投资者的利益绑定在一起，实现了基金管理人和投资者风险共担、收益捆绑，增强了投资者对于基金的信任感。

从基金成立门槛来看，发起式基金比普通基金的成立门槛2亿元要低很多，这体现了基金市场发展的新思路：轻首发、重持续的理念。如果发起式基金在合同生效的3年后，产品业绩不佳，资产规模低于2亿元时，基金合同将自动终止。这与国外的种子基金具有异曲同工之妙。

(四) 货币T+0

普通货币市场基金T日赎回，一般T+2日资金才可用，效率相对较低。2012年货币市场基金在这方面进行了创新，推出了一系列T+0货币基金。这些创新货币市场基金的共同特点就是投资者T日赎回，资金实时到账，相比原有的T+2日，资金可用效率有很大提高。

2012年推出货币型基金T+0赎回业务的基金公司有汇添富基金、南方基金和华夏基金，这三家基金公司发行的T+0货币基金各具创新特征。①汇添富具有T+0赎回功能的货币市场基金不是新发行一只货币市场基金，而是对原有的汇添富货币A进行升级，使其具有T+0快速赎回功能，实际运作原理是，该基金的投资者在进行快速赎回申请后，基金公司向银行借款，以银行资金进行垫付，做到赎回资金的实时到账。目前赎回单笔最高限额为10万元。②南方基金采取自有资金垫付的方式，投资者不承担任何费用，资金垫付费用由基金公司承担，该公司T+0赎回业务使用的基金为南方现金增利A基金。目前每日累计赎回金额最高限额为5万元，每日实时赎回不超过3笔。③华夏基金使用的T+0赎回业务产品是华夏现金增利基金，该模式与南方基金相同，采用自有资金垫付，但与前两种模式不同的是，该产品在实时赎回收益确认上，更有利于投资者，与普通赎回模式相同。该模式最大的优点就是在实时赎回申请收益确认上，客户可以享有赎回当天的投资收益，这样的设计在同类型模式中尚属唯一，可以让投资者的利息收入不受损失，目前赎回单笔最高限额为5万元。

(五) 分级基金创新

分级基金本身就属于创新产品，随着分级基金发展遇到的一些问题，该类产品也在积极创新、发展，主要表现在两个方面：①分级债基收益和交易机制的创新；②多空分级的渐行渐近。

之前分级债券基金主要以A类获取给约定收益，在1年定存利率下行时，A类份额的约定收益率也会跟随下行。由于A类份额的投资价值基本参考同期限的银行理财产品，而银行理财产品的收益率具有一定的市场化特征，造成了A类份额约定收益率和市场化收益率出现脱节的现象，出现A类份额的大比例赎回，或者投资者疯抢A类份额的现象。为此，分级债券基金在此方面进行了创新，该产品创新代表为信诚添金分级基金，它规定A类份额的约定收益率为1年定存+(0至2%)，浮动部分可以根据同类化产品市场利率进行调整，相对有效地解决了A类份额的市场化定价。

除了A类份额之外，B类份额也在谋求创新。由于之前B类份额封闭式运作，上市交易之后多大幅折价，使得初始认购的投资者产生一定的浮亏，由此产生了一种“悖论”：对于杠杆债基有需求的投资者不愿意认购B类份额，寄希望于在二级市场买入。如果没有投资者认购B类份额，那么在二级市场也没有充足的B类份额。为了解决该矛盾，信诚添金B类份额采用非上市交易模式、封闭一定期限，解决了初始认购投资者由于折价带来的损失。

此外，多空分级基金也渐行渐近。与传统分级基金不同的是，多空分级基金的A类份额和标的指数呈现反向，具有做空指数的功能，有效弥补了市场上做空工具相对不足、做空成本相对较高的现状。目前多家基金公司正在筹备该类产品。

五、基金业绩表现回顾

2012年全年A股市场震荡小幅上涨，上证综指、深圳成指分别上涨3.17%、2.22%。从市场风格上看，大盘股表现明显好于中小盘股，其中跟踪大盘股的上证50指数、上证180指数和中证100指数全年涨幅均超过10%，而以创业板、中小板、中证500等为代表的中小盘风格指数表现相对较为疲弱，涨幅分别为-2.14%、-1.38%、0.28%。2012年债市表现相对较好，尤其中低评级信用债表现较好。全年中证全债指数、中证企业债指数、中证国债指数上涨幅度分别为3.52%、6.30%、2.64%。

海外市场方面，2012年的全球权益市场投资环境相对于上年有明显改善，多数股票市场获得了正收益，MSCI全球股票价格指数上涨13.18%，高于国内上证综指、深圳成指的涨幅；标准普尔500指数与恒生指数分别上涨了11.52%和22.91%；新兴市场中，印度孟买SENSEX30指数上涨25.68%，俄罗斯RTS指数也上涨了10.50%。

图29 2012年各A股市场指数、债券市场指数涨跌幅表现

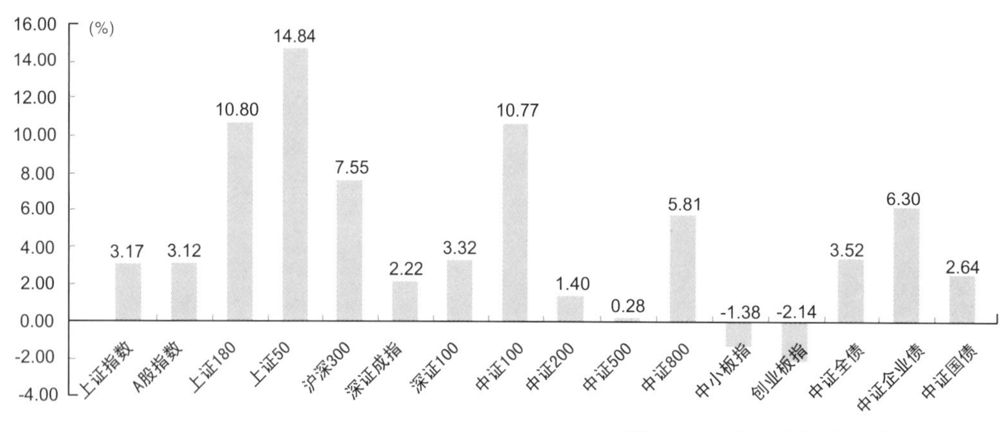

资料来源：Wind资讯、华泰证券金融产品研究评价中心
截至日期：2012年12月31日

从基金业绩表现来看，2012年各类型基金整体均获得了正收益，其中债券型创新封闭式基金的净值涨幅高达10.92%，其次是QDII、债券型基金、ETF等，净值涨幅均在6%以上。

2012年主动权益类基金主动投资管理能力得以体现。2012年A股市场一波三折、市场风格轮动、市场呈现一定的结构化特征，为主动性权益类基金创造了条件。从业绩表现来看，股票型基金、混合型基金的净值增长率分别为5.65%、3.95%，均跑赢上证综指和深圳成指，在一定程度上展现了基金的主动投资管理能力。

ETF和股票指数基金表现相对较好，净值涨幅略高于主动权益类基金。其中ETF的净值涨幅为6.47%，股票指数基金的净值涨幅为6.03%。ETF和股票指数基金表现较好主要源于两个原因：①它们的仓位较高，指数股票型基金仓位一般在90%以上，而ETF一般可接近满仓操作；②多数指数型基金的标的指数为大盘蓝筹风格，在全年大盘蓝筹股走势明显好于中小盘股的背景下，被动指数型基金表现相对较好，而部分重仓金融、地产板块的ETF得益于年末这些板块的大幅上涨，全年涨幅甚至在20%以上。

2012年债市(尤其是信用债)表现相对较为突出。受益于债市的良好表现，主投债市的相关基金表现相对较好。在这些基金中，债券型创新封闭式基金的净值涨幅最高，达到10.92%，这是由于该类基金具有一定的封闭期，管理人可以将基金资产配置在一些低流动性的信用债方面，并适度利用回购来放大债券投资比例，从而提高其收益。

除了债券型创新封基之外，QDII基金表现十分突出，全年实现9.96%的净值涨幅。2012年香港

恒生指数涨幅超过20%，而QDII基金的大部分资产配置在香港市场，受益于该地区的良好市场表现，QDII基金整体取得了较好的业绩表现。从业绩表现来看，净值涨幅相对较高的QDII基金多为主投香港市场的基金，部分基金的净值涨幅甚至超过了20%。相比之下，投资于全球商品、黄金等资源类股票的细分QDII基金表现不佳。

2012年传统封闭式基金的平均单位净值增长率为4.15%，整体表现介于混合型基金和股票型基金之间。由于该类基金只能在二级市场交易而不能进行申赎，因此它的价格涨跌幅更具有指导意义。从价格表现来看，传统封闭式基金的净值涨幅为6.39%，表现优于股票型基金的净值涨幅，这主要是由于随着传统封闭式基金到期日的临近，它们的折价率有所收窄。

图30 2012年不同类型基金的净值表现

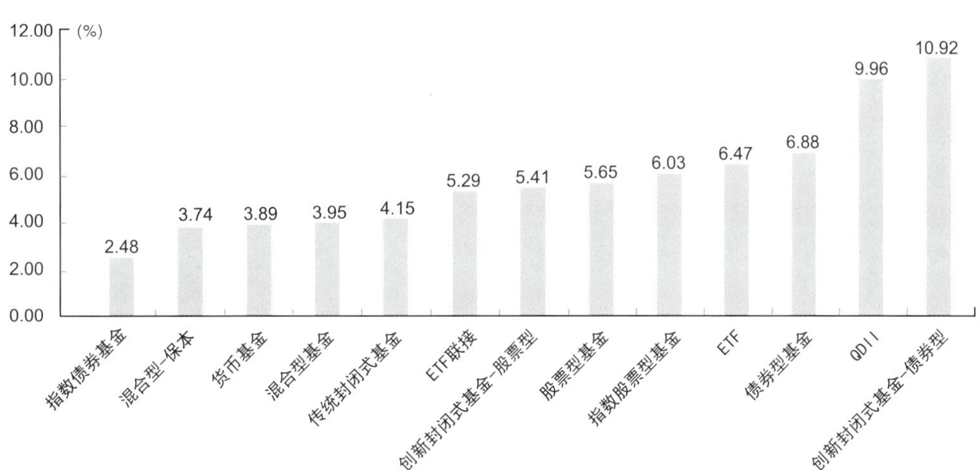

资料来源：Wind资讯、华泰证券金融产品研究评价中心
截至日期：2012年12月31日

六、基金资产配置分析

(一)基金的股票仓位调整

截至2012年末股票型基金、混合型基金和传统封闭式基金的股票仓位分别为85.20%、73.24%、75.17%，均较上年末有一定程度的提高，增幅分别为2.43%、3.48%、2.38%。从过去五年的平均股票仓位来看，该三类基金股票仓位均高于历史平均值，在一定程度上说明基金对于市场的判断并不悲观。

具体来看，2012年一、二季度随着A股震荡上行，股票型基金、混合型基金和传统封闭式基金的股票仓位均有所增加，其中股票型基金的股票仓位由2011年末的81.74%提高到2012年二季度末的84.29%；混合基金的股票仓位由2011年末的68.81%提高到2012年二季度末的71.55%；传统封闭式基金的股票仓位由2011年末的71.70%提高到2012年二季度末的73.72%。三季度A股震荡下行，该三类基金均将其仓位降低。四季度随着A股市场强势反弹，股票型基金、混合型基金和传统封闭式基金普遍将其仓位大幅提高，其中混合型基金的股票仓位提高了4.55%，股票型基金和传统封闭式基金的股票仓位提高幅度在2.60%左右。

表5 股票型基金、混合型基金和传统封闭式基金的股票仓位变动情况

单位：(%)

基金类型	2012年末股票仓位	2011年末股票仓位	过去五年平均股票仓位
股票型基金	85.20	81.74	81.30
混合型基金	73.24	68.81	69.32
传统封闭式基金	75.17	71.70	70.57

资料来源：wind资讯，华泰证券金融产品研究评价中心

(二) 基金的行业配置调整

从2012年全年来看，各个行业的配置比例变化相比前两年要小，其中第四季度基金大幅降低了食品饮料行业的配置比例，该比例从2011年末的11.65%降低至2012年末的8.97%，而前三季度食品饮料行业的配置比例整体处于上升态势；信息技术行业的配置比例从2011年末的6.37%降至了2012年末的4.06%，其他一些配置比例下降较多的行业包括机械、设备、仪表、批发和零售贸易、采掘等行业。配置比例上升较多的行业包括金融保险业、房地产等，其中金融保险业的行业配置比例由三季度末的15.43%大幅上调至年末的18.28%，而房地产的行业配置比例则从2011年末的5.90%提高至了2012年末的8.71%。

从各行业的表现看，2012年主要可分为三个阶段：①一季度，有色金属、煤炭等强周期行业及保险、券商等早周期行业表现较好，这段时期采掘业、金属、非金属以及金融、保险业行业配置比例获得增加，如采掘业和金属、非金属行业的行业配置比例分别从2011年末的5.66%、4.11%上升至2012年一季度末的6.42%、4.52%；②二、三季度，食品饮料、医药、电子等板块持续表现较为强势，该阶段，相关行业的配置获得了持续的增加，以电子行业为例，其行业配置比例从一季度末的2.68%上升至二季度末的3.57%，接着继续提高至三季度末的4.00%；③四季度，金融、地产等板块表现突出，而食品饮料等板块则表现大幅落后市场，基金整体对这些行业进行相应的增持或减持操作。

(三) QDII基金的区域资产配置调整

经过五年多发展，目前QDII基金的投资区域已经覆盖了全球大多数发达国家和地区以及各新兴经济体。2012年QDII基金的投资区域个数为33个，与上年末的32个投资区域相比，增加了西班牙和丹麦两个市场，同时减少了上年末的投资区域——百慕大。

截至2012年末，QDII基金投资海外市场的资产在420亿元人民币左右。从区域资产配置来看，2012年基金年报显示QDII基金配置最多的5个国家和地区分别是中国香港地区、美国、韩国、印度和中国台湾地区，其中中国香港地区和美国是QDII基金配置的两大主要市场，该两大区域近几年来的资产配置比例合计大约占到QDII基金海外资产配置的75%。

从配置的变化趋势上看，QDII基金主要增加了美国和亚洲一些发达国家和地区的资产配置比例，其中美国的资产配置比例从2010年末的9.97%提高到了2012年末的15.66%；韩国、中国台湾地区的资产配置比例也从2010年末的5.03%、2.14%提高到了2012年末的6.47%、2.79%；相比之下香港市场的配置比例则呈逐年下降趋势。从过去三年来看，配置比例下降较多的国家还包括澳大利亚，其配置比例从2010年末的5.37%下降至了2012年末的0.14%。

表6 2012年基金对各行业的持仓占股票投资的比例

(单位：%)

行 业	2012年				2011年年报
	年报	三季度	中报	一季度	
农、林、牧、渔业	0.75	0.75	0.67	0.82	1.02
采掘业	4.93	5.55	5.51	6.42	5.66
食品、饮料	8.97	12.19	11.48	11.99	11.65
纺织、服装、皮毛	0.75	1.00	1.31	1.24	1.26
木材、家具	0.09	0.10	0.09	0.08	0.07
造纸、印刷	0.22	0.21	0.18	0.23	0.26
石油、化学、塑胶、塑料	3.71	3.68	3.21	3.31	3.57
电子	4.08	4.00	3.57	2.68	2.80
金属、非金属	4.54	4.27	4.42	4.52	4.11
机械、设备、仪表	12.46	11.19	12.54	13.55	13.88
医药、生物制品	9.04	9.71	8.27	6.91	8.28
其他制造业	0.24	0.23	0.18	0.27	0.34
电力、煤气及水的生产和供应业	2.13	2.22	2.18	1.55	1.74
建筑业	3.77	3.09	3.21	2.73	2.51
交通运输、仓储业	1.54	1.49	1.74	1.99	2.04
信息技术业	4.06	4.98	4.53	4.95	6.37
批发和零售贸易	3.95	4.54	4.95	5.55	5.73
金融、保险业	18.28	15.43	16.25	16.78	15.59
房地产业	8.71	7.46	8.69	7.43	5.90
社会服务业	3.40	3.24	2.85	2.32	2.56
传播与文化产业	0.82	1.09	0.83	0.80	0.96
综合类	0.53	0.57	0.67	0.84	1.01

资料来源：Wind资讯，华泰证券金融产品研究评价中心

图31 近三年QDII基金区域资产配置比例

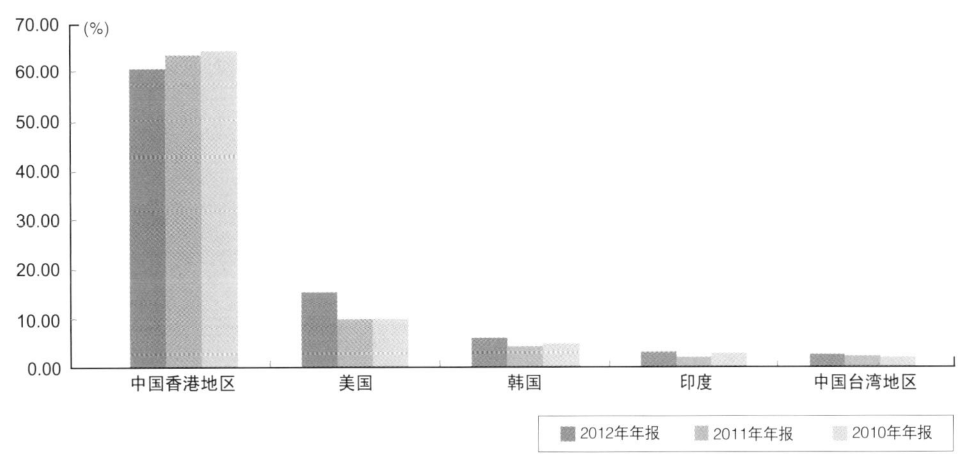

资料来源：Wind资讯、华泰证券金融产品研究评价中心

七、基金费用

2012年基金总费用支出为433.17亿元，占基金总资产净值的1.51%。其中基金管理费支出最高，为0.91%，占基金总费率的60%；其次是交易费率，为0.25%，占基金总费率的17%。

从基金总费用支出占基金净资产比例来看，基金总费率由2007年的1.87%降低为2012年末的1.51%，主要是由于近年来低费率的债券型基金和货币市场基金等基金品种发展较为迅速。

图32　2012年基金费率结构

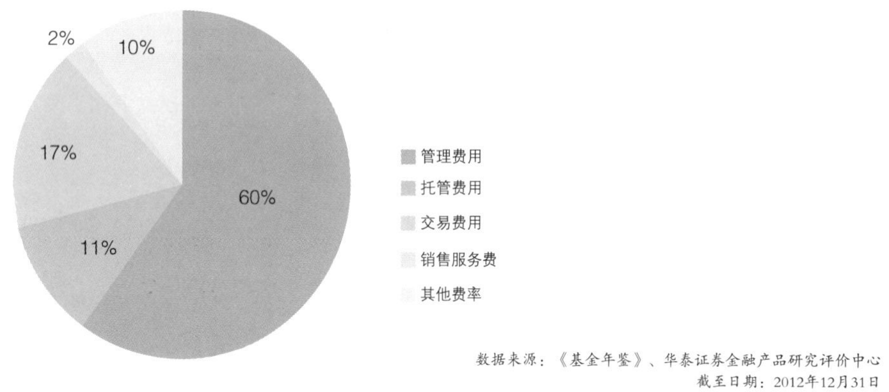

数据来源：《基金年鉴》、华泰证券金融产品研究评价中心
截至日期：2012年12月31日

从基金类型来看，QDII基金、传统封闭式基金、创新封闭式基金、股票型基金、混合型基金的总费率在2%以上，相对较高。其中QDII基金的费率最高，为2.43%。相比之下，短期理财债基的费率最低，仅为0.23%。这是因为该类基金的部分资产投资于银行协议存款。

表7　2012年不同类型基金的费率情况

基金类型	年度费用(亿元)	资产净值(亿元)	总费率(%)
传统封闭式基金	11.81	556.77	2.12
创新封闭式基金	19.05	818.43	2.33
股票型基金	188.58	9 098.12	2.07
其中:指数股票基金	24.23	1 902.40	1.27
混合型基金	119.24	5 645.83	2.11
其中:保本型基金	9.71	637.62	1.52
债券型基金	36.81	3 814.78	0.96
其中:短期理财债券基金	3.07	1 353.01	0.23
货币市场基金	31.16	5 722.40	0.54
ETF	8.16	1 599.09	0.51
ETF联接	3.06	779.45	0.39
QDII	15.30	632.43	2.42
总 计	433.17	28 667.31	1.51

数据来源：《基金年鉴》、华泰证券金融产品研究评价中心
截至日期：2012年12月31日

(一) 基金管理费

基金管理费是基金公司管理基金的收入来源。2012年基金年报统计，70家基金公司共收取260.45亿元基金管理费，较2009年的基金管理费总额降低了8.33%。

从基金类型来看，股票型基金和混合型基金仍是基金管理费收入的主要来源，这两类基金的管理费合计为203.89亿元，占基金总管理费的78.28%；其次为货币市场基金、债券型基金的管理费合计25.39亿元，占基金总管理费的9.75%，相对较低。

图33 2012年不同类型基金的管理费分布

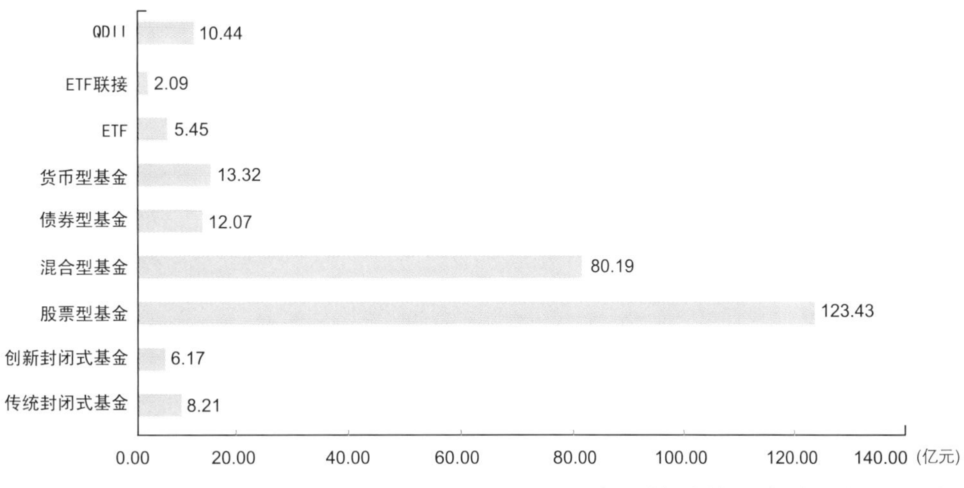

数据来源：《基金年鉴》、华泰证券金融产品研究评价中心

从单只基金的管理费贡献度来看，平均单只混合型基金的管理费贡献相对最高，为0.38亿元，其次是传统封基、股票型基金、货币型基金，它们单只基金的管理费用分别为0.33亿元、0.28亿元、0.26亿元。虽然货币型基金的管理费相对较低，但是平均单只货币基金的资产规模相对较高，这在一定程度上抬高了单只货币型基金的管理费支出。

图34 2012年单只基金管理费贡献度

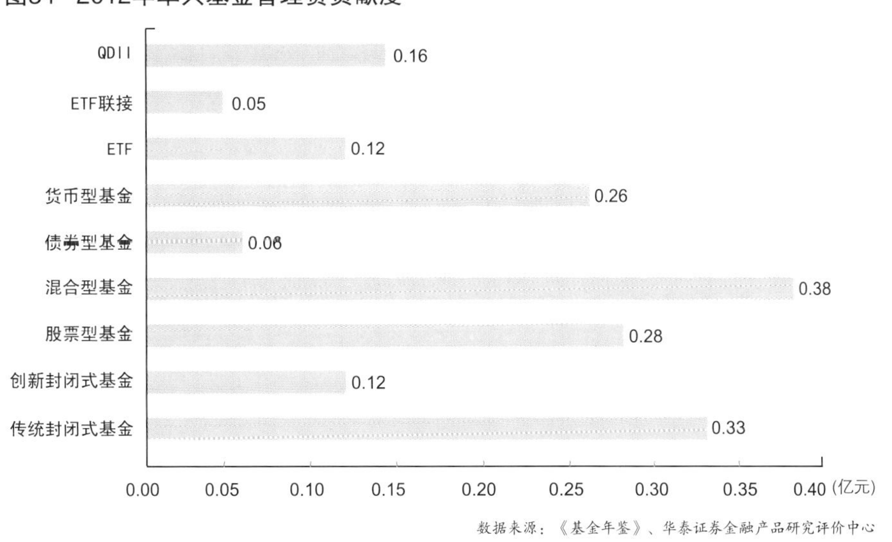

数据来源：《基金年鉴》、华泰证券金融产品研究评价中心

从基金公司情况来看，2012年华夏基金、嘉实基金、易方达基金的基金管理费收入位列前三位，管理费收入分别为21.37亿元、15.70亿元、14.69亿元。虽然易方达基金的资产规模高于嘉实基金，但是由于易方达基金旗下的产品多为低管理费率的指数基金，因此易方达基金的管理费收入反而低于嘉实基金。在管理费收入前10位的基金公司中，易方达基金的市值加权管理费率最低，仅为0.74%，相比之下，管理主动型基金占比较高的广发基金、银华基金，其管理费率在1%以上。

表8 2012年前十大基金管理公司管理费收入情况

管理人简称	基金管理费(元)	基金资产净值(元)	市值加权管理费率(%)
华夏	2 137 109 275.21	235 343 421 745.76	0.91
嘉实	1 570 028 640.28	194 525 271 589.99	0.81
易方达	1 469 347 699.97	199 521 418 999.82	0.74
南方	1 403 481 626.42	155 010 098 317.83	0.91
广发	1 260 736 718.14	113 105 794 407.02	1.11
博时	1 083 633 855.09	138 175 104 327.23	0.78
大成	836 133 491.36	98 337 361 047.40	0.85
银华	824 940 049.92	79 484 690 386.54	1.04
华安	788 710 402.97	95 589 561 661.39	0.83
富国	746 499 929.29	75 491 399 588.22	0.99

数据来源：《基金年鉴》、华泰证券金融产品研究评价中心

(二) 客户维护费

为应对业务需要，基金公司需要支付渠道端一定的客户维护费，这部分费用常常在基金管理费中列支。2012年基金公司共支出43.76亿元客户维护费，占基金管理费用的比例为16.80%。从基金公司的客户维护费占基金管理费的比例来看，资产规模在1 000亿元以上的基金公司，客户维护费基本维持在14%左右，而资产规模1 000亿元以下的基金公司，客户维护费占管理费比例出现较大分化，部分中小基金公司的支出甚至占到基金管理费收入的50%左右。

从不同类型基金来看，传统封闭式基金没有客户维护费，这是因为该类基金系市场上成立最早的封闭式基金，在成立之后基金份额固定不变，不需要持续营销，因此不需要支出客户维护费。除此之外，券商渠道发行的ETF基金，该笔费用占比也相对较低，仅为0.26%。相比之下，短期理财债券基金、ETF联接、保本基金、债券型基金的客户维护费占比普遍偏高。股票型基金和混合型基金的客户维护费占比基本在17%左右。

表9 2012年不同类型基金的管理费用与客户维护费用情况

基金类型	基金管理费用（亿元）	客户维护费用（亿元）	客户维护费占管理费之比（%）
传统封闭式基金	8.21	0.00	0.00
创新封闭式基金	6.17	0.82	13.20
股票型基金	123.43	21.49	17.41
其中：指数股票基金	16.13	2.25	13.93
混合型基金	80.19	13.78	17.19
其中：保本型基金	6.67	2.14	32.15
债券型基金	12.07	2.81	23.29
其中：短期理财债券基金	1.30	0.54	41.74
货币型基金	13.32	2.19	16.43
ETF	5.45	0.01	0.26
ETF联接	2.09	0.88	42.06
QDII	10.44	1.79	17.10
总计	260.45	43.76	16.80

数据来源：《基金年鉴》、华泰证券金融产品研究评价中心

从不同年限成立的基金来看，最近两年成立基金的客户维护费占比相对较高。2011年、2012年成立的基金客户维护费占比分别为30.69%、25.63%。相比之下，2010年成立的老基金，其占比相对较低，在16%左右，其中2008年成立的基金，客户维护费占比仅为13.18%。

从2008年开始公布基金客户维护费至今，基金客户维护费占基金管理费的比例在持续攀升，由2008年的14.34%攀升至2012年的16.80%。在基金管理费持续降低的背景下，客户维护费占比增加使得基金公司的实际管理费收入进一步降低。剔除客户维护费的影响，基金公司的实际管理费收入在2012年为216.68亿元，较2008年末降低了17.21%。

图35 基金管理费与客户维护费占比情况

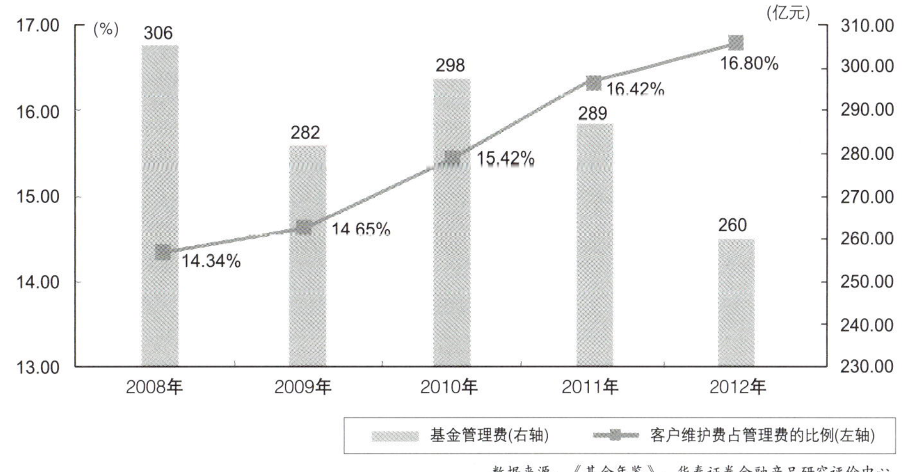

数据来源：《基金年鉴》、华泰证券金融产品研究评价中心

从基金类型来看，2012年保本基金、债券型基金、ETF联接基金的客户维护费占比上升幅度较快，其中保本型基金的客户维护费占比由2008年的14.59%提高至2012年的32.15%；债券型基金的客户维护费占比由2008年的8.40%提高为2012年的23.29%。ETF联接基金的客户维护费占比由2008年的20.22%提高至2012年的42.06%，这进一步说明了基金公司在发行这些基金过程中与渠道的议价权相对较弱。

八、基金持有人结构

截至2012年末，个人投资者持有基金份额21 798.70亿份，占基金总份额的72.75%；机构投资者持有8 164.50亿份，占基金总份额的27.25%，继续保持以个人投资者为主的持有人结构。

从基金类型来看，不同类型基金的持有结构差异性较大。其中ETF、传统封闭式基金、创新封闭式基金、货币市场基金主要以机构投资者为主，机构投资者占比均在50%以上。作为市场主体的股票型基金和混合型基金，主要以个人投资者为主，个人投资者占比均在80%以上。与主动权益类基金相比，机构投资者更加偏好被动型基金——股票指数基金，其机构投资者占比为30.05%，高于股票型基金的机构投资者占比(16.60%)。在所有基金类型中，保本型基金的个人投资者占比最高，这是因为该类基金更好地满足投资者对于本金安全性、同时适度参与A股市场的投资需求。.

从发展趋势来看，2007年以来机构投资者对于基金的配置比例有所上升，尤其是被动型基金。比如：ETF、股票指数基金等。具体来看，主动股票型基金的机构投资者占比由2007年末的5.50%提高到2012年末的12.77%；混合型基金(保本型基金)的机构投资者占比由2007年末的5.68%提高到2012年末的10.62%。相比之下，ETF基金的机构投资者占比增长快速，由2007年末的44.52%，迅速提高到2012年末的78.32%。此外，2012年新推出的QDII-ETF，其比例也高达77.60%。

表10　2012年不同类型基金的持有人结构

基金类型	基金数量（只）	持有人户数（户）	机构投资者		个人投资者	
			持有份额（亿份）	占比（%）	持有份额（亿份）	占比（%）
传统封闭式基金	24	1 083 341	361.32	60.22	238.68	39.78
创新封闭式基金	42	773 675	405.93	54.56	338.04	45.44
股票型基金	437	45 544 768	1 845.97	16.60	9 271.82	83.40
其中：指数股票基金	102	7 212 361	740.81	30.05	1 724.51	69.95
混合型基金	214	27 730 118	647.31	10.02	5 812.96	89.98
其中：保本型基金	33	631 905	15.44	2.93	510.96	97.07
债券型基金	189	2 440 309	1 060.38	40.31	1 570.45	59.69
其中：短期理财债券基金	23	373 630	322.54	33.59	637.57	66.41
货币型基金	52	2 415 961	2 773.66	51.74	2 587.60	48.26
ETF	45	710 400	878.26	78.32	243.15	21.68
ETF联接	41	2 767 941	170.33	1.58	901.54	84.11
QDII	66	5 163 262	21.34	2.49	834.46	97.51
总　计	1 110	88 629 775	8 164.50	27.25	21 798.70	72.75

数据来源：《基金年鉴》、华泰证券金融产品研究评价中心
截至日期：2012年12月31日

第四部分　年度新公布基金监管规章及其影响

本部分要点：

2012年，监管部门先后发布了《关于基金从业人员投资证券投资基金有关事项的规定》、《证券投资基金管理公司管理办法》、《基金管理公司特定客户资产管理业务试点办法》、《基金管理公司开展投资、研究活动防控内幕交易指导意见》、《证券投资基金管理公司子公司管理暂行规定》、《关于深化基金审核制度改革有关问题的通知》、《中华人民共和国证券投资基金法》等一系列对基金业规范运作和基金业未来发展影响较大的法律法规文件，特别是新修订的《证券投资基金法》出台，为整个行业未来发展提供了良好的法律基础。

《关于基金从业人员投资证券投资基金有关事项的规定》 2012年6月12日，证监会公告[2012]15号

该《规定》要求基金从业人员购买基金，鼓励通过定期定额或者其他方式进行长期投资。基金从业人员持有基金份额的期限不得少于6个月，高级管理人员、基金投资和研究部门负责人持有本公司管理的基金份额及基金经理持有本人管理的基金份额的期限不得少于1年，投资货币市场基金以及其他现金管理工具基金不受上述期限限制。通过鼓励基金从业人员投资本公司旗下基金份额并分别规定高管人员、投研部门负责人，以及一般基金从业人员持有基金份额的期限，实现基金从业人员与基金份额持有人的利益一致，有利于基金业的长期发展。

《证券投资基金管理公司管理办法》 2012年9月20日，证监会令第84号

该《管理办法》对基金管理公司的设立、变更和解散、基金管理公司子公司及分支机构的设立、变更、撤销、基金管理公司的治理和经营监督管理等提出了具体要求。取消了对持股5%以下股东的资格审核、取消变更基金公司名称、住所、股东同比例增减注册资本等行政许可项目、取消主要股东持股比例和关联持股限制、取消股东出让股权未满3年不受理其设立基金公司或受让股权申请的限制。该《管理办法》的出台，有利于民间资本进入基金行业、健全资本约束、优化准入政策、推进基金公司股权多元化和股权稳定性。

《基金管理公司特定客户资产管理业务试点办法》 2012年9月26日，证监会令第83号

该《试点办法》降低了基金公司专户业务的准入门槛，取消了基金公司管理经验、公司净资产和公司资产管理规模等门槛，为规模较小的基金公司，尤其是新成立的基金公司提供了新的业务方向。其次，扩大专户产品的投资范围。将商品期货纳入了专户产品的投资范围，这是基金投资的重大突破。《试点办法》的推出，将为基金公司开展特定资产管理业务创造相对宽松和公平的监管环境。

《证券投资基金管理公司子公司管理暂行规定》 2012年10月29日，证监会公告[2012]32号

该《暂行规定》规定了基金管理公司设立子公司应当充分考虑自身的财务实力和管理能力，全面评估论证，合理审慎决策，不得因设立子公司损害基金份额持有人的利益，同时规范了子公司设立和治理与运营的流程与管理。通过设立子公司，凭借子公司投资范围的拓宽，基金公司将借此进入未上市公司股权投资、债权、另类投资等市场。

《基金管理公司开展投资、研究活动防控内幕交易指导意见》 2012年11月15日，证监会公告[2012]38号

该《指导意见》加强了对基金业内幕交易的防控，指导基金管理公司建立健全内幕交易防控机制，规范基金管理公司投资、研究活动，完善内部控制，防范风险，有利于降低基金公司违规操作的发生，促进资本市场的持续稳定健康发展。同时也要求基金公司作为证券市场中重要的机构投资者应当以身作则引导市场注重价值投资和长期投资。

《关于深化基金审核制度改革有关问题的通知》2012年12月13日

该《通知》总体思路是转变审核观念，取消基金产品通道制；简化审核程序，缩短审核期限；实施网上申报和审批，强化市场主体责任。常规产品按照简易程序在20个工作日内完成审核。实行简易程序审核的常规产品包括普通股票型(混合型)、债券型、指数型、货币基金、发起式基金、常规合格境内机构投资者(QDII)产品及单市场交易型开放式指数基金(ETF)。对于分级基金、理财基金、跨市场(境)ETF以及其他有特殊安排的基金产品，考虑到产品尚不成熟或运作机制复杂，暂不实行简易程序。在公募基金领域，证监会将不断拓宽基金公司业务范围，松绑投资运作限制，优化公司治理，提高公募基金行业的整体竞争力。无论机构准入还是产品创新，都将尽量降低门槛、弱化审批，更多地关注对程序和行为的检查，更加注重风控合规，从以审批带动监管的模式逐步转变为以检查带动监管的模式。

《中华人民共和国证券投资基金法》2012年12月28日，中华人民共和国主席令第71号公布

新修订的《证券投资基金法》在现行基金法的基础上，对私募基金监管、基金公司准入门槛、投资范围、业务运作等多个方面进行了修改和完善。其中，将非公募基金纳入监管范围和降低公募基金的市场准入门槛，以及放松相关管制是“新基金法”的亮点。“新基金法”针对这些局限对原有条款进行了修订，在市场准入、投资范围、业务运作等方面为公募基金大幅“松绑”。“新基金法”充分体现了“放松管制、加强监管”的主导思想，为基金行业未来的发展提供了良好的法律基础。

2012年 中国私募证券投资基金发展综述

□ 私募排排网

2012年对于私募基金行业来说是喜忧参半的一年。一方面，信托账号的开闸、基金法再审对私募阳光化的推动、期货资管的放行、债券型基金的快速崛起等让行业的发展又往前推动了一步；另一方面，行业热情与股市走势呈现出冰火两重天的境地。

2012年，股市的严冬给了私募基金行业最严酷的考验与煎熬。

第一部分　2012年中国私募证券投资基金发展回顾

一、产品发行数量及规模

(一) 发行数量

历经九年发展，国内私募证券投资基金已初具规模。历年产品发行数量呈稳步上升趋势。如图表1所示，截至2012年12月31日，共发行成立了3 207只阳光私募基金，包括结构化产品1 627只，非结构化产品1 506只以及TOT产品74只。

图1　历年阳光私募产品成立数量（含已结束的产品）

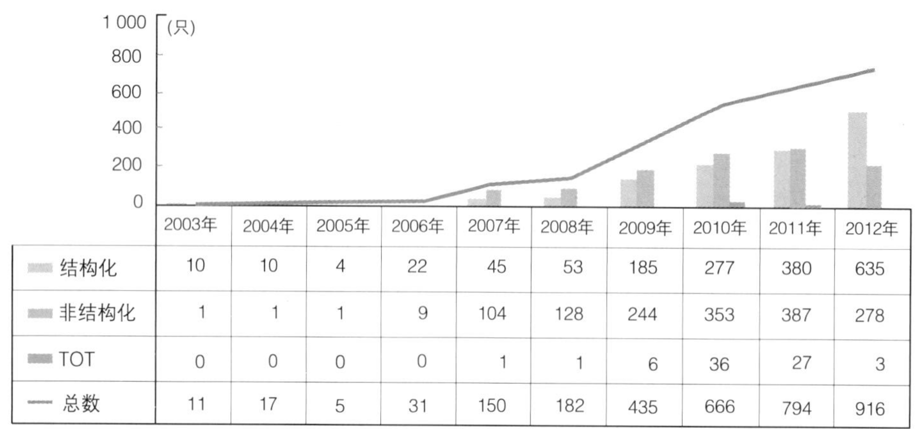

	2003年	2004年	2005年	2006年	2007年	2008年	2009年	2010年	2011年	2012年
结构化	10	10	4	22	45	53	185	277	380	635
非结构化	1	1	1	9	104	128	244	353	387	278
TOT	0	0	0	0	1	1	6	36	27	3
总数	11	17	5	31	150	182	435	666	794	916

数据来源：私募排排网数据中心

虽然从总体产品数量看上升趋势明显。但与往年相比，非结构化与TOT产品在2012年的发行量明显下降，结构化产品发行量骤然上升。究其原因，还是在于市场行情的影响。在市场行情低迷的2012年，很多产品发行困难，无论是机构还是个人投资者更追求资金的安全性，私募机构为了能够顺利募集资金，也只能承受在业绩压力的情况下发行结构化产品。因此2012年成了结构化产品发行异常高涨的一年。

2012年1月4日，非结构化产品平安信托——创富弘益集合资金信托计划的发行，拉开了2012年阳光私募基金发行的序幕。2012年产品总发行数量达到916只，其中结构化产品635只；非结构化产品278只；TOT产品的发行数量骤降，2010—2011年TOT产品共计发行63只，而整个2012年仅发行3只。

图2 2012年全国阳光私募产品月度成立数量 （含已结束的产品）

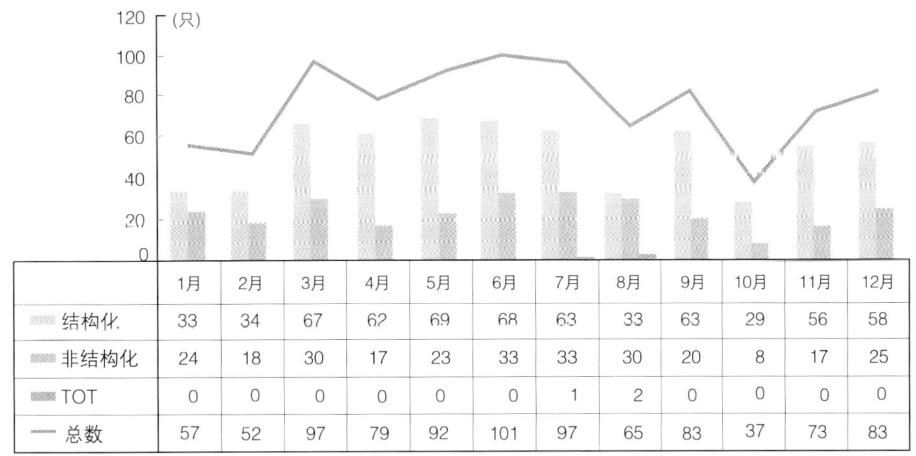

	1月	2月	3月	4月	5月	6月	7月	8月	9月	10月	11月	12月
结构化	33	34	67	62	69	68	63	33	63	29	56	58
非结构化	24	18	30	17	23	33	33	30	20	8	17	25
TOT	0	0	0	0	0	0	1	2	0	0	0	0
总数	57	52	97	79	92	101	97	65	83	37	73	83

数据来源：私募排排网数据中心

截至2012年底，发行了证券投资类信托产品的投资顾问公司超过700家，如图3所示，管理产品数量最多的为云南国际信托有限公司，共计管理了67只产品，其在2012年就发行了41只产品。其次是数君投资，共计管理34只产品，其在2012年仅发行2只产品。

图3 管理产品数量前十的投资顾问公司 （含已结束的产品）

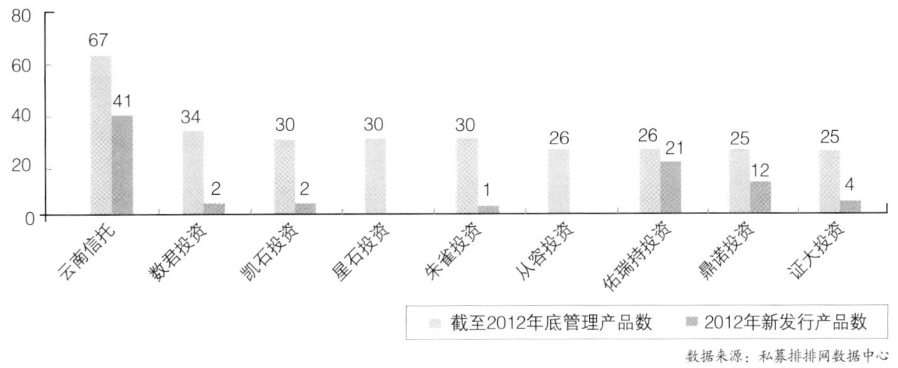

数据来源：私募排排网数据中心

如图4显示，2012年发行数量排名前十的投资顾问公司均发行了5只以上产品，其中云南信托和佑瑞持投资发行数在20只以上。2012年产品发行数量前十的投资顾问公司中，佑瑞持投资、耀之资产、暖流资产等公司发行的都是以债券类产品为主。

图4 2012年发行产品数量前十的投资顾问公司 （含已结束的产品）

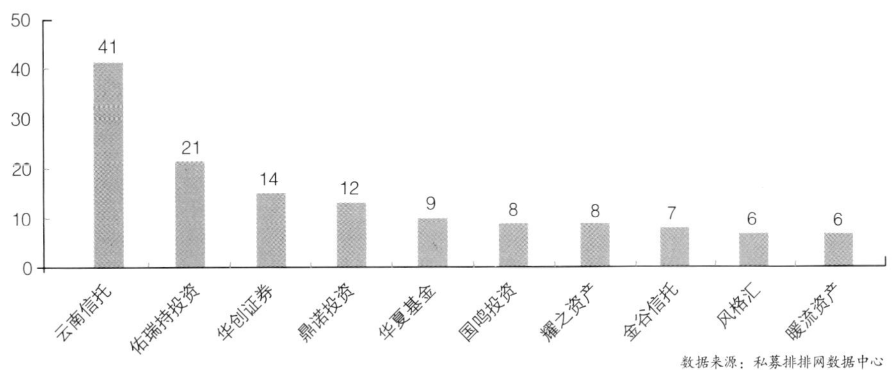

数据来源：私募排排网数据中心

此外，根据产品注册地统计，截至2012年底，上海、深广及北京地区依然是私募产品三大主要发行地。按照目前已统计到产品发行地信息显示，北京、上海和深广地区产品发行占总产品量的88%。如表1显示，2012年新发行产品仍然以上海最多，共计发行111只产品，北京、深圳和昆明紧随其后，分别发行95只、75只和41只产品。

表1　产品发行排名前十的城市

2003—2012年产品发行城市前十		2012年产品发行城市前十	
发行地区	发行产品数(只)	发行地区	发行产品数(只)
上海	803	上海	111
深圳	473	北京	95
北京	431	深圳	75
广州	89	昆明	41
昆明	67	天津	21
天津	63	广州	17
杭州	48	贵阳	14
南京	29	杭州	5
成都	20	南京	4
青岛	17	温州	4

数据来源：私募排排网数据中心

图5　产品发行地占比统计

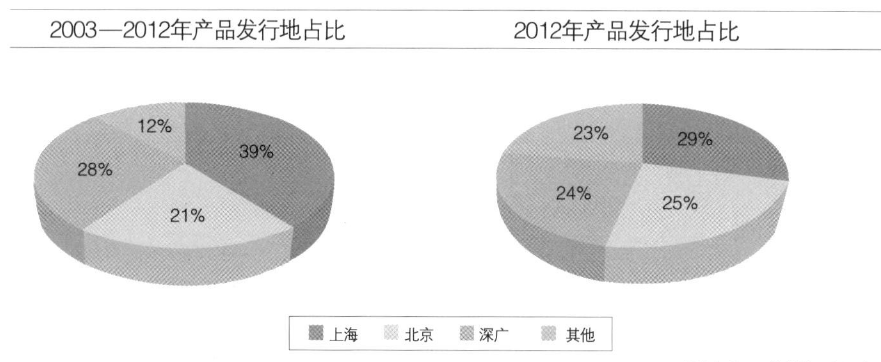

资料来源：私募排排网数据中心

与私募产品发行关联的三方分别是信托公司、托管银行和证券公司。据不完全统计，如表2，在2012年所发行产品的三大关联方产品数排名中，中融信托发行产品数量最多，达到121只；托管银行方面，光大银行托管的产品数量排名第一，总计91只；证券公司方面，选择中信建投作为交易券商的产品最多，为20只。

表2　2012年所发行产品的三大关联方排名

信托公司	产品数量(只)	托管银行	产品数量(只)	证券公司	产品数量(只)
中融信托	121	光大银行	91	中信建投	20
外贸信托	99	中国银行	82	中金公司	19

（续上表）

信托公司	产品数量(只)	托管银行	产品数量(只)	证券公司	产品数量(只)
中信信托	58	工商银行	57	国信证券	16
长安信托	57	招商银行	46	申银万国	16
云南信托	55	兴业银行	40	中信证券	16
华润信托	52	民生银行	23	海通证券	14
天津信托	44	建设银行	21	华创证券	13
山东信托	42	中信银行	21	国泰君安	11
中海信托	39	农业银行	13	招商证券	9
上海国信	32	平安银行	9	中信万通	9

资料来源：私募排排网数据中心

(二) 发行规模

截至2012年12月31日，全国741家阳光私募基金管理人管理的在存续期内的1 848只私募证券类基金产品总规模超过2 000亿元。根据私募排排网不完全统计，截至2012年末，管理规模超过30亿元的私募公司为19家。从地区统计来看，上海、北京、深圳管理规模的前三大城市，总管理规模超过1 500亿元，在全国各地区管理规模的占比高达95%。

表3　管理规模超过30亿元的私募公司（截至2012年末）

地 区	公司名称	管理规模(亿元)
上海	上海重阳投资管理有限公司	100
上海	上海证大投资管理有限公司	80
北京	北京乐瑞资产管理有限公司	60
上海	上海泽熙投资管理有限公司	60
深圳	深圳民森投资有限公司	55
北京	北京高特佳资产管理有限公司	50
北京	北京佑瑞持投资管理有限公司	50
北京	淡水泉(北京)投资管理有限公司	45
北京	北京艾亿新融资本管理有限公司	40
北京	北京市星石投资管理有限公司	40
上海	上海朱雀投资发展中心(有限合伙)	40
深圳	深圳市金中和投资管理有限公司	35
北京	北京鹏扬投资管理有限公司	32
上海	上海邦联资产管理有限公司	31
广州	广东西域投资管理有限公司	30
上海	上海混沌道然资产管理有限公司	30
上海	上海六禾投资有限公司	30
深圳	深圳市鼎诺投资管理有限公司	30
上海	上海从容投资管理有限公司	30

资料来源：私募排排网数据中心

图6　全国各地区管理规模占比

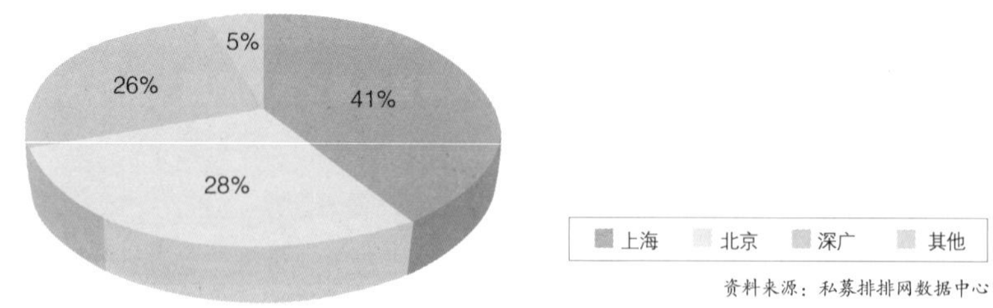

资料来源：私募排排网数据中心

(三) 产品清算

2012年全年共有408只产品清算。其中267只产品为到期清算，141只产品提前清算。出现提前清算的原因是多方面的，可能是出现合同规定的清盘条件，如规模过小，委托人人数过少，低于清盘线等；也可能是管理人不看好投资市场，主动与委托人协商提前清算，兑现已实现收益。

图7　2012年各月份产品清算数量

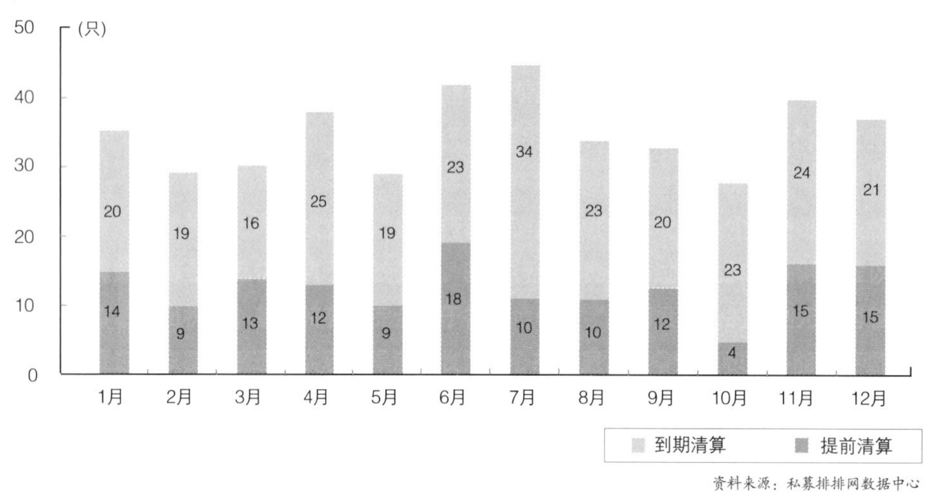

资料来源：私募排排网数据中心

二、业绩表现回顾

(一) 非结构化产品业绩表现

2012年全年沪深300指数下跌了7.55%，据私募排排网研究中心不完全统计，具有持续业绩记录的非结构化私募证券信托产品共有912只，全年平均收益率为1.5%，跑输沪深300指数6.05%。如表4为2012年非结构化阳光私募年度收益率排行前十的产品，其中银帆3期以54.44%的年度收益排名第一。

表4　2012年非结构化阳光私募年度收益率前十

序号	基金简称	成立日期	单位净值	净值日期	2012年收益率(%)
1	长安信托—银帆3期	2011.07.27	1.7471	2013.01.04	54.44
2	兴业信托—云腾1期	2011.03.09	0.9899	2013.01.04	53.59
3	兴业信托—星瑞1期	2010.10.25	1.2859	2013.01.04	44.13
4	甘肃信托—金石理财一期	2010.08.30	1.2338	2012.12.31	40.78
5	昆仑信托—东源定增指数型基金1期	2011.10.14	1.1374	2013.01.04	38.43
6	华宝信托—鼎锋4号	2010.08.10	1.1345	2013.01.04	28.37
7	陕国投—鼎锋8期	2010.10.08	114.9	2013.01.04	27.94
8	长安信托—泽里和1号	2011.08.15	0.9064	2012.12.28	26.88
9	平安信托—平安证大一期	2007.02.05	94.95	2013.01.04	26.78
10	中融信托—混沌1号	2008.10.21	2.0092	2013.01.04	26.70

资料来源：私募排排网数据中心

从私募基金2012年的整体业绩来看，912只产品中有523只实现了绝对收益，占比57.35%；跑赢大盘的产品共有259只，占比仅为28.4%；收益率在20%以上的产品38只；亏损幅度超过20%的产品有29只。如图8为2012年非结构化阳光私募收益率分布图。

图8　2012年非结构化阳光私募产品收益率分布图

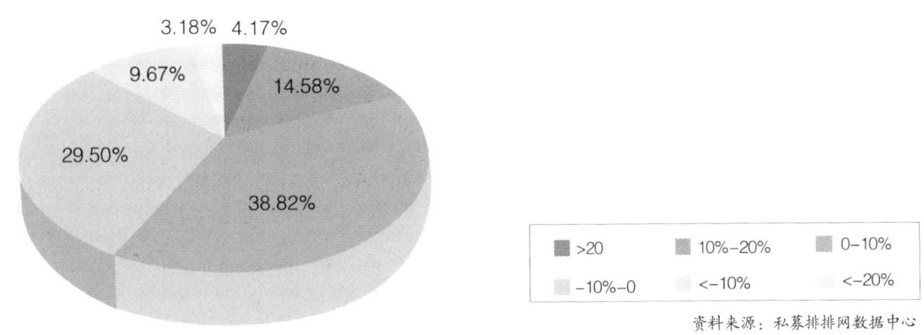

资料来源：私募排排网数据中心

(二) 结构化产品业绩表现

截至2012年末，有业绩数据披露的121只结构化产品2012年度的平均收益率为4.5%，同期沪深300指数累计上涨7.55%，非结构化产品平均收益率为1.6%。结构化产品表现优于非结构化信托产品整体表现，但也跑输大盘。

在121只结构化产品中，66只产品跑输大盘，占比达到54.55%；81只产品实现了正收益，占比为66.94%。在2012年结构化产品收益率排名中，长安投资134号以31.47%的收益率排名第一。

表5　2012年结构化阳光私募年度收益率前十

序号	基金简称	成立日期	单位净值	净值日期	2012年收益率(%)
1	长安信托—长安投资134号	2011.12.28	1.3168	2012.12.28	31.47
2	中融信托—融裕15号	2011.01.19	1.0092	2013.01.04	29.81
3	中海信托—聚发(3)浦江之星28号	2010.02.04	1.1239	2013.01.04	25.84
4	中海信托—海洋之星10号II期	2011.09.23	1.0562	2013.01.04	24.16
5	华信信托—信银1号	2011.03.16	1.1062	2013.01.04	23.61
6	兴业信托—财富(尚丰)	2011.11.10	1.1046	2013.01.04	21.91
7	华宝信托—千足金混沌二号	2008.12.15	1.0863	2013.01.04	21.15
8	中融信托—融新295号	2010.12.03	1.0819	2013.01.04	18.81
9	华融信托—远策	2011.07.28	0.8965	2013.01.04	18.00
10	中粮信托—三石1期	2011.12.16	1.17116	2012.12.10	17.12

资料来源：私募排排网数据中心

图9　2012年结构化阳光私募产品收益率分布图

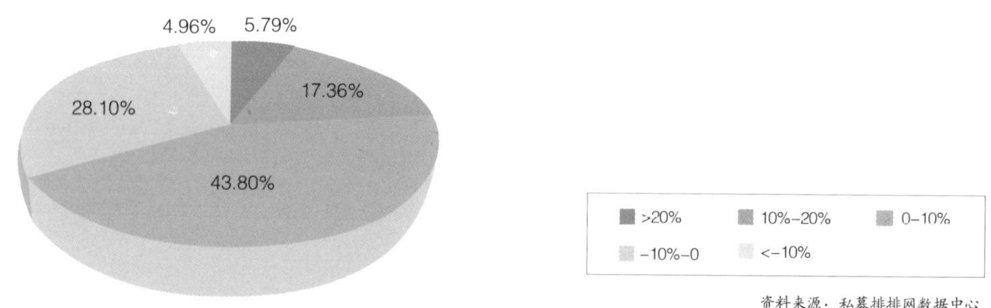

资料来源：私募排排网数据中心

2012年，可统计的121只结构化私募基金的平均收益率为4.5%，最高收益率达到31.47%，最差收益率为−23.38%，首尾收益率相差达54.85%。

(三) TOT产品业绩表现

截至2012年末，有业绩数据披露的58只TOT产品2012年度的平均收益率为1.05%。在58只产品中，仅有5只跑赢大盘；跑输大盘的TOT产品占比高达91.38%。36只产品实现了正收益，占比62.1%。如表6为2012年TOT产品收益率前10名，其中极元私募优选2期以9.74%的收益率排名第一。

表6　2012年TOT产品年度收益率前十

序号	基金简称	成立日期	单位净值	净值日期	2012年收益率(%)
1	陕国投—极元私募优选2期	2011.04.25	92.86	2013.01.04	9.74
2	中江信托—工行专享阳光私募组合	2011.07.12	1.0197	2012.12.31	9.06
3	外贸信托—私募基金宝积极成长	2011.06.09	0.9725	2013.01.04	8.76
4	外贸信托—中银成长组合	2011.05.11	0.9586	2013.01.04	8.70

（续上表）

序号	基金简称	成立日期	单位净值	净值日期	2012年收益率（%）
5	华润信托—新方程私募精选4号	2011.02.28	97.73	2012.12.31	8.14
6	上海国信—红宝石安心进取（上信 II 1001）	2010.03.04	0.9322	2013.01.04	7.50
7	外贸信托—私募基金宝稳健增长	2011.06.09	1.0291	2013.01.04	6.00
8	平安信托—东海盛世一号	2009.05.26	112.74	2013.01.04	5.67
9	平安信托—双核动力1期5号	2010.05.26	95.74	2013.01.04	4.91
10	平安信托—双核动力1期1号	2010.04.27	92.95	2013.01.04	4.83

资料来源：私募排排网数据中心

图10 2012年TOT产品收益分布图

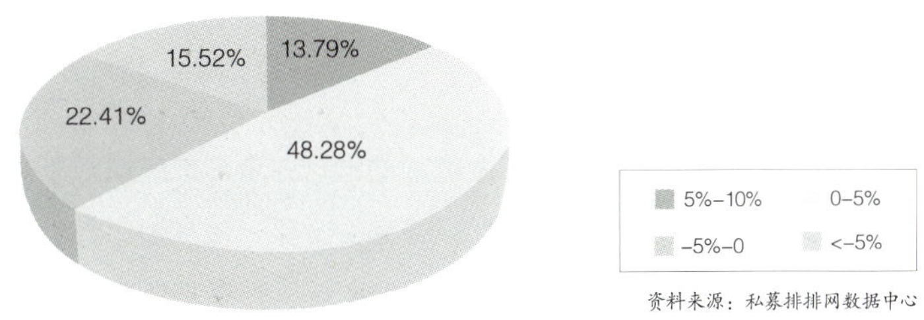

资料来源：私募排排网数据中心

三、2012年有限合伙制私募基金发展回顾

截至2012年12月31日，市场共发行了有限合伙基金产品69只，其中4只产品到期清算。如图11所示，近三年有限合伙基金产品发行数量上升明显，2012年更是实现了产品发行数量的翻番。

图11 历年有限合伙基金产品成立数量（含已结束的产品）

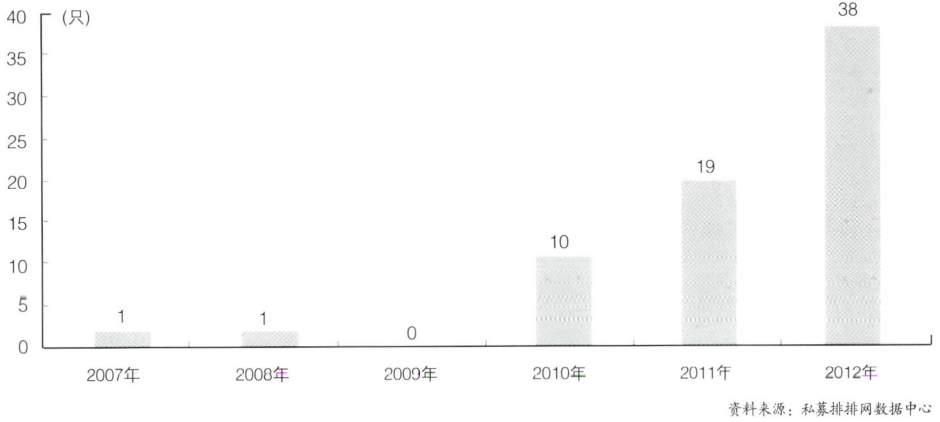

资料来源：私募排排网数据中心

按照有限合伙基金注册地划分，以上海、深圳和北京为有限合伙模式的产品发行量最多。其中注册于上海的有限合伙制基金数量达到28只，深圳为14只，北京为12只。其中2012年上海地区成立的有限合伙制基金就达20只。

图12 各地区有限合伙基金产品成立数量 （含已结束的产品）

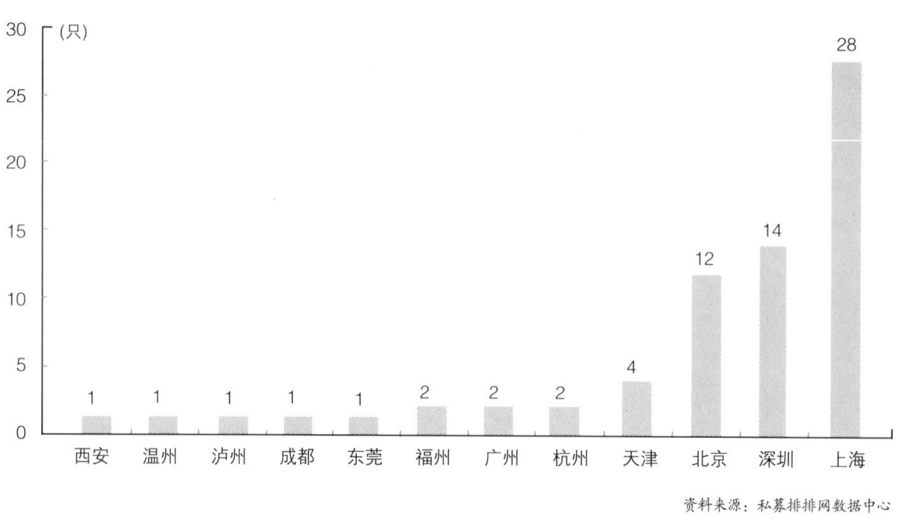

资料来源：私募排排网数据中心

尽管2012年信托账户放开，但对有限合伙基金产品的发行并未形成实质性影响。究其原因还是在于通过有限合伙模式运作产品与其他通道如信托、券商、公募一对多相比仍然具有无可比拟的优势。各个通道基于风控的要求，会对投资操作有诸多限制和要求，私募管理人从投资灵活度、便利度以及策略的最大效用发挥等角度出发，更愿意采用有限合伙模式操作。但弊端是投资者需要缴纳5%–35%的合伙人所得税以及基金本身的营业税，这成为了制约该模式发展的最大障碍。另外由于国内市场缺乏独立第三方的相关服务提供，例如净值核算、会计结算等，很多客户对此模式的认可度并不高。反观国外，行政管理人的存在为此种模式的发展起到不可小觑的辅助作用。同时加上监管和销售的不足，在当前的政策环境下，有限合伙制尚未成为中国私募基金的主流模式。

四、2012年私募证券基金行业重大事件盘点

(一) 基金第三方销售开闸，销售方式多元化

2012年2月22日，中国证监会公布了首批第三方基金销售牌照名单，诺亚正行、好买财富、深圳众禄、东方财富四家机构“中选”。随后，陆续有其他第三方机构获得销售牌照。这意味着筹划7年之久的基金第三方销售正式开闸。业内人士预计，在未来的几年中，独立基金销售机构有望成为基金销售市场上的“鲇鱼”，给行业和投资者带来双赢。

(二) 第六届中国私募基金高峰论坛顺利召开

2012年3月29—31日，历时三天的第六届中国(深圳)私募基金高峰论坛在深圳五洲宾馆隆重举行，政府官员、专家学者、全国各地的私募精英齐聚一堂，以“云私募时代——机遇与挑战”为主题，对目前的私募股权、 私募证券行业现状做出思考，寻求行业未来的发展方向，探讨2012年的投资方向。

期间顺利举办“2011年最佳私募基金投资者报告会”、“中国私募名家大讲堂——靳海涛培训

讲座”、“期货私募与量化对冲分论坛”、“PE与FOF分论坛”、“私募基金与名人企业家联谊鸡尾酒会”、“第六届中国(深圳)私募基金高峰论坛主论坛”等一系列活动，并颁发了由融智评级研究中心及私募排排网独家评选的“2011最佳私募基金管理机构”、“ 2011年中国最佳本土PE管理机构”和“ 2011年中国优秀本土PE管理机构”等年度最高荣誉奖项。

(二) QDLP将出台，国外对冲基金“狼来了”

QDLP(Qualified Domestic Limited Partner)，即合格境内有限合伙人。QD政策实际上是允许注册于海外，并且投资于海外市场的对冲基金，向境内的投资者募集人民币资金，并将所募集的人民币资金投资于海外市场。自2012年3月以来，国内资管和海外对冲基金在内的多家金融机构，已经在探索积极地申请QDLP牌照。

对于国内投资者来说，QDLP能够带来多重好处。由于我国处于经济转型期，国内资本市场疲软，而海外资本市场表现却相对良好，QDLP为投资者提供了一个投资海外市场的重要途径，使得境内投资者能够分享海外发达国家的经济增长成果。另外，首批对QDLP有意向的海外对冲基金大多数是一些知名的大型对冲基金，投资者可以有更多的优秀基金可供选择。最后，QDLP也是投资者重要的资产配置方向。QDLP的开闸对于国内私募行业的发展还是会带来一定的影响。

(四) “融智•中国对冲基金分类体系”推出

2012年5月17日，国内著名的独立第三方私募基金评级机构——深圳市融智投资顾问有限责任公司隆重推出“融智・中国对冲基金分类体系”，这是迄今为止中国最为科学完善的分类体系。该体系结合目前行业运行的现状，以及国内对冲基金的发展趋势，按照基金类型、基金策略以及基金特点三个不同的维度进行划分，从此理清了我国对冲基金的体系。

(五) 李旭利老鼠仓案件开庭审理

2012年6月12日，备受关注的原交银施罗德基金投资总监李旭利案在上海第一中级人民法院开庭。李旭利坚称自己是无辜的，控辩双方就5大焦点问题进行了激烈辩论。检方认为，应以利用未公开信息交易罪追究李旭利的刑事责任，建议法庭对其处5年以下有期徒刑并处违法所得1倍以上5倍以下罚金，而辩方律师则为李旭利进行了无罪辩护。

在证监会严厉打击内幕交易的背景之下，在投资者法律意识、权利保护意识逐步苏醒的今天，李旭利老鼠仓案最终的结果恐怕会超过此前公众预期而成为一个极具标志性意义的里程碑。

(六) 私募试水MOM，有效性仍需验证

2012年8月，平安罗素投资管理公司成立国内首只MOM产品，国内资产管理领域由此开启了“从精选产品到精选管理人”的创新大门。与目前国内主流的资产管理模式相比，MOM主要是基金管理人通过长期跟踪、研究基金经理投资过程，挑选长期投资风格稳定并取得超额回报的基金经理，以投资子账户委托形式让他们负责投资管理的一种投资模式。

（七）信托账号开闸，私募基金喜忧参半

2012年8月31日，中国证券登记结算有限责任公司正式发布《关于信托产品开户与结算有关问题的通知》，明确信托公司可自行开立证券账户参与证券交易，或按照市场化原则，自主选择委托基金公司专户理财、证券公司定向资产管理计划参与证券交易。这标志着暂停三年的信托账户终于“再现江湖”。

（八）基金法再审，力推私募基金阳光化

2012年10月23日，在北京举行的第十一届全国人大常委会第二十九次会议上，证券投资基金法修订草案被提交大会进行第二次审议。全国人大法律委员会副主任委员孙安民向大会作了修改情况的汇报。此前的常委会第二十七次会议对这部法律修订草案进行了初次审议。

此次基金法修订，增加了基金管理人遵循规则的规定，删除了理事会型和无限责任型基金的规定，按现行管理体制规范私募基金管理人，规范私募基金的注册、登记和备案。此外，公开或者非公开募集资金，设立公司或者合伙企业，其资产由第三人管理，进行证券投资活动，其资金募集、注册管理、登记备案、信息披露、监督管理等，参照适用本法。

（九）期货资管放行，期货私募迎来春天

2012年11月21日，首批于9月份提交资产管理业务申请的18家期货公司正式通过审批。18家首批获得资管业务牌照的公司为：中证期货、国投中谷期货、鲁证期货、海通期货、新湖期货、中粮期货、申银万国期货、国际期货、南华期货、弘业期货、东证期货、光大期货、国泰君安期货、永安期货、浙商期货、华泰长城期货、银河期货、广发期货。

资产管理业务的开闸是我国期货市场发展20年来业务创新的实质性突破。长期以来期货公司仅扮演经纪通道的角色，以手续费作为主要利润来源，这样的经营模式大大制约了期货公司的发展，也造成了手续费恶性竞争情况。另外，期货市场是个小众市场，需要专业机构、专业人才以专业化手段来操作。资产管理业务将使期货公司摆脱过去“靠天吃饭”的日子，拓宽了业务内容及利润来源。

（十）王亚伟转投私募，首只产品2 000万元起步

2012年5月，离职的原华夏基金公司副总经理、华夏大盘基金经理王亚伟低调复出。昔日“最牛基金经理”王亚伟投身私募，南下深圳设立了深圳千合资本管理有限公司。据深圳市市场监督管理局注册登记信息显示，王亚伟出资1 000万元，是唯一股东。随后，王亚伟执掌的首只产品——昀沣面世。目前该产品的认购门槛是2 000万元，目标客户锁定为真正的高净值客户。

毋庸置疑，王亚伟在公募基金上的成绩目前无人能及，其管理的华夏大盘在其任职期间回报超过1,186.99%，并且在2007年大牛市和2008年的大熊市中业绩均排名第一。说明他对整个市场规律性的东西，包括博弈当中最根本性的东西的把握也比别人深刻得多。但此次转投追求绝对收益的私募基金市场，对已经步入中年的他来说，确实需要不小的勇气。无论怎样，王亚伟在业界的影响力以及其独到的投资理念都将为其管理的第一只产品增加无数亮点。

(十一) 债券私募基金弱市走红，运用杠杆放大收益

2012年债券私募基金如“一夜春笋”，不断发展。据融智评级研究中心统计，截至2012年11月，正在运行的债券私募基金共计218只，其中信托类产品156只， 券商集合理财计划62只。11月份以来，通过信托方式发行成立的债券私募基金共计8只，2012年以来已经成立121只。首只QDII债券私募——人中华债券募集10亿元，居于榜首。

债券型私募基金在2011年股市较弱的背景下悄然而起，债券投资由于其风险收益特征与股票型私募存在很大的差别，对于投资者来说可以通过产品上的结构化以及正回购来加大杠杆，给劣后投资者带来较高的收益。不过，这类投资也有风险，例如利率风险、信用风险、流动性风险。对于私募来说，可以通过一定的主动管理选择债券、选择在降息通道中发行产品、专业化的投资团队、分散化投资等方式来降低风险。

(十二) 112只阳光私募遭遇清盘，股市严冬考验阳光私募

2012年即将过去，私募行业依然一半是海水，一半是火焰，私募基金分化严重，首尾业绩高达70%以上，既有新贵的风光无限，也有失意者的落寞煎熬。阳光私募基金仍在经历着低迷期，清盘潮仍搅动着私募江湖。继2011年全年阳光私募基金“非正常死亡”数量突破百只以后，2012年以来，除去正常清算的阳光私募基金以外，来自私募排排网的最新统计数据显示，截至目前，因故提前清算的阳光私募基金数量也达到了112只。

大量阳光私募基金“非正常死亡”的背后，反映了2012年市场操作难度的加大。但是清盘其实也是私募行业优胜劣汰的必然过程，未来估计仍会有大量的私募产品被淘汰。如果阳光私募基金只能在牛市中赚钱，而不懂得如何在熊市中生存下来，那被淘汰是必然的命运。

第二部分　2012年中国私募证券投资基金发展特点

随着证券信托账户重启、股指期货和融资融券的逐渐放开、私募基金的法律定位逐渐得到认可，2012年的阳光私募基金发展相比2011年有了质的变化。主要体现在以下几个方面：

一、伞形结构化产品需求增加

2012年市场持续低迷，私募基金(信托型阳光私募)发行产品异常艰难，尤其是管理型产品。对于投资者来说，在市场低迷的情况下，选择结构化产品的意愿要比投资非结构化产品要强，因为结构化产品不但可以保证投资者的本金，而且每年获得固定的收益率，比市场上其他固定收益类理财产品的收益稍高。

从2011年至2012年的私募发行情况来看，结构化产品数量依然占主要比例，特别是伞形结构化产品。这种类型产品属于结构化证券投资信托的创新品种，指在一个主信托账号，通过分组交易系统设置若干个独立的子信托，每个子信托便是一个小型结构化信托。信托公司通过其信息技术和风

控平台，对每个子信托进行管理和监控。虽然共用一个信托账号，但每个子信托都是一个完全独立的结构化信托产品，单独投资操作和清算。这种模式之所以迅速发展，主要是满足了私募和资金方的需求，私募基金管理人不必以投资公司形式出现，可以用个人形式加以少量资金参与即可，风险自担，资金方可以获得固定利息回报。

二、产品创新模式多样化

"创新"是永恒的主题，私募基金也不例外，相比2011年，2012年私募基金的创新呈多样化发展。

(一) CTA模式得到投资者认可

在投资者普遍只关注股票私募的时候，另一个盈利模式已经开始崭露头角，2012年期货私募吴星管理的凯丰基金以年化360%的收益率问鼎，超越市场所有类型的投资产品，至此，管理期货基金开始进入投资者视野，这个模式在国外被称为CTA(Commodity Trading Advisors)。

由于国内的发行体制并不完善，管理期货基金阳光化道路困难重重，一是客户认同需要比较长的过程；二是国内可发行通道缺乏。所以目前国内大多的CTA都以账户管理形式存在，有条件的则通过优先合伙、公募基金专户、券商集合理财发行公开产品。

截至2012年12月31日，私募排排网收录的管理期货基金共有129只，占所有产品比重的4.02%，可见CTA占市场比例仍然非常小，但发展潜力巨大。

2012年11月21日，首批于9月份提交资产管理业务申请的18家期货公司正式通过审批，在资管业务开户、交易编码申请等细则明确后，18家期货公司资管业务将正式在市场中"亮相"。

资产管理业务的开闸是我国期货市场发展20年来业务创新的实质性突破。资产管理业务将使期货公司摆脱过去"靠天吃饭"的日子，拓宽了业务内容及利润来源，CTA业务将拥有广阔的发展前景。

(二) 产品发行通道多样化

随着证券信托账户的重启、公募基金和券商通道业务的展开，私募基金发行产品的成本比以往大幅下降。

如果单纯从通道的认可度方面考虑，信托依然是私募基金产品发行的首选。但是由于信托目前投资品种较为单一，如不能投资商品期货，股指期货不能做单边等，不能满足私募基金策略的需求，而公募的一对多专户和券商的集合理财则相对灵活，可投资品种多样化，所以从投资品种和策略上考虑，私募一般会选择公募专户或者券商集合理财。但是公募专户也有自身的弊端，信息披露不透明，风控过于严格，门槛相对高等是制约公募通道业务大量展开的主要原因。

(三) 债券私募基金大规模发展

在市场持续低迷的情况下，债券逐渐成为固定收益产品必配的品种之一，主要是因为债券相对股票波动率小，收益稳定。截至2012年12月31日，私募排排网数据中心统计的债券策略产品共有276只，占比9.32%，虽然比重不大，但是债券基金的容量非常大，单只产品规模通常为四五个亿，有的甚至到四五十亿元的规模。从各年份发行债券策略信托产品的数量来看，2010年以前(包括2010年)仅发行了15只，2011年11月起，发行速度明显加快，达到23只，2012年以来发行数量出现爆发性增长，全年发行数量已经是上年的7倍，达到162只，其中结构化产品117只，占比72%，所以说，2012年是债券私募发展的元年。

究其原因，一是2011年11月以来债券市场的持续走牛，二是债市的不断扩容以及高收益债券品种的出现，第三是私募形式使得债券策略在投资范围、投资策略上更加灵活多变。

从投资顾问来看，发行债券策略产品数量较多的投资顾问分别为北京佑瑞持投资管理有限公司、上海耀之资产管理中心(有限合伙)、北京三宝资产管理有限公司、北京乐瑞资产管理有限公司、北京鹏扬投资管理有限公司和深圳民森投资有限公司，累计发行数量为59只；暖流资产管理有限公司与杉杉青骓投资管理有限公司，分别发行4只产品；其他10家投资顾问也均成立了1-2只产品。

表7　发行数量超过1只的投资顾问汇总

投资顾问	所在地区	发行数量(只)
北京佑瑞持投资管理有限公司	北京	26
上海耀之资产管理中心(有限合伙)	上海	8
北京三宝资产管理有限公司	北京	7
北京乐瑞资产管理有限公司	北京	6
北京鹏扬投资管理有限公司	北京	6
深圳民森投资有限公司	深圳	6
暖流(天津)资产管理有限公司	北京	4
杉杉青骓投资管理有限公司	上海	4
上海银叶投资有限公司	上海	2
上海映雪投资管理中心(普通合伙)	上海	2
洛肯国际投资管理(北京)有限公司	北京	1
上海理石投资管理有限公司	上海	1
上海元康投资管理有限公司	上海	1
上海原君投资管理有限公司	上海	1
上海证大投资管理有限公司	上海	1
深圳睿盈股权投资基金管理有限公司	深圳	1
鑫治投资管理(上海)有限公司	上海	1
浙江宁聚投资管理有限公司	宁波	1

资料来源：私募排排网数据中心，截至2012年12月

(四) 对冲量化产品受市场青睐

随着股指期货的上市，市场上真正意义上的对冲产品开始受到投资者关注。截至2012年12月31日，私募排排网数据中心收录的真正实现对冲意义的相对价值策略产品共90只。其中非结构化24只、结构化12只、TOT(一对一)9只、券商集合理财26只、有限合伙16只和1只海外基金。从各年份发行产品的数量来看，2011年开始相对价值策略的产品数有明显提升，2011年度共发行28只产品，2012年度共发行53只产品。

2012年单月份来看，前5个月份该策略发行数量较少，自6月开始发行数量大幅上升，2012年6月为月度最高值，发行产品数第13只，随后7，8，9，10，12月，每月平均发行数量为6只。2012年11月市场信心极度薄弱，产品发行热情较低，仅有1只产品发行。从产品的发行趋势来看，相对价值策略已经引起了市场一定程度的关注，在股票市场低迷环境下受到了一些追求稳健投资的投资者青睐。

从投资顾问来看，发行该策略产品数量较多的投资顾问分别为北京尊嘉资产管理有限公司和上海摩旗投资管理有限公司，累计发行数量为10只；上海国泰君安证券资产管理有限公司发行8只；国泰君安证券股份有限公司、深圳民森投资有限公司和中信证券股份有限公司，发行数量都为4只。

图13　相对价值策略产品2012年月度发行量

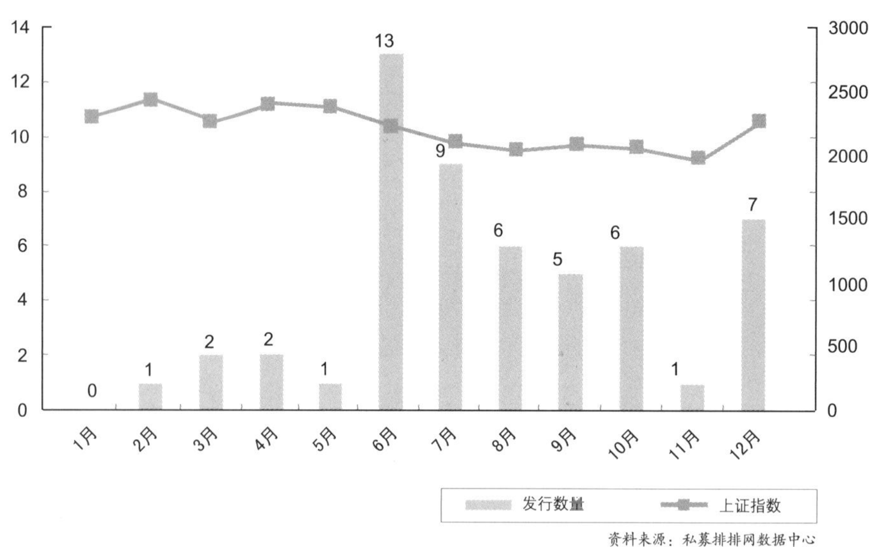

资料来源：私募排排网数据中心

表8　发行数量超过1只的投资顾问统计

投资顾问	发行数量(只)
北京尊嘉资产管理有限公司	10
上海摩旗投资管理有限公司	10
上海国泰君安证券资产管理有限公司	8
国泰君安证券股份有限公司	4
深圳民森投资有限公司	4

（续上表）

投资顾问	发行数量(只)
中信证券股份有限公司	4
福建道冲投资管理有限公司	3
上海中毅投资咨询有限公司	3
深圳市倚天阁投资顾问有限公司	3
华泰证券股份有限公司	2
江苏中盛伟业资产管理有限公司	2
杉杉青骓投资管理有限公司	2
上海淘利资产管理有限公司	2
上海朱雀投资发展中心（有限合伙）	2
深圳礼一投资有限公司	2
浙江宁聚投资管理有限公司	2
中信建投证券有限责任公司	2

资料来源：私募排排网数据中心，截至2012年12月

三、阳光私募首获法律地位，行业趋规范化、多元化发展

2012年12月31日，全国人大常委会通过修订后的《证券投资基金法》。本次基金法修订实现了多项重大突破，最大亮点是首次将非公募基金纳入了法律调整范围。“野蛮生长”近10年的私募基金首次得到法律承认。“新基金法”将非公开募集基金纳入监管并实行备案制，“非公开募集基金募集完毕，基金管理人应当向基金行业协会备案”。“新基金法”还规定了非公开募集基金的投资运作、收益分配等内容主要由基金合同约定，非公开募集基金应当由基金托管人托管等条款。对于私募的发行，新基金法规定，非公开募集基金应当向合格投资者募集，合格投资者累计不得超过200人，非公开募集基金不得通过报刊、电台、电视台、互联网等公众传播媒体或者讲座、报告会、分析会等方式向不特定对象宣传推介。此外新基金法规定，非公开募集基金管理业务的基金管理人，达到一定条件可以从事公募业务。

此次将阳光私募基金纳入监管，为行业的长期健康发展营造良好环境，有利于提升行业地位，降低行业成本，提高行业的活力，也有利于行业合规合法经营。

2012年中国香港地区基金业发展调查报告

□ 香港投资基金公会

调查摘要

证券及期货事务监察委员会(证监会)进行了截至2012年12月31日止年度的香港基金管理活动调查(基金调查)。调查包括持牌法团、注册机构及保险公司的资产管理活动。

引 言

1. 证监会自1999年起每年进行这项基金调查，以收集有关香港基金管理业概况和数据。这些数据有助证监会制订政策及进行工作规划。

2. 调查涵盖香港以下三类商号的基金管理活动：

(a) 获证监会发牌从事资产管理和基金顾问业务的法团(统称“持牌法团”)；

(b) 从事资产管理及其他私人银行业务的银行(统称“注册机构”)，其基金管理活动与持牌法团一样须受相同的监管制度(即《证券及期货条例》)规管；

(c) 根据《保险公司条例》注册但并非获证监会发牌的保险公司，这些公司提供的服务构成《保险公司条例》附表1第2部所界定的长期业务，并从资产管理业务赚取总营运收入。

3. 我们向持牌法团寄发基金调查问卷(调查问卷)，并在金管局和香港保险业联会的协助下，将问卷分别发给注册机构和有关保险公司，查询他们截至2012年12月31日为止的基金管理活动。注册机构和保险公司的调查问卷与持牌法团的问卷内容大致相同，其中仅涉及轻微改动以反映问卷对象的不同业务性质和运作。

结 果

一般情况

1. 参与问卷调查的商号共有485家，包括417家持牌法团、46家注册机构及22家保险公司，他们表示曾在调查期内从事资产管理、基金顾问及／或其他私人银行业务。

2. 417家持牌法团从事资产管理业务及／或曾为基金或投资组合提供顾问服务，其业务活动分析如下：

仅从事资产管理业务的参与者	250
仅从事基金顾问业务的参与者	51
同时从事以上两类业务的参与者	116
	417

3. 46家从事资产管理及／或其他私人银行业务的注册机构，其业务活动分析如下：

仅从事资产管理业务的参与者	6
仅从事其他私人银行业务的参与者	19
同时从事以上两类业务的参与者	21
	46

4. 本次调查共有22家保险公司参与，其服务涵盖财富管理、人寿及年金，以及退休计划产品等长期业务；这些公司并非由证监会发牌。

本年度基金调查的主要结果总述如下：

一、香港的基金管理业务合计资产于2012年大幅反弹，截至2012年底，创下125 870亿元的历史新高，按年上升39.3%

图1 基金管理业务合计资产（以十亿元计）

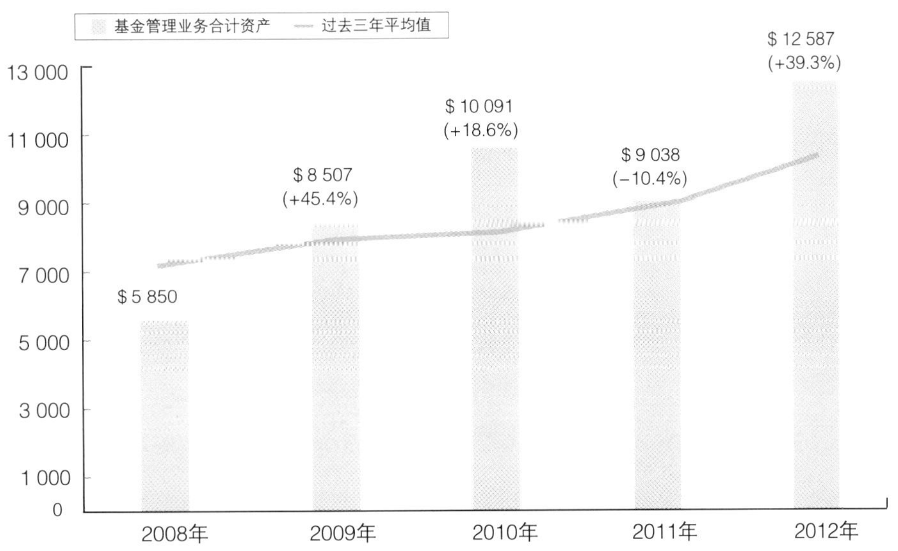

图2 基金管理业务合计资产的组成部分

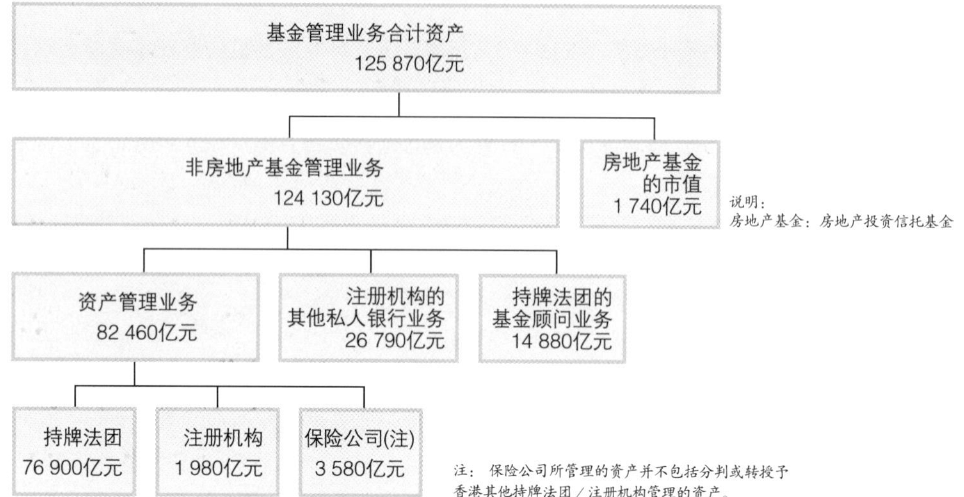

(一) 截至2012年底，香港基金管理业务的合计资产为125 870亿元，创下历史新高，较2011年同期按年上升39.3%。基金管理业务的合计资产在过去三年的平均总值达到105 720亿元，继续维持上升趋势。年内，香港不同市场参与者开展的各类型基金管理业活动整体获得增幅。

(二) 2012年的增长可观，有赖于现有和新增响应者所经营的基金管理业务活动出现递增。除了整体市场获得增长外，参与本年基金调查的持牌商号数目也有所上升。参与者的数目在2012年增加18.6%至485家。

(三) 香港基金管理业务的合计资产获得增长，反映了下列因素：

1. 亚太区的经济前景利好(尤其是内地市场)，吸引更多投资资金流入区内，对香港的资产管理活动和基金顾问服务的需求因而有所增加。
2. 人民币已逐渐发展成为国际通行及广泛使用的货币，推动了市场对人民币产品的需求。通过与内地相关部门的紧密合作及在其支持下，香港在拓展向公众发售的人民币产品类别方面，继续扮演积极角色，相关产品包括人民币合格境外机构投资者(Renminbi Qualified Foreign nstitutional Investor，简称RQFII）A股交易所买卖基金(exchange-raded fund，简称ETF)，以及以人民币计价的产品，包括债券ETF、货币市场基金和纸黄金计划。这些发展巩固了香港作为首屈一指的人民币离岸中心的地位。
3. 香港已获得广泛认同为亚洲的国际资产管理中心。尽管如此，香港将继续发展其亚太区内的基金平台，旨在开拓更大的投资者基础。加上本地的市场参与者经常推陈出新，并了解投资者的需要，因此愈来愈多投资基金选择香港为注册地。

(四) 获发牌提供资产管理服务(即第9类受规管活动)的持牌法团及人士数目在期内分别增加

* 除非另有说明，否则所有金额均以港元计。

5.9%及8.0%。截至2012年底，共有892家法团及6 677名人士持有提供资产管理服务的牌照，而2011年底则有842家法团及6 184名人士。另一项可供参考的数据是截至2013年4月底，获发牌提供资产管理服务的持牌法团及人士分别上升至906家及6 791名。

（五）按业务活动性质划分：

1. 资产管理业务在2012年管理的资产总值为82 460亿元，按年上升43.1%。

2. 其他私人银行业务增加18.4%至26 790亿元。

3. 基金顾问业务增长67.4%至14 880亿元。

（六）按市场参与者性质划分：

1. 持牌法团在2012年的资产管理业务及基金顾问业务所涉及的资产总值为91 780亿元，按年上升47.9%。

2. 注册机构的资产管理业务及其他私人银行业务所涉及的资产总值为28 770亿元，增幅为18.8%。

3. 保险公司呈报的管理资产总值为3 580亿元，上升24.7%。

二、香港继续成为国际投资者首选的投资平台。非房地产基金管理业务的资产总值为124 130亿元，其中64.6%来自非香港投资者

图3 非房地产基金管理业务——按资金来源划分（以十亿元计）

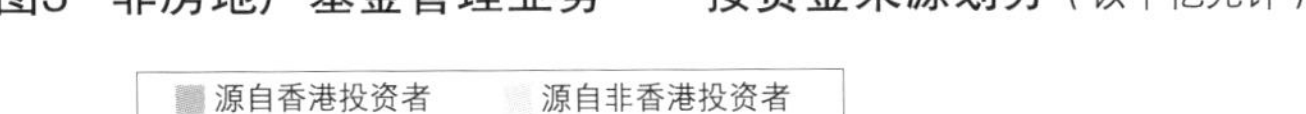

（一）来自非香港投资者的资金一直稳占本港非房地产基金管理业务的资产总值超过60%。2012年，来自海外投资者的资金总额达80 180亿元，较2011年增长42.1%。拥有多元化的投资者基础对香港推动基金管理业的发展并使其迈向国际化是十分重要的。

（二）海外投资者继续视香港为一个具吸引力的投资平台。作为一个主要的国际金融中心，香港拥有完善的金融机构网络和专业的财务人才，并与国际市场接通，因此得以向投资者提供一系列种类繁多和具竞争力的金融产品及服务。香港亦致力维持一个稳健的监管架构，使其继续作为一个国际公认的资产管理中心。

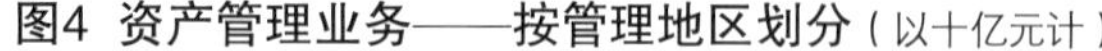

三、非房地产基金所管理的资产总值为82 460亿元，其中有69.2%（即57 070亿元）在香港管理

图4 资产管理业务——按管理地区划分（以十亿元计）

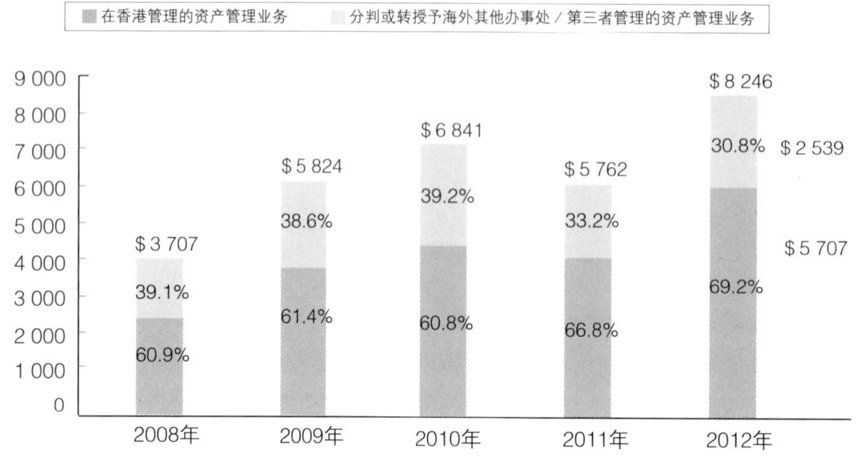

(一) 2012年，在香港管理的非房地产基金的资产总值，占整体非房地产基金所管理资产的69.2%，创下历史新高，总值为57 070亿元，按年上升48.2%。

(二) 在香港管理的资产总额大幅上升，有助巩固本港作为区内从事资产管理业务首选地点的重要性。在具透明度的监管制度下，配合发展成熟的投资平台及得到提供基金相关服务的公司支持，均有助香港确立其策略性地位，并吸引更多专业人才在香港从事资产管理业务。

(三) 2013年3月，内地相关部门进一步扩大RQFII计划，允许在香港注册并经营主要业务的非内地相关的资产管理公司参与该计划。有关措施将提升香港作为资产管理平台的吸引力，并为业界增添新的增长来源。

(四) 香港毗邻内地，并持续受惠于国家的政策支持，皆令香港继续别具优势，成为国际资产管理公司及投资者涉足内地市场的平台。香港担此重任，继续推动人民币投资产品更多元化的发展，同时促进在香港管理的资产增长。

四、内地参与香港资产管理业务日益活跃

参与调查的内地相关持牌公司简况

(一) 2012年，来自内地相关持牌商号的非房地产基金管理业务的总值为4 147亿元(或占总业务的3.3%)，较2011年的2 651亿元跃升56.4%。获得如此可观增幅，反映内地相关持牌商号在香港基金管理业务的参与愈来愈活跃，包括推出一系列的人民币投资产品和提供更多顾问服务。该增幅有赖于内地经济持续的增长，以及全球对内地相关投资和服务的需求日益增加。

(二) 在香港管理并来自合格境内机构投资者(Qualified Domestic Institutional Investor，简称QDII)的内地资产于2012年的总值按年增长29%至800亿元。香港仍然是管理这些内地资产的首选地

点之一。其中约50%的内地资产投资于香港，约30%投资于亚太区其他市场，而余下的20%则投资于北美、欧洲和其他地区。

(三) RQFII基金的推出，让具内地背景的香港持牌资产管理公司通过香港这个平台，吸引海外市场资金。这项措施让这些资产管理公司利用香港的平台，在境外建立品牌知名度。鉴于RQFII计划进一步扩展，预计流入内地的资本将会增加，更多香港的商号将会符合资格参与该计划。因此，我们认为内地在香港资产管理业务的参与将会日益活跃，香港和内地的经济亦会因而受惠。

(四) 随着内地金融基础设施逐步现代化，加上突显人民币和内地市场吸引之处的RQFII计划取得成功，香港将会在人民币国际化的进程中继续担当举足轻重的角色。

(五) 在香港开展业务的内地相关金融机构数目持续上升。截至2013年5月底，大约已有73家内地相关集团在香港设立合共196家持牌法团或注册机构，2012年同期则有62家内地相关集团设立合共168家持牌法团或注册机构。截至2013年5月底的各项数字如下：

1. 22家内地证券公司设立了合计85家持牌法团。

2. 6家内地期货公司设立了合计8家持牌法团。

3. 16家内地基金管理公司设立了合计16家持牌法团。

4. 7家内地保险公司设立了合计9家持牌法团。

5. 其余从事不同业务的22家内地企业则设立了合计63家持牌法团及15家注册机构。

6. 管理证监会认可基金的内地相关基金集团数目，由2011年底的13家增加至2012年底的25家。由内地相关基金集团管理的证监会认可基金数目，由2011年的106只上升截至2012年的161只。2012年底，这些基金的资产净值大幅上升159.5%至1 357亿元，2011年底为523亿元。增幅主要因为这些内地相关基金集团在2012年推出多只RQFIIA股ETF和其他零售基金，反映香港在促进内地资产管理业的发展和国际化方面所扮演的角色。

五、大部分在香港管理的资产均投资于亚洲，在2012年的比例为80.0%

图5　在香港管理的资产——按投资地域划分（以十亿元计）

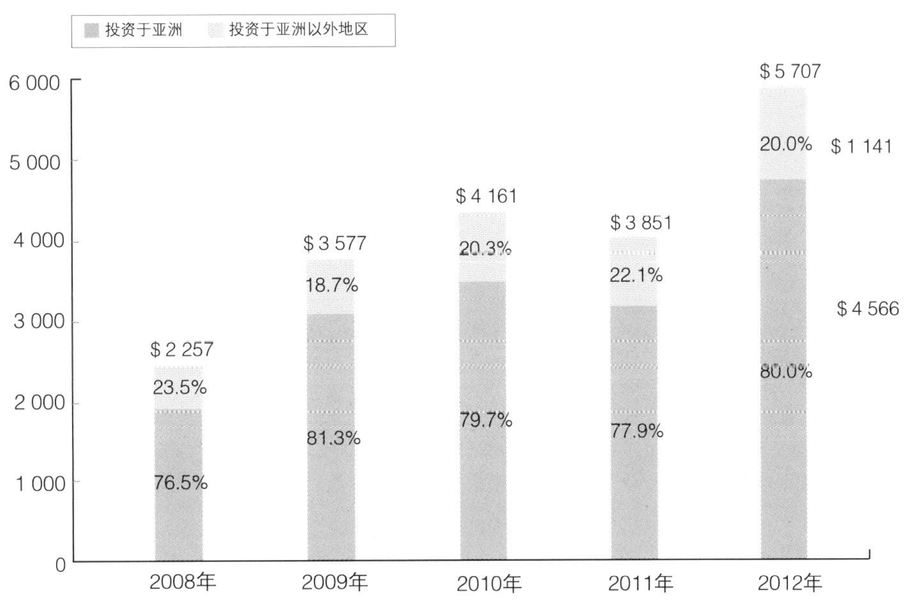

(一) 在香港管理并投资于亚洲的资产占本港资产管理总值的80.0%，较2011年略有上升，总值为45 660亿元。其中30 610亿元投资于香港及内地[δ]，3 130亿元投资于日本，11 920亿元投资于亚太区其他地区。这个分布反映本地专才对管理投资于亚洲的资金富有经验，尤其是投资于香港和内地。

(二) 市场持续忧虑欧债危机，拖累全球经济增长，并为市场增添不明朗因素。尽管前景未明，投资者似乎趋向于财政状况相对较佳的亚洲区经济体系寻觅投资机会，这从持续流向亚太区的资金流可见一斑。在香港管理并投资于亚洲的资产总值在2012年大幅回升，按年增长52.3%至45 660亿元，远高于投资于亚洲区以外的资产总值，后者2012年的总值为11 410亿元，较2011年上升33.9%。

(三) 内地的全国生产总值在2012年增长7.8%，国际货币基金组织最新预测内地在2013年可获得7.75%的增长。预料内地的经济增长和利好前景将继续吸引有意涉足内地的外来资金持续流入。

近期发展及行业前景

2012年，证监会与业界紧密合作，以巩固香港作为资产管理中心的领先地位。

一、维持严格的市场标准以保障广大投资者

对投资产品的持续监管

(一) 证监会加强对广大投资者的保障措施之一，是与业界保持紧密对话，提醒他们须确保证监会认可基金的销售文件(包括产品数据概要)载有最新数据，并须在显眼位置提供充足的风险披露，反映变化多端的经济环境，文件内应附有充分资料，让投资者在掌握充分资料的情况下做出投资决定。

(二) 针对市场日益关注到欧债危机及其他市场潜在风险，证监会在2012年12月向证监会认可基金的管理公司发出一份通函。此通函载述了证监会认可基金投资超逾基金资产净值的10%于信贷评级低于投资级别的单一主权发行人所发行及／或担保的证券时需遵守的披露及其他规定。本会通过与证监会认可投资产品的管理公司保持定期对话和要求他们提供额外数据，一直密切监察有关产品所承受的欧洲及主权发行人风险。

(三) 在现今持续的低息环境下，愈来愈多的本港投资者有意投资于可能提供定期收益或股息的投资产品。有见及此，证监会于2012年6月刊发了一系列的常见问题，阐明有关可从资本派发股息的基金所须遵守的各项披露规定。证监会也在2012年12月举办了一场简介会，为大约140名业界人士提供更多指引，及回答有关常见问题内列载的披露规定的问题。

(四) 由于与投资有关的人寿保险计划(投资相连寿险计划)的特点和收费架构愈趋复杂，证监会为了提高投资者保障，一直与其他金融监管机构及香港保险业联会合作无间，以加强披露要求的形式制订有效的优化措施，并将有关要求应用于投资相连寿险计划的产品数据概要。证监会也刊发了经修订的产品数据概要模板示例，并于2013年5月向证监会认可投资相连寿险计划的发行商发出一份通函，说明加强披露要求和相关的实施与合规程序。

(五) 2013年2月，证监会发表了新的常见问题，以厘清适用于RQFII A股ETF的管理公司，而其母公司并不具备处理内地实货A股ETF所须经验的资格准则。随着市场对有关产品的需求日增，这些

δ 未能提供中港两地更详细的分项数据。

准则旨在保障投资者及维持市场秩序。

投资者教育

(一) 人民币产品

2012年10月，证监会更新了投资者教育中心**网站内刊载的一系列常见问题，向投资者阐释双柜台RQFII A股ETF的主要风险。另外，我们也刊登了一篇投资者教育文章，讲解RQFII A股ETF与其他A股ETF及非上市RQFII零售基金的区别。

(二) 具有某些特点的其他投资产品

年内，鉴于投资者对高息债券基金、贵金属ETF及可能定期向投资者派息的基金等投资产品的需求不断增加，证监会在投资者教育中心网站内刊登一系列的常见问题，藉以阐明不同投资产品的主要特点和风险。

(三) 投资相连寿险计划

为协助投资者从投资和保险两方面了解投资相连寿险计划，证监会于2013年1月制作了一辑广播节目，及于2012年9月刊发了一篇相关的文章。

二、加强与内地的跨境合作以支持人民币国际化

跨境发展

(一) 自2012年6月以来，内地政府已公布一系列推动香港人民币市场增长的措施，包括扩大不同的投资额度、进一步放宽RQFII规则的限制，及由财政部和内地机构(包括金融机构和企业)发行人民币债券。这些措施支持人民币投资和金融产品进一步迈向多元化发展，并在境外更广泛地使用人民币，从而巩固香港作为首要人民币离岸中心的角色。

(二) 根据香港金融管理局(金管局)的数据，人民币存款额自2009年推行人民币跨境贸易结算后录得可观增长。截至2012年底，香港的人民币存款额增至人民币6 030亿元，较2009年底的存款额增加约860%。有了这规模庞大的人民币资金池，预料人民币零售投资产品将会更具深度和愈趋多元化。

(三) 证监会与内地监管机构紧密合作，并在进一步拓展在香港销售的人民币产品类别方面，担当着重要的角色。年内，有关产品在多方面取得重大进展。

RQFII计划

(一) RQFII制度标志着香港基金业历史上的重要一章。自内地相关部门在2011年12月推出RQFII计划以来(最初的投资额度为人民币200亿元)，内地相关部门已于2012年4月和11月分别增加人民币500亿元及2 000亿元的投资额度。

1. RQFII基金

截至2013年5月31日，证监会已认可合共21只非上市RQFII基金，其获批的RQFII投资额度达到人民币236亿元。推出非上市RQFII基金所取得的成果有目共睹，成功利用了香港这个资产管理平台，将离岸人民币市场和内地的资本市场连接起来。

** 投资者教育中心于2012年11月成立。

2. RQFII A股ETF

随着证监会于2012年6月认可首只RQFII A股ETF，截至2013年5月31日，本会已认可合共五只RQFIIA股ETF，其获批的RQFII投资额度达到人民币490亿元。截至2013年5月31日，这些RQFIIA股ETF的总市值达到人民币384亿元。RQFII A股ETF在联系内地和香港市场方面发挥举足轻重的作用，并为双向的资本流向开辟了一个新渠道。这些RQFIIA股ETF成为本地和国际投资者得以直接投资于A股市场的另一途径，亦是全球首个在交易所采用双柜台模式的上市产品，同时提供人民币和港元二手市场交易柜台。

3. 进一步放宽RQFII的限制

2013年3月，内地相关部门公布扩大RQFII制度，将合资格申请RQFII计划的机构类别延伸至内地商业银行、保险公司等香港子公司或注册地及主要经营地位于香港的金融机构。内地当局亦放宽了RQFII产品的投资范围限制，允许机构根据市场情况自主决定产品类型。这些新措施将令更多市场人士参与RQFII计划，从而推动在香港销售的人民币投资产品取得更多元化的发展。

以人民币计价的其他零售产品

(一) 市场对香港的点心债券和零售人民币离岸点心债券/固定收益基金需求日益殷切。金管局的数据显示，点心债券在2012年的总发行量达人民币1 122亿元，使截至2012年底的未偿还点心债券余额达人民币2 372亿元，较2011年底上升62%。截至2013年5月底，合共有13只人民币非上市离岸点心债券/固定收益基金获认可。

(二) 以人民币计价的零售产品种类持续扩充：

1. 2013年1月，证监会认可首只以人民币计价并可供本港强制性公积金计划投资的货币市场基金。

2. 2013年3月，证监会认可一项以人民币计价的纸黄金计划。

3. 2013年5月，证监会认可首只以人民币计价的点心债券ETF在香港联合交易所(联交所)上市。

三、ETF市场的稳步增长

(一) 香港仍然是全亚洲规模最大和最活跃的ETF市场之一。年内，本港的ETF市场在总市值和成交量方面均保持增长。截至2013年3月31日，香港上市的ETF总数为100只，较2011年底的77只为高，总市值达1 037亿美元，较上年同期的974亿美元#上升6.5%。截至2013年3月31日止年度，香港上市的ETF总成交额增至917亿美元#，较截至2012年3月31日止年度的644亿美元上升42.4%^。

(二) 除了在市值和成交量方面有所递增外，在香港的ETF管理专才数目也获得增长。截至2013年5月31日，香港合共有22家ETF管理公司，2011年底则有15家。

(三) 证监会在2012年11月认可首只实物白银ETF和首只实物铂金ETF在联交所上市，也拓展了实物商品ETF的产品类别。

请参阅香港交易及结算所有限公司（香港交易所）刊发的《香港交易所证券及衍生产品市场季报》（2013年第一季）。

^ 请参阅香港交易所刊发的《香港交易所证券及衍生产品市场季报》（2012年第一季）。

市场机遇与挑战

(一) RQFII计划取得成果，促使证监会与内地相关部门成立一个工作小组，共同研究落实香港与内地之间的基金互认安排和跨境基金销售等事宜，以促进香港资产管理业的发展。有关举措将为香港与内地建立更广阔的投资平台、提供更多类型的产品和更大的投资者基础，使香港的基金管理业从中受惠。

(二) 为了进一步推动香港成为国际资产管理中心和基金中心，证监会正与香港特别行政区政府携手合作，研究引入开放式投资公司架构的可行性，及就其所涉及的监管事宜为政府提供技术支持，以便为市场提供多一个投资基金工具的选择。

(三) 全球经济展望和复苏的前景仍然不明朗，可能导致市场波动。此外，鉴于各地政局和经济状况瞬息万变，证监会将继续与海外监管机构紧密合作，并保持警觉，留意香港市场会否受到波及。

(四) 证监会将与业界和海外监管机构保持定期对话，从而监察预计在短期内实施并可能对本港的基金管理业造成影响的海外新监管要求的最新发展，如《另类投资基金经理指令》(AlternativeInvestment Fund Managers Directive)及美国的《海外账户纳税法案》(Foreign Account TaxCompliance Act)。

第三部分 综合数据统计

Part III Composite Data Statistics

数据统计说明

1. 从2008年开始，本年鉴采用新的基金分类方法。证券投资基金被分为国内市场基金与海外市场基金两大类；国内市场基金部分则被进一步分为封闭式基金、开放式基金与ETF基金。与此同时，对历史数据进行了追溯修正。

2. 为体现市场发展，从2010年开始，本年鉴将封闭式基金细分为传统封闭式基金和创新封闭式基金；从2012年开始，股票型基金细分为普通股票和指数股票；混合型基金细分为普通混合和保本混合；债券型基金细分为普通债券和短期理财债券。

3. 2012年12月24日，传统封闭式基金“金泰证券投资基金”到期转型为国泰金泰平衡混合型证券投资基金，至此，传统封闭式基金数量减少至24只。

4. 2012年，市场发行成立了18只创新封闭式基金，另有3只创新封闭式基金到期转型：2012年5月12日，长盛同庆可分离交易股票型证券投资基金到期转型为长盛同庆中证800指数分级证券投资基金；2012年7月17日，国投瑞银瑞福分级股票型证券投资基金到期转型为国投瑞银瑞福深证100指数分级证券投资基金；2012年7月27日，大成优选股票型证券投资基金到期转型为大成优选股票型证券投资基金(LOF)。

5. 2012年2月3日，交银施罗德保本混合型证券投资基金正式转型为交银施罗德优势行业灵活配置混合型证券投资基金。至此，原保本基金数量减少1只。

6. 2012年，国内获批设立8家基金管理公司；2012年3月6日，中邮创业基金管理公司股权变动，由中资基金管理公司变为合资基金管理公司，至2012年末，合资基金管理公司数量达到41家。

7. 2012年10月30日，宁波银行获得基金托管资格。至此，我国拥有基金托管资格的商业银行数量增至19家。此外，2012年新增2家证券公司、4家证券投资咨询机构和14家独立基金销售机构获得基金代销资格。

8. 数据来源：基金年报、基金季报、基金招募说明书、基金合同生效公告、各家基金公司网站、中国证监会网站、上海证券交易所网站及深圳证券交易所网站等公开披露的信息。

中国证券投资基金市场发展概貌（2010—2012）

	2012年	2011年	同比 变动额	同比 增长率(%)	2010年
基金管理公司					
基金公司数量	73	69	4	5.80	62
新增基金公司数量	4	7	-3		2
其中：合资基金公司	41	40	1	2.50	36
基金托管银行					
托管银行数量	18	17	1	5.88	18
新增托管银行数量	1	0	1		1
证券投资基金					
年末基金数量(只)	1 174	914	260	28.45	703
开放式基金	991	771	220	28.53	614
封闭式基金	69	55	14	25.45	42
ETF	47	37	10	27.03	20
QDII	67	51	16	31.37	27
年末资产净值(亿元)	28 667.31	21 918.40	6 748.91	30.79	25 194.49
开放式基金	25 060.58	19 351.18	5 709.40	29.50	22 381.46
封闭式基金	1 375.20	1 220.54	154.66	12.67	1 368.58
ETF	1 599.09	770.69	828.40	107.49	715.25
QDII	632.43	575.99	56.44	9.80	729.20
全年募集规模(亿份)	6 446.63	2 762.46	3 684.17	133.37	3 099.84
开放式基金	5 461.01	2 237.40	3 223.61	144.08	2 625.45
封闭式基金	248.73	248.99	-0.26	-0.10	251.54
ETF	576.91	87.65	489.26	558.20	117.77
QDII	159.97	188.41	-28.44	-15.09	105.08
基金分红金额(亿元)					
全年分红额	453.53	636.72	-183.19	-28.77	1 152.21
基金年度费用(亿元)					
管理费用	260.45	288.64	-28.19	-9.77	302.34
托管费用	48.77	51.56	-2.79	-5.41	53.31

说明：以上数据以基金年报公告数据为统计范围。

第一章 市场综合数据统计

表1-1 证券投资基金历年数量、资产净值与份额规模增长（1998—2012）

（单位：只；亿元；亿份；%）

年 度	基金数量	增长率	年末资产净值	增长率	年末份额规模	增长率
1998	5	—	107.42	—	100.00	—
1999	23	360.00	576.85	437.00	505.00	405.00
2000	41	78.26	869.80	50.78	560.00	10.89
2001	52	26.83	820.58	–5.66	801.26	43.08
2002	71	36.54	1 185.58	44.48	1 310.30	63.53
2003	110	54.93	1 715.61	44.71	1 614.66	23.23
2004	161	46.36	3 246.40	89.23	3 308.72	104.92
2005	218	35.40	4 691.16	44.50	4 736.78	43.16
2006	307	40.83	8 564.60	82.57	6 220.70	31.33
2007	345	12.38	32 755.90	282.46	22 336.03	259.06
2008	438	26.96	19 388.67	–40.81	25 740.81	15.24
2009	556	26.94	26 760.80	38.02	24 534.94	–4.68
2010	703	26.44	25 194.49	–5.85	24 234.38	–1.23
2011	914	30.01	21 918.40	–13.00	26 509.47	9.39
2012	**1 174**	**28.45**	**28 667.31**	**30.79**	**31 709.92**	**19.62**

说明：为年末统计数据；基金数量统计以基金成立时间为准；分级基金合并计算。

表1-2 各类型证券投资基金历年数量发展（1998—2012）

（单位：只；%）

年 度	封闭式基金	占比	开放式基金	占比	ETF	占比	QDII	占比	合 计
1998	5	100.00	—	—	—	—	—	—	5
1999	23	100.00	—	—	—	—	—	—	23
2000	41	100.00	—	—	—	—	—	—	41
2001	49	94.23	3	5.77	—	—	—	—	52
2002	54	76.06	17	23.94	—	—	—	—	71
2003	54	49.09	56	50.91	—	—	—	—	110

（续上表）

年 度	封闭式基金	占比	开放式基金	占比	ETF	占比	QDII	占比	合 计
2004	54	33.54	106	65.84	1	0.62	—	—	161
2005	54	24.77	163	74.77	1	0.46	—	—	218
2006	53	17.26	249	81.11	5	1.63	—	—	307
2007	35	10.14	301	87.25	5	1.45	4	1.16	345
2008	32	7.31	392	89.50	5	1.14	9	2.05	438
2009	31	5.58	507	91.19	9	1.62	9	1.62	556
2010	42	5.97	614	87.34	20	2.84	27	3.84	703
2011	55	6.02	771	84.35	37	4.05	51	5.58	914
2012	**69**	**5.88**	**991**	**84.41**	**47**	**4.00**	**67**	**5.71**	**1 174**

说明：为年末统计数据；基金数量统计以基金成立时间为准；分级基金合并计算。

表1-3 各类型证券投资基金历年资产净值结构（1998—2012）

（单位：亿元；%）

年 度	封闭式基金	占比	开放式基金	占比	ETF	占比	QDII	占比	合 计
1998	107.42	100.00	—	—	—	—	—	—	107.42
1999	576.85	100.00	—	—	—	—	—	—	576.85
2000	869.80	100.00	—	—	—	—	—	—	869.8
2001	702.55	85.62	118.03	14.38	—	—	—	—	820.58
2002	717.08	60.48	468.50	39.52	—	—	—	—	1 185.58
2003	861.99	50.24	853.62	49.76	—	—	—	—	1 715.61
2004	809.73	24.94	2 382.32	73.38	54.35	1.67	—	—	3 246.40
2005	822.11	17.52	3 803.04	81.07	66.01	1.41	—	—	4 691.16
2006	1 623.50	18.96	6 800.72	79.40	140.38	1.64	—	—	8 564.60
2007	2 394.69	7.31	28 948.14	88.36	331.28	1.01	1 081.79	3.29	32 755.90
2008	715.89	3.69	17 927.00	92.44	229.70	1.18	516.08	2.65	19 388.67
2009	1 238.80	4.63	24 123.86	90.13	662.20	2.47	735.94	2.74	26 760.80
2010	1 368.58	5.43	22 381.46	88.83	715.25	2.84	729.20	2.89	25 194.49
2011	1 220.54	5.57	19 351.18	88.29	770.69	3.52	575.99	2.63	21 918.40
2012	**1 375.20**	**4.80**	**25 060.58**	**87.42**	**1 599.09**	**5.58**	**632.43**	**2.20**	**28 667.31**

表1-4 开放式基金历年数量发展（2001—2012）

（单位：只；%）

年度	股票型基金	占比	混合型基金	占比	债券型基金	占比	货币型基金	占比	合计
2001	—	—	3	100.00	—	—	—	—	3
2002	2	11.76	13	76.47	2	11.76	—	—	17
2003	10	17.86	31	55.36	13	23.21	2	3.57	56
2004	20	19.23	60	57.69	14	13.46	10	9.62	107
2005	43	26.71	76	47.20	16	9.94	26	16.15	164
2006	82	33.33	101	41.06	23	9.35	40	16.26	254
2007	141	46.84	96	31.89	24	7.97	40	13.29	301
2008	155	39.54	138	35.21	60	15.05	40	10.20	392
2009	226	44.58	158	31.16	80	15.78	43	8.48	507
2010	307	50.00	166	27.04	95	15.47	46	7.49	614
2011	397	51.49	192	24.90	131	16.99	51	6.61	771
2012	**487**	**49.14**	**218**	**22.00**	**224**	**22.60**	**62**	**6.26**	**991**

说明：不含ETF与QDII；为年末统计数据。

表1-5 开放式基金历年资产净值结构（2001—2012）

（单位：亿元；%）

年度	股票型基金	占比	混合型基金	占比	债券型基金	占比	货币型基金	占比	合计
2001	—	—	118.03	100.00	—	—	—	—	118.03
2002	44.97	9.60	386.28	82.45	37.25	7.95	—	—	468.50
2003	111.25	13.03	580.69	68.03	119.14	13.96	42.54	4.98	853.62
2004	252.92	10.62	1 456.74	61.15	39.39	1.65	633.27	26.58	2 382.32
2005	355.09	9.34	1 356.55	35.67	223.50	9.94	1 867.90	49.12	3 803.04
2006	2 877.27	42.31	2 994.44	44.03	134.13	1.97	794.88	11.69	6 800.72
2007	18 216.78	62.93	8 949.50	30.92	671.40	2.32	1 110.40	3.84	28 940.14
2008	7 054.03	39.35	5 124.67	28.58	1 856.57	10.36	3 891.74	21.71	17 927.00
2009	12 978.87	53.80	7 730.40	32.04	819.32	3.40	2 595.27	10.76	24 123.86
2010	12 282.90	54.88	7 300.70	32.62	1 265.08	5.65	1 532.77	6.84	22 381.46
2011	9 477.35	48.98	5 706.63	29.49	1 218.26	6.30	2 948.95	15.24	19 351.18
2012	**9 877.57**	**39.42**	**5 645.83**	**22.53**	**3 814.78**	**15.22**	**5 722.40**	**22.83**	**25 060.58**

说明：不含ETF与QDII；为年末统计数据。

表1-6 基金管理公司管理基金资产规模统计（2011—2012）

（单位：只；亿份；亿元）

基金管理公司	成立日期	公司性质	2012年				2011年			
			基金数量	年末份额规模	年末资产净值	排名	基金数量	年末份额规模	年末资产净值	排名
华夏	1998.04.09	合资	32	2 271.07	2 353.43	1	26	1 756.07	1 790.88	1
易方达	2001.04.17	中资	40	2 235.62	1 995.21	2	31	1 742.26	1 433.11	2
嘉实	1999.03.25	合资	39	1 888.97	1 945.25	3	31	1 657.14	1 377.89	3
南方	1998.03.06	中资	39	1 664.46	1 550.10	4	32	1 346.83	1 152.91	4
博时	1998.07.13	中资	35	1 544.62	1 381.75	5	28	1 384.13	1 094.17	5
广发	2003.08.05	中资	28	1 220.95	1 131.06	6	21	1 122.01	983.80	6
工银瑞信	2005.06.21	合资	28	1 346.25	1 080.46	7	21	992.92	698.63	9
中银	2004.08.12	合资	23	1 039.09	1 000.77	8	15	503.00	434.65	19
大成	1999.04.12	中资	33	1 202.83	983.37	9	26	1 012.61	743.14	8
华安	1998.06.04	中资	36	1 148.69	955.90	10	26	990.72	795.34	7
建信	2005.09.19	合资	28	1 034.03	952.20	11	21	603.13	486.96	15
银华	2001.05.28	中资	28	822.55	794.85	12	23	691.51	651.23	10
富国	1999.04.13	合资	32	794.26	754.91	13	26	677.35	597.96	11
鹏华	1998.12.22	合资	33	660.88	624.59	14	27	577.29	502.10	12
汇添富	2005.02.03	中资	27	692.80	610.25	15	19	606.01	489.03	14
上投摩根	2004.05.12	合资	20	657.02	603.49	16	15	588.96	500.09	13
交银施罗德	2005.08.04	合资	24	593.41	572.78	17	18	548.87	477.41	16
招商	2002.12.27	合资	28	592.66	554.13	18	22	440.61	388.69	22
国泰	1998.03.05	合资	31	659.39	552.90	19	23	567.60	438.08	18
融通	2001.05.22	合资	16	594.78	509.97	20	12	494.31	394.37	21
诺安	2003.12.09	中资	24	573.91	468.38	21	18	582.11	464.53	17
景顺长城	2003.06.12	合资	19	498.73	400.12	22	15	503.43	384.07	23
华泰柏瑞	2004.11.18	合资	15	296.62	387.25	23	12	202.66	134.65	38

（续上表）

基金管理公司	成立日期	公司性质	2012年				2011年			
			基金数量	年末份额规模	年末资产净值	排名	基金数量	年末份额规模	年末资产净值	排名
华宝兴业	2003.03.07	合资	25	406.60	376.61	24	21	432.78	370.13	24
国投瑞银	2002.06.13	合资	19	414.06	367.40	25	18	455.22	363.14	25
海富通	2003.04.18	合资	21	503.00	342.93	26	20	452.66	324.88	26
长盛	1999.03.26	合资	25	371.65	333.99	27	19	465.70	403.45	20
兴业全球	2003.09.30	合资	13	307.03	331.46	28	11	314.52	316.52	27
长城	2001.12.27	中资	16	402.44	319.36	29	13	393.95	281.57	28
中邮创业	2006.05.08	合资	8	429.94	261.43	30	6	420.42	251.45	30
光大保德信	2004.04.22	合资	14	313.77	255.90	31	10	307.41	229.53	31
泰达宏利	2002.06.06	合资	18	254.20	244.78	32	17	246.60	219.87	32
万家	2002.08.23	中资	12	301.80	243.50	33	10	237.93	166.99	34
华商	2005.12.20	中资	12	246.56	241.71	34	9	288.97	274.14	29
信诚	2005.09.30	合资	19	276.09	235.55	35	14	142.75	125.61	40
长信	2003.05.09	中资	14	284.23	222.21	36	13	251.65	180.81	33
银河	2002.06.14	中资	16	226.09	220.45	37	13	154.54	143.63	37
民生加银	2008.11.03	合资	11	215.17	210.88	38	6	57.59	51.66	55
农银汇理	2008.03.18	合资	15	189.23	184.92	39	11	162.88	145.35	36
国联安	2003.04.03	合资	18	186.70	172.62	40	14	155.75	128.54	39
国海富兰克林	2004.11.15	合资	12	169.80	169.77	41	9	163.28	147.48	35
申万菱信	2004.01.15	合资	14	251.26	164.67	42	13	187.50	119.33	42
中海	2004.03.18	合资	13	204.95	139.11	43	11	197.59	123.23	41
摩根士丹利华鑫	2003.03.14	合资	12	130.42	132.34	44	9	94.99	99.42	44
新华	2004.12.09	中资	9	114.69	116.80	45	7	62.72	64.35	51
宝盈	2001.05.18	中资	9	163.58	114.11	46	9	128.32	76.06	48
东吴	2004.09.02	中资	13	129.81	108.31	47	11	142.27	115.31	43

（续上表）

基金管理公司	成立日期	公司性质	2012年				2011年			
			基金数量	年末份额规模	年末资产净值	排名	基金数量	年末份额规模	年末资产净值	排名
金鹰	2002.12.25	合资	14	129.86	106.55	48	9	85.36	60.47	52
东方	2004.06.11	中资	10	107.81	102.75	49	8	93.27	82.25	46
天弘	2004.11.08	中资	10	120.73	99.50	50	7	98.89	73.97	49
中欧	2006.07.19	合资	12	93.38	85.66	51	9	61.82	52.11	54
华富	2004.04.19	中资	10	91.89	73.85	52	10	93.74	73.92	50
汇丰晋信	2005.11.16	合资	12	76.11	72.64	53	11	90.89	86.77	45
泰信	2003.05.08	中资	13	116.18	71.06	54	11	129.07	79.64	47
信达澳银	2006.06.05	合资	8	60.52	57.24	55	6	61.71	58.27	53
浦银安盛	2007.08.05	合资	9	55.99	54.74	56	7	26.79	23.42	60
平安大华	2011.01.07	合资	5	54.33	53.31	57	2	29.60	27.15	59
益民	2005.12.12	中资	5	66.83	40.56	58	4	68.41	45.97	56
天治	2003.05.27	中资	9	63.53	40.22	59	9	61.60	33.50	58
诺德	2006.06.08	合资	9	46.11	38.94	60	6	42.24	33.78	57
财通	2011.06.21	中资	3	25.24	25.38	61	1	10.59	10.58	62
纽银梅隆西部	2010.07.20	合资	4	21.53	20.09	62	2	7.58	5.80	65
浙商	2010.10.21	中资	4	13.25	12.59	63	1	9.10	7.62	64
方正富邦	2011.07.08	陆台合资	3	9.66	9.69	64	1	13.14	13.12	61
金元惠理	2006.11.13	合资	8	10.76	9.04	65	7	11.73	9.70	63
安信	2011.12.06	中资	3	7.70	7.88	66	—	—	—	—
富安达	2011.04.27	中资	3	7.72	7.36	67	1	4.41	4.21	66
长安	2011.09.05	中资	2	1.87	1.85	68	—	—	—	—
德邦	2012.03.27	中资	1	1.22	1.33	69	—	—	—	—
国金通用	2011.11.02	中资	1	1.10	1.13	70	—	—	—	—
总 计			1 174	31 709.92	28 667.31		914	26 509.47	21 918.40	

说明：以上排名按年末基金资产净值排列。

表1-7 近三年管理公募基金资产规模前二十的基金管理公司（2010—2012）

（单位：只；亿元；%）

排序	2012年					2011年					2010年				
	管理人	公司性质	基金数量	资产净值	行业占比	管理人	公司性质	基金数量	资产净值	行业占比	管理人	公司性质	基金数量	资产净值	行业占比
1	华夏	合资	32	2 353.43	8.21	华夏	合资	26	1 790.88	8.17	华夏	中资	25	2 247.13	8.92
2	易方达	中资	40	1 995.21	6.96	易方达	中资	31	1 433.11	6.54	嘉实	合资	23	1 603.00	6.36
3	嘉实	合资	39	1 945.25	6.79	嘉实	合资	31	1 377.89	6.29	易方达	中资	24	1 573.75	6.25
4	南方	中资	39	1 550.10	5.41	南方	中资	32	1 152.91	5.26	南方	中资	26	1 185.37	4.70
5	博时	中资	35	1 381.75	4.82	博时	中资	28	1 094.17	4.99	博时	中资	23	1 176.22	4.67
6	广发	中资	28	1 131.06	3.95	广发	中资	21	983.80	4.49	广发	中资	15	1 036.28	4.11
7	工银瑞信	合资	28	1 080.46	3.77	华安	中资	26	795.34	3.63	大成	中资	21	994.36	3.95
8	中银	合资	23	1 000.77	3.49	大成	中资	26	743.14	3.39	银华	中资	18	855.46	3.40
9	大成	中资	33	983.37	3.43	工银瑞信	合资	21	698.63	3.19	华安	中资	20	825.65	3.28
10	华安	中资	36	955.90	3.33	银华	中资	23	651.23	2.97	富国	合资	19	621.73	2.47
11	建信	合资	28	952.20	3.32	富国	合资	26	597.96	2.73	上投摩根	合资	12	591.67	2.35
12	银华	中资	28	794.85	2.77	鹏华	合资	27	502.10	2.29	工银瑞信	合资	16	578.71	2.30
13	富国	合资	32	754.91	2.63	上投摩根	合资	15	500.09	2.28	汇添富	中资	12	569.34	2.26
14	鹏华	合资	33	624.59	2.18	汇添富	中资	19	489.03	2.23	鹏华	合资	21	564.23	2.24
15	汇添富	中资	27	610.25	2.13	建信	合资	21	486.96	2.22	交银施罗德	合资	13	529.79	2.10
16	上投摩根	合资	20	603.49	2.11	交银施罗德	合资	18	477.41	2.18	融通	合资	12	527.19	2.09
17	交银施罗德	合资	24	572.78	2.00	诺安	中资	18	464.53	2.12	华宝兴业	合资	16	493.5	1.96
18	招商	合资	28	554.13	1.93	国泰	合资	23	438.08	2.00	建信	合资	13	485.66	1.93
19	国泰	合资	31	552.90	1.93	中银	合资	15	434.65	1.98	国泰	合资	18	473.23	1.88
20	融通	合资	16	509.97	1.78	长盛	合资	19	403.45	1.84	海富通	合资	15	471.93	1.87
合计				20 907.38	72.93				15 515.37	70.79				17 404.20	69.08

说明：为年末统计数据；行业占比为基金资产净值占行业总资产净值的比例；合计栏的行业占比为前20基金公司总资产净值占行业总资产净值的比例。

表1-8 基金管理公司管理基金情况统计（2011—2012）

（单位：只）

基金管理公司	成立日期	2012年末					2011年末				
		封闭式基金	开放式基金	ETF	QDII	合计	封闭式基金	开放式基金	ETF	QDII	合计
国泰	1998.03.05	2	25	2	2	31	3	18	1	1	23
南方	1998.03.06	3	30	3	3	39	2	24	3	3	32
华夏	1998.04.09	2	23	3	4	32	2	21	2	1	26
华安	1998.06.04	2	29	2	3	36	2	20	2	2	26
博时	1998.07.13	3	26	3	3	35	3	21	2	2	28
鹏华	1998.12.22	5	24	2	2	33	4	19	2	2	27
嘉实	1999.03.25	2	30	3	4	39	2	25	1	3	31
长盛	1999.03.26	3	21	—	1	25	3	15	—	1	19
大成	1999.04.12	3	27	2	1	33	4	20	1	1	26
富国	1999.04.13	5	23	1	3	32	5	18	1	2	26
易方达	2001.04.17	3	29	3	5	40	2	24	3	2	31
宝盈	2001.05.18	1	8	—	—	9	1	8	—	—	9
融通	2001.05.22	2	14	—	—	16	1	11	—	—	12
银华	2001.05.28	1	24	1	2	28	1	20	—	2	23
长城	2001.12.27	1	15	—	—	16	1	12	—	—	13
泰达宏利	2002.06.06	1	16	—	1	18	1	15	—	1	17
国投瑞银	2002.06.13	2	16	—	1	19	2	15	—	1	18
银河	2002.06.14	2	14	—	—	16	1	12	—	—	13
万家	2002.08.23	1	11	—	—	12	1	9	—	—	10
金鹰	2002.11.06	1	13	—	—	14	—	9	—	—	9
招商	2002.12.27	1	23	2	2	28	1	17	2	2	22
华宝兴业	2003.03.07	—	20	2	3	25	—	16	2	3	21
摩根士丹利华鑫	2003.03.14	—	12	—	—	12	—	9	—	—	9
国联安	2003.04.03	1	16	1	—	18	—	13	1	—	14
海富通	2003.04.18	1	16	2	2	21	1	15	2	2	20
长信	2003.05.09	1	12	—	1	14	1	11	—	1	13
泰信	2003.05.23	—	13	—	—	13	—	11	—	—	11
天治	2003.05.27	—	9	—	—	9	—	9	—	—	9
景顺长城	2003.06.12	—	17	1	1	19	—	14	—	1	15
广发	2003.08.05	1	23	1	3	28	1	17	1	2	21
兴业全球	2003.09.30	—	13	—	—	13	—	11	—	—	11
诺安	2003.12.09	—	19	2	3	24	—	14	1	3	18
申万菱信	2004.01.15	—	14	—	—	14	—	13	—	—	13
中海	2004.03.18	—	13	—	—	13	—	11	—	—	11
华富	2004.04.19	1	9	—	—	10	1	9	—	—	10
光大保德信	2004.04.22	—	14	—	—	14	—	10	—	—	10

（续上表）

基金管理公司	成立日期	2012年末					2011年末				
		封闭式基金	开放式基金	ETF	QDII	合计	封闭式基金	开放式基金	ETF	QDII	合计
上投摩根	2004.05.12	—	17	—	3	20	—	13	—	2	15
东方	2004.06.11		10			10	—	8	—	—	8
中银	2004.08.12	1	20	1	1	23	—	13	1	1	15
东吴	2004.09.02		13	—	—	13	—	11	—	—	11
天弘	2004.11.08	2	8	—	—	10	2	5	—	—	7
国海富兰克林	2004.11.15	—	11	—	1	12	—	9	—	—	9
华泰柏瑞	2004.11.18	1	10	3	1	15	1	8	2	1	12
新华	2004.12.09	—	9	—	—	9	—	7	—	—	7
汇添富	2005.02.03	1	23	1	2	27	—	16	1	2	19
工银瑞信	2005.06.21	2	22	2	2	28	1	16	2	2	21
交银施罗德	2005.08.04	1	19	2	2	24	1	14	2	1	18
建信	2005.09.19	2	21	2	3	28	2	15	2	2	21
信诚	2005.09.30	2	15	—	2	19	1	11	—	2	14
汇丰晋信	2005.11.16	—	12	—	—	12	—	11	—	—	11
益民	2005.12.12	—	5	—	—	5	—	4	—	—	4
华商	2005.12.20	—	12	—	—	12	—	9	—	—	9
中邮创业	2006.05.08	—	8	—	—	8	—	6	—	—	6
信达澳银	2006.06.05	1	7	—	—	8	—	6	—	—	6
诺德	2006.06.08	1	8	—	—	9	—	6	—	—	6
中欧	2006.07.19	1	11	—	—	12	1	8	—	—	9
金元惠理	2006.11.13	—	8	—	—	8	—	7	—	—	7
浦银安盛	2007.08.05	1	8	—	—	9	1	6	—	—	7
农银汇理	2008.03.18	1	14	—	—	15	—	11	—	—	11
民生加银	2008.11.03	1	10	—	—	11	—	6	—	—	6
纽银梅隆西部	2010.07.20	—	4	—	—	4	—	2	—	—	2
浙商	2010.10.21	—	4	—	—	4	—	1	—	—	1
平安大华	2011.01.07	—	5	—	—	5	—	2	—	—	2
富安达	2011.04.27	—	3	—	—	3	—	1	—	—	1
财通	2011.06.21	—	3	—	—	3	—	1	—	—	1
方正富邦	2011.07.08		3	—	—	3	—	1	—	—	1
长安	2011.09.05		2	—	—	2	—	—	—	—	—
国金通用	2011.11.02	—	1	—	—	1	—	—	—	—	—
安信	2011.12.06	—	3	—	—	3	—	—	—	—	—
德邦	2012.03.27	—	1	—	—	1	—	—	—	—	—
总　计		69	991	47	67	1 174	56	770	37	51	914

说明：封闭式基金包括传统封闭式基金和创新封闭式基金两类；开放式基金包括股票型、混合型、债券型和货币型。

表1-9　近三年基金管理公司公募基金管理费收入统计（2010—2012）

（单位：只；亿元）

基金管理公司	成立日期	公司性质	2012年年报		2011年年报		2010年年报	
			基金数量	管理费收入	基金数量	管理费收入	基金数量	管理费收入
国泰	1998.03.05	合资	30	4.53	22	5.24	18	5.80
南方	1998.03.06	中资	38	14.03	32	14.10	24	14.54
华夏	1998.04.09	中资	30	21.37	26	25.27	25	28.84
华安	1998.06.04	中资	33	7.89	24	8.49	17	9.43
博时	1998.07.13	中资	34	10.84	27	11.60	21	13.35
鹏华	1998.12.22	合资	31	6.34	25	6.50	19	6.98
嘉实	1999.03.25	合资	38	15.70	29	16.68	22	17.01
长盛	1999.03.26	合资	24	3.76	17	5.38	15	5.83
大成	1999.04.12	中资	31	8.36	24	11.56	19	11.88
富国	1999.04.13	合资	30	7.46	25	7.82	18	7.56
易方达	2001.04.17	中资	38	14.69	30	15.90	23	16.37
宝盈	2001.05.18	中资	9	1.08	9	1.16	9	1.19
融通	2001.05.22	合资	15	5.20	12	6.01	11	6.95
银华	2001.05.28	中资	27	8.25	21	9.39	16	9.72
长城	2001.12.27	中资	16	4.12	13	4.58	11	5.29
泰达宏利	2002.06.06	合资	18	3.16	16	3.61	13	3.51
国投瑞银	2002.06.13	合资	18	3.70	16	4.22	13	4.17
银河	2002.06.14	中资	15	1.86	13	1.90	10	1.55
万家	2002.08.23	中资	12	1.68	10	1.36	8	1.45
金鹰	2002.11.06	合资	12	0.88	9	1.08	5	0.67
招商	2002.12.27	合资	27	4.34	22	3.79	15	4.21
华宝兴业	2003.03.07	合资	24	4.50	21	5.36	15	6.36
摩根士丹利华鑫	2003.03.14	合资	11	1.44	8	1.64	6	1.07
国联安	2003.04.03	合资	17	1.55	14	1.74	10	1.40
海富通	2003.04.18	合资	21	3.82	19	5.06	14	5.19
长信	2003.05.09	中资	14	2.10	13	2.33	9	2.44
泰信	2003.05.23	中资	13	0.97	11	1.29	7	1.42
天治	2003.05.27	中资	9	0.44	8	0.47	7	0.51
景顺长城	2003.06.12	合资	18	5.59	14	6.56	11	7.10
广发	2003.08.05	中资	27	12.61	21	13.46	14	13.48
兴业全球	2003.09.30	合资	12	4.53	11	5.09	8	6.15
诺安	2003.12.09	中资	21	6.29	18	6.97	11	6.51

（续上表）

基金管理公司	成立日期	公司性质	2012年年报		2011年年报		2010年年报	
			基金数量	管理费收入	基金数量	管理费收入	基金数量	管理费收入
申万菱信	2004.01.15	合资	14	1.60	12	1.64	10	1.71
中海	2004.03.18	合资	13	1.58	10	2.20	8	2.55
华富	2004.04.19	中资	10	0.62	9	0.79	8	0.75
光大保德信	2004.04.22	合资	14	3.31	10	3.99	9	4.68
上投摩根	2004.05.12	合资	19	6.34	15	7.30	11	8.18
东方	2004.06.11	中资	9	1.25	7	1.22	6	1.33
中银	2004.08.12	合资	21	4.49	14	4.06	10	4.30
东吴	2004.09.02	中资	13	1.55	11	1.85	8	1.30
天弘	2004.11.08	中资	9	1.00	6	0.73	5	0.61
国海富兰克林	2004.11.15	合资	12	2.20	9	2.48	7	2.31
华泰柏瑞	2004.11.18	合资	14	2.37	12	2.19	8	2.37
新华	2004.12.09	中资	8	1.07	7	0.95	5	1.16
汇添富	2005.02.03	中资	26	6.61	18	7.07	12	7.21
工银瑞信	2005.06.21	合资	27	6.30	20	5.86	14	5.92
交银施罗德	2005.08.04	合资	22	5.23	18	5.72	12	6.98
建信	2005.09.19	合资	26	4.98	19	5.06	12	4.00
信诚	2005.09.30	合资	17	1.74	13	1.98	9	1.98
汇丰晋信	2005.11.16	合资	12	1.10	10	1.46	8	1.43
益民	2005.12.12	中资	5	0.66	4	0.82	4	0.99
华商	2005.12.20	中资	11	3.66	9	5.13	6	2.77
中邮创业	2006.05.08	中资	7	3.63	5	5.21	4	6.31
信达澳银	2006.06.05	合资	8	0.86	6	1.05	5	1.19
诺德	2006.06.08	合资	9	0.55	6	0.59	5	0.58
中欧	2006.07.19	合资	11	0.73	9	0.62	6	0.59
金元惠理	2006.11.13	合资	8	0.14	7	0.15	6	0.29
浦银安盛	2007.08.05	合资	9	0.28	6	0.20	4	0.22
农银汇理	2008.03.18	合资	14	1.82	10	1.98	6	2.23
民生加银	2008.11.03	合资	9	0.65	5	0.36	4	0.45
纽银梅隆西部	2010.07.20	合资	3	0.12	2	0.12	—	—
浙商	2010.10.21	中资	4	0.18	1	0.10	—	—
平安大华	2011.01.07	合资	4	0.35	1	0.12	—	—
富安达	2011.04.27	中资	3	0.10	1	0.03	—	—

（续上表）

基金管理公司	成立日期	公司性质	2012年年报		2011年年报		2010年年报	
			基金数量	管理费收入	基金数量	管理费收入	基金数量	管理费收入
财通	2011.06.21	中资	2	0.16	—	—	—	—
方正富邦	2011.07.08	陆台合资	1	0.03	—	—	—	—
长安	2011.09.05	中资	2	0.02	—	—	—	—
国金通用	2011.11.02	中资	1	0.01	—	—	—	—
安信	2011.12.06	中资	2	0.06	—	—	—	—
德邦	2012.03.27	中资	1	0.01	—	—	—	—
总　计			944	260.45	872	288.64	656	302.34

表1-10　近三年基金管理公司支付客户维护费与管理费收入占比（2010—2012）

（单位：亿元；%）

基金管理公司	成立日期	2012年年报			2011年年报			2010年年报		
		客户维护费	管理费	占比	客户维护费	管理费	占比	客户维护费	管理费	占比
国泰	1998.03.05	0.72	4.53	15.78	0.77	5.24	14.74	0.80	5.80	13.88
南方	1998.03.06	2.12	14.03	15.12	1.77	14.10	12.55	1.67	14.54	11.47
华夏	1998.04.09	3.10	21.37	14.49	3.56	25.27	14.10	4.42	28.84	15.32
华安	1998.06.04	1.11	7.89	14.11	1.22	8.49	14.40	1.24	9.43	13.17
博时	1998.07.13	1.55	10.84	14.34	1.62	11.60	13.94	1.66	13.35	12.45
鹏华	1998.12.22	1.12	6.34	17.60	1.13	6.50	17.40	1.21	6.98	17.32
嘉实	1999.03.25	2.03	15.70	12.95	2.21	16.68	13.28	2.06	17.01	12.10
长盛	1999.03.26	0.50	3.76	13.39	0.53	5.38	9.91	0.53	5.83	9.05
大成	1999.04.12	1.38	8.36	16.51	1.66	11.56	14.35	1.70	11.88	14.31
富国	1999.04.13	1.11	7.46	14.92	1.16	7.82	14.81	1.12	7.56	14.86
易方达	2001.04.17	2.18	14.69	14.83	2.38	15.90	14.99	2.35	16.37	14.34
宝盈	2001.05.18	0.11	1.08	10.38	0.14	1.16	11.73	0.17	1.19	14.24
融通	2001.05.22	0.92	5.20	17.60	1.08	6.01	17.90	1.33	6.95	19.12
银华	2001.05.28	1.19	8.25	14.43	1.45	9.39	15.42	1.41	9.72	14.50
长城	2001.12.27	0.78	4.12	18.80	0.83	4.58	18.14	0.92	5.29	17.47
泰达宏利	2002.06.06	0.49	3.16	15.38	0.57	3.61	15.92	0.51	3.51	14.52
国投瑞银	2002.06.13	0.52	3.70	14.07	0.59	4.22	13.97	0.63	4.17	15.02

（续上表）

基金管理公司	成立日期	2012年年报			2011年年报			2010年年报		
		客户维护费	管理费	占比	客户维护费	管理费	占比	客户维护费	管理费	占比
银河	2002.06.14	0.33	1.86	17.72	0.36	1.90	18.91	0.21	1.55	13.45
万家	2002.08.23	0.31	1.68	18.68	0.27	1.36	19.71	0.26	1.45	17.60
金鹰	2002.11.06	0.24	0.88	27.36	0.27	1.08	24.79	0.09	0.67	13.88
招商	2002.12.27	0.98	4.34	22.61	0.61	3.79	16.17	0.65	4.21	15.51
华宝兴业	2003.03.07	0.71	4.50	15.81	0.85	5.36	15.85	0.79	6.36	12.46
摩根士丹利华鑫	2003.03.14	0.52	1.44	36.06	0.59	1.64	35.95	0.21	1.07	19.21
国联安	2003.04.03	0.20	1.55	12.96	0.23	1.74	13.23	0.17	1.40	12.01
海富通	2003.04.18	0.61	3.82	16.02	0.80	5.06	15.90	0.81	5.19	15.59
长信	2003.05.09	0.46	2.10	21.90	0.56	2.33	23.96	0.58	2.44	24.00
泰信	2003.05.23	0.19	0.97	19.25	0.25	1.29	19.28	0.26	1.42	18.05
天治	2003.05.27	0.09	0.44	19.75	0.09	0.47	18.95	0.09	0.51	18.21
景顺长城	2003.06.12	1.14	5.59	20.36	1.37	6.56	20.92	1.51	7.10	21.23
广发	2003.08.05	2.01	12.61	15.98	2.09	13.46	15.50	1.99	13.48	14.78
兴业全球	2003.09.30	0.83	4.53	18.45	0.96	5.09	18.77	1.01	6.15	16.44
诺安	2003.12.09	1.23	6.29	19.60	1.25	6.97	17.92	1.11	6.51	17.07
申万菱信	2004.01.15	0.22	1.60	13.50	0.26	1.64	15.85	0.27	1.71	15.96
中海	2004.03.18	0.38	1.58	24.29	0.50	2.20	22.94	0.47	2.55	18.45
华富	2004.04.19	0.10	0.62	15.76	0.13	0.79	16.93	0.13	0.75	17.63
光大保德信	2004.04.22	0.86	3.31	26.05	1.04	3.99	26.03	1.03	4.68	22.10
上投摩根	2004.05.12	0.76	6.34	12.07	0.90	7.30	12.34	1.02	8.18	12.43
东方	2004.06.11	0.26	1.25	20.50	0.28	1.22	23.39	0.30	1.33	22.30
中银	2004.08.12	0.71	4.49	15.88	0.63	4.06	15.57	0.60	4.30	13.95
东吴	2004.09.02	0.30	1.55	19.47	0.35	1.85	19.16	0.21	1.30	16.53
天弘	2004.11.08	0.22	1.00	21.77	0.14	0.73	19.22	0.11	0.61	18.42
国海富兰克林	2004.11.15	0.36	2.20	16.23	0.40	2.48	16.15	0.34	2.31	14.52
华泰柏瑞	2004.11.18	0.24	2.37	10.34	0.31	2.19	14.13	0.34	2.37	14.50
新华	2004.12.09	0.27	1.07	24.95	0.37	0.95	38.96	0.17	1.16	14.44
汇添富	2005.02.03	1.36	6.61	20.62	1.42	7.07	20.05	1.34	7.21	18.65
工银瑞信	2005.06.21	1.51	6.30	23.96	1.33	5.86	22.68	1.42	5.92	24.01
交银施罗德	2005.08.04	0.82	5.23	15.74	0.87	5.72	15.13	0.96	6.98	13.72
建信	2005.09.19	0.91	4.98	18.21	1.04	5.06	20.62	0.53	4.00	13.29

（续上表）

基金管理公司	成立日期	2012年年报			2011年年报			2010年年报		
		客户维护费	管理费	占比	客户维护费	管理费	占比	客户维护费	管理费	占比
信诚	2005.09.30	0.22	1.74	12.91	0.23	1.98	11.52	0.24	1.98	11.96
汇丰晋信	2005.11.16	0.21	1.10	18.97	0.25	1.46	17.41	0.20	1.43	14.04
益民	2005.12.12	0.12	0.66	18.35	0.16	0.82	18.82	0.19	0.99	18.93
华商	2005.12.20	1.08	3.66	29.41	1.47	5.13	28.72	0.60	2.77	21.62
中邮创业	2006.05.08	0.66	3.63	18.32	0.94	5.21	18.01	1.08	6.31	17.14
信达澳银	2006.06.05	0.19	0.86	22.25	0.23	1.05	21.69	0.23	1.19	19.62
诺德	2006.06.08	0.14	0.55	25.93	0.14	0.59	24.01	0.11	0.58	19.40
中欧	2006.07.19	0.10	0.73	13.70	0.12	0.62	18.82	0.10	0.59	17.09
金元惠理	2006.11.13	0.04	0.14	30.87	0.04	0.15	27.06	0.06	0.30	21.04
浦银安盛	2007.08.05	0.08	0.28	30.17	0.05	0.20	24.09	0.04	0.22	20.77
农银汇理	2008.03.18	0.42	1.82	22.92	0.39	1.98	19.63	0.41	2.23	18.56
民生加银	2008.11.03	0.09	0.65	14.05	0.05	0.36	13.12	0.06	0.45	12.93
纽银梅隆西部	2010.07.20	0.06	0.12	49.33	0.05	0.12	38.76	—	—	—
浙商	2010.10.21	0.08	0.18	46.78	0.05	0.10	52.12	—	—	—
平安大华	2011.01.07	0.10	0.35	27.90	0.03	0.12	25.74	—	—	—
富安达	2011.04.27	0.03	0.10	33.67	0.01	0.03	34.47	—	—	—
财通	2011.06.21	0.01	0.16	4.39	—	—	—	—	—	—
方正富邦	2011.07.08	0.00	0.03	19.07	—	—	—	—	—	—
长安	2011.09.05	0.01	0.02	23.26	—	—	—	—	—	—
国金通用	2011.11.02	0.00	0.01	11.90	—	—	—	—	—	—
安信	2011.12.06	0.02	0.06	33.41	—	—	—	—	—	—
德邦	2012.03.27	0.00	0.01	7.92	—	—	—	—	—	—
总计		43.77	260.45	16.81	47.41	288.64	16.42	46.06	302.34	15.23

表1-11 前十大基金管理公司历年市场集中度（1998—2012）

（单位：家；亿元；%）

年 度	基金公司总数量	基金总资产净值	前十大管理公司资产净值合计	市场占比
1998	6	107.42	107.42	100.00
1999	10	576.85	576.85	100.00
2000	10	869.8	869.80	100.00
2001	15	820.58	742.62	90.50
2002	21	1 185.58	958.42	80.84
2003	34	1 715.61	1 200.92	70.00
2004	45	3 246.40	1 960.83	60.40
2005	52	4 691.16	2 927.28	62.40
2006	57	8 564.60	4 903.10	57.25
2007	59	32 755.90	16 307.01	49.78
2008	61	19 388.67	9 774.99	50.42
2009	60	26 760.80	13 310.67	49.74
2010	62	25 194.49	12 118.95	48.10
2011	69	21 918.40	10 721.11	48.91
2012	**73**	**28 667.31**	**14 377.31**	**50.15**

说明：为年末统计数据。

表1-12 中资基金管理公司与合资基金管理公司历年数量发展（1998—2012）

（单位：家；%）

年 度	基金公司总数量	中资基金公司数量	占比	合资基金公司数量	占比
1998	5	5	100.00	—	—
1999	10	10	100.00	—	—
2000	10	10	100.00	—	—
2001	15	15	100.00	—	—
2002	21	21	100.00	—	—
2003	34	27	79.41	7	20.59
2004	45	32	71.11	13	28.89

（续上表）

年 度	基金公司总数量	中资基金公司数量	占比	合资基金公司数量	占比
2005	53	33	62.26	20	37.74
2006	58	34	58.62	24	41.38
2007	59	31	52.54	28	47.46
2008	61	28	45.90	33	54.10
2009	60	27	45.00	33	55.00
2010	62	26	41.94	36	58.06
2011	69	29	42.03	40	57.97
2012	**73**	**32**	**43.84**	**41**	**56.16**

说明：为年末统计数据。

表1-13 中资基金公司与合资基金公司管理公募基金数量（2003—2012）

（单位：只；%）

年 度	中资基金管理公司						合资基金管理公司					
	封闭式基金	开放式基金	ETF	QDII	合计	占比	封闭式基金	开放式基金	ETF	QDII	合计	占比
2003	54	40	—	—	94	85.45	—	16	—	—	16	14.55
2004	54	78	1	—	133	82.61	—	28	—	—	28	17.39
2005	54	103	1	—	158	72.15	—	61	—	—	61	27.85
2006	48	149	4	—	201	65.47	5	100	1	—	106	34.53
2007	23	157	4	2	186	53.91	12	144	1	2	159	46.09
2008	20	191	4	3	218	49.77	12	201	1	6	220	50.23
2009	18	243	6	3	270	48.56	13	264	3	6	286	51.44
2010	21	275	10	10	316	44.95	21	339	10	17	387	55.05
2011	24	299	14	20	357	39.06	31	472	23	31	553	60.94
2012	**26**	**395**	**18**	**26**	**465**	**39.61**	**43**	**596**	**29**	**41**	**709**	**60.39**

说明：为年末统计数据。

表1-14 中资基金公司与合资基金公司管理公募基金资产规模（2003—2012）

（单位：亿元；%）

年度	中资基金管理公司						合资基金管理公司					
	封闭式基金	开放式基金	ETF	QDII	合计	占比	封闭式基金	开放式基金	ETF	QDII	合计	占比
2003	861.99	667.15	—	—	1 529.14	89.13	—	186.47	—	—	186.47	10.87
2004	809.73	1 767.09	54.35	—	2 631.17	81.05	—	615.23	—	—	615.23	18.95
2005	822.11	2 709.37	66.01	—	3 597.49	76.69	—	1 093.67	—	—	1 093.67	23.31
2006	1 498.88	3 702.78	113.87	—	5 315.53	62.06	124.61	3 097.95	26.51	—	3 249.07	37.94
2007	1 576.31	17 109.96	264.68	550.56	19 501.52	59.54	818.38	11 838.18	66.59	531.23	13 254.39	40.46
2008	424.76	9 669.96	206.33	274.98	10 576.03	54.55	291.13	8 257.04	23.37	241.10	8 812.65	45.45
2009	636.84	13 315.16	510.22	374.10	14 836.32	55.44	601.96	10 808.70	151.99	361.84	11 924.49	44.56
2010	617.15	11 805.61	588.46	370.50	13 381.72	53.11	751.42	10 575.85	126.79	358.70	11 812.77	46.89
2011	491.22	3 097.83	366.73	178.97	9 134.74	41.68	729.32	11 253.35	403.96	397.03	12 783.66	58.32
2012	**538.91**	**10 820.15**	**396.81**	**186.92**	**11 942.79**	**41.66**	**836.29**	**14 240.43**	**1 202.28**	**445.51**	**16 724.52**	**58.34**

说明：为年末统计数据。

表1-15 合资基金公司管理公募基金情况统计（2010—2012）

（单位：只；亿元；%）

管理人	成立日期	注册地	2012年			2011年			2010年		
			基金数量	基金资产净值	行业占比	基金数量	基金资产净值	行业占比	基金数量	基金资产净值	行业占比
华夏	1998.04.09	北京	32	2 353.43	8.21	26	1 790.88	8.17	—	—	—
嘉实	1999.03.25	上海	39	1 945.25	6.79	31	1 377.89	6.29	23	1 603.00	6.36
工银瑞信	2005.06.21	北京	28	1 080.46	3.77	21	698.63	3.19	16	578.71	2.30

（续上表）

管理人	成立日期	注册地	2012年			2011年			2010年		
			基金数量	基金资产净值	行业占比	基金数量	基金资产净值	行业占比	基金数量	基金资产净值	行业占比
中银	2004.08.12	上海	23	1 000.77	3.49	15	434.65	1.98	11	391.29	1.55
建信	2005.09.19	北京	28	952.20	3.32	21	486.96	2.22	13	485.66	1.93
富国	1999.04.13	上海	32	754.91	2.63	26	597.96	2.73	19	621.73	2.47
鹏华	1998.12.22	深圳	33	624.59	2.18	27	502.10	2.29	21	564.23	2.24
上投摩根	2004.05.12	上海	20	603.49	2.11	15	500.09	2.28	12	591.67	2.35
交银施罗德	2005.08.04	上海	24	572.78	2.00	18	477.41	2.18	13	529.79	2.10
招商	2002.12.27	深圳	28	554.13	1.93	22	388.69	1.77	17	406.38	1.61
国泰	1998.03.05	上海	31	552.90	1.93	23	438.08	2.00	18	473.23	1.88
融通	2001.05.22	深圳	16	509.97	1.78	12	394.37	1.80	12	527.19	2.09
景顺长城	2003.06.12	深圳	19	400.12	1.40	15	384.07	1.75	11	464.47	1.84
华泰柏瑞	2004.11.18	上海	15	387.25	1.35	12	134.65	0.61	9	195.31	0.78
华宝兴业	2003.03.07	上海	25	376.61	1.31	21	370.13	1.69	16	493.50	1.96
国投瑞银	2002.06.13	上海	19	367.40	1.28	18	363.14	1.66	14	402.80	1.60
海富通	2003.04.18	上海	21	342.93	1.20	20	324.88	1.48	15	471.93	1.87
长盛	1999.03.26	深圳	25	333.99	1.17	19	403.45	1.84	15	412.24	1.64
兴业全球	2003.09.30	上海	13	331.46	1.16	11	316.52	1.44	9	440.99	1.75
中邮创业	2006.05.08	北京	8	261.43	0.91	—	—	—	—	—	—
光大保德信	2004.04.22	上海	14	255.90	0.89	10	229.53	1.05	9	295.79	1.17
泰达宏利	2002.06.06	北京	18	244.78	0.85	17	219.87	1.00	13	259.05	1.03
信诚	2005.09.30	上海	19	235.55	0.82	14	125.61	0.57	10	183.03	0.73

（续上表）

管理人	成立日期	注册地	2012年			2011年			2010年		
			基金数量	基金资产净值	行业占比	基金数量	基金资产净值	行业占比	基金数量	基金资产净值	行业占比
民生加银	2008.11.03	深圳	11	210.88	0.74	6	51.66	0.24	4	26.30	0.10
农银汇理	2008.03.18	上海	15	184.92	0.65	11	145.35	0.66	7	148.54	0.59
国联安	2003.04.03	上海	18	172.62	0.60	14	128.54	0.59	12	173.44	0.69
国海富兰克林	2004.11.15	南宁	12	169.77	0.59	9	147.48	0.67	8	192.42	0.76
申万菱信	2004.01.15	上海	14	164.67	0.57	13	119.33	0.54	10	126.69	0.50
中海	2004.03.18	上海	13	139.11	0.49	11	123.23	0.56	9	238.62	0.95
摩根士丹利华鑫	2003.03.14	深圳	12	132.34	0.46	9	99.42	0.45	7	124.36	0.49
金鹰	2002.12.25	珠海	14	106.55	0.37	9	60.47	0.28	6	70.86	0.28
中欧	2006.07.19	上海	12	85.66	0.30	9	52.11	0.24	7	60.08	0.24
汇丰晋信	2005.11.16	上海	12	72.64	0.25	11	86.77	0.40	9	112.43	0.45
信达澳银	2006.06.05	深圳	8	57.24	0.20	6	58.27	0.27	5	76.04	0.30
浦银安盛	2007.08.05	上海	9	54.74	0.19	7	23.42	0.11	5	19.45	0.08
平安大华	2011.01.07	深圳	5	53.31	0.19	2	27.15	0.12	—	—	—
诺德	2006.06.08	上海	9	38.94	0.14	6	33.78	0.15	5	39.06	0.16
纽银梅隆西部	2010.07.20	上海	4	20.09	0.07	2	5.80	0.03	—	—	—
方正富邦	2011.07.08	北京	3	9.69	0.03	1	13.12	0.06	—	—	—
金元惠理	2006.11.13	上海	8	9.04	0.03	7	9.70	0.04	6	12.51	0.05
华宸未来	2012.06.20	上海	—	—	—	—	—	—	—	—	—
总 计			709	16 724.52	58.34	553	12 783.66	58.32	387	11 812.77	46.89

说明：为年末统计数据。

表1-16 近三年托管银行托管公募基金资产规模增长（2010—2012）

（单位：只；亿元；%）

托管银行	2012年			2011年			2010年		
	基金数量	托管资产规模	市场占比	基金数量	托管资产规模	市场占比	基金数量	托管资产规模	市场占比
中国工商银行	304	8 412.81	29.35	251	6 503.16	29.67	210	7 620.00	30.24
中国建设银行	285	6 418.96	22.39	224	5 114.96	23.34	178	6 192.96	24.58
中国银行	189	4 949.88	17.27	137	3 592.59	16.39	95	4 116.04	16.34
中国农业银行	144	3 050.75	10.64	116	2 581.87	11.78	87	2 991.70	11.87
交通银行	76	2 189.38	7.64	60	1 734.31	7.91	52	1 990.84	7.90
招商银行	53	1 067.85	3.72	41	662.05	3.02	28	605.57	2.40
中国光大银行	21	723.59	2.52	14	417.54	1.90	11	405.17	1.61
中国民生银行	19	637.38	2.22	14	330.51	1.51	9	367.73	1.46
上海浦东发展银行	10	339.96	1.19	9	280.15	1.28	7	289.90	1.15
兴业银行	16	320.85	1.12	14	289.20	1.32	12	346.66	1.38
中信银行	20	208.37	0.73	13	158.50	0.72	4	115.15	0.46
华夏银行	9	187.00	0.65	7	133.01	0.61	6	119.00	0.47
中国邮政储蓄银行	17	116.28	0.41	8	85.68	0.39	2	7.23	0.03
北京银行	1	15.69	0.05	—	—	—	—	—	—
上海银行	2	11.95	0.04	2	12.13	0.06	—	—	—
广东发展银行	4	11.38	0.04	1	16.50	0.08	1	23.73	0.09
平安银行	3	3.74	0.01	2	3.04	0.01	1	2.81	0.01
渤海银行	1	1.49	0.01	1	3.20	0.01	—	—	—
总　计	1 174	28 667.31	100.00	914	21 918.40	100.00	703	25 194.49	100

说明：为年末统计数据，市场占比为银行托管基金资产净值占基金行业托管基金总资产的比例。

表1-17 近三年 托管银行公募基金托管费收入统计（2010—2012）

（单位：只；万元）

序号	托管银行	注册地	获得托管资格时间	2012年年报		2011年年报		2010年年报	
				基金数量	托管费收入	基金数量	托管费收入	基金数量	托管费收入
1	中国工商银行	北京	1998.02.24	293	143 481.21	245	151 069.36	190	154 927.93
2	中国建设银行	北京	1998.03.18	269	118 518.08	214	131 420.78	170	141 208.23
3	中国银行	北京	1998.07.07	178	75 363.82	129	79 426.00	89	83 363.05
4	中国农业银行	北京	1998.05.29	133	55 708.81	111	62 326.79	81	64 589.93
5	交通银行	上海	1998.07.03	72	39 017.03	58	41 542.60	50	43 369.29
6	招商银行	深圳	2002.11.06	48	15 528.92	40	13 193.04	26	11 332.26
7	中国民生银行	北京	2004.07.09	17	8 319.90	13	8 134.07	8	5 222.91
8	中国光大银行	北京	2002.10.23	19	7 808.83	12	8 580.69	10	8 407.01
9	上海浦东发展银行	上海	2003.09.10	9	6 805.40	8	6 454.20	7	6 483.90
10	兴业银行	福州	2005.04.25	15	6 613.28	14	6 781.74	12	9 028.24
11	中信银行	北京	2004.08.18	20	4 251.19	11	2 857.63	4	2 594.42
12	华夏银行	北京	2005.02.23	9	2 916.38	7	2 378.13	6	2 160.73
13	中国邮政储蓄银行	北京	2009.07.16	17	2 412.86	5	731.26	2	335.55
14	北京银行	北京	2008.06.03	1	314.52	—	—	—	—
15	广东发展银行	广州	2009.05.04	4	300.45	1	462.87	—	—
16	上海银行	上海	2009.08.18	2	247.42	1	44.66	—	—
17	平安银行	深圳	2008.08.06	3	100.57	2	91.73	1	85.06
18	渤海银行	天津	2010.06.29	1	39.51	1	132.50	—	—
19	宁波银行	宁波	2012.10.30	—	—	—	—	—	—
	总 计			1 110	48.77亿元	872	51.56亿元	656	53.31亿元

表1-18 证券交易所上市基金历年交易情况（1998—2012）

（单位：只；亿份；亿元）

年度	合计			上海证券交易所			深圳证券交易所		
	基金数量	成交数量	成交金额	基金数量	成交数量	成交金额	基金数量	成交数量	成交金额
1998	29	555.33	1 016.89	19	329.58	605.28	10	225.75	411.61
1999	42	1 623.12	2 485.48	26	827.95	1 365.82	16	795.17	1 119.66
2000	36	2 180.62	2 801.84	18	995.32	1 334.18	18	1 185.30	1 467.66
2001	48	2 208.62	2 561.88	23	1 148.35	1 348.92	25	1 060.27	1 212.96
2002	54	1 218.60	1 166.62	25	573.69	556.77	29	644.91	609.85
2003	54	849.18	682.65	25	441.62	362.16	29	407.56	320.49
2004	54	589.72	479.47	25	297.78	249.10	29	291.94	230.37
2005	65	1 098.41	773.15	26	778.73	567.78	39	319.67	196.37
2006	72	2 058.16	2 002.65	26	1 042.85	1 024.35	46	1 015.31	978.30
2007	65	2 058.16	2 002.65	17	1 981.36	4 298.24	48	2 349.16	4 321.85
2008	64	3 742.20	5 831.05	16	2 001.43	3 700.23	48	1 740.85	2 130.82
2009	73	6 531.40	10 340.02	18	3 690.94	6 549.06	55	2 840.46	3 790.96
2010	118	6 582.01	8 996.44	25	3 580.37	4 771.71	93	3 001.64	4 224.73
2011	187	6 125.90	6 365.81	36	2 370.84	2 901.41	151	3 755.06	3 464.40
2012	**269**	**9 375.05**	**8 123.85**	**41**	**2 541.17**	**3 171.36**	**228**	**6 833.88**	**4 952.49**

数据来源：上海证券交易所、深圳证券交易所

表1-19　基金投资者年度账户情况（2011—2012）

（单位：万户）

年 度	2012年			2011年		
	深市	沪市	合 计	深市	沪市	合 计
期末基金账户数	2 252.11	1 973.50	4 225.62	2 084.78	1 834.10	3 918.88
新增基金账户开户数	67.34	139.40	306.74	170.85	137.58	308.43

数据来源：中登证券结算公司统计月报。

表1-20　基金投资者月度账户情况（2011—2012）

（单位：万户）

月 度	期末基金账户数			新增基金账户开户数		
	上海分公司	深圳分公司	合 计	上海分公司	深圳分公司	合 计
2012年1月	1 838.52	2 089.89	3 928.41	4.41	5.12	9.53
2012年2月	1 850.25	2 104.12	3 954.37	11.73	14.22	25.96
2012年3月	1 866.53	2 124.49	3 991.02	16.28	20.37	36.65
2012年4月	1 873.95	2 134.85	4 008.79	7.42	10.36	17.78
2012年5月	1 884.72	2 151.02	4 035.74	10.77	16.17	26.95
2012年6月	1 894.81	2 168.90	4 063.70	10.09	17.88	27.96
2012年7月	1 903.86	2 180.54	4 084.40	9.05	11.65	20.70
2012年8月	1 915.52	2 192.14	4 107.66	11.66	11.59	23.25
2012年9月	1 925.15	2 204.62	4 129.77	9.63	12.48	22.11
2012年10月	1 934.88	2 215.64	4 150.53	9.74	11.02	20.76
2012年11月	1 951.69	2 231.50	4 183.19	16.80	15.86	32.66
2012年12月	1 973.50	2 252.11	4 225.62	21.81	20.62	42.43
2011年1月	1 703.31	1 721.86	3 425.17	9.57	11.37	20.94
2011年2月	1 713.52	1 733.45	3 446.97	10.22	11.61	21.83
2011年3月	1 733.14	1 757.88	3 491.02	19.63	24.45	44.08
2011年4月	1 744.14	1 775.51	3 519.65	11.02	17.65	28.67
2011年5月	1 756.04	1 795.83	3 551.87	11.92	20.33	32.25
2011年6月	1 767.42	1 809.88	3 577.30	11.39	14.07	25.46
2011年7月	1 779.96	2 025.05	3 805.01	9.69	11.64	21.33
2011年8月	1 791.74	2 038.43	3 830.18	11.79	13.38	25.17

（续上表）

月 度	期末基金账户数			新增基金账户开户数		
	上海分公司	深圳分公司	合 计	上海分公司	深圳分公司	合 计
2011年9月	1 802.66	2 050.96	3 853.62	10.92	12.53	23.44
2011年10月	1 809.42	2 057.46	3 866.88	6.76	6.51	13.26
2011年11月	1 822.42	2 074.18	3 896.60	13.00	16.72	29.72
2011年12月	1 834.10	2 084.78	3 918.88	11.68	10.60	22.28

数据来源：中登证券结算公司统计月报

表1-21 证券投资基金历年管理费用统计（1998—2012）

（单位：亿元；%）

年 度	基金管理费用	变动额	增长率
1998	1.62	—	—
1999	6.78	5.16	318.52
2000	11.06	4.28	63.13
2001	10.96	–0.10	–0.90
2002	14.30	3.34	30.47
2003	19.70	5.40	37.76
2004	35.41	15.71	79.75
2005	41.63	6.22	17.57
2006	56.97	15.34	36.85
2007	281.47	224.50	394.07
2008	306.60	25.13	8.93
2009	285.52	–21.08	–6.88
2010	302.34	16.82	5.89
2011	288.64	–13.70	–4.53
2012	**260.45**	**–28.19**	**–9.77**

说明：以年报数据为统计范围。

表1-22　证券投资基金历年托管费用统计（1998—2012）

（单位：亿元；%）

年 度	基金托管费用	变动额	增长率
1998	0.16	—	—
1999	0.77	0.61	381.25
2000	1.87	1.10	142.86
2001	1.89	0.02	1.07
2002	2.45	0.56	29.63
2003	3.44	0.99	40.41
2004	6.19	2.75	79.94
2005	8.01	1.82	29.40
2006	10.53	2.52	31.46
2007	48.00	37.47	355.84
2008	53.65	5.65	11.77
2009	50.40	−3.25	−6.06
2010	53.31	2.91	5.77
2011	51.56	−1.75	−3.28
2012	**48.77**	**−2.79**	**−5.41**

说明：以年报数据为统计范围。

表1-23　证券投资基金年度利润统计（2007—2012）

（单位：亿元）

年 度	年度收入	年度费用	年度利润
2007	11 670.04	614.02	11 056.02
2008	−14 507.82	534.96	−15 042.77
2009	9 557.39	473.97	9 083.42
2010	537.68	485.72	51.96
2011	− 4 549.21	455.26	−5 004.47
2012	**1 702.84**	**433.17**	**1 269.67**

说明：以年报数据为统计范围。

表1-24 证券投资基金历年收益分配统计（1999—2012）

（单位：亿元；%）

年度	收益分配总金额	变动额	增长率
1999	3.28	—	—
2000	52.72	49.44	1 507.32
2001	164.75	112.03	212.50
2002	28.52	-136.23	-82.68
2003	18.27	-10.25	-35.94
2004	77.80	59.53	325.85
2005	76.20	-1.60	-2.06
2006	332.37	256.17	336.18
2007	3 556.75	3 224.38	970.12
2008	1 770.22	-1 786.53	-50.23
2009	506.58	-1 263.64	-71.38
2010	1 152.21	- 645.63	127.45
2011	637.27	- 514.94	- 44.69
2012	**453.53**	**- 183.74**	**- 28.83**

说明：以年报数据为统计范围。

表1-25 历年新设立证券投资基金统计（2001—2012）

（单位：只；亿份；户；亿元）

年度	基金数量	募集规模	投资者认购户数	年末资产净值
2001	3	117.26	136 418	110.76
2002	14	447.98	770 653	357.75
2003	39	678.51	1 448 717	534.86
2004	51	1 821.40	3 019 866	1 634.26
2005	57	1 002.79	1 136 445	1 012.22
2006	90	3 906.19	7 108 695	3 902.54
2007	58	5 939.75	29 437 668	9 245.55
2008*	99	1 772.65	2 514 163	1 529.93
2009*	120	3 852.72	5 001 053	3 104.09
2010	147	3 099.84	3 830 598	2 377.16
2011	211	2 762.46	3 159 542	1 734.69
2012	**260**	**6 446.63**	**2 999 684**	**4 459.06**

说明：*包括封转开基金，不含其他转型基金。

表1-26　历年新设立开放式(股票型)基金情况(2002—2012)

(单位：只；亿份；户；亿元)

年 度	基金数量	募集规模	投资者认购户数	年末资产净值
2002	10	254.65	445 153	203.98
2003	18	257.58	613 387	204.84
2004	28	753.05	1 280 901	620.07
2005	35	401.93	731 973	305.11
2006	42	1 742.79	4 119 750	2 160.89
2007	34	3 134.55	16 474 249	5 416.41
2008*	36	457.67	1 056 122	313.47
2009*	72	2 478.02	3 543 613	2 189.90
2010	81	1 522.67	2 426 060	1 183.66
2011	89	1 055.29	1 465 536	616.56
2012	**88**	**549.56**	**558 424**	**180.51**

说明：*包括封转开基金，不含其他转型基金。

表1-27　历年新设立开放式(混合型)基金情况(2001—2012)

(单位：只；亿份；户；亿元)

年 度	基金数量	募集规模	投资者认购户数	年末资产净值
2001	3	117.26	136 418	110.76
2002	3	141.98	254 271	116.52
2003	10	239.69	466 134	189.65
2004	14	594.10	1 123 161	492.70
2005	4	22.45	47 640	14.53
2006	26	1 374.82	2 647 499	1 502.59
2007	16	1 443.38	5 623 183	2 496.36
2008*	21	160.22	212 612	134.61
2009	20	598.17	933 409	369.53
2010	8	373.97	484 054	302.45
2011	26	455.25	656 704	374.11
2012	**25**	**350.23**	**265 974**	**275.82**

说明：*包括封转开基金，不含其他转型基金。

表1-28 历年新设立开放式(债券型)基金情况(2002—2012)

(单位：只；亿份；户；亿元)

年 度	基金数量	募集规模	投资者认购户数	年末资产净值
2002	1	51.33	71 229	37.24
2003	9	133.91	224 270	94.52
2005	2	160.37	81 420	189.14
2006	6	271.33	83 070	50.95
2007	2	61.33	141 006	122.24
2008*	35	1 037.82	941 215	1 018.65
2009	20	442.62	337 253	148.78
2010	15	594.56	456 706	412.98
2011	35	601.29	360 079	349.44
2012	**92**	**4 199.61**	**1 593 601**	**2 526.33**

说明：*包括封转开基金，不含其他转型基金；2004年未设立债券型基金。

表1-29 历年新设立开放式(货币型)基金情况(2003—2012)

(单位：只；亿份；户；亿元)

年 度	基金数量	募集规模	投资者认购户数	年末资产净值
2003	2	47.27	126 926	45.84
2004	8	419.82	578 537	467.14
2005	16	418.04	275 412	503.43
2006	14	426.00	133 824	133.15
2009	3	76.28	49 966	79.47
2010	3	134.25	60 671	77.40
2011	5	125.57	20 296	30.90
2012	**11**	**361.60**	**77 115**	**368.29**

说明：2007年、2008年未设立货币型基金。

表1-30　历年新设立ETF基金情况（2004—2012）

（单位：只；亿份；户；亿元）

年 度	基金数量	募集规模	投资者认购户数	年末资产净值
2004	1	54.35	37 267	54.35
2006	2	91.24	124 552	54.96
2009	4	110.77	111 288	153.58
2010	11	117.77	104 981	93.14
2011	17	87.65	102 341	70.65
2012	**10**	**576.91**	**199 286**	**829.63**

说明：2005年、2007年、2008年未设立ETF基金。

表1-31　历年新设立QDII基金情况（2007—2012）

（单位：只；亿份；户；亿元）

年 度	基金数量	募集规模	投资者认购户数	年末资产净值
2007	4	1 193.76	7 016 664	1 081.79
2008	5	50.53	184 932	18.59
2010	18	105.08	180 224	52.92
2011	24	188.41	281 389	80.41
2012	**16**	**159.97**	**116 841**	**42.70**

说明：2009年未设立QDII基金。

表1-32　历年新设立创新封闭式基金情况（2007—2012）

（单位：只；亿份；户；亿元）

年 度	基金数量	募集规模	投资者认购户数	年末资产净值
2007	2	106.75	182 566	128.75
2008	2	66.41	119 282	47.28
2009	1	146.87	25 524	162.83
2010	11	251.54	117 902	254.60
2011	15	248.99	273 197	212.62
2012	**18**	**248.73**	**188 443**	**235.78**

表1-33 开放式基金(含ETF、QDII)历年资金流量统计(2002—2012)

(单位：亿元)

年 度	总申购金额	总赎回金额	总流量	净流量
2002	40.52	37.07	77.59	3.45
2003	145.28	346.24	491.51	-200.96
2004	878.63	870.44	1 749.07	8.19
2005	6 568.27	6 164.74	12 733.01	403.53
2006	8 815.32	10 541.10	19 356.42	-1 725.79
2007	29 540.79	20 347.36	49 888.15	9 193.43
2008	21 766.33	19 833.12	41 599.45	1 933.21
2009	22 730.00	26 832.01	49 562.02	-4 102.01
2010	18 362.28	21 151.41	39 513.68	-2 789.13
2011	18 198.46	17 760.97	35 959.44	437.49
2012	**34 244.21**	**32 632.30**	**66 876.51**	**1 611.91**

说明：以年报数据为统计范围；
当年新成立的基金不在统计范围之内；总流量=总申购金额+总赎回金额；净流量=总申购金额-总赎回金额

表1-34 历年开放式(股票型)基金资金流量情况(2003—2012)

(单位：亿元)

年 度	总申购金额	总赎回金额	总流量	净流量
2003	18.28	40.98	59.26	-22.70
2004	110.53	102.23	212.76	8.30
2005	147.07	227.43	374.50	-80.36
2006	800.22	828.06	1 628.28	-27.84
2007	13 064.17	8 496.93	21 561.10	4 567.24
2008	3 705.46	4 270.91	7 976.36	-565.45
2009	4 423.70	5 440.99	9 864.69	-1 017.29
2010	3 950.50	5 107.73	9 058.23	-1 157.23
2011	2 470.33	2 791.90	5 262.23	-321.57
2012	**2 244.58**	**2 456.71**	**4 701.29**	**-212.13**

说明：以年报数据为统计范围；
当年新成立的基金不在统计范围之内；总流量=总申购金额+总赎回金额；净流量=总申购金额-总赎回金额

表1-35 历年开放式（混合型）基金资金流量情况（2002—2012）

（单位：亿元）

年 度	总申购金额	总赎回金额	总流量	净流量
2002	40.52	37.07	77.59	3.45
2003	112.75	256.42	369.17	−143.67
2004	331.94	374.60	706.53	−42.66
2005	302.29	540.78	843.07	−238.49
2006	1 161.54	1 455.91	2 617.45	−294.37
2007	11 080.74	7 159.01	18 239.75	3 921.73
2008	2 387.64	2 974.88	5 362.52	−587.24
2009	1 696.31	2 255.17	3 951.48	−558.85
2010	2 055.08	2 535.84	4 590.92	−480.76
2011	944.92	1 174.23	2 119.15	−229.31
2012	**543.50**	**1 051.06**	**1 594.56**	**−507.57**

说明：以年报数据为统计范围；
当年新成立的基金不在统计范围之内；总流量=总申购金额+总赎回金额；净流量=总申购金额−总赎回金额

表1-36 历年开放式（债券型）基金资金流量情况（2003—2012）

（单位：亿元）

年 度	总申购金额	总赎回金额	总流量	净流量
2003	14.25	48.83	63.08	−34.59
2004	16.62	95.13	111.75	−78.52
2005	19.30	37.72	57.02	−18.42
2006	453.56	605.29	1 058.86	−151.73
2007	1 190.53	847.81	2 038.35	342.72
2008	1 995.71	1 811.61	3 807.31	184.10
2009	1 549.13	2 745.03	4 294.16	−1 195.90
2010	1 847.48	1 811.19	3 658.67	36.29
2011	1 011.33	1 382.04	2 393.37	−370.72
2012	**2 643.07**	**2 602.60**	**5 245.67**	**40.47**

说明：以年报数据为统计范围；
当年新成立的基金不在统计范围之内；总流量=总申购金额+总赎回金额；净流量=总申购金额−总赎回金额

表1-37 历年开放式(货币型)基金资金流量情况(2004—2012)

(单位：亿元)

年 度	总申购金额	总赎回金额	总流量	净流量
2004	419.55	298.48	718.02	121.07
2005	5 979.35	5 248.97	11 228.32	730.38
2006	6 336.43	7 542.60	13 879.03	−1 206.17
2007	3 602.27	3 251.78	6 854.05	350.50
2008	12 472.72	9 691.44	22 164.16	2 781.28
2009	10 433.20	11 809.13	22 242.33	−1 375.93
2010	7 110.04	8 249.94	15 359.98	−1 139.90
2011	12 701.97	11 316.69	24 018.66	1 385.28
2012	**27 604.71**	**25 199.54**	**52 804.25**	**2 405.16**

说明：以年报数据为统计范围；
当年新成立的基金不在统计范围之内；总流量=总申购金额+总赎回金额；净流量=总申购金额−总赎回金额

表1-38 历年ETF基金资金流量情况(2005—2012)

(单位：亿元)

年 度	总申购金额	总赎回金额	总流量	净流量
2005	120.26	109.85	11 228.32	730.38
2006	63.57	109.24	172.80	−45.67
2007	603.07	591.83	1 194.91	11.24
2008	1 144.43	932.43	2 076.86	212.00
2009	4 552.17	4 455.20	9 007.37	96.98
2010	3 382.15	3 333.15	6 715.30	49.01
2011	1 049.48	962.95	2 012.43	86.53
2012	**1 180.41**	**1 235.86**	**2 416.28**	**−55.45**

说明：以年报数据为统计范围；
当年新成立的基金不在统计范围之内；总流量=总申购金额+总赎回金额；净流量=总申购金额−总赎回金额

表1-39 历年QDII基金资金流量情况(2008—2012)

(单位：亿元)

年 度	总申购金额	总赎回金额	总流量	净流量
2008	60.38	151.86	212.24	−91.48
2009	73.40	124.41	197.82	−51.01

（续上表）

年 度	总申购金额	总赎回金额	总流量	净流量
2010	17.02	113.55	130.57	−96.53
2011	20.61	134.05	154.06	−113.44
2012	27.94	86.52	114.46	−58.57

说明：以年报数据为统计范围；
当年新成立的基金不在统计范围之内；总流量=总申购金额+总赎回金额；净流量=总申购金额−总赎回金额

表1-40 各类型证券投资基金年末资产净值统计（2011—2012）

（单位：亿元）

基金类型	2012年				2011年			
	最大值	中间值	最小值	平均值	最大值	中间值	最小值	平均值
传统封闭式基金	31.06	23.37	13.50	23.20	30.32	20.82	13.64	22.15
创新封闭式基金	42.35	21.29	2.12	19.57	118.61	23.81	7.21	29.99
开放式基金								
其中：股票型基金	205.29	9.86	0.43	23.57	260.40	16.35	0.47	28.85
混合型基金	176.64	17.68	0.47	28.00	171.58	22.55	0.51	32.12
债券型基金	46.19	6.37	0.56	9.76	38.54	5.97	0.53	8.87
货币型基金	681.28	41.43	0.68	104.98	243.62	36.28	0.79	63.44
ETF	194.80	5.47	0.88	20.80	209.32	11.97	3.03	35.00
QDII	144.34	1.13	0.51	11.56	138.46	1.60	0.53	18.35

说明：当年新成立的基金不在统计范围之内。

表1-41 2012年各类型证券投资基金业绩表现

（单位：%）

基金类型	2012年			
	最好表现	中间表现	最差表现	平均表现
传统封闭式基金	14.61	3.85	7.55	4.15
创新封闭式基金	16.70	10.50	−10.16	9.63
开放式基金				
其中：股票型基金	31.70	5.17	−9.93	5.72
混合型基金	17.28	3.85	−14.25	3.98
债券型基金	16.18	7.28	−6.59	6.95
货币型基金	4.64	4.08	0.24	3.87
ETF	21.68	5.05	−3.82	6.47
QDII	25.97	11.45	−15.30	9.96

说明：当年新成立的基金不在统计范围之内。

表1-42 历年基金持有人持有各类型基金份额构成（2008—2012）

（单位：亿份）

	封闭式基金		开放式基金		ETF		QDII		合计	
	机构	个人	机构	个人	机构	个人	机构	个人	机构	个人
2008	322.02	506.13	3 498.75	19 913.36	61.78	93.13	13.99	1 079.05	3 896.54	21 591.67
2009	744.73	598.88	3 830.76	17 520.82	123.59	112.86	12.55	1 003.84	4 711.63	19 236.40
2010	648.94	453.74	3 624.58	16 778.10	458.14	212.23	14.02	906.85	4 745.68	18 350.92
2011	759.39	543.48	4 735.71	18 143.04	712.08	237.09	18.70	888.95	6 258.65	19 820.31
2012	**767.25**	**576.72**	**6 497.45**	**20 144.38**	**878.26**	**243.15**	**21.34**	**834.46**	**8 164.50**	**21 798.70**

说明：以年报数据为统计范围。

表1-43 历年基金持有人持有各类型基金份额占比（2008—2012）

（单位：%）

	封闭式基金		开放式基金		ETF		QDII		合计	
	机构	个人	机构	个人	机构	个人	机构	个人	机构	个人
2008	38.88	61.12	14.94	85.06	39.88	60.12	1.30	98.70	15.29	84.71
2009	55.43	44.57	17.94	82.06	52.27	47.73	1.23	98.77	19.67	80.33
2010	58.85	41.15	17.77	82.23	68.34	31.66	1.52	98.48	20.55	79.45
2011	58.29	41.71	20.70	79.30	75.02	24.98	2.06	97.94	23.91	76.09
2012	**57.09**	**42.91**	**24.39**	**75.61**	**78.32**	**21.68**	**2.49**	**97.51**	**27.25**	**72.75**

说明：以年报数据为统计范围。

第二章　年度经营数据统计

表2-1 2012年证券投资基金募集发行汇总统计

基金类型	2012年度				2011年度			
	基金数量（只）	募集资金（亿份）	平均募资（亿份）	认购户数（户）	基金数量（只）	募集资金（亿份）	平均募资（亿份）	认购户数（户）
股票型基金	80	519.46	6.49	536 891	73	956.69	13.11	1 341 559
（指数股票基金）	33	198.77	6.02	150 313	19	194.10	10.22	304 731
混合型基金	25	350.23	14.01	265 974	26	455.25	17.51	656 704
（保本混合基金）	14	254.82	18.20	188 736	17	367.20	21.60	497 157
债券型基金	110	4 448.34	40.44	1 782 044	50	850.28	17.01	633 276
（短期理财债券基金）	33	2 601.96	78.85	808 127	—	—	—	—
货币型基金	11	361.60	32.87	77 115	5	125.57	25.11	20 296
ETF	10	576.91	57.69	199 286	17	87.65	5.16	102 341
ETF联接	8	30.10	3.76	21 533	16	98.60	6.16	123 977
QDII	16	159.97	10.00	116 841	24	188.41	7.85	281 389
总　计	260	6 446.63	24.79	2 999 684	211	2 762.46	13.09	3 159 542

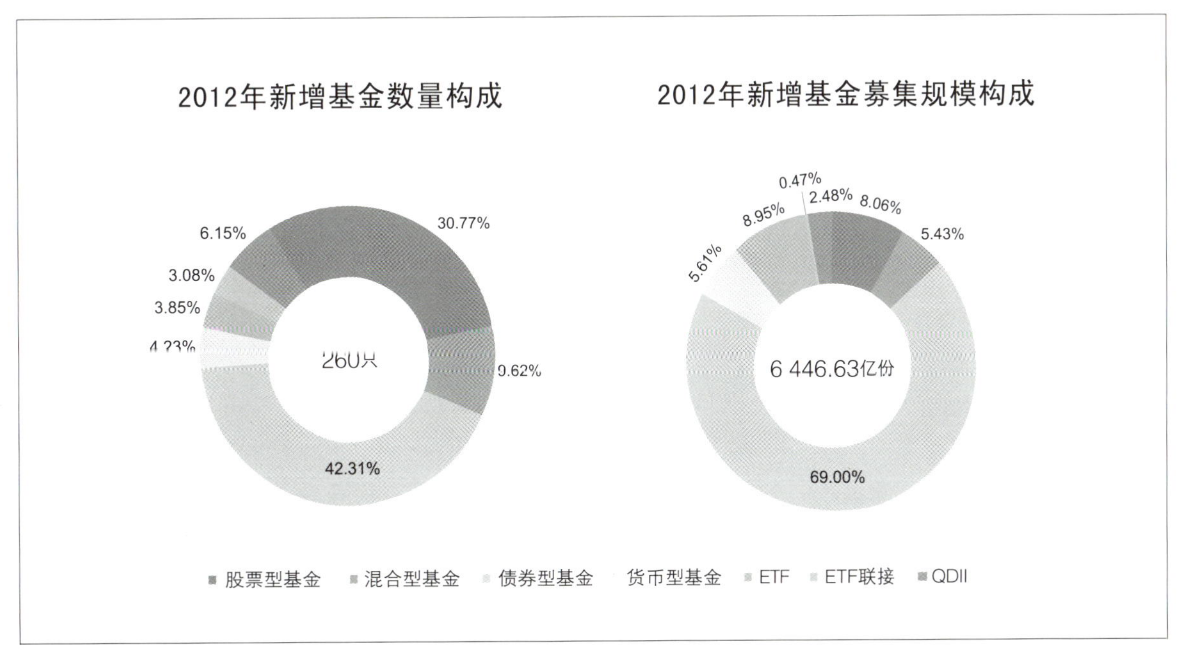

表2-2 2012年证券投资基金募集发行月度统计

月份	基金类型	基金数量	基金募集情况	
			募集总规模(亿份)	认购总户数(户)
一月	股票型基金（均为指数股票）	2	13.07	11 510
	合 计	2	13.07	11 510
二月	股票型基金	4	25.43	24 455
	(指数股票基金)	1	3.90	3 961
	混合型基金	2	16.34	5 636
	(保本基金)	1	2.22	975
	债券型基金	3	27.11	20 238
	QDII	1	3.28	13 946
	合 计	10	72.16	64 275
三月	股票型基金	15	126.82	137 300
	(指数股票基金)	6	51.01	39 145
	混合型基金	2	14.27	13 334
	债券型基金	7	130.73	94 776
	ETF	2	6.32	4 271
	ETF联接	2	10.72	7 919
	QDII	2	9.42	9 163
	合 计	30	298.28	266 763
四月	股票型基金	6	64.03	138 161
	(指数股票基金)	1	4.87	8 747
	混合型基金	1	5.83	4 565
	债券型基金	4	86.67	62 067
	ETF	1	9.10	16 182
	ETF联接	1	3.10	4 815
	合 计	13	168.73	225 790
五月	股票型基金	11	67.90	45 002
	(指数股票基金)	6	43.67	30 292
	混合型基金	2	40.65	27 024
	(保本基金)	1	36.06	21 230
	债券型基金	8	647.43	297 734
	(短期理财债券基金)	3	481.90	215 080
	ETF	2	523.02	154 374
	ETF联接	1	3.67	5 145
	QDII	2	9.38	4 192
	合计	26	1 292.04	533 471

（续上表）

月份	基金类型	基金数量	基金募集情况	
			募集总规模（亿份）	认购总户数（户）
六月	股票型基金	10	54.25	45 195
	（指数股票基金）	4	23.41	13 990
	混合型基金	5	57.81	61 353
	（保本基金）	4	50.38	51 204
	债券型基金	10	370.37	177 328
	（短期理财债券基金）	3	224.10	98 248
	货币市场基金	1	12.34	7 564
	ETF	1	12.70	8 498
	ETF联接	1	2.45	830
	QDII	3	11.92	7 128
	合 计	31	521.85	307 896
七月	股票型基金	4	22.09	21 301
	混合型基金	1	13.65	7 687
	（保本基金）	1	13.65	7 687
	债券型基金	8	322.34	132 998
	（短期理财债券基金）	1	117.85	29 042
	QDII	1	8.36	3 820
	合 计	14	366.44	165 806
八月	股票型基金	7	39.45	24 313
	（指数股票基金）	2	6.76	3 807
	混合型基金	6	116.31	76 540
	（保本基金）	3	72.51	44 757
	债券型基金	7	803.33	231 935
	（短期理财债券基金）	4	715.93	187 221
	ETF	2	17.21	8 322
	ETF联接	2	6.08	1 503
	QDII	5	95.33	64 956
	合 计	29	1 077.70	407 569
九月	股票型基金	12	55.44	42 277
	（指数股票基金）	8	38.89	29 576
	混合型基金（均为保本基金）	2	52.38	42 110
	债券型基金	16	408.17	175 455
	（短期理财债券基金）	4	166.80	45 612
	QDII	1	2.50	1 649
	合 计	31	518.50	261 491

（续上表）

月份	基金类型	基金数量	基金募集情况	
			募集总资金规模（亿份）	认购总户数（户）
十月	股票型基金（均为指数股票）	1	4.71	1 692
	债券型基金	9	381.65	121 686
	（短期理财债券基金）	8	375.33	109 111
	合 计	10	386.36	123 378
十一月	股票型基金	5	24.40	27 998
	（指数股票基金）	1	3.01	1 110
	混合型基金	1	3.30	3 618
	债券型基金	17	596.59	262 344
	（短期理财债券基金）	5	208.72	45 371
	货币市场基金	2	57.93	12 379
	合 计	25	682.22	306 339
十二月	股票型基金	3	21.88	17 687
	（指数股票基金）	1	5.46	6 483
	混合型基金	3	29.69	24 107
	（保本基金）	2	27.62	20 773
	债券型基金	21	673.94	205 483
	（短期理财债券基金）	5	311.33	78 442
	货币市场基金	8	291.33	57 172
	ETF	2	8.56	7 639
	ETF联接	1	4.09	1 321
	QDII	1	19.78	11 987
	合 计	39	1 049.27	325 396
	总 计	**260**	**6 446.63**	**2 999 684**

表2-3 2012年主动股票型基金发行情况

序号	基金简称	基金代码	设立日期	募集情况		2012年市场表现			管理人	托管人
				募集总额（亿份）	认购户数（户）	年末资产净值（亿元）	年末份额规模（亿份）	年度收益率（%）		
1	上投摩根健康品质生活股票	377150	2012.02.01	6.72	2 555	1.61	1.46	9.70	上投摩根	中行
2	光大保德信行业轮动股票	360016	2012.02.15	9.26	10 223	0.93	0.80	16.50	光大保德信	农行
3	华宝兴业医药生物优选股票	240020	2012.02.28	5.54	7 716	2.61	2.34	11.60	华宝兴业	建行
4	汇添富逆向投资股票	470098	2012.03.09	8.40	16 310	1.57	1.57	0.00	汇添富	农行
5	长安宏观策略股票	740001	2012.03.09	3.84	9 479	0.55	0.59	−7.20	长安	邮储银行
6	南方新兴消费增长分级股票	160127	2012.03.13	19.30	29 998	4.08	4.31	−5.50	南方	工行
7	大摩主题优选股票	233011	2012.03.13	4.43	5 843	1.38	1.43	−3.20	摩根士丹利华鑫	建行
8	国泰成长优选股票	020026	2012.03.20	4.09	1 582	1.01	1.05	−3.20	国泰	招行
9	大成新锐产业股票	090018	2012.03.20	20.50	20 435	1.97	1.99	−0.90	大成	农行
10	诺德周期策略股票	570008	2012.03.21	5.68	2 496	1.14	1.24	−8.00	诺德	中行
11	长盛电子信息产业股票	080012	2012.03.27	4.37	5 690	1.51	1.63	−6.20	长盛	中行
12	中欧盛世成长分级股票	166011	2012.03.29	5.21	6 322	2.53	2.48	2.10	中欧	广发银行
13	兴全轻资产股票(LOF)	163412	2012.04.05	9.94	12 670	5.99	5.94	0.90	兴业全球	招商银行
14	鹏华价值精选股票	206012	2012.04.16	3.35	5 529	0.91	0.96	−4.80	鹏华	建行
15	长城优化升级股票	200015	2012.04.20	5.23	2 348	0.72	0.69	8.00	长城	建行
16	农银消费主题股票	660012	2012.04.24	16.30	60 730	5.45	5.23	4.35	农银汇理	邮储银行
17	工银量化策略股票	481017	2012.04.26	24.33	48 137	9.96	10.38	−4.00	工银瑞信	中行
18	信诚周期轮动股票(LOF)	165516	2012.05.07	3.08	1 374	1.35	1.32	2.50	信诚	中行
19	国富研究精选股票	450011	2012.05.22	7.52	3 468	2.44	2.38	2.40	国海富兰克林	中行
20	泰达宏利逆向股票	229002	2012.05.23	5.53	3 160	0.81	0.81	−0.60	泰达宏利	建行
21	金鹰核心资源股票	210009	2012.05.23	4.03	4 262	1.61	1.66	−2.80	金鹰	工行
22	华商主题精选股票	630011	2012.05.31	4.06	2 446	1.78	1.82	−2.40	华商	建行

（续上表）

序号	基金简称	基金代码	设立日期	募集情况		2012年市场表现			管理人	托管人
				募集总额（亿份）	认购户数（户）	年末资产净值（亿元）	年末份额规模（亿份）	年度收益率（%）		
23	广发消费品精选股票	270041	2012.06.12	6.49	6 726	1.14	1.11	1.90	广发	农行
24	中邮战略新兴产业股票	590008	2012.06.12	5.76	7 971	0.61	0.58	4.50	中邮创业	兴业银行
25	新华优选消费股票	519150	2012.06.13	6.69	3 538	1.37	1.27	8.60	新华	工行
26	银华中小盘股票	180031	2012.06.20	2.60	4 220	0.82	0.76	7.60	银华	工行
27	嘉实优化红利股票	070032	2012.06.26	5.89	3 228	1.41	1.39	1.70	嘉实	中行
28	富国高新技术产业股票	100060	2012.06.27	3.41	5 522	1.52	1.55	−2.00	富国	工行
29	易方达量化衍伸股票	110030	2012.07.05	2.49	395	0.73	0.65	11.30	易方达	建行
30	中银主题策略股票	163822	2012.07.25	8.95	9 800	3.01	2.84	6.20	中银	广发银行
31	融通医疗保健股票	161616	2012.07.26	3.36	5 187	1.81	1.76	2.90	融通	工行
32	金元惠理新经济主题股票	620008	2012.07.31	7.29	5 919	0.92	0.90	1.60	金元惠理	农行
33	交银阿尔法核心股票	519712	2012.08.03	11.45	2 498	1.67	1.53	8.50	交银施罗德	建行
34	建信社会责任股票	530019	2012.08.14	11.11	9 860	1.43	1.38	3.90	建信	农行
35	华安逆向策略股票	040035	2012.08.16	2.32	3 447	1.72	1.71	0.10	华安	工行
36	华宝兴业资源优选股票	240022	2012.08.21	5.03	1 409	1.27	1.24	2.40	华宝兴业	中行
37	博时医疗保健行业股票	050026	2012.08.28	2.77	3 292	1.67	1.69	−1.10	博时	中行
38	信达澳银消费优选股票	610007	2012.09.04	6.53	3 083	1.13	1.08	5.00	信达澳银	建行
39	银河主题股票	519679	2012.09.21	3.42	2 029	0.52	0.46	11.00	银河	中信银行
40	南方金粮油商品股票	202027	2012.09.25	3.37	6 412	1.50	1.40	7.20	南方	工行
41	德邦优化股票	770001	2012.09.25	3.23	1 177	1.33	1.22	8.63	德邦	交行
42	农银行业轮动股票	660015	2012.11.14	5.32	12 578	5.33	5.32	—	农银汇理	民生银行
43	景顺长城支柱产业股票	260117	2012.11.20	10.93	7 402	1.69	1.61	—	景顺长城	农行
44	方正富邦红利精选股票	730002	2012.11.20	2.31	5 198	0.60	0.60		方正富邦	建行

（续上表）

序号	基金简称	基金代码	设立日期	募集情况		2012年市场表现			管理人	托管人
				募集总额（亿份）	认购户数（户）	年末资产净值（亿元）	年末份额规模（亿份）	年度收益率（%）		
45	上投摩根核心优选股票	370024	2012.11.28	2.84	1 710	1.56	1.48	—	上投摩根	建行
46	大摩量化配置股票	233015	2012.12.11	10.95	4 668	10.97	10.95	—	摩根士丹利华鑫	农行
47	兴全商业模式优选股票(LOF)	163415	2012.12.18	5.46	6 536	5.53	5.46	—	兴业全球	光大银行

表2-4　2012年指数股票型基金发行情况

序号	基金简称	基金代码	设立日期	募集情况		2012年市场表现			管理人	托管人
				募集总额（亿份）	认购户数（户）	年末资产净值（亿元）	年末份额规模（亿份）	年度收益率（%）		
1	长城久兆中小300指数分级	162010	2012.01.30	9.66	3 368	0.72	0.81	−11.80	长城	建行
2	工银中证500指数	164809	2012.01.31	3.41	8 142	1.46	1.59	−8.18	工银瑞信	中行
3	信诚沪深300指数分级	165515	2012.02.01	3.90	3 961	3.42	3.50	−2.30	信诚	建行
4	中海上证380指数	399011	2012.03.07	2.67	4 178	0.78	0.87	−10.40	中海	工行
5	民生加银中证内地资源主题指数	690008	2012.03.08	6.83	7 720	2.72	2.90	−6.10	民生加银	建行
6	东吴深证100指数增强(LOF)	165806	2012.03.09	3.85	2 161	1.50	1.68	−10.40	东吴	建行
7	国泰中小板300成长ETF联接	020025	2012.03.15	6.93	1 972	0.70	0.74	−6.10	国泰	中行
8	建信深证100指数增强	530018	2012.03.16	17.47	16 541	5.56	6.20	−10.30	建信	交行
9	嘉实中创400ETF联接	070030	2012.03.22	3.78	5 947	2.00	2.21	−9.14	嘉实	工行
10	国联安双力中小板综指分级	162510	2012.03.23	8.09	5 177	2.01	2.22	−9.50	国联安	建行
11	诺安中证创业成长指数分级	163209	2012.03.29	12.09	3 368	1.39	1.49	−6.60	诺安	中行
12	融通创业板指数	161613	2012.04.06	4.87	8 747	1.55	1.63	−2.78	融通	工行

（续上表）

序号	基金简称	基金代码	设立日期	募集情况		2012年市场表现			管理人	托管人
				募集总额（亿份）	认购户数（户）	年末资产净值（亿元）	年末份额规模（亿份）	年度收益率（%）		
13	博时上证自然资源ETF联接	050024	2012.04.10	3.10	4 815	0.82	0.93	−10.99	博时	建行
14	广发深证100指数分级	162714	2012.05.07	5.68	2 064	2.30	2.53	−9.20	广发	建行
15	浙商沪深300指数分级	166802	2012.05.07	3.54	2 269	1.69	1.75	−3.60	浙商	华夏银行
16	申万菱信中小板指数分级	163111	2012.05.08	7.85	2 269	2.50	2.73	−8.60	申万菱信	农行
17	浦银安盛基本面400指数	519117	2012.05.14	4.14	6 197	2.39	2.50	−4.50	浦银安盛	邮储银行
18	中银沪深300等权重指数(LOF)	163821	2012.05.17	14.91	12 138	5.00	4.96	0.80	中银	招行
19	海富通中证内地低碳指数	519034	2012.05.25	7.56	5 355	1.37	1.48	−7.40	海富通	建行
20	华泰柏瑞沪深300ETF联接	460300	2012.05.29	3.67	5 145	1.68	1.61	4.50	华泰柏瑞	工行
21	金鹰中证500指数分级	162107	2012.06.05	3.93	1 481	1.13	1.17	−3.93	金鹰	交行
22	景顺长城上证180等权重ETF联接	263001	2012.06.25	2.45	830	0.73	0.70	3.50	景顺长城	中行
23	华安沪深300指数分级	160417	2012.06.25	6.07	2 932	1.31	1.25	4.90	华安	建行
24	长安沪深300非周期指数	740101	2012.06.25	2.77	4 825	1.30	1.28	1.20	长安	广发银行
25	招商中证大宗商品指数分级	161715	2012.06.28	10.63	4 752	3.38	3.46	−2.50	招商	工行
26	汇丰晋信恒生行业龙头指数	540012	2012.08.01	2.64	1 232	1.18	1.14	4.28	汇丰晋信	邮储银行
27	万家中证创业成长指数分级	161910	2012.08.02	4.12	2 575	1.64	1.63	0.30	万家	工行
28	大成中证500沪市ETF联接	090020	2012.08.28	3.22	525	0.57	0.57	−0.60	大成	中行
29	银华上证50等权ETF联接	180033	2012.08.29	2.86	978	0.35	0.32	8.40	银华	建行
30	农银深证100指数	660014	2012.09.04	4.14	14 465	1.20	1.07	12.29	农银汇理	光大银行
31	华商中证500指数分级	166301	2012.09.06	3.45	1 250	0.61	0.60	1.90	华商	工行
32	泰信基本面400指数分级	162907	2012.09.07	3.01	1 457	0.75	0.69	8.40	泰信	工行
33	诺德深证300指数分级	165707	2012.09.10	4.97	1 256	0.53	0.50	5.40	诺德	中行
34	长盛同辉深100等权重分级	160809	2012.09.13	8.44	2 559	2.76	2.57	7.10	长盛	建行

（续上表）

序号	基金简称	基金代码	设立日期	募集情况		2012年市场表现			管理人	托管人
				募集总额（亿份）	认购户数（户）	年末资产净值（亿元）	年末份额规模（亿份）	年度收益率（%）		
35	易方达中小板指数分级	161118	2012.09.20	4.01	2 501	2.48	2.46	0.96	易方达	建行
36	上投摩根中证消费服务领先指数	370023	2012.09.25	4.44	2 237	1.92	1.88	2.40	上投摩根	建行
37	鹏华资源分级	160620	2012.09.27	6.43	3 851	1.76	1.76	0.00	鹏华	工行
38	工银深证100指数分级	164811	2012.10.25	4.71	1 692	1.20	1.14	5.89	工银瑞信	民生银行
39	交银沪深300分层等权指数	519714	2012.11.07	3.01	1 110	1.45	1.32	—	交银施罗德	建行
40	诺安中小板等权重ETF联接	320022	2012.12.10	4.09	1 321	4.10	4.09	—	诺安	交行
41	东方央视财经50指数	400018	2012.12.19	5.46	6 483	5.47	5.46	—	东方	农行

表2-5　2012年混合型基金发行情况

序号	基金简称	基金代码	设立日期	募集情况		2012年市场表现			管理人	托管人
				募集总额（亿份）	认购户数（户）	年末资产净值（亿元）	年末份额规模（亿份）	年度收益率（%）		
1	招商优势企业混合	217021	2012.02.01	14.12	4 661	0.83	0.88	−5.90	招商	中行
2	诺安新动力混合	320018	2012.03.05	6.42	6 134	2.66	2.70	−1.40	诺安	工行
3	浙商聚潮新思维混合	166801	2012.03.08	7.85	7 200	3.22	3.16	2.00	浙商	民生银行
4	富安达策略精选混合	710002	2012.04.25	5.83	4 565	1.65	1.69	−2.01	富安达	交行
5	平安大华策略先锋混合	700003	2012.05.29	4.59	5 794	0.80	0.79	1.10	平安大华	中行
6	安信灵活配置混合	750001	2012.06.20	7.43	10 149	1.91	1.77	7.70	安信	建行
7	民生红利回报混合	690009	2012.08.09	30.45	22 427	22.36	22.62	−1.20	民生加银	建行
8	益民核心增长混合	560006	2012.08.16	11.56	6 455	1.73	1.72	0.80	益民	光大银行

（续上表）

序号	基金简称	基金代码	设立日期	募集情况		2012年市场表现			管理人	托管人
				募集总额（亿份）	认购户数（户）	年末资产净值（亿元）	年末份额规模（亿份）	年度收益率（%）		
9	国金通用国鑫混合发起	762001	2012.08.28	1.79	2 901	1.13	1.10	2.43	国金通用	光大银行
10	天弘安康养老混合	420009	2012.11.28	3.30	3 618	3.20	3.19	—	天弘	工行
11	安信平稳增长混合发起	750005	2012.12.18	2.06	3 334	2.07	2.06	—	安信	工行

表2-6　2012年保本混合型基金发行情况

序号	基金简称	基金代码	设立日期	募集情况		2012年市场表现			管理人	托管人
				募集总额（亿份）	认购户数（户）	年末资产净值（亿元）	年末份额规模（亿份）	年度收益率（%）		
1	泰信保本混合	290012	2012.02.22	2.22	975	0.60	0.58	4.92	泰信	中信银行
2	诺安汇鑫保本混合	320020	2012.05.28	36.06	21 230	33.30	32.86	1.30	诺安	中行
3	鹏华金刚保本混合	206013	2012.06.13	18.60	24 824	15.14	14.94	1.40	鹏华	农行
4	大成景恒保本混合	090019	2012.06.15	10.72	6 418	8.87	8.90	−0.30	大成	中行
5	中海保本混合	393001	2012.06.20	4.75	6 475	4.10	4.01	2.20	中海	工行
6	交银荣安保本混合	519710	2012.06.20	16.32	13 487	14.81	14.46	2.40	交银施罗德	中信银行
7	长盛同鑫二号保本混合	080015	2012.07.10	13.65	7 687	12.02	11.86	1.30	长盛	中行
8	长城保本混合	200016	2012.08.02	19.16	15 043	17.70	17.49	1.20	长城	建行
9	东吴保本混合	582003	2012.08.13	7.76	9 382	6.60	6.53	1.20	东吴	农行
10	招商安盈保本混合	217024	2012.08.20	45.60	20 332	44.41	43.97	1.00	招商	工行
11	平安大华保本混合	700004	2012.09.11	10.19	10 545	9.81	9.60	2.20	平安大华	建行

（续上表）

序号	基金简称	基金代码	设立日期	募集情况		2012年市场表现			管理人	托管人
				募集总额(亿份)	认购户数(户)	年末资产净值(亿元)	年末份额规模(亿份)	年度收益率(%)		
12	中银保本混合	163823	2012.09.19	42.19	31 565	39.24	38.71	1.40	中银	招行
13	财通保本混合发起	720003	2012.12.20	3.47	3 469	3.47	3.47	—	财通	工行
14	南方安心保本混合	202213	2012.12.21	24.16	17 304	24.18	24.16	—	南方	招行

表2-7 2012年债券型基金发行情况

序号	基金简称	基金代码	设立日期	募集情况		2012年市场表现			管理人	托管人
				募集总额(亿份)	认购户数(户)	年末资产净值(亿元)	年末份额规模(亿份)	年度收益率(%)		
1	诺德双翼分级债券	165705	2012.02.16	4.04	2 976	3.17	2.98	7.85	诺德	华夏银行
2	国联安定期开放债券	253060	2012.02.22	2.46	2 953	2.62	2.46	8.14/7.84	国联安	中信银行
3	博时天颐债券	050023	2012.02.29	20.62	14 309	5.71	5.51	4.42/4.01	博时	工行
4	融通四季添利债券	161614	2012.03.01	12.82	14 635	13.08	12.82	5.96	融通	工行
5	金鹰持久回报分级债券	162105	2012.03.09	4.88	7 406	5.25	4.96	5.87	金鹰	邮储银行
6	中银信用增利债券	163819	2012.03.12	22.08	14 354	23.70	22.08	10.46	中银	中信银行
7	广发聚财信用债券	270029	2012.03.13	45.04	37 085	12.39	12.02	4.21/3.81	广发	工行
8	景顺长城优信增利债券	261002	2012.03.15	18.11	6 711	1.70	1.64	4.00/3.60	景顺长城	中行
9	招商产业债券	217022	2012.03.21	24.07	10 914	30.62	29.98	6.46	招商	中信银行
10	长信可转债债券	519977	2012.03.30	3.74	3 671	0.92	0.87	5.32/4.96	长信	平安银行
11	信诚双盈分级债券	165517	2012.04.13	3.64	7 480	3.92	3.64	9.42	信诚	中行
12	中欧信用增利分级债券	166012	2012.04.16	7.36	12 383	7.64	7.36	5.53	中欧	邮储银行

（续上表）

序号	基金简称	基金代码	设立日期	募集情况		2012年市场表现			管理人	托管人
				募集总额（亿份）	认购户数（户）	年末资产净值（亿元）	年末份额规模（亿份）	年度收益率（%）		
13	民生加银信用双利债券	690006	2012.04.25	50.29	22 361	7.37	7.16	3.30/2.90	民生加银	中行
14	银河通利分级债券	161505	2012.04.25	25.38	19 843	15.69	15.29	4.23	银河	北京银行
15	易方达纯债债券	110037	2012.05.03	84.01	27 997	45.22	43.85	3.30/3.00	易方达	招商银行
16	信达澳银稳定增利分级债券	166105	2012.05.07	3.04	3 219	1.83	1.83	2.01	信达澳银	建行
17	富国新天锋定期开放债券	161019	2012.05.07	9.46	5 743	9.68	9.46	7.34	富国	建行
18	南方金利定期开放债券	160128	2012.05.17	16.22	15 317	16.75	16.22	3.40/3.20	南方	工行
19	建信转债增强债券	530020	2012.05.29	52.80	30 378	9.07	8.58	5.80/5.60	建信	民生银行
20	国联安双佳信用分级债券	162511	2012.06.04	16.40	7 036	10.73	10.79	1.34	国联安	光大银行
21	华宝短融50	240021	2012.06.12	18.23	3 990	1.79	1.76	1.50	华宝兴业	中行
22	农银信用添利债券	660013	2012.06.19	9.72	19 249	9.75	9.72	1.66	农银汇理	中信银行
23	易方达永旭定期开放债券	161117	2012.06.19	16.85	2 949	17.34	16.85	3.72	易方达	工行
24	工银纯债定期开放债券	164810	2012.06.21	48.09	32 229	48.20	48.09	0.20	工银瑞信	交行
25	上投摩根分红添利债券	370021	2012.06.25	22.36	6 236	7.39	7.25	2.00/1.70	上投摩根	中行
26	纽银稳健双利债券	675011	2012.06.26	14.62	7 391	10.71	10.65	0.70/0.50	纽银梅隆西部	建行
27	财通多策略稳健增长债券	720002	2012.07.13	36.08	18 269	19.76	19.66	1.30	财通	工行
28	广发理财年年红债券	270043	2012.07.19	5.43	3 326	5.53	5.43	1.80	广发	工行
29	南方润元纯债债券	202108	2012.07.20	85.62	45 558	41.25	40.67	1.50/1.40	南方	建行
30	招商信用增强债券	217023	2012.07.20	37.19	16 176	33.30	32.91	2.70	招商	中行
31	富安达增强收益债券	710301	2012.07.25	6.06	4 019	2.41	2.38	1.40/1.21	富安达	交行
32	汇添富季季红定期开放债券	164702	2012.07.26	6.22	2 900	6.34	6.22	1.90	汇添富	建行
33	国泰信用债券	020027	2012.07.31	27.89	13 708	21.13	20.78	1.70/1.60	国泰	工行
34	银华纯债信用债券（LOF）	161820	2012.08.09	19.45	14 211	31.04	30.44	2.00	银华	工行

（续上表）

序号	基金简称	基金代码	设立日期	募集情况		2012年市场表现			管理人	托管人
				募集总额（亿份）	认购户数（户）	年末资产净值（亿元）	年末份额规模（亿份）	年度收益率（%）		
35	天弘债券发起式	420008	2012.08.10	33.47	14 644	13.32	13.11	1.70/1.50	天弘	工行
36	大摩多元收益债券	233012	2012.08.28	34.48	15 859	13.17	12.96	1.70/1.50	摩根士丹利华鑫	建行
37	鹏华纯债债券	206015	2012.09.03	23.86	14 466	19.16	18.91	1.30	鹏华	建行
38	华安安心收益债券	040036	2012.09.07	8.68	24 368	6.53	6.41	1.80/2.00	华安	邮储银行
39	博时信用债纯债债券	050027	2012.09.07	13.77	9 031	12.50	12.33	1.40	博时	工行
40	华夏安康债券	001031	2012.09.11	54.76	19 213	23.24	22.89	1.60/1.50	华夏	中行
41	国富恒久信用债券	450018	2012.09.11	8.07	6 529	5.09	5.00	1.70/1.60	国海富兰克林	农行
42	汇添富多元收益债券	470010	2012.09.18	19.88	5 836	5.33	5.17	3.30/3.10	汇添富	中行
43	浙商聚盈信用债债券	686868	2012.09.18	2.87	1 892	1.38	1.37	1.10/0.90	浙商	交行
44	浦银安盛幸福回报债券	519118	2012.09.18	20.15	13 000	20.45	20.15	1.50/1.40	浦银安盛	交行
45	广发双债添利债券	270044	2012.09.20	21.14	8 968	10.56	10.43	1.40/1.20	广发	中行
46	万家信用恒利债券	519188	2012.09.21	14.84	4 948	10.94	10.84	0.99/0.88	万家	建行
47	嘉实增强收益定期债券	070033	2012.09.24	33.87	12 419	34.13	33.87	0.80	嘉实	招行
48	安信目标收益债券	750002	2012.09.25	19.47	9 173	3.90	3.86	1.00/0.90	安信	农行
49	东方强化收益债券	400016	2012.10.09	6.32	12 575	3.46	3.43	0.75	东方	邮储银行
50	鹏华中小企业债券	160621	2012.11.05	9.87	4 934	9.93	9.87	—	鹏华	招行
51	融通岁岁添利定期开放债券	161618	2012.11.06	31.20	19 521	31.30	31.22	—	融通	工行
52	易方达中债新综指发起式（LOF）	161119	2012.11.08	13.84	8 306	13.92	13.85	—	易方达	农行
53	工银信用纯债债券	485119	2012.11.14	39.00	25 818	39.14	39.00	—	工银瑞信	农行
54	建信纯债债券	530021	2012.11.15	168.69	92 999	169.36	168.69	—	建信	光大银行
55	民生加银平稳增利债券	166902	2012.11.15	12.69	9 036	12.79	12.69	—	民生加银	建行
56	中邮稳定收益债券	590009	2012.11.21	32.02	17 413	32.15	32.02	—	中邮创业	交行

（续上表）

序号	基金简称	基金代码	设立日期	募集情况		2012年市场表现			管理人	托管人
				募集总额(亿份)	认购户数(户)	年末资产净值(亿元)	年末份额规模(亿份)	年度收益率(%)		
57	富国纯债债券发起	100066	2012.11.22	18.61	11 354	18.66	18.61	—	富国	工行
58	平安大华添利债券	700005	2012.11.27	23.56	15 333	23.68	23.56	—	平安大华	中行
59	银河领先债券	519669	2012.11.29	6.60	2 967	6.62	6.60	—	银河	兴业银行
60	金鹰元泰信用债债券	210010	2012.11.29	17.84	3 682	17.88	17.84	—	金鹰	交行
61	诺安双利债券发起	320021	2012.11.29	13.96	5 610	13.98	13.96	—	诺安	招行
62	华泰柏瑞稳健收益债券	460008	2012.12.04	22.59	5 159	13.10	13.07	—	华泰柏瑞	中行
63	博时安心收益定期开放债券	050028	2012.12.06	23.23	14 495	23.25	23.23	—	博时	建行
64	国投瑞银纯债债券	121013	2012.12.11	25.81	5 661	25.89	25.81	—	国投瑞银	中行
65	嘉实纯债债券	070037	2012.12.11	13.84	7 242	13.86	13.84	—	嘉实	建行
66	广发纯债债券	270048	2012.12.12	28.15	17 386	28.18	28.15	—	广发	工行
67	中银纯债债券	380005	2012.12.12	51.08	17 041	51.19	51.08	—	中银	招行
68	信诚添金分级债券	555001	2012.12.12	30.93	8 756	30.90	30.93	—	信诚	中行
69	国联安中债信用债指数增强	253070	2012.12.12	4.72	2 466	4.73	4.72	—	国联安	浦发银行
70	银华中证中票50指数债券(LOF)	161821	2012.12.13	33.89	8 060	33.94	33.89	—	银华	中行
71	富国强收益定期开放债券	100070	2012.12.18	8.75	4 686	8.75	8.75	—	富国	建行
72	交银纯债债券发起	519718	2012.12.19	21.17	7 477	21.20	21.17	—	交银施罗德	农行
73	新华纯债添利债券发起	519152	2012.12.21	45.94	14 667	46.00	45.94	—	新华	工行
74	华安信用增强债券	040045	2012.12.24	9.11	1 139	9.12	9.11	—	华安	中行
75	纽银稳定增利债券	675021	2012.12.25	5.23	2 015	5.23	5.23	—	纽银梅隆西部	建行
76	国泰民安增利债券	020033	2012.12.26	18.20	4 037	18.22	18.20	—	国泰	农行
77	长盛同丰分级债券	160810	2012.12.27	19.97	6 754	19.98	19.97	—	长盛	中行

表2-8 2012年短期理财债券型基金发行情况

序号	基金简称	基金代码	设立日期	募集情况		2012年市场表现			管理人	托管人
				募集总额(亿份)	认购户数(户)	年末资产净值(亿元)	年末份额规模(亿份)	年度收益率(%)		
1	华安月月鑫短期理财债券	040028	2012.05.09	182.22	70 641	75.53	75.53	2.3912/2.5520	华安	建行
2	汇添富理财30天债券	470030	2012.05.09	244.42	116 363	67.11	67.11	2.30/2.49	汇添富	工行
3	华安季季鑫短期理财债券	040030	2012.05.23	55.27	28 076	2.79	2.79	2.1204/2.2863	华安	工行
4	汇添富理财60天债券	470060	2012.06.12	160.58	73 266	10.76	10.76	1.77/1.94	汇添富	建行
5	华安双月鑫短期理财债券	040033	2012.06.14	55.27	18 729	3.12	3.12	1.8868/2.0226	华安	中行
6	光大保德信添天利理财债券	360017	2012.06.19	8.24	6 253	1.10	1.10	1.7205/1.8520	光大保德信	光大银行
7	汇添富理财14天债券	470014	2012.07.10	117.85	29 042	4.25	4.25	1.33/1.47	汇添富	农行
8	南方理财14天债券	202303	2012.08.14	70.09	23 343	11.77	11.77	1.1950/1.3070	南方	工行
9	工银7天理财债券	485118	2012.08.22	392.52	109 867	271.07	271.07	1.2877/1.3932	工银瑞信	建行
10	建信双周理财债券	530014	2012.08.28	158.03	35 336	95.48	95.48	1.22/1.32	建信	工行
11	嘉实理财宝7天债券	070035	2012.08.29	95.29	18 675	17.65	17.65	0.9608/1.0619	嘉实	农行
12	光大保德信添盛双月理财债券	360021	2012.09.05	34.44	7 189	1.15	1.15	1.0264/1.1026	光大保德信	交行
13	大成月添利理财债券	090021	2012.09.20	51.19	16 325	28.26	28.26	1.0351/1.1175	大成	农行
14	中银理财14天债券	380001	2012.09.24	63.89	12 989	183.79	183.79	0.9527/1.0317	中银	工行
15	国泰6个月短期理财债券	020029	2012.09.25	17.28	9 109	17.40	17.40	0.9119/0.9892	国泰	建行
16	汇添富理财28天债券	471028	2012.10.18	17.08	3 928	3.02	3.02	0.67/0.73	汇添富	交行
17	南方理财60天债券	202305	2012.10.19	51.08	23 027	8.14	8.14	0.6686/0.7309	南方	工行
18	富国7天理财宝债券	100007	2012.10.19	97.11	18 313	10.57	10.57	0.6027/0.6631	富国	农行
19	华夏理财30天债券	001057	2012.10.24	25.70	9 948	8.05	8.05	0.7496/0.7953	华夏	建行
20	光大保德信添天盈季度理财债券	360019	2012.10.25	20.52	7 802	20.67	20.67	0.6917/0.7359	光大保德信	建行
21	长盛添利30天理财债券	080016	2012.10.26	41.39	8 522	11.33	11.33	0.6777/0.7282	长盛	中行
22	中银理财60天债券发起	380003	2012.10.26	31.54	10 113	34.36	34.36	0.6968/0.7512	中银	工行

（续上表）

序号	基金简称	基金代码	设立日期	募集情况		2012年市场表现			管理人	托管人
				募集总额（亿份）	认购户数（户）	年末资产净值（亿元）	年末份额规模（亿份）	年度收益率（%）		
23	工银14天理财债券发起	485120	2012.10.26	90.90	27 458	72.75	72.75	0.7053/0.7583	工银瑞信	招行
24	交银理财21天债券	519716	2012.11.05	85.06	18 544	12.74	12.74	—	交银施罗德	农行
25	易方达月月利理财债券	110050	2012.11.26	36.55	10 492	9.38	9.38	—	易方达	农行
26	信诚理财7日盈债券	550012	2012.11.27	28.39	2 821	2.83	2.83	—	信诚	中行
27	大成理财21天债券发起式	090023	2012.11.29	36.21	4 872	13.35	13.35	—	大成	中行
28	长盛添利60天理财发起式	080018	2012.11.29	22.52	8 642	23.29	23.29	—	长盛	中行
29	招商理财7天债券	217025	2012.12.07	50.94	13 086	26.80	26.80	—	招商	工行
30	鹏华理财21天债券	206016	2012.12.19	20.90	4 916	20.90	20.90	—	鹏华	农行
31	建信月盈安心理财债券	530028	2012.12.20	173.13	49 205	173.38	173.38	—	建信	民生银行
32	中银理财7天债券	380007	2012.12.24	36.71	6 122	80.58	80.58	—	中银	招行
33	华安7日鑫短期理财债券	040042	2012.12.26	29.65	5 113	29.65	29.65	—	华安	建行

表2-9　2012年货币型基金发行情况

序号	基金简称	基金代码	设立日期	募集情况		2012年市场表现			管理人	托管人
				募集总额（亿份）	认购户数（户）	年末资产净值（亿元）	年末份额规模（亿份）	年度收益率（%）		
1	天弘现金管家货币	420006	2012.06.20	12.34	7 564	7.16	7.16	1.6653/1.7951	天弘	邮储银行
2	大成现金增利货币	090022	2012.11.20	48.66	10 027	78.41	78.41	—	大成	农行
3	华安日日鑫货币	040038	2012.11.26	9.27	2 352	2.94	2.94	—	华安	建行
4	金鹰货币	210012	2012.12.07	29.26	1 634	29.31	29.31	—	金鹰	建行
5	国泰现金管理货币	020031	2012.12.11	32.80	3 388	22.61	22.61	—	国泰	中行
6	华商现金增利货币	630012	2012.12.11	5.13	865	5.13	5.13	—	华商	建行
7	中欧货币	166014	2012.12.12	15.77	2 639	14.10	14.10	—	中欧	工行
8	民生加银现金增利货币	690010	2012.12.18	144.52	7 757	144.72	144.72	—	民生加银	建行
9	汇添富收益快线货币	519888	2012.12.21	37.29	27 043	37.34	37.34	—	汇添富	工行
10	方正富邦货币	730003	2012.12.26	8.53	3 288	8.54	8.54	—	方正富邦	建行
11	华宝现金添益ETF	511990	2012.12.27	18.03	10 558	18.03	18.03	—	华宝兴业	建行

表2-10 2012年ETF基金发行情况

序号	基金简称	基金代码	设立日期	募集情况		2012年市场表现			管理人	托管人
				募集总额（亿份）	认购户数（户）	年末资产净值（亿元）	年末份额规模（亿份）	年度收益率（%）		
1	国泰中小板300成长ETF	159917	2012.03.15	3.45	2 253	0.72	0.75	−3.70	国泰	中行
2	嘉实中创400ETF	159918	2012.03.22	2.87	2 018	2.34	2.60	−9.66	嘉实	工行
3	博时上证自然资源ETF	510410	2012.04.10	9.10	16 182	3.45	3.87	−10.80	博时	建行
4	华泰柏瑞沪深300ETF	510300	2012.05.04	329.69	65 654	236.86	93.80	−5.03	华泰柏瑞	工行
5	嘉实沪深300ETF	159919	2012.05.07	193.33	88 720	411.33	163.03	−3.56	嘉实	中行
6	景顺长城上证180等权重ETF	510420	2012.06.12	12.70	8 498	4.10	4.09	0.20	景顺长城	中行
7	银华上证50等权ETF	510430	2012.08.23	11.80	3 752	1.86	1.64	13.70	银华	建行
8	大成中证500沪市ETF	510440	2012.08.24	5.41	4 570	0.93	0.90	3.80	大成	中行
9	诺安中小板等权重ETF	159921	2012.12.10	2.53	1 774	2.58	2.53	—	诺安	交行
10	华夏沪深300ETF	510330	2012.12.25	6.03	5 865	165.44	160.21	—	华夏	工行

表2–11　2012年QDII基金发行情况

序号	基金简称	基金代码	设立日期	募集情况		2012年市场表现			管理人	托管人
				募集总额（亿份）	认购户数（户）	年末资产净值（亿元）	年末份额规模（亿份）	年度收益率（%）		
1	国富亚洲机会股票（QDII）	457001	2012.02.22	3.28	13 946	0.63	0.60	5.50	国海富兰克林	农行
2	上投摩根全球天然资源股票（QDII）	378546	2012.03.26	4.13	1 767	0.57	0.58	−1.70	上投摩根	中行
3	华安标普全球石油指数（QDII–LOF）	160416	2012.03.29	5.29	7 396	1.79	1.79	4.14	华安	建行
4	国泰大宗商品（QDII–LOF）	160216	2012.05.03	3.09	2 028	0.54	0.54	−1.00	国泰	建行
5	交银全球资源股票（QDII）	519709	2012.05.22	6.29	2 164	0.51	0.48	5.90	交银施罗德	建行
6	易方达标普消费品指数增强（QDII）	118002	2012.06.04	3.84	1 287	0.59	0.54	7.60	易方达	中行
7	博时标普500指数（QDII）	050025	2012.06.14	3.10	3 130	0.62	0.61	4.29	博时	工行
8	建信全球资源股票（QDII）	539003	2012.06.26	4.98	2 711	0.34	0.34	1.60	建信	中行
9	嘉实全球房地产（QDII）	070031	2012.07.24	8.36	3 820	0.81	0.81	0.80	嘉实	农行
10	华夏恒生ETF	159920	2012.08.09	35.86	21 504	4.54	4.40	3.37	华夏	中行
11	易方达恒生国企（QDII–ETF）	510900	2012.08.09	16.17	3 092	3.95	3.72	6.09	易方达	交行
12	广发纳斯达克100指数（QDII）	270042	2012.08.15	2.55	2 762	1.36	1.42	−4.50	广发	中行
13	华夏恒生ETF联接	000071	2012.08.21	8.55	10 130	3.00	2.92	3.00	华夏	中行
14	易方达恒生国企联接（QDII）	110031	2012.08.21	32.22	27 468	3.16	2.94	7.68	易方达	交行
15	富国中国中小盘股票（QDII）	100061	2012.09.04	2.50	1 649	0.48	0.43	12.50	富国	工行
16	华夏收益债券（QDII）	001061	2012.12.07	19.78	11 987	19.81	19.78	—	华夏	建行

表2-12 近三年开放式(主动股票型)基金年度收益率排名(2010—2012)

(单位：%)

基金简称	基金代码	设立日期	2012年	排名	2011年	排名	2010年	排名
景顺长城核心竞争力股票	260116	2011.12.20	31.70	1	—	—	—	—
中欧中小盘股票(LOF)	166006	2009.12.30	29.34	2	-27.95	166	6.41	69
新华行业周期轮换股票	519095	2010.07.21	28.83	3	-14.51	8	—	—
上投摩根新兴动力股票	377240	2011.07.13	27.73	4	—	—	—	—
国富中小盘股票	450009	2010.11.23	24.97	5	-18.19	31	—	—
国联安精选股票	257020	2005.12.28	21.27	6	-24.23	111	-6.62	157
景顺长城能源基建股票	260112	2009.10.20	20.64	7	-23.12	88	19.61	16
广发核心精选股票	270008	2008.07.16	20.12	8	-26.91	149	16.13	23
华宝兴业新兴产业股票	240017	2010.12.07	20.09	9	-23.67	99	—	—
交银先锋股票	519698	2009.04.10	19.63	10	-25.73	135	6.15	72
国富深化价值股票	450004	2008.07.03	19.11	11	-25.37	128	10.56	44
汇添富价值精选股票	519069	2009.01.23	18.79	12	-21.69	68	10.29	45
银河创新成长股票	519674	2010.12.29	18.77	13	-18.07	30	—	—
万家精选股票	519185	2009.05.18	18.55	14	-26.88	148	-8.20	166
长信内需成长股票	519979	2011.10.20	18.43	15	—	—	—	—
新华灵活主题股票	519099	2011.07.13	17.51	16	—	—	—	—
汇添富民营活力股票	470009	2010.05.05	17.45	17	-20.78	53	—	—
博时主题行业股票(LOF)	160505	2005.01.06	17.16	18	-9.63	1	-10.61	175
中欧新动力股票(LOF)	166009	2011.02.10	16.95	19	—	—	—	—
泰信蓝筹精选股票	290006	2009.04.22	16.56	20	-34.93	219	21.30	12
光大保德信红利股票	360005	2006.03.24	16.26	21	-18.73	35	-4.82	146
信诚深度价值股票(LOF)	165508	2010.07.30	16.15	22	-25.57	132	—	—
嘉实研究精选股票	070013	2008.05.27	16.08	23	-18.84	36	9.03	52
中欧价值发现股票	166005	2009.07.24	15.95	24	-16.03	14	9.06	51
银河成长股票	519668	2008.05.26	14.66	25	-18.92	37	9.23	50
南方成份精选股票	202005	2007.05.14	14.60	26	-17.35	22	-6.56	155
交银成长股票	519692	2006.10.23	14.58	27	-17.70	25	1.07	107
汇添富医药保健股票	470006	2010.09.21	14.43	28	-23.86	103	—	—
景顺长城优选股票	260101	2003.10.24	14.29	29	-19.82	43	-1.09	118
上投摩根成长先锋股票	378010	2006.09.20	14.21	30	-23.84	102	-9.84	172
农银行业成长股票	660001	2008.08.04	14.12	31	-22.40	76	17.87	20
上投摩根行业轮动股票	377530	2010.01.28	13.69	32	-24.51	113	—	—
上投摩根中小盘股票	379010	2009.01.21	13.67	33	-28.40	169	4.56	83
国富弹性市值股票	450002	2006.06.14	13.65	34	-23.74	101	4.88	81

（续上表）

基金简称	基金代码	设立日期	2012年	排名	2011年	排名	2010年	排名
博时创业成长股票	050014	2010.06.01	12.93	35	-22.65	80	—	—
南方高增长股票(LOF)	160106	2005.07.13	12.92	36	-27.60	161	12.30	37
广发行业领先股票	270025	2010.11.23	12.77	37	-25.38	129	—	—
长城品牌优选股票	200008	2007.08.06	12.76	38	-12.14	4	-17.34	185
华宝兴业行业精选股票	240010	2007.06.14	12.67	39	-21.00	57	-9.04	167
国富成长动力股票	450007	2009.03.25	12.48	40	-27.55	158	5.16	79
嘉实优质企业股票	070099	2007.12.08	12.19	41	-20.63	50	23.24	6
广发小盘成长股票(LOF)	162703	2005.02.02	12.13	42	-27.52	157	4.03	89
南方优选价值股票	202011	2008.06.18	12.09	43	-25.81	136	20.66	14
中银策略股票	163805	2008.04.03	12.06	44	-25.14	124	6.19	71
新华钻石企业股票	519093	2010.02.03	12.00	45	-15.96	13	—	—
博时卓越品牌股票(LOF)	160512	2011.04.22	11.94	46	—	—	—	—
广发聚瑞股票	270021	2009.06.16	11.75	47	-18.43	33	12.66	35
华安核心股票	040011	2008.10.22	11.74	48	-30.77	198	3.51	92
天治核心成长股票(LOF)	163503	2006.01.20	11.73	49	-25.18	125	1.28	105
兴全社会责任股票	340007	2008.04.30	11.49	50	-25.49	131	6.60	68
农银策略价值股票	660004	2009.09.29	11.40	51	-22.16	74	14.50	28
泰达宏利市值优选股票	162209	2007.08.03	11.33	52	-24.72	116	6.86	64
华夏盛世股票	000061	2009.12.11	11.29	53	-30.05	188	-3.94	143
鹏华盛世创新股票(LOF)	160613	2008.10.10	11.21	54	-31.28	201	-7.38	162
建信双利分级股票	165310	2011.05.06	11.14	55	—	—	—	—
农银中小盘股票	660005	2010.03.25	11.13	56	-21.40	64	—	—
国联安优选行业股票	257070	2011.05.23	11.10	57	—	—	—	—
申万菱信新动力股票	310328	2005.11.10	10.99	58	-32.66	210	-4.97	148
易方达医疗保健行业股票	110023	2011.01.28	10.89	59	—	—	—	—
中欧新趋势股票(LOF)	166001	2007.01.29	10.78	60	-26.44	144	-16.27	184
国联安主题驱动股票	257050	2009.08.26	10.67	61	-15.50	11	-5.64	150
融通内需驱动股票	161611	2009.04.22	10.67	61	-40.20	230	-4.06	144
国泰事件驱动股票	020023	2011.08.17	10.63	62	—	—		
天治创新先锋股票	350005	2008.05.08	10.52	63	-36.55	224	23.90	4
南方盛元红利股票	202009	2008.03.21	10.47	64	-29.67	185	-1.39	121
博时第三产业股票	050008	2007.04.12	10.28	65	-13.76	6	-3.46	134
信诚精萃成长股票	550002	2006.11.27	10.27	66	-30.42	193	9.78	47
交银蓝筹股票	519694	2007.08.08	10.24	67	-22.85	82	-9.78	171

（续上表）

基金简称	基金代码	设立日期	2012年	排名	2011年	排名	2010年	排名
工银红利股票	481006	2007.07.18	10.20	68	-18.00	29	-5.90	151
浦银安盛红利精选股票	519115	2009.12.03	10.14	69	-23.00	86	-4.57	145
东方策略成长股票	400007	2008.06.03	10.07	70	-10.95	3	-1.66	122
建信内生动力股票	530011	2010.11.16	10.05	71	-17.65	23	—	—
申万菱信竞争优势股票	310368	2008.07.04	10.05	71	-26.84	146	3.70	91
国泰金牛创新股票	020010	2007.05.18	9.93	72	-14.70	9	0.34	112
建信核心精选股票	530006	2008.11.25	9.87	73	-17.17	20	12.51	36
华安行业轮动股票	040016	2010.05.11	9.81	74	-25.09	121	—	—
中海消费股票	398061	2011.11.09	9.72	75	—	—	—	—
诺德中小盘股票	570006	2010.06.28	9.68	76	-24.72	116	—	—
鹏华价值优势股票(LOF)	160607	2006.07.18	9.37	77	-9.93	2	-13.43	180
鹏华精选成长股票	206002	2009.09.09	9.32	78	-27.67	162	-3.87	141
泰信中小盘精选股票	290011	2011.10.26	9.23	79	—	—	—	—
泰信发展主题股票	290008	2010.12.15	9.16	80	-21.48	65	—	—
南方隆元产业主题股票	202007	2007.11.09	9.13	81	-27.57	159	0.57	109
中银增长股票	163803	2006.03.17	9.02	82	-25.37	128	2.45	97
富国天博创新股票	519035	2007.04.27	8.97	83	-23.48	97	6.05	73
国联安红利股票	257040	2008.10.22	8.93	84	-23.92	104	-11.23	178
泰达宏利成长股票	162201	2003.04.25	8.90	85	-27.17	152	22.32	8
上投摩根内需动力股票	377020	2007.04.13	8.88	86	-23.37	94	1.91	101
泰达宏利稳定股票	162203	2003.04.25	8.40	87	-17.00	18	5.99	74
光大保德信量化股票	360001	2004.08.27	8.31	88	-21.07	59	-3.20	131
嘉实周期优选股票	070027	2011.12.08	8.21	89	—	—	—	—
交银精选股票	519688	2005.09.29	8.13	90	-27.14	151	-14.24	182
华泰柏瑞量化先行股票	460009	2010.06.22	8.10	91	-22.57	78	—	—
大成内需增长股票	090015	2011.06.14	8.10	91	—	—	—	—
国联安优势股票	257030	2007.01.24	8.02	92	-20.48	48	-3.84	140
信诚盛世蓝筹股票	550003	2008.06.04	8.02	92	-23.27	92	20.79	13
长城久富股票(LOF)	162006	2007.02.12	7.96	93	-22.94	85	2.65	96
长城双动力股票	200010	2009.01.15	7.95	94	-27.57	160	-9.24	169
浙商聚潮产业成长股票	688888	2011.05.17	7.76	95	—	—	—	—
泰达宏利周期股票	162202	2003.04.25	7.65	96	-28.59	172	9.51	48
信诚新机遇股票(LOF)）	165512	2011.08.01	7.48	97	—	—	—	—
南方绩优成长股票	202003	2006.11.16	7.46	98	-23.26	91	2.38	99

（续上表）

基金简称	基金代码	设立日期	2012年	排名	2011年	排名	2010年	排名
华宝兴业大盘精选股票	240011	2008.10.07	7.40	99	-30.49	195	-3.18	130
诺安主题精选股票	320012	2010.09.15	7.32	100	-20.96	56	—	—
天治成长精选股票	350008	2011.08.04	7.31	101	—	—	—	—
中海量化策略股票	398041	2009.06.24	7.27	102	-20.27	46	6.38	70
天弘永定价值成长股票	420003	2008.12.02	7.26	103	-28.91	178	11.16	42
东吴双动力股票	580002	2006.12.15	7.24	104	-25.63	133	23.00	7
易方达价值精选股票	110009	2006.06.13	7.17	105	-24.01	106	0.20	114
诺德成长优势股票	570005	2009.09.22	7.17	105	-24.81	118	4.56	84
博时精选股票	050004	2004.06.22	7.15	106	-21.27	62	-7.42	163
博时特许价值股票	050010	2008.05.28	6.96	107	-16.34	16	1.98	100
农银大盘蓝筹股票	660006	2010.09.01	6.83	108	-21.30	63	—	—
东方核心动力股票	400011	2009.06.24	6.83	109	-24.39	112	-6.35	152
信诚优胜精选股票	550008	2009.08.26	6.83	110	-34.06	214	7.05	62
新华中小市值优选股票	519097	2011.01.28	6.75	111	—	—	—	—
景顺长城鼎益股票(LOF)	162605	2005.03.16	6.69	112	-21.66	67	-10.85	176
华泰柏瑞行业领先股票	460007	2009.08.03	6.39	113	-31.77	207	12.83	33
华宝兴业先进成长股票	240009	2006.11.07	6.24	114	-31.35	203	-14.51	183
上投摩根大盘蓝筹股票	376510	2010.12.20	6.17	115	-24.03	107	—	—
民生加银景气行业股票	690007	2011.11.22	6.09	116	—	—	—	—
宝盈资源优选股票	213008	2008.04.15	6.07	117	-17.23	21	-3.81	138
富国天合稳健股票	100026	2006.11.15	6.01	118	-24.71	115	7.24	61
大摩卓越成长股票	233007	2010.05.18	5.99	119	-18.30	32	—	—
富国天益价值股票	100020	2004.06.15	5.91	120	-21.23	61	5.89	76
嘉实领先成长股票	070022	2011.05.31	5.89	121	—	—	—	—
大摩多因子策略股票	233009	2011.05.17	5.80	122	—	—	—	—
宝盈策略增长股票	213003	2007.01.19	5.73	123	-22.58	79	-12.96	179
申万菱信量化小盘股票(LOF)	163110	2011.06.16	5.63	124	—	—	—	—
招商优质成长股票(LOF)	161706	2005.11.17	5.59	125	-28.31	168	-0.71	116
易方达科讯股票	110029	2007.12.18	5.51	126	-24.76	117	-3.54	135
申万菱信消费增长股票	310388	2009.06.12	5.47	127	-30.53	196	1.23	106
华安宏利股票	040005	2006.09.06	5.36	128	-22.49	77	-1.30	120
易方达中小盘股票	110011	2008.06.19	5.25	129	-27.27	155	14.57	27
招商大盘蓝筹股票	217010	2008.06.19	5.25	130	-36.09	223	10.14	46
华夏行业股票(LOF)	160314	2007.11.22	5.24	131	-19.94	44	-2.40	126

（续上表）

基金简称	基金代码	设立日期	2012年	排名	2011年	排名	2010年	排名
泰达宏利中小盘股票	162214	2011.01.26	5.24	131	—	—	—	—
光大保德信优势配置股票	360007	2007.08.24	5.23	132	-21.04	58	-7.46	164
民生加银稳健成长股票	690004	2010.06.29	5.23	133	-34.93	220	—	—
汇添富均衡增长股票	519018	2006.08.07	5.22	134	-25.47	130	4.92	80
鹏华消费优选股票	206007	2010.12.28	5.19	135	-17.86	28	—	—
广发制造业精选股票	270028	2011.09.20	5.15	136	—	—	—	—
汇丰晋信科技先锋股票	540010	2011.07.27	5.14	137	—	—	—	—
招商行业领先股票	217012	2009.06.19	5.07	138	-26.28	141	4.44	86
长信金利趋势股票	519994	2006.04.30	5.04	139	-19.13	39	-3.40	132
汇丰晋信大盘股票	540006	2009.06.24	4.99	140	-19.39	41	8.20	55
工银消费服务股票	481013	2011.04.21	4.98	141	—	—	—	—
浦银安盛价值成长股票	519110	2008.04.16	4.85	142	-25.21	126	1.05	108
汇添富成长焦点股票	519068	2007.03.12	4.77	143	-21.53	66	7.51	60
易方达科翔股票	110013	2008.11.13	4.70	144	-23.23	90	1.69	103
易方达行业领先股票	110015	2009.03.26	4.66	145	-29.59	183	11.60	40
鹏华优质治理股票(LOF)	160611	2007.04.25	4.65	146	-21.70	69	-6.57	156
方正富邦创新动力股票	730001	2011.12.26	4.60	147	—	—	—	—
银河消费股票	519678	2011.07.29	4.55	148	—	—	—	—
兴全全球视野股票	340006	2006.09.20	4.52	149	-13.89	7	3.97	90
金元惠理消费主题股票	620006	2010.09.15	4.46	150	-18.71	34	—	—
嘉实主题新动力股票	070021	2010.12.07	4.41	151	-23.21	89	—	—
广发聚丰股票	270005	2005.12.23	4.35	152	-24.01	106	-1.29	119
华安升级主题股票	040020	2011.04.22	4.32	153	—	—	—	—
诺德价值优势股票	570001	2007.04.19	4.31	154	-20.88	54	-2.04	125
泰达宏利首选企业股票	162208	2006.12.01	4.28	155	-21.69	68	-10.35	174
国泰金鹰增长股票	020001	2002.05.08	4.19	156	-23.69	100	5.33	78
民生加银精选股票	690003	2010.02.03	4.16	157	-30.78	200	—	—
长城消费增值股票	200006	2006.04.06	4.15	158	-16.54	17	-8.05	165
宝盈泛沿海增长股票	213002	2005.03.08	4.07	159	-23.03	87	-24.04	186
新华优选成长股票	519089	2008.07.25	4.04	160	-17.15	19	3.42	94
银华价值优选股票	519001	2005.09.27	4.03	161	-27.36	156	-2.72	128
博时行业轮动股票	050018	2010.12.10	4.02	162	-27.80	164	—	—
汇丰晋信消费红利股票	540009	2010.12.08	3.97	163	-17.65	24	—	—
国投瑞银成长优选股票	121008	2008.01.10	3.96	164	-23.38	95	3.43	93

（续上表）

基金简称	基金代码	设立日期	2012年	排名	2011年	排名	2010年	排名
建信优选成长股票	530003	2006.09.08	3.95	165	-28.52	171	4.49	85
大成核心双动力股票	090011	2010.06.22	3.85	166	-31.55	205	—	—
汇添富策略回报股票	470008	2009.12.22	3.81	167	-26.37	142	21.60	11
招商中小盘股票	217013	2009.12.25	3.80	168	-24.95	119	8.06	56
工银核心价值股票	481001	2005.08.31	3.70	169	-23.65	98	5.67	77
嘉实价值优势股票	070019	2010.06.07	3.57	170	-22.03	73	—	—
大成行业轮动股票	090009	2009.09.08	3.54	171	-38.12	228	13.85	30
长信恒利优势股票	519987	2009.07.30	3.51	172	-25.11	122	-6.75	158
鹏华新兴产业股票	206009	2011.06.15	3.47	173	—	—	—	—
平安大华行业先锋股票	700001	2011.09.20	3.43	174	—	—	—	—
国泰价值经典股票(LOF)	160215	2010.08.13	3.42	175	-21.89	72	—	—
华安中小盘成长股票	040007	2007.04.10	3.42	175	-29.84	187	1.69	102
华商价值精选股票	630010	2011.05.31	3.40	176	—	—	—	—
银华消费分级股票	161818	2011.09.28	3.29	177	—	—	—	—
东吴新创业股票	580007	2010.06.29	3.24	178	-22.87	84	—	—
泰达宏利红利先锋股票	162212	2009.12.03	3.22	179	-15.63	12	19.30	17
天弘周期策略股票	420005	2009.12.17	3.18	180	-25.66	134	17.54	21
交银先进制造股票	519704	2011.06.22	3.11	181	—	—	—	—
景顺长城资源垄断股票(LOF)	162607	2006.01.26	3.06	182	-22.86	83	-0.96	117
银河行业股票	519670	2009.04.24	3.03	183	-20.50	49	29.94	2
国投瑞银创新动力股票	121005	2006.11.15	2.87	184	-20.69	51	1.64	104
光大保德信中小盘股票	360012	2010.04.14	2.86	185	-31.38	204	—	—
兴全合润分级股票	163406	2010.04.22	2.80	186	-20.91	55	—	—
招商安泰股票	217001	2003.04.28	2.72	187	-32.12	208	-0.28	115
景顺长城内需增长股票	260104	2004.06.25	2.65	188	-19.21	40	11.42	41
富国低碳环保股票	100056	2011.08.10	2.63	189	—	—	—	—
融通动力先锋股票	161609	2006.11.15	2.62	190	-30.77	199	-3.84	139
光大保德信新增长股票	360006	2006.09.14	2.47	191	-24.15	110	-1.78	124
光大保德信均衡精选股票	360010	2009.03.04	2.43	192	-23.46	96	-4.91	147
长盛量化红利股票	080005	2009.11.25	2.42	193	-17.82	27	4.17	88
海富通中小盘股票	519026	2010.04.14	2.39	194	-30.06	189	—	—
民生加银内需增长股票	690005	2011.01.28	2.28	195	—	—	—	—
银华内需精选股票(LOF)	161810	2009.07.01	2.27	196	-41.78	231	5.96	75
长信增利动态策略股票	519993	2006.11.09	2.18	197	-28.73	176	-6.84	160

（续上表）

基金简称	基金代码	设立日期	2012年	排名	2011年	排名	2010年	排名
银华优质增长股票	180010	2006.06.09	2.17	198	-26.23	140	6.83	65
汇添富社会责任股票	470028	2011.03.29	2.13	199	—	—	—	—
泰达宏利精选股票	162204	2004.07.09	2.12	200	-23.99	105	12.73	34
华夏收入股票	288002	2005.11.17	2.06	201	-12.15	5	-6.83	159
大成策略回报股票	090007	2008.11.26	2.02	202	-26.97	150	12.04	39
南方积极配置股票(LOF)	160105	2004.10.14	1.90	203	-23.30	93	6.98	63
国投瑞银核心企业股票	121003	2006.04.19	1.83	204	-26.00	138	-3.70	137
华商产业升级股票	630006	2010.06.18	1.66	205	-39.58	229	—	—
农银策略精选股票	660010	2011.09.06	1.46	206	—	—	—	—
汇丰晋信中小盘股票	540007	2009.12.11	1.44	207	-33.56	212	8.60	53
兴全绿色投资股票(LOF)	163409	2011.05.06	1.44	207	—	—	—	—
景顺长城内需贰号股票	260109	2006.10.11	1.24	208	-19.47	42	10.84	43
华宝兴业动力组合股票	240004	2005.11.17	1.24	208	-21.11	60	-5.46	149
嘉实量化阿尔法股票	070017	2009.03.20	1.10	209	-34.27	216	2.41	98
信达澳银产业升级股票	610006	2011.06.13	1.09	210	—	—	—	—
建信恒久价值股票	530001	2005.12.01	0.92	211	-20.78	52	8.39	54
景顺长城精选蓝筹股票	260110	2007.06.18	0.89	212	-21.81	71	-13.80	181
华夏优势增长股票	000021	2006.11.24	0.83	213	-28.65	173	24.75	3
信达澳银红利回报股票	610005	2010.07.28	0.82	214	-32.90	211	—	—
交银趋势股票	519702	2010.12.22	0.80	215	-25.22	127	—	—
汇丰晋信龙腾股票	540002	2006.09.27	0.79	216	-25.49	131	7.58	58
景顺长城中小盘股票	260115	2011.03.22	0.75	217	—	—	—	—
国泰中小盘成长股票(LOF)	160211	2009.10.19	0.70	218	-21.74	70	8.20	55
国富潜力组合股票	450003	2007.03.22	0.63	219	-20.31	47	4.81	82
富国通胀通缩主题股票	100039	2010.05.12	0.61	220	-29.63	184	—	—
工银稳健成长股票	481004	2006.12.06	0.46	221	-22.33	75	9.37	49
银华富裕主题股票	180012	2006.11.16	0.41	222	-28.44	170	15.68	25
华泰柏瑞盛世中国股票	460001	2005.04.27	0.21	223	-26.87	147	6.62	67
海富通国策导向股票	519033	2011.11.16	0.10	224	—	—	—	—
信诚中小盘股票	550009	2010.02.10	0.00	225	-30.23	192	—	—
中邮核心主题股票	590005	2010.05.19	0.00	225	-31.29	202	—	—
长信量化先锋股票	519983	2010.11.18	-0.42	226	-27.89	165	—	—
金元惠理价值增长股票	620004	2009.09.11	-0.51	227	-24.11	109	-3.43	133

（续上表）

基金简称	基金代码	设立日期	2012年	排名	2011年	排名	2010年	排名
工银主题策略股票	481015	2011.10.24	−0.51	227	—	—	—	—
汇丰晋信低碳先锋股票	540008	2010.06.08	−0.62	228	24.09	108	—	—
长城中小盘股票	200012	2011.01.27	−0.63	229	—	—	—	—
易方达资源行业股票	110025	2011.08.16	−0.65	230	—	—	—	—
华夏复兴股票	000031	2007.09.10	−0.66	231	−28.65	174	16.81	22
华宝兴业多策略股票	240005	2004.05.11	−0.67	232	−26.38	143	−9.22	168
信达澳银领先增长股票	610001	2007.03.08	−0.74	233	−18.98	38	3.01	95
长盛同祥泛资源股票	080008	2011.10.26	−0.80	234	—	—	—	—
华安科技动力股票	040025	2011.12.20	−0.90	235	—	—	—	—
大摩领先优势股票	233006	2009.09.22	−0.91	236	−31.72	206	21.97	10
长信银利精选股票	519996	2005.01.17	−1.04	237	−28.83	177	0.43	111
金元惠理核心动力股票	620005	2010.02.11	−1.08	238	−25.08	120	—	—
海富通风格优势股票	519013	2006.10.19	−1.12	239	−24.65	114	7.86	57
大成景阳领先股票	519019	2007.12.11	−1.42	240	−29.07	180	20.40	15
海富通股票	519005	2005.07.29	−1.63	241	−29.05	179	6.72	66
华安策略优选股票	040008	2007.08.02	−1.71	242	−25.87	137	−2.88	129
华泰柏瑞价值增长股票	460005	2008.07.16	−1.75	243	−26.20	139	21.98	9
诺安成长股票	320007	2009.03.10	−1.78	244	−16.24	15	15.74	24
工银大盘蓝筹股票	481008	2008.08.04	−1.96	245	−30.21	191	−10.28	173
南方策略优化股票	202019	2010.03.30	−1.96	245	−30.43	194	—	—
易方达消费行业股票	110022	2010.08.20	−2.28	246	−15.06	10	—	—
中邮核心成长股票	590002	2007.08.17	−2.60	247	−34.42	218	−10.90	177
东吴行业轮动股票	580003	2008.04.23	−2.86	248	−37.26	226	19.05	18
华富量子生命力股票	410009	2011.04.01	−2.90	249	—	—	—	—
信达澳银中小盘股票	610004	2009.12.01	−3.20	250	−34.36	217	23.70	5
大成积极成长股票	519017	2007.01.16	−3.22	251	−26.71	145	12.85	32
海富通领先成长股票	519025	2009.04.30	−3.22	251	−27.22	153	12.28	38
泰信优质生活股票	290004	2008.12.15	−3.30	252	−34.09	215	0.54	110
东吴新产业精选股票	580008	2011.09.28	−3.38	253	—	—	—	—
万家公用事业行业股票(LOF)	161903	2005.07.15	−3.47	254	−28.14	167	−3.57	136
诺安股票	320003	2005.12.19	−3.49	255	−27.72	163	−2.68	127
诺安中小盘精选股票	320011	2010.04.28	−3.78	256	−23.03	87	—	—
纽银策略优选股票	671010	2011.01.25	−3.80	257	—	—	—	—

（续上表）

基金简称	基金代码	设立日期	2012年	排名	2011年	排名	2010年	排名
金鹰稳健成长股票	210004	2010.04.14	-3.83	258	-36.60	225	—	—
中邮核心优选股票	590001	2006.09.28	-4.01	259	-35.75	222	-7.06	161
国泰区位优势股票	020015	2009.05.27	-4.30	260	-21.89	72	13.70	31
银华领先策略股票	180013	2008.08.20	-4.34	261	-29.27	182	-9.31	170
华商盛世成长股票	630002	2008.09.23	-4.51	262	-29.10	181	37.77	1
诺安价值增长股票	320005	2006.11.21	-4.66	263	-22.69	81	0.28	113
长盛同德主题股票	519039	2007.10.25	-4.82	264	-25.13	123	4.34	87
融通领先成长股票(LOF)	161610	2007.04.30	-4.83	265	-27.26	154	-3.93	142
博时新兴成长股票	050009	2007.07.06	-4.96	266	-30.69	197	-6.39	153
诺安多策略股票	320016	2011.08.09	-4.99	267	—	—	—	—
工银中小盘成长股票	481010	2010.02.10	-5.26	268	-29.67	186	—	—
富安达优势成长股票	710001	2011.09.21	-5.30	269	—	—	—	—
景顺长城公司治理股票	260111	2008.10.22	-5.64	270	-30.09	190	14.25	29
银河蓝筹股票	519672	2010.07.16	-5.67	271	-19.98	45	—	—
金鹰主题优势股票	210005	2010.12.20	-5.86	272	-35.39	221	—	—
中银中小盘成长股票	163818	2011.11.23	-5.89	273	—	—	—	—
华富成长趋势股票	410003	2007.03.19	-6.30	274	-33.71	213	7.52	59
景顺长城新兴成长股票	260108	2006.06.28	-6.47	275	-32.56	209	-1.70	123
金鹰行业优势股票	210003	2009.07.01	-6.98	276	-37.49	227	17.96	19
上投摩根阿尔法股票	377010	2005.10.11	-7.17	277	-28.71	175	-6.51	154
金鹰策略配置股票	210008	2011.09.01	-7.37	278	—	—	—	—
诺德优选30股票	570007	2011.05.05	-7.97	279	—	—	—	—

表2-13 近三年开放式(指数股票型)基金年度收益率排名（2010—2012）

（单位：%）

基金代码	基金简称	设立日期	2012年	排名	2011年	排名	2010年	排名
161211	国投瑞银沪深300金融地产指数(LOF)	2010.04.09	22.43	1	-13.75	1	—	—
110021	易方达上证中盘ETF联接	2011.03.31	19.14	2	—	—	—	—
519027	海富通上证周期ETF联接	2009.12.29	16.38	3	-17.47	7	-24.10	38
510013	博时上证超大盘ETF联接	2010.09.28	16.37	4	-16.32	5	—	—
020021	国泰上证180金融ETF联接	2010.04.23	15.34	5	-13.94	2	—	—
110003	易方达上证50指数	2004.03.22	14.73	6	-18.06	11	-19.18	37
310398	申万菱信沪深300价值指数	2010.02.11	14.59	7	-16.39	6	—	—
530010	建信上证社会责任ETF联接	2010.11.18	14.30	8	-19.31	17	—	—
240016	华宝兴业上证180价值ETF联接	2010.05.28	14.21	9	-17.57	8	—	—
040190	华安上证龙头ETF联接	2009.09.29	13.58	10	-18.74	12	-16.95	28
519671	银河沪深300价值指数	2009.12.28	13.44	11	-17.72	10	-15.98	27
202017	南方深证成份ETF联接	2011.08.09	13.24	12	—	—	—	—
100038	富国沪深300指数增强	2009.12.16	12.64	13	-17.67	9	-9.00	8
450008	国富沪深300指数增强	2009.09.03	12.62	14	-22.72	33	-5.89	6
162307	海富通中证100指数(LOF)	2009.10.30	11.98	15	-19.33	18	-18.24	33
519100	长盛中证100指数	2006.11.22	11.98	16	-19.50	19	-17.70	30
410008	华富中证100指数	2009.12.30	11.92	17	-19.29	16	-17.04	29
240014	华宝兴业中证100指数	2009.09.29	11.55	18	-19.10	14	-19.00	36
320010	诺安中证100指数	2009.10.27	11.52	19	-19.12	15	-18.48	35
519686	交银上证180公司治理ETF联接	2009.09.29	11.47	20	-21.96	29	-14.43	25
161607	融通巨潮100指数(LOF)	2005.05.12	11.45	21	-20.53	25	-18.39	34
160716	嘉实基本面50指数(LOF)	2009.12.30	11.28	22	-14.56	3	-26.11	39
163808	中银中证100指数增强	2009.09.04	11.24	23	-19.70	21	-17.79	31
519180	万家180指数	2003.03.17	11.19	24	-22.26	32	-15.65	26
162509	国联安双禧中证100指数分级	2010.04.16	10.63	25	-20.15	24	—	—
162213	泰达宏利财富大盘指数	2010.04.23	10.57	26	-18.96	13	—	—
100032	富国中证红利指数增强	2008.11.20	10.06	27	-15.51	4	-9.06	9
000051	华夏沪深300指数	2009.07.10	9.47	28	-23.44	39	-11.52	12
163407	兴全沪深300指数(LOF)	2010.11.02	9.40	29	-19.79	22	—	—
399001	中海上证50指数增强	2010.03.25	9.00	30	-19.60	20	—	—
160706	嘉实沪深300指数(LOF)	2005.08.29	8.81	31	-22.95	34	-11.45	11
660008	农银沪深300指数	2011.04.12	8.79	32	—	—	—	—
519116	浦银安盛沪深300指数增强	2010.12.10	8.68	33	-24.80	52	—	—
270010	广发沪深300指数	2008.12.30	8.63	34	-23.02	37	-12.30	20

（续上表）

基金代码	基金简称	设立日期	2012年	排名	2011年	排名	2010年	排名
481009	工银沪深300指数股票	2009.03.05	8.61	35	−23.53	40	−11.79	14
161811	银华沪深300指数(LOF)	2009.10.14	8.54	36	−23.74	46	−11.85	15
519300	大成沪深300指数	2006.04.06	8.49	37	−23.77	47	−12.67	23
165309	建信沪深300指数(LOF)	2009.11.05	8.43	38	−23.70	45	−12.28	19
160615	鹏华沪深300指数(LOF)	2009.04.03	8.38	39	−23.60	43	−12.63	22
040002	华安中国A股增强指数	2002.11.08	8.34	40	−25.64	53	−6.65	7
202015	南方沪深300指数	2009.03.25	8.28	41	−23.89	48	−12.31	21
110020	易方达沪深300指数	2009.08.26	8.27	42	−23.02	36	−11.85	16
213010	宝盈中证100指数增强	2010.02.08	8.25	43	−20.56	26	—	—
050002	博时沪深300指数	2003.08.26	8.25	44	−23.55	41	−11.98	17
163001	长信中证央企100指数(LOF)	2010.03.26	8.24	45	−22.22	31	—	—
160807	长盛沪深300指数(LOF)	2010.08.04	8.01	46	−23.09	38	—	—
020011	国泰沪深300指数	2007.11.11	7.92	47	−23.57	42	−11.67	13
200002	长城久泰沪深300指数	2004.05.21	7.92	48	−24.12	50	−11.05	10
161017	富国中证500指数增强(LOF)	2011.10.12	7.77	49	—	—	—	—
161207	国投瑞银沪深300指数分级	2009.10.14	7.76	50	−24.11	49	−12.14	18
090010	大成中证红利指数	2010.02.02	7.20	51	−22.05	30	—	—
161907	万家中证红利指数(LOF)	2011.03.17	6.93	52	—	—	—	—
166007	中欧沪深300指数增强(LOF)	2010.06.24	6.57	53	−22.95	35	—	—
040180	华安上证180ETF联接	2010.12.08	6.41	54	−24.42	51	—	—
161816	银华中证等权90指数分级	2011.03.17	6.31	55	—	—	—	—
470007	汇添富上证综合指数	2009.07.01	5.70	56	−20.11	23	−14.37	24
470068	汇添富深证300ETF联接	2011.01.30	5.58	57	—	—	—	—
100053	富国上证综指ETF联接	2010.08.05	5.49	58	−26.45	55	—	—
180003	银华−道琼斯88指数	2004.08.11	5.06	59	−21.53	27	−18.01	32
257060	国联安上证商品ETF联接	2010.11.09	4.96	60	−30.37	65	—	—
161217	国投瑞银中证资源指数(LOF)	2011.07.21	4.87	61	—	—	—	—
240019	华宝兴业上证180成长ETF联接	2010.08.27	4.60	62	−23.66	44	—	—
519706	交银深证300价值ETF联接	2010.12.01	4.50	63	−33.13	68	—	—
110019	易方达深证100ETF联接	2011.09.28	3.96	64	—	—	—	—
160415	华安深证300指数(LOF)	2011.09.02	3.59	65	—	—	—	—
202021	南方小康ETF联接	2010.03.31	3.56	66	−29.73	63	—	—
161612	融通深证成份指数股票	2010.11.15	3.15	67	−27.55	58	—	—
206005	鹏华上证民企50ETF联接	2009.12.09	2.62	68	−27.05	57	−5.79	5
164205	天弘深证成份指数(LOF)	2010.08.12	2.56	69	−28.12	59	—	—

（续上表）

基金代码	基金简称	设立日期	2012年	排名	2011年	排名	2010年	排名
217019	招商深证TMT50ETF联接	2011.09.28	2.56	70	—	—	—	—
481012	工银深证红利ETF联接	2009.12.01	2.39	71	−28.96	60	−0.50	3
530015	建信深证基本面60ETF联接	2011.06.27	2.34	72	—	—	—	—
070023	嘉实深证基本面120联接	2011.09.08	2.28	73	—	—	—	—
161604	融通深证100指数	2003.09.30	2.14	74	−29.66	61	−3.66	4
163109	申万菱信深证成指分级	2010.10.22	2.13	75	−26.84	56	—	—
161812	银华深证100指数分级	2010.05.07	2.00	76	−30.05	64	—	—
161213	国投瑞银中证消费服务指数(LOF)	2010.12.16	1.16	77	−21.87	28	—	—
090016	大成中证内地消费主题指数	2011.11.08	1.03	78	—	—	—	—
090012	大成深证成长40ETF联接	2011.08.01	0.98	79	—	—	—	—
217016	招商深证100指数	2010.06.22	0.74	80	−29.69	62	—	—
217017	招商上证消费80ETF联接	2010.12.21	0.67	81	−25.70	54	—	—
050021	博时深证基本面200ETF联接	2011.06.10	0.66	82	—	—	—	—
160808	长盛同瑞中证200分级	2011.12.06	0.38	83	—	—	—	—
162711	广发中证500指数(LOF)	2009.11.26	0.14	84	−32.51	66	8.52	2
519032	海富通上证非周期ETF联接	2011.04.27	−0.13	85	—	—	—	—
460220	华泰柏瑞上证中小盘ETF联接	2011.01.26	−0.15	86	—	—	—	—
160119	南方中证500指数(LOF)	2009.09.25	−0.17	87	−32.72	67	9.40	1
160616	鹏华中证500指数(LOF)	2010.02.05	−0.29	88	−33.24	69	—	—
165511	信诚中证500指数分级	2011.02.11	−0.55	89	—	—	—	—
290010	泰信中证200指数	2011.06.09	−0.71	90	—	—	—	—
206010	鹏华深证民营ETF联接	2011.09.02	−0.96	91	—	—	—	—
110026	易方达创业板ETF联接	2011.09.20	−1.21	92	—	—	—	—
202025	南方上证380ETF联接	2011.09.20	−1.33	93	—	—	—	—
162216	泰达宏利500指数分级	2011.12.01	−1.40	94	—	—	—	—
590007	中邮上证380指数增强	2011.11.22	−2.07	95	—	—	—	—
585001	东吴中证新兴指数	2011.02.01	−2.82	96	—	—	—	—
270026	广发中小板300联接	2011.06.09	−2.85	97	—	—	—	—
320014	诺安上证新兴产业ETF联接	2011.04.07	3.17	08	—	—	—	—
233010	大摩深证300指数增强	2011.11.15	−3.32	99	—	—	—	—
161819	银华中证内地资源指数分级	2011.12.08	−5.97	100	—	—	—	—
210007	金鹰中证技术领先指数增强	2011.06.01	−6.30	101	—	—	—	—
410010	华富中小板指数增强	2011.12.09	−8.71	102	—	—	—	—
660011	农银中证500指数	2011.11.29	−9.93	103	—	—	—	—

说明：嘉实沪深300指数和华夏沪深300指数2012年分别转型为嘉实沪深300ETF联接和华夏沪深300ETF联接基金。
仅对完整运作一年以上的基金进行统计，当年新成立的基金不在统计范围内。

表2-14 近三年开放式(混合型)基金年度收益率排名（2010—2012）

（单位：%）

基金代码	基金简称	设立日期	2012年	排名	2011年	排名	2010年	排名
630001	上投摩根双息平衡混合	2007.05.15	17.28	1	-33.40	149	17.62	18
163804	浦银安盛精致生活混合	2006.10.11	16.02	2	-22.06	80	12.37	31
519690	益民核心增长混合	2006.06.14	15.29	3	-22.91	89	-3.73	122
519700	中海能源策略混合	2010.06.30	14.46	4	-27.15	133	—	—
121006	南方优选成长混合	2008.06.11	14.25	5	-12.73	13	14.39	26
240008	南方稳健成长混合	2006.06.15	14.00	6	-21.40	74	-6.40	138
160605	申万菱信盛利强化配置混合	2004.05.12	13.41	7	-23.88	99	3.58	82
100022	大成2020生命周期混合	2005.04.05	13.01	8	-11.31	8	-9.22	147
540004	融通蓝筹成长混合	2008.07.23	12.71	9	-26.20	124	-0.69	98
519008	上投摩根双核平衡混合	2005.08.25	12.51	10	-24.32	106	8.05	49
161219	国富策略回报混合	2011.12.13	12.30	11	—	—	—	—
400001	博时策略混合	2004.11.25	12.18	12	-8.39	4	2.30	89
163809	长盛同智优势混合(LOF)	2010.02.11	12.06	13	-19.28	52	—	—
460002	大成精选增值混合	2007.05.29	12.01	14	-31.01	145	7.03	55
519087	华夏经典混合	2005.09.16	11.53	15	-16.22	27	-2.18	109
400003	农银平衡双利混合	2006.01.11	11.52	16	-14.55	17	-0.99	103
163801	嘉实成长收益混合	2005.01.04	11.47	17	-18.64	45	12.89	27
360011	泰达宏利风险预算混合	2009.10.28	11.20	18	-19.72	56	12.63	28
373010	华夏红利混合	2006.04.26	11.04	19	-24.27	103	-2.53	111
160910	诺安平衡混合	2007.06.12	11.01	20	-30.09	142	4.44	72
166002	华富价值增长混合	2008.07.25	11.00	21	-13.95	15	4.05	77
257010	申万菱信新经济混合	2004.04.12	10.80	22	-23.96	100	3.98	78
519991	金鹰中小盘精选混合	2008.06.19	10.79	23	-14.63	18	-4.15	125
200001	南方稳健成长贰号混合	2003.10.31	10.73	24	-20.29	64	-6.25	137
070011	华宝兴业收益增长混合	2006.12.12	10.69	25	-23.48	94	19.91	6
240002	工银精选平衡混合	2003.07.15	10.63	26	-18.88	47	-7.13	142
202023	银华成长先锋混合	2011.01.30	9.99	27	—	—	—	—
070001	国泰金鹏蓝筹混合	2002.11.05	9.92	28	-15.51	23	1.29	92
162205	宝盈核心优势混合	2005.04.05	9.74	29	-3.47	2	-4.73	128
162207	中欧新蓝筹混合	2006.05.12	9.59	30	-24.36	107	16.27	20
160610	泰达宏利品质生活混合	2007.01.09	9.28	31	-22.40	84	-3.51	121
519113	大成蓝筹稳健混合	2009.06.04	8.80	32	-24.30	104	7.89	50
270022	海富通收益增长混合	2010.04.19	8.75	33	-23.71	95	—	—
270001	建信优化配置混合	2003.12.03	8.68	34	-19.30	53	-0.94	102
161606	中银价值混合	2004.04.29	8.54	35	-35.34	150	-5.68	134

（续上表）

基金代码	基金简称	设立日期	2012年	排名	2011年	排名	2010年	排名
610002	华夏蓝筹混合(LOF)	2008.07.30	8.38	36	−17.73	37	8.43	47
398031	诺安灵活配置混合	2008.12.03	7.98	37	−22.43	85	8.64	46
050022	中邮核心优势灵活配置混合	2011.11.08	7.78	38	—	—	—	—
100029	长城久恒平衡混合	2008.05.28	7.72	39	−17.29	33	14.52	23
720001	汇丰晋信动态策略混合	2011.12.01	7.71	40	—	—	—	—
002001	融通新蓝筹混合	2003.09.05	7.51	41	−11.77	11	4.33	75
398051	华商策略精选混合	2010.12.09	7.48	42	−23.03	91	—	—
180018	天治品质优选混合	2009.04.27	7.44	43	−20.12	61	2.08	90
002021	中海分红增利混合	2006.08.14	7.33	44	−12.05	12	4.38	73
180001	富国天源平衡混合	2002.11.13	7.32	45	−15.31	21	4.11	76
000001	银河银泰混合	2001.12.18	7.25	46	−24.45	109	3.56	83
270006	东方龙混合	2006.05.17	7.22	47	−24.41	108	18.37	11
375010	易方达价值成长混合	2004.09.15	7.13	48	−25.76	121	−3.47	120
320006	国联安小盘精选混合	2008.05.20	7.10	49	−16.81	31	16.02	21
160311	国泰金马稳健混合	2007.04.24	7.10	49	−26.20	124	−1.07	105
200007	银华优势企业混合	2006.08.22	7.01	50	−20.43	65	9.99	43
373020	国投瑞银景气行业混合	2008.05.21	6.87	51	−21.85	78	4.69	71
090003	兴全趋势混合(LOF)	2004.06.03	6.65	52	−29.67	140	5.78	63
217005	嘉实主题混合	2004.06.01	6.57	53	−26.47	127	−1.39	107
519091	金元惠理成长动力混合	2009.07.13	6.38	54	−9.46	5	−2.14	108
161005	鹏华中国50混合	2005.11.16	6.27	55	−25.30	115	19.37	7
213001	申万菱信盛利精选混合	2002.10.08	6.07	56	−20.94	67	1.11	94
090004	招商核心价值混合	2004.12.15	6.02	57	−29.46	139	1.79	91
350001	易方达策略成长二号混合	2004.06.29	5.99	58	−21.38	73	6.49	59
000011	交银主题优选混合	2004.08.11	5.89	59	−17.10	32	24.24	4
270002	广发稳健增长混合	2004.07.26	5.70	60	−21.21	71	6.58	58
112002	大成价值增长混合	2006.08.16	5.68	61	−19.27	51	−3.39	118
260103	海富通强化回报混合	2003.10.24	5.66	62	−22.69	87	−7.25	143
070002	中银收益混合	2003.07.09	5.55	63	18.72	16	24.87	2
200011	信达澳银精华配置混合	2009.06.30	5.54	64	−25.54	118	11.53	34
163402	兴全可转债混合	2005.11.03	5.47	65	−18.15	43	−2.77	113
050007	华夏策略混合	2006.05.31	5.43	66	−28.55	136	2.76	88
110002	华夏稳增混合	2003.12.09	5.34	67	−19.38	54	−3.99	123
070006	东方精选混合	2004.04.01	5.23	68	−20.99	68	17.87	15
163807	东方增长中小盘混合	2009.04.03	5.22	69	−16.12	26	4.36	74

（续上表）

基金代码	基金简称	设立日期	2012年	排名	2011年	排名	2010年	排名
110012	大成创新成长混合	2008.10.09	5.20	70	−25.84	122	16.83	19
253010	金鹰红利价值混合	2005.07.13	5.12	71	−11.70	10	−20.77	149
530016	华安动态灵活配置混合	2011.11.22	4.79	72	—	—	—	—
121002	银河稳健混合	2004.04.29	4.73	73	−17.79	39	3.26	84
320001	长盛成长价值混合	2004.05.21	4.56	74	−23.83	97	−3.41	119
398011	华安宝利配置混合	2005.06.16	4.55	75	−17.91	41	3.83	79
400015	广发大盘成长混合	2011.12.28	4.52	76	—	—	—	—
217002	华商动态阿尔法混合	2003.04.28	4.51	77	−22.09	81	−0.32	97
161601	东吴嘉禾优势精选混合	2002.09.13	4.44	78	−23.04	92	−1.25	106
100016	华泰柏瑞积极成长混合	2002.08.16	4.37	79	−15.56	24	18.08	13
410007	信诚四季红混合	2009.07.15	4.07	80	−23.86	98	−7.33	145
310358	嘉实稳健混合	2006.12.06	4.04	81	−27.04	131	−4.10	124
040004	富国天惠成长混合(LOF)	2004.08.24	4.03	82	−15.12	20	7.53	53
519066	长城安心回报混合	2008.07.08	3.93	83	−20.00	59	8.15	48
410006	长城景气行业龙头混合	2008.12.24	3.91	84	−32.84	147	5.93	62
310318	金元惠理宝石动力混合	2004.11.29	3.88	85	−3.35	1	−2.67	112
150103	汇丰晋信2026周期混合	2004.03.30	3.83	86	−15.40	22	18.51	9
151001	景顺长城动力平衡混合	2003.08.04	3.71	87	−16.65	29	6.14	60
350007	中海环保新能源混合	2009.07.15	3.50	88	−17.64	36	10.44	40
040001	嘉实服务增值行业混合	2001.09.21	3.47	89	−25.72	120	5.04	66
210001	招商安泰平衡混合	2003.06.16	3.45	90	−27.61	135	4.36	74
002031	华商领先企业混合	2008.10.23	3.38	91	−14.25	16	29.50	1
050012	鹏华普天收益混合	2009.08.11	3.37	92	−24.31	105	−1.01	104
350002	中银蓝筹混合	2005.01.12	3.33	93	−26.88	130	18.36	12
217009	民生加银品牌蓝筹混合	2007.03.30	3.22	94	−27.10	132	−0.91	101
020009	兴全有机增长混合	2006.09.29	3.20	95	−21.98	79	−3.03	116
206001	财通价值动量混合	2002.05.24	3.07	96	−23.00	90	10.78	38
310308	广发策略优选混合	2004.04.09	3.04	97	−24.55	110	8.72	45
080002	华夏回报混合	2008.06.04	3.03	98	−11.62	9	10.57	39
519183	国富中国收益混合	2008.06.27	2.90	99	−16.71	30	−2.98	115
630005	交银稳健配置混合	2009.11.24	2.88	100	−31.10	145	24.64	3
161605	纽银新动向混合	2003.09.30	2.87	101	−19.03	49	−6.01	136
110005	博时平衡配置混合	2004.09.09	2.87	101	−26.54	128	5.32	64
240001	易方达积极成长混合	2003.07.15	2.83	102	−17.78	38	−0.70	99
690001	嘉实回报混合	2009.03.27	2.74	103	−22.06	80	−6.88	141

（续上表）

基金代码	基金简称	设立日期	2012年	排名	2011年	排名	2010年	排名
530005	中海优质成长混合	2007.03.01	2.61	104	-21.77	75	-2.89	114
660003	融通行业景气混合	2009.04.08	2.49	105	-22.46	86	11.81	33
160603	中海蓝筹混合	2003.07.12	2.47	106	-23.96	100	11.37	35
020005	国联安稳健混合	2004.06.18	2.44	107	-19.84	58	-4.71	127
580001	新华优选分红混合	2005.02.01	2.42	108	-23.99	101	17.88	14
070010	富国天瑞强势混合	2006.07.21	2.32	109	-20.24	63	19.11	8
620002	东吴进取策略混合	2008.09.03	2.14	110	-25.68	119	-6.47	139
288001	建信恒稳价值混合	2004.03.15	2.10	111	-17.73	37	4.81	70
050001	海富通精选混合	2002.10.09	2.09	112	-7.94	3	-5.56	133
002011	金鹰成份优选混合	2005.06.30	1.98	113	-22.33	83	2.92	87
620001	国联安安心成长混合	2007.08.15	1.84	114	-25.02	113	4.88	69
340001	招商先锋混合	2004.05.11	1.70	115	-13.68	14	7.65	51
398001	光大保德信动态优选混合	2004.09.28	1.65	116	-28.66	137	17.65	17
450001	中银优选混合	2005.06.01	1.38	117	-19.69	55	5.00	67
340008	华宝兴业宝康配置混合	2009.03.25	1.38	117	-19.76	57	14.42	25
110001	易方达平稳增长混合	2002.08.23	1.19	118	-20.23	62	-3.32	117
090001	天治财富增长混合	2002.11.11	1.13	119	-26.38	126	6.95	56
080001	长信双利优选混合	2002.09.18	1.01	120	-22.11	82	15.41	22
110010	华安创新混合	2007.04.02	0.95	121	-27.53	134	2.94	86
162211	广发内需增长混合	2009.04.09	0.80	122	-16.29	28	12.37	31
560006	长盛动态精选混合	2012.08.16	0.80	122	—	—	—	—
519029	汇添富蓝筹稳健混合	2006.08.09	0.73	123	-26.62	129	3.76	80
070003	泰信先行策略混合	2003.07.09	0.68	124	-17.63	35	-5.54	132
162102	国投瑞银新兴产业混合(LOF)	2004.05.27	0.47	125	-30.99	144	18.47	10
050201	中邮中小盘灵活配置混合	2006.09.27	0.46	126	-9.63	6	-8.55	146
255010	大摩资源优选混合(LOF)	2003.08.08	0.24	127	-18.58	44	-6.84	140
213006	汇丰晋信2016周期混合	2009.03.17	-0.01	128	-26.32	125	-5.19	129
540001	天治趋势精选混合	2006.05.23	-0.02	129	-9.82	7	2.95	85
290005	富国大成红利混合	2008.06.25	-0.12	130	-21.03	69	10.90	37
519015	易方达策略成长混合	2007.04.09	-0.16	131	-15.95	25	5.26	65
290002	博时价值增长贰号混合	2004.06.28	-0.34	132	-31.24	146	-4.44	126
519011	上投摩根中国优势混合	2003.08.22	-0.38	133	-17.82	40	8.72	45
163810	国泰金鼎价值混合	2010.08.25	-0.39	134	-24.61	111	—	—
519181	海富通精选贰号混合	2006.11.30	-0.43	135	-25.52	117	-5.52	131
673010	华富竞争力优选混合	2011.08.18	-0.45	136	—	—	—	—

（续上表）

基金代码	基金简称	设立日期	2012年	排名	2011年	排名	2010年	排名
202002	泰信优势增长混合	2006.07.25	−0.59	137	−21.17	70	−5.45	130
202001	诺德灵活配置混合	2001.09.28	−0.71	138	−20.83	66	−7.25	144
580005	国投瑞银稳健增长混合	2009.05.06	−0.93	139	−30.45	143	21.24	5
163302	汇添富优势精选混合	2005.09.27	−0.97	140	−18.09	42	18.51	9
070018	博时回报混合	2009.08.18	−1.38	141	−23.24	93	11.25	36
483003	博时价值增长混合	2006.07.13	−1.43	142	−17.29	33	−2.41	110
519007	广发聚富混合	2006.05.25	−1.45	143	−21.82	77	12.32	32
571002	宝盈鸿利收益混合	2008.11.05	−1.80	144	−14.84	19	7.06	54
550001	嘉实策略混合	2006.04.29	−2.13	145	−33.16	148	14.45	24
590006	益民创新优势混合	2011.05.10	−2.18	146	—	—	—	—
090006	泰达宏利效率优选混合(LOF)	2006.09.13	−2.24	147	−24.03	102	12.57	29
233001	华宝兴业宝康消费品混合	2004.03.26	−2.50	148	−30.03	141	−0.89	100
210002	华夏成长混合	2008.12.04	−2.56	149	−28.88	138	8.93	44
398021	长盛创新先锋混合	2007.03.13	−2.63	150	−37.38	152	0.49	95
450010	大摩消费领航混合	2011.08.02	−2.79	151	—	—	—	—
160805	万家双引擎灵活配置混合	2007.01.05	−2.90	152	−24.81	112	0.47	96
180020	天弘精选混合	2010.10.08	−2.98	153	−21.31	72	—	—
519003	新华泛资源优势混合	2004.03.12	−3.28	154	−20.43	65	7.54	52
590003	中银中国混合(LOF)	2009.10.28	−3.37	155	−23.86	98	17.78	16
540003	鹏华动力增长混合(LOF)	2007.04.09	−3.38	156	−25.05	114	12.54	30
630008	国泰金龙行业混合	2010.11.09	−3.69	157	−26.01	123	—	—
040015	易方达科汇灵活配置混合	2009.12.22	−3.79	158	−17.30	34	4.89	68
270007	华富策略精选混合	2007.06.13	−3.95	159	−38.99	153	3.66	81
510081	嘉实增长混合	2004.05.21	−4.31	160	−20.11	60	6.02	61
519021	银华和谐主题混合	2007.04.11	−5.06	161	−23.76	96	10.11	41
410001	万家和谐增长混合	2005.03.02	−7.19	162	−36.39	151	−5.75	135
560003	鹏华行业成长混合	2007.07.11	−10.62	163	−21.81	76	1.20	93
233008	益民红利成长混合	2010.12.03	−11.18	164	−22.86	88	—	—
420001	华夏大盘精选混合	2005.10.08	−11.29	165	−19.18	50	6.85	57
020003	华夏回报二号混合	2003.12.05	−12.18	166	−18.92	48	10.00	42
560002	大摩基础行业混合	2006.11.21	−14.25	167	−25.47	116	−14.28	148

表2-15 近三年开放式(保本混合型)基金年度收益率排名（2010—2012）

（单位：%）

基金代码	基金简称	设立日期	2012年	排名	2011年	排名	2010年	排名
400013	东方保本混合	2011.04.14	6.58	1	—	—	—	—
217020	招商安达保本混合	2011.09.01	6.47	2	—	—	—	—
020022	国泰保本混合	2011.04.19	5.95	3	—	—	—	—
180028	银华永祥保本混合	2011.06.28	5.34	4	—	—	—	—
530012	建信保本混合	2011.01.18	5.06	5	—	—	—	—
020018	国泰金鹿保本混合	2008.06.12	4.69	6	-1.49	3	-1.39	5
519676	银河保本混合	2011.05.31	4.43	7	—	—	—	—
202212	南方保本混合	2011.06.21	4.12	8	—	—	—	—
210006	金鹰保本混合	2011.05.17	3.91	9	—	—	—	—
163411	兴全保本混合	2011.08.03	3.87	10	—	—	—	—
487016	工银保本混合	2011.12.27	3.79	11	—	—	—	—
470018	汇添富保本混合	2011.01.26	3.75	12	—	—	—	—
620007	金元惠理保本混合	2011.08.16	3.66	13	—	—	—	—
320015	诺安保本混合	2011.05.13	3.60	14	—	—	—	—
202202	南方避险增值混合	2003.06.27	3.22	15	-1.91	4	5.54	2
121010	国投瑞银瑞源保本混合	2011.12.20	3.20	16	—	—	—	—
080007	长盛同鑫保本混合	2011.05.24	2.89	17	—	—	—	—
202211	南方恒元保本混合	2008.11.12	2.80	18	-7.97	5	12.28	1
180002	银华保本增值混合	2004.03.02	2.38	19	1.41	1	-0.02	4
090013	大成保本混合	2011.04.20	1.96	20	—	—	—	—
270024	广发聚祥保本混合	2011.03.15	1.47	21	—	—	—	—
519697	交银保本混合	2009.01.21	—	—	-0.74	2	4.33	3

说明：交银保本混合基金保本周期到期于2012年2月3日转型为交银优势行业混合基金，在2012年不作排名。

仅对完整运作一年以上的基金进行统计，当年新成立的基金不在统计范围内。

表2-16 近三年开放式(债券型)基金年度收益率排名（2010—2012）

（单位：%）

基金代码	基金简称	设立日期	2012年	排名	2011年	排名	2010年	排名
350006	天治稳健双盈债券	2008.11.05	16.18	1	-10.07	131	2.52	113
485114	工银添颐债券A	2011.08.10	14.69	2	—	—	—	—
485014	工银添颐债券B	2011.08.10	13.98	3	—	—	—	—
110008	易方达稳健收益债券B	2008.01.29	13.93	4	-3.91	82	8.59	43
690002	民生加银增强收益债券A	2009.07.21	13.74	5	-5.07	96	9.83	25
110007	易方达稳健收益债券A	2008.01.29	13.64	6	-4.19	86	8.92	37
690202	民生加银增强收益债券C	2009.07.21	13.20	7	-5.46	101	9.46	29
202105	南方广利回报债券A/B	2010.11.03	13.19	8	-6.09	105	—	—
519989	长信利丰债券	2008.12.29	12.77	9	-6.92	118	10.81	18
202105	南方广利回报债券C	2010.11.03	12.71	10	-6.40	110	—	—
200013	长城积极增利债券A	2011.04.12	12.50	11	—	—	—	—
630007	华商稳健双利债券A	2010.08.09	12.27	12	-10.24	132	—	—
630107	华商稳健双利债券B	2010.08.09	11.92	13	-10.65	136	—	—
290009	泰信债券周期回报	2011.02.09	11.91	14	—	—	—	—
200113	长城积极增利债券C	2011.04.12	11.91	14	—	—	—	—
202103	南方多利增强债券A	2009.09.23	11.39	15	-0.48	32	4.45	94
202102	南方多利增强债券C	2007.08.28	11.06	16	-0.78	38	4.11	98
519680	交银增利债券A/B	2008.03.31	10.74	17	-5.74	103	5.57	82
163811	中银双利债券A类	2010.11.24	10.65	18	1.89	16	—	—
050011	博时信用债券A/B	2009.06.10	10.43	19	-6.38	109	9.22	32
163812	中银双利债券B类	2010.11.24	10.31	20	1.50	18	—	—
519682	交银增利债券C	2008.03.31	10.24	21	-6.13	106	5.11	88
050111	博时信用债券C	2009.06.10	10.01	22	-6.62	114	8.73	41
253020	国联安增利债券A	2009.03.11	9.81	23	-2.33	65	12.84	9
485107	工银添利债券A	2008.04.14	9.80	24	-4.47	88	7.09	59
110017	易方达增强回报债券A	2008.03.19	9.75	25	-0.86	40	12.35	11
100018	富国天利增长债券	2003.12.02	9.74	26	-3.45	76	7.99	52
100058	富国产业债券	2011.12.05	9.68	27	—	—	—	—
253021	国联安增利债券B	2009.03.11	9.52	28	-2.79	71	12.34	12
290007	泰信债券增强收益A	2009.07.29	9.52	28	-3.44	75	6.69	62
161902	万家增强收益债券	2004.09.28	9.49	29	-0.47	31	2.32	115
110027	易方达安心回报债券A	2011.06.21	9.43	30	—	—	—	—
519111	浦银安盛优化收益债券A	2008.12.30	9.42	31	-2.21	63	4.79	92
163816	中银转债增强债券A类	2011.06.29	9.42	31	—	—	—	—

（续上表）

基金代码	基金简称	设立日期	2012年	排名	2011年	排名	2010年	排名
610003	信达澳银稳定价值债券A	2009.04.08	9.39	32	-3.74	79	8.52	45
020012	国泰金龙债券c	2008.06.05	9.38	33	-7.05	119	8.00	51
485007	工银添利债券B	2008.04.14	9.37	34	-4.87	92	6.87	67
519683	交银双利债券A/B	2011.09.26	9.37	34	—	—	—	—
020002	国泰金龙债券A	2003.12.05	9.33	35	-6.65	115	8.48	46
110018	易方达增强回报债券B	2008.03.19	9.26	36	-1.32	46	11.87	14
206003	鹏华信用增利债券A	2010.05.31	9.21	37	0.60	22	—	—
253030	国联安信心增益债券	2010.06.22	9.20	38	-4.95	93	—	—
291007	泰信债券增强收益C	2009.07.29	9.13	39	-3.82	81	6.29	72
206004	鹏华信用增利债券B	2010.05.31	9.07	40	0.20	24	—	—
233005	大摩强收益债券	2009.12.29	9.05	41	-1.07	42	10.36	20
163817	中银转债增强债券B类	2011.06.29	9.04	42	—	—	—	—
519112	浦银安盛优化收益债券C	2009.09.22	9.01	43	-2.51	67	4.19	95
519024	海富通稳健添利债券A	2009.03.18	8.96	44	-5.83	104	6.45	70
110028	易方达安心回报债券B	2011.06.21	8.95	45	—	—	—	—
610103	信达澳银稳定价值债券B	2009.04.08	8.93	46	-4.14	84	8.06	50
206008	鹏华丰盛债券	2011.04.25	8.89	47	—	—	—	—
630003	华商收益增强债券A	2009.01.23	8.73	48	-7.75	123	13.04	8
519023	海富通稳健添利债券C	2008.10.24	8.70	49	-6.21	107	6.26	73
550006	信诚经典优债债券A	2009.03.11	8.67	50	-3.76	80	8.52	45
519685	交银双利债券C	2011.09.26	8.66	51	—	—	—	—
450005	国富强化收益债券A	2008.10.24	8.59	52	-0.56	33	3.95	99
202101	南方宝元债券	2002.09.20	8.57	53	-3.82	81	4.91	90
485111	工银双利债券A	2010.08.16	8.52	54	2.58	13	—	—
519030	海富通稳固收益债券	2010.11.23	8.41	55	-2.99	72	—	—
161603	融通债券A/B	2003.09.30	8.36	56	-4.10	83	2.26	116
519186	万家稳健增利债券A	2009.08.12	8.34	57	-1.56	52	9.32	30
450006	国富强化收益债券C	2008.12.18	8.33	58	-0.83	39	3.84	101
630103	华商收益增强债券B	2009.01.23	8.23	59	-8.19	124	12.57	10
040026	华安信用四季红债券	2011.12.08	8.23	59	—	—	—	—
660002	农银恒久增利债券A	2008.12.23	8.15	60	-7.16	120	11.55	16
550007	信诚经典优债债券B	2009.03.11	8.13	61	-4.18	85	7.96	54
040012	华安强化收益债券A	2009.04.13	8.03	62	-2.15	61	5.84	77
217011	招商安心收益债券	2008.10.22	8.01	63	-2.77	70	8.85	39
050106	博时稳定价值债券A	2007.09.06	7.99	64	-10.55	135	10.21	22

（续上表）

基金代码	基金简称	设立日期	2012年	排名	2011年	排名	2010年	排名
485011	工银双利债券B	2010.08.16	7.98	65	2.09	15	—	—
290003	泰信双息双利债券	2007.10.31	7.97	66	-6.55	113	5.78	80
040022	华安可转债债券A	2011.06.22	7.92	67	—	—	—	—
519187	万家稳健增利债券C	2009.08.12	7.91	68	-1.88	58	8.91	38
420102	天弘永利债券B	2008.04.18	7.89	69	-0.91	41	5.44	86
121009	国投瑞银稳定增利债券	2008.01.11	7.85	70	-1.17	43	9.23	31
485105	工银增强收益债券A	2007.05.11	7.82	71	-1.19	44	8.42	48
660102	农银恒久增利债券C	2010.10.25	7.82	71	-7.45	122	1.71	119
001001	华夏债券A/B	2002.10.23	7.81	72	-1.98	59	5.81	79
582001	东吴优信稳健债券A	2008.11.05	7.81	72	-8.93	127	3.58	103
020019	国泰双利债券A	2009.03.11	7.73	73	-4.79	91	9.05	35
240012	华宝兴业增强收益债券A	2009.02.17	7.73	73	-4.71	90	0.51	124
350009	天治稳定收益债券	2011.12.28	7.73	73	—	—	—	—
320004	诺安优化收益债券	2007.08.29	7.71	74	-0.57	34	10.79	19
162210	泰达宏利集利债券A	2008.09.26	7.71	74	-4.47	88	3.94	100
360008	光大保德信增利收益债券A	2008.10.29	7.62	75	3.57	6	9.11	34
040023	华安可转债债券B	2011.06.22	7.62	75	—	—	—	—
040013	华安强化收益债券B	2009.04.13	7.61	76	-2.65	69	5.46	84
050006	博时稳定价值债券B	2007.09.06	7.59	77	-10.88	138	9.82	26
310378	申万菱信添益宝债券A	2008.12.04	7.56	78	-6.45	111	13.63	6
001011	华夏希望债券A	2008.03.10	7.55	79	-2.21	63	3.49	104
001001	华夏债券C	2006.04.03	7.54	80	-2.30	64	5.52	83
582201	东吴优信稳健债券C	2009.06.15	7.45	81	-9.19	128	3.14	109
410004	华富收益增强债券A	2008.05.28	7.45	81	-9.51	129	14.74	2
020020	国泰双利债券C	2009.03.11	7.43	82	-5.18	98	8.43	47
161603	融通债券C	2003.09.30	7.40	83	—	—	—	—
420002	天弘永利债券A	2008.04.18	7.39	84	-1.32	46	5.00	89
485005	工银增强收益债券B	2007.05.11	7.39	84	-1.59	54	7.97	53
163806	中银增利债券	2008.11.13	7.37	85	3.52	8	9.04	36
519985	长信中短债债券	2010.06.28	7.37	85	-0.06	26	—	—
240013	华宝兴业增强收益债券B	2009.02.17	7.32	86	-5.09	97	0.11	125
160217	国泰信用互利分级债券	2011.12.29	7.30	87	—	—	—	—
519667	银河银信添利债券A	2008.05.23	7.29	88	-2.18	62	2.13	117
110035	易方达双债增强债券A	2011.12.01	7.28	89	—	—	—	—
040019	华安稳固收益债券	2010.12.21	7.26	90	4.40	4	—	—

（续上表）

基金代码	基金简称	设立日期	2012年	排名	2011年	排名	2010年	排名
162299	泰达宏利集利债券C	2008.09.26	7.24	91	-4.98	94	3.47	105
001013	华夏希望债券C	2008.03.10	7.23	92	-2.51	67	3.15	108
360009	光大保德信增利收益债券C	2008.10.29	7.21	93	2.87	10	8.62	42
310379	申万菱信添益宝债券B	2008.12.04	7.20	94	-6.77	116	13.18	7
200009	长城稳健增利债券	2008.08.27	7.13	95	-4.28	87	4.16	96
240003	华宝兴业宝康债券	2003.07.15	7.07	96	-5.06	95	3.62	102
410005	华富收益增强债券B	2008.05.28	7.01	97	-9.87	130	14.26	4
519078	汇添富增强收益债券A	2008.03.06	7.00	98	-1.33	47	7.14	57
288102	中信稳定双利债券	2006.07.20	6.98	99	-0.77	37	6.59	68
050019	博时转债增强债券A	2010.11.24	6.95	100	-10.26	133	—	—
151002	银河收益债券	2003.08.04	6.93	101	-1.49	50	6.77	61
166003	中欧稳健收益债券A	2009.04.24	6.90	102	-1.42	49	8.81	40
519666	银河银信添利债券B	2007.03.14	6.87	103	-2.55	68	1.68	120
470078	汇添富增强收益债券C	2009.09.15	6.75	104	-1.52	51	6.77	61
660009	农银增强收益债券A	2011.07.01	6.69	105	—	—	—	—
110036	易方达双债增强债券C	2011.12.01	6.69	105	—	—	—	—
050119	博时转债增强债券C	2010.11.24	6.64	106	-10.66	137	—	—
310508	申万菱信稳益宝债券	2011.02.11	6.62	107	—	—	—	—
121012	国投瑞银优化增强债券A/B	2010.09.08	6.58	108	-4.87	92	—	—
040009	华安稳定收益债券A	2008.04.30	6.53	109	-1.29	45	8.73	41
261001	景顺长城稳定收益债券A	2011.03.25	6.47	110	—	—	—	—
166004	中欧稳健收益债券C	2009.04.24	6.46	111	-1.88	58	8.35	49
360013	光大保德信信用添益债券A	2011.05.16	6.32	112	—	—	—	—
660109	农银增强收益债券C	2011.07.01	6.32	112	—	—	—	—
180025	银华信用双利债券A	2010.12.03	6.31	113	-1.70	55	—	—
128112	国投瑞银优化增强债券C	2010.09.08	6.19	114	-5.27	99	—	—
261101	景顺长城稳定收益债券B	2011.03.25	6.19	114	—	—	—	—
540005	汇丰晋信平稳增利债券A	2008.12.03	6.15	115	-0.62	35	0.02	126
160612	鹏华丰收债券	2008.05.28	6.11	116	4.36	5	3.12	110
630009	华商稳定增利债券A	2011.03.15	6.11	116	—	—	—	—
372010	上投摩根强化回报债券A	2011.08.10	6.11	116	—	—	—	—
040010	华安稳定收益债券B	2008.04.30	6.08	117	-1.58	53	8.35	49
070005	嘉实债券	2003.07.09	6.06	118	-0.44	30	7.05	60
213007	宝盈增强收益债券A/B	2008.05.15	6.05	119	-5.34	100	12.06	13
360014	光大保德信信用添益债券C	2011.05.16	6.04	120	—	—	—	—

（续上表）

基金代码	基金简称	设立日期	2012年	排名	2011年	排名	2010年	排名
395011	中海增强收益债券A	2011.03.23	5.92	121	—	—	—	—
530008	建信稳定增利债券	2008.06.25	5.83	122	0.82	20	10.03	23
180026	银华信用双利债券C	2010.12.03	5.83	122	-2.10	60	—	—
541005	汇丰晋信平稳增利债券C	2011.06.07	5.83	122	—	—	—	—
395001	中海稳健收益债券	2008.04.10	5.82	123	-3.23	73	8.54	44
470088	汇添富信用债债券A	2011.12.20	5.80	124	—	—	—	—
630109	华商稳定增利债券C	2011.03.15	5.72	125	—	—	—	—
240018	华宝兴业可转债债券	2011.04.27	5.72	125	—	—	—	—
213917	宝盈增强收益债券C	2008.10.20	5.70	126	-5.71	102	11.62	15
530009	建信增强债券A	2009.06.02	5.69	127	-4.14	84	9.67	28
395012	中海增强收益债券C	2011.03.23	5.64	128	—	—	—	—
372110	上投摩根强化回报债券B	2011.08.10	5.62	129	—	—	—	—
160602	鹏华普天债券A	2003.07.12	5.61	130	2.75	12	5.97	76
531009	建信增强债券C	2009.06.02	5.48	131	-4.53	89	9.21	33
100035	富国优化增强债券A/B级	2009.06.10	5.45	132	-10.07	131	14.65	3
470089	汇添富信用债债券C	2011.12.20	5.40	133	—	—	—	—
217008	招商安本增利债券	2006.07.11	5.25	134	-3.53	77	9.71	27
160608	鹏华普天债券B	2006.05.15	5.21	135	2.31	14	5.45	85
070025	嘉实信用债券A	2011.09.14	5.20	136	—	—	—	—
530017	建信双息红利债券	2011.12.13	5.19	137	—	—	—	—
050016	博时宏观回报债券A/B	2010.07.27	5.10	138	3.22	9	—	—
100037	富国优化增强债券C级	2009.06.10	4.99	139	-10.43	134	14.07	5
166010	中欧鼎利分级债券	2011.06.16	4.93	140	—	—	—	—
090002	大成债券A/B	2003.06.12	4.85	141	0.94	19	6.56	69
070026	嘉实信用债券C	2011.09.14	4.80	142	—	—	—	—
340009	兴全磐稳增利债券	2009.07.23	4.71	143	-3.72	78	3.20	106
582002	东吴增利债券A	2011.07.27	4.65	144	—	—	—	—
050116	博时宏观回报债券C	2010.07.27	4.62	145	2.82	11	—	—
217003	招商安泰债券A	2003.04.28	4.53	146	5.76	2	5.41	87
092002	大成债券C	2006.04.24	4.47	147	0.62	21	6.19	75
217018	招商安瑞进取债券	2011.03.17	4.45	148	—	—	—	—
582202	东吴增利债券C	2011.07.27	4.25	149	—	—	—	—
310518	申万菱信可转债债券	2011.12.09	4.19	150	—	—	—	—
166008	中欧增强回报债券(LOF)	2010.12.02	4.12	151	-0.57	34	—	—
217203	招商安泰债券B	2006.04.12	4.11	152	5.39	3	4.86	91

（续上表）

基金代码	基金简称	设立日期	2012年	排名	2011年	排名	2010年	排名
180015	银华增强收益债券	2008.12.03	4.08	153	0.17	25	2.83	111
573003	诺德增强收益债券	2009.03.04	3.84	154	-8.37	125	4.14	97
070020	嘉实稳固收益债券	2010.09.01	3.78	155	1.82	17	—	—
320008	诺安增利债券A	2009.05.27	3.74	156	-1.79	57	6.25	74
550004	信诚三得益债券A	2008.09.27	3.73	157	-6.49	112	7.79	55
070009	嘉实超短债债券	2006.04.26	3.63	158	3.56	7	1.57	121
620003	金元惠理丰利债券	2009.03.23	3.55	159	-11.57	140	3.19	107
550005	信诚三得益债券B	2008.09.27	3.34	160	-6.90	117	7.35	56
320009	诺安增利债券B	2009.09.01	3.20	161	-2.37	66	5.76	81
090017	大成可转债增强债券	2011.11.30	2.99	162	—	—	—	—
371020	上投摩根纯债债券A	2009.06.24	2.81	163	-0.29	28	2.37	114
400009	东方稳健回报债券	2008.12.10	2.80	164	0.48	23	11.04	17
270009	广发增强债券	2008.03.27	2.67	165	6.20	1	6.37	71
070015	嘉实多元债券A	2008.09.10	2.41	166	-1.36	48	10.29	21
519519	华泰柏瑞稳本增利债券A	2007.12.03	2.39	167	-0.31	29	1.52	122
371120	上投摩根纯债债券B	2009.06.24	2.35	168	-0.68	36	1.98	118
070016	嘉实多元债券B	2008.09.10	2.16	169	-1.74	56	9.93	24
460003	华泰柏瑞稳本增利债券B	2008.01.09	2.09	170	-0.62	35	1.22	123
560005	益民多利债券	2008.05.21	1.76	171	-0.26	27	2.60	112
121001	国投瑞银融华债券	2003.04.16	1.71	172	-8.62	126	7.12	58
100051	富国可转债	2010.12.08	1.70	173	-11.43	139	—	—
160718	嘉实多利分级债券	2011.03.23	1.29	174	—	—	—	—
470058	汇添富可转换债券A	2011.06.17	0.91	175	—	—	—	—
180029	银华永泰积极债券A	2011.12.28	0.60	176	—	—	—	—
470059	汇添富可转换债券C	2011.06.17	0.51	177	—	—	—	—
090008	大成强化收益债券	2008.08.06	0.36	178	-7.35	121	5.82	78
180030	银华永泰积极债券B	2011.12.28	-0.20	179	—	—	—	—
510080	长盛全债指数增强债券	2003.10.25	-0.43	180	-6.28	108	4.63	93
080003	长盛积极配置债券	2008.10.08	-0.52	181	-3.30	74	15.54	1
080009	长盛同禧信用增利债券A	2011.12.06	-5.89	182	—	—	—	—
080010	长盛同禧信用增利债券C	2011.12.06	-6.59	183	—	—	—	—

说明：富国天丰强债券基金2012年由创新封闭债券型基金转型为开放式债券型基金，在2012年不作排名。
仅对完整运作一年以上的基金进行统计，当年新成立的基金不在统计范围内。

表2-17 近三年开放式(货币型)基金年度收益率排名（2010—2012）

（单位：%）

基金代码	基金简称	设立日期	2012年	排名	2011年	排名	2010年	排名
519998	长信利息收益货币B	2010.11.25	4.6400	1	4.1900	3	—	—
550011	信诚货币B	2011.03.23	4.5927	2	—	—	—	—
202302	南方现金增利货币B	2009.07.22	4.5588	3	4.2760	2	2.3907	2
270014	广发货币B	2009.04.20	4.4946	4	4.4071	1	2.0347	20
110016	易方达货币B	2006.07.18	4.4618	5	4.17	5	1.9418	24
519508	万家货币	2006.05.24	4.4508	6	4.0979	9	2.2958	3
050003	博时现金收益货币	2004.01.16	4.4004	7	3.9174	22	2.1400	10
519999	长信利息收益货币A	2004.03.19	4.39	8	3.94	18	2.05	18
660107	农银货币B	2010.11.23	4.3626	9	4.15	7	—	—
217014	招商现金增值货币B	2009.12.01	4.3618	10	4.0092	14	2.0731	15
519517	汇添富货币B	2007.05.22	4.36	11	4.02	13	1.91	25
240007	华宝兴业现金宝货币B	2005.03.31	4.3444	12	4.0521	11	1.9003	27
550010	信诚货币A	2011.03.23	4.3423	13	—	—	—	—
128011	国投瑞银货币B	2009.01.19	4.3340	14	3.6396	39	2.0099	22
160609	鹏华货币B	2006.09.15	4.3284	15	3.6910	38	2.0367	19
519506	海富通货币B	2006.08.01	4.3199	16	4.1859	4	2.1453	9
150015	银河银富货币B	2006.11.01	4.3137	17	4.09	10	1.7722	41
202301	南方现金增利货币A	2004.03.05	4.3095	18	4.0274	12	2.1458	8
410002	华富货币	2006.06.21	4.2969	19	4.0049	15	2.2317	6
400005	东方金账簿货币	2006.08.02	4.2939	20	3.9558	16	1.82	35
003003	华夏现金增利货币	2004.04.07	4.2833	21	3.7735	30	2.2010	7
161608	融通易支付货币A	2006.01.19	4.2803	22	3.70	37	1.8616	28
350004	天治天得利货币	2006.07.05	4.2650	23	3.64	40	2.2722	4
100028	富国天时货币B	2006.11.29	4.2638	24	3.9488	17	1.6578	46
041003	华安现金富利货币B	2009.12.23	4.2617	25	3.7680	32	2.1059	14
270004	广发货币A	2005.05.20	4.2452	26	4.1593	6	1.7904	39
530002	建信货币	2006.04.25	4.23	27	3.49	44	1.84	30
163303	大摩货币	2006.08.17	4.2140	28	3.1563	56	2.1076	13
110006	易方达货币A	2005.02.02	4.2129	29	3.9230	21	1.6974	44
163802	中银货币A	2005.06.07	4.1900	30	3.9242	20	2.1223	12
213909	宝盈货币B	2009.08.05	4.1790	31	3.4143	50	1.7733	40
288101	华夏货币A	2005.04.20	4.1745	32	3.8706	25	2.1344	11
162206	泰达宏利货币	2005.11.10	4.1688	33	2.9590	60	1.8345	31
070008	嘉实货币A	2005.03.18	4.1654	34	3.8274	28	1.9870	23

（续上表）

基金代码	基金简称	设立日期	2012年	排名	2011年	排名	2010年	排名
660007	农银货币A	2010.11.23	4.1133	35	3.9048	23	—	—
217004	招商现金增值货币A	2004.01.14	4.1113	36	3.7607	33	1.8279	33
519518	汇添富货币A	2006.03.23	4.11	37	3.77	31	1.67	45
200003	长城货币A	2005.05.30	4.1070	38	3.8924	24	2.0594	16
392002	中海货币B	2010.07.28	4.1035	39	4.10	8	—	—
240006	华宝兴业现金宝货币A	2005.03.31	4.0945	40	3.8032	29	1.6553	47
121011	国投瑞银货币A	2009.01.19	4.0836	41	3.3914	51	1.7642	42
160606	鹏华货币A	2005.04.12	4.0791	42	3.4432	48	1.7925	38
519505	海富通货币A	2005.01.04	4.0713	43	3.9368	19	1.9003	27
150005	银河银富货币A	2004.12.20	4.0644	44	3.8454	27	1.5281	51
482002	工银货币	2006.03.20	4.0542	45	3.3022	52	1.8057	37
253051	国联安货币B	2011.01.26	4.02	46	—	—	—	—
180009	银华货币B	2005.01.31	4.0186	47	3.1391	57	2.4846	1
091005	大成货币B	2005.06.03	4.0149	48	3.7550	34	1.8066	36
100025	富国天时货币A	2006.06.05	4.0147	49	3.7014	36	1.9021	26
040003	华安现金富利货币A	2003.12.30	4.0124	50	3.5206	41	1.8614	29
519589	交银货币B	2007.06.22	3.99	51	3.50	43	1.84	30
290001	泰信天天收益货币	2004.02.10	3.9848	52	3.4587	47	1.7597	43
080011	长盛货币	2005.12.12	3.9768	53	3.0091	59	2.0201	21
213009	宝盈货币A	2009.08.05	3.9303	54	3.1654	55	1.5283	50
519510	浦银安盛货币B	2011.03.09	3.87	55	—	—	—	—
340005	兴全货币	2006.04.27	3.8546	56	3.4628	46	1.1426	56
392001	中海货币A	2010.07.28	3.8537	57	3.8521	26	—	—
360003	光大保德信货币	2005.06.09	3.8081	58	3.4276	49	1.44	53
320002	诺安货币A	2004.12.06	3.7967	59	3.7500	35	1.8300	32
253050	国联安货币A	2011.01.26	3.77	60	—	—	—	—
180008	银华货币A	2005.01.31	3.7697	61	2.8914	62	2.2398	5
090005	大成货币A	2005.06.03	3.7661	62	3.5069	42	2.0525	17
519588	交银货币A	2006.01.20	3.74	63	3.26	53	1.60	48
519509	浦银安盛货币A	2011.03.09	3.62	64	—	—	—	—
020007	国泰货币	2005.06.21	3.5940	65	3.0368	58	1.8245	34
260202	景顺长城货币B	2010.04.30	3.5922	66	2.5092	66	—	—
583101	东吴货币B	2010.05.11	3.4644	67	3.4882	45	1.0831	58
460106	华泰柏瑞货币B	2009.05.06	3.3471	68	2.5603	65	1.1701	55
260102	景顺长城货币A	2003.10.24	3.3451	69	2.2634	68	1.1310	57

（续上表）

基金代码	基金简称	设立日期	2012年	排名	2011年	排名	2010年	排名
583001	东吴货币A	2010.05.11	3.2164	70	3.2401	54	0.9252	60
310338	申万菱信收益宝货币	2006.07.07	3.1800	71	2.9347	61	1.5636	49
460006	华泰柏瑞货币A	2009.05.06	3.1068	72	2.3200	67	0.9293	59
370011	上投摩根货币B	2005.04.13	2.9506	73	2.8303	63	1.4463	52
70029	嘉实安心货币B	2011.12.28	2.9182	74	—	—	—	—
200103	长城货币B	2005.05.30	2.8911	75	—	—	—	—
161608	融通易支付货币B	2006.01.19	2.7671	76	—	—	—	—
370010	上投摩根货币A	2005.04.13	2.7042	77	2.5841	64	1.2029	54
070028	嘉实安心货币A	2011.12.28	2.6707	78	—	—	—	—
560001	益民货币	2006.07.17	2.6203	79	1.9076	69	0.8532	61
541011	汇丰晋信货币B	2011.11.02	2.5754	80	—	—	—	—
540011	汇丰晋信货币A	2011.11.02	2.3283	81	—	—	—	—
288101	华夏货币B	2005.04.20	0.2419	82	—	—	—	—

说明：仅对完整运作一年以上的基金进行统计，当年新成立的基金不在统计范围内。

表2-18　近三年ETF基金年度收益率排名（2010—2012）

（单位：%）

基金代码	基金简称	设立日期	2012年	排名	2011年	排名	2010年	排名
510230	国泰上证180金融ETF	2011.03.31	21.68	1	—	—	—	—
510110	海富通上证周期ETF	2010.09.19	17.85	2	−16.96	3	—	—
510020	博时上证超大盘ETF	2009.12.29	17.28	3	−18.28	5	−25.58	9
510050	华夏上证50ETF	2004.12.30	17.00	4	−17.24	4	−21.78	7
510030	华宝兴业上证180价值ETF	2010.04.23	16.46	5	−14.84	1	—	—
510190	华安上证龙头ETF	2010.11.18	15.36	6	−20.92	9	—	—
510090	建信上证社会责任ETF	2010.05.28	15.10	7	−18.30	6	—	—
510010	交银上证180公司治理ETF	2009.09.25	14.17	8	−19.79	7	−18.07	5
510280	华宝兴业上证180成长ETF	2011.08.04	14.17	8	—	—	—	—
510180	华安上证180ETF	2006.04.13	12.40	9	−22.58	10	−15.45	4
510270	中银上证国企100ETF	2011.06.16	11.68	10	—	—	—	—
510060	工银上证央企ETF	2009.08.26	10.21	11	−19.79	8	−23.37	8
510880	华泰柏瑞上证红利ETF	2006.11.17	9.63	12	−16.83	2	−21.07	6
510150	招商上证消费80ETF	2010.12.08	6.68	13	−25.27	12	—	—
510070	民企ETF	2010.08.05	6.07	14	−27.57	13	—	—
510210	富国上证综指ETF	2011.01.30	6.03	15	—	—	—	—
159905	工银深证红利ETF	2010.11.05	5.20	16	−31.14	17	—	—
159913	交银深证300价值ETF	2011.09.22	5.05	17	—	—	—	—
510160	南方小康ETF	2010.08.27	5.05	17	−22.65	11	—	—
510170	国联安上证商品ETF	2010.11.26	4.97	18	−34.68	19	—	—
510130	易方达上证中盘ETF	2010.03.29	3.95	19	−31.27	18	—	—
159903	南方深证成份ETF	2009.12.04	2.77	20	−28.26	15	−7.15	3
159912	汇添富深证300ETF	2011.09.16	2.52	21	—	—	—	—
159916	深证F60ETF	2011.09.08	2.43	22	—	—	—	—
159901	易方达深证100ETF	2006.03.24	2.27	23	−30.54	16	−3.38	2
159909	深证TMT50ETF	2011.06.27	2.27	23	—	—	—	—
159910	嘉实深证基本面120ETF	2011.08.01	0.97	24	—	—	—	—
159906	大成深证成长40ETF	2010.12.21	0.83	25	−27.96	14	—	—
159908	博时深证基本面200ETF	2011.06.10	0.76	26	—	—	—	—
510220	华泰柏瑞上证中小盘ETF	2011.01.26	0.29	27	—	—	—	—
510120	海富通上证非周期ETF	2011.04.22	0.23	28	—	—	—	—
159911	鹏华深证民营ETF	2011.09.02	−0.85	29	—	—	—	—
510290	南方上证380ETF	2011.09.16	−1.02	30	—	—	—	—
159902	华夏中小板ETF	2006.06.08	−1.24	31	−36.71	20	20.71	1
159915	易方达创业板ETF	2011.09.20	−2.12	32	—	—	—	—
159907	广发中小板300ETF	2011.06.03	−2.96	33	—	—	—	—
510260	诺安上证新兴产业ETF	2011.04.07	−3.82	34	—	—	—	—

表2-19 近三年QDII基金年度收益率排名（2010—2012）

（单位：%）

基金代码	基金简称	设立日期	2012年	排名	2011年	排名	2010年	排名
241001	华宝兴业海外中国股票(QDII)	2008.05.07	25.97	1	-22.50	18	-3.17	9
050015	博时大中华亚太精选股票(QDII)	2010.07.27	25.59	2	-21.86	16	—	—
161210	国投瑞银新兴市场股票(QDII-LOF)	2010.06.10	22.93	3	-23.30	20	—	—
378006	上投摩根全球新兴市场股票(QDII)	2011.01.30	20.33	4	—	—	—	—
070012	嘉实海外中国股票(QDII)	2007.10.12	19.46	5	-24.08	23	-2.59	8
270023	广发亚太精选股票	2010.08.18	19.02	6	-22.50	18		
262001	景顺长城大中华股票(QDII)	2011.09.22	18.87	7	—	—	—	—
519602	海富通大中华股票(QDII)	2011.01.27	18.70	8	—	—	—	—
040021	华安大中华升级股票(QDII)	2011.05.17	18.05	9	—	—	—	—
486001	工银全球股票(QDII)	2008.02.14	16.63	10	-18.36	6	9.27	2
539002	建信新兴市场股票(QDII)	2011.06.21	16.02	11	—	—	—	—
519696	交银环球精选股票(QDII)	2008.08.22	15.61	12	-23.90	22	1.46	6
202801	南方全球精选配置(QDII-FOF)	2007.09.19	15.59	13	-20.13	12	1.89	5
160717	嘉实H股指数(QDII-LOF)	2010.09.30	15.44	14	-23.03	19	—	—
160213	国泰纳斯达克100指数	2010.04.29	15.11	15	-3.08	1	—	—
519601	海富通中国海外股票(QDII)	2008.06.27	14.98	16	-22.47	17	-0.75	7
118001	易方达亚洲精选股票(QDII)	2010.01.21	14.90	17	-26.96	26	—	—
377016	上投摩根亚太优势股票(QDII)	2007.10.22	14.82	18	-26.88	25	14.00	1
470888	汇添富亚澳成熟优选股票QDII	2010.06.25	14.32	19	-23.38	21	—	—
040018	华安香港精选股票QDII	2010.09.19	14.06	20	-19.44	8	—	—
096001	大成标普500等权重指数QDII	2011.03.23	13.82	21	—	—	—	—
539001	建信全球机遇股票(QDII)	2010.09.14	13.80	22	-19.00	7	—	—
100055	富国全球顶级消费品股票(QDII)	2011.07.13	13.73	23	—	—	—	—
206006	鹏华环球发现(QDII-FOF)	2010.10.12	11.79	24	-16.40	4	—	—
000041	华夏全球股票QDII	2007.10.09	11.50	25	-19.51	9	8.86	3
519981	长信标普100等权重指数(QDII)	2011.03.30	11.45	26	—	—	—	—
160125	南方中国中小盘股票指数(QDII-LOF)	2011.09.26	11.34	27	—	—	—	—
270027	广发全球农业指数(QDII)	2011.06.28	10.72	28	—	—	—	—
486002	工银全球精选股票(QDII)	2010.05.25	10.13	29	-19.72	10	—	—
160121	南方金砖四国指数(QDII)	2010.12.09	9.55	30	-21.15	14	—	—

（续上表）

基金代码	基金简称	设立日期	2012年	排名	2011年	排名	2010年	排名
161714	招商标普金砖四国指数(QDII-LOF)	2011.02.11	9.34	31	—	—	—	—
080006	长盛环球行业股票(QDII)	2010.05.26	9.17	32	-21.39	15	—	—
460010	华泰柏瑞亚洲(QDII)	2010.12.02	8.66	33	-25.27	24	—	—
165510	信诚金砖四国配置(QDII-FOF-LOF)	2010.12.17	7.83	34	-20.80	13	—	—
100050	富国全球债券(QDII-FOF)	2010.10.20	6.06	35	-4.30	2	—	—
206011	鹏华美国房地产(QDII)	2011.11.25	5.73	36	—	—	—	—
164701	汇添富黄金及贵金属(QDII-LOF-FOF)	2011.08.31	4.53	37	—	—	—	—
163813	中银全球策略(QDII-FOF)	2011.03.03	4.46	38	—	—	—	—
241002	华宝兴业成熟市场(QDII)	2011.03.15	4.04	39	—	—	—	—
320017	诺安全球收益不动产(QDII)	2011.09.23	3.69	40	—	—	—	—
320013	诺安全球黄金(QDII-FOF)	2011.01.13	3.31	41	—	—	—	—
183001	银华全球优选(QDII-FOF)	2008.05.26	1.34	42	-16.84	5	3.25	4
160719	嘉实黄金(QDII-FOF-LOF)	2011.08.04	0.65	43	—	—	—	—
161116	易方达黄金主题(QDII-LOF-FOF)	2011.05.06	-0.21	44	—	—	—	—
161815	银华抗通胀主题(QDII-FOF-LOF)	2010.12.06	-1.05	45	-14.91	3	—	—
217015	招商全球资源股票(QDII)	2010.03.25	-2.87	46	-19.85	11	—	—
050020	博时抗通胀增强回报(QDII-FOF)	2011.04.25	-3.19	47	—	—	—	—
162411	华宝油气(QDII)	2011.09.29	-3.27	48	—	—	—	—
229001	泰达宏利全球新格局(QDII-FOF)	2011.07.20	-3.98	49	—	—	—	—
163208	诺安油气能源(QDII-FOF-LOF)	2011.09.27	-5.18	50	—	—	—	—
165513	信诚全球商品主题(QDII-FOF-LOF)	2011.12.20	-15.30	51	—	—	—	—

说明：仅对完整运作一年以上的基金进行统计，当年新成立的基金不在统计范围内。

表2-20 各类型证券投资基金年度分红汇总统计（2011—2012）

（单位：只；次；亿元；%）

基金类型	2012年度				2011年度			
	分红基金数量	分红次数	利润分配总额	占比	分红基金数量	分红次数	利润分配总额	占比
传统封闭式基金	2	2	1.04	0.23	24	25	73.71	11.58
创新封闭式基金	17	58	13.50	2.98	5	9	2.24	0.35
开放式基金								
其中：股票型基金	23	25	132.98	29.32	83	90	239.63	37.63
混合型基金	17	27	55.57	12.25	69	89	221.69	34.82
债券型基金	89	130	76.79	16.93	54	82	42.94	6.74
货币型基金	51	—	162.62	35.86	48	—	55.32	8.69
ETF	4	5	10.15	2.24	1	1	0.33	0.05
QDII	7	9	0.88	0.19	7	8	0.87	0.14
总计	210	256	453.53	100.00	291	304	636.72	100.00

说明：以年报公告的数据为统计范围；分红次数不含货币市场基金和短期理财债券型基金。

表2-21 旗下基金年度分红排名前二十的基金管理人（2011—2012）

（单位：只；次；亿元；%）

基金管理人	2012年度				基金管理人	2011年度			
	分红基金数量	分红次数	利润分配总额	排名		分红基金数量	分红次数	利润分配总额	排名
兴业全球	2	1	46.13	1	华夏	12	12	76.26	1
华夏	9	13	36.49	2	嘉实	14	21	40.47	2
华安	11	11	33.26	3	汇添富	9	9	37.06	3
海富通	2	2	30.97	4	南方	20	22	32.36	4
博时	5	4	23.07	5	广发	5	5	31.86	5
南方	10	10	20.96	6	中银	6	6	30.40	6
易方达	5	11	19.92	7	国泰	10	10	29.65	7
招商	6	12	17.90	8	鹏华	10	11	24.75	8
嘉实	7	19	17.55	9	博时	11	10	23.86	9
银河	3	3	16.60	10	富国	12	26	23.53	10
广发	3	2	15.55	11	易方达	8	12	23.15	11
工银瑞信	6	6	15.27	12	建信	4	5	22.96	12
信诚	4	12	14.72	13	海富通	4	4	21.77	13
泰达宏利	3	2	14.52	14	大成	8	8	18.99	14
中银	5	2	12.49	15	国投瑞银	4	4	18.49	15
上投摩根	3	2	11.43	16	工银瑞信	7	7	15.84	16
新华	1	1	11.07	17	华安	6	5	15.37	17
景顺长城	3	2	8.16	18	泰达宏利	9	10	13.16	18
汇添富	6	1	8.10	19	招商	9	11	11.81	19
万家	3	3	7.77	20	上投摩根	3	2	10.79	20
合 计	97	119	381.93		合 计	171	200	522.52	

说明：以年报披露数据为统计范围；分红次数不包括货币市场基金和短期理财债券型基金。

表2-22　年度分红排名前二十的证券投资基金（2011—2012）

（单位：只；次；亿元；%）

基金简称	基金代码	2012年度			基金简称	基金代码	2011年度		
		分红次数	利润分配总额	排名			分红次数	利润分配总额	排名
兴全全球视野股票	340006	1	45.79	1	华夏优势增长股票	000021	1	38.77	1
海富通精选混合	519011	2	29.34	2	广发策略优选混合	270006	1	18.34	2
华安中国A股增强指数	040002	1	21.90	3	建信恒久价值股票	530001	2	17.95	3
银河收益债券	151002	1	15.45	4	海富通精选混合	519011	1	17.55	4
泰达宏利精选股票	162204	1	14.30	5	国泰金鼎价值混合	519021	2	17.54	5
信诚精萃成长股票	550002	1	11.88	6	华夏红利混合	002011	1	17.31	6
新华优选成长股票	519089	1	11.07	7	汇添富均衡增长股票	519018	1	16.60	7
华夏大盘精选混合	000011	2	9.31	8	嘉实成长收益混合	070001	2	14.24	8
景顺长城内需增长股票	260104	1	7.72	9	中银中国混合(LOF)	163801	2	13.50	9
嘉实成长收益混合	070001	1	6.09	10	鹏华中国50混合	160605	1	11.80	10
上投摩根成长先锋股票	378010	1	5.99	11	嘉实策略混合	070011	1	11.60	11
博时主题行业股票(LOF)	160505	1	5.91	12	汇添富价值精选股票	519069	2	10.52	12
华夏上证50ETF	510050	2	5.29	13	中银增长股票	163803	1	9.49	13
华宝兴业先进成长股票	240009	1	5.05	14	工银核心价值股票	481001	1	8.59	14
华夏策略混合	002031	1	4.93	15	南方绩优成长股票	202003	1	8.53	15
建信增强债券	530009	1	3.01	16	易方达科汇灵活配置混合	110012	2	7.56	16
华泰柏瑞沪深300ETF	510300	1	2.89	17	富国汉盛封闭	500005	1	7.50	17
诺安优化收益债券	320004	2	2.70	18	上投摩根内需动力股票	377020	1	7.42	18
招商信用添利债券封闭	161713	4	2.65	19	兴全趋势混合(LOF)	163402	1	7.18	19
鹏华丰收债券	160612	2	2.59	20	泰达宏利首选企业股票	162208	1	6.76	20

表2-23 2012年证券投资基金年度分红统计

（单位：次；元；万元）

管理人	基金简称	基金代码	设立日期	累计分红情况			分红金额发放形式		
				分红次数	每10份派现	利润分配合计	现金形式	再投资形式	利润本年变动
国泰	国泰纳斯达克100指数	160213	2010.04.29	1	0.400	1 042.82	662.93	379.89	—
	国泰金龙行业混合	020003	2003.12.05	1	0.036	323.46	138.80	184.66	—
	国泰双利债券	020019	2009.03.11	1	0.410/0.400	7 706.32	6 250.92	1 455.41	—
	国泰6个月短期理财债券	020029	2012.09.25	—	—	1 585.84	—	1 175.67	410.17
	国泰货币	020007	2005.06.21	—	—	6 162.99	3 898.99	1 603.55	660.44
	合计	5只基金		3		16 821.43	10 951.64	4 799.18	1 070.61
南方	南方中国中小盘股票指数(QDII-LCF)	160125	2011.09.26	2	0.4000	359.14	334.84	24.30	—
	南方高增长股票(LOF)	160106	2005.07.13	1	0.2000	5 133.02	2 403.88	2 729.14	—
	南方避险增值混合	202202	2003.06.27	1	0.1500	5 904.67	5 904.67	0.00	—
	南方保本混合	202212	2011.06.21	1	0.1000	3 851.19	3 851.19	0.00	—
	南方宝元债券	202101	2002.09.20	1	0.2000	2 422.12	593.68	1 828.44	—
	南方多利增强债券	202102	2007.08.28	3	0.650/0.630	10 178.35	7 699.20	2 479.15	—
	南方中证50债券指数(LOF)	160123	2011.05.17	1	0.1000	800.41	570.47	229.94	—
	南方理财14天债券	202303	2012.08.14	—	—	3 077.77	1 176.60	1 801.94	99.23
	南方理财60天债券	202305	2012.10.19	—	—	2 831.22	2 316.08	397.23	117.91
	南方现金增利货币	202301	2004.03.05	—	—	175 029.13	16 865.37	153 278.34	4 885.42
	合计	10只基金		10	—	209 587.02	41 715.98	162 768.48	5 102.56
华夏	华夏上证50ETF	510050	2004.12.30	2	0.480	52 925.52	52 925.52	—	—
	华夏大盘精选混合	000011	2004.08.11	2	31.000	93 126.08	21 632.48	71 493.60	—
	华夏策略混合	002031	2008.10.23	1	6.000	49 250.64	21 647.23	27 603.41	—
	华夏债券	001001	2002.10.23	3	0.600/0.400	15 398.95	6 884.48	8 514.47	—

（续上表）

管理人	基金简称	基金代码	设立日期	累计分红情况			分红金额发放形式		
				分红次数	每10份派现	利润分配合计	现金形式	再投资形式	利润本年变动
华夏	中信稳定双利债券	288102	2006.07.20	3	0.450	5 567.20	1 673.07	3 894.14	—
	华夏希望债券	001011	2008.03.10	2	0.600/0.500	13 278.69	6 081.44	7 197.25	—
	华夏理财30天债券	001057	2012.10.24	—	—	1 376.30	752.38	531.37	92.55
	华夏现金增利货币	003003	2004.04.07	—	—	126 453.20	—	126 272.31	180.89
	华夏货币	288101	2005.04.20	—	—	7 481.49	—	7 477.07	4.42
	合 计	9只基金		13	—	364 858.06	111 596.60	252 983.60	277.86
华安	华安上证180ETF	040180	2009.09.29	1	0.100	16 091.23	16 091.23	—	—
	华安标普全球石油指数(QDII-LOF)	160416	2012.03.29	1	0.400	666.52	621.87	44.65	—
	华安中国A股增强指数	040002	2002.11.08	1	1.630	219 026.41	162 966.76	56 059.65	—
	华安稳定收益债券	040009	2010.12.21	1	0.600/0.500	6 985.08	6 310.39	674.69	—
	华安强化收益债券	040012	2009.04.13	2	0.160	384.80	239.11	145.68	—
	华安稳固收益债券	040019	2010.12.21	2	0.900	10 138.12	7 712.87	2 425.26	—
	华安信用四季红债券	040026	2011.12.08	3	0.320	10 280.15	4 970.05	5 310.10	—
	华安月月短期理财债券	040028	2012.05.09	—	—	12 701.14	11 860.00	333.84	507.31
	华安季季短期理财债券	040030	2012.05.23	—	—	3 035.09	2 655.82	363.97	15.31
	华安双月短期理财债券	040033	2012.06.14	—	—	4 699.73	4 648.56	29.10	22.06
	华安现金富利货币	040003	2003.12.30	—	—	48 621.80	5 721.53	42 554.55	345.72
	合 计	11只基金		11	—	332 630.06	223 798.17	107 941.49	890.40
博时	博时标普500指数(QDII)	050025	2012.06.14	1	0.280	111.44	74.01	37.42	—
	博时主题行业股票(LOF)	160505	2005.01.06	1	0.880	59 066.11	21 881.72	37 184.39	—
	博时宏观回报债券	050016	2010.07.27	1	0.070/0.020	283.63	270.04	13.59	—
	博时天颐债券	050023	2012.02.29	1	0.060/0.050	586.24	464.65	121.59	—

（续上表）

管理人	基金简称	基金代码	设立日期	累计分红情况			分红金额发放形式		
				分红次数	每10份派现	利润分配合计	现金形式	再投资形式	利润本年变动
博时	博时现金收益货币	050003	2004.01.16	—	—	170 661.95	0.00	170 125.30	536.64
	合 计	5只基金		4	—	230 709.36	22 690.43	207 482.29	536.64
鹏华	鹏华美国房地产(QDII)	206011	2011.11.25	2	0.200	135.56	100.71	34.85	—
	鹏华丰润债券封闭	160617	2010.12.02	1	0.080	1 068.47	1 068.47	0.00	—
	鹏华普天债券	160602	2003.07.12	2	1.350/1.050	10 469.60	9 963.32	506.28	—
	鹏华丰收债券	160612	2008.05.28	2	0.970	25 871.91	23 793.69	2 078.22	—
	鹏华货币	160606	2005.04.12	—	—	26 130.61	6 561.88	18 755.80	812.92
	合 计	5只基金		7	—	63 676.16	41 488.09	21 375.15	812.92
嘉实	嘉实成长收益混合	070001	2002.11.05	1	0.690	60 903.27	43 307.82	17 595.45	—
	嘉实超短债债券	070009	2006.04.26	11	0.348	5 849.72	3 799.09	2 050.64	—
	嘉实多元债券	070015	2008.09.10	3	0.437/0.387	4 413.25	2 403.84	2 009.41	—
	嘉实信用债券	070025	2011.08.08	4	0.540/0.500	11 978.36	8 278.58	3 699.78	—
	嘉实理财宝7天债券	070035	2012.08.29	—	—	2 201.13	964.54	1 179.97	56.62
	嘉实货币	070008	2005.03.18	—	—	88 875.62	12 433.85	76 936.32	−494.55
	嘉实安心货币	070028	2011.12.28	—	—	1 245.19	369.38	852.87	22.93
	合 计	7只基金		19	—	175 466.54	71 557.10	104 324.44	−415.00
长盛	长盛同盛封闭	184699	1999.11.05	1	0.100	3 000.00	3 000.00	0.00	—
	长盛电子信息产业股票	080012	2012.03.27	1	0.150	247.75	237.18	10.57	—
	长盛同鑫保本混合	080007	2011.05.24	2	0.310	4 356.10	4 356.10	0.00	—
	长盛积极配置债券	080003	2008.10.08	1	0.030	270.14	180.01	90.13	—
	长盛添利30天理财债券	080016	2012.10.26	—	—	2 233.51	—	2 233.51	—
	长盛货币	080011	2005.12.12	—	—	3 746.28	—	3 746.28	—
	合 计	6只基金		5	—	13 853.77	7 773.28	6 080.49	—

（续上表）

管理人	基金简称	基金代码	设立日期	累计分红情况			分红金额发放形式		
				分红次数	每10份派现	利润分配合计	现金形式	再投资形式	利润本年变动
大成	大成中证内地消费主题指数	090016	2011.11.08	1	0.500	292.96	254.09	38.87	—
	大成债券	090002	2003.06.12	1	0.110	287.19	181.96	105.23	—
	大成月添利理财债券	090021	2012.09.20	—	—	4 478.04	2 391.15	1 606.40	480.49
	大成货币	090005	2005.06.03	—	—	11 047.03	—	11 022.03	25.00
	合 计	4只基金		2	—	16 105.22	2 827.20	12 772.53	505.49
富国	富国汉盛封闭	500005	1999.05.10	1	0.370	7 400.00	7 400.00	—	—
	富国天盈分级债券	161015	2011.05.23	1	0.310	9 373.18	0.00	9 373.18	—
	富国中证红利指数增强	100032	2008.11.20	1	0.260	2 683.62	1 966.35	717.27	—
	富国天成红利混合	100029	2008.05.28	4	0.400	3 967.28	2 728.16	1 239.12	—
	富国天利增长债券	100018	2003.12.02	2	0.250	4 368.28	2 142.52	2 225.77	—
	富国天丰强化债券	161010	2008.10.24	3	0.170	4 440.12	4 294.34	145.78	—
	富国产业债券	100058	2012.12.15	3	0.400	15 121.62	8 636.61	6 485.01	—
	富国新天锋定期开放债券	161019	2012.05.07	6	0.490	4 634.32	4 634.32	0.00	—
	富国7天理财宝债券	100007	2012.10.19	—	—	1 721.66	794.29	896.97	30.40
	富国天时货币	100025	2006.06.05	—	—	23 656.47	4 060.80	19 456.75	138.93
	合 计	10只基金		21	—	77 366.55	36 657.39	40 539.83	169.33
易方达	易方达岁丰添利债券	161115	2010.11.09	7	0.670	17 950.07	17 950.07	0.00	0.00
	易方达策略成长混合	110002	2003.12.09	2	1.200	15 302.42	4 841.38	10 461.04	0.00
	易方达增强回报债券	110017	2008.03.19	1	0.300	8 836.70	5 617.29	3 219.40	0.00
	易方达永旭定期开放债券	161117	2012.06.19	1	0.080	1 348.25	1 348.25	0.00	0.00
	易方达货币	110006	2005.02.02	—	—	155 802.11	21 286.51	126 324.38	8 191.21
	合 计	5只基金		11	—	199 239.55	51 043.51	140 004.83	8 191.21

（续上表）

管理人	基金简称	基金代码	设立日期	累计分红情况			分红金额发放形式		
				分红次数	每10份派现	利润分配合计	现金形式	再投资形式	利润本年变动
融通	融通四季添利债券	161614	2012.03.01	8	0.380	4 870.70	4 870.70	—	—
	融通创业板指数	161613	2012.04.06	1	0.200	442.63	292.61	150.02	—
	融通债券	161603	2003.09.30	5	0.620/0.550	4 153.17	2 431.21	1 721.96	—
	融通易支付货币	161608	2006.01.19	—	—	9 522.19	2 593.30	6 511.00	417.89
	合 计	4只基金		14	—	18 988.69	10 187.82	8 382.98	417.89
宝盈	宝盈货币	213009	2009.08.05	—	—	8 015.80	—	7 978.54	37.26
	合 计	1只基金		—	—	**8 015.80**	—	**7 978.54**	**37.26**
银华	银华信用债券封闭	161813	2010.06.29	2	0.420	9 645.24	9 645.24	—	—
	银华保本增值混合	180002	2004.03.02	1	0.110	3 622.22	3 622.22	—	—
	银华货币	180008	2005.01.31	—	—	8 702.69	—	8 646.33	56.35
	合 计	3只基金		3	—	21 970.14	13 267.45	8 646.33	56.35
长城	长城优化升级股票	200015	2012.04.20	2	0.400	241.35	224.70	16.65	—
	长城货币	200003	2005.05.30	—	—	6 130.95	—	6 130.95	—
	合 计	2只基金		2	—	6 372.29	224.70	6 147.60	—
泰达宏利	泰达宏利精选股票	162204	2004.07.09	1	8.400	143 044.97	118 040.95	25 004.02	—
	泰达宏利风险预算混合	162205	2005.04.05	1	0.100	235.88	100.63	135.25	—
	泰达宏利货币	162206	2005.11.10	—	—	1 929.29	459.36	1 391.07	78.86
	合 计	3只基金		2	—	145 210.14	118 600.93	26 530.34	78.86
国投瑞银	国投瑞银双债债券封闭	161216	2011.03.29	9	0.660	8 168.29	8 168.29	—	—
	国投瑞银创新动力股票	121005	2006.11.15	1	0.320	15 125.76	6 799.96	8 325.81	—

（续上表）

管理人	基金简称	基金代码	设立日期	累计分红情况			分红金额发放形式		
				分红次数	每10份派现	利润分配合计	现金形式	再投资形式	利润本年变动
国投瑞银	国投瑞银稳定增利债券	121009	2008.01.11	1	0.060	1 103.72	813.45	290.27	—
	国投瑞银货币	121011	2009.01.19	—	—	25 662.06	—	25 662.06	—
	合 计	4只基金		11	—	50 059.83	15 781.69	34 278.13	—
银河	银河收益债券	151002	2003.08.04	1	4.800	154 545.54	151 418.31	3 127.23	—
	银河银信添利债券	519666	2007.03.14	2	0.260/0.190	1 500.12	405.67	1 094.45	—
	银河银富货币	150005	2004.12.20	—	—	9 950.72	—	9 912.94	37.78
	合 计	3只基金		3	—	165 996.39	151 823.99	14 134.62	37.78
万家	万家增强收益债券	161902	2004.09.28	1	1.000	23 000.82	22 255.32	745.50	—
	万家稳健增利债券	519186	2009.08.12	2	0.400	12 241.71	10 544.13	1 697.59	—
	万家货币	519508	2006.05.24	—	—	42 446.83	9 281.92	32 564.69	600.22
	合 计	3只基金		3	—	77 689.36	42 081.37	35 007.78	600.22
招商	招商信用添利债券封闭	161713	2010.06.25	4	1.250	26 457.96	26 457.96	—	—
	招商安泰债券	217003	2003.04.28	3	0.700/0.600	19 349.23	14 869.09	4 480.13	—
	招商安心收益债券	217011	2008.10.22	1	0.800	8 437.15	7 512.35	924.80	—
	招商产业债券	217022	2012.03.21	3	0.430	13 152.26	11 022.77	2 129.48	—
	招商信用增强债券	217023	2012.07.20	1	0.150	4 963.35	4 868.37	94.97	—
	招商现金增值货币	217004	2004.01.14	—	—	106 662.12	—	106 662.12	—
	合 计	6只基金		12	—	179 022.06	64 730.55	114 291.51	—
华宝兴业	华宝兴业先进成长股票	240009	2006.11.07	1	2.680	50 536.29	34 923.76	15 612.53	—
	华宝兴业现金宝货币	240006	2005.03.31	—	—	15 374.55	—	15 448.96	−74.41
	合 计	2只基金		1	—	65 910.84	34 923.76	31 061.49	−74.41

（续上表）

管理人	基金简称	基金代码	设立日期	累计分红情况			分红金额发放形式		
				分红次数	每10份派现	利润分配合计	现金形式	再投资形式	利润本年变动
大摩	大摩资源优选混合(LOF)	163302	2005.09.27	1	0.700	13 822.84	7 714.58	6 108.26	—
	大摩货币	163303	2006.08.17	—	—	2 992.73	771.02	2 012.98	208.73
	合 计	2只基金		1	—	16 815.57	8 485.59	8 121.25	208.73
海富通	海富通精选混合	519011	2003.08.22	2	1.950	293 401.82	217 267.45	76 134.37	—
	海富通货币	519505	2005.01.04	—	—	16 332.66	2 566.82	13 449.53	316.31
	合 计	2只基金		2	—	309 734.48	219 834.27	89 583.90	316.31
国联安	国联安双佳信用分级债	162511	2012.06.04	1	0.172	2 820.21	—	2 820.21	—
	国联安精选股票	257020	2005.12.28	1	0.120	3 639.62	1 606.92	2 032.71	—
	国联安安心成长混合	253010	2005.07.13	2	1.100	4 703.67	3 356.53	1 347.14	—
	国联安增利债券	253020	2009.03.11	1	0.230/0.180	2 442.43	1 767.70	674.73	—
	国联安信心增益债券	253030	2010.06.22	1	0.300	5 250.51	4 227.29	1 023.21	—
	国联安定期开放债券	253060	2012.02.22	1	0.130	319.46	319.46		—
	国联安货币	253050	2011.01.26	—	—	1 051.73	—	[illegible] 051.73	—
	合 计	7只基金		7	—	20 227.63	11 277.90	8 949.73	—
长信	长信标普100等权重指数(QDII)	519981	2011.03.30	1	0.300	82.39	68.28	14.11	—
	长信利息收益货币	519999	2004.03.19	—	—	44 686.57	7 037.59	37 067.21	581.78
	合 计	2只基金		1	—	44 768.97	7 105.87	37 081.32	581.78
泰信	泰信中小盘精选股票	290011	2011.10.26	1	0.150	69.51	67.44	2.07	—
	泰信保本混合	290012	2012.02.22	1	0.100	58.53	58.53	—	—
	泰信双息双利债券	290003	2007.10.31	1	0.420	596.11	395.32	200.79	—
	泰信债券增强收益	290007	2009.07.29	3	0.480/0.420	763.78	484.36	279.42	—

（续上表）

管理人	基金简称	基金代码	设立日期	累计分红情况			分红金额发放形式		
				分红次数	每10份派现	利润分配合计	现金形式	再投资形式	利润本年变动
泰信	泰信债券周期回报	290009	2011.02.09	3	0.799	2 309.10	1 846.69	462.41	—
	泰信天天收益货币	290001	2004.02.10	—	—	2 247.46	473.47	1 769.80	4.19
	合 计	6只基金		9	—	6 044.48	3 325.82	2 714.48	4.19
天治	天治稳定收益债券	350009	2011.12.28	3	0.700	1 544.23	1 544.23	—	—
	天治天得利货币	350004	2006.07.05	—	—	3 201.24	—	3 198.03	3.21
	合 计	2只基金		3	—	4 745.48	1 544.23	3 198.03	3.21
景顺长城	景顺长城内需增长股票	260104	2004.06.25	1	6.200	77 173.22	56 897.94	20 275.28	—
	景顺长城核心竞争力股票	260116	2011.12.20	1	1.500	2 910.56	2 521.70	388.86	—
	景顺长城货币	260102	2003.10.24	—	—	1 504.52	176.83	1 268.07	59.62
	合 计	3只基金		2	—	81 588.30	59 596.47	21 932.21	59.62
广发	广发聚利债券	162712	2011.08.05	1	0.130	436.47	436.47	—	—
	广发聚财信用债券	270029	2012.03.13	1	0.090/0.080	3 106.33	2 299.56	806.77	—
	广发货币	270004	2005.05.20	—	—	151 989.57	18 877.79	132 200.41	911.37
	合 计	3只基金		2	—	155 532.36	21 613.81	133 007.18	911.37
兴业全球	兴全全球视野股票	340006	2006.09.20	1	11.100	457 947.36	383 955.30	73 992.05	—
	兴全货币	340005	2006.04.27	—	—	3 320.96	433.97	2 968.82	−81.83
	合 计	2只基金		1	—	461 268.32	384 389.27	76 960.87	−81.83
诺安	诺安优化收益债券	320004	2007.08.29	2	1.700	27 006.74	25 155.17	1 851.57	—
	诺安全球黄金(QDII-FOF)	320013	2011.01.13	1	0.500	6 440.08	4 256.25	2 183.83	—
	诺安货币	320002	2004.12.06	—	—	15 143.43	1 461.93	13 843.36	−161.87
	合 计	3只基金		3	—	48 590.25	30 873.36	17 878.76	−161.87

（续上表）

管理人	基金简称	基金代码	设立日期	累计分红情况			分红金额发放形式		
				分红次数	每10份派现	利润分配合计	现金形式	再投资形式	利润本年变动
申万菱信	申万菱信添益宝债券	310378	2008.12.04	1	0.100/0.040	104.13	71.95	32.18	—
	申万菱信收益宝货币	310338	2006.07.07	—	—	367.62	—	367.62	—
	合 计	2只基金		1	—	471.75	71.95	399.80	—
中海	中海消费股票	398061	2011.11.09	1	0.400	176.09	163.77	12.32	—
	中海稳健收益债券	395001	2008.04.10	1	0.100	284.24	205.03	79.21	—
	中海货币	392001	2010.07.28	—	—	6 807.85	—	6 807.85	—
	合 计	3只基金		2	—	7 268.18	368.80	6 899.38	—
华富	华富货币	410002	2006.06.21	—	—	7 493.15	706.33	6 757.73	29.09
	合 计	1只基金		—	—	7 493.15	706.33	6 757.73	29.09
光大保德信	光大保德信增利收益债券	360008	2008.10.29	2	0.520/0.500	1 101.32	732.33	368.99	—
	光大保德信信用添益债券	360013	2011.05.16	4	0.750	4 140.76	3 381.72	759.03	—
	光大保德信添天利理财债券	360017	2012.06.19	—	—	856.82	—	856.82	—
	光大保德信添盛双月理财债券	360021	2012.09.05	—	—	565.33	—	564.32	1.01
	光大保德信添天盈季度理财债券	360019	2012.10.25	—	—	1 434.13	—	1 434.13	—
	光大保德信货币	360003	2005.06.09	—	—	1 703.93	—	1 703.93	—
	合 计	6只基金		6	—	9 802.28	4 114.05	5 687.22	1.01
上投摩根	上投摩根成长先锋股票	378010	2006.09.20	1	1.890	59 937.51	29 763.93	30 173.58	—
	上投摩根强化回报债券	372010	2011.08.10	1	0.400	502.37	439.13	63.24	—
	上投摩根货币	370010	2005.04.13	—	—	53 837.03	1 810.95	51 232.29	743.79
	合 计	3只基金		2	—	114 276.91	32 014.01	81 519.11	743.79

（续上表）

管理人	基金简称	基金代码	设立日期	累计分红情况			分红金额发放形式		
				分红次数	每10份派现	利润分配合计	现金形式	再投资形式	利润本年变动
东方	东方金账簿货币	400005	2006.08.02	—	—	4 676.46	788.56	3 559.85	328.04
	合 计	1只基金		—	—	4 676.46	788.56	3 559.85	328.04
中银	中银信用增利债券	163819	2012.03.12	1	0.300	6 623.27	6 623.27	—	—
	中银增利债券	163806	2008.11.13	1	0.500	22 419.58	18 705.31	3 714.26	—
	中银理财14天债券	380001	2012.09.24	—	—	9 990.55	2 361.80	5 972.19	1 656.56
	中银理财60天债券发起	380003	2012.10.26	—	—	2 732.38	1 682.59	394.31	655.48
	中银货币	163802	2005.06.07	—	—	83 119.97	16 031.48	63 743.65	3 344.84
	合 计	5只基金		2	—	124 885.74	45 404.45	73 824.41	5 656.88
东吴	东吴增利债券	582002	2011.07.27	1	0.400	1 867.02	1 841.26	25.76	—
	东吴货币	583001	2010.05.11	—	—	1 304.26	—	1 304.26	—
	合 计	2只基金		1	—	3 171.28	1 841.26	1 330.02	—
天弘	天弘永利债券	420002	2008.04.18	4	0.559/0.644	15 133.28	9 114.37	6 018.91	—
	天弘现金管家货币	420006	2012.06.20	—	—	1 195.23	—	1 195.23	—
	合 计	2只基金		4	—	16 328.51	9 114.37	7 214.14	—
华泰柏瑞	华泰柏瑞上证红利ETF	510880	2006.11.17	1	0.410	3 635.37	3 635.37	—	—
	华泰柏瑞沪深300ETF	510300	2012.05.04	1	0.330	28 864.07	28 864.07	—	—
	华泰柏瑞信用增利债券	164606	2011.09.22	2	0.240	508.69	508.69	—	—
	华泰柏瑞稳本增利债券	519519	2007.12.03	1	0.300	310.04	237.84	72.20	—
	华泰柏瑞货币	460006	2009.05.06	—	—	952.01	116.90	498.68	336.43
	合 计	5只基金		5	—	34 270.18	33 362.87	570.87	336.43

（续上表）

管理人	基金简称	基金代码	设立日期	累计分红情况			分红金额发放形式		
				分红次数	每10份派现	利润分配合计	现金形式	再投资形式	利润本年变动
新华	新华优选成长股票	519089	2008.07.25	1	3.000	110 702.58	63 497.39	47 205.19	—
	合 计	1只基金		1	—	110 702.58	63 497.39	47 205.19	—
汇添富	汇添富增强收益债券	519078	2008.03.06	1	0.300	4 829.14	3 945.09	884.05	—
	汇添富理财30天债券	470030	2012.05.09	—	—	35 947.34	14 965.09	19 859.37	1 122.88
	汇添富理财60天债券	470060	2012.06.12	—	—	11 523.14	7 825.88	3 489.93	207.32
	汇添富理财14天债券	470014	2012.07.10	—	—	3 334.81	1 885.30	1 432.56	16.94
	汇添富理财28天债券	471028	2012.10.18	—	—	635.07	376.61	207.65	50.81
	汇添富货币	519518	2006.03.23	—	—	24 690.88	5 032.05	20 445.43	−786.61
	合 计	6只基金		1	—	80 960.36	34 030.02	46 319.00	611.35
工银瑞信	工银四季收益债券	164808	2011.02.10	4	0.820	19 708.38	19 708.38	—	—
	工银增强收益债券	485105	2007.05.11	1	0.450/0.380	16 386.30	7 590.06	8 796.24	—
	工银添利债券	485107	2008.04.14	1	0.450/0.270	12 284.74	9 092.56	3 192.19	—
	工银7天理财债券	485118	2012.08.22	—	—	46 361.57	—	46 056.08	295.49
	工银14天理财债券发起	485120	2012.10.26	—	—	7 257.68	—	7 174.23	83.44
	工银货币	482002	2006.03.20	—	—	50 738.03	—	51 100.05	−362.02
	合 计	6只基金		6	—	152 736.70	36 391.00	116 328.79	16.91
交银施罗德	交银信用添利债券	164902	2011.01.27	1	0.340	6 443.29	6 443.29	—	—
	交银增利债券	519680	2008.03.31	1	0.200	4 955.86	3 833.07	1 122.78	—
	交银双利债券	519683	2011.09.26	2	0.450	1 693.99	1 537.78	156.21	—
	交银货币	519588	2006.01.20	—	—	30 558.82	10 934.86	19 759.22	−135.26
	合 计	4只基金		4	—	43 651.97	22 749.01	21 038.22	−135.26

（续上表）

管理人	基金简称	基金代码	设立日期	累计分红情况			分红金额发放形式		
				分红次数	每10份派现	利润分配合计	现金形式	再投资形式	利润本年变动
建信	建信稳定增利债券	530008	2008.06.25	1	0.598	15 170.96	11 614.18	3 556.78	—
	建信增强债券	530009	2009.06.02	1	1.150	30 143.43	29 113.80	1 029.62	—
	建信双利分级股票	165310	2011.05.06	1	0.210	1 598.64	1 598.64	—	—
	建信双周理财债券	530014	2012.08.28	—	—	6 976.68	—	6 976.68	—
	建信货币	530002	2006.04.25	—	—	19 182.77	—	19 182.77	—
	合 计	5只基金		3	—	73 072.47	42 326.62	30 745.85	—
信诚	信诚增强收益债券封闭	165509	2010.09.29	8	0.600	13 596.39	13 596.39	—	—
	信诚精萃成长股票	550002	2006.11.27	1	2.000	118 837.19	102 325.16	16 512.03	—
	信诚经典优债债券	550006	2009.03.11	3	0.270	4 065.12	2 604.85	1 460.27	—
	信诚货币	550010	2011.03.23	—	—	10 704.45	—	10 614.16	90.29
	合 计	4只基金		12	—	147 203.16	118 526.40	28 586.46	90.29
汇丰晋信	汇丰晋信平稳增利债券	540005	2008.12.03	4	0.050/0.364	25.84	22.05	3.79	—
	合 计	1只基金		4	—	25.84	22.05	3.79	—
益民	益民多利债券	560005	2008.05.21	2	0.190	113.32	72.98	40.33	—
	益民货币	560001	2006.07.17	—	—	200.27	23.43	177.60	-0.76
	合 计	2只基金		2	—	313.59	96.42	217.93	-0.76
中邮创业	中邮上证380指数增强	59007	2011.11.22	2	0.60C	518.24	484.68	33.56	—
	合 计	1只基金		2	—	518.24	484.68	33.56	—
中欧	中欧稳健收益债券	166003	2009.04.24	1	0.139/0.040	203.02	173.85	29.17	—
	中欧增强回报债券(LOF)	166008	2010.12.02	1	0.100	553.51	550.51	3.01	—
	合 计	2只基金		2	—	756.53	724.36	32.17	—

（续上表）

管理人	基金简称	基金代码	设立日期	累计分红情况			分红金额发放形式		
				分红次数	每10份派现	利润分配合计	现金形式	再投资形式	利润本年变动
金元惠理	金元惠理保本混合	620007	2011.08.16	1	0.200	226.45	226.45	—	—
	合 计	1只基金		1	—	226.45	226.45	—	—
浦银安盛	浦银安盛货币	519509	2011.03.09	—	—	1 215.27	368.36	795.83	51.08
	合 计	1只基金		—	—	1 215.27	368.36	795.83	51.08
农银汇理	农银信用添利债券	660013	2012.06.19	1	0.135	1 312.26	1 286.21	26.05	—
	农银增强收益债券	660009	2011.07.01	1	0.350	607.91	554.28	53.63	—
	农银货币	660007	2010.11.23	—	—	5 699.57	—	5 699.57	—
	合 计	3只基金		2	—	7 619.74	1 840.50	5 779.24	—
平安大华	平安大华深证300指数增强	700002	2011.12.20	1	0.800	417.71	375.06	42.65	—
	合 计	1只基金		1	—	417.71	375.06	42.65	—
财通	财通价值动量混合	720001	2011.12.01	3	0.600	2 624.61	1 868.82	755.79	—
	财通多策略稳健增长债券	720002	2012.07.13	1	0.080	1 790.43	1 174.62	615.81	—
	合 计	2只基金		4	—	4 415.04	3 043.45	1 371.59	—
	总 计	**210只基金**		**256**		**453.53亿元**	—	—	—

说明：以年报披露数据为统计范围；分红次数不包括货币市场基金和短期理财债券型基金。

表2-24　开放式基金(含ETF、QDII)资金流量汇总统计（2011—2012）

（单位：只；亿元）

基金类型	2012年度					2011年度				
	基金数量	申购总金额	赎回总金额	总流量	净流量	基金数量	申购总金额	赎回总金额	总流量	净流量
股票型基金	397	2 180.03	2 401.25	4 581.29	−221.22	307	2 470.33	2 791.90	5 262.23	−321.57
（指数股票）	103	1 045.77	858.85	1 904.62	186.92	68	956.71	994.92	1 951.63	−38.21
混合型基金	191	543.50	1 051.06	1 594.56	−507.57	166	944.92	1 174.23	2 119.15	−229.31
（保本）	21	66.69	174.74	241.44	−108.05	5	27.42	33.80	61.22	−6.38
债券型基金	139	2 643.07	2 602.60	5 245.67	40.47	97	1 011.33	1 382.04	2 393.37	−370.72
货币型基金	51	27 604.71	25 199.54	52 804.25	2 405.16	46	12 701.97	11 316.69	24 018.66	1 385.28
ETF	37	1 180.41	1 235.86	2 416.28	−55.45	20	1 049.48	962.95	2 012.43	86.53
QDII	51	27.94	86.52	114.46	−58.57	27	20.43	133.16	153.59	−112.73
总　计	**866**	**34 179.67**	**32 576.84**	**66 756.51**	**1 602.83**	**663**	**18 198.46**	**17 760.97**	**35 959.44**	**437.49**

说明：以年报公告的数据为统计范围，当年新成立的基金不在统计范围内；总流量=申购总金额+赎回总金额；净流量=申购总金额−赎回总金额。

表2-25 2012年开放式基金(含ETF、QDII)资金流量统计

（单位：亿元）

管理人	基金简称	基金代码	设立日期	申购金额	赎回金额	总流量	净流量
国泰	国泰上证180金融ETF	510230	2011.03.31	12.23	15.35	27.59	−3.12
	国泰上证180金融ETF联接	020021	2011.03.31	4.90	10.27	15.16	−5.37
	国泰沪深300指数	020011	2007.11.11	22.05	15.16	37.21	6.89
	国泰金鹰增长股票	020001	2002.05.08	3.32	16.09	19.41	−12.78
	国泰金牛创新股票	020010	2007.05.18	10.85	6.71	17.57	4.14
	国泰区位优势股票	020015	2009.05.27	0.30	2.61	2.91	−2.31
	国泰中小盘成长股票(LOF)	160211	2009.10.19	0.69	1.19	1.88	−0.50
	国泰价值经典股票(LOF)	160215	2010.08.13	0.04	0.54	0.58	−0.50
	国泰事件驱动股票	020023	2011.08.17	0.30	1.17	1.47	−0.86
	国泰金龙行业混合	020003	2003.12.05	1.21	1.24	2.45	−0.03
	国泰金马稳健混合	020005	2004.06.18	0.48	10.70	11.18	−10.22
	国泰金鹏蓝筹混合	020009	2006.09.29	0.60	3.88	4.49	−3.28
	国泰金鼎价值混合	519021	2007.04.11	1.43	7.58	9.01	−6.15
	国泰金鹿保本混合	020018	2008.06.12	2.27	10.67	12.94	−8.40
	国泰保本混合	020022	2011.04.19	0.10	6.16	6.26	−6.06
	国泰金龙债券	020002	2003.12.05	57.39	28.89	86.29	28.50
	国泰双利债券	020019	2009.03.11	21.12	22.10	43.22	−0.98
	国泰信用互利分级债券	160217	2011.12.29	12.59	7.92	20.51	4.68
	国泰货币	020007	2005.06.21	226.67	195.93	422.60	30.74
	国泰纳斯达克100指数	160213	2010.04.29	3.49	2.84	6.33	0.66
	合计			382.03	367.00	749.04	15.03
南方	南方深证成份ETF	159903	2009.12.04	30.76	23.91	54.67	6.85
	南方小康ETF	510160	2010.08.27	0.77	1.09	1.86	−0.32
	南方上证380ETF	510290	2011.09.16	0.61	1.05	1.66	−0.45
	南方深证成份ETF联接	202017	2009.12.09	9.47	5.63	15.10	3.83
	南方小康ETF联接	202021	2010.08.27	0.20	0.36	0.56	−0.16
	南方上证380ETF联接	202025	2011.09.20	0.68	0.73	1.42	−0.05
	南方沪深300指数	202015	2009.03.25	14.14	11.12	25.26	3.01
	南方中证500指数(LOF)	160119	2009.09.25	30.82	20.34	51.16	10.47
	南方积极配置股票(LOF)	160105	2004.10.14	1.50	1.60	3.10	−0.10
	南方高增长股票(LOF)	160106	2005.07.13	1.56	2.89	4.45	−1.34
	南方绩优成长股票	202003	2006.11.16	1.48	9.69	11.17	−8.20

（续上表）

管理人	基金简称	基金代码	设立日期	申购金额	赎回金额	总流量	净流量
南方	南方成份精选股票	202005	2007.05.14	4.18	10.63	14.80	-6.45
	南方隆元产业主题股票	202007	2007.11.09	4.39	6.86	11.25	-2.47
	南方盛元红利股票	202009	2008.03.21	2.86	4.15	7.01	-1.29
	南方优选价值股票	202011	2008.06.18	6.56	10.51	17.07	-3.95
	南方策略优化股票	202019	2010.03.30	0.76	1.52	2.28	-0.75
	南方稳健成长混合	202001	2001.09.28	1.23	3.17	4.40	-1.94
	南方稳健成长贰号混合	202002	2006.07.25	0.37	2.13	2.50	-1.75
	南方优选成长混合	202023	2011.01.30	0.26	3.20	3.47	-2.94
	南方避险增值混合	202202	2003.06.27	61.28	43.26	104.54	18.02
	南方恒元保本混合	202211	2008.11.12	0.00	6.14	6.14	-6.14
	南方保本混合	202212	2011.06.21	0.00	8.50	8.50	-8.50
	南方宝元债券	202101	2002.09.20	1.22	3.60	4.82	-2.38
	南方多利增强债券	202102	2007.08.28	45.06	34.38	79.44	10.68
	南方广利回报债券	202105	2010.11.03	16.67	19.28	35.95	-2.61
	南方中证50债券指数(LOF)	160123	2011.05.17	13.10	21.74	34.84	-8.64
	南方现金增利货币	202301	2004.03.05	2 092.53	1 846.85	3 939.39	245.68
	南方全球精选配置(QDII-FOF)	202801	2007.09.19	0.22	8.26	8.48	-8.03
	南方金砖四国指数(QDII)	160121	2010.12.09	0.21	0.55	0.76	-0.34
	南方中国中小盘股票指数(QDII-LOF)	160125	2011.09.26	0.80	0.96	1.76	-0.16
	合 计			2 343.70	2 114.11	4 457.81	229.59
华夏	华夏上证50ETF	510050	2004.12.30	285.87	328.38	614.25	-42.51
	华夏中小板ETF	159902	2006.06.08	76.24	74.88	151.12	1.36
	华夏沪深300ETF联接	000051	2009.07.10	42.60	31.61	74.21	10.99
	华夏收入股票	288002	2005.11.17	3.38	3.85	7.23	-0.47
	华夏优势增长股票	000021	2006.11.24	19.45	20.14	39.60	-0.69
	华夏复兴股票	000031	2007.09.10	3.30	3.72	7.03	-0.42
	华夏行业股票(LOF)	160314	2007.11.22	0.83	5.20	6.03	-4.37
	华夏盛世股票	000061	2009.12.11	0.03	7.47	7.50	-7.43
	华夏成长混合	000001	2001.12.18	12.01	15.11	27.13	-3.10
	华夏回报混合	002001	2003.09.05	10.27	14.93	25.20	-4.66
	华夏经典混合	288001	2004.03.15	0.95	1.44	2.39	-0.50
	华夏大盘精选混合	000011	2004.08.11	7.73	40.04	47.76	-32.31
	华夏红利混合	002011	2005.06.30	25.28	21.85	47.13	3.43

（续上表）

管理人	基金简称	基金代码	设立日期	申购金额	赎回金额	总流量	净流量
华夏	华夏稳增混合	519029	2006.08.09	1.31	5.37	6.67	−4.06
	华夏回报二号混合	002021	2006.08.14	4.42	8.38	12.81	−3.96
	华夏蓝筹混合(LOF)	160311	2007.04.24	1.66	5.39	7.05	−3.74
	华夏策略混合	002031	2008.10.23	2.81	13.83	16.63	−11.02
	华夏债券	001001	2002.10.23	33.99	34.71	68.70	−0.71
	中信稳定双利债券	288102	2006.07.20	5.63	4.82	10.45	0.81
	华夏希望债券	001011	2008.03.10	30.62	34.10	64.71	−3.48
	华夏亚债中国指数	001021	2011.05.25	2.72	8.31	11.02	−5.59
	华夏现金增利货币	003003	2004.04.07	1 676.36	1 333.16	3 009.52	343.21
	华夏货币	288101	2005.04.20	109.92	87.19	197.11	22.74
	华夏全球股票QDII	000041	2007.10.09	2.08	11.76	13.84	−9.68
	合 计			2 359.46	2 115.64	4 475.10	243.83
华安	华安上证180ETF	510180	2006.04.13	163.73	173.27	337.00	−9.54
	华安上证龙头ETF	510190	2010.11.18	0.18	1.93	2.11	−1.75
	华安上证180ETF联接	040180	2009.09.29	10.62	1.66	12.29	8.96
	华安上证龙头ETF联接	040190	2010.11.18	0.59	1.41	2.00	−0.82
	华安中国A股增强指数	040002	2002.11.08	68.96	29.65	98.62	39.31
	华安深证300指数(LOF)	160415	2011.09.02	1.87	2.74	4.60	−0.87
	华安宏利股票	040005	2006.09.06	8.85	13.95	22.80	−5.09
	华安中小盘成长股票	040007	2007.04.10	0.67	3.27	3.94	−2.60
	华安策略优选股票	040008	2007.08.02	0.48	5.79	6.27	−5.31
	华安核心股票	040011	2008.10.22	0.70	0.91	1.61	−0.21
	华安行业轮动股票	040016	2010.05.11	1.83	2.59	4.42	−0.76
	华安升级主题股票	040020	2011.04.22	0.18	2.54	2.72	−2.36
	华安科技动力股票	040025	2011.12.20	1.02	9.44	10.46	−8.42
	华安创新混合	040001	2001.09.21	0.49	6.46	6.95	−5.96
	华安宝利配置混合	040004	2004.08.24	9.86	10.82	20.69	−0.96
	华安动态灵活配置混合	040015	2009.12.22	0.81	6.98	7.78	−6.17
	华安稳定收益债券	040009	2008.04.30	9.18	8.99	18.17	0.19
	华安强化收益债券	040012	2009.04.13	3.61	4.77	8.38	−1.16
	华安稳固收益债券	040019	2010.12.21	10.96	9.48	20.44	1.48
	华安可转债债券	040022	2011.06.22	4.59	5.74	10.33	−1.16
	华安信用四季红债券	040026	2011.12.08	28.35	2.78	31.13	25.57

（续上表）

管理人	基金简称	基金代码	设立日期	申购金额	赎回金额	总流量	净流量
华安	华安现金富利货币	040003	2003.12.30	659.28	664.12	1 323.40	−4.85
	华安香港精选股票QDII	040018	2010.09.19	0.47	0.84	1.31	−0.37
	华安大中华升级股票(QDII)	040021	2011.05.17	0.07	0.15	0.22	−0.09
	合 计			987.34	970.28	1 957.63	17.06
博时	博时上证超大盘ETF	510020	2009.12.29	2.61	6.07	8.68	−3.46
	博时深证基本面200ETF	159908	2011.06.10	0.34	0.60	0.94	−0.26
	博时上证超大盘ETF联接	510013	2009.12.29	0.47	3.25	3.72	−2.78
	博时深证基本面200ETF联接	050021	2011.06.10	0.15	0.25	0.40	−0.10
	博时沪深300指数	050002	2003.08.26	9.97	15.20	25.17	−5.24
	博时精选股票	050004	2004.06.22	3.70	7.17	10.86	−3.47
	博时主题行业股票(LOF)	160505	2005.01.06	19.49	15.80	35.30	3.69
	博时第三产业股票	050008	2007.04.12	3.57	6.27	9.84	−2.69
	博时新兴成长股票	050009	2007.07.06	0.93	6.46	7.40	−5.53
	博时特许价值股票	050010	2008.05.28	4.47	7.24	11.72	−2.77
	博时创业成长股票	050014	2010.06.01	2.10	1.67	3.76	0.43
	博时行业轮动股票	050018	2010.12.10	0.16	1.17	1.33	−1.01
	博时卓越品牌股票(LOF)	160512	2011.04.22	0.15	1.61	1.76	−1.47
	博时价值增长混合	050001	2002.10.09	2.06	11.13	13.19	−9.08
	博时平衡配置混合	050007	2006.05.31	1.15	5.21	6.36	−4.06
	博时价值增长贰号混合	050201	2006.09.27	0.29	4.45	4.74	−4.16
	博时策略混合	050012	2009.08.11	0.30	1.63	1.93	−1.33
	博时回报混合	050022	2011.11.08	0.47	2.37	2.84	−1.90
	博时稳定价值债券	050006	2007.09.06	8.62	9.04	17.65	−0.42
	博时信用债券	050011	2009.06.10	8.18	9.66	17.84	−1.47
	博时宏观回报债券	050016	2010.07.27	30.73	34.82	65.55	−4.09
	博时转债增强债券	050019	2010.11.24	4.99	10.34	15.33	−5.35
	博时裕祥分级债券	160513	2011.06.10	26.95	16.79	43.74	10.16
	博时现金收益货币	050003	2004.01.16	2 304.01	2 060.06	4 364.08	243.95
	博时大中华亚太精选股票(QDII)	050015	2010.07.27	0.53	0.48	1.01	0.05
	博时抗通胀增强回报(QDII−FOF)	050020	2011.04.25	0.06	2.14	2.20	−2.08
	合 计			2 436.47	2 240.89	4 677.35	195.58

（续上表）

管理人	基金简称	基金代码	设立日期	申购金额	赎回金额	总流量	净流量
鹏华	民企ETF	510070	2010.08.05	1.14	1.50	2.64	−0.35
	鹏华深证民营ETF	159911	2011.09.02	2.53	3.80	6.34	−1.27
	鹏华上证民企50ETF联接	206005	2010.08.05	0.21	0.40	0.61	−0.19
	鹏华深证民营ETF联接	206010	2011.09.02	0.16	0.28	0.44	−0.12
	鹏华沪深300指数(LOF)	160615	2009.04.03	5.54	3.83	9.37	1.72
	鹏华中证500指数(LOF)	160616	2010.02.05	7.36	8.05	15.41	−0.69
	鹏华价值优势股票(LOF)	160607	2006.07.18	8.96	15.13	24.09	−6.17
	鹏华优质治理股票(LOF)	160611	2007.04.25	0.27	5.88	6.15	−5.61
	鹏华盛世创新股票(LOF)	160613	2008.10.10	0.73	2.31	3.04	−1.57
	鹏华精选成长股票	206002	2009.09.09	0.17	1.67	1.85	−1.50
	鹏华消费优选股票	206007	2010.12.28	1.07	4.39	5.46	−3.33
	鹏华新兴产业股票	206009	2011.06.15	1.37	3.59	4.96	−2.22
	鹏华行业成长混合	206001	2002.05.24	0.79	2.36	3.15	−1.57
	鹏华普天收益混合	160603	2003.07.12	0.25	3.02	3.27	−2.78
	鹏华中国50混合	160605	2004.05.12	5.93	7.34	13.27	−1.41
	鹏华动力增长混合(LOF)	160610	2007.01.09	2.03	9.17	11.19	−7.14
	鹏华普天债券	160602	2003.07.12	19.90	11.19	31.09	8.71
	鹏华丰收债券	160612	2008.05.28	72.76	49.75	122.51	23.01
	鹏华信用增利债券	206003	2010.05.31	34.19	16.36	50.56	17.83
	鹏华丰盛债券	206008	2011.04.25	20.03	19.55	39.59	0.48
	鹏华丰泽分级债券	160618	2011.12.08	12.49	22.99	35.48	−10.50
	鹏华货币	160606	2005.04.12	481.70	459.20	940.90	22.50
	鹏华环球发现(QDII−FOF)	206006	2010.10.12	0.01	0.23	0.25	−0.22
	鹏华美国房地产(QDII)	206011	2011.11.25	0.71	2.84	3.55	−2.12
	合计			680.31	654.83	1 335.13	25.48
嘉实	嘉实沪深300ETF联接	160706	2005.08.29	64.54	55.46	120.00	0.09
	嘉实深证基本面120ETF	159910	2011.08.01	2.42	2.03	4.44	0.39
	嘉实深证基本面120ETF联接	070023	2011.08.01	2.24	0.81	3.06	1.43
	嘉实基本面50指数(LOF)	160716	2009.12.30	5.65	10.20	15.85	−4.55
	嘉实优质企业股票	070099	2007.12.08	22.67	14.34	37.01	8.33
	嘉实研究精选股票	070013	2008.05.27	16.66	10.22	26.88	6.44

（续上表）

管理人	基金简称	基金代码	设立日期	申购金额	赎回金额	总流量	净流量
嘉实	嘉实量化阿尔法股票	070017	2009.03.20	1.38	2.22	3.60	−0.84
	嘉实价值优势股票	070019	2010.06.07	2.86	12.13	14.99	−9.28
	嘉实主题新动力股票	070021	2010.12.07	0.60	7.04	7.64	−6.43
	嘉实领先成长股票	070022	2011.05.31	0.44	4.12	4.56	−3.68
	嘉实周期优选股票	070027	2011.12.08	6.70	11.13	17.83	−4.43
	嘉实成长收益混合	070001	2002.11.05	22.51	15.89	38.40	6.62
	嘉实增长混合	070002	2003.07.09	6.53	7.66	14.19	−1.13
	嘉实稳健混合	070003	2003.07.09	1.48	8.19	9.67	−6.71
	嘉实服务增值行业混合	070006	2004.04.01	10.34	9.40	19.73	0.94
	嘉实主题混合	070010	2006.07.21	7.55	13.47	21.02	−5.93
	嘉实策略混合	070011	2006.12.12	1.52	7.88	9.40	−6.36
	嘉实回报混合	070018	2009.08.18	0.33	2.11	2.44	−1.77
	嘉实债券	070005	2003.07.09	11.03	12.79	23.82	−1.76
	嘉实超短债债券	070009	2006.04.26	261.18	261.85	523.03	−0.67
	嘉实多元债券	070015	2008.09.10	13.20	18.07	31.28	−4.87
	嘉实稳固收益债券	070020	2010.09.01	0.74	9.52	10.25	−8.78
	嘉实多利分级债券	160718	2011.03.23	6.23	12.24	18.48	−6.01
	嘉实信用债券	070025	2011.08.08	88.86	91.97	180.83	−3.12
	嘉实货币	070008	2005.03.18	1 489.51	1 441.01	2 930.52	48.50
	嘉实安心货币	070028	2011.12.28	55.94	49.72	105.66	6.23
	嘉实海外中国股票(QDII)	070012	2007.10.12	0.76	8.11	8.87	−7.35
	嘉实H股指数(QDII−LOF)	160717	2010.09.30	0.29	0.80	1.09	−0.51
	嘉实黄金(QDII−FOF−LOF)	160719	2011.08.04	0.21	1.35	1.56	−1.13
	合 计			2 104.38	2 101.73	4 206.11	2.65
长盛	长盛中证100指数	519100	2006.11.22	1.24	1.52	2.75	−0.28
	长盛沪深300指数(LOF)	160807	2010.08.04	0.24	0.30	0.54	−0.06
	长盛同瑞中证200分级	160808	2011.12.06	2.15	7.99	10.14	−5.84
	长盛同德主题股票	519039	2007.10.25	0.23	2.94	3.17	−2.71
	长盛量化红利股票	080005	2009.11.25	0.10	0.36	0.46	−0.26
	长盛同祥泛资源股票	080008	2011.10.26	0.36	2.13	2.49	−1.77
	长盛成长价值混合	080001	2002.09.18	0.59	1.29	1.88	−0.70
	长盛动态精选混合	510081	2004.05.21	0.28	0.67	0.95	−0.39
	长盛同智优势混合(LOF)	160805	2007.01.05	0.09	1.11	1.20	−1.02

（续上表）

管理人	基金简称	基金代码	设立日期	申购金额	赎回金额	总流量	净流量
长盛	长盛创新先锋混合	080002	2008.06.04	0.47	0.36	0.84	0.11
	长盛同鑫保本混合	080007	2011.05.24	0.10	9.22	9.32	9.12
	长盛全债指数增强债券	510080	2003.10.25	0.44	1.32	1.76	0.89
	长盛积极配置债券	080003	2008.10.08	0.20	3.79	3.99	3.59
	长盛同禧信用增利债券	080009	2011.12.06	54.80	90.67	145.47	35.87
	长盛货币	080011	2005.12.12	108.06	112.37	220.44	4.31
	长盛环球行业股票(QDII)	080006	2010.05.26	0.12	0.21	0.34	0.09
	合 计			169.48	236.26	405.74	66.78
大成	大成深证成长40ETF	159906	2010.12.21	1.36	2.42	3.78	1.06
	大成深证成长40ETF联接	090012	2010.12.21	1.23	3.22	4.46	1.99
	大成沪深300指数	519300	2006.04.06	5.57	8.07	13.63	2.50
	大成中证红利指数	090010	2010.02.02	0.36	0.82	1.18	0.47
	大成中证内地消费主题指数	090016	2011.11.08	0.53	8.56	9.09	8.03
	大成积极成长股票	519017	2007.01.16	0.26	1.95	2.21	1.69
	大成景阳领先股票	519019	2007.12.11	0.68	2.74	3.42	2.06
	大成策略回报股票	090007	2008.11.26	1.07	2.29	3.35	1.22
	大成行业轮动股票	090009	2009.09.08	0.57	0.76	1.33	0.19
	大成核心双动力股票	090011	2010.06.22	0.13	0.23	0.35	0.10
	大成内需增长股票	090015	2011.06.14	0.54	1.48	2.02	0.94
	大成价值增长混合	090001	2002.11.11	1.92	5.67	7.59	3.74
	大成蓝筹稳健混合	090003	2004.06.03	0.62	5.40	6.03	4.78
	大成精选增值混合	090004	2004.12.15	0.77	1.55	2.32	0.79
	大成2020生命周期混合	090006	2006.09.13	0.75	5.10	5.85	4.35
	大成创新成长混合	160910	2007.06.12	0.26	4.16	4.42	3.90
	大成保本混合	090013	2011.04.20	0.10	4.35	4.44	4.25
	大成债券	090002	2003.06.12	9.52	10.67	20.19	1.15
	大成强化收益债券	090008	2008.08.06	0.75	1.33	2.08	0.58
	大成可转债增强债券	090017	2011.11.30	0.38	8.84	9.22	8.46
	大成货币	090005	2005.06.03	409.73	262.59	672.33	147.14
	大成标普500等权重指数QDII	096001	2011.03.23	0.38	0.90	1.28	0.52
	合 计			437.47	343.10	780.57	94.36
富国	富国上证综指ETF	510210	2011.01.30	0.49	1.16	1.65	−0.68
	富国上证综指ETF联接	100053	2011.01.30	0.58	1.08	1.66	−0.49

（续上表）

管理人	基金简称	基金代码	设立日期	申购金额	赎回金额	总流量	净流量
富国	富国中证红利指数增强	100032	2008.11.20	4.17	4.31	8.47	0.14
	富国沪深300指数增强	100038	2009.12.16	80.01	49.51	129.52	30.50
	富国中证500指数增强(LOF)	161017	2011.10.12	4.23	2.32	6.55	1.92
	富国天益价值股票	100020	2004.06.15	6.71	7.96	14.67	1.25
	富国天合稳健股票	100026	2006.11.15	3.63	4.42	8.06	0.79
	富国天博创新股票	519035	2007.04.27	0.67	4.54	5.21	3.87
	富国通胀通缩主题股票	100039	2010.05.12	0.13	0.29	0.42	0.17
	富国低碳环保股票	100056	2011.08.10	0.32	1.60	1.92	1.29
	富国天源平衡混合	100016	2002.08.16	1.07	1.87	2.95	0.80
	富国天瑞强势混合	100022	2005.04.05	19.21	17.16	36.36	2.05
	富国天惠成长混合(LOF)	161005	2005.11.16	9.44	13.64	23.07	4.20
	富国天成红利混合	100029	2008.05.28	9.62	3.88	13.49	5.74
	富国天利增长债券	100018	2003.12.02	6.55	12.66	19.21	6.10
	富国天丰强化债券	161010	2008.10.24	36.01	23.50	59.51	12.50
	富国优化增强债券	100035	2009.06.10	2.03	3.32	5.35	−1.30
	富国可转债	100051	2010.12.08	7.52	11.44	18.95	−3.92
	富国天盈分级债券	161015	2011.05.23	19.11	15.85	34.97	3.26
	富国产业债券	100058	2011.12.05	35.25	2.23	37.49	33.02
	富国天时货币	100025	2006.06.05	407.20	404.48	811.68	2.72
	富国全球债券(QDII－FOF)	100050	2010.10.20	0.06	0.70	0.76	−0.64
	富国全球顶级消费品股票(QDII)	100055	2011.07.13	0.31	1.70	2.01	−1.39
	合 计			654.31	589.63	1 243.93	64.68
易方达	易方达深证100ETF	159901	2006.03.24	413.62	394.78	808.40	18.85
	易方达上证中盘ETF	510130	2010.03.29	3.75	1.91	5.65	1.84
	易方达创业板ETF	159915	2011.09.20	61.12	60.64	121.76	0.49
	易方达深证100ETF联接	110019	2009.12.01	28.07	27.63	55.70	0.44
	易方达上证中盘ETF联接	110021	2010.03.31	4.67	1.80	6.47	2.87
	易方达创业板ETF联接	110026	2011.09.20	1.85	1.72	3.57	0.12
	易方达上证50指数	110003	2004.03.22	35.66	64.60	100.26	−28.94
	易方达沪深300指数	110020	2009.08.26	39.84	26.19	66.04	13.65
	易方达价值精选股票	110009	2006.06.13	14.52	12.12	26.64	2.39
	易方达科讯股票	110029	2007.12.18	0.33	2.87	3.21	−2.54
	易方达中小盘股票	110011	2008.06.19	7.97	11.55	19.52	−3.57

（续上表）

管理人	基金简称	基金代码	设立日期	申购金额	赎回金额	总流量	净流量
易方达	易方达科翔股票	110013	2008.11.13	0.91	2.52	3.44	−1.61
	易方达行业领先股票	110015	2009.03.26	1.98	3.12	5.10	−1.14
	易方达消费行业股票	110022	2010.08.20	2.41	13.52	15.93	−11.11
	易方达医疗保健行业股票	110023	2011.01.28	14.11	26.29	40.40	−12.18
	易方达资源行业股票	110025	2011.08.16	2.19	6.32	8.50	−4.13
	易方达平稳增长混合	110001	2002.08.23	0.61	2.53	3.13	−1.92
	易方达策略成长混合	110002	2003.12.09	6.33	4.81	11.14	1.52
	易方达积极成长混合	110005	2004.09.09	2.65	12.17	14.82	−9.51
	易方达策略成长二号混合	112002	2006.08.16	1.00	3.41	4.41	−2.41
	易方达价值成长混合	110010	2007.04.02	12.08	20.22	32.30	−8.15
	易方达科汇灵活配置混合	110012	2008.10.09	4.08	8.54	12.61	−4.46
	易方达稳健收益债券	110007	2008.01.29	42.63	41.04	83.67	1.60
	易方达增强回报债券	110017	2008.03.19	38.98	40.03	79.00	−1.05
	易方达安心回报债券	110027	2011.06.21	7.41	11.84	19.25	−4.43
	易方达双债增强债券	110035	2011.12.01	12.87	26.52	39.39	−13.66
	易方达货币	110006	2005.02.02	3 176.28	2 698.27	5 874.55	478.01
	易方达亚洲精选股票(QDII)	118001	2010.01.21	0.06	0.16	0.22	−0.11
	易方达黄金主题(QDII−LOF−FOF)	161116	2011.05.06	0.40	2.87	3.28	−2.47
	合计			3 938.38	3 529.99	7 468.37	408.39
宝盈	宝盈中证100指数增强	213010	2010.02.08	0.49	0.32	0.81	0.16
	宝盈泛沿海增长股票	213002	2005.03.08	2.76	2.44	5.19	0.32
	宝盈策略增长股票	213003	2007.01.19	0.21	1.13	1.33	−0.92
	宝盈资源优选股票	213008	2008.04.15	2.87	3.27	6.14	−0.41
	宝盈鸿利收益混合	213001	2002.10.08	0.32	0.48	0.80	−0.17
	宝盈核心优势混合	213006	2009.03.17	0.34	0.21	0.55	0.13
	宝盈增强收益债券	213007	2008.05.15	4.78	6.75	11.53	−1.97
	宝盈货币	213009	2009.08.05	289.94	251.85	541.79	38.09
	合计			301.69	266.45	568.14	35.24
融通	融通深证100指数	161604	2003.09.30	45.16	30.26	75.41	14.90
	融通巨潮100指数(LOF)	161607	2005.05.12	1.01	2.39	3.40	−1.38
	融通深证成份指数股票	161612	2010.11.15	2.44	1.73	4.17	0.71
	融通动力先锋股票	161609	2006.11.15	0.23	1.37	1.60	−1.14

（续上表）

管理人	基金简称	基金代码	设立日期	申购金额	赎回金额	总流量	净流量
融通	融通领先成长股票(LOF)	161610	2007.04.30	0.28	1.64	1.92	−1.35
	融通内需驱动股票	161611	2009.04.22	0.24	0.35	0.59	−0.12
	融通新蓝筹混合	161601	2002.09.13	0.60	6.29	6.89	−5.68
	融通蓝筹成长混合	161605	2003.09.30	0.36	1.40	1.76	−1.04
	融通行业景气混合	161606	2004.04.29	3.62	1.44	5.05	2.18
	融通债券	161603	2003.09.30	25.31	19.77	45.07	5.54
	融通易支付货币	161608	2006.01.19	309.83	266.77	576.60	43.06
	合 计			389.07	333.40	722.47	55.67
银华	银华—道琼斯88指数	180003	2004.08.11	2.46	11.02	13.48	−8.56
	银华沪深300指数(LOF)	161811	2009.10.14	0.54	1.38	1.92	−0.85
	银华深证100指数分级	161812	2010.05.07	116.73	53.13	169.86	63.60
	银华中证等权90指数分级	161816	2011.03.17	111.52	94.63	206.16	16.89
	银华中证内地资源指数分级	161819	2011.12.08	17.07	9.13	26.21	7.94
	银华价值优选股票	519001	2005.09.27	6.95	14.18	21.13	−7.22
	银华优质增长股票	180010	2006.06.09	1.38	13.39	14.77	−12.01
	银华富裕主题股票	180012	2006.11.16	4.57	11.65	16.22	−7.09
	银华领先策略股票	180013	2008.08.20	1.33	1.76	3.09	−0.43
	银华内需精选股票(LOF)	161810	2009.07.01	0.24	2.69	2.93	−2.44
	银华消费分级股票	161818	2011.09.28	0.97	1.45	2.42	−0.48
	银华优势企业混合	180001	2002.11.13	0.96	2.84	3.80	−1.89
	银华和谐主题混合	180018	2009.04.27	5.65	7.24	12.90	−1.59
	银华成长先锋混合	180020	2010.10.08	0.16	2.33	2.48	−2.17
	银华保本增值混合	180002	2004.03.02	0.25	6.83	7.08	−6.57
	银华永祥保本混合	180028	2011.06.28	0.39	6.27	6.66	−5.88
	银华增强收益债券	180015	2008.12.03	2.80	4.38	7.18	−1.57
	银华信用双利债券	180025	2010.12.03	1.99	8.66	10.65	−6.67
	银华永泰积极债券	180029	2011.12.28	0.77	11.85	12.62	−11.09
	银华货币	180008	2005.01.31	256.47	202.39	458.85	54.08
	银华全球优选(QDII—FOF)	183001	2008.05.26	0.03	0.06	0.10	−0.03
	银华抗通胀主题(QDII—FOF—LOF)	161815	2010.12.06	0.05	0.57	0.63	−0.52
	合 计			533.29	467.83	1 001.13	65.46
长城	长城久泰沪深300指数	200002	2004.05.21	6.65	3.47	10.12	3.17
	长城消费增值股票	200006	2006.04.06	1.85	6.77	8.61	−4.92

（续上表）

管理人	基金简称	基金代码	设立日期	申购金额	赎回金额	总流量	净流量
长城	长城久富股票(LOF)	162006	2007.02.12	1.07	2.34	3.41	-1.27
	长城品牌优选股票	200008	2007.08.06	4.39	12.54	16.93	-8.15
	长城双动力股票	200010	2009.01.15	0.15	0.23	0.38	-0.08
	长城中小盘股票	200012	2011.01.27	0.13	0.51	0.64	-0.37
	长城久恒平衡混合	200001	2003.10.31	0.16	0.43	0.59	-0.28
	长城安心回报混合	200007	2006.08.22	4.24	6.61	10.85	-2.37
	长城景气行业龙头混合	200011	2009.06.30	0.06	0.23	0.29	-0.17
	长城稳健增利债券	200009	2008.08.27	2.35	1.86	4.21	0.49
	长城积极增利债券	200013	2011.04.12	14.87	17.01	31.88	-2.13
	长城货币	200003	2005.05.30	150.67	138.95	289.62	11.73
	合 计			186.59	190.95	377.54	-4.36
泰达宏利	泰达宏利财富大盘指数	162213	2010.04.23	2.04	3.34	5.38	-1.30
	泰达宏利500指数分级	162216	2011.12.01	2.39	4.31	6.70	-1.92
	泰达宏利成长股票	162201	2003.04.25	3.00	5.85	8.85	-2.86
	泰达宏利周期股票	162202	2003.04.25	1.77	3.00	4.76	-1.23
	泰达宏利稳定股票	162203	2003.04.25	0.27	0.35	0.62	-0.08
	泰达宏利精选股票	162204	2004.07.09	41.35	27.73	69.08	13.61
	泰达宏利首选企业股票	162208	2006.12.01	0.14	3.77	3.91	-3.63
	泰达宏利市值优选股票	162209	2007.08.03	2.05	3.25	5.30	-1.20
	泰达宏利红利先锋股票	162212	2009.12.03	3.69	3.25	6.94	0.44
	泰达宏利中小盘股票	162214	2011.01.26	0.63	2.49	3.12	-1.85
	泰达宏利风险预算混合	162205	2005.04.05	0.70	1.38	2.08	-0.68
	泰达宏利效率优选混合(LOF)	162207	2006.05.12	1.32	3.62	4.94	-2.30
	泰达宏利品质生活混合	162211	2009.04.09	0.77	4.09	4.86	-3.32
	泰达宏利集利债券	162210	2008.09.26	70.86	44.71	115.57	26.15
	泰达宏利货币	162206	2005.11.10	44.89	42.64	87.53	2.24
	泰达宏利全球新格局(QDII-FOF)	229001	2011.07.20	0.65	0.90	1.56	-0.25
	合 计			176.51	154.68	331.19	21.84
国投瑞银	国投瑞银沪深300指数分级	161207	2009.10.14	3.41	9.07	12.48	-5.67
	国投瑞银沪深300金融地产指数(LOF)	161211	2010.04.09	8.66	18.60	27.26	-9.94
	国投瑞银中证消费服务指数(LOF)	161213	2010.12.16	1.14	1.65	2.79	-0.50

（续上表）

管理人	基金简称	基金代码	设立日期	申购金额	赎回金额	总流量	净流量
国投瑞银	国投瑞银中证资源指数(LOF)	161217	2011.07.21	1.14	1.53	2.67	-0.39
	国投瑞银核心企业股票	121003	2006.04.19	0.33	2.26	2.59	-1.93
	国投瑞银创新动力股票	121005	2006.11.15	9.61	5.51	15.12	4.09
	国投瑞银成长优选股票	121008	2008.01.10	0.37	8.20	8.57	-7.83
	国投瑞银瑞福分级封闭	121099	2012.07.17	46.08	12.77	58.85	33.31
	国投瑞银景气行业混合	121002	2004.04.29	0.13	1.59	1.72	-1.46
	国投瑞银稳健增长混合	121006	2008.06.11	8.59	13.93	22.51	-5.34
	国投瑞银新兴产业混合(LOF)	161219	2011.12.13	1.05	7.27	8.32	-6.22
	国投瑞银瑞源保本混合	121010	2011.12.20	0.05	1.97	2.02	-1.92
	国投瑞银融华债券	121001	2003.04.16	1.10	5.97	7.07	-4.87
	国投瑞银稳定增利债券	121009	2008.01.11	15.10	23.64	38.73	-8.54
	国投瑞银优化增强债券	121012	2010.09.08	6.99	11.08	18.07	-4.09
	国投瑞银货币	121011	2009.01.19	343.82	361.73	705.56	-17.91
	国投瑞银新兴市场股票(QDII-LOF)	161210	2010.06.10	0.50	0.50	1.00	0.00
	合 计			448.07	487.27	935.34	-39.21
银河	银河沪深300价值指数	519671	2009.12.28	3.87	2.03	5.90	1.84
	银河成长股票	519668	2008.05.26	0.27	0.78	1.05	-0.51
	银河行业股票	519670	2009.04.24	1.59	5.43	7.02	-3.83
	银河蓝筹股票	519672	2010.07.16	0.11	0.22	0.34	-0.11
	银河创新成长股票	519674	2010.12.29	2.45	1.37	3.82	1.08
	银河消费股票	519678	2011.07.29	1.10	2.41	3.51	-1.32
	银河稳健混合	151001	2003.08.04	2.93	2.34	5.27	0.60
	银河银泰混合	150103	2004.03.30	0.50	2.46	2.97	-1.96
	银河保本混合	519676	2011.05.31	0.03	2.93	2.96	-2.90
	银河收益债券	151002	2003.08.04	53.46	9.01	62.47	44.45
	银河银信添利债券	519666	2007.03.14	8.38	2.50	10.88	5.87
	银河银富货币	150005	2004.12.20	130.82	107.70	238.51	23.12
	合 计			205.51	139.19	344.70	66.32
万家	万家180指数	519180	2003.03.17	19.42	19.37	38.78	0.05
	万家中证红利指数(LOF)	161907	2011.03.17	5.05	2.26	7.31	2.79
	万家公用事业行业股票(LOF)	161903	2005.07.15	1.68	1.31	2.99	0.37
	万家精选股票	519185	2009.05.18	2.40	0.29	2.69	2.11
	万家和谐增长混合	519181	2006.11.30	2.55	5.37	7.91	-2.82

（续上表）

管理人	基金简称	基金代码	设立日期	申购金额	赎回金额	总流量	净流量
万家	万家双引擎灵活配置混合	519183	2008.06.27	0.21	0.36	0.57	-0.15
	万家增强收益债券	161902	2004.09.28	44.24	35.04	79.27	9.20
	万家稳健增利债券	519186	2009.08.12	79.66	68.35	148.01	11.32
	万家添利分级债券	161908	2011.06.02	20.31	17.28	37.59	3.03
	万家货币	519508	2006.05.24	837.73	806.64	1 644.37	31.09
	合 计			1 013.25	956.26	1 969.51	56.99
金鹰	金鹰中证技术领先指数增强	210007	2011.06.01	0.08	0.31	0.38	-0.23
	金鹰行业优势股票	210003	2009.07.01	0.47	1.49	1.96	-1.02
	金鹰稳健成长股票	210004	2010.04.14	0.26	0.96	1.22	-0.70
	金鹰主题优势股票	210005	2010.12.20	0.11	1.12	1.23	-1.01
	金鹰策略配置股票	210008	2011.09.01	0.05	1.07	1.13	-1.02
	金鹰成份优选混合	210001	2003.06.16	0.33	0.89	1.22	-0.56
	金鹰中小盘精选混合	162102	2004.05.27	3.07	3.88	6.95	-0.81
	金鹰红利价值混合	210002	2008.12.04	0.10	0.16	0.26	-0.06
	金鹰保本混合	210006	2011.05.17	0.28	3.33	3.61	-3.05
	合 计			4.75	13.21	17.96	-8.47
招商	招商上证消费80ETF	510150	2010.12.08	1.57	2.65	4.22	-1.08
	深证TMT50ETF	159909	2011.06.27	0.26	1.79	2.05	-1.53
	招商上证消费80ETF联接	217017	2010.12.08	2.60	3.36	5.96	-0.76
	招商深证TMT50ETF联接	217019	2011.06.27	0.47	0.77	1.24	-0.30
	招商深证100指数	217016	2010.06.22	1.98	2.05	4.03	-0.07
	招商安泰股票	217001	2003.04.28	1.37	1.49	2.85	-0.12
	招商优质成长股票(LOF)	161706	2005.11.17	1.73	7.06	8.79	-5.34
	招商大盘蓝筹股票	217010	2008.06.19	0.72	1.11	1.82	-0.39
	招商行业领先股票	217012	2009.06.19	1.58	3.98	5.56	-2.39
	招商中小盘股票	217013	2009.12.25	0.30	0.71	1.00	-0.41
	招商安泰平衡混合	217002	2003.04.28	0.45	0.50	0.95	-0.05
	招商先锋混合	217005	2004.06.01	3.59	6.59	10.17	-3.00
	招商核心价值混合	217009	2007.03.30	0.25	3.96	4.21	-3.71
	招商安达保本混合	217020	2011.09.01	0.78	4.72	5.49	-3.94
	招商安泰债券	217003	2003.04.28	79.04	84.04	163.07	-5.00
	招商安本增利债券	217008	2006.07.11	7.29	11.72	19.00	-4.43
	招商安心收益债券	217011	2008.10.22	17.05	16.25	33.30	0.80

（续上表）

管理人	基金简称	基金代码	设立日期	申购金额	赎回金额	总流量	净流量
招商	招商安瑞进取债券	217018	2011.03.17	1.34	6.69	8.02	-5.35
	招商现金增值货币	217004	2004.01.14	1 816.11	1 762.55	3 578.66	53.56
	招商全球资源股票(QDII)	217015	2010.03.25	0.21	0.38	0.59	-0.18
	招商标普金砖四国指数(QDII-LOF)	161714	2011.02.11	0.11	0.26	0.37	-0.15
	合 计			1 938.77	1 922.61	3 861.38	16.16
华宝兴业	华宝兴业上证180价值ETF	510030	2010.04.23	9.85	12.25	22.11	-2.40
	华宝兴业上证180成长ETF	510280	2011.08.04	0.33	2.75	3.08	-2.43
	华宝兴业上证180价值ETF联接	240016	2010.04.23	2.51	4.68	7.19	-2.16
	华宝兴业上证180成长ETF联接	240019	2011.08.09	0.37	1.96	2.33	-1.59
	华宝兴业中证100指数	240014	2009.09.29	4.92	10.03	14.95	-5.11
	华宝兴业多策略股票	240005	2004.05.11	1.57	5.81	7.37	-4.24
	华宝兴业动力组合股票	240004	2005.11.17	0.83	2.40	3.23	-1.57
	华宝兴业先进成长股票	240009	2006.11.07	17.36	4.59	21.95	12.77
	华宝兴业行业精选股票	240010	2007.06.14	10.87	13.75	24.61	-2.88
	华宝兴业大盘精选股票	240011	2008.10.07	1.72	3.15	4.87	-1.43
	华宝兴业新兴产业股票	240017	2010.12.07	7.44	8.30	15.74	-0.86
	华宝兴业宝康消费品混合	240001	2003.07.15	3.35	8.42	11.76	-5.07
	华宝兴业宝康配置混合	240002	2003.07.15	0.33	1.73	2.05	-1.40
	华宝兴业收益增长混合	240008	2006.06.15	1.43	4.44	5.87	-3.02
	华宝兴业宝康债券	240003	2003.07.15	1.15	1.00	2.15	0.14
	华宝兴业增强收益债券	240012	2009.02.17	0.22	0.51	0.73	-0.28
	华宝兴业可转债债券	240018	2011.04.27	1.22	4.17	5.40	-2.95
	华宝兴业现金宝货币	240006	2005.03.31	244.45	260.85	505.30	-16.39
	华宝兴业海外中国股票(QDII)	241001	2008.05.07	0.27	0.10	0.37	0.17
	华宝兴业成熟市场(QDII)	241002	2011.03.15	0.21	0.46	0.67	-0.25
	华宝油气(QDII)	162411	2011.09.29	0.50	1.00	1.50	-0.50
	合 计			310.89	352.35	663.24	-41.47
摩根士丹利华鑫	大摩深证300指数增强	233010	2011.11.15	1.37	3.91	5.28	-2.54
	大摩领先优势股票	233006	2009.09.22	1.48	2.34	3.82	-0.86
	大摩卓越成长股票	233007	2010.05.18	0.95	2.07	3.02	-1.12
	大摩多因子策略股票	233009	2011.05.17	2.58	2.36	4.94	0.22
	大摩基础行业混合	233001	2004.03.26	0.79	0.81	1.61	-0.02
	大摩资源优选混合(LOF)	163302	2005.09.27	8.46	9.99	18.45	-1.52

（续上表）

管理人	基金简称	基金代码	设立日期	申购金额	赎回金额	总流量	净流量
摩根士丹利华鑫	大摩消费领航混合	233008	2010.12.03	0.15	3.22	3.36	−3.07
	大摩强收益债券	233005	2009.12.29	0.52	2.57	3.09	−2.06
	大摩货币	163303	2006.08.17	84.20	62.65	146.85	21.55
	合 计			100.50	89.92	190.42	10.58
国联安	国联安上证商品ETF	510170	2010.11.26	69.20	67.58	136.78	1.62
	国联安上证商品ETF联接	257060	2010.12.01	2.65	2.44	5.09	0.21
	国联安双禧中证100指数分级	162509	2010.04.16	11.55	17.57	29.12	−6.03
	国联安精选股票	257020	2005.12.28	4.84	1.72	6.56	3.12
	国联安优势股票	257030	2007.01.24	0.17	1.07	1.24	−0.90
	国联安红利股票	257040	2008.10.22	0.16	0.26	0.42	−0.09
	国联安主题驱动股票	257050	2009.08.26	0.03	0.53	0.56	−0.50
	国联安优选行业股票	257070	2011.05.23	1.10	1.51	2.61	−0.40
	国联安稳健混合	255010	2003.08.08	0.02	0.57	0.59	−0.55
	国联安小盘精选混合	257010	2004.04.12	0.24	1.51	1.75	−1.27
	国联安安心成长混合	253010	2005.07.13	2.87	0.40	3.27	2.46
	国联安增利债券	253020	2009.03.11	18.52	14.99	33.50	3.53
	国联安信心增益债券	253030	2010.06.22	23.48	16.86	40.34	6.61
	国联安货币	253050	2011.01.26	16.90	13.97	30.87	2.93
	合 计			151.73	140.99	292.72	10.75
海富通	海富通上证周期ETF	510110	2010.09.19	2.57	3.97	6.54	−1.40
	海富通上证非周期ETF	510120	2011.04.22	0.30	1.27	1.57	−0.97
	海富通上证周期ETF联接	519027	2010.09.28	0.05	0.97	1.02	−0.91
	海富通上证非周期ETF联接	519032	2011.04.27	0.06	0.50	0.57	−0.44
	海富通中证100指数(LOF)	162307	2009.10.30	2.80	2.25	5.05	0.55
	海富通股票	519005	2005.07.29	1.60	4.31	5.90	−2.71
	海富通风格优势股票	519013	2006.10.19	5.74	7.34	13.08	−1.60
	海富通领先成长股票	519025	2009.04.30	0.78	8.81	9.59	−8.04
	海富通中小盘股票	519026	2010.04.14	0.54	3.73	4.26	−3.19
	海富通国策导向股票	519033	2011.11.16	0.60	5.66	6.27	−5.06
	海富通精选混合	519011	2003.08.22	46.01	30.25	76.25	15.76
	海富通收益增长混合	519003	2004.03.12	0.11	3.34	3.45	−3.23
	海富通强化回报混合	519007	2006.05.25	0.08	2.51	2.59	−2.43
	海富通精选贰号混合	519015	2007.04.09	2.68	6.83	9.51	−4.15

（续上表）

管理人	基金简称	基金代码	设立日期	申购金额	赎回金额	总流量	净流量
海富通	海富通稳健添利债券	519023	2008.10.24	12.17	8.71	20.88	3.46
	海富通稳固收益债券	519030	2010.11.23	1.96	5.21	7.16	−3.25
	海富通货币	519505	2005.01.04	283.77	221.62	505.39	62.15
	海富通中国海外股票(QDII)	519601	2008.06.27	0.20	0.55	0.76	−0.35
	海富通大中华股票(QDII)	519602	2011.01.27	0.10	0.17	0.26	−0.07
	合 计			362.11	318.00	680.10	44.11
泰信	泰信中证200指数	290010	2011.06.09	0.08	0.08	0.15	0.00
	泰信优质生活股票	290004	2006.12.15	0.39	3.87	4.26	−3.48
	泰信蓝筹精选股票	290006	2009.04.22	4.28	2.62	6.90	1.65
	泰信发展主题股票	290008	2010.12.15	0.11	0.51	0.63	−0.40
	泰信中小盘精选股票	290011	2011.10.26	0.60	1.43	2.03	−0.83
	泰信先行策略混合	290002	2004.06.28	0.12	2.16	2.27	−2.04
	泰信优势增长混合	290005	2008.06.25	0.17	0.07	0.24	0.10
	泰信双息双利债券	290003	2007.10.31	1.71	1.32	3.03	0.39
	泰信债券增强收益	290007	2009.07.29	0.99	1.88	2.87	−0.89
	泰信债券周期回报	290009	2011.02.09	4.21	9.04	13.25	−4.82
	泰信天天收益货币	290001	2004.02.10	42.57	43.01	85.58	−0.44
	合 计			55.22	66.00	121.22	−10.78
长信	长信中证央企100指数(LOF)	163001	2010.03.26	0.09	0.17	0.27	−0.08
	长信银利精选股票	519996	2005.01.17	0.04	0.95	0.99	−0.91
	长信金利趋势股票	519994	2006.04.30	0.74	4.96	5.69	−4.22
	长信增利动态策略股票	519993	2006.11.09	0.05	1.23	1.28	−1.18
	长信恒利优势股票	519987	2009.07.30	0.03	0.26	0.29	−0.23
	长信量化先锋股票	519983	2010.11.18	0.02	0.43	0.45	−0.40
	长信内需成长股票	519979	2011.10.20	0.11	0.63	0.74	−0.53
	长信双利优选混合	519991	2008.06.19	0.14	0.30	0.44	−0.16
	长信利丰债券	519989	2008.12.29	1.66	2.54	4.20	−0.87
	长信中短债债券	519985	2010.06.28	29.57	27.79	57.36	1.77
	长信利鑫分级债	163003	2011.06.24	3.84	4.50	8.34	−0.66
	长信利息收益货币	519999	2004.03.19	693.66	650.27	1 343.93	43.39
	长信标普100等权重指数(QDII)	519981	2011.03.30	0.49	0.44	0.92	0.05
	合 计			730.43	694.47	1 424.91	35.96

（续上表）

管理人	基金简称	基金代码	设立日期	申购金额	赎回金额	总流量	净流量
天治	天治核心成长股票(LOF)	163503	2006.01.20	0.12	1.34	1.46	-1.21
	天治创新先锋股票	350005	2008.05.08	0.94	0.93	1.87	0.00
	天治成长精选股票	350008	2011.08.04	0.03	1.50	1.52	-1.47
	天治财富增长混合	350001	2004.06.29	0.05	0.21	0.26	-0.15
	天治品质优选混合	350002	2005.01.12	0.02	0.10	0.12	-0.08
	天治趋势精选混合	350007	2009.07.15	0.07	0.09	0.16	-0.02
	天治稳健双盈债券	350006	2008.11.05	11.25	9.08	20.33	2.17
	天治稳定收益债券	350009	2011.12.28	0.00	0.50	0.50	-0.50
	天治天得利货币	350004	2006.07.05	64.16	59.30	123.46	4.85
	合 计			76.63	73.05	149.68	3.58
景顺长城	景顺长城优选股票	260101	2003.10.24	6.40	5.58	11.98	0.82
	景顺长城内需增长股票	260104	2004.06.25	26.86	18.86	45.72	8.00
	景顺长城鼎益股票(LOF)	162605	2005.03.16	0.29	2.89	3.18	-2.60
	景顺长城资源垄断股票(LOF)	162607	2006.01.26	0.32	3.36	3.68	-3.04
	景顺长城新兴成长股票	260108	2006.06.28	0.33	1.61	1.94	-1.28
	景顺长城内需贰号股票	260109	2006.10.11	3.96	5.24	9.20	-1.27
	景顺长城精选蓝筹股票	260110	2007.06.18	2.92	4.35	7.26	-1.43
	景顺长城公司治理股票	260111	2008.10.22	0.29	0.56	0.85	-0.27
	景顺长城能源基建股票	260112	2009.10.20	17.40	9.45	26.84	7.95
	景顺长城中小盘股票	260115	2011.03.22	0.44	2.67	3.11	-2.24
	景顺长城核心竞争力股票	260116	2011.12.20	10.57	13.22	23.78	-2.65
	景顺长城动力平衡混合	260103	2003.10.24	0.14	4.11	4.25	-3.98
	景顺长城稳定收益债券	261001	2011.03.25	4.08	7.25	11.32	-3.17
	景顺长城货币	260102	2003.10.24	32.47	26.74	59.21	5.73
	景顺长城大中华股票(QDII)	262001	2011.09.22	0.80	0.88	1.67	-0.08
	合 计			107.25	106.75	214.00	0.49
广发	广发中小板300ETF	159907	2011.06.03	3.87	5.24	9.11	-1.37
	广发中小板300ETF联接	270026	2011.06.09	1.59	2.16	3.74	-0.57
	广发沪深300指数	270010	2008.12.30	25.20	20.73	45.93	4.46
	广发中证500指数(LOF)	162711	2009.11.26	18.56	11.74	30.31	6.82
	广发小盘成长股票(LOF)	162703	2005.02.02	9.18	12.72	21.90	-3.54
	广发聚丰股票	270005	2005.12.23	12.25	17.56	29.82	-5.31
	广发核心精选股票	270008	2008.07.16	12.07	9.60	21.67	2.47

（续上表）

管理人	基金简称	基金代码	设立日期	申购金额	赎回金额	总流量	净流量
广发	广发聚瑞股票	270021	2009.06.16	35.03	29.89	64.92	5.14
	广发行业领先股票	270025	2010.11.23	2.02	4.59	6.61	−2.56
	广发制造业精选股票	270028	2011.09.20	0.23	2.61	2.85	−2.38
	广发聚富混合	270001	2003.12.03	3.52	5.55	9.07	−2.03
	广发稳健增长混合	270002	2004.07.26	4.55	8.79	13.34	−4.25
	广发策略优选混合	270006	2006.05.17	3.28	7.93	11.21	−4.65
	广发大盘成长混合	270007	2007.06.13	3.25	5.32	8.57	−2.07
	广发内需增长混合	270022	2010.04.19	4.09	10.72	14.81	−6.62
	广发聚祥保本混合	270024	2011.03.15	0.00	11.20	11.20	−11.20
	广发增强债券	270009	2008.03.27	31.18	42.94	74.12	−11.76
	广发货币	270004	2005.05.20	2 244.71	2 162.80	4 407.51	81.91
	广发亚太精选股票(QDII)	270023	2010.08.18	0.05	0.16	0.21	−0.10
	广发全球农业指数(QDII)	270027	2011.06.28	0.42	0.96	1.38	−0.55
	合计			2 415.06	2 373.22	4 788.28	41.84
兴业全球	兴全沪深300指数(LOF)	163407	2010.11.02	1.62	6.67	8.29	−5.05
	兴全全球视野股票	340006	2006.09.20	106.17	41.74	147.91	64.43
	兴全社会责任股票	340007	2008.04.30	6.99	9.23	16.22	−2.24
	兴全合润分级股票	163406	2010.04.22	0.39	4.37	4.75	−3.98
	兴全绿色投资股票(LOF)	163409	2011.05.06	0.61	2.35	2.95	−1.74
	兴全可转债混合	340001	2004.05.11	4.76	8.74	13.50	−3.98
	兴全趋势混合(LOF)	163402	2005.11.03	4.77	10.56	15.34	−5.79
	兴全有机增长混合	340008	2009.03.25	5.11	7.21	12.32	−2.11
	兴全保本混合	163411	2011.08.03	0.13	4.82	4.95	−4.69
	兴全磐稳增利债券	340009	2009.07.23	0.30	0.66	0.96	−0.36
	兴全货币	340005	2006.04.27	47.82	50.23	98.05	−2.40
	合计			178.68	146.57	325.25	32.11
诺安	诺安上证新兴产业ETF	510260	2011.04.07	2.22	2.71	4.93	−0.49
	诺安上证新兴产业ETF联接	320014	2011.04.07	0.72	0.73	1.45	0.00
	诺安中证100指数	320010	2009.10.27	7.59	9.31	16.90	−1.71
	诺安股票	320003	2005.12.19	1.20	7.20	8.40	−6.00
	诺安价值增长股票	320005	2006.11.21	0.50	5.25	5.75	−4.74
	诺安成长股票	320007	2009.03.10	5.49	18.23	23.72	−12.74

（续上表）

管理人	基金简称	基金代码	设立日期	申购金额	赎回金额	总流量	净流量
诺安	诺安中小盘精选股票	320011	2010.04.28	3.18	12.17	15.35	-8.98
	诺安主题精选股票	320012	2010.09.15	1.36	3.01	4.37	-1.65
	诺安多策略股票	320016	2011.08.09	0.05	2.90	2.95	-2.85
	诺安平衡混合	320001	2004.05.21	2.33	10.18	12.51	-7.85
	诺安灵活配置混合	320006	2008.05.20	17.59	10.03	27.61	7.56
	诺安保本混合	320015	2011.05.13	0.44	6.99	7.43	-6.55
	诺安优化收益债券	320004	2007.08.29	26.59	19.49	46.07	7.10
	诺安增利债券	320008	2009.05.27	7.42	7.56	14.98	-0.14
	诺安货币	320002	2004.12.06	270.37	277.06	547.43	-6.70
	诺安全球黄金(QDII-FOF)	320013	2011.01.13	7.08	7.01	14.08	0.07
	诺安全球收益不动产(QDII)	320017	2011.09.23	0.87	3.49	4.35	-2.62
	诺安油气能源(QDII-FOF-LOF)	163208	2011.09.27	0.39	3.27	3.66	-2.88
	合 计			355.39	406.56	761.95	-51.18
申万菱信	申万菱信沪深300价值指数	310398	2010.02.11	1.18	3.59	4.77	-2.40
	申万菱信深证成指分级	163109	2010.10.22	63.53	14.52	78.05	49.02
	申万菱信新动力股票	310328	2005.11.10	0.66	1.17	1.83	-0.51
	申万菱信竞争优势股票	310368	2008.07.04	0.27	2.56	2.83	-2.29
	申万菱信消费增长股票	310388	2009.06.12	0.25	0.96	1.21	-0.70
	申万菱信量化小盘股票(LOF)	163110	2011.06.16	0.13	0.51	0.64	-0.39
	申万菱信盛利精选混合	310308	2004.04.09	0.57	1.08	1.65	-0.50
	申万菱信盛利强化配置混合	310318	2004.11.29	0.25	0.27	0.52	-0.02
	申万菱信新经济混合	310358	2006.12.06	1.01	4.85	5.86	-3.84
	申万菱信添益宝债券	310378	2008.12.04	4.42	3.10	7.52	1.32
	申万菱信稳益宝债券	310508	2011.02.11	0.29	1.58	1.87	-1.30
	申万菱信可转债债券	310518	2011.12.09	0.05	5.74	5.78	-5.69
	申万菱信收益宝货币	310338	2006.07.07	5.74	3.33	9.07	2.41
	合 计			78.36	43.24	121.60	35.11
中海	中海上证50指数增强	399001	2010.03.25	0.68	1.22	1.90	-0.55
	中海量化策略股票	398041	2009.06.24	1.08	3.87	4.95	-2.79
	中海消费股票	398061	2011.11.09	0.57	0.89	1.47	-0.32
	中海优质成长混合	398001	2004.09.28	1.53	5.02	6.55	-3.49
	中海分红增利混合	398011	2005.06.16	0.66	2.97	3.63	-2.31
	中海能源策略混合	398021	2007.03.13	0.15	2.01	2.16	-1.86

（续上表）

管理人	基金简称	基金代码	设立日期	申购金额	赎回金额	总流量	净流量
中海	中海蓝筹混合	398031	2008.12.03	0.03	0.22	0.25	-0.19
	中海环保新能源混合	398051	2010.12.09	0.64	1.55	2.19	-0.91
	中海稳健收益债券	395001	2008.04.10	0.45	0.87	1.32	-0.42
	中海增强收益债券	395011	2011.03.23	3.96	4.15	8.10	-0.19
	中海货币	392001	2010.07.28	126.90	104.36	231.26	22.54
	合 计			136.64	127.12	263.77	9.52
华富	华富中证100指数	410008	2009.12.30	0.77	0.63	1.41	0.14
	华富中小板指数增强	410010	2011.12.09	1.83	1.96	3.79	-0.12
	华富成长趋势股票	410003	2007.03.19	0.16	0.60	0.76	-0.44
	华富量子生命力股票	410009	2011.04.01	0.25	0.32	0.57	-0.07
	华富竞争力优选混合	410001	2005.03.02	0.12	0.48	0.59	-0.36
	华富策略精选混合	410006	2008.12.24	0.05	0.13	0.19	-0.08
	华富价值增长混合	410007	2009.07.15	0.15	0.33	0.48	-0.19
	华富收益增强债券	410004	2008.05.28	3.68	11.39	15.08	-7.71
	华富货币	410002	2006.06.21	75.90	68.78	144.69	7.12
	合 计			82.91	84.63	167.54	-1.72
光大保德信	光大保德信量化股票	360001	2004.08.27	3.27	7.33	10.60	-4.06
	光大保德信红利股票	360005	2006.03.24	4.97	3.27	8.25	1.70
	光大保德信新增长股票	360006	2006.09.14	0.18	1.28	1.46	-1.10
	光大保德信优势配置股票	360007	2007.08.24	2.17	5.48	7.65	-3.31
	光大保德信均衡精选股票	360010	2009.03.04	0.07	0.17	0.23	-0.10
	光大保德信中小盘股票	360012	2010.04.14	2.44	3.83	6.27	-1.38
	光大保德信动态优选混合	360011	2009.10.28	0.15	0.22	0.37	-0.07
	光大保德信增利收益债券	360008	2008.10.29	4.36	4.87	9.23	-0.50
	光大保德信信用添益债券	360013	2011.05.16	14.67	15.21	29.88	-0.54
	光大保德信货币	360003	2005.06.09	44.60	47.90	92.50	-3.30
	合 计			76.88	89.55	166.43	-12.67
上投摩根	上投摩根阿尔法股票	377010	2005.10.11	2.60	6.77	9.37	-4.17
	上投摩根成长先锋股票	378010	2006.09.20	17.88	2.47	20.35	15.41
	上投摩根内需动力股票	377020	2007.04.13	3.53	19.63	23.16	-16.10
	上投摩根中小盘股票	379010	2009.01.21	3.23	4.14	7.36	-0.91
	上投摩根行业轮动股票	377530	2010.01.28	8.53	4.15	12.68	4.39
	上投摩根新兴动力股票	377240	2011.07.13	9.72	6.29	16.01	3.42

（续上表）

管理人	基金简称	基金代码	设立日期	申购金额	赎回金额	总流量	净流量
上投摩根	上投摩根中国优势混合	375010	2004.09.15	10.04	14.25	24.29	-4.21
	上投摩根双息平衡混合	373010	2006.04.26	1.45	1.64	3.10	-0.19
	上投摩根双核平衡混合	373020	2008.05.21	0.15	1.05	1.19	-0.90
	上投摩根纯债债券	371020	2009.06.24	2.47	3.19	5.66	-0.72
	上投摩根强化回报债券	372010	2011.08.10	2.19	4.26	6.45	-2.07
	上投摩根货币	370010	2005.04.13	909.26	831.70	1 740.96	77.56
	上投摩根亚太优势股票(QDII)	377016	2007.10.22	0.74	8.36	9.10	-7.62
	上投摩根全球新兴市场股票(QDII)	378006	2011.01.30	0.20	0.22	0.42	-0.03
	合　计			972.18	909.24	1 881.42	62.95
东方	东方策略成长股票	400007	2008.06.03	0.26	0.26	0.52	0.00
	东方核心动力股票	400011	2009.06.24	0.03	0.13	0.15	-0.10
	东方龙混合	400001	2004.11.25	4.29	1.16	5.45	3.12
	东方精选混合	400003	2006.01.11	10.87	7.08	17.95	3.79
	东方增长中小盘混合	400015	2011.12.28	0.32	3.16	3.49	-2.84
	东方保本混合	400013	2011.04.14	0.07	4.44	4.51	-4.36
	东方稳健回报债券	400009	2008.12.10	0.68	2.47	3.15	-1.79
	东方金账簿货币	400005	2006.08.02	87.81	82.02	169.83	5.78
	合　计			104.32	100.73	205.05	3.59
中银	中银上证国企100ETF	510270	2011.06.16	0.34	1.35	1.69	-1.01
	中银中证100指数增强	163808	2009.09.04	9.00	5.00	14.01	4.00
	中银增长股票	163803	2006.03.17	1.66	5.45	7.11	-3.78
	中银策略股票	163805	2008.04.03	1.15	6.49	7.64	-5.34
	中银中小盘成长股票	163818	2011.11.23	0.84	29.22	30.05	-28.38
	中银中国混合(LOF)	163801	2005.01.04	9.20	14.54	23.74	-5.34
	中银收益混合	163804	2006.10.11	2.74	3.04	5.78	-0.29
	中银优选混合	163807	2009.04.03	1.18	1.87	3.05	-0.70
	中银蓝筹混合	163809	2010.02.11	1.41	2.14	3.55	-0.72
	中银价值混合	163810	2010.08.25	0.69	6.36	7.05	-5.67
	中银增利债券	163806	2008.11.13	86.41	63.72	150.13	22.69
	中银双利债券	163811	2010.11.24	71.62	69.19	140.81	2.44
	中银转债增强债券	163816	2011.06.29	3.07	5.58	8.65	-2.51
	中银货币	163802	2005.06.07	1 592.80	1 444.57	3 037.38	148.23
	中银全球策略(QDII-FOF)	163813	2011.03.03	0.04	0.87	0.90	-0.83
	合　计			1 782.16	1 659.39	3 441.55	122.77

（续上表）

管理人	基金简称	基金代码	设立日期	申购金额	赎回金额	总流量	净流量
东吴	东吴中证新兴指数	585001	2011.02.01	3.19	3.88	7.07	-0.69
	东吴双动力股票	580002	2006.12.15	5.57	7.33	12.90	-1.76
	东吴行业轮动股票	580003	2008.04.23	10.74	12.83	23.57	-2.09
	东吴新经济股票	580006	2009.12.30	0.56	2.79	3.35	-2.22
	东吴新创业股票	580007	2010.06.29	0.17	0.75	0.92	-0.57
	东吴新产业精选股票	580008	2011.09.28	0.14	1.75	1.89	-1.61
	东吴嘉禾优势精选混合	580001	2005.02.01	0.24	4.14	4.38	-3.90
	东吴进取策略混合	580005	2009.05.06	0.65	6.23	6.88	-5.58
	东吴优信稳健债券	582001	2008.11.05	8.59	1.90	10.50	6.69
	东吴增利债券	582002	2011.07.27	2.77	5.84	8.62	-3.07
	东吴货币	583001	2010.05.11	50.78	52.06	102.85	-1.28
	合 计			83.42	99.51	182.92	-16.09
天弘	天弘深证成份指数(LOF)	164205	2010.08.12	0.03	0.07	0.11	-0.04
	天弘永定价值成长股票	420003	2008.12.02	0.70	0.42	1.13	0.28
	天弘周期策略股票	420005	2009.12.17	0.30	0.60	0.90	-0.30
	天弘精选混合	420001	2005.10.08	4.70	7.86	12.56	-3.16
	天弘永利债券	420002	2008.04.18	151.04	141.87	292.91	9.17
	天弘添利分级债券	164206	2010.12.03	25.23	25.60	50.84	-0.37
	天弘丰利分级债券	164208	2011.11.23	10.86	16.36	27.22	-5.50
	合 计			192.87	192.79	385.65	0.08
国海富兰克林	国富沪深300指数增强	450008	2009.09.03	4.63	4.18	8.81	0.45
	国富弹性市值股票	450002	2006.06.14	3.53	4.45	7.98	-0.93
	国富潜力组合股票	450003	2007.03.22	0.66	3.63	4.29	-2.98
	国富深化价值股票	450004	2008.07.03	37.82	18.32	56.14	19.50
	国富成长动力股票	450007	2009.03.25	0.10	3.88	3.98	-3.78
	国富中小盘股票	450009	2010.11.23	5.48	4.92	10.39	0.56
	国富中国收益混合	450001	2005.06.01	0.11	1.94	2.05	-1.83
	国富策略回报混合	450010	2011.08.02	0.23	2.12	2.35	-1.89
	国富强化收益债券	450005	2008.10.24	6.30	6.80	13.10	-0.50
	合 计			58.86	50.24	109.10	8.62
华泰柏瑞	华泰柏瑞上证中小盘ETF	510220	2011.01.26	0.03	0.31	0.34	-0.29
	华泰柏瑞上证红利ETF	510880	2006.11.17	5.33	8.40	13.73	-3.06
	华泰柏瑞上证中小盘ETF联接	460220	2011.01.26	0.04	0.10	0.14	-0.05

（续上表）

管理人	基金简称	基金代码	设立日期	申购金额	赎回金额	总流量	净流量
华泰柏瑞	华泰柏瑞盛世中国股票	460001	2005.04.27	0.61	9.96	10.56	-9.35
	华泰柏瑞价值增长股票	460005	2008.07.16	1.32	4.22	5.54	-2.90
	华泰柏瑞行业领先股票	460007	2009.08.03	0.05	5.44	5.49	-5.40
	华泰柏瑞量化先行股票	460009	2010.06.22	0.28	0.27	0.55	0.01
	华泰柏瑞积极成长混合	460002	2007.05.29	0.23	2.19	2.43	-1.96
	华泰柏瑞稳本增利债券	519519	2007.12.03	1.12	1.26	2.38	-0.15
	华泰柏瑞货币	460006	2009.05.06	36.42	16.34	52.76	20.07
	华泰柏瑞亚洲(QDII)	460010	2010.12.02	0.00	0.10	0.10	-0.10
	合 计			45.43	48.60	94.03	-3.17
新华	新华优选成长股票	519089	2008.07.25	37.27	24.01	61.28	13.26
	新华钻石企业股票	519093	2010.02.03	1.03	1.50	2.53	-0.47
	新华行业周期轮换股票	519095	2010.07.21	6.20	4.90	11.10	1.31
	新华中小市值优选股票	519097	2011.01.28	0.17	0.76	0.93	-0.59
	新华灵活主题股票	519099	2011.07.13	0.10	0.69	0.79	-0.59
	新华优选分红混合	519087	2005.09.16	2.27	2.65	4.92	-0.38
	新华泛资源优势混合	519091	2009.07.13	0.17	0.71	0.87	-0.54
	合 计			47.21	35.20	82.42	12.01
汇添富	汇添富深证300ETF	159912	2011.09.16	11.39	13.29	24.68	-1.90
	汇添富深证300ETF联接	470068	2011.09.28	0.72	1.66	2.38	-0.94
	汇添富上证综合指数	470007	2009.07.01	8.14	9.49	17.63	-1.35
	汇添富均衡增长股票	519018	2006.08.07	1.63	9.77	11.40	-8.14
	汇添富成长焦点股票	519068	2007.03.12	0.99	6.33	7.32	-5.33
	汇添富价值精选股票	519069	2009.01.23	13.40	15.24	28.64	-1.85
	汇添富策略回报股票	470008	2009.12.22	1.21	2.36	3.57	-1.15
	汇添富民营活力股票	470009	2010.05.05	1.52	2.25	3.78	-0.73
	汇添富医药保健股票	470006	2010.09.21	12.29	20.34	32.62	-8.05
	汇添富社会责任股票	470028	2011.03.29	0.38	5.01	5.39	-4.64
	汇添富优势精选混合	519008	2005.08.25	1.38	6.77	8.15	-5.39
	汇添富蓝筹稳健混合	519066	2008.07.08	1.27	1.33	2.60	-0.06
	汇添富保本混合	470018	2011.01.26	0.16	6.44	6.61	-6.28
	汇添富增强收益债券	519078	2008.03.06	5.67	6.87	12.54	-1.20
	汇添富可转换债券	470058	2011.06.17	0.91	4.30	5.21	-3.38
	汇添富信用债债券	470088	2011.12.20	17.17	21.60	38.77	-4.43

（续上表）

管理人	基金简称	基金代码	设立日期	申购金额	赎回金额	总流量	净流量
汇添富	汇添富货币	519518	2006.03.23	517.39	505.14	1 022.53	12.25
	汇添富亚澳成熟优选股票QDII	470888	2010.06.25	0.20	0.20	0.39	0.00
	汇添富黄金及贵金属(QDII–LOF–FOF)	164701	2011.08.31	0.42	1.19	1.61	–0.77
	合 计			596.23	639.58	1 235.82	–43.35
工银瑞信	工银上证央企ETF	510060	2009.08.26	1.59	2.80	4.39	–1.21
	工银深证红利ETF	159905	2010.11.05	1.30	2.12	3.42	–0.82
	工银深证红利ETF联接	481012	2010.11.09	0.54	1.25	1.79	–0.71
	工银沪深300指数股票	481009	2009.03.05	13.38	14.26	27.64	–0.88
	工银核心价值股票	481001	2005.08.31	13.53	14.96	28.50	–1.43
	工银稳健成长股票	481004	2006.12.06	4.07	8.56	12.63	–4.48
	工银红利股票	481006	2007.07.18	6.05	12.24	18.30	–6.19
	工银大盘蓝筹股票	481008	2008.08.04	0.35	2.43	2.78	–2.07
	工银中小盘成长股票	481010	2010.02.10	0.22	1.02	1.23	–0.80
	工银消费服务股票	481013	2011.04.21	0.20	3.30	3.50	–3.10
	工银主题策略股票	481015	2011.10.24	0.11	4.45	4.56	–4.34
	工银精选平衡混合	483003	2006.07.13	1.47	5.15	6.62	–3.68
	工银保本混合	487016	2011.12.27	0.14	17.50	17.64	–17.36
	工银增强收益债券	485105	2007.05.11	26.96	27.47	54.44	–0.51
	工银添利债券	485107	2008.04.14	40.43	40.24	80.66	0.19
	工银双利债券	485111	2010.08.16	44.78	40.91	85.69	3.87
	工银添颐债券	485114	2011.08.10	42.47	45.35	87.82	–2.89
	工银货币	482002	2006.03.20	1 074.95	1 108.71	2 183.66	–33.76
	工银全球股票(QDII)	486001	2008.02.14	0.47	1.25	1.72	–0.77
	工银全球精选股票(QDII)	486002	2010.05.25	0.04	0.17	0.21	–0.13
	合 计			1 273.05	1 354.15	2 627.20	–81.10
交银施罗德	交银上证180公司治理ETF	510010	2009.09.25	7.62	9.16	16.77	–1.54
	交银深证300价值ETF	159913	2011.09.22	0.81	0.79	1.60	0.02
	交银上证180公司治理ETF联接	519686	2009.09.29	3.57	6.41	9.98	–2.84
	交银深证300价值ETF联接	519706	2011.09.28	1.19	0.99	2.18	0.20
	交银精选股票	519688	2005.09.29	1.92	4.38	6.30	–2.46
	交银成长股票	519692	2006.10.23	21.01	17.33	38.35	3.68
	交银蓝筹股票	519694	2007.08.08	0.58	4.86	5.44	–4.28

（续上表）

管理人	基金简称	基金代码	设立日期	申购金额	赎回金额	总流量	净流量
交银施罗德	交银先锋股票	519698	2009.04.10	4.91	3.45	8.36	1.46
	交银趋势股票	519702	2010.12.22	1.12	3.79	4.90	–2.67
	交银先进制造股票	519704	2011.06.22	0.14	1.89	2.03	–1.75
	交银稳健配置混合	519690	2006.06.14	5.83	7.36	13.20	–1.53
	交银主题优选混合	519700	2010.06.30	3.71	2.92	6.63	0.80
	交银增利债券	519680	2008.03.31	51.33	46.53	97.87	4.80
	交银双利债券	519683	2011.09.26	13.37	12.23	25.59	1.14
	交银货币	519588	2006.01.20	808.81	788.18	1 596.99	20.63
	交银环球精选股票(QDII)	519696	2008.08.22	0.09	0.28	0.37	–0.19
	合 计			926.01	910.55	1 836.56	15.45
建信	建信上证社会责任ETF	510090	2010.05.28	0.32	0.37	0.70	–0.05
	深证F60ETF	159916	2011.09.08	1.75	2.29	4.03	–0.54
	建信上证社会责任ETF联接	530010	2010.05.28	0.93	0.89	1.82	0.04
	建信深证基本面60ETF联接	530015	2011.09.08	0.61	0.78	1.39	–0.18
	建信沪深300指数(LOF)	165309	2009.11.05	6.58	10.56	17.14	–3.99
	建信恒久价值股票	530001	2005.12.01	3.18	14.75	17.92	–11.57
	建信优选成长股票	530003	2006.09.08	2.04	1.74	3.78	0.30
	建信核心精选股票	530006	2008.11.25	10.82	6.04	16.87	4.78
	建信内生动力股票	530011	2010.11.16	2.79	4.30	7.08	–1.51
	建信双利分级股票	165310	2011.05.06	0.10	3.35	3.46	–3.25
	建信优化配置混合	530005	2007.03.01	1.02	4.91	5.93	–3.89
	建信恒稳价值混合	530016	2011.11.22	0.66	8.59	9.25	–7.93
	建信保本混合	530012	2011.01.18	0.09	7.99	8.09	–7.90
	建信稳定增利债券	530008	2008.06.25	22.00	33.49	55.49	–11.49
	建信增强债券	530009	2009.06.02	35.39	26.60	61.99	8.79
	建信双息红利债券	530017	2011.12.13	5.05	23.02	28.08	–17.97
	建信货币	530002	2006.04.25	396.35	347.17	743.53	49.18
	建信全球机遇股票(QDII)	539001	2010.09.14	0.03	0.47	0.51	–0.44
	建信新兴市场股票(QDII)	539002	2011.06.21	0.03	0.35	0.38	–0.32
	合 计			489.75	497.68	987.43	–7.93
信诚	信诚精萃成长股票	550002	2006.11.27	34.42	11.18	45.60	23.24
	信诚盛世蓝筹股票	550003	2008.06.04	6.05	9.44	15.49	–3.40
	信诚优胜精选股票	550008	2009.08.26	5.88	4.08	9.96	1.80

（续上表）

管理人	基金简称	基金代码	设立日期	申购金额	赎回金额	总流量	净流量
信诚	信诚中小盘股票	550009	2010.02.10	0.08	0.73	0.81	−0.65
	信诚深度价值股票(LOF)	165508	2010.07.30	0.12	0.54	0.66	−0.42
	信诚新机遇股票(LOF)	165512	2011.08.01	0.02	0.65	0.67	−0.63
	信诚中证500指数分级	165511	2011.02.11	33.76	6.50	40.26	27.26
	信诚四季红混合	550001	2006.04.29	0.82	9.96	10.78	−9.13
	信诚货币	550010	2011.03.23	191.79	175.63	367.42	16.16
	信诚三得益债券	550004	2008.09.27	8.53	1.76	10.29	6.78
	信诚经典优债债券	550006	2009.03.11	29.14	15.71	44.85	13.43
	信诚金砖四国配置(QDII−FOF−LOF)	165510	2010.12.17	0.01	0.16	0.17	−0.14
	信诚全球商品主题(QDII−FOF−LOF)	165513	2011.12.20	1.49	3.89	5.38	−2.40
	合 计			312.11	240.21	552.33	71.90
汇丰晋信	汇丰晋信龙腾股票	540002	2006.09.27	0.57	9.41	9.98	−8.83
	汇丰晋信大盘股票	540006	2009.06.24	3.99	3.20	7.19	0.78
	汇丰晋信中小盘股票	540007	2009.12.11	0.11	0.37	0.48	−0.26
	汇丰晋信低碳先锋股票	540008	2010.06.08	0.86	2.49	3.35	−1.64
	汇丰晋信消费红利股票	540009	2010.12.08	0.46	3.09	3.55	−2.63
	汇丰晋信科技先锋股票	540010	2011.07.27	0.06	0.75	0.81	−0.69
	汇丰晋信2016周期混合	540001	2006.05.23	0.22	1.93	2.15	−1.71
	汇丰晋信动态策略混合	540003	2007.04.09	0.65	5.30	5.95	−4.66
	汇丰晋信2026周期混合	540004	2008.07.23	0.32	0.22	0.54	0.10
	汇丰晋信平稳增利债券	540005	2008.12.03	0.25	0.34	0.59	−0.09
	汇丰晋信货币	540011	2011.11.02	17.01	13.20	30.21	3.81
	合 计			24.49	40.30	64.79	−15.82
益民	益民红利成长混合	560002	2006.11.21	0.04	0.46	0.50	−0.42
	益民创新优势混合	560003	2007.07.11	0.05	1.52	1.57	−1.47
	益民多利债券	560005	2008.05.21	0.19	0.38	0.57	−0.19
	益民货币	560001	2006.07.17	2.17	2.28	4.45	−0.11
	合 计			2.45	4.64	7.08	−2.19
华商	华商盛世成长股票	630002	2008.09.23	10.09	19.33	29.42	−9.24
	华商产业升级股票	630006	2010.06.18	0.23	0.72	0.95	−0.50
	华商价值精选股票	630010	2011.05.31	0.57	1.16	1.73	−0.60
	华商领先企业混合	630001	2007.05.15	8.30	8.35	16.65	−0.05

（续上表）

管理人	基金简称	基金代码	设立日期	申购金额	赎回金额	总流量	净流量
华商	华商动态阿尔法混合	630005	2009.11.24	5.46	11.42	16.87	−5.96
	华商策略精选混合	630008	2010.11.09	0.54	15.89	16.42	−15.35
	华商收益增强债券	630003	2009.01.23	24.32	27.25	51.57	−2.93
	华商稳健双利债券	630007	2010.08.09	7.28	9.54	16.82	−2.25
	华商稳定增利债券	630009	2011.03.15	17.73	27.61	45.34	−9.89
	合计			74.50	121.26	195.77	−46.76
中邮创业	中邮核心优选股票	590001	2006.09.28	0.28	4.16	4.43	−3.88
	中邮核心成长股票	590002	2007.08.17	0.35	5.51	5.86	−5.16
	中邮核心主题股票	590005	2010.05.19	0.13	1.48	1.61	−1.35
	中邮上证380指数增强	590007	2011.11.22	0.43	1.93	2.37	−1.50
	中邮核心优势灵活配置混合	590003	2009.10.28	0.21	2.09	2.30	−1.89
	中邮中小盘灵活配置混合	590006	2011.05.10	0.08	2.01	2.08	−1.93
	合计			1.47	17.18	18.65	−15.70
信达澳银	信达澳银领先增长股票	610001	2007.03.08	0.87	3.80	4.67	−2.93
	信达澳银中小盘股票	610004	2009.12.01	0.53	0.72	1.25	−0.19
	信达澳银红利回报股票	610005	2010.07.28	0.10	0.24	0.33	−0.14
	信达澳银产业升级股票	610006	2011.06.13	0.04	0.88	0.92	−0.84
	信达澳银精华配置混合	610002	2008.07.30	0.31	0.43	0.74	−0.12
	信达澳银稳定价值债券	610003	2009.04.08	2.09	1.59	3.68	0.50
	合计			3.93	7.66	11.59	−3.72
诺德	诺德价值优势股票	570001	2007.04.19	0.91	1.16	2.07	−0.25
	诺德成长优势股票	570005	2009.09.22	0.03	0.09	0.12	−0.06
	诺德中小盘股票	570006	2010.06.28	0.48	0.50	0.98	−0.02
	诺德优选30股票	570007	2011.05.05	0.08	0.93	1.01	−0.84
	诺德灵活配置混合	571002	2008.11.05	0.06	0.11	0.17	−0.06
	诺德增强收益债券	573003	2009.03.04	2.24	1.49	3.73	0.75
	合计			3.80	4.28	8.09	0.48
中欧	中欧沪深300指数增强(LOF)	166007	2010.06.24	0.09	0.24	0.32	−0.15
	中欧新趋势股票(LOF)	166001	2007.01.29	4.67	0.74	5.41	3.93
	中欧价值发现股票	166005	2009.07.24	16.66	3.16	19.82	13.49
	中欧中小盘股票(LOF)	166006	2009.12.30	1.53	1.13	2.67	0.40
	中欧新动力股票(LOF)	166009	2011.02.10	4.88	0.62	5.50	4.26
	中欧新蓝筹混合	166002	2008.07.25	4.09	0.46	4.55	3.64

（续上表）

管理人	基金简称	基金代码	设立日期	申购金额	赎回金额	总流量	净流量
中欧	中欧稳健收益债券	166003	2009.04.24	2.65	4.31	6.96	-1.66
	中欧增强回报债券(LOF)	166008	2010.12.02	0.32	12.66	12.98	-12.34
	中欧鼎利分级债券	166010	2011.06.16	0.01	7.00	7.00	-6.99
	合计			34.89	30.32	65.20	4.57
金元惠理	金元惠理价值增长股票	620004	2009.09.11	0.20	0.20	0.40	0.00
	金元惠理核心动力股票	620005	2010.02.11	0.04	0.07	0.10	-0.03
	金元惠理消费主题股票	620006	2010.09.15	0.05	0.21	0.26	-0.16
	金元惠理宝石动力混合	620001	2007.08.15	0.03	0.37	0.40	-0.33
	金元惠理成长动力混合	620002	2008.09.03	0.11	0.11	0.22	0.00
	金元惠理保本混合	620007	2011.08.16	0.03	1.01	1.04	-0.98
	金元惠理丰利债券	620003	2009.03.23	0.10	0.34	0.44	-0.24
	合计			0.56	2.30	2.85	-1.74
浦银安盛	浦银安盛沪深300指数增强	519116	2010.12.10	0.10	0.24	0.34	-0.14
	浦银安盛价值成长股票	519110	2008.04.16	0.05	0.33	0.38	-0.28
	浦银安盛红利精选股票	519115	2009.12.03	0.03	0.11	0.14	-0.09
	浦银安盛精致生活混合	519113	2009.06.04	0.01	0.07	0.08	-0.06
	浦银安盛优化收益债券	519111	2008.12.30	1.25	1.11	2.36	0.14
	浦银安盛货币	519509	2011.03.09	43.39	36.25	79.64	7.14
	合计			44.84	38.12	82.95	6.72
农银汇理	农银沪深300指数	660008	2011.04.12	2.05	4.53	6.58	-2.47
	农银中证500指数	660011	2011.11.29	0.34	4.89	5.24	-4.55
	农银行业成长股票	660001	2008.08.04	15.39	18.91	34.30	-3.52
	农银策略价值股票	660004	2009.09.29	2.32	3.70	6.02	-1.38
	农银中小盘股票	660005	2010.03.25	2.42	3.91	6.33	-1.50
	农银大盘蓝筹股票	660006	2010.09.01	0.93	3.87	4.80	-2.94
	农银策略精选股票	660010	2011.09.06	1.24	6.15	7.40	-4.91
	农银平衡双利混合	660003	2009.04.08	1.08	3.97	5.05	-2.88
	农银恒久增利债券	660002	2008.12.23	1.45	2.07	3.52	-0.62
	农银增强收益债券	660009	2011.07.01	2.07	3.85	5.92	-1.78
	农银货币	660007	2010.11.23	220.08	187.22	407.30	32.86
	合计			249.38	243.07	492.45	6.31

（续上表）

管理人	基金简称	基金代码	设立日期	申购金额	赎回金额	总流量	净流量
民生加银	民生加银精选股票	690003	2010.02.03	0.07	1.07	1.15	−1.00
	民生加银稳健成长股票	690004	2010.06.29	0.06	0.17	0.23	−0.11
	民生加银内需增长股票	690005	2011.01.28	0.06	1.17	1.22	−1.11
	民生加银景气行业股票	690007	2011.11.22	3.50	33.29	36.79	−29.80
	民生加银品牌蓝筹混合	690001	2009.03.27	0.25	0.31	0.56	−0.05
	民生加银增强收益债券	690002	2009.07.21	2.66	3.30	5.96	−0.64
	合计			6.60	39.31	45.91	−32.70
纽银梅隆西部	纽银策略优选股票	671010	2011.01.25	0.13	1.10	1.22	−0.97
	纽银新动向混合	673010	2011.08.18	0.01	0.52	0.53	−0.51
	合计			0.14	1.62	1.75	−1.48
浙商	浙商聚潮产业成长股票	688888	2011.05.17	0.22	2.08	2.30	−1.86
	合计			0.22	2.08	2.30	−1.86
平安大华	平安大华行业先锋股票	700001	2011.09.20	0.41	5.96	6.38	−5.55
	平安大华深证300指数增强	700002	2011.12.20	1.35	4.43	5.77	−3.08
	合计			1.76	10.39	12.15	−8.63
富安达	富安达优势成长股票	710001	2011.09.21	0.18	0.86	1.04	−0.68
	合计			0.18	0.86	1.04	−0.68
财通	财通价值动量混合	720001	2011.12.01	0.59	9.29	9.87	−8.70
	合计			0.59	9.29	9.87	−8.70
方正富邦	方正富邦创新动力股票	730001	2011.12.26	1.31	14.01	15.33	−12.70
	合计			1.31	14.01	15.33	−12.70
	总计			34 179.67	32 576.84	66 756.51	1 602.83

表2-26 各类型证券投资基金年度利润汇总统计（2011—2012）

（单位：只；亿元）

基金类型	2012年年报				2011年年报			
	基金数量	年度收入	年度费用	年度利润	基金数量	年度收入	年度费用	年度利润
传统封闭式基金	24	33.74	11.81	21.93	25	−142.38	14.95	−157.32
创新封闭式基金	42	79.8	19.05	60.74	27	−56.90	14.91	−71.81
开放式基金								
其中：股票型基金	478	736.35	191.64	544.71	380	−2 689.41	226.87	−2 916.28
（指数股票）	143	201.22	27.29	173.92	95	−615.33	26.48	−641.81
混合型基金	214	345.35	119.24	226.11	185	−1 381.63	140.73	−1 522.36
（保本）	33	29.14	9.71	19.43	20	6.44	6.36	0.08
债券型基金	189	150.69	36.81	113.88	120	−6.20	22.61	−28.81
（短期理财债券）	23	19.83	3.07	16.76	—	—	—	—
货币型基金	52	193.86	31.16	162.70	49	69.80	11.82	57.98
ETF	45	72.92	8.16	64.76	37	−211.67	5.43	−217.10
QDII	66	90.14	15.30	74.84	49	−130.82	17.94	−148.76
总 计	1 110	1 702.84	433.17	1 269.67	872	−4 549.21	455.26	−5 004.47

表2-27 2012年旗下基金年度利润前二十的基金管理人

（单位：只，亿元）

基金管理公司	基金数量	年度总收入	年度总费用	年度利润总额	排名
华夏	30	165.10	32.92	132.18	1
嘉实	38	144.66	25.75	118.91	2
南方	38	103.79	21.54	82.25	3
易方达	38	103.87	23.90	79.97	4
博时	34	87.45	20.40	67.06	5
广发	27	79.99	19.59	60.41	6
富国	30	63.98	13.39	50.59	7
交银施罗德	21	56.40	8.91	47.50	8
华安	33	55.71	13.22	42.49	9
上投摩根	19	49.95	10.55	39.40	10
中银	21	45.33	7.99	37.34	11
汇添富	26	47.34	10.01	37.34	12
鹏华	31	46.67	10.77	35.90	13
工银瑞信	27	48.02	14.16	33.86	14
华宝兴业	24	38.22	6.95	31.27	15
招商	27	38.83	9.60	29.22	16
大成	31	40.79	12.46	28.33	17
建信	26	33.95	7.99	25.96	18
长城	16	29.28	5.41	23.87	19
国投瑞银	18	29.07	6.49	22.58	20
合 计	555	1 308.39	281.98	1 026.42	

表2-28 2012年证券投资基金年度利润统计

（单位：只，万元）

管理人	基金简称	基金代码	设立日期	年度收入	年度费用	年度利润
国泰	国泰金鑫封闭	500011	1999.10.21	29 795.74	6 214.19	23 581.55
	国泰估值优势分级封闭	160212	2010.02.10	−5 314.53	1 957.75	−7 272.28
	国泰金鹰增长股票	020001	2002.05.08	15 897.72	4 853.73	11 043.98
	国泰金牛创新股票	020010	2007.05.18	38 123.43	7 636.86	30 486.56
	国泰区位优势股票	020015	2009.05.27	−1 683.95	1 536.19	−3 220.14
	国泰中小盘成长股票(LOF)	160211	2009.10.19	1 721.74	1 533.75	187.99
	国泰价值经典股票(LOF)	160215	2010.08.13	1 463.60	688.63	774.97
	国泰事件驱动股票	020023	2011.08.17	2 045.21	491.92	1 553.29
	国泰成长优选股票	020026	2012.03.20	−248.76	297.97	−546.73
	国泰沪深300指数	020011	2007.11.11	50 309.90	3 738.95	46 570.95
	国泰上证180金融ETF	510230	2011.03.31	20 538.34	568.60	19 969.74
	国泰中小板300成长ETF	159917	2012.03.15	388.01	145.58	242.42
	国泰上证180金融ETF联接	020021	2011.03.31	13 043.49	268.38	12 775.11
	国泰中小板300成长ETF联接	020025	2012.03.15	−193.79	76.95	−270.75
	国泰金龙行业混合	020003	2003.12.05	−4 251.01	1 150.41	−5 401.42
	国泰金马稳健混合	020005	2004.06.18	24 334.90	10 518.35	13 816.54
	国泰金鹏蓝筹混合	020009	2006.09.29	7 866.84	2 883.57	4 983.27
	国泰金鼎价值混合	519021	2007.04.11	−10 594.01	7 166.88	−17 760.89
	国泰金泰平衡混合	519020	2012.12.24	7 068.60	3 867.78	3 200.83
	国泰金鹿保本混合	020018	2008.06.12	7 316.62	1 769.10	5 547.52
	国泰保本混合	020022	2011.04.19	15 589.61	3 293.98	12 295.63
	国泰货币	020007	2005.06.21	7 510.20	1 347.21	6 162.99
	国泰金龙债券	020002	2003.12.05	18 795.64	2 977.98	15 817.66
	国泰双利债券	020019	2009.03.11	10 759.42	2 633.93	8 125.49
	国泰信用互利分级债券	160217	2011.12.29	3 771.25	696.40	3 074.86
	国泰信用债券	020027	2012.07.31	3 782.76	1 103.75	2 679.01
	国泰6个月短期理财债券	020029	2012.09.25	1 896.75	310.91	1 585.84
	国泰纳斯达克100指数	160213	2010.04.29	3 945.27	367.81	3 577.47
	国泰大宗商品(QDII-LOF)	160216	2012.05.03	224.41	177.79	46.62
	合　计			263 903.39	70 275.30	193 628.09
南方	南方开元封闭	184688	1998.03.27	16 324.01	3 382.21	12 941.80
	南方天元封闭	184698	1999.08.25	14 795.08	5 530.27	9 264.81

（续上表）

管理人	基金简称	基金代码	设立日期	年度收入	年度费用	年度利润
南方	南方积极配置股票(LOF)	160105	2004.10.14	7 609.69	4 191.51	3 418.18
	南方高增长股票(LOF)	160106	2005.07.13	46 527.72	7 253.62	39 274.10
	南方绩优成长股票	202003	2006.11.16	72 504.56	16 796.86	55 707.70
	南方成份精选股票	202005	2007.05.14	140 836.85	17 726.02	123 110.83
	南方隆元产业主题股票	202007	2007.11.09	55 525.97	10 418.95	45 107.02
	南方盛元红利股票	202009	2008.03.21	26 769.76	5 154.05	21 615.71
	南方优选价值股票	202011	2008.06.18	25 181.54	3 666.48	21 515.05
	南方策略优化股票	202019	2010.03.30	116.02	1 782.29	−1 666.27
	南方新兴消费增长分级股票	160127	2012.03.13	−1 220.57	1 391.49	−2 612.06
	南方金粮油商品股票	202027	2012.09.25	1 331.59	178.35	1 153.24
	南方沪深300指数	202015	2009.03.25	21 401.06	2 515.68	18 885.38
	南方中证500指数(LOF)	160119	2009.09.25	733.49	4 608.60	−3 875.10
	南方中证50债券指数(LOF)	160123	2011.05.17	2 563.97	828.90	1 735.07
	南方深证成份ETF	159903	2009.12.04	4 184.79	2 233.79	1 951.00
	南方小康ETF	510160	2010.08.27	1 790.26	266.32	1 523.94
	南方上证380ETF	510290	2011.09.16	−80.54	191.22	−271.76
	南方深证成份ETF联接	202017	2009.12.09	−413.79	321.55	−735.34
	南方小康ETF联接	202021	2010.08.27	1 133.29	47.09	1 086.20
	南方上证380ETF联接	202025	2011.09.20	−308.98	56.70	−365.69
	南方稳健成长混合	202001	2001.09.28	5 144.08	8 099.40	−2 955.32
	南方稳健成长贰号混合	202002	2006.07.25	5 318.75	7 601.54	−2 282.79
	南方优选成长混合	202023	2011.01.30	15 804.47	2 803.80	13 000.67
	南方避险增值混合	202202	2003.06.27	51 328.66	17 017.88	34 310.78
	南方恒元保本混合	202211	2008.11.12	16 508.86	5 914.70	10 594.16
	南方保本混合	202212	2011.06.21	25 107.66	7 267.84	17 839.82
	南方宝元债券	202101	2002.09.20	13 168.42	2 404.54	10 763.88
	南方多利增强债券	202102	2007.08.28	15 601.81	2 899.94	12 701.87
	南方广利回报债券	202105	2010.11.03	20 639.65	4 123.89	16 515.76
	南方金利定期开放债券	160128	2012.05.17	7 017.93	1 687.12	5 330.81
	南方润元纯债债券	202108	2012.07.20	13 408.20	3 683.96	9 724.24
	南方理财14天债券	202303	2012.08.14	3 919.40	841.63	3 077.77
	南方理财60天债券	202305	2012.10.19	3 458.81	627.59	2 831.22
	南方现金增利货币	202301	2004.03.05	208 468.14	33 439.01	175 029.13
	南方全球精选配置(QDII-FOF)	202801	2007.09.19	191 952.55	27 923.85	164 028.70

（续上表）

管理人	基金简称	基金代码	设立日期	年度收入	年度费用	年度利润
南方	南方金砖四国指数(QDII)	160121	2010.12.09	1 871.88	274.27	1 597.61
	南方中国中小盘股票指数(QDII—LOF)	160125	2011.09.26	1 847.63	204.67	1 642.95
	合　计			1 037 872.67	215 357.59	822 515.08
华夏	华夏兴华封闭	500008	1998.04.28	15 398.78	4 222.41	11 176.37
	华夏兴和封闭	500018	1999.07.14	12 469.55	5 373.47	7 096.08
	华夏收入股票	288002	2005.11.17	12 951.97	6 945.71	6 006.26
	华夏优势增长股票	000021	2006.11.24	45 010.99	32 143.33	12 867.66
	华夏复兴股票	000031	2007.09.10	4 108.23	6 951.54	−2 843.31
	华夏行业股票(LOF)	160314	2007.11.22	45 927.07	14 353.30	31 573.77
	华夏盛世股票	000061	2009.12.11	95 719.22	15 938.77	79 780.46
	华夏上证50ETF	510050	2004.12.30	333 284.73	12 531.00	320 753.73
	华夏中小板ETF	159902	2006.06.08	−4 500.99	2 722.86	−7 223.84
	华夏沪深300ETF联接	000051	2009.07.10	199 036.77	11 609.21	187 427.56
	华夏成长混合	000001	2001.12.18	83 327.46	19 651.96	63 675.50
	华夏回报混合	002001	2003.09.05	92 458.60	19 214.21	73 244.39
	华夏经典混合	288001	2004.03.15	5 070.20	2 771.99	2 298.21
	华夏大盘精选混合	000011	2004.08.11	44 696.76	8 667.38	36 029.38
	华夏红利混合	002011	2005.06.30	69 181.31	35 717.31	33 464.00
	华夏稳增混合	519029	2006.08.09	11 067.77	8 396.58	2 671.19
	华夏回报二号混合	002021	2006.08.14	47 052.40	10 082.30	36 970.10
	华夏蓝筹混合(LOF)	160311	2007.04.24	72 843.26	16 399.71	56 443.55
	华夏策略混合	002031	2008.10.23	15 098.07	3 880.68	11 217.39
	华夏现金增利货币	003003	2004.04.07	159 687.05	33 233.86	126 453.20
	华夏货币	288101	2005.04.20	9 202.80	1 721.31	7 481.49
	华夏债券	001001	2002.10.23	31 209.58	6 955.52	24 254.07
	中信稳定双利债券	288102	2006.07.20	10 699.50	2 372.62	8 326.88
	华夏希望债券	001011	2008.03.10	26 210.20	6 320.46	19 889.74
	华夏安康债券	001031	2012.09.11	8 345.56	1 898.31	6 447.24
	华夏理财30天债券	001057	2012.10.24	1 531.14	154.85	1 376.30
	华夏亚债中国指数	001021	2011.05.25	6 574.30	1 194.85	5 379.44
	华夏全球股票QDII	000041	2007.10.09	192 129.17	36 538.93	155 590.23
	华夏恒生ETF	159920	2012.08.09	3 659.09	1 050.02	2 609.07
	华夏恒生ETF联接	000071	2012.08.21	1 507.36	171.71	1 335.65
	合　计			1 650 957.90	329 186.15	1 321 771.75

（续上表）

管理人	基金简称	基金代码	设立日期	年度收入	年度费用	年度利润
华安	华安安信封闭	500003	1998.06.22	11 959.74	3 591.90	8 367.84
	华安安顺封闭	500009	1999.06.15	25 117.03	6 118.34	18 998.69
	华安宏利股票	040005	2006.09.06	52 830.93	16 301.95	36 528.98
	华安中小盘成长股票	040007	2007.04.10	33 944.49	14 840.34	19 104.15
	华安策略优选股票	040008	2007.08.02	6 501.57	20 300.95	−13 799.38
	华安核心股票	040011	2008.10.22	3 402.62	790.80	2 611.82
	华安行业轮动股票	040016	2010.05.11	6 708.86	2 050.10	4 658.76
	华安升级主题股票	040020	2011.04.22	7 804.08	2 677.59	5 126.48
	华安科技动力股票	040025	2011.12.20	480.72	330.30	150.42
	华安逆向策略股票	040035	2012.08.16	132.87	190.40	−57.53
	华安中国A股增强指数	040002	2002.11.08	54 914.26	7 458.57	47 455.69
	华安深证300指数(LOF)	160415	2011.09.02	1 804.68	383.79	1 420.89
	华安沪深300指数分级	160417	2012.06.25	−52.86	351.90	−404.76
	华安上证180ETF	510180	2006.04.13	108 640.17	6 115.92	102 524.24
	华安上证龙头ETF	510190	2010.11.18	11 296.89	567.24	10 729.66
	华安上证180ETF联接	040180	2009.09.29	17 689.41	190.50	17 498.91
	华安上证龙头ETF联接	040190	2010.11.18	8 733.88	70.64	8 663.23
	华安创新混合	040001	2001.09.21	32 608.75	12 595.73	20 013.02
	华安宝利配置混合	040004	2004.08.24	26 913.71	8 258.87	18 654.84
	华安动态灵活配置混合	040015	2009.12.22	−1 331.58	2 164.77	−3 496.35
	华安稳定收益债券	040009	2008.04.30	6 813.49	1 467.71	5 345.78
	华安强化收益债券	040012	2009.04.13	2 626.11	657.52	1 968.59
	华安稳固收益债券	040019	2010.12.21	11 897.49	3 370.94	8 526.55
	华安可转债债券	040022	2011.06.22	6 359.55	1 435.44	4 924.11
	华安信用四季红债券	040026	2011.12.08	28 640.12	6 078.98	22 561.13
	华安安心收益债券	040036	2012.09.07	1 727.21	350.16	1 377.05
	华安月月鑫短期理财债券	040028	2012.05.09	14 937.47	2 236.33	12 701.14
	华安季季鑫短期理财债券	040030	2012.05.23	3 748.28	713.18	3 035.09
	华安双月鑫短期理财债券	040033	2012.06.14	5 630.63	930.90	4 699.73
	华安现金富利货币	040003	2003.12.30	57 073.99	8 452.19	48 621.80
	华安香港精选股票QDII	040018	2010.09.19	3 426.67	520.78	2 905.89
	华安大中华升级股票(QDII)	040021	2011.05.17	1 769.29	235.09	1 534.20
	华安标普全球石油指数(QDII-LOF)	160416	2012.03.29	2 308.04	385.57	1 922.47
	合 计			557 058.53	132 185.42	424 873.12

（续上表）

管理人	基金简称	基金代码	设立日期	年度收入	年度费用	年度利润
博时	博时裕阳封闭	500006	1998.07.25	5 980.52	3 365.52	2 615.00
	博时裕隆封闭	184692	1999.06.15	29 815.41	5 453.71	24 361.70
	博时精选股票	050004	2004.06.22	74 347.54	17 752.86	56 594.68
	博时主题行业股票(LOF)	160505	2005.01.06	190 287.99	20 005.94	170 282.05
	博时第三产业股票	050008	2007.04.12	76 505.79	12 782.77	63 723.02
	博时新兴成长股票	050009	2007.07.06	−19 824.40	30 345.87	−50 170.27
	博时特许价值股票	050010	2008.05.28	12 312.26	2 716.87	9 595.38
	博时创业成长股票	050014	2010.06.01	7 613.03	1 158.87	6 454.16
	博时行业轮动股票	050018	2010.12.10	4 037.08	1 885.89	2 151.20
	博时卓越品牌股票(LOF)	160512	2011.04.22	4 452.91	961.68	3 491.23
	博时医疗保健行业股票	050026	2012.08.28	−81.29	173.29	−254.58
	博时沪深300指数	050002	2003.08.26	86 851.80	12 580.76	74 271.04
	博时上证超大盘ETF	510020	2009.12.29	20 669.37	832.25	19 837.12
	博时深证基本面200ETF	159908	2011.06.10	449.37	186.29	263.08
	博时上证自然资源ETF	510410	2012.04.10	−3 383.46	320.30	−3 703.75
	博时上证超大盘ETF联接	510013	2009.12.29	14 938.19	113.11	14 825.08
	博时深证基本面200ETF联接	050021	2011.06.10	139.97	42.24	97.74
	博时上证自然资源ETF联接	050024	2012.04.10	−1 145.42	62.90	−1 208.32
	博时价值增长混合	050001	2002.10.09	35 783.67	7 188.19	28 595.48
	博时平衡配置混合	050007	2006.05.31	15 697.38	4 599.00	11 098.38
	博时价值增长贰号混合	050201	2006.09.27	11 939.65	9 893.90	2 045.75
	博时策略混合	050012	2009.08.11	9 416.22	3 549.29	5 866.94
	博时回报混合	050022	2011.11.08	1 181.78	354.67	827.11
	博时稳定价值债券	050006	2007.09.06	6 683.11	1 372.42	5 310.68
	博时信用债券	050011	2009.06.10	10 584.14	2 252.64	8 331.50
	博时宏观回报债券	050016	2010.07.27	2 491.91	790.14	1 701.77
	博时转债增强债券	050019	2010.11.24	17 809.76	4 067.63	13 742.14
	博时裕祥分级债券	160513	2011.06.10	45 153.34	21 467.50	23 685.83
	博时大颐债券	050023	2012.02.29	5 396.30	1 555.97	3 840.33
	博时信用债纯债债券	050027	2012.09.07	2 410.15	586.78	1 823.37
	博时现金收益货币	050003	2004.01.16	203 832.61	33 170.66	170 661.95
	博时大中华亚太精选股票(QDII)	050015	2010.07.27	1 920.52	294.74	1 625.78
	博时抗通胀增强回报(QDII－FOF)	050020	2011.04.25	−197.55	1 937.55	−2 135.09
	博时标普500指数(QDII)	050025	2012.06.14	454.66	129.92	324.74
	合　计			874 524.33	203 952.11	670 572.22

（续上表）

管理人	基金简称	基金代码	设立日期	年度收入	年度费用	年度利润
鹏华	鹏华普惠封闭	184689	1999.01.06	10 369.86	4 063.45	6 306.41
	鹏华普丰封闭	184693	1999.07.14	10 274.60	4 977.65	5 296.95
	鹏华丰润债券封闭	160617	2010.12.02	14 483.45	3 302.98	11 180.47
	鹏华价值优势股票(LOF)	160607	2006.07.18	106 199.95	18 461.69	87 738.26
	鹏华优质治理股票(LOF)	160611	2007.04.25	31 644.26	10 594.85	21 049.41
	鹏华盛世创新股票(LOF)	160613	2008.10.10	6 569.67	1 440.47	5 129.20
	鹏华精选成长股票	206002	2009.09.09	10 553.78	2 235.28	8 318.50
	鹏华消费优选股票	206007	2010.12.28	2 510.38	2 208.47	301.91
	鹏华新兴产业股票	206009	2011.06.15	4 667.85	1 920.26	2 747.59
	鹏华价值精选股票	206012	2012.04.16	−264.12	276.32	−540.44
	鹏华沪深300指数(LOF)	160615	2009.04.03	6 276.45	813.80	5 462.64
	鹏华中证500指数(LOF)	160616	2010.02.05	884.31	1 322.61	−438.30
	鹏华资源分级	160620	2012.09.27	−1 096.37	235.45	−1 331.82
	民企ETF	510070	2010.08.05	2 277.53	277.69	1 999.84
	鹏华深证民营ETF	159911	2011.09.02	562.25	292.73	269.53
	鹏华上证民企50ETF联接	206005	2010.08.05	1 572.56	49.04	1 523.52
	鹏华深证民营ETF联接	206010	2011.09.02	−31.22	46.94	−78.16
	鹏华行业成长混合	206001	2002.05.24	4 570.11	2 046.15	2 523.96
	鹏华普天收益混合	160603	2003.07.12	11 106.44	5 157.12	5 949.32
	鹏华中国50混合	160605	2004.05.12	61 349.55	9 544.37	51 805.18
	鹏华动力增长混合(LOF)	160610	2007.01.09	64 640.94	11 627.84	53 013.10
	鹏华金刚保本混合	206013	2012.06.13	4 623.38	2 431.05	2 192.34
	鹏华普天债券	160602	2003.07.12	2 527.93	672.01	1 855.92
	鹏华丰收债券	160612	2008.05.28	10 858.87	3 640.71	7 218.16
	鹏华信用增利债券	206003	2010.05.31	15 552.24	2 750.83	12 801.42
	鹏华丰盛债券	206008	2011.04.25	9 658.63	2 144.52	7 514.11
	鹏华丰泽分级债券	160618	2011.12.08	38 733.75	10 244.98	28 488.77
	鹏华纯债债券	206015	2012.09.03	3 971.89	1 013.46	2 958.43
	鹏华货币	160606	2005.04.12	29 592.11	3 461.50	26 130.61
	鹏华环球发现(QDII–FOF)	206006	2010.10.12	1 470.19	253.31	1 216.87
	鹏华美国房地产(QDII)	206011	2011.11.25	541.82	177.40	364.42
	合　计			466 653.05	107 684.94	358 968.11
嘉实	嘉实泰和封闭	500002	1999.04.08	30 419.59	4 896.58	25 523.01
	嘉实丰和价值封闭	184721	2002.03.22	17 756.17	6 399.36	11 356.81

（续上表）

管理人	基金简称	基金代码	设立日期	年度收入	年度费用	年度利润
嘉实	嘉实优质企业股票	070099	2007.12.08	104 517.76	16 097.41	88 420.35
	嘉实研究精选股票	070013	2008.05.27	52 891.70	6 610.26	46 281.45
	嘉实量化阿尔法股票	070017	2009.03.20	3 114.82	2 204.24	910.58
	嘉实价值优势股票	070019	2010.06.07	20 680.76	9 149.62	11 531.14
	嘉实主题新动力股票	070021	2010.12.07	26 151.65	8 797.45	17 354.20
	嘉实领先成长股票	070022	2011.05.31	11 219.18	2 842.13	8 377.04
	嘉实周期优选股票	070027	2011.12.08	4 605.29	1 123.64	3 481.65
	嘉实优化红利股票	070032	2012.06.26	567.05	341.42	225.63
	嘉实基本面50指数(LOF)	160716	2009.12.30	23 841.22	2 632.17	21 209.05
	嘉实深证基本面120ETF	159910	2011.08.01	615.07	409.66	205.41
	嘉实中创400ETF	159918	2012.03.22	−2 404.42	227.78	−2 632.19
	嘉实沪深300ETF	159919	2012.05.07	215 900.50	12 085.13	203 815.37
	嘉实深证基本面120ETF联接	070023	2011.08.01	128.17	85.65	42.52
	嘉实中创400ETF联接	070030	2012.03.22	−2 079.44	92.55	−2 171.99
	嘉实沪深300ETF联接(LOF)	160706	2005.08.29	260 615.23	14 656.65	245 958.57
	嘉实成长收益混合	070001	2002.11.05	52 321.65	10 172.64	42 149.01
	嘉实增长混合	070002	2003.07.09	30 911.21	8 475.62	22 435.59
	嘉实稳健混合	070003	2003.07.09	30 589.04	22 970.56	7 618.48
	嘉实服务增值行业混合	070006	2004.04.01	46 062.58	16 353.20	29 709.39
	嘉实主题混合	070010	2006.07.21	44 277.54	22 499.07	21 778.47
	嘉实策略混合	070011	2006.12.12	88 944.76	15 296.71	73 648.05
	嘉实回报混合	070018	2009.08.18	2 409.89	4 653.58	−2 243.69
	嘉实债券	070005	2003.07.09	8 545.96	1 623.11	6 922.84
	嘉实超短债债券	070009	2006.04.26	7 395.90	2 347.60	5 048.31
	嘉实多元债券	070015	2008.09.10	4 877.20	2 340.76	2 536.45
	嘉实稳固收益债券	070020	2010.09.01	7 340.80	2 800.63	4 540.18
	嘉实多利分级债券	160718	2011.03.23	3 970.12	2 263.98	1 706.14
	嘉实信用债券	070025	2011.08.08	15 736.71	4 541.75	11 194.96
	嘉实增强收益定期债券	070033	2012.09.24	3 910.53	1 318.34	2 592.19
	嘉实理财宝7天债券	070035	2012.08.29	2 760.07	558.93	2 201.13
	嘉实货币	070008	2005.03.18	111 887.42	23 011.80	88 875.62
	嘉实安心货币	070028	2011.12.28	1 500.93	255.74	1 245.19
	嘉实海外中国股票(QDII)	070012	2007.10.12	211 200.88	26 471.88	184 729.00
	嘉实H股指数(QDII-LOF)	160717	2010.09.30	1 814.02	175.65	1 638.37

（续上表）

管理人	基金简称	基金代码	设立日期	年度收入	年度费用	年度利润
嘉实	嘉实黄金(QDII—FOF—LOF)	160719	2011.08.04	1 163.80	434.16	729.64
	嘉实全球房地产(QDII)	070031	2012.07.24	455.14	278.66	176.48
	合　计			1 446 616.47	257 496.08	1 189 120.39
长盛	长盛同益封闭	184690	1999.04.08	4 179.96	4 099.01	80.95
	长盛同盛封闭	184699	1999.11.05	16 625.66	6 254.60	10 371.05
	长盛同德主题股票	519039	2007.10.25	−13 667.57	12 691.66	−26 359.23
	长盛量化红利股票	080005	2009.11.25	1 131.69	551.38	580.31
	长盛同祥泛资源股票	080008	2011.10.26	641.34	214.22	427.12
	长盛电子信息产业股票	080012	2012.03.27	−592.03	434.85	−1 026.88
	长盛中证100指数	519100	2006.11.22	10 982.43	831.21	10 151.21
	长盛沪深300指数(LOF)	160807	2010.08.04	1 630.00	217.83	1 412.17
	长盛同瑞中证200分级	160808	2011.12.06	1 276.11	215.13	1 060.97
	长盛同庆中证800指数分级	160806	2012.05.12	101 190.88	17 802.50	83 388.39
	长盛同辉深100等权重分级	160809	2012.09.13	2 539.37	331.63	2 207.75
	长盛成长价值混合	080001	2002.09.18	2 528.94	1 818.01	710.93
	长盛动态精选混合	510081	2004.05.21	−2 130.13	2 807.42	−4 937.55
	长盛同智优势混合(LOF)	160805	2007.01.05	−249.14	5 028.32	−5 277.45
	长盛创新先锋混合	080002	2008.06.04	1 030.06	456.45	573.60
	长盛同鑫保本混合	080007	2011.05.24	9 088.92	4 019.12	5 069.80
	长盛同鑫二号保本混合	080015	2012.07.10	2 645.56	979.32	1 666.23
	长盛全债指数增强债券	510080	2003.10.25	769.37	835.32	−65.95
	长盛积极配置债券	080003	2008.10.08	1 659.57	1 904.98	−245.41
	长盛同禧信用增利债券	080009	2011.12.06	688.66	681.13	7.52
	长盛添利30天理财债券	080016	2012.10.26	2 575.91	342.41	2 233.51
	长盛货币	080011	2005.12.12	4 534.14	787.85	3 746.28
	长盛环球行业股票(QDII)	080006	2010.05.26	621.57	154.19	467.38
	合　计			149 701.26	63 458.55	86 242.72
大成	大成景宏封闭	184691	1999.05.04	8 149.87	4 040.18	4 109.69
	大成景福封闭	184701	1999.12.30	15 720.69	5 152.78	10 567.91
	大成积极成长股票	519017	2007.01.16	−2 012.54	4 191.37	−6 203.91
	大成景阳领先股票	519019	2007.12.11	1 943.73	5 419.35	−3 475.61
	大成策略回报股票	090007	2008.11.26	3 754.25	2 249.75	1 504.50
	大成行业轮动股票	090009	2009.09.08	1 800.41	861.87	938.54

（续上表）

管理人	基金简称	基金代码	设立日期	年度收入	年度费用	年度利润
大成	大成核心双动力股票	090011	2010.06.22	1 119.59	463.72	655.87
	大成内需增长股票	090015	2011.06.14	5 452.05	1 370.48	4 081.56
	大成新锐产业股票	090018	2012.03.20	988.83	725.49	263.34
	大成优选股票(LOF)	160916	2012.07.27	32 432.31	5 830.27	26 602.04
	大成沪深300指数	519300	2006.04.06	51 515.66	5 277.18	46 238.48
	大成中证红利指数	090010	2010.02.02	2 065.47	298.85	1 766.62
	大成中证内地消费主题指数	090016	2011.11.08	1 504.98	228.45	1 276.54
	大成深证成长40ETF	159906	2010.12.21	2 749.03	1 140.17	1 608.86
	大成中证500沪市ETF	510440	2012.08.24	1 070.43	136.45	933.98
	大成深证成长40ETF联接	090012	2010.12.21	1 972.11	159.59	1 812.52
	大成中证500沪市ETF联接	090020	2012.08.28	176.30	47.42	128.88
	大成价值增长混合	090001	2002.11.11	27 412.31	17 958.32	9 453.99
	大成蓝筹稳健混合	090003	2004.06.03	87 559.64	22 415.91	65 143.73
	大成精选增值混合	090004	2004.12.15	15 584.48	4 140.13	11 444.35
	大成2020生命周期混合	090006	2006.09.13	−1 544.51	14 689.29	−16 233.81
	大成创新成长混合	160910	2007.06.12	94 077.39	14 858.98	79 218.42
	大成保本混合	090013	2011.04.20	3 323.26	1 426.76	1 896.49
	大成景恒保本混合	090019	2012.06.15	480.13	759.49	−279.36
	大成债券	090002	2003.06.12	2 073.57	604.08	1 469.48
	大成强化收益债券	090008	2008.08.06	117.56	132.42	−14.86
	大成景丰分级债券	160915	2010.10.15	26 996.03	6 589.00	20 407.04
	大成可转债增强债券	090017	2011.11.30	1 215.64	447.68	767.95
	大成月添利理财债券	090021	2012.09.20	5 269.88	791.83	4 478.04
	大成货币	090005	2005.06.03	13 026.42	1 979.39	11 047.03
	大成标普500等权重指数QDII	096001	2011.03.23	1 932.48	221.60	1 710.89
	合　计			407 927.44	124 608.24	283 319.20
富国	富国汉盛封闭	500005	1999.05.10	22 896.18	6 125.12	16 771.06
	富国汉兴封闭	500015	1999.12.30	18 869.84	6 379.06	12 490.78
	富国汇利分级债券封闭	161014	2010.09.09	47 292.67	7 445.24	39 847.43
	富国天益价值股票	100020	2004.06.15	65 926.93	16 070.92	49 856.01
	富国天合稳健股票	100026	2006.11.15	22 082.29	5 025.71	17 056.58
	富国天博创新股票	519035	2007.04.27	64 905.22	11 768.68	53 136.54
	富国通胀通缩主题股票	100039	2010.05.12	639.27	496.13	143.14

（续上表）

管理人	基金简称	基金代码	设立日期	年度收入	年度费用	年度利润
富国	富国低碳环保股票	100056	2011.08.10	3 345.57	1 819.85	1 525.72
	富国高新技术产业股票	100060	2012.06.27	−181.98	389.35	−571.32
	富国中证红利指数增强	100032	2008.11.20	12 314.15	1 942.91	10 371.25
	富国沪深300指数增强	100038	2009.12.16	70 602.11	9 769.36	60 832.75
	富国中证500指数增强(LOF)	161017	2011.10.12	731.90	611.96	119.94
	富国上证综指ETF	510210	2011.01.30	2 456.96	314.39	2 142.57
	富国上证综指ETF联接	100053	2011.01.30	1 985.73	61.44	1 924.29
	富国天源平衡混合	100016	2002.08.16	5 920.13	2 310.27	3 609.86
	富国天瑞强势混合	100022	2005.04.05	73 292.24	12 451.30	60 840.94
	富国天惠成长混合(LOF)	161005	2005.11.16	36 534.40	10 650.00	25 884.39
	富国天成红利混合	100029	2008.05.28	13 546.59	2 640.90	10 905.69
	富国天利增长债券	100018	2003.12.02	25 096.89	5 748.33	19 348.56
	富国天丰强化债券	161010	2008.10.24	17 055.43	3 322.10	13 733.33
	富国优化增强债券	100035	2009.06.10	4 720.89	1 592.66	3 128.24
	富国可转债	100051	2010.12.08	7 661.89	5 694.60	1 967.29
	富国天盈分级债券	161015	2011.05.23	43 031.36	8 413.75	34 617.61
	富国产业债券	100058	2011.12.05	35 967.05	6 565.28	29 401.77
	富国新天锋定期开放债券	161019	2012.05.07	8 721.49	1 870.47	6 851.02
	富国7天理财宝债券	100007	2012.10.19	2 063.01	341.35	1 721.66
	富国天时货币	100025	2006.06.05	26 874.49	3 218.02	23 656.47
	富国全球债券(QDII－FOF)	100050	2010.10.20	1 018.36	200.67	817.69
	富国全球顶级消费品股票(QDII)	100055	2011.07.13	3 534.09	554.21	2 979.87
	富国中国中小盘股票(QDII)	100061	2012.09.04	895.04	122.05	772.99
	合　计			639 800.18	133 916.06	505 884.12
易方达	易方达科瑞封闭	500056	2002.03.12	9 800.00	5 576.34	4 223.66
	易方达价值精选股票	110009	2006.06.13	48 657.10	11 326.85	37 330.25
	易方达科讯股票	110029	2007.12.18	32 669.26	9 726.70	22 942.56
	易方达中小盘股票	110011	2008.06.19	17 799.31	5 170.83	12 628.47
	易方达科翔股票	110013	2008.11.13	2 349.45	1 291.62	1 057.83
	易方达行业领先股票	110015	2009.03.26	6 198.52	2 646.91	3 551.61
	易方达消费行业股票	110022	2010.08.20	1 095.04	7 107.97	−6 012.92
	易方达医疗保健行业股票	110023	2011.01.28	31 981.44	5 758.20	26 223.25
	易方达资源行业股票	110025	2011.08.16	5 038.63	2 016.92	3 021.71

（续上表）

管理人	基金简称	基金代码	设立日期	年度收入	年度费用	年度利润
易方达	易方达量化衍伸股票	110030	2012.07.05	978.89	132.67	846.22
	易方达上证50指数	110003	2004.03.22	291 082.88	28 771.46	262 311.42
	易方达沪深300指数	110020	2009.08.26	60 395.48	5 768.24	54 627.24
	易方达中小板指数分级	161118	2012.09.20	139.35	157.08	−17.73
	易方达深证100ETF	159901	2006.03.24	25 844.77	12 569.96	13 274.81
	易方达上证中盘ETF	510130	2010.03.29	5 845.84	796.80	5 049.04
	易方达创业板ETF	159915	2011.09.20	266.19	394.94	−128.76
	易方达深证100ETF联接	110019	2009.12.01	7 073.80	686.28	6 387.53
	易方达上证中盘ETF联接	110021	2010.03.31	3 724.51	103.04	3 621.46
	易方达创业板ETF联接	110026	2011.09.20	−270.13	73.00	−343.13
	易方达平稳增长混合	110001	2002.08.23	7 776.28	5 042.26	2 734.02
	易方达策略成长混合	110002	2003.12.09	29 853.43	8 376.68	21 476.75
	易方达积极成长混合	110005	2004.09.09	30 323.70	10 511.56	19 812.14
	易方达策略成长二号混合	112002	2006.08.16	28 937.31	7 803.12	21 134.19
	易方达价值成长混合	110010	2007.04.02	52 661.61	35 692.70	16 968.92
	易方达科汇灵活配置混合	110012	2008.10.09	9 426.84	3 322.10	6 104.74
	易方达稳健收益债券	110007	2008.01.29	11 177.47	2 180.23	8 997.24
	易方达增强回报债券	110017	2008.03.19	38 426.49	10 073.07	28 353.42
	易方达岁丰添利债券	161115	2010.11.09	32 617.08	8 202.21	24 414.86
	易方达安心回报债券	110027	2011.06.21	8 027.05	2 822.34	5 204.71
	易方达双债增强债券	110035	2011.12.01	6 177.61	1 849.27	4 328.35
	易方达纯债债券	110037	2012.05.03	24 132.35	7 236.37	16 895.99
	易方达永旭定期开放债券	161117	2012.06.19	9 007.46	2 765.13	6 242.33
	易方达货币	110006	2005.02.02	185 405.83	29 603.72	155 802.11
	易方达亚洲精选股票(QDII)	118001	2010.01.21	1 658.99	287.47	1 371.52
	易方达黄金主题(QDII–LOF–FOF)	161116	2011.05.06	2 545.54	1 657.44	888.10
	易方达标普消费品指数增强(QDII)	118002	2012.06.04	300.89	131.14	169.75
	易方达恒生国企(QDII–ETF)	510900	2012.08.09	5 347.46	914.06	4 433.40
	易方达恒生国企联接(QDII)	110031	2012.08.21	4 198.79	417.14	3 781.65
	合　计			1 038 672.50	238 963.80	799 708.70
宝盈	宝盈鸿阳封闭	184728	2001.12.10	1 531.67	2 866.87	−1 335.20
	宝盈泛沿海增长股票	213002	2005.03.08	12 830.73	5 010.30	7 820.43
	宝盈策略增长股票	213003	2007.01.19	16 215.38	5 224.81	10 990.57

（续上表）

管理人	基金简称	基金代码	设立日期	年度收入	年度费用	年度利润
宝盈	宝盈资源优选股票	213008	2008.04.15	3 247.43	1 058.55	2 188.88
	宝盈中证100指数增强	213010	2010.02.08	591.93	98.12	493.80
	宝盈鸿利收益混合	213001	2002.10.08	3 308.46	1 004.16	2 304.30
	宝盈核心优势混合	213006	2009.03.17	419.53	283.67	135.87
	宝盈增强收益债券	213007	2008.05.15	9 298.60	3 735.84	5 562.76
	宝盈货币	213009	2009.08.05	9 617.90	1 602.11	8 015.80
	合　计			57 061.62	20 884.43	36 177.19
融通	融通通乾封闭	500038	2001.08.29	12 260.08	4 779.87	7 480.22
	融通动力先锋股票	161609	2006.11.15	9 618.17	4 884.04	4 734.14
	融通领先成长股票(LOF)	161610	2007.04.30	−6 170.21	7 289.61	−13 459.82
	融通内需驱动股票	161611	2009.04.22	5 647.07	1 670.74	3 976.34
	融通医疗保健股票	161616	2012.07.26	971.02	278.99	692.03
	融通深证100指数	161604	2003.09.30	43 346.80	18 277.72	25 069.08
	融通巨潮100指数(LOF)	161607	2005.05.12	26 360.10	3 369.83	22 990.27
	融通深证成份指数股票	161612	2010.11.15	2 694.69	1 176.35	1 518.34
	融通创业板指数	161613	2012.04.06	−29.63	292.51	−322.13
	融通新蓝筹混合	161601	2002.09.13	67 104.84	22 493.70	44 611.15
	融通蓝筹成长混合	161605	2003.09.30	9 006.58	4 275.39	4 731.20
	融通行业景气混合	161606	2004.04.29	27 897.17	6 166.92	21 730.25
	融通债券	161603	2003.09.30	3 535.70	977.44	2 558.26
	融通四季添利债券	161614	2012.03.01	8 964.67	1 448.32	7 516.35
	融通易支付货币	161608	2006.01.19	11 024.44	1 502.24	9 522.19
	合　计			222 231.51	78 883.66	143 347.85
银华	银华信用债券封闭	161813	2010.06.29	30 047.23	8 084.46	21 962.77
	银华价值优选股票	519001	2005.09.27	67 563.75	23 319.14	44 244.61
	银华优质增长股票	180010	2006.06.09	26 462.17	14 317.07	12 145.10
	银华富裕主题股票	180012	2006.11.16	19 282.71	15 276.15	4 006.56
	银华领先策略股票	180013	2008.08.20	−1 901.82	3 174.01	−5 075.83
	银华内需精选股票(LOF)	161810	2009.07.01	5 756.31	3 027.20	2 729.12
	银华消费分级股票	161818	2011.09.28	1 522.47	620.45	902.02
	银华中小盘股票	180031	2012.06.20	830.41	180.57	649.85
	银华—道琼斯88指数	180003	2004.08.11	51 153.81	13 248.03	37 905.78
	银华沪深300指数(LOF)	161811	2009.10.14	3 428.27	345.12	3 083.15

（续上表）

管理人	基金简称	基金代码	设立日期	年度收入	年度费用	年度利润
银华	银华深证100指数分级	161812	2010.05.07	33 246.97	13 902.14	19 344.83
	银华中证等权90指数分级	161816	2011.03.17	−57 333.23	9 481.13	−66 814.37
	银华中证内地资源指数分级	161819	2011.12.08	104.47	1 021.52	−1 185.99
	银华上证50等权ETF	510430	2012.08.23	3 631.30	272.30	3 359.00
	银华上证50等权ETF联接	180033	2012.08.29	513.59	42.48	471.11
	银华优势企业混合	180001	2002.11.13	25 429.58	5 683.75	19 745.83
	银华和谐主题混合	180018	2009.04.27	9 192.77	2 719.14	6 473.63
	银华成长先锋混合	180020	2010.10.08	−1 562.35	3 688.63	−5 250.98
	银华保本增值混合	180002	2004.03.02	11 807.39	4 410.66	7 396.74
	银华永祥保本混合	180028	2011.06.28	7 429.80	1 595.71	5 834.09
	银华增强收益债券	180015	2008.12.03	2 637.22	746.66	1 890.56
	银华信用双利债券	180025	2010.12.03	7 487.75	1 833.35	5 654.40
	银华永泰积极债券	180029	2011.12.28	450.57	380.45	70.12
	银华纯债信用债券(LOF)	161820	2012.08.09	6 716.62	1 948.72	4 767.90
	银华货币	180008	2005.01.31	10 193.19	1 490.51	8 702.69
	银华全球优选(QDII—FOF)	183001	2008.05.26	439.17	327.79	111.38
	银华抗通胀主题(QDII—FOF—LOF)	161815	2010.12.06	497.67	879.07	−381.41
	合 计			264 758.85	132 016.21	132 742.65
长城	长城久嘉封闭	184722	2002.07.05	11 538.75	3 297.88	8 240.88
	长城消费增值股票	200006	2006.04.06	23 260.80	7 019.90	16 240.90
	长城久富股票(LOF)	162006	2007.02.12	20 095.28	4 218.21	15 877.07
	长城品牌优选股票	200008	2007.08.06	136 233.89	18 239.71	117 994.18
	长城双动力股票	200010	2009.01.15	1 179.82	286.85	892.98
	长城中小盘股票	200012	2011.01.27	584.15	802.93	−218.78
	长城优化升级股票	200015	2012.04.20	870.78	191.05	679.73
	长城久泰沪深300指数	200002	2004.05.21	14 853.86	2 111.67	12 742.19
	长城久兆中小300指数分级(分三级)	162010	2012.01.30	−222.43	232.21	−454.64
	长城久恒平衡混合	200001	2003.10.31	2 262.21	408.61	1 853.60
	长城安心回报混合	200007	2006.08.22	62 644.50	13 723.06	48 921.44
	长城景气行业龙头混合	200011	2009.06.30	1 744.65	525.83	1 218.82
	长城保本混合	200016	2012.08.02	3 340.26	1 106.46	2 233.79
	长城稳健增利债券	200009	2008.08.27	602.56	98.71	503.86
	长城积极增利债券	200013	2011.04.12	6 528.80	696.95	5 831.85
	长城货币	200003	2005.05.30	7 240.15	1 109.20	6 130.95
	合 计			292 758.03	54 069.22	238 688.81

（续上表）

管理人	基金简称	基金代码	设立日期	年度收入	年度费用	年度利润
泰达宏利	泰达宏利成长股票	162201	2003.04.25	14 136.93	4 109.82	10 027.11
	泰达宏利周期股票	162202	2003.04.25	7 024.54	2 004.30	5 020.24
	泰达宏利稳定股票	162203	2003.04.25	2 031.55	609.87	1 421.67
	泰达宏利精选股票	162204	2004.07.09	18 220.96	10 447.90	7 773.06
	泰达宏利首选企业股票	162208	2006.12.01	7 577.85	2 730.42	4 847.43
	泰达宏利市值优选股票	162209	2007.08.03	71 880.67	13 629.07	58 251.60
	泰达宏利红利先锋股票	162212	2009.12.03	4 585.05	2 952.43	1 632.62
	泰达宏利中小盘股票	162214	2011.01.26	10 536.53	3 804.53	6 732.01
	泰达宏利逆向股票	229002	2012.05.23	−954.87	693.38	−1 648.25
	泰达宏利财富大盘指数	162213	2010.04.23	4 927.73	597.24	4 330.49
	泰达宏利500指数分级	162216	2011.12.01	1 230.68	328.63	902.06
	泰达宏利风险预算混合	162205	2005.04.05	2 668.60	593.77	2 074.83
	泰达宏利效率优选混合(LOF)	162207	2006.05.12	41 125.71	6 762.05	34 363.66
	泰达宏利品质生活混合	162211	2009.04.09	2 050.93	902.88	1 148.05
	泰达宏利集利债券	162210	2008.09.26	11 131.02	3 687.87	7 443.15
	泰达宏利聚利分级债券	162215	2011.05.13	25 180.53	5 179.35	20 001.18
	泰达宏利货币	162206	2005.11.10	2 342.99	413.70	1 929.29
	泰达宏利全球新格局(QDII−FOF)	229001	2011.07.20	124.45	178.66	−54.20
	合　计			225 821.86	59 625.87	166 195.99
国投瑞银	国投瑞银双债债券封闭	161216	2011.03.29	17 269.35	2 972.54	14 296.80
	国投瑞银瑞福分级封闭	121099	2012.07.17	38 584.02	9 936.45	28 647.57
	国投瑞银核心企业股票	121003	2006.04.19	18 357.31	10 859.83	7 497.47
	国投瑞银创新动力股票	121005	2006.11.15	14 465.78	6 094.27	8 371.51
	国投瑞银成长优选股票	121008	2008.01.10	10 229.88	3 721.37	6 508.50
	国投瑞银沪深300指数分级	161207	2009.10.14	10 242.46	1 666.70	8 575.76
	国投瑞银沪深300金融地产指数(LOF)	161211	2010.04.09	45 417.30	2 032.42	43 384.88
	国投瑞银中证消费服务指数(LOF)	161213	2010.12.16	1 091.96	463.58	628.38
	国投瑞银中证资源指数(LOF)	161217	2011.07.21	1 864.70	505.07	1 359.62
	国投瑞银景气行业混合	121002	2004.04.29	23 063.02	8 096.29	14 966.73
	国投瑞银稳健增长混合	121006	2008.06.11	47 925.84	7 942.07	39 983.77
	国投瑞银新兴产业混合(LOF)	161219	2011.12.13	2 270.60	481.96	1 788.64
	国投瑞银瑞源保本混合	121010	2011.12.20	1 925.83	713.23	1 212.60
	国投瑞银融华债券	121001	2003.04.16	3 825.56	875.14	2 950.42

（续上表）

管理人	基金简称	基金代码	设立日期	年度收入	年度费用	年度利润
国投瑞银	国投瑞银稳定增利债券	121009	2008.01.11	16 346.84	2 768.19	13 578.64
	国投瑞银优化增强债券	121012	2010.09.08	6 859.17	1 546.82	5 312.35
	国投瑞银货币	121011	2009.01.10	20 712.44	4 050.38	25 662.06
	国投瑞银新兴市场股票(QDII－LOF)	161210	2010.06.10	1 275.34	211.32	1 064.02
合　计				290 727.38	64 937.66	225 789.72
银河	银河银丰封闭	500058	2002.08.15	−14 675.50	5 928.16	−20 603.66
	银河成长股票	519668	2008.05.26	2 351.58	454.55	1 897.03
	银河行业股票	519670	2009.04.24	8 348.19	4 394.13	3 954.06
	银河蓝筹股票	519672	2010.07.16	−251.89	263.20	−515.10
	银河创新成长股票	519674	2010.12.29	15 839.69	2 317.58	13 522.12
	银河消费股票	519678	2011.07.29	2 222.42	668.94	1 553.48
	银河主题股票	519679	2012.09.21	700.58	109.98	590.60
	银河沪深300价值指数	519671	2009.12.28	7 566.96	468.54	7 098.43
	银河稳健混合	151001	2003.08.04	8 519.11	3 220.97	5 298.15
	银河银泰混合	150103	2004.03.30	16 381.43	6 123.78	10 257.65
	银河保本混合	519676	2011.05.31	4 941.66	1 646.97	3 294.68
	银河收益债券	151002	2003.08.04	4 869.34	1 005.43	3 863.91
	银河银信添利债券	519666	2007.03.14	4 020.42	845.16	3 175.26
	银河通利分级债券	161505	2012.04.25	10 858.02	2 774.84	8 083.18
	银河银富货币	150005	2004.12.20	11 138.07	1 187.35	9 950.72
合　计				82 830.09	31 409.58	51 420.51
万家	万家公用事业行业股票(LOF)	161903	2005.07.15	452.50	1 199.89	−747.39
	万家精选股票	519185	2009.05.18	4 398.08	592.97	3 805.12
	万家180指数	519180	2003.03.17	58 946.66	7 620.69	51 325.97
	万家中证红利指数(LOF)	161907	2011.03.17	6 761.51	1 112.55	5 648.96
	万家中证创业成长指数分级	161910	2012.08.02	−117.60	236.52	−354.12
	万家和谐增长混合	519181	2006.11.30	1 583.52	4 501.86	−2 918.34
	万家双引擎灵活配置混合	519183	2008.06.27	416.63	228.01	188.62
	万家增强收益债券	161902	2004.09.28	9 505.19	1 952.12	7 553.07
	万家稳健增利债券	519186	2009.08.12	13 448.94	2 415.90	11 033.04
	万家添利分级债券	161908	2011.06.02	33 459.01	4 700.07	28 758.94
	万家信用恒利债券	519188	2012.09.21	1 806.41	522.12	1 284.29
	万家货币	519508	2006.05.24	51 232.80	8 785.97	42 446.83
合　计				181 893.65	33 868.66	148 024.98

（续上表）

管理人	基金简称	基金代码	设立日期	年度收入	年度费用	年度利润
金鹰	金鹰行业优势股票	210003	2009.07.01	−3 847.66	2 592.58	−6 440.25
	金鹰稳健成长股票	210004	2010.04.14	454.26	1 079.40	−625.14
	金鹰主题优势股票	210005	2010.12.20	−1 782.65	2 173.74	−3 956.39
	金鹰策略配置股票	210008	2011.09.01	−1 295.40	820.86	−2 116.25
	金鹰核心资源股票	210009	2012.05.23	−258.71	309.63	−568.35
	金鹰中证技术领先指数增强	210007	2011.06.01	−273.99	220.16	−494.14
	金鹰中证500指数分级	162107	2012.06.05	−606.57	228.38	−834.95
	金鹰成份优选混合	210001	2003.06.16	7 371.22	3 558.57	3 812.65
	金鹰中小盘精选混合	162102	2004.05.27	5 100.34	4 038.11	1 062.23
	金鹰红利价值混合	210002	2008.12.04	130.44	402.87	−272.42
	金鹰保本混合	210006	2011.05.17	4 243.56	1 531.28	2 712.28
	金鹰持久回报分级债券	162105	2012.03.09	5 018.99	1 318.55	3 700.44
	合　计			14 253.84	18 274.12	−4 020.29
招商	招商信用添利债券封闭	161713	2010.06.25	34 657.07	7 957.74	26 699.33
	招商安泰股票	217001	2003.04.28	2 453.71	1 211.58	1 242.14
	招商优质成长股票(LOF)	161706	2005.11.17	27 108.39	7 468.82	19 639.58
	招商大盘蓝筹股票	217010	2008.06.19	4 794.18	1 756.97	3 037.20
	招商行业领先股票	217012	2009.06.19	7 732.48	2 487.02	5 245.46
	招商中小盘股票	217013	2009.12.25	2 952.90	1 165.44	1 787.46
	招商深证100指数	217016	2010.06.22	−330.94	294.52	−625.46
	招商中证大宗商品指数分级	161715	2012.06.28	−878.88	409.46	−1 288.33
	招商上证消费80ETF	510150	2010.12.08	9 872.50	963.91	8 908.59
	深证TMT50ETF	159909	2011.06.27	1 506.18	272.86	1 233.31
	招商上证消费80ETF联接	217017	2010.12.08	8 221.46	129.61	8 091.85
	招商深证TMT50ETF联接	217019	2011.06.27	674.57	59.71	614.86
	招商安泰平衡混合	217002	2003.04.28	823.70	352.72	470.98
	招商先锋混合	217005	2004.06.01	41 389.15	10 279.90	31 109.25
	招商核心价值混合	217009	2007.03.30	19 268.98	7 560.70	11 708.28
	招商优势企业混合	217021	2012.02.01	214.91	579.96	−365.04
	招商安达保本混合	217020	2011.09.01	6 979.89	2 598.13	4 381.75
	招商安盈保本混合	217024	2012.08.20	8 721.73	4 386.76	4 334.97
	招商安泰债券	217003	2003.04.28	19 565.07	6 945.27	12 619.80
	招商安本增利债券	217008	2006.07.11	13 161.80	4 563.25	8 598.55

（续上表）

管理人	基金简称	基金代码	设立日期	年度收入	年度费用	年度利润
招商	招商安心收益债券	217011	2008.10.22	5 670.56	1 938.31	3 732.26
	招商安瑞进取债券	217018	2011.03.17	7 602.49	3 008.23	4 594.26
	招商产业债券	217022	2012.03.21	27 155.51	7 376.22	19 779.29
	招商信用增强债券	217023	2012.07.20	12 261.58	2 815.36	9 446.21
	招商现金增值货币	217004	2004.01.14	125 518.20	18 856.08	106 662.12
	招商全球资源股票(QDII)	217015	2010.03.25	−33.52	415.17	−448.69
	招商标普金砖四国指数(QDII—LOF)	161714	2011.02.11	1 201.07	188.96	1 012.10
	合　计			388 264.73	96 042.64	292 222.09
华宝兴业	华宝兴业多策略股票	240005	2004.05.11	6 279.88	8 550.30	−2 270.42
	华宝兴业动力组合股票	240004	2005.11.17	6 453.56	4 087.43	2 366.13
	华宝兴业先进成长股票	240009	2006.11.07	16 934.38	4 160.16	12 774.23
	华宝兴业行业精选股票	240010	2007.06.14	149 192.06	23 039.72	126 152.35
	华宝兴业大盘精选股票	240011	2008.10.07	9 072.05	1 862.70	7 209.35
	华宝兴业新兴产业股票	240017	2010.12.07	43 616.64	4 899.51	38 717.13
	华宝兴业医药生物优选股票	240020	2012.02.28	3 796.67	735.39	3 061.28
	华宝兴业资源优选股票	240022	2012.08.21	547.41	215.20	332.21
	华宝兴业中证100指数	240014	2009.09.29	10 668.71	879.17	9 789.54
	华宝兴业上证180价值ETF	510030	2010.04.23	17 435.58	798.01	16 637.58
	华宝兴业上证180成长ETF	510280	2011.08.04	7 553.79	337.64	7 216.14
	华宝兴业上证180价值ETF联接	240016	2010.04.23	5 378.51	146.44	5 232.08
	华宝兴业上证180成长ETF联接	240019	2011.08.09	3 804.58	69.74	3 734.84
	华宝兴业宝康消费品混合	240001	2003.07.15	13 509.11	4 607.95	8 901.16
	华宝兴业宝康配置混合	240002	2003.07.15	9 982.80	1 396.70	8 586.09
	华宝兴业收益增长混合	240008	2006.06.15	47 562.13	8 622.71	38 939.42
	华宝兴业宝康债券	240003	2003.07.15	2 266.68	391.66	1 875.02
	华宝兴业增强收益债券	240012	2009.02.17	702.76	157.36	545.41
	华宝兴业可转债债券	240018	2011.04.27	5 897.26	1 589.67	4 307.59
	华宝短融50	240021	2012.06.12	1 157.06	243.43	913.63
	华宝兴业现金宝货币	240006	2005.03.31	17 482.46	2 107.91	15 374.55
	华宝兴业海外中国股票(QDII)	241001	2008.05.07	2 038.44	258.49	1 779.94
	华宝兴业成熟市场(QDII)	241002	2011.03.15	480.16	183.50	296.66
	华宝油气(QDII)	162411	2011.09.29	345.76	157.11	188.65
	合　计			382 158.43	69 497.90	312 660.54

（续上表）

管理人	基金简称	基金代码	设立日期	年度收入	年度费用	年度利润
摩根士丹利华鑫	大摩领先优势股票	233006	2009.09.22	2 719.23	3 610.77	−891.53
	大摩卓越成长股票	233007	2010.05.18	7 744.70	2 668.25	5 076.46
	大摩多因子策略股票	233009	2011.05.17	5 531.29	2 117.32	3 413.97
	大摩主题优选股票	233011	2012.03.13	−218.94	380.99	−599.93
	大摩深证300指数增强	233010	2011.11.15	1 081.88	417.23	664.66
	大摩基础行业混合	233001	2004.03.26	166.51	278.65	−112.14
	大摩资源优选混合(LOF)	163302	2005.09.27	3 193.70	8 016.38	−4 822.67
	大摩消费领航混合	233008	2010.12.03	−17 841.61	5 285.87	−23 127.48
	大摩强收益债券	233005	2009.12.29	2 199.31	356.12	1 843.19
	大摩多元收益债券	233012	2012.08.28	6 268.26	1 496.75	4 771.50
	大摩货币	163303	2006.08.17	3 551.29	558.56	2 992.73
	合　计			14 395.62	25 186.88	−10 791.26
国联安	国联安精选股票	257020	2005.12.28	51 524.08	5 660.18	45 863.90
	国联安优势股票	257030	2007.01.24	6 576.62	1 618.45	4 958.17
	国联安红利股票	257040	2008.10.22	584.48	209.80	374.68
	国联安主题驱动股票	257050	2009.08.26	1 999.93	452.13	1 547.81
	国联安优选行业股票	257070	2011.05.23	9 580.40	2 032.83	7 547.57
	国联安双禧中证100指数分级	162509	2010.04.16	46 368.22	5 349.37	41 018.85
	国联安双力中小板综指分级	162510	2012.03.23	−1 151.30	338.30	−1 489.60
	国联安上证商品ETF	510170	2010.11.26	5 900.74	885.35	5 015.39
	国联安上证商品ETF联接	257060	2010.12.01	3 156.29	124.56	3 031.73
	国联安稳健混合	255010	2003.08.08	505.13	496.77	8.36
	国联安小盘精选混合	257010	2004.04.12	20 658.00	3 738.45	16 919.56
	国联安安心成长混合	253010	2005.07.13	1 762.34	243.44	1 518.91
	国联安增利债券	253020	2009.03.11	9 311.46	1 511.69	7 799.77
	国联安信心增益债券	253030	2010.06.22	15 128.51	2 247.16	12 881.35
	国联安定期开放债券	253060	2012.02.22	2 548.20	601.21	1 947.00
	国联安双佳信用分级债	162511	2012.06.04	4 049.42	1 862.17	2 187.25
	国联安货币	253050	2011.01.26	1 257.41	205.68	1 051.73
	合　计			179 759.94	27 577.53	152 182.41
海富通	海富通股票	519005	2005.07.29	2 369.45	8 543.31	−6 173.86
	海富通风格优势股票	519013	2006.10.19	5 200.03	8 586.81	−3 386.78

（续上表）

管理人	基金简称	基金代码	设立日期	年度收入	年度费用	年度利润
海富通	海富通领先成长股票	519025	2009.04.30	−115.12	2 838.90	−2 954.02
	海富通中小盘股票	519026	2010.04.14	5 579.13	2 938.50	2 640.63
	海富通国策导向股票	519033	2011.11.16	987.74	336.73	651.00
	海富通中证100指数(LOF)	162307	2009.10.30	14 083.78	1 025.59	13 058.19
	海富通中证内地低碳指数	519034	2012.05.25	−2 589.34	273.03	−2 862.37
	海富通上证周期ETF	510110	2010.09.19	6 239.27	268.36	5 970.91
	海富通上证非周期ETF	510120	2011.04.22	316.99	270.65	46.35
	海富通上证周期ETF联接	519027	2010.09.28	3 359.40	59.55	3 299.84
	海富通上证非周期ETF联接	519032	2011.04.27	−108.87	50.92	−159.79
	海富通精选混合	519011	2003.08.22	19 737.37	17 128.68	2 608.69
	海富通收益增长混合	519003	2004.03.12	−350.79	8 763.45	−9 114.25
	海富通强化回报混合	519007	2006.05.25	2 041.21	4 100.07	−2 058.86
	海富通精选贰号混合	519015	2007.04.09	3 007.20	3 623.65	−616.45
	海富通稳健添利债券	519023	2008.10.24	5 256.76	868.09	4 388.67
	海富通稳固收益债券	519030	2010.11.23	5 095.15	980.24	4 114.91
	海富通稳进增利分级债券	162308	2011.09.01	3 226.41	684.95	2 541.46
	海富通货币	519505	2005.01.04	18 822.57	2 489.91	16 332.66
	海富通中国海外股票(QDII)	519601	2008.06.27	3 590.51	646.78	2 943.72
	海富通大中华股票(QDII)	519602	2011.01.27	1 594.56	291.91	1 302.65
	合　计			97 343.41	64 770.09	32 573.32
泰信	泰信优质生活股票	290004	2006.12.15	−1 379.52	3 419.40	−4 798.92
	泰信蓝筹精选股票	290006	2009.04.22	11 474.74	2 414.65	9 060.09
	泰信发展主题股票	290008	2010.12.15	3 320.02	839.12	2 480.90
	泰信中小盘精选股票	290011	2011.10.26	1 603.20	274.06	1 329.14
	泰信中证200指数	290010	2011.06.09	129.03	167.89	−38.87
	泰信基本面400指数分级	162907	2012.09.07	685.54	90.68	594.86
	泰信先行策略混合	290002	2004.06.28	5 466.58	6 782.94	−1 316.36
	泰信优势增长混合	290005	2008.06.25	207.99	158.10	49.89
	泰信保本混合	290012	2012.02.22	989.91	295.05	694.85
	泰信双息双利债券	290003	2007.10.31	1 118.17	215.45	902.72
	泰信债券增强收益	290007	2009.07.29	1 782.00	179.32	1 602.68
	泰信债券周期回报	290009	2011.02.09	3 376.07	383.50	2 992.57
	泰信天天收益货币	290001	2004.02.10	2 733.95	486.49	2 247.46
	合　计			31 507.66	15 706.65	15 801.02

（续上表）

管理人	基金简称	基金代码	设立日期	年度收入	年度费用	年度利润
长信	长信银利精选股票	519996	2005.01.17	2 335.41	4 135.57	−1 800.16
	长信金利趋势股票	519994	2006.04.30	43 517.98	12 860.15	30 657.83
	长信增利动态策略股票	519993	2006.11.09	10 780.34	5 329.84	5 450.49
	长信恒利优势股票	519987	2009.07.30	1 388.98	606.14	782.84
	长信量化先锋股票	519983	2010.11.18	660.22	628.10	32.12
	长信内需成长股票	519979	2011.10.20	1 894.01	365.29	1 528.73
	长信中证央企100指数(LOF)	163001	2010.03.26	721.99	129.36	592.63
	长信双利优选混合	519991	2008.06.19	1 537.03	297.70	1 239.33
	长信利丰债券	519989	2008.12.29	1 909.08	465.64	1 443.44
	长信中短债债券	519985	2010.06.28	2 237.50	667.47	1 570.03
	长信利鑫分级债券	163003	2011.06.24	6 946.82	1 887.35	5 059.47
	长信可转债债券	519977	2012.03.30	1 004.11	335.42	668.68
	长信利息收益货币	519999	2004.03.19	50 664.61	5 978.04	44 686.57
	长信标普100等权重指数(QDII)	519981	2011.03.30	599.42	113.09	486.33
	合　计			126 197.49	33 799.15	92 398.33
天治	天治核心成长股票(LOF)	163503	2006.01.20	28 643.32	4 088.79	24 554.53
	天治创新先锋股票	350005	2008.05.08	2 218.49	556.09	1 662.40
	天治成长精选股票	350008	2011.08.04	2 630.01	597.78	2 032.23
	天治财富增长混合	350001	2004.06.29	1 533.03	471.69	1 061.34
	天治品质优选混合	350002	2005.01.12	586.45	277.01	309.44
	天治趋势精选混合	350007	2009.07.15	335.49	164.71	170.79
	天治稳健双盈债券	350006	2008.11.05	2 061.20	567.79	1 493.41
	天治稳定收益债券	350009	2011.12.28	2 134.06	467.75	1 666.31
	天治天得利货币	350004	2006.07.05	3 936.25	735.01	3 201.24
	合　计			44 078.31	7 926.60	36 151.70
景顺长城	景顺长城优选股票	260101	2003.10.24	20 596.72	3 194.66	17 402.06
	景顺长城内需增长股票	260104	2004.06.25	17 525.21	6 050.13	11 475.08
	景顺长城鼎益股票(LOF)	162605	2005.03.16	40 704.47	10 949.30	29 755.17
	景顺长城资源垄断股票(LOF)	162607	2006.01.26	34 583.87	15 061.27	19 522.60
	景顺长城新兴成长股票	260108	2006.06.28	−8 569.03	5 035.77	−13 604.80
	景顺长城内需贰号股票	260109	2006.10.11	16 045.64	10 433.93	5 611.71
	景顺长城精选蓝筹股票	260110	2007.06.18	25 401.96	17 826.22	7 575.74
	景顺长城公司治理股票	260111	2008.10.22	−518.43	535.11	−1 053.54

（续上表）

管理人	基金简称	基金代码	设立日期	年度收入	年度费用	年度利润
景顺长城	景顺长城能源基建股票	260112	2009.10.20	45 374.89	4 313.71	41 061.18
	景顺长城中小盘股票	260115	2011.03.22	3 013.05	2 439.97	573.08
	景顺长城核心竞争力股票	260116	2011.12.20	10 167.62	932.49	9 235.13
	景顺长城上证180等权重ETF	510420	2012.06.12	−2 000.61	452.50	−2 453.11
	景顺长城上证180等权重ETF联接	263001	2012.06.25	275.17	54.11	221.06
	景顺长城动力平衡混合	260103	2003.10.24	31 020.95	8 506.93	22 514.02
	景顺长城稳定收益债券	261001	2011.03.25	3 072.02	678.06	2 393.96
	景顺长城优信增利债券	261002	2012.03.15	3 229.99	871.27	2 358.73
	景顺长城货币	260102	2003.10.24	1 753.74	249.22	1 504.52
	景顺长城大中华股票(QDII)	262001	2011.09.22	1 093.53	183.37	910.17
	合 计			242 770.78	87 768.00	155 002.77
广发	广发小盘成长股票(LOF)	162703	2005.02.02	105 688.65	15 150.24	90 538.41
	广发聚丰股票	270005	2005.12.23	116 897.39	36 594.54	80 302.85
	广发核心精选股票	270008	2008.07.16	42 019.19	5 910.10	36 109.09
	广发聚瑞股票	270021	2009.06.16	33 577.11	8 552.96	25 024.15
	广发行业领先股票	270025	2010.11.23	36 174.02	6 381.42	29 792.60
	广发制造业精选股票	270028	2011.09.20	2 831.03	1 160.90	1 670.13
	广发消费品精选股票	270041	2012.06.12	−7.20	387.62	−394.82
	广发沪深300指数	270010	2008.12.30	22 807.39	2 774.63	20 032.76
	广发中证500指数(LOF)	162711	2009.11.26	204.16	3 088.84	−2 884.67
	广发深证100指数分级	162714	2012.05.07	−3 676.69	382.34	−4 059.03
	广发中小板300ETF	159907	2011.06.03	−669.27	631.14	−1 300.41
	广发中小板300ETF联接	270026	2011.06.09	−1 453.05	104.71	−1 557.76
	广发聚富混合	270001	2003.12.03	52 160.74	9 828.10	42 332.65
	广发稳健增长混合	270002	2004.07.26	51 238.18	13 022.05	38 216.13
	广发策略优选混合	270006	2006.05.17	79 372.86	17 570.73	61 802.12
	广发大盘成长混合	270007	2007.06.13	−10 967.70	15 937.69	−26 905.39
	广发内需增长混合	270022	2010.04.19	32 744.02	7 211.22	25 532.79
	广发聚祥保本混合	270024	2011.03.15	9 784.51	4 235.67	5 548.84
	广发增强债券	270009	2008.03.27	12 877.31	6 995.34	5 881.98
	广发聚利债券	162712	2011.08.05	6 515.97	1 930.65	4 585.32
	广发聚财信用债券	270029	2012.03.13	20 668.91	6 471.31	14 197.60
	广发理财年年红债券	270043	2012.07.19	1 101.19	108.96	992.23

（续上表）

管理人	基金简称	基金代码	设立日期	年度收入	年度费用	年度利润
广发	广发双债添利债券	270044	2012.09.20	2 874.90	919.15	1 955.75
	广发货币	270004	2005.05.20	181 468.69	29 479.12	151 989.57
	广发亚太精选股票(QDII)	270023	2010.08.18	2 875.43	497.54	2 377.89
	广发全球农业指数(QDII)	270027	2011.06.28	3 464.35	409.24	3 055.11
	广发纳斯达克100指数(QDII)	270042	2012.08.15	−658.60	121.33	−779.94
	合　计			799 913.48	195 857.53	604 055.95
兴业全球	兴全全球视野股票	340006	2006.09.20	45 922.52	11 548.82	34 373.71
	兴全社会责任股票	340007	2008.04.30	59 950.54	9 715.72	50 234.81
	兴全合润分级股票	163406	2010.04.22	6 155.66	4 138.95	2 016.71
	兴全绿色投资股票(LOF)	163409	2011.05.06	5 261.52	3 245.93	2 015.58
	兴全轻资产股票(LOF)	163412	2012.04.05	1 655.91	1 388.49	267.41
	兴全沪深300指数(LOF)	163407	2010.11.02	15 547.92	1 603.60	13 944.32
	兴全可转债混合	340001	2004.05.11	13 290.79	6 991.11	6 299.68
	兴全趋势混合(LOF)	163402	2005.11.03	74 254.43	19 478.96	54 775.47
	兴全有机增长混合	340008	2009.03.25	7 267.08	5 026.52	2 240.56
	兴全保本混合	163411	2011.08.03	6 353.14	1 926.59	4 426.55
	兴全磐稳增利债券	340009	2009.07.23	890.04	157.84	732.19
	兴全货币	340005	2006.04.27	4 003.66	682.70	3 320.96
	合　计			240 553.20	65 905.25	174 647.95
诺安	诺安股票	320003	2005.12.19	−16 104.42	24 357.14	−40 461.56
	诺安价值增长股票	320005	2006.11.21	−16 303.02	12 868.44	−29 171.47
	诺安成长股票	320007	2009.03.10	1 310.84	5 237.95	−3 927.11
	诺安中小盘精选股票	320011	2010.04.28	−3 290.96	3 849.59	−7 140.55
	诺安主题精选股票	320012	2010.09.15	12 678.65	3 144.53	9 534.12
	诺安多策略股票	320016	2011.08.09	571.24	1 740.32	−1 169.08
	诺安中证100指数	320010	2009.10.27	13 144.66	1 454.29	11 690.37
	诺安中证创业成长指数分级	163209	2012.03.29	−685.56	501.97	−1 187.52
	诺安上证新兴产业ETF	510260	2011.04.07	−2 406.35	491.96	−2 898.32
	诺安上证新兴产业ETF联接	320014	2011.04.07	−2 069.90	137.74	−2 207.64
	诺安平衡混合	320001	2004.05.21	39 235.65	11 156.05	28 079.60
	诺安灵活配置混合	320006	2008.05.20	33 736.13	8 458.73	25 277.41
	诺安新动力混合	320018	2012.03.05	502.22	955.00	−452.78
	诺安保本混合	320015	2011.05.13	11 173.72	3 185.14	7 988.58

（续上表）

管理人	基金简称	基金代码	设立日期	年度收入	年度费用	年度利润
诺安	诺安汇鑫保本混合	320020	2012.05.28	7 617.51	2 968.75	4 648.76
	诺安优化收益债券	320004	2007.08.29	7 050.67	1 924.97	5 125.70
	诺安增利债券	320008	2009.05.27	608.20	273.86	334.34
	诺安货币	320002	2004.12.06	17 351.56	2 208.13	15 143.43
	诺安全球黄金(QDII–FOF)	320013	2011.01.13	6 662.55	1 925.33	4 737.22
	诺安全球收益不动产(QDII)	320017	2011.09.23	2 468.73	804.44	1 664.29
	诺安油气能源(QDII–FOF–LOF)	163208	2011.09.27	–2 311.78	1 381.19	–3 692.97
	合 计			110 940.32	89 025.51	21 914.82
申万菱信	申万菱信新动力股票	310328	2005.11.10	28 099.53	4 596.07	23 503.47
	申万菱信竞争优势股票	310368	2008.07.04	1 216.39	395.38	821.00
	申万菱信消费增长股票	310388	2009.06.12	2 998.60	1 022.26	1 976.34
	申万菱信量化小盘股票(LOF)	163110	2011.06.16	1 693.48	543.88	1 149.61
	申万菱信沪深300价值指数	310398	2010.02.11	12 594.09	926.67	11 667.42
	申万菱信深证成指分级	163109	2010.10.22	24 720.59	5 823.92	18 896.67
	申万菱信中小板指数分级	163111	2012.05.08	–358.13	277.17	–635.31
	申万菱信盛利精选混合	310308	2004.04.09	7 046.27	3 429.58	3 616.69
	申万菱信盛利强化配置混合	310318	2004.11.29	289.99	101.02	188.97
	申万菱信新经济混合	310358	2006.12.06	19 038.43	6 725.69	12 312.74
	申万菱信添益宝债券	310378	2008.12.04	1 627.64	347.82	1 279.83
	申万菱信稳益宝债券	310508	2011.02.11	1 130.86	174.92	955.94
	申万菱信可转债债券	310518	2011.12.09	1 378.68	339.36	1 039.32
	申万菱信收益宝货币	310338	2006.07.07	465.02	97.40	367.62
	合 计			101 941.45	24 801.14	77 140.31
中海	中海量化策略股票	398041	2009.06.24	3 828.43	1 131.38	2 697.04
	中海消费股票	398061	2011.11.09	871.27	256.05	615.23
	中海上证50指数增强	399001	2010.03.25	3 010.28	464.53	2 545.76
	中海上证380指数	399011	2012.03.07	–866.40	161.79	–1 028.19
	中海优质成长混合	398001	2004.09.28	13 029.20	8 197.34	4 831.85
	中海分红增利混合	398011	2005.06.16	13 200.86	4 931.69	8 269.16
	中海能源策略混合	398021	2007.03.13	1 568.31	10 861.23	–9 292.92
	中海蓝筹混合	398031	2008.12.03	831.87	291.23	540.64
	中海环保新能源混合	398051	2010.12.09	3 929.90	1 526.53	2 403.36
	中海保本混合	393001	2012.06.20	1 317.83	390.57	927.26

（续上表）

管理人	基金简称	基金代码	设立日期	年度收入	年度费用	年度利润
中海	中海稳健收益债券	395001	2008.04.10	1 964.28	391.62	1 572.67
	中海增强收益债券	395011	2011.03.23	1 465.54	371.82	1 093.72
	中海货币	392001	2010.07.28	7 898.31	1 090.46	6 807.85
	合　计			52 049.69	30 066.25	21 983.44
华富	华富成长趋势股票	410003	2007.03.19	−2 945.10	3 589.79	−6 534.89
	华富量子生命力股票	410009	2011.04.01	−36.20	415.88	−452.07
	华富中证100指数	410008	2009.12.30	1 527.15	166.86	1 360.28
	华富中小板指数增强	410010	2011.12.09	−279.49	154.09	−433.58
	华富竞争力优选混合	410001	2005.03.02	−3 883.99	2 346.57	−6 230.57
	华富策略精选混合	410006	2008.12.24	401.14	186.91	214.23
	华富价值增长混合	410007	2009.07.15	1 389.40	586.88	802.52
	华富收益增强债券	410004	2008.05.28	14 737.43	3 626.31	11 111.13
	华富强化回报债券	164105	2010.09.08	20 774.58	4 126.67	16 647.90
	华富货币	410002	2006.06.21	8 768.34	1 275.19	7 493.15
	合　计			40 453.24	16 475.16	23 978.08
光大保德信	光大保德信量化股票	360001	2004.08.27	85 084.90	17 275.97	67 808.93
	光大保德信红利股票	360005	2006.03.24	39 157.09	4 828.41	34 328.68
	光大保德信新增长股票	360006	2006.09.14	4 169.19	2 007.47	2 161.72
	光大保德信优势配置股票	360007	2007.08.24	60 917.59	17 301.28	43 616.31
	光大保德信均衡精选股票	360010	2009.03.04	588.92	290.05	298.87
	光大保德信中小盘股票	360012	2010.04.14	5 892.23	3 576.55	2 315.68
	光大保德信行业轮动股票	360016	2012.02.15	2 269.72	357.94	1 911.78
	光大保德信动态优选混合	360011	2009.10.28	2 322.74	411.77	1 910.97
	光大保德信增利收益债券	360008	2008.10.29	1 927.21	280.64	1 646.57
	光大保德信信用添益债券	360013	2011.05.16	4 799.38	1 779.76	3 019.61
	光大保德信添天利理财债券	360017	2012.06.19	1 030.76	173.94	856.82
	光大保德信添盛双月理财债券	360021	2012.09.05	683.19	117.87	565.33
	光大保德信添天盈季度理财债券	360019	2012.10.25	1 652.50	218.37	1 434.13
	光大保德信货币	360003	2005.06.09	2 088.98	385.05	1 703.93
	合　计			212 584.41	49 005.08	163 579.33
上投摩根	上投摩根阿尔法股票	377010	2005.10.11	−11 773.08	9 265.75	−21 038.82
	上投摩根成长先锋股票	378010	2006.09.20	51 531.62	7 071.11	44 460.51

（续上表）

管理人	基金简称	基金代码	设立日期	年度收入	年度费用	年度利润
上投摩根	上投摩根内需动力股票	377020	2007.04.13	72 228.93	18 033.98	54 194.96
	上投摩根中小盘股票	379010	2009.01.21	12 813.01	2 392.27	10 420.75
	上投摩根行业轮动股票	377530	2010.01.28	23 357.77	4 301.70	19 056.06
	上投摩根大盘蓝筹股票	376510	2010.12.20	6 224.75	2 054.55	4 170.19
	上投摩根新兴动力股票	377240	2011.07.13	9 072.26	1 094.87	7 977.38
	上投摩根健康品质生活股票	377150	2012.02.01	1 623.09	379.90	1 243.19
	上投摩根中证消费服务领先指数	370023	2012.09.25	478.66	130.96	347.70
	上投摩根中国优势混合	375010	2004.09.15	40 682.36	10 292.17	30 390.19
	上投摩根双息平衡混合	373010	2006.04.26	29 873.11	6 200.23	23 672.88
	上投摩根双核平衡混合	373020	2008.05.21	4 301.69	1 265.66	3 036.03
	上投摩根纯债债券	371020	2009.06.24	472.86	168.51	304.36
	上投摩根强化回报债券	372010	2011.08.10	1 837.20	460.05	1 377.15
	上投摩根分红添利债券	370021	2012.06.25	3 264.77	908.63	2 356.14
	上投摩根货币	370010	2005.04.13	62 094.32	8 257.29	53 837.03
	上投摩根亚太优势股票(QDII)	377016	2007.10.22	189 521.65	32 627.50	156 894.15
	上投摩根全球新兴市场股票(QDII)	378006	2011.01.30	1 730.49	287.06	1 443.43
	上投摩根全球天然资源股票(QDII)	378546	2012.03.26	184.16	291.51	−107.34
	合 计			499 519.62	105 483.70	394 035.92
东方	东方策略成长股票	400007	2008.06.03	1 030.41	215.14	815.27
	东方核心动力股票	400011	2009.06.24	1 244.72	322.77	921.95
	东方龙混合	400001	2004.11.25	15 493.44	2 527.30	12 966.14
	东方精选混合	400003	2006.01.11	68 987.79	11 313.53	57 674.26
	东方增长中小盘混合	400015	2011.12.28	925.80	269.13	656.67
	东方保本混合	400013	2011.04.14	7 695.53	1 631.85	6 063.68
	东方稳健回报债券	400009	2008.12.10	1 337.11	620.68	716.43
	东方强化收益债券	400016	2012.10.09	520.42	146.73	373.69
	东方金账簿货币	400005	2006.08.02	5 708.59	1 032.13	4 676.46
	合 计			102 943.82	18 079.27	84 864.54
中银	中银增长股票	163803	2006.03.17	72 359.15	13 067.09	59 292.06
	中银策略股票	163805	2008.04.03	23 178.49	3 530.46	19 648.04
	中银中小盘成长股票	163818	2011.11.23	4 013.35	1 490.94	2 522.41
	中银主题策略股票	163822	2012.07.25	2 408.24	432.27	1 975.97
	中银中证100指数增强	163808	2009.09.04	22 430.70	2 200.41	20 230.29

（续上表）

管理人	基金简称	基金代码	设立日期	年度收入	年度费用	年度利润
中银	中银沪深300等权重指数(LOF)	163821	2012.05.17	532.34	603.35	−71.01
	中银上证国企100ETF	510270	2011.06.16	1 735.66	137.90	1 597.76
	中银中国混合(LOF)	163801	2005.01.04	37 080.46	6 191.25	30 889.21
	中银收益混合	163804	2006.10.11	46 887.47	5 911.06	40 976.41
	中银优选混合	163807	2009.04.03	3 169.56	1 097.85	2 071.71
	中银蓝筹混合	163809	2010.02.11	21 766.48	3 671.64	18 094.84
	中银价值混合	163810	2010.08.25	3 813.66	2 485.14	1 328.52
	中银保本混合	163823	2012.09.19	7 807.65	2 151.62	5 656.03
	中银增利债券	163806	2008.11.13	30 079.23	5 542.96	24 536.27
	中银双利债券	163811	2010.11.24	30 131.76	8 891.23	21 240.53
	中银转债增强债券	163816	2011.06.29	3 335.12	562.54	2 772.58
	中银信用增利债券	163819	2012.03.12	29 189.48	6 317.19	22 872.29
	中银理财14天债券	380001	2012.09.24	11 607.37	1 616.82	9 990.55
	中银理财60天债券发起	380003	2012.10.26	3 175.74	443.36	2 732.38
	中银货币	163802	2005.06.07	95 616.13	12 496.17	83 119.97
	中银全球策略(QDII−FOF)	163813	2011.03.03	2 974.65	1 033.02	1 941.63
	合　计			453 292.69	79 874.27	373 418.42
东吴	东吴双动力股票	580002	2006.12.15	19 520.57	5 033.71	14 486.86
	东吴行业轮动股票	580003	2008.04.23	−2 377.98	6 222.19	−8 600.16
	东吴新经济股票	580006	2009.12.30	957.79	617.78	340.00
	东吴新创业股票	580007	2010.06.29	793.57	347.04	446.53
	东吴新产业精选股票	580008	2011.09.28	601.78	371.75	230.03
	东吴中证新兴指数	585001	2011.02.01	−2 192.86	1 876.80	−4 069.66
	东吴深证100指数增强(LOF)	165806	2012.03.09	−1 598.12	282.22	−1 880.34
	东吴嘉禾优势精选混合	580001	2005.02.01	10 487.32	4 750.74	5 736.58
	东吴进取策略混合	580005	2009.05.06	1 317.08	2 283.77	−966.69
	东吴保本混合	582003	2012.08.13	1 594.08	725.04	869.04
	东吴优信稳健债券	582001	2008.11.05	3 524.91	1 148.05	2 376.86
	东吴增利债券	582002	2011.07.27	2 685.95	923.93	1 762.02
	东吴货币	583001	2010.05.11	1 588.47	284.22	1 304.26
	合　计			36 902.56	24 867.24	12 035.33
天弘	天弘永定价值成长股票	420003	2008.12.02	409.05	288.15	120.91
	天弘周期策略股票	420005	2009.12.17	1 010.87	753.91	256.96

（续上表）

管理人	基金简称	基金代码	设立日期	年度收入	年度费用	年度利润
天弘	天弘深证成份指数(LOF)	164205	2010.08.12	308.49	114.50	193.98
	天弘精选混合	420001	2005.10.08	-22 428.52	6 602.06	-29 030.57
	天弘永利债券	420002	2008.04.18	18 161.80	3 528.49	14 633.31
	天弘添利分级债券	164206	2010.12.03	32 018.01	6 554.36	25 463.65
	天弘丰利分级债券	164208	2011.11.23	25 772.98	4 628.66	21 144.32
	天弘债券发起式	420008	2012.08.10	4 579.47	1 215.26	3 364.21
	天弘现金管家货币	420006	2012.06.20	1 438.78	243.55	1 195.23
	合　计			61 270.93	23 928.93	37 342.00
国海富兰克林	国富弹性市值股票	450002	2006.06.14	65 989.81	8 891.35	57 098.47
	国富潜力组合股票	450003	2007.03.22	9 745.66	7 826.67	1 918.99
	国富深化价值股票	450004	2008.07.03	34 588.49	3 705.46	30 883.03
	国富成长动力股票	450007	2009.03.25	11 243.24	2 010.56	9 232.68
	国富中小盘股票	450009	2010.11.23	40 036.99	3 595.91	36 441.09
	国富研究精选股票	450011	2012.05.22	169.94	575.66	-405.71
	国富沪深300指数增强	450008	2009.09.03	11 961.29	1 116.07	10 845.22
	国富中国收益混合	450001	2005.06.01	2 757.61	1 578.81	1 178.80
	国富策略回报混合	450010	2011.08.02	-855.94	1 083.07	-1 939.01
	国富强化收益债券	450005	2008.10.24	1 330.38	198.69	1 131.69
	国富恒久信用债券	450018	2012.09.11	1 473.63	255.90	1 217.72
	国富亚洲机会股票(QDII)	457001	2012.02.22	561.05	374.28	186.77
	合　计			179 002.16	31 212.43	147 789.73
华泰柏瑞	华泰柏瑞盛世中国股票	460001	2005.04.27	13 091.74	14 126.30	-1 034.56
	华泰柏瑞价值增长股票	460005	2008.07.16	-576.69	1 855.01	-2 431.70
	华泰柏瑞行业领先股票	460007	2009.08.03	6 740.38	1 989.55	4 750.83
	华泰柏瑞量化先行股票	460009	2010.06.22	1 105.24	277.92	827.32
	华泰柏瑞上证红利ETF	510880	2006.11.17	18 689.76	1 284.94	17 404.82
	华泰柏瑞上证中小盘ETF	510220	2011.01.26	117.99	131.75	-13.76
	华泰柏瑞沪深300ETF	510300	2012.05.04	-152 125.13	14 831.30	-166 956.43
	华泰柏瑞上证中小盘ETF联接	460220	2011.01.26	22.57	36.20	-13.62
	华泰柏瑞沪深300ETF联接	460300	2012.05.29	656.41	50.31	606.11
	华泰柏瑞积极成长混合	460002	2007.05.29	29 821.03	4 673.34	25 147.69
	华泰柏瑞稳本增利债券	519519	2007.12.03	633.08	325.09	307.99
	华泰柏瑞信用增利债券	164606	2011.09.22	738.20	493.06	245.14

（续上表）

管理人	基金简称	基金代码	设立日期	年度收入	年度费用	年度利润
华泰柏瑞	华泰柏瑞货币	460006	2009.05.06	1 137.65	185.64	952.01
	华泰柏瑞亚洲(QDII)	460010	2010.12.02	858.98	269.77	589.21
	合　计			−79 088.76	40 530.19	−119 618.95
新华	新华优选成长股票	519089	2008.07.25	14 059.51	8 641.49	5 418.03
	新华钻石企业股票	519093	2010.02.03	8 397.38	1 334.86	7 062.52
	新华行业周期轮换股票	519095	2010.07.21	6 709.29	868.82	5 840.47
	新华中小市值优选股票	519097	2011.01.28	3 424.46	932.53	2 491.93
	新华灵活主题股票	519099	2011.07.13	3 416.01	638.14	2 777.87
	新华优选消费股票	519150	2012.06.13	1 546.10	307.62	1 238.48
	新华优选分红混合	519087	2005.09.16	16 247.97	2 502.11	13 745.86
	新华泛资源优势混合	519091	2009.07.13	5 796.80	1 719.04	4 077.77
	合　计			59 597.52	16 944.59	42 652.94
汇添富	汇添富均衡增长股票	519018	2006.08.07	99 098.36	28 788.70	70 309.66
	汇添富成长焦点股票	519068	2007.03.12	47 726.64	14 376.95	33 349.70
	汇添富价值精选股票	519069	2009.01.23	54 924.40	6 646.04	48 278.36
	汇添富策略回报股票	470008	2009.12.22	6 050.26	2 081.93	3 968.33
	汇添富民营活力股票	470009	2010.05.05	9 405.91	1 427.39	7 978.52
	汇添富医药保健股票	470006	2010.09.21	44 673.53	6 835.43	37 838.10
	汇添富社会责任股票	470028	2011.03.29	13 868.53	7 032.15	6 836.38
	汇添富逆向投资股票	470098	2012.03.09	909.07	591.90	317.18
	汇添富上证综合指数	470007	2009.07.01	29 000.74	4 308.18	24 692.56
	汇添富深证300ETF	159912	2011.09.16	2 355.59	260.68	2 094.92
	汇添富深证300ETF联接	470068	2011.09.28	1 059.03	66.77	992.26
	汇添富优势精选混合	519008	2005.08.25	37 705.93	5 460.57	32 245.37
	汇添富蓝筹稳健混合	519066	2008.07.08	2 321.40	869.30	1 452.10
	汇添富保本混合	470018	2011.01.26	9 381.07	2 668.06	6 713.02
	汇添富增强收益债券	519078	2008.03.06	11 193.32	1 298.68	9 894.64
	汇添富可转换债券	470058	2011.06.17	1 389.88	646.67	743.21
	汇添富信用债债券	470088	2011.12.20	3 805.47	904.98	2 900.50
	汇添富季季红定期开放债券	164702	2012.07.26	1 535.40	363.37	1 172.03
	汇添富多元收益债券	470010	2012.09.18	2 914.77	454.26	2 460.51
	汇添富理财30天债券	470030	2012.05.09	42 469.82	6 522.48	35 947.34
	汇添富理财60天债券	470060	2012.06.12	14 233.84	2 710.70	11 523.14

（续上表）

管理人	基金简称	基金代码	设立日期	年度收入	年度费用	年度利润
汇添富	汇添富理财14天债券	470014	2012.07.10	4 153.64	818.83	3 334.81
	汇添富理财28天债券	471028	2012.10.18	772.74	137.67	635.07
	汇添富货币	519518	2006.03.23	28 605.07	3 914.19	24 690.88
	汇添富亚澳成熟优选股票QDII	470888	2010.06.25	1 157.91	224.81	933.10
	汇添富黄金及贵金属(QDII-LOF-FOF)	164701	2011.08.31	2 713.56	642.52	2 071.04
	合　计			473 425.89	100 053.19	373 372.70
工银瑞信	工银核心价值股票	481001	2005.08.31	50 649.76	17 612.57	33 037.19
	工银稳健成长股票	481004	2006.12.06	8 068.25	10 232.65	-2 164.40
	工银红利股票	481006	2007.07.18	33 479.28	6 533.21	26 946.08
	工银大盘蓝筹股票	481008	2008.08.04	682.03	1 034.78	-352.75
	工银中小盘成长股票	481010	2010.02.10	-1 328.17	1 488.49	-2 816.67
	工银消费服务股票	481013	2011.04.21	12 108.65	3 638.42	8 470.23
	工银主题策略股票	481015	2011.10.24	2 018.29	945.94	1 072.35
	工银量化策略股票	481017	2012.04.26	-4 201.79	2 144.03	-6 345.82
	工银沪深300指数股票	481009	2009.03.05	33 028.67	2 697.47	30 331.20
	工银中证500指数	164809	2012.01.31	-409.53	355.42	-764.95
	工银深证100指数分级	164811	2012.10.25	406.32	125.60	280.72
	工银上证央企ETF	510060	2009.08.26	7 354.92	493.68	6 861.24
	工银深证红利ETF	159905	2010.11.05	5 860.25	685.84	5 174.41
	工银深证红利ETF联接	481012	2010.11.09	4 826.87	86.08	4 740.79
	工银精选平衡混合	483003	2006.07.13	4 254.08	11 745.61	-7 491.53
	工银保本混合	487016	2011.12.27	18 776.90	8 261.05	10 515.86
	工银增强收益债券	485105	2007.05.11	39 891.61	11 808.20	28 083.41
	工银添利债券	485107	2008.04.14	37 595.02	11 796.29	25 798.73
	工银双利债券	485111	2010.08.16	17 127.08	6 512.37	10 614.71
	工银添颐债券	485114	2011.08.10	18 595.43	4 522.67	14 072.76
	工银四季收益债券	164808	2011.02.10	40 209.20	9 599.47	30 609.73
	工银纯债定期开放债券	164810	2012.06.21	6 072.33	4 954.93	1 117.40
	工银7天理财债券	485118	2012.08.22	54 093.28	7 731.71	46 361.57
	工银14天理财债券发起	485120	2012.10.26	8 349.03	1 091.36	7 257.68
	工银货币	482002	2006.03.20	63 191.58	12 453.55	50 738.03
	工银全球股票(QDII)	486001	2008.02.14	18 163.32	2 796.83	15 366.49
	工银全球精选股票(QDII)	486002	2010.05.25	1 360.55	297.29	1 063.27
	合　计			480 223.21	141 645.49	338 577.72

（续上表）

管理人	基金简称	基金代码	设立日期	年度收入	年度费用	年度利润
交银施罗德	交银精选股票	519688	2005.09.29	52 972.55	12 556.55	40 416.00
	交银成长股票	519692	2006.10.23	99 466.18	13 721.73	85 744.45
	交银蓝筹股票	519694	2007.08.08	96 673.33	16 834.50	79 838.82
	交银先锋股票	519698	2009.04.10	35 829.66	4 145.14	31 684.52
	交银趋势股票	519702	2010.12.22	5 164.57	3 474.00	1 690.57
	交银先进制造股票	519704	2011.06.22	2 463.42	1 289.90	1 173.53
	交银阿尔法核心股票	519712	2012.08.03	1 693.43	418.06	1 275.38
	交银上证180公司治理ETF	510010	2009.09.25	42 082.73	2 009.93	40 072.80
	交银深证300价值ETF	159913	2011.09.22	238.17	121.83	116.35
	交银上证180公司治理ETF联接	519686	2009.09.29	35 909.62	293.52	35 616.09
	交银深证300价值ETF联接	519706	2011.09.28	−91.02	57.39	−148.42
	交银稳健配置混合	519690	2006.06.14	73 263.04	9 766.04	63 497.01
	交银主题优选混合	519700	2010.06.30	13 426.10	2 249.31	11 176.79
	交银优势行业混合	519697	2009.01.21	1 184.56	1 250.37	−65.81
	交银荣安保本混合	519710	2012.06.20	5 385.47	1 744.73	3 640.74
	交银增利债券	519680	2008.03.31	23 721.83	5 834.40	17 887.43
	交银信用添利债券	164902	2011.01.27	32 239.92	6 064.18	26 175.74
	交银双利债券	519683	2011.09.26	3 094.68	1 220.63	1 874.04
	交银货币	519588	2006.01.20	35 862.63	5 303.81	30 558.82
	交银环球精选股票(QDII)	519696	2008.08.22	2 833.77	457.85	2 375.92
	交银全球资源股票(QDII)	519709	2012.05.22	633.23	241.94	391.29
	合　计			564 047.87	89 055.81	474 992.06
建信	建信优势动力封闭	150003	2008.03.19	48 061.03	6 789.38	41 271.65
	建信恒久价值股票	530001	2005.12.01	13 601.78	9 847.27	3 754.51
	建信优选成长股票	530003	2006.09.08	15 114.70	5 559.10	9 555.59
	建信核心精选股票	530006	2008.11.25	25 024.71	4 423.48	20 601.23
	建信内生动力股票	530011	2010.11.16	38 987.96	6 616.04	32 371.91
	建信双利分级股票	165310	2011.05.06	20 823.53	3 755.97	17 067.56
	建信社会责任股票	530019	2012.08.14	925.61	327.09	598.52
	建信沪深300指数(LOF)	165309	2009.11.05	31 322.79	3 268.93	28 053.86
	建信深证100指数增强	530018	2012.03.16	−5 615.16	1 344.44	−6 959.59
	建信上证社会责任ETF	510090	2010.05.28	5 676.54	305.04	5 371.51
	深证F60ETF	159916	2011.09.08	1 325.31	341.13	984.19

（续上表）

管理人	基金简称	基金代码	设立日期	年度收入	年度费用	年度利润
建信	建信上证社会责任ETF联接	530010	2010.05.28	5 244.81	69.22	5 175.59
	建信深证基本面60ETF联接	530015	2011.09.08	524.21	69.40	454.81
	建信优化配置混合	530005	2007.03.01	31 595.73	14 138.97	17 456.76
	建信恒稳价值混合	530016	2011.11.22	2 153.49	447.43	1 706.06
	建信保本混合	530012	2011.01.18	14 736.30	3 285.75	11 450.55
	建信稳定增利债券	530008	2008.06.25	22 071.75	6 386.11	15 685.64
	建信增强债券	530009	2009.06.02	7 950.19	1 741.15	6 209.04
	建信信用增强债券	165311	2011.06.16	9 593.08	2 135.99	7 457.10
	建信双息红利债券	530017	2011.12.13	2 898.92	739.14	2 159.78
	建信转债增强债券	530020	2012.05.29	9 434.17	2 045.60	7 388.57
	建信双周理财债券	530014	2012.08.28	8 254.75	1 278.07	6 976.68
	建信货币	530002	2006.04.25	22 967.42	3 784.65	19 182.77
	建信全球机遇股票(QDII)	539001	2010.09.14	4 142.46	694.68	3 447.78
	建信新兴市场股票(QDII)	539002	2011.06.21	2 465.75	388.17	2 077.58
	建信全球资源股票(QDII)	539003	2012.06.26	223.34	116.39	106.96
	合　计			339 505.17	79 898.58	259 606.59
信诚	信诚增强收益债券封闭	165509	2010.09.29	28 508.86	6 049.26	22 459.60
	信诚精萃成长股票	550002	2006.11.27	32 721.19	4 333.62	28 387.56
	信诚盛世蓝筹股票	550003	2008.06.04	19 512.81	4 652.20	14 860.60
	信诚优胜精选股票	550008	2009.08.26	12 410.17	4 243.14	8 167.02
	信诚中小盘股票	550009	2010.02.10	697.39	451.49	245.89
	信诚深度价值股票(LOF)	165508	2010.07.30	3 339.29	592.92	2 746.37
	信诚新机遇股票(LOF)	165512	2011.08.01	2 238.69	678.01	1 560.68
	信诚周期轮动股票(LOF)	165516	2012.05.07	320.14	326.58	−6.44
	信诚中证500指数分级	165511	2011.02.11	8 077.72	2 729.55	5 348.17
	信诚沪深300指数分级	165515	2012.02.01	942.57	627.61	314.96
	信诚四季红混合	550001	2006.04.29	6 515 23	7 293.75	−778.53
	信诚三得益债券	550004	2008.09.27	1 387.61	658.97	728.64
	信诚经典优债债券	550006	2009.03.11	12 918.06	4 151.58	8 766.48
	信诚双盈分级债券	165517	2012.04.13	4 358.79	969.00	3 389.79
	信诚货币	550010	2011.03.23	12 126.03	1 421.58	10 704.45
	信诚金砖四国配置(QDII-FOF-LOF)	165510	2010.12.17	750.59	277.76	472.83
	信诚全球商品主题(QDII-FOF-LOF)	165513	2011.12.20	−161.00	127.69	−288.69
	合　计			146 664.12	39 584.73	107 079.39

（续上表）

管理人	基金简称	基金代码	设立日期	年度收入	年度费用	年度利润
汇丰晋信	汇丰晋信龙腾股票	540002	2006.09.27	1 936.19	3 145.31	−1 209.12
	汇丰晋信大盘股票	540006	2009.06.24	7 808.60	2 341.46	5 467.14
	汇丰晋信中小盘股票	540007	2009.12.11	2 014.11	1 360.19	653.91
	汇丰晋信低碳先锋股票	540008	2010.06.08	434.30	1 124.32	−690.02
	汇丰晋信消费红利股票	540009	2010.12.08	10 140.91	3 892.95	6 247.96
	汇丰晋信科技先锋股票	540010	2011.07.27	2 559.62	1 012.21	1 547.40
	汇丰晋信恒生行业龙头指数	540012	2012.08.01	130.85	155.14	−24.28
	汇丰晋信2016周期混合	540001	2006.05.23	578.83	794.61	−215.78
	汇丰晋信动态策略混合	540003	2007.04.09	−4 408.40	3 915.05	−8 323.45
	汇丰晋信2026周期混合	540004	2008.07.23	1 613.06	344.76	1 268.31
	汇丰晋信平稳增利债券	540005	2008.12.03	436.30	79.81	356.49
	汇丰晋信货币	540011	2011.11.02	975.69	184.38	791.31
	合　计			24 220.07	18 350.22	5 869.86
益民	益民红利成长混合	560002	2006.11.21	−10 431.64	3 155.75	−13 587.39
	益民创新优势混合	560003	2007.07.11	−24 832.74	11 029.71	−35 862.45
	益民核心增长混合	560006	2012.08.16	729.14	435.80	293.34
	益民多利债券	560005	2008.05.21	258.86	134.06	124.80
	益民货币	560001	2006.07.17	268.89	68.62	200.27
	合　计			−34 007.49	14 823.94	−48 831.43
华商	华商盛世成长股票	630002	2008.09.23	−14 034.76	18 469.77	−32 504.53
	华商产业升级股票	630006	2010.06.18	1 303.38	950.03	353.35
	华商价值精选股票	630010	2011.05.31	1 878.38	989.23	889.15
	华商主题精选股票	630011	2012.05.31	−284.44	351.26	−635.70
	华商中证500指数分级	166301	2012.09.06	236.59	94.97	141.62
	华商领先企业混合	630001	2007.05.15	100 720.86	13 169.03	87 551.83
	华商动态阿尔法混合	630005	2009.11.24	18 136.22	5 726.79	12 409.43
	华商策略精选混合	630008	2010.11.09	−8 809.20	14 295.59	−23 104.79
	华商收益增强债券	630003	2009.01.23	10 397.51	2 101.79	8 295.71
	华商稳健双利债券	630007	2010.08.09	7 993.77	1 264.61	6 729.16
	华商稳定增利债券	630009	2011.03.15	9 052.77	1 491.12	7 561.66
	合　计			126 591.08	58 904.19	67 686.89
中邮创业	中邮核心优选股票	590001	2006.09.28	−11 162.44	18 464.37	−29 626.81

（续上表）

管理人	基金简称	基金代码	设立日期	年度收入	年度费用	年度利润
中邮创业	中邮核心成长股票	590002	2007.08.17	−365.00	34 399.30	−34 764.30
	中邮核心主题股票	590005	2010.05.19	2 903.79	2 731.44	172.35
	中邮战略新兴产业股票	590008	2012.06.12	1 322.85	346.43	976.42
	中邮上证380指数增强	590007	2011.11.22	756.96	267.42	489.54
	中邮核心优势灵活配置混合	590003	2009.10.28	−1 066.53	3 911.43	−4 977.95
	中邮中小盘灵活配置混合	590006	2011.05.10	89.54	1 576.89	−1 487.34
	合　计			−7 520.82	61 697.26	−69 218.09
信达澳银	信达澳银领先增长股票	610001	2007.03.08	7 926.73	11 004.76	−3 078.03
	信达澳银中小盘股票	610004	2009.12.01	525.27	1 848.79	−1 323.52
	信达澳银红利回报股票	610005	2010.07.28	757.91	626.13	131.78
	信达澳银产业升级股票	610006	2011.06.13	1 470.79	1 198.29	272.50
	信达澳银消费优选股票	610007	2012.09.04	887.34	220.37	666.97
	信达澳银精华配置混合	610002	2008.07.30	1 166.68	330.11	836.58
	信达澳银稳定价值债券	610003	2009.04.08	742.98	209.07	533.91
	信达澳银稳定增利分级债券	166105	2012.05.07	934.23	381.00	553.23
	合　计			14 411.94	15 818.51	−1 406.57
诺德	诺德价值优势股票	570001	2007.04.19	15 385.34	5 628.04	9 757.30
	诺德成长优势股票	570005	2009.09.22	704.74	208.84	495.90
	诺德中小盘股票	570006	2010.06.28	2 789.32	684.19	2 105.14
	诺德优选30股票	570007	2011.05.05	−2 728.94	1 618.31	−4 347.25
	诺德周期策略股票	570008	2012.03.21	−580.22	385.40	−965.63
	诺德深证300指数分级	165707	2012.09.10	618.33	133.74	484.60
	诺德灵活配置混合	571002	2008.11.05	83.03	225.93	−142.90
	诺德增强收益债券	573003	2009.03.04	424.54	204.50	220.04
	诺德双翼分级债券	165705	2012.02.16	3 401.75	952.58	2 449.17
	合　计			20 097.88	10 041.52	10 056.37
中欧	中欧新趋势股票(LOF)	166001	2007.01.29	16 291.50	3 730.73	12 560.77
	中欧价值发现股票	166005	2009.07.24	14 156.04	2 617.70	11 538.34
	中欧中小盘股票(LOF)	166006	2009.12.30	7 148.19	560.79	6 587.40
	中欧新动力股票(LOF)	166009	2011.02.10	6 011.55	744.75	5 266.80
	中欧盛世成长分级股票	166011	2012.03.29	1 123.48	650.37	473.11
	中欧沪深300指数增强(LOF)	166007	2010.06.24	1 569.21	341.35	1 227.87

（续上表）

管理人	基金简称	基金代码	设立日期	年度收入	年度费用	年度利润
中欧	中欧新蓝筹混合	166002	2008.07.25	2 489.33	741.12	1 748.21
	中欧稳健收益债券	166003	2009.04.24	1 595.75	310.78	1 284.97
	中欧增强回报债券(LOF)	166008	2010.12.02	5 310.16	895.57	4 414.60
	中欧鼎利分级债券	166010	2011.06.16	3 984.00	660.99	3 323.01
	中欧信用增利分级债券	166012	2012.04.16	4 890.19	850.13	4 040.05
	合　计			64 569.41	12 104.28	52 465.13
金元惠理	金元惠理价值增长股票	620004	2009.09.11	205.14	217.36	−12.22
	金元惠理核心动力股票	620005	2010.02.11	128.84	179.30	−50.46
	金元惠理消费主题股票	620006	2010.09.15	482.61	183.68	298.93
	金元惠理新经济主题股票	620008	2012.07.31	210.01	243.23	−33.22
	金元惠理宝石动力混合	620001	2007.08.15	1 648.54	950.00	698.54
	金元惠理成长动力混合	620002	2008.09.03	382.19	232.94	149.25
	金元惠理保本混合	620007	2011.08.16	780.63	258.86	521.77
	金元惠理丰利债券	620003	2009.03.23	417.65	175.12	242.53
	合　计			4 255.61	2 440.50	1 815.11
浦银安盛	浦银安盛价值成长股票	519110	2008.04.16	4 230.32	1 606.91	2 623.41
	浦银安盛红利精选股票	519115	2009.12.03	1 777.10	576.36	1 200.74
	浦银安盛沪深300指数增强	519116	2010.12.10	1 905.57	393.94	1 511.63
	浦银安盛基本面400指数	519117	2012.05.14	−1 145.88	306.66	−1 452.55
	浦银安盛精致生活混合	519113	2009.06.04	1 180.01	402.40	777.61
	浦银安盛优化收益债券	519111	2008.12.30	766.37	229.06	537.31
	浦银安盛增利分级债券	166401	2011.12.13	14 689.92	3 793.83	10 896.09
	浦银安盛幸福回报债券	519118	2012.09.18	3 786.27	779.54	3 006.73
	浦银安盛货币	519509	2011.03.09	1 428.77	213.49	1 215.27
	合　计			28 618.44	8 302.21	20 316.24
农银汇理	农银行业成长股票	660001	2008.08.04	58 014.30	10 358.93	47 655.37
	农银策略价值股票	660004	2009.09.29	16 551.20	3 617.53	12 933.68
	农银中小盘股票	660005	2010.03.25	19 386.89	4 090.86	15 296.03
	农银大盘蓝筹股票	660006	2010.09.01	18 426.21	4 629.01	13 797.20
	农银策略精选股票	660010	2011.09.06	6 249.36	1 674.62	4 574.75
	农银消费主题股票	660012	2012.04.24	4 924.53	1 784.86	3 139.67
	农银沪深300指数	660008	2011.04.12	19 087.41	1 827.60	17 259.81

（续上表）

管理人	基金简称	基金代码	设立日期	年度收入	年度费用	年度利润
农银汇理	农银中证500指数	660011	2011.11.29	−1 184.54	492.18	−1 676.72
	农银深证100指数	660014	2012.09.04	2 124.41	202.03	1 922.38
	农银平衡双利混合	660003	2009.04.08	6 161.83	3 241.32	2 920.51
	农银恒久增利债券	660002	2008.12.23	2 091.69	337.02	1 754.67
	农银增强收益债券	660009	2011.07.01	1 805.67	556.42	1 249.25
	农银信用添利债券	660013	2012.06.19	2 446.09	835.24	1 610.85
	农银货币	660007	2010.11.23	6 714.09	1 014.52	5 699.57
	合　计			162 799.16	34 662.14	128 137.03
民生加银	民生加银精选股票	690003	2010.02.03	5 018.83	2 176.70	2 842.13
	民生加银稳健成长股票	690004	2010.06.29	1 182.49	469.85	712.64
	民生加银内需增长股票	690005	2011.01.28	3 407.93	1 814.75	1 593.18
	民生加银景气行业股票	690007	2011.11.22	12 202.17	1 629.03	10 573.13
	民生加银中证内地资源主题指数	690008	2012.03.08	−1 266.05	479.19	−1 745.24
	民生加银品牌蓝筹混合	690001	2009.03.27	1 823.05	979.34	843.70
	民生红利回报混合	690009	2012.08.09	−2 005.50	2 316.52	−4 322.02
	民生加银增强收益债券	690002	2009.07.21	3 916.35	902.48	3 013.87
	民生加银信用双利债券	690006	2012.04.25	11 573.68	2 998.56	8 575.12
	合　计			35 852.95	13 766.43	22 086.53
纽银梅隆西部	纽银策略优选股票	671010	2011.01.25	−178.96	1 428.32	−1 607.28
	纽银新动向混合	673010	2011.08.18	263.78	370.43	−106.65
	纽银稳健双利债券	675011	2012.06.26	1 598.27	805.45	792.82
	合　计			1 683.09	2 604.21	−921.12
浙商	浙商聚潮产业成长股票	688888	2011.05.17	7 354.79	2 059.61	5 295.18
	浙商沪深300指数分级	166802	2012.05.07	−1 743.15	325.95	−2 069.11
	浙商聚潮新思维混合	166801	2012.03.08	1 438.00	1 079.49	358.51
	浙商聚盈信用债债券	686868	2012.09.18	342.21	110.15	232.06
	合　计			7 391.85	3 575.20	3 816.65
平安大华	平安大华行业先锋股票	700001	2011.09.20	11 058.40	5 124.63	5 933.76
	平安大华深证300指数增强	700002	2011.12.20	−207.19	240.14	−447.34
	平安大华策略先锋混合	700003	2012.05.29	368.69	230.93	137.76
	平安大华保本混合	700004	2012.09.11	2 641.92	503.58	2 138.34
	合　计			13 861.82	6 099.29	7 762.53

（续上表）

管理人	基金简称	基金代码	设立日期	年度收入	年度费用	年度利润
富安达	富安达优势成长股票	710001	2011.09.21	−1 027.70	1 283.83	−2 311.54
	富安达策略精选混合	710002	2012.04.25	−629.12	510.48	−1 139.61
	富安达增强收益债券	710301	2012.07.25	681.71	273.52	408.19
	合　计			−975.12	2 067.84	−3 042.96
财通	财通价值动量混合	720001	2011.12.01	6 335.49	1 002.70	5 332.79
	财通多策略稳健增长债券	720002	2012.07.13	4 997.51	1 435.40	3 562.11
	合　计			11 333.00	2 438.11	8 894.90
方正富邦	方正富邦创新动力股票	730001	2011.12.26	1 768.74	480.82	1 287.91
	合　计			1 768.74	480.82	1 287.91
长安	长安宏观策略股票	740001	2012.03.09	−186.28	408.52	−594.80
	长安沪深300非周期指数	740101	2012.06.25	−89.47	239.26	−328.73
	合　计			−275.76	647.77	−923.53
国金通用	国金通用国鑫混合发起	762001	2012.08.28	398.70	115.84	282.86
	合　计			398.70	115.84	282.86
安信	安信灵活配置混合	750001	2012.06.20	2 281.71	501.87	1 779.84
	安信目标收益债券	750002	2012.09.25	1 466.11	489.27	976.84
	合　计			3 747.81	991.14	2 756.67
德邦	德邦优化股票	770001	2012.09.25	1 300.36	142.11	1 158.25
	合　计			1 300.36	142.11	1 158.25
	总　计			1 702.84亿元	433.17亿元	1 269.67亿元

表2-29 各类型证券投资基金年度费用汇总统计（2011—2012）

（单位：只；亿元）

基金类型	2012年度						2011年度					
	基金数量	管理费用	客户维护费	托管费用	交易费用	销售服务费	基金数量	管理费用	托管费用	交易费用	客户维护费	销售服务费
传统封闭式基金	24	8.21	0.00	1.40	2.37	0.00	25	9.82	0.00	1.68	2.96	0.00
创新封闭式基金	42	6.17	0.82	1.60	0.88	0.74	27	6.83	0.40	1.42	1.59	0.30
开放式基金												
其中：股票型基金	478	124.59	22.37	21.35	42.07	0.00	380	147.65	26.89	25.20	52.22	0.00
（指数股票）	143	17.54	3.13	3.50	4.38	0.00	95	18.29	3.42	3.62	4.05	0.00
混合型基金	214	80.19	13.78	13.77	22.16	0.00	185	95.07	15.69	16.31	27.98	0.00
（保本混合）	33	6.67	2.14	1.10	0.27	0.00	20	4.89	1.22	0.81	0.39	0.00
债券型基金	189	12.07	2.81	3.59	0.93	4.24	120	8.21	1.56	2.43	1.27	2.00
（短期理财债券）	23	1.30	0.54	0.38	0.00	1.11	—	—	—	—	—	—
货币型基金	52	13.32	2.19	4.04	0.00	5.16	49	5.07	0.79	1.54	0.00	2.38
ETF	45	5.45	0.01	1.09	1.22	0.00	37	3.90	0.02	0.78	0.54	0.00
QDII	66	10.44	1.79	1.94	2.64	0.01	49	12.09	2.04	2.22	3.41	0.00
总 计	**1 110**	**260.45**	**43.77**	**48.77**	**72.27**	**10.15**	**872**	**288.64**	**47.41**	**51.56**	**89.98**	**4.67**

说明：以年报公告的数据为统计范围。

表2-30 各类型证券投资基金管理费用汇总统计（2011—2012）

（单位：只；亿元；%）

基金类型	2012年年报				2011年年报			
	基金数量	管理费用	客户维护费	占管理总费用比	基金数量	管理费用	客户维护费	占管理总费用比
传统型封闭式基金	24	8.21	0.00	0.00	25	9.82	0.00	0.00
创新型封闭式基金	42	6.17	0.82	13.29	27	6.83	0.40	5.91
开放式基金								
其中：股票型基金	478	124.59	22.37	17.95	380	147.65	26.89	18.21
（指数股票）	143	17.54	3.13	17.81	95	18.29	3.42	18.72
混合型基金	214	80.19	13.78	17.19	185	95.07	15.69	16.50

（续上表）

基金类型	2012年年报				2011年年报			
	基金数量	管理费用	客户维护费	占管理总费用比	基金数量	管理费用	客户维护费	占管理总费用比
（保本）	33	6.67	2.14	32.15	20	4.89	1.22	24.87
债券型基金	189	12.07	2.81	23.29	120	8.21	1.56	19.04
（短期理财债券）	23	1.30	0.54	41.74	—	—	—	—
货币型基金	52	13.32	2.19	16.43	49	5.07	0.79	15.68
ETF	45	5.45	0.01	0.26	37	3.90	0.02	0.50
QDII	66	10.44	1.79	17.10	49	12.09	2.04	16.91
总　计	**1 110**	**260.45**	**43.77**	**16.81**	**872**	**288.64**	**47.41**	**16.42**

表2-31　各类型证券投资基金托管费用汇总统计（2011—2012）

（单位：只；亿元；%）

基金类型	2012年年报			2011年年报		
	基金数量	基金托管费用	占托管总费用比	基金数量	基金托管费用	占托管总费用比
传统型封闭式基金	24	1.40	2.88	25	1.68	3.26
创新型封闭式基金	42	1.60	3.28	27	1.42	2.76
开放式基金						
其中：股票型基金	478	21.35	43.78	380	25.20	48.87
（指数股票）	143	3.50	3.50	95	3.62	—
混合型基金	214	13.77	28.22	185	16.31	31.63
（保本）	33	1.10	1.10	20	0.81	—
债券型基金	189	3.59	7.35	120	2.43	4.70
（短期理财债券）	23	0.38	0.38	—	—	—
货币型基金	52	4.04	8.27	49	1.54	2.98
ETF	45	1.09	2.23	37	0.78	1.51
QDII	66	1.94	3.98	49	2.22	4.31
总　计	**1 110**	**48.77**	**100.00**	**872**	**51.56**	**100.00**

表2-32 2012年证券投资基金年度费用统计

(单位：万元)

管理人	基金简称	基金代码	设立日期	管理费	托管费	交易费	客户维护费	销售服务费
国泰	国泰金泰封闭	500001	1998.03.27	2 701.44	450.28	600.48	—	—
	国泰金鑫封闭	500011	1999.10.21	4 277.30	712.88	1 179.36	—	—
	国泰估值优势分级封闭	160212	2010.02.10	1 034.99	172.50	704.26	23.49	—
	国泰金鹰增长股票	020001	2002.05.08	3 584.19	597.36	617.74	521.19	—
	国泰金牛创新股票	020010	2007.05.18	4 865.77	810.96	1 899.96	796.25	—
	国泰区位优势股票	020015	2009.05.27	1 007.07	167.85	318.55	135.14	—
	国泰中小盘成长股票(LOF)	160211	2009.10.19	1 066.85	177.81	237.47	179.84	—
	国泰价值经典股票(LOF)	160215	2010.08.13	498.20	83.03	83.16	138.57	—
	国泰事件驱动股票	020023	2011.08.17	249.66	41.61	161.56	132.42	—
	国泰成长优选股票	020026	2012.03.20	179.05	29.84	52.07	89.85	—
	国泰沪深300指数	020011	2007.11.11	2 636.40	527.28	425.46	509.30	—
	国泰上证180金融ETF	510230	2011.03.31	415.26	83.05	23.07	—	—
	国泰中小板300成长ETF	159917	2012.03.15	35.51	7.10	40.79	—	—
	国泰上证180金融ETF联接	020021	2011.03.31	26.25	5.25	216.15	83.24	—
	国泰中小板300成长ETF联接	020025	2012.03.15	24.69	4.94	10.78	21.19	—
	国泰金龙行业混合	020003	2003.12.05	611.17	101.86	389.76	126.16	—
	国泰金马稳健混合	020005	2004.06.18	7 020.19	1 170.03	2 278.71	1 303.53	—
	国泰金鹏蓝筹混合	020009	2006.09.29	2 101.02	350.17	389.81	208.51	—
	国泰金鼎价值混合	519021	2007.04.11	4 849.84	808.31	1 461.41	862.38	—
	国泰金泰平衡混合	519020	2012.12.24	60.02	10.00	—	—	—
	国泰金鹿保本混合	020018	2008.06.12	1 396.04	253.83	77.39	261.82	—
	国泰保本混合	020022	2011.04.19	2 478.36	413.06	364.61	1 036.89	—
	国泰金龙债券	020002	2003.12.05	1 274.69	424.90	7.16	30.63	192.94
	国泰双利债券	020019	2009.03.11	973.52	278.15	381.03	62.42	141.08
	国泰信用互利分级债券	160217	2011.12.29	325.73	93.07	2.81	98.69	—
	国泰信用债券	020027	2012.07.31	550.70	157.34	8.85	214.68	238.18
	国泰6个月短期理财债券	020029	2012.09.25	124.08	41.36	—	94.17	127.60
	国泰货币	020007	2005.06.21	597.41	181.03	—	92.11	452.58
	国泰纳斯达克100指数	160213	2010.04.29	249.80	78.06	5.64	84.40	—
	国泰大宗商品(QDII-LOF)	160216	2012.05.03	109.11	25.46	14.80	47.57	—
	合　计			45 324.31	8 258.38	11 952.84	7 154.43	1 152.39
南方	南方开元封闭	184688	1998.03.27	2 593.13	432.19	275.50	—	—
	南方天元封闭	184698	1999.08.25	3 790.72	631.79	1 060.28	—	—
	南方金利定期开放债券	160128	2012.05.17	615.74	184.72	5.82	301.13	126.50
	南方积极配置股票(LOF)	160105	2004.10.14	2 645.27	440.88	1 057.85	259.71	—

（续上表）

管理人	基金简称	基金代码	设立日期	管理费	托管费	交易费	客户维护费	销售服务费
南方	南方高增长股票(LOF)	160106	2005.07.13	4 724.12	787.35	1 690.85	546.10	—
	南方绩优成长股票	202003	2006.11.16	11 551.03	1 925.17	3 273.77	1 391.75	—
	南方成份精选股票	202005	2007.05.14	13 479.02	2 246.50	1 951.43	1 917.46	—
	南方隆元产业主题股票	202007	2007.11.09	7 756.85	1 292.81	1 325.83	1 230.68	—
	南方盛元红利股票	202009	2008.03.21	3 611.47	601.91	897.68	533.61	—
	南方优选价值股票	202011	2008.06.18	2 636.14	439.36	549.73	266.46	—
	南方策略优化股票	202019	2010.03.30	1 034.74	172.46	536.29	290.78	—
	南方新兴消费增长分级股票	160127	2012.03.13	912.48	152.08	286.54	132.47	—
	南方金粮油商品股票	202027	2012.09.25	120.72	20.12	24.41	38.88	—
	南方沪深300指数	202015	2009.03.25	1 643.86	379.35	451.36	150.03	—
	南方中证500指数(LOF)	160119	2009.09.25	2 887.58	577.52	998.26	623.00	—
	南方深证成份ETF	159903	2009.12.04	1 603.69	320.74	167.67	—	—
	南方小康ETF	510160	2010.08.27	147.16	29.43	31.55	—	—
	南方上证380ETF	510290	2011.09.16	97.44	19.49	16.79	—	—
	南方深证成份ETF联接	202017	2009.12.09	55.47	11.09	217.23	151.32	—
	南方小康ETF联接	202021	2010.08.27	6.74	1.35	3.87	39.28	—
	南方上证380ETF联接	202025	2011.09.20	4.22	0.84	16.11	16.12	—
	南方稳健成长混合	202001	2001.09.28	5 967.61	994.60	1 094.60	82.48	—
	南方稳健成长贰号混合	202002	2006.07.25	5 594.81	932.47	1 031.96	701.02	—
	南方优选成长混合	202023	2011.01.30	2 026.10	337.68	398.99	646.94	—
	南方避险增值混合	202202	2003.06.27	13 844.08	2 307.35	275.16	1 790.31	—
	南方恒元保本混合	202211	2008.11.12	4 836.24	744.04	286.34	1 138.40	—
	南方保本混合	202212	2011.06.21	5 202.27	867.04	226.60	1 688.42	—
	南方宝元债券	202101	2002.09.20	999.33	233.18	191.48	21.28	—
	南方多利增强债券	202102	2007.08.28	947.29	315.76	57.70	143.26	276.21
	南方广利回报债券	202105	2010.11.03	1 017.90	313.20	601.46	323.66	310.55
	南方润元纯债债券	202108	2012.07.20	2 100.35	646.26	4.64	1 412.86	753.57
	南方中证50债券指数(LOF)	160123	2011.05.17	316.70	63.34	2.62	77.49	129.69
	南方理财14天债券	202303	2012.08.14	267.24	79.18	—	120.60	231.01
	南方理财60天债券	202305	2012.10.19	240.46	71.25	—	118.71	238.42
	南方现金增利货币	202301	2004.03.05	13 721.40	4 158.00	—	2 342.55	5 999.36
	南方全球精选配置(QDII-FOF)	202801	2007.09.19	21 106.58	3 422.69	3 327.82	2 655.51	—
	南方金砖四国指数(QDII)	160121	2010.12.09	155.54	48.61	12.05	47.32	—
	南方中国中小盘股票指数(QDII-LOF)	160125	2011.09.26	86.68	26.00	32.12	19.38	—
合计				140 348.16	26 227.80	22 382.31	21 218.99	8 065.32

（续上表）

管理人	基金简称	基金代码	设立日期	管理费	托管费	交易费	客户维护费	销售服务费
华夏	华夏兴华封闭	500008	1998.04.28	2 663.92	444.00	1 057.96	—	—
	华夏兴和封闭	500018	1999.07.14	3 454.71	690.94	1 064.40	—	—
	华夏收入股票	288002	2005.11.17	4 931.67	821.94	1 131.01	563.18	—
	华夏优势增长股票	000021	2006.11.24	21 652.34	3 608.72	6 780.29	3 555.56	—
	华夏复兴股票	000031	2007.09.10	4 526.12	754.35	1 600.55	834.40	—
	华夏行业股票(LOF)	160314	2007.11.22	9 343.87	1 557.31	3 421.68	1 578.49	—
	华夏盛世股票	000061	2009.12.11	11 152.13	1 858.69	2 864.61	2 225.67	—
	华夏上证50ETF	510050	2004.12.30	10 007.66	2 001.53	322.27	—	—
	华夏中小板ETF	159902	2006.06.08	2 124.81	424.96	147.97	143.03	—
	华夏沪深300ETF联接	000051	2009.07.10	9 114.95	1 822.99	613.71	2 415.75	—
	华夏成长混合	000001	2001.12.18	13 227.93	2 204.65	3 932.65	1 527.10	—
	华夏回报混合	002001	2003.09.05	14 843.12	2 473.85	1 821.42	1 261.51	—
	华夏经典混合	288001	2004.03.15	1 955.53	325.92	447.11	288.26	—
	华夏大盘精选混合	000011	2004.08.11	5 522.20	920.37	2 181.33	267.02	—
	华夏红利混合	002011	2005.06.30	26 354.48	4 392.41	4 653.73	4 233.91	—
	华夏稳增混合	519029	2006.08.09	5 974.65	995.77	1 375.57	920.07	—
	华夏回报二号混合	002021	2006.08.14	7 733.73	1 288.95	994.15	1 202.59	—
	华夏蓝筹混合(LOF)	160311	2007.04.24	12 336.28	2 056.05	1 962.25	2 598.07	—
	华夏策略混合	002031	2008.10.23	2 665.93	444.32	751.79	232.88	—
	华夏现金增利货币	003003	2004.04.07	10 219.71	3 096.88	—	2 253.54	7 742.20
	华夏债券	001001	2002.10.23	2 005.36	668.45	92.98	179.47	541.94
	中信稳定双利债券	288102	2006.07.20	814.73	250.69	32.14	48.60	501.37
	华夏希望债券	001011	2008.03.10	1 885.64	538.75	108.04	384.91	442.16
	华夏安康债券	001031	2012.09.11	759.23	253.08	6.09	241.73	202.14
	华夏理财30天债券	001057	2012.10.24	45.33	27.48	—	29.46	64.40
	华夏亚债中国指数	001021	2011.05.25	742.48	397.76	2.41	10.71	35.24
	华夏货币	288101	2005.04.20	610.18	184.90	—	93.12	454.71
	华夏全球股票QDII	000041	2007.10.09	26 389.53	4 992.61	4 994.83	3 844.60	—
	华夏恒生ETF	159920	2012.08.09	531.59	132.90	367.41	—	—
	华夏恒生ETF联接	000071	2012.08.21	121.14	30.28	9.20	34.69	—
	合计			213 710.93	39 661.54	42 737.53	30 968.32	9 984.17
华安	华安安信封闭	500003	1998.06.22	2 750.95	458.49	334.77	—	—
	华安安顺封闭	500009	1999.06.15	4 351.93	725.32	993.26	—	—
	华安宏利股票	040005	2006.09.06	11 462.71	1 910.45	2 882.26	985.92	—
	华安中小盘成长股票	040007	2007.04.10	8 486.55	1 414.42	4 890.85	1 669.29	—

（续上表）

管理人	基金简称	基金代码	设立日期	管理费	托管费	交易费	客户维护费	销售服务费
华安	华安策略优选股票	040008	2007.08.02	12 340.11	2 056.69	5 856.11	2 895.71	—
	华安核心股票	040011	2008.10.22	341.09	56.85	355.33	36.41	—
	华安行业轮动股票	040016	2010.05.11	979.12	163.19	865.15	211.46	—
	华安升级主题股票	040020	2011.04.22	1 963.36	327.23	345.69	853.18	—
	华安科技动力股票	040025	2011.12.20	159.72	26.62	106.16	65.85	—
	华安逆向策略股票	040035	2012.08.16	112.20	18.70	38.56	67.30	—
	华安中国A股增强指数	040002	2002.11.08	4 865.55	973.11	1 577.06	180.39	—
	华安深证300指数(LOF)	160415	2011.09.02	149.51	29.90	144.46	38.76	—
	华安沪深300指数分级	160417	2012.06.25	143.94	31.67	133.08	12.47	—
	华安上证180ETF	510180	2006.04.13	4 707.92	941.58	370.67	—	—
	华安上证龙头ETF	510190	2010.11.18	374.60	74.92	57.40	—	—
	华安上证180ETF联接	040180	2009.09.29	59.41	11.88	87.71	105.25	—
	华安上证龙头ETF联接	040190	2010.11.18	17.89	3.58	17.23	140.83	—
	华安创新混合	040001	2001.09.21	8 133.82	1 355.64	3 059.13	925.40	—
	华安宝利配置混合	040004	2004.08.24	5 369.56	1 118.66	1 688.71	889.13	
	华安动态灵活配置混合	040015	2009.12.22	1 337.20	222.87	563.46	160.22	—
	华安稳定收益债券	040009	2008.04.30	572.47	190.82	10.54	26.73	72.73
	华安强化收益债券	040012	2009.04.13	188.47	53.85	68.65	35.57	50.38
	华安稳固收益债券	040019	2010.12.21	804.74	222.85	7.17	96.40	433.32
	华安可转债债券	040022	2011.06.22	473.60	135.31	124.27	187.28	64.30
	华安信用四季红债券	040026	2011.12.08	2 155.49	615.85	6.05	48.82	—
	华安安心收益债券	040036	2012.09.07	158.09	36.48	0.69	52.03	48.54
	华安月月鑫短期理财债券	040028	2012.05.09	1 098.98	293.06	—	486.62	808.43
	华安季季鑫短期理财债券	040030	2012.05.23	252.08	74.69	—	121.65	235.73
	华安双月鑫短期理财债券	040033	2012.06.14	424.27	113.14	—	177.68	249.67
	华安现金富利货币	040003	2003.12.30	3 960.98	1 200.30	—	352.02	897.70
	华安香港精选股票QDII	040018	2010.09.19	323.48	64.70	89.45	109.31	—
	华安大中华升级股票(QDII)	040021	2011.05.17	138.68	27.74	34.92	49.46	—
	华安标普全球石油指数(QDII—LOF)	160416	2012.03.29	212.56	59.52	50.86	147.37	—
	合　计			78 871.04	15 010.07	24 759.65	11 128.52	2 860.79
博时	博时裕阳封闭	500006	1998.07.25	2 509.74	418.29	389.19	—	—
	博时裕隆封闭	184692	1999.06.15	4 202.46	700.41	502.68	—	—
	博时裕祥分级债券	160513	2011.06.10	2 723.00	680.75	11.32	716.88	876.13
	博时精选股票	050004	2004.06.22	12 341.89	2 056.98	3 307.51	838.96	—
	博时主题行业股票(LOF)	160505	2005.01.06	15 685.38	2 614.23	1 655.08	1 319.85	—

（续上表）

管理人	基金简称	基金代码	设立日期	管理费	托管费	交易费	客户维护费	销售服务费
博时	博时第三产业股票	050008	2007.04.12	9 555.75	1 592.63	1 587.68	1 669.68	—
	博时新兴成长股票	050009	2007.07.06	15 584.97	2 597.49	12 116.93	3 369.71	—
	博时特许价值股票	050010	2008.05.28	1 636.32	272.72	764.51	165.28	—
	博时创业成长股票	050014	2010.06.01	754.99	125.83	239.36	202.63	—
	博时行业轮动股票	050018	2010.12.10	821.33	136.89	888.19	217.84	—
	博时卓越品牌股票(LOF)	160512	2011.04.22	489.51	81.58	347.12	89.38	—
	博时医疗保健行业股票	050026	2012.08.28	104.25	17.38	37.67	17.92	—
	博时沪深300指数	050002	2003.08.26	9 048.42	1 846.62	1 639.76	798.82	—
	博时上证超大盘ETF	510020	2009.12.29	556.62	111.32	117.46	—	—
	博时深证基本面200ETF	159908	2011.06.10	100.46	20.09	12.66	—	—
	博时上证自然资源ETF	510410	2012.04.10	156.28	31.26	88.27	—	—
	博时上证超大盘ETF联接	510013	2009.12.29	21.51	4.30	51.10	115.66	—
	博时深证基本面200ETF联接	050021	2011.06.10	4.76	0.95	2.34	25.10	—
	博时上证自然资源ETF联接	050024	2012.04.10	16.72	3.34	20.26	16.40	—
	博时价值增长混合	050001	2002.10.09	—	3 693.28	3 452.14	—	—
	博时平衡配置混合	050007	2006.05.31	2 897.24	482.87	1 161.74	333.22	—
	博时价值增长贰号混合	050201	2006.09.27	7 442.89	1 240.48	1 164.41	1 126.50	—
	博时策略混合	050012	2009.08.11	2 673.96	445.66	374.12	480.78	—
	博时回报混合	050022	2011.11.08	215.70	35.95	66.26	75.43	—
	博时稳定价值债券	050006	2007.09.06	436.39	145.46	9.08	43.90	94.35
	博时信用债券	050011	2009.06.10	606.10	173.17	64.25	87.49	140.99
	博时宏观回报债券	050016	2010.07.27	237.65	67.90	50.05	55.77	58.10
	博时转债增强债券	050019	2010.11.24	1 783.40	475.57	52.06	355.01	364.74
	博时天颐债券	050023	2012.02.29	667.23	190.64	266.42	234.99	258.92
	博时信用债纯债债券	050027	2012.09.07	289.01	82.57	0.89	92.49	—
	博时现金收益货币	050003	2004.01.16	13 517.06	4 096.08	0.11	2 673.21	10 240.20
	博时大中华亚太精选股票(QDII)	050015	2010.07.27	131.44	25.56	97.83	13.74	—
	博时抗通胀增强回报(QDII－FOF)	050020	2011.04.25	1 094.21	205.16	595.28	392.60	—
	博时标普500指数(QDII)	050025	2012.06.14	56.76	14.19	9.00	10.20	—
	合　计			108 363.39	24 687.62	31 142.72	15 539.43	12 033.44
鹏华	鹏华普惠封闭	184689	1999.01.06	2 762.27	460.38	792.68	—	—
	鹏华普丰封闭	184693	1999.07.14	3 156.20	631.24	1 142.13	—	—
	鹏华丰润债券封闭	160617	2010.12.02	845.16	281.72	37.95	44.04	—
	鹏华丰泽分级债券	160618	2011.12.08	2 139.54	611.30	3.61	587.25	1 069.77
	鹏华价值优势股票(LOF)	160607	2006.07.18	14 512.45	2 418.74	1 479.07	2 636.30	—

(续上表)

管理人	基金简称	基金代码	设立日期	管理费	托管费	交易费	客户维护费	销售服务费
鹏华	鹏华优质治理股票(LOF)	160611	2007.04.25	6 476.26	1 079.38	2 990.94	1 337.48	—
	鹏华盛世创新股票(LOF)	160613	2008.10.10	867.10	144.52	379.94	72.18	—
	鹏华精选成长股票	206002	2009.09.09	1 357.82	226.30	607.96	245.10	—
	鹏华消费优选股票	206007	2010.12.28	1 110.83	185.14	870.54	302.93	—
	鹏华新兴产业股票	206009	2011.06.15	1 215.05	202.51	461.22	427.07	—
	鹏华价值精选股票	206012	2012.04.16	153.69	25.62	71.70	59.12	—
	鹏华沪深300指数(LOF)	160615	2009.04.03	532.64	106.53	129.67	85.75	—
	鹏华中证500指数(LOF)	160616	2010.02.05	730.77	146.15	379.18	129.54	—
	鹏华资源分级	160620	2012.09.27	91.61	20.15	101.36	5.65	—
	民企ETF	510070	2010.08.05	162.07	32.41	22.13	—	—
	鹏华深证民营ETF	159911	2011.09.02	177.57	35.51	22.29	—	—
	鹏华上证民企50ETF联接	206005	2010.08.05	6.88	1.38	5.75	53.48	—
	鹏华深证民营ETF联接	206010	2011.09.02	5.33	1.07	5.26	66.39	—
	鹏华行业成长混合	206001	2002.05.24	1 202.78	200.46	602.86	47.32	—
	鹏华普天收益混合	160603	2003.07.12	3 620.39	482.72	1 026.92	643.86	—
	鹏华中国50混合	160605	2004.05.12	6 086.12	1 014.35	2 399.88	889.68	—
	鹏华动力增长混合(LOF)	160610	2007.01.09	8 760.52	1 460.09	1 355.05	1 894.77	—
	鹏华金刚保本混合	206013	2012.06.13	1 096.21	182.70	4.06	518.76	—
	鹏华普天债券	160602	2003.07.12	325.46	97.64	23.60	50.56	48.06
	鹏华丰收债券	160612	2008.05.28	1 419.33	473.11	27.08	183.47	—
	鹏华信用增利债券	206003	2010.05.31	955.25	318.42	11.33	63.95	92.82
	鹏华丰盛债券	206008	2011.04.25	741.45	211.84	13.99	122.58	423.69
	鹏华纯债债券	206015	2012.09.03	442.87	147.62	2.30	363.00	—
	鹏华货币	160606	2005.04.12	2 122.65	643.23	0.05	193.05	336.34
	鹏华环球发现(QDII—FOF)	206006	2010.10.12	166.42	38.83	11.68	68.24	—
	鹏华美国房地产(QDII)	206011	2011.11.25	111.14	22.23	7.50	60.47	—
	合　计			63 353.86	11 903.29	14 989.70	11 151.96	1 970.68
嘉实	嘉实泰和封闭	500002	1999.04.08	2 816.44	469.41	1 562.29	—	—
	嘉实丰和价值封闭	184721	2002.03.22	4 063.80	677.30	1 564.45	—	—
	嘉实优质企业股票	070099	2007.12.08	11 804.78	1 967.46	2 280.94	1 544.05	—
	嘉实研究精选股票	070013	2008.05.27	4 356.70	726.12	1 472.47	298.40	—
	嘉实量化阿尔法股票	070017	2009.03.20	1 298.42	216.40	644.70	233.40	—
	嘉实价值优势股票	070019	2010.06.07	5 439.27	906.54	2 752.00	785.42	—
	嘉实主题新动力股票	070021	2010.12.07	5 501.35	916.89	2 334.59	1 543.24	—
	嘉实领先成长股票	070022	2011.05.31	1 994.78	332.46	472.11	606.20	—

（续上表）

管理人	基金简称	基金代码	设立日期	管理费	托管费	交易费	客户维护费	销售服务费
嘉实	嘉实周期优选股票	070027	2011.12.08	596.75	99.46	388.34	45.04	—
	嘉实优化红利股票	070032	2012.06.26	187.95	31.33	98.71	63.28	—
	嘉实基本面50指数(LOF)	160716	2009.12.30	1 780.51	320.49	267.56	263.51	—
	嘉实深证基本面120ETF	159910	2011.08.01	233.66	46.73	27.12	—	—
	嘉实中创400ETF	159918	2012.03.22	100.63	20.13	48.74	—	—
	嘉实沪深300ETF	159919	2012.05.07	7 329.23	1 465.85	2 804.76	—	—
	嘉实深证基本面120ETF联接	070023	2011.08.01	15.82	3.16	28.39	45.57	—
	嘉实中创400ETF联接	070030	2012.03.22	30.17	6.03	27.38	30.88	—
	嘉实沪深300ETF联接(LOF)	160706	2005.08.29	10 776.20	2 155.24	1 654.96	2 667.52	—
	嘉实成长收益混合	070001	2002.11.05	7 214.19	1 202.36	1 666.10	122.16	—
	嘉实增长混合	070002	2003.07.09	6 267.09	1 044.51	1 128.64	594.05	—
	嘉实稳健混合	070003	2003.07.09	14 737.55	2 456.26	5 750.61	1 570.50	—
	嘉实服务增值行业混合	070006	2004.04.01	9 953.93	1 658.99	4 685.03	573.29	—
	嘉实主题混合	070010	2006.07.21	14 119.14	2 353.19	5 971.76	1 821.13	—
	嘉实策略混合	070011	2006.12.12	10 917.05	1 819.51	2 492.02	1 669.31	—
	嘉实回报混合	070018	2009.08.18	2 773.65	462.28	1 350.45	462.07	—
	嘉实债券	070005	2003.07.09	630.27	210.09	34.21	36.32	—
	嘉实超短债债券	070009	2006.04.26	674.78	230.41	4.63	230.11	411.45
	嘉实多元债券	070015	2008.09.10	753.53	215.30	220.21	88.62	148.45
	嘉实稳固收益债券	070020	2010.09.01	710.44	196.74	165.80	190.76	437.19
	嘉实多利分级债券	160718	2011.03.23	720.02	205.72	238.86	158.90	—
	嘉实信用债券	070025	2011.08.08	1 550.01	442.86	11.28	204.52	193.45
	嘉实增强收益定期债券	070033	2012.09.24	728.32	182.08	4.43	203.51	—
	嘉实理财宝7天债券	070035	2012.08.29	202.09	59.88	—	67.09	150.49
	嘉实货币	070008	2005.03.18	7 395.42	2 241.04	—	1 322.29	5 481.47
	嘉实安心货币	070028	2011.12.28	146.52	44.40	—	8.40	19.61
	嘉实海外中国股票(QDII)	070012	2007.10.12	18 610.27	3 101.71	4 709.40	2 701.38	—
	嘉实H股指数(QDII—LOF)	160717	2010.09.30	81.26	27.09	16.66	16.67	—
	嘉实黄金(QDII—FOF—LOF)	160719	2011.08.04	303.94	79.02	4.95	97.16	—
	嘉实全球房地产(QDII)	070031	2012.07.24	186.96	38.49	35.31	64.88	—
	合　计			157 002.86	28 632.93	46 919.88	20 329.66	6 842.11
长盛	长盛同益封闭	184690	1999.04.08	2 598.46	433.08	1 023.29	—	—
	长盛同盛封闭	184699	1999.11.05	4 671.59	778.60	749.98	—	—
	长盛同庆封闭	160806	2009.05.12	6 773.34	1 128.89	3 411.41	26.98	—
	长盛同德主题股票	519039	2007.10.25	8 294.04	1 382.34	2 970.90	1 800.56	—

（续上表）

管理人	基金简称	基金代码	设立日期	管理费	托管费	交易费	客户维护费	销售服务费
长盛	长盛量化红利股票	080005	2009.11.25	352.71	58.78	107.74	77.82	—
	长盛同祥泛资源股票	080008	2011.10.26	114.78	19.13	46.38	70.72	—
	长盛电子信息产业股票	080012	2012.03.27	272.30	45.38	88.80	117.45	—
	长盛中证100指数	519100	2006.11.22	629.64	125.93	37.76	146.85	—
	长盛沪深300指数(LOF)	160807	2010.08.04	135.69	27.14	15.70	73.19	—
	长盛同瑞中证200分级	160808	2011.12.06	76.95	15.39	79.07	17.34	—
	长盛同庆中证800指数分级	160806	2012.05.12	3 160.84	695.39	2 573.33	43.26	—
	长盛同辉深100等权重分级	160809	2012.09.13	130.10	28.62	159.33	2.22	—
	长盛成长价值混合	080001	2002.09.18	1 194.51	199.08	386.05	178.19	—
	长盛动态精选混合	510081	2004.05.21	1 720.83	229.44	818.49	214.34	—
	长盛同智优势混合(LOF)	160805	2007.01.05	2 804.22	467.37	1 710.02	453.56	—
	长盛创新先锋混合	080002	2008.06.04	266.32	44.39	111.47	30.00	—
	长盛同鑫保本混合	080007	2011.05.24	1 973.84	328.97	73.39	917.76	—
	长盛同鑫二号保本混合	080015	2012.07.10	735.78	122.63	0.75	346.63	—
	长盛全债指数增强债券	510080	2003.10.25	249.10	66.43	155.45	55.36	—
	长盛积极配置债券	080003	2008.10.08	594.79	158.61	145.63	106.25	—
	长盛同禧信用增利债券	080009	2011.12.06	312.90	83.44	44.25	190.80	79.04
	长盛添利30天理财债券	080016	2012.10.26	152.34	45.14	—	62.75	115.71
	长盛货币	080011	2005.12.12	337.63	102.31	—	78.62	255.78
	长盛环球行业股票(QDII)	080006	2010.05.26	92.46	15.41	14.84	29.39	—
	合　计			37 645.16	6 601.89	14 724.04	5 040.05	450.53
大成	大成景宏封闭	184691	1999.05.04	2 671.06	445.18	861.28	—	—
	大成景福封闭	184701	1999.12.30	3 454.79	690.96	935.16	—	—
	大成优选封闭①	150002	2007.08.01	2 500.66	538.18	405.60	—	—
	大成景丰分级债券	160915	2010.10.15	2 233.37	638.11	54.33	43.26	—
	大成积极成长股票	519017	2007.01.16	2 751.39	458.56	938.88	487.05	—
	大成景阳领先股票	519019	2007.12.11	3 888.10	648.02	839.16	940.85	—
	大成策略回报股票	090007	2008.11.26	1 434.96	239.16	533.37	270.20	—
	大成行业轮动股票	090009	2009.09.08	477.68	79.61	264.75	108.04	—
	大成核心双动力股票	090011	2010.06.22	255.43	42.57	126.59	86.06	—
	大成内需增长股票	090015	2011.06.14	742.07	123.68	463.16	249.21	—
	大成新锐产业股票	090018	2012.03.20	540.82	90.14	63.13	210.91	—
	大成优选股票(LOF)	160916	2012.07.27	1 631.30	326.26	370.16	147.83	—
	大成沪深300指数	519300	2006.04.06	4 131.71	826.34	271.90	950.62	—
	大成中证红利指数	090010	2010.02.02	173.19	34.64	52.86	49.43	—

① 转型前的数据

（续上表）

管理人	基金简称	基金代码	设立日期	管理费	托管费	交易费	客户维护费	销售服务费
大成	大成中证内地消费主题指数	090016	2011.11.08	85.63	17.13	66.41	26.02	—
	大成深证成长40ETF	159906	2010.12.21	737.03	147.41	162.63	—	—
	大成中证500沪市ETF	510440	2012.08.24	50.39	10.08	54.38	—	—
	大成深证成长40ETF联接	090012	2010.12.21	55.27	11.05	53.88	257.49	—
	大成中证500沪市ETF联接	090020	2012.08.28	23.80	4.76	12.28	6.91	—
	大成价值增长混合	090001	2002.11.11	11 962.52	1 993.75	3 860.32	1 864.95	—
	大成蓝筹稳健混合	090003	2004.06.03	15 087.90	2 514.65	4 747.58	2 872.49	—
	大成精选增值混合	090004	2004.12.15	2 931.54	488.59	677.45	348.53	—
	大成2020生命周期混合	090006	2006.09.13	10 754.59	1 920.46	1 953.23	1 587.48	—
	大成创新成长混合	160910	2007.06.12	11 234.02	1 872.34	1 687.23	2 097.27	—
	大成保本混合	090013	2011.04.20	1 166.71	194.45	21.24	474.05	—
	大成景恒保本混合	090019	2012.06.15	630.59	105.10	0.67	259.12	—
	大成债券	090002	2003.06.12	266.29	76.08	1.51	53.52	48.84
	大成强化收益债券	090008	2008.08.06	65.72	18.78	4.76	6.35	—
	大成可转债增强债券	090017	2011.11.30	311.60	62.32	33.47	113.81	—
	大成月添利理财债券	090021	2012.09.20	314.23	93.10	—	111.58	228.41
	大成货币	090005	2005.06.03	926.20	280.67	—	129.49	210.78
	大成标普500等权重指数QDII	096001	2011.03.23	122.79	30.70	2.90	51.70	—
	合　计			83 613.35	15 022.82	19 520.27	13 804.22	488.02
富国	富国汉盛封闭	500005	1999.05.10	3 188.43	531.40	2 301.14	—	—
	富国汉兴封闭	500015	1999.12.30	4 093.26	682.21	1 554.04	—	—
	富国汇利分级债券封闭	161014	2010.09.09	1 968.93	656.31	13.66	93.77	—
	富国天盈分级债券	161015	2011.05.23	2 232.00	637.71	25.59	636.26	1 116.00
	富国新天锋定期开放债券	161019	2012.05.07	375.39	125.13	5.97	225.94	—
	富国天益价值股票	100020	2004.06.15	12 212.71	2 035.45	1 752.66	2 415.97	—
	富国天合稳健股票	100026	2006.11.15	3 837.88	639.65	494.30	626.29	—
	富国天博创新股票	519035	2007.04.27	9 258.27	1 543.05	880.03	2 086.97	—
	富国通胀通缩主题股票	100039	2010.05.12	336.22	56.04	71.45	91.20	—
	富国低碳环保股票	100056	2011.08.10	836.64	139.44	805.38	371.03	—
	富国高新技术产业股票	100060	2012.06.27	158.43	26.41	182.39	93.00	—
	富国中证红利指数增强	100032	2008.11.20	1 080.43	180.07	623.29	114.89	—
	富国沪深300指数增强	100038	2009.12.16	5 916.92	1 065.05	2 670.76	451.34	—
	富国中证500指数增强(LOF)	161017	2011.10.12	288.34	43.25	218.99	60.80	—
	富国上证综指ETF	510210	2011.01.30	204.67	40.93	16.73	—	—
	富国上证综指ETF联接	100053	2011.01.30	11.06	2.21	22.15	68.19	—

（续上表）

管理人	基金简称	基金代码	设立日期	管理费	托管费	交易费	客户维护费	销售服务费
富国	富国天源平衡混合	100016	2002.08.16	1 255.29	209.22	820.26	151.11	—
	富国天瑞强势混合	100022	2005.04.05	8 346.37	1 391.06	2 670.34	1 430.42	—
	富国天惠成长混合(LOF)	161005	2005.11.16	7 046.68	1 174.45	2 373.20	546.88	—
	富国天成红利混合	100029	2008.05.28	1 890.45	315.07	415.46	95.85	—
	富国天利增长债券	100018	2003.12.02	1 713.75	428.44	139.59	99.57	—
	富国天丰强化债券(LOF)	161010	2008.10.24	1 278.06	426.02	18.10	172.16	—
	富国优化增强债券	100035	2009.06.10	441.28	126.08	70.77	90.72	130.75
	富国可转债	100051	2010.12.08	1 896.86	541.96	560.15	517.89	—
	富国产业债券	100058	2011.12.05	2 148.68	716.23	86.15	118.69	—
	富国7天理财宝债券	100007	2012.10.19	157.22	46.58	—	73.54	111.49
	富国天时货币	100025	2006.06.05	1 946.66	589.90	0.07	285.27	489.22
	富国全球债券(QDII－FOF)	100050	2010.10.20	124.89	30.53	8.40	56.94	—
	富国全球顶级消费品股票(QDII)	100055	2011.07.13	339.71	66.06	111.58	147.77	—
	富国中国中小盘股票(QDII)	100061	2012.09.04	64.49	12.09	29.28	17.63	—
	合　计			74 649.99	14 477.99	18 941.87	11 140.09	1 847.46
易方达	易方达科瑞封闭	500056	2002.03.12	4 062.40	677.07	736.06	—	—
	易方达岁丰添利债券	161115	2010.11.09	1 923.52	549.58	33.12	77.43	—
	易方达永旭定期开放债券	161117	2012.06.19	635.97	181.71	13.03	8.01	—
	易方达价值精选股票	110009	2006.06.13	8 582.63	1 430.44	1 263.22	1 144.76	—
	易方达科讯股票	110029	2007.12.18	6 387.94	1 064.66	2 201.53	1 342.31	—
	易方达中小盘股票	110011	2008.06.19	3 787.44	631.24	706.44	528.57	—
	易方达科翔股票	110013	2008.11.13	641.48	106.91	501.76	41.17	—
	易方达行业领先股票	110015	2009.03.26	1 734.90	289.15	578.66	271.31	—
	易方达消费行业股票	110022	2010.08.20	5 093.77	848.96	1 110.59	1 128.99	—
	易方达医疗保健行业股票	110023	2011.01.28	4 517.88	752.98	442.74	1 040.03	—
	易方达资源行业股票	110025	2011.08.16	1 250.88	208.48	511.85	338.20	—
	易方达量化衍伸股票	110030	2012.07.05	85.51	14.25	13.71	0.36	—
	易方达上证50指数	110003	2004.03.22	22 595.65	3 765.94	2 274.76	3 947.20	—
	易方达沪深300指数	110020	2009.08.26	3 620.75	1 086.23	824.91	715.60	—
	易方达中小板指数分级	161118	2012.09.20	85.05	18.71	30.92	32.08	—
	易方达深证100ETF	159901	2006.03.24	9 729.89	1 945.98	837.83	—	—
	易方达上证中盘ETF	510130	2010.03.29	504.97	100.99	112.67	—	—
	易方达创业板ETF	159915	2011.09.20	233.14	46.63	46.84	—	—
	易方达深证100ETF联接	110019	2009.12.01	284.88	56.98	219.35	888.04	—
	易方达上证中盘ETF联接	110021	2010.03.31	26.42	5.28	32.71	92.18	—

（续上表）

管理人	基金简称	基金代码	设立日期	管理费	托管费	交易费	客户维护费	销售服务费
易方达	易方达创业板ETF联接	110026	2011.09.20	18.02	3.60	14.01	27.52	—
	易方达平稳增长混合	110001	2002.08.23	3 085.13	514.19	1 312.94	79.89	—
	易方达策略成长混合	110002	2003.12.09	6 200.96	1 033.49	1 092.79	707.23	—
	易方达积极成长混合	110005	2004.09.09	8 214.88	1 369.15	876.50	1 135.15	—
	易方达策略成长二号混合	112002	2006.08.16	5 757.78	959.63	1 035.53	565.39	—
	易方达价值成长混合	110010	2007.04.02	25 738.77	4 289.80	5 588.72	4 022.78	—
	易方达科汇灵活配置混合	110012	2008.10.09	2 266.54	377.76	629.70	209.93	—
	易方达稳健收益债券	110007	2008.01.29	454.44	151.48	122.98	61.09	150.08
	易方达增强回报债券	110017	2008.03.19	2 236.83	688.25	162.53	268.08	412.94
	易方达安心回报债券	110027	2011.06.21	532.11	152.03	187.43	111.02	152.58
	易方达双债增强债券	110035	2011.12.01	512.17	146.33	5.01	137.28	148.14
	易方达纯债债券	110037	2012.05.03	2 058.48	686.16	18.68	560.02	604.97
	易方达货币	110006	2005.02.02	12 003.37	3 637.38		1 780.53	3 143.24
	易方达亚洲精选股票(QDII)	118001	2010.01.21	149.75	34.94	63.50	22.52	—
	易方达黄金主题(QDII-LOF-FOF)	161116	2011.05.06	1 239.95	247.99	124.11	418.82	—
	易方达标普消费品指数增强(QDII)	118002	2012.06.04	89.35	26.06	3.57	4.38	—
	易方达恒生国企(QDII-ETF)	510900	2012.08.09	307.46	102.49	475.32	—	—
	易方达恒生国企联接(QDII)	110031	2012.08.21	283.69	94.56	0.62	87.72	—
	合 计			146 934.77	28 297.46	24 206.63	21 795.57	4 611.95
宝盈	宝盈鸿阳封闭	184728	2001.12.10	1 962.21	327.03	445.66	—	—
	宝盈泛沿海增长股票	213002	2005.03.08	3 151.95	525.32	1 290.03	382.99	—
	宝盈策略增长股票	213003	2007.01.19	2 943.66	490.61	1 747.20	419.72	—
	宝盈资源优选股票	213008	2008.04.15	613.75	102.29	296.51	91.58	—
	宝盈中证100指数增强	213010	2010.02.08	43.40	8.68	9.10	12.48	—
	宝盈鸿利收益混合	213001	2002.10.08	602.81	100.47	252.33	111.83	—
	宝盈核心优势混合	213006	2009.03.17	110.81	18.47	117.10	15.49	—
	宝盈增强收益债券	213007	2008.05.15	612.97	204.32	238.30	27.49	41.02
	宝盈货币	213009	2009.08.05	750.34	227.38	—	58.17	128.71
	合 计			10 791.89	2 004.58	4 396.23	1 119.76	169.73
融通	融通通乾封闭	500038	2001.08.29	2 958.32	493.05	1 281.02	—	—
	融通四季添利债券	161614	2012.03.01	654.88	218.29	2.04	256.37	—
	融通动力先锋股票	161609	2006.11.15	2 668.38	444.73	1 728.88	502.71	—
	融通领先成长股票(LOF)	161610	2007.04.30	3 966.25	661.04	2 613.78	747.20	—
	融通内需驱动股票	161611	2009.04.22	588.72	98.12	947.00	152.60	—
	融通医疗保健股票	161616	2012.07.26	163.46	27.24	69.91	67.01	—

（续上表）

管理人	基金简称	基金代码	设立日期	管理费	托管费	交易费	客户维护费	销售服务费
融通	融通深证100指数	161604	2003.09.30	14 177.15	2 835.43	1 232.66	1 750.25	—
	融通巨潮100指数(LOF)	161607	2005.05.12	2 669.97	410.77	247.68	522.30	—
	融通深证成份指数股票	161612	2010.11.15	897.40	179.48	58.61	354.67	—
	融通创业板指数	161613	2012.04.06	168.50	33.70	64.03	53.88	—
	融通新蓝筹混合	161601	2002.09.13	15 335.95	2 555.99	4 544.33	3 289.85	—
	融通蓝筹成长混合	161605	2003.09.30	2 530.57	421.76	1 298.44	308.41	—
	融通行业景气混合	161606	2004.04.29	4 063.41	677.23	1 383.94	914.97	—
	融通债券	161603	2003.09.30	379.08	126.36	2.75	26.88	143.00
	融通易支付货币	161608	2006.01.19	778.74	235.98	—	203.17	370.31
	合　计			52 000.78	9 419.19	15 475.09	9 150.28	513.31
银华	银华信用债券封闭	161813	2010.06.29	1 566.72	482.07	20.59	253.68	—
	银华价值优选股票	519001	2005.09.27	16 728.37	2 788.06	3 755.77	2 504.92	—
	银华优质增长股票	180010	2006.06.09	8 166.87	1 361.15	4 743.91	694.40	—
	银华富裕主题股票	180012	2006.11.16	10 778.89	1 796.48	2 653.69	1 659.13	—
	银华领先策略股票	180013	2008.08.20	1 669.86	278.31	1 182.98	351.68	—
	银华内需精选股票(LOF)	161810	2009.07.01	1 961.64	326.94	690.31	455.25	—
	银华消费分级股票	161818	2011.09.28	369.92	64.74	142.54	118.03	—
	银华中小盘股票	180031	2012.06.20	124.84	20.81	13.84	42.51	—
	银华-道琼斯88指数	180003	2004.08.11	8 598.61	1 791.38	2 813.93	1 194.83	—
	银华沪深300指数(LOF)	161811	2009.10.14	179.20	53.76	62.63	45.70	—
	银华深证100指数分级	161812	2010.05.07	9 731.86	1 946.37	2 174.53	189.84	—
	银华中证等权90指数分级	161816	2011.03.17	5 330.12	1 172.63	2 927.85	376.50	—
	银华中证内地资源指数分级	161819	2011.12.08	553.74	110.75	293.88	26.40	—
	银华上证50等权ETF	510430	2012.08.23	98.38	19.68	127.74	—	—
	银华上证50等权ETF联接	180033	2012.08.29	19.84	3.97	4.85	17.98	—
	银华优势企业混合	180001	2002.11.13	4 144.62	690.77	804.13	284.00	—
	银华和谐主题混合	180018	2009.04.27	1 875.25	312.54	487.39	210.54	—
	银华成长先锋混合	180020	2010.10.08	2 520.08	420.01	702.80	1 114.97	—
	银华保本增值混合	180002	2004.03.02	3 620.79	603.47	92.18	903.27	—
	银华永祥保本混合	180028	2011.06.28	1 208.87	201.48	48.60	433.97	—
	银华增强收益债券	180015	2008.12.03	319.28	98.24	34.59	41.60	—
	银华信用双利债券	180025	2010.12.03	597.69	170.77	11.57	221.54	106.78
	银华永泰积极债券	180029	2011.12.28	178.74	44.68	13.70	31.59	61.79
	银华纯债信用债券(LOF)	161820	2012.08.09	552.97	184.32	6.17	269.22	—
	银华货币	180008	2005.01.31	780.64	236.56	—	146.46	229.84

（续上表）

管理人	基金简称	基金代码	设立日期	管理费	托管费	交易费	客户维护费	销售服务费
银华	银华全球优选(QDII—FOF)	183001	2008.05.26	158.03	25.63	105.83	11.86	—
	银华抗通胀主题(QDII—FOF—LOF)	161815	2010.12.06	658.18	127.98	47.29	301.05	—
合　计				82 494.00	15 333.53	23 963.29	11 900.93	398.41
长城	长城久嘉封闭	184722	2002.07.05	2 474.23	412.37	373.18	—	—
	长城消费增值股票	200006	2006.04.06	5 789.41	964.90	221.87	814.89	—
	长城久富股票(LOF)	162006	2007.02.12	3 109.54	518.26	542.28	587.35	—
	长城品牌优选股票	200008	2007.08.06	13 987.75	2 331.29	1 875.85	2 537.41	—
	长城双动力股票	200010	2009.01.15	173.90	28.98	56.89	32.66	—
	长城中小盘股票	200012	2011.01.27	485.16	80.86	199.07	177.91	—
	长城优化升级股票	200015	2012.04.20	126.78	21.13	19.35	58.27	—
	长城久泰沪深300指数	200002	2004.05.21	1 621.63	330.94	124.03	338.28	—
	长城久兆中小300指数分级	162010	2012.01.30	117.36	25.82	31.70	50.93	—
	长城久恒平衡混合	200001	2003.10.31	267.25	44.54	60.81	44.91	—
	长城安心回报混合	200007	2006.08.22	10 911.52	1 818.59	947.72	2 184.24	—
	长城景气行业龙头混合	200011	2009.06.30	339.58	56.60	92.42	68.15	—
	长城保本混合	200016	2012.08.02	915.57	152.60	15.31	517.12	—
	长城稳健增利债券	200009	2008.08.27	46.08	15.36	2.46	7.87	—
	长城积极增利债券	200013	2011.04.12	367.40	113.05	10.73	214.17	86.74
	长城货币	200003	2005.05.30	514.01	155.76	—	118.96	278.95
合　计				41 247.16	7 071.04	4 573.68	7 753.14	365.69
泰达宏利	泰达宏利成长股票	162201	2003.04.25	2 178.25	363.04	1 533.80	373.06	—
	泰达宏利周期股票	162202	2003.04.25	1 002.98	167.16	808.35	137.43	—
	泰达宏利稳定股票	162203	2003.04.25	262.99	43.83	283.09	51.14	—
	泰达宏利精选股票	162204	2004.07.09	5 618.35	936.39	3 840.22	367.88	—
	泰达宏利首选企业股票	162208	2006.12.01	1 619.61	269.93	798.91	199.95	—
	泰达宏利市值优选股票	162209	2007.08.03	8 105.16	1 350.86	4 121.18	1 359.66	—
	泰达宏利红利先锋股票	162212	2009.12.03	1 791.66	298.61	819.79	121.64	—
	泰达宏利中小盘股票	162214	2011.01.26	1 884.53	314.09	1 563.89	754.13	—
	泰达宏利逆向股票	229002	2012.05.23	244.58	40.76	383.70	66.70	—
	泰达宏利财富大盘指数	162213	2010.04.23	209.68	38.71	303.85	17.82	—
	泰达宏利500指数分级	162216	2011.12.01	105.45	21.09	155.27	16.48	—
	泰达宏利风险预算混合	162205	2005.04.05	321.99	57.50	175.71	60.97	—
	泰达宏利效率优选混合(LOF)	162207	2006.05.12	5 454.50	909.08	345.14	1 077.07	—
	泰达宏利品质生活混合	162211	2009.04.09	572.92	95.49	196.15	35.84	—

（续上表）

管理人	基金简称	基金代码	设立日期	管理费	托管费	交易费	客户维护费	销售服务费
泰达宏利	泰达宏利集利债券	162210	2008.09.26	796.50	265.50	7.75	57.71	286.47
	泰达宏利聚利分级债券	162215	2011.05.13	1 208.52	345.29	5.48	66.77	—
	泰达宏利货币	162206	2005.11.10	165.02	50.00	—	46.33	125.01
	泰达宏利全球新格局(QDII—FOF)	229001	2011.07.20	93.20	18.12	29.47	55.85	—
	合　计			31 635.88	5 585.47	15 371.77	4 866.42	411.48
国投瑞银	国投瑞银双债债券封闭	161216	2011.03.29	887.15	253.47	4.28	139.04	—
	国投瑞银瑞福分级封闭	121099	2012.07.17	5 820.30	1 173.58	2 833.31	421.10	—
	国投瑞银核心企业股票	121003	2006.04.19	6 304.00	1 050.67	3 459.09	1 508.43	—
	国投瑞银创新动力股票	121005	2006.11.15	4 534.19	755.70	748.58	587.12	—
	国投瑞银成长优选股票	121008	2008.01.10	2 302.27	383.71	991.50	359.36	—
	国投瑞银沪深300指数分级	161207	2009.10.14	987.54	217.26	419.92	52.02	—
	国投瑞银沪深300金融地产指数(LOF)	161211	2010.04.09	1 274.44	276.13	393.23	126.34	—
	国投瑞银中证消费服务指数(LOF)	161213	2010.12.16	268.37	58.15	71.50	67.97	—
	国投瑞银中证资源指数(LOF)	161217	2011.07.21	191.52	41.50	209.91	57.14	—
	国投瑞银景气行业混合	121002	2004.04.29	4 849.75	808.29	2 381.01	708.13	—
	国投瑞银稳健增长混合	121006	2008.06.11	4 478.31	746.39	2 666.77	446.09	—
	国投瑞银新兴产业混合(LOF)	161219	2011.12.13	220.73	36.79	175.85	46.91	—
	国投瑞银瑞源保本混合	121010	2011.12.20	430.00	71.67	30.64	131.14	—
	国投瑞银融华债券	121001	2003.04.16	586.44	156.38	68.10	89.36	—
	国投瑞银稳定增利债券	121009	2008.01.11	1 098.46	366.15	45.60	126.22	549.23
	国投瑞银优化增强债券	121012	2010.09.08	593.20	158.19	144.36	210.16	124.01
	国投瑞银货币	121011	2009.01.19	2 082.30	631.00	—	93.71	210.85
	国投瑞银新兴市场股票(QDII—LOF)	161210	2010.06.10	124.32	24.17	18.61	38.52	—
	合　计			37 033.28	7 209.19	14 662.26	5 208.76	884.09
银河	银河银丰封闭	500058	2002.08.15	3 913.57	652.26	905.12	—	—
	银河成长股票	519668	2008.05.26	187.87	31.31	193.54	34.67	—
	银河行业股票	519670	2009.04.24	2 689.95	448.33	1 208.64	457.10	—
	银河蓝筹股票	519672	2010.07.16	121.34	20.22	82.65	30.69	—
	银河创新成长股票	519674	2010.12.29	1 136.40	189.40	946.17	571.21	—
	银河消费股票	519678	2011.07.29	470.80	78.47	78.86	98.89	—
	银河主题股票	519679	2012.09.21	67.11	11.18	14.11	8.04	—
	银河沪深300价值指数	519671	2009.12.28	244.08	73.22	91.19	—	—
	银河稳健混合	151001	2003.08.04	1 971.78	328.63	704.58	264.87	—
	银河银泰混合	150103	2004.03.30	3 993.01	665.50	949.86	851.28	—

（续上表）

管理人	基金简称	基金代码	设立日期	管理费	托管费	交易费	客户维护费	销售服务费
银河	银河保本混合	519676	2011.05.31	887.96	147.99	33.22	378.98	—
	银河收益债券	151002	2003.08.04	717.58	191.35	26.61	267.02	—
	银河银信添利债券	519666	2007.03.14	337.93	103.98	1.45	21.79	61.16
	银河通利分级债券	161505	2012.04.25	1 100.82	314.52	3.59	287.93	311.85
	银河银富货币	150005	2004.12.20	799.74	242.35	—	30.22	83.42
	合　计			18 639.94	3 498.72	5 239.60	3 302.69	456.43
万家	万家公用事业行业股票(LOF)	161903	2005.07.15	647.21	99.57	408.07	87.23	—
	万家精选股票	519185	2009.05.18	340.27	56.71	155.88	68.54	—
	万家180指数	519180	2003.03.17	5 590.09	1 118.02	845.91	825.81	—
	万家中证红利指数(LOF)	161907	2011.03.17	520.87	104.17	418.10	81.06	—
	万家中证创业成长指数分级	161910	2012.08.02	122.46	26.94	54.20	25.19	—
	万家和谐增长混合	519181	2006.11.30	2 348.71	391.45	1 714.58	465.23	—
	万家双引擎灵活配置混合	519183	2008.06.27	78.85	13.14	97.70	9.82	—
	万家增强收益债券	161902	2004.09.28	774.03	221.15	92.73	62.90	442.30
	万家稳健增利债券	519186	2009.08.12	1 051.11	300.32	13.16	169.58	217.40
	万家添利分级债券	161908	2011.06.02	1 622.10	463.46	70.82	343.17	811.05
	万家信用恒利债券	519188	2012.09.21	268.73	76.78	1.88	159.05	87.41
	万家货币	519508	2006.05.24	3 475.51	1 053.18	0.00	848.22	2 632.96
	合　计			16 839.93	3 924.90	3 873.02	3 145.79	4 191.12
金鹰	金鹰行业优势股票	210003	2009.07.01	1 350.24	225.04	977.76	355.39	—
	金鹰稳健成长股票	210004	2010.04.14	394.06	65.68	583.15	170.07	—
	金鹰主题优势股票	210005	2010.12.20	1 064.13	177.36	893.80	414.84	—
	金鹰策略配置股票	210008	2011.09.01	434.04	72.34	263.12	184.24	—
	金鹰核心资源股票	210009	2012.05.23	191.09	31.85	62.82	70.80	—
	金鹰中证技术领先指数增强	210007	2011.06.01	81.10	12.16	69.26	37.96	—
	金鹰中证500指数分级	162107	2012.06.05	94.94	20.89	77.22	27.68	—
	金鹰成份优选混合	210001	2003.06.16	1 610.56	268.43	603.66	32.50	—
	金鹰中小盘精选混合	162102	2004.05.27	2 366.56	394.43	1 237.53	640.30	—
	金鹰红利价值混合	210002	2008.12.04	166.59	27.76	171.96	41.58	—
	金鹰保本混合	210006	2011.05.17	799.03	133.17	44.43	353.75	—
	金鹰持久回报分级债券	162105	2012.03.09	288.99	82.57	1.67	89.60	144.50
	合　计			8 841.34	1 511.67	4 986.38	2 418.71	144.50
招商	招商信用添利债券封闭	161713	2010.06.25	1 563.28	446.65	123.95	1.49	—
	招商安泰股票	217001	2003.04.28	689.37	114.89	353.19	104.72	—
	招商优质成长股票(LOF)	161706	2005.11.17	5 117.53	852.92	1 457.15	435.06	—

（续上表）

管理人	基金简称	基金代码	设立日期	管理费	托管费	交易费	客户维护费	销售服务费
招商	招商大盘蓝筹股票	217010	2008.06.19	940.15	156.69	637.88	121.25	—
	招商行业领先股票	217012	2009.06.19	1 575.79	262.63	614.47	258.42	—
	招商中小盘股票	217013	2009.12.25	705.51	117.58	307.12	171.71	—
	招商深证100指数	217016	2010.06.22	157.95	33.85	54.50	35.85	—
	招商中证大宗商品指数分级	161715	2012.06.28	239.50	52.69	78.98	31.24	—
	招商上证消费80ETF	510150	2010.12.08	656.81	131.36	92.24	—	—
	深证TMT50ETF	159909	2011.06.27	164.38	32.88	12.42	—	—
	招商上证消费80ETF联接	217017	2010.12.08	33.14	6.63	51.14	198.26	—
	招商深证TMT50ETF联接	217019	2011.06.27	7.83	1.57	13.16	64.84	—
	招商安泰平衡混合	217002	2003.04.28	162.15	27.03	129.82	4.27	—
	招商先锋混合	217005	2004.06.01	6 875.16	1 145.86	2 221.35	1 429.96	—
	招商核心价值混合	217009	2007.03.30	5 051.94	841.99	1 612.60	1 014.87	—
	招商优势企业混合	217021	2012.02.01	355.17	59.19	132.21	125.00	—
	招商安达保本混合	217020	2011.09.01	712.75	118.79	286.07	307.02	—
	招商安盈保本混合	217024	2012.08.20	1 965.91	327.65	33.56	921.19	—
	招商安泰债券	217003	2003.04.28	1 961.35	588.40	9.19	314.39	171.76
	招商安本增利债券	217008	2006.07.11	1 126.17	241.32	324.06	164.26	482.64
	招商安心收益债券	217011	2008.10.22	445.63	127.32	26.21	50.75	190.99
	招商安瑞进取债券	217018	2011.03.17	847.57	211.89	305.84	257.22	—
	招商产业债券	217022	2012.03.21	1 746.25	498.93	6.94	499.58	—
	招商信用增强债券	217023	2012.07.20	1 130.81	323.09	8.35	585.02	—
	招商现金增值货币	217004	2004.01.14	8 783.96	2 661.81	—	2 602.06	4 793.69
	招商全球资源股票(QDII)	217015	2010.03.25	282.23	54.88	48.54	68.12	—
	招商标普金砖四国指数(QDII-LOF)	161714	2011.02.11	94.53	29.54	4.74	44.86	—
	合　计			43 392.80	9 468.04	8 945.71	9 811.40	5 639.08
华宝兴业	华宝兴业多策略股票	240005	2004.05.11	6 368.38	1 061.40	1 073.38	673.41	—
	华宝兴业动力组合股票	240004	2005.11.17	2 660.65	443.44	937.58	305.37	—
	华宝兴业先进成长股票	240009	2006.11.07	2 353.19	392.20	1 368.73	248.59	—
	华宝兴业行业精选股票	240010	2007.06.14	15 914.25	2 652.38	4 422.83	2 868.52	—
	华宝兴业大盘精选股票	240011	2008.10.07	993.88	165.65	666.93	116.88	—
	华宝兴业新兴产业股票	240017	2010.12.07	3 257.81	542.97	1 055.75	1 153.14	—
	华宝兴业医药生物优选股票	240020	2012.02.28	395.13	65.85	240.31	209.56	—
	华宝兴业资源优选股票	240022	2012.08.21	131.53	21.92	46.91	43.24	—
	华宝兴业中证100指数	240014	2009.09.29	439.66	131.90	252.52	68.99	—
	华宝兴业上证180价值ETF	510030	2010.04.23	561.51	112.30	53.44	—	—

（续上表）

管理人	基金简称	基金代码	设立日期	管理费	托管费	交易费	客户维护费	销售服务费
华宝兴业	华宝兴业上证180成长ETF	510280	2011.08.04	199.64	39.93	40.94	—	—
	华宝兴业上证180价值ETF联接	240016	2010.04.23	11.33	2.27	105.31	39.80	—
	华宝兴业上证180成长ETF联接	240019	2011.08.09	5.56	1.11	35.70	17.09	—
	华宝兴业宝康消费品混合	240001	2003.07.15	3 306.01	551.00	728.26	114.94	—
	华宝兴业宝康配置混合	240002	2003.07.15	1 041.40	200.27	132.33	17.75	—
	华宝兴业收益增长混合	240008	2006.06.15	4 360.82	726.80	3 490.01	681.20	—
	华宝兴业宝康债券	240003	2003.07.15	163.29	54.43	14.20	5.18	—
	华宝兴业增强收益债券	240012	2009.02.17	44.66	14.89	4.33	12.93	14.63
	华宝兴业可转债债券	240018	2011.04.27	1 066.45	205.09	11.10	214.01	—
	华宝短融50	240021	2012.06.12	178.32	35.66	0.66	79.51	—
	华宝兴业现金宝货币	240006	2005.03.31	1 257.26	380.99	—	134.38	281.28
	华宝兴业海外中国股票(QDII)	241001	2008.05.07	124.62	24.23	79.38	11.85	—
	华宝兴业成熟市场(QDII)	241002	2011.03.15	112.83	22.57	17.66	50.64	—
	华宝油气(QDII)	162411	2011.09.29	73.08	20.46	5.49	51.76	—
	合　计			45 021.26	7 869.70	14 783.78	7 118.75	295.91
摩根士丹利华鑫	大摩领先优势股票	233006	2009.09.22	1 816.35	302.73	1 445.03	461.71	—
	大摩卓越成长股票	233007	2010.05.18	1 319.90	219.98	1 081.80	619.27	—
	大摩多因子策略股票	233009	2011.05.17	1 056.70	176.12	843.25	559.42	—
	大摩主题优选股票	233011	2012.03.13	246.71	41.12	55.05	156.19	—
	大摩深证300指数增强	233010	2011.11.15	197.92	29.69	137.16	119.20	—
	大摩基础行业混合	233001	2004.03.26	101.37	16.89	137.26	11.85	—
	大摩资源优选混合(LOF)	163302	2005.09.27	5 392.02	898.67	1 683.87	1 002.31	—
	大摩消费领航混合	233008	2010.12.03	3 132.68	522.11	1 581.23	1 540.60	—
	大摩强收益债券	233005	2009.12.29	150.85	43.10	3.73	38.39	—
	大摩多元收益债券	233012	2012.08.28	768.76	205.00	1.24	590.74	306.73
	大摩货币	163303	2006.08.17	247.19	74.91	—	103.38	187.27
	合　计			14 430.46	2 530.32	6 969.62	5 203.06	493.99
国联安	国联安精选股票	257020	2005.12.28	3 533.20	588.87	1 494.02	327.37	—
	国联安优势股票	257030	2007.01.24	940.31	156.72	479.20	139.05	—
	国联安红利股票	257040	2008.10.22	63.86	10.64	99.31	7.11	—
	国联安主题驱动股票	257050	2009.08.26	236.50	39.42	139.08	55.60	—
	国联安优选行业股票	257070	2011.05.23	1 043.06	173.84	774.42	415.72	—
	国联安双禧中证100指数分级	162509	2010.04.16	3 514.21	773.13	945.09	237.14	—
	国联安双力中小板综指分级	162510	2012.03.23	186.43	41.01	56.78	18.28	—
	国联安上证商品ETF	510170	2010.11.26	640.90	106.82	57.05	—	—

（续上表）

管理人	基金简称	基金代码	设立日期	管理费	托管费	交易费	客户维护费	销售服务费
国联安	国联安上证商品ETF联接	257060	2010.12.01	28.24	4.71	52.29	128.97	—
	国联安稳健混合	255010	2003.08.08	217.27	36.21	206.92	1.05	—
	国联安小盘精选混合	257010	2004.04.12	2 517.37	419.56	756.38	353.11	—
	国联安安心成长混合	253010	2005.07.13	141.98	23.66	39.88	6.42	—
	国联安增利债券	253020	2009.03.11	549.28	183.09	41.05	60.55	66.71
	国联安信心增益债券	253030	2010.06.22	1 033.81	295.38	28.03	80.15	—
	国联安定期开放债券	253060	2012.02.22	153.31	43.80	1.44	23.75	32.31
	国联安双佳信用分级债	162511	2012.06.04	629.02	179.72	2.43	130.95	314.51
	国联安货币	253050	2011.01.26	99.11	30.03	—	27.80	22.09
	合　计			15 527.86	3 106.61	5 173.35	2 013.03	435.62
海富通	海富通稳进增利分级债券	162308	2011.09.01	167.99	48.00	36.21	40.17	—
	海富通股票	519005	2005.07.29	4 913.40	818.90	2 766.47	888.75	—
	海富通风格优势股票	519013	2006.10.19	5 029.97	838.33	2 674.81	641.03	—
	海富通领先成长股票	519025	2009.04.30	1 372.13	228.69	1 194.96	139.09	—
	海富通中小盘股票	519026	2010.04.14	1 434.53	239.09	1 218.03	537.53	—
	海富通国策导向股票	519033	2011.11.16	106.67	17.78	174.60	25.57	—
	海富通中证100指数(LOF)	162307	2009.10.30	735.82	126.14	94.90	89.29	—
	海富通中证内地低碳指数	519034	2012.05.25	153.89	30.78	44.83	97.81	—
	海富通上证周期ETF	510110	2010.09.19	159.03	31.81	15.46	—	—
	海富通上证非周期ETF	510120	2011.04.22	156.64	31.33	20.61	—	—
	海富通上证周期ETF联接	519027	2010.09.28	5.73	1.15	17.05	40.26	—
	海富通上证非周期ETF联接	519032	2011.04.27	5.04	1.01	9.35	33.51	—
	海富通精选混合	519011	2003.08.22	11 955.19	1 992.53	3 088.42	1 529.25	—
	海富通收益增长混合	519003	2004.03.12	4 266.24	711.04	3 693.19	698.35	—
	海富通强化回报混合	519007	2006.05.25	2 757.30	459.55	829.00	505.23	—
	海富通精选贰号混合	519015	2007.04.09	2 451.85	408.64	693.35	355.71	—
	海富通稳健添利债券	519023	2008.10.24	370.56	114.02	2.38	22.05	52.04
	海富通稳固收益债券	519030	2010.11.23	329.72	94.21	78.36	138.03	188.41
	海富通货币	519505	2005.01.04	1 337.25	405.23	0.06	195.02	307.53
	海富通中国海外股票(QDII)	519601	2008.06.27	328.23	76.59	203.44	67.29	—
	海富通大中华股票(QDII)	519602	2011.01.27	143.49	23.91	81.80	71.03	—
	合　计			38 180.66	6 698.70	16 937.27	6 114.94	547.98
泰信	泰信优质生活股票	290004	2006.12.15	1 986.38	331.06	1 059.09	162.74	—
	泰信蓝筹精选股票	290006	2009.04.22	1 176.16	196.03	1 000.72	201.68	—
	泰信发展主题股票	290008	2010.12.15	380.86	63.48	358.90	144.60	—

（续上表）

管理人	基金简称	基金代码	设立日期	管理费	托管费	交易费	客户维护费	销售服务费
泰信	泰信中小盘精选股票	290011	2011.10.26	101.39	16.90	107.77	15.78	—
	泰信中证200指数	290010	2011.06.09	65.80	14.10	60.05	12.38	—
	泰信基本面400指数分级	162907	2012.09.07	37.93	8.35	7.43	7.99	—
	泰信先行策略混合	290002	2004.06.28	5 185.35	864.22	689.58	1 152.64	—
	泰信优势增长混合	290005	2008.06.25	83.27	13.88	29.07	—	—
	泰信保本混合	290012	2012.02.22	130.60	21.77	4.44	31.95	—
	泰信双息双利债券	290003	2007.10.31	75.07	21.45	48.72	20.03	32.17
	泰信债券增强收益	290007	2009.07.29	92.43	30.81	3.66	8.54	11.09
	泰信债券周期回报	290009	2011.02.09	217.06	62.02	3.52	60.35	—
	泰信天天收益货币	290001	2004.02.10	196.69	59.60	0.03	54.24	149.00
	合　计			9 728.97	1 703.65	3 372.98	1 872.93	192.27
长信	长信银利精选股票	519996	2005.01.17	2 788.78	464.80	849.20	754.71	—
	长信金利趋势股票	519994	2006.04.30	9 426.00	1 571.00	1 826.62	2 508.44	—
	长信增利动态策略股票	519993	2006.11.09	3 710.15	618.36	966.94	597.49	—
	长信恒利优势股票	519987	2009.07.30	325.08	54.18	194.75	77.38	—
	长信量化先锋股票	519983	2010.11.18	191.62	31.94	375.60	63.49	—
	长信内需成长股票	519979	2011.10.20	133.94	22.32	178.38	72.53	—
	长信中证央企100指数(LOF)	163001	2010.03.26	58.74	11.75	4.87	20.46	—
	长信双利优选混合	519991	2008.06.19	181.75	30.29	54.47	28.84	—
	长信利丰债券	519989	2008.12.29	89.81	25.66	134.78	17.60	51.32
	长信中短债债券	519985	2010.06.28	141.24	51.36	2.00	42.64	77.04
	长信利鑫分级债	163003	2011.06.24	451.46	128.99	2.80	105.46	225.73
	长信可转债债券	519977	2012.03.30	90.73	25.92	0.89	29.61	30.80
	长信利息收益货币	519999	2004.03.19	3 352.24	1 015.83	—	263.78	550.44
	长信标普100等权重指数(QDII)	519981	2011.03.30	44.99	12.27	3.06	13.38	—
	合　计			20 986.53	4 064.67	4 594.35	4 595.81	935.33
天治	天治核心成长股票(LOF)	163503	2006.01.20	2 640.12	550.02	845.61	500.12	—
	天治创新先锋股票	350005	2008.05.08	315.31	52.55	154.40	83.49	—
	天治成长精选股票	350008	2011.08.04	325.58	54.26	175.10	71.30	—
	天治财富增长混合	350001	2004.06.29	283.37	47.23	105.21	31.42	—
	天治品质优选混合	350002	2005.01.12	143.90	23.98	75.29	33.43	—
	天治趋势精选混合	350007	2009.07.15	73.59	12.26	39.97	17.06	—
	天治稳健双盈债券	350006	2008.11.05	201.70	57.63	82.26	43.93	86.44
	天治稳定收益债券	350009	2011.12.28	159.25	45.50	4.29	34.07	—
	天治天得利货币	350004	2006.07.05	278.18	84.30	—	58.16	210.74
	合　计			4 420.99	927.74	1 482.13	872.98	297.18

（续上表）

管理人	基金简称	基金代码	设立日期	管理费	托管费	交易费	客户维护费	销售服务费
景顺长城	景顺长城优选股票	260101	2003.10.24	2 096.17	349.36	724.69	488.76	—
	景顺长城内需增长股票	260104	2004.06.25	3 482.58	580.43	1 944.72	459.65	—
	景顺长城鼎益股票(LOF)	162605	2005.03.16	6 797.20	1 132.87	2 965.74	1 478.62	—
	景顺长城资源垄断股票(LOF)	162607	2006.01.26	9 286.55	1 547.76	4 173.81	1 485.27	—
	景顺长城新兴成长股票	260108	2006.06.28	3 305.19	550.87	1 136.94	781.65	—
	景顺长城内需贰号股票	260109	2006.10.11	6 123.71	1 020.62	3 245.40	1 206.78	—
	景顺长城精选蓝筹股票	260110	2007.06.18	11 980.09	1 996.68	3 803.88	2 416.06	—
	景顺长城公司治理股票	260111	2008.10.22	314.55	52.43	129.97	76.61	—
	景顺长城能源基建股票	260112	2009.10.20	3 326.14	554.36	390.38	495.58	—
	景顺长城中小盘股票	260115	2011.03.22	1 678.17	279.70	440.48	476.02	—
	景顺长城核心竞争力股票	260116	2011.12.20	598.54	99.76	193.50	152.39	—
	景顺长城上证180等权重ETF	510420	2012.06.12	171.45	34.29	203.53	—	—
	景顺长城上证180等权重ETF联接	263001	2012.06.25	10.62	2.12	19.62	12.48	—
	景顺长城动力平衡混合	260103	2003.10.24	5 944.33	990.72	1 530.90	1 635.41	—
	景顺长城稳定收益债券	261001	2011.03.25	201.78	57.65	11.92	51.32	49.68
	景顺长城优信增利债券	261002	2012.03.15	348.64	92.97	54.32	122.42	57.59
	景顺长城货币	260102	2003.10.24	145.58	44.11	—	11.80	29.11
	景顺长城大中华股票(QDII)	262001	2011.09.22	91.97	17.88	34.03	28.37	—
	合　计			55 903.26	9 404.57	21 003.83	11 379.16	136.39
广发	广发小盘成长股票(LOF)	162703	2005.02.02	12 033.50	2 005.58	1 063.85	2 373.54	—
	广发聚丰股票	270005	2005.12.23	29 019.01	4 836.50	2 692.65	4 601.65	—
	广发核心精选股票	270008	2008.07.16	3 255.29	542.55	2 071.55	329.64	—
	广发聚瑞股票	270021	2009.06.16	5 738.34	956.39	1 816.94	812.34	—
	广发行业领先股票	270025	2010.11.23	3 911.26	651.88	1 777.23	1 014.84	—
	广发制造业精选股票	270028	2011.09.20	488.43	81.40	550.17	94.08	—
	广发消费品精选股票	270041	2012.06.12	243.17	40.53	78.77	38.95	—
	广发沪深300指数	270010	2008.12.30	1 801.34	360.27	572.49	209.60	—
	广发中证500指数(LOF)	162711	2009.11.26	2 045.38	479.29	518.02	325.13	—
	广发深证100指数分级	162714	2012.05.07	212.21	46.69	78.72	17.05	—
	广发中小板300ETF	159907	2011.06.03	365.58	73.12	116.38	—	—
	广发中小板300ETF联接	270026	2011.06.09	20.97	4.19	39.03	121.84	—
	广发聚富混合	270001	2003.12.03	7 471.40	1 245.23	1 069.32	295.07	—
	广发稳健增长混合	270002	2004.07.26	9 946.66	1 657.78	1 375.11	1 400.68	—
	广发策略优选混合	270006	2006.05.17	13 240.06	2 206.68	2 081.58	1 722.33	—
	广发大盘成长混合	270007	2007.06.13	11 222.97	1 870.50	2 803.03	1 773.11	—

（续上表）

管理人	基金简称	基金代码	设立日期	管理费	托管费	交易费	客户维护费	销售服务费
广发	广发内需增长混合	270022	2010.04.19	5 346.15	891.03	932.50	487.93	—
	广发聚祥保本混合	270024	2011.03.15	3 542.18	590.36	57.64	1 112.01	—
	广发聚利债券	162712	2011.08.05	223.15	74.38	2.55	96.23	—
	广发增强债券	270009	2008.03.27	1 374.05	458.02	25.86	196.65	687.03
	广发聚财信用债券	270029	2012.03.13	1 678.64	479.61	6.63	422.54	684.67
	广发理财年年红债券	270043	2012.07.19	66.75	19.78	—	33.32	—
	广发双债添利债券	270044	2012.09.20	362.67	103.62	2.81	129.75	155.75
	广发货币	270004	2005.05.20	11 917.01	3 611.22	0.12	2 414.37	4 168.58
	广发亚太精选股票(QDII)	270023	2010.08.18	248.97	48.41	158.59	34.46	—
	广发全球农业指数(QDII)	270027	2011.06.28	242.82	75.88	32.50	72.48	—
	广发纳斯达克100指数(QDII)	270042	2012.08.15	55.70	17.41	19.97	11.61	—
	合　计			126 073.67	23 428.28	19 944.00	20 141.18	5 696.03
兴业全球	兴全全球视野股票	340006	2006.09.20	7 678.10	1 279.68	2 550.41	648.66	—
	兴全社会责任股票	340007	2008.04.30	6 872.09	1 145.35	1 656.83	1 187.70	—
	兴全合润分级股票	163406	2010.04.22	1 729.62	288.27	2 071.71	471.11	—
	兴全绿色投资股票(LOF)	163409	2011.05.06	2 011.87	335.31	848.53	473.07	—
	兴全轻资产股票(LOF)	163412	2012.04.05	783.25	130.54	435.72	201.42	—
	兴全沪深300指数(LOF)	163407	2010.11.02	1 135.26	212.86	157.91	335.57	—
	兴全可转债混合	340001	2004.05.11	5 096.62	980.12	841.52	658.39	—
	兴全趋势混合(LOF)	163402	2005.11.03	15 602.07	2 600.35	1 224.68	3 352.34	—
	兴全有机增长混合	340008	2009.03.25	2 548.83	424.81	2 020.20	305.23	—
	兴全保本混合	163411	2011.08.03	1 396.98	214.92	216.37	670.53	—
	兴全磐稳增利债券	340009	2009.07.23	106.80	30.51	0.77	16.80	—
	兴全货币	340005	2006.04.27	291.46	88.32	—	28.35	220.81
	合　计			45 252.94	7 731.04	12 024.65	8 349.19	220.81
诺安	诺安股票	320003	2005.12.19	17 965.65	2 994.28	3 355.12	3 127.34	—
	诺安价值增长股票	320005	2006.11.21	9 558.10	1 593.02	1 675.37	1 588.36	—
	诺安成长股票	320007	2009.03.10	3 315.77	552.63	1 327.70	120.91	—
	诺安中小盘精选股票	320011	2010.04.28	2 579.49	429.91	798.34	549 89	—
	诺安主题精选股票	320012	2010.09.15	1 960.50	326.75	802.41	640.64	—
	诺安多策略股票	320016	2011.08.09	740.05	123.34	833.49	238.94	—
	诺安中证100指数	320010	2009.10.27	899.72	179.94	332.78	116.06	—
	诺安中证创业成长指数分级	163209	2012.03.29	228.91	45.78	171.55	67.99	—
	诺安上证新兴产业ETF	510260	2011.04.07	307.02	61.40	57.40	—	—
	诺安上证新兴产业ETF联接	320014	2011.04.07	21.18	4.24	70.51	74.11	—

（续上表）

管理人	基金简称	基金代码	设立日期	管理费	托管费	交易费	客户维护费	销售服务费
诺安	诺安平衡混合	320001	2004.05.21	8 445.02	1 407.50	1 250.74	1 320.98	—
	诺安灵活配置混合	320006	2008.05.20	6 406.22	1 067.70	942.81	454.11	—
	诺安新动力混合	320018	2012.03.05	461.47	76.91	384.47	124.17	—
	诺安保本混合	320015	2011.05.13	2 612.71	435.45	22.16	1 144.13	—
	诺安汇鑫保本混合	320020	2012.05.28	2 509.82	418.30	2.73	1 287.22	—
	诺安优化收益债券	320004	2007.08.29	511.83	131.61	19.40	24.06	204.73
	诺安增利债券	320008	2009.05.27	63.51	18.15	0.66	19.79	9.58
	诺安货币	320002	2004.12.06	1 297.32	393.13	—	92.83	321.01
	诺安全球黄金(QDII—FOF)	320013	2011.01.13	1 483.12	385.61	14.65	623.53	—
	诺安全球收益不动产(QDII)	320017	2011.09.23	570.50	133.12	58.66	230.02	—
	诺安油气能源(QDII—FOF—LOF)	163208	2011.09.27	1 002.64	233.95	100.37	493.80	—
	合　计			62 940.55	11 012.73	12 221.32	12 338.88	535.32
申万菱信	申万菱信新动力股票	310328	2005.11.10	3 353.79	558.97	639.19	579.64	—
	申万菱信竞争优势股票	310368	2008.07.04	168.39	28.06	171.69	19.73	—
	申万菱信消费增长股票	310388	2009.06.12	567.30	94.55	320.44	148.41	—
	申万菱信量化小盘股票(LOF)	163110	2011.06.16	299.13	49.85	162.77	162.98	—
	申万菱信沪深300价值指数	310398	2010.02.11	576.31	132.99	156.75	89.26	—
	申万菱信深证成指分级	163109	2010.10.22	3 838.10	844.38	1 038.53	185.63	—
	申万菱信中小板指数分级	163111	2012.05.08	146.70	32.27	64.56	42.39	—
	申万菱信盛利精选混合	310308	2004.04.09	2 082.17	347.03	946.01	6.07	—
	申万菱信盛利强化配置混合	310318	2004.11.29	58.90	12.27	3.16	13.51	—
	申万菱信新经济混合	310358	2006.12.06	4 467.79	744.63	1 481.13	777.08	—
	申万菱信添益宝债券	310378	2008.12.04	163.75	54.58	3.32	34.78	58.15
	申万菱信稳益宝债券	310508	2011.02.11	87.42	26.23	11.06	28.70	—
	申万菱信可转债债券	310518	2011.12.09	156.61	44.74	14.73	68.84	—
	申万菱信收益宝货币	310338	2006.07.07	37.74	11.63	—	4.25	29.08
	合　计			16 004.10	2 982.20	5 013.34	2 161.26	87.23
中海	中海量化策略股票	398041	2009.06.24	623.33	103.89	366.61	93.29	—
	中海消费股票	398061	2011.11.09	87.89	14.65	117.65	25.05	—
	中海上证50指数增强	399001	2010.03.25	228.41	45.68	150.40	52.41	—
	中海上证380指数	399011	2012.03.07	74.11	14.82	38.04	14.99	—
	中海优质成长混合	398001	2004.09.28	4 794.41	799.07	2 558.63	1 335.78	—
	中海分红增利混合	398011	2005.06.16	2 843.00	473.83	1 572.23	589.72	—
	中海能源策略混合	398021	2007.03.13	5 223.82	870.64	4 724.14	1 200.00	—
	中海蓝筹混合	398031	2008.12.03	92.68	15.45	146.72	15.11	—

（续上表）

管理人	基金简称	基金代码	设立日期	管理费	托管费	交易费	客户维护费	销售服务费
中海	中海环保新能源混合	398051	2010.12.09	660.27	110.04	718.26	212.33	—
	中海保本混合	393001	2012.06.20	276.41	46.07	2.43	119.40	—
	中海稳健收益债券	395001	2008.04.10	166.14	55.38	9.38	22.81	96.92
	中海增强收益债券	395011	2011.03.23	128.21	42.74	33.55	30.91	34.66
	中海货币	392001	2010.07.28	579.75	177.03	—	121.39	162.42
	合 计			15 778.45	2 769.29	10 438.04	3 833.19	294.00
华富	华富强化回报债券	164105	2010.09.08	1 224.76	408.25	23.90	54.74	—
	华富成长趋势股票	410003	2007.03.19	1 489.66	248.28	1 803.56	373.00	—
	华富量子生命力股票	410009	2011.04.01	161.78	26.96	183.30	45.10	—
	华富中证100指数	410008	2009.12.30	81.84	24.55	17.61	22.49	—
	华富中小板指数增强	410010	2011.12.09	59.15	8.87	30.79	22.59	—
	华富竞争力优选混合	410001	2005.03.02	1 224.37	204.06	869.63	188.26	—
	华富策略精选混合	410006	2008.12.24	90.08	15.01	38.93	14.39	—
	华富价值增长混合	410007	2009.07.15	286.11	47.69	207.25	54.50	—
	华富收益增强债券	410004	2008.05.28	948.86	316.29	50.49	160.01	247.08
	华富货币	410002	2006.06.21	602.41	182.55	0.02	37.03	456.37
	合 计			6 169.03	1 482.52	3 225.45	972.11	703.46
光大保德信	光大保德信量化股票	360001	2004.08.27	12 920.45	2 153.41	2 160.06	3 024.21	—
	光大保德信红利股票	360005	2006.03.24	3 272.99	545.50	964.01	519.67	—
	光大保德信新增长股票	360006	2006.09.14	1 311.33	218.55	433.67	233.56	—
	光大保德信优势配置股票	360007	2007.08.24	12 475.58	2 079.26	2 701.31	3 801.89	—
	光大保德信均衡精选股票	360010	2009.03.04	181.55	30.26	41.33	37.37	—
	光大保德信中小盘股票	360012	2010.04.14	1 516.09	252.68	1 765.91	567.36	—
	光大保德信行业轮动股票	360016	2012.02.15	223.76	37.29	59.80	75.33	—
	光大保德信动态优选混合	360011	2009.10.28	255.87	42.65	76.30	43.47	—
	光大保德信增利收益债券	360008	2008.10.29	138.88	46.29	3.06	16.16	26.47
	光大保德信信用添益债券	360013	2011.05.16	427.51	122.14	11.39	112.53	73.17
	光大保德信添天利理财债券	360017	2012.06.19	66.36	26.60	—	26.88	50.74
	光大保德信添盛双月理财债券	360021	2012.09.05	45.72	15.43	—	24.06	37.13
	光大保德信添天盈季度理财债券	360019	2012.10.25	94.25	30.16	—	93.82	79.78
	光大保德信货币	360003	2005.06.09	157.94	47.86	0.02	42.61	119.65
	合 计			33 088.28	5 648.09	8 216.86	8 618.93	386.93
上投摩根	上投摩根阿尔法股票	377010	2005.10.11	4 665.49	777.58	3 776.75	384.79	—
	上投摩根成长先锋股票	378010	2006.09.20	4 585.38	764.23	1 678.86	490.53	—

（续上表）

管理人	基金简称	基金代码	设立日期	管理费	托管费	交易费	客户维护费	销售服务费
上投摩根	上投摩根内需动力股票	377020	2007.04.13	9 887.89	1 647.98	6 450.67	1 357.97	—
	上投摩根中小盘股票	379010	2009.01.21	1 381.86	230.31	739.12	168.06	—
	上投摩根行业轮动股票	377530	2010.01.28	2 173.86	362.31	1 714.82	362.02	—
	上投摩根大盘蓝筹股票	376510	2010.12.20	1 061.20	176.87	777.27	313.01	—
	上投摩根新兴动力股票	377240	2011.07.13	564.72	94.12	396.25	211.52	—
	上投摩根健康品质生活股票	377150	2012.02.01	218.35	36.39	92.43	94.01	—
	上投摩根中证消费服务领先指数	370023	2012.09.25	57.00	11.40	36.35	16.36	—
	上投摩根中国优势混合	375010	2004.09.15	7 394.08	1 232.35	1 620.87	714.97	—
	上投摩根双息平衡混合	373010	2006.04.26	3 436.80	572.80	2 137.04	391.93	—
	上投摩根双核平衡混合	373020	2008.05.21	686.21	114.37	419.14	83.97	—
	上投摩根纯债债券	371020	2009.06.24	73.01	24.34	6.10	11.89	25.88
	上投摩根强化回报债券	372010	2011.08.10	151.30	43.23	41.61	74.50	40.53
	上投摩根分红添利债券	370021	2012.06.25	501.49	143.28	22.86	186.66	94.26
	上投摩根货币	370010	2005.04.13	6 141.11	1 860.94	—	2.71	209.25
	上投摩根亚太优势股票(QDII)	377016	2007.10.22	20 110.57	3 910.39	8 544.48	2 649.02	—
	上投摩根全球新兴市场股票(QDII)	378006	2011.01.30	142.21	27.65	66.07	76.10	—
	上投摩根全球天然资源股票(QDII)	378546	2012.03.26	164.48	31.98	62.85	59.03	—
	合　计			63 397.01	12 062.52	28 583.55	7 649.04	369.93
东方	东方策略成长股票	400007	2008.06.03	124.80	20.80	39.12	21.34	—
	东方核心动力股票	400011	2009.06.24	207.01	34.50	40.95	28.50	—
	东方龙混合	400001	2004.11.25	1 693.86	282.31	508.14	135.61	—
	东方精选混合	400003	2006.01.11	8 465.41	1 410.90	1 394.33	1 743.30	—
	东方增长中小盘混合	400015	2011.12.28	154.06	25.68	49.61	24.33	—
	东方保本混合	400013	2011.04.14	1 184.21	182.19	4.64	448.42	—
	东方稳健回报债券	400009	2008.12.10	156.04	52.01	21.79	34.26	—
	东方强化收益债券	400016	2012.10.09	93.06	23.27	1.24	28.33	—
	东方金账簿货币	400005	2006.08.02	379.59	115.03	—	90.36	287.57
	合　计			12 458.04	2 146.68	2 059.82	2 554.46	287.57
中银	中银增长股票	163803	2006.03.17	10 308.78	1 718.13	977.43	1 688.04	—
	中银策略股票	163805	2008.04.03	2 175.64	362.61	947.74	191.58	—
	中银中小盘成长股票	163818	2011.11.23	702.64	117.11	601.73	275.20	—
	中银主题策略股票	163822	2012.07.25	326.36	54.39	36.58	114.28	—
	中银中证100指数增强	163808	2009.09.04	1 622.47	243.37	263.95	163.22	—
	中银沪深300等权重指数(LOF)	163821	2012.05.17	369.83	73.97	104.33	148.11	—

(续上表)

管理人	基金简称	基金代码	设立日期	管理费	托管费	交易费	客户维护费	销售服务费
中银	中银上证国企100ETF	510270	2011.06.16	62.89	12.58	4.95	—	—
	中银中国混合(LOF)	163801	2005.01.04	4 563.06	760.51	817.08	261.50	—
	中银收益混合	163804	2006.10.11	4 232.27	705.38	924.53	502.96	—
	中银优选混合	163807	2009.04.03	837.98	139.66	85.17	70.89	—
	中银蓝筹混合	163809	2010.02.11	2 466.41	411.07	748.80	440.94	—
	中银价值混合	163810	2010.08.25	1 498.11	249.69	691.21	453.97	—
	中银保本混合	163823	2012.09.19	1 396.32	232.72	3.15	532.32	—
	中银增利债券	163806	2008.11.13	2 587.21	739.20	61.65	185.65	1 293.60
	中银双利债券	163811	2010.11.24	1 729.90	494.26	125.92	341.60	426.79
	中银转债增强债券	163816	2011.06.29	263.73	70.33	25.90	98.38	56.61
	中银信用增利债券	163819	2012.03.12	1 309.39	374.11	5.67	210.08	—
	中银理财14天债券	380001	2012.09.24	727.71	215.62	—	195.35	384.42
	中银理财60天债券发起	380003	2012.10.26	187.17	55.46	—	61.95	149.26
	中银货币	163802	2005.06.07	6 805.41	2 062.24	0.50	926.58	1 660.23
	中银全球策略(QDII—FOF)	163813	2011.03.03	732.21	142.37	120.13	267.13	—
	合　计			44 905.50	9 234.77	6 546.41	7 129.72	3 970.92
东吴	东吴双动力股票	580002	2006.12.15	3 944.33	657.39	388.38	437.03	—
	东吴行业轮动股票	580003	2008.04.23	3 821.07	636.84	1 721.78	738.82	—
	东吴新经济股票	580006	2009.12.30	361.41	60.23	134.93	52.98	—
	东吴新创业股票	580007	2010.06.29	243.52	40.59	23.01	56.61	—
	东吴新产业精选股票	580008	2011.09.28	170.10	28.35	133.48	45.47	—
	东吴中证新兴指数	585001	2011.02.01	1 225.92	183.89	378.35	511.90	—
	东吴深证100指数增强(LOF)	165806	2012.03.09	160.08	24.01	40.03	50.26	—
	东吴嘉禾优势精选混合	580001	2005.02.01	3 147.50	524.58	1 046.59	736.45	—
	东吴进取策略混合	580005	2009.05.06	1 474.41	245.73	522.43	133.37	—
	东吴保本混合	582003	2012.08.13	342.98	57.16	1.89	151.87	—
	东吴优信稳健债券	582001	2008.11.05	250.75	77.15	3.26	3.16	23.56
	东吴增利债券	582002	2011.07.27	217.10	66.80	1.53	63.38	52.15
	东吴货币	583001	2010.05.11	135.19	40.97	0.01	35.20	56.61
	合　计			15 494.35	2 643.70	4 395.67	3 016.50	132.33
天弘	天弘永定价值成长股票	420003	2008.12.02	100.83	16.80	128.73	30.95	—
	天弘周期策略股票	420005	2009.12.17	289.88	48.31	377.59	40.10	—
	天弘深证成份指数(LOF)	164205	2010.08.12	57.95	11.59	2.74	26.78	—
	天弘精选混合	420001	2005.10.08	4 101.04	683.51	1 565.88	678.86	—
	天弘永利债券	420002	2008.04.18	1 351.97	386.28	16.27	326.41	645.94

（续上表）

管理人	基金简称	基金代码	设立日期	管理费	托管费	交易费	客户维护费	销售服务费
天弘	天弘添利分级债券	164206	2010.12.03	2 023.64	578.18	11.01	410.01	1 011.82
	天弘丰利分级债券	164208	2011.11.23	1 287.07	367.73	6.17	394.73	643.54
	天弘债券发起式	420008	2012.08.10	648.51	185.29	1.10	240.10	292.07
	天弘现金管家货币	420006	2012.06.20	122.00	36.97	—	25.50	34.77
	合　计			9 982.89	2 314.67	2 109.48	2 173.44	2 628.13
国海富兰克林	国富弹性市值股票	450002	2006.06.14	6 675.26	1 112.54	1 056.74	896.70	—
	国富潜力组合股票	450003	2007.03.22	5 849.80	974.97	954.43	958.26	—
	国富深化价值股票	450004	2008.07.03	2 625.90	437.65	596.82	78.26	—
	国富成长动力股票	450007	2009.03.25	1 167.01	194.50	607.00	31.28	—
	国富中小盘股票	450009	2010.11.23	2 326.22	387.70	838.67	682.39	—
	国富研究精选股票	450011	2012.05.22	337.67	56.28	151.73	145.73	—
	国富沪深300指数增强	450008	2009.09.03	751.62	132.64	169.06	112.15	—
	国富中国收益混合	450001	2005.06.01	988.71	179.11	356.41	171.42	—
	国富策略回报混合	450010	2011.08.02	783.78	130.63	125.97	323.54	—
	国富强化收益债券	450005	2008.10.24	83.35	27.78	15.37	6.94	3.71
	国富恒久信用债券	450018	2012.09.11	162.49	46.43	0.58	72.31	20.53
	国富亚洲机会股票(QDII)	457001	2012.02.22	243.12	47.27	52.19	90.48	—
	合　计			21 994.93	3 727.51	4 924.97	3 569.45	24.24
华泰柏瑞	华泰柏瑞盛世中国股票	460001	2005.04.27	9 248.31	1 541.38	3 286.94	1 385.27	—
	华泰柏瑞价值增长股票	460005	2008.07.16	1 038.36	173.06	600.90	71.55	—
	华泰柏瑞行业领先股票	460007	2009.08.03	1 201.13	200.19	547.71	357.66	—
	华泰柏瑞量化先行股票	460009	2010.06.22	152.65	25.44	61.25	35.05	—
	华泰柏瑞上证红利ETF	510880	2006.11.17	819.19	163.84	240.93	—	—
	华泰柏瑞上证中小盘ETF	510220	2011.01.26	55.47	11.09	6.13	—	—
	华泰柏瑞沪深300ETF	510300	2012.05.04	7 494.61	1 498.92	5 253.63	—	—
	华泰柏瑞上证中小盘ETF联接	460220	2011.01.26	1.85	0.37	0.83	13.33	—
	华泰柏瑞沪深300ETF联接	460300	2012.05.29	18.12	3.62	1.46	19.63	—
	华泰柏瑞积极成长混合	460002	2007.05.29	3 210.05	535.01	882.42	415.50	—
	华泰柏瑞稳本增利债券	519519	2007.12.03	92.70	26.48	12.41	19.75	31.82
	华泰柏瑞信用增利债券	164606	2011.09.22	150.60	43.03	1.47	36.21	—
	华泰柏瑞货币	460006	2009.05.06	88.50	26.82	—	46.00	9.16
	华泰柏瑞亚洲(QDII)	460010	2010.12.02	125.67	24.44	85.94	49.42	—
	合　计			23 697.20	4 273.70	10 982.02	2 449.37	40.98
新华	新华优选成长股票	519089	2008.07.25	5 712.41	952.07	1 936.68	1 061.23	—

（续上表）

管理人	基金简称	基金代码	设立日期	管理费	托管费	交易费	客户维护费	销售服务费
新华	新华钻石企业股票	519093	2010.02.03	918.49	153.08	222.95	363.68	—
	新华行业周期轮换股票	519095	2010.07.21	262.63	43.77	521.95	122.91	—
	新华中小市值优选股票	519097	2011.01.28	569.87	94.98	227.09	283.25	—
	新华灵活主题股票	519099	2011.07.13	257.83	42.97	286.31	122.05	—
	新华优选消费股票	519150	2012.06.13	181.02	30.17	66.83	88.76	—
	新华优选分红混合	519087	2005.09.16	1 837.76	306.29	316.33	285.21	—
	新华泛资源优势混合	519091	2009.07.13	982.71	163.79	532.01	348.02	—
	合 计			10 722.73	1 787.12	4 110.15	2 675.12	—
汇添富	汇添富季季红定期开放债券	164702	2012.07.26	162.16	54.05	0.52	20.41	—
	汇添富均衡增长股票	519018	2006.08.07	20 829.63	3 471.60	4 427.30	4 825.48	—
	汇添富成长焦点股票	519068	2007.03.12	10 626.24	1 771.04	1 932.36	1 905.56	—
	汇添富价值精选股票	519069	2009.01.23	3 975.35	662.56	1 963.14	137.24	—
	汇添富策略回报股票	470008	2009.12.22	1 526.57	254.43	256.06	149.20	—
	汇添富民营活力股票	470009	2010.05.05	792.65	132.11	457.77	143.33	—
	汇添富医药保健股票	470006	2010.09.21	4 577.96	762.99	1 449.27	1 015.47	—
	汇添富社会责任股票	470028	2011.03.29	4 476.37	746.06	1 761.07	1 329.91	—
	汇添富逆向投资股票	470098	2012.03.09	431.67	71.94	48.42	138.25	—
	汇添富上证综合指数	470007	2009.07.01	3 390.32	678.06	195.96	650.86	—
	汇添富深证300ETF	159912	2011.09.16	138.53	27.71	16.41	—	—
	汇添富深证300ETF联接	470068	2011.09.28	5.76	1.15	21.84	9.49	—
	汇添富优势精选混合	519008	2005.08.25	3 973.85	662.31	779.30	466.77	—
	汇添富蓝筹稳健混合	519066	2008.07.08	544.13	90.69	189.50	43.86	—
	汇添富保本混合	470018	2011.01.26	2 113.58	352.26	74.54	796.48	—
	汇添富增强收益债券	519078	2008.03.06	885.76	295.25	21.06	61.46	10.25
	汇添富可转换债券	470058	2011.06.17	306.77	81.81	18.67	64.46	73.92
	汇添富信用债债券	470088	2011.12.20	411.75	117.64	2.61	66.84	168.04
	汇添富多元收益债券	470010	2012.09.18	236.23	67.49	8.94	66.23	70.54
	汇添富理财30天债券	470030	2012.05.09	2 645.54	783.86	—	906.70	2 229.99
	汇添富理财60天债券	470060	2012.06.12	1 052.70	311.91	—	368.75	1 119.97
	汇添富理财14天债券	470014	2012.07.10	320.21	94.88	—	124.30	250.93
	汇添富理财28天债券	471028	2012.10.18	52.14	15.45	—	20.87	51.35
	汇添富货币	519518	2006.03.23	2 021.73	612.65	—	164.25	384.01
	汇添富亚澳成熟优选股票QDII	470888	2010.06.25	135.20	26.29	23.40	14.83	—
	汇添富黄金及贵金属(QDII-LOF-FOF)	164701	2011.08.31	435.19	113.15	43.16	131.87	—
	合 计			66 067.97	12 259.35	13 691.31	13 622.87	4 359.00

（续上表）

管理人	基金简称	基金代码	设立日期	管理费	托管费	交易费	客户维护费	销售服务费
工银瑞信	工银核心价值股票	481001	2005.08.31	12 564.47	2 094.08	2 902.19	2 492.97	—
	工银稳健成长股票	481004	2006.12.06	6 612.07	1 102.01	2 444.57	1 038.15	—
	工银红利股票	481006	2007.07.18	4 027.96	671.33	1 788.51	682.01	—
	工银大盘蓝筹股票	481008	2008.08.04	694.65	115.78	183.42	154.00	—
	工银中小盘成长股票	481010	2010.02.10	860.13	143.35	444.60	238.76	—
	工银消费服务股票	481013	2011.04.21	2 436.18	406.03	754.56	903.05	—
	工银主题策略股票	481015	2011.10.24	414.11	69.02	422.27	151.28	—
	工银量化策略股票	481017	2012.04.26	1 299.20	216.53	602.50	485.57	—
	工银沪深300指数股票	481009	2009.03.05	1 896.58	379.32	378.48	641.58	—
	工银中证500指数	164809	2012.01.31	176.11	35.22	85.83	63.91	—
	工银深证100指数分级	164811	2012.10.25	42.04	8.41	61.00	5.18	—
	工银上证央企ETF	510060	2009.08.26	335.83	67.17	45.58	—	—
	工银深证红利ETF	159905	2010.11.05	468.25	93.65	50.07	—	—
	工银深证红利ETF联接	481012	2010.11.09	25.33	5.07	17.75	195.56	—
	工银精选平衡混合	483003	2006.07.13	8 167.64	1 361.27	2 166.76	1 735.19	—
	工银保本混合	487016	2011.12.27	3 045.78	507.63	110.91	1 150.23	—
	工银增强收益债券	485105	2007.05.11	2 459.41	819.80	163.72	314.04	496.10
	工银添利债券	485107	2008.04.14	1 814.57	604.86	159.16	200.07	447.06
	工银双利债券	485111	2010.08.16	1 435.02	410.01	320.97	565.71	430.49
	工银四季收益债券	164808	2011.02.10	1 509.37	503.12	45.64	406.09	—
	工银添颐债券	485114	2011.08.10	879.72	251.35	315.27	278.63	390.34
	工银纯债定期开放债券	164810	2012.06.21	1 519.59	506.53	7.68	449.31	—
	工银7天理财债券	485118	2012.08.22	3 490.78	1 034.31	—	1 694.74	2 969.92
	工银14天理财债券发起	485120	2012.10.26	495.12	146.70	—	241.08	376.76
	工银货币	482002	2006.03.20	4 314.78	1 307.51	—	492.44	3 268.77
	工银全球股票(QDII)	486001	2008.02.14	1 809.88	301.65	644.68	428.66	—
	工银全球精选股票(QDII)	486002	2010.05.25	194.04	37.73	31.72	82.37	—
	合　计			62 988.59	13 199.42	14 147.84	15 090.57	8 379.43
交银施罗德	交银精选股票	519688	2005.09.29	7 723.39	1 287.23	3 497.73	994.49	—
	交银成长股票	519692	2006.10.23	9 477.29	1 579.55	2 619.68	874.57	—
	交银蓝筹股票	519694	2007.08.08	12 219.48	2 036.58	2 526.02	1 945.26	—
	交银先锋股票	519698	2009.04.10	2 679.15	446.53	976.78	347.23	—
	交银趋势股票	519702	2010.12.22	2 424.98	404.16	593.16	577.83	—
	交银先进制造股票	519704	2011.06.22	720.03	120.01	408.14	244.66	—
	交银阿尔法核心股票	519712	2012.08.03	205.72	34.29	154.34	106.81	—

（续上表）

管理人	基金简称	基金代码	设立日期	管理费	托管费	交易费	客户维护费	销售服务费
交银施罗德	交银上证180公司治理ETF	510010	2009.09.25	1 442.56	288.51	144.70	—	—
	交银深证300价值ETF	159913	2011.09.22	45.20	9.04	6.98	—	—
	交银上证180公司治理ETF联接	519686	2009.09.29	86.94	17.39	151.92	292.68	—
	交银深证300价值ETF联接	519706	2011.09.28	2.93	0.59	16.77	15.16	—
	交银稳健配置混合	519690	2006.06.14	6 342.22	1 057.04	2 315.49	1 093.07	—
	交银主题优选混合	519700	2010.06.30	1 456.85	242.81	511.74	319.91	—
	交银优势行业混合	519697	2009.01.21	733.79	122.30	173.85	272.48	—
	交银荣安保本混合	519710	2012.06.20	1 005.30	167.55	99.45	439.85	—
	交银增利债券	519680	2008.03.31	1 231.75	410.58	66.95	121.27	210.38
	交银信用添利债券	164902	2011.01.27	1 183.89	394.63	37.11	129.67	—
	交银双利债券	519683	2011.09.26	280.66	80.19	74.73	137.22	56.08
	交银货币	519588	2006.01.20	2 600.78	788.11	—	227.94	269.75
	交银环球精选股票(QDII)	519696	2008.08.22	296.12	57.58	68.06	35.70	—
	交银全球资源股票(QDII)	519709	2012.05.22	125.39	24.38	61.64	55.60	—
	合 计			52 284.40	9 569.03	14 505.24	8 231.42	536.21
建信	建信优势动力封闭	150003	2008.03.19	4 993.32	998.66	748.42	58.36	—
	建信信用增强债券	165311	2011.06.16	568.78	162.51	2.38	191.01	—
	建信恒久价值股票	530001	2005.12.01	6 698.14	1 116.36	1 988.21	14.05	—
	建信优选成长股票	530003	2006.09.08	3 562.89	593.82	1 353.96	446.56	—
	建信核心精选股票	530006	2008.11.25	3 037.49	506.25	837.19	133.76	—
	建信内生动力股票	530011	2010.11.16	5 073.81	845.63	652.45	1 630.20	—
	建信双利分级股票	165310	2011.05.06	2 399.97	399.99	906.37	1 094.31	—
	建信社会责任股票	530019	2012.08.14	224.21	37.37	44.24	125.58	—
	建信沪深300指数(LOF)	165309	2009.11.05	2 395.73	479.15	345.59	434.83	—
	建信深证100指数增强	530018	2012.03.16	599.04	119.81	573.61	362.32	—
	建信上证社会责任ETF	510090	2010.05.28	181.17	36.23	25.47	—	—
	深证F60ETF	159916	2011.09.08	174.01	34.80	29.33	—	—
	建信上证社会责任ETF联接	530010	2010.05.28	14.70	2.94	13.38	75.76	—
	建信深证基本面60ETF联接	530015	2011.09.08	11.38	2.28	19.70	104.15	—
	建信优化配置混合	530005	2007.03.01	10 044.44	1 674.07	2 373.07	1 558.39	—
	建信恒稳价值混合	530016	2011.11.22	225.98	37.66	145.08	108.61	—
	建信保本混合	530012	2011.01.18	2 705.80	450.97	81.34	948.89	—
	建信稳定增利债券	530008	2008.06.25	1 943.97	555.42	48.04	189.17	1 110.84
	建信增强债券	530009	2009.06.02	622.46	177.85	169.85	101.08	176.53
	建信双息红利债券	530017	2011.12.13	317.85	90.82	69.03	183.61	—

（续上表）

管理人	基金简称	基金代码	设立日期	管理费	托管费	交易费	客户维护费	销售服务费
建信	建信转债增强债券	530020	2012.05.29	1 112.77	296.74	30.14	668.99	415.13
	建信双周理财债券	530014	2012.08.28	535.50	158.67	—	199.87	444.42
	建信货币	530002	2006.04.25	1 577.72	478.10	—	187.32	1 195.24
	建信全球机遇股票(QDII)	539001	2010.09.14	482.44	93.81	78.45	134.56	—
	建信新兴市场股票(QDII)	539002	2011.06.21	245.43	47.72	55.54	88.33	—
	建信全球资源股票(QDII)	539003	2012.06.26	75.14	14.61	4.27	35.14	—
	合　计			49 824.17	9 412.23	10 595.09	9 074.85	3 342.17
信诚	信诚增强收益债券封闭	165509	2010.09.29	1 622.17	463.48	68.34	130.82	—
	信诚双盈分级债券	165517	2012.04.13	190.02	54.29	2.27	74.16	64.59
	信诚精萃成长股票	550002	2006.11.27	2 871.47	478.58	936.40	227.74	—
	信诚盛世蓝筹股票	550003	2008.06.04	2 759.69	459.95	1 362.48	169.05	—
	信诚优胜精选股票	550008	2009.08.26	1 701.20	283.53	2 211.29	94.22	—
	信诚中小盘股票	550009	2010.02.10	173.58	28.93	209.39	46.42	—
	信诚深度价值股票(LOF)	165508	2010.07.30	262.61	43.77	237.41	94.96	—
	信诚新机遇股票(LOF)	165512	2011.08.01	329.37	54.90	251.49	191.68	—
	信诚周期轮动股票(LOF)	165516	2012.05.07	170.44	28.41	94.51	64.03	—
	信诚中证500指数分级	165511	2011.02.11	1 120.97	246.61	1 293.89	104.25	—
	信诚沪深300指数分级	165515	2012.02.01	194.88	42.87	322.15	48.83	—
	信诚四季红混合	550001	2006.04.29	3 919.28	653.21	2 672.19	727.90	—
	信诚三得益债券	550004	2008.09.27	125.72	35.92	30.07	6.94	41.91
	信诚经典优债债券	550006	2009.03.11	903.05	258.01	9.46	39.20	279.24
	信诚货币	550010	2011.03.23	853.19	258.54	—	152.11	151.20
	信诚金砖四国配置(QDII—FOF—LOF)	165510	2010.12.17	116.51	19.97	98.55	46.40	—
	信诚全球商品主题(QDII—FOF—LOF)	165513	2011.12.20	56.54	9.69	12.01	23.73	—
	合　计			17 370.68	3 420.67	9 811.91	2 242.43	536.94
汇丰晋信	汇丰晋信龙腾股票	540002	2006.09.27	1 990.31	331.72	778.44	127.25	—
	汇丰晋信大盘股票	540006	2009.06.24	1 462.20	243.70	591.72	240.84	—
	汇丰晋信中小盘股票	540007	2009.12.11	668.68	111.45	538.16	160.06	—
	汇丰晋信低碳先锋股票	540008	2010.06.08	587.91	97.98	396.00	181.90	—
	汇丰晋信消费红利股票	540009	2010.12.08	2 488.74	414.79	942.45	763.45	—
	汇丰晋信科技先锋股票	540010	2011.07.27	520.53	86.75	366.02	220.05	—
	汇丰晋信恒生行业龙头指数	540012	2012.08.01	48.73	9.75	70.67	7.07	—
	汇丰晋信2016周期混合	540001	2006.05.23	462.56	123.35	165.63	60.87	—
	汇丰晋信动态策略混合	540003	2007.04.09	2 491.37	415.23	963.60	279.14	—

（续上表）

管理人	基金简称	基金代码	设立日期	管理费	托管费	交易费	客户维护费	销售服务费
汇丰晋信	汇丰晋信2026周期混合	540004	2008.07.23	155.94	25.99	122.11	34.03	—
	汇丰晋信平稳增利债券	540005	2008.12.03	35.18	11.73	0.32	8.26	0.02
	汇丰晋信货币	540011	2011.11.02	104.29	31.60	—	7.24	12.91
	合　计			11 016.43	1 904.04	4 935.13	2 090.18	12.93
益民	益民红利成长混合	560002	2006.11.21	1 357.41	226.24	1 546.71	302.70	—
	益民创新优势混合	560003	2007.07.11	4 811.21	801.87	5 383.65	868.28	—
	益民核心增长混合	560006	2012.08.16	343.92	57.32	21.02	34.11	—
	益民多利债券	560005	2008.05.21	46.23	13.21	36.24	1.84	19.81
	益民货币	560001	2006.07.17	25.53	7.74	—	1.54	19.34
	合　计			6 584.29	1 106.37	6 987.62	1 208.47	39.15
华商	华商盛世成长股票	630002	2008.09.23	11 096.17	1 849.36	5 464.42	2 605.14	—
	华商产业升级股票	630006	2010.06.18	453.03	75.50	383.66	180.56	—
	华商价值精选股票	630010	2011.05.31	538.95	89.83	322.31	238.23	—
	华商主题精选股票	630011	2012.05.31	205.11	34.19	89.32	26.60	—
	华商中证500指数分级	166301	2012.09.06	42.96	9.45	18.29	1.95	—
	华商领先企业混合	630001	2007.05.15	8 601.59	1 433.60	3 087.77	2 083.51	—
	华商动态阿尔法混合	630005	2009.11.24	4 560.55	760.09	362.63	878.17	—
	华商策略精选混合	630008	2010.11.09	9 406.90	1 567.82	3 266.67	4 210.94	—
	华商收益增强债券	630003	2009.01.23	566.89	188.96	24.05	62.29	149.16
	华商稳健双利债券	630007	2010.08.09	414.52	118.44	188.95	186.06	113.57
	华商稳定增利债券	630009	2011.03.15	731.90	209.11	143.24	295.09	147.87
	合　计			36 618.57	6 336.35	13 351.31	10 768.55	410.59
中邮创业	中邮核心优选股票	590001	2006.09.28	11 017.77	1 836.29	5 554.55	1 698.04	—
	中邮核心成长股票	590002	2007.08.17	20 187.67	3 364.61	10 790.19	3 464.83	—
	中邮核心主题股票	590005	2010.05.19	1 415.55	235.92	1 024.00	487.88	—
	中邮战略新兴产业股票	590008	2012.06.12	216.87	36.14	66.55	22.25	—
	中邮上证380指数增强	590007	2011.11.22	75.99	15.20	101.94	18.64	—
	中邮核心优势灵活配置混合	590003	2009.10.28	2 320.21	386.70	1 149.11	542.43	—
	中邮中小盘灵活配置混合	590006	2011.05.10	1 045.12	174.19	303.12	410.75	—
	合　计			36 279.18	6 049.06	18 989.46	6 644.82	—
信达澳银	信达澳银领先增长股票	610001	2007.03.08	6 665.50	1 110.92	3 184.19	1 235.34	—
	信达澳银中小盘股票	610004	2009.12.01	691.29	115.22	1 002.44	112.07	—
	信达澳银红利回报股票	610005	2010.07.28	247.74	41.29	299.12	114.13	—
	信达澳银产业升级股票	610006	2011.06.13	473.27	78.88	607.77	254.62	—

（续上表）

管理人	基金简称	基金代码	设立日期	管理费	托管费	交易费	客户维护费	销售服务费
信达澳银	信达澳银消费优选股票	610007	2012.09.04	147.55	24.59	35.00	68.87	—
	信达澳银精华配置混合	610002	2008.07.30	142.51	23.75	124.69	15.35	—
	信达澳银稳定价值债券	610003	2009.04.08	61.17	20.39	0.91	13.23	21.04
	信达澳银稳定增利分级债券	166105	2012.05.07	126.21	36.06	0.43	90.13	72.12
	合　计			8 555.24	1 451.09	5 254.56	1 903.73	93.16
诺德	诺德价值优势股票	570001	2007.04.19	3 545.97	591.00	1 431.09	673.39	—
	诺德成长优势股票	570005	2009.09.22	104.15	17.36	43.45	24.36	—
	诺德中小盘股票	570006	2010.06.28	380.15	63.36	195.50	122.40	—
	诺德优选30股票	570007	2011.05.05	819.44	136.57	619.66	388.17	—
	诺德周期策略股票	570008	2012.03.21	220.27	36.71	92.11	109.88	—
	诺德深证300指数分级	165707	2012.09.10	37.13	7.43	58.44	13.85	—
	诺德灵活配置混合	571002	2008.11.05	111.12	18.52	52.39	17.27	—
	诺德增强收益债券	573003	2009.03.04	83.42	22.25	8.81	22.08	44.49
	诺德双翼分级债券	165705	2012.02.16	226.25	64.64	0.95	61.76	129.29
	合　计			5 527.90	957.83	2 502.41	1 433.16	173.78
中欧	中欧新趋势股票(LOF)	166001	2007.01.29	2 158.86	359.81	1 161.98	285.54	—
	中欧价值发现股票	166005	2009.07.24	1 808.29	301.38	465.00	39.46	—
	中欧中小盘股票(LOF)	166006	2009.12.30	374.10	62.35	78.54	76.03	—
	中欧新动力股票(LOF)	166009	2011.02.10	478.15	79.69	141.08	78.14	—
	中欧盛世成长分级股票	166011	2012.03.29	346.99	57.83	202.20	69.92	—
	中欧沪深300指数增强(LOF)	166007	2010.06.24	189.91	28.49	57.22	44.79	—
	中欧新蓝筹混合	166002	2008.07.25	393.83	65.64	241.60	19.83	—
	中欧稳健收益债券	166003	2009.04.24	126.21	42.07	2.22	20.56	57.15
	中欧增强回报债券(LOF)	166008	2010.12.02	607.30	173.51	2.03	143.87	—
	中欧鼎利分级债券	166010	2011.06.16	410.82	117.38	58.72	114.11	—
	中欧信用增利分级债券	166012	2012.04.16	374.43	106.98	2.10	103.63	128.80
	合　计			7 268.89	1 395.13	2 412.67	995.88	185.95
金元惠理	金元惠理价值增长股票	620004	2009.09.11	121.58	20.26	40.09	26.79	—
	金元惠理核心动力股票	620005	2010.02.11	87.28	14.55	43.11	29.34	—
	金元惠理消费主题股票	620006	2010.09.15	106.60	17.77	20.96	53.58	—
	金元惠理新经济主题股票	620008	2012.07.31	160.64	26.77	17.79	76.01	—
	金元惠理宝石动力混合	620001	2007.08.15	570.94	95.16	228.48	137.56	—
	金元惠理成长动力混合	620002	2008.09.03	102.87	17.15	77.48	22.13	—
	金元惠理保本混合	620007	2011.08.16	153.26	25.54	32.43	65.14	—

（续上表）

管理人	基金简称	基金代码	设立日期	管理费	托管费	交易费	客户维护费	销售服务费
金元惠理	金元惠理丰利债券	620003	2009.03.23	51.40	14.69	9.60	7.55	29.37
	合　计			1 354.56	231.88	469.95	418.09	29.37
浦银安盛	浦银安盛价值成长股票	519110	2008.04.16	828.01	138.00	604.31	147.46	—
	浦银安盛红利精选股票	519115	2009.12.03	187.35	31.23	323.81	52.96	—
	浦银安盛沪深300指数增强	519116	2010.12.10	183.85	27.58	126.88	66.74	—
	浦银安盛基本面400指数	519117	2012.05.14	177.03	26.55	39.16	66.39	—
	浦银安盛精致生活混合	519113	2009.06.04	137.94	22.99	205.34	32.06	—
	浦银安盛优化收益债券	519111	2008.12.30	48.68	14.98	0.22	14.05	12.09
	浦银安盛增利分级债券	166401	2011.12.13	676.04	193.15	2.78	214.88	338.02
	浦银安盛幸福回报债券	519118	2012.09.18	403.84	115.38	3.73	199.32	39.83
	浦银安盛货币	519509	2011.03.09	107.96	32.72	—	35.99	35.65
	合　计			2 750.71	602.58	1 306.24	829.85	425.58
农银汇理	农银行业成长股票	660001	2008.08.04	5 360.13	893.35	4 083.89	695.44	—
	农银策略价值股票	660004	2009.09.29	1 823.33	303.89	1 467.86	263.94	—
	农银中小盘股票	660005	2010.03.25	2 088.00	348.00	1 622.40	531.29	—
	农银大盘蓝筹股票	660006	2010.09.01	3 118.19	519.70	957.30	786.71	—
	农银策略精选股票	660010	2011.09.06	783.73	130.62	718.79	331.58	—
	农银消费主题股票	660012	2012.04.24	1 050.79	175.13	525.10	368.52	—
	农银沪深300指数	660008	2011.04.12	1 230.87	307.72	200.79	482.53	—
	农银中证500指数	660011	2011.11.29	261.92	52.38	119.84	118.23	—
	农银深证100指数	660014	2012.09.04	116.44	17.47	47.70	40.52	—
	农银平衡双利混合	660003	2009.04.08	1 293.29	215.55	1 699.33	185.52	—
	农银恒久增利债券	660002	2008.12.23	130.12	43.37	1.06	22.57	3.13
	农银增强收益债券	660009	2011.07.01	138.30	39.51	1.36	58.13	21.77
	农银信用添利债券	660013	2012.06.19	364.18	104.05	1.42	149.10	—
	农银货币	660007	2010.11.23	464.79	140.84	0.01	142.82	227.27
	合　计			18 224.08	3 291.60	11 446.85	4 176.90	252.17
民生加银	民生加银精选股票	690003	2010.02.03	997.97	166.33	971.96	110.97	—
	民生加银稳健成长股票	690004	2010.06.29	209.05	34.84	188.86	40.97	—
	民生加银内需增长股票	690005	2011.01.28	751.68	125.28	900.47	145.91	—
	民生加银景气行业股票	690007	2011.11.22	819.54	136.59	633.98	95.43	—
	民生加银中证内地资源主题指数	690008	2012.03.08	219.17	58.45	156.70	31.07	—
	民生加银品牌蓝筹混合	690001	2009.03.27	477.62	79.60	383.77	43.05	—
	民生红利回报混合	690009	2012.08.09	1 578.46	263.08	456.91	166.53	—

（续上表）

管理人	基金简称	基金代码	设立日期	管理费	托管费	交易费	客户维护费	销售服务费
民生加银	民生加银增强收益债券	690002	2009.07.21	188.63	53.89	103.74	29.60	65.26
	民生加银信用双利债券	690006	2012.04.25	1 301.20	371.77	37.64	255.81	580.72
	合　计			6 543.33	1 289.83	3 834.00	919.35	645.98
纽银梅隆西部	纽银策略优选股票	671010	2011.01.25	570.77	95.13	732.48	235.75	—
	纽银新动向混合	673010	2011.08.18	130.63	21.77	184.55	63.89	—
	纽银稳健双利债券	675011	2012.06.26	451.13	128.89	3.14	268.92	182.23
	合　计			1 152.53	245.79	920.17	568.56	182.23
浙商	浙商聚潮产业成长股票	688888	2011.05.17	1 017.30	169.55	822.49	552.70	—
	浙商沪深300指数分级	166802	2012.05.07	150.03	33.01	95.73	43.90	—
	浙商聚潮新思维混合	166801	2012.03.08	577.09	96.18	355.78	219.31	—
	浙商聚盈信用债债券	686868	2012.09.18	50.96	14.56	1.37	24.01	15.35
	合　计			1 795.38	313.30	1 275.36	839.92	15.35
平安大华	平安大华行业先锋股票	700001	2011.09.20	2 916.69	486.12	1 675.53	740.53	—
	平安大华深证300指数增强	700002	2011.12.20	95.23	16.81	70.02	28.06	—
	平安大华策略先锋混合	700003	2012.05.29	142.64	23.77	41.76	51.80	—
	平安大华保本混合	700004	2012.09.11	366.41	61.07	26.00	161.94	—
	合　计			3 520.98	587.76	1 813.32	982.32	—
富安达	富安达优势成长股票	710001	2011.09.21	550.62	91.77	601.48	158.27	—
	富安达策略精选混合	710002	2012.04.25	300.58	50.10	121.95	100.89	—
	富安达增强收益债券	710301	2012.07.25	131.61	37.60	4.36	71.71	44.64
	合　计			982.81	179.47	727.79	330.87	44.64
财通	财通价值动量混合	720001	2011.12.01	560.96	93.49	310.77	71.86	—
	财通多策略稳健增长债券	720002	2012.07.13	1 075.17	268.79	8.39	—	—
	合　计			1 636.12	362.28	319.15	71.86	—
方正富邦	方正富邦创新动力股票	730001	2011.12.26	259.68	43.28	137.73	49.52	—
	合　计			259.68	43.28	137.73	49.52	—
长安	长安宏观策略股票	740001	2012.03.09	132.66	22.11	209.56	28.98	—
	长安沪深300非周期指数	740101	2012.06.25	98.04	14.71	74.84	24.69	—
	合　计			230.70	36.82	284.40	53.67	—
国金通用	国金通用国鑫混合发起	762001	2012.08.28	74.65	12.44	10.65	8.88	—
	合　计			74.65	12.44	10.65	8.88	—

（续上表）

管理人	基金简称	基金代码	设立日期	管理费	托管费	交易费	客户维护费	销售服务费
安信	安信灵活配置混合	750001	2012.06.20	382.12	63.69	31.21	95.12	—
	安信目标收益债券	750002	2012.09.25	189.25	54.07	1.43	95.75	79.99
	合　计			571.38	117.76	32.64	190.87	79.99
德邦	德邦优化股票	770001	2012.09.25	83.57	13.93	24.77	6.62	—
	合　计			83.57	13.93	24.77	6.62	—
	总　计			260.45亿元	48.77亿元	72.27亿元	43.77亿元	10.19亿元

表2-33 各类型证券投资基金年末持有人结构汇总（2011—2012）

（单位：只；户；亿份；%）

基金类型	2012年年报						2011年年报					
	基金数量	持有人户数	机构投资者		个人投资者		基金数量	持有人户数	机构投资者		个人投资者	
			持有份额	占比	持有份额	占比			持有份额	占比	持有份额	占比
传统封闭式基金	24	1 083 341	361.32	60.22	238.68	39.78	25	1 181 844	373.03	60.17	246.97	39.83
创新封闭式基金	42	773 675	405.93	54.56	338.04	45.44	27	693 369	386.36	56.58	296.52	43.42
开放式基金												
其中：股票型基金	478	48 312 709	2 016.30	16.54	10 173.36	83.46	380	50 839 891	1 912.40	15.64	10 316.76	84.36
（指数股票）	143	9 980 302	911.14	25.76	2 626.05	74.24	95	588 191	14.68	3.53	400.62	96.47
混合基金	214	27 730 118	647.31	10.02	5 812.96	89.98	185	29 307 320	789.97	11.79	5 910.89	88.21
（保本混合）	33	631 905	15.44	2.93	510.96	97.07	20	10 301 883	669.09	21.41	2 456.60	78.59
债券型基金	189	2 440 309	1 060.38	40.31	1 570.45	59.69	120	1 768 053	428.75	40.47	630.66	59.53
（短期理财债券）	23	373 630	322.54	33.59	637.57	66.41	—	—	—	—	—	—
货币型基金	52	2 415 961	2 773.66	51.74	2 587.60	48.26	49	1 340 333	1 637.36	55.89	1 292.48	44.11
ETF	45	710 400	878.26	78.32	243.15	21.68	37	668 941	712.08	75.02	237.09	24.98
QDII	66	5 163 262	21.34	2.49	834.46	97.51	49	5 432 042	18.70	2.06	888.95	97.94
总 计	1 110	88 629 775	8 164.50	27.25	21 798.70	72.75	872	91 231 793	6 258.65	24.00	19 820.31	76.00

表2-34 2012年证券投资基金年末持有人结构

（单位：户；万份；%）

管理人	基金简称	设立日期	持有人户数	机构投资者		个人投资者	
				持有份额	占比	持有份额	占比
国泰	国泰金鑫封闭	1999.10.21	67 865	190 194.11	63.40	109 805.89	36.60
	国泰估值优势分级封闭	2010.02.10	17 864	36 278.93	43.03	48 031.52	56.97
	国泰金鹰增长股票	2002.05.08	105 278	70 024.23	28.44	176 206.16	71.56
	国泰金牛创新股票	2007.05.18	147 112	113 708.86	30.49	259 249.16	69.51
	国泰区位优势股票	2009.05.27	18 052	9 346.50	17.96	42 693.16	82.04
	国泰中小盘成长股票(LOF)	2009.10.19	24 051	19 110.01	22.33	66 470.14	77.67
	国泰价值经典股票(LOF)	2010.08.13	7 154	14 067.78	36.71	24 249.07	63.29
	国泰事件驱动股票	2011.08.17	4 403	999.92	7.94	11 600.06	92.06
	国泰成长优选股票	2012.03.20	1 651	598.92	5.72	9 866.92	94.28
	国泰沪深300指数	2007.11.11	244 139	415 753.25	34.58	786 644.05	65.42
	国泰上证180金融ETF	2011.03.31	1 724	25 536.56	89.84	2 889.60	10.17
	国泰中小板300成长ETF	2012.03.15	314	6 956.61	92.60	556.68	7.41
	国泰上证180金融ETF联接	2011.03.31	7 606	17 241.60	31.72	37 110.39	68.28
	国泰中小板300成长ETF联接	2012.03.15	1 353	412.88	5.57	6 999.30	94.43
	国泰金龙行业混合	2003.12.05	48 658	1 373.86	1.55	87 245.12	98.45
	国泰金马稳健混合	2004.06.18	297 658	48 837.90	7.79	578 282.93	92.21
	国泰金鹏蓝筹混合	2006.09.29	75 538	11 133.17	6.85	151 404.01	93.15
	国泰金鼎价值混合	2007.04.11	188 978	138 237.35	25.34	407 236.80	74.66
	国泰金泰平衡混合	2012.12.24	42 835	159 090.36	79.55	40 909.64	20.45
	国泰金鹿保本混合	2008.06.12	12 265	5 983.28	7.09	78 387.82	92.91
	国泰保本混合	2011.04.19	14 408	347.78	0.20	172 572.32	99.80
	国泰金龙债券	2003.12.05	15 041	318 971.68	87.62	45 078.15	12.38
	国泰双利债券	2009.03.11	9 629	106 308.87	75.56	34 379.05	24.44
	国泰信用互利分级债券	2011.12.29	1 377	87 290.31	90.25	9 428.20	9.75
	国泰信用债券	2012.07.31	6 646	118 825.38	57.17	89 013.61	42.83
	国泰6个月短期理财债券	2012.09.25	9 109	8 763.51	5.04	165 202.61	94.96
	国泰货币	2005.06.21	25 105	578 305.29	73.62	207 191.66	26.38
	国泰纳斯达克100指数	2010.04.29	22 018	72.29	0.26	27 766.60	99.74
	国泰大宗商品(QDII-LOF)	2012.05.03	1 109	0.00	0.00	5 425.57	100.00
	合 计		1 418 940	2 503 771.19	40.48	3 681 896.20	59.52

（续上表）

管理人	基金简称	设立日期	持有人户数	机构投资者		个人投资者	
				持有份额	占比	持有份额	占比
南方	南方开元封闭	1998.03.27	49 600	124 549.53	62.27	75 450.47	37.73
	南方天元封闭	1999.08.25	51 432	165 118.25	55.04	134 881.75	44.96
	南方金利定期开放债券	2012.05.17	15 438	9 617.10	5.93	152 564.98	94.07
	南方积极配置股票(LOF)	2004.10.14	101 623	31 764.39	16.30	163 059.00	83.70
	南方高增长股票(LOF)	2005.07.13	115 062	39 609.92	16.08	206 652.80	83.92
	南方绩优成长股票	2006.11.16	300 102	19 217.81	2.81	664 626.00	97.19
	南方成份精选股票	2007.05.14	504 729	33 394.66	3.20	1 010 227.52	96.80
	南方隆元产业主题股票	2007.11.09	296 537	25 435.36	2.78	887 935.90	97.22
	南方盛元红利股票	2008.03.21	93 402	66 922.50	22.29	233 252.24	77.71
	南方优选价值股票	2008.06.18	73 093	79 892.24	46.61	91 512.57	53.39
	南方策略优化股票	2010.03.30	24 628	5 974.61	6.38	87 632.59	93.62
	南方新兴消费增长分级股票	2012.03.13	13 525	1 096.27	2.54	42 040.79	97.46
	南方金粮油商品股票	2012.09.25	3 414	74.11	0.53	13 890.88	99.47
	南方沪深300指数	2009.03.25	70 252	154 020.05	49.83	155 099.40	50.17
	南方中证500指数(LOF)	2009.09.25	390 772	109 135.18	17.59	511 422.73	82.41
	南方中证50债券指数(LOF)	2011.05.17	11 062	2 190.74	7.00	29 084.07	0.93
	南方深证成份ETF	2009.12.04	17 312	293 994.38	78.72	79 471.07	21.28
	南方小康ETF	2010.08.27	3 393	71 101.43	85.04	12 504.31	14.96
	南方上证380ETF	2011.09.16	1 567	16 585.69	79.57	4 259.20	20.43
	南方深证成份ETF联接	2009.12.09	42 513	74 445.17	26.23	209 333.52	73.77
	南方小康ETF联接	2010.08.27	15 345	202.31	0.64	31 279.66	99.36
	南方上证380ETF联接	2011.09.20	6 431	3 299.31	21.75	11 868.67	78.25
	南方稳健成长混合	2001.09.28	271 790	2 963.76	0.61	483 444.98	99.39
	南方稳健成长贰号混合	2006.07.25	416 993	3 062.58	0.37	830 114.69	99.63
	南方优选成长混合	2011.01.30	28 581	13 886.38	9.78	128 091.77	90.22
	南方避险增值混合	2003.06.27	106 775	9 368.56	1.98	464 619.01	98.02
	南方恒元保本混合	2008.11.12	34 687	5 040.47	1.53	325 329.52	98.47
	南方保本混合	2011.06.21	42 441	11 854.04	3.16	363 833.62	96.84
	南方宝元债券	2002.09.20	49 761	1 787.70	1.77	99 294.46	98.23
	南方多利增强债券	2007.08.28	47 862	50 224.78	28.30	127 274.12	71.70
	南方广利回报债券	2010.11.03	23 058	23 044.59	18.74	99 919.54	81.26
	南方润元纯债债券	2012.07.20	28 261	8 982.07	2.21	397 706.83	97.79
	南方理财14天债券	2012.08.14	10 033	20 150.21	17.12	97 560.59	82.88

（续上表）

管理人	基金简称	设立日期	持有人户数	机构投资者		个人投资者	
				持有份额	占比	持有份额	占比
南方	南方理财60天债券	2012.10.19	5 931	0.00	0.00	81 395.49	100.00
	南方现金增利货币	2004.03.05	364 437	2 219 119.31	45.35	2 673 874.24	54.65
	南方全球精选配置(QDII-FOF)	2007.09.19	885 768	6 966.88	0.41	1 687 234.33	99.59
	南方金砖四国指数(QDII)	2010.12.09	8 844	2 519.84	11.71	18 990.55	88.29
	南方中国中小盘股票指数(QDII-LOF)	2011.09.26	3 481	2 189.69	22.51	7 537.18	77.49
	合 计		4 529 935	3 708 801.86	22.61	12 694 271.02	77.39
华夏	华夏兴华封闭	1998.04.28	63 997	89 465.98	44.73	110 534.02	55.27
	华夏兴和封闭	1999.07.14	59 495	212 018.65	70.67	87 981.35	29.33
	华夏收入股票	2005.11.17	104 227	1 353.28	0.93	144 507.34	99.07
	华夏优势增长股票	2006.11.24	821 066	11 828.95	0.89	1 315 444.24	99.11
	华夏复兴股票	2007.09.10	587 416	1 277.35	0.45	280 017.62	99.55
	华夏行业股票(LOF)	2007.11.22	246 628	53 608.31	7.24	687 108.27	92.76
	华夏盛世股票	2009.12.11	149 537	10 378.86	1.05	975 859.26	98.95
	华夏上证50ETF	2004.12.30	196 610	559 920.78	53.64	483 935.90	46.36
	华夏中小板ETF	2006.06.08	82 948	95 882.26	44.46	119 800.57	55.54
	华夏沪深300ETF联接	2009.07.10	598 120	278 555.88	10.04	2 497 063.53	89.96
	华夏成长混合	2001.12.18	502 448	7 551.73	0.81	929 769.88	99.19
	华夏回报混合	2003.09.05	498 286	12 926.62	1.64	773 396.59	98.36
	华夏经典混合	2004.03.15	24 465	5 298.11	3.85	132 488.81	96.15
	华夏大盘精选混合	2004.08.11	12 794	4 113.83	12.61	28 510.32	87.39
	华夏红利混合	2005.06.30	991 905	29 391.45	2.32	1 239 250.04	97.68
	华夏稳增混合	2006.08.09	238 682	5 616.40	1.86	296 434.97	98.14
	华夏回报二号混合	2006.08.14	222 267	5 730.58	1.21	466 583.77	98.79
	华夏蓝筹混合(LOF)	2007.04.24	645 943	8 424.35	0.75	1 119 995.57	99.25
	华夏策略混合	2008.10.23	9 802	6 566.70	9.70	61 107.68	90.30
	华夏债券	2002.10.23	102 653	95 293.38	30.39	218 250.40	69.61
	中信稳定双利债券	2006.07.20	25 103	1 528.24	1.20	126 265.03	98.80
	华夏希望债券	2008.03.10	77 612	4 777.96	2.02	231 182.62	97.98
	华夏亚债中国指数	2011.05.25	3 718	228 740.31	95.95	9 649.77	4.05
	华夏安康债券	2012.09.11	12 579	16 759.50	7.32	212 097.19	92.68
	华夏理财30天债券	2012.10.24	8 811	2 935.79	3.65	77 529.35	96.35
	华夏现金增利货币	2004.04.07	350 963	966 373.45	22.24	3 379 521.81	77.76

（续上表）

管理人	基金简称	设立日期	持有人户数	机构投资者		个人投资者	
				持有份额	占比	持有份额	占比
华夏	华夏货币	2005.04.20	22 880	106 158.92	32.70	218 458.40	67.30
	华夏全球股票QDII	2007.10.09	1 201 107	8 195.36	0.46	1 784 321.22	99.54
	华夏恒生ETF	2012.08.09	5 036	27 832.78	63.32	16 123.14	36.68
	华夏恒生ETF联接	2012.08.21	6 431	353.41	1.21	28 814.76	98.79
	合 计		7 873 529	2 858 859.17	13.67	18 052 003.38	86.33
华安	华安安信封闭	1998.06.22	59 335	109 745.28	54.87	90 254.72	45.13
	华安安顺封闭	1999.06.15	51 434	148 106.74	49.37	151 893.26	50.63
	华安宏利股票	2006.09.06	194 744	122 557.83	35.24	225 227.75	64.76
	华安中小盘成长股票	2007.04.10	390 907	11 397.68	1.84	607 707.30	98.16
	华安策略优选股票	2007.08.02	1 341 720	10 113.21	0.74	1 351 940.32	99.26
	华安核心股票	2008.10.22	24 068	8 951.97	35.11	16 543.40	64.89
	华安行业轮动股票	2010.05.11	20 021	8 616.89	13.10	57 170.65	86.90
	华安升级主题股票	2011.04.22	27 022	7 263.07	4.97	138 905.82	95.03
	华安科技动力股票	2011.12.20	1 843	211.64	3.65	5 593.38	96.35
	华安逆向策略股票	2012.08.16	2 439	4.95	0.03	17 143.60	99.97
	华安中国A股增强指数	2002.11.08	206 908	638 389.37	50.62	622 661.90	49.38
	华安深证300指数(LOF)	2011.09.02	2 948	9 560.46	31.74	20 563.54	68.26
	华安沪深300指数分级	2012.06.25	1 272	6 405.16	51.40	6 056.30	48.60
	华安上证180ETF	2006.04.13	57 106	1 216 223.34	75.75	389 299.33	24.25
	华安上证龙头ETF	2010.11.18	2 909	26 466.85	87.17	3 898.23	12.84
	华安上证180ETF联接	2009.09.29	36 210	144 866.32	62.04	88 626.33	37.96
	华安上证龙头ETF联接	2010.11.18	12 548	168.86	0.24	69 561.97	99.76
	华安创新混合	2001.09.21	436 819	19 253.47	2.19	860 564.60	97.81
	华安宝利配置混合	2004.08.24	253 993	116 156.18	26.14	328 288.25	73.86
	华安动态灵活配置混合	2009.12.22	22 024	18 209.25	27.08	49 029.03	72.92
	华安稳定收益债券	2008.04.30	19 046	46 902.05	66.81	23 301.55	33.19
	华安强化收益债券	2009.04.13	10 043	5 290.46	24.07	16 685.32	75.93
	华安稳固收益债券	2010.12.21	10 094	90 915.76	75.11	30 129.68	24.89
	华安可转债债券	2011.06.22	7 261	23 725.17	35.24	43 605.55	64.76
	华安信用四季红债券	2011.12.08	4 224	329 714.77	95.36	16 034.83	4.64
	华安安心收益债券	2012.09.07	16 071	10 100.06	15.76	53 976.89	84.24
	华安月月鑫短期理财债券	2012.05.09	26 794	62 161.91	8.23	693 158.66	91.77

（续上表）

管理人	基金简称	设立日期	持有人户数	机构投资者		个人投资者	
				持有份额	占比	持有份额	占比
华安	华安季季鑫短期理财债券	2012.05.23	4 494	0.10	0.00	27 869.86	100.00
	华安双月鑫短期理财债券	2012.06.14	3 420	1 330.35	4.27	29 848.14	95.73
	华安现金富利货币	2003.12.30	93 265	1 317 327.68	73.56	473 423.73	26.44
	华安香港精选股票QDII	2010.09.19	6 030	2 049.16	9.09	20 505.63	90.91
	华安大中华升级股票(QDII)	2011.05.17	2 115	1 842.83	17.85	8 478.86	82.15
	华安标普全球石油指数(QDII-LOF)	2012.03.29	6 122	15.37	0.09	17 885.17	99.91
	合 计		3 355 249	4 514 044.18	40.78	6 555 833.56	59.22
博时	博时裕阳封闭	1998.07.25	52 049	103 880.15	51.94	96 119.85	48.06
	博时裕隆封闭	1999.06.15	41 569	183 909.16	61.30	116 090.84	38.70
	博时裕祥分级债券	2011.06.10	23 018	82 601.27	23.22	273 165.02	76.78
	博时精选股票	2004.06.22	492 598	5 549.17	0.83	666 436.38	99.17
	博时主题行业股票(LOF)	2005.01.06	431 395	76 752.06	11.53	589 009.44	88.47
	博时第三产业股票	2007.04.12	393 197	32 821.96	5.06	615 220.45	94.94
	博时新兴成长股票	2007.07.06	917 994	12 022.38	0.62	1 922 932.91	99.38
	博时特许价值股票	2008.05.28	44 227	41 364.84	41.03	59 463.38	58.97
	博时创业成长股票	2010.06.01	26 835	13 612.58	21.73	49 032.41	78.27
	博时行业轮动股票	2010.12.10	14 614	5 858.95	8.46	63 367.58	91.54
	博时卓越品牌股票(LOF)	2011.04.22	9 117	4 509.37	15.95	23 763.23	84.05
	博时医疗保健行业股票	2012.08.28	1 795	5 302.32	31.38	11 593.18	68.62
	博时沪深300指数	2003.08.26	691 930	73 193.65	5.47	1 264 729.50	94.53
	博时上证超大盘ETF	2009.12.29	20 628	45 491.26	79.91	11 433.54	20.09
	博时深证基本面200ETF	2011.06.10	2 551	19 302.51	74.04	6 770.39	25.97
	博时上证自然资源ETF	2012.04.10	5 874	11 198.84	28.92	27 526.99	71.08
	博时上证超大盘ETF联接	2009.12.29	30 700	4 284.52	3.54	116 835.97	96.46
	博时深证基本面200ETF联接	2011.06.10	3 542	1 416.69	7.59	17 254.50	92.41
	博时上证自然资源ETF联接	2012.04.10	2 549	515.48	5.57	8 740.88	94.43
	博时价值增长混合	2002.10.09	1 000 012	4 204.58	0.21	2 019 428.45	99.79
	博时平衡配置混合	2006.05.31	131 103	7 549.08	3.29	222 187.93	96.71
	博时价值增长贰号混合	2006.09.27	381 872	1 228.49	0.16	743 947.71	99.84
	博时策略混合	2009.08.11	59 176	16 542.38	7.75	196 890.98	92.25
	博时回报混合	2011.11.08	2 994	1 497.71	16.27	7 708.09	83.73
	博时稳定价值债券	2007.09.06	32 599	32 081.59	47.46	35 519.07	52.54

（续上表）

管理人	基金简称	设立日期	持有人户数	机构投资者		个人投资者	
				持有份额	占比	持有份额	占比
博时	博时信用债券	2009.06.10	21 466	24 180.11	31.81	51 838.05	68.19
	博时宏观回报债券	2010.07.27	7 890	3 275.25	17.31	15 648.00	82.69
	博时转债增强债券	2010.11.24	22 759	60 217.64	28.52	150 944.30	71.48
	博时天颐债券	2012.02.29	7 063	793.17	1.44	54 284.45	98.56
	博时信用债纯债债券	2012.09.07	7 468	46 854.24	38.01	76 419.72	61.99
	博时现金收益货币	2004.01.16	281 406	1 141 361.51	24.34	3 547 373.29	75.66
	博时大中华亚太精选股票(QDII)	2010.07.27	3 908	3 237.52	37.56	5 381.66	62.44
	博时抗通胀增强回报(QDII－FOF)	2011.04.25	12 784	2 758.24	3.72	71 486.68	96.28
	博时标普500指数(QDII)	2012.06.14	2 143	212.40	3.51	5 844.07	96.49
	合 计		5 180 825	2 069 581.07	13.60	13 144 388.90	86.40
鹏华	鹏华普惠封闭	1999.01.06	28 852	152 306.33	76.15	47 693.67	23.85
	鹏华普丰封闭	1999.07.14	39 951	209 189.20	69.73	90 810.80	30.27
	鹏华丰润债券封闭	2010.12.02	3 587	114 739.91	85.91	18 819.27	14.09
	鹏华丰泽分级债券	2011.12.08	29 243	89 471.32	46.00	105 040.25	54.00
	鹏华价值优势股票(LOF)	2006.07.18	600 838	165 076.70	13.05	1 099 995.75	86.95
	鹏华优质治理股票(LOF)	2007.04.25	259 529	7 126.42	1.39	504 563.12	98.61
	鹏华盛世创新股票(LOF)	2008.10.10	17 369	20 190.30	47.17	22 612.72	52.83
	鹏华精选成长股票	2009.09.09	25 852	20 307.08	17.92	92 984.50	82.08
	鹏华消费优选股票	2010.12.28	13 794	14 349.90	20.78	54 701.41	79.22
	鹏华新兴产业股票	2011.06.15	9 713	13 928.24	19.03	59 272.09	80.97
	鹏华价值精选股票	2012.04.16	2 772	76.70	0.80	9 513.00	99.20
	鹏华沪深300指数(LOF)	2009.04.03	29 467	35 901.88	38.48	57 399.04	61.52
	鹏华中证500指数(LOF)	2010.02.05	30 601	28 178.35	23.48	91 844.49	76.52
	鹏华资源分级	2012.09.27	2 149	4 698.78	26.77	12 854.90	73.23
	民企ETF	2010.08.05	2 023	26 739.51	81.49	6 072.89	18.51
	鹏华深证民营ETF	2011.09.02	3 558	6 062.31	50.40	5 964.95	49.60
	鹏华上证民企50ETF联接	2010.08.05	9 670	4 706.93	14.90	26 890.43	85.10
	鹏华深证民营ETF联接	2011.09.02	3 230	2 829.98	14.98	16 055.91	85.02
	鹏华行业成长混合	2002.05.24	43 436	33 524.69	41.10	48 045.59	58.90
	鹏华普天收益混合	2003.07.12	119 855	102 569.25	33.63	202 432.87	66.37
	鹏华中国50混合	2004.05.12	134 081	129 792.55	36.60	224 875.52	63.40
	鹏华动力增长混合(LOF)	2007.01.09	288 274	43 265.23	7.73	516 201.26	92.27

（续上表）

管理人	基金简称	设立日期	持有人户数	机构投资者		个人投资者	
				持有份额	占比	持有份额	占比
鹏华	鹏华金刚保本混合	2012.06.13	16 904	2 213.58	1.48	147 159.17	98.52
	鹏华普天债券	2003.07.12	22 105	52 559.49	52.00	48 517.29	48.00
	鹏华丰收债券	2008.05.28	27 231	98 396.39	39.57	150 249.48	60.43
	鹏华信用增利债券	2010.05.31	5 461	183 302.48	88.61	23 559.36	11.39
	鹏华丰盛债券	2011.04.25	5 624	81 837.83	75.44	26 637.76	24.56
	鹏华纯债债券	2012.09.03	12 602	8 499.56	4.49	180 645.47	95.51
	鹏华货币	2005.04.12	22 576	601 678.52	81.39	137 541.23	18.61
	鹏华环球发现(QDII-FOF)	2010.10.12	2 366	2 150.71	18.74	9 323.03	81.26
	鹏华美国房地产(QDII)	2011.11.25	2 178	97.66	1.35	7 113.47	98.65
	合 计		1 814 891	2 255 767.78	35.80	4 045 390.69	64.20
嘉实	嘉实泰和封闭	1999.04.08	53 452	104 152.14	52.08	95 847.86	47.92
	嘉实丰和价值封闭	2002.03.22	39 422	154 455.20	51.49	145 544.80	48.51
	嘉实优质企业股票	2007.12.08	228 321	365 054.28	37.68	603 776.43	62.32
	嘉实研究精选股票	2008.05.27	66 183	139 991.73	54.39	117 380.55	45.61
	嘉实量化阿尔法股票	2009.03.20	32 093	7 528.30	8.00	86 559.12	92.00
	嘉实价值优势股票	2010.06.07	55 002	94 103.83	28.90	231 513.24	71.10
	嘉实主题新动力股票	2010.12.07	56 921	9 279.00	2.23	407 003.57	97.77
	嘉实领先成长股票	2011.05.31	29 134	11 664.05	9.23	114 678.44	90.77
	嘉实周期优选股票	2011.12.08	3 002	23 463.00	64.81	12 738.07	35.19
	嘉实优化红利股票	2012.06.26	1 483	319.60	2.31	13 534.59	97.69
	嘉实基本面50指数(LOF)	2009.12.30	28 507	92 856.61	35.11	171 587.60	64.89
	嘉实深证基本面120ETF	2011.08.01	1 850	54 245.47	85.84	8 945.14	14.16
	嘉实中创400ETF	2012.03.22	484	23 634.17	91.05	2 321.96	8.95
	嘉实沪深300ETF	2012.05.07	58 969	1 454 669.69	89.23	175 600.96	10.77
	嘉实深证基本面120ETF联接	2011.08.01	3 720	24 429.20	44.51	30 457.02	55.49
	嘉实中创400ETF联接	2012.03.22	4 291	2 120.10	9.61	19 936.51	90.39
	嘉实沪深300ETF联接(LOF)	2012.08.21	1 479 925	790 118.35	18.11	3 573 517.10	81.89
	嘉实成长收益混合	2002.11.05	128 956	454 283.58	55.90	358 452.53	44.10
	嘉实增长混合	2003.07.09	226 775	12 814.55	14.26	77 041.21	85.74
	嘉实稳健混合	2003.07.09	661 208	42 445.74	3.33	1 230 881.49	96.67
	嘉实服务增值行业混合	2004.04.01	139 892	58 159.24	33.01	118 018.45	66.99
	嘉实主题混合	2006.07.21	392 829	21 434.96	2.74	761 888.50	97.26

（续上表）

管理人	基金简称	设立日期	持有人户数	机构投资者		个人投资者	
				持有份额	占比	持有份额	占比
嘉实	嘉实策略混合	2006.12.12	235 674	42 584.86	6.31	632 043.71	93.69
	嘉实回报混合	2009.08.18	54 979	3 132.52	1.56	197 274.29	98.44
	嘉实债券	2003.07.09	36 934	21 251.37	30.24	49 017.14	69.76
	嘉实超短债债券	2006.04.26	21 836	2 334.58	3.04	74 419.84	96.96
	嘉实多元债券	2008.09.10	9 883	13 144.67	35.73	23 645.28	64.27
	嘉实稳固收益债券	2010.09.01	12 311	2 012.93	2.68	73 174.02	97.32
	嘉实多利分级债券	2011.03.23	9 624	22 157.26	26.47	61 561.36	73.53
	嘉实信用债券	2011.08.08	8 197	69 159.98	44.12	87 597.24	55.88
	嘉实增强收益定期债券	2012.09.24	12 418	83 616.25	24.69	255 079.14	75.31
	嘉实理财宝7天债券	2012.08.29	6 899	50 320.58	28.51	126 187.26	71.49
	嘉实货币	2005.03.18	135 532	1 265 983.46	50.69	1 231 352.64	49.31
	嘉实安心货币	2011.12.28	2 030	190 161.52	79.42	49 280.55	20.58
	嘉实海外中国股票(QDII)	2007.10.12	1 206 479	13 717.89	0.77	1 764 281.09	99.23
	嘉实H股指数(QDII-LOF)	2010.09.30	4 730	204.74	1.58	12 766.53	98.42
	嘉实黄金(QDII-FOF-LOF)	2011.08.04	6 632	555.10	2.04	26 706.36	97.96
	嘉实全球房地产(QDII)	2012.07.24	1 636	3 079.22	38.08	5 007.98	61.92
合 计			5 458 213	5 724 639.73	30.53	13 026 619.54	69.47
长盛	长盛同益封闭	1999.04.08	23 530	138 802.22	69.40	61 197.78	30.60
	长盛同盛封闭	1999.11.05	53 199	188 599.36	62.87	111 400.64	37.13
	长盛同德主题股票	2007.10.25	280 841	41 007.69	5.64	685 942.27	94.36
	长盛量化红利股票	2009.11.25	8 715	6 923.54	26.56	19 145.70	73.44
	长盛同祥泛资源股票	2011.10.26	3 116	523.13	9.34	5 077.17	90.66
	长盛电子信息产业股票	2012.03.27	2 857	328.08	2.01	15 984.29	97.99
	长盛中证100指数	2006.11.22	64 853	10 377.10	8.72	108 616.84	91.28
	长盛沪深300指数(LOF)	2010.08.04	10 400	198.94	0.90	21 885.71	99.10
	长盛同瑞中证200分级	2011.12.06	4 285	1 076.28	21.15	4 012.01	78.85
	长盛同庆中证800指数分级	2012.05.12	36 131	322 945.13	66.46	162 994.42	33.54
	长盛同辉深100等权重分级	2012.09.13	1 218	13 575.41	52.75	12 158.74	47.25
	长盛成长价值混合	2002.09.18	85 908	4 029.95	4.30	89 641.29	95.70
	长盛动态精选混合	2004.05.21	77 800	18 226.80	14.31	109 168.07	85.69
	长盛同智优势混合(LOF)	2007.01.05	109 999	7 412.41	3.06	234 734.76	96.94
	长盛创新先锋混合	2008.06.04	21 384	9 628.05	51.57	9 042.70	48.43

（续上表）

管理人	基金简称	设立日期	持有人户数	机构投资者		个人投资者	
				持有份额	占比	持有份额	占比
长盛	长盛同鑫保本混合	2011.05.24	11 702	4 532.31	3.74	116 500.52	96.26
	长盛同鑫二号保本混合	2012.07.10	6 635	5 126.43	4.32	113 516.46	95.68
	长盛全债指数增强债券	2003.10.25	15 161	3 374.99	12.97	22 642.87	87.03
	长盛积极配置债券	2008.10.08	15 165	5 109.87	8.91	52 243.79	91.09
	长盛同信用增利债券	2011.12.06	1 633	1 000.48	7.78	11 864.62	92.22
	长盛添利30天理财债券	2012.10.26	4 366	19 335.58	17.07	93 968.99	82.93
	长盛货币	2005.12.12	19 300	178 616.93	43.11	235 696.62	56.89
	长盛环球行业股票(QDII)	2010.05.26	6 713	1 836.92	31.99	3 904.85	68.01
	合 计		864 911	982 587.58	29.92	2 301 341.10	70.08
大成	大成景宏封闭	1999.05.04	25 400	147 873.04	73.94	52 126.96	26.06
	大成景福封闭	1999.12.30	35 217	197 046.26	65.68	102 953.74	34.32
	大成景丰分级债券	2010.10.15	10 921	296 288.45	91.31	28 206.82	8.69
	大成积极成长股票	2007.01.16	114 385	7 230.87	3.30	212 215.96	96.70
	大成景阳领先股票	2007.12.11	147 493	2 544.91	0.66	382 341.46	99.34
	大成策略回报股票	2008.11.26	66 982	847.61	0.82	102 583.86	99.18
	大成行业轮动股票	2009.09.08	25 764	6 285.39	16.44	31 942.95	83.56
	大成核心双动力股票	2010.06.22	9 421	3 547.07	16.66	17 741.78	83.34
	大成内需增长股票	2011.06.14	7 429	10 885.80	20.00	43 532.17	80.00
	大成新锐产业股票	2012.03.20	6 518	2 071.15	10.42	17 797.73	89.58
	大成优选股票(LOF)	2012.08.01	69 970	72 475.45	31.83	155 237.35	68.17
	大成沪深300指数	2006.04.06	354 560	84 338.20	11.64	639 961.27	88.36
	大成中证红利指数	2010.02.02	18 630	512.26	1.93	26 063.29	98.07
	大成中证内地消费主题指数	2011.11.08	4 320	659.36	11.38	5 133.21	88.62
	大成深证成长40ETF	2010.12.21	1 170	193 213.10	98.50	2 950.87	1.50
	大成中证500沪市ETF	2012.08.24	915	5 040.75	55.97	3 965.08	44.03
	大成深证成长40ETF联接	2010.12.21	50 632	14 793.40	7.96	170 941.54	92.04
	大成中证500沪市ETF联接	2012.08.28	232	4 131.75	72.56	1 562.55	27.44
	大成价值增长混合	2002.11.11	553 614	33 096.61	2.86	1 122 835.60	97.14
	大成蓝筹稳健混合	2004.06.03	816 175	61 052.75	3.87	1 515 076.32	96.13
	大成精选增值混合	2004.12.15	121 042	1 846.86	0.73	250 574.32	99.27
	大成2020生命周期混合	2006.09.13	550 078	5 656.80	0.47	1 202 142.31	99.53
	大成创新成长混合	2007.06.12	509 848	3 437.88	0.34	998 008.47	99.66

（续上表）

管理人	基金简称	设立日期	持有人户数	机构投资者		个人投资者	
				持有份额	占比	持有份额	占比
大成	大成保本混合	2011.04.20	11 901	483.04	0.63	76 212.73	99.37
	大成景恒保本混合	2012.06.15	5 608	972.10	1.09	88 012.86	98.91
	大成债券	2003.06.12	29 476	247.65	0.96	25 430.40	99.04
	大成强化收益债券	2008.08.06	5 379	928.06	15.99	4 875.44	84.01
	大成可转债增强债券	2011.11.30	1 938	3 000.16	20.76	11 452.22	79.24
	大成月添利理财债券	2012.09.20	10 970	45 675.54	16.16	236 936.36	83.84
	大成货币	2005.06.03	23 825	1 652 825.70	69.86	713 127.15	30.14
	大成标普500等权重指数QDII	2011.03.23	5 337	130.84	1.34	9 610.05	98.66
	合 计		3 595 150	2 859 138.82	25.73	8 251 552.81	74.27
富国	富国汉盛封闭	1999.05.10	24 852	144 087.51	72.04	55 912.49	27.96
	富国汉兴封闭	1999.12.30	47 523	211 927.58	70.64	88 072.42	29.36
	富国汇利分级债券封闭	2010.09.09	17 419	261 743.22	87.27	38 182.33	12.73
	富国天盈分级债券	2011.05.23	33 927	111 300.40	40.61	162 767.80	59.39
	富国新天锋定期开放债券	2012.05.07	6 257	22 533.91	23.83	72 043.96	76.17
	富国天益价值股票	2004.06.15	376 531	152 217.87	15.14	853 474.05	84.86
	富国天合稳健股票	2006.11.15	117 259	52 590.03	15.10	295 710.61	84.90
	富国天博创新股票	2007.04.27	398 643	33 412.68	4.22	757 650.02	95.78
	富国通胀通缩主题股票	2010.05.12	9 207	7 034.41	27.35	18 686.51	72.65
	富国低碳环保股票	2011.08.10	7 122	6 844.63	11.54	52 461.68	88.46
	富国高新技术产业股票	2012.06.27	3 202	1.98	0.01	15 510.72	99.99
	富国中证红利指数增强	2008.11.20	30 357	48 874.25	51.64	45 768.49	48.36
	富国沪深300指数增强	2009.12.16	59 327	631 542.90	71.13	256 272.71	28.87
	富国中证500指数增强(LOF)	2011.10.12	6 184	22 333.14	56.36	17 295.26	43.64
	富国上证综指ETF	2011.01.30	1 084	14 217.00	93.14	1 046.85	6.86
	富国上证综指ETF联接	2011.01.30	6 754	5 920.09	14.20	35 771.63	85.80
	富国天源平衡混合	2002.08.16	59 020	16 632.21	18.42	73 637.87	81.58
	富国天瑞强势混合	2005.04.05	256 754	122 421.37	16.65	613 011.23	83.35
	富国天惠成长混合(LOF)	2005.11.16	156 728	155 708.88	43.29	203 982.12	56.71
	富国天成红利混合	2008.05.28	32 061	109 534.40	79.87	27 603.15	20.13
	富国天利增长债券	2003.12.02	54 863	44 662.86	29.46	106 930.79	70.54
	富国天丰强化债券(LOF)	2008.10.24	17 591	128 120.32	49.66	129 858.62	50.34
	富国优化增强债券	2009.06.10	12 483	12 482.33	21.91	44 501.05	78.09

（续上表）

管理人	基金简称	设立日期	持有人户数	机构投资者		个人投资者	
				持有份额	占比	持有份额	占比
富国	富国可转债	2010.12.08	26 391	82 544.80	32.35	172 616.64	67.65
	富国产业债券	2011.12.05	8 278	370 046.70	86.50	57 732.96	13.50
	富国7大理财宝债券	2012.10.19	4 865	11 805.63	11.16	93 934.82	88.84
	富国天时货币	2006.06.05	29 361	394 995.06	69.34	174 685.13	30.66
	富国全球债券(QDII－FOF)	2010.10.20	3 099	19.89	0.19	10 250.11	99.81
	富国全球顶级消费品股票(QDII)	2011.07.13	5 080	5.93	0.04	13 793.90	99.96
	富国中国中小盘股票(QDII)	2012.09.04	845	999.92	23.39	3 274.72	76.61
	合 计		1 813 067	3 176 561.90	41.42	4 492 440.63	58.58
易方达	易方达科瑞封闭	2002.03.12	31 415	172 062.97	57.35	127 937.03	42.65
	易方达岁丰添利债券	2010.11.09	3 625	240 668.11	89.83	27 243.38	10.17
	易方达永旭定期开放债券	2012.06.19	2 935	162 181.56	96.23	6 349.66	3.77
	易方达价值精选股票	2006.06.13	199 905	93 426.97	15.86	495 649.12	84.14
	易方达科讯股票	2007.12.18	242 203	12 124.47	1.76	676 721.07	98.24
	易方达中小盘股票	2008.06.19	159 155	11 933.90	7.43	148 596.77	92.57
	易方达科翔股票	2008.11.13	27 093	7 357.24	25.73	21 241.77	74.27
	易方达行业领先股票	2009.03.26	40 508	13 144.51	12.73	90 084.06	87.27
	易方达消费行业股票	2010.08.20	85 170	55 899.44	17.00	272 943.54	83.00
	易方达医疗保健行业股票	2011.01.28	43 272	19 798.31	8.02	226 997.67	91.98
	易方达资源行业股票	2011.08.16	12 755	10 705.82	13.34	69 528.61	86.66
	易方达量化衍伸股票	2012.07.05	430	6 096.89	93.33	435.45	6.67
	易方达上证50指数	2004.03.22	1 207 931	378 040.11	14.04	2 313 848.66	85.96
	易方达沪深300指数	2009.08.26	200 237	317 846.98	30.00	741 638.18	70.00
	易方达中小板指数分级	2012.09.20	2 115	5 190.04	21.12	19 385.76	78.88
	易方达深证100ETF	2006.03.24	82 775	2 686 555.03	80.05	669 628.29	19.95
	易方达上证中盘ETF	2010.03.29	6 931	43 235.81	81.47	9 832.70	18.53
	易方达创业板ETF	2011.09.20	6 879	32 132.15	52.04	29 613.35	47.96
	易方达深证100ETF联接	2009.12.01	208 649	104 131.15	9.72	967 069.83	90.28
	易方达上证中盘ETF联接	2010.03.31	30 574	49 463.35	39.08	77 098.54	60.92
	易方达创业板ETF联接	2011.09.20	5 867	519.73	2.39	21 255.43	97.61
	易方达平稳增长混合	2002.08.23	94 265	4 039.79	2.41	163 895.63	97.59
	易方达策略成长混合	2003.12.09	207 119	11 049.61	8.71	115 867.95	91.29
	易方达积极成长混合	2004.09.09	277 774	1 120.40	0.17	647 435.99	99.83

（续上表）

管理人	基金简称	设立日期	持有人户数	机构投资者		个人投资者	
				持有份额	占比	持有份额	占比
易方达	易方达策略成长二号混合	2006.08.16	143 985	9 676.34	3.24	289 248.93	96.76
	易方达价值成长混合	2007.04.02	729 812	23 792.76	1.61	1 453 644.10	98.39
	易方达科汇灵活配置混合	2008.10.09	74 215	59 882.43	44.47	74 776.80	55.53
	易方达稳健收益债券	2008.01.29	18 002	22 229.31	31.70	47 895.93	68.30
	易方达增强回报债券	2008.03.19	46 867	77 024.41	27.13	206 928.40	72.87
	易方达安心回报债券	2011.06.21	7 964	15 278.10	35.37	27 914.32	64.63
	易方达双债增强债券	2011.12.01	5 036	10 322.22	38.74	16 320.86	61.26
	易方达纯债债券	2012.05.03	17 004	245 303.78	55.95	193 165.52	44.05
	易方达货币	2005.02.02	133 255	3 359 570.03	49.31	3 453 242.38	50.69
	易方达亚洲精选股票(QDII)	2010.01.21	6 685	0.01	0.00	11 508.64	100.00
	易方达黄金主题(QDII—LOF—FOF)	2011.05.06	29 895	1 852.81	2.47	73 298.82	97.53
	易方达标普消费品指数增强(QDII)	2012.06.04	483	931.01	17.11	4 510.70	82.89
	易方达恒生国企(QDII—ETF)	2012.08.09	664	35 149.58	94.48	2 052.62	5.52
	易方达恒生国企联接(QDII)	2012.08.21	6 655	7 452.78	25.37	21 918.65	74.63
	合 计		4 400 104	8 307 189.89	37.55	13 816 725.09	62.45
宝盈	宝盈鸿阳封闭	2001.12.10	44 917	84 996.02	42.50	115 003.98	57.50
	宝盈泛沿海增长股票	2005.03.08	191 800	169 926.72	30.54	386 551.50	69.46
	宝盈策略增长股票	2007.01.19	111 058	41 547.02	16.90	204 313.92	83.10
	宝盈资源优选股票	2008.04.15	26 210	12 918.69	29.03	31 579.91	70.97
	宝盈中证100指数增强	2010.02.08	3 953	1 989.45	22.43	6 878.56	77.57
	宝盈鸿利收益混合	2002.10.08	44 587	1 561.52	1.89	81 139.78	98.11
	宝盈核心优势混合	2009.03.17	4 517	2 399.01	18.75	10 392.87	81.25
	宝盈增强收益债券	2008.05.15	7 693	60 510.55	77.88	17 187.40	22.12
	宝盈货币	2009.08.05	3 987	287 012.41	70.54	119 845.67	29.46
	合 计		438 722	662 861.41	40.52	972 893.58	59.48
融通	融通通乾封闭	2001.08.29	43 799	106 691.01	53.35	93 308.99	46.65
	融通四季添利债券	2012.03.01	14 637	2 623.41	2.05	125 552.73	97.75
	融通动力先锋股票	2006.11.15	109 950	1 077.64	0.58	185 054.64	99.42
	融通领先成长股票(LOF)	2007.04.30	194 378	27 655.99	7.55	338 769.78	92.45
	融通内需驱动股票	2009.04.22	19 772	52.75	0.09	60 557.80	99.91
	融通医疗保健股票	2012.07.26	3 169	14.82	0.08	17 595.60	99.92
	融通深证100指数	2003.09.30	936 100	55 853.88	3.66	1 468 940.17	96.34

（续上表）

管理人	基金简称	设立日期	持有人户数	机构投资者		个人投资者	
				持有份额	占比	持有份额	占比
融通	融通巨潮100指数(LOF)	2005.05.12	173 224	304.83	0.11	267 145.26	99.89
	融通深证成份指数股票	2010.11.15	25 609	11 991.31	10.08	106 919.57	89.92
	融通创业板指数	2012.04.06	5 402	509.88	3.13	15 783.44	96.87
	融通新蓝筹混合	2002.09.13	715 471	5 181.39	0.35	1 456 017.84	99.65
	融通蓝筹成长混合	2003.09.30	108 267	686.16	0.41	167 458.57	99.59
	融通行业景气混合	2004.04.29	173 571	103 780.97	24.59	318 240.23	75.41
	融通易支付货币	2006.01.19	11 701	446 610.27	71.31	179 711.32	28.69
	融通债券	2003.09.30	16 626	32 350.90	45.24	39 153.99	54.76
	合 计		2 551 676	795 385.20	14.11	4 840 209.94	85.89
银华	银华信用债券封闭	2010.06.29	12 243	152 979.08	66.61	76 669.42	33.39
	银华价值优选股票	2005.09.27	603 300	11 340.26	1.20	934 698.37	98.80
	银华优质增长股票	2006.06.09	145 879	44 573.64	11.66	337 714.21	88.34
	银华富裕主题股票	2006.11.16	412 461	37 448.61	5.27	673 402.48	94.73
	银华领先策略股票	2008.08.20	88 837	4 698.10	4.35	103 193.51	95.65
	银华内需精选股票(LOF)	2009.07.01	58 196	10 969.95	6.22	165 365.41	93.78
	银华消费分级股票	2011.09.28	3 529	3 521.10	22.82	11 906.41	77.18
	银华中小盘股票	2012.06.20	1 796	2 001.03	26.38	5 583.35	73.62
	银华－道琼斯88指数	2004.08.11	562 510	8 198.39	0.88	923 252.01	99.12
	银华沪深300指数(LOF)	2009.10.14	15 425	409.36	0.97	41 961.46	99.03
	银华深证100指数分级	2010.05.07	102 851	861 369.93	50.12	857 127.16	49.88
	银华中证等权90指数分级	2011.03.17	66 841	121 139.76	42.26	165 512.66	57.74
	银华中证内地资源指数分级	2011.12.08	8 782	22 135.66	23.23	73 146.14	76.77
	银华上证50等权ETF	2012.08.23	628	13 608.85	83.02	2 783.60	16.98
	银华上证50等权ETF联接	2012.08.29	534	0.00	0.00	3 207.08	100.00
	银华优势企业混合	2002.11.13	150 225	1 599.35	0.60	263 090.30	99.40
	银华和谐主题混合	2009.04.27	14 480	51 526.65	47.41	57 147.11	52.59
	银华成长先锋混合	2010.10.08	27 146	5 905.51	2.96	193 813.43	97.04
	银华保本增值混合	2004.03.02	61 099	18 084.97	6.76	249 380.69	93.24
	银华永祥保本混合	2011.06.28	7 633	1 229.21	1.80	66 978.10	98.20
	银华增强收益债券	2008.12.03	10 244	7 196.59	21.28	26 618.85	78.72
	银华信用双利债券	2010.12.03	8 349	6 587.60	13.06	43 839.43	86.94
	银华永泰积极债券	2011.12.28	896	6 104.93	70.89	2 506.94	29.11

（续上表）

管理人	基金简称	设立日期	持有人户数	机构投资者		个人投资者	
				持有份额	占比	持有份额	占比
银华	银华纯债信用债券(LOF)	2012.08.09	11 013	158 085.58	51.93	146 322.74	48.07
	银华货币	2005.01.31	24 664	559 005.24	64.91	302 155.42	35.09
	银华全球优选(QDII–FOF)	2008.05.26	5 048	5 196.51	50.46	5 102.14	49.54
	银华抗通胀主题(QDII–FOF–LOF)	2010.12.06	9 713	0.00	0.00	39 206.60	100.00
	合 计		2 414 322	2 114 915.87	26.82	5 771 685.01	73.18
长城	长城久嘉封闭	2002.07.05	29 735	106 575.35	53.29	93 424.65	46.71
	长城消费增值股票	2006.04.06	211 966	5 362.93	1.17	453 767.18	98.83
	长城久富股票(LOF)	2007.02.12	71 816	19 453.79	9.77	179 705.75	90.23
	长城品牌优选股票	2007.08.06	629 759	35 265.94	2.63	1 304 914.50	97.37
	长城双动力股票	2009.01.15	10 002	1 318.50	10.26	11 537.31	89.74
	长城中小盘股票	2011.01.27	8 143	3 404.36	8.61	36 127.45	91.39
	长城优化升级股票	2012.04.20	1 026	2 792.08	40.26	4 143.50	59.74
	长城久泰沪深300指数	2004.05.21	89 586	33 802.88	17.84	155 724.71	82.16
	长城久兆中小板300指数分级	2012.01.30	1 774	2 018.05	24.79	6 123.44	75.21
	长城久恒平衡混合	2003.10.31	13 157	709.87	4.82	14 021.89	95.18
	长城安心回报混合	2006.08.22	597 940	93 572.32	8.35	1 027 264.26	91.65
	长城景气行业龙头混合	2009.06.30	10 932	518.40	2.17	23 340.23	97.83
	长城保本混合	2012.08.02	12 551	247.62	0.14	174 613.19	99.86
	长城稳健增利债券	2008.08.27	3 454	6 046.07	54.00	5 151.18	46.00
	长城积极增利债券	2011.04.12	7 186	4 207.24	11.88	31 214.12	88.12
	长城货币	2005.05.30	20 646	57 939.96	30.82	130 065.53	69.18
	合 计		1 719 673	373 235.36	9.27	3 651 138.88	90.73
泰达宏利	泰达宏利聚利分级债券	2011.05.13	7 856	118 680.48	75.01	39 530.01	24.99
	泰达宏利成长股票	2003.04.25	84 351	31 294.29	20.15	124 028.16	79.85
	泰达宏利周期股票	2003.04.25	31 077	17 293.93	23.76	55 502.87	76.24
	泰达宏利稳定股票	2003.04.25	19 684	268.21	0.98	27 124.07	99.02
	泰达宏利精选股票	2004.07.09	67 144	69 071.53	60.64	44 826.48	39.36
	泰达宏利首选企业股票	2006.12.01	46 271	8 606.53	9.33	83 674.55	90.67
	泰达宏利市值优选股票	2007.08.03	284 531	115 217.47	14.46	681 525.78	85.54
	泰达宏利红利先锋股票	2009.12.03	27 495	73 057.71	64.57	40 094.82	35.43
	泰达宏利中小盘股票	2011.01.26	40 110	25 334.83	17.46	119 794.97	82.54
	泰达宏利逆向股票	2012.05.23	1 159	2 845.24	34.97	5 291.06	65.03

（续上表）

管理人	基金简称	设立日期	持有人户数	机构投资者		个人投资者	
				持有份额	占比	持有份额	占比
泰达宏利	泰达宏利财富大盘指数	2010.04.23	6 783	20 619.49	61.68	12 811.08	38.32
	泰达宏利500指数分级	2011.12.01	2 589	407.58	6.70	5 673.00	93.30
	泰达宏利风险预算混合	2005.04.05	25 410	59.28	0.31	19 194.86	99.69
	泰达宏利效率优选混合(LOF)	2006.05.12	328 631	61 721.49	12.97	414 185.36	87.03
	泰达宏利品质生活混合	2009.04.09	9 656	15 042.53	55.34	12 138.69	44.66
	泰达宏利集利债券	2008.09.26	5 222	213 849.53	82.15	46 479.22	17.85
	泰达宏利货币	2005.11.10	12 749	1 589.38	5.10	29 586.48	94.90
	泰达宏利全球新格局(QDII–FOF)	2011.07.20	2 207	1 430.40	25.84	4 104.67	74.16
	合　计		1 002 925	776 389.91	30.54	1 765 566.10	69.46
国投瑞银	国投瑞银双债债券封闭	2011.03.29	12 450	88 136.38	71.21	35 625.59	28.79
	国投瑞银瑞福分级封闭	2012.07.17	124 841	393 284.43	53.94	335 877.02	46.06
	国投瑞银核心企业股票	2006.04.19	279 081	424.26	0.07	574 697.27	99.93
	国投瑞银创新动力股票	2006.11.15	90 660	195 896.68	37.41	327 716.50	62.59
	国投瑞银成长优选股票	2008.01.10	81 068	3 138.69	1.57	196 666.62	98.43
	国投瑞银沪深300指数分级	2009.10.14	16 205	37 172.43	52.22	34 011.45	47.78
	国投瑞银沪深300金融地产指数	2010.04.09	17 298	158 855.29	73.38	57 625.84	26.62
	国投瑞银中证消费服务指数(LOF)	2010.12.16	5 721	29 536.14	50.94	28 445.36	49.06
	国投瑞银中证资源指数(LOF)	2011.07.21	6 542	9 101.75	26.56	25 163.58	73.44
	国投瑞银景气行业混合	2004.04.29	114 197	137 991.25	35.39	251 949.82	64.61
	国投瑞银稳健增长混合	2008.06.11	88 788	193 969.93	58.50	137 576.91	41.50
	国投瑞银新兴产业混合(LOF)	2011.12.13	1 312	1 529.29	36.89	2 616.62	63.11
	国投瑞银瑞源保本混合	2011.12.20	3 309	4 660.95	16.87	22 961.10	83.13
	国投瑞银融华债券	2003.04.16	21 902	2 499.86	5.01	47 377.24	94.99
	国投瑞银稳定增利债券	2008.01.11	35 089	63 697.61	52.45	57 736.24	47.55
	国投瑞银优化增强债券	2010.09.08	8 762	17 058.91	30.96	38 041.22	69.04
	国投瑞银货币	2009.01.19	7 592	323 925.06	88.68	41 331.03	11.32
	国投瑞银新兴市场股票(QDII–LOF)	2010.06.10	3 229	1 000.22	16.09	5 215.61	83.91
	合　计		918 046	1 661 879.12	42.80	2 220 635.02	57.20
银河	银河银丰封闭	2002.08.15	65 301	167 490.11	55.83	132 509.89	44.17
	银河通利分级债券	2012.04.25	11 025	101 516.74	66.41	51 351.14	33.59
	银河成长股票	2008.05.26	7 503	1 019.52	8.86	10 481.60	91.14
	银河行业股票	2009.04.24	58 888	36 181.70	21.63	131 092.17	78.37

（续上表）

管理人	基金简称	设立日期	持有人户数	机构投资者		个人投资者	
				持有份额	占比	持有份额	占比
银河	银河蓝筹股票	2010.07.16	4 051	1 915.52	20.41	7 470.56	79.59
	银河创新成长股票	2010.12.29	8 273	29 602.83	29.33	71 324.33	70.67
	银河消费股票	2011.07.29	3 980	12 798.56	56.27	9 947.62	43.73
	银河主题股票	2012.09.21	810	2 717.32	58.54	1 924.14	41.46
	银河沪深300价值指数	2009.12.28	10 213	39 822.74	47.64	43 768.98	52.36
	银河稳健混合	2003.08.04	63 521	59 982.02	37.93	98 139.89	62.07
	银河银泰混合	2004.03.30	135 292	2 689.85	1.00	266 041.84	99.00
	银河保本混合	2011.05.31	8 600	303.49	0.52	58 523.62	99.48
	银河收益债券	2003.08.04	12 330	273 797.81	95.91	11 673.41	4.09
	银河银信添利债券	2007.03.14	4 945	71 379.38	87.29	10 396.55	12.71
	银河银富货币	2004.12.20	6 278	446 631.45	91.33	42 401.54	8.67
	合 计		401 010	1 247 849.03	56.85	947 047.29	43.15
万家	万家添利分级债券	2011.06.02	27 343	107 478.10	56.12	84 047.42	43.88
	万家公用事业行业股票(LOF)	2005.07.15	29 659	60 572.00	55.51	48 548.33	44.49
	万家精选股票	2009.05.18	8 282	27 012.61	51.54	25 398.08	48.46
	万家180指数	2003.03.17	343 033	363 974.44	37.75	600 137.94	62.25
	万家中证红利指数(LOF)	2011.03.17	7 927	82 969.89	76.61	25 338.79	23.39
	万家中证创业成长指数分级	2012.08.02	1 455	4 803.61	29.40	11 533.22	70.60
	万家和谐增长混合	2006.11.30	137 489	35 347.20	12.39	249 851.57	87.61
	万家双引擎灵活配置混合	2008.06.27	2 330	2 865.75	44.21	3 616.48	55.79
	万家增强收益债券	2004.09.28	17 342	103 358.94	78.38	28 514.36	21.62
	万家稳健增利债券	2009.08.12	3 768	87 012.74	69.95	37 372.32	30.05
	万家信用恒利债券	2012.09.21	3 442	57 244.10	52.81	51 150.77	47.19
	万家货币	2006.05.24	60 445	387 043.05	42.08	532 826.02	57.92
	合 计		642 515	1 319 682.45	43.73	1 698 335.30	56.27
金鹰	金鹰持久回报分级债券	2012.03.09	10 030	15 243.47	30.71	34 389.20	69.29
	金鹰行业优势股票	2009.07.01	33 312	3 372.20	2.92	112 137.80	97.08
	金鹰稳健成长股票	2010.04.14	13 298	24.83	0.07	36 021.82	99.93
	金鹰主题优势股票	2010.12.20	15 078	7 979.16	7.81	94 224.70	92.19
	金鹰策略配置股票	2011.09.01	5 158	2 064.37	7.47	25 583.77	92.53
	金鹰核心资源股票	2012.05.23	3 020	3 009.78	18.17	13 558.59	81.83
	金鹰中证技术领先指数增强	2011.06.01	2 378	602.27	6.03	9 387.31	93.97

（续上表）

管理人	基金简称	设立日期	持有人户数	机构投资者		个人投资者	
				持有份额	占比	持有份额	占比
金鹰	金鹰中证500指数分级	2012.06.05	1 080	1 122.10	9.57	10 599.26	90.43
	金鹰成份优选混合	2003.06.16	68 084	836.46	0.46	181 715.43	99.54
	金鹰中小盘精选混合	2004.05.27	100 824	1 233.80	0.58	211 012.87	99.42
	金鹰红利价值混合	2008.12.04	9 898	1 044.47	8.18	11 725.49	91.82
	金鹰保本混合	2011.05.17	6 451	323.04	0.64	49 914.63	99.36
	合　计		268 611	36 855.96	4.46	790 270.87	95.54
招商	招商信用添利债券封闭	2010.06.25	2 103	201 712.21	95.30	9 951.46	4.70
	招商安泰股票	2003.04.28	47 186	1 141.28	0.84	135 121.46	99.16
	招商优质成长股票(LOF)	2005.11.17	137 801	27 798.98	8.99	281 493.81	91.01
	招商大盘蓝筹股票	2008.06.19	30 510	30 113.03	44.88	36 981.93	55.12
	招商行业领先股票	2009.06.19	28 119	22 095.00	21.33	81 503.79	78.67
	招商中小盘股票	2009.12.25	16 691	546.53	1.01	53 409.13	98.99
	招商深证100指数	2010.06.22	6 822	6 055.80	28.63	15 097.75	71.37
	招商中证大宗商品指数分级	2012.06.28	2 948	11 050.32	31.90	23 594.73	68.10
	招商上证消费80ETF	2010.12.08	1 936	50 955.08	95.14	2 598.08	4.85
	深证TMT50ETF	2011.06.27	1 362	10 225.86	93.15	751.29	6.84
	招商上证消费80ETF联接	2010.12.08	14 702	48 716.15	31.01	108 403.35	68.99
	招商深证TMT50ETF联接	2011.06.27	3 952	3 165.06	9.62	29 745.08	90.38
	招商安泰平衡混合	2003.04.28	10 751	2 571.56	24.24	8 036.37	75.76
	招商先锋混合	2004.06.01	327 875	53 552.78	6.91	721 802.11	93.09
	招商核心价值混合	2007.03.30	174 231	9 514.62	2.32	401 425.91	97.68
	招商优势企业混合	2012.02.01	1 709	0.00	0.00	8 846.51	100.00
	招商安达保本混合	2011.09.01	6 270	540.22	1.30	40 908.63	98.70
	招商安盈保本混合	2012.08.20	19 745	8 941.98	2.03	430 782.32	97.97
	招商安泰债券	2003.04.28	53 676	28 878.06	15.11	162 243.90	84.89
	招商安本增利债券	2006.07.11	18 991	60 561.93	45.99	71 121.40	54.01
	招商安心收益债券	2008.10.22	12 494	9 805.58	29.81	23 091.61	70.19
	招商安瑞进取债券	2011.03.17	11 366	31 441.24	37.39	52 657.15	62.61
	招商产业债券	2012.03.21	11 787	167 711.71	55.94	132 097.10	44.06
	招商信用增强债券	2012.07.20	15 237	6 211.08	1.89	322 847.65	98.11
	招商现金增值货币	2004.01.14	94 888	522 167.60	31.06	1 159 163.68	68.94
	招商全球资源股票(QDII)	2010.03.25	6 646	0.00	0.00	15 505.52	100.00

（续上表）

管理人	基金简称	设立日期	持有人户数	机构投资者		个人投资者	
				持有份额	占比	持有份额	占比
招商	招商标普金砖四国指数(QDII—LOF)	2011.02.11	3 655	10.00	0.07	13 984.88	99.93
	合 计		1 063 453	1 315 483.65	23.25	4 343 166.59	76.75
华宝兴业	华宝兴业多策略股票	2004.05.11	244 838	12 874.09	1.51	842 039.23	98.49
	华宝兴业动力组合股票	2005.11.17	66 056	34 822.13	15.13	195 265.24	84.87
	华宝兴业先进成长股票	2006.11.07	45 137	82 850.17	46.01	97 223.87	53.99
	华宝兴业行业精选股票	2007.06.14	515 379	108 469.48	8.54	1 161 897.82	91.46
	华宝兴业大盘精选股票	2008.10.07	23 372	19 044.64	36.95	32 496.52	63.05
	华宝兴业新兴产业股票	2010.12.07	29 625	82 699.51	30.41	189 284.32	69.59
	华宝兴业医药生物优选股票	2012.02.28	5 058	10 762.48	45.95	12 662.02	54.05
	华宝兴业资源优选股票	2012.08.21	826	4 729.09	38.27	7 626.82	61.73
	华宝兴业中证100指数	2009.09.29	18 179	25 007.95	28.95	61 383.48	71.05
	华宝兴业上证180价值ETF	2010.04.23	3 053	39 463.15	93.84	2 589.73	6.16
	华宝兴业上证180成长ETF	2011.08.04	1 080	33 496.62	90.35	3 578.82	9.65
	华宝兴业上证180价值ETF联接	2010.04.23	8 632	7 646.64	23.78	24 511.97	76.22
	华宝兴业上证180成长ETF联接	2011.08.09	1 927	10 774.84	61.84	6 647.80	38.16
	华宝兴业宝康消费品混合	2003.07.15	92 334	30 775.34	18.62	134 471.08	81.38
	华宝兴业宝康配置混合	2003.07.15	35 925	3 789.12	6.13	58 023.56	93.87
	华宝兴业收益增长混合	2006.06.15	76 204	12 126.54	11.66	91 887.50	88.34
	华宝兴业宝康债券	2003.07.15	6 948	14 039.70	59.59	9 522.16	40.41
	华宝兴业增强收益债券	2009.02.17	2 281	54.53	0.93	5 828.73	99.07
	华宝兴业可转债债券	2011.04.27	3 360	38 943.64	54.54	32 465.50	45.46
	华宝短融50	2012.06.12	1 499	179.65	1.02	17 450.63	98.98
	华宝兴业现金宝货币	2005.03.31	7 003	161 573.07	53.28	141 676.28	46.72
	华宝兴业海外中国股票(QDII)	2008.05.07	4 201	914.68	9.69	8 523.58	90.31
	华宝兴业成熟市场(QDII)	2011.03.15	1 688	24.71	0.37	6 682.20	99.63
	华宝油气(QDII)	2011.09.29	2 739	284.40	4.17	6 535.73	95.83
	合 计		1 197 344	735 346.19	18.92	3 150 274.60	81.08
摩根士丹利华鑫	大摩领先优势股票	2009.09.22	88 274	4 121.97	3.17	125 993.44	96.83
	大摩卓越成长股票	2010.05.18	36 077	96.81	0.11	86 302.36	99.89
	大摩多因子策略股票	2011.05.17	19 602	2 927.50	3.63	77 815.35	96.37
	大摩主题优选股票	2012.03.13	3 259	20.75	0.15	14 273.21	99.85
	大摩深证300指数增强	2011.11.15	4 602	723.46	4.43	15 602.73	95.57

（续上表）

管理人	基金简称	设立日期	持有人户数	机构投资者		个人投资者	
				持有份额	占比	持有份额	占比
摩根士丹利华鑫	大摩基础行业混合	2004.03.26	8 930	1 258.03	7.74	15 000.79	92.26
	大摩资源优选混合(LOF)	2005.09.27	183 457	16 167.65	8.62	171 318.18	91.38
	大摩消费领航混合	2010.12.03	39 953	9 573.16	3.67	251 324.72	96.33
	大摩强收益债券	2009.12.29	4 716	3 278.46	22.78	11 111.32	77.22
	大摩多元收益债券	2012.08.28	8 149	1 001.42	0.77	128 609.10	99.23
	大摩货币	2006.08.17	21 310	31 256.81	12.11	226 838.54	87.89
	合 计		418 329	70 426.02	5.90	1 124 189.75	94.10
国联安	国联安双佳信用分级债	2012.06.04	3 351	77 741.00	72.03	30 188.05	27.97
	国联安精选股票	2005.12.28	49 415	189 741.87	54.80	156 492.09	45.20
	国联安优势股票	2007.01.24	17 418	8 337.00	11.47	64 357.22	88.53
	国联安红利股票	2008.10.22	1 982	1 414.15	27.95	3 646.16	72.05
	国联安主题驱动股票	2009.08.26	3 800	148.82	0.93	15 884.55	99.07
	国联安优选行业股票	2011.05.23	6 189	14 746.90	18.23	66 139.25	81.77
	国联安双中证100指数分级	2010.04.16	27 159	196 379.94	49.20	202 776.03	50.80
	国联安双力中小板综指分级	2012.03.23	3 306	6 202.55	27.94	15 994.60	72.06
	国联安上证商品ETF	2010.11.26	3 754	44 359.29	88.23	5 913.58	11.76
	国联安上证商品ETF联接	2010.12.01	8 380	32 281.51	32.24	67 855.54	67.76
	国联安稳健混合	2003.08.08	6 547	892.93	5.49	15 374.79	94.51
	国联安小盘精选混合	2004.04.12	81 930	293.67	0.13	224 116.21	99.87
	国联安安心成长混合	2005.07.13	2 594	41 930.05	91.78	3 754.79	8.22
	国联安增利债券	2009.03.11	5 336	77 708.67	73.66	27 791.66	26.34
	国联安信心增益债券	2010.06.22	2 587	143 193.62	88.61	18 405.72	11.39
	国联安定期开放债券	2012.02.22	2 953	11 017.27	44.83	13 556.86	55.17
	国联安货币	2011.01.26	1 097	36 856.92	89.68	4 240.87	10.32
	合 计		227 798	883 246.16	48.54	936 487.97	51.46
海富通	海富通稳进增利分级债券	2011.09.01	5 177	11 388.04	51.64	10 663.22	48.36
	海富通股票	2005.07.29	250 816	68 770.87	11.69	519 413.39	88.31
	海富通风格优势股票	2006.10.19	103 668	151 235.71	36.16	266 968.40	63.84
	海富通领先成长股票	2009.04.30	20 208	22 437.15	36.10	39 721.88	63.90
	海富通中小盘股票	2010.04.14	41 734	6 592.54	6.83	89 878.98	93.17
	海富通国策导向股票	2011.11.16	697	1 698.22	31.23	3 739.63	68.77
	海富通中证100指数(LOF)	2009.10.30	18 685	70 751.96	45.91	83 362.59	54.09

（续上表）

管理人	基金简称	设立日期	持有人户数	机构投资者		个人投资者	
				持有份额	占比	持有份额	占比
海富通	海富通中证内地低碳指数	2012.05.25	2 558	3 319.87	22.50	11 433.41	77.50
	海富通上证周期ETF	2010.09.19	1 495	9 894.27	77.96	2 797.41	22.04
	海富通上证非周期ETF	2011.04.22	3 345	10 513.93	67.92	4 965.31	32.08
	海富通上证周期ETF联接	2010.09.28	4 677	3 187.13	13.61	20 227.02	86.39
	海富通上证非周期ETF联接	2011.04.27	2 955	2 132.96	10.77	17 677.41	89.23
	海富通精选混合	2003.08.22	303 167	814 476.71	49.74	822 971.92	50.26
	海富通收益增长混合	2004.03.12	210 246	5 159.99	1.24	411 738.96	98.76
	海富通强化回报混合	2006.05.25	117 434	48 311.45	17.01	235 776.54	82.99
	海富通精选贰号混合	2007.04.09	78 215	16 542.98	7.55	202 578.98	92.45
	海富通稳健添利债券	2008.10.24	1 836	53 435.60	85.73	8 897.81	14.27
	海富通稳固收益债券	2010.11.23	4 220	8 267.79	25.46	24 202.12	74.54
	海富通货币	2005.01.04	19 195	581 330.56	63.29	337 230.22	36.71
	海富通中国海外股票(QDII)	2008.06.27	9 316	3 048.25	18.26	13 648.90	81.74
	海富通大中华股票(QDII)	2011.01.27	3 067	49.53	0.52	9 563.77	99.48
	合 计		1 202 711	1 892 545.52	37.63	3 137 457.84	62.37
泰信	泰信优质生活股票	2006.12.15	68 591	8 553.80	5.26	154 056.99	94.74
	泰信蓝筹精选股票	2009.04.22	24 873	31 669.60	28.63	78 935.93	71.37
	泰信发展主题股票	2010.12.15	3 703	7 519.90	24.08	23 707.93	75.92
	泰信中小盘精选股票	2011.10.26	499	5 880.11	80.25	1 447.25	19.75
	泰信中证200指数	2011.06.09	998	8 754.90	64.45	4 828.33	35.55
	泰信基本面400指数分级	2012.09.07	258	5 037.58	73.25	1 839.92	26.75
	泰信先行策略混合	2004.06.28	258 147	3 604.18	0.51	709 691.22	99.49
	泰信优势增长混合	2008.06.25	4 515	3 764.67	46.09	4 403.92	53.91
	泰信保本混合	2012.02.22	727	0.00	0.00	5 776.09	100.00
	泰信双息双利债券	2007.10.31	6 039	985.64	6.43	14 350.80	93.57
	泰信债券增强收益	2009.07.29	2 492	5 636.23	47.54	6 220.02	52.46
	泰信债券周期回报	2011.02.09	1 722	5 912.64	27.07	15 930.27	72.93
	泰信天天收益货币	2004.02.10	8 781	33 869.33	63.57	19 408.14	36.43
	合 计		381 345	121 188.58	10.43	1 040 596.81	89.57
长信	长信利分级债	2011.06.24	10 556	16 760.89	33.36	33 476.74	66.64
	长信银利精选股票	2005.01.17	162 206	589.22	0.19	302 642.86	99.81
	长信金利趋势股票	2006.04.30	509 989	60 390.79	6.32	895 030.26	93.68

（续上表）

管理人	基金简称	设立日期	持有人户数	机构投资者		个人投资者	
				持有份额	占比	持有份额	占比
长信	长信增利动态策略股票	2006.11.09	154 362	84 065.80	20.99	316 376.29	79.01
	长信恒利优势股票	2009.07.30	8 067	2 667.12	8.97	27 050.83	91.03
	长信量化先锋股票	2010.11.18	2 674	2 009.92	14.51	11 840.91	85.49
	长信内需成长股票	2011.10.20	4 348	1 437.79	18.98	6 138.21	81.02
	长信中证央企100指数(LOF)	2010.03.26	7 112	0.00	0.00	9 014.25	100.00
	长信双利优选混合	2008.06.19	10 617	2 718.26	19.39	11 299.70	80.61
	长信利丰债券	2008.12.29	6 097	430.71	4.96	8 254.41	95.04
	长信中短债债券	2010.06.28	8 361	18 115.07	60.69	11 735.09	39.31
	长信可转债债券	2012.03.30	1 356	3 660.49	41.84	5 088.33	58.16
	长信利息收益货币	2004.03.19	36 337	627 083.87	62.33	378 973.31	37.67
	长信标普100等权重指数(QDII)	2011.03.30	1 751	1 049.50	19.28	4 395.03	80.72
	合 计		923 833	820 979.42	28.88	2 021 316.23	71.12
天治	天治核心成长股票(LOF)	2006.01.20	196 297	4 379.27	0.97	447 659.77	99.03
	天治创新先锋股票	2008.05.08	9 331	529.04	2.75	18 691.97	97.25
	天治成长精选股票	2011.08.04	2 666	1 710.73	9.42	16 441.55	90.58
	天治财富增长混合	2004.06.29	12 975	1 734.76	6.09	26 759.72	93.91
	天治品质优选混合	2005.01.12	7 019	923.64	7.61	11 220.16	92.39
	天治趋势精选混合	2009.07.15	2 219	1 000.10	18.37	4 442.91	81.63
	天治稳健双盈债券	2008.11.05	4 151	2 065.80	7.86	24 229.28	92.14
	天治稳定收益债券	2011.12.28	2 128	3 058.20	17.93	13 997.59	82.07
	天治天得利货币	2006.07.05	3 880	12 264.30	21.73	44 170.24	78.27
	合 计		240 666	27 665.84	4.35	607 613.18	95.65
景顺长城	景顺长城优选股票	2003.10.24	70 941	6 987.45	4.66	142 841.37	95.34
	景顺长城内需增长股票	2004.06.25	81 356	51 937.24	50.56	50 795.93	49.44
	景顺长城鼎益股票(LOF)	2005.03.16	270 314	971.55	0.18	541 606.05	99.82
	景顺长城资源垄断股票(LOF)	2006.01.26	379 093	29 145.36	3.25	867 262.87	96.75
	景顺长城新兴成长股票	2006.06.28	153 978	772.31	0.24	321 813.63	99.76
	景顺长城内需贰号股票	2006.10.11	172 848	60 416.83	13.07	401 849.45	86.93
	景顺长城精选蓝筹股票	2007.06.18	736 444	89 630.04	7.57	1 094 078.51	92.43
	景顺长城公司治理股票	2008.10.22	17 601	94.58	0.45	20 828.70	99.55
	景顺长城能源基建股票	2009.10.20	50 452	143 908.32	54.88	118 302.66	45.12
	景顺长城中小盘股票	2011.03.22	23 411	20 935.68	16.30	107 507.01	83.70

（续上表）

管理人	基金简称	设立日期	持有人户数	机构投资者		个人投资者	
				持有份额	占比	持有份额	占比
景顺长城	景顺长城核心竞争力股票	2011.12.20	10 666	29 884.32	46.41	34 502.91	53.59
	景顺长城上证180等权重ETF	2012.06.12	3 992	20 641.28	50.41	20 304.27	49.59
	景顺长城上证180等权重ETF联接	2012.06.25	554	174.60	2.48	6 856.96	97.52
	景顺长城动力平衡混合	2003.10.24	348 089	1 297.11	0.20	654 042.67	99.80
	景顺长城稳定收益债券	2011.03.25	1 717	4 473.01	33.86	8 736.76	66.14
	景顺长城优信增利债券	2012.03.15	1 415	4 238.61	25.85	12 156.07	74.15
	景顺长城货币	2003.10.24	9 571	84 893.23	86.93	12 764.67	13.07
	景顺长城大中华股票(QDII)	2011.09.22	961	2 410.56	52.97	2 140.26	47.03
	合 计		2 333 403	552 812.08	11.12	4 418 390.74	88.88
广发	广发聚利债券	2011.08.05	4 517	14 702.69	43.79	18 871.88	56.21
	广发小盘成长股票(LOF)	2005.02.02	380 359	49 829.87	10.96	404 645.85	89.04
	广发聚丰股票	2005.12.23	2 246 749	18 641.17	0.63	2 939 213.68	99.37
	广发核心精选股票	2008.07.16	94 399	72 819.61	44.06	92 470.50	55.94
	广发聚瑞股票	2009.06.16	128 612	60 225.69	17.23	289 269.60	82.77
	广发行业领先股票	2010.11.23	45 692	19 340.98	6.21	292 300.98	93.79
	广发制造业精选股票	2011.09.20	5 559	4 220.51	18.86	18 156.99	81.14
	广发消费品精选股票	2012.06.12	3 237	3 287.24	29.49	7 859.10	70.51
	广发沪深300指数	2008.12.30	110 860	107 971.36	40.69	157 358.10	59.31
	广发中证500指数(LOF)	2009.11.26	178 132	96 402.31	20.23	380 075.94	79.77
	广发深证100指数分级	2012.05.07	2 309	8 830.79	34.93	16 452.79	65.07
	广发中小板300ETF	2011.06.03	5 051	66 230.67	80.32	16 229.22	19.68
	广发中小板300ETF联接	2011.06.09	23 529	8 012.05	11.40	62 283.31	88.60
	广发聚富混合	2003.12.03	329 800	13 743.09	3.01	443 176.91	96.99
	广发稳健增长混合	2004.07.26	382 473	1 748.63	0.35	500 485.12	99.65
	广发策略优选混合	2006.05.17	259 784	53 816.09	7.76	639 703.81	92.24
	广发大盘成长混合	2007.06.13	551 070	39 003.05	3.29	1 147 364.36	96.71
	广发内需增长混合	2010.04.19	45 064	229 933.93	59.16	158 698.72	40.84
	广发聚祥保本混合	2011.03.15	31 523	1 465.48	0.62	234 158.95	99.38
	广发增强债券	2008.03.27	42 705	43 553.35	30.81	97 827.01	69.19
	广发聚财信用债券	2012.03.13	15 664	8 191.11	6.82	111 965.98	93.18
	广发理财年年红债券	2012.07.19	3 326	49.83	0.09	54 261.32	99.91
	广发双债添利债券	2012.09.20	6 540	873.30	0.84	103 386.48	99.16

（续上表）

管理人	基金简称	设立日期	持有人户数	机构投资者		个人投资者	
				持有份额	占比	持有份额	占比
广发	广发货币	2005.05.20	170 378	861 363.50	31.22	1 897 834.32	68.78
	广发亚太精选股票(QDII)	2010.08.18	2 852	8 000.18	53.48	6 960.00	46.52
	广发全球农业指数(QDII)	2011.06.28	6 110	7 003.05	22.96	23 497.72	77.04
	广发纳斯达克100指数(QDII)	2012.08.15	2 266	3 736.96	26.31	10 465.20	73.69
	合 计		5 078 560	1 802 996.48	15.12	10 124 973.82	84.88
兴业全球	兴全全球视野股票	2006.09.20	72 334	195 235.21	67.98	91 941.53	32.02
	兴全社会责任股票	2008.04.30	223 070	53 287.17	13.87	331 026.45	86.13
	兴全合润分级股票	2010.04.22	21 720	9 259.46	8.35	101 659.28	91.65
	兴全绿色投资股票(LOF)	2011.05.06	15 806	44 000.45	30.58	99 885.72	69.42
	兴全轻资产股票(LOF)	2012.04.05	6 999	14 702.35	24.77	44 650.93	75.23
	兴全沪深300指数(LOF)	2010.11.02	40 237	6 244.80	4.15	144 325.69	95.85
	兴全可转债混合	2004.05.11	74 127	77 083.70	22.18	270 404.25	77.82
	兴全趋势混合(LOF)	2005.11.03	491 015	51 286.22	4.23	1 160 157.71	95.77
	兴全有机增长混合	2009.03.25	35 470	68 531.35	46.15	79 969.99	53.85
	兴全保本混合	2011.08.03	10 633	1 327.17	1.56	83 873.99	98.44
	兴全磐稳增利债券	2009.07.23	3 192	5 674.21	41.67	7 942.91	58.33
	兴全货币	2006.04.27	9 204	43 867.69	59.93	29 329.71	40.07
	合 计		1 003 807	570 499.79	18.92	2 445 168.14	81.08
诺安	诺安股票	2005.12.19	788 871	2 535.34	0.17	1 475 222.53	99.83
	诺安价值增长股票	2006.11.21	372 242	44 288.33	5.32	788 436.96	94.68
	诺安成长股票	2009.03.10	29 939	129 662.61	76.97	38 790.88	23.03
	诺安中小盘精选股票	2010.04.28	34 392	36 541.30	28.66	90 962.36	71.34
	诺安主题精选股票	2010.09.15	19 312	46 802.52	30.97	104 296.65	69.03
	诺安多策略股票	2011.08.09	8 001	3 514.29	7.23	45 080.32	92.77
	诺安中证100指数	2009.10.27	17 052	50 805.48	36.42	88 695.22	63.58
	诺安中证创业成长指数分级	2012.03.29	1 853	3 990.86	26.83	10 884.47	73.17
	诺安上证新兴产业ETF	2011.04.07	5 325	64 530.22	77.19	19 068.05	22.81
	诺安上证新兴产业ETF联接	2011.04.07	9 856	8 549.63	13.01	57 184.06	86.99
	诺安平衡混合	2004.05.21	409 037	75 561.75	8.94	769 676.10	91.06
	诺安灵活配置混合	2008.05.20	115 074	300 746.74	63.03	176 408.96	36.97
	诺安新动力混合	2012.03.05	3 488	6 199.45	22.99	20 765.01	77.01
	诺安保本混合	2011.05.13	13 972	5 019.88	2.85	170 867.47	97.15

（续上表）

管理人	基金简称	设立日期	持有人户数	机构投资者		个人投资者	
				持有份额	占比	持有份额	占比
诺安	诺安汇保本混合	2012.05.28	19 263	1 897.82	0.58	326 725.04	99.42
	诺安优化收益债券	2007.08.29	9 974	103 669.81	90.07	11 430.74	9.93
	诺安增利债券	2009.05.27	1 827	1 314.86	17.67	6 127.13	82.33
	诺安货币	2004.12.06	9 945	184 326.80	80.14	45 682.18	19.86
	诺安全球黄金(QDII—FOF)	2011.01.13	96 125	4 418.08	3.36	127 254.52	96.64
	诺安全球收益不动产(QDII)	2011.09.23	4 511	3 821.95	13.74	23 994.16	86.26
	诺安油气能源(QDII—FOF—LOF)	2011.09.27	9 670	0.00	0.00	57 487.99	100.00
	合 计		1 979 729	1 078 197.71	19.49	4 455 040.78	80.51
申万菱信	申万菱信新动力股票	2005.11.10	210 555	13 548.41	3.33	393 446.75	96.67
	申万菱信竞争优势股票	2008.07.04	8 188	24.10	0.37	6 451.83	99.63
	申万菱信消费增长股票	2009.06.12	14 880	7 265.20	15.96	38 259.48	84.04
	申万菱信量化小盘股票(LOF)	2011.06.16	5 636	257.68	1.23	20 642.36	98.77
	申万菱信沪深300价值指数	2010.02.11	11 828	43 894.07	42.37	59 707.36	57.63
	申万菱信深证成指分级	2010.10.22	44 633	612 344.06	54.21	517 209.91	45.79
	申万菱信中小板指数分级	2012.05.08	2 457	7 652.47	27.99	19 690.89	72.01
	申万菱信盛利精选混合	2004.04.09	42 813	47 892.77	27.34	127 253.81	72.66
	申万菱信盛利强化配置混合	2004.11.29	5 131	762.86	15.07	4 298.44	84.93
	申万菱信新经济混合	2006.12.06	212 394	26 117.76	5.15	481 480.59	94.85
	申万菱信添益宝债券	2008.12.04	2 802	15 360.37	52.26	14 030.85	47.74
	申万菱信稳益宝债券	2011.02.11	1 240	2 410.40	28.72	5 982.35	71.28
	申万菱信可转债债券	2011.12.09	1 560	719.03	8.11	8 145.30	91.89
	申万菱信收益宝货币	2006.07.07	3 283	27 777.62	73.64	9 943.18	26.36
	合 计		567 400	806 026.78	32.08	1 706 543.09	67.92
中海	中海量化策略股票	2009.06.24	11 449	4 457.44	15.21	24 850.46	84.79
	中海消费股票	2011.11.09	1 941	3 315.59	63.05	1 943.16	36.95
	中海上证50指数增强	2010.03.25	6 386	13 659.12	37.89	22 388.13	62.11
	中海上证380指数	2012.03.07	1 542	4 076.05	46.81	4 630.76	53.19
	中海优质成长混合	2004.09.28	226 159	12 234.73	1.92	624 919.60	98.08
	中海分红增利混合	2005.06.16	125 006	10 801.69	4.17	248 048.08	95.83
	中海能源策略混合	2007.03.13	207 621	1 170.86	0.20	578 734.01	99.80
	中海蓝筹混合	2008.12.03	5 591	1 052.39	15.14	5 898.48	84.86
	中海环保新能源混合	2010.12.09	9 096	11 430.96	23.45	37 309.61	76.55

（续上表）

管理人	基金简称	设立日期	持有人户数	机构投资者		个人投资者	
				持有份额	占比	持有份额	占比
中海	中海保本混合	2012.06.20	4 854	69.32	0.17	40 031.70	99.83
	中海稳健收益债券	2008.04.10	2 646	15 124.01	61.01	9 664.00	38.99
	中海增强收益债券	2011.03.23	1 335	13 916.79	68.94	6 271.20	31.06
	中海货币	2010.07.28	8 880	274 661.81	77.70	78 820.19	22.30
	合 计		612 506	365 970.76	17.86	1 683 509.39	82.14
华富	华富强化回报债券	2010.09.08	2 815	181 599.40	90.84	18 321.27	9.16
	华富成长趋势股票	2007.03.19	90 732	3 239.86	1.68	189 774.29	98.32
	华富量子生命力股票	2011.04.01	3 187	4 585.63	34.98	8 525.42	65.02
	华富中证100指数	2009.12.30	7 058	2 708.11	12.51	18 943.43	87.49
	华富中小板指数增强	2011.12.09	2 155	2 389.31	35.88	4 270.44	64.12
	华富竞争力优选混合	2005.03.02	92 445	1 497.17	0.89	166 941.51	99.11
	华富策略精选混合	2008.12.24	4 630	1 362.98	17.81	6 288.41	82.19
	华富价值增长混合	2009.07.15	5 533	9 034.60	35.11	16 696.37	64.89
	华富收益增强债券	2008.05.28	19 930	3 696.41	3.61	98 670.75	96.39
	华富货币	2006.06.21	7 708	103 533.53	57.42	76 776.06	42.58
	合 计		236 193	313 647.00	34.13	605 207.94	65.87
光大保德信	光大保德信量化股票	2004.08.27	625 621	5 812.71	0.52	1 113 621.37	99.48
	光大保德信红利股票	2006.03.24	84 871	20 318.49	18.52	89 365.67	81.48
	光大保德信新增长股票	2006.09.14	43 235	772.05	0.92	83 145.92	99.08
	光大保德信优势配置股票	2007.08.24	652 204	51 056.08	3.83	1 283 131.40	96.17
	光大保德信均衡精选股票	2009.03.04	9 443	19.78	0.15	13 002.52	99.85
	光大保德信中小盘股票	2010.04.14	34 772	7 435.69	6.57	105 753.88	93.43
	光大保德信行业轮动股票	2012.02.15	2 765	3 583.05	44.82	4 411.39	55.18
	光大保德信动态优选混合	2009.10.28	7 799	4 867.16	25.34	14 339.42	74.66
	光大保德信增利收益债券	2008.10.29	12 840	6 863.98	36.93	11 724.53	63.07
	光大保德信信用添益债券	2011.05.16	8 024	17 119.53	34.98	31 822.98	65.02
	光大保德信添天利理财债券	2012.06.19	1 773	5 070.85	45.95	5 964.35	54.05
	光大保德信添盛双月理财债券	2012.09.05	600	180.57	1.57	11 343.08	98.43
	光大保德信添天盈季度理财债券	2012.10.25	7 803	4 330.41	2.10	202 336.71	97.90
	光大保德信货币	2005.06.09	12 118	5 571.78	13.82	34 757.37	86.18
	合 计		1 503 868	133 002.15	4.24	3 004 720.58	95.76

（续上表）

管理人	基金简称	设立日期	持有人户数	机构投资者		个人投资者	
				持有份额	占比	持有份额	占比
上投摩根	上投摩根阿尔法股票	2005.10.11	119 652	38 170.40	27.60	100 151.18	72.40
	上投摩根成长先锋股票	2006.09.20	95 732	114 991.34	32.79	235 697.75	67.21
	上投摩根内需动力股票	2007.04.13	692 606	25 509.99	3.76	653 390.55	96.24
	上投摩根中小盘股票	2009.01.21	52 968	6 949.68	9.09	69 506.95	90.91
	上投摩根行业轮动股票	2010.01.28	18 721	117 477.45	53.83	100 744.66	46.17
	上投摩根大盘蓝筹股票	2010.12.20	14 241	23 155.35	27.00	62 602.98	73.00
	上投摩根新兴动力股票	2011.07.13	19 812	10 752.71	17.66	50 144.98	82.34
	上投摩根健康品质生活股票	2012.02.01	2 276	522.55	3.57	14 125.32	96.43
	上投摩根中证消费服务领先指数	2012.09.25	1 547	6 803.30	36.23	11 974.73	63.77
	上投摩根中国优势混合	2004.09.15	187 230	33 282.84	12.76	227 491.46	87.24
	上投摩根双息平衡混合	2006.04.26	81 091	66 475.10	21.89	237 184.21	78.11
	上投摩根双核平衡混合	2008.05.21	13 492	11 157.60	26.37	31 148.48	73.63
	上投摩根纯债债券	2009.06.24	3 760	1 878.60	22.56	6 448.93	77.44
	上投摩根强化回报债券	2011.08.10	2 250	3 589.62	29.75	8 477.38	70.25
	上投摩根分红添利债券	2012.06.25	3 449	19 362.67	26.72	53 092.42	73.28
	上投摩根货币	2005.04.13	4 041	2 185 506.19	99.38	13 574.91	0.62
	上投摩根亚太优势股票(QDII)	2007.10.22	1 392 288	19 403.91	0.97	1 979 788.24	99.03
	上投摩根全球新兴市场股票(QDII)	2011.01.30	4 113	0.00	0.00	9 049.64	100.00
	上投摩根全球天然资源股票(QDII)	2012.03.26	1 177	782.04	13.51	5 005.06	86.49
	合 计		2 710 446	2 685 771.32	40.97	3 869 599.82	59.03
东方	东方策略成长股票	2008.06.03	9 771	943.87	15.01	5 343.03	84.99
	东方核心动力股票	2009.06.24	6 549	1 275.15	7.12	16 622.32	92.88
	东方龙混合	2004.11.25	63 947	88 209.93	46.07	103 243.34	53.93
	东方精选混合	2006.01.11	247 893	79 174.73	13.57	504 215.45	86.43
	东方增长中小盘混合	2011.12.28	2 917	2 810.63	50.26	2 781.94	49.74
	东方保本混合	2011.04.14	39 044	297.66	0.42	70 523.11	99.58
	东方稳健回报债券	2008.12.10	7 615	87.78	0.55	15 863.74	99.45
	东方强化收益债券	2012.10.09	8 639	5 129.07	14.95	29 175.56	85.05
	东方金账簿货币	2006.08.02	35 583	25 219.50	25.78	72 603.11	74.22
	合 计		421 958	203 148.31	19.85	820 371.60	80.15
中银	中银信用增利债券	2012.03.12	14 778	146 939.28	66.56	73 836.44	33.44
	中银增长股票	2006.03.17	406 892	30 171.25	2.78	1 054 809.68	97.22

（续上表）

管理人	基金简称	设立日期	持有人户数	机构投资者		个人投资者	
				持有份额	占比	持有份额	占比
中银	中银策略股票	2008.04.03	45 079	35 255.45	25.01	105 726.00	74.99
	中银中小盘成长股票	2011.11.23	7 848	1 520.63	5.96	23 979.51	94.04
	中银主题策略股票	2012.07.25	4 680	1 404.46	4.95	26 969.09	95.05
	中银中证100指数增强	2009.09.04	34 885	133 935.35	47.86	145 920.54	52.14
	中银沪深300等权重指数(LOF)	2012.05.17	6 552	2 372.09	4.78	47 243.19	95.22
	中银上证国企100ETF	2011.06.16	2 099	500.36	3.98	12 082.85	96.02
	中银中国混合(LOF)	2005.01.04	113 108	116 947.84	44.74	144 457.60	55.26
	中银收益混合	2006.10.11	143 847	37 698.62	11.91	278 725.67	88.09
	中银优选混合	2009.04.03	17 963	26 704.53	44.16	33 772.22	55.84
	中银蓝筹混合	2010.02.11	33 997	17 517.94	9.82	160 798.88	90.18
	中银价值混合	2010.08.25	27 705	3 250.84	3.03	104 177.52	96.97
	中银保本混合	2012.09.19	26 095	45 237.96	11.69	341 891.49	88.31
	中银增利债券	2008.11.13	14 046	350 930.65	83.11	71 303.86	16.89
	中银双利债券	2010.11.24	13 134	142 686.04	63.31	82 696.30	36.69
	中银转债增强债券	2011.06.29	2 944	4 276.79	18.62	18 693.50	81.38
	中银理财14天债券	2012.09.24	13 575	1 563 762.89	85.08	274 144.92	14.92
	中银理财60天债券发起	2012.10.26	4 810	251 420.74	73.18	92 130.00	26.82
	中银货币	2005.06.07	44 980	2 407 945.69	79.60	617 112.45	20.40
	中银全球策略(QDII-FOF)	2011.03.03	14 002	1 273.72	2.94	42 014.82	97.06
	合 计		993 019	5 321 753.11	58.65	3 752 486.53	41.35
东吴	东吴双动力股票	2006.12.15	111 788	78 893.98	35.64	142 445.10	64.36
	东吴行业轮动股票	2008.04.23	110 653	59 780.47	19.08	253 481.81	80.92
	东吴新经济股票	2009.12.30	11 278	2 072.05	13.39	13 403.85	86.61
	东吴新创业股票	2010.06.29	8 468	3 206.04	25.13	9 552.27	74.87
	东吴新产业精选股票	2011.09.28	1 741	1 049.34	15.56	5 696.38	84.44
	东吴中证新兴指数	2011.02.01	30 884	45 080.35	26.83	122 938.42	73.17
	东吴深证100指数增强(LOF)	2012.03.09	1 203	10 799.75	64.40	5 970.87	35.60
	东吴嘉禾优势精选混合	2005.02.01	185 494	427.23	0.15	282 453.27	99.85
	东吴进取策略混合	2009.05.06	33 159	32 130.74	43.08	42 447.49	56.92
	东吴保本混合	2012.08.13	6 898	6 808.96	10.43	58 458.24	89.57
	东吴优信稳健债券	2008.11.05	4 136	72 120.65	96.68	2 476.42	3.32
	东吴增利债券	2011.07.27	989	6 726.74	57.20	5 033.28	42.80

（续上表）

管理人	基金简称	设立日期	持有人户数	机构投资者		个人投资者	
				持有份额	占比	持有份额	占比
东吴	东吴货币	2010.05.11	14 418	9 744.57	28.14	24 878.90	71.86
	合 计		521 109	328 840.85	25.33	969 236.31	74.67
天弘	天弘添利分级债券	2010.12.03	38 882	91 557.76	37.24	154 294.65	62.76
	天弘丰利分级债券	2011.11.23	49 227	36 377.12	30.87	81 456.27	69.13
	天弘永定价值成长股票	2008.12.02	4 463	3 219.10	30.87	7 207.37	69.13
	天弘周期策略股票	2009.12.17	4 311	14 332.50	63.57	8 213.66	36.43
	天弘深证成份指数(LOF)	2010.08.12	3 064	0.00	0.00	10 356.89	100.00
	天弘精选混合	2005.10.08	280 597	10 264.73	2.22	452 709.86	97.78
	天弘永利债券	2008.04.18	4 560	42 418.65	41.31	60 261.28	58.69
	天弘债券发起式	2012.08.10	7 589	26 684.91	20.35	104 464.96	79.65
	天弘现金管家货币	2012.06.20	5 611	35 973.38	50.25	35 614.34	49.75
	合 计		398 304	260 828.14	22.19	914 579.28	77.81
国海富兰克林	国富弹性市值股票	2006.06.14	162 792	95 240.43	24.67	290 753.22	75.33
	国富潜力组合股票	2007.03.22	175 946	17 344.84	4.09	406 687.30	95.91
	国富深化价值股票	2008.07.03	24 118	228 099.87	90.19	24 799.39	9.81
	国富成长动力股票	2009.03.25	9 662	51 020.56	79.61	13 069.91	20.39
	国富中小盘股票	2010.11.23	25 027	46 843.32	26.43	130 423.32	73.57
	国富研究精选股票	2012.05.22	1 988	4 090.11	17.21	19 679.96	82.79
	国富沪深300指数增强	2009.09.03	45 364	28 860.57	27.59	75 753.35	72.41
	国富中国收益混合	2005.06.01	46 036	29 367.65	20.55	113 516.35	79.45
	国富策略回报混合	2011.08.02	16 085	10 928.72	20.06	43 563.68	79.94
	国富强化收益债券	2008.10.24	2 823	8 508.62	71.30	3 425.71	28.70
	国富恒久信用债券	2012.09.11	4 158	6 181.42	12.35	43 860.94	87.65
	国富亚洲机会股票(QDII)	2012.02.22	4 716	245.92	4.10	5 754.52	95.90
	合 计		518 715	526 732.02	31.02	1 171 287.65	68.98
华泰柏瑞	华泰柏瑞信用增利债券	2011.09.22	3 334	11 634.87	54.89	9 560.37	45.11
	华泰柏瑞盛世中国股票	2005.04.27	540 787	188 657.05	17.58	884 498.90	82.42
	华泰柏瑞价值增长股票	2008.07.16	12 274	28 405.00	53.40	24 788.04	46.60
	华泰柏瑞行业领先股票	2009.08.03	20 766	5 392.21	4.88	105 061.15	95.12
	华泰柏瑞量化先行股票	2010.06.22	5 902	4 306.98	31.27	9 467.73	68.73
	华泰柏瑞上证红利ETF	2006.11.17	47 765	24 372.05	28.11	62 345.52	71.89

（续上表）

管理人	基金简称	设立日期	持有人户数	机构投资者		个人投资者	
				持有份额	占比	持有份额	占比
华泰柏瑞	华泰柏瑞上证中小盘ETF	2011.01.26	1 455	2 167.00	59.81	1 455.92	40.19
	华泰柏瑞沪深300ETF	2012.05.04	40 203	799 442.24	85.23	138 586.53	14.77
	华泰柏瑞上证中小盘ETF联接	2011.01.26	1 727	133.11	1.63	8 033.55	98.37
	华泰柏瑞沪深300ETF联接	2012.05.29	3 131	3 714.19	23.04	12 406.63	76.96
	华泰柏瑞积极成长混合	2007.05.29	109 023	1 725.46	0.64	269 131.64	99.36
	华泰柏瑞稳本增利债券	2007.12.03	4 932	3 749.12	36.23	6 598.44	63.77
	华泰柏瑞货币	2009.05.06	4 419	147 095.68	66.35	74 605.92	33.65
	华泰柏瑞亚洲(QDII)	2010.12.02	1 383	758.63	9.30	7 399.94	90.70
	合计		797 101	1 221 553.58	43.08	1 613 940.27	56.92
新华	新华优选成长股票	2008.07.25	68 931	118 674.59	41.38	168 112.08	58.62
	新华钻石企业股票	2010.02.03	13 652	679.16	1.01	66 458.24	98.99
	新华行业周期轮换股票	2010.07.21	4 585	10 140.02	40.70	14 771.96	59.30
	新华中小市值优选股票	2011.01.28	7 192	39.65	0.09	42 439.36	99.91
	新华灵活主题股票	2011.07.13	3 245	192.74	1.15	16 630.58	98.85
	新华优选消费股票	2012.06.13	1 891	1 010.82	7.99	11 643.73	92.01
	新华优选分红混合	2005.09.16	57 258	22 582.99	13.38	146 260.22	86.62
	新华泛资源优势混合	2009.07.13	12 640	517.17	0.76	67 344.14	99.24
	合计		169 394	153 837.14	22.38	533 660.30	77.62
汇添富	汇添富季季红定期开放债券	2012.07.26	2 811	39 498.72	63.51	22 698.63	36.49
	汇添富均衡增长股票	2006.08.07	987 032	11 148.71	0.51	2 190 602.38	99.49
	汇添富成长焦点股票	2007.03.12	256 649	7 514.00	1.15	645 745.11	98.85
	汇添富价值精选股票	2009.01.23	46 881	205 745.48	79.79	52 105.34	20.21
	汇添富策略回报股票	2009.12.22	26 105	49 409.01	45.89	58 257.69	54.11
	汇添富民营活力股票	2010.05.05	13 705	19 922.40	39.25	30 831.45	60.75
	汇添富医药保健股票	2010.09.21	64 793	62 930.20	21.47	230 231.62	78.53
	汇添富社会责任股票	2011.03.29	73 602	46 746.52	14.62	273 068.29	85.38
	汇添富逆向投资股票	2012.03.09	6 145	2 782.24	17.75	12 894.43	82.25
	汇添富上证综合指数	2009.07.01	115 128	91 212.20	15.23	507 729.30	84.77
	汇添富深证300ETF	2011.09.16	2 796	15 709.45	62.55	9 405.45	37.45
	汇添富深证300ETF联接	2011.09.28	3 697	6 797.60	50.05	6 783.53	49.95
	汇添富优势精选混合	2005.08.25	150 994	3 854.89	3.21	116 069.90	96.79

（续上表）

管理人	基金简称	设立日期	持有人户数	机构投资者		个人投资者	
				持有份额	占比	持有份额	占比
汇添富	汇添富蓝筹稳健混合	2008.07.08	19 266	17 291.32	54.98	14 161.45	45.02
	汇添富保本混合	2011.01.26	17 094	4 383.53	3.07	138 359.31	96.93
	汇添富增强收益债券	2008.03.06	26 058	78 487.98	66.30	39 888.10	33.70
	汇添富可转换债券	2011.06.17	3 923	8 891.95	30.16	20 586.60	69.84
	汇添富信用债债券	2011.12.20	2 592	21 720.17	75.32	7 116.50	24.68
	汇添富多元收益债券	2012.09.18	2 772	18 247.09	35.30	33 443.07	64.70
	汇添富理财30天债券	2012.05.09	52 832	202 561.34	30.18	468 518.74	69.82
	汇添富理财60天债券	2012.06.12	11 659	132.79	0.12	107 513.34	99.88
	汇添富理财14天债券	2012.07.10	4 896	1 737.62	4.09	40 795.13	95.91
	汇添富理财28天债券	2012.10.18	1 471	0.00	0.00	30 193.59	100.00
	汇添富货币	2006.03.23	29 765	363 158.44	68.81	164 592.30	31.19
	汇添富亚澳成熟优选股票QDII	2010.06.25	2 368	4 254.05	47.22	4 754.99	52.78
	汇添富黄金及贵金属(QDII—LOF—FOF)	2011.08.31	10 773	3 100.19	7.03	41 017.38	92.97
	合 计		1 935 807	1 287 237.86	19.64	5 267 363.62	80.36
工银瑞信	工银四季收益债券	2011.02.10	29 985	91 938.84	38.25	148 407.32	61.75
	工银纯债定期开放债券	2012.06.21	32 247	126 129.78	26.23	354 751.17	73.77
	工银核心价值股票	2005.08.31	487 372	566 893.89	18.65	2 473 538.17	81.35
	工银稳健成长股票	2006.12.06	112 817	107 931.37	30.10	250 701.12	69.90
	工银红利股票	2007.07.18	86 071	37 670.98	13.72	236 925.73	86.28
	工银大盘蓝筹股票	2008.08.04	28 886	3 051.52	5.49	52 555.48	94.51
	工银中小盘成长股票	2010.02.10	21 539	2 445.98	3.32	71 247.34	96.68
	工银消费服务股票	2011.04.21	31 791	25 076.30	14.57	146 975.82	85.43
	工银主题策略股票	2011.10.24	6 820	723.51	3.64	19 135.03	96.36
	工银量化策略股票	2012.04.26	28 754	2 487.80	2.40	101 278.96	97.60
	工银沪深300指数股票	2009.03.05	97 570	121 681.84	27.85	315 257.87	72.15
	工银中证500指数	2012.01.31	3 904	686.01	4.33	15 167.50	95.67
	工银深证100指数分级	2012.10.25	801	4 614.72	40.57	6 760.39	59.43
	工银上证央企ETF	2009.08.26	17 055	11 400.75	19.83	46 095.18	80.17
	工银深证红利ETF	2010.11.05	1 606	118 989.51	95.23	5 954.89	4.77
	工银深证红利ETF联接	2010.11.09	28 503	637.92	0.52	122 640.45	99.48
	工银精选平衡混合	2006.07.13	344 905	93 228.70	9.49	889 418.96	90.51
	工银保本混合	2011.12.27	23 542	2 686.01	1.54	171 177.52	98.46

（续上表）

管理人	基金简称	设立日期	持有人户数	机构投资者		个人投资者	
				持有份额	占比	持有份额	占比
工银瑞信	工银增强收益债券	2007.05.11	48 611	184 681.48	50.28	182 590.42	49.72
	工银添利债券	2008.04.14	40 491	168 690.26	58.12	121 550.37	41.88
	工银双利债券	2010.08.16	28 797	21 013.51	10.09	187 196.39	89.91
	工银添颐债券	2011.08.10	17 265	26 022.13	25.07	77 765.18	74.93
	工银7天理财债券	2012.08.22	132 101	250 773.86	9.25	2 459 878.49	90.75
	工银14天理财债券发起	2012.10.26	30 722	140 892.64	19.37	586 628.82	80.63
	工银货币	2006.03.20	66 322	893 859.90	49.70	904 753.49	50.30
	工银全球股票(QDII)	2008.02.14	59 673	5 424.91	4.98	103 528.32	95.02
	工银全球精选股票(QDII)	2010.05.25	8 277	88.67	0.81	10 916.56	99.19
	合 计		1 816 427	3 009 722.79	23.02	10 062 796.93	76.98
交银施罗德	交银信用添利债券	2011.01.27	10 721	128 667.78	67.90	60 840.79	32.10
	交银精选股票	2005.09.29	257 690	14 768.51	2.02	715 589.78	97.98
	交银成长股票	2006.10.23	132 857	115 447.83	42.01	159 389.74	57.99
	交银蓝筹股票	2007.08.08	741 490	11 661.25	0.99	1 164 848.96	99.01
	交银先锋股票	2009.04.10	46 173	60 035.98	32.92	122 327.26	67.08
	交银趋势股票	2010.12.22	21 313	36 640.16	19.41	152 174.03	80.59
	交银先进制造股票	2011.06.22	10 905	9 943.68	20.29	39 054.71	79.71
	交银阿尔法核心股票	2012.08.03	1 435	3 983.02	25.96	11 360.75	74.04
	交银上证180公司治理ETF	2009.09.25	5 280	445 805.76	97.26	12 546.67	2.74
	交银深证300价值ETF	2011.09.22	446	8 755.52	89.04	1 077.45	10.96
	交银上证180公司治理ETF联接	2009.09.29	49 683	29 572.79	7.83	348 136.50	92.17
	交银深证300价值ETF联接	2011.09.28	10 365	1 139.06	12.31	8 112.96	87.69
	交银稳健配置混合	2006.06.14	154 036	36 988.53	10.67	309 794.27	89.33
	交银主题优选混合	2010.06.30	29 445	34 407.22	31.19	75 892.39	68.81
	交银优势行业混合	2012.02.03	6 070	263.49	0.81	32 257.85	99.19
	交银荣安保本混合	2012.06.20	11 518	548.34	0.38	144 026.49	99.62
	交银增利债券	2008.03.31	24 787	64 308.21	34.78	120 603.10	65.22
	交银双利债券	2011.09.26	4 512	10 017.72	25.70	28 959.37	74.30
	交银货币	2006.01.20	13 565	697 760.36	66.78	347 169.24	33.22
	交银环球精选股票(QDII)	2008.08.22	6 193	2 338.33	19.23	9 821.32	80.77
	交银全球资源股票(QDII)	2012.05.22	758	661.89	13.86	4 112.82	86.14
	合 计		1 539 242	1 713 715.42	30.70	3 868 096.46	69.30

（续上表）

管理人	基金简称	设立日期	持有人户数	机构投资者		个人投资者	
				持有份额	占比	持有份额	占比
建信	建信优势动力封闭	2008.03.19	94 697	174 156.68	37.51	290 108.82	62.49
	建信信用增强债券	2011.06.16	9 194	26 981.83	35.44	49 143.79	64.56
	建信恒久价值股票	2005.12.01	132 978	474 687.18	59.96	317 020.25	40.04
	建信优选成长股票	2006.09.08	132 396	49 588.31	15.87	262 950.31	84.13
	建信核心精选股票	2008.11.25	56 947	180 478.70	77.84	51 389.92	22.16
	建信内生动力股票	2010.11.16	59 008	87 707.00	22.75	297 802.85	77.25
	建信双利分级股票	2011.05.06	30 269	3 614.42	2.16	163 451.49	97.84
	建信社会责任股票	2012.08.14	4 038	66.21	0.48	13 738.18	99.52
	建信沪深300指数(LOF)	2009.11.05	68 544	139 680.58	32.31	292 622.08	67.69
	建信深证100指数增强	2012.03.16	11 752	6 806.18	10.98	55 176.78	89.02
	建信上证社会责任ETF	2010.05.28	587	44 001.64	96.79	1 456.47	3.20
	深证F60ETF	2011.09.08	513	19 167.42	97.02	589.18	2.98
	建信上证社会责任ETF联接	2010.05.28	21 637	2 595.96	6.33	38 419.13	93.67
	建信深证基本面60ETF联接	2011.09.08	9 039	5 502.78	15.04	31 078.28	84.96
	建信优化配置混合	2007.03.01	345 694	1 150.20	0.13	876 467.10	99.87
	建信恒稳价值混合	2011.11.22	4 854	974.45	10.81	8 044.02	89.19
	建信保本混合	2011.01.18	24 360	3 016.65	1.65	179 649.24	98.35
	建信稳定增利债券	2008.06.25	37 203	75 965.80	38.94	119 124.91	61.06
	建信增强债券	2009.06.02	17 413	98 627.86	67.64	47 181.27	32.36
	建信双息红利债券	2011.12.13	5 827	599.31	3.53	16 379.70	96.47
	建信转债增强债券	2012.05.29	12 123	448.83	0.52	85 383.50	99.48
	建信双周理财债券	2012.08.28	15 696	582 100.75	60.97	372 665.85	39.03
	建信货币	2006.04.25	99 934	494 814.81	37.29	832 140.13	62.71
	建信全球机遇股票(QDII)	2010.09.14	13 073	386.70	1.36	28 075.90	98.64
	建信新兴市场股票(QDII)	2011.06.21	7 003	1 148.58	8.81	11 892.05	91.19
	建信全球资源股票(QDII)	2012.06.26	1 328	356.65	10.51	3 036.14	89.49
	合计		1 216 107	2 474 625.50	35.76	4 444 987.34	64.24
信诚	信诚增强收益债券封闭	2010.09.29	5 949	187 155.85	82.59	39 450.72	17.41
	信诚双盈分级债券	2012.04.13	8 064	9 633.81	26.44	26 804.57	73.56
	信诚精萃成长股票	2006.11.27	34 783	365 661.21	70.29	154 537.98	29.71
	信诚盛世蓝筹股票	2008.06.04	34 206	71 819.79	65.83	37 279.72	34.17
	信诚优胜精选股票	2009.08.26	14 023	126 389.01	76.96	37 845.31	23.04

（续上表）

管理人	基金简称	设立日期	持有人户数	机构投资者		个人投资者	
				持有份额	占比	持有份额	占比
信诚	信诚中小盘股票	2010.02.10	6 565	0.00	0.00	14 811.10	100.00
	信诚深度价值股票(LOF)	2010.07.30	4 178	1 611.04	8.53	17 267.06	91.47
	信诚新机遇股票(LOF)	2011.08.01	3 263	1 064.31	5.04	20 071.85	94.96
	信诚周期轮动股票(LOF)	2012.05.07	1 128	2 082.28	15.76	11 132.71	84.24
	信诚中证500指数分级	2011.02.11	23 686	181 357.65	38.98	283 953.18	61.02
	信诚沪深300指数分级	2012.02.01	3 754	11 514.42	32.92	23 467.28	67.08
	信诚四季红混合	2006.04.29	144 183	38 101.10	11.86	283 116.06	88.14
	信诚三得益债券	2008.09.27	1 217	71 974.15	95.48	3 407.81	4.52
	信诚经典优债债券	2009.03.11	1 753	145 646.44	88.88	18 223.11	11.12
	信诚货币	2011.03.23	4 186	178 835.02	79.59	45 851.90	20.41
	信诚金砖四国配置(QDII—FOF—LOF)	2010.12.17	2 022	165.35	2.30	7 012.34	97.70
	信诚全球商品主题(QDII—FOF—LOF)	2011.12.20	1 987	4 143.93	67.27	2 016.20	32.73
	合　计		294 947	1 397 155.36	50.35	1 026 248.88	41.88
汇丰晋信	汇丰晋信龙腾股票	2006.09.27	27 059	20 410.78	31.96	43 447.75	68.04
	汇丰晋信大盘股票	2009.06.24	14 765	58 742.05	51.35	55 657.88	48.65
	汇丰晋信中小盘股票	2009.12.11	10 552	7 805.29	13.09	51 822.33	86.91
	汇丰晋信低碳先锋股票	2010.06.08	16 103	8.91	0.02	37 014.11	99.98
	汇丰晋信消费红利股票	2010.12.08	16 842	41 023.91	22.37	142 369.39	77.63
	汇丰晋信科技先锋股票	2011.07.27	7 675	4 906.70	13.29	31 999.93	86.71
	汇丰晋信恒生行业龙头指数	2012.08.01	562	9 940.58	87.48	1 423.17	12.52
	汇丰晋信2016周期混合	2006.05.23	11 672	8 597.26	23.60	27 834.33	76.40
	汇丰晋信动态策略混合	2007.04.09	40 520	30 295.76	20.19	119 772.63	79.81
	汇丰晋信2026周期混合	2008.07.23	8 335	0.00	0.00	10 512.17	100.00
	汇丰晋信平稳增利债券	2008.12.03	1 765	528.88	9.56	5 001.15	90.44
	汇丰晋信货币	2011.11.02	779	47 541.58	91.52	4 407.55	8.48
	合　计		156 629	229 801.69	30.19	531 262.40	69.81
益民	益民红利成长混合	2006.11.21	85 563	5 751.87	2.85	195 733.92	97.15
	益民创新优势混合	2007.07.11	190 133	8 706.21	1.99	428 404.28	98.01
	益民核心增长混合	2012.08.16	1 977	10 671.56	62.21	6 482.00	37.79
	益民多利债券	2008.05.21	317	4 764.54	82.22	1 030.12	17.78

（续上表）

管理人	基金简称	设立日期	持有人户数	机构投资者		个人投资者	
				持有份额	占比	持有份额	占比
益民	益民货币	2006.07.17	381	6 109.38	89.88	688.21	10.12
	合 计		278 371	36 003.56	5.39	632 338.53	94.61
华商	华商盛世成长股票	2008.09.23	459 521	5 421.25	1.30	410 372.37	98.70
	华商产业升级股票	2010.06.18	19 240	2 999.90	6.90	40 428.96	93.10
	华商价值精选股票	2011.05.31	11 831	6 877.65	17.52	32 386.99	82.48
	华商主题精选股票	2012.05.31	1 425	12 689.08	69.67	5 523.83	30.33
	华商中证500指数分级	2012.09.06	976	3 119.61	52.00	2 879.46	48.00
	华商领先企业混合	2007.05.15	284 012	73 081.04	11.83	544 579.28	88.17
	华商动态阿尔法混合	2009.11.24	113 023	54 886.68	16.60	275 695.51	83.40
	华商策略精选混合	2010.11.09	117 073	42 823.96	5.50	736 150.66	94.50
	华商收益增强债券	2009.01.23	8 139	27 753.73	44.09	35 199.86	55.91
	华商稳健双利债券	2010.08.09	11 105	6 201.62	13.17	40 891.63	86.83
	华商稳定增利债券	2011.03.15	12 803	3 441.26	6.34	50 867.74	93.66
	合 计		1 039 148	239 295.78	9.91	2 174 976.31	90.09
中邮创业	中邮核心优选股票	2006.09.28	446 701	5 113.70	0.67	762 559.76	99.33
	中邮核心成长股票	2007.08.17	1 811 922	10 688.60	0.38	2 817 506.17	99.62
	中邮核心主题股票	2010.05.19	34 756	3 865.69	3.21	116 625.98	96.79
	中邮战略新兴产业股票	2012.06.12	2 266	272.96	4.70	5 537.76	95.30
	中邮上证380指数增强	2011.11.22	3 730	2 834.49	48.59	2 999.39	51.41
	中邮核心优势灵活配置混合	2009.10.28	54 870	1 431.23	0.81	175 238.37	99.19
	中邮中小盘灵活配置混合	2011.05.10	30 310	3 355.40	4.51	71 088.89	95.49
	合 计		2 384 555	27 562.08	0.69	3 951 556.31	99.31
信达澳银	信达澳银稳定增利分级债券	2012.05.07	3 573	6 645.73	36.39	11 615.10	63.61
	信达澳银领先增长股票	2007.03.08	193 346	6 331.11	1.43	437 628.95	98.57
	信达澳银中小盘股票	2009.12.01	28 703	2 931.40	5.14	54 145.34	94.86
	信达澳银红利回报股票	2010.07.28	10 977	617.06	2.88	20 841.66	97.12
	信达澳银产业升级股票	2011.06.13	7 678	182.05	0.54	33 741.02	99.46
	信达澳银消费优选股票	2012.09.04	1 007	947.76	8.81	9 810.71	91.19
	信达澳银精华配置混合	2008.07.30	5 917	2 509.95	27.12	6 746.68	72.88
	信达澳银稳定价值债券	2009.04.08	2 667	20.01	0.19	10 483.28	99.81
	合 计		253 868	20 185.07	3.34	585 012.74	96.66

（续上表）

管理人	基金简称	设立日期	持有人户数	机构投资者		个人投资者	
				持有份额	占比	持有份额	占比
诺德	诺德双翼分级债券	2012.02.16	1 654	23 740.47	79.59	6 087.02	20.41
	诺德价值优势股票	2007.04.19	151 955	10 469.57	3.60	280 546.52	96.40
	诺德成长优势股票	2009.09.22	2 601	1 148.51	15.46	6 282.10	84.54
	诺德中小盘股票	2010.06.28	6 941	1 492.59	5.04	28 102.88	94.96
	诺德优选30股票	2011.05.05	5 022	1 710.93	2.62	63 582.88	97.38
	诺德周期策略股票	2012.03.21	1 397	509.91	4.11	11 891.30	95.89
	诺德深证300指数分级	2012.09.10	635	627.87	12.59	4 359.07	87.41
	诺德灵活配置混合	2008.11.05	3 774	1 998.90	30.15	4 631.46	69.85
	诺德增强收益债券	2009.03.04	1 019	10 030.09	72.25	3 853.35	27.75
	合 计		174 998	51 728.83	11.22	409 336.58	88.78
中欧	中欧信用增利分级债券	2012.04.16	14 170	22 001.04	29.91	51 567.72	70.09
	中欧价值发现股票	2009.07.24	8 386	185 661.36	92.89	14 208.17	7.11
	中欧中小盘股票(LOF)	2009.12.30	24 625	1 862.76	5.50	32 035.23	94.50
	中欧新动力股票(LOF)	2011.02.10	6 284	55 590.49	76.24	17 324.21	23.76
	中欧盛世成长分级股票	2012.03.29	2 608	14 839.93	59.96	9 911.32	40.04
	中欧新趋势股票(LOF)	2007.01.29	83 778	66 408.09	28.30	168 230.56	71.70
	中欧沪深300指数增强(LOF)	2010.06.24	6 716	2 955.91	12.95	19 869.03	87.05
	中欧新蓝筹混合	2008.07.25	21 044	42 481.81	83.26	8 539.42	16.74
	中欧稳健收益债券	2009.04.24	7 102	3 612.57	23.34	11 863.04	76.66
	中欧增强回报债券(LOF)	2010.12.02	6 386	16 741.07	37.77	27 587.64	62.23
	中欧鼎利分级债券	2011.06.16	2 043	8 356.45	42.76	11 186.01	57.24
	合 计		183 142	420 511.48	53.04	372 322.33	46.96
金元惠理	金元惠理价值增长股票	2009.09.11	8 120	1 012.77	9.83	9 286.71	90.17
	金元惠理核心动力股票	2010.02.11	3 243	734.84	9.21	7 240.76	90.79
	金元惠理消费主题股票	2010.09.15	3 782	146.26	1.84	7 806.06	98.16
	金元惠理新经济主题股票	2012.07.31	2 514	2 767.89	30.66	6 261.09	69.34
	金元惠理宝石动力混合	2007.08.15	26 882	179.59	0.38	46 469.03	99.62
	金元惠理成长动力混合	2008.09.03	9 793	567.89	6.53	8 132.00	93.47
	金元惠理保本混合	2011.08.16	3 733	748.56	8.13	8 455.43	91.87
	金元惠理丰利债券	2009.03.23	3 423	2 865.16	36.85	4 910.68	63.15
	合 计		61 490	9 022.96	8.39	98 561.77	91.61

（续上表）

管理人	基金简称	设立日期	持有人户数	机构投资者		个人投资者	
				持有份额	占比	持有份额	占比
浦银安盛	浦银安盛增利分级债券	2011.12.13	21 962	22 712.11	25.07	67 873.98	74.93
	浦银安盛价值成长股票	2008.04.16	13 917	13 018.79	17.82	60 058.86	82.18
	浦银安盛红利精选股票	2009.12.03	4 360	548.78	3.53	15 001.23	96.47
	浦银安盛沪深300指数增强	2010.12.10	4 075	1 026.90	4.57	21 452.87	95.43
	浦银安盛基本面400指数	2012.05.14	3 775	1 815.60	7.25	23 230.83	92.75
	浦银安盛精致生活混合	2009.06.04	3 448	19.77	0.19	10 560.29	99.81
	浦银安盛优化收益债券	2008.12.30	1 202	0.39	0.01	6 577.99	99.99
	浦银安盛幸福回报债券	2012.09.18	13 000	12 004.59	5.96	189 537.45	94.04
	浦银安盛货币	2011.03.09	2 004	77 722.73	67.90	36 737.30	32.10
	合 计		67 743	128 869.65	23.02	431 030.81	76.98
农银汇理	农银信用添利债券	2012.06.19	19 249	2 225.41	2.29	95 004.95	97.71
	农银行业成长股票	2008.08.04	285 562	73 044.68	22.35	253 757.41	77.65
	农银策略价值股票	2009.09.29	70 488	25 215.36	20.24	99 340.00	79.76
	农银中小盘股票	2010.03.25	119 576	2 121.84	1.61	129 762.28	98.39
	农银大盘蓝筹股票	2010.09.01	81 411	10 018.95	4.12	233 417.19	95.88
	农银策略精选股票	2011.09.06	17 300	4 142.83	9.77	38 281.84	90.23
	农银消费主题股票	2012.04.24	23 039	3 919.26	7.50	48 344.78	92.50
	农银沪深300指数	2011.04.12	82 640	20 660.99	8.11	234 166.78	91.89
	农银中证500指数	2011.11.29	11 230	629.80	2.40	25 611.84	97.60
	农银深证100指数	2012.09.04	5 070	1 326.96	12.39	9 385.97	87.61
	农银平衡双利混合	2009.04.08	79 864	2 680.42	3.54	73 098.35	96.46
	农银恒久增利债券	2008.12.23	31 237	1 253.55	7.26	16 018.68	92.74
	农银增强收益债券	2011.07.01	7 894	1 475.50	10.59	12 451.44	89.41
	农银货币	2010.11.23	14 398	90 723.48	21.51	331 011.67	78.49
	合 计		848 958	239 439.03	13.02	1 599 653.19	86.98
民生加银	民生加银品牌蓝筹混合	2009.03.27	10 880	5 236.48	14.84	30 041.01	85.16
	民生加银精选股票	2010.02.03	13 908	6 705.43	7.82	78 995.62	92.18
	民生加银稳健成长股票	2010.06.29	6 541	626.00	3.23	18 771.84	96.77
	民生加银内需增长股票	2011.01.28	7 686	7 715.05	13.04	51 460.94	86.96
	民生加银景气行业股票	2011.11.22	6 500	3 566.42	11.57	27 261.64	88.43
	民生加银中证内地资源主题指数	2012.03.08	4 383	1 672.78	5.76	27 344.41	94.24
	民生红利回报混合	2012.08.09	17 650	24 341.05	10.76	201 870.74	89.24

（续上表）

管理人	基金简称	设立日期	持有人户数	机构投资者		个人投资者	
				持有份额	占比	持有份额	占比
民生加银	民生加银增强收益债券	2009.07.21	5 942	3 061.59	15.02	17 323.02	84.98
	民生加银信用双利债券	2012.04.25	6 364	2 251.97	3.15	69 307.26	96.85
	合 计		79 854	55 176.76	9.55	522 376.49	90.45
纽银梅隆西部	纽银策略优选股票	2011.01.25	10 052	2 679.96	5.49	46 178.97	94.51
	纽银新动向混合	2011.08.18	1 726	1 009.78	13.17	6 657.26	86.83
	纽银稳健双利债券	2012.06.26	3 659	57 686.49	54.18	48 781.83	45.82
	合 计		15 437	61 376.23	37.66	101 618.06	62.34
浙商	浙商聚潮产业成长股票	2011.05.17	20 700	6 621.64	9.50	63 059.51	90.50
	浙商沪深300指数分级	2012.05.07	1 572	4 881.73	27.83	12 658.23	72.17
	浙商聚潮新思维混合	2012.03.08	3 894	1 521.73	4.81	30 084.93	95.19
	浙商聚盈信用债债券	2012.09.18	1 153	496.52	3.62	13 200.87	96.38
	合 计		27 319	13 521.63	10.20	119 003.55	89.80
平安大华	平安大华行业先锋股票	2011.09.20	37 444	21 822.67	11.31	171 054.74	88.69
	平安大华深证300指数增强	2011.12.20	3 658	1 944.07	17.97	8 874.73	82.03
	平安大华策略先锋混合	2012.05.29	2 386	29.65	0.37	7 879.56	99.63
	平安大华保本混合	2012.09.11	9 665	598.12	0.62	95 421.34	99.38
	合 计		53 153	24 394.50	7.93	283 230.37	92.07
富安达	富安达优势成长股票	2011.09.21	4 568	16 277.88	44.55	20 259.63	55.45
	富安达策略精选混合	2012.04.25	2 235	4 522.48	26.82	12 338.77	73.18
	富安达增强收益债券	2012.07.25	1 992	1 027.34	4.32	22 726.86	95.68
	合 计		8 795	21 827.71	28.29	55 325.26	71.71
财通	财通价值动量混合	2011.12.01	2 257	12 634.91	59.73	8 516.75	40.27
	财通多策略稳健增长债券	2012.07.13	11 601	8 450.11	4.30	188 119.75	95.70
	合 计		13 858	21 085.03	9.68	196 636.51	90.32
方正富邦	方正富邦创新动力股票	2011.12.26	1 714	3 461.11	66.51	1 742.96	33.49
	合 计		1 714	3 461.11	66.51	1 742.96	33.49
长安	长安宏观策略股票	2012.03.09	3 393	1 486.42	25.09	4 436.96	74.91
	长安沪深300非周期指数	2012.06.25	2 798	716.14	5.59	12 084.13	94.41
	合 计		6 191	2 202.56	11.76	16 521.09	88.24

（续上表）

管理人	基金简称	设立日期	持有人户数	机构投资者		个人投资者	
				持有份额	占比	持有份额	占比
国金通用	国金通用国鑫混合发起	2012.08.28	1 869	852.58	7.74	10 164.97	92.26
	合 计		1 869	852.58	7.74	10 164.97	92.26
安信	安信灵活配置混合	2012.06.20	3 593	418.62	2.36	17 307.55	97.64
	安信目标收益债券	2012.09.25	2 913	4 059.57	10.51	34 555.78	89.49
	合 计		6 506	4 478.19	7.95	51 863.32	92.05
德邦	德邦优化股票	2012.09.25	342	9 299.31	76.10	2 920.34	23.90
	合 计		342	9 299.31	76.10	2 920.34	23.90
	总 计		88 629 775	8 164.50亿份	27.25	21 798.70亿份	72.75

表2-35　开放式(主动股票型)基金基本情况

(单位：亿元；亿份；%)

序号	基金简称	基金代码	设立日期	2012年度			2011年度			托管人
				年末资产净值	年末份额规模	年度收益率	年末资产净值	年末份额规模	年度收益率	
1	国泰金鹰增长股票	020001	2002.05.08	19.59	24.62	4.19	31.26	40.97	−23.69	交行
2	泰达宏利成长股票	162201	2003.04.25	14.85	15.53	8.90	16.70	19.03	−27.17	交行
3	泰达宏利周期股票	162202	2003.04.25	6.12	7.28	7.65	6.84	8.76	−28.59	交行
4	泰达宏利稳定股票	162203	2003.04.25	1.81	2.74	8.40	1.75	2.87	−17.00	交行
5	招商安泰股票	217001	2003.04.28	4.53	13.63	2.72	4.52	13.99	−32.12	招行
6	景顺长城优选股票	260101	2003.10.24	15.50	14.98	14.29	12.94	14.29	−19.82	中行
7	华宝兴业多策略股票	240005	2004.05.11	40.29	85.49	−0.67	44.75	94.32	−26.38	建行
8	富国天益价值股票	100020	2004.06.15	85.10	100.57	5.91	81.36	101.84	−21.23	交行
9	博时精选股票	050004	2004.06.22	82.24	67.20	7.15	80.05	70.09	−21.27	工行
10	景顺长城内需增长股票	260104	2004.06.25	27.56	10.27	2.65	26.13	7.93	−19.21	农行
11	泰达宏利精选股票	162204	2004.07.09	37.69	11.39	2.12	37.61	9.27	−23.99	中行
12	光大保德信量化股票	360001	2004.08.27	87.81	111.94	8.31	85.08	117.48	−21.07	光大银行
13	南方积极配置股票(LOF)	160105	2004.10.14	18.39	19.48	1.90	18.14	19.59	−23.30	工行
14	博时主题行业股票(LOF)	160505	2005.01.06	115.72	66.58	17.16	100.91	64.23	−9.63	建行
15	长信银利精选股票	519996	2005.01.17	17.83	30.32	−1.04	18.92	31.85	−28.83	农行
16	广发小盘成长股票(LOF)	162703	2005.02.02	83.09	45.45	12.13	77.57	47.58	−27.52	浦发银行
17	宝盈泛沿海增长股票	213002	2005.03.08	22.04	55.65	4.07	20.94	55.02	−23.03	工行
18	景顺长城鼎益股票(LOF)	162605	2005.03.16	45.87	54.26	6.69	45.50	57.45	−21.66	中行
19	华泰柏瑞盛世中国股票	460001	2005.04.27	55.13	107.32	0.21	64.58	125.98	−26.87	中行
20	南方高增长股票(LOF)	160106	2005.07.13	33.43	24.63	12.92	31.35	25.66	−27.60	中行
21	万家公用事业行业股票(LOF)	161903	2005.07.15	6.06	10.91	−3.47	5.77	10.02	−28.14	交行
22	海富通股票	519005	2005.07.29	31.92	58.82	−1.63	35.25	63.88	−29.05	中行

（续上表）

序号	基金简称	基金代码	设立日期	2012年度			2011年度			托管人
				年末资产净值	年末份额规模	年度收益率	年末资产净值	年末份额规模	年度收益率	
23	工银核心价值股票	481001	2005.08.31	87.01	304.04	3.70	85.14	308.50	−23.65	中行
24	银华价值优选股票	519001	2005.09.27	111.10	94.60	4.03	113.89	100.89	−27.36	建行
25	交银精选股票	519688	2005.09.29	52.83	73.04	8.13	51.24	76.61	−27.14	农行
26	上投摩根阿尔法股票	377010	2005.10.11	28.85	13.83	−7.17	35.13	15.64	−28.71	建行
27	申万菱信新动力股票	310328	2005.11.10	23.59	40.70	10.99	21.75	41.64	−32.66	工行
28	华夏收入股票	288002	2005.11.17	32.50	14.59	2.06	32.37	14.83	−12.15	建行
29	招商优质成长股票(LOF)	161706	2005.11.17	33.17	30.93	5.59	36.54	35.98	−28.31	中信银行
30	华宝兴业动力组合股票	240004	2005.11.17	17.28	23.01	1.24	18.62	25.10	−21.11	中行
31	建信恒久价值股票	530001	2005.12.01	39.26	79.17	0.92	50.45	102.69	−20.78	中信银行
32	诺安股票	320003	2005.12.19	112.52	147.78	−3.49	122.56	155.36	−27.72	工行
33	广发聚丰股票	270005	2005.12.23	188.10	295.79	4.35	185.38	304.20	−24.01	工行
34	国联安精选股票	257020	2005.12.28	27.84	34.62	21.27	20.49	30.35	−24.23	华夏银行
35	天治核心成长股票(LOF)	163503	2006.01.20	22.74	45.20	11.73	21.50	47.75	−25.18	交行
36	景顺长城资源垄断股票(LOF)	162607	2006.01.26	60.45	89.64	3.06	61.54	94.13	−22.86	农行
37	中银增长股票	163803	2006.03.17	69.74	108.50	9.02	67.59	114.64	−25.37	工行
38	光大保德信红利股票	360005	2006.03.24	25.54	10.97	16.26	20.41	10.19	−18.73	兴业银行
39	长城消费增值股票	200006	2006.04.06	36.27	45.91	4.15	39.57	52.17	−16.54	建行
40	国投瑞银核心企业股票	121003	2006.04.19	42.20	57.51	1.83	43.38	60.21	−26.00	工行
41	长信金利趋势股票	519994	2006.04.30	62.53	95.54	5.04	63.69	102.22	−19.13	浦发银行
42	银华优质增长股票	180010	2006.06.09	51.33	38.23	2.17	62.12	47.27	−26.23	中行
43	易方达价值精选股票	110009	2006.06.13	60.08	58.91	7.17	53.95	56.69	−24.01	工行
44	国富弹性市值股票	450002	2006.06.14	47.36	38.60	13.65	42.58	39.44	−23.74	农行

（续上表）

序号	基金简称	基金代码	设立日期	2012年度			2011年度			托管人
				年末资产净值	年末份额规模	年度收益率	年末资产净值	年末份额规模	年度收益率	
45	景顺长城新兴成长股票	260108	2006.06.28	20.07	32.26	−6.47	22.71	34.14	−32.56	工行
46	鹏华价值优势股票(LOF)	160607	2006.07.18	100.50	126.51	9.37	97.89	134.86	−9.93	建行
47	汇添富均衡增长股票	519018	2006.08.07	136.66	220.18	5.22	137.77	233.55	−25.47	工行
48	华安宏利股票	040005	2006.09.06	74.03	34.78	5.36	75.47	37.36	−22.49	建行
49	建信优选成长股票	530003	2006.09.08	24.65	31.25	3.95	23.40	30.84	−28.52	工行
50	光大保德信新增长股票	360006	2006.09.14	8.61	8.39	2.47	9.49	9.48	−24.15	招行
51	兴全全球视野股票	340006	2006.09.20	62.24	28.72	4.52	40.16	12.63	−13.89	兴业银行
52	上投摩根成长先锋股票	378010	2006.09.20	40.96	35.07	14.21	27.10	22.55	−23.84	建行
53	汇丰晋信龙腾股票	540002	2006.09.27	7.47	6.39	0.79	16.43	14.15	−25.49	交行
54	中邮核心优选股票	590001	2006.09.28	69.87	76.77	−4.01	76.71	80.90	−35.75	农行
55	景顺长城内需贰号股票	260109	2006.10.11	41.44	46.23	1.24	42.15	47.62	−19.47	农行
56	海富通风格优势股票	519013	2006.10.19	33.14	41.82	−1.12	35.08	43.78	−24.65	建行
57	交银成长股票	519692	2006.10.23	71.92	27.48	14.58	59.67	26.13	−17.70	农行
58	华宝兴业先进成长股票	240009	2006.11.07	23.04	18.01	6.24	14.05	9.49	−31.35	中行
59	长信增利动态策略股票	519993	2006.11.09	24.35	40.04	2.18	24.98	41.98	−28.73	民生银行
60	富国天合稳健股票	100026	2006.11.15	27.75	34.83	6.01	26.83	35.70	−24.71	招行
61	融通动力先锋股票	161609	2006.11.15	17.52	18.61	2.62	18.19	19.84	−30.77	工行
62	国投瑞银创新动力股票	121005	2006.11.15	33.78	52.36	2.87	30.36	46.04	−20.69	光大银行
63	南方绩优成长股票	202003	2006.11.16	76.90	68.38	7.46	79.53	76.01	−23.26	工行
64	银华富裕主题股票	180012	2006.11.16	69.26	71.09	0.41	75.94	78.27	−28.44	建行
65	诺安价值增长股票	320005	2006.11.21	59.52	83.27	−4.66	67.18	89.61	−22.69	工行
66	华夏优势增长股票	000021	2006.11.24	145.68	132.73	0.83	145.08	133.24	−28.65	建行

（续上表）

序号	基金简称	基金代码	设立日期	2012年度			2011年度			托管人
				年末资产净值	年末份额规模	年度收益率	年末资产净值	年末份额规模	年度收益率	
67	信诚精成长股票	550002	2006.11.27	30.66	52.02	10.27	16.46	22.34	−30.42	建行
68	泰达宏利首选企业股票	162208	2006.12.01	8.82	9.23	4.28	11.96	13.05	−21.69	农行
69	工银稳健成长股票	481004	2006.12.06	42.19	35.86	0.46	46.89	40.04	−22.33	建行
70	泰信优质生活股票	290004	2006.12.15	11.54	16.26	−3.30	15.51	21.12	−34.09	中行
71	东吴双动力股票	580002	2006.12.15	25.07	22.13	7.24	25.39	24.03	−25.63	农行
72	大成积极成长股票	519017	2007.01.16	17.16	21.94	−3.22	19.47	24.09	−26.71	农行
73	宝盈策略增长股票	213003	2007.01.19	19.84	24.59	5.73	19.66	25.76	−22.58	农行
74	国联安优势股票	257030	2007.01.24	6.36	7.27	8.02	6.76	8.35	−20.48	招行
75	中欧新趋势股票(LOF)	166001	2007.01.29	16.40	23.46	10.78	11.21	17.77	−26.44	兴业银行
76	长城久富股票(LOF)	162006	2007.02.12	20.59	19.92	7.96	20.26	21.17	−22.94	交行
77	信达澳银领先增长股票	610001	2007.03.08	43.18	44.40	−0.74	46.42	47.37	−18.98	建行
78	汇添富成长焦点股票	519068	2007.03.12	68.99	65.33	4.77	70.99	70.42	−21.53	工行
79	华富成长趋势股票	410003	2007.03.19	9.53	19.30	−6.30	10.62	20.16	−33.71	招行
80	国富潜力组合股票	450003	2007.03.22	38.61	42.40	0.63	41.39	45.74	−20.31	中行
81	华安中小盘成长股票	040007	2007.04.10	56.49	61.91	3.42	57.19	64.81	−29.84	工行
82	博时第三产业股票	050008	2007.04.12	66.75	64.80	10.28	63.07	67.56	−13.76	工行
83	上投摩根内需动力股票	377020	2007.04.13	63.49	67.89	8.88	74.17	86.36	−23.37	工行
84	诺德价值优势股票	570001	2007.04.19	23.87	29.10	4.31	23.15	29.44	−20.88	建行
85	鹏华优质治理股票(LOF)	160611	2007.04.25	42.59	51.17	4.65	46.10	57.99	−21.70	工行
86	富国天博创新股票	519035	2007.04.27	63.80	79.11	8.97	62.35	84.25	−23.48	建行
87	融通领先成长股票(LOF)	161610	2007.04.30	25.29	36.64	−4.83	27.99	38.58	−27.26	建行
88	南方成份精选股票	202005	2007.05.14	94.12	104.36	14.60	88.25	112.16	−17.35	工行

（续上表）

序号	基金简称	基金代码	设立日期	2012年度			2011年度			托管人
				年末资产净值	年末份额规模	年度收益率	年末资产净值	年末份额规模	年度收益率	
89	国泰金牛创新股票	020010	2007.05.18	36.74	37.30	9.93	29.55	32.97	−14.7	农行
90	华宝兴业行业精选股票	240010	2007.06.14	112.67	127.04	12.67	102.94	130.76	−21.00	建行
91	景顺长城精选蓝筹股票	260110	2007.06.18	80.55	118.37	0.89	81.22	120.44	−21.81	工行
92	博时新兴成长股票	050009	2007.07.06	96.30	193.50	−4.96	106.84	203.93	−30.69	交行
93	工银红利股票	481006	2007.70.18	24.54	27.46	10.20	28.04	34.57	−18.00	建行
94	华安策略优选股票	040008	2007.08.02	79.98	136.21	−1.71	86.67	145.08	−25.87	交行
95	泰达宏利市值优选股票	162209	2007.08.03	56.44	79.67	11.33	51.81	81.44	−24.72	建行
96	长城品牌优选股票	200008	2007.08.06	101.74	134.02	12.76	98.08	145.69	−12.14	建行
97	交银蓝筹股票	519694	2007.08.08	83.72	117.65	10.24	80.02	123.96	−22.85	建行
98	中邮核心成长股票	590002	2007.08.17	129.32	282.82	−2.60	137.95	293.84	−34.42	农行
99	光大保德信优势配置股票	360007	2007.08.24	86.18	133.42	5.23	85.13	138.70	−21.04	招行
100	华夏复兴股票	000031	2007.09.10	29.64	28.13	−0.66	30.35	28.61	−28.65	农行
101	长盛同德主题股票	519039	2007.10.25	51.84	72.69	−4.82	57.18	76.33	−25.13	农行
102	南方隆元产业主题股票	202007	2007.11.09	51.34	91.34	9.13	49.30	95.75	−27.57	工行
103	华夏行业股票(LOF)	160314	2007.11.22	61.05	74.07	5.24	62.26	79.48	−19.94	中行
104	嘉实优质企业股票	070099	2007.12.08	87.37	96.88	12.19	70.20	87.32	−20.63	浦发银行
105	大成景阳领先股票	519019	2007.12.11	24.01	38.49	−1.42	26.42	41.76	−29.07	农行
106	易方达科讯股票	110029	2007.12.18	42.37	68.88	5.51	42.62	73.10	−24.76	交行
107	国投瑞银成长优选股票	121008	2008.01.10	12.73	19.98	3.96	19.92	32.49	−23.38	工行
108	南方盛元红利股票	202009	2008.03.21	23.45	30.02	10.47	22.58	31.93	−29.67	建行
109	中银策略股票	163805	2008.04.03	13.90	14.10	12.06	17.28	19.63	−25.14	工行
110	宝盈资源优选股票	213008	2008.04.15	4.14	4.45	6.07	4.33	4.94	−17.23	建行

（续上表）

序号	基金简称	基金代码	设立日期	2012年度			2011年度			托管人
				年末资产净值	年末份额规模	年度收益率	年末资产净值	年末份额规模	年度收益率	
111	浦银安盛价值成长股票	519110	2008.04.16	5.52	7.31	4.85	5.54	7.68	−25.21	工行
112	东吴行业轮动股票	580003	2008.04.23	22.25	31.33	−2.86	25.20	34.47	−37.26	华夏银行
113	兴全社会责任股票	340007	2008.04.30	48.45	38.43	11.49	45.66	40.38	−25.49	建行
114	天治创新先锋股票	350005	2008.05.08	2.06	1.92	10.52	1.89	1.95	−36.55	交行
115	银河成长股票	519668	2008.05.26	1.26	1.15	14.66	1.59	1.66	−18.92	中行
116	嘉实研究精选股票	070013	2008.05.27	37.17	25.74	16.08	26.10	20.97	−18.84	中行
117	博时特许价值股票	050010	2008.05.28	10.69	10.08	6.96	12.50	12.61	−16.34	建行
118	东方策略成长股票	400007	2008.06.03	0.87	0.63	10.07	0.79	0.63	−10.95	建行
119	信诚盛世蓝筹股票	550003	2008.06.04	18.96	10.91	8.02	20.87	12.97	−23.27	建行
120	南方优选价值股票	202011	2008.06.18	18.26	17.14	12.09	20.06	21.10	−25.81	工行
121	易方达中小盘股票	110011	2008.06.19	23.73	16.05	5.25	26.04	18.54	−27.27	中行
122	招商大盘蓝筹股票	217010	2008.06.19	6.19	6.71	5.25	6.28	7.16	−36.09	工行
123	国富深化价值股票	450004	2008.07.03	28.59	25.29	19.11	15.17	12.76	−25.37	农行
124	申万菱信竞争优势股票	310368	2008.07.04	0.65	0.65	10.05	2.85	3.14	−26.84	农行
125	广发核心精选股票	270008	2008.07.16	26.05	16.53	20.12	19.97	15.22	−26.91	工行
126	华泰柏瑞价值增长股票	460005	2008.07.16	5.25	5.32	−1.75	8.40	8.36	−26.20	中行
127	新华优选成长股票	519089	2008.07.25	34.46	28.68	4.04	31.73	22.09	−17.15	农行
128	工银大盘蓝筹股票	481008	2008.08.04	4.18	5.56	−1.96	6.29	8.19	−30.21	中行
129	农银行业成长股票	660001	2008.08.04	36.92	32.68	14.12	35.67	36.04	−22.4	交行
130	银华领先策略股票	180013	2008.08.20	10.70	10.79	−4.34	11.63	11.22	−29.27	中行
131	华商盛世成长股票	630002	2008.09.23	66.61	41.58	−4.51	79.10	47.15	−29.10	建行
132	华宝兴业大盘精选股票	240011	2008.10.07	6.89	5.15	7.40	7.59	6.11	−30.49	中行

（续上表）

序号	基金简称	基金代码	设立日期	2012年度			2011年度			托管人
				年末资产净值	年末份额规模	年度收益率	年末资产净值	年末份额规模	年度收益率	
133	鹏华盛世创新股票(LOF)	160613	2008.10.10	5.09	4.28	11.21	6.15	5.75	−31.28	建行
134	华安核心股票	040011	2008.10.22	2.36	2.55	11.74	2.30	2.78	−30.77	建行
135	国联安红利股票	257040	2008.10.22	0.43	0.51	8.93	0.48	0.62	−23.92	招行
136	景顺长城公司治理股票	260111	2008.10.22	1.82	2.09	−5.64	2.19	2.38	−30.09	工行
137	易方达科翔股票	110013	2008.11.13	3.25	2.86	4.70	4.76	4.38	−23.23	工行
138	建信核心精选股票	530006	2008.11.25	24.78	23.19	9.87	17.93	18.43	−17.17	工行
139	大成策略回报股票	090007	2008.11.26	8.90	10.34	2.02	9.97	11.82	−26.97	光大银行
140	天弘永定价值成长股票	420003	2008.12.02	0.87	1.04	7.26	0.58	0.75	−28.91	兴业银行
141	长城双动力股票	200010	2009.01.15	1.16	1.29	7.95	1.15	1.38	−27.57	建行
142	上投摩根中小盘股票	379010	2009.01.21	9.66	7.65	13.67	9.53	8.58	−28.40	建行
143	汇添富价值精选股票	519069	2009.01.23	30.47	25.79	18.79	27.49	27.64	−21.69	工行
144	光大保德信均衡精选股票	360010	2009.03.04	1.19	1.30	2.43	1.26	1.41	−23.46	建行
145	诺安成长股票	320007	2009.03.10	13.94	16.85	−1.78	27.08	32.13	−16.24	工行
146	嘉实量化阿尔法股票	070017	2009.03.20	7.81	9.41	1.10	8.56	10.42	−34.27	工行
147	国富成长动力股票	450007	2009.03.25	5.75	6.41	12.48	8.61	10.78	−27.55	中行
148	易方达行业领先股票	110015	2009.03.26	10.89	10.32	4.66	11.68	11.59	−29.59	工行
149	交银先锋股票	519698	2009.04.10	20.49	18.24	19.63	15.86	16.89	−25.73	农行
150	融通内需驱动股票	161611	2009.04.22	4.08	6.06	10.67	3.80	6.24	−40.20	工行
151	泰信蓝筹精选股票	290006	2009.04.22	8.78	11.06	16.56	6.22	9.13	−34.93	中行
152	银河行业股票	519670	2009.04.24	16.49	16.73	3.03	19.92	20.83	−20.50	建行
153	海富通领先成长股票	519025	2009.04.30	5.42	6.22	−3.22	13.75	15.27	−27.22	建行
154	万家精选股票	519185	2009.05.18	4.44	5.24	18.55	1.95	2.73	−26.88	建行

（续上表）

序号	基金简称	基金代码	设立日期	2012年度			2011年度			托管人
				年末资产净值	年末份额规模	年度收益率	年末资产净值	年末份额规模	年度收益率	
155	国泰区位优势股票	020015	2009.05.27	5.10	5.20	−4.30	7.74	7.55	−21.89	中行
156	申万菱信消费增长股票	310388	2009.06.12	3.69	4.55	5.47	4.19	5.46	−30.53	工行
157	广发聚瑞股票	270021	2009.06.16	38.54	34.95	11.75	30.90	31.30	−18.43	工行
158	招商行业领先股票	217012	2009.06.19	9.43	10.36	5.07	11.30	13.03	−26.28	中行
159	中海量化策略股票	398041	2009.06.24	2.68	2.93	7.27	5.20	6.10	−20.27	工行
160	东方核心动力股票	400011	2009.06.24	1.39	1.79	6.83	1.40	1.92	−24.39	中行
161	汇丰晋信大盘股票	540006	2009.06.24	11.59	11.44	4.99	10.26	10.63	−19.39	交行
162	银华内需精选股票(LOF)	161810	2009.07.01	11.95	17.63	2.27	14.12	21.33	−41.78	农行
163	金鹰行业优势股票	210003	2009.07.01	7.96	11.55	−6.98	9.63	12.99	−37.49	中行
164	中欧价值发现股票	166005	2009.07.24	19.90	19.99	15.95	5.26	6.12	−16.03	建行
165	长信恒利优势股票	519987	2009.07.30	2.10	2.97	3.51	2.26	3.30	−25.11	建行
166	华泰柏瑞行业领先股票	460007	2009.08.03	7.54	11.05	6.39	12.46	19.42	−31.77	工行
167	国联安主题驱动股票	257050	2009.08.26	1.48	1.60	10.67	1.82	2.19	−15.50	建行
168	信诚优胜精选股票	550008	2009.08.26	13.35	16.42	6.83	10.73	14.11	−34.06	建行
169	大成行业轮动股票	090009	2009.09.08	3.02	3.82	3.54	3.12	4.09	−38.12	农行
170	鹏华精选成长股票	206002	2009.09.09	8.90	11.33	9.32	9.56	13.31	−27.67	建行
171	金元惠理价值增长股票	620004	2009.09.11	0.81	1.03	−0.51	0.81	1.03	−24.11	建行
172	大摩领先优势股票	233006	2009.09.22	11.94	13.01	−0.91	12.89	13.92	−31.72	建行
173	诺德成长优势股票	570005	2009.09.22	0.70	0.74	7.17	0.71	0.81	−24.81	建行
174	农银策略价值股票	660004	2009.09.29	12.94	12.46	11.40	13.02	13.97	−22.16	建行
175	国泰中小盘成长股票(LOF)	160211	2009.10.19	7.38	8.56	0.70	7.86	9.17	−21.74	建行
176	景顺长城能源基建股票	260112	2009.10.20	29.57	26.22	20.64	17.51	18.73	−23.12	农行

（续上表）

序号	基金简称	基金代码	设立日期	2012年度			2011年度			托管人
				年末资产净值	年末份额规模	年度收益率	年末资产净值	年末份额规模	年度收益率	
177	长盛量化红利股票	080005	2009.11.25	2.21	2.61	2.42	2.41	2.91	−17.82	工行
178	信达澳银中小盘股票	610004	2009.12.01	4.49	5.71	−3.20	4.81	5.93	−34.36	建行
179	泰达宏利红利先锋股票	162212	2009.12.03	11.59	11.32	3.22	10.99	11.06	−15.63	建行
180	浦银安盛红利精选股票	519115	2009.12.03	1.27	1.56	10.14	1.24	1.67	−23.00	工行
181	华夏盛世股票	000061	2009.12.11	74.89	98.62	11.29	74.34	108.94	−30.05	建行
182	汇丰晋信中小盘股票	540007	2009.12.11	4.36	5.96	1.44	4.56	6.32	−33.56	建行
183	天弘周期策略股票	420005	2009.12.17	1.98	2.25	3.18	2.25	2.65	−25.66	工行
184	汇添富策略回报股票	470008	2009.12.22	9.97	10.77	3.81	10.73	12.02	−26.37	工行
185	招商中小盘股票	217013	2009.12.25	4.56	5.40	3.80	4.80	5.89	−24.95	工行
186	东吴新经济股票	580006	2009.12.30	1.49	1.55	1.90	3.68	3.89	−17.72	建行
187	中欧中小盘股票(LOF)	166006	2009.12.30	3.21	3.39	29.34	2.16	2.94	−27.95	邮储银行
188	上投摩根行业轮动股票	377530	2010.01.28	19.03	21.82	13.69	12.73	16.61	−24.51	招行
189	新华钻石企业股票	519093	2010.02.03	6.45	6.71	12.00	6.22	7.24	−15.96	建行
190	民生加银精选股票	690003	2010.02.03	6.22	8.57	4.16	6.93	9.94	−30.78	建行
191	工银中小盘成长股票	481010	2010.02.10	5.31	7.37	−5.26	6.40	8.41	−29.67	农行
192	信诚中小盘股票	550009	2010.02.10	1.01	1.48	0.00	1.63	2.39	−30.23	建行
193	金元惠理核心动力股票	620005	2010.02.11	0.58	0.80	−1.08	0.62	0.84	−25.08	工行
194	农银中小盘股票	660005	2010.03.25	14.07	13.19	11.13	14.03	14.62	−21.40	建行
195	南方策略优化股票	202019	2010.03.30	6.09	9.36	−1.96	7.01	10.57	−30.43	招行
196	金鹰稳健成长股票	210004	2010.04.14	2.35	3.60	−3.83	3.12	4.60	−36.60	工行
197	海富通中小盘股票	519026	2010.04.14	8.66	9.65	2.39	11.59	13.21	−30.06	工行
198	光大保德信中小盘股票	360012	2010.04.14	9.90	11.32	2.86	11.06	13.00	−31.38	交行

（续上表）

序号	基金简称	基金代码	设立日期	2012年度			2011年度			托管人
				年末资产净值	年末份额规模	年度收益率	年末资产净值	年末份额规模	年度收益率	
199	兴全合润分级股票	163406	2010.04.22	9.78	11.09	2.80	13.55	15.80	−20.91	招行
200	诺安中小盘精选股票	320011	2010.04.28	11.36	12.75	−3.78	21.06	22.75	−23.03	工行
201	汇添富民营活力股票	470009	2010.05.05	5.43	5.08	17.45	5.36	5.89	−20.78	工行
202	华安行业轮动股票	040016	2010.05.11	6.19	6.58	9.81	6.48	7.56	−25.09	中行
203	富国通胀通缩主题股票	100039	2010.05.12	2.14	2.57	0.61	2.29	2.77	−29.63	工行
204	大摩卓越成长股票	233007	2010.05.18	8.29	8.64	5.99	8.90	9.83	−18.30	建行
205	中邮核心主题股票	590005	2010.05.19	8.77	12.05	0.00	10.10	13.88	−31.29	招行
206	博时创业成长股票	050014	2010.06.01	5.96	6.26	12.93	4.89	5.80	−22.65	农行
207	嘉实价值优势股票	070019	2010.06.07	30.21	32.56	3.57	38.34	42.79	−22.03	中行
208	汇丰晋信低碳先锋股票	540008	2010.06.08	3.12	3.70	−0.62	4.83	5.69	−24.09	交行
209	华商产业升级股票	630006	2010.06.18	2.92	4.34	1.66	3.38	5.11	−39.58	建行
210	大成核心双动力股票	090011	2010.06.22	1.66	2.13	3.85	1.70	2.26	−31.55	工行
211	华泰柏瑞量化先行股票	460009	2010.06.22	1.19	1.38	8.10	1.10	1.37	−22.57	中行
212	诺德中小盘股票	570006	2010.06.28	2.65	2.96	9.68	2.46	3.01	−24.72	中行
213	东吴新创业股票	580007	2010.06.29	1.10	1.28	3.24	1.63	1.95	−22.87	工行
214	民生加银稳健成长股票	690004	2010.06.29	1.33	1.94	5.23	1.37	2.10	−34.93	中行
215	银河蓝筹股票	519672	2010.07.16	0.73	0.94	−5.67	0.89	1.08	−19.98	建行
216	新华行业周期轮换股票	519095	2010.07.21	3.14	2.49	28.83	1.25	1.28	−14.51	工行
217	信达澳银红利回报股票	610005	2010.07.28	1.58	2.15	0.82	1.71	2.33	−32.90	建行
218	信诚深度价值股票(LOF)	165508	2010.07.30	1.71	1.89	16.15	1.85	2.38	−25.57	建行
219	国泰价值经典股票(LOF)	160215	2010.08.13	3.01	3.83	3.42	3.43	4.51	−21.89	建行
220	易方达消费行业股票	110022	2010.08.20	26.85	32.88	−2.28	38.56	46.17	−15.06	农行

（续上表）

序号	基金简称	基金代码	设立日期	2012年度			2011年度			托管人
				年末资产净值	年末份额规模	年度收益率	年末资产净值	年末份额规模	年度收益率	
221	农银大盘蓝筹股票	660006	2010.09.01	20.17	24.34	6.83	21.73	28.02	−21.30	建行
222	诺安主题精选股票	320012	2010.09.15	12.84	15.11	7.32	13.53	17.10	−20.96	建行
223	金元惠理消费主题股票	620006	2010.09.15	0.67	0.80	4.46	0.81	1.00	−18.71	工行
224	汇添富医药保健股票	470006	2010.09.21	25.81	29.32	14.43	30.07	39.11	−23.86	工行
225	建信内生动力股票	530011	2010.11.16	35.03	38.55	10.05	33.30	40.29	−17.65	工行
226	长信量化先锋股票	519983	2010.11.18	0.98	1.39	−0.42	1.38	1.94	−27.89	交行
227	广发行业领先股票	270025	2010.11.23	26.14	31.16	12.77	25.72	34.59	−25.38	工行
228	国富中小盘股票	450009	2010.11.23	18.63	17.73	24.97	14.42	17.14	−18.19	中行
229	嘉实主题新动力股票	70021	2010.12.07	33.52	41.63	4.41	38.22	49.57	−23.21	工行
230	华宝兴业新兴产业股票	240017	2010.12.07	24.81	27.20	20.09	21.80	28.70	−23.67	建行
231	汇丰晋信消费红利股票	540009	2010.12.08	15.61	18.34	3.97	17.61	21.51	−17.65	交行
232	博时行业轮动股票	050018	2010.12.10	5.20	6.92	4.02	6.00	8.31	−27.80	建行
233	泰信发展主题股票	290008	2010.12.15	2.64	3.12	9.16	2.79	3.61	−21.48	工行
234	金鹰主题优势股票	210005	2010.12.20	6.23	10.22	−5.86	7.64	11.78	−35.39	工行
235	上投摩根大盘蓝筹股票	376510	2010.12.20	6.93	8.58	6.17	7.43	9.74	−24.03	建行
236	交银趋势股票	519702	2010.12.22	14.28	18.88	0.80	16.78	22.36	−25.22	工行
237	鹏华消费优选股票	206007	2010.12.28	6.01	6.91	5.19	9.31	11.25	−17.86	工行
238	银河创新成长股票	519674	2010.12.29	9.82	10.09	18.77	7.39	9.02	−18.07	招行
239	纽银策略优选股票	671010	2011.01.25	3.47	4.89	−3.80	4.60	6.24	−26.30	建行
240	泰达宏利中小盘股票	162214	2011.01.26	12.25	14.51	5.24	13.43	16.75	−19.80	农行
241	长城中小盘股票	200012	2011.01.27	3.11	3.95	−0.63	3.51	4.43	−20.8	中行
242	易方达医疗保健行业股票	110023	2011.01.28	23.62	24.68	10.89	33.18	38.45	−13.70	中行

（续上表）

序号	基金简称	基金代码	设立日期	2012年度			2011年度			托管人
				年末资产净值	年末份额规模	年度收益率	年末资产净值	年末份额规模	年度收益率	
243	新华中小市值优选股票	519097	2011.01.28	3.70	4.25	6.75	4.04	4.95	−18.50	建行
244	民生加银内需增长股票	690005	2011.01.28	4.51	5.92	2.28	5.45	7.33	−25.60	兴业银行
245	中欧新动力股票(LOF)	166009	2011.02.10	7.02	7.29	16.95	2.23	2.71	−17.70	光大银行
246	景顺长城中小盘股票	260115	2011.03.22	10.30	12.84	0.75	12.48	15.68	−20.40	工行
247	汇添富社会责任股票	470028	2011.03.29	27.57	31.98	2.13	31.53	37.35	−15.60	农行
248	华富量子生命力股票	410009	2011.04.01	0.95	1.31	−2.90	1.06	1.43	−25.49	平安银行
249	工银消费服务股票	481013	2011.04.21	15.25	17.21	4.98	17.51	20.75	−15.60	农行
250	华安升级主题股票	040020	2011.04.22	12.37	14.62	4.32	14.22	17.54	−18.90	建行
251	博时卓越品牌股票(LOF)	160512	2011.04.22	2.83	2.83	11.94	3.95	4.41	−14.51	工行
252	诺德优选30股票	570007	2011.05.05	4.75	6.53	−7.97	6.03	7.63	−21.00	中行
253	兴全绿色投资股票(LOF)	163409	2011.05.06	13.16	14.39	1.44	14.69	16.31	−9.90	工行
254	建信双利分级股票	165310	2011.05.06	15.39	16.71	11.14	16.93	20.04	−15.50	招行
255	大摩多因子策略股票	233009	2011.05.17	6.92	8.07	5.80	6.36	7.85	−19.00	建行
256	浙商聚潮产业成长股票	688888	2011.05.17	6.29	6.97	7.76	7.62	9.10	−16.20	农行
257	国联安优选行业股票	257070	2011.05.23	7.70	8.09	11.10	7.35	8.58	−14.40	中行
258	嘉实领先成长股票	070022	2011.05.31	12.04	12.63	5.89	14.89	16.55	−10.00	农行
259	华商价值精选股票	630010	2011.05.31	3.46	3.93	3.40	3.97	4.66	−14.80	建行
260	信达澳银产业升级股票	610006	2011.06.13	2.84	3.39	1.09	3.66	4.41	−17.10	建行
261	大成内需增长股票	090015	2011.06.14	4.86	5.44	8.10	5.39	6.52	−17.30	中行
262	鹏华新兴产业股票	206009	2011.06.15	7.20	7.32	3.47	9.15	9.62	−4.90	招行
263	申万菱信量化小盘股票(LOF)	163110	2011.06.16	1.72	2.09	5.63	1.99	2.56	−21.90	工行
264	交银先进制造股票	519704	2011.06.22	4.22	4.90	3.11	5.85	7.00	−16.40	农行

（续上表）

序号	基金简称	基金代码	设立日期	2012年度			2011年度			托管人
				年末资产净值	年末份额规模	年度收益率	年末资产净值	年末份额规模	年度收益率	
265	上投摩根新兴动力股票	377240	2011.07.13	6.85	6.09	27.73	2.63	2.98	−12.00	农行
266	新华灵活主题股票	519099	2011.07.13	1.60	1.68	17.51	1.91	2.36	−18.90	中信银行
267	汇丰晋信科技先锋股票	540010	2011.07.27	3.41	3.69	5.14	3.94	4.49	−12.23	建行
268	银河消费股票	519678	2011.07.29	2.19	2.27	4.55	3.35	3.64	−7.70	建行
269	信诚新机遇股票(LOF)	165512	2011.08.01	2.00	2.11	7.48	2.48	2.81	−11.80	建行
270	天治成长精选股票	350008	2011.08.04	1.79	1.82	7.31	3.05	3.33	−8.30	上海银行
271	诺安多策略股票	320016	2011.08.09	3.70	4.86	−4.99	6.67	8.33	−19.90	建行
272	富国低碳环保股票	100056	2011.08.10	5.32	5.93	2.63	6.45	7.39	−12.70	招行
273	易方达资源行业股票	110025	2011.08.16	7.31	8.02	−0.65	11.14	12.13	−8.20	中行
274	国泰事件驱动股票	020023	2011.08.17	1.35	1.26	10.63	2.06	2.12	−3.10	建行
275	金鹰策略配置股票	210008	2011.09.01	2.45	2.76	−7.37	3.68	3.85	−4.51	中信银行
276	农银策略精选股票	660010	2011.09.06	4.00	4.24	1.46	8.45	9.09	−7.01	中信银行
277	广发制造业精选股票	270028	2011.09.20	2.28	2.24	5.15	4.49	4.63	−2.99	工行
278	平安大华行业先锋股票	700001	2011.09.20	18.01	19.29	3.43	22.97	25.42	−9.70	中行
279	富安达优势成长股票	710001	2011.09.21	3.30	3.65	−5.30	4.21	4.41	−4.61	交行
280	银华消费分级股票	161818	2011.09.28	1.45	1.54	3.29	1.84	2.01	−8.30	建行
281	东吴新产业精选股票	580008	2011.09.28	0.62	0.67	−3.38	2.20	2.33	−5.30	建行
282	长信内需成长股票	519979	2011.10.20	0.76	0.76	18.43	1.14	1.33	−14.80	农行
283	工银主题策略股票	481015	2011.10.24	1.93	1.99	−0.51	6.16	6.32	−2.50	交行
284	长盛同祥泛资源股票	080008	2011.10.26	0.55	0.56	−0.80	2.28	2.28	−0.30	建行
285	泰信中小盘精选股票	290011	2011.10.26	0.78	0.73	9.23	1.49	1.50	−1.10	中行
286	中海消费股票	398061	2011.11.09	0.55	0.53	9.72	0.83	0.83	−0.20	农行

（续上表）

序号	基金简称	基金代码	设立日期	2012年度			2011年度			托管人
				年末资产净值	年末份额规模	年度收益率	年末资产净值	年末份额规模	年度收益率	
287	海富通国策导向股票	519033	2011.11.16	0.55	0.54	0.10	5.54	5.53	0.20	中行
288	民生加银景气行业股票	690007	2011.11.22	3.27	3.08	6.09	32.01	31.99	0.10	建行
289	中银中小盘成长股票	163818	2011.11.23	2.40	2.55	−5.89	30.53	30.46	0.20	招行
290	嘉实周期优选股票	070027	2011.12.8	3.91	3.62	8.21	7.99	8.00	−0.10	工行
291	华安科技动力股票	040025	2011.12.20	0.58	0.58	−0.90	8.98	8.98	—	建行
292	景顺长城核心竞争力股票	260116	2011.12.20	7.39	6.44	31.70	9.41	9.40	0.10	农行
293	方正富邦创新动力股票	730001	2011.12.26	0.54	0.52	4.60	13.12	13.14	−0.10	建行
294	上投摩根健康品质生活股票	377150	2012.02.01	1.61	1.46	9.70	—	—	—	中行
295	光大保德信行业轮动股票	360016	2012.02.15	0.93	0.80	16.50	—	—	—	农行
296	华宝兴业医药生物优选股票	240020	2012.02.28	2.61	2.34	11.60	—	—	—	建行
297	汇添富逆向投资股票	470098	2012.03.09	1.57	1.57	0.00	—	—	—	农行
298	长安宏观策略股票	740001	2012.03.09	0.55	0.59	−7.20	—	—	—	邮储银行
299	南方新兴消费增长分级股票	160127	2012.03.13	4.08	4.31	−5.50	—	—	—	工行
300	大摩主题优选股票	233011	2012.03.13	1.38	1.43	−3.20	—	—	—	建行
301	国泰成长优选股票	020026	2012.03.20	1.01	1.05	−3.20	—	—	—	招行
302	大成新锐产业股票	090018	2012.03.20	1.97	1.99	−0.90	—	—	—	农行
303	诺德周期策略股票	570008	2012.03.21	1.14	1.24	−8.00	—	—	—	中行
304	长盛电子信息产业股票	080012	2012.03.27	1.51	1.63	−6.20	—	—	—	中行
305	中欧盛世成长分级股票	166011	2012.03.29	2.53	2.48	2.10	—	—	—	广发银行
306	兴全轻资产股票（LOF）	163412	2012.04.05	5.99	5.94	0.90	—	—	—	招商银行
307	鹏华价值精选股票	206012	2012.04.16	0.91	0.96	−4.80	—	—	—	建行
308	长城优化升级股票	200015	2012.04.20	0.72	0.69	8.00	—	—	—	建行

（续上表）

序号	基金简称	基金代码	设立日期	2012年度			2011年度			托管人
				年末资产净值	年末份额规模	年度收益率	年末资产净值	年末份额规模	年度收益率	
309	农银消费主题股票	660012	2012.04.24	5.45	5.23	4.35	—	—	—	邮储银行
310	工银量化策略股票	481017	2012.04.26	9.96	10.38	-4.00	—	—	—	中行
311	信诚周期轮动股票(LOF)	165516	2012.05.07	1.35	1.32	2.50	—	—	—	中行
312	国富研究精选股票	450011	2012.05.22	2.44	2.38	2.40	—	—	—	中行
313	泰达宏利逆向股票	229002	2012.05.23	0.81	0.81	-0.60	—	—	—	建行
314	金鹰核心资源股票	210009	2012.05.23	1.61	1.66	-2.80	—	—	—	工行
315	华商主题精选股票	630011	2012.05.31	1.78	1.82	-2.40	—	—	—	建行
316	广发消费品精选股票	270041	2012.06.12	1.14	1.11	1.90	—	—	—	农行
317	中邮战略新兴产业股票	590008	2012.06.12	0.61	0.58	4.50	—	—	—	兴业银行
318	新华优选消费股票	519150	2012.06.13	1.37	1.27	8.60	—	—	—	工行
319	银华中小盘股票	180031	2012.06.20	0.82	0.76	7.60	—	—	—	工行
320	嘉实优化红利股票	070032	2012.06.26	1.41	1.39	1.70	—	—	—	中行
321	富国高新技术产业股票	100060	2012.06.27	1.52	1.55	-2.00	—	—	—	工行
322	易方达量化衍伸股票	110030	2012.07.05	0.73	0.65	11.30	—	—	—	建行
323	中银主题策略股票	163822	2012.07.25	3.01	2.84	6.20	—	—	—	广发银行
324	融通医疗保健股票	161616	2012.07.26	1.81	1.76	2.90	—	—	—	工行
325	大成优选股票(LOF)	160916	2012.07.27	24.76	22.77	5.91	—	—	—	中行
326	金元惠理新经济主题股票	620008	2012.07.31	0.92	0.90	1.60	—	—	—	农行
327	交银阿尔法核心股票	519712	2012.08.03	1.67	1.53	8.50	—	—	—	建行
328	建信社会责任股票	530019	2012.08.14	1.43	1.38	3.90	—	—	—	农行
329	华安逆向策略股票	040035	2012.08.16	1.72	1.71	0.10	—	—	—	工行
330	华宝兴业资源优选股票	240022	2012.08.21	1.27	1.24	2.40	—	—	—	中行

（续上表）

序号	基金简称	基金代码	设立日期	2012年度			2011年度			托管人
				年末资产净值	年末份额规模	年度收益率	年末资产净值	年末份额规模	年度收益率	
331	博时医疗保健行业股票	050026	2012.08.28	1.67	1.69	−1.10	—	—	—	中行
332	信达澳银消费优选股票	610007	2012.09.04	1.13	1.08	5.00	—	—	—	建行
333	银河主题股票	519679	2012.09.21	0.52	0.46	11.00	—	—	—	中信银行
334	南方金粮油商品股票	202027	2012.09.25	1.50	1.40	7.20	—	—	—	工行
335	德邦优化股票	770001	2012.09.25	1.33	1.22	8.63	—	—	—	交行
336	农银行业轮动股票	660015	2012.11.14	5.33	5.32	—	—	—	—	民生银行
337	景顺长城支柱产业股票	260117	2012.11.20	1.69	1.61	—	—	—	—	农行
338	方正富邦红利精选股票	730002	2012.11.20	0.60	0.60		—	—	—	建行
339	上投摩根核心优选股票	370024	2012.11.28	1.56	1.48	—	—	—	—	建行
340	大摩量化配置股票	233015	2012.12.11	10.97	10.95	—	—	—	—	农行
341	兴全商业模式优选股票(LOF)	163415	2012.12.18	5.53	5.46	—	—	—	—	光大银行

表2-36　开放式(指数股票型)基金基本情况

（单位：亿元；亿份；%）

序号	基金简称	基金代码	设立日期	2012年度			2011年度			托管人
				年末资产净值	年末份额规模	年度收益率	年末资产净值	年末份额规模	年度收益率	
1	华安中国A股增强指数	040002	2002.11.08	65.16	126.11	8.34	43.01	66.99	−25.64	工行
2	万家180指数	519180	2003.03.17	55.96	96.41	11.19	50.78	97.27	−22.26	中行
3	博时沪深300指数	050002	2003.08.26	93.56	133.79	8.25	91.37	141.45	−23.55	建行
4	融通深证100指数	161604	2003.09.30	145.48	152.48	2.14	128.07	137.19	−29.66	工行
5	易方达上证50指数	110003	2004.03.22	191.63	269.19	14.73	194.34	313.19	−18.06	交行
6	长城久泰沪深300指数	200002	2004.05.21	18.95	18.95	7.92	14.51	15.66	−24.12	招行
7	银华—道琼斯88指数	180003	2004.08.11	71.78	93.15	5.06	76.55	104.35	−21.53	建行
8	融通巨潮100指数(LOF)	161607	2005.05.12	21.35	26.75	11.45	20.43	28.53	−20.53	工行
9	嘉实沪深300ETF联接(LOF)	160706	2005.08.29	294.14	436.36	8.81	260.46	420.44	−22.95	中行
10	大成沪深300指数	519300	2006.04.06	56.62	72.43	8.49	54.50	75.64	−23.77	农行
11	长盛中证100指数	519100	2006.11.22	9.03	11.90	11.98	8.30	12.24	−19.50	农行
12	国泰沪深300指数	020011	2007.11.11	62.23	120.24	7.92	50.68	105.57	−23.57	中行
13	富国中证红利指数增强	100032	2008.11.20	9.99	9.46	10.06	9.36	9.51	−15.51	工行
14	广发沪深300指数	270010	2008.12.30	29.41	26.53	8.63	22.94	22.50	−23.02	工行
15	工银沪深300指数股票	481009	2009.03.05	39.15	43.69	8.61	37.00	44.85	−23.53	建行
16	南方沪深300指数	202015	2009.03.25	27.04	30.91	8.28	22.14	27.41	−23.89	工行
17	鹏华沪深300指数(LOF)	160615	2009.04.03	8.45	9.33	8.38	6.18	7.40	−23.60	工行
18	汇添富上证综合指数	470007	2009.07.01	45.51	59.89	5.70	44.38	61.73	−20.11	工行
19	华夏沪深300ETF联接	000051	2009.07.10	205.29	277.56	9.47	175.56	259.71	−23.44	工行
20	易方达沪深300指数	110020	2009.08.26	83.46	105.95	8.27	64.34	88.45	−23.02	建行
21	国富沪深300指数增强	450008	2009.09.03	9.89	10.46	12.62	8.36	9.95	−22.72	农行
22	中银中证100指数增强	163808	2009.09.04	21.32	27.99	11.24	15.29	22.32	−19.7	建行

（续上表）

序号	基金简称	基金代码	设立日期	2012年度			2011年度			托管人
				年末资产净值	年末份额规模	年度收益率	年末资产净值	年末份额规模	年度收益率	
23	南方中证500指数(LOF)	160119	2009.09.25	50.42	62.06	−0.17	40.34	49.56	−32.72	农行
24	华宝兴业中证100指数	240014	2009.09.29	6.62	8.64	11.55	10.76	15.65	−19.10	建行
25	华安上证180ETF联接	040180	2009.09.29	19.52	23.35	11.47	8.81	11.74	−21.96	建行
26	交银上证180公司治理ETF联接	519686	2009.09.29	29.38	37.77	13.58	28.66	41.83	−18.74	农行
27	银华沪深300指数(LOF)	161811	2009.10.14	3.34	4.24	8.54	3.87	5.34	−23.74	建行
28	国投瑞银沪深300指数分级	161207	2009.10.14	7.73	7.12	7.76	12.54	14.07	−24.11	工行
29	诺安中证100指数	320010	2009.10.27	10.27	13.95	11.52	10.82	16.39	−19.12	工行
30	海富通中证100指数(LOF)	162307	2009.10.30	11.66	15.41	11.98	9.80	14.49	−19.33	中行
31	建信沪深300指数(LOF)	165309	2009.11.05	31.69	43.23	8.43	32.87	48.64	−23.70	工行
32	广发中证500指数(LOF)	162711	2009.11.26	35.25	47.65	0.14	28.72	38.86	−32.51	工行
33	易方达深证100ETF联接	110019	2009.12.01	77.61	107.12	2.39	76.53	108.16	−28.96	中行
34	南方深证成份ETF联接	202017	2009.12.09	20.11	28.38	2.62	16.35	23.68	−27.05	工行
35	富国沪深300指数增强	100038	2009.12.16	78.27	88.78	12.64	41.69	53.26	−17.67	工行
36	银河沪深300价值指数	519671	2009.12.28	6.56	8.36	13.44	4.01	5.80	−17.72	建行
37	博时上证超大盘ETF联接	510013	2009.12.29	8.83	12.11	16.38	10.12	16.16	−17.47	建行
38	嘉实基本面50指数(LOF)	160716	2009.12.30	18.58	26.44	11.28	21.01	33.28	−14.56	工行
39	华富中证100指数	410008	2009.12.30	1.62	2.17	11.92	1.35	2.02	−19.29	交行
40	大成中证红利指数	090010	2010.02.02	2.26	2.66	7.20	2.54	3.21	−22.05	建行
41	鹏华中证500指数(LOF)	160616	2010.02.05	8.22	12.00	−0.29	8.95	13.03	−33.24	工行
42	宝盈中证100指数增强	213010	2010.02.08	0.69	0.89	8.25	0.47	0.66	−20.56	建行
43	申万菱信沪深300价值指数	310398	2010.02.11	8.30	10.36	14.59	9.54	13.63	−16.39	工行
44	中海上证50指数增强	399001	2010.03.25	2.71	3.60	9.00	3.00	4.35	−19.60	工行

（续上表）

序号	基金简称	基金代码	设立日期	2012年度			2011年度			托管人
				年末资产净值	年末份额规模	年度收益率	年末资产净值	年末份额规模	年度收益率	
45	长信中证央企100指数(LOF)	163001	2010.03.26	0.76	0.90	8.24	0.78	1.00	−22.22	建行
46	易方达上证中盘ETF联接	110021	2010.03.31	10.05	12.66	3.56	6.82	8.89	−29.73	工行
47	国投瑞银沪深300金融地产指数	161211	2010.04.09	18.79	21.65	22.43	24.40	34.41	−13.75	工行
48	国联安双禧中证100指数分级	162509	2010.04.16	37.79	39.92	10.63	39.71	46.39	−20.15	建行
49	泰达宏利财富大盘指数	162213	2010.04.23	3.11	3.34	10.57	3.98	4.72	−18.96	中行
50	华宝兴业上证180价值ETF联接	240016	2010.04.23	3.02	3.22	15.34	4.66	5.72	−13.94	工行
51	银华深证100指数分级	161812	2010.05.07	140.52	171.85	2.00	74.98	90.23	−30.05	民生银行
52	建信上证社会责任ETF联接	530010	2010.05.28	4.15	4.10	14.21	3.59	4.05	−17.57	工行
53	招商深证100指数	217016	2010.06.22	1.73	2.12	0.74	1.86	2.30	−29.69	工行
54	中欧沪深300指数增强(LOF)	166007	2010.06.24	1.89	2.28	6.57	1.92	2.47	−22.95	兴业银行
55	长盛沪深300指数(LOF)	160807	2010.08.04	1.85	2.21	8.01	1.76	2.27	−23.09	招行
56	鹏华上证民企50ETF联接	206005	2010.08.05	2.67	3.16	5.49	2.71	3.38	−26.45	工行
57	天弘深证成份指数(LOF)	164205	2010.08.12	0.75	1.04	2.56	0.76	1.09	−28.12	工行
58	南方小康ETF联接	202021	2010.08.27	2.42	3.15	4.60	2.47	3.36	−23.66	工行
59	海富通上证周期ETF联接	519027	2010.09.28	2.00	2.34	16.37	2.58	3.52	−16.32	工行
60	申万菱信深证成指分级	163109	2010.10.22	72.68	112.96	2.13	21.78	33.02	−26.84	工行
61	兴全沪深300指数(LOF)	163407	2010.11.02	12.71	15.06	9.40	16.36	21.21	−19.79	农行
62	工银深证红利ETF联接	481012	2010.11.09	9.06	12.33	4.96	9.30	13.28	−30.37	农行
63	融通深证成份指数股票	161612	2010.11.15	8.96	11.89	3.15	8.10	11.08	−27.55	工行
64	华安上证龙头ETF联接	040190	2010.11.18	6.30	6.97	14.30	6.26	7.92	−19.31	工行
65	国联安上证商品ETF联接	257060	2010.12.01	6.97	10.01	4.50	6.45	9.68	−33.13	中行
66	招商上证消费80ETF联接	217017	2010.12.08	12.53	15.71	6.41	12.48	16.65	−24.42	工行

（续上表）

序号	基金简称	基金代码	设立日期	2012年度			2011年度			托管人
				年末资产净值	年末份额规模	年度收益率	年末资产净值	年末份额规模	年度收益率	
67	浦银安盛沪深300指数增强	519116	2010.12.10	1.83	2.25	8.68	1.82	2.43	−24.80	建行
68	国投瑞银中证消费服务指数(LOF)	161213	2010.12.16	4.57	5.80	1.16	5.01	6.42	−21.87	工行
69	大成深证成长40ETF联接	090012	2010.12.21	13.95	18.57	0.67	15.76	21.14	−25.7	农行
70	华泰柏瑞上证中小盘ETF联接	460220	2011.01.26	0.55	0.82	−0.15	0.60	0.90	−32.80	中行
71	富国上证综指ETF联接	100053	2011.01.30	3.39	4.17	5.58	3.69	4.79	−23.00	工行
72	东吴中证新兴指数	585001	2011.02.01	11.00	16.80	−2.82	12.10	17.97	−32.70	农行
73	信诚中证500指数分级	165511	2011.02.11	31.34	46.53	−0.55	3.55	5.06	−30.00	建行
74	银华中证等权90指数分级	161816	2011.03.17	32.43	28.67	6.31	22.22	31.22	−28.8	建行
75	万家中证红利指数(LOF)	161907	2011.03.17	9.44	10.83	6.93	6.09	7.47	−18.51	建行
76	国泰上证180金融ETF联接	020021	2011.03.31	5.28	5.44	19.14	9.37	11.50	−18.50	中行
77	诺安上证新兴产业ETF联接	320014	2011.04.07	4.42	6.57	−3.17	4.65	6.69	−30.50	工行
78	农银沪深300指数	660008	2011.04.12	19.96	25.48	8.79	20.71	28.76	−27.99	工行
79	海富通上证非周期ETF联接	519032	2011.04.27	1.47	1.98	−0.13	1.93	2.59	−25.80	工行
80	金鹰中证技术领先指数增强	210007	2011.06.01	0.70	1.00	−6.30	0.98	1.31	−25.03	中行
81	泰信中证200指数	290010	2011.06.09	0.95	1.36	−0.71	0.96	1.36	−28.10	中行
82	广发中小板300联接	270026	2011.06.09	5.02	7.03	−2.85	5.74	7.82	−26.56	农行
83	博时深证基本面200ETF联接	050021	2011.06.10	1.36	1.87	0.66	1.45	2.01	−27.63	交行
84	招商深证TMT50ETF联接	217019	2011.06.27	2.45	3.29	2.34	2.69	3.70	−27.30	中行
85	国投瑞银中证资源指数(LOF)	161217	2011.07.21	2.80	3.43	4.87	3.06	3.92	−22.00	工行
86	嘉实深证基本面120联接	070023	2011.08.01	4.67	5.49	0.98	3.24	3.84	−15.72	中行
87	华宝兴业上证180成长ETF联接	240019	2011.08.09	1.80	1.74	13.24	3.02	3.31	−8.60	中行
88	华安深证300指数(LOF)	160415	2011.09.02	2.61	3.01	3.59	3.33	3.99	−16.50	中行

（续上表）

序号	基金简称	基金代码	设立日期	2012年度			2011年度			托管人
				年末资产净值	年末份额规模	年度收益率	年末资产净值	年末份额规模	年度收益率	
89	鹏华深证民营ETF联接	206010	2011.09.02	1.49	1.89	−0.96	1.62	2.04	−20.54	建行
90	建信深证基本面60ETF联接	530015	2011.09.08	3.23	3.66	2.28	3.36	3.89	−13.59	民生银行
91	南方上证380ETF联接	202025	2011.09.20	1.23	1.52	−1.33	1.31	1.60	−17.88	建行
92	易方达创业板ETF联接	110026	2011.09.20	2.00	2.18	−1.21	1.91	2.06	−7.09	工行
93	汇添富深证300ETF联接	470068	2011.09.28	1.27	1.36	2.56	2.12	2.32	−8.84	工行
94	交银深证300价值ETF联接	519706	2011.09.28	0.87	0.93	3.96	0.69	0.76	−9.20	农行
95	富国中证500指数增强(LOF)	161017	2011.10.12	3.63	3.96	7.77	1.70	2.00	−15.10	农行
96	大成中证内地消费主题指数	090016	2011.11.08	0.56	0.58	1.03	8.48	8.51	−0.30	农行
97	大摩深证300指数增强	233010	2011.11.15	1.48	1.63	−3.32	3.95	4.22	−6.50	建行
98	中邮上证380指数增强	590007	2011.11.22	0.54	0.58	−2.07	2.04	2.05	−0.40	中行
99	农银中证500指数	660011	2011.11.29	2.35	2.62	−9.93	7.06	7.11	−0.69	交行
100	泰达宏利500指数分级	162216	2011.12.01	0.59	0.61	−1.40	2.42	2.47	−2.00	中行
101	长盛同瑞中证200分级	160808	2011.12.06	0.51	0.51	0.38	6.24	6.23	0.20	农行
102	银华中证内地资源指数分级	161819	2011.12.08	9.01	9.53	−5.97	1.19	1.18	0.70	中行
103	华富中小板指数增强	410010	2011.12.09	0.61	0.67	−8.71	0.78	0.77	1.00	建行
104	平安大华深证300指数增强	700002	2011.12.20	1.01	1.08	0.80	4.18	4.18	0.10	中行
105	长城久兆中小300指数分级	162010	2012.01.30	0.72	0.81	−11.80	—	—	—	建行
106	工银中证500指数	164809	2012.01.31	1.46	1.59	−8.18	—	—	—	中行
107	信诚沪深300指数分级	165515	2012.02.01	3.42	3.50	−2.30	—	—	—	建行
108	中海上证380指数	399011	2012.03.07	0.78	0.87	−10.40	—	—	—	工行
109	民生加银中证内地资源主题指数	690008	2012.03.08	2.72	2.90	−6.10	—	—	—	建行
110	东吴深证100指数增强(LOF)	165806	2012.03.09	1.50	1.68	−10.40	—	—	—	建行

（续上表）

序号	基金简称	基金代码	设立日期	2012年度			2011年度			托管人
				年末资产净值	年末份额规模	年度收益率	年末资产净值	年末份额规模	年度收益率	
111	国泰中小板300成长ETF联接	020025	2012.03.15	0.70	0.74	-6.10	—	—	—	中行
112	建信深证100指数增强	530018	2012.03.16	5.56	6.20	-10.30	—	—	—	交行
113	嘉实中创400ETF联接	070030	2012.03.22	2.00	2.21	-9.14	—	—	—	工行
114	国联安双力中小板综指分级	162510	2012.03.23	2.01	2.22	-9.50	—	—	—	建行
115	诺安中证创业成长指数分级	163209	2012.03.29	1.39	1.49	-6.60	—	—	—	中行
116	融通创业板指数	161613	2012.04.06	1.55	1.63	-2.78	—	—	—	工行
117	博时上证自然资源ETF联接	050024	2012.04.10	0.82	0.93	-10.99	—	—	—	建行
118	广发深证100指数分级	162714	2012.05.07	2.30	2.53	-9.20	—	—	—	建行
119	浙商沪深300指数分级	166802	2012.05.07	1.69	1.75	-3.60	—	—	—	华夏银行
120	申万菱信中小板指数分级	163111	2012.05.08	2.50	2.73	-8.60	—	—	—	农行
121	长盛同庆中证800指数分级	160806	2012.05.12	46.41	48.59	-4.26	—	—	—	建行
122	浦银安盛基本面400指数	519117	2012.05.14	2.39	2.50	-4.50	—	—	—	邮储银行
123	中银沪深300等权重指数(LOF)	163821	2012.05.17	5.00	4.96	0.80	—	—	—	招行
124	海富通中证内地低碳指数	519034	2012.05.25	1.37	1.48	-7.40	—	—	—	建行
125	华泰柏瑞沪深300ETF联接	460300	2012.05.29	1.68	1.61	4.50	—	—	—	工行
126	金鹰中证500指数分级	162107	2012.06.05	1.13	1.17	-3.93	—	—	—	交行
127	华安沪深300指数分级	160417	2012.06.25	1.31	1.25	4.90	—	—	—	建行
128	长安沪深300非周期指数	740101	2012.06.25	1.30	1.28	1.20	—	—	—	广发银行
129	景顺长城上证180等权重ETF联接	263001	2012.06.25	0.73	0.70	3.50	—	—	—	中行
130	招商中证大宗商品指数分级	161715	2012.06.28	3.38	3.46	-2.50	—	—	—	工行
131	汇丰晋信恒生行业龙头指数	540012	2012.08.01	1.18	1.14	4.28	—	—	—	邮储银行
132	万家中证创业成长指数分级	161910	2012.08.02	1.64	1.63	0.30	—	—	—	工行

（续上表）

序号	基金简称	基金代码	设立日期	2012年度			2011年度			托管人
				年末资产净值	年末份额规模	年度收益率	年末资产净值	年末份额规模	年度收益率	
133	大成中证500沪市ETF联接	090020	2012.08.28	0.57	0.57	-0.60	—	—	—	中行
134	银华上证50等权ETF联接	180033	2012.08.29	0.35	0.32	8.40	—	—	—	建行
135	农银深证100指数	660014	2012.09.04	1.20	1.07	12.29	—	—	—	光大银行
136	华商中证500指数分级	166301	2012.09.06	0.61	0.60	1.90	—	—	—	工行
137	泰信基本面400指数分级	162907	2012.09.07	0.75	0.69	8.40	—	—	—	工行
138	诺德深证300指数分级	165707	2012.09.10	0.53	0.50	5.40	—	—	—	中行
139	长盛同辉深100等权重分级	160809	2012.09.13	2.76	2.57	7.10	—	—	—	建行
140	易方达中小板指数分级	161118	2012.09.20	2.48	2.46	0.96	—	—	—	建行
141	上投摩根中证消费服务领先指数	370023	2012.09.25	1.92	1.88	2.40	—	—	—	建行
142	鹏华资源分级	160620	2012.09.27	1.76	1.76	0.00	—	—	—	工行
143	工银深证100指数分级	164811	2012.10.25	1.20	1.14	5.89	—	—	—	民生银行
144	交银沪深300分层等权指数	519714	2012.11.07	1.45	1.32	—	—	—	—	建行
145	诺安中小板等权重ETF联接	320022	2012.12.10	4.10	4.09	—	—	—	—	交行
146	东方央视财经50指数	400018	2012.12.19	5.47	5.46	—	—	—	—	农行

表2-37 开放式（混合型）基金基本情况

（单位：亿元；亿份；%）

序号	基金简称	基金代码	设立日期	2012年度			2011年度			托管人
				年末资产净值	年末份额规模	年度收益率	年末资产净值	年末份额规模	年度收益率	
1	华安创新混合	040001	2001.09.21	52.45	87.98	3.47	56.42	97.88	−25.72	交行
2	南方稳健成长混合	202001	2001.09.28	39.00	48.64	−0.71	41.24	51.07	−20.83	工行
3	华夏成长混合	000001	2001.12.18	90.06	93.73	7.25	86.80	96.91	−24.45	建行
4	鹏华行业成长混合	206001	2002.05.24	7.10	8.16	3.07	8.42	9.96	−23.00	工行
5	富国天源平衡混合	100016	2002.08.16	8.29	9.03	4.37	8.73	9.92	−15.56	农行
6	易方达平稳增长混合	110001	2002.08.23	19.97	16.79	1.19	21.62	18.40	−20.23	中行
7	融通新蓝筹混合	161601	2002.09.13	102.70	146.12	4.44	103.92	154.44	−23.04	建行
8	长盛成长价值混合	080001	2002.09.18	7.50	9.37	1.01	8.12	10.25	−22.11	农行
9	宝盈鸿利收益混合	213001	2002.10.08	4.06	8.27	6.07	4.00	8.63	−20.94	农行
10	博时价值增长混合	050001	2002.10.09	148.45	202.36	2.09	154.67	215.12	−7.94	建行
11	嘉实成长收益混合	070001	2002.11.05	50.56	81.27	9.92	45.81	72.73	−15.51	中行
12	大成价值增长混合	090001	2002.11.11	77.69	115.59	1.13	80.49	121.11	−26.38	农行
13	银华优势企业混合	180001	2002.11.13	27.74	26.47	7.32	27.65	28.32	−15.31	中行
14	招商安泰平衡混合	217002	2003.04.28	1.08	1.06	4.51	1.08	1.11	−22.09	招行
15	金鹰成份优选混合	210001	2003.06.16	10.35	18.26	3.45	10.52	19.21	−27.61	中行
16	嘉实增长混合	070002	2003.07.09	41.35	8.99	5.55	40.24	9.23	−18.72	中行
17	嘉实稳健混合	070003	2003.07.09	94.59	127.33	0.68	100.54	136.32	−17.63	中行
18	鹏华普天收益混合	160603	2003.07.12	22.80	30.50	2.47	24.98	34.20	−23.96	交行
19	华宝兴业宝康消费品混合	240001	2003.07.15	21.08	16.52	2.83	25.26	20.36	−17.78	建行
20	华宝兴业宝康配置混合	240002	2003.07.15	7.96	6.18	10.63	8.50	7.30	−18.88	建行
21	银河稳健混合	151001	2003.08.04	14.32	15.81	3.71	13.19	15.11	−16.65	农行
22	国联安稳健混合	255010	2003.08.08	1.38	1.63	0.24	1.93	2.28	−18.58	工行

（续上表）

序号	基金简称	基金代码	设立日期	2012年度			2011年度			托管人
				年末资产净值	年末份额规模	年度收益率	年末资产净值	年末份额规模	年度收益率	
23	海富通精选混合	519011	2003.08.22	75.66	163.74	−0.38	88.98	134.77	−17.82	交行
24	华夏回报混合	002001	2003.09.5	101.39	78.63	7.51	98.73	82.37	−11.77	中行
25	融通蓝筹成长混合	161605	2003.09.30	16.87	16.81	2.87	17.44	17.87	−19.03	工行
26	景顺长城动力平衡混合	260103	2003.10.24	39.74	65.53	5.66	41.46	72.25	−22.69	中行
27	长城久恒平衡混合	200001	2003.10.31	1.79	1.47	10.73	1.88	1.71	−20.29	建行
28	广发聚富混合	270001	2003.12.03	51.73	45.69	8.68	49.52	47.54	−19.30	工行
29	国泰金龙行业混合	020003	2003.12.05	3.86	8.86	−12.18	4.45	8.93	−18.92	浦发银行
30	易方达策略成长混合	110002	2003.12.09	42.14	12.69	5.34	40.00	12.25	−19.38	中行
31	海富通收益增长混合	519003	2004.03.12	27.00	41.69	−3.28	31.13	46.48	−20.43	中行
32	华夏经典混合	288001	2004.03.15	12.73	13.78	2.10	12.99	14.35	−17.73	招行
33	大摩基础行业混合	233001	2004.03.26	0.64	1.63	−2.50	0.68	1.67	−30.03	光大银行
34	银河银泰混合	150103	2004.03.30	25.91	26.87	3.83	26.85	28.91	−15.40	工行
35	嘉实服务增值行业混合	070006	2004.04.01	65.19	17.62	5.23	61.29	17.43	−20.99	中行
36	申万菱信盛利精选混合	310308	2004.04.09	13.64	17.51	3.04	13.78	18.24	−24.55	工行
37	国联安小盘精选混合	257010	2004.04.12	16.80	22.44	10.80	16.38	24.21	−23.96	工行
38	融通行业景气混合	161606	2004.04.29	29.48	42.20	8.54	25.13	39.01	−35.34	交行
39	国投瑞银景气行业混合	121002	2004.04.29	33.27	38.99	4.73	33.24	40.80	−17.79	光大银行
40	兴全可转债混合	340001	2004.05.11	36.14	34.75	1.70	39.49	38.62	−13.68	工行
41	鹏华中国50混合	160605	2004.05.12	43.49	35.47	13.41	39.72	36.74	−23.88	交行
42	长盛动态精选混合	510081	2004.05.21	10.94	12.74	−4.31	11.82	13.17	−20.11	农行
43	诺安平衡混合	320001	2004.05.21	53.46	84.52	4.56	58.50	96.71	−23.83	工行
44	金鹰中小盘精选混合	162102	2004.05.27	14.93	21.22	0.47	15.63	22.33	−30.99	交行

（续上表）

序号	基金简称	基金代码	设立日期	2012年度			2011年度			托管人
				年末资产净值	年末份额规模	年度收益率	年末资产净值	年末份额规模	年度收益率	
45	招商先锋混合	217005	2004.06.01	47.02	77.54	6.57	46.91	82.44	−26.47	中行
46	大成蓝筹稳健混合	090003	2004.06.03	101.62	157.61	6.65	99.88	165.24	−29.67	中行
47	国泰金马稳健混合	020005	2004.06.18	44.74	62.71	2.44	53.58	76.98	−19.84	建行
48	泰信先行策略混合	290002	2004.06.28	33.95	71.33	−0.34	36.12	75.65	−31.24	光大银行
49	天治财富增长混合	350001	2004.06.29	1.92	2.85	5.99	1.97	3.10	−21.38	浦发银行
50	广发稳健增长混合	270002	2004.07.26	65.52	50.22	5.70	65.94	53.43	−21.21	工行
51	华夏大盘精选混合	000011	2004.08.11	24.87	3.26	5.89	62.89	6.23	−17.10	中行
52	华安宝利配置混合	040004	2004.08.24	44.71	44.44	4.03	43.81	45.30	−15.12	交行
53	易方达积极成长混合	110005	2004.09.09	51.45	64.86	2.87	58.98	76.48	−26.54	中行
54	上投摩根中国优势混合	375010	2004.09.15	47.28	26.08	7.13	48.45	28.63	−25.76	建行
55	中海优质成长混合	398001	2004.09.28	30.93	63.72	1.65	33.93	71.06	−28.66	交行
56	东方龙混合	400001	2004.11.25	13.21	19.15	12.18	8.79	14.29	−8.39	建行
57	申万菱信盛利强化配置混合	310318	2004.11.29	0.51	0.51	3.88	0.51	0.53	−3.35	工行
58	大成精选增值混合	090004	2004.12.15	19.68	25.24	6.02	19.32	26.28	−29.46	农行
59	中银中国混合(LOF)	163801	2005.01.04	31.07	26.14	11.47	33.32	31.25	−18.64	工行
60	天治品质优选混合	350002	2005.01.12	0.96	1.21	3.33	1.00	1.32	−26.88	民生银行
61	东吴嘉禾优势精选混合	580001	2005.02.01	20.11	28.29	2.42	23.43	33.77	−23.99	工行
62	华富竞争力优选混合	410001	2005.03.02	7.77	16.84	−7.19	8.75	17.61	−36.39	建行
63	富国天瑞强势混合	100022	2005.04.05	57.50	73.54	13.01	49.37	71.35	−11.31	农行
64	泰达宏利风险预算混合	162205	2005.04.05	2.12	1.93	9.74	2.62	2.58	−3.47	交行
65	国富中国收益混合	450001	2005.06.01	6.92	14.29	1.38	8.62	18.06	−19.69	工行
66	中海分红增利混合	398011	2005.06.16	18.85	25.88	4.55	20.34	29.20	−17.91	农行

（续上表）

序号	基金简称	基金代码	设立日期	2012年度			2011年度			托管人
				年末资产净值	年末份额规模	年度收益率	年末资产净值	年末份额规模	年度收益率	
67	华夏红利混合	002011	2005.06.30	176.64	126.86	1.98	169.86	124.41	−22.33	建行
68	国联安安心成长混合	253010	2005.07.13	2.77	4.57	5.12	0.63	0.92	−11.70	工行
69	汇添富优势精选混合	519008	2005.08.25	26.19	11.99	12.51	28.36	14.61	−24.32	工行
70	新华优选分红混合	519087	2005.09.16	13.51	16.88	11.53	12.51	17.44	−16.22	农行
71	大摩资源优选混合(LOF)	163302	2005.09.27	32.31	18.75	−0.97	35.70	19.71	−18.09	光大银行
72	天弘精选混合	420001	2005.10.08	22.12	46.30	−11.29	28.18	52.32	−19.18	工行
73	兴全趋势混合(LOF)	163402	2005.11.03	103.93	121.14	5.47	104.24	128.16	−18.15	兴业银行
74	富国天惠成长混合(LOF)	161005	2005.11.16	47.08	35.97	6.27	48.69	39.53	−25.3	工行
75	东方精选混合	400003	2006.01.11	58.72	58.34	11.52	49.16	54.47	−14.55	民生银行
76	上投摩根双息平衡混合	373010	2006.04.26	23.98	30.37	11.04	21.80	30.66	−24.27	建行
77	信诚四季红混合	550001	2006.04.29	22.82	32.12	−2.13	32.03	44.12	−33.16	农行
78	泰达宏利效率优选混合(LOF)	162207	2006.05.12	36.49	47.59	9.59	35.35	50.53	−24.36	建行
79	广发策略优选混合	270006	2006.05.17	87.74	69.35	7.22	86.20	73.06	−24.41	工行
80	汇丰晋信2016周期混合	540001	2006.05.23	5.09	3.64	−0.02	6.82	4.88	−9.82	交行
81	海富通强化回报混合	519007	2006.05.25	17.35	28.41	−1.45	19.99	32.23	−21.82	招行
82	博时平衡配置混合	050007	2006.05.31	18.73	22.97	5.43	21.68	28.04	−28.55	工行
83	交银稳健配置混合	519690	2006.06.14	47.08	34.68	15.29	42.26	35.89	−22.91	建行
84	华宝兴业收益增长混合	240008	2006.06.15	30.25	10.40	14.00	29.37	11.51	−21.40	建行
85	工银精选平衡混合	483003	2006.07.13	52.11	98.26	−1.43	56.54	105.10	−17.29	建行
86	嘉实主题混合	070010	2006.07.21	93.31	78.33	2.32	97.06	83.37	−20.24	中行
87	南方稳健成长贰号混合	202002	2006.07.25	36.68	83.32	−0.59	38.66	87.31	−21.17	工行
88	华夏稳增混合	519029	2006.08.09	37.58	30.21	0.73	41.37	33.51	−26.62	农行

（续上表）

序号	基金简称	基金代码	设立日期	2012年度			2011年度			托管人
				年末资产净值	年末份额规模	年度收益率	年末资产净值	年末份额规模	年度收益率	
89	华夏回报二号混合	002021	2006.08.14	51.87	47.23	7.33	52.14	50.97	−12.05	中行
90	易方达策略成长二号混合	112002	2006.08.16	38.37	29.89	5.68	38.67	31.83	−19.27	中行
91	长城安心回报混合	200007	2006.08.22	73.24	112.08	7.01	70.72	115.82	−20.43	农行
92	大成2020生命周期混合	090006	2006.09.13	73.98	120.78	−2.24	79.95	127.80	−24.03	中行
93	博时价值增长贰号混合	050201	2006.09.27	49.22	74.52	0.46	53.18	80.95	−9.63	建行
94	国泰金鹏蓝筹混合	020009	2006.09.29	13.63	16.25	3.20	16.42	20.19	−21.98	中行
95	中银收益混合	163804	2006.10.11	29.52	31.64	16.02	25.71	31.98	−22.06	工行
96	益民红利成长混合	560002	2006.11.21	8.03	20.15	−14.25	9.80	21.09	−25.47	华夏银行
97	万家和谐增长混合	519181	2006.11.30	13.77	28.52	−0.43	16.87	34.80	−25.52	兴业银行
98	申万菱信新经济混合	310358	2006.12.06	28.63	50.76	4.04	31.24	57.62	−27.04	工行
99	嘉实策略混合	070011	2006.12.12	73.31	67.46	10.69	72.30	73.64	−23.48	工行
100	长盛同智优势混合(LOF)	160805	2007.01.05	17.68	24.21	−2.90	19.23	25.57	−24.81	中行
101	鹏华动力增长混合(LOF)	160610	2007.01.09	57.96	55.95	9.28	59.79	63.08	−22.40	农行
102	建信优化配置混合	530005	2007.03.01	65.65	87.76	2.61	67.80	93.00	−21.77	工行
103	中海能源策略混合	398021	2007.03.13	33.87	57.99	−2.63	36.65	61.11	−37.38	工行
104	招商核心价值混合	217009	2007.03.30	32.98	41.09	3.22	35.52	45.69	−27.10	工行
105	易方达价值成长混合	110010	2007.04.02	165.13	147.74	0.95	171.58	154.97	−27.53	工行
106	海富通精选贰号混合	519015	2007.04.09	13.61	21.91	−0.16	17.82	28.66	−15.95	中行
107	汇丰晋信动态策略混合	540003	2007.04.09	13.88	15.01	−3.38	19.37	20.23	−25.05	交行
108	国泰金鼎价值混合	519021	2007.04.11	30.71	54.55	−5.06	38.64	65.12	−23.76	建行
109	华夏蓝筹混合(LOF)	160311	2007.04.24	83.39	112.84	7.10	81.48	118.08	−26.20	交行
110	华商领先企业混合	630001	2007.05.15	60.99	61.77	17.28	52.28	62.10	−33.40	民生银行
111	华泰柏瑞积极成长混合	460002	2007.05.29	22.49	27.09	12.01	21.93	29.59	−31.01	中行

（续上表）

序号	基金简称	基金代码	设立日期	2012年度			2011年度			托管人
				年末资产净值	年末份额规模	年度收益率	年末资产净值	年末份额规模	年度收益率	
112	大成创新成长混合	160910	2007.06.12	76.75	100.14	11.01	72.73	105.47	−30.09	农行
113	广发大盘成长混合	270007	2007.06.13	67.76	118.64	−3.95	72.52	121.96	−38.99	工行
114	益民创新优势混合	560003	2007.07.11	29.55	43.71	−10.62	34.60	45.75	−21.81	农行
115	金元惠理宝石动力混合	620001	2007.08.15	3.67	4.66	1.84	3.93	5.09	−25.02	工行
116	诺安灵活配置混合	320006	2008.05.20	46.06	47.72	7.10	35.97	39.95	−16.81	工行
117	上投摩根双核平衡混合	373020	2008.05.21	4.37	4.23	6.87	4.96	5.14	−21.85	工行
118	富国天成红利混合	100029	2008.05.28	15.73	13.71	7.72	9.30	8.43	−17.29	农行
119	长盛创新先锋混合	080002	2008.06.04	1.89	1.87	3.03	1.73	1.76	−11.62	中行
120	国投瑞银稳健增长混合	121006	2008.06.11	33.76	33.15	14.25	35.10	39.38	−12.73	工行
121	长信双利优选混合	519991	2008.06.19	1.22	1.40	10.79	1.26	1.60	−14.63	农行
122	泰信优势增长混合	290005	2008.06.25	0.68	0.82	−0.12	0.58	0.69	−21.03	工行
123	万家双引擎灵活配置混合	519183	2008.06.27	0.57	0.65	2.90	0.69	0.82	−16.71	兴业银行
124	汇添富蓝筹稳健混合	519066	2008.07.08	3.58	3.15	3.93	3.49	3.19	−20.00	工行
125	汇丰晋信2026周期混合	540004	2008.07.23	1.15	1.05	12.71	0.92	0.95	−26.20	建行
126	中欧新蓝筹混合	166002	2008.07.25	4.75	5.10	11.00	0.94	1.12	−13.95	建行
127	信达澳银精华配置混合	610002	2008.07.30	0.98	0.93	8.38	1.02	1.04	−17.73	建行
128	金元惠理成长动力混合	620002	2008.09.03	0.70	0.87	2.14	0.69	0.87	−25.68	农行
129	易方达科汇灵活配置混合	110012	2008.10.09	14.43	13.47	5.20	18.28	17.94	−25.84	交行
130	华夏策略混合	002031	2008.10.23	10.88	6.77	3.38	25.70	12.17	−14.25	中行
131	诺德灵活配置混合	571002	2008.11.05	0.74	0.66	−1.80	0.81	0.71	−14.84	建行
132	中海蓝筹混合	398031	2008.12.03	0.61	0.70	7.98	0.74	0.92	−22.43	农行
133	金鹰红利价值混合	210002	2008.12.04	1.06	1.28	−2.56	1.15	1.35	−28.88	交行
134	华富策略精选混合	410006	2008.12.24	0.60	0.77	3.91	0.66	0.88	−32.84	建行
135	交银优势行业混合	519697	2009.01.21	3.42	3.25	−2.41	18.48	17.23	−0.74	工行

（续上表）

序号	基金简称	基金代码	设立日期	2012年度			2011年度			托管人
				年末资产净值	年末份额规模	年度收益率	年末资产净值	年末份额规模	年度收益率	
136	宝盈核心优势混合	213006	2009.03.17	0.89	1.28	-0.01	0.75	1.07	-26.32	中行
137	兴全有机增长混合	340008	2009.03.25	16.12	14.85	1.38	18.00	16.81	-19.76	兴业银行
138	民生加银品牌蓝筹混合	690001	2009.03.27	3.18	3.53	2.74	3.14	3.59	-22.06	建行
139	中银优选混合	163807	2009.04.03	5.83	6.05	5.22	6.32	6.90	-16.12	工行
140	农银平衡双利混合	660003	2009.04.08	7.23	7.58	2.49	9.82	10.55	-22.46	交行
141	泰达宏利品质生活混合	162211	2009.04.09	2.75	2.72	0.80	5.96	5.92	-16.29	建行
142	银华和谐主题混合	180018	2009.04.27	10.99	10.87	7.44	11.93	12.68	-20.12	工行
143	东吴进取策略混合	580005	2009.05.06	6.23	7.46	-0.93	11.90	14.12	-30.45	农行
144	浦银安盛精致生活混合	519113	2009.06.04	0.93	1.06	8.80	0.91	1.13	-24.30	建行
145	长城景气行业龙头混合	200011	2009.06.30	2.27	2.39	5.54	2.32	2.57	-25.54	建行
146	新华泛资源优势混合	519091	2009.07.13	6.56	6.79	6.38	6.69	7.36	-9.46	工行
147	天治趋势精选混合	350007	2009.07.15	0.52	0.54	3.50	0.52	0.57	-17.64	建行
148	华富价值增长混合	410007	2009.07.15	1.87	2.57	4.07	1.98	2.83	-23.86	平安银行
149	博时策略混合	050012	2009.08.11	17.68	21.34	3.37	18.42	22.99	-24.31	建行
150	嘉实回报混合	070018	2009.08.18	17.23	20.04	-1.38	19.23	22.06	-23.24	中行
151	光大保德信动态优选混合	360011	2009.10.28	1.79	1.92	11.20	1.67	2.00	-19.72	建行
152	中邮核心优势灵活配置混合	590003	2009.10.28	14.17	17.67	-3.37	16.56	19.94	-23.86	农行
153	华商动态阿尔法混合	630005	2009.11.24	28.32	33.06	2.88	33.04	39.67	-31.10	建行
154	华安动态灵活配置混合	040015	2009.12.22	5.63	6.72	-3.79	12.15	13.96	-17.30	工行
155	中银蓝筹混合	163809	2010.02.11	16.56	17.83	12.06	15.47	18.67	-19.28	招行
156	广发内需增长混合	270022	2010.04.19	32.38	38.86	8.75	36.45	47.61	-23.71	建行
157	交银主题优选混合	519700	2010.06.30	10.21	11.03	14.46	8.30	10.26	-27.15	建行
158	中银价值混合	163810	2010.08.25	8.23	10.74	-0.39	13.77	17.91	-24.61	招行
159	银华成长先锋混合	180020	2010.10.08	15.59	19.97	-2.98	18.29	22.72	-21.31	工行

（续上表）

序号	基金简称	基金代码	设立日期	2012年度			2011年度			托管人
				年末资产净值	年末份额规模	年度收益率	年末资产净值	年末份额规模	年度收益率	
160	华商策略精选混合	630008	2010.11.09	54.80	77.90	−3.69	72.46	99.10	−26.01	民生银行
161	大摩消费领航混合	233008	2010.12.03	17.78	26.09	−11.18	23.16	30.19	−22.86	建行
162	中海环保新能源混合	398051	2010.12.09	3.99	4.87	7.48	4.66	6.12	−23.03	工行
163	南方优选成长混合	202023	2011.01.30	12.97	14.20	9.99	14.61	17.59	−16.90	建行
164	中邮中小盘灵活配置混合	590006	2011.05.10	6.01	7.44	−2.18	8.09	9.81	−17.50	农行
165	国富策略回报混合	450010	2011.08.02	4.56	5.45	−2.79	6.64	7.71	−13.9	农行
166	纽银新动向混合	673010	2011.08.18	0.68	0.77	−0.45	1.20	1.34	−10.60	建行
167	博时回报混合	050022	2011.11.08	1.00	0.92	7.78	2.81	2.80	0.30	建行
168	建信恒稳价值混合	530016	2011.11.22	0.95	0.90	4.79	8.70	8.68	0.20	光大银行
169	财通价值动量混合	720001	2011.12.01	2.15	2.12	7.71	10.58	10.59	—	工行
170	国投瑞银新兴产业混合(LOF)	161219	2011.12.13	0.47	0.41	12.30	6.50	6.50	0.00	建行
171	东方增长中小盘混合	400015	2011.12.28	0.58	0.56	4.52	3.36	3.36	0.03	邮储银行
172	招商优势企业混合	217021	2012.02.01	0.83	0.88	−5.90	—	—	—	中行
173	诺安新动力混合	320018	2012.03.05	2.66	2.70	−1.40	—	—	—	工行
174	浙商聚潮新思维混合	166801	2012.03.08	3.22	3.16	2.00	—	—	—	民生银行
175	富安达策略精选混合	710002	2012.04.25	1.65	1.69	−2.01	—	—	—	交行
176	平安大华策略先锋混合	700003	2012.05.29	0.80	0.79	1.10	—	—	—	中行
177	安信灵活配置混合	750001	2012.06.20	1.91	1.77	7.70	—	—	—	建行
178	民生红利回报混合	690009	2012.08.09	22.36	22.62	−1.20	—	—	—	建行
179	益民核心增长混合	560006	2012.08.16	1.73	1.72	0.80	—	—	—	光大银行
180	国金通用国鑫混合发起	762001	2012.08.28	1.13	1.10	2.43	—	—	—	光大银行
181	天弘安康养老混合	420009	2012.11.28	3.20	3.19	—	—	—	—	工行
182	安信平稳增长混合发起	750005	2012.12.18	2.07	2.06	—	—	—	—	工行
183	国泰金泰平衡混合	519020	2012.12.24	18.30	20.00	—	—	—	—	工行

表2-38 开放式(保本混合型)基金基本情况

（单位：亿元；亿份；%）

序号	基金简称	基金代码	设立日期	2012年度		2011年度		托管人	保本周期	担保机构
				年末资产净值	年度收益率	年末资产净值	年度收益率			
1	南方避险增值混合	202202	2003.06.27	116.70	3.22	95.84	−1.91	工行	3年	中投信用担保有限公司
2	银华保本增值混合	180002	2004.03.02	27.44	2.38	33.64	1.41	建行	3年	北京首创融资担保有限公司
3	国泰金鹿保本混合	020018	2008.06.12	8.66	4.69	16.51	−1.49	中行	2年	重庆市三峡担保集团有限公司
4	南方恒元保本混合	202211	2008.11.12	33.97	2.80	39.05	−7.97	工行	3年	中国投资担保有限公司
5	建信保本混合	530012	2011.01.18	18.96	5.06	25.71	−1.20	工行	3年	中国投资担保有限公司
6	汇添富保本混合	470018	2011.01.26	14.98	3.75	20.60	1.20	工行	3年	中国投资担保有限公司
7	广发聚祥保本混合	270024	2011.03.15	24.32	1.47	34.97	1.70	工行	3年	中国投资担保有限公司
8	东方保本混合	400013	2011.04.14	7.57	6.58	11.33	0.30	邮储银行	3年	中国邮政集团公司
9	国泰保本混合	020022	2011.04.19	17.85	5.95	22.68	−2.60	招行	3年	重庆市三峡担保集团有限公司
10	大成保本混合	090013	2011.04.20	7.99	1.96	12.05	2.20	工行	3年	中国投资担保有限公司
11	诺安保本混合	320015	2011.05.13	18.74	3.60	24.50	2.90	招行	3年	中国投资担保有限公司
12	金鹰保本混合	210006	2011.05.17	5.34	3.91	8.12	2.20	工行	3年	广州国际集团有限公司
13	长盛同鑫保本混合	080007	2011.05.24	12.36	2.89	21.40	2.30	中行	3年	安徽省信用担保集团有限公司
14	银河保本混合	519676	2011.05.31	6.23	4.43	8.80	1.50	建行	3年	中国银河金融控股有限责任公司
15	南方保本混合	202212	2011.06.21	39.58	4.12	46.68	2.10	农行	3年	中国投资担保有限公司
16	银华永祥保本混合	180028	2011.06.28	7.40	5.34	12.70	3.00	中行	3年	中国投资担保有限公司
17	兴全保本混合	163411	2011.08.03	8.72	3.87	12.97	−1.45	兴业银行	3年	重庆市三峡担保集团有限公司
18	金元惠理保本混合	620007	2011.08.16	0.95	3.66	1.90	1.60	农行	3年	中国投资担保有限公司
19	招商安达保本混合	217020	2011.09.01	4.64	6.47	8.14	5.10	农行	3年	中国投资担保有限公司
20	国投瑞银瑞源保本混合	121010	2011.12.20	2.85	3.20	4.65	0.10	民生银行	3年	中国投资担保有限公司
21	工银保本混合	487016	2011.12.27	18.11	3.79	34.42	0.30	光大银行	3年	中海信达担保有限公司
22	泰信保本混合	290012	2012.02.22	0.60	4.92	—	—	中信银行	3年	山东省鲁信投资控股集团有限公司

（续上表）

序号	基金简称	基金代码	设立日期	2012年度		2011年度		托管人	保本周期	担保机构
				年末资产净值	年度收益率	年末资产净值	年度收益率			
23	诺安汇鑫保本混合	320020	2012.05.28	33.30	1.30	—	—	中行	3年	中国投资担保有限公司
24	鹏华金刚保本混合	206013	2012.06.13	15.14	1.40	—	—	农行	3年	重庆市三峡担保集团有限公司
25	大成景恒保本混合	090019	2012.06.15	8.87	−0.30	—	—	中行	3年	中国投资担保有限公司
26	中海保本混合	393001	2012.06.20	4.10	2.20	—	—	工行	3年	中国投资担保有限公司
27	交银荣安保本混合	519710	2012.06.20	14.81	2.40	—	—	中信银行	3年	中国投资担保有限公司
28	长盛同鑫二号保本混合	080015	2012.07.10	12.02	1.30	—	—	中行	3年	安徽省信用担保集团有限公司
29	长城保本混合	200016	2012.08.02	17.70	1.20	—	—	建行	3年	中国投资担保有限公司
30	东吴保本混合	582003	2012.08.13	6.60	1.20	—	—	农行	3年	中国投资担保有限公司
31	招商安盈保本混合	217024	2012.08.20	44.41	1.00	—	—	工行	3年	中国投资担保有限公司
32	平安大华保本混合	700004	2012.09.11	9.81	2.20	—	—	建行	3年	中国投资担保有限公司
33	中银保本混合	163823	2012.09.19	39.24	1.40	—	—	招行	3年	中国投资担保有限公司
34	财通保本混合发起	720003	2012.12.20	3.47	—	—	—	工行	3年	中海信达担保有限公司
35	南方安心保本混合	202213	2012.12.21	24.18	—	—	—	招行	3年	重庆市三峡担保集团有限公司

表2-39 开放式(债券型)基金基本情况

（单位：亿元；亿份；%）

序号	基金简称	基金代码	设立日期	2012年度			2011年度			托管人
				年末资产净值	年末份额规模	年度收益率	年末资产净值	年末份额规模	年度收益率	
1	南方宝元债券	202101	2002.09.20	12.27	10.11	8.57	13.81	12.14	−3.82	工行
2	华夏债券	001001	2002.10.23	33.06	31.35	7.81/7.54	32.89	32.06	−1.98/−2.30	交行
3	国投瑞银融华债券	121001	2003.04.16	5.66	4.99	1.71	10.23	9.17	−8.62	光大银行
4	招商安泰债券	217003	2003.04.28	21.28	19.11	4.53/4.11	26.96	23.80	5.76/5.39	招行
5	大成债券	090002	2003.06.12	2.70	2.57	4.85/4.47	3.74	3.69	0.94/0.62	农行
6	嘉实债券	070005	2003.07.09	9.96	7.03	6.06	11.03	8.25	−0.44	中行
7	鹏华普天债券	160602	2003.07.12	11.13	10.11	5.61/5.21	3.27	2.85	2.75/2.31	交行
8	华宝兴业宝康债券	240003	2003.07.15	2.78	2.36	7.07	2.45	2.22	−5.06	建行
9	银河收益债券	151002	2003.08.04	31.82	28.55	6.93	2.44	1.63	−1.49	农行
10	融通债券	161603	2003.09.30	7.34	7.15	8.36/7.40	1.96	1.95	−4.10	工行
11	长盛全债指数增强债券	510080	2003.10.25	2.91	2.60	−0.43	3.80	3.39	−6.28	农行
12	富国天利增长债券	100018	2003.12.02	18.77	15.16	9.74	23.38	20.30	−3.45	工行
13	国泰金龙债券	020002	2003.12.05	38.72	36.40	9.33/9.38	8.64	8.87	−6.65/−7.05	浦发银行
14	万家增强收益债券	161902	2004.09.28	13.69	13.19	9.49	6.04	5.80	−0.47	农行
15	嘉实超短债债券	070009	2006.04.26	7.74	7.68	3.63	8.49	8.43	3.56	中行
16	招商安本增利债券	217008	2006.07.11	13.73	13.17	5.25	17.30	17.46	−3.53	光大银行
17	中信稳定双利债券	288102	2006.07.20	13.20	12.78	6.98	12.12	12.02	−0.77	建行
18	银河银信添利债券	519666	2007.03.14	8.39	8.18	7.29/6.87	2.35	2.41	−2.18/−2.55	中信银行
19	工银增强收益债券	485105	2007.05.11	39.20	36.73	7.82/7.39	38.54	37.37	−1.19/−1.59	建行
20	南方多利增强债券	202102	2007.08.28	18.88	17.75	11.39/11.06	7.95	7.83	−0.48/−0.78	工行
21	诺安优化收益债券	320004	2007.08.29	12.33	11.51	7.71	7.43	6.44	−0.57	华夏银行
22	博时稳定价值债券	050006	2007.09.06	6.98	6.76	7.99/7.59	6.86	7.17	−10.55/−10.88	建行

（续上表）

序号	基金简称	基金代码	设立日期	2012年度			2011年度			托管人
				年末资产净值	年末份额规模	年度收益率	年末资产净值	年末份额规模	年度收益率	
23	泰信双息双利债券	290003	2007.10.31	1.58	1.53	7.97	1.16	1.16	−6.55	工行
24	华泰柏瑞稳本增利债券	519519	2007.12.3	1.06	1.03	2.39/2.09	1.21	1.17	−0.31/−0.62	招行
25	国投瑞银稳定增利债券	121009	2008.01.11	13.37	12.14	7.85	20.66	20.13	−1.17	中行
26	易方达稳健收益债券	110007	2008.01.29	8.16	7.01	13.64/13.93	5.67	5.55	−4.19/−3.91	中行
27	汇添富增强收益债券	519078	2008.03.06	12.37	11.84	7.00/6.75	13.07	13.00	−1.33/−1.52	工行
28	华夏希望债券	001011	2008.03.10	24.92	23.60	7.55/7.23	27.74	26.79	−2.21/−2.51	工行
29	易方达增强回报债券	110017	2008.03.19	32.39	28.40	9.75/9.26	31.49	29.47	−0.86/−1.32	建行
30	广发增强债券	270009	2008.03.27	15.78	14.14	2.67	26.95	24.80	6.20	工行
31	交银增利债券	519680	2008.03.31	18.97	18.49	10.74/10.24	12.88	13.62	−5.74/−6.13	建行
32	中海稳健收益债券	395001	2008.04.10	2.61	2.48	5.82	2.89	2.88	−3.23	工行
33	工银添利债券	485107	2008.04.14	30.44	29.02	9.80/9.37	28.90	29.10	−4.47/−4.87	建行
34	天弘永利债券	420002	2008.04.18	10.33	10.27	7.39/7.89	1.21	1.23	−1.32/−0.91	兴业银行
35	华安稳定收益债券	040009	2008.04.30	7.34	7.02	6.53/6.08	7.32	7.05	−1.29/−1.58	建行
36	宝盈增强收益债券	213007	2008.05.15	8.26	7.77	6.05/5.70	9.68	9.65	−5.34/−5.71	建行
37	益民多利债券	560005	2008.05.21	0.58	0.58	1.76	0.77	0.77	−0.26	招行
38	鹏华丰收债券	160612	2008.05.28	25.66	24.86	6.11	4.52	4.24	4.36	建行
39	华富收益增强债券	410004	2008.05.28	11.78	10.24	7.45/7.01	18.38	17.14	−9.51/−9.87	建行
40	建信稳定增利债券	530008	2008.06.25	22.43	19.51	5.83	33.87	29.60	0.82	工行
41	大成强化收益债券	090008	2008.08.06	0.56	0.58	0.36	1.14	1.19	−7.35	建行
42	长城稳健增利债券	200009	2008.08.27	1.25	1.12	7.13	0.71	0.68	−4.28	建行
43	嘉实多元债券	070015	2008.09.10	7.85	3.68	2.41/2.16	12.90	12.04	−1.36/−1.74	工行
44	泰达宏利集利债券	162210	2008.09.26	27.54	26.03	7.71/7.24	0.64	0.65	−4.47/−4.98	中行

（续上表）

序号	基金简称	基金代码	设立日期	2012年度			2011年度			托管人
				年末资产净值	年末份额规模	年度收益率	年末资产净值	年末份额规模	年度收益率	
45	信诚三得益债券	550004	2008.09.27	7.50	7.54	3.73/3.34	0.65	0.68	−6.49/−6.90	建行
46	长盛积极配置债券	080003	2008.10.08	6.08	5.74	−0.52	9.73	9.10	−3.30	建行
47	招商安心收益债券	217011	2008.10.22	3.55	3.29	8.01	3.22	3.00	−2.77	工行
48	富国天丰强化债券	161010	2008.10.24	26.95	25.80	7.86	13.52	13.73	−0.32	建行
49	海富通稳健添利债券	519023	2008.10.24	6.73	6.23	8.96/8.70	2.83	2.86	−5.83/−6.21	工行
50	国富强化收益债券	450005	2008.10.24	1.30	1.19	8.59/8.33	1.69	1.68	−0.56/−0.83	中行
51	光大保德信增利收益债券	360008	2008.10.29	1.91	1.86	7.62/7.21	2.35	2.35	3.57/2.87	建行
52	天治稳健双盈债券	350006	2008.11.05	2.88	2.63	16.18	0.57	0.60	−10.07	农行
53	东吴优信稳健债券	582001	2008.11.05	7.67	7.46	7.81/7.45	0.74	0.78	−8.93/−9.19	建行
54	中银增利债券	163806	2008.11.13	46.19	42.22	7.37	23.29	21.85	3.52	工行
55	银华增强收益债券	180015	2008.12.03	3.71	3.38	4.08	5.09	4.83	0.17	建行
56	汇丰晋信平稳增利债券	540005	2008.12.03	0.57	0.55	6.15/5.83	0.64	0.65	−0.62/1.85	交行
57	申万菱信添益宝债券	310378	2008.12.04	3.17	2.94	7.56/7.20	1.73	1.72	−6.45/−6.77	工行
58	东方稳健回报债券	400009	2008.12.10	1.70	1.60	2.80	3.42	3.30	0.48	建行
59	农银恒久增利债券	660002	2008.12.23	1.88	1.73	8.15/7.82	2.33	2.31	−7.16/−7.45	交行
60	长信利丰债券	519989	2008.12.29	0.94	0.87	12.77	1.66	1.74	−6.92	农行
61	浦银安盛优化收益债券	519111	2008.12.30	0.73	0.66	9.42/9.01	0.53	0.52	−2.12/−2.51	工行
62	华商收益增强债券	630003	2009.01.23	6.65	6.30	8.73/8.23	8.75	8.99	−7.75/−8.19	建行
63	华宝兴业增强收益债券	240012	2009.02.17	0.63	0.59	7.73/7.32	0.85	0.86	−4.71/−5.09	工行
64	诺德增强收益债券	573003	2009.03.04	1.39	1.39	3.84	0.62	0.64	−8.37	建行
65	国泰双利债券	020019	2009.03.11	14.57	14.07	7.73/7.43	15.51	15.52	−4.79/−5.18	建行
66	国联安增利债券	253020	2009.03.11	11.35	10.55	9.81/9.52	7.29	7.29	−2.33/−2.79	工行

（续上表）

序号	基金简称	基金代码	设立日期	2012年度			2011年度			托管人
				年末资产净值	年末份额规模	年度收益率	年末资产净值	年末份额规模	年度收益率	
67	信诚经典优债债券	550006	2009.03.11	16.91	16.39	8.67/8.13	3.01	3.08	−3.76/−4.18	建行
68	金元惠理丰利债券	620003	2009.03.23	0.73	0.78	3.55	0.94	1.04	−11.57	农行
69	信达澳银稳定价值债券	610003	2009.04.08	1.20	1.05	9.39/8.93	0.65	0.62	−3.74/−4.14	建行
70	华安强化收益债券	040012	2009.04.13	2.32	2.20	8.03/7.61	3.32	3.33	−2.15/−2.65	工行
71	中欧稳健收益债券	166003	2009.04.24	1.66	1.55	6.90/6.46	3.21	3.18	−1.42/−1.88	建行
72	诺安增利债券	320008	2009.05.27	0.80	0.74	3.74/3.20	0.91	0.87	−1.79/−2.37	工行
73	建信增强债券	530009	2009.06.02	15.00	14.58	5.69/5.48	8.61	7.96	−4.14/−4.53	农行
74	博时信用债券	050011	2009.06.10	8.08	7.60	10.43/10.01	8.71	9.05	−6.38/−6.62	工行
75	富国优化增强债券	100035	2009.06.10	5.80	5.70	5.45/4.99	6.78	7.01	−10.07/−10.43	建行
76	上投摩根纯债债券	371020	2009.06.24	0.88	0.83	2.81/2.35	1.56	1.52	−0.29/−0.68	工行
77	民生加银增强收益债券	690002	2009.07.21	2.41	2.04	13.74/13.20	2.75	2.64	−5.07/−5.46	建行
78	兴全磐稳增利债券	340009	2009.07.23	1.38	1.36	4.71	1.66	1.72	−3.72	交行
79	泰信债券增强收益	290007	2009.07.29	1.20	1.19	9.52/9.13	2.01	2.07	−3.44/−3.82	中行
80	万家稳健增利债券	519186	2009.08.12	13.31	12.44	8.34/7.91	2.11	2.06	−1.56/−1.88	中行
81	大摩强收益债券	233005	2009.12.29	1.66	1.44	9.05	3.53	3.34	−1.07	中行
82	鹏华信用增利债券	206003	2010.05.31	22.80	20.69	9.21/9.07	3.69	3.66	0.60/0.20	交行
83	国联安信心增益债券	253030	2010.06.22	16.41	16.16	9.20	9.04	9.43	−4.95	中信银行
84	长信中短债债券	519985	2010.06.28	3.23	2.99	7.37	1.30	1.29	−0.06	邮储银行
85	博时宏观回报债券	050016	2010.07.27	2.02	1.89	5.10/4.62	5.97	5.84	3.22/2.82	中行
86	华商稳健双利债券	630007	2010.08.09	4.89	4.71	12.27/11.92	6.47	6.99	−10.24/−10.65	建行
87	工银双利债券	485111	2010.08.16	23.23	20.82	8.52/7.98	18.30	17.78	2.58/2.09	交行
88	嘉实稳固收益债券	070020	2010.09.01	7.85	7.52	3.78	16.17	16.08	1.82	工行

（续上表）

序号	基金简称	基金代码	设立日期	2012年度			2011年度			托管人
				年末资产净值	年末份额规模	年度收益率	年末资产净值	年末份额规模	年度收益率	
89	国投瑞银优化增强债券	121012	2010.09.08	5.61	5.51	6.58/6.19	9.17	9.59	−4.87/−5.27	建行
90	南方广利回报债券	202105	2010.11.03	13.03	12.30	13.19/12.71	13.99	14.91	−6.09/−6.40	工行
91	海富通稳固收益债券	519030	2010.11.23	3.43	3.25	8.41	6.27	6.43	−2.99	工行
92	博时转债增强债券	050019	2010.11.24	20.09	21.12	6.95/6.64	24.06	27.03	−10.26/−10.66	光大银行
93	中银双利债券	163811	2010.11.24	25.42	22.54	10.65/10.31	20.86	20.43	1.89/1.50	招行
94	中欧增强回报债券(LOF)	166008	2010.12.02	4.54	4.43	4.12	16.50	16.77	−0.57	广发银行
95	银华信用双利债券	180025	2010.12.03	5.25	5.04	6.31/5.83	11.36	11.58	−1.70/−2.10	建行
96	富国可转债	100051	2010.12.08	22.91	25.52	1.70	26.63	30.15	−11.43	农行
97	华安稳固收益债券	040019	2010.12.21	12.46	12.10	7.26	11.14	10.66	4.40	工行
98	泰信债券周期回报	290009	2011.02.09	2.28	2.18	11.91	7.04	6.99	0.70	中信银行
99	申万菱信稳益宝债券	310508	2011.02.11	0.91	0.84	6.62	2.11	2.08	1.20	华夏银行
100	华商稳定增利债券	630009	2011.03.15	5.55	5.43	6.11/5.72	14.68	15.22	−3.40/−3.80	建行
101	招商安瑞进取债券	217018	2011.03.17	8.09	8.41	4.45	12.98	14.09	−7.90	农行
102	嘉实多利分级债券	160718	2011.03.23	8.15	8.37	1.29	13.99	13.97	0.17	招行
103	中海增强收益债券	395011	2011.03.23	2.09	2.02	5.92/5.64	2.17	2.22	−2.10/−2.50	工行
104	景顺长城稳定收益债券	261001	2011.03.25	1.36	1.32	6.47/6.19	4.29	4.42	−2.70/−3.00	中行
105	长城积极增利债券	200013	2011.04.12	3.81	3.54	12.50/11.91	5.36	5.60	−4.00/−4.30	建行
106	鹏华丰盛债券	206008	2011.04.25	11.82	10.85	8.89	10.60	10.59	0.10	工行
107	华宝兴业可转债债券	240018	2011.04.27	6.79	7.14	5.72	9.31	10.35	−10.10	招行
108	光大保德信信用添益债券	360013	2011.05.16	5.09	4.89	6.32/6.04	5.74	5.47	6.22/6.02	民生银行
109	南方中证50债券指数(LOF)	160123	2011.05.17	3.33	3.13	2.75/2.35	11.87	11.34	5.86/5.59	工行
110	华夏亚债中国指数	001021	2011.05.25	25.45	23.84	2.20/1.73	30.50	29.18	4.50/4.30	交行

（续上表）

序号	基金简称	基金代码	设立日期	2012年度			2011年度			托管人
				年末资产净值	年末份额规模	年度收益率	年末资产净值	年末份额规模	年度收益率	
111	中欧鼎利分级债券	166010	2011.06.16	2.04	1.95	4.93	8.70	8.75	−0.60	中信银行
112	汇添富可转换债券	470058	2011.06.17	2.92	2.95	0.91/0.51	6.23	6.33	−1.60/−1.80	工行
113	易方达安心回报债券	110027	2011.06.21	4.75	4.32	9.43/8.95	8.66	8.60	0.70/0.60	工行
114	华安可转债债券	040022	2011.06.22	6.96	6.73	7.92/7.62	7.62	7.95	−4.00/−4.20	招行
115	中银转债增强债券	163816	2011.06.29	2.50	2.30	9.42/9.04	4.73	4.75	−0.20/−0.40	招行
116	农银增强收益债券	660009	2011.07.01	1.49	1.39	6.69/6.32	3.20	3.09	3.49/3.30	渤海银行
117	东吴增利债券	582002	2011.07.27	1.20	1.18	4.65/4.25	4.28	4.22	1.50/1.30	中信银行
118	嘉实信用债券	070025	2011.08.08	15.94	15.68	5.20/4.80	19.13	18.79	3.31/3.11	中行
119	上投摩根强化回报债券	372010	2011.08.10	1.24	1.21	6.11/5.62	3.22	3.20	0.60/0.40	建行
120	工银添颐债券	485114	2011.08.10	12.39	10.38	14.69/13.98	13.86	13.27	4.80/4.40	民生银行
121	交银双利债券	519683	2011.09.26	4.11	3.90	9.37/8.66	2.95	2.93	0.80/0.70	建行
122	大成可转债增强债券	090017	2011.11.30	1.49	1.45	2.99	9.88	9.86	0.20	工行
123	易方达双债增强债券	110035	2011.12.01	2.86	2.66	7.28/6.69	16.08	16.04	0.30/0.20	建行
124	富国产业债券	100058	2011.12.05	45.23	42.78	9.68	10.79	10.78	0.10	工行
125	长盛同禧信用增利债券	080009	2011.12.06	1.21	1.29	5.89/6.59	37.08	37.01	0.20	中行
126	华安信用四季红债券	040026	2011.12.08	36.37	34.57	8.23	9.58	9.56	0.20	工行
127	申万菱信可转债债券	310518	2011.12.09	0.93	0.89	4.19	6.51	6.50	0.20	工行
128	建信双息红利债券	530017	2011.12.13	1.79	1.70	5.19	19.54	19.52	0.10	中信银行
129	汇添富信用债债券	470088	2011.12.20	3.05	2.88	5.80/5.40	7.19	7.20	—	农行
130	银华永泰积极债券	180029	2011.12.28	0.86	0.86	0.60/−0.20	11.94	11.94	—	浦发银行
131	天治稳定收益债券	350009	2011.12.28	1.72	1.71	7.73	2.21	2.21	0.10	中信银行
132	国泰信用互利分级债券	160217	2011.12.29	10.38	9.67	7.30	5.40	5.40	—	建行

（续上表）

序号	基金简称	基金代码	设立日期	2012年度			2011年度			托管人
				年末资产净值	年末份额规模	年度收益率	年末资产净值	年末份额规模	年度收益率	
133	国联安定期开放债券	253060	2012.02.22	2.62	2.46	8.14/7.84	—	—	—	中信银行
134	博时天颐债券	050023	2012.02.29	5.71	5.51	4.42/4.01	—	—	—	工行
135	广发聚财信用债券	270029	2012.03.13	12.39	12.02	4.21/3.81	—	—	—	工行
136	景顺长城优信增利债券	261002	2012.03.15	1.70	1.64	4.00/3.60	—	—	—	中行
137	招商产业债券	217022	2012.03.21	30.62	29.98	6.46	—	—	—	中信银行
138	长信可转债债券	519977	2012.03.30	0.92	0.87	5.32/4.96	—	—	—	平安银行
139	民生加银信用双利债券	690006	2012.04.25	7.37	7.16	3.30/2.90	—	—	—	中行
140	易方达纯债债券	110037	2012.05.03	45.22	43.85	3.30/3.00	—	—	—	招商银行
141	建信转债增强债券	530020	2012.05.29	9.07	8.58	5.80/5.60	—	—	—	民生银行
142	华宝短融50	240021	2012.06.12	1.79	1.76	1.50	—	—	—	中行
143	上投摩根分红添利债券	370021	2012.06.25	7.39	7.25	2.00/1.70	—	—	—	中行
144	纽银稳健双利债券	675011	2012.06.26	10.71	10.65	0.70/0.50	—	—	—	建行
145	财通多策略稳健增长债券	720002	2012.07.13	19.76	19.66	1.30	—	—	—	工行
146	广发理财年年红债券	270043	2012.07.19	5.53	5.43	1.80	—	—	—	工行
147	南方润元纯债债券	202108	2012.07.20	41.25	40.67	1.50/1.40	—	—	—	建行
148	招商信用增强债券	217023	2012.07.20	33.30	32.91	2.70	—	—	—	中行
149	富安达增强收益债券	710301	2012.07.25	2.41	2.38	1.40/1.21	—	—	—	交行
150	国泰信用债券	020027	2012.07.31	21.13	20.78	1.70/1.60	—	—	—	工行
151	银华纯债信用债券(LOF)	161820	2012.08.09	31.04	30.44	2.00	—	—	—	工行
152	天弘债券发起式	420008	2012.08.10	13.32	13.11	1.70/1.50	—	—	—	工行
153	大摩多元收益债券	233012	2012.08.28	13.17	12.96	1.70/1.50	—	—	—	建行
154	鹏华纯债债券	206015	2012.09.03	19.16	18.91	1.30	—	—	—	建行

（续上表）

序号	基金简称	基金代码	设立日期	2012年度			2011年度			托管人
				年末资产净值	年末份额规模	年度收益率	年末资产净值	年末份额规模	年度收益率	
155	华安安心收益债券	040036	2012.09.07	6.53	6.41	1.80/2.00	—	—	—	邮储银行
156	博时信用债纯债债券	050027	2012.09.07	12.50	12.33	1.40	—	—	—	工行
157	华夏安康债券	001031	2012.09.11	23.24	22.89	1.60/1.50	—	—	—	中行
158	国富恒久信用债券	450018	2012.09.11	5.09	5.00	1.70/1.60	—	—	—	农行
159	汇添富多元收益债券	470010	2012.09.18	5.33	5.17	3.30/3.10	—	—	—	中行
160	浦银安盛幸福回报债券	519118	2012.09.18	20.45	20.15	1.50/1.40	—	—	—	交行
161	浙商聚盈信用债债券	686868	2012.09.18	1.38	1.37	1.10/0.90	—	—	—	交行
162	广发双债添利债券	270044	2012.09.20	10.56	10.43	1.40/1.20	—	—	—	中行
163	万家信用恒利债券	519188	2012.09.21	10.94	10.84	0.99/0.88	—	—	—	建行
164	嘉实增强收益定期债券	070033	2012.09.24	34.13	33.87	0.80	—	—	—	招行
165	安信目标收益债券	750002	2012.09.25	3.90	3.86	1.00/0.90	—	—	—	农行
166	东方强化收益债券	400016	2012.10.09	3.46	3.43	0.75	—	—	—	邮储银行
167	融通岁岁添利定期开放债券	161618	2012.11.06	31.30	31.22	—	—	—	—	工行
168	易方达中债新综指发起式(LOF)	161119	2012.11.08	13.92	13.85	—	—	—	—	农行
169	工银信用纯债债券	485119	2012.11.14	39.14	39.00	—	—	—	—	农行
170	建信纯债债券	530021	2012.11.15	169.36	168.69	—	—	—	—	光大银行
171	中邮稳定收益债券	590009	2012.11.21	32.15	32.02	—	—	—	—	交行
172	富国纯债债券发起	100066	2012.11.22	18.66	18.61	—	—	—	—	工行
173	平安大华添利债券	700005	2012.11.27	23.68	23.56	—	—	—	—	中行
174	银河领先债券	519669	2012.11.29	6.62	6.60	—	—	—	—	兴业银行
175	金鹰元泰信用债债券	210010	2012.11.29	17.88	17.84	—	—	—	—	交行
176	诺安双利债券发起	320021	2012.11.29	13.98	13.96	—	—	—	—	招行

（续上表）

序号	基金简称	基金代码	设立日期	2012年度			2011年度			托管人
				年末资产净值	年末份额规模	年度收益率	年末资产净值	年末份额规模	年度收益率	
177	华泰柏瑞稳健收益债券	460008	2012.12.4	13.10	13.07	—	—	—	—	中行
178	博时安心收益定期开放债券	050028	2012.12.6	23.25	23.23	—	—	—	—	建行
179	嘉实纯债债券	070037	2012.12.11	13.86	13.84	—	—	—	—	建行
180	国投瑞银纯债债券	121013	2012.12.11	25.89	25.81	—	—	—	—	中行
181	广发纯债债券	270048	2012.12.12	28.18	28.15	—	—	—	—	工行
182	中银纯债债券	380005	2012.12.12	51.19	51.08	—	—	—	—	招行
183	信诚添金分级债券	555001	2012.12.12	30.90	30.93	—	—	—	—	中行
184	国联安中债信用债指数增强	253070	2012.12.12	4.73	4.72	—	—	—	—	浦发银行
185	银华中证中票50指数债券(LOF)	161821	2012.12.13	33.94	33.89	—	—	—	—	中行
186	富国强收益定期开放债券	100070	2012.12.18	8.75	8.75	—	—	—	—	建行
187	交银纯债债券发起	519718	2012.12.19	21.20	21.17	—	—	—	—	农行
188	新华纯债添利债券发起	519152	2012.12.21	46.00	45.94	—	—	—	—	工行
189	华安信用增强债券	040045	2012.12.24	9.12	9.11	—	—	—	—	中行
190	纽银稳定增利债券	675021	2012.12.25	5.23	5.23	—	—	—	—	建行
191	国泰民安增利债券基金	020033	2012.12.26	18.22	18.20	—	—	—	—	农行

表2-40 开放式(短期理财债券型)基金基本情况

（单位：亿元；亿份；%）

序号	基金简称	基金代码	设立日期	2012年度			托管人
				年末资产净值	年末份额规模	年度收益率	
1	华安月月短期理财债券	040028	2012.05.09	75.53	75.53	2.3912/2.5520	建行
2	汇添富理财30天债券	470030	2012.05.09	67.11	67.11	2.30/2.49	工行
3	华安季季短期理财债券	040030	2012.05.23	2.79	2.79	2.1204/2.2863	工行
4	汇添富理财60天债券	470060	2012.06.12	10.76	10.76	1.77/1.94	建行
5	华安双月短期理财债券	040033	2012.06.14	3.12	3.12	1.8868/2.0226	中行
6	光大保德信添天利理财债券	360017	2012.06.19	1.10	1.10	1.7205/1.8520	光大银行
7	汇添富理财14天债券	470014	2012.07.10	4.25	4.25	1.33/1.47	农行
8	南方理财14天债券	202303	2012.08.14	11.77	11.77	1.1950/1.3070	工行
9	工银7天理财债券	485118	2012.08.22	271.07	271.07	1.2877/1.3932	建行
10	建信双周理财债券	530014	2012.08.28	95.48	95.48	1.22/1.32	工行
11	嘉实理财宝7天债券	070035	2012.08.29	17.65	17.65	0.9608/1.0619	农行
12	光大保德信添盛双月理财债券	360021	2012.09.05	1.15	1.15	1.0264/1.1026	交行
13	大成月添利理财债券	090021	2012.09.20	28.26	28.26	1.0351/1.1175	农行
14	中银理财14天债券	380001	2012.09.24	183.79	183.79	0.9527/1.0317	工行
15	国泰6个月短期理财债券	020029	2012.09.25	17.40	17.40	0.9119/0.9892	建行
16	汇添富理财28天债券	471028	2012.10.18	3.02	3.02	0.67/0.73	交行
17	南方理财60天债券	202305	2012.10.19	8.14	8.14	0.6686/0.7309	工行
18	富国7天理财宝债券	100007	2012.10.19	10.57	10.57	0.6027/0.6631	农行
19	华夏理财30天债券	001057	2012.10.24	8.05	8.05	0.7496/0.7953	建行
20	光大保德信添天盈季度理财债券	360019	2012.10.25	20.67	20.67	0.6917/0.7359	建行
21	长盛添利30天理财债券	080016	2012.10.26	11.33	11.33	0.6777/0.7282	中行
22	中银理财60天债券发起	380003	2012.10.26	34.36	34.36	0.6968/0.7512	工行

（续上表）

序号	基金简称	基金代码	设立日期	2012年度			托管人
				年末资产净值	年末份额规模	年度收益率	
23	工银14天理财债券发起	485120	2012.10.26	72.75	72.75	0.7053/0.7583	招行
24	交银理财21天债券	519716	2012.11.05	12.74	12.74	—	农行
25	易方达月月利理财债券	110050	2012.11.26	9.38	9.38	—	农行
26	信诚理财7日盈债券	550012	2012.11.27	2.83	2.83	—	中行
27	长盛添利60天理财发起式	080018	2012.11.29	23.29	23.29	—	中行
28	大成理财21天债券发起式	090023	2012.11.29	13.35	13.35	—	中行
29	招商理财7天债券	217025	2012.12.07	26.80	26.80	—	工行
30	鹏华理财21天债券	206016	2012.12.19	20.90	20.90	—	农行
31	建信月盈安心理财债券	530028	2012.12.20	173.38	173.38	—	民生银行
32	中银理财7天债券	380007	2012.12.24	80.58	80.58	—	招行
33	华安7日短期理财债券	040042	2012.12.26	29.65	29.65	—	建行

表2-41 开放式(货币型)基金基本情况

（单位：亿元；亿份；%）

序号	基金简称	基金代码	设立日期	2012年度		2011年度		托管人
				年末资产净值	年度收益率	年末资产净值	年度收益率	
1	景顺长城货币	260102	2003.10.24	9.77	3.3451/3.5922	4.03	2.2634/2.5092	中行
2	华安现金富利货币	040003	2003.12.30	179.08	4.0124/4.2617	183.92	3.5206/3.7680	工行
3	招商现金增值货币	217004	2004.01.14	168.13	4.1113/4.3618	114.57	3.7607/4.0092	招行
4	博时现金收益货币	050003	2004.01.16	468.87	4.4004	224.93	3.9174	交行
5	泰信天天收益货币	290001	2004.02.10	5.33	3.9848	5.77	3.4587	中行
6	南方现金增利货币	202301	2004.03.05	489.30	4.3095/4.5588	243.62	4.0274/4.2760	工行
7	长信利息收益货币	519999	2004.03.19	100.61	4.39/4.64	57.21	3.94/4.19	农行
8	华夏现金增利货币	003003	2004.04.07	434.59	4.2833	91.38	3.7735	建行
9	诺安货币	320002	2004.12.06	23.00	3.7967/3.3479	29.70	3.75	工行
10	银河银富货币	150005	2004.12.20	48.90	4.0644/4.3137	25.78	3.8454/4.0946	交行
11	海富通货币	519505	2005.01.04	91.86	4.0713/4.3199	29.71	3.9368/4.1859	中行
12	银华货币	180008	2005.01.31	86.12	3.7697/4.0186	32.04	2.8914/3.1391	交行
13	易方达货币	110006	2005.02.02	681.28	4.2129/4.4618	203.27	3.9230/4.1708	中行
14	嘉实货币	070008	2005.03.18	249.73	4.1654/0.1456	201.23	3.8274	中行
15	华宝兴业现金宝货币	240006	2005.03.31	30.32	4.0945/4.3444	46.72	3.8032/4.0521	建行
16	鹏华货币	160606	2005.04.12	73.92	4.0791/4.3284	51.43	3.4432/3.6910	农行
17	上投摩根货币	370010	2005.04.13	219.91	2.7042/2.9506	142.35	2.5841/2.8303	建行
18	华夏货币	288101	2005.04.20	32.46	4.1745/0.2419	9.73	3.87	招行
19	广发货币	270004	2005.05.20	275.92	4.2452/4.4946	194.01	4.1593/4.4071	工行
20	长城货币	200003	2005.05.30	18.80	4.1070/2.8911	7.08	3.8924	华夏银行
21	大成货币	090005	2005.06.03	236.60	3.7661/4.0149	89.45	3.5069/3.7550	光大银行
22	中银货币	163802	2005.06.07	302.51	4.19/3.04	154.28	3.9242	工行

（续上表）

序号	基金简称	基金代码	设立日期	2012年度		2011年度		托管人
				年末资产净值	年度收益率	年末资产净值	年度收益率	
23	光大保德信货币	360003	2005.06.09	4.03	3.8081	7.34	3.4276	招行
24	国泰货币	020007	2005.06.21	78.55	3.5940	47.81	3.0368	农行
25	泰达宏利货币	162206	2005.11.10	3.12	4.1688	0.88	2.959	农行
26	长盛货币	080011	2005.12.12	41.43	3.9768	45.74	3.0091	兴业银行
27	融通易支付货币	161608	2006.01.19	62.63	4.2803/2.7671	19.57	3.6992	民生银行
28	交银货币	519588	2006.01.20	104.49	3.74/3.99	83.87	3.26/3.50	农行
29	工银货币	482002	2006.03.20	179.86	4.0542	213.63	3.3022	建行
30	汇添富货币	519518	2006.03.23	52.78	4.11/4.36	40.52	3.77/4.02	浦发银行
31	建信货币	530002	2006.04.25	132.70	4.23	83.51	3.49	工行
32	兴全货币	340005	2006.04.27	7.32	3.8546	9.72	3.4628	兴业银行
33	万家货币	519508	2006.05.24	91.99	4.4508	60.90	4.0979	华夏银行
34	富国天时货币	100025	2006.06.05	56.97	4.0147/4.2638	54.25	3.7014/3.9488	农行
35	华富货币	410002	2006.06.21	18.03	4.2969	10.91	4.0049	建行
36	天治天得利货币	350004	2006.07.05	5.64	4.2650	0.79	3.6367	民生银行
37	申万菱信收益宝货币	310338	2006.07.07	3.77	3.18	1.36	2.9347	工行
38	益民货币	560001	2006.07.17	0.68	2.6203	0.79	1.9076	农行
39	东方金账簿货币	400005	2006.08.02	9.78	4.2939	4.00	3.9558	民生银行
40	大摩货币	163303	2006.08.17	25.81	4.2140	4.26	3.1563	交行
41	国投瑞银货币	121011	2009.01.19	36.53	4.0836/4.3340	54.43	3.3914/3.6396	工行
42	华泰柏瑞货币	460006	2009.05.06	22.17	3.1068/3.3471	2.10	2.3200/2.5603	中行
43	宝盈货币	213009	2009.08.05	40.69	3.9303/4.1790	2.60	3.1654/3.4143	建行
44	东吴货币	583001	2010.05.11	3.46	3.2164/3.4644	4.74	3.2401/3.4882	农行

（续上表）

序号	基金简称	基金代码	设立日期	2012年度		2011年度		托管人
				年末资产净值	年度收益率	年末资产净值	年度收益率	
45	中海货币	392001	2010.07.28	35.35	3.8537/4.1035	12.80	3.8521/4.1012	工行
46	农银货币	660007	2010.11.23	42.17	4.1133/4.3626	9.31	3.9048/4.1548	工行
47	国联安货币	253050	2011.01.26	4.11	3.77/4.02	1.18	2.6078/2.8397	浦发银行
48	浦银安盛货币	519509	2011.03.09	11.45	3.62/3.87	4.30	2.89/3.09	中信银行
49	信诚货币	550010	2011.03.23	22.47	4.3423/4.5927	6.30	2.9065/3.0999	建行
50	汇丰晋信货币	540011	2011.11.02	5.19	2.3283/2.5754	1.39	0.3593/0.3995	交行
51	嘉实安心货币	070028	2011.12.28	23.94	2.6707/2.9182	17.72	0.0232/0.0252	中行
52	天弘现金管家货币	420006	2012.06.20	7.16	1.6653/1.7951	—	—	邮储银行
53	大成现金增利货币	090022	2012.11.20	78.41	—	—	—	农行
54	华安日日鑫货币	040038	2012.11.26	2.94	—	—	—	建行
55	金鹰货币	210012	2012.12.07	29.31	—	—	—	建行
56	国泰现金管理货币	020031	2012.12.11	22.61	—	—	—	中行
57	华商现金增利货币	630012	2012.12.11	5.13	—	—	—	建行
58	中欧货币	166014	2012.12.12	14.10	—	—	—	工行
59	民生加银现金增利货币	690010	2012.12.18	144.72	—	—	—	建行
60	汇添富收益快线货币	519888	2012.12.21	37.34	—	—	—	工行
61	方正富邦货币	730003	2012.12.26	8.54	—	—	—	建行
62	华宝现金添益ETF	511990	2012.12.27	18.03	—	—	—	建行

表2-42 ETF基金基本情况

（单位：亿元；亿份；%）

序号	基金简称	基金代码	设立日期	2012年度			2011年度			托管人
				年末资产净值	年末份额规模	年度收益率	年末资产净值	年末份额规模	年度收益率	
1	华夏上证50ETF	510050	2004.12.30	193.59	104.39	17.00	209.32	128.26	−17.24	工行
2	易方达深证100ETF	159901	2006.03.24	194.80	335.62	2.27	174.62	307.73	−30.54	中行
3	华安上证180ETF	510180	2006.04.13	89.11	160.55	12.40	90.01	178.70	−22.58	建行
4	华夏中小板ETF	159902	2006.06.08	42.90	21.57	−1.24	42.26	20.99	−36.71	建行
5	华泰柏瑞上证红利ETF	510880	2006.11.17	16.56	8.67	9.63	18.25	10.24	−16.83	招行
6	工银上证央企ETF	510060	2009.08.26	6.72	5.75	10.21	7.24	6.83	−19.79	招行
7	交银上证180公司治理ETF	510010	2009.09.25	31.38	45.84	14.17	28.92	48.23	−19.79	农行
8	南方深证成份ETF	159903	2009.12.04	34.78	37.35	2.77	27.74	30.61	−28.26	工行
9	博时上证超大盘ETF	510020	2009.12.29	11.08	5.69	17.28	12.55	75.64	−18.28	建行
10	易方达上证中盘ETF	510130	2010.03.29	11.98	5.31	3.95	9.63	4.43	−31.27	工行
11	华宝兴业上证180价值ETF	510030	2010.04.23	10.65	4.21	16.46	11.39	5.24	−14.84	工行
12	建信上证社会责任ETF	510090	2010.05.28	4.02	4.55	15.10	3.53	4.60	−18.30	工行
13	民企ETF	510070	2010.08.05	3.21	3.28	6.07	3.36	3.65	−27.57	工行
14	南方小康ETF	510160	2010.08.27	2.87	8.36	5.05	3.03	9.28	−22.65	工行
15	海富通上证周期ETF	510110	2010.09.19	2.97	1.27	17.85	3.77	1.90	−16.96	工行
16	工银深证红利ETF	159905	2010.11.05	9.08	12.49	5.20	9.39	13.58	−31.14	农行
17	华安上证龙头ETF	510190	2010.11.18	7.07	3.04	15.36	7.74	3.84	−20.92	工行
18	国联安上证商品ETF	510170	2010.11.26	11.15	5.03	4.97	9.02	4.27	−34.68	中行
19	招商上证消费80ETF	510150	2010.12.08	12.83	5.36	6.68	13.02	5.80	−25.27	工行
20	大成深证成长40ETF	159906	2010.12.21	14.32	19.62	0.83	15.22	21.02	−27.96	农行
21	华泰柏瑞上证中小盘ETF	510220	2011.01.26	0.88	0.36	0.29	1.17	0.48	−33.80	中行
22	富国上证综指ETF	510210	2011.01.30	3.60	1.53	6.03	4.06	1.83	−23.92	工行
23	国泰上证180金融ETF	510230	2011.03.31	9.64	2.84	21.68	10.76	3.86	−20.87	中行
24	诺安上证新兴产业ETF	510260	2011.04.07	5.47	8.36	−3.82	6.26	9.19	−31.90	工行

（续上表）

序号	基金简称	基金代码	设立日期	2012年度			2011年度			托管人
				年末资产净值	年末份额规模	年度收益率	年末资产净值	年末份额规模	年度收益率	
25	海富通上证非周期ETF	510120	2011.04.22	2.65	1.55	0.23	3.62	2.11	–27.92	工行
26	广发中小板300ETF	159907	2011.06.03	6.38	8.25	–2.96	7.88	9.89	–27.56	农行
27	博时深证基本面200ETF	159908	2011.06.10	1.87	2.61	0.76	2.10	2.95	–28.79	交行
28	中银上证国企100ETF	510270	2011.06.16	0.96	1.26	11.68	1.82	2.65	–20.07	招行
29	深证TMT50ETF	159909	2011.06.27	2.62	1.10	2.27	4.03	1.73	–28.25	中行
30	嘉实深证基本面120ETF	159910	2011.08.01	5.15	6.32	0.97	4.74	5.87	–19.24	中行
31	华宝兴业上证180成长ETF	510280	2011.08.04	3.73	3.71	14.17	5.44	6.17	–11.80	中行
32	鹏华深证民营ETF	159911	2011.09.02	3.03	1.20	–0.85	4.28	1.68	–23.00	建行
33	深证F60ETF	159916	2011.09.08	3.22	1.98	2.43	3.66	2.30	–13.38	民生银行
34	南方上证380ETF	510290	2011.09.16	1.68	2.08	–1.02	2.15	2.64	–18.74	建行
35	汇添富深证300ETF	159912	2011.09.16	2.15	2.51	2.52	3.84	4.59	–16.30	工行
36	易方达创业板ETF	159915	2011.09.20	4.42	6.17	–2.12	3.95	5.39	–16.20	工行
37	交银深证300价值ETF	159913	2011.09.22	0.94	0.98	5.05	0.91	1.00	–9.00	农行
38	国泰中小板300成长ETF	159917	2012.03.15	0.72	0.75	–3.70	—	—	—	中行
39	嘉实中创400ETF	159918	2012.03.22	2.34	2.60	–9.66	—	—	—	工行
40	博时上证自然资源ETF	510410	2012.04.10	3.45	3.87	–10.80	—	—	—	建行
41	华泰柏瑞沪深300ETF	510300	2012.05.04	236.86	93.80	–5.03	—	—	—	工行
42	嘉实沪深300ETF	159919	2012.05.07	411.33	163.03	–3.56	—	—	—	中行
43	景顺长城上证180等权重ETF	510420	2012.06.12	4.10	4.09	0.20	—	—	—	中行
44	银华上证50等权ETF	510430	2012.08.23	1.86	1.64	13.70	—	—	—	建行
45	大成中证500沪市ETF	510440	2012.8.24	0.93	0.90	3.80	—	—	—	中行
46	诺安中小板等权重ETF	159921	2012.12.10	2.58	2.53	—	—	—	—	交行
47	华夏沪深300ETF	510330	2012.12.25	165.44	160.21	—	—	—	—	工行

表2-43 QDII基金基本情况

（单位：亿元；亿份；%）

序号	基金简称	基金代码	设立日期	2012年度			2011年度			托管人	
				年末资产净值	年末份额规模	年度收益率	年末资产净值	年末份额规模	年度收益率	境内	境外
1	南方全球精选配置(QDII-FOF)	202801	2007.09.19	118.06	169.42	15.59	109.69	181.80	-20.13	工行	纽约银行
2	华夏全球股票QDII	000041	2007.10.09	144.34	179.25	11.50	138.46	191.87	-19.51	建行	摩根大通银行
3	嘉实海外中国股票(QDII)	070012	2007.10.12	109.19	177.80	19.46	98.07	190.92	-24.08	中行	中国银行(香港)
4	上投摩根亚太优势股票(QDII)	377016	2007.10.22	116.17	199.92	14.82	108.28	214.06	-26.88	工行	纽约银行
5	工银全球股票(QDII)	486001	2008.02.14	10.39	10.90	16.63	9.63	11.77	-18.36	中行	美国花旗银行
6	华宝兴业海外中国股票(QDII)	241001	2008.05.07	1.01	0.94	25.97	0.66	0.77	-22.50	建行	纽约银行
7	银华全球优选(QDII-FOF)	183001	2008.05.26	0.86	1.03	1.34	0.87	1.06	-16.84	中行	中国银行(香港)
8	海富通中国海外股票(QDII)	519601	2008.06.27	2.18	1.67	14.98	2.24	1.97	-22.47	建行	纽约银行
9	交银环球精选股票(QDII)	519696	2008.08.22	1.66	1.22	15.61	1.61	1.36	-23.90	建行	摩根大通银行
10	易方达亚洲精选股票(QDII)	118001	2010.01.21	1.02	1.15	14.90	0.99	1.28	-26.96	工行	渣打银行(香港)
11	招商全球资源股票(QDII)	217015	2010.03.25	1.47	1.55	-2.87	1.69	1.73	-19.85	工行	渣打银行(香港)
12	国泰纳斯达克100指数	160213	2010.04.29	3.25	2.78	15.11	2.34	2.23	-3.08	建行	美国道富银行
13	工银全球精选股票(QDII)	486002	2010.05.25	1.04	1.10	10.13	1.06	1.24	-19.72	建行	纽约银行梅隆公司
14	长盛环球行业股票(QDII)	080006	2010.05.26	0.51	0.57	9.17	0.55	0.68	-21.39	中行	中国银行(香港)
15	国投瑞银新兴市场股票(QDII-LOF)	161210	2010.06.10	0.64	0.62	22.93	0.53	0.63	-23.30	工行	渣打银行(香港)
16	汇添富亚澳成熟优选股票QDII	470888	2010.06.25	0.86	0.90	14.32	0.77	0.92	-23.38	工行	布朗兄弟哈里曼银行
17	博时大中华亚太精选股票(QDII)	050015	2010.07.27	0.87	0.86	25.59	0.66	0.82	-21.86	工行	渣打银行(香港)
18	广发亚太精选股票(QDII)	270023	2010.08.18	1.42	1.50	19.02	1.29	1.61	-22.50	工行	渣打银行(香港)
19	建信全球机遇股票(QDII)	539001	2010.09.14	2.58	2.85	13.80	2.68	3.36	-19.00	工行	布朗兄弟哈里曼银行
20	华安香港精选股票QDII	040018	2010.09.19	1.99	2.26	14.06	2.08	2.68	-19.44	工行	香港上海汇丰银行
21	嘉实H股指数（QDII-LOF）	160717	2010.09.30	1.04	1.30	15.44	1.38	1.99	-23.03	建行	美国道富银行
22	鹏华环球发现（QDII-FOF）	206006	2010.10.12	1.07	1.15	11.79	1.16	1.40	-16.40	建行	美国道富银行
23	富国全球债券（QDII-FOF）	100050	2010.10.20	1.04	1.03	6.06	1.60	1.67	-4.30	工行	布朗兄弟哈里曼银

（续上表）

序号	基金简称	基金代码	设立日期	2012年度			2011年度			托管人	
				年末资产净值	年末份额规模	年度收益率	年末资产净值	年末份额规模	年度收益率	境内	境外
24	华泰柏瑞亚洲(QDII)	460010	2010.12.02	0.67	0.82	8.66	0.70	0.94	−25.27	中行	中国银行(香港)
25	银华抗通胀主题(QDII–FOF–LOF)	161815	2010.12.06	3.32	3.92	−1.05	3.88	4.53	−14.91	建行	纽约银行梅隆公司
26	南方金砖四国指数(QDII)	160121	2010.12.09	1.83	2.15	9.55	2.01	2.59	−21.15	工行	布朗兄弟哈里曼银行
27	信诚金砖四国配置(QDII–FOF–LOF)	165510	2010.12.17	0.61	0.72	7.83	0.71	0.89	−20.80	中行	中国银行(香港)
28	诺安全球黄金(QDII–FOF)	320013	2011.01.13	13.56	13.17	3.31	13.66	13.08	7.89	工行	布朗兄弟哈里曼银行
29	海富通大中华股票(QDII)	519602	2011.01.27	0.81	0.96	18.70	0.74	1.05	−29.40	中行	中国银行(香港)
30	上投摩根全球新兴市场股票(QDII)	378006	2011.01.30	0.86	0.90	20.33	0.74	0.94	−20.80	建行	摩根大通银行
31	招商标普金砖四国指数(QDII–LOF)	161714	2011.02.11	1.13	1.40	9.34	1.18	1.60	−26.10	中行	中国银行(香港)
32	中银全球策略(QDII–FOF)	163813	2011.03.03	3.75	4.33	4.46	4.39	5.30	−17.10	建行	纽约银行梅隆公司
33	华宝兴业成熟市场(QDII)	241002	2011.03.15	0.62	0.67	4.04	0.85	0.95	−10.90	中行	中国银行(香港)
34	大成标普500等权重指数QDII	096001	2011.03.23	0.98	0.97	13.82	1.33	1.50	−11.70	中行	中国银行(香港)
35	长信标普100等权重指数 (QDII)	519981	2011.03.30	0.56	0.54	11.45	0.47	0.50	−5.10	中行	中国银行(香港)
36	博时抗通胀增强回报(QDII－FOF)	050020	2011.04.25	5.85	7.42	−3.19	8.14	10.00	−18.60	中行	中国银行(香港)
37	易方达黄金主题(QDII–LOF–FOF)	161116	2011.05.06	7.07	7.52	−0.21	9.45	10.03	−5.70	农行	香港上海汇丰银行
38	华安大中华升级股票(QDII)	040021	2011.05.17	0.97	1.03	18.05	0.91	1.14	−20.20	中行	中国银行(香港)
39	建信新兴市场股票(QDII)	539002	2011.06.21	1.28	1.30	16.02	1.40	1.65	−15.10	工行	布朗兄弟哈里曼银行
40	广发全球农业指数(QDII)	270027	2011.06.28	2.87	3.05	10.72	3.11	3.66	−15.10	工行	布朗兄弟哈里曼银行
41	富国全球顶级消费品股票(QDII)	100055	2011.07.13	1.46	1.38	13.73	2.56	2.74	−15.10	工行	布朗兄弟哈里曼银行
42	泰达宏利全球新格局(QDII–FOF)	229001	2011.07.20	0.52	0.55	−3.98	0.77	0.79	−2.10	建行	纽约梅隆银行
43	嘉实黄金(QDII–FOF–LOF)	160719	2011.08.04	2.55	2.73	0.65	3.61	3.88	−7.00	工行	纽约梅隆银行
44	汇添富黄金及贵金属(QDII–LOF–FOF)	164701	2011.08.31	3.97	4.41	4.53	4.53	5.27	−14.00	工行	布朗兄弟哈里曼银行
45	景顺长城大中华股票(QDII)	262001	2011.09.22	0.52	0.46	18.87	0.51	0.53	−4.60	工行	渣打银行(香港)

（续上表）

序号	基金简称	基金代码	设立日期	2012年度			2011年度			托管人	
				年末资产净值	年末份额规模	年度收益率	年末资产净值	年末份额规模	年度收益率	境内	境外
46	诺安全球收益不动产(QDII)	320017	2011.09.23	2.90	2.78	3.69	5.35	5.33	0.40	工行	布朗兄弟哈里曼银行
47	南方中国中小盘股票指数(QDII-LOF)	160125	2011.09.26	1.04	0.97	11.34	1.07	1.08	-0.66	农行	纽约梅隆银行
48	诺安油气能源(QDII-FOF-LOF)	163208	2011.09.27	5.47	5.75	-5.18	8.72	8.68	0.40	招行	布朗兄弟哈里曼银行
49	华宝油气(QDII)	162411	2011.09.29	0.65	0.68	-3.27	1.13	1.15	-2.20	建行	纽约梅隆银行
50	鹏华美国房地产(QDII)	206011	2011.11.25	0.75	0.72	5.73	2.85	2.85	—	建行	道富银行
51	信诚全球商品主题(QDII-FOF-LOF)	165513	2011.12.20	0.52	0.62	-15.30	2.95	2.95	—	中行	中国银行(香港)
52	国富亚洲机会股票(QDII)	457001	2012.02.22	0.63	0.60	5.50	—	—	—	农行	摩根大通银行
53	上投摩根全球天然资源股票(QDII)	378546	2012.03.26	0.57	0.58	-1.70	—	—	—	中行	中国银行(香港)
54	华安标普全球石油指数(QDII-LOF)	160416	2012.03.29	1.79	1.79	4.14	—	—	—	建行	美国道富银行
55	国泰大宗商品(QDII-LOF)	160216	2012.05.03	0.54	0.54	-1.00	—	—	—	建行	美国道富银行
56	交银全球资源股票(QDII)	519709	2012.05.22	0.51	0.48	5.90	—	—	—	建行	摩根大通银行
57	易方达标普消费品指数增强(QDII)	118002	2012.06.04	0.59	0.54	7.60	—	—	—	中行	中国银行(香港)
58	博时标普500指数(QDII)	050025	2012.06.14	0.62	0.61	4.29	—	—	—	工行	纽约梅隆银行
59	建信全球资源股票(QDII)	539003	2012.06.26	0.34	0.34	1.60	—	—	—	中行	德意志银行新加坡分行
60	嘉实全球房地产(QDII)	070031	2012.07.24	0.81	0.81	0.80	—	—	—	农行	摩根大通银行
61	华夏恒生ETF	159920	2012.08.09	4.54	4.40	3.37	—	—	—	中行	中国银行(香港)
62	易方达恒生国企(QDII-ETF)	510900	2012.08.09	3.95	3.72	6.09	—	—	—	交行	香港上海汇丰银行
63	广发纳斯达克100指数(QDII)	270042	2012.08.15	1.36	1.42	-4.50	—	—	—	中行	中国银行(香港)
64	华夏恒生ETF联接	000071	2012.08.21	3.00	2.92	3.00	—	—	—	中行	中国银行(香港)
65	易方达恒生国企联接(QDII)	110031	2012.08.21	3.16	2.94	7.68	—	—	—	交行	香港上海汇丰银行
66	富国中国中小盘股票(QDII)	100061	2012.09.04	0.48	0.43	12.50	—	—	—	工行	香港上海汇丰银行
67	华夏收益债券(QDII)	001061	2012.12.07	19.81	19.78	—	—	—	—	建行	摩根大通银行

表2-44　创新封闭式基金基本情况

（单位：亿份；亿元；%）

序号	基金简称	基金代码	设立日期	份额规模	2012年度		2011年度		封闭期	上市日期	上市地点	托管人
					年末资产净值	年度收益率	年末资产净值	年度收益率				
1	建信优势动力封闭	150003	2008.03.19	46.43	42.35	10.81	38.22	−15.24	5年	2008.09.19	深交所	交行
2	国泰估值优势分级封闭	160212	2010.02.10	8.43	6.49	−10.16	7.21	−24.91	3年	2010.03.08	深交所	工行
3	招商信用添利债券封闭	161713	2010.06.25	21.17	21.65	12.70	21.62	3.41	5年	2010.07.30	深交所	农行
4	银华信用债券封闭	161813	2010.06.29	22.96	24.71	9.62	23.48	−0.70	3年	2010.07.09	深交所	建行
5	华富强化回报债券	164105	2010.09.08	19.99	21.10	8.54	19.43	−2.51	3年	2010.10.11	深交所	建行
6	富国汇利分级债券封闭	161014	2010.09.09	29.99	34.51	13.06	30.53	2.21	3年	2010.10.08	深交所	农行
7	信诚增强收益债券封闭	165509	2010.09.29	22.66	23.27	10.18	22.38	−1.10	3年	2010.11.08	深交所	建行
8	大成景丰分级债券	160915	2010.10.15	32.45	32.83	6.64	30.79	−4.91	3年	2010.11.01	深交所	农行
9	易方达岁丰添利债券	161115	2010.11.09	26.79	27.64	9.37	26.99	1.19	3年	2010.12.03	深交所	中行
10	鹏华丰润债券封闭	160617	2010.12.02	13.36	14.51	8.27	13.50	2.19	3年	2010.12.16	深交所	建行
11	天弘添利分级债券	164206	2010.12.03	24.59	26.31	8.69	24.14	2.27	5年	2010.12.20	深交所	工行
12	交银信用添利债券	164902	2011.01.27	18.95	20.44	14.24	18.47	−2.50	3年	2011.04.20	深交所	农行
13	工银四季收益债券	164808	2011.02.10	24.03	25.49	13.02	24.40	2.92	3年	2011.03.28	深交所	农行
14	国投瑞银双债债券封闭	161216	2011.03.29	12.38	12.94	11.86	12.33	−0.40	3年	2011.05.20	深交所	建行
15	泰达宏利聚利分级债券	162215	2011.05.13	15.82	18.15	12.34	16.15	2.10	5年	2011.07.08	深交所	中行
16	富国天盈分级债券	161015	2011.05.23	27.41	30.16	12.20	24.37	−12.70	3年	2011.07.08	深交所	工行
17	万家添利分级债券	161908	2011.06.2	19.15	21.70	15.38	15.80	−1.80	3年	2011.08.29	深交所	邮储银行
18	博时裕祥分级债券	160513	2011.06.10	35.58	37.03	8.77	24.50	3.02	3年	2011.09.02	深交所	招行
19	建信信用增强债券	165311	2011.06.16	7.61	8.46	9.66	7.87	3.40	3年	2011.09.09	深交所	交行
20	长信利鑫分级债	163003	2011.06.24	5.02	5.43	9.53	5.76	2.86	5年	2011.09.23	深交所	邮储银行
21	广发聚利债券	162712	2011.08.05	3.36	3.94	13.11	3.52	4.90	3年	2011.10.27	深交所	建行
22	海富通稳进增利分级债券	162308	2011.09.01	2.21	2.50	11.27	2.25	2.00	3年	2011.11.28	深交所	建行
23	华泰柏瑞信用增利债券	164606	2011.09.22	2.12	2.12	1.19	2.15	1.30	3年	2011.12.12	深交所	中行

（续上表）

序号	基金简称	基金代码	设立日期	份额规模	2012年度		2011年度		封闭期	上市日期	上市地点	托管人
					年末资产净值	年度收益率	年末资产净值	年度收益率				
24	天弘丰利分级债券	164208	2011.11.23	11.78	13.45	16.70	16.84	0.97	3年	2012.02.20	深交所	邮储银行
25	鹏华丰泽分级债券	160618	2011.12.08	19.45	21.49	9.90	29.14	0.50	3年	2011.12.26	深交所	邮储银行
26	浦银安盛增利分级债券	166401	2011.12.13	9.06	10.17	11.98	9.08	0.20	3年	2012.03.09	深交所	上海银行
27	诺德双翼分级债券	165705	2012.02.16	2.98	3.17	7.85	—	—	3年	2012.04.23	深交所	华夏银行
28	融通四季添利债券	161614	2012.03.01	12.82	13.08	5.96	—	—	2年	2012.04.06	深交所	工行
29	金鹰持久回报分级债券	162105	2012.03.09	4.96	5.25	5.87	—	—	3年	2012.03.28	深交所	邮储银行
30	中银信用增利债券	163819	2012.03.12	22.08	23.70	10.46	—	—	3年	2012.07.18	深交所	中信银行
31	信诚双盈分级债券	165517	2012.04.13	3.64	3.92	9.42	—	—	3年	2012.07.12	深交所	中行
32	中欧信用增利分级债券	166012	2012.04.16	7.36	7.64	5.53	—	—	3年	2012.04.16	深交所	邮储银行
33	银河通利分级债券	161505	2012.04.25	15.29	15.69	4.23	—	—	2年	2012.06.08	深交所	北京银行
34	富国新天锋定期开放债券	161019	2012.05.07	9.46	9.68	7.34	—	—	3年	2012.06.28	深交所	建行
35	信达澳银稳定增利分级债券	166105	2012.05.07	1.83	1.83	2.01	—	—	3年	2012.07.16	深交所	建行
36	南方金利定期开放债券	160128	2012.05.17	16.22	16.75	3.40/3.20	—	—	3年	2012.07.16	深交所	工行
37	国联安双佳信用分级债	162511	2012.06.04	10.79	10.73	1.34	—	—	3年	2012.08.22	深交所	光大银行
38	易方达永旭定期开放债券	161117	2012.06.19	16.85	17.34	3.72	—	—	2年	2012.07.18	深交所	工行
39	农银信用添利债券	660013	2012.06.19	9.72	9.75	1.66	—	—	1年	—	—	中信银行
40	工银纯债定期开放债券	164810	2012.06.21	48.09	48.20	0.20	—	—	3年	2012.09.20	深交所	交行
41	国投瑞银瑞福分级封闭	121099	2012.07.17	72.92	73.82	1.20	—	—	6个月	2012.08.17	深交所	工行
42	汇添富季季红定期开放债券	164702	2012.07.26	6.22	6.34	1.90	—	—	3年	2012.10.25	深交所	建行
43	鹏华中小企业债券	160621	2012.11.05	9.87	9.93	—	—	—	3年	2013.01.09	深交所	招行
44	民生加银平稳增利债券	166902	2012.11.15	12.69	12.79	—	—	—	3年	2013.01.30	深交所	建行
45	长盛同丰分级债券	160810	2012.12.27	19.97	19.98	—	—	—	18个月	2013.02.26	深交所	中行

说明：原国投瑞银瑞福分级封闭基金封闭到期于2012年7月17日转型为国投瑞银瑞福深证100指数分级基金；原大成优选封闭基金封闭到期于2012年7月27日转型为大成优选股票型基金(LOF)；

原长盛同庆封闭基金封闭到期于2012年5月12日转型为长盛同庆中证800分级基金。

表2-45 传统封闭式基金基本情况

（单位：亿份；亿元；%）

序号	基金简称	基金代码	设立日期	份额规模	2012年度		2011年度		存续期	上市日期	上市地点	托管人
					年末资产净值	年度收益率	年末资产净值	年度收益率				
1	南方开元封闭	184688	1998.03.27	20.00	17.49	7.99	16.20	−24.26	15年	1998.04.07	深交所	工行
2	华夏兴华封闭	500008	1998.04.28	20.00	18.51	6.43	17.39	−18.48	15年	1998.05.08	上交所	建行
3	华安安信封闭	500003	1998.06.22	20.00	19.07	4.58	18.24	−24.79	15年	1998.06.26	上交所	工行
4	博时裕阳封闭	500006	1998.07.25	20.00	17.08	1.55	16.82	−19.61	15年	1998.07.30	上交所	农行
5	鹏华普惠封闭	184689	1999.01.06	20.00	19.08	3.43	18.45	−22.93	15年	1999.01.27	深交所	交行
6	嘉实泰和封闭	500002	1999.04.08	20.00	20.02	14.61	17.47	−21.66	15年	1999.04.20	上交所	建行
7	长盛同益封闭	184690	1999.04.08	20.00	17.16	0.05	17.15	−23.67	15年	1999.04.21	深交所	工行
8	大成景宏封闭	184691	1999.05.04	20.00	18.00	2.33	17.59	−28.08	15年	1999.05.18	深交所	中行
9	富国汉盛封闭	500005	1999.05.10	20.00	21.76	8.13	20.82	−16.01	15年	1999.05.18	上交所	农行
10	华安安顺封闭	500009	1999.06.15	30.00	30.28	6.69	28.38	−18.72	15年	1999.06.22	上交所	交行
11	博时裕隆封闭	184692	1999.06.15	30.00	29.39	9.04	26.95	−12.09	15年	1999.06.24	深交所	农行
12	华夏兴和封闭	500018	1999.07.14	30.00	27.88	2.62	27.17	−16.84	15年	1999.07.30	上交所	建行
13	鹏华普丰封闭	184693	1999.07.14	30.00	25.84	2.10	25.31	−24.06	15年	1999.07.30	深交所	工行
14	南方天元封闭	184698	1999.08.25	30.00	25.79	3.72	24.86	−21.49	15年	1999.09.20	深交所	工行
15	国泰金鑫封闭	500011	1999.10.21	30.00	30.55	8.36	28.19	−19.67	15年	1999.11.26	上交所	建行
16	长盛同盛封闭	184699	1999.11.05	30.00	31.06	3.41	30.32	−19.52	15年	1999.11.26	深交所	中行
17	大成景福封闭	184701	1999.12.30	30.00	28.08	3.91	27.02	−29.78	15年	2000.01.10	深交所	农行
18	富国汉兴封闭	500015	1999.12.30	30.00	28.11	4.65	26.86	−19.78	15年	2000.01.10	上交所	交行
19	融通通乾封闭	500038	2001.08.29	20.00	20.52	3.78	19.77	−29.59	15年	2001.09.21	上交所	建行
20	宝盈鸿阳封闭	184728	2001.12.10	20.00	13.50	−0.98	13.64	−18.71	15年	2001.12.18	深交所	农行
21	易方达科瑞封闭	500056	2002.03.12	30.00	27.73	1.54	27.31	−23.08	15年	2002.03.20	上交所	交行
22	嘉实丰和价值封闭	184721	2002.03.22	30.00	27.63	4.29	26.50	−26.59	15年	2002.04.04	深交所	农行
23	长城久嘉封闭	184722	2002.07.05	20.00	17.24	5.02	16.41	−21.3	15年	2002.08.27	深交所	农行
24	银河银丰封闭	500058	2002.08.15	30.00	24.98	−7.55	27.04	−25.24	15年	2002.09.10	上交所	建行

说明：原国泰金泰封闭基金封闭到期于2012年12月24日转型为开放式基金，基金更名为"国泰金泰平衡混合"，至此2012年传统封闭基金总数量减少1只。

第三章　行业发展相关数据

表3-1　中国证券投资基金市场发展概貌（1998—2012）

（单位：家；只；亿元；万户）

年度	基金管理公司	基金数量	基金总资产净值	基金账户总数	托管银行	代销银行	代销券商	投资咨询机构	独立销售机构
1998	6	5	107.42	214.81	5	—	—	—	—
1999	10	23	576.85	215.93	5	—	—	—	—
2000	10	41	869.80	218.58	5	—	—	—	—
2001	15	52	820.58	219.40	5	6	—	—	—
2002	21	71	1 185.58	18.74	7	11	8	—	—
2003	34	110	1 715.61	20.23	8	12	24	—	—
2004	45	161	3 246.40	109.61	10	14	49	1	—
2005	52	218	4 691.16	146.63	12	16	57	1	—
2006	57	307	8 564.60	371.90	12	18	58	1	—
2007	59	345	32 755.90	2 599.75	12	18	60	1	—
2008	61	438	19 388.54	2 834.12	14	26	74	1	—
2009	60	556	26 760.80	3 121.80	17	32	84	1	—
2010	62	703	25 194.49	3 404.25	18	42	92	1	—
2011	69	914	21 918.40	3 712.30	18	58	94	1	—
2012	**77**	**1 174**	**28 667.31**	**4 018.69**	**19**	**65**	**96**	**4**	**14**

说明：为年末统计数据；基金账户数来源于中国证券登记结算公司。

表3-2 证券投资基金业、信托业、保险业资产规模与银行储蓄存款（2002—2012）

（单位：亿元；%）

年度	商业银行		保险业		基金业		信托业	
	年末储蓄存款	增长率	年末总资产	增长率	年末总资产	增长率	年末总资产	增长率
2002	86 911	—	6 320	—	1 186	—	—	—
2003	103 618	10.28	9 088	32.72	1 716	44.69	—	—
2004	119 555	14.96	11 954	37.53	3 246	89.16	—	—

（续上表）

年度	商业银行		保险业		基金业		信托业	
	年末储蓄存款	增长率	年末总资产	增长率	年末总资产	增长率	年末总资产	增长率
2005	141 051	17.98	15 286	28.45	4 691	44.52	—	—
2006	161 587	18.12	19 704	29.59	8 565	82.58	—	—
2007	172 534	3.55	28 912	47.00	32 756	282.44	—	—
2008	217 885	28.68	33 418	15.22	19 389	-40.81	—	—
2009	260 767	17.46	40 635	21.60	26 761	38.02	—	—
2010	303 302	16.31	50 482	24.23	25 194	-5.86	30 405	—
2011	343 036	11.74	60 138	16.06	21 918	-17.00	48 114	36
2012	**399 551**	**13.99**	**73 546**	**18.23**	**28 667**	**30.79**	**74 706**	**35**

说明：为年末统计数据。

表3-3 证券投资基金总资产净值占国内生产总值的比重

（单位：亿元；%）

年度	基金总资产净值	GDP	占GDP的比重
2002	1 186	120 333	0.99
2003	1 716	135 823	1.26
2004	3 246	159 878	2.03
2005	4 691	183 868	2.55
2006	8 565	216 314	3.96
2007	32 756	265 810	12.32
2008	19 389	314 045	6.17
2009	26 761	340 903	7.85
2010	25 194	401 513	6.27
2011	21 918.40	473 104	4.63
2012	**28 667.31**	**519 322**	**5.52**

说明：为年末统计数据。

表3-4　证券投资基金总资产净值占城乡居民储蓄存款余额的比重

（单位：亿元；%）

年 度	基金总资产净值	城乡居民储蓄存款余额	占居民储蓄存款余额的比重
2002	1 186	86 910	1.36
2003	1 716	103 618	1.66
2004	3 246	119 555	2.72
2005	4 691	141 051	3.33
2006	8 565	161 587	5.30
2007	32 756	172 534	18.99
2008	19 389	217 885	8.90
2009	26 761	260 772	10.26
2010	25 194	303 302	8.31
2011	21 918	343 336	6.38
2012	**28 667**	**399 551**	**8.20**

说明：为年末统计数据。

表3-5　证券投资基金总资产净值占A股流通市值的比重

（单位：亿元；%）

年 度	基金总资产净值	A股流通市值	占A股流通市值的比重
2002	1 186	12 042	9.85
2003	1 716	12 774	13.43
2004	3 246	11 000	29.51
2005	4 691	10 631	44.13
2006	8 565	25 004	34.25
2007	32 756	93 064	35.20
2008	19 389	44 409	43.66
2009	26 761	141 653	18.89
2010	25 194	193 110	13.05
2011	21 918	164 921	13.29
2012	**28 667**	**181 658**	**15.78**

说明：为年末统计数据。

表3-6 各国/地区共同基金资产净值汇总统计

（单位：百万美元）

国家/地区	2008年	2009年	2010年	2011年	2012年			
					Q1	Q2	Q3	Q4
全球	**18 920 057**	**22 945 623**	**24 710 398**	**23 796 672**	**25 596 418**	**24 768 814**	**26 045 253**	**26 837 407**
美洲	**10 581 988**	**12 578 593**	**13 598 071**	**13 530 122**	**14 544 844**	**14 152 318**	**14 808 325**	**15 139 998**
阿根廷	3 867	4 470	5 179	6 808	8 316	8 702	8 571	9 185
巴西	479 321	783 970	980 448	1 008 928	1 110 912	1 023 961	1 052 036	1 070 998
加拿大	416 031	565 156	636 947	753 606	814 088	784 872	840 889	856 504
智利	17 587	34 227	38 243	33 425	36 337	36 520	35 040	37 900
哥斯达黎加	1 098	1 309	1 470	1 266	1 511	1 571	1 651	1 484
墨西哥	60 435	70 659	98 094	92 743	103 123	104 746	109 480	112 201
特立尼达和多巴哥		5 832	5 812	5 989	6 079	6 152	6 388	6 505
美国	9 603 649	11 112 970	11 831 878	11 627 357	12 464 478	12 185 794	12 754 270	13 045 221
欧洲	**6 231 116**	**7 545 535**	**7 903 389**	**7 220 298**	**7 885 878**	**7 420 122**	**7 902 218**	**8 230 061**
奥地利	93 269	99 628	94 670	81 038	85 713	80 011	85 288	89 125
比利时	105 057	106 721	96 288	81 505	86 236	78 217	82 499	81 651
保加利亚	226	256	302	291	289	267	296	324
捷克	5 260	5 436	5 508	4 445	4 791	4 284	4 657	5 001
丹麦	65 182	83 024	89 800	84 891	93 702	90 798	98 525	103 506
芬兰	48 750	66 131	71 210	62 193	69 024	64 763	70 483	73 985
法国	1 591 082	1 805 641	1 617 176	1 382 068	1 512 396	1 394 348	1 439 987	1 473 085
德国	237 986	317 543	333 713	293 011	318 856	290 567	314 040	327 640
希腊	12 189	12 434	8 627	5 213	5 246	4 487	5 001	6 011
匈牙利	9 188	11 052	11 532	7 193	7 674	7 435	8 082	8 570
爱尔兰	720 486	860 515	1 014 104	1 061 051	1 162 938	1 136 830	1 216 670	1 276 601

① 法国、德国、意大利和卢森堡包括基金的基金。香港地区、新西兰、特立尼达和多巴哥包括本国(地区)注册基金和海外注册基金，其他国家(地区)仅包括本国注册基金。

（续上表）

国家/地区	2008年	2009年	2010年	2011年	2012年			
					Q1	Q2	Q3	Q4
意大利	263 588	279 474	234 313	180 754	187 276	167 755	176 227	181 720
列支敦士登	20 489	30 329	35 387	32 606	32 116	32 968	32 459	31 951
卢森堡	1 860 763	2 293 973	2 512 874	2 277 465	2 489 170	2 343 636	2 510 001	2 641 964
马耳他				2 132	2 335	2 905	3 002	3 033
荷兰	77 379	95 512	85 924	69 156	73 564	66 819	70 634	76 145
挪威	41 157	71 170	84 505	79 999	90 151	84 077	93 890	98 723
波兰	17 782	23 025	25 595	18 463	22 138	20 193	22 554	25 883
葡萄牙	13 572	15 808	11 004	7 321	7 547	6 598	6 987	7 509
罗马尼亚	326	1 134	1 713	2 388	2 244	2 251	2 400	2 613
俄罗斯	2 026	3 182	3 917	3 072	3 508	2 877		
斯洛伐克	3 841	4 222	4 349	3 191	3 076	2 803	2 882	2 952
斯洛文尼亚	2 067	2 610	2 663	2 279	2 474	2 226	2 340	2 370
西班牙	270 983	269 611	216 915	195 220	204 754	183 537	188 660	191 284
瑞典	113 331	170 277	205 449	179 707	198 752	182 366	199 454	205 733
瑞士	135 052	168 260	261 893	273 061	301 256	294 112	310 504	310 686
土耳其	15 404	19 426	19 545	14 048	14 820	14 993	15 862	16 478
英国	504 681	729 141	854 413	816 537	903 832	857 999	938 834	985 517
亚洲和太平洋地区	**2 037 536**	**2 715 234**	**3 067 323**	**2 921 276**	**3 030 867**	**3 067 208**	**3 196 427**	**3 322 198**
澳大利亚	841 133	1 198 838	1 455 850	1 440 128	1 526 808	1 535 778	1 610 190	1 667 128
中国	276 303	381 207	364 985	339 037	336 108	371 150	373 519	437 449
印度	62 805	130 284	111 421	87 519	84 044	97 841	110 021	114 489
日本	575 327	660 666	785 504	745 383	750 512	731 386	753 552	738 488
韩国	221 992	264 573	266 495	226 716	243 157	240 881	255 419	267 582
新西兰	10 612	17 657	19 562	23 709	26 846	27 085	30 020	31 145

（续上表）

国家/地区	2008年	2009年	2010年	2011年	2012年			
					Q1	Q2	Q3	Q4
巴基斯坦	1 985	2 224	2 290	2 984	3 419	3 764	3 214	3 159
菲律宾	1 263	1 488	2 184	2 363	2 737	2 956	3 210	3 566
台湾地区	46 116	58 297	59 032	53 437	57 236	56 367	57 282	59 192
非洲	**69 417**	**106 261**	**141 615**	**124 976**	**134 829**	**129 166**	**138 283**	**145 150**
南非	69 417	106 261	141 615	124 976	134 829	129 166	138 283	145 150

说明：由于约数的存在，各部分之和与总计略有误差。 资料来源：中国基金业协会；世界各国（地区）投资基金协会；欧洲基金和资产管理协会提供除俄罗斯外所有欧洲国家数据。

表3-7 全球共同基金资产净值统计（按基金类别）

（单位：10亿美元）

项 目	2007年	2008年	2009年	2010年	2011年	2012年			
						Q1	Q2	Q3	Q4
所有报告国家①	**26 131**	**18 920**	**22 946**	**24 710**	**23 797**	**25 596**	**24 769**	**26 045**	**26 837**
股票型基金	12 341	6 432	8 864	10 478	9 494	10 555	9 922	10 492	10 712
债券型基金	4 289	3 399	4 565	5 425	5 833	6 262	6 344	6 753	7 027
货币市场基金	4 940	5 786	5 317	4 995	4 695	4 685	4 584	4 639	4 793
平衡/混合基金	2 726	1 828	2 404	2 783	2 741	2 978	2 842	3 029	3 127
其他基金	884	676	840	1 029	1 034	1 116	1 077	1 132	1 178
各期均报告的国家②	**25 281**	**18 897**	**22 906**	**24 665**	**23 753**	**25 552**	**24 724**	**26 003**	**26 796**
股票型基金	11 713	6 426	8 854	10 471	9 487	10 548	9 915	10 487	10 706
债券型基金	4 153	3 393	4 552	5 414	5 821	6 252	6 329	6 740	7 013
货币市场基金	4 907	5 780	5 305	4 993	4 693	4 683	4 582	4 630	4 785
平衡/混合基金	2 682	1 825	2 399	2 778	2 734	2 972	2 836	3 023	3 122
其他基金	876	676	840	1 010	1 018	1 096	1 062	1 124	1 170

数据来源：中国证券业协会；世界各国（地区）投资基金协会；欧洲基金和资产管理协会提供除俄罗斯以外所有欧洲国家数据。 ①由于约数和未分类基金的存在，各项目之和与总计略有误差。
②包含40个国家（地区）的数据，各项目之和与总计略有误差。

表3-8 全球共同基金数目统计（按基金类别）

项 目	2007年	2008年	2009年	2010年	2011年	2012年			
						Q1	Q2	Q3	Q4
所有报告国家①	**66 347**	**68 574**	**67 530**	**69 493**	**72 611**	**73 257**	**73 483**	**73 459**	**73 243**
股票型基金	27 294	27 854	27 471	27 695	28 054	28 295	28 233	27 944	27 768
债券型基金	13 340	12 250	12 448	12 802	12 964	13 087	13 234	13 207	13 296
货币市场基金	3 450	3 700	3 521	3 344	3 159	3 072	3 005	2 976	2 929
平衡/混合基金	13 746	14 503	14 658	15 895	16 840	17 038	17 156	17 183	17 156
其他基金	5 619	7 170	6 711	6 858	8 014	8 209	8 746	9 058	8 927
各期均报告的国家②	**62 156**	**65 802**	**64 736**	**66 700**	**69 297**	**69 977**	**70 213**	**70 646**	**70 491**
股票型基金	24 421	25 738	25 388	25 710	26 121	26 372	26 252	26 205	26 083
债券型基金	12 798	11 994	12 148	12 530	12 649	12 759	12 770	12 797	12 877
货币市场基金	3 353	3 653	3 473	3 300	3 118	3 034	2 965	2 934	2 890
平衡/混合基金	13 280	14 152	14 296	15 580	16 528	16 727	16 776	16 946	16 922
其他基金	5 406	7 168	6 710	6 681	7 796	7 984	8 341	8 673	8 552

数据来源：中国证券业协会；世界各国（地区）投资基金协会；欧洲基金和资产管理协会提供除俄罗斯以外所有欧洲国家数据。①由于未分类基金的存在，各项目之和与总计略有误差。②包含41个国家（地区）的数据。

表3-9 全球共同基金净销售额统计（按基金类别）①

（单位：10亿美元）

项目	2008年	2009年	2010年	2011年	2011年	2012年			
					Q4	Q1	Q2	Q3	Q4
所有报告国家②	276	271	205	103	84	193	111	181	421
股票型基金	-374	186	147	-96	-71	-9	-18	-57	18
债券型基金	-196	627	462	239	67	215	163	194	211
货币市场基金	888	-640	-710	-152	97	-81	-39	-14	137
平衡/混合基金	-78	118	180	85	-2	57	2	49	43
其他基金	35	-19	34	27	-7	10	3	8	12
各期均报告的国家③	**243**	**256**	**117**	**1**	**35**	**169**	**41**	**145**	**326**
股票型基金	-372	172	154	-103	-70	-11	-27	-58	2
债券型基金	-204	596	489	217	58	206	118	162	166
货币市场基金	861	-624	-738	-200	50	-89	-55	-9	112
平衡/混合基金	-75	130	183	75	-3	57	3	45	41
其他基金	33	-19	29	12	0	5	1	6	5

数据来源：中国基金业协会；世界各国（地区）投资基金协会；欧洲基金和资产管理协会提供除俄罗斯以外所有欧洲国家数据。①净销售额=新增销售额+分红再投资-赎回+净转换。②由于约数和未分类基金的存在，各项目之和与总计略有误差。③包含31个国家（地区）的数据，由于约数的存在，各项目之和与总计略有误差。

第四部分 基金市场体系

Part IV Fund Market System

国泰基金年度纪事

2012年度

公司大事记

2012.03.15 国泰中小板300成长ETF及联接基金成立

2012.03.20 国泰成长优选股票基金成立

2012.05.03 国泰大宗商品（QDII-LOF）基金成立

2012.07.02 国泰金鹿保本四期成立

2012.07.31 国泰信用债券基金成立

2012.08.16 举办境外业务研讨会

2012.08 向中国证监会申请成立国泰基金香港子公司

2012.09 由国泰基金担任投资顾问的QFII忠利1号产品开始运作；忠利2号产品获得中国证监会批准

2012.09.25 国泰6个月短期理财基金成立

2012.09.10 红蜡烛助教计划再次启动

2012.11.01 基金金泰封转开持有人大会在北京顺利召开

2012.11.12 中国证监会主席助理张育军一行莅临国泰基金视察

2012.12.03 上报国内首只国债ETF产品——国泰国债ETF及其联接基金

2012.12.06 中国证券投资基金业协会税延养老金课题研究项目会议在公司召开

2012.12.11 国泰现金管理货币基金成立

中国证监会受理公司上报的国内首只跨境ETF——国泰纳斯达克100ETF募集申请

2012.12.18 中国证监会受理公司上报的业内首只黄金ETF

2012.12.24 公司网上交易货币“T+0”正式上线

2012.12.26 国泰民安增利债券基金成立

公司所获荣誉

2012.03 荣获《证券时报》六项大奖：

公司荣获“2011年度十大明星基金公司”、“五年持续回报明星基金公司”；

国泰金鹰增长股票基金荣获2011年度“五年持续回报股票型明星基金”奖；

国泰金牛创新成长基金荣获2011年度“股票型明星基金”奖、“三年持续回报股票型明星基金”奖；国泰金龙行业混合基金荣获2011年度“五年持续回报积极混合型明星基金”奖。

荣获《中国证券报》两项大奖：

公司荣获2011年度“金牛基金管理公司”；

国泰金牛创新成长基金荣获2011年度“三年期股票型金牛基金”奖。

2012.04 荣获《上海证券报》三项大奖：

公司荣获2011年度“金基金·海外投资回报公司”；

国泰金牛创新成长基金、国泰金龙行业混合基金荣获2011年度“一年期金基金·分红基金”奖。

2012.05 国泰纳斯达克100指数基金荣获“上海金融创新奖”

2012.10 荣获《理财周报》评选的“最佳海外投资基金公司”、“最佳产品设计基金公司”两项大奖

2012.12 公司总经理金旭荣获“2012年度第十届中国财经风云榜十大掌门人”

公司荣获《经济观察报》“2012年度卓越创新基金公司”

公司荣获中行年金理事会“优秀投资管理人”

国泰基金管理有限公司

GuoTai Asset Management Co.,Ltd.

成立时间	1998年3月5日	注册资本	1.1亿元人民币	公司属性	中外合资
董事长	陈勇胜	总经理	金旭	督察长	林海中
联系电话	021-3856 1600	传真号码	021-3856 1800		
客服电话	400-888-8688　021-3856 9000			公司网址	www.gtfund.com
注册地址	上海市浦东新区世纪大道100号上海环球金融中心39层				
办公地址	上海市浦东新区世纪大道100号上海环球金融中心39层				

公司概况

国泰基金成立于1998年3月5日，是国内首批规范成立的基金管理公司之一。公司拥有包括公募基金社保基金投资管理人、企业年金投资管理人、特定客户资产管理业务和合格境内机构投资者等“全牌照”的业务资格，公司正努力成为“资产配置专家和资产配置工具提供专家”的综合型资产管理公司。

公司股东实力雄厚，股权结构稳定。股东分别为经国务院批准成立的国有投资公司——中国建银投资有限责任公司、世界最大的保险集团之一——意大利忠利集团和全国性财务公司——中国电力财务有限公司。

公司产品线丰富。截至2012年12月31日，公司旗下共管理着31只公募基金(2只封闭式基金、29只开放式基金)和包括特定客户、企业年金、社保基金、投资咨询在内的近60个资产委托组合，形成了丰富的资产管理产品线，可以满足不同风险偏好投资者的理财需求。截至2012年末，公司管理资产规模729.44亿元，其中公募基金规模552.86亿元，同比增长26%。

公司投资管理能力持续优良，为投资人带来了稳定且良好的投资回报。根据中国银河证券基金研究中心统计，截至2012年底，公司旗下共有6只基金过去1年净值增长率获五星评价，有5只基金过去3年净值增长率获五星、四星评价。公司自成立以来，一直高度重视投研能力提升和投研团队建设，目前投研团队分为基金管理部、固定收益部、研究部、交易部、量化团队和财富管理投资团队等部门和团队，并持续优化投研体系组织架构和体系建设，目前分为权益投资、固定收益投资、绝对收益投资和另类投资四大业务条线，持续加强各类资产的专业投资能力。

公司坚持“以人为本”的用人理念，遵循市场化的选人、用人机制，注重员工的发展和激励。截至2012年底，公司共有员工256人，研究生学历150人，为公司各项业务的发展提供了坚实的人才基础。

公司勇于承担社会责任，在为投资者创造物质财富的同时，也不忘承担起作为企业公民的社会责任，积极践行“和谐社会”的价值观，为社会精神财富的创造贡献力量，设立“红蜡烛助教计划”开展支学助教活动，持续对贫困地区和受灾地区人民捐款捐物等。

2012年公司旗下表现较好的基金和投资收益及分红情况见下表：

基金简称	2012年			
	净值增长率(%)	投资收益(元)	年度利润(元)	累计分红(元)
国泰金牛创新股票	9.93	−21 419 482.82	304 865 642.03	—
国泰事件驱动股票	10.63	4 659 321.26	15 532 919.11	—
国泰上证180金融ETF	21.68	23 764 918.12	199 697 376.31	—
国泰上证180金融ETF联接	19.14	−6 338 738.44	127 751 098.19	—
国泰保本混合	5.95	−28 891 210.78	122 956 329.51	—
国泰金龙债券	9.33	27 387 847.64	158 176 627.77	110 807 054
国泰纳斯达克100指数	15.11	3 388 317.20	35 774 678.46	1 051 754
国泰金鑫封闭	8.36	−73 185 144.04	235 815 518.55	—

注：截至2012年底，公司共管理31只基金，资产净值为552.86亿元。

2012年公司共发行10只基金，首发规模143.79亿元，具体情况见下表：

序号	基金代码	基金简称	基金类型	成立日期	首发规模
1	159917	国泰中小板300成长ETF	ETF	2012.03.15	3.45亿元
2	020025	国泰中小板300成长ETF联接	指数股票型	2012.03.15	6.93亿元
3	020026	国泰成长优选股票	股票型	2012.03.20	4.09亿元
4	160216	国泰大宗商品配置股票	股票型	2012.05.03	3.09亿元
5	020018	国泰金鹿保本四期混合	混合型	2012.07.27	10.62亿元
6	020027	国泰信用债券	债券型	2012.07.31	27.89亿元
7	020029	国泰6个月短期理财债券	债券型	2012.09.25	17.28亿元
8	020031	国泰现金管理货币	货币型	2012.12.11	32.80亿元
9	519020	国泰金泰平衡混合	混合型	2012.12.24	19.44亿元
10	020033	国泰民安增利债券	债券型	2012.12.26	18.20亿元

专户理财业务

国泰基金于2008年2月获得特定资产管理业务资格，在6年的专户投资经验中，公司根据客户的收益特性、风险偏好和个性化需求，为客户“量体裁衣”，提供合适的投资方案、管理方案和服务方案。已在运行中的产品主要分为四类：传统风险回报匹配的资产管理计划、创新型结构化分级资产管理计划、需求向导型资产管理计划和其他策略向导型或另类资产管理计划。

2012年，公司管理一对一专户账户数9个，资产规模同比增长116.97%，一对多专户账户数19个，资产规模同比增长31.35%。公司获得“每日经济新闻”评选的“2012专户一对多最具创新基金公司”奖，一分级产品获得“每日经济新闻”评选的“2012专户一对多最佳创新产品”奖。

社保基金业务

2012年，公司社保基金业务市场开拓和服务方面均取得重大进展，获得了新的社保组合，社保基金管理资产大幅增长。社保组合业绩表现良好。

企业年金业务

2012年公司企业年金管理规模获得快速增长，并取得了较好的投资收益。截至2012年底，公司共管理33个年金组合，资产规模同比增长34.65%。2012年，全部企业年金组合平均收益率为7.45%，多个组合实现了提取业绩报酬。公司凭借持续、良好的投资业绩第二次获得中国银行年金理事会“优秀投资管理人”奖。

投资者教育

公司高度重视投资者教育工作，投资者教育工作由督察长牵头，基金销售部、营销策划部、客户服务部、稽核监察部等全面参与，各部门协调配合。工作小组定期召开投资者教育工作会议，总结前期工作情况、部署下阶段工作内容，并根据行业的最新发展情况与公司和投资者的实际情况形成更具针对性的投资者教育工作落实措施。

2012年公司在投资者教育活动方面投入资金200多万元，公司投资者教育活动的形式主要包括在基金销售、营销宣传、客户服务等业务开展中进行投资者教育，分析市场情况，解答各类投资疑问，介绍基金投资技巧等。

社会公益活动

公司勇于践行企业公民的社会责任，积极开展各种形式的社会公益活动，包括红蜡烛助教、助养贫困地区学生、参加公益展览和认养绿地等，2012年公司投入40多万元资金用于社会公益活动。

2007年公司设立“红蜡烛助教计划”，年均投入近100万元。2012年公司股东中国建投同意预留部分利润作为红蜡烛专项基金，将该基金每年的投资收益用于支持红蜡烛助教计划。截至2012年底，公司共捐建8个红蜡烛图书室和2个多媒体教室，捐赠21 227本书籍，助养学生86名，公司员工近300人/次参加实地助教，受益师生近5 000名。 其中，2012年公司员工爱心捐助共计272 051元；捐赠物资222件，包括电脑、书架、办公桌椅、课桌椅、饮水机、电(吊)扇、教学用具等；捐赠图书1 227册；讲课 45人/次。

旗下产品介绍

国泰金鹰增长证券投资基金
简称：国泰金鹰增长股票

基金代码： 020001
成立日期： 2002年5月8日
基金类型： 股票型
基金经理： 张 玮
基金管理人： 国泰基金管理有限公司
基金托管人： 交通银行股份有限公司
首募基金规模： 2 226 370 000.00份
期末基金资产： 1 958 643 381.94元
期末基金份额净值： 0.795元
累计基金份额净值： 3.799元
累计分红金额： 1 262 010 921.49元

注：期末指2012年12月31日；累计指该基金成立以来截至2012年年末。

基本概况

投资目标

在保证基金资产安全前提下，主要通过投资增长型上市公司，分享中国经济增长成果，实现基金资产的中长期增值，同时确保基金资产必要的流动性，将投资风险控制在较低的水平。

投资理念 价格终将反映价值

投资策略

资产配置和行业配置采用自上而下的方法；股票选择采用自下而上的方法。基金组合投资的基本范围：股票资产60%–95%；债券资产0–35%；现金或到期日在一年以内的政府债券不低于5%。其中中长期投资占股票投资比例的80%以上；短期投资占股票投资比例不超过20%。

股票投资方面，该基金重点投资于主营业务收入或利润具有良好增长潜力的增长型上市公司，从基本面分析入手选择增长型股票。

债券投资方面，该基金可投资于国债、金融债和企业债等（包括可转换债）。按照基金总体资产配置计划，以满足流动性需求为前提，提高基金的收益水平。

业绩比较基准 上证A股指数

风险收益特征

该基金追求中性偏低的风险收益，通过组合投资于增长型股票，力争实现基金单位资产净值在大盘上涨时增幅不低于比较基准上涨幅度的65%，大盘下跌时基金单位资产净值跌幅不高于比较基准跌幅的60%；年度内基金单位资产净值的标准差小于比较基准的标准差。

业绩表现

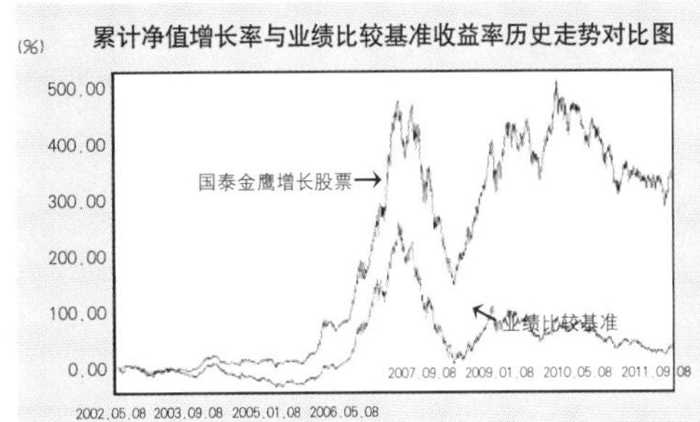

统计时间：2002年5月8日至2012年12月31日
图标来源：国泰金鹰增长证券投资基金2012年年度报告

2012年末基金资产组合

2012年度运作分析

2012年证券市场经历了较大波动，年初由于对经济政策的预期在一季度出现了反弹，而在连续两个季度的经济数据与政策不达预期的基础上，上证指数连续两个季度下跌，并在四季度创出了三年多以来的新低。后续随着宏观经济数据好转，政府改革以及经济政策的调整，随即出现了过去三年多以来最大的月涨幅，最终使得上证指数以全年的上涨报收，终结了过去两年连续下跌的势头。

基于对全年相对均衡的宏观判断，国泰金鹰增长基金相对保持了均衡的资产配置情况，股票仓位维持在中等水平。基于对未来经济结构转型、农村现代化与新型城镇化长期趋势的看好，该基金重点配置了汽车、传媒、医药、农业等行业。相应减少了机械设备、金融保险等行业的配置比例。

国泰金龙债券证券投资基金

简称：国泰金龙债券

基金代码： 020002
成立日期： 2003年12月5日
基金类型： 债券型
基金经理： 吴 晨
基金管理人： 国泰基金管理有限公司
基金托管人： 上海浦东发展银行股份有限公司
首募基金规模： 1 887 370 000.00份
期末基金资产： 3 872 440 000.37元
期末基金份额净值： 1.066元
累计基金份额净值： 1.4950元
累计分红金额： 413 196 338.06元

注：期末指2012年12月31日；累计指该基金成立以来截至2012年年末。

业绩表现

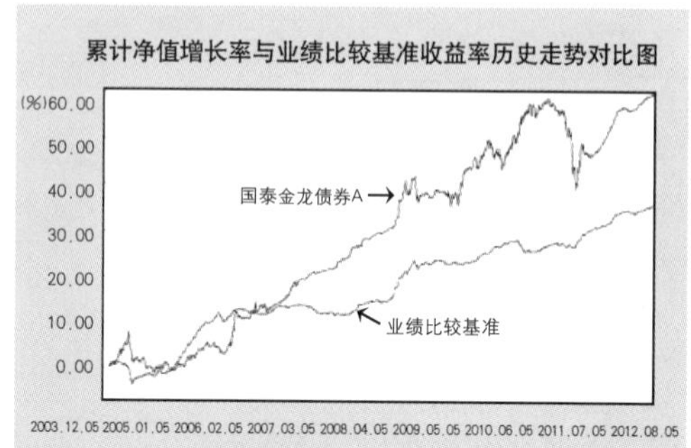

统计时间：2003年12月5日至2012年12月31日
图标来源：国泰金龙债券证券投资基金2012年年度报告

基本概况

投资目标

在保证投资组合低风险和高流动性的前提下，追求较高的当期收入和总回报，力求基金资产的稳定增值。

投资理念

价格终将反映价值

投资策略

以长期利率趋势分析为基础，结合中短期的经济周期、宏观政策方向及收益率曲线分析，通过债券置换和收益率曲线配置等方法，实施积极的债券投资管理。在对拟公开发行股票的公司进行充分研究的基础上，择机参与拟公开发行股票的申购。因申购所持有的股票资产自可上市交易之日起在180个自然日内卖出；因可转债转股所持有的股票资产自可上市交易之日起在180个自然日内卖出。

业绩比较基准

中信全债指数

风险收益特征

收益稳定、风险较低

2012年末基金资产组合

2012年度运作分析

2012年，受欧债危机影响，全球经济增速普遍放缓，金融市场大幅动荡，大宗商品价格持续下跌。我国宏观经济增长持续回落，CPI指数持续显著回落。货币政策上半年有所放松，连续两次下调存款准备金率，6月更是首次降息，但总体而言政策放松幅度低于市场预期。下半年起货币政策回归稳健，央行仅从三季度末起通过短期逆回购向公开市场注入流动性。债券市场上半年全线上涨，利率产品和高等级信用债1—4月震荡整理，总体而言中低等级信用债表现更为突出，收益率持续下行，三季度受货币政策回归稳健影响，债券市场获利回吐，四季度后信用债市场迎来新一轮上涨，而利率产品基本维持震荡态势。

2012年上半年国泰金龙债券基金拉长组合久期，大幅度增加信用债投资比例，尤其是中等级信用债的配置力度，取得较好收益。二季度末该基金大幅缩短组合久期，较大程度上规避了三季度的债券市场调整，同时在四季度加大了波段操作的空间。为了规避风险，该基金没有参与新股发行等任何偏权益类资产投资。

国泰金牛创新成长股票型证券投资基金

简称：国泰金牛创新股票

基金代码： 020001
成立日期： 2007年5月18日
基金类型： 股票型
基金经理： 范迪钊
基金管理人： 国泰基金管理有限公司
基金托管人： 中国农业银行股份有限公司
首募基金规模： 8 884 800 000.00份
期末基金资产： 3 673 738 692.59元
期末基金份额净值： 0.985元
累计基金份额净值： 1.14元
累计分红金额： 884 350 730.46元

注：期末指2012年12月31日；累计指该基金成立以来截至2012年年末。

基本概况

投资目标

该基金为成长型股票基金。主要投资于通过各类创新预期能带来公司未来高速增长的创新型上市公司股票，在有效的风险控制前提下，追求基金资产的长期增值。

投资理念　价格终将反映价值

投资策略

①大类资产配置策略。该基金的大类资产配置主要通过对宏观经济运行状况、国家财政和货币政策、国家产业政策以及资本市场资金环境、证券市场走势的分析，预测宏观经济的发展趋势，并据此评价未来一段时间股票、债券市场相对收益率，主动调整股票、债券及现金类资产的配置比例。

②股票资产投资策略。该基金的股票资产投资将在国家发展规划所指引的产业领域内，采取自下而上的选股方法。利用“成长因子”筛选出成长型上市公司股票池；在此基础上利用公司自主开发的“创新型上市公司评价体系”，对符合创新特征的上市公司进行深入的分析和比较，筛选出通过创新能够在未来带来高速成长的上市公司，形成创新成长型上市公司股票池；最后通过相对价值评估，形成优化的股票投资组合。

③债券资产投资策略。该基金的债券资产投资主要以长期利率趋势分析为基础，结合中短期的经济周期、宏观政策方向及收益率曲线分析，通过债券置换和收益率曲线配置等方法，实施积极的债券投资管理。

业绩比较基准

80%×（沪深300指数收益率）+20%×（上证国债指数收益率）

风险收益特征

具有较高预期风险和预期收益

业绩表现

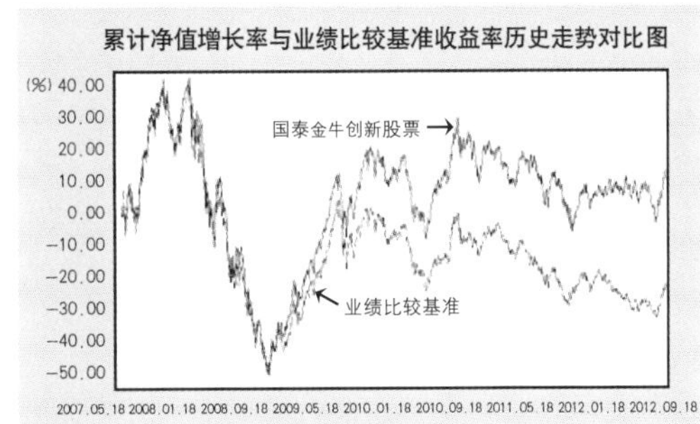

统计时间：2007年5月18日至2012年12月31日
图标来源：国泰金牛创新成长股票型证券投资基金2012年年度报告

2012年末基金资产组合

2012年度运作分析

2012年是多年以来股票指数波动比较小的年份。沪深300指数基本上在+/−15%的窄幅内波动，但个股分化较为明显。从行业来看，表现较好的是估值低、业绩增长较为稳定的金融、房地产、家电等行业，而信息服务、商贸、机械等行业的表现较差。全年沪深300指数收于2522.95点，上涨7.55%，结束了过去两年的下跌趋势。

国泰金牛创新股票基金在2012年坚持了一贯的以成长为主、自下而上选股的操作模式，虽然行业配置并不理想，但由于重仓的成长股的表现优异，因此整体业绩居于行业中上水平，并且连续第三年超越了沪深300指数的收益率，基金净值达到了过去13个月的最高水平。

国泰纳斯达克100指数证券投资基金
简称：国泰纳斯达克100指数(QDII)

基金代码： 160213
成立日期： 2010年4月29日
基金类型： 债券型
基金经理： 崔 涛
基金管理人： 国泰基金管理有限公司
基金托管人： 中国建设银行股份有限公司
首募基金规模： 555 980 000份
期末基金资产： 325 262 456.84元
期末基金份额净值： 1.168元
累计基金份额净值： 1.248元
累计分红金额： 2 644 948.22元

注：期末指2012年12月31日；累计指该基金成立以来截至2012年年末。

基本概况

投资目标

通过严格的投资程序约束和数量化风险管理手段，以低成本、低换手率实现本基金对纳斯达克100指数(Nasdaq–100Index，以下简称"标的指数")的有效跟踪，追求跟踪误差最小化

投资理念

坚持指数化投资理念，以跟踪目标指数为原则，实现与资本市场同步成长。

投资策略

该基金原则上采取完全复制策略，即按照标的指数的成份股构成及其权重构建基金股票投资组合，并根据标的指数成份股及其权重的变动进行相应调整。但因特殊情况导致基金无法及时获得足够数量的股票时，基金管理人将运用其他合理的投资方法构建本基金的实际投资组合，追求尽可能贴近目标指数的表现。

该基金的风险控制目标是追求日均跟踪误差不超过0.5%，年跟踪误差不超过5%。

业绩比较基准

纳斯达克100指数(Nasdaq–100Index)收益率(总收益指数收益率)

风险收益特征

预期风险与收益高于混合型基金、债券型基金与货币市场基金。该基金为指数型基金，跟踪标的指数市场表现，目标为获取市场平均收益，是股票基金中处于中等风险水平的基金产品。

业绩表现

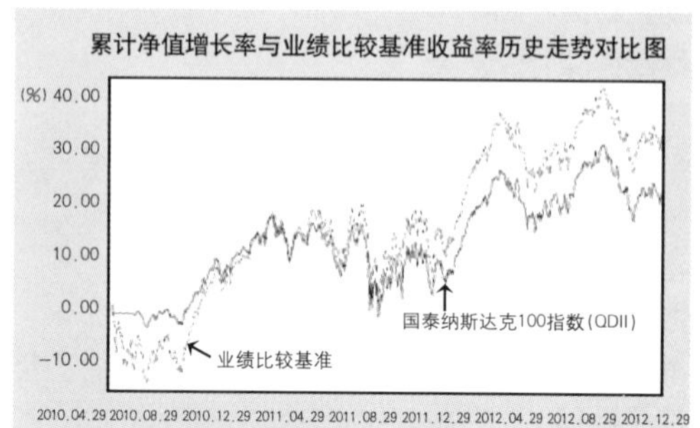

统计时间：2010年4月29日至2012年12月31日
图标来源：国泰纳斯达克100指数证券投资基金2012年年度报告

2012年末基金资产组合

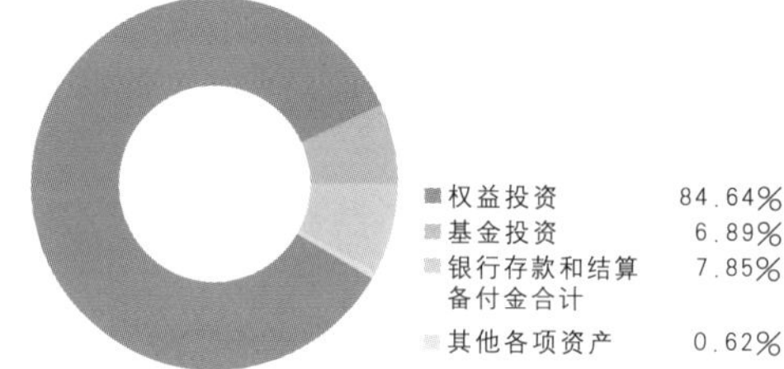

2012年度运作分析

2012年伊始，美国的消费、就业、制造业等宏观经济数据持续良好，推动纳斯达克100指数一路上扬。但二季度随着欧债危机重燃，欧美股市均有较大幅度回调。直到6月底欧盟峰会取得超出市场预期的良好成果，市场对欧债危机的担忧逐渐缓和，带动风险资产反弹。9月欧洲央行推出国债购买计划缓解欧元区国家融资压力、美联储推出第三次量化宽松进一步刺激经济复苏，让市场做多情绪爆发，推动欧美股市全面上涨。然而11月6日美国大选结束以后，美股出现了大幅下跌。尽管市场普遍预期财政悬崖问题最终达成一致将是大概率事件，但对"黑天鹅"事件的恐慌，以及获利了结的压力，仍导致市场回调。最终2012年全年纳斯达克100全收益指数上涨18.35%。

本报告期内，如统一以美元资产计价计算，国泰纳斯达克100指数(QDII)基金日均跟踪误差为0.10%，对应年化跟踪误差为1.52%，符合基金合同约定的日均跟踪误差不超过0.5%、年跟踪误差不超过5%的限制。跟踪误差主要来源为股票组合最高仓位限制以及申购赎回的冲击。

国泰上证180金融交易型开放式指数证券投资基金联接基金
简称：国泰上证180金融ETF联接

基金代码： 020021
成立日期： 2011年3月31日
基金类型： 股票型
基金经理： 章 赟
基金管理人： 国泰基金管理有限公司
基金托管人： 中国银行股份有限公司
首募基金规模： 983 770 000.00份
期末基金资产： 527 703 352.22元
期末基金份额净值： 0.9710元
累计基金份额净值： 0.9710元
累计分红金额： —

注：期末指2012年12月31日；累计指该基金成立以来截至2012年年末。

基本概况

投资目标

通过投资于目标ETF，紧密跟踪业绩比较基准，追求跟踪偏离度和跟踪误差最小化。

投资理念

坚持指数化投资理念，以低成本投资于标的指数所表征的市场组合，以期获得标的指数所表征的市场平均水平的投资收益。

投资策略

为实现投资目标，该基金将以不低于基金资产净值90%的资产投资于目标ETF。其余资产可投资于标的指数成份股、备选成份股、非标的指数成份股、新股、债券及中国证监会允许基金投资的其他金融工具，其目的是为了使该基金在应付申购赎回的前提下，更好地跟踪标的指数。

在正常市场情况下，该基金力争净值增长率与业绩比较基准之间的日均跟踪偏离度的绝对值不超过0.3%，年跟踪误差不超过4%。如因指数编制规则调整或其他因素导致跟踪偏离度和跟踪误差超过上述范围，基金管理人应采取合理措施避免跟踪偏离度、跟踪误差进一步扩大。

业绩比较基准

上证180金融股指数收益率×95%+银行活期存款利率(税后)×5%

风险收益特征

风险与收益高于混合基金、债券基金与货币市场基金。该基金为指数型基金，主要采用完全复制法跟踪标的指数的表现，具有与标的指数，以及标的指数所代表的股票市场相似的风险收益特征。

业绩表现

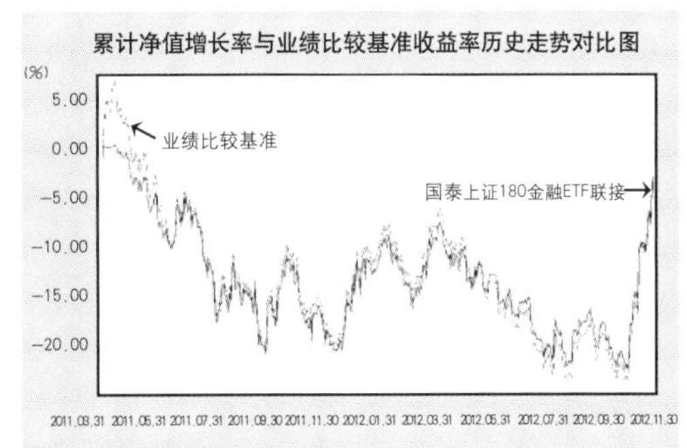

统计时间：2011年3月31日至2012年12月31日
图标来源：国泰上证180金融交易型开放式指数证券投资基金2012年年度报告

2012年末基金资产组合

2012年度运作分析

作为完全跟踪标的指数的被动型基金，国泰上证180金融ETF联接基金避免了不必要的主动操作，减少了交易冲击成本，并通过精细化管理确保基金组合与指数权重基本一致。

本报告期内，该基金日均跟踪误差为0.089%，年化跟踪误差为1.41%，符合基金合同年化跟踪误差不超过4%的规定。该基金在2012年的净值增长率为19.14%，同期业绩比较基准为17.90%。

南方基金年度纪事

2012年度

公司大事记

2012.03.13 发行、成立旗下第31只开放式证券投资基金——南方新兴消费增长分级股票型证券投资基金，募集规模为19.3亿元。

2012.05.17 发行、成立旗下第32只开放式证券投资基金——南方金利定期开放债券型证券投资基金，募集规模为16.2亿元。

2012.07.20 发行、成立旗下第33只开放式证券投资基金——南方润元纯债债券型证券投资基金，募集规模为85.62亿元。

2012.08.14 发行、成立旗下第一只短期理财基金、旗下第34只开放式证券投资基金——南方理财14天债券型证券投资基金，募集规模为70.09亿元。

2012.09.25 发行、成立旗下第35只开放式证券投资基金——南方金粮油商品股票型证券投资基金，募集规模为3.37亿元。

2012.10.12 入选保险资金投资管理人。

2012.10.19 发行、成立旗下第36只开放式证券投资基金——南方理财60天债券型证券投资基金，募集规模为51.08亿元。

2012.12.21 发行、成立旗下第37只开放式证券投资基金——南方安心保本混合型证券投资基金，募集规模为24.16亿元。

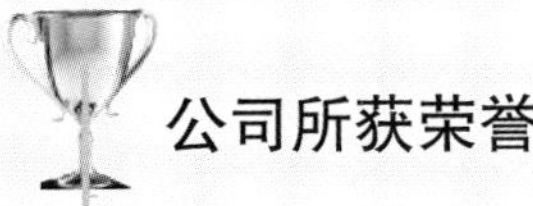

公司所获荣誉

2012年度

荣获《中国证券报》三项大奖：

公司荣获2012年度“金牛基金管理公司”；南方优选价值荣获2012年度“三年期股票金牛基金”、南方深成ETF荣获2012年度“指数型金牛基金”奖。

荣获《证券时报》四项大奖：

公司荣获2012年度“明星基金管理公司”；南方高增长荣获2012年度“股票型明星基金”、南方广利回报荣获2012年度“积极债券型明星基金”、南方固定收益团队荣获2012年度“固定收益投资明星团队”奖。

荣获《上海证券报》四项大奖：

公司荣获2012年度“金基金·TOP公司奖”；南方优选价值获得“金基金·三年期股票型基金奖”、南方宝元获得“金基金·三年期平衡型基金奖”、南方深成ETF获得“金基金·一年期指数基金奖”。

南方基金管理有限公司

China Southern Fund Management Co.,Ltd.

成立时间	1998年3月6日	注册资本	1.5亿元人民币	公司属性	中 资
董 事 长	吴万善	总 经 理	杨小松	督 察 长	鲍文革
联系电话	0755-8276 3888	传真号码	0755-8276 3889		
客服电话	400-889-8899	公司网址	www.nffund.com		
注册地址	深圳市福田中心区福华一路6号免税商务大厦31-33层				
办公地址	深圳市福田中心区福华一路6号免税商务大厦31-33层				

公司概况

1998年3月6日，经中国证监会批准，南方基金管理有限公司作为国内首批规范的基金管理公司正式成立，成为我国“新基金时代”的起始标志。

南方基金总部设在深圳，注册资本1.5亿元人民币。股东结构为：华泰证券股份有限公司(45%)；深圳市投资控股有限公司(30%)；厦门国际信托有限公司(15%)；兴业证券股份有限公司(10%)。目前，公司在北京、上海、合肥等地设有分公司，在香港设有子公司——南方东英资产管理有限公司，这也是境内基金公司获批成立的第一家境外分支机构。

公司拥有一支高素质、经验丰富的专业化团队。现有员工390余人，超过55%的员工具有硕士以上学历，近70%的员工具有7年以上的证券从业经历，其中投研人员的平均证券从业年限为8年，40%的投研人员具有海外学习或工作经验。

公司经历了中国证券市场多次牛熊交替的长期考验，以持续优秀的投资业绩、完善周到的客户服务，赢得了广大基金投资人、社保理事会、企业年金客户、专户客户的认可和信赖。截至2012年末，公司管理资产规模2 271亿元，位居行业前列。旗下管理公募基金共39只。其中开放式基金37只、封闭式基金2只，公募基金资产管理规模1 526亿元，累计向基金持有人分红达到495亿元，拥有客户数量突破1 200万人。私募业务管理规模近745亿元，在行业中持续保持领先地位。南方基金已经发展成为国内产品种类最丰富、业务领域最全面、经营业绩优秀、资产管理规模最大的基金管理公司之一。

业务发展

截至2012年末，南方基金综合资产管理规模2 271亿元，较2011年末增长31.7%。公募基金资产规模1 526亿元，较2011年末增长34.7%，高于同期全行业增长率5.8个百分点。公募资产规模市场占有率由5.26%增至5.47%，创下2008年以来的新高。公募资产规模排名行业第四，公司新发基金7只，首募总规模270亿元，在六大基金公司中排名第三，旗下公募基金合计39只。

2012年，南方基金根据产品性质和客户需求制定差异化的投资目标，让合适的人管理合适的产品，并坚持投决会指导下的基金经理负责制，引导基金经理重视组合管理和行业配置，着眼于中长期业绩。2012年公司投资业绩优异，公募产品方面，据银河证券基金研究中心统计，公司股票投资主动管理能力在六大基金公司中排名第一，资产加权平均收益率为8.76%，13只股票基金中有7只排名在前1/3，债券投资主动管理能力同样在六大基金公司中排名第一，资产加权平均收益率为12.1%。私募产品方面，年金组合收益率全面超越三年定存目标，平均收益率超过6%，南方电网等多只年金名列前茅。社保组合业绩表现居前。

2012年南方基金年金业务稳步拓展，始终保持在行业第一梯队。年金新增规模43亿元，新增开户中电投、延长石油等大型公司，总规模已超过221亿元。成功取得首批保险专户项目，规模15亿元。公募基金直销存量份额为270亿份，增幅42%，高于行业增速9个百分点。

社会责任

投资者教育

通过公司官方网站在线客服答疑、调查问卷、投资者风险承受能力测评、理财学堂、专家在线栏目等形式开展投资者教育服务工作，覆盖客户百万人以上；组织彩虹之旅全国巡讲、智富汇等现场活动18场次，覆盖全国各个营销城市客户上万人。

社会公益活动

2012年南方基金开展各类公益慈善活动15场，4次获评社会责任奖项，推进公司慈善事业的跨跃发展和公益品牌形象的大幅提升。2012年全面启动“与爱童行”中国乡村教育计划大型慈善项目，以捐赠爱心物资、发放扶助金、励志演讲等活动形式，鼓励山村孩子努力读书，走出大山，实现梦想。活动走遍黑龙江、湖北、湖南、安徽、四川、贵州、甘肃、云南、广东等省市21所偏远山区学校，受助师生逾1.5万人。

→ 旗下产品介绍

南方宝元债券型基金
简称：南方宝元债券

基金代码：202101
成立日期：2003年12月5日
基金类型：债券型
基金经理：应帅、蒋朋宸
基金管理人：南方基金管理有限公司
基金托管人：工商银行
首募基金规模：49.03亿份
期末基金资产：12.27亿元
期末基金份额净值：1.2135元
累计基金份额净值：2.4935元
累计分红金额：0.08元/份

注：期末指2012年12月31日；累计指该基金成立以来截至2012年年末。

业绩表现

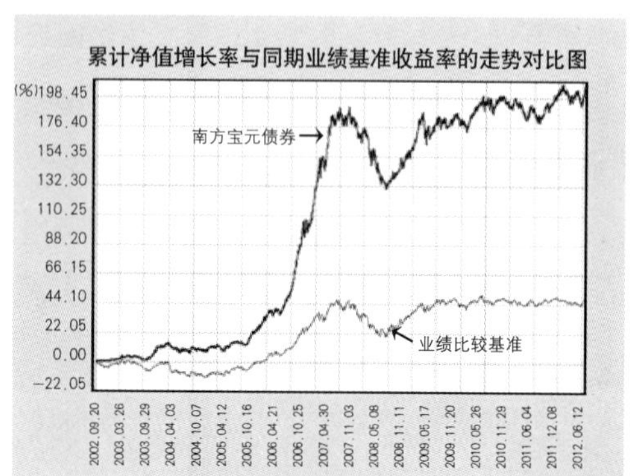

统计时间：2002年9月20日至2012年12月31日
图标来源：南方宝元债券型基金2012年年度报告

基本概况

投资目标

该基金为开放式债券型基金，以债券投资为主，股票投资为辅，在保持投资组合低风险和充分流动性的前提下，确保基金安全及追求资产长期稳定增值。

投资策略

南方宝元债券型基金采取自上而下的投资策略，通过对宏观经济形势以及财政货币政策的深入分析，确定资产配置的指导原则，在此基础上依照收益率与风险特征对不同金融产品的投资比例进行合理配置，并随投资环境的变化及时做出调整。力争在控制利率风险与市场风险的同时，为投资者获取稳定收益。

业绩比较基准

南方宝元债券型基金采用"75%×交易所国债指数+25%×(上证A股指数+深证A股指数)"为业绩比较基准。

风险收益特征

南方宝元债券型基金属于证券投资基金中的低风险品种，其风险收益配比关系为低风险、适度收益。

2012年末基金资产组合

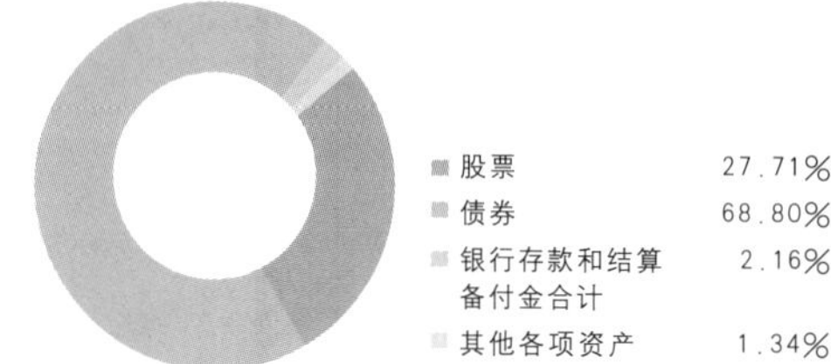

2012年度运作分析

2012年经济与企业盈利触底回升，CPI也处于较低水平，但对来年的反弹有所担忧。2012年三季度降准预期落空后，银行间市场资金面维持紧平衡状态，四季度则比较宽松。在此背景下，债券市场全年采取持有策略。债券投资运作上，南方宝元持有的纯债为组合收益带来了正贡献。其中对信用债保持了较高的关注，在一级市场积极参与信用债投资，在二级市场对信用债的结构进行调整，获取了超额收益。

股票资产方面，南方宝元债券基金在下半年做了较大调整，基于政策对白酒影响的不确定性在增大，白酒的行业配置进行了大比例的下调，增加了金融股的配置。南方宝元债券基金偏好于稳定增长类品种，但在白酒长期稳定增长逻辑受到破坏之后，开始增加低估值板块，包括金融、地产、家电、汽车等。

南方多利增强债券型基金A级
简称：南方多利增强债券

基金代码： 202103
成立日期： 2007年5月18日
基金类型： 债券型
基金经理： 李璇
基金管理人： 南方基金管理有限公司
基金托管人： 工商银行
首募基金规模： 89.77亿份
期末基金资产： 10.28亿元
期末基金份额净值： 1.0656元
累计基金份额净值： 1.3441元
累计分红金额： 0.1873元/份

注：期末指2012年12月31日；累计指该基金成立以来截至2012年年末。

业绩表现

统计时间：2009年9月23日至2012年12月31日
图标来源：南方多利增强债券型基金A级2012年年度报告

基本概况

投资目标

该基金属于债券型基金，投资目标是在债券稳定收益的基础上，通过股票一级市场申购等投资手段积极投资获取高于投资基准的收益。

投资策略

(一)债券投资策略。首先根据宏观经济分析、资金面动向分析和投资人行为分析判断未来利率期限结构变化，并充分考虑组合的流动性管理的实际情况，配置债券组合的久期和债券组合结构；其次，结合信用分析、流动性分析、税收分析等综合影响确定债券组合的类属配置；再次，在上述基础上利用债券定价技术，进行个券选择，选择被低估的债券进行投资。在具体投资操作中，采用骑乘操作、放大操作、换券操作等灵活多样的操作方式，获取超额的投资收益。(二)新股投资策略。目前股票发行价格与二级市场价格之间存在一定的价差，新股申购成为一种风险较低的投资方式。本基金通过对宏观经济以及上市公司的基本面深入研究，并结合金融工程数量化模型，对于拟发行上市的新股等权益类资产进行合理估值，制定相应的申购和择时卖出策略。

业绩比较基准

中央国债登记结算公司中债总指数(全价)

风险收益特征

该基金为债券型基金，属证券投资基金中的低风险品种，预期收益高于货币市场基金，风险低于混合型基金。

2012年末基金资产组合

2012年度运作分析

2012年度，南方多利增强债券基金的投资以信用债为主，在享有较好的票息收益的同时，积极进行主动操作，通过波段操作获取价差收益。上半年维持了较高的信用债仓位，并在一季度末增加了高收益城投债的配置，获得了较好的持有收益和价差收益；二季度末三季度初，该基金对信用债的结构进行了调整，适当降低了信用债的久期，规避了三季度市场下跌的风险；在信用债市场收益率回归配置价值后，该基金又于三季度末及四季度将之前配置的短期信用债替换回中期信用债，以获取更好的持有收益。可转债投资方面，主要选择估值有安全边际的品种进行投资，对组合贡献了正收益。新股投资方面，坚持价值投资理念，选择成长性较好和安全性较高的公司合理报价，为组合贡献了超额收益。

南方现金增利基金A级
简称：南方现金

基金代码： 202301
成立日期： 2003年12月5日
基金类型： 货币型
基金经理： 韩亚庆、刘朝阳
基金管理人： 南方基金管理有限公司
基金托管人： 工商银行
首募基金规模： 80.48亿份
期末基金资产： 258.55亿元
期末基金份额净值： 1.00元
累计基金份额净值： —
累计分红金额： —

注：期末指2012年12月31日；累计指该基金成立以来截至2012年年末。

业绩表现

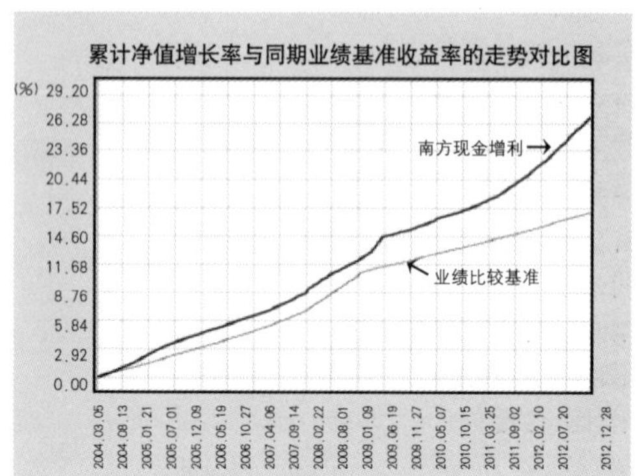

统计时间：2004年3月5日至2012年12月31日
图标来源：南方现金增利基金A级2012年年度报告

基本概况

投资目标

该基金为具有高流动性、低风险和稳定收益的短期金融市场基金，在控制风险的前提下，力争为投资者提供稳定的收益。

投资策略

南方现金增利基金以“保持资产充分流动性，获取稳定收益”为资产配置目标，在战略资产配置上，主要采取利率走势预期与组合久期控制相结合的策略，在战术资产操作上，主要采取滚动投资、关键时期的时机抉择策略，并结合市场环境适时进行回购套利等操作。

业绩比较基准

该基金基准收益率=1年期银行定期存款收益率（税后）（至2008年8月26日）

该基金基准收益率＝同期7天通知存款利率（税后）（自2008年8月27日起）

2012年末基金资产组合

2012年度运作分析

2012年，国内经济增速和通货膨胀率都经历了先下再稳的过程。上半年，货币政策整体宽松，两次下调法定存款准备金率，并于年中先后两次下调存贷利率。下半年，随着通胀的企稳，货币政策逐步转向中性，市场降准预期屡次落空，央行维持相对较高逆回购利率。三季度市场资金面预期较为混乱，回购利率上下波动较大，直到四季度整体表现才趋于平稳。货币市场收益率跟随基本面和政策面的节奏，整体呈现V型走势。

2012年上半年南方现金增利基金看好银行存款和短期融资券的投资价值，在保证基金流动性的情况下，保持较高的久期和仓位，较好把握了投资机会。下半年，存款利率逐渐低于信用债收益率，现金增利逐渐降低了整体仓位和久期，适当规避了利率风险。

华夏基金年度纪事

2012年度

公司大事记

2012.02.21 华夏基金首只RQFII产品——华夏精选人民币债券基金募集结束，募集金额在同期18只RQFII产品中居于首位。

2012.07.17 华夏沪深300指数ETF在港交所成功上市，成为全球首只RQFII A股ETF。

2012.10.22 境内首只跨境ETF——华夏恒生ETF在深交所挂牌上市。

公司所获荣誉

2012.01 华夏基金在美国《环球金融》杂志(Global Finance)举办的“2012中国之星”评选中，获得唯一的“最佳基金公司奖”。

2012.03 3月16日，《亚洲资产管理》(Asia Asset Management)杂志在香港正式公布了2011年度亚洲地区资产管理行业大奖评选结果，华夏基金再次获得“中国年度最佳基金公司奖”，同时获得“中国股票3年最佳业绩奖”和“中国股票5年最佳业绩奖”。公司已连续8年获得该杂志评选的奖项。

3月26日，《证券时报》举办的“2011年度中国基金业明星基金奖”评选结果揭晓，华夏基金第四次获得“年度十大明星基金公司奖”，并获得评委会首次颁发的“五年持续回报明星基金公司奖”。在年度奖项中，华夏收入基金获得“2011年度股票型明星基金奖”；在长期奖项中，华夏大盘精选基金、华夏红利基金获得“五年持续回报积极混合型明星基金奖”，华夏经典配置基金获得“五年持续回报平衡混合型明星基金奖”，华夏策略精选基金获得“三年持续回报积极混合型明星基金奖”。华夏基金是获得本届明星基金奖最多的基金公司。

公司所获荣誉

2012.03 3月27日，晨星(中国)2012年度基金奖揭晓，华夏策略精选基金荣获“激进配置型基金奖”，华夏收入基金、华夏兴华封闭基金分获股票型基金奖、封闭式基金奖提名。

3月28日，在《中国证券报》主办的“2012年金牛基金论坛暨第九届中国基金业金牛奖颁奖盛典”中，华夏基金第七次荣获“年度金牛基金管理公司”称号，华夏收入股票基金荣获“2011年度股票型金牛基金”，华夏回报混合基金荣获“2011年度混合型金牛基金”，华夏复兴股票基金荣获“三年期股票型金牛基金”，华夏大盘精选混合基金、华夏红利混合基金荣获“五年期混合型金牛基金”，华夏兴华封闭基金荣获“五年期封闭式金牛基金”。

华夏基金总经理范勇宏再次获得美国《机构投资者》杂志中文网站——《机构投资者在线》“大中华地区2011年度金融行业最佳高管钻石奖”。

2012.04 4月20日，在《上海证券报》主办的第九届中国“金基金”奖颁奖典礼中，华夏基金第七次荣获“年度金基金·TOP公司奖”，华夏大盘精选基金获得“五年期金基金·偏股混合型基金奖”，华夏策略精选基金获得“三年期金基金·灵活配置型基金奖”，华夏红利基金获得“三年期金基金·分红基金奖”，华夏上证50ETF基金获得“三年期金基金·指数基金奖”。

2012.05 在亚洲权威财经杂志《亚洲投资者》(Asian Investor)举办的“2012年投资成就奖”颁奖典礼中，华夏基金(香港)有限公司荣膺“2011年度最佳海外中资基金公司奖”，是仅有的两家获此奖项的海外中资基金公司之一。

2012.07 在由中国信息协会、中国服务贸易协会共同主办的2011——2012第七届中国最佳客户服务评选中，华夏基金获得“中国最佳客户服务奖”、“中国最佳客户服务管理团队”两项大奖。华夏基金已连续5年在该评选中获奖，是历届评选活动中获奖次数最多的基金公司之一。

华夏基金管理有限公司

China Asset Management Co.,Ltd.

成立时间	1998年4月9日	注册资本	2.38亿元人民币	公司属性	中外合资
董事长	王东明	总经理	滕天鸣	督察长	方瑞枝
联系电话	010-8806 6688	传真号码	010-8806 6508		
客服电话	400-818-6666	公司网址	www.chinaamc.com		
注册地址	北京市顺义区天竺空港工业区A区				
办公地址	北京市西城区金融大街33号通泰大厦B座12层				

公司发展概况

华夏基金管理有限公司(以下简称“华夏基金”)成立于1998年4月9日，是经中国证监会批准成立的首批全国性基金管理公司之一，也是目前境内管理资产规模最大的基金公司，并已连续六年居于行业第一。华夏基金秉承“为信任奉献回报”的企业宗旨，致力于以专业、严谨的投资研究为基础，为投资人提供优质的基金产品和理财服务。

业务发展

历经多年牛市熊市的洗礼，华夏基金规范运作、稳健经营，以雄厚的综合实力保持了基金行业的领先地位。截止到2012年12月31日，旗下基金累计分红超过817亿元。

业务领域

成立十五年来，华夏基金的业务持续快速发展，获得了基金行业全部业务牌照。华夏基金是首批全国社保基金管理人、首批企业年金基金管理人、境内首批QDII基金管理人、境内首只ETF基金管理人，以及特定客户资产管理人、保险资金投资管理人，香港子公司是首批RQFII基金管理人。华夏基金是业务领域最广泛的基金管理公司之一。

投资研究

华夏基金在业内最早提出了“研究创造价值”的投资理念，坚持深入的内部基本面研究，投资决策以内部研究为主要依据。研究团队发掘了大批有超额收益的个股，为基金经理的投资提供了有力的支持。华夏基金建立了专业、资深、稳定的团队，已经成为华夏基金持续创造良好业绩的核心动力。

基金产品

华夏基金建立了完善的基金产品线，旗下共有41只开放式基金，1只封闭式基金，从低风险、低收益的货币市场基金到高风险、高收益的股票基金，可以满足各类风险偏好投资者的需求。公司还管理着多只全国社保基金投资组合，已经被超过160家大中型企业确定为年金投资管理人，并被多家客户确定为特定客户资产管理人。公司是境内管理基金数目最多、品种最全的基金管理公司之一。

年度业务经营

公募基金业务

华夏基金建立了完善的公募基金产品线，建立了覆盖全国的销售服务网络，为广大投资人提供专业、便捷、及时的投资理财服务。公司始终将投资业绩放在第一位，注重将投资收益及时转化为分红，为投资人创造了丰厚的回报。

2012年公司旗下表现较好的公募基金产品投资收益与分红概况

序号	基金代码	基金简称	基金类型	2012年度		
				回报率	分红次数	每10份派现/元
1	510050	华夏上证50ETF	开放式指数	17.00%	2	0.48
2	000051	华夏沪深300ETF联接	开放式指数	9.47%	—	—
3	001001	华夏债券A/B	债券型	7.81%	3	0.60
4	001011	华夏希望债券A	债券型	7.55%	2	0.60
5	001003	华夏债券C	债券型	7.54%	3	0.40
6	003003	华夏现金增利	货币型	4.28%	—	—
7	288101	华夏货币A	货币型	4.17%	—	—
8	002001	华夏回报混合	混合型	7.51%	—	—
9	002021	华夏回报二号混合	混合型	7.33%	—	—
10	000001	华夏成长混合	混合型	7.25%	—	—
11	160311	华夏蓝筹混合(LOF)	混合型	7.10%	—	—
12	000011	华夏大盘精选混合	混合型	5.89%	2	31.00
13	000061	华夏盛世股票	股票型	11.29%	—	—
14	160314	华夏行业股票(LOF)	股票型	5.24%	—	—
15	500008	华夏兴华封闭	封闭式	6.43%	—	—
16	000041	华夏全球股票(QDII)	QDII	11.50%	—	—

数据来源：华夏基金2012年年度报告

2012年新发行公募基金募集情况

序号	基金代码	基金简称	基金类型	成立日期	首募规模
1	159920	华夏恒生ETF	QDII	2012.08.09	35.86亿元
2	000071	华夏恒生ETF联接	QDII	2012.08.21	8.55亿元
3	001031	华夏安康债券	债券型	2012.09.11	54.76亿元
4	001057	华夏理财30天债券	债券型	2012.10.24	25.70亿元
5	001061	华夏收益债券(QDII)	QDII	2012.12.07	19.78亿元
6	510330	华夏沪深300ETF	开放式指数	2012.12.25	6.03亿元

专户理财业务

基于多年的证券投资经验，华夏基金推出了专门针对专户理财业务的系列投资产品，覆盖不同的投资范围及投资策略，并可根据客户的投资需求进行不同的风险及收益配比。

华夏基金专户理财产品线从投资品种和资产配置出发进行设计分类，与不同的投资策略、风险管理技术或交易条款结合后有更丰富的产品组合供客户选择。

社保基金业务

2001年，华夏基金担任全国社保基金首家也是唯一的临时投资管理人；2002年，华夏基金成为全国社会保障基金首批正式投资管理人；2003年，华夏基金受托管理的全国社会保障基金多个委托组合开始正式运作。

作为境内最早的社保基金管理机构，华夏基金经过十二年的管理实践，已形成了适合养老基金“力争本金安全、追求适度收益”的投资理念和流程，完善了风控制度和体系，建立了专业、敬业的服务团队。凭借优良的业绩表现和严格的风险控制，华夏基金赢得了委托方的认可，获得了多次追加委托。

企业年金业务

2000年，华夏基金开始对企业年金进行系统研究和业务准备。2005年，华夏基金获得境内首批企业年金投资管理人资格。截至2012年12月底，公司已被超过160家大中型年金客户确定为投资管理人，运作规模超过380亿元。

公司年金客户包括国资委监管的中央企业、大型金融机构、地方国有大中型企业、外商独资企业、合资企业、国内外上市公司和事业单位；公司年金客户覆盖电力能源、公用事业、机械制造、金融保险、冶金钢铁、交通运输、信息技术、烟草等多种行业；公司年金客户分布在北京、上海、天津、广东、广西、云南、四川、福建、浙江、江苏、江西、安徽、山东、山西、湖南、湖北、河北、河南、陕西、甘肃、青海、新疆、内蒙古、黑龙江、吉林、辽宁等地。

旗下产品介绍

华夏复兴股票型证券投资基金
简称：华夏复兴股票

基金代码： 000031
成立日期： 2007年9月10日
基金类型： 股票型
运作方式： 该基金在自基金合同生效之日起的一年内以封闭式基金方式运作，自封闭期满之日起以开放式基金方式运作。
基金经理： 程海泳　崔同魁
基金管理人： 华夏基金管理有限公司
基金托管人： 中国农业银行股份有限公司
首募基金规模： 4 999 112 948.66份
期末基金份额总额： 2 812 949 616.41份
期末基金份额净值： 1.054元
累计基金份额净值： 1.054元
累计分红金额： —

注：期末指2012年12月31日；累计指该基金成立以来截至2012年年末。

基本概况

投资目标

秉承长期投资理念和个股精选思路，以长期、全球视野考察我国经济、行业以及个股的成长前景，着眼于公司外部环境、公司内部品质两个基本评估维度，通过多层筛选机制构建高品质的投资组合，追求基金资产的持续增值，力争为投资者创造超额回报。

投资策略

该基金的资产配置采用"自上而下"的多因素分析决策支持系统，综合定性分析和定量分析手段，根据全球经济发展形势以及中国经济发展趋势的判断，对股票市场、债券市场未来一段时间内的风险收益特征做出合理预测，从而确定基金资产在股票、债券、现金三大类资产之间的投资比例，并随着各类资产风险收益特征的相对变化，适时动态地调整股票、债券和货币市场工具的投资比例，以规避或控制市场风险，提高基金收益率水平。该基金投资从经济增长的长期规律和全球视野出发，采取价值型投资策略，选择具有长期竞争力和稳定成长性，且预期估值水平低于市场或行业平均水平的股票，以及已经度过基本面拐点，且预期估值低于其长期平均水平的股票进行投资。

业绩比较基准

该基金股票投资的业绩比较基准为沪深300指数，债券投资的业绩比较基准为上证国债指数。

基准收益率＝沪深300指数收益率×80%＋上证国债指数收益率×20%。

风险收益特征

该基金是股票基金，风险高于货币市场基金、债券基金和混合基金，属于高风险、高收益的品种。

业绩表现

统计时间：2007年9月10日至2012年12月31日
图标来源：华夏复兴股票型证券投资基金2012年年度报告

2012年末基金资产组合

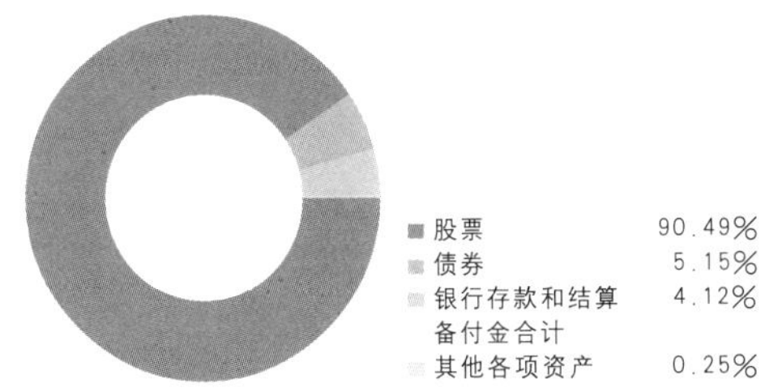

2012年度运作分析

回顾2012年，华夏复兴股票基金年初判断全年看涨，前三季度保持了较高仓位，对金融、地产配置较高；二季度对于"稳增长"政策预期过高，增配了基建复工相关行业个股，对于食品、医药、电子等成长型行业配置不足，经济复苏证伪后周期股下跌使组合遇到较大损失；四季度该基金进行了仓位调整，在10月反弹期间大幅降低了股票仓位，使组合在下跌行情中减少了损失，11月下旬和12月初组合在低位大幅回补，增加了家电、汽车、地产、水泥、证券等早周期和金融行业配置，积极参与了市场反弹。

华夏回报证券投资基金
简称：华夏回报混合

基金代码：002001
成立日期：2003年9月5日
基金类型：混合型
运作方式：契约型开放式
基金经理：胡建平　张剑
基金管理人：华夏基金管理有限公司
基金托管人：中国银行股份有限公司
首募基金规模：3 796 885 823.40份
期末基金份额总额：7 863 232 038.00份
期末基金份额净值：1.289元
累计基金份额净值：3.406元
累计分红金额：2.117元/份

注：期末指2012年12月31日；累计指该基金成立以来截至2012年年末。

业绩表现

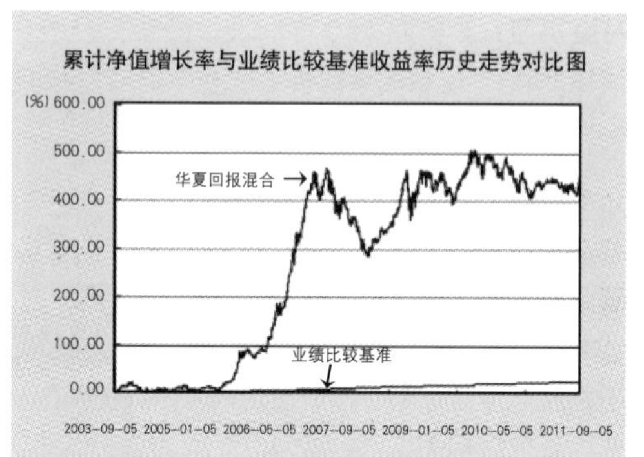

统计时间：2003年9月5日至2012年12月31日
图标来源：华夏回报证券投资基金2012年年度报告

基本概况

投资目标

尽量避免基金资产损失，追求每年较高的绝对回报。

投资策略

正确判断市场走势，合理配置股票和债券等投资工具的比例，准确选择具有投资价值的股票品种和债券品种进行投资，可以在尽量避免基金资产损失的前提下实现基金每年较高的绝对回报。

业绩比较基准

该基金业绩比较基准为绝对回报标准，为同期一年期定期存款利率。

风险收益特征

该基金在证券投资基金中属于中等风险的品种，其长期平均的预期收益和风险高于债券基金，低于股票基金。

2012年末基金资产组合

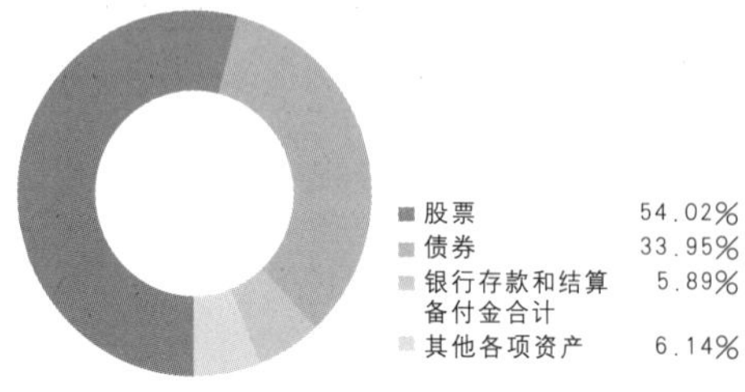

2012年度运作分析

回顾2012年，年初市场对国内经济和外围经济的预判相对乐观，市场有所反弹，但仅限于以存量博弈为主；二季度预期落空后市场一路下行，同时投资者对地产政策也有所担忧，随后，国内经济政策开始调整，企业融资环境和政府投资都有所改善；三季度经济出现见底迹象，但市场在短暂反弹后仍表现疲弱；四季度经济短期见底基本确认，同时A股市场的股票供给有所放缓，全球资本风险偏好回升，尤其是对新兴市场的配置需求增加明显，"十八大"以后投资者对改革红利预期加强，基于此，市场于12月扭转颓势，估值已经接轨的部分股票率先上涨，市场重新活跃。行业结构方面，受益于销售持续超预期的地产股涨幅较大，金改受益股全年表现亦不俗，白酒类股票先扬后抑，全年各行业表现分化较大。

华夏回报混合基金上半年进行了持续减仓，下半年仓位相对稳定，年末有所加仓。行业方面，上半年减持了银行、白酒，增持了地产，年底增持了银行。不足之处在于没有分享到金改受益股的上涨，且对医药股的投资力度不够。

华夏债券投资基金
简称：华夏债券

基金代码： 001001
成立日期： 2002年10月23日
基金类型： 债券型
运作方式： 契约型开放式
基金经理： 魏镇江　李中海　韩会永
基金管理人： 华夏基金管理有限公司
基金托管人： 交通银行股份有限公司
首募基金规模： 5,132,789,987.20份
期末基金份额总额： 3,135,437,810.04份
期末基金份额净值： 1.058元
累计基金份额净值： 1.648元
累计分红金额： 0.59元/份

注：期末指2012年12月31日；累计指该基金成立以来截至2012年年末。

基本概况

投资目标

在强调本金安全的前提下，追求较高的当期收入和总回报。

投资策略

该基金将在遵守投资纪律并有效管理风险的基础上，通过价值分析，结合自上而下确定投资策略和自下而上个券选择的程序，采取久期偏离、收益率曲线配置和类属配置等积极投资策略，发现、确认并利用市场失衡实现组合增值。

业绩比较基准

该基金整体的业绩比较基准为"53%中信标普银行间债券指数+46%中信标普国债指数+1%中信标普企业债指数"。

风险收益特征

该基金属于证券投资基金中相对低风险的品种，其长期平均的风险和预期收益率低于股票基金和平衡型基金，高于货币市场基金。

2012年末基金资产组合

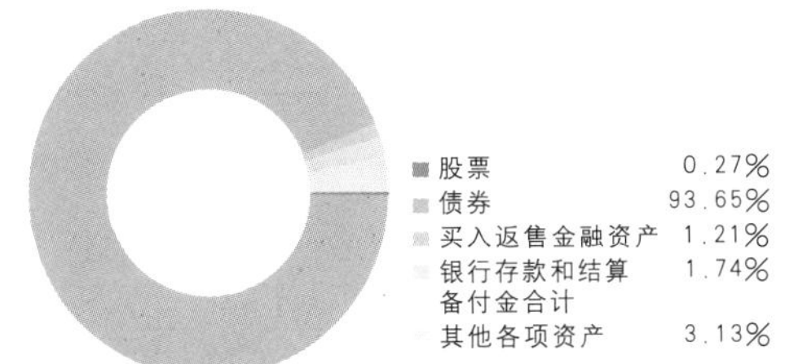

业绩表现

统计时间：2002年10月23日至2012年12月31日
图标来源：华夏债券投资基金2012年年度报告

2012年度运作分析

2012年，欧债危机缓解，美国财政悬崖问题雷声大雨点小，美国经济已步入复苏阶段。国内经济形势表现不佳，物价水平趋于下行，私人投资始终不振，央行上半年保持了偏宽松的货币政策，但下半年宽松力度低于市场预期。债市方面，由于资金面比2011年宽松，信用风险担忧下降，投资者对高收益产品热情增加，较低评级信用债表现较好；利率债走势相对较弱；可转债全年波动，临近年末时跟随股市强势反弹。

报告期内，华夏债券基金积极买入信用债，特别是信用等级较好的城投债，提高了杠杆水平和久期。基金始终保持了较高的信用债仓位，同时减持了利率债，并在下半年增持了可转债。

华夏现金增利证券投资基金

简称：华夏现金增利货币

基金代码：003003
成立日期：2004年4月7日
基金类型：债券型
运作方式：契约型开放式
基金经理：曲 波
基金管理人：华夏基金管理有限公司
基金托管人：中国建设银行股份有限公司
首募基金规模：6 426 134 798.32份
期末基金份额总额：43 458 952 552.61份
期末基金份额净值：1.0000元
累计基金份额净值：—
累计分红金额：—

注：期末指2012年12月31日；累计指该基金成立以来截至2012年年末。

业绩表现

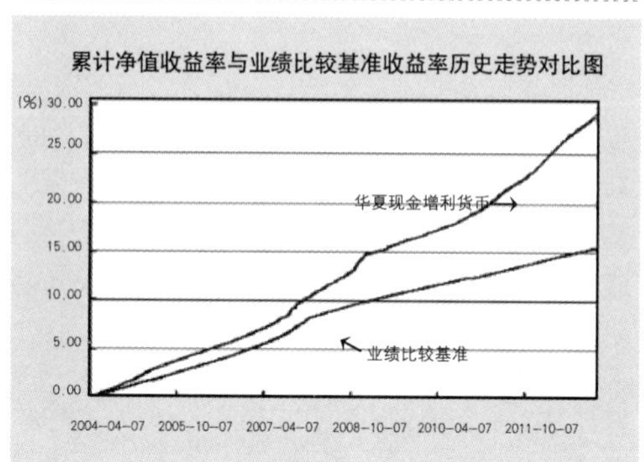

统计时间：2004年4月7日至2012年12月31日
图标来源：华夏现金增利证券投资基金2012年年度报告

基本概况

投资目标

在确保本金安全和高流动性的前提下，追求超过基准的较高收益。

投资策略

积极判断短期利率变动，合理安排期限，细致研究，谨慎操作，以实现本金的安全性、流动性和稳定超过基准的较高收益。

业绩比较基准

同期7天通知存款利率

风险收益特征

该基金属于证券投资基金中低风险的品种，其长期平均的风险和预期收益率低于股票基金、混合基金和债券基金。

2012年末基金资产组合

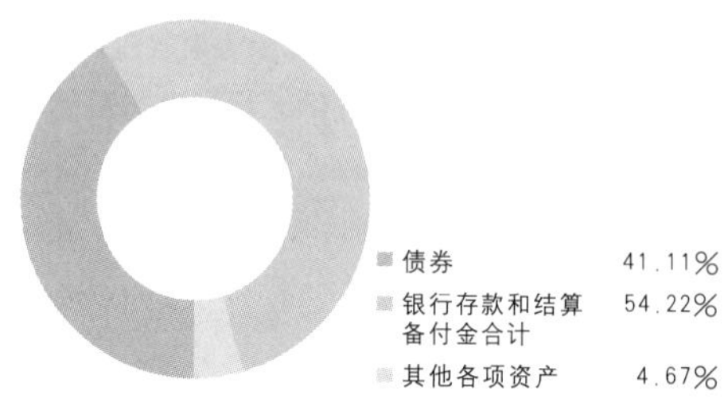

2012年度运作分析

2012年，由于通胀压力相对较小、宏观经济偏弱，货币政策比较宽松，央行在2月份和5月份分别下调法定存款准备金率0.5个百分点，并在6月份及7月份两次降息，将一年期存款基准利率下调0.5个百分点。除个别时点如春节前、6月底以及9月底外，资金面一直保持较宽裕的状态。二级市场上，短期央票和金融债收益率全年窄幅波动；短期融资券收益率上半年持续下行，下半年受供给加大等因素影响大幅上升，但全年仍有50BP左右的下行，且震幅较大；以Shibor利率为基准的浮动利率债券全年利差变化不大。

报告期内，华夏现金增利基金始终保持了较高比例的同业存款配置比例，维持了浮息债中性配置，自三季度末开始大量增持短期融资券，在保持组合流动性的基础上实现了较好的收益。

上证50交易型开放式指数证券投资基金
简称：华夏上证50ETF

基金代码： 510050
成立日期： 2004年12月30日
运作方式： 交易型开放式
基金经理： 方 军
基金管理人： 华夏基金管理有限公司
基金托管人： 中国工商银行股份有限公司
首募基金规模： 5 435 331 306.00份
期末基金份额总额： 10 438 566 757.00份
期末基金份额净值： 1.855元
累计基金份额净值： 2.427元
累计分红金额： 0.195元/份

注：期末指2012年12月31日；累计指该基金成立以来截至2012年年末。

业绩表现

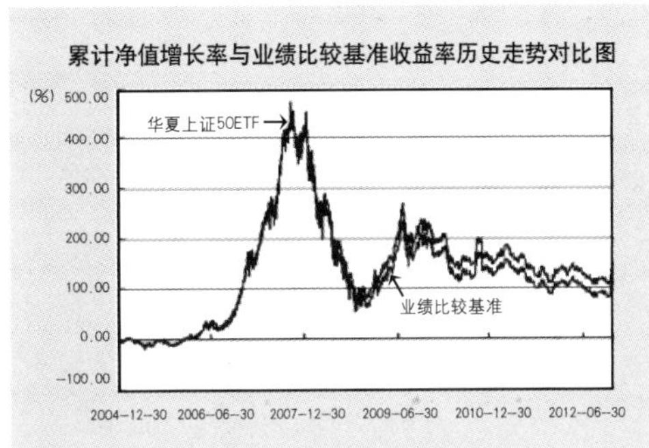

统计时间：2004年12月30日至2012年12月31日
图标来源：上证50交易型开放式指数证券投资基金2012年年度报告

基本概况

投资目标

紧密跟踪标的指数，追求跟踪偏离度和跟踪误差最小化。

投资策略

该基金主要采取完全复制法，即完全按照标的指数的成份股组成及其权重构建基金股票投资组合，并根据标的指数成份股及其权重的变动而进行相应调整。但在因特殊情况（如流动性不足）导致无法获得足够数量的股票时，基金管理人将搭配使用其他合理方法进行适当的替代。

业绩比较基准

该基金的业绩比较基准为"上证50指数"。

风险收益特征

该基金属股票基金，风险与收益高于混合基金、债券基金与货币市场基金。该基金为指数型基金，采用完全复制策略，跟踪上证50指数，是股票基金中风险较低、收益中等的产品。

2012年末基金资产组合

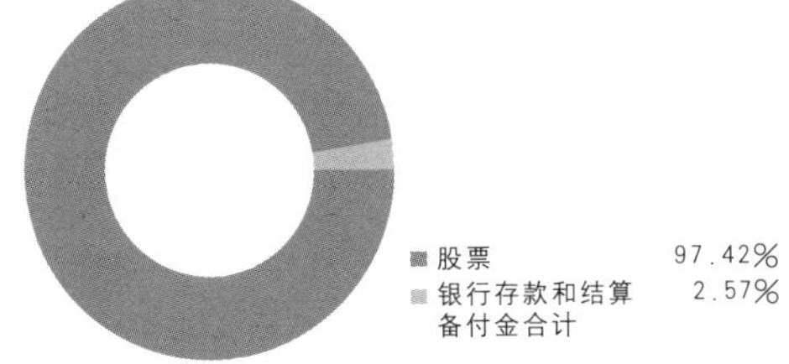

2012年度运作分析

2012年，国内通胀水平总体维持低位，经济增速及企业盈利增速前三季度持续下降，年底显现趋稳迹象；央行两次降息，两次下调存款准备金率，市场资金面总体平稳，宏观政策总体上仍维持预调微调。投资者对于经济数据以及宏观政策的预期成为影响市场的主要因素。

市场方面，A股整体上呈现震荡走势。年初，由于投资者预期政策将有所宽松，加之国际市场也出现了回暖，市场出现了一波超跌反弹行情；自5月上旬起，由于经济基本面和政策放松低于预期，市场出现了持续的、较大幅度的回调；12月初，经济数据的逐步好转引发了对经济触底反弹的预期，加之A股估值处于历史低位，且境外新一轮宽松货币政策也提供了较为有利的外部环境，市场大幅反弹。报告期内，周期股表现优于市场平均水平。上证50指数本报告期内上涨14.84%，表现好于市场平均水平。

在操作中，该基金严格按照基金合同要求，在指数权重及成份股变动时，尽量降低成本、减少市场冲击，逐步调整组合至目标结构。

易方达基金年度纪事

2012年度

公司大事记

2012.02 易方达资产管理(香港)有限公司正式推出旗下首只人民币合格境外投资者基金(RQFII)——易方达人民币固定收益基金。

2012.03 易方达基金荣获三项“金牛”奖，二度蝉联“被动投资金牛基金公司”奖。

2012.05 易方达纯债债券型证券投资基金合同生效成立

2012.06 易方达标普全球高端消费品指数增强型证券投资基金合同生效成立

2012.07 易方达量化衍伸股票型证券投资基金合同生效成立

2012.08 易方达恒生H股ETF及联接基金成功完成发售

2012.09 易方达中小板指数分级证券投资基金合同生效成立

2012.11 易方达中债新综合债券指数发起式证券投资基金(LOF)基金合同生效成立

易方达月月利理财债券型证券投资基金合同生效成立

2012.12 易方达资产管理(香港)公司获得中国证监会批准QFII资格

公司所获荣誉

时 间	获奖对象	颁奖单位	奖项/荣誉
2012年3月	易方达基金管理有限公司	《证券时报》	2011年度十大明星基金公司奖
	易方达基金管理有限公司	《中国证券报》	2011年度被动投资金牛基金公司
	易方达深证100ETF	《中国证券报》	2011年度指数型金牛基金
	易方达消费行业股票	《中国证券报》	2011年度股票型金牛基金
2012年4月	易方达基金管理有限公司	《上海证券报》	2011年度金基金·TOP公司奖
	易方达基金管理有限公司	《上海证券报》	2011年度金基金·十年卓越公司奖
	易方达深证100ETF	《上海证券报》	2011年度金基金·指数基金奖

注：颁奖单位均为中国证券业协会认证的、具备基金评价或评奖资格的机构。

易方达基金管理有限公司

E Fund Management Co.,Ltd

成立时间	2001年4月17日	注册资本	1.2亿元人民币	公司属性	中 资
董 事 长	叶俊英	总 经 理	刘晓艳	督 察 长	张 南
联系电话	020-3879 7888	传真号码	020-3879 9488		
客服电话	400-881-8088	公司网址	www.efunds.com.cn		
注册地址	广东省珠海市横琴新区宝中路3号4004-8室				
办公地址	广州市天河区珠江新城珠江东路30号广州银行大厦40-43楼				

公司发展概况

易方达基金管理有限公司(以下简称“易方达基金”)成立于2001年4月17日，旗下设有北京、广州、上海分公司和香港子公司。易方达基金秉承“取信于市场，取信于社会”的宗旨，坚持“在诚信规范的前提下，通过专业化运作和团队合作实现持续稳健增长”的经营理念，以严格的管理、规范的运作和良好的投资业绩，赢得市场认可。

公募资产管理规模居于行业领先地位

自2001年成立以来，虽历经多轮市场波动，易方达基金资产管理规模保持稳步增长，并逐步发展成为国内领先的综合性资产管理公司，近几年公募基金资产管理规模始终保持在行业前三位。截至2012年12月31日，易方达旗下共管理40只公募基金和多个全国社保基金资产组合、企业年金及特定客户资产管理业务，资产管理总规模近2 500亿元，累计分红近500亿元，服务于近1 000万投资者。

各资产类别业务全面发展

易方达基金是中国基金行业资产类别业务发展最为全面的综合类资产管理公司之一，自2004年以来，易方达基金陆续获得社保基金、企业年金、QDII、专户等业务资格，易方达资产管理(香港)子公司也于2012年获批成为RQFII公募基金投资管理人。

以人为本，人才优势明显

基金业是“人的事业”。易方达基金自成立伊始，便努力打造一支高度专业化的基金管理团队。截至2012年12月31日，易方达基金员工人数近400人，平均年龄31岁，其中具有硕士以上学历的占员工总数的60.75%，高管人员人均金融从业时间18年以上。易方达基金的投资研究队伍专业、稳健、勇于进取，投资管理人员平均证券从业时间10年，97.78%的投资人员具有硕士及以上学历。

年度业务经营

截至2012年12月31日，易方达基金资产管理总规模近2 500亿元，其中公募基金近2 000亿元。易方达基金自成立以来累计分红近500亿元。其中，2012年易方达旗下策略成长、易方达增强回报债券、易方达永旭定期开放债券、易方达岁丰添利债券等多只基金分红总金额近20亿元。2012年度，易方达基金发行了9只新产品，涵盖固定收益、主动权益、被动权益等产品类别及境内和境外市场。

公募基金业务

截至2012年12月31日，易方达管理基金资产近2 000亿元，列行业第二位，其中，固定收益类管理资产规模超840亿元，列行业首位；被动权益类管理资产规模近590亿元，列行业第三位。

专户业务

2008年2月，易方达基金首批获得特定客户资产管理业务资格。2009年6月，中国证监会批准获得特定资产管理业务资格的基金公司可以开展特定多个客户资产管理业务后，易方达基金在行业内首批推出特定多个客户资产管理计划。截至2012年12月31日，易方达基金共管理20多个“一对一”和“一对多”专户。

社保基金

2004年10月，易方达基金首批取得全国社会保障基金投资管理人资格，随后管理了多个社保基金产品，投资业绩均保持在同类组合中的前列。截至2012年12月31日，易方达基金管理着多种不同投资策略的多个全国社保基金资产账户，资产规模超270亿元，并以持续优异的业绩及全面细致的服务赢得全国社保基金理事会的高度评价。

企业年金

2005年8月，易方达基金首批获得企业年金投资管理人资格。本着“立足长远，稳健发展”的经营理念，易方达基金将企业年金业务作为公司核心业务之一。易方达基金的企业年金管理团队始终遵循“安全第一，保持资产长期稳定增值，保持较好的资金流动性，严格遵守法律规定”的投资原则，力争为企业年金客户不断获取稳健的投资收益。截至2012年12月31日，易方达基金共管理60个企业年金账户，为金融、矿业等多个行业内的领先企业提供投资管理服务，覆盖员工近500万人，实际投资管理规模超过150亿，并取得了良好的投资业绩。

国际业务业绩出众，屡获殊荣

2012年，易方达资产管理(香港)有限公司成功实现了从私募基金到以公募为主的资产管理公司的重大业务转型，成功发行了两个RQFII基金，管理资产规模到2012年底近120亿元。2012年12月12日，易方达人民币固定收益基金(E Fund RMB Fixed Income Fund)因业绩优异获得香港文汇报等主流媒体授予的“首届人民币业务杰出大奖”之杰出基金业务(RQFII)奖，是首批RQFII中唯一获此殊荣的产品。2012年，易方达资产管理(香港)有限公司获得由Asia Asset Management颁发的“年度最佳RQFII基金管理人(香港)”奖项。

社会责任

投资者教育

易方达基金一直坚持“立足长远”和“注重专业化”的投资者教育工作理念。由总裁牵头成立跨部门的投资者教育领导小组，主要成员包括总裁、督察长、宣传策划部领导、市场业务领导、后台运营业务领导、投研业务领导。2012年度，易方达基金举办了大量的投资者教育线上线下交流活动和宣传。

全年共组织12次基金经理与投资者的“基金经理开放日”网络视频交流活动，参与交流的投资者总计达11 801人次。2012年2月，易方达基金组织“易之道专家在线”基金定投专场交流活动；6月，举办“资产配置基金大讲堂”有奖问答活动，邀请副总裁与投资者互动交流；7月，在国内首批推出跨境ETF及联接基金，举办了两场有奖活动“易方达H股指数有奖街拍——见证中国经济成长细节”和“光荣与梦想——H股指数成份股知识有奖竞猜”活动；8月，开展积极回报投资者宣传活动；9月，组织“打击非法证券”宣传月活动，通过网站、微博、易方达新浪专栏、短信、邮件等平台大力宣传打击非法证券活动，并举办投资者交流会，邀请市民来公司交流参观；9月、10月，通过网站和微博宣传《股市投资学问大，入市知识不可少》等投资者教育公益视频；11月，举办“警惕网络洗钱陷阱，增强反洗钱意识”网络反洗钱知识有奖问答活动；12月，组织“讲诚信、强监管，抓两建、促发展”易方达2012年度“12·4”证券期货法制宣传活动。

同时，积极利用新浪、腾讯官方微博，发布“理财小贴士”、“基金经理开放日”、“投资学原理”等投资者教育相关内容微博逾300条。开展各类丰富的投资者教育宣传，取得良好效果。

社会公益活动

广东省易方达教育基金会是由易方达基金管理有限公司作为唯一发起人，于2007年11月30日获广东省民政厅批复正式成立。易方达教育基金会的宗旨是“关心支持教育，促进教育事业的发展”。业务范围是资助贫困大学生完成学业；资助高中职贫困学生和贫困地区的优秀教师；开展按捐赠者意愿设立并符合基金会宗旨的资助项目；接受境内外、企业事业单位及个人的捐赠；并根据国家有关法律法规和基金会章程合法、安全、高效运作基金会资金，实现资金的保值增值。截至2012年12月31日，基金会共捐助30多个学校及其他教育相关机构，资助学生等受赠人8 650人次，累计捐赠总额4 379.2万元。

旗下产品介绍

易方达货币市场基金
简称：易方达货币

基金代码： A级110006　　B级110016
成立日期： 2005年2月2日
基金类型： 货币市场基金
基金经理： 王晓晨　石大怿
基金管理人： 易方达基金管理有限公司
基金托管人： 中国银行股份有限公司
资产规模： 681.28亿元
万份收益： A级0.9006%
B级0.9669%
七日年化收益率： A级5.116%
B级5.400%

注：以上基金资产规模、万份收益、七日年化收益率截至2012年12月31日。

基本概况

投资目标

在确保本金安全和高流动性的前提下，追求超过基准的回报

投资理念

主动判断短期利率变动，合理配置组合期限结构，积极把握市场套利机会，稳定获取超额收益。

投资比例

资产100%投资于现金等货币市场工具，不投资股票

业绩比较基准

税后活期存款利率：

即活期存款利率×（1－利息税率）

风险收益特征

证券投资基金中高流动性、低风险的品种

2012年末基金资产组合

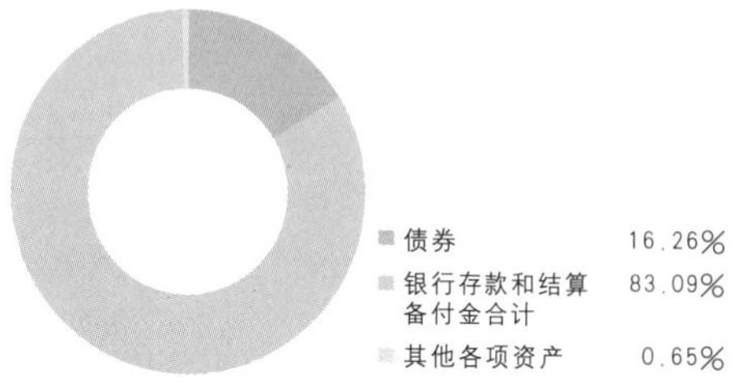

数据来源：易方达货币市场基金2012年年报

业绩表现

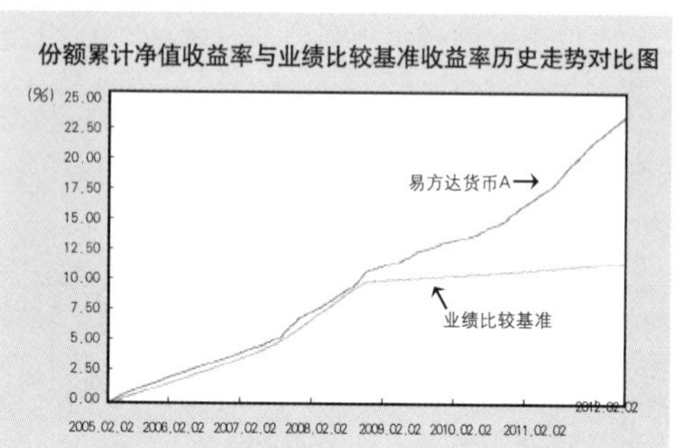

统计时间：2005年2月2日至2012年12月31日
图标来源：易方达货币市场基金2012年年报

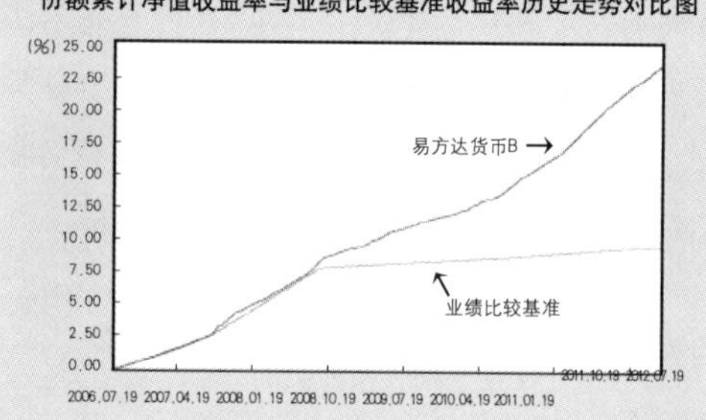

统计时间：2006年7月19日至2012年12月31日
图标来源：易方达货币市场基金2012年年报

2012年度运作分析

走过了波澜起伏的2011年，2012年债券市场的走势相对平稳。受到宏观经济数据不断改善的影响，利率债在第四季度受到了一定的冲击，收益率在小幅波动中不断上行，短融收益率则在四季度银行类机构需求明显减少、市场对年末资金担忧情绪上升等因素影响下出现平坦化上移。

报告期内，基金的运作仍以保证资产的流动性为首要任务，降低了信用债券的配置比例，并缩短了信用债券的剩余期限，但适度提高了债券中的AA+级信用品种的配置比例。该基金抓住年末市场资金利率阶段性走高的机会提高了定期存款的配置比例，提高了组合的收益。

风险提示：基金投资有风险，基金过往业绩不代表未来表现，基金管理人管理的其他基金的过往投资业绩不预示本基金的未来表现。中国基金的运作时间较短，不能反映证券市场发展的所有阶段。本基金不承诺保本、也不承诺最低收益，对于投资本基金可能面临的各类风险，本资料不作为任何法律文件，投资者购买基金时请仔细阅读《基金合同》、《招募说明书》等相关法律文件，谨慎进行投资决策。

易方达稳健收益债券型证券投资基金
简称：易方达稳健收益债券

基金代码：A级110007　B级110008
成立日期：2008年1月29日
基金类型：契约型开放式基金、债券型
基金经理：胡 剑
基金管理人：易方达基金管理有限公司
基金托管人：中国银行股份有限公司
资产规模：8.16亿元
份额净值：A级1.1602元　B级1.1680元
累计份额净值：A级1.3598元
B级1.3766元
累计分红金额：0.4049元/份

注：以上基金资产规模、份额净值截至2012年12月31日；累计指该基金成立以来至2012年年末

基本概况

投资目标

通过主要投资于债券品种，追求基金资产的长期稳健增值。

投资理念

以宏观经济研究主导债券投资，在可控风险下提高债券总收益；积极运用新股申购等方式增强基金收益。

投资策略

债券等固定收益品种不低于基金资产的80%，股票等权益类品种不高于基金资产的20%

业绩比较基准　中债总指数（全价）

风险收益特征

证券投资基金中的低风险品种，其长期平均风险和预期收益率低于混合型基金、股票型基金，高于货币市场基金

2012年末基金资产组合

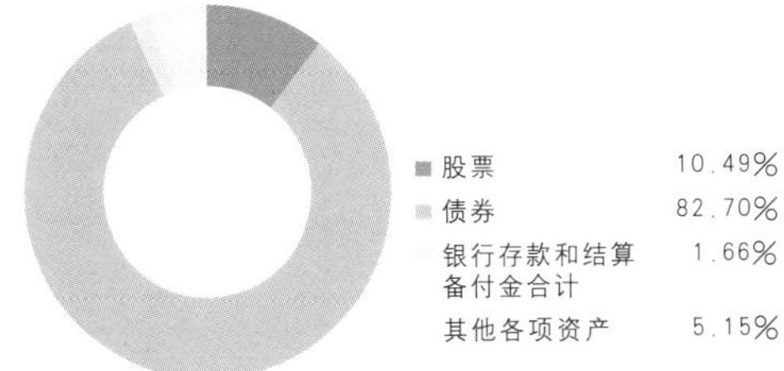

股票	10.49%
债券	82.70%
银行存款和结算备付金合计	1.66%
其他各项资产	5.15%

数据来源：易方达稳健收益债券基金2012年年报

业绩表现

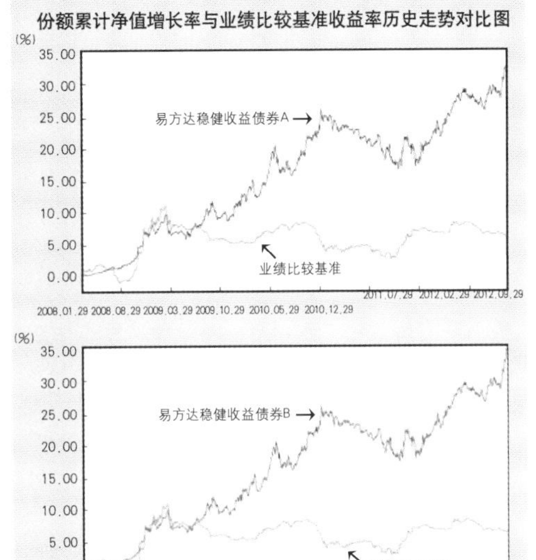

统计时间：2008年1月29日至2012年12月31日
图标来源：易方达稳健收益债券基金2012年年报

2012年度运作分析

该基金在1月份通过投资高等级信用债获得了良好的收益，随后在2月份果断转入高收益债并获得了较高的超额回报，在此期间基金权益类投资也获得了较好回报。进入5月份后股市进入调整期，该基金适度降低了组合权益类仓位，适度回避了市场快速下跌，并且通过债券投资获得了较为丰厚的回报。但进入到7月份根据对市场的判断，基金增持了一部分权益类品种，然而这期间债券和股票市场同时下跌，导致组合净值在7—9月出现了显著亏损。在市场的调整过程中，基金坚守价值投资理念，果断在股票市场急速下跌过程中逐步加仓，并最终在年末获得了丰厚的回报。

反思全年操作，该基金准确把握了几个主要的资产类别配置切换的机会，灵活运用了杠杆的作用，并在各类资产中都获得了较好的超额回报。在操作过程中，坚持价值理念，敢于逆向投资，并能够将自上而下和自下而上的投研能力充分结合起来是2012年值得总结的经验所在。但在年中对货币政策这一外部变量判断过于自信，组合配置上风险不够分散，最终导致组合出现亏损，这是最值得吸取的教训。

风险提示：基金投资有风险，基金过往业绩不代表未来表现，基金管理人管理的其他基金的过往投资业绩不预示本基金的未来表现。中国基金的运作时间较短，不能反映证券市场发展的所有阶段。本基金不承诺保本，也不承诺最低收益，对于投资本基金可能面临的各类风险，本资料不作为任何法律文件，投资者购买基金时请仔细阅读《基金合同》、《招募说明书》等相关法律文件，谨慎进行投资决策。

易方达增强回报债券型证券投资基金
简称：易方达增强回报债券

基金代码：A类110017　B类110018
成立日期：2008年3月19日
基金类型：契约型开放式基金、债券型
基金经理：钟鸣远　王晓晨
基金管理人：易方达基金管理有限公司
基金托管人：中国建设银行股份有限公司
资产规模：32.39亿元
份额净值：A类1.145元　B类1.130元
累计份额净值：A类1.405元　B类1.380 元
累计分红金额：0.51元/份

注：以上基金资产规模、份额净值截至2012年12月31日；累计指该基金成立以来至2012年年末

基本概况

投资目标

通过主要投资于债券品种，力争为基金持有人创造较高的当期收益和总回报，实现基金资产的长期稳健增值。

投资理念

以宏观经济研究主导债券投资，在可控风险下提高债券总收益。通过严格的信用评估、信用利差分析等技术手段，提高基金收益水平。积极运用新股申购等方式增强基金收益。

投资比例

债券等固定收益品种不低于基金资产的80%，股票等权益类品种不高于基金资产的20%。

业绩比较基准　中债总指数（全价）

风险收益特征

证券投资基金中的低风险品种，其长期平均风险和预期收益率低于混合型基金、股票型基金，高于货币市场基金。

2012年末基金资产组合

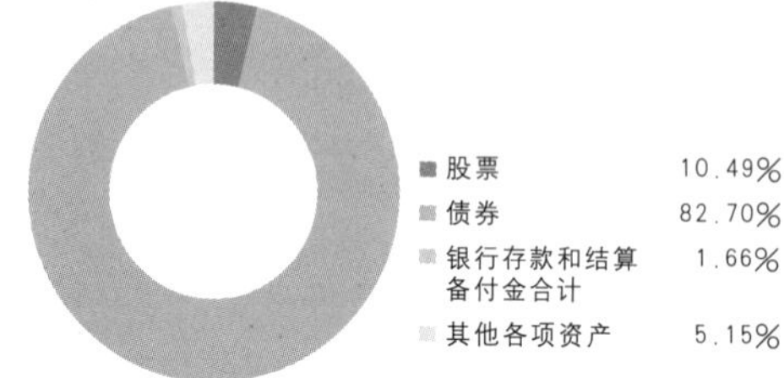

数据来源：易方达增强回报债券基金2012年年报

业绩表现

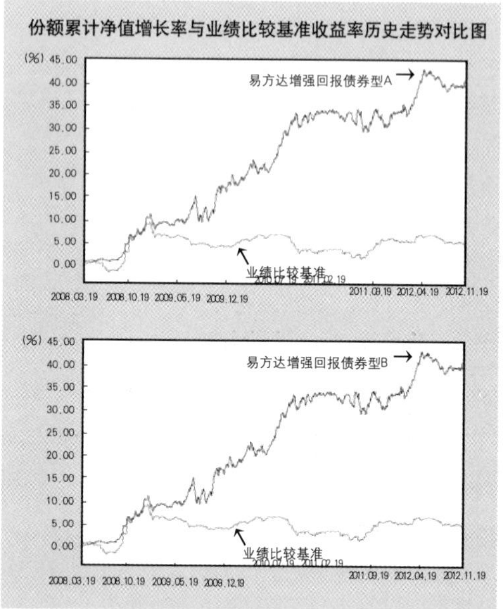

统计时间：2008年3月19日至2012年12月31日
图标来源：易方达增强回报债券基金2012年年报

2012年度运作分析

本报告期内，易方达增强回报债券基金相对准确把握宏观经济形势变化，灵活调整债券组合久期，以及信用产品、可转债和新股等品种仓位。

上半年易方达增强回报债券基金在债券投资方面保持了较高的组合久期和杠杆，但低等级信用债比例占比较低，债券部分表现稍显逊色；权益方面，在新股发行制度改革后，挖掘具有较优成长性、估值较低的新股积极申购，并保持了偏高的股票仓位，可转债方面配置债性较强的大盘转债以及电力转债；股票和可转债为该基金获得了超额投资收益。下半年，该基金仍以信用债为核心仓位，保持了中性久期以及中等信用评级；权益方面，基于对四季度经济持续复苏的判断，该基金在风险承受范围内保持了较高的可转债仓位，全年可转债仓位表现优异，但给该基金带来较大幅度的净值波动。

风险提示：基金投资有风险，基金过往业绩不代表未来表现，基金管理人管理的其他基金的过往投资业绩不预示本基金的未来表现。中国基金的运作时间较短，不能反映证券市场发展的所有阶段。本基金不承诺保本，也不承诺最低收益，对于投资本基金可能面临的各类风险，本资料不作为任何法律文件，投资者购买基金时请仔细阅读《基金合同》、《招募说明书》等相关法律文件，谨慎进行投资决策。

易方达医疗保健行业股票型证券投资基金
简称：易方达医疗保健行业股票

基金代码： 110023
成立日期： 2011年1月28日
基金类型： 契约型开放式基金、股票型
基金经理： 李文健
基金管理人： 易方达基金管理有限公司
基金托管人： 中国银行股份有限公司
资产规模： 23.62亿元
份额净值： 0.957元
累计份额净值： 0.957元
累计分红金额： —

注：以上基金资产规模、份额净值截至2012年12月31日；累计指该基金成立以来至2012年年末

基本概况

投资目标

主要投资医疗保健行业股票，在严格控制风险的前提下，追求超越业绩比较基准的投资回报

投资理念

该基金通过投资具有较强竞争优势的医疗保健行业上市公司，把握中国医疗保健行业发展中的投资机会，力争实现基金资产的长期稳健增值。

投资策略

该基金基于定量与定性相结合的宏观及市场分析，确定组合中股票、债券、货币市场工具及其他金融工具的比例，追求更高收益，回避市场风险。

业绩比较基准

申万医药生物行业指数收益率×80%+中债总指数收益率×20%

风险收益特征

证券投资基金中预期风险与预期收益较高的投资品种，理论上其风险收益水平高于混合基金和债券基金。同时，该基金为行业基金，在享受医疗保健行业收益的同时，也必须承担单一行业带来的风险。

业绩表现

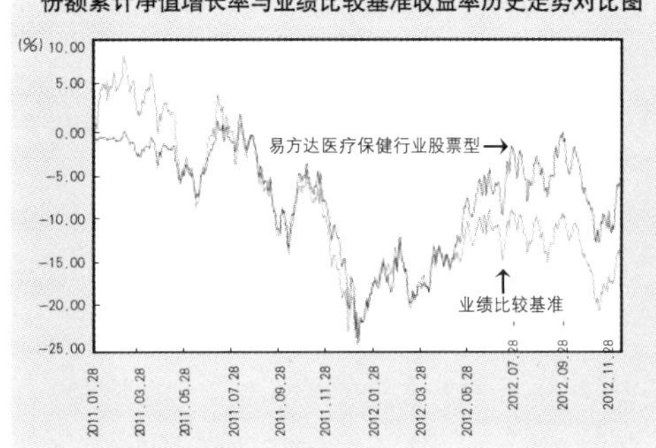

统计时间：2011年1月28日至2012年12月31日
图标来源：易方达医疗保健行业股票基金2012年年报

2012年末基金资产组合

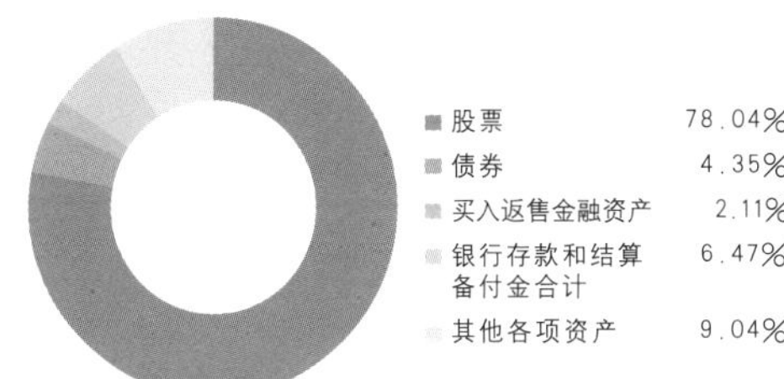

数据来源：易方达医疗保健行业股票基金2012年年报

2012年度运作分析

2012年医药板块的收益率领先大盘，申万生物医药指数上涨8.47%，沪深300指数上涨7.55%。

1-4月，在市场追捧周期股的反弹行情中，优质的一线医药股被市场抛弃。由于该基金重仓一线医药股，因此业绩表现落后比较基准。但一线医药企业的经营仍保持了平稳较快的增长势头，良好的一季报业绩也证明了这一点。因此，该基金仍看好医药行业的发展前景，保持了80%左右的仓位，并且继续超配业绩较快增长的一线优质公司。5-10月医药股的反弹中取得了较好的收益，超越了比较基准。但对一些业绩波动较大的原料药个股减持力度不够，造成了一些损失，当引起教训。

风险提示：基金投资有风险，基金过往业绩不代表未来表现，基金管理人管理的其他基金的过往投资业绩不预示本基金的未来表现。中国基金的运作时间较短，不能反映证券市场发展的所有阶段。本基金不承诺保本，也不承诺最低收益，对于投资本基金可能面临的各类风险，本资料不作为任何法律文件，投资者购买基金时请仔细阅读《基金合同》、《招募说明书》等相关法律文件，谨慎进行投资决策。

银华基金年度纪事
2012年度

公司大事记

2012.06 银华中小盘精选股票型证券投资基金成立。

该基金通过投资于具有竞争优势和较高成长性的中小盘股票，力求在有效控制投资组合风险的前提下，寻求基金资产的长期增值。

2012.08 银华上证50等权重交易型开放式指数证券投资基金联接基金成立。

该基金通过投资银华上证50等权ETF，紧密跟踪标的指数。

上证50等权重交易型开放式指数证券投资基金成立。

该基金为ETF基金，跟踪标的为上证50等权重指数，投资于核心蓝筹股。

银华纯债信用主题债券型证券投资基金(LOF)成立。

该基金以信用债券为主要投资对象，在控制信用风险的前提下，力求为基金持有人提供稳健的当期收益和总投资回报。

2012.10 银华基金获得保险资金投资管理人资格。

2012.12 银华中票50指数债券型基金成立。

该基金为指数型债券基金，跟踪中证中票50指数，是投资者获得信用债特别是中票持有期收益的有效投资工具。

公司所获荣誉

评奖单位	奖项名称
上海证券报	金基金十年・卓越公司奖
21世纪经济报道	最佳品牌建设基金公司
经济观察报	年度卓越风险管理基金投资公司 年度卓越证券投资基金公司
理财周报	最受尊敬基金公司 最佳品牌建设基金公司 最受尊敬总裁
证券日报	金算盘奖 产品创新奖
信息时报	金狮奖 最佳量化投资团队
华夏时报	金蝉奖 年度基金公司
每日经济新闻	金鼎奖 最佳新锐投研
中国信息协会 中国服务贸易协会	最佳服务特色奖
东方财富网	2012年度最佳基金公司
和讯网	十大品牌基金公司 十大基金掌门人
21世纪网	最佳投资者关系奖
腾讯网	最佳风险控制网
金融界	基金行业最受关注被动投资品牌奖

银华基金管理有限公司

Yinhua Fund Management Co.,Ltd.

成立时间	2001年5月28日	注册资本	2亿元人民币	公司属性	中 资
董 事 长	王珠林	总 经 理	王立新	督 察 长	凌宇翔
联系电话	010-5816 3000	传真号码	010-5816 2888		
客服电话	400-678-3333	公司网址	www.yhfund.com.cn		
注册地址	广东省深圳市深南大道6008号特区报业大厦19层				
办公地址	北京市东城区东长安街1号东方广场东方经贸城C2办公楼15层				

公司概况

银华基金管理有限公司(以下简称“银华基金”)成立于2001年5月，成立13年以来，凭借诚信、规范、稳健、务实的运作风格，银华基金致力于为广大投资者提供专业的资产管理服务，逐步发展为一家具有大资金管理能力的综合型资产管理公司，截至2012年底，公司资产管理规模达到794.53亿元，有效资产管理规模位列行业前十，跻身国内优秀基金管理公司行列。

银华基金致力于提供有质量的资产管理和理财服务，帮助投资者打造高品质的财富生活。为实现这一目标，公司强调通过严格的制度和流程化管理提升公司的服务质量。2005年8月，银华基金获得企业年金基金投资管理人资格，成为国内9家首批获此资格的基金管理公司之一。2007年10月底，银华基金正式获得合格境内机构投资者(QDII)资格，获准开展境外证券投资管理业务。在接下来的2008年2月，银华基金获得特定客户资产管理业务资格。2010年12月，银华基金获得“社保基金境内委托投资管理人”资格。2012年10月，银华基金获得保险资金投资管理人资格。至此，银华基金成为业内为数不多的同时拥有企业年金基金投资管理人资格、合格境外机构投资者业务资格、特定客户资产管理业务资格和社保基金境内委托投资管理人资格、保险资金投资管理人资格的全牌照基金管理公司。

作为一个资产管理者，为持有人提供长期稳健的回报是银华基金的核心价值所在。13年来，银华基金旗下管理的多只基金业绩排名同类产品前列，并获得多项业内大奖，多次赢得独立专业机构高度评价，为持有人带来了可持续的稳健投资回报。因为整体业绩表现突出，银华基金五度荣膺“金牛基金公司”。

时至今日，银华基金旗下管理着31只基金，建立了覆盖股票型、配置型、债券型、货币型、保本型和QDII基金的较为完善的产品线，为数百万不同风险收益特征和理财需求的客户提供专业的资产管理服务。

年度业务介绍

专户业务

为客户提供符合其风险收益偏好的个性化理财产品是银华基金追求的目标。公司通过对专户理财客户的投资需求调查，将专户客户需求分为：追求绝对收益（如何降低投资组合系统性风险，锁定投资收益，获得持续稳定的投资收益）；追求超额收益；资产的保值增值；关注细分行业的投资机会；关注主题性的投资机会；关注与股指期货有关的投资机会；关注另类投资（大宗商品市场、特殊策略等）七个类型，并设计了多种专户产品，供广大客户进行选择并以此为基础为客户“量身订制”产品。

投研团队是特定客户资产管理业务的核心竞争力，也是决定投资业绩的关键所在。银华基金在筹备此业务初始就把组建一支优秀的投研团队定为首要目标。时至今日，银华基金已经组建了一支具有扎实基本素质、丰富实业经验、优异从业经历和良好职业操守的团队。

1、灵活配置型专户产品投资团队

团队负责人封树标先生从事多年证券行业工作，具有较为丰富的工作经验及优秀的专户投资业绩。混合型专户产品投资团队还拥有投资经理5名、投资助理2名、研究员5名，具有丰富的中国A股市场投资经验，注重将定性资产配置和定量资产配置进行有机的结合，选择并持续跟踪定性的驱动要素，确定组合中股票、债券、货币市场工具及其他金融工具的比例，捕捉资本市场变动信息，灵活掌握资产配置，准确把握市场出现的投资机会，追求绝对收益，回避市场风险。

2、量化对冲型专户产品投资团队

量化型专户产品投资团队拥有投资经理4名、投资助理2名、研究员4名，具有扎实的量化研究背景和丰富的国内外量化投资经验，依托银华基金强大的投研平台，形成对冲型专户理财产品的专业投资团队。量化投资团队积极研发适用于A股投资的量化投资策略和套利机会，运用量化方法管理股票多头投资组合，利用风险模型计算对冲市场风险所需股指期货合约，在有效控制投资风险的前提下，力争获得稳定的超额收益。

企业年金业务

2005年8月，银华基金获得企业年金基金投资管理人资格，成为国内9家首批获此资格的基金管理公司之一。公司自开展企业年金管理业务以来，组织力量以多种形式对企业年金问题进行了深入、系统的研究并完成了20万字的企业年金研究报告，其中6篇报告发表在《企业年金营运与监管》、《中国证券报》等全国性学术论文集与专业报刊上。

在企业年金基金产品设计上，银华基金也进行了有效的创新，推出了企业年金基金生命周期组合产品系列。根据企业年金计划参与人的生命周期特点及企业年金基金的风险收益要求，公司设计了企业年金基金生命周期组合产品系列，该系列产品总体上以低风险产品为主，具体分为低风险、中低风险以及中高风险三大类。公司还可以为企业年金受托人等企业年金客户“量身订制”产品，以提供更加务实的个性化企业年金产品设计与投资服务。现管理年金组合超过30个，取得较好的投资回报。

银华基金为开展企业年金基金投资管理业务新设机构理财部负责企业年金的具体投资运作，并在相关部门和岗位上配备企业年金业务专职人员，这些业务人员67%具有研究生学历，平均证券从业时间在4年以上，其中大部分参加了由劳动和社会保障部举办的各届“企业年金规范管理培训班”。除配备企业年金业务专职人员外，公司还拥有优秀的研究队伍为企业年金投资提供决策支持。

为保证企业年金业务的规范运作，有效控制和防范企业年金投资风险，维护企业年金受益人权益，公司依据相关法律法规，结合公司实际情况，制定了系统、规范的企业年金业务制度。

旗下产品介绍

银华富裕主题股票型证券投资基金
简称：银华富裕主题股票

基金代码： 180012
成立日期： 2006年11月16日
基金类型： 股票型
基金经理： 王华　黄颖
基金管理人： 银华基金管理有限公司
基金托管人： 中国建设银行股份有限公司
首募基金规模： 5 071 010 000.00份
期末基金份额总额： 7 108 510 874.00份
期末基金份额净值： 0.9743元
累计基金份额净值： 1.9273元
累计分红金额： 50.8005亿元

注：期末指2012年12月31日；累计指该基金成立以来截至2012年年末。

基本概况

投资目标

通过选择"富裕主题行业"，即能受益于居民收入增长的消费、服务类相关行业，并投资其中的优势企业，把握居民收入增长和消费升级蕴含的投资机会，同时严格风险管理，实现基金资产可持续的稳定增值。

投资策略

该基金为主动式的股票型基金，在资产配置策略方面，一是在重点投资于富裕主题行业中优势企业的前提下实现大类资产配置。二是对各大行业及细分行业投资评级并确定基金股票资产在各行业的配置比例；在股票选择策略方面，将根据企业的成长性分析来选择股票；在债券投资策略方面，将主要采取久期调整、收益率曲线配置和类属配置等策略，发现、利用市场失衡实现组合增值。该基金的具体投资比例如下：股票投资比例为基金总资产的60%～95%，债券为0～40%，并保持不低于基金资产净值5%的现金或者到期日在一年以内的政府债券。对于权证及中国证监会允许投资的其他创新金融工具，将依据有关法律法规进行投资管理。在该基金的股票资产中，不低于80%的资产将投资于富裕主题行业中的优势上市公司股票。同时，该基金将综合考虑宏观经济、行业景气及企业成长性等因素，以不超过20%的股票资产部分投资于富裕主题行业之外的上市公司发行的证券。

业绩比较基准

沪深300指数收益率×80%＋中国债券总指数收益率×20%

风险收益特征

该基金属于主动式行业股票型基金，属于证券投资基金中较高风险、较高收益的基金产品。

业绩表现

统计时间：2006年11月16日至2012年12月31日
图标来源：银华富裕主题股票型证券投资基金2012年年度报告

2012年末基金资产组合

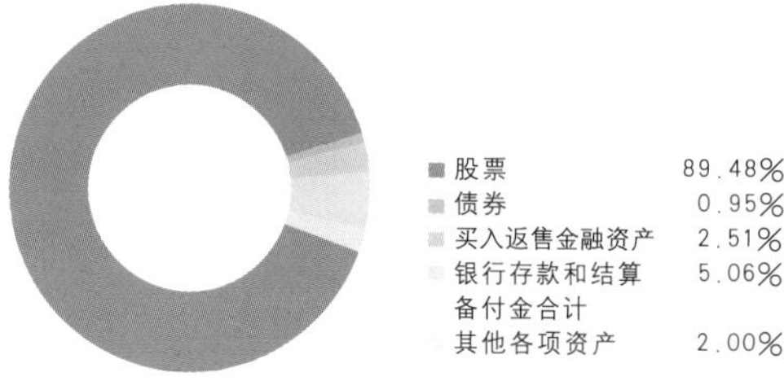

2012年度运作分析

2012年是中国经济的调整年。在经济下滑的过程中，判断周期底部成为一件比较复杂而且困难的事。银华富裕主题股票基金在对经济触底的判断中未能幸免，出现了失误，因此在大类资产配置上显得不够谨慎。所幸的是，当四季度经济确定见底，并且出现改革红利释放的苗头时，没有被前期的判断失误扭曲了视角，也没有沉浸在充斥市场的过度悲观的情绪中，在底部再次果断加仓，并且在加仓的同时强化配置了券商和医药行业，这两个行业中长期都符合产业结构调整方向，并且具备一定的基本面支撑，此举为该基金第二年的操作做了铺垫。

银华核心价值优选股票型证券投资基金
简称：银华价值优选股票

基金代码： 519001
成立日期： 2005年9月27日
基金类型： 股票型
基金经理： 倪明
基金管理人： 银华基金管理有限公司
基金托管人： 中国建设银行股份有限公司
首募基金规模： 519 070 000.00份
期末基金份额总额： 9 460 386 223.00份
期末基金份额净值： 1.1744元
累计基金份额净值： 4.0164元
累计分红金额： 0.5184亿元

注：期末指2012年12月31日；累计指该基金成立以来截至2012年年末。

业绩表现

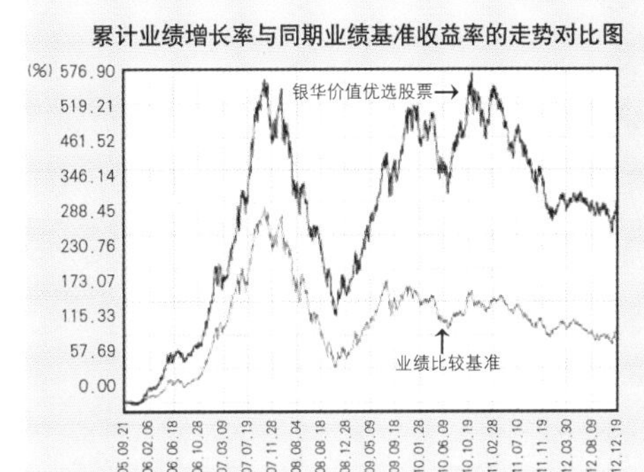

统计时间：2005年9月27日至2012年12月31日
图标来源：银华核心价值优选股票型证券投资基金2012年年度报告

基本概况

投资目标

该基金通过积极优选具备利润创造能力并且估值水平具备竞争力的公司，同时通过优化风险收益配比以获取超额收益，力求实现基金资产的长期稳定增值。

投资理念　坚持估值至上的投资理念。

投资策略

在价值创造主导的投资理念指导下，该基金的投资策略以自下而上的股票精选为主，同时也通过辅助性的主动类别资产配置，在投资组合中加入债券资产以降低整个资产组合的系统性风险。该基金充分发挥"自下而上"的主动选股能力，通过定量的业绩归因分析深入发掘主动性回报的相关信息，适当加大选股因素的贡献度，借助投资组合优化技术实现投资风险与收益的最佳配比。该基金的具体投资比例如下：股票投资比例浮动范围：60%–95%；除股票资产以外的其他资产投资比例浮动范围为5%–40%，其中现金及到期日在一年以内的政府债券不低于5%。

业绩比较基准

沪深300指数收益率×80%+中国债券总指数收益率×20%

风险收益特征

该基金是属于证券投资基金中的较高风险、较高收益的产品，其预期风险与预期收益高于混合基金、债券基金与货币市场基金。该基金将力求在严格控制风险的前提下实现较高的投资收益。

2012年末基金资产组合

2012年度运作分析

2012年的资本市场，有很多值得总结和反思的地方。从全年该基金的投资情况来看，只能说差强人意。首先是仓位选择方面，应该说该基金在全年做的较好。基于对经济基本面谨慎的判断，该基金在三季度前基本都保持了中性偏低的仓位水平，而在市场跌破2000点的急速杀跌过程中，将仓位提高到近90%的水平。而在行业配置方面，虽然在四季度的大幅上涨行情中，仓位大幅提升，但是该基金对于金融股的配置较少，是全年在行业配置方面最大的失误。在个股选择方面，一季度失误较大，重仓持有的国电南瑞、海正药业跌幅较大，对组合的收益率造成了负面影响。这样的失误主要是来源于对于估值收缩的负面影响估计不足，值得认真反思。除此之外，值得肯定的是该基金重点投资的杰瑞股份、京东方、伊利股份都有较好的表现。

银华和谐主题灵活配置混合型证券投资基金
简称：银华和谐主题混合

基金代码： 180018
成立日期： 2009年4月27日
基金类型： 混合型
基金经理： 陆文俊[①]
基金管理人： 银华基金管理有限公司
基金托管人： 中国工商银行股份有限公司
首募基金规模： 2 672 980 000.00份
期末基金份额总额： 1 086 737 604.00份
期末基金份额净值： 1.011元
累计基金份额净值： 1.091元
累计分红金额： 2.1672亿元

注：期末指2012年12月31日；累计指该基金成立以来截至2012年年末。
①：该基金管理人已于2013年2月27日发布公告，自2013年2月25日起增聘周晶女士为该基金基金经理。

基本概况

投资目标

在有效控制组合风险的前提下获取超越业绩比较基准的稳健收益。

投资理念

政策导向将带来结构性投资机遇。国家高度重视“构建和谐社会”，并具体落实到以下三个方面：在发展中实现社会和谐、通过宏观调控确保经济和谐、推进节能减排谋求自然和谐。该基金认为，积极跟进这一时代主题带来的投资机会，可以有效回避政策风险，获取稳健收益。

投资策略

国家的政策导向将推动特定行业的增长，改善其经济效益；这些行业中的龙头企业受益更为明显，投资于这些企业将能取得较好的回报。因此，该基金将采取积极、主动的资产配置策略，注重风险与收益的平衡，重点投资受益于“构建和谐社会”政策相关行业的股票和具有较高投资价值的固定收益类资产，力求实现基金资产的长期稳定增值。该基金的投资比例为：股票等权益类资产占基金资产比例为30%–80%，债券等固定收益类资产占基金资产比例为15%–65%，现金或者到期日在一年以内的政府债券不低于基金资产净值的5%。

业绩比较基准

沪深300指数收益率×55%+中国债券总指数收益率×45%。

风险收益特征

该基金为混合型基金，属于证券投资基金中的中高风险品种，其预期风险与预期收益水平高于债券型基金和货币市场基金，低于股票型基金。

业绩表现

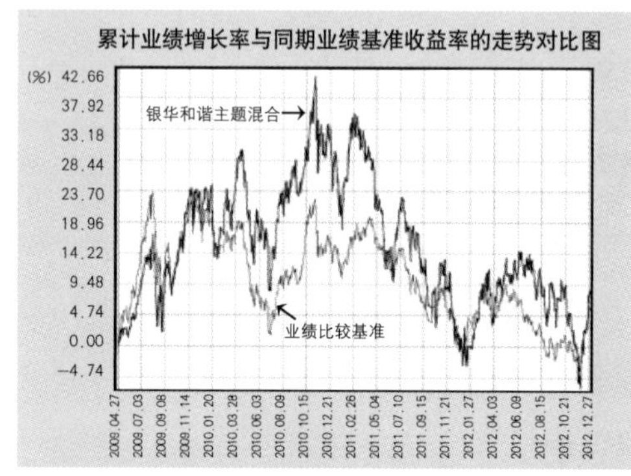

统计时间：2009年4月27日至2012年12月31日
图标来源：银华和谐主题灵活配置混合型证券投资基金2012年年度报告

2012年末基金资产组合

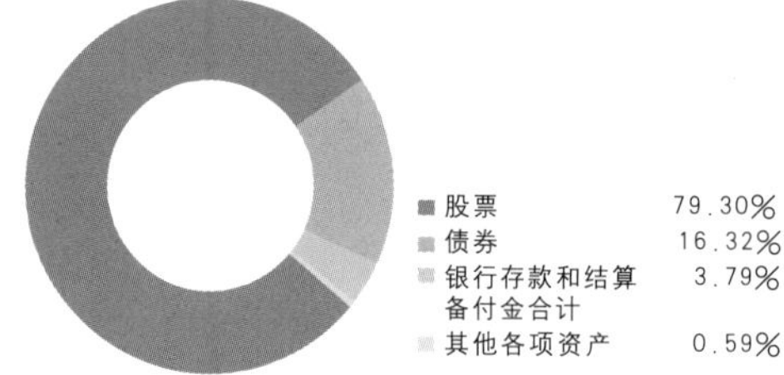

2012年度运作分析

2012年A股市场呈现出宽幅震荡的走势。年初市场由券商和地产股带动一波凌厉的上涨，上证综合指数一度达到2478.38点，这也是全年的最高点。随后，大盘自5月中旬开始不断震荡向下调整，至12月初，沪指一路下行至1949.46点，创出三年来新低。此后，在香港市场大幅上涨以及连续三个月经济数据超出预期的刺激下，市场展开了一波由早周期的汽车、银行、地产带动的反弹，上证综合指数全年实现了3.17%的正收益，而中小板、创业板取得2%左右的负收益，小盘股弱于大盘股票，成长股相对市场的溢价大幅下降。

2012年该基金以弱化仓位、优选个股的策略为主，在全年结构性行情突出的情况下，有效获得了超越市场的超额收益。

银华深证100指数分级证券投资基金
简称：银华深证100指数分级

基金代码： 161812
成立日期： 2010年5月7日
基金类型： 股票型
基金经理： 周 毅
基金管理人： 银华基金管理有限公司
基金托管人： 中国民生银行股份有限公司
首募基金规模： 1 748 980 000.00份
期末基金份额总额： 1 328 309 275.00份
期末基金份额净值： 0.818元
累计基金份额净值： 0.864元
累计分红金额： —

注：期末指2012年12月31日；累计指该基金成立以来截至2012年年末。

基本概况

投资目标

该基金运用指数化投资方式，力争将该基金的净值增长率与业绩比较基准之间的日均跟踪偏离度的绝对值控制在0.35%以内，年跟踪误差控制在4%以内，以实现对深证100指数的有效跟踪，分享中国经济的持续、稳定增长的成果，实现基金资产的长期增值。

投资理念

该基金认为，中国经济持续稳定的增长为中国证券市场的发展奠定了坚实的基础。该基金以复制、跟踪深证100指数为原则，进行指数化长期投资，指数化的投资方式可以获取指数所代表市场的平均收益，并通过充分的分散化投资实现非系统风险的有效降低和流动性的提高，为投资者谋求利益最大化。

投资范围

该基金投资于股票的资产占基金资产的比例为90%－95%，其中投资于深证100指数成份股和备选成份股的资产不低于股票资产的90%。现金、债券资产及中国证监会允许基金投资的其他证券品种占基金资产比例为5%－10%（其中权证资产占基金资产比例为0—3%，现金或者到期日在一年以内的政府债券不低于基金资产净值5%）。

业绩比较基准

95%×深证100价格指数收益率+5%×商业银行活期存款利率（税后）

风险收益特征

该基金为完全复制指数的股票型基金，具有较高风险、较高预期收益的特征，其预期风险和预期收益高于货币市场基金、债券型基金和混合型基金。从该基金所分离的两类基金份额来看，银华稳进份额具有低风险、收益相对稳定的特征；银华锐进份额具有高风险、高预期收益的特征。

业绩表现

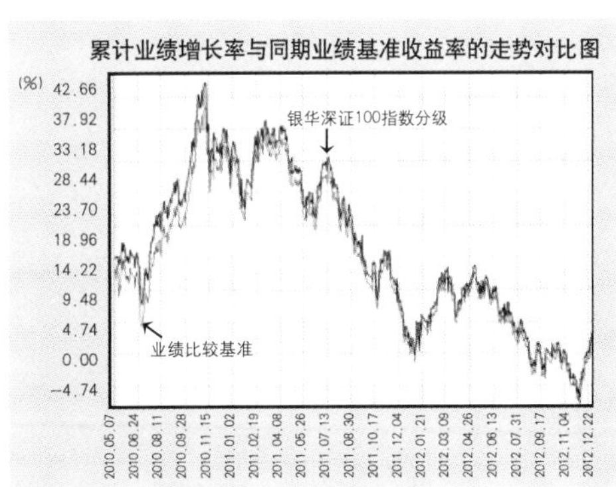

统计时间：2010年5月7日至2012年12月31日
图标来源：银华深证100指数分级证券投资基金2012年年度报告

2012年末基金资产组合

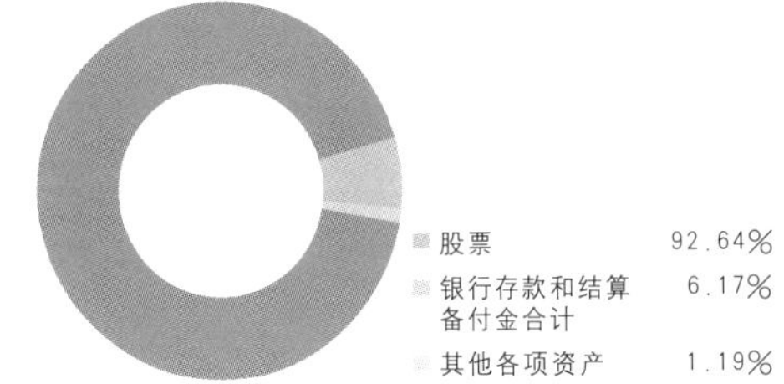

股票	92.64%
银行存款和结算备付金合计	6.17%
其他各项资产	1.19%

2012年度运作分析

在报告期内，管理人运用自行开发的量化投资管理系统，采用系统管理和人工管理相结合的方式处理基金日常运作中所遇到的申购赎回处理、结构配比校验、风险优化等一系列事件。尽管报告期间该基金多次发生大额申购赎回，管理人仍将跟踪误差控制在合理水平。

广发基金年度纪事
2012年度

公司大事记

2012.05.07 公司管理的首只分级基金——广发深证100指数分级基金成立。

2012.08.07 香港子公司(广发国际资产管理有限公司)获得RQFII资格。

2012.10.10 公司获得受托管理保险资金投资管理人资格。

公司所获荣誉

2012.03.26 公司获评“2011年度明星基金公司”《证券时报》

广发核心获评“三年持续回报股票型明星基金”《证券时报》

广发强债获评“2011年度积极债券型明星基金奖”《证券时报》

2012.03.28 公司获评“第九届中国基金业债券投资金牛基金公司(2011年度)”《中国证券报》

广发强债获评“2011年度债券型金牛基金”《中国证券报》

广发货币获评“2011年度货币市场金牛基金”《中国证券报》

2012.04.20 公司获评2011年度金基金·回报奖《上海证券报》

广发强债获评“2011年度金基金·债券基金奖(一年期)”《上海证券报》

广发基金管理有限公司

GF Fund Management Co.,Ltd.

成立时间	2003年8月5日	注册资本	1.2亿元人民币	公司属性	中 资
董 事 长	王志伟	总 经 理	林传辉	督 察 长	段西军
联系电话	020-8393 6666	传真号码	020-8989 9158		
客服电话	9510 5828	公司网址	www.gffunds.com		
注册地址	广东省珠海市横琴新区宝中路3号4004—56室				
办公地址	广州市海珠区琶洲大道东1号保利国际广场南塔31-33楼				

公司概况

广发基金管理有限公司成立于2003年8月，是由广发证券股份有限公司等机构发起、经中国证监会批准设立的专业基金管理公司，总部设在广州，公司注册资本金1.2亿元人民币，2012年末管理资产总规模为1 278.55亿元。

公司在董事会下设合规及风险管理委员会、薪酬与资格审查委员会、战略规划委员会三个专业委员会。公司下设投资决策委员会、风险控制委员会和投资管理部等19个部门。还设立了北京办事处、北京分公司、广州分公司、上海分公司、深圳理财中心、杭州理财中心和香港子公司(广发国际资产管理有限公司)。

截至2012年12月底，公司共有员工256人，包括投研团队62人，其中基金经理共计23人，人均证券从业年限9.57年；投资经理共计9人，人均证券从业年限9.67年。公司一方面通过加强对内部核心人才的培训，包括专业知识的专家培训、外派参加行业内的公开课等，提升公司原有投研、交易、风控等人员的专业素质；另一方面，公司通过从外部引进行业经验丰富的投资、研究人员，进一步增强完善公司在投资研究领域的投资研究能力。

公司的业务特点：

(一) 业务资格齐全

是目前业内少数具有“全牌照”管理资格的基金管理公司之一。

(二) 资产管理规模行业排名前列

2006年底，公司资产管理规模排名在成立的第三年就进入行业前十。2009年以来，公募基金资产管理规模一直位居行业第六。

(三) 产品线较为完善

1. 公募基金产品线覆盖股票型、混合型、债券型、货币型和指数型等不同风险收益特征的品种。
2. 偏股型基金(含股票型、混合型和指数型)的投资风格多样，投资对象涵盖市场上的不同风格资产。
3. 公司管理的公募基金规模多样，通过多年的历练，公司已具备管理好不同规模投资组合的能力。
4. 非公募业务包括不同类型社保投资组合，以及大宗交易定增产品、量子对冲产品等非传统产品，非公募产品初具特色。

(四) 投资业绩良好

公司基金投资业绩持续优秀，投资管理跨越熊牛两市，以持续、稳健、优秀的投资业绩享誉业内并获得投资者的信任。

公司旗下基金2005年、2011年两次获得全行业收益冠军。因为优秀的投资业绩，公司荣获了“2004—2007跨越牛熊最佳回报基金奖”等荣誉，并于2004年、2005年、2007年及2010获评“金牛基金管理公司”，2011年获评债券投资金牛基金公司。旗下广发策略、广发核心、广发聚瑞、广发货币等基金屡次获评金牛基金、金基金。

年度业务经营

公募基金业务

截至2012年12月31日，公司旗下共管理有28只公募基金，总份额1 220.95亿份，资产规模1 131.06亿元。基金份额行业排名第七，资产管理规模行业排名第六。广发基金旗下公募基金2012年整体业绩良好，两只基金同类前三，四只基金同类前五，五只海通五星评级，六只跻身同类前十。据海通证券统计，2012年广发基金权益类基金平均收益6.7%，位列所有基金公司的前1/3。广发核心2012年净值增长率为20.12%，在273只同类型基金中排名第七；广发聚利2012年净值增长率为13.11%，在110只同类型基金中排名第三；广发亚太(QDII)2012年净值增长率为18.4%。

2012年全年共新发7只公募基金，新增规模114.47亿份。

专户理财业务

截至2012年底，公司共签约44个“一对一”专户理财投资组合，正在运作的专户投资组合有28个，规模合计约38.9亿元。

社保基金业务

2012年，公司新增管理1个社保组合。截至2012年末，公司共管理3个社保组合，社保基金管理规模为80.14亿元。

企业年金业务

截至2012年底，公司共中标中国石油等几十家集团(企业)的年金投资管理人资格，其中已经运作的有22个组合，运作规模合计约28亿元。

其他业务

根据证监会《特定客户资产管理业务试点办法》(证监会第83号令)，公司专门成立了子公司筹备组，负责专项子公司的申报，以及前期的项目储备和开发。

社会责任

投资者教育

2012年公司在与投资者教育相关的交流活动、刊物、彩信、媒体投放等投资者教育活动上投入经费累计达640万元以上。

全年安排系列投资者教育刊物，《基金攻略》4期、《广发基金手机报》48期、《广发基金周刊》48期，全年累计发送投资者教育相关的手机类彩信550万条，易读性和教育性相辅相成，为投资者传递市场资讯及专题分析，提高投资者金融风险识别能力，更谨慎地审视投资机会。

同时公司也积极开展了形式多样的投资者教育专项活动：组织开展广州金融交易博览会、开展“心桥之旅——走进上市公司”客户活动、全国各地开展添财俱乐部客户活动、与代销机构联合举办客户沙龙专场讲座、反洗钱相关的投资者教育活动、“12.4”证券期货法制宣传投资者教育活动、证券普法宣传活动、组织开展“积极回报投资者”为主题的投资者教育活动等等。拉近我们与投资者之间的距离，也为投资者提供了面对面直接咨询的机会，让公司的教育资源对现有市场涌现的投资者们有了更全面的覆盖。

公司与《证券时报》、《上海证券报》、《每日经济新闻》等媒体合作，开辟了基金定投、指数基金知识、固定收益、资产配置等投资者教育类专栏，共计投放了各类文章140余篇。专栏结合时下市场动态进行，围绕特定话题，由浅入深，受到广大投资者的好评和认可。

社会公益活动

公司2012年社会公益活动预算经费为230万元，预算经公司董事会、股东会审议批准，经费使用通过《广发基金管理有限公司对外捐赠管理办法》等制度予以规范。广发基金明确专注于贫困家庭重大疾病救助及向“老、少、边、穷”地区用于生产的救助性捐赠。此外，公司连续第二年参与了中国狮子联合会与中国残疾人福利基金会联合发起的“狮爱阳光(白内障复明)”活动。2012年主题为青海光明行，共帮助青海省125名藏民患者重见光明。中山大学多年来为广发基金输送较多人才，本着反哺社会，传承文化的初衷，公司向广东省中山大学教育发展基金会捐款30万元，专项用于中山大学博物馆项目基金。

旗下产品介绍

广发核心精选股票型证券投资基金
简称：广发核心精选股票

基金代码： 270008
成立日期： 2008年7月16日
基金类型： 股票型基金
基金经理： 朱纪刚
基金管理人： 广发基金管理有限公司
基金托管人： 中国工商银行
首募基金规模： 1 242 850 277.63份
期末基金资产： 2 605 050 017.58元
期末基金份额净值： 1.576元
累计基金份额净值： 1.786元
累计分红金额： 246 792 689.84元

注：期末指2012年12月31日；累计指该基金成立以来截至2012年年末。

业绩表现

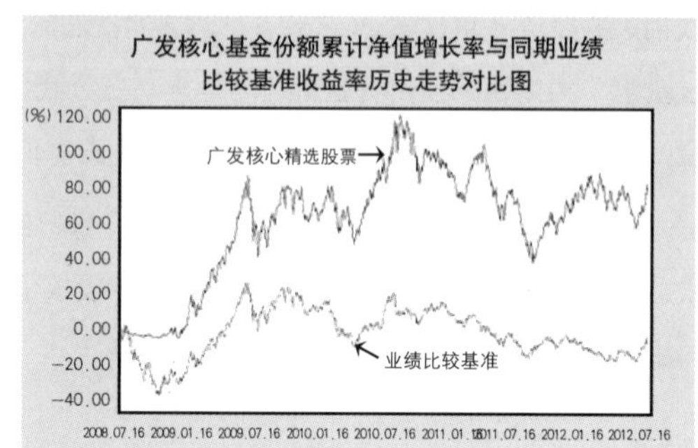

统计时间：2008年7月16日至2012年12月31日
图标来源：广发核心精选股票型证券投资基金2012年年度报告

基本概况

投资目标

通过认真、细致的宏观研究，合理配置股票、债券、现金等资产。应用“核心—卫星”投资策略，投资于具有较高投资价值的股票；在利率合理预期的基础上，进行久期管理，稳健地投资于债券市场。在控制风险的前提下，追求基金资产的长期稳健增值。

投资理念

研究发现价值，投资实现价值，风险控制维护价值。认真、细致的宏观研究、行业研究及个股研究是基金投资必不可少的基础。在研究基础上，该基金将研究成果转换为投资行为，以实现基金资产的增值。该基金追求风险可控的资产增值，不为获得短期的高回报而承担过高的风险。该基金坚持将风险控制的理念、制度和流程应用于基金运作的方方面面，保护基金持有人利益。

投资策略

该基金股票投资采用备选库制度，即一级库和二级库，并在二级库的构建上，采用“核心—卫星”投资策略；在债券投资方面将坚持稳健投资原则，对各类债券品种进行配置；权证为本基金辅助性投资工具，投资原则为有利于加强基金风险控制，有利于基金资产增值。该基金将利用权证达到控制下跌风险、增加收益的目的；同时，充分发掘权证与标的证券之间可能的套利机会，实现基金资产的增值。

业绩比较基准 80%×沪深300指数+20%×上证国债指数

风险收益特征 较高风险、较高预期收益

2012年末基金资产组合

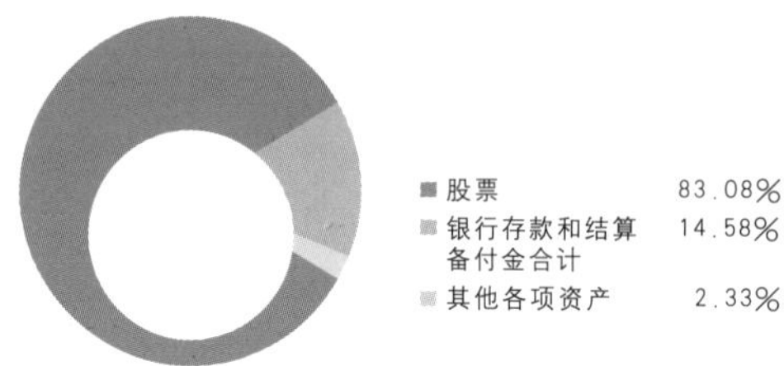

2012年度运作分析

2012年该基金的投资策略是买入低估值行业，稳定成长行业以及能独立成长的个股，其中风格上更偏向成长。所以在年初指数出现较大幅度反弹、传统周期性行业领涨的情况下，整个组合弹性不够，不过我们当时判断政策预期和经济见底预期都会落空，上市公司一季度业绩低于预期是大概率事件，所以并未追涨周期性行业，而是更加精细选择成长性个股，所以在3月到11月的结构性行情中比较主动，尤其是二季度取得了不错的超额收益，不过限于选股能力的不够全面，并未完全充分地把握整体的结构性行情，只是抓住了其中的一部分。

整体来看，该基金全年坚守成长为主的投资策略，重点投资食品饮料，纺织服装，医药，装修园林，电子安防等行业，低估值行业重点投资了地产，金融相对较少。全年由于把握结构性行情为主，所以比较淡化仓位，整体仓位中等偏上，10月份一度降到70%以下，年末加仓至近上限。

广发聚瑞股票型证券投资基金
简称：广发聚瑞股票

基金代码： 270021
成立日期： 2009年6月16日
基金类型： 股票型基金
基金经理： 刘明月
基金管理人： 广发基金管理有限公司
基金托管人： 中国工商银行
首募基金规模： 7 070 893 298.01份
期末基金资产： 3 853 852 074.22元
期末基金份额净值： 1.103元
累计基金份额净值： 1.103元
累计分红金额： —

注：期末指2012年12月31日；累计指该基金成立以来截至2012年年末。

基本概况

投资目标

深入研究中国经济、社会发展过程中的结构性变化和趋势性规律，把握主题投资机会，通过精选个股和有效的风险控制，追求基金资产的长期稳健增值。

投资理念

中国经济发展中的阶段性驱动主题，为不同行业和企业提供了价值增长机会。该基金坚持“研究发现价值，投资实现价值，风险控制维护价值”的投资理念，通过认真、细致的宏观研究、行业研究及个股研究，将推动中国经济发展的主题驱动力转化为基金持有人的长期投资收益。

投资策略

在股票投资方面，该基金主要采用自上而下的“主题投资分析框架”，挖掘受益于中国经济发展趋势和投资主题的公司股票，通过定量和定性相结合的方法，筛选出主题特征明显、成长性好的优质股票构建股票投资组合；在债券投资上，坚持稳健投资的原则，通过自上而下的宏观分析以及对个券相对价值的比较，发现和确认市场失衡，把握投资机会；权证为该基金辅助性投资工具，投资原则为有利于加强基金风险控制，有利于基金资产增值。

业绩比较基准 80%×沪深300指数+20%×中证全债指数

风险收益特征 较高风险、较高预期收益

业绩表现

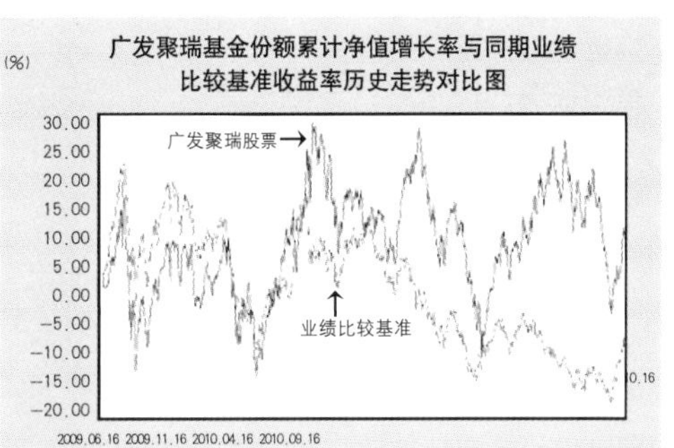

统计时间：2009年6月16日至2012年12月31日
图标来源：广发聚瑞股票型证券投资基金2012年年度报告

2012年末基金资产组合

股票	91.56%
银行存款和结算备付金合计	7.30%
其他各项资产	1.14%

2012年度运作分析

2012年市场整体表现为震荡下行，医药、TMT、环保、部分食品饮料、新能源、新材料等稳定类行业表现比较突出，银行、地产行业由于估值低第四季度表现比较突出，煤炭、有色等强周期性行业仍比较弱，大多数行业和个股都处于较大跌势中。主要原因是经济形势预期不好，担忧房地产调控和欧债危机对未来宏观经济的影响。

投资大逻辑仍是大消费和调结构受益的子行业；具体投资主题包括大消费、技术升级产业、电子信息产业、新能源产业、新材料产业等。对强周期类股票和大金融类股票仍比较谨慎。

广发聚瑞股票基金2012年配置方向为稳定增长类行业，重点配置了食品饮料、装饰园林、医药、TMT、纺织服装、能源装备、节能减排等行业。

广发聚富开放式证券投资基金

简称：广发聚富混合

基金代码：270001
成立日期：2003年12月3日
基金类型：混合型基金
基金经理：祝 俭
基金管理人：广发基金管理有限公司
基金托管人：中国工商银行
首募基金规模：3 131 907 040.29份
期末基金资产：5 172 882 212.93元
期末基金份额净值：1.1321元
累计基金份额净值：3.4421元
累计分红金额：2 789 702 674.52元

注：期末指2012年12月31日；累计指该基金成立以来截至2012年年末。

业绩表现

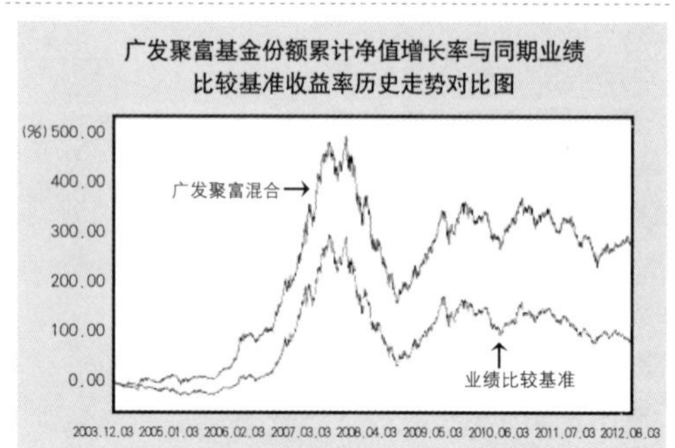

统计时间：2003年12月3日至2012年12月31日
图标来源：广发聚富开放式证券投资基金2012年年度报告

基本概况

投资目标

依托高速发展的宏观经济和资本市场，通过基金管理人科学研究，审慎投资，在控制风险的基础上追求基金资产的长期稳健增值。

投资理念

顺应市场，积极投资，以动态的眼光审视、分析、研究国家宏观经济、产业经济和微观经济主体，并辅以科学的投资策略，为投资者追求长期投资收益最大化。

投资策略

积极投资策略。在资产配置层面；重视股票资产和债券资产的动态平衡配置；在行业配置层面，根据不同行业的发展前景进行行业优化配置；在个股选择层面，在深入把握上市公司基本面的基础上挖掘价格尚未完全反映公司成长潜力的股票投资机会。

业绩比较基准

80%×中信标普300指数收益+20%×中信标普全债指数收益

风险收益特征 较高风险、较高预期收益

2012年末基金资产组合

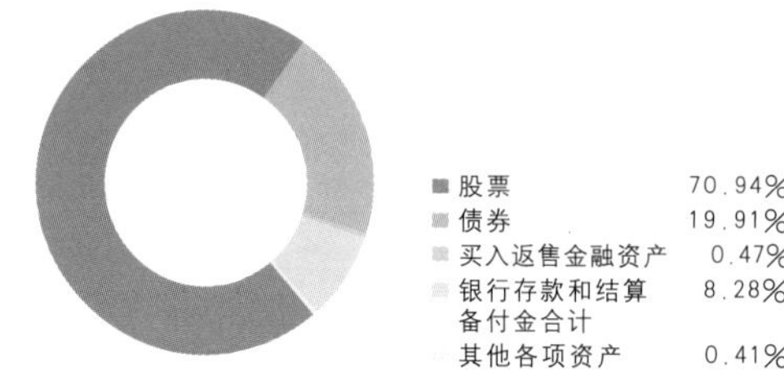

2012年度运作分析

2012年，A股市场在经历了一季度的经济憧憬之后，由于经济数据逐步往下，一路下跌，最后跌破了2000点。在12月份的快速上升之后，指数勉强收红。

全年来看，金融、地产等低估值板块表现较好，医药等成长股也有较好收益，基本面趋势不理想的消费股表现较差。

该基金年初表现不理想，二、三季度大幅降仓，规避了部分损失，四季度加仓了金融股，获取了部分超额收益。

广发货币市场基金

简称：广发货币A、广发货币B

基金代码： 270004、270014

成立日期： 2005年5月20日、2009年4月20日

基金类型： 货币型基金

基金经理： 温秀娟

基金管理人： 广发基金管理有限公司

基金托管人： 中国工商银行

首募基金规模： 2 636 630 865.77份

期末基金资产： 27 591 978 207.81元

期末基金份额净值： 270004(A类)1.000元
270014(B类)1.000元

累计基金份额净值： －

累计分红金额： (A类)1 123 163 535.47元
(B类)1 147 928 794.08元

注：期末指2012年12月31日；累计指该基金成立以来截至2012年年末。

基本概况

投资目标

在保持低风险与资产流动性的基础上，追求稳定的当期收益。

投资理念

深入研究：作为主动投资管理的基金，深入的研究是取得良好投资业绩的基础。货币市场基金业绩主要受短期利率变动影响，而短期利率又受各种宏观经济变量和其他基本因素的影响。对这些基本因素的深入研究是本基金进行投资决策的基础。稳健投资：该基金坚持稳健投资，强调控制风险，在维持基金资产流动性和安全性的基础上，追求稳定收益。

投资策略

稳健的主动投资是该基金投资策略的总体特征。主动是相对被动投资而言，强调通过基金管理人主动管理为投资人控制风险和创造稳定收益。稳健是强调主动投资必须重视控制风险，要兼顾基金资产的流动性、安全性和收益性的目标。具体策略如下：①利率预测；②期限配置策略；③品种配置策略；④挖掘套利投资机会。

业绩比较基准 (1－利息税率)×活期存款利率

风险收益特征

高安全性，高流动性，力争获取稳定的收益

业绩表现

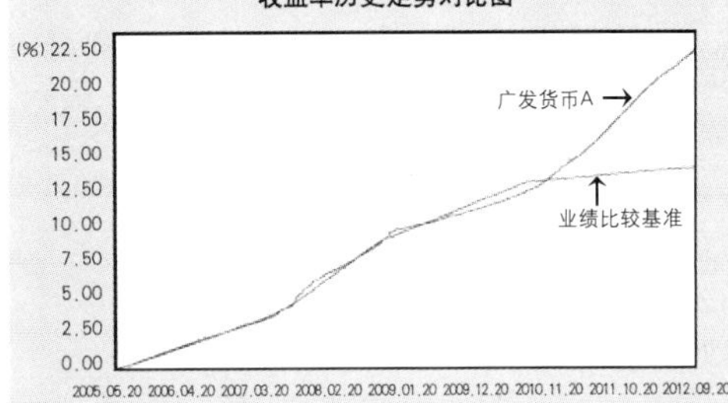

统计时间：2005年5月20日至2012年12月31日
图标来源：广发货币市场基金2012年年度报告

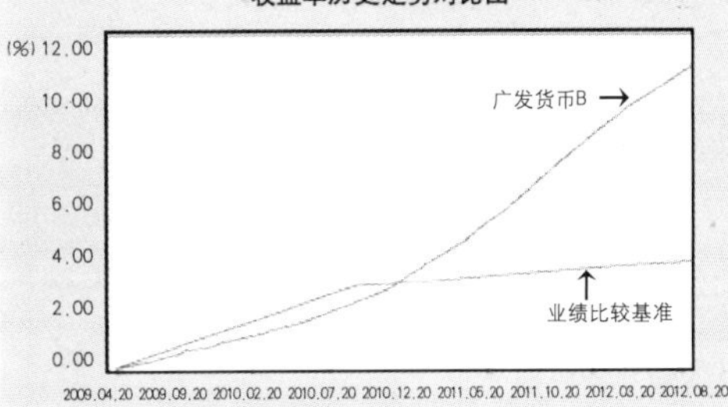

统计时间：2009年4月20日至2012年12月31日
图标来源：广发货币市场基金2012年年度报告

2012年末基金资产组合

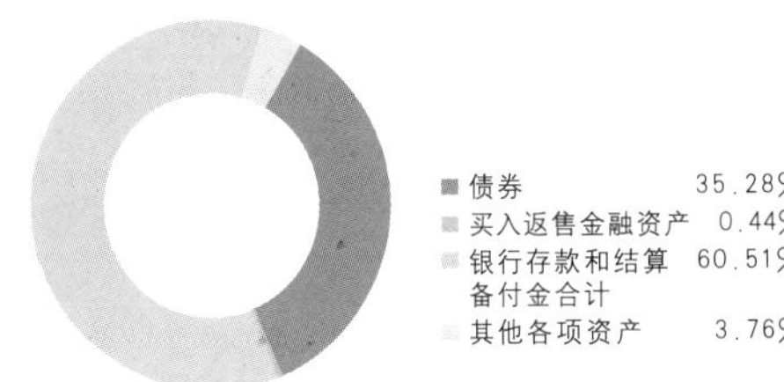

2012年度运作分析

年初该基金拉长久期，高配高收益的定期存款，锁定收益。年底把握资金利率上行机会，调整组合，增配短期融资券，提高组合收益率。债券组合以高等级短期融资券为主，保持组合流动性和规避信用风险。

广发亚太(除日本)精选股票型证券投资基金
简称：广发亚太精选股票(QDII)

基金代码： 270023
成立日期： 2010年8月18日
基金类型： 股票型基金
基金经理： 丁靓、潘永华[①]
基金管理人： 广发基金管理有限公司
基金托管人： 中国工商银行
首募基金规模： 540 598 089.38份
期末基金资产： 142 238 004.74元
期末基金份额净值： 0.951元
累计基金份额净值： 0.951元
累计分红金额： –

注：期末指2012年12月31日；累计指该基金成立以来截至2012年年末。
①潘永华已于2013年7月因个人原因从广发基金离职。

业绩表现

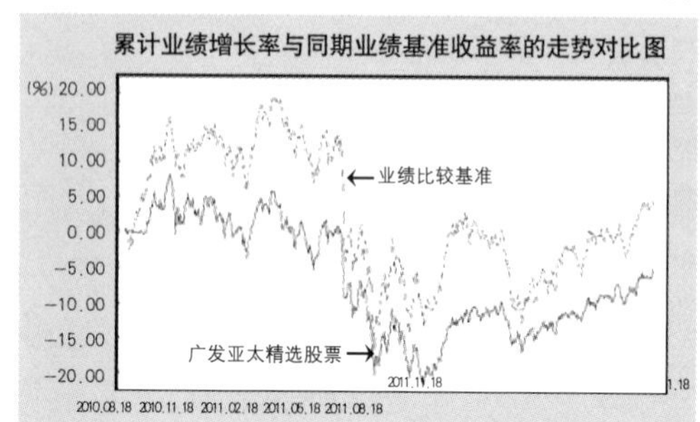

统计时间：2010年8月18日至2012年12月31日
图标来源：广发亚太(除日本)精选股票型证券投资基金2012年年度报告

2012年末基金资产组合

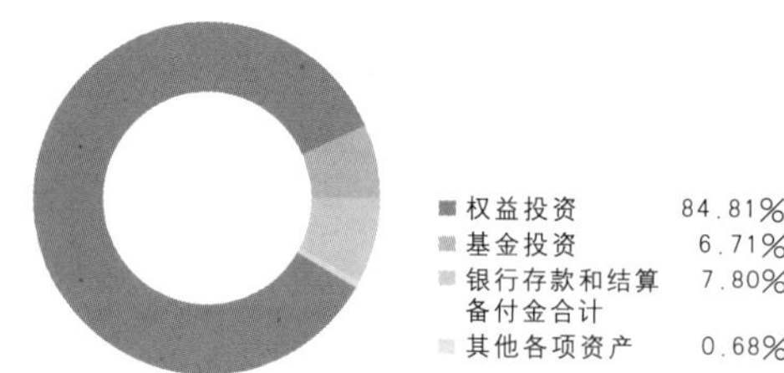

基本概况

投资目标

通过在亚太区域内进行积极的资产配置和组合管理，有效分散基金的投资组合风险，实现基金资产的持续、稳健增值。

投资理念

亚太地区已成为推动全球经济增长的重要一极，其发展速度有望领先于全球其他区域。该基金以自上而下的宏观经济研究和自下而上的个券研究为基础，精选亚太区域内具有高成长性及投资价值的证券，实现基金资产在资产类别以及区域方面的有效配置，努力为投资者带来长期而稳健的回报。

投资策略

该基金将通过自上而下的资产配置策略和自下而上的个股精选策略进行基金资产的投资组合构建，注重国际宏观经济环境、政治形势、区域市场和证券市场走势的综合分析，并强调公司品质与成长性的结合，由此确定基金资产在国家与地区间的区域配置以及在股票、债券和现金等各类资产类别上的投资比例，并通过自下而上的个股精选，挖掘定价合理、具备持续竞争优势的上市公司股票进行投资，并有效控制下行风险。

业绩比较基准

摩根士丹利综合亚太(除日本)总收益指数(MSCI AC Asia Pacific ex Japan Total Return Index)

风险收益特征 较高风险、较高预期收益

2012年度运作分析

2012年各主要金融市场依旧波动剧烈。在上半年，欧债相关国家大选引发的政策不确定，欧债危机的继续发酵，中国经济增速的持续下滑等因素，导致全球经济面临较大不确定性，市场情绪不稳定；而下半年，随着欧洲央行的直接购买国债(OMT)措施、美国联储的QE3及QE4政策以及日本央行的无限量宽松的政策推出，各主要经济体都通过释放流动性、本币贬值来拉动经济增长策略使得全球资本市场流动性显著增加；同时，中国经济增速在连续下滑较长时间后终于在2012年3季度企稳；美国经济也在房地产市场稳定复苏的拉动下，显露稳定增长的迹象，全球主要股票市场表现亮丽。

广发亚太精选在国家地区区域配置方面，主要配置于中国香港地区和美国上市的股票；在行业配置方面，主要配置于消费类，能源类，地产，金融，环保和科技类股票。

招商基金年度纪事
2012年度

公司大事记

2012.01.20 招商优势企业灵活配置基金公开发行结束，共计募集规模14.12亿份。

2012.02.16 招商产业债券型投资基金获得证监会同意批复，并于3月5日正式发行，至3月16日发行完毕，共计募集规模24.07亿份。

2012.03.05 公司首只分级基金——招商中证大宗商品股票指数分级基金获得证监会批复，并于6月21日公开发行完毕，共募集规模10.6亿份。

2012.03.28 2012年金牛基金论坛暨第九届中国基金业金牛奖颁奖盛典举行，凭借着2011年出色的业绩，招商安泰债券基金获得2011年度债券型金牛基金大奖。招商基金在固定收益投资领域的实力，再度得到市场和同行的认可。

2012.04.20 在第九届中国“金基金”奖评选中，招商安泰债券基金以优异的投资管理业绩，荣获2011年度“金基金奖”。该奖评选由《上海证券报》主办，已连续举办九届。

2012.05.25 由《21世纪经济报道》、Wind资讯主办的“赢基金颁奖盛典”举行，招商基金凭借2011年度的出色表现，荣获“2011年度中国最佳年度表现基金公司”。

2012.06.19 央视财经50指数在京举行授权开发使用签约仪式。招商基金与中央电视台财经频道、深圳证券信息有限公司签署了三方协议，授权招商基金开发央视财经50标准型指数基金。

招商基金向证监会上报了招商标普红利贵族指数增强基金产品方案，该产品拟采用“多币种”创新方式募集，将国内投资者的外币资金集合起来投资基金，是目前证监会积极探讨同时大力支持的一种创新型产品募集方式，因此受到证监会领导的高度关注和重视。

招商基金年度纪事

2012年度

公司大事记

2012.07.17 招商信用增强债券基金开售仅两小时已达到其募集预设规模上限20亿元，最终募集金额37.19亿份，实现一天结束募集。

2012.07.20 招商基金管理资产规模达到1 002.36亿元，首次突破千亿。在市场呈现点位下跌的情况下，公司管理资产规模较2011年同期实现近70%的增长。

2012.08.15 继招商信用增强债券基金后，招商基金抓住当前“债热股冷”的市场时机，招商安盈保本基金再现闪电发行，首日认购金额近46亿元，接近该产品的设定上限50亿份，一天结束募集。

2012.09.21 由《每日经济新闻》主办的2012中国金鼎奖(非公募及创新业务)评选揭晓。招商基金获评“金鼎奖”2012专户一对多最佳口碑基金公司奖，同时，招商瑞泰灵活配置系列产品被评为2012专户一对多最佳口碑产品奖，招商瑞泰灵活配置1号荣获2012专户一对多最佳传统产品奖(权益类)。

2012.10.08 招商央视财经50指数基金获证监会批复。

2012.10.12 根据中国保监会公告，招商等11家基金公司获得险资管理资格。

2012.11.09 公司首只短期理财基金——招商理财7天债券基金获证监会批复，并于12月3—5日公开发行，共计募集规模50.94亿份。

2012.11.21 招商标普高收益红利贵族指数基金获证监会批复。

2012.12.13 招商双债增强分级债券基金获证监会批复。

2012.12.20 招商基金香港子公司——招商资产管理(香港)有限公司的设立申请获得证监会同意批复。

公司所获荣誉

2012.01.06 在《每日经济新闻》主办的“金鼎奖”评选中，招商基金获得基金专户“一对多”年度最佳投资研究团队奖项。

2012.02.28 由凤凰网和凤凰网财经主办的“2012金凤凰金融盛典暨2011年度颁奖礼”活动中，招商基金喜获“2011年度最具影响力客户服务基金奖”。

2012.03.28 2012年金牛基金论坛暨第九届中国基金业金牛奖颁奖盛典在北京隆重举行，招商安泰债基一举摘得“2011年度债券型金牛基金大奖”。

2012.04.20 在由上证报主办的第九届中国“金基金”奖评选中，招商安泰债基以优异的投资管理业绩，荣膺2011年度“金基金奖”。

2012.05.25 在《21世纪经济报道》、Wind资讯主办的“21世纪资本市场年会”和“赢基金颁奖盛典”上，招商基金凭借2011年度的出色表现，荣获“2011年度中国最佳年度表现基金公司”。

2012.09.21 由《每日经济新闻》主办的2012中国金鼎奖(非公募及创新业务)评选揭晓。凭借旗下专户产品的优异表现和出色的团队投研能力，招商基金囊括三项大奖，其中获评“金鼎奖”“2012专户一对多最佳口碑基金公司奖”，招商基金瑞泰灵活配置系列产品被评为“2012专户一对多最佳口碑产品奖”，招商瑞泰灵活配置1号荣获“2012专户一对多最佳传统产品奖(权益类)”。

2012.10.30 由《理财周报》举办的2012中国基金业领袖峰会暨3 000持有人最受尊敬基金公司调查活动中，招商基金荣获2012中国最受尊敬基金公司大奖、2012中国最佳营销创新基金公司，公司总经理许小松先生获评2012基金公司最受尊敬总裁，公司副总经理王晓东女士获评2012最佳基金市场风云人物。

2012.12.01 由《新财富》杂志社主办、证券时报社参与联合主办的“第十届新财富最佳分析师”评选颁奖盛典在深圳举行。招商基金荣获“2012新财富最具慧眼基金管理公司奖”。

2012.12.12 由《经济观察报》主办、中央财经大学学术支持的“2011—2012年度中国卓越金融奖”评选活动正式颁奖，招商基金获评“年度卓越基金销售公司”。

2012.12.18 由和讯网主办的2012年第十届财经风云榜基金行业的评选活动中，招商基金获得“2012年度最具成长性基金公司奖”及“2012年度最佳基金电子商务平台奖”。

招商基金管理有限公司

China Merchants Fund(CMF) Management Co.,Ltd.

成立时间	2002年12月27日	注册资本	2.1亿元人民币	公司属性	中外合资
董事长	马蔚华	总经理	许小松	督察长	欧志明
联系电话	0755-8319 6666	传真号码	0755-8319 6405		
客服电话	400-887-9555	公司网址	www.cmfchina.com		
注册地址	深圳市深南大道7088号招商银行大厦28层				
办公地址	深圳市深南大道7088号招商银行大厦28层				

公司发展概况

招商基金管理有限公司(以下简作“招商基金”)是由中国证监会批准设立的第一家中外合资的基金管理公司。公司成立于2002年12月27日，注册资本为2.1亿元人民币，其中招商银行股份有限公司持股33.4%，招商证券股份有限公司持股33.3%，荷兰投资(ING Investment ManagementB.V.)持股33.3%① 。公司经营范围包括发起设立基金、基金管理业务和中国证监会批准的其他业务。

经过10年发展，招商基金已拥有超过390万的客户群，形成了涵盖股票型、债券型、保本型、混合型、指数型、QDII及货币基金等多种类型较为完善的公募基金产品系列；同时，开发并管理数十只专户产品、若干社保组合和企业年金组合，成为国内业务资质覆盖范围广、产品风险梯度明显、产品风格齐全的基金管理公司之一。

截至2012年末，公司管理着28只公募基金产品，以及多个社保基金、企业年金、专户理财等非公募业务组合，合计管理资产规模828亿元，进入行业第15名。其中，共同基金规模位列行业第18名，非公募业务位列行业第10名。

招商基金现有北京、上海、成都、深圳4家分公司，主要负责投资及销售业务。同时，公司积极向中国证监会提交了设立香港子公司、境内子公司的申请。招商基金香港子公司已在香港完成设立的注册登记，境内子公司在深圳前海完成工商注册登记并于2013年2月28日正式开业。

招商基金高度重视投研能力和团队建设。截至2012年末，公司投研团队共72人(含高管及交易)，占比35.8%，投研团队90%以上拥有硕士以上学历，平均证券从业经验超过5年，部分人员具有CFA、CPA、FRM等金融方面的专业资格。基金经理团队90%成员具有硕士学历，平均金融证券业从业年限超过7年。

根据Wind数据，截至2012年末，公司自成立以来公募基金产品累计分红近75亿元，为投资人带来了良好回报。招商基金的出色表现也得到了权威媒体的关注，2012年，共获得超过十项业内权威奖项。未来，招商基金将以取信于市场、取信于社会为宗旨，秉承诚信、融合、创新、卓越的经营理念，努力成为客户推崇、股东满意、员工热爱、具有国际竞争力的基金管理公司。

①招商银行和招商证券2012年10月8日发布公告，两家公司拟携手出资9 800万欧元，自荷兰国际集团(ING)手中接过招商基金33.3%股权。目前该股权变动细节处于申请报备过程中。以上备注及信息资料截至2012年12月31日。

年度业务经营

2012年，招商基金坚持“为持有人赚钱”的理念和专业化营销思路，明确发展方向，积极研判市场，强化投研与营销的互动，以业绩驱动规模增长。2012年末，公司管理资产规模828亿元，较2011年增长222亿元。整体管理资产规模进入行业第15名。其中，共同基金规模排名提升明显，位列行业第18名，非公募业务实现齐头并进式发展，位列行业第10名。

(一) 公募基金业务稳步提升

2012年末招商基金管理公募基金总数量28只，总资产规模554.11元。同时，投资业绩实现提升并趋于稳定。截至2012年末，公司主动偏股基金业绩排名行业49.86%，债券基金业绩排名行业前47.79%，均处于行业前1/2。

→ 2012年公司旗下表现较好的公募基金产品投资收益与分红概况

(单位：%；元)

基金产品	12月晨星评级(三年)	成立日期	2012年总回报率	最近三年总回报率排名	成立以来总回报率	每份基金单位累计分红
招商安泰债券A	★★★★	2003.04.28	4.32	7/32	79.43	0.5365
招商安泰债券B	★★★	2006.04.12	3.91	11/32	54.95	0.365
招商现金增值货币A	—	2004.01.14	4.08	—	26.20	—
招商现金增值货币B	—	2009.12.01	4.33	—	10.91	—
招商优质成长股票	★★★	2005.11.17	4.03	140/227	255.27	0.60
招商安本增利债券	★★★	2006.07.11	4.69	46/91	48.67	0.41
招商安心收益债券	★★★★	2008.10.22	7.59	20/91	28.70	0.20
招商信用添利债券	—	2010.06.25	12.34	—	19.84	0.169
招商上证消费80ETF	—	2010.12.08	5.56	—	−21.82	—
招商上证消费80ETF联接	—	2010.12.08	5.34	—	−21.10	—
招商标普金砖四国指数(QDII)	—	2011.02.11	8.93	—	−19.50	—
招商安达保本混合	—	2011.09.01	5.23	—	10.60	—

数据截至日期：2012年12月28日　数据来源：晨星(深圳)数据中心，招商基金

说明：总回报排名的数据格式为“基金总回报排名/参与排名的同类基金数目”，例："7/32"即表示该基金在91只参与排名的同类基金中排名第20。

2012年，招商基金顺势而为，不断推出适合投资者需求的新产品，新发共同基金产品六只，募集规模共计182.55亿元，多只产品一日售罄，成为“日光基”，其中三只基金“裸发”成功——即不印制任何宣传材料、折页、广告，只通过邮件和信息等沟通，以节省成本，在市场中引起了较大反响。

2012年公司新设立基金首次募集情况

序号	基金代码	基金简称	成立日期	首募规模(亿元)
1	217021	招商优势企业	2012.02.01	14.12
2	217022	招商产业	2012.03.21	24.07
3	161715	招商中证大宗商品	2012.06.28	10.63
4	217023	招商信用增强	2012.07.20	37.19
5	217024	招商安盈保本	2012.08.20	45.60
6	217025	招商理财7天A	2012.12.07	35.76
7	217026	招商理财7天B	2012.12.07	15.18

数据来源：Wind资讯

(二) 专户理财业务择优而进

2012年招商基金专户团队将精选个股放在首位，注重仓位控制，较好地把握了市场投资机会，为投资组合带来良好的正收益。截至2012年12月31日，招商基金共管理专户理财计划25只，其中绝大多数产品在本年度取得了良好的业绩。全年新发9个专户，且推出了适应客户需求的分级债、CTA及QDII专户等创新产品，共计募集规模34亿元。

(三) 社保基金业务不断扩大

招商基金自2004年10月取得社保基金投资管理人资格至今，已管理社保组合超过8年时间，管理业绩连续多年获得最高评级。基于良好业绩，多年来公司管理的组合数量和资金规模不断增加。

(四) 企业年金业务优势巩固

2012年，公司巩固了年金在管项目的业绩优势，成功获得多个组合年金追加资金，并在新年金项目营销过程中，积极参加了中国银行、建设银行、中石油、中石化等大型国有企业的投资管理人甄选工作。同时，积极开展年金业务拓展，于6月举办中国核心企业年金理事会夏季投资座谈会，积极与招行共同举办首届中国养老金融论坛。截至年末，公司共管理年金组合15只，资产规模28.83亿元。

社会责任

招商基金作为专业的金融资产管理公司，始终响应全社会对公益事业的企业社会责任号召。2012年，招商基金从投资者教育和社会公益活动两方面入手，以务实行动践行企业公民的责任和义务。

2012年，招商基金举行投资者教育活动1 351场(次)、受教育人数40 530人次，发布媒体新闻报道20篇，网站发布信息722篇，组织发放宣传资料11 557 843份，组织发送短信2 468 415人次。2012年2月和11月，招商基金先后举办“2011年基金投资者情况有奖调查活动”和“2012年投资者保护有奖问答活动”，深受投资者欢迎和好评。

公益活动方面，招商基金积极开展各类公益活动，推进绿色账单的推广活动，组织员工参加“为爱奔跑·壹基金2012深圳(盐田)山地马拉松赛”，关注凝冻地区小孩的温暖行动，捐赠“壹基金温暖包”，切实履行作为企业公民所承担的社会责任。

旗下产品介绍

招商安心收益债券型证券投资基金
简称：招商安心收益债券

基金代码： 217011
成立日期： 2008年10月22日
基金类型： 契约型开放式，债券型
基金经理： 孙海波
基金管理人： 招商基金管理有限公司
基金托管人： 中国工商银行股份有限公司
首募基金规模： 54.40亿份
期末基金资产： 35.55亿元
期末基金份额净值： 1.081元
累计基金份额净值： 1.281元
累计分红金额： 0.20元/份

注：期末指2012年12月31日；累计指该基金成立以来截至2012年年末。

基本概况

投资目标

在严格控制投资风险的基础上，追求稳定的当期收益和基金资产的稳健增值。

投资理念

以价值分析为基础，实行低风险、稳健的主动管理方式，力求在规避风险的前提下实现基金资产的稳定增值。

投资策略

该基金在货币市场工具投资方面，将采用稳健的投资组合策略，通过对短期金融工具的组合操作，在保持资产流动性的同时，追求稳定的投资收益；在债券（不含可转债）投资方面，将采取积极主动的投资策略，以中长期利率趋势分析为基础，结合中长期的经济周期、宏观政策方向及收益率曲线分析，实施积极的债券投资组合管理，以获取较高的债券组合投资收益。在可转债投资方面，主要采用可转债相对价值分析策略；在参与股票一级市场和新股增发投资方面，将在深入研究的基础上，发掘新股内在价值，发挥该基金作为机构投资者在新股询价发行过程中对新股定价所起的积极作用，积极参与新股的申购、询价，以获取较好收益。

业绩比较基准　中信标普全债指数

风险收益特征

该基金属于证券市场中的较低风险品种，预期收益和预期风险高于货币市场基金，低于混合型基金和股票型基金。

业绩表现

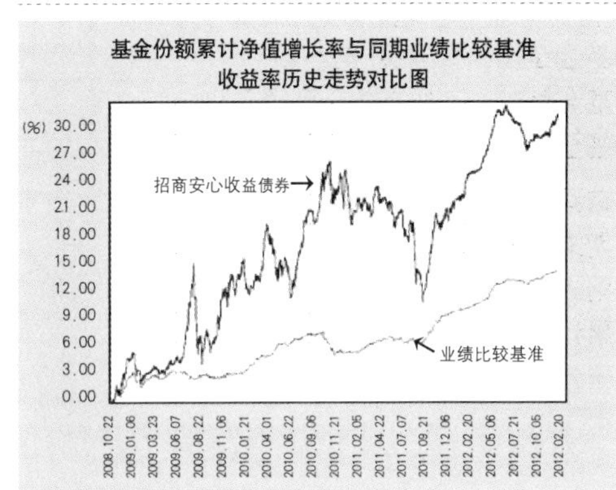

统计时间：2008年10月22日至2012年12月31日
图标来源：招商安心收益债券型证券投资基金2012年年度报告

2012年末基金资产组合

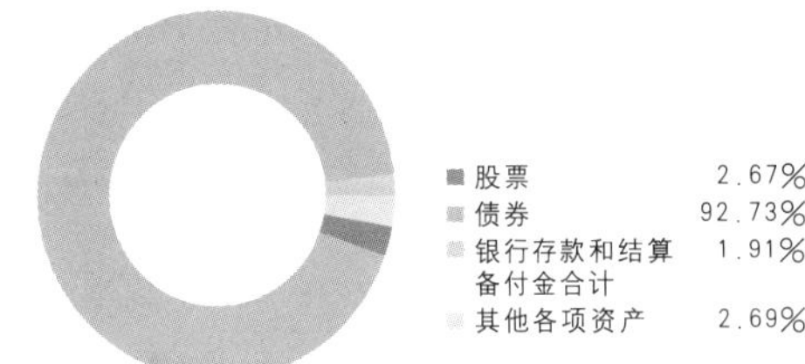

2012年度运作分析

2012年债券市场跟随经济变化呈现波动走势，利率品收益率走势呈现"N"型，收益率曲线整体陡峭化上行。2月初债券市场收益率上升到高位波动。5月中旬市场走出快牛行情，长短端利率都出现大幅下降。6—7月份债券市场收益率再度走出一波下行行情，市场纷纷预期央行将多次下调基准利率和准备金率，宽松预期异常浓厚。进入8月份市场收益率小幅回升到年初水平。进入9月份，收益率开始明显上行。进入四季度，各项数据不断验证经济的回暖，新一届政府的表态也比较积极，再加上房地产市场量价齐升并未招致调控，市场纷纷预期地产投资引擎将重新启动，收益率整体延续波动上升的趋势。

回顾2012年的基金操作，管理人严格遵照基金合同的相关约定，按照既定的投资流程进行了规范运作。在债券投资上，该基金在第一季度减持了金融债，下半年增持了信用债和可转债。

（以上资料来源：2012年基金年报）

招商产业债券型证券投资基金
简称：招商产业债券

基金代码：217022
成立日期：2012年3月21日
基金类型：契约型开放式，债券型
基金经理：张国强、胡慧颖
基金管理人：招商基金管理有限公司
基金托管人：中信银行股份有限公司
首募基金规模：24.07亿份
期末基金资产：30.61亿元
期末基金份额净值：1.021元
累计基金份额净值：1.064元
累计分红金额：0.043元/份

注：期末指2012年12月31日；累计指该基金成立以来截至2012年年末。

业绩表现

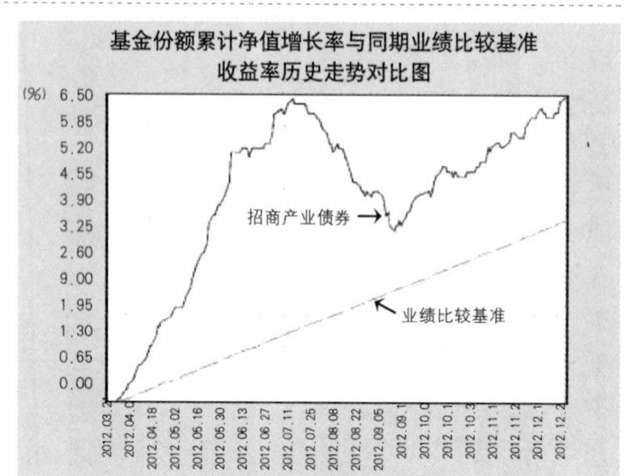

统计时间：2012年3月21日至2012年12月31日
图标来源：招商产业债券型证券投资基金2012年年度报告

基本概况

投资目标

在严格控制投资风险并保持资产流动性的基础上，通过对产业债积极主动的投资管理，追求基金资产的长期稳定增值。

投资理念

在识别和控制投资风险的前提下，该基金综合分析宏观经济政策、利率水平变化，以及企业的自主经营及利润获取能力，持续投资于产业债券并不断优化投资组合，以实现基金资产长期稳定的保值增值。

投资策略

该基金将以力争获取超越存款利率的绝对收益为目标，运用本金保护机制，谋求有效控制投资风险。基金管理人将根据宏观经济指标、目标资产的流动性状况、信用风险情况等因素，进行自上而下和自下而上的综合分析，在整体资产之间进行动态配置，分散非系统性风险，以追求超越基准的绝对收益。

业绩比较基准 三年期银行定期存款收益率（税后）

风险收益特征

该基金属于证券市场中的较低风险品种，预期收益和预期风险高于货币市场基金，低于混合型基金和股票型基金。

2012年末基金资产组合

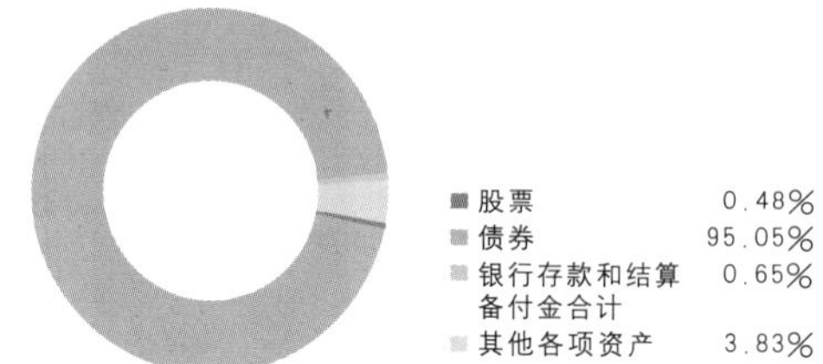

2012年度运作分析

2012年债券市场跟随经济变化呈现波动走势，利率品收益率走势呈现"N"型，收益率曲线整体陡峭化上行。2月初债券市场收益率上升到高位波动。5月中旬市场走出快牛行情，长短端利率都出现大幅下降。6-7月份债券市场收益率再度走出一波下行行情，市场纷纷预期央行将多次下调基准利率和准备金率，宽松预期异常浓厚。进入8月份市场收益率小幅回升到年初水平。进入9月份，收益率开始明显上行。进入四季度，各项数据不断验证经济的回暖，新一届政府的表态也比较积极，再加上房地产市场量价齐升并未招致调控，市场纷纷预期地产投资引擎将重新启动，收益率整体延续波动上升的趋势。

回顾2012年的基金操作，管理人严格遵照基金合同的相关约定，按照既定的投资流程进行了规范运作。在债券投资上，该基金在上半年减持了中票，增持了企业债，且在四季度进一步加仓信用债。

（以上资料来源：2012年基金年报）

招商优质成长股票型证券投资基金
简称：招商优质成长股票

基金代码： 161706
成立日期： 2005年11月17日
基金类型： 契约型开放式，股票型
基金经理： 张慎平
基金管理人： 招商基金管理有限公司
基金托管人： 中信银行股份有限公司
首募基金规模： 6.53亿份
期末基金资产： 33.16亿元
期末基金份额净值： 1.0724元
累计基金份额净值： 1.6724元
累计分红金额： 0.60元/份

注：期末指2012年12月31日；累计指该基金成立以来截至2012年年末。

业绩表现

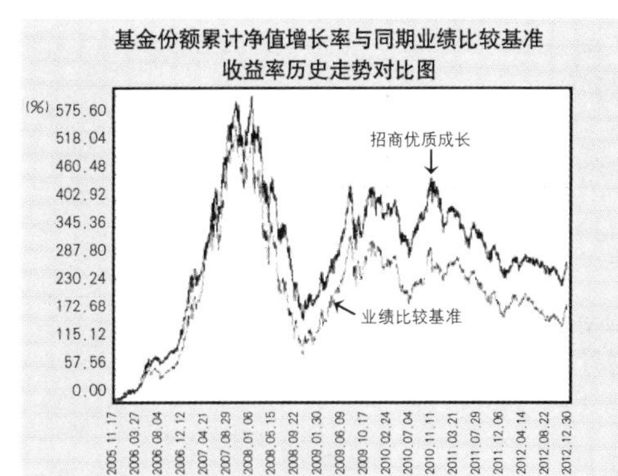

统计时间：2005年11月17日至2012年12月31日
图标来源：招商优质成长股票型证券投资基金2012年年度报告

基本概况

投资目标

精选受益于中国经济成长的优秀企业，进行积极主动的投资管理，在控制风险的前提下为基金份额持有人谋求长期、稳定的资本增值。

投资理念

只有优质的成长能创造价值，追求合理价格下的优质成长。

投资策略

资产配置方面，该基金股票投资比例为75%–95%，债券及现金投资比例为5%–25%（其中，现金或到期日在一年以内的政府债券不低于5%）。该基金为股票型基金，以股票投资为主，因而在一般情况下，该基金不太进行大类资产配置，股票投资保持相对较高的比例。该基金的股票资产将投资于管理人认为具有优质成长性并且较高相对投资价值的股票；在该基金认为股票市场投资风险非常大时，将会有一定的债券投资比例，债券投资采用主动的投资管理，获得与风险相匹配的收益率，同时保证组合的流动性满足正常的现金流的需要。

业绩比较基准 95%×沪深300指数＋5%×同业存款利率

风险收益特征

该基金属于证券市场中的较高风险品种，预期收益和预期风险都较高。

2012年末基金资产组合

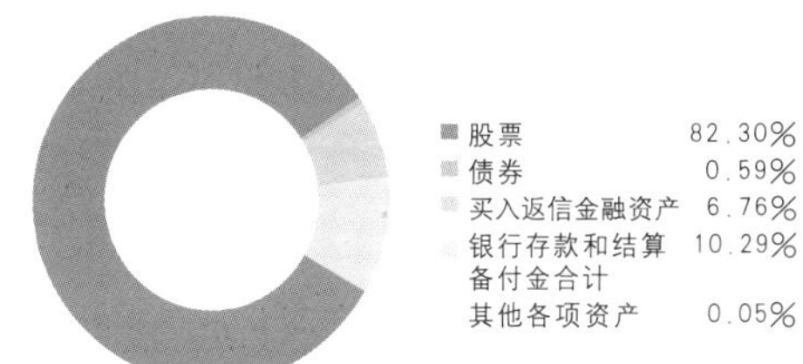

2012年度运作分析

2012年，外围环境趋于好转，美国经济出现复苏迹象，不断推出的QE刺激增加了市场信心；欧债危机一度恶化，最终在多方努力下，基本得到解决。在宏观调控背景下，国内经济全年呈回落态势，2012年三季度末开始企稳，年底呈明显反弹。

2012年是不平凡的年份，市场对十八大换届的预期经历了较为复杂的历程，从博弈的不确定性到尘埃落定后的信心回升。资本市场呈现N型走势，包括春季躁动+预期迷茫+信心恢复等三个阶段，沪深300指数全年上涨7.55%，上下半年领涨板块分别为以医药和TMT为代表的成长股和以银行为代表的金融股。

该基金仓位相对较高，行业配置上侧重金融、地产、大消费及新兴产业等行业，比较注重稳定增长类个股投资。

(以上资料来源：2012年基金年报)

招商基金
China Merchants Fund

招商安达保本混合型证券投资基金

简称：招商安达保本混合

基金代码：217020
成立日期：2011年9月1日
基金类型：契约型开放式，混合型
基金经理：张国强、邓栋
基金管理人：招商基金管理有限公司
基金托管人：中国农业银行股份有限公司
首募基金规模：10.32亿份
期末基金资产：41.44亿元
期末基金份额净值：1.119元
累计基金份额净值：1.119元
累计分红金额：—

注：期末指2012年12月31日；累计指该基金成立以来截至2012年年末。

业绩表现

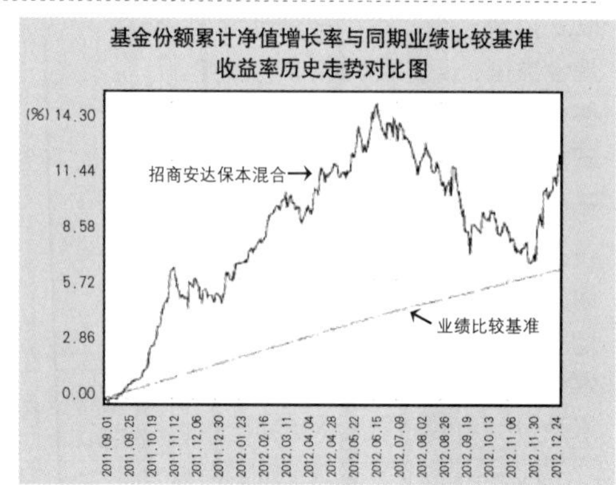

统计时间：2011年9月1日至2012年12月31日
图标来源：招商安达保本混合型证券投资基金2012年年度报告

基本概况

投资目标

在确保保本周期到期时安全的基础上，通过保本资产与风险资产的动态配置和有效的组合管理，寻求组合资产的稳定增长和保本期间收益的最大化。

投资理念

精确控制投资风险和稳健投资，是实现保本和增值的关键。

投资策略

该基金充分发挥基金管理人的研究优势，将严谨、规范化的基本面研究分析与积极主动的投资风格相结合，利用恒定化比例组合保险（CPPI，Constant Proportion Portfolio Insurance）技术，动态调整保本资产与风险资产的投资比例，以确保保本周期到期时，实现基金资产在保本基础上的保值增值的目的。

业绩比较基准 三年期银行定期存款收益率（税后）

风险收益特征

该基金属于证券市场中的较低风险品种，预期收益和预期风险都较低。

2012年末基金资产组合

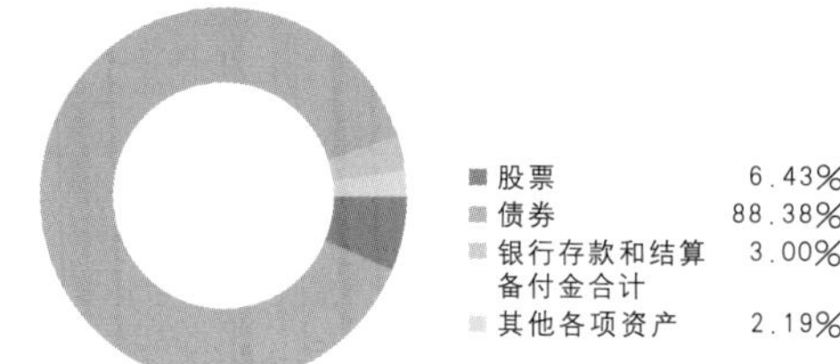

2012年度运作分析

2012年债券市场跟随经济变化呈现波动走势，利率品收益率走势呈现"N"型，收益率曲线整体陡峭化上行。2月初债券市场收益率上升到高位波动。5月中旬市场走出快牛行情，长短端利率都出现大幅下降。6–7月份债券市场收益率再度走出一波下行行情，市场纷纷预期央行将多次下调基准利率和准备金率，宽松预期异常浓厚。进入8月份市场收益率小幅回升到年初水平。进入9月份，收益率开始明显上行。进入四季度，各项数据不断验证经济的回暖，新一届政府的表态也比较积极，再加上房地产市场量价齐升并未招致调控，市场纷纷预期地产投资引擎将重新启动，收益率整体延续波动上升的趋势。

回顾2012年的基金操作，管理人严格遵照基金合同的相关约定，按照既定的投资流程进行了规范运作。在债券投资上，该基金在上半年减持了中票，增持了企业债，且一直保持较高的信用债仓位。

（以上资料来源：2012年基金年报）

招商现金增值货币型证券投资基金

简称：招商现金增值货币

基金代码： 217004
成立日期： 2004年1月14日
基金类型： 契约型开放式，货币型
基金经理： 胡慧颖
基金管理人： 招商基金管理有限公司
基金托管人： 招商银行股份有限公司
首募基金规模： 46.44亿份
期末基金资产： 168.13亿元
期末基金份额净值： 1.000元
累计基金份额净值： 1.000元
累计分红金额： —

注：期末指2012年12月31日；累计指该基金成立以来截至2012年年末。

基本概况

投资目标

保持本金的安全性与资产的流动性，追求稳定的当期收益。

投资策略

以严谨的市场价值分析为基础，采用稳健的投资组合策略，通过对短期金融工具的操作，在保持本金的安全性与资产流动性的同时，追求稳定的当期收益。

业绩比较基准

一年期银行定期储蓄存款的税后利率：
(1−利息税率)×一年期银行定期储蓄存款利率

风险收益特征

该基金属于证券市场中的较低风险品种，预期收益和预期风险都较低。

2012年末基金资产组合

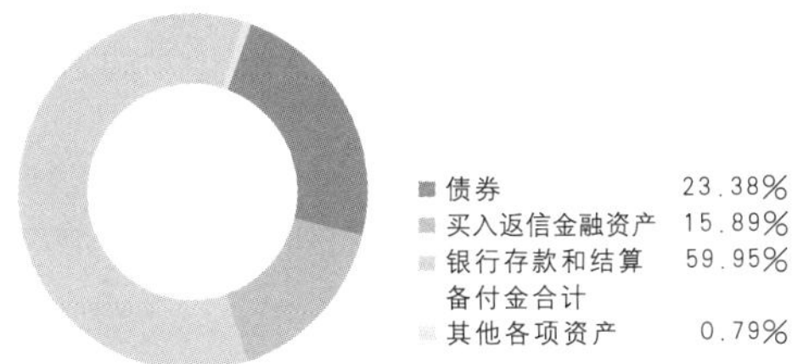

业绩表现

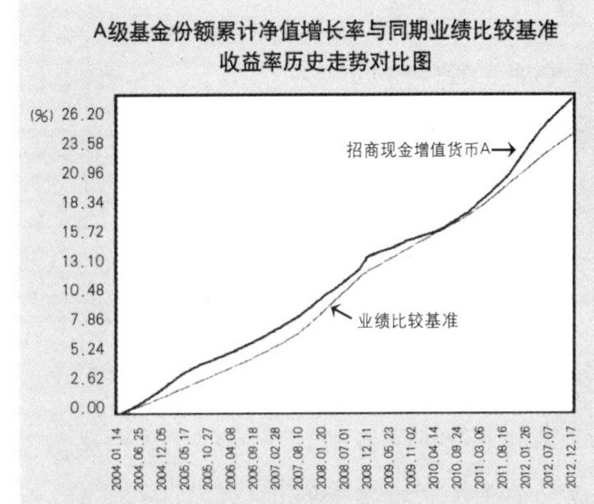

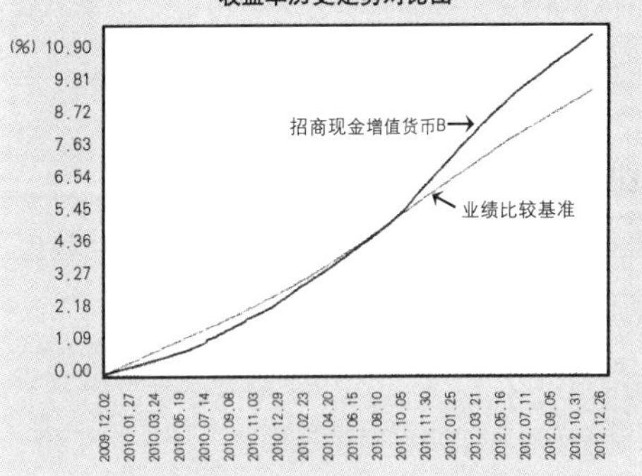

统计时间：2004年1月14日至2012年12月31日
图标来源：招商现金增值货币型证券投资基金2012年年度报告

2012年度运作分析

2012年，招商现金增值货币基金在保证投资组合流动性、安全性的前提下，于年初进行了较高比例、相对较长期限的定期存款配置，此举对组合上半年的静态收益做出了显著的贡献，在基金规模快速增长的同时为投资者创造了较好的回报；下半年货币市场利率回归平淡，招商现金增值货币基金通过持续捕捉各项资产的最佳配置时点来发掘低利率环境中的投资价值。

(以上资料来源：2012年基金年报)

华安基金管理有限公司

HuaAn Fund Management Co.,Ltd

成立时间	1998年6月4日	注册资本	1.5亿元人民币	公司属性	中 资
董 事 长	朱仲群	总 经 理	李 勍	督 察 长	薛 珍
联系电话	021-3896 9999	传真号码	021-3362 6962		
客服电话	40088-50099	公司网址	www.huaan.com.cn		
注册地址	上海市浦东新区浦东南路360号新上海国际大厦38层				
办公地址	上海市浦东新区世纪大道8号上海国金中心二期31层				

公司发展概况

华安基金管理有限公司(以下简称“华安基金”)经中国证监会证监基字[1998]20号文批准于1998年6月在上海成立，是国内首批基金管理公司之一。成立时公司注册资本5 000万元人民币，2000年7月完成增资扩股，注册资本增至1.5亿元人民币。

2010年12月，华安基金在香港设立全资子公司华安资产管理(香港)有限公司，成为公司跨境资产管理业务发展的战略平台。此外，公司在北京、广州、西安、成都和沈阳分别设有分公司，为公司发展提供有效支持。

年度业务经营

截至2012年12月31日，华安基金旗下共管理36只公募基金，公募基金管理资产规模达到955.90亿元，位居行业第10。

产品发行方面，2012年华安基金全年共募集设立了10只新基金，包括6只债券型基金、2只股票型基金、1只货币基金和1只QDII，募集规模总计363.16亿份；其中新设立的债券型基金有4只为短期理财债券型基金。

基金业绩方面，2012年华安上证龙头ETF和华安上证180ETF表现较好，全年收益率分别达到15.36和12.40%，在同类型基金中排名居前。

2012年末旗下公募基金数量及资产净值构成

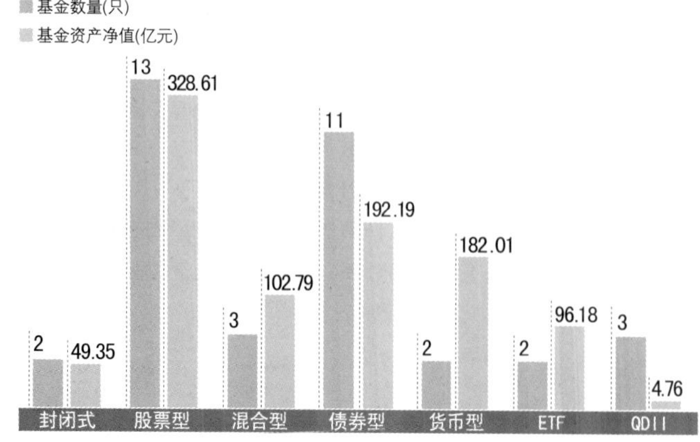

2012年新增基金数量及募集规模构成

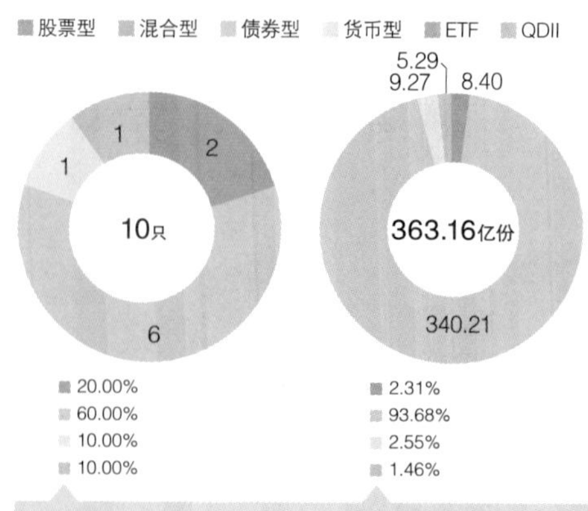

博时基金管理有限公司

Bosera Asset Management Co.,Ltd

成立时间	1998年7月13日	注册资本	2.5亿元人民币	公司属性	中 资
董 事 长	杨 鹏	总 经 理	吴姚东	督 察 长	孙麒清
联系电话	0755—8316 9999	传真号码	0755—8319 5140		
客服电话	95105568	公司网址	www.bosera.com		
注册地址	深圳市福田区深南大道7088号招商银行大厦29层				
办公地址	深圳市福田区深南大道7088号招商银行大厦29层				

公司发展概况

博时基金管理有限公司(以下简称“博时基金”)经中国证监会证监基字[1998]26号文批准设立，于1998年7月在深圳正式成立，注册资本1亿元人民币。2013年3月，博时基金注册资本增至2.5亿元人民币。其中，招商证券持股49%；长城资产持股25%；天津港(集团)、璟安实业、上海盛业资产管理和丰益实业发展分别持股6%；同时广厦集团持股2%。目前博时基金在北京、上海、沈阳、郑州和成都分别设有分公司，此外，还设立了全资子公司博时资本管理有限公司和香港子公司博时基金(国际)有限公司。

年度业务经营

截至2012年12月31日，博时基金旗下共管理35只公募基金，公募基金管理总资产规模1 381.75亿元，在行业排名第5。

产品发行方面，2012年博时基金新增7只新基金，包括3只债券型基金、2只股票型基金、1只ETF和1只QDII，募集规模总计75.68亿份。

基金业绩方面，2012年博时旗下多只基金为投资者创造良好的回报。其中博时大中华亚太精选股票基金2012年收益率达到22.47%，在QDII基金中排名第2；博时现金收益基金2012年收益率为4.40%，在货币市场基金中排名第2。

2012年末旗下公募基金数量及资产净值构成

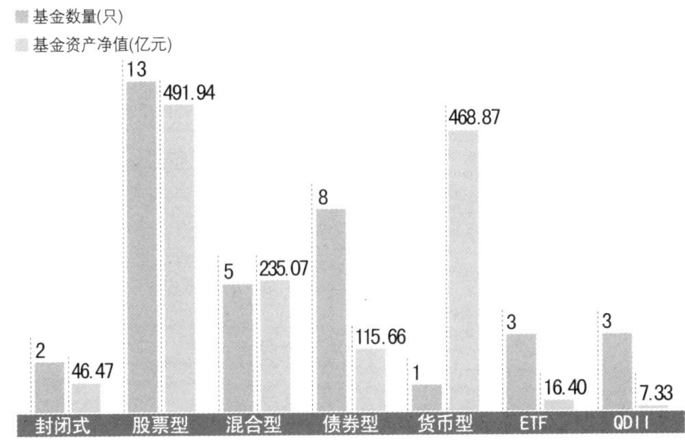

2012年新增基金数量及募集规模构成

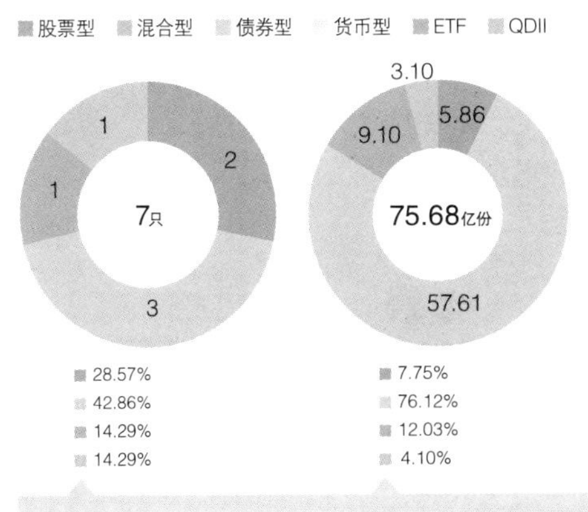

鹏华基金管理有限公司

PengHua Fund Management Co.,Ltd

成立时间	1998年12月22日	注册资本	1.5亿元人民币	公司属性	中外合资
董事长	何如	总经理	邓召明	督察长	高鹏
联系电话	0755-8202 1222	传真号码	0755-8202 1112		
客服电话	400-6788-999 0755-8235 3668			公司网址	www.phfund.com.cn
注册地址	深圳市福田区福华三路168号深圳国际商会中心43层				
办公地址	深圳市福田区福华三路168号深圳国际商会中心43层				

公司发展概况

鹏华基金管理有限公司(以下简称“鹏华基金”)经中国证监会证监基字[1998]31号批准于1998年12月成立。公司目前注册资本为1.5亿元人民币，总部设在深圳，在北京、上海、广州、武汉设有分公司。现有股东包括国信证券股份有限公司、意大利欧利盛资本资产管理股份公司和深圳市北融信投资发展有限公司，分别持股50%、49%和1%。2013年1月，鹏华基金在深圳前海设立全资子公司鹏华资产管理(深圳)有限公司。

年度业务经营

截至2012年12月31日，鹏华基金旗下共管理33只公募基金，公募基金管理总资产规模624.59亿元，比2011年同期增加了120亿元。作为全国社保基金的首批投资管理人，鹏华基金共管理6个组合，截至2012年末，鹏华基金社保基金管理规模为686.10亿元。

2012年，鹏华基金共募集设立了6只新基金，包括3只债券型基金(1只短期理财债券基金)、2只股票型基金和1只混合型基金(保本)，募集市场资金共计83.01亿元，加大了对固定收益类产品线的布局。

基金业绩方面，2012年鹏华旗下基金规范运作，取得良好的投资收益，为投资者带来了较好的回报。

2012年末旗下公募基金数量及资产净值构成

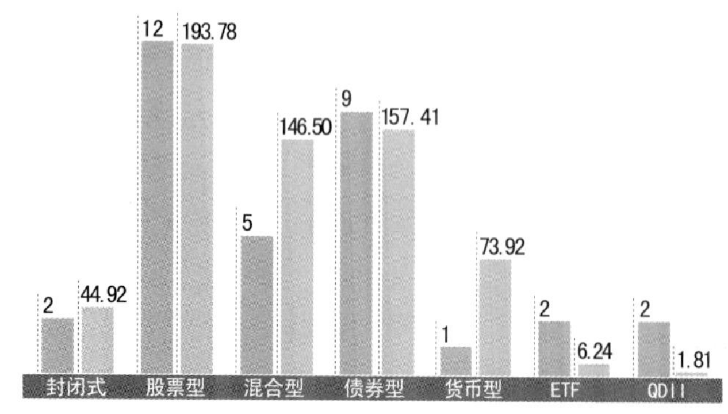

2012年新增基金数量及募集规模构成

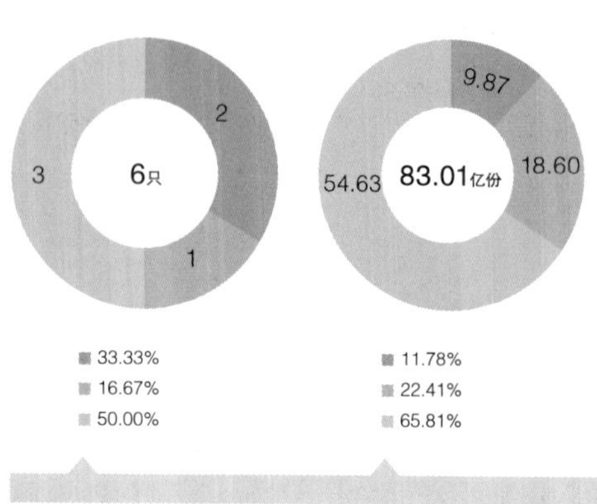

嘉实基金管理有限公司

Harvest Fund Management Co.,Ltd

成立时间	1999年3月25日	注册资本	1.5亿元人民币	公司属性	中外合资
董事长	安奎	总经理	赵学军	督察长	王炜
联系电话	010-6521 5588	传真号码	010-6518 5678		
客服电话	400-600-8800	公司网址	www.jsfund.cn		
注册地址	上海市浦东新区世纪大道8号上海国金中心二期23楼01-03单元				
办公地址	北京市建国门北大街8号华润大厦8层				

公司发展概况

嘉实基金管理有限公司(以下简称“嘉实基金”)经中国证监会证监基字[1999]5号文批准于1999年3月在北京成立，注册资本6 000万元。经过三次增资，公司注册资本增至1.5亿元人民币。2003年5月，公司注册地迁至上海。2005年6月，德意志资产管理公司参股，嘉实基金成为合资基金管理公司。目前公司股东包括中诚信托有限责任公司、德意志资产管理亚洲有限公司和立信投资有限责任公司，分别持股40%、30%和30%。

2012年11月，嘉实基金成立境内子公司嘉实资本管理有限公司；同年12月，嘉实全资子公司嘉实财富管理有限公司首家获批独立基金销售资格。

年度业务经营

截至2012年12月31日，嘉实基金旗下共管理41只公募基金，公募基金管理总资产规模1 945亿元，较上一年同期增加567亿元，位居行业第三。同时还管理多个全国社保基金、企业年金、特定客户资产投资组合。

产品发行方面，2012年嘉实基金新增基金产品8只，包括3只债券型基金、2只股票型基金、2只ETF和1只QDII，共募得资金357.23亿元。其中，嘉实沪深300ETF作为境内首批跨市场ETF，成功募集资金193.33亿元，有效认购户数88 720户，刷新了自2006年以来ETF认购户数的纪录。

基金业绩方面，2012年嘉实研究精选股票全年实现净值增长16.08%，位列同期可比基金前列；嘉实优质企业股票、嘉实策略混合基金全年净值增长分别为12.19%、10.69%，表现较好。

2012年末旗下公募基金数量及资产净值构成

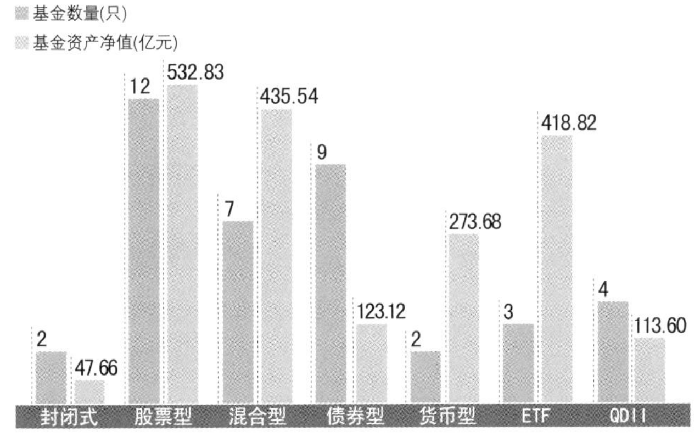

2012年新增基金数量及募集规模构成

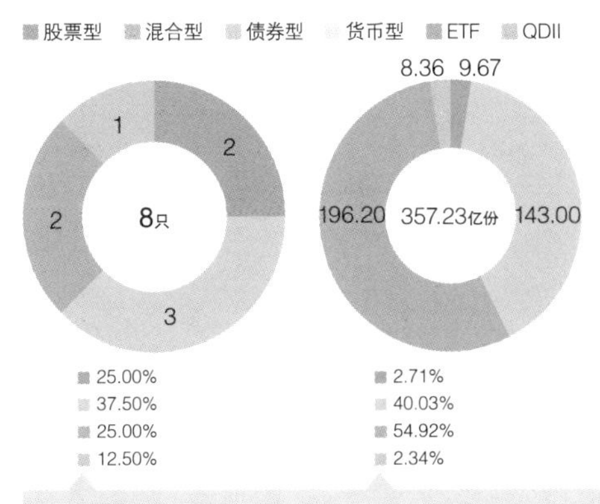

长盛基金管理有限公司

Changsheng Fund Management Co.,Ltd

成立时间	1999年3月26日	注册资本	1.5亿元人民币	公司属性	中外合资
董事长	凤良志	总经理	周兵	督察长	叶金松
联系电话	010-8201 9988	传真号码	010-8225 5988		
客服电话	400-888-2666	公司网址	www.csfunds.com.cn		
注册地址	深圳市福田中心区福中三路诺德金融中心主楼10D				
办公地址	北京市海淀区北太平庄路18号城建大厦A座21层				

公司发展概况

长盛基金管理有限公司(以下简称“长盛基金”)经中国证监会证监基金字[1999]6号文批准于1999年3月在北京成立，注册资本8 000万元人民币。2001年3月，公司注册地迁至深圳。目前注册资本为1.5亿元人民币。2007年4月，新加坡星展资产管理公司参股，长盛基金成为中外合资基金管理公司。现有股东包括国元证券、新加坡星展银行、安徽信用担保集团和安徽投资集团，分别持股41%、33%、13%和13%。

年度业务经营

截至2012年12月31日，长盛基金旗下共管理25只公募基金，公募基金管理总资产规模333.99亿元，累计分红超过195亿元。同时受全国社会保障基金理事会委托管理部分社保基金以及多个专户产品，并兼任境外QFII基金和专户理财产品的投资顾问。

产品发行方面，2012年长盛基金加大对低风险产品线的布局，新增公募基金6只，分别为3只债券型基金、2只股票型基金和1只混合型基金，募集市场资金共计110.34亿元。

基金业绩方面，2012年长盛中证100指数基金表现出色，全年实现收益率11.98%，优于同期业绩基准收益率的表现。

2012年末旗下公募基金数量及资产净值构成

基金数量(只)
基金资产净值(亿元)

封闭式 2 48.22
股票型 9 116.66
混合型 6 62.39
债券型 6 64.79
货币型 1 41.73
QDII 1 0.51

2012年新增基金数量及募集规模构成

股票型 混合型 债券型 货币型 ETF QDII

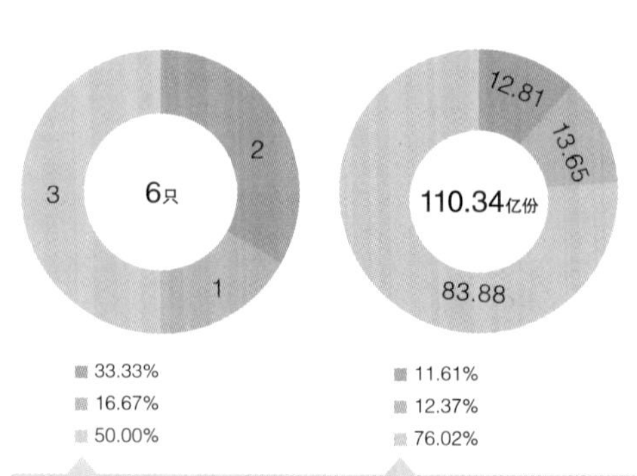

大成基金管理有限公司

Da cheng Fund Management Co.,Ltd

成立时间	1999年4月12日	注册资本	2亿元人民币	公司属性	中 资
董 事 长	张树忠	总 经 理	王 颢	督 察 长	杜 鹏
联系电话	0755-8318 3388	传真号码	0755-8319 9588		
客服电话	400-888-5558	公司网址	www.dcfund.com.cn		
注册地址	深圳市福田区深南大道7088号招商银行大厦32层				
办公地址	深圳市福田区深南大道7088号招商银行大厦32层				

公司发展概况

大成基金管理有限公司(以下简称“大成基金”)经中国证监会证监基金字[1999]10号文批准于1999年4月在北京成立，是国内首批获准成立的老十家基金管理公司之一。注册资本1亿元人民币。2002年1月，公司注册地迁至深圳；2007年7月，公司增资扩股，注册资本增至2亿元人民币。

2009年10月，大成基金在香港设立子公司大成资产管理有限公司，此外，在北京、上海、西安、成都、武汉、福州、沈阳、广州和南京设立了九家分公司。

年度业务经营

截至2012年12月31日，大成基金共管理33只公募基金和多只特定客户资产管理组合，公募基金管理资产规模983亿元,较上一年同期增加240亿元，位居行业第九。累计分红超过300亿元。

产品发行方面，2012年大成基金新增公募基金7只，包括2只股票型基金、2只债券型基金、1只混合型基金、1只货币型基金和1只ETF，募集资金共计175.90亿元。

基金业绩方面，大成标普500等权重指数QDII、大成创新成长混合、大成沪深300指数和大成内需增长股票基金2012年实现收益率分别为13.82%、11.01%、8.49和8.10%，为投资者创造了较好的业绩回报。

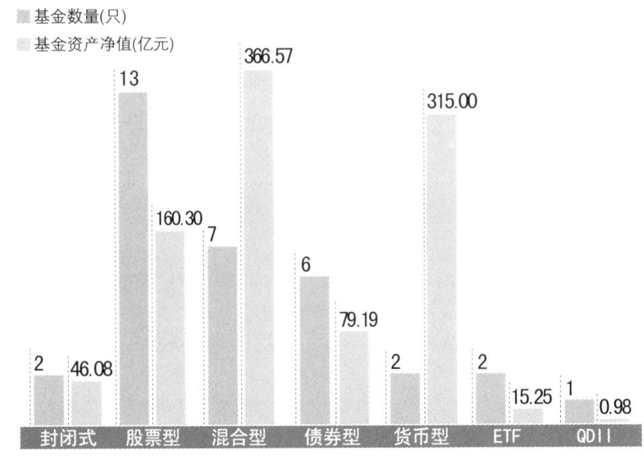

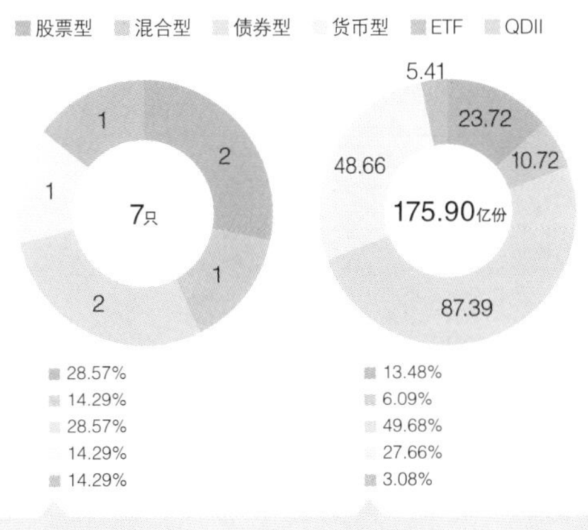

富国基金管理有限公司

Fullgoal Fund Management Co.,Ltd

成立时间	1999年4月13日	注册资本	1.8亿元人民币	公司属性	中外合资
董事长	陈　敏	总经理	窦玉明*	督察长	范伟隽
联系电话	021-2036 1818	传真号码	021-2036 1616		
客服电话	400-888-0688	公司网址	www.fullgoal.com.cn		
注册地址	上海市浦东新区世纪大道8号上海国金中心二期16-17层				
办公地址	上海市浦东新区世纪大道8号上海国金中心二期16-17层				

* 窦玉明已于2013年6月离职。

公司发展概况

富国基金管理有限公司(以下简称“富国基金”)经中国证监会证监基金字[1999]11号文批准在北京成立，注册资本1亿元人民币，是国内成立的第10家基金管理公司。2001年3月，公司注册地迁至上海。2003年5月，加拿大蒙特利尔银行参股，富国基金成为中外合资基金管理公司。经过2003年、2007年两次增资，公司注册资本增至1.8亿元人民币。公司现有股东包括海通证券、申银万国证券、加拿大蒙特利尔银行和山东省国际信托。2012年11月，富国基金在香港设立了全资子公司富国资产管理(香港)有限公司。截至2012年12月27日，富国基金共有员工209人。

年度业务经营

截至2012年12月31日，富国基金共管理32只公募基金，包括4只封闭式基金和28只开放式基金，公募基金管理资产规模755亿元，较上年同期增加157亿元，位居行业第13。

产品发行方面，2012年富国基金新增6只公募基金，包括4只债券型基金、1只股票型基金和1只QDII，募集市场资金共计139.84亿元。

基金业绩方面，2012年富国基金旗下运作满一年的25只公募基金全部取得正收益。

2012年末旗下公募基金数量及资产净值构成

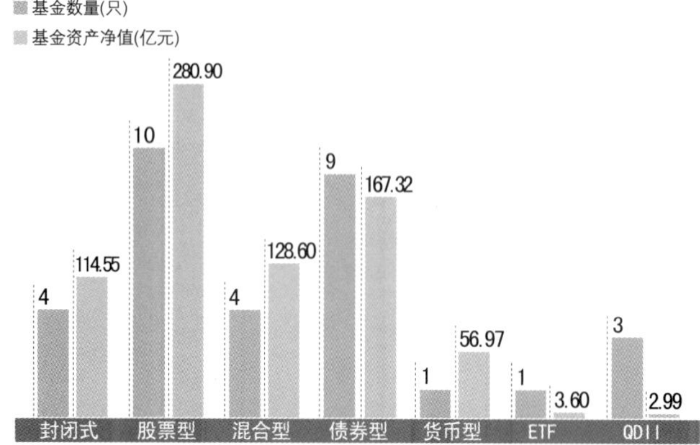

2012年新增基金数量及募集规模构成

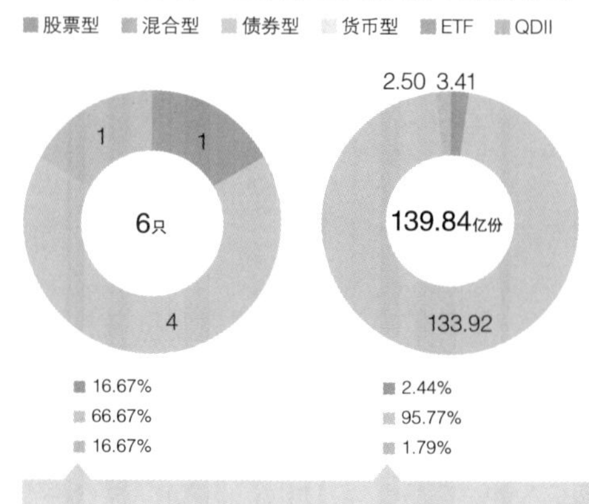

宝盈基金管理有限公司

BaoYing Fund Management Co.,Ltd

成立时间	2001年5月18日	注册资本	1亿元人民币	公司属性	中资
董事长	李建生	总经理	汪钦	督察长	孙胜华
联系电话	0755-8327 6688	传真号码	0755-8351 5599		
客服电话	400-8888-300	公司网址	www.byfunds.com		
注册地址	深圳市福田区深南大道6008号深圳特区报业大厦15层				
办公地址	深圳市福田区深南大道6008号深圳特区报业大厦15层				

公司发展概况

宝盈基金管理有限公司以下简称(“宝盈基金”)是按照中国证监会“新的治理结构、新的内控体系”标准设立的首批基金管理公司之一。2001年5月18日，经中国证监会证监基金字[2001]9号文批准在深圳正式成立，注册资本1亿元人民币。目前股东为中铁信托有限公司和中国对外经济贸易信托有限公司，分别持股75%和25%。

年度业务经营

2011—2012年期间，宝盈基金未发行设立新公募基金。截至2012年12月31日，宝盈基金共管理9只公募基金，包括1只封闭式基金和8只开放式基金。公募基金管理资产规模114亿元，较上年同期增加38亿元，增幅50%。

基金业绩方面，宝盈基金旗下4只股票型基金在2012年实现平均收益回报6.03%。

2012年末旗下公募基金数量及资产净值构成

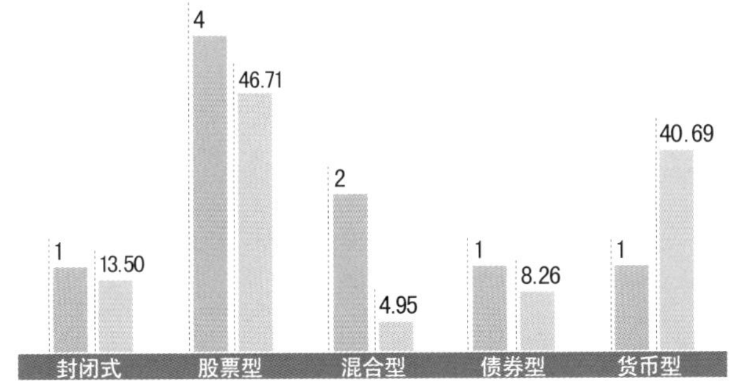

说明：2012年度未发行设立新基金。

融通基金管理有限公司

RongTong Fund Management Co.,Ltd

成立时间	2001年5月22日	注册资本	1.25亿元人民币	公司属性	中外合资
董事长	田德军	总经理	奚星华	督察长	涂卫东
联系电话	0755-2694 8666	传真号码	0755-2693 5005		
客服电话	400-883-8088	公司网址	www.rtfund.com		
注册地址	深圳市南山区华侨城汉唐大厦13、14层				
办公地址	深圳市南山区华侨城汉唐大厦13、14层				

公司发展概况

融通基金管理有限公司(以下简称“融通基金”)经中国证监会证监基金字[2001]8号文批准，成立于2001年5月，是我国成立的第二批基金管理公司之一。公司总部设在深圳，注册资本1.25亿元人民币。2007年4月，日兴资产管理通过股权受让参股，融通基金成为中外合资基金管理公司。公司现有股东为新时代证券和日兴资产管理，分别持股60%和40%。目前融通基金在北京、上海及深圳分别设有分公司。

年度业务经营

截至2012年12月31日，融通基金共管理16只公募基金，包括1只封闭式基金和15只开放式基金，公募基金管理资产规模509.97亿元，较上年同期增加了115.60亿元，增长了29.31%，位居行业第20。

产品发行方面，2012年融通基金新增4只公募基金，分别为2只股票型基金和2只债券型基金，首募资金52.25亿元，进一步丰富了公司产品线的布局。

基金业绩方面，2012年融通巨潮100指数(LOF)全年实现收益回报11.45%，融通内需驱动股票全年实现收益回报10.67%，融通行业景气混合全年实现收益回报8.54%，融通易支付货币A全年实现收益回报4.2803%。

2012年末旗下公募基金数量及资产净值构成

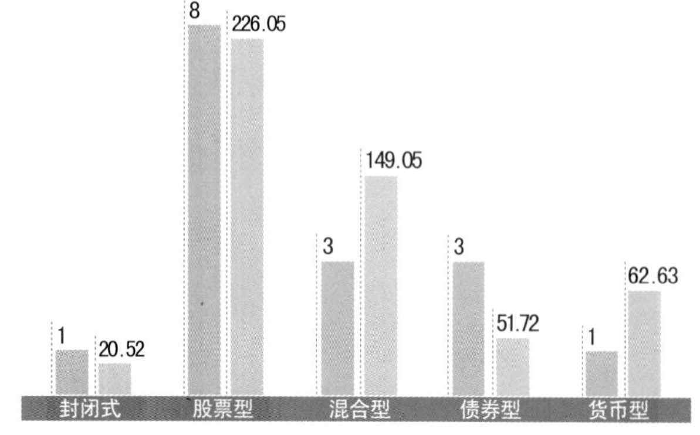

2012年新增基金数量及募集规模构成

长城基金管理有限公司

Great Wall Fund Management Co.,Ltd

成立时间	2001年12月27日	注册资本	1.5亿元人民币	公司属性	中 资
董 事 长	杨光裕	总 经 理	熊科金	督 察 长	车 君
联系电话	0755-2398 2338	传真号码	0755-2398 2328		
客服电话	400-8868-666	公司网址	www.ccfund.com.cn		
注册地址	深圳市福田区益田路6009号新世界商务中心41层				
办公地址	深圳市福田区益田路6009号新世界商务中心41层				

公司发展概况

长城基金管理有限公司(以下简称“长城基金”)经中国证监会证监基金字[2001]55号文批准于2001年5月正式成立，注册资本1亿元人民币。2007年11月，公司注册资本增至1.5亿元。现有股东包括长城证券、东方证券、中原信托和北方国际信托，其中主要股东长城证券持股47.059%。

长城基金总部设在深圳，同时在北京、上海及深圳设有分公司。

年度业务经营

截至2012年12月31日，长城基金共管理16只公募基金，包括1只封闭式基金和15只开放式基金。公募基金管理资产规模319.36亿元，较上年同期增加了37.79亿元。

产品发行方面，2012年长城基金先后募集设立3只公募基金，包括2只股票型基金和1只混合型基金，募集总规模34.05亿份。

基金业绩方面，2012年长城基金管理的公募基金绝大部分获得了正收益。其中，长城品牌优选股票、长城久恒平衡混合分别获得12.76%、10.73%的净值增长率，在同类基金中排名领先；长城积极增利债券A类、C类全年获得12.5%、11.91%的净值增长率，稳居同类基金榜首。

2012年末旗下公募基金数量及资产净值构成

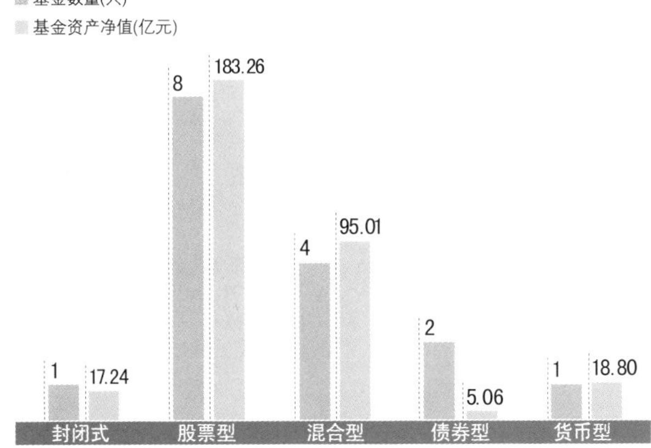

2012年新增基金数量及募集规模构成

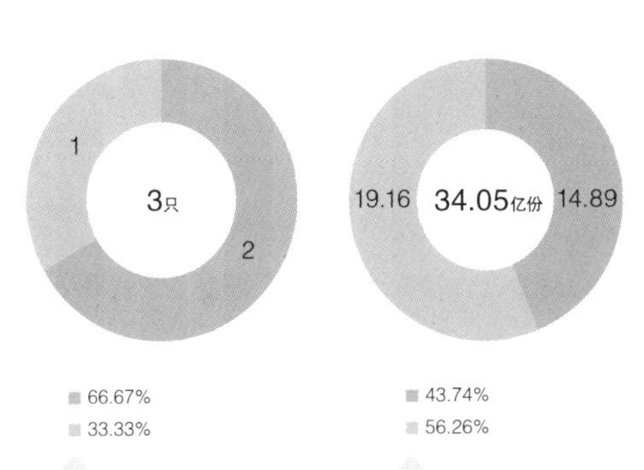

泰达宏利基金管理有限公司

MANULIFE TEDA Fund Management Co.,Ltd

成立时间	2002年6月6日	注册资本	1.8亿元人民币	公司属性	中外合资
董事长	刘惠文	总经理	刘青山	督察长	张萍
联系电话	010-6657 7777	传真号码	010-6657 7666		
客服电话	400-698-8888 010-6655 5662			公司网址	www.mfcteda.com
注册地址	北京市西城区金融大街7号英蓝国际金融中心南楼三层				
办公地址	北京市西城区金融大街7号英蓝国际金融中心南楼三层				

公司发展概况

泰达宏利基金管理有限公司(以下简称"泰达宏利")原名湘财合丰基金管理有限公司、湘财荷银基金管理有限公司、泰达荷银基金管理有限公司，成立于2002 年6 月，是中国首批合资基金管理公司之一，注册资本1.8亿元人民币。在吸取外方股东全球投资智慧以及深刻认知中国资本市场的基础上，泰达宏利建立并拥有了一整套科学严谨的投资管理流程、先进的研究方法，并且在十年多的实践中积累了丰富的投资管理经验，取得了良好的长期投资业绩，赢得了投资者的信任。

年度业务经营

截至2012年末，泰达宏利旗下共管理18只证券投资基金，涵盖股票、指数、QDII、债券、货币市场基金等不同风险收益特征的产品,具有较为完善的产品线供投资者选择。

产品发行方面，2012年泰达宏利募集设立1只基金产品——泰达宏利逆向股票基金。

基金业绩方面，2012年泰达宏利旗下基金大部分获得正收益。其中，泰达宏利聚利分级债券、泰达宏利市值优选股票基金表现较好，全年分别实现收益回报12.34%、11.33%,为投资者创造了稳定的业绩回报。

2012年末旗下公募基金数量及资产净值构成

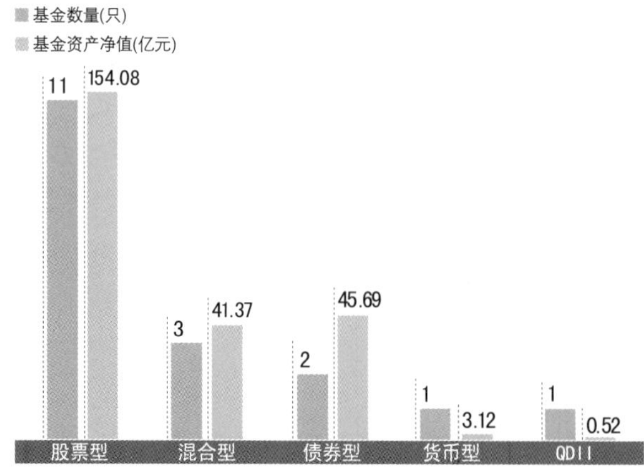

2012年新增基金数量及募集规模构成

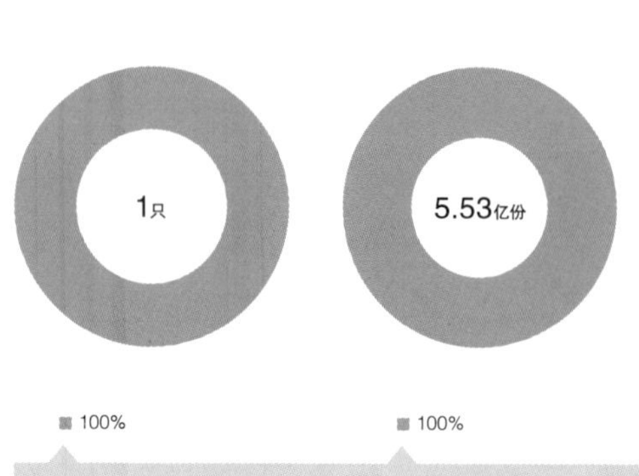

国投瑞银基金管理有限公司

UBS SDIC Fund Management Co.,Ltd

成立时间	2002年6月13日	注册资本	1亿元人民币	公司属性	中外合资
董事长	钱蒙	总经理	刘纯亮	督察长	刘凯
联系电话	021-2505 9999	传真号码	021-3531 5989		
客服电话	400-880-6868	公司网址	www.ubssdic.com		
注册地址	上海市虹口区东大名路638号7层				
办公地址	深圳市福田区金田路4028号荣超经贸中心46层				

公司发展概况

国投瑞银基金管理有限公司(以下简称"国投瑞银")，原中融基金管理有限公司，经中国证监会批准，于2002年6月13日正式成立，注册资本1亿元人民币。公司是中国首家外方持股比例达到49%的合资基金管理公司，公司股东为国投信托有限公司(国家开发投资公司的全资子公司)及瑞士银行股份有限公司(UBS AG)。公司拥有完善的法人治理结构，建立了有效的风险管理及控制架构，以"诚信、客户关注、包容性、社会责任"作为公司的企业文化。

截至2012年12月底，公司有员工144人，其中88人具有硕士或博士学位。

年度业务经营

截至2012年末，国投瑞银旗下共管理19只证券投资基金，其中包括2只创新型分级基金。

产品发行方面，2012年国投瑞银发行1只基金产品——国投瑞银纯债债券基金，募集市场资金25.81亿元。

基金业绩方面，2012年，在市场震荡起伏的背景下，国投瑞银旗下基金均获得正收益，为投资者创造了良好的业绩回报。

2012年末旗下公募基金数量及资产净值构成

	封闭式	股票型	混合型	债券型	货币型	QDII
基金数量(只)	2	7	4	4	1	1
基金资产净值(亿元)	86.76	122.60	70.35	50.52	36.53	0.64

2012年新增基金数量及募集规模构成

银河基金管理有限公司

Galaxy Asset Management Co.,Ltd

成立时间	2002年6月14日	注册资本	1.5亿元人民币	公司属性	中 资
董 事 长	徐 旭	总 经 理	尤象都	督 察 长	李立生
联系电话	021-3856 8888	传真号码	021-3856 8800		
客服电话	400-820-0860	公司网址	www.galaxyasset.com		
注册地址	上海市浦东新区世纪大道1568号中建大厦15层				
办公地址	上海市浦东新区世纪大道1568号中建大厦15层				

公司发展概况

银河基金管理有限公司(以下简称“银河基金”)经中国证监会证监基金字[2002]21号文批准于2002年6月在上海正式成立，是经中国证监会按照市场化机制批准成立的首家基金管理公司，注册资本1亿元人民币。2009年4月，公司注册资本增至1.5亿元人民币。现有股东包括中国银河金融控股有限责任公司(控股股东)、中国石油天然气集团公司、首都机场集团公司、上海市城市建设投资开发总公司和湖南电广传媒股份有限公司。

年度业务经营

截至2012年12月31日，银河基金共管理16只公募基金，包括1只封闭式基金和15只开放式基金，公募基金管理资产规模220.45亿元，较上一年同期增加76.82亿元，实现增幅53.48%。

产品发行方面，2012年银河基金新增3只公募基金，分别为1只股票型基金和2只债券型基金，募集市场资金共计35.40亿元，其中2只债券型基金募资达到31.98亿元。

基金业绩方面，2012年银河基金旗下银河创新成长股票、银河成长股票两只股票型基金表现出色，分别实现18.77%、14.66%的年度净值增长，在同类型基金中表现靠前；银河银富货币A、银河银富货币B基金2012年分别实现收益回报4.0644%、4.3137%，为投资者创造了较好的业绩回报。

2012年末旗下公募基金数量及资产净值构成

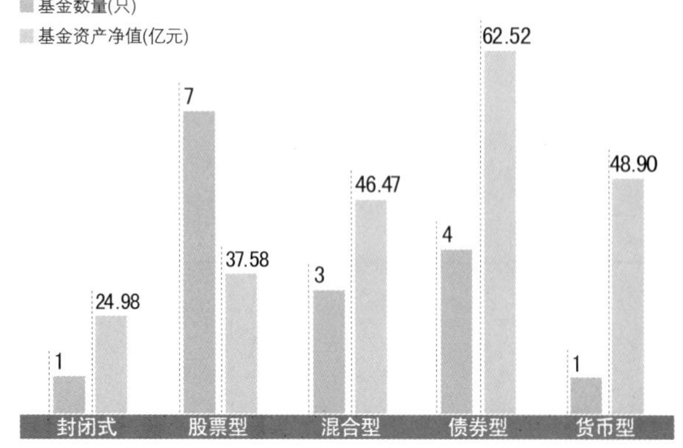

2012年新增基金数量及募集规模构成

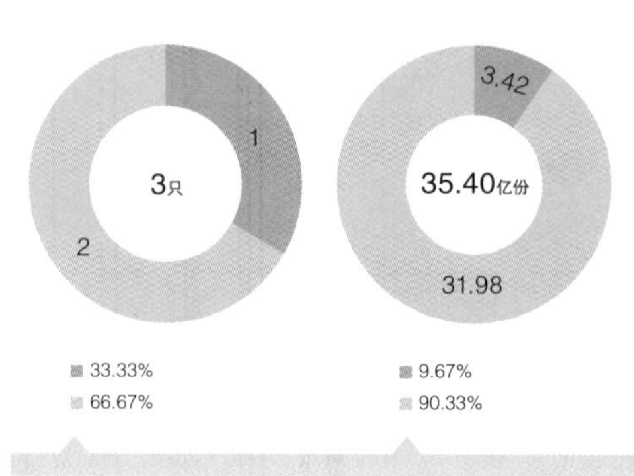

万家基金管理有限公司

Wanjia Asset Management Co.,Ltd

成立时间	2002年8月23日	注册资本	1亿元人民币	公司属性	中 资
董 事 长	毕玉国	总 经 理	吕宜振	督 察 长	李振伟
联系电话	021-3861 9999	传真号码	021-3861 9888		
客服电话	400-888-0800	公司网址	www.wjasset.com		
注册地址	上海市浦东新区浦电路360号陆家嘴投资大厦9层				
办公地址	上海市浦东新区浦电路360号陆家嘴投资大厦9层				

公司发展概况

万家基金管理有限公司(以下简称“万家基金”)原名天同基金管理有限公司，经中国证监会证监基金字[2002]44号文批准于2002年8月在上海成立，注册资本1亿元人民币。2006年2月，公司正式更名为万家基金管理有限公司。2013年3月，公司原股东上海久事公司、深圳市中航投资管理有限公司分别将其持有公司20%股权转让给新疆国际实业股份有限公司。股权转让后，万家基金的股权结构变更为：齐鲁证券有限公司持股49%、新疆国际实业股份有限公司持股40%、山东省国有资产投资控股有限公司持股11%。

年度业务经营

截至2012年12月31日，万家基金共管理12只公募基金，公募基金管理资产规模243.50亿元，与上一年同期相比，增加76.51亿元，实现增幅45.82%。

产品发行方面，2012年万家基金新增2只公募基金，包括1只指数股票型基金和1只债券型基金，募集规模共计18.96亿份。

基金业绩方面，2012年万家基金旗下万家精选股票、万家180指数基金表现较好，分别实现18.55%、11.19%的年度净值增长；万家增强收益债券基金2012年实现净值增长9.49%；万家货币基金2012年实现收益回报4.4508%。

2012年末旗下公募基金数量及资产净值构成

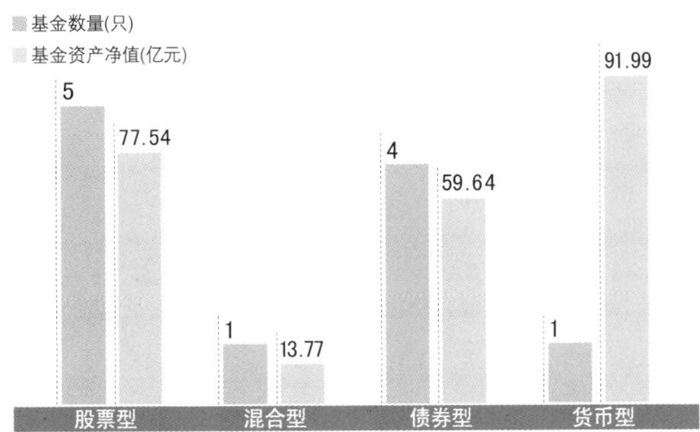

2012年新增基金数量及募集规模构成

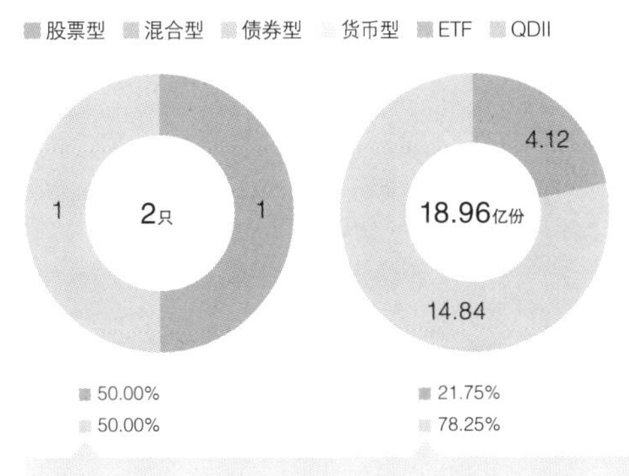

金鹰基金管理有限公司

Golden Eagle Asset Management Co.,Ltd

成立时间	2002年12月25日	注册资本	2.5亿元人民币	公司属性	中外合资
董事长	刘东	总经理	殷克胜	督察长	苏文锋
联系电话	020-8328 2855	传真号码	020-8328 2856		
客服电话	400-6135-888	公司网址	www.gefund.com.cn		
注册地址	广东省珠海市吉大九洲大道东段商业银行大厦7楼16单元				
办公地址	广东省广州市天河区体育西路189号城建大厦22、23楼				

公司发展概况

金鹰基金管理有限公司(以下简称“金鹰基金”)经中国证监会证监基金字[2002]97号文批准于2002年12月在珠海成立，注册资本1亿元人民币。2010年12月，东亚联丰投资管理公司参股，金鹰基金成为中外合资基金管理公司。2011年5月，公司注册资本增至2.5亿元人民币。公司现有股权结构为广州证券49%、广州药业20%、广东美的电器20%和东亚联丰11%。

2011年12月，金鹰基金获得特定客户资产管理业务资格。

年度业务经营

截至2012年12月31日，金鹰基金共管理14只公募基金，包括7只股票型基金、4只混合型基金、2只债券型基金和1只货币型基金。公募基金管理资产规模106.55亿元，较上一年同期增加46.07亿元。

产品发行方面，2012年金鹰基金先后募集设立5只公募基金，包括2只股票型基金、2只债券型基金和1只货币型基金，募集总规模60亿份，进一步拓展了公司在固定收益类产品线的布局。

基金业绩方面，2012年金鹰保本混合基金实现净值增长3.91%，在保本型基金中名列第9位；2012年新成立的金鹰持久回报分级债券基金自成立以来截至2012年末实现净值增长5.87%，在同期成立的基金中表现居前。

2012年末旗下公募基金数量及资产净值构成

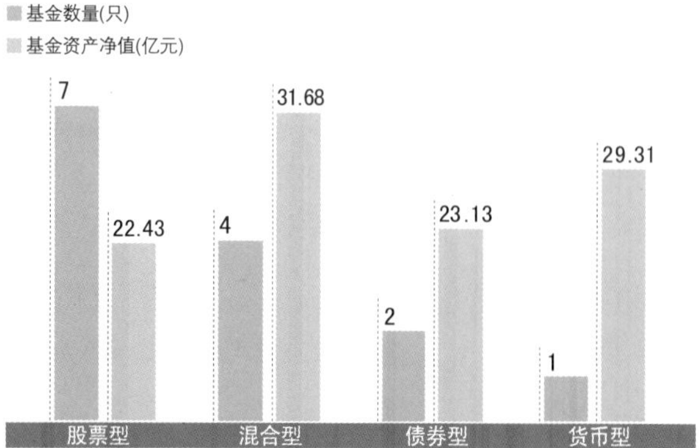

2012年新增基金数量及募集规模构成

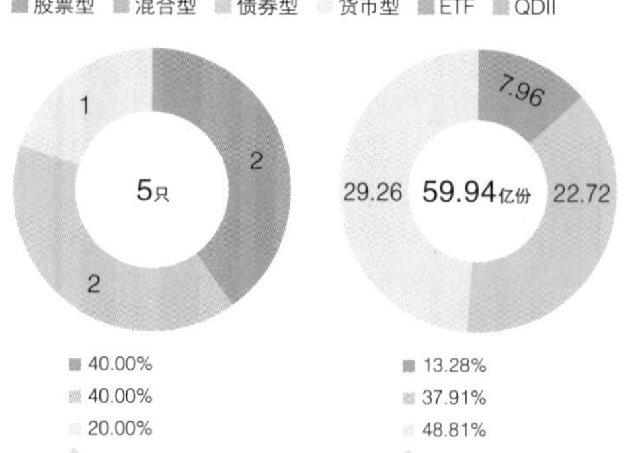

华宝兴业基金管理有限公司

Fortune SGAM Fund Management Co.,Ltd

成立时间	2003年3月7日	注册资本	1.5亿元人民币	公司属性	中外合资
董事长	郑安国	总经理	裴长江	督察长	刘月华
联系电话	021-3850 5888	传真号码	021-3850 5777		
客服电话	400-700-5588 021-3892 4558			公司网址	www.fsfund.com
注册地址	上海市浦东新区世纪大道100号上海环球金融中心58楼				
办公地址	上海市浦东新区世纪大道100号上海环球金融中心58楼				

公司发展概况

华宝兴业基金管理有限公司(以下简称“华宝兴业基金”)经中国证监会证监基金字[2003]19号文批准于2003年3月在上海成立，注册资本1亿元人民币，是国内首家由信托公司发起设立的合资基金管理公司。2007年6月，公司注册资本增至1.5亿元人民币。2011年1月，领先资产管理受让公司原外方股东法国兴业资产持有公司49%的股份，股权变更后，公司股权结构为：华宝信托持股51%、领先资产管理持股49%。

2011年12月，华宝兴业基金在香港成立子公司华宝兴业资产管理(香港)有限公司，拓展海外业务。

截至2012年12月31日，公司有员工180人，其中58%的员工具有硕士以上学历。

年度业务经营

截至2012年12月31日，华宝兴业基金共管理25只公募基金，公募基金管理资产规模377亿元，在行业排名第24。

产品发行方面，2012年华宝兴业基金新增4只公募基金，包括2只股票型基金、1只债券型基金和1只货币型基金，募集总规模46.83亿份。其中，华宝现金添益货币为国内首只上市交易型货币基金，是华宝兴业基金联合上海证券交易所针对证券保证金推出的重大创新，首次将货币基金引入场内交易。

基金业绩方面，2012年华宝兴业旗下基金业绩稳定，表现较好。其中，华宝兴业新兴产业股票、华宝兴业行业精选股票两只行业基金表现出色，分别实现净值增长20.09%、12.67%，名列股票型基金前位；华宝兴业海外中国股票继续保持优异的成绩，以25.97%的收益率排名QDII基金榜首。

2012年末旗下公募基金数量及资产净值构成

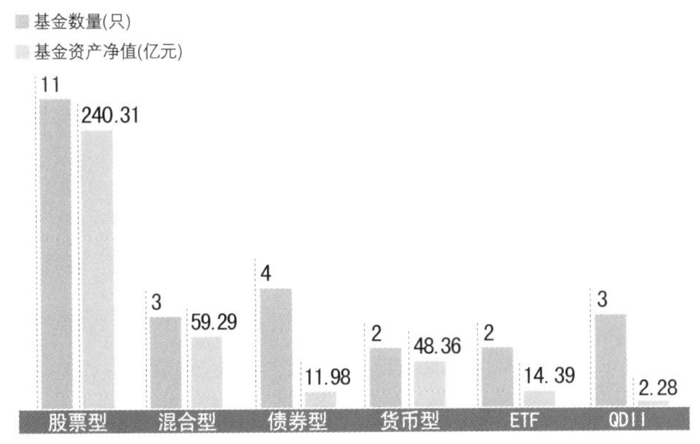

2012年新增基金数量及募集规模构成

摩根士丹利华鑫基金管理有限公司

Morgan Stanley Huaxin Fund Management Co.,Ltd

成立时间	2003年3月14日	注册资本	2.275亿元人民币	公司属性	中外合资
董事长	王文学	总经理	于华	督察长	李锦
联系电话	0755-8831 8883	传真号码	0755-8299 0384		
客服电话	400-8888-668	公司网址	www.msfunds.com.cn		
注册地址	深圳市福田区中心四路1号嘉里建设广场第二座第17层01-04室				
办公地址	深圳市福田区中心四路1号嘉里建设广场第二座第17层				

公司发展概况

摩根士丹利华鑫基金管理有限公司(以下简称“摩根士丹利华鑫基金”)原名巨田基金管理有限公司，经中国证监会证监基金字[2003]33号文批准于2003年3月在深圳成立。2008年6月，摩根士丹利国际控股公司通过股权受让参股，公司成为中外合资基金管理公司，同时更名为摩根士丹利华鑫基金管理有限公司。

2012年7月，公司注册资本由1亿元增至2.275亿元人民币。其中，华鑫证券持股39.56%、摩根士丹利国际控股公司持股37.363%、深圳市招融投资持股10.989%、汉唐证券持股6.593%及深圳市中技实业(集团) 持股5.495%。

年度业务经营

截至2012年12月31日，摩根士丹利华鑫基金共管理12只开放式基金。公募基金管理资产规模132亿元，较上年同期增加了33亿元。

产品发行方面，2012年摩根士丹利华鑫基金新增3只公募基金，包括2只股票型基金和1只债券型基金，首募资金共计49.86亿元。其中债券型基金发行成绩较好，首募资金达到34.48亿元。

基金业绩方面，2012年摩根士丹利华鑫基金旗下大摩卓越成长股票、大摩多因子策略股票、大摩强收益债券以及大摩多元收益债券基金取得了正收益；大摩货币表现出色，全年实现收益率4.2140%，在货币市场基金中排名靠前。

2012年末旗下公募基金数量及资产净值构成

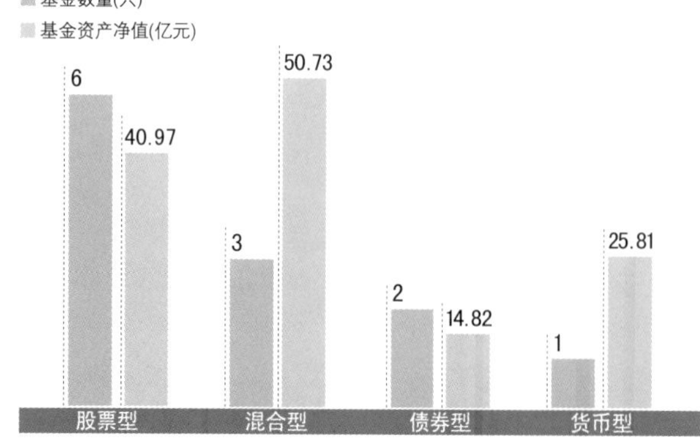

2012年新增基金数量及募集规模构成

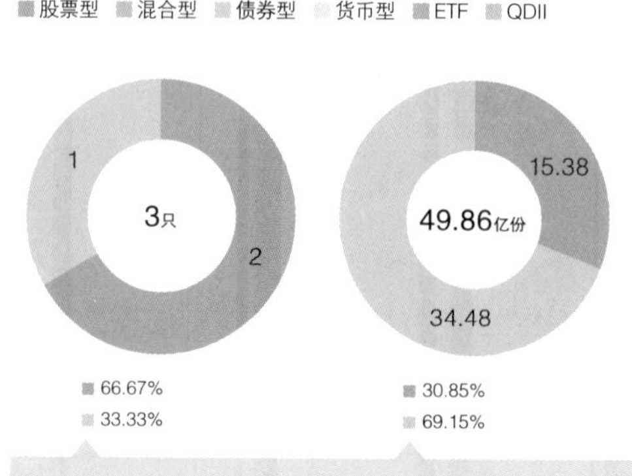

国联安基金管理有限公司

GTJA Allianz Fund Management Co.,Ltd

成立时间	2003年4月3日	注册资本	1.5亿元人民币	公司属性	中外合资
董 事 长	符学东	总 经 理	邵杰军	督 察 长	周 浩
联系电话	021-3899 2888	传真号码	021-5015 1880		
客服电话	400-700-0365	公司网址	www.gtja-allianz.com		
注册地址	上海市浦东新区陆家嘴环路1318号星展银行大厦9楼				
办公地址	上海市浦东新区陆家嘴环路1318号星展银行大厦9楼				

公司发展概况

国联安基金管理有限公司(以下简称“国联安基金”)经中国证监会证监基金字[2003]42号文批准于2003年4月在上海成立。公司由国泰君安证券和德国安联集团共同出资组建，注册资本1亿元人民币。2010年4月，公司注册资本增至1.5亿元人民币。现有股东及公司股权结构为国泰君安证券持股51%、德国安联集团持股49%。

年度业务经营

截至2012年12月31日，国联安基金共管理18只公募基金，包括8只股票型基金、5只债券型基金、3只混合型基金、1只货币型基金和1只ETF基金。公募基金管理资产规模173亿元，较上年同期增加44亿元。

产品发行方面，2012年国联安基金先后募集设立4只公募基金，分别为3只债券型基金和1只股票型基金，首募资金共计31.67亿元，拓展了公司固定收益类产品线的布局。

基金业绩方面，2012年国联安旗下运作满一年以上的公募基金全部取得正收益。其中，国联安精选股票基金表现出色，全年实现净值增长21.27%，在主动股票型基金中排名第6。

2012年末旗下公募基金数量及资产净值构成

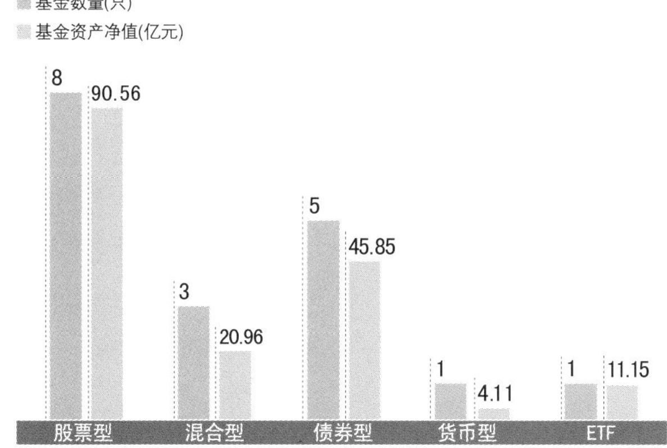

2012年新增基金数量及募集规模构成

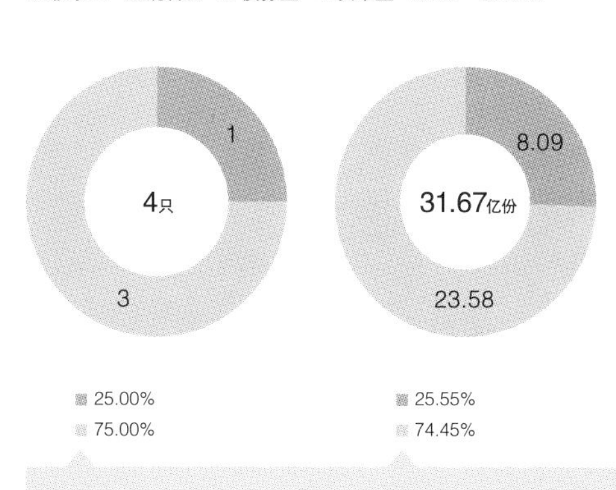

海富通基金管理有限公司

HFT Investment Management Co.,Ltd

成立时间	2003年4月18日	注册资本	1.5亿元人民币	公司属性	中外合资
董事长	张文伟	总经理	田仁灿	督察长	章明
联系电话	021-3865 0999	传真号码	021-5047 9997		
客服电话	40088-40099	公司网址	www.hftfund.com		
注册地址	上海市浦东新区陆家嘴花园石桥路66号东亚银行金融大厦36-37层				
办公地址	上海市浦东新区陆家嘴花园石桥路66号东亚银行金融大厦36-37层				

公司发展概况

海富通基金管理有限公司(以下简称“海富通基金”)经中国证监会证监基金字[2003]48号文批准于2003年4月在上海成立，是国内首批获准成立的中外合资基金管理公司之一。2006年2月，公司注册资本增至1.5亿元人民币。现有股东及股权结构为海通证券持股51%、法国巴黎投资管理BE控股公司持股49%。

为拓展海外业务，2010年11月，海富通基金在香港设立子公司海富通资产管理(香港)有限公司，2012年2月已募集发行首只RQFII产品。2012年9月，海富通基金首批获得管理保险资金资格。

年度业务经营

截至2012年12月31日，海富通基金共管理21只公募基金，包括9只股票型基金、4只混合型基金、3只债券型基金、1只货币型基金、2只ETF和2只QDII。公募基金管理资产规模343亿元。

产品发行方面，2012年海富通基金募集设立1只指数股票型基金，募集规模7.56亿份。

基金业绩方面，2012年海富通基金管理的公募基金大部分获得正收益。其中，海富通上证周期ETF、海富通中证100指数(LOF)基金分别实现净值增长17.85%、11.98%，在同类型基金中排名靠前；海富通大中华股票(QDII)基金表现出色，以18.70%的年度总回报率在全部QDII中排名第8。

2012年末旗下公募基金数量及资产净值构成

基金数量(只)
基金资产净值(亿元)
股票型 9 96.18
混合型 4 133.63
债券型 3 12.67
货币型 1 91.86
ETF 2 5.62
QDII 2 2.99

2012年新增基金数量及募集规模构成

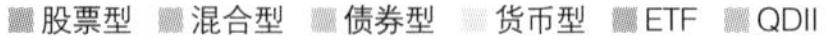

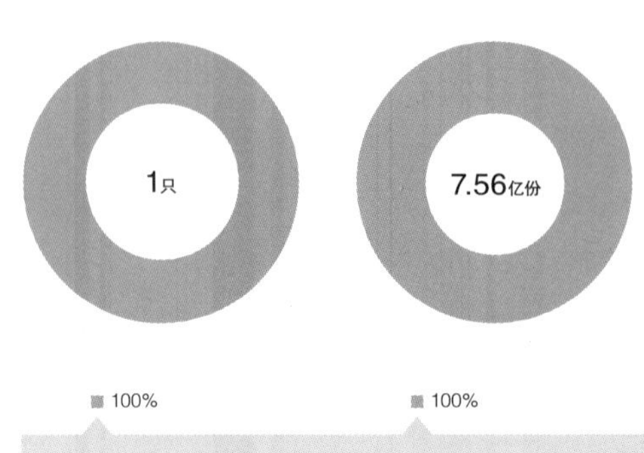

长信基金管理有限责任公司

ChangXin Asset Management Co.,Ltd

成立时间	2003年5月9日	注册资本	1.5亿元人民币	公司属性	中 资
董 事 长	田 丹	总 经 理	蒋学杰	督 察 长	周永刚
联系电话	021-6100 9999	传真号码	021-6100 9800		
客服电话	400-700-5566	公司网址	www.cxfund.com.cn		
注册地址	上海市浦东新区银城中路68号时代金融中心9楼				
办公地址	上海市浦东新区银城中路68号时代金融中心9楼				

公司发展概况

长信基金管理有限责任公司(以下简称“长信基金”)经中国证监会证监基金字[2003]63号文批准于2003年5月在上海成立, 注册资本9 000万元。经过2004年9月、2008年6月两次增资，公司注册资本增至1.5亿元人民币。现有股东及公司股权结构为长江证券持股49%、上海海欣集团持股34.33%、武汉钢铁持股16.67%。

年度业务经营

截至2012年12月31日，长信基金共管理14只公募基金，包括7只股票型基金、4只债券型基金、1只混合型基金和1只货币型基金。公募基金管理资产规模222亿元，较上年同期增加41亿元。

产品发行方面，2012年长信基金新增1只债券型基金，募集规模3.74亿份。

基金业绩方面，2012年长城基金管理的公募基金绝大部分获得了正收益。其中，长信内需成长股票基金全年实现净值增长18.43%，在同类基金中排名领先；长信双利优选混合基金全年获得10.79%的净值增长率。

2012年末旗下公募基金数量及资产净值构成

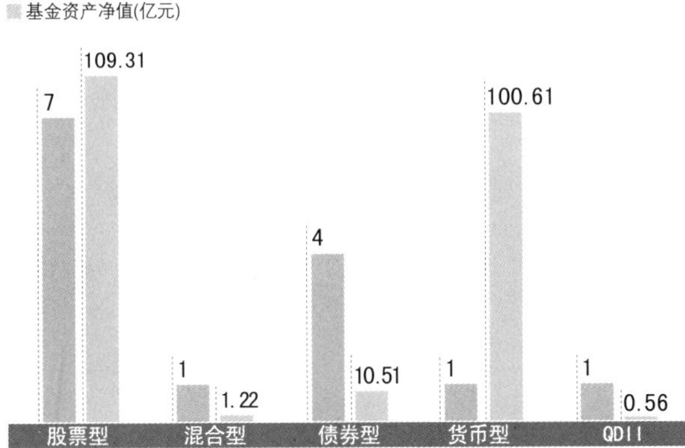

2012年新增基金数量及募集规模构成

泰信基金管理有限公司

First-Trust Fund Management Co., Ltd.

成立时间	2003年5月23日	注册资本	2亿元人民币	公司属性	中 资
董 事 长	孟凡利	总 经 理	葛 航	督 察 长	吴胜光
联系电话	021-2089 9188	传真号码	021-2089 9008		
客服电话	400-888-5988	公司网址	www.ftfund.com		
注册地址	上海市浦东新区浦东南路256号华夏银行大厦37层				
办公地址	上海市浦东新区浦东南路256号华夏银行大厦36-37层				

*孟凡利已于2012年6月离职

公司发展概况

2003年5月23日，泰信基金管理有限公司(以下简称“泰信基金”)经中国证监会证监基金字[2003]68号文批准，由原山东省国际信托投资有限公司(现更名为山东省国际信托有限公司)联合江苏省投资管理有限责任公司、青岛国信实业有限公司共同出资成立，是国内首家以信托投资公司为主发起人而发起设立的基金管理公司，公司注册资本1亿元人民币。2008年7月注册资本增至2亿元人民币。目前公司股权结构为山东国际信托有限公司持股45%、江苏省投资管理有限责任公司持股30%、青岛国信实业有限公司持股25%。

截至2012年12月底，泰信基金拥有正式员工115人，多数员工具有硕士以上学历。

年度业务经营

截至2012年12月31日，泰信基金共管理13只公募基金，包括6只股票型基金、3只混合型基金、3只债券型基金和1只货币型基金。公募基金管理资产规模71亿元。

产品发行方面，2012年泰信基金募集设立2只公募基金，募集规模5.23亿元。

基金业绩方面，2012年泰信基金旗下固定收益类产品取得较好的业绩，其中泰信债券周期回报全年实现净值增长11.90%，在同类基金中排名靠前。泰信蓝筹精选股票基金、泰信中小盘精选股票两只股票型基金全年实现年净值增长分别为16.56%、9.24%，为投资者创造了较好的回报。

2012年末旗下公募基金数量及资产净值构成

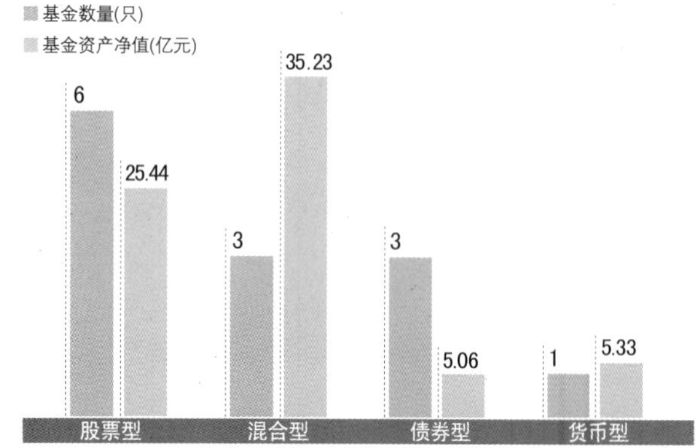

2012年新增基金数量及募集规模构成

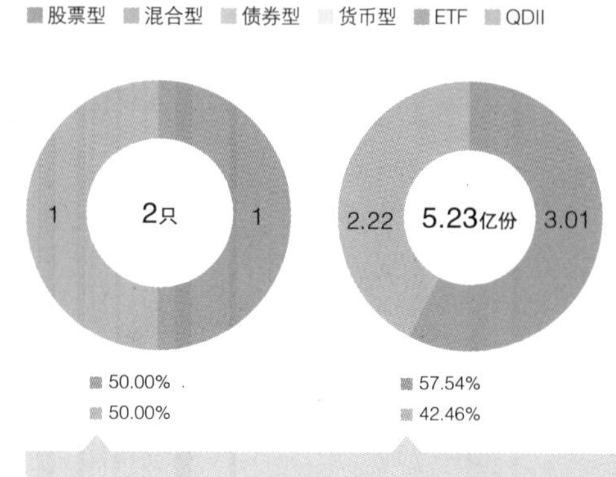

天治基金管理有限公司

China Nature Asset Management Co., Ltd.

成立时间	2003年5月27日	注册资本	1.6亿元人民币	公司属性	中 资
董 事 长	高福波	总 经 理	赵玉彪	督 察 长	刘 伟
联系电话	021-6037 1155	传真号码	021-6037 4934		
客服电话	400-098-4800	公司网址	www.chinanature.com.cn		
注册地址	上海市浦东新区莲振路298号4号楼231室				
办公地址	上海市复兴西路159号				

公司发展概况

天治基金管理有限公司(以下简称“天治基金”)经中国证监会证监基金字[2003]73号文批准于2003年5月在上海成立，注册资本1亿元人民币。经过2007年7月、2012年3月两次增资，公司注册资本增至1.6亿元人民币。目前公司股权结构为吉林信托持股48.75%、中国吉林森工工业集团持股38.75%、吉林市国有资产经营公司持股12.50%。

年度业务经营

截至2012年12月31日，天治基金共管理9只公募基金，包括3只股票型基金、3只混合型基金、2只债券型基金和1只货币型基金，公募基金管理资产规模40亿元。

2012年天治基金未募集设立新基金，把重心放在投研团队建设上，公司综合投资管理能力得到了全面提升。2012年，在市场环境艰难的情况下，天治基金旗下产品全部取得了正收益。其中天治稳健双盈债券基金全年净值增长率高达16.18%，超越同期业绩比较基准12.65%，在债券型基金中名列榜首。天治天得利货币基金全年实现收益回报4.26%，在货币市场基金排名中位居前列。天治核心成长股票基金、天治创新先锋股票基金全年分别实现净值增长为11.73%、10.52%，取得较好的业绩回报。

2012年末旗下公募基金数量及资产净值构成

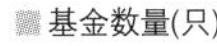

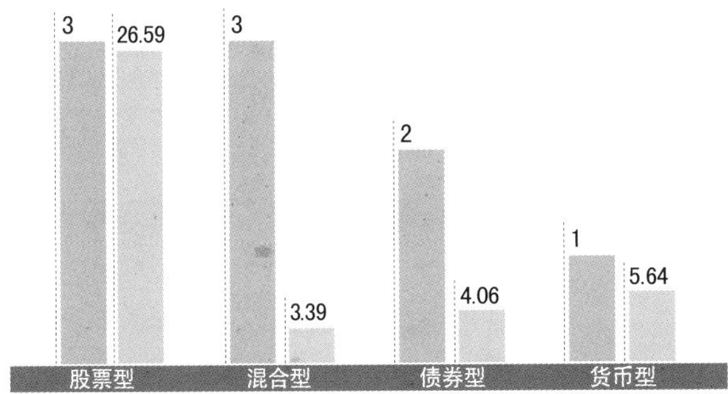

说明：2012年度未发行设立新基金。

景顺长城基金管理有限公司

Invesco Great Wall Fund Management Co., Ltd.

成立时间	2003年6月12日	注册资本	1.3亿元人民币	公司属性	中外合资
董事长	赵如冰	总经理	许义明	督察长	黄卫明
联系电话	0755-8237 0388	传真号码	0755-2238 1339		
客服电话	400-8888-606	公司网址	www.invescogreatwall.com		
注册地址	深圳市福田区中心四路1号嘉里建设广场第一座21层				
办公地址	深圳市福田区中心四路1号嘉里建设广场第一座21层				

公司发展概况

景顺长城基金管理有限公司(以下简称“景顺长城基金”)经中国证监会证监基金字[2003]76号文批准，由长城证券有限责任公司、景顺资产管理有限公司、开滦(集团)有限责任公司、大连实德集团有限公司共同出资设立，于2003年6月在深圳成立，是国内成立的首家中美合资基金管理公司。公司注册资本1亿元人民币。2012年3月，公司注册资本增加至1.3亿元人民币。其中各家股东出资比例分别为49%、49%、1%、1%。

年度业务经营

截至2012年12月31日，景顺长城基金共管理19只公募基金，公募基金管理资产规模400亿元，其中股票型基金管理资产规模为343亿元。

产品发行方面，2012年景顺长城基金共募集设立4只公募基金，包括2只股票型基金、1只债券型基金和1只ETF。募集市场资金共计44.19亿份。

基金业绩方面，2012年景顺长城基金旗下多只主动股票型基金在震荡市况中表现良好。其中,景顺长城核心竞争力股票基金以31.70%净值增长率夺得2012年主动股票型基金冠军；景顺长城能源基建股票基金全年净值增长20.64%，在主动股票型基金中排名第7；景顺长城大中华基金全年收益率为18.97%，在QDII基金中排名第7。

2012年末旗下公募基金数量及资产净值构成

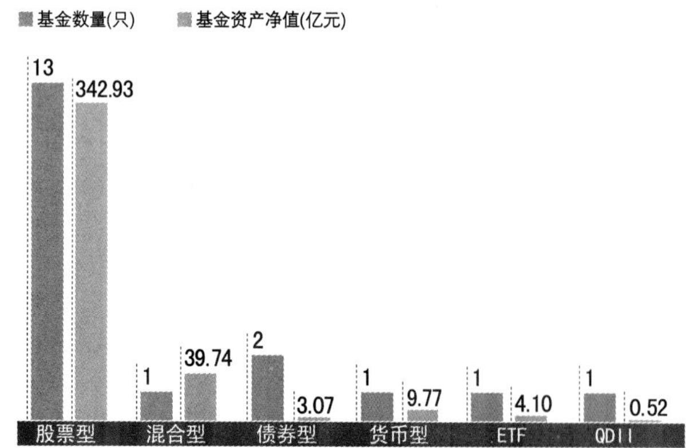

2012年新增基金数量及募集规模构成

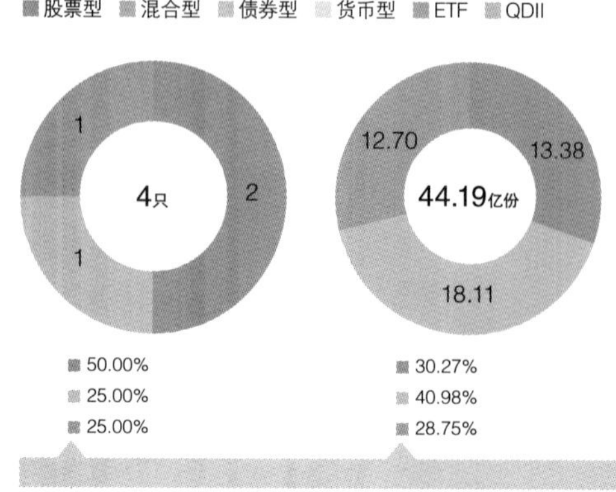

兴业全球基金管理有限公司

AEGON-INDUSTRIAL Fund Management Co., Ltd.

成立时间	2003年9月30日	注册资本	1.5亿元人民币	公司属性	中外合资
董 事 长	兰 荣	总 经 理	杨 东	督 察 长	冯晓莲
联系电话	021-2039 8888	传真号码	021-2039 8858		
客服电话	400-678-0099　021-3882 4536			公司网址	www.xyfunds.com.cn
注册地址	上海市黄浦区金陵东路368号				
办公地址	上海市张杨路500号时代广场20楼				

公司发展概况

兴业全球基金管理有限公司(以下简称“兴业全球基金”)原名兴业基金管理有限公司，经中国证监会证监基金字[2003]100号文批准于2003年9月在上海正式成立，注册资本9 800万元人民币。2008年4月，全球人寿保险国际公司参股，兴业全球基金成为中外合资基金管理公司，同时注册资本增至1.2亿元人民币；同年7月，公司名称变更为兴业全球基金管理有限公司，注册资本进一步增至1.5亿元人民币。目前公司股东及股权结构为兴业证券持股51%、全球人寿保险国际公司持股49%。

年度业务经营

截至2012年12月31日，兴业全球基金共管理13只公募基金，包括7只股票型基金、4只混合型基金、1只债券型基金和1只货币型基金。公募基金管理资产规模331亿元。

产品发行方面，2012年兴业全球基金新增2只公募基金，全部为股票型基金，募集总规模15.40亿份。

基金业绩方面，2012年在市场环境艰难的情况下，兴业全球基金管理的公募基金全部获得正收益。其中兴全社会责任股票基金、兴全沪深300指数(LOF)基金分别取得了11.49%、9.40%的净值增长率，为投资者创造了较好的业绩回报。

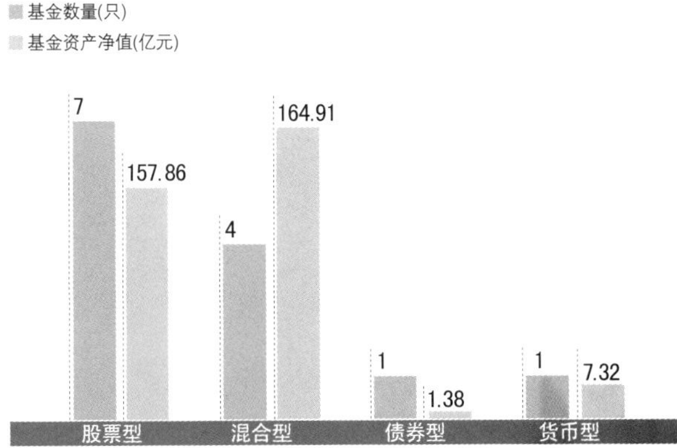

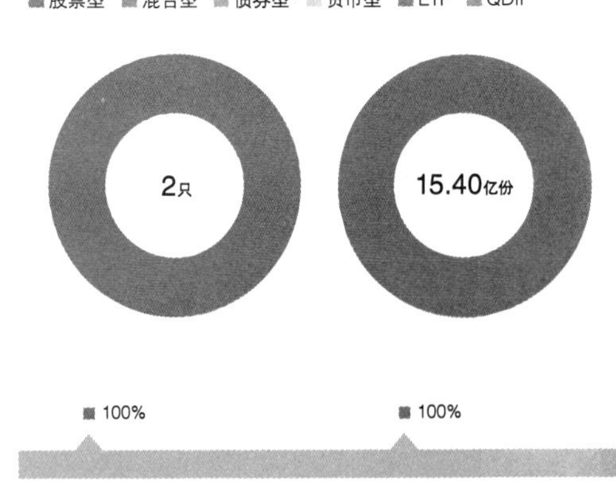

诺安基金管理有限公司

LION Fund Management Co., Ltd.

成立时间	2003年12月9日	注册资本	1.5亿元人民币	公司属性	中 资
董 事 长	秦维舟	总 经 理	奥成文	督 察 长	陈 勇
联系电话	0755-8302 6688	传真号码	0755-8302 6677		
客服电话	400-888-8998	公司网址	www.lionfund.com.cn		
注册地址	深圳市深南大道4013号兴业银行大厦19-20层				
办公地址	深圳市深南大道4013号兴业银行大厦19-20层				

公司发展概况

诺安基金管理有限公司(以下简称“诺安基金”)经中国证监会证监基金字[2003]132号文批准于2003年12月在深圳成立，注册资本1亿元人民币。经过2005年1月、2008年1月两次增资，公司注册资本增至1.5亿元人民币。公司现有股东包括中国对外经济贸易信托、深圳市捷隆投资和大恒新纪元科技，分别持股40%、40%和20%。

2011年1月20日，诺安基金出资6 000万港元在香港设立全资子公司诺安国际资产管理有限公司。此外，公司还在北京、上海和广州设立了分公司。

年度业务经营

截至2012年12月31日，诺安基金共管理24只公募基金，公募基金管理资产规模468亿元。

产品发行方面，2012年诺安基金先后募集设立了6只公募基金，包括2只股票型基金、2只混合型基金、1只债券型基金及1只ETF基金，共募集市场资金75.16亿元。

基金业绩方面，2012年诺安中证100指数基金实现净值增长11.52%，诺安优化收益债券基金实现净值增长7.71%。

2012年末旗下公募基金数量及资产净值构成

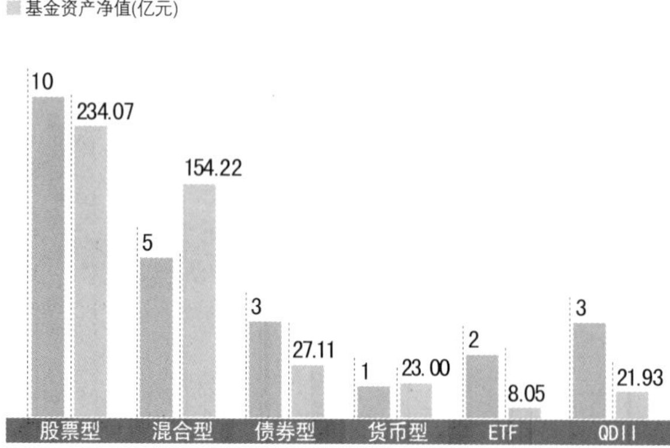

2012年新增基金数量及募集规模构成

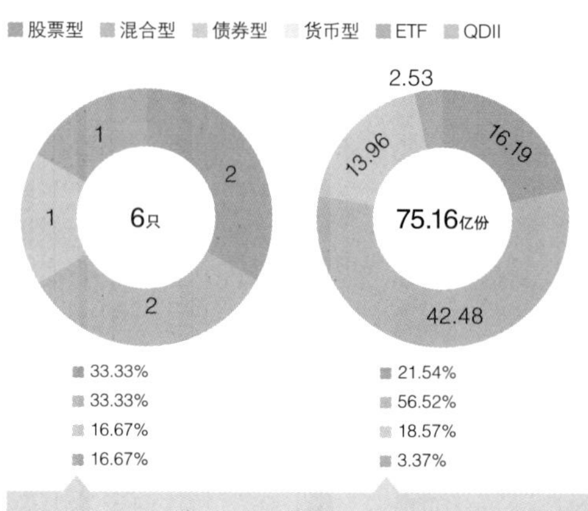

申万菱信基金管理有限公司

SWS MU Fund Management Co., Ltd.

成立时间	2004年1月15日	注册资本	1.5亿元人民币	公司属性	中外合资
董 事 长	姜国芳	总 经 理	过振华	督 察 长	来肖贤
联系电话	021-2326 1188	传真号码	021-2326 1199		
客服电话	400-880-8588	公司网址	www.swsmu.com		
注册地址	上海市淮海中路300号香港新世界大厦40层				
办公地址	上海市淮海中路300号香港新世界大厦40层				

公司发展概况

申万菱信基金管理有限公司(以下简称“申万菱信基金”)原名申万巴黎基金管理有限公司，经中国证监会证监基金字[2003]144号文批准于2004年1月在上海成立，注册资本1亿元人民币。2008年12月公司注册资本增至1.5亿元人民币。2011年3月，公司原股东法国巴黎资产转让股权给三菱UFJ信托银行，公司正式更名为申万菱信基金管理有限公司。公司现有股东包括申银万国证券股份有限公司、三菱UFJ信托银行株式会社，分别持有股份67%、33%。

年度业务经营

截至2012年12月31日，申万菱信基金共管理14只公募基金，包括7只股票型基金、3只混合型基金、3只债券型基金、1只货币型基金。公募基金管理资产规模165亿元，较上年同期增加了46亿元。

产品发行方面，2012年申万菱信基金新增1只股票型基金，募集规模7.85亿份。

基金业绩方面，2012年申万菱信基金运作满一年以上的基金全部取得了正收益。其中，申万菱信沪深300价值指数基金、申万菱信竞争优势股票基金表现较好，分别实现净值增长14.59%、10.05%。

2012年末旗下公募基金数量及资产净值构成

■ 基金数量(只)
■ 基金资产净值(亿元)

	股票型	混合型	债券型	货币型
基金数量(只)	7	3	3	1
基金资产净值(亿元)	113.13	42.77	5.00	3.77

2012年新增基金数量及募集规模构成

中海基金管理有限公司

ZhongHai Fund Management Co., Ltd.

成立时间	2004年3月18日	注册资本	1.466667亿元人民币	公司属性	中外合资
董事长	陈浩鸣	总经理	黄鹏	督察长	朱冰峰
联系电话	021-3842 9808	传真号码	021-6841 9525		
客服电话	400-888-9788	公司网址	www.zhfund.com		
注册地址	上海市浦东新区银城中路68号2905-2908室及30层				
办公地址	上海市浦东新区银城中路68号2905-2908室及30层				

公司发展概况

中海基金管理有限公司(以下简称“中海基金”)原名国联基金管理有限公司，经中国证监会证监基金字[2004]24号文批准于2004年3月成立。2006年7月，中海信托参股成为第一大股东，公司正式更名为中海基金管理有限公司，同时注册资本由1亿元增至1.3亿元人民币。2008年11月，法国爱德蒙得洛希尔银行通过股权受让参股，中海基金成为中外合资基金管理公司；2011年4月，公司注册资本进一步增至1.466667亿元。其中，中海信托持股41.591%、国联证券持股33.409%、法国爱德蒙得洛希尔银行持股25%。

年度业务经营

截至2012年12月31日，中海基金共管理13只公募基金。公募基金管理资产规模139亿元，较上年同期增加16亿元。

产品发行方面，2012年中海基金新增2只公募基金，包括1只股票型基金和1只混合型基金，募集市场资金共计7.42亿元。

基金业绩方面，2012年中海基金管理的公募基金绝大部分取得了正收益。其中，中海消费股票基金表现较好，全年实现净值增长9.72%，优于同期业绩比较基准收益率8.29%。

2012年末旗下公募基金数量及资产净值构成

基金数量(只)
基金资产净值(亿元)

股票型 4 6.72
混合型 6 92.34
债券型 2 4.70
货币型 1 35.35

2012年度新基金数量及募集规模构成

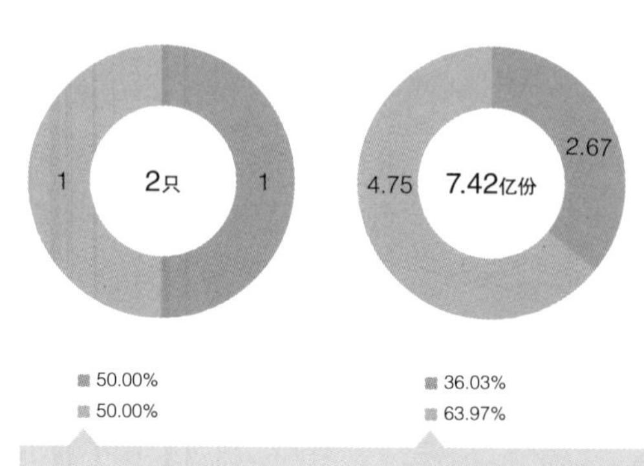

华富基金管理有限公司

Harfor Fund Management Co., Ltd.

成立时间	2004年4月19日	注册资本	1.2亿元人民币	公司属性	中 资
董 事 长	章宏韬	总 经 理	姚怀然	督 察 长	满志弘
联系电话	021-6888 6996	传真号码	021-6888 7997		
客服电话	400-700-8001 021-5061 9688			公司网址	www.hffund.com
注册地址	上海市浦东新区陆家嘴环路1000号31层				
办公地址	上海市浦东新区陆家嘴环路1000号31层				

公司发展概况

2004年4月19日，华富基金管理有限公司(以下简称“华富基金”)经中国证监会证监基金字[2004]47号文批准在上海正式成立，注册资本1.2亿元人民币。公司目前股权结构为华安证券股份有限公司持股49%、安徽省信用担保集团有限公司持股27%、合肥兴泰控股集团有限公司持股24%。

年度业务经营

截至2012年12月31日，华富基金共管理10只公募基金，包括4只股票型基金、3只混合型基金、2只债券型基金和1只货币型基金。公募基金管理资产规模74亿元。

2012年华富基金未发行设立新公募基金。在基金业绩方面， 2012年华富基金管理的公募基金绝大部分仍取得了正收益。其中，华富货币基金表现较好，全年实现收益回报4.30%，远高于活期存款和一年及以下定期存款的利率水平，在同类基金中排名靠前。

2012年末旗下公募基金数量及资产净值构成

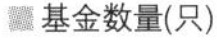

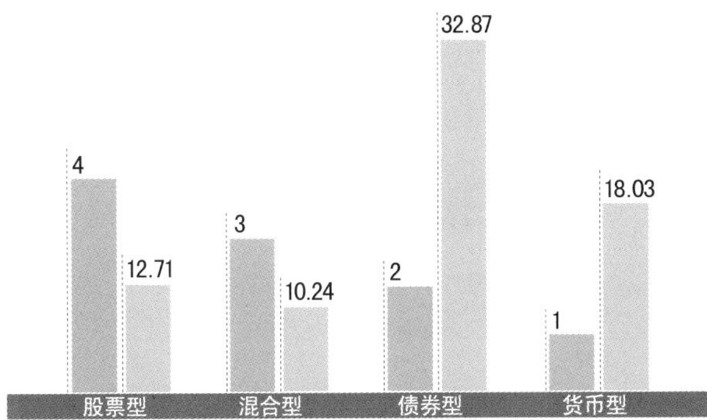

2012年度该公司未发行设立新基金。

光大保德信基金管理有限公司

Everbright Pramerica Fund Management Co., Ltd.

成立时间	2004年4月22日	注册资本	1.6亿元人民币	公司属性	中外合资
董事长	林昌	总经理	候德修*	督察长	盛松
联系电话	021-3307 4700	传真号码	021-6335 1152		
客服电话	4008-202-888　021-5352 4620			公司网址	www.epf.com.cn
注册地址	上海市延安东路222号外滩中心大厦46层				
办公地址	上海市延安东路222号外滩中心大厦46层				

* 傅德修已于2013年1月离职。

公司发展概况

光大保德信基金管理有限公司(以下简称“光大保德信基金”)经中国证监会证监基金字[2004]42号文批准，由光大证券股份有限公司和美国保德信金融集团旗下的保德信投资管理有限公司共同创建。公司总部设在上海，注册资本1亿元人民币。2005年10月，公司注册资本增至1.6亿元人民币。目前两家股东分别持有55%和45%的股份。

年度业务经营

截至2012年12月31日，光大保德信基金共管理14只公募基金，涵盖股票型、混合型、货币型、债券型、短期理财基金等类型。公募基金管理资产规模256亿元，较上年同期增加26亿元。

产品发行方面，2012年光大保德信基金新增4只公募基金，包括3只债券型基金、1只股票型基金，募集市场资金共计72.46亿元。其中新设立的3只债券型基金均为短期理财债券型基金。

基金业绩方面，2012年在市场持续震荡的环境下，光大保德信基金管理的公募基金全部取得了正收益。其中，光大保德信红利股票、光大保德信动态优选混合基金分别实现16.26%、11.20%的净值增长，在同类基金中排名靠前。

2012年末旗下公募基金数量及资产净值构成

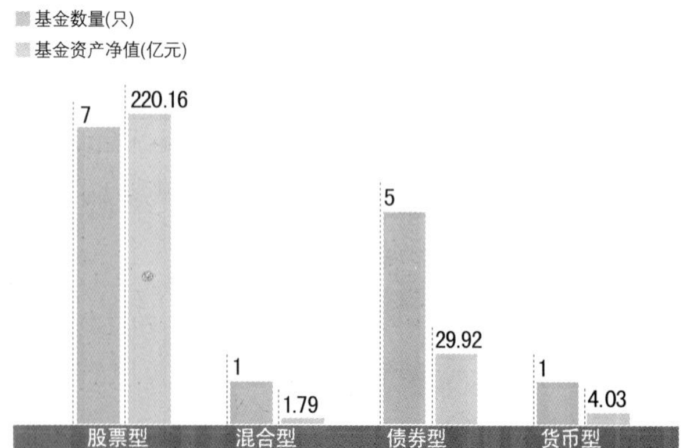

2012年新增基金数量及募集规模构成

上投摩根基金管理有限公司

China International Fund Management Co., Ltd.

成立时间	2004年5月12日	注册资本	2.5亿元人民币	公司属性	中外合资
董 事 长	陈开元	总 经 理	章硕麟	督 察 长	刘万方
联系电话	021-3879 4888	传真号码	021-6841 6113		
客服电话	400-889-4888	公司网址	www.51fund.com		
注册地址	上海市浦东富城路99号震旦国际大楼20层				
办公地址	上海市浦东富城路99号震旦国际大楼20层				

公司发展概况

上投摩根基金管理有限公司(以下简称“上投摩根基金”)原名上投摩根富林明基金管理有限公司，经中国证监会证监基金字[2004]56号文批准于2004年5月在上海成立，公司注册资本1.5亿元人民币。2006年6月，公司更名为上投摩根基金管理有限公司；2009年3月，公司注册资本增至2.5亿元人民币。目前公司股权结构为上海国际信托有限公司持股51%、摩根资产管理(英国)有限公司持股49%。

2011年7月，上投摩根基金在香港设立全资子公司上投摩根资产管理(香港)，作为公司跨境资产管理业务发展的战略平台。此外，公司还在北京、深圳、厦门设立了分公司和南京办事处。

年度业务经营

截至2012年12月31日，上投摩根基金共管理20只公募基金。公募基金管理资产规模603亿元，较上年同期增加103亿元。

产品发行方面，2012年上投摩根基金新增5只公募基金，包括3只股票型基金、1只债券型基金和1只QDII基金，募集市场资金共计40.49亿元。

基金业绩方面，2012年上投摩根基金旗下基金表现优异。其中，上投摩根新兴动力股票和上投摩根成长先锋股票基金表现出色，分别取得27.73%和14.21%的年度回报率，在同类型基金中位居前列；上投摩根全球新兴市场股票(QDII)基金以20.33%的回报率在QDII基金中排名第4。

2012年末旗下公募基金数量及资产净值构成

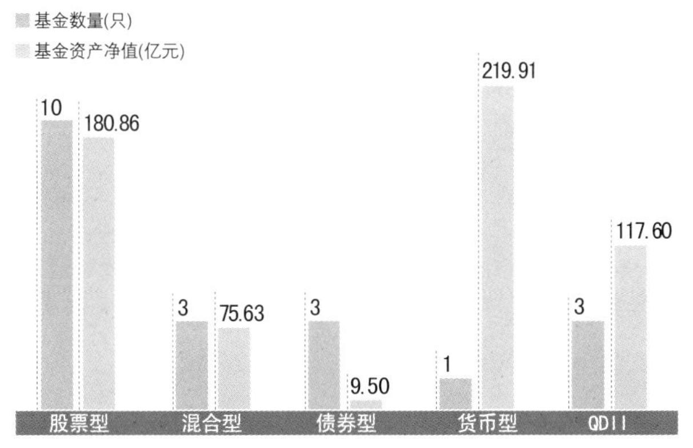

2012年新增基金数量及募集规模构成

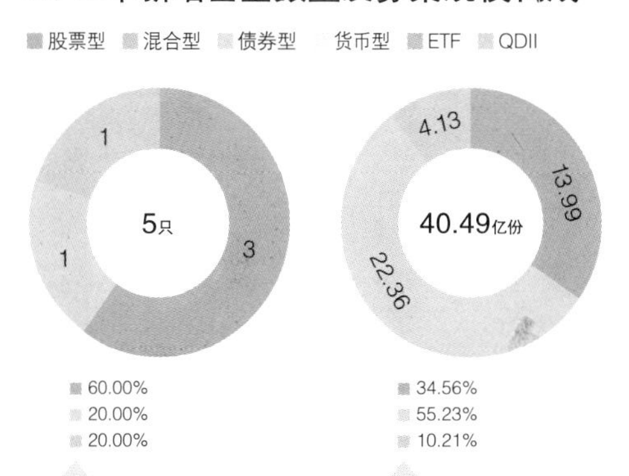

东方基金管理有限责任公司

Orient Fund Management Co., Ltd.

成立时间	2004年6月11日	注册资本	2亿元人民币	公司属性	中 资
董 事 长	崔 伟	总 经 理	孙晔伟	督 察 长	李景岩
联系电话	010-6629 5888	传真号码	010-6629 5999		
客服电话	400-628-5888	公司网址	www.orient-fund.com		
注册地址	北京市西城区锦什坊街28号1-4层				
办公地址	北京市西城区锦什坊街28号1-4层				

公司发展概况

东方基金管理有限责任公司(以下简称“东方基金”)经中国证监会证监基金字[2004]80号文批准于2004年6月在北京成立，注册资本1亿元人民币。2013年4月公司注册资本增至2亿元人民币，其中，东北证券股份有限公司持股64%、河北省国有资产控股运营有限公司持股27%、渤海国际信托有限公司持股9%。

年度业务经营

截至2012年12月31日，东方基金共管理10只公募基金。公募基金管理资产规模103亿元，较上年同期增加21亿元。

产品发行方面，2012年东方基金新增2只公募基金，包括1只股票型基金和1只债券型基金，募集市场资金共计11.79亿元。其中新设立的东方央视50财经指数增强型证券投资基金为国内首只媒体指数基金。

基金业绩方面，2012年东方基金旗下产品全部实现正收益。

2012年末旗下公募基金数量及资产净值构成

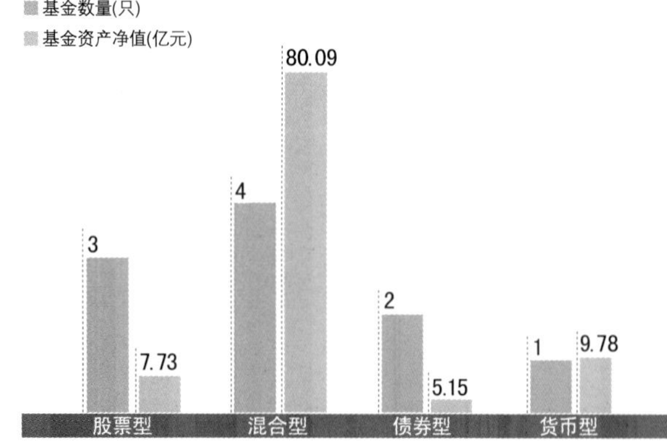

2012年新增基金数量及募集规模构成

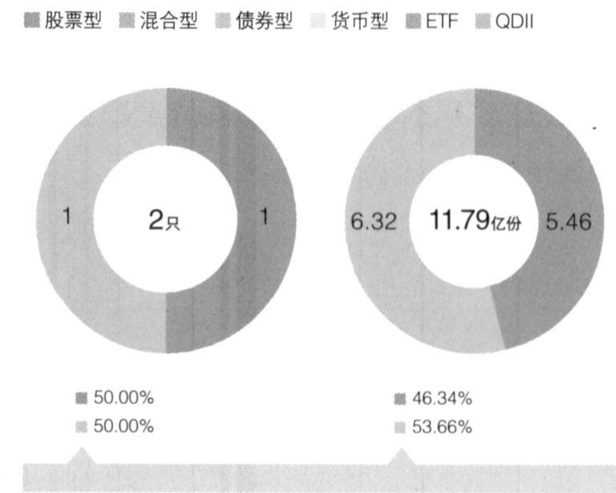

中银基金管理有限公司

Bank of China Investment Management Co., Ltd.

成立时间	2004年8月12日	注册资本	1亿元人民币	公司属性	中外合资
董事长	谭炯	总经理	李道滨	督察长	欧阳向军
联系电话	021-3883 4999	传真号码	021- 6887 2488		
客服电话	400-888-5566 021-3883 4788			公司网址	www.bocim.com
注册地址	上海市浦东新区银城中路200号中银大厦45楼				
办公地址	上海市浦东新区银城中路200号中银大厦26楼、45楼				

公司发展概况

中银基金管理有限公司(以下简称“中银基金”)原名中银国际基金管理有限公司，经中国证监会证监基金字[2004]93号文批准于2004年8月在上海正式成立，注册资本1亿元人民币。2008年1月，公司正式更名为中银基金管理有限公司。目前公司股权结构为中国银行股份有限公司持股83.50%、贝莱德投资管理(英国)有限公司持股16.50%。

年度业务经营

截至2012年12月31日，中银基金共管理23只公募基金。公募基金管理资产规模1 000.77亿元，较上年同期增加566.13亿元。

产品发行方面，2012年中银基金新增8只公募基金，包括5只债券型基金、2只股票型基金和1只混合型基金，募集市场资金共计271.35亿元。

基金业绩方面，2012年中银基金旗下产品大部分实现了正收益。其中，中银收益混合基金表现出色，全年实现净值增长16.02%，在混合型基金中排名第2。

2012年末旗下公募基金数量及资产净值构成

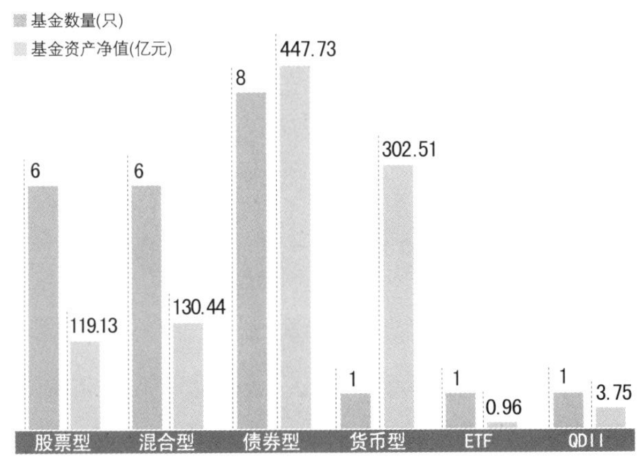

2012年新增基金数量及募集规模构成

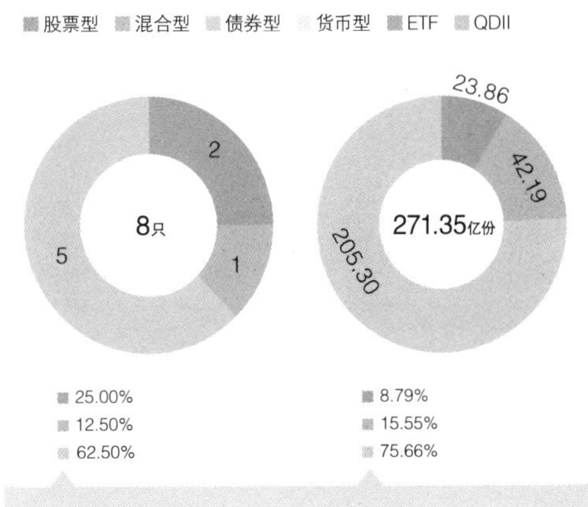

东吴基金管理有限公司

Soochow Asset Management Co., Ltd.

成立时间	2004年9月2日	注册资本	1亿元人民币	公司属性	中 资
董 事 长	吴永敏	总 经 理	任少华	督 察 长	徐 军
联系电话	021-5050 9888	传真号码	021- 5050 9884		
客服电话	400-821-0588 021-5050 9666			公司网址	www.scfund.com.cn
注册地址	上海市浦东新区源深路279号				
办公地址	上海市浦东新区源深路279号				

公司发展概况

东吴基金管理有限公司(以下简称“东吴基金”)经中国证监会证监基金字[2004]132号文批准于2004年9月在上海成立，注册资本1亿元人民币。目前公司股东为东吴证券股份有限公司(持股49%)、上海兰生(集团)有限公司(持股30%)、江阴澄星实业集团有限公司(持股21%)。

年度业务经营

截至2012年12月31日，东吴基金共管理13只公募基金，包括7只股票型基金、3只混合型基金、2只债券型基金和1只货币型基金。公募基金管理资产规模108.31亿元，与上年同期相比，管理公募基金资产规模略有下滑。

产品发行方面，2012年东吴基金募集设立2只公募基金，分别为1只股票型基金和1只混合型基金，募集市场资金共计11.61亿元。

基金业绩方面，2012年东吴基金旗下大部分产品实现了正收益。

2012年末旗下公募基金数量及资产净值构成

2012年新增基金数量及募集规模构成

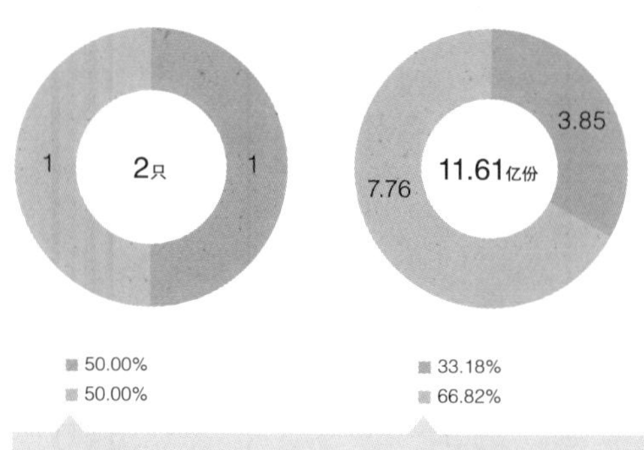

天弘基金管理有限公司

TianHong Asset Management Co., Ltd.

成立时间	2004年11月8日	注册资本	1.8亿元人民币	公司属性	中 资
董 事 长	李 琦	总 经 理	郭树强	督 察 长	童建林
联系电话	022-8331 0208	传真号码	022-8386 5569		
客服电话	400-710-9999	公司网址	www.thfund.com.cn		
注册地址	天津市河西区马场道59号天津国际经济贸易中心A座16层				
办公地址	天津市河西区马场道59号天津国际经济贸易中心A 座16层				

公司发展概况

天弘基金管理有限公司(以下简称“天弘基金”)经中国证监会证监基金字[2004]164号文批准，于2004年11月在天津成立，注册资本1亿元人民币。2012年3月，公司注册资本增至1.8亿元人民币，目前公司股权结构为天津信托持股48%、内蒙古君正能源化工持股36%、芜湖高新投资持股16%。

年度业务经营

截至2012年12月31日，天弘基金共管理10只公募基金，包括3只股票型基金、2只混合型基金、4只债券型基金和1只货币型基金。公募基金管理资产规模99.50亿元，较上年同期增加25.53亿元。

产品发行方面，2012年天弘基金募集设立了3只公募基金，分别为1只混合型基金、1只债券型基金和1只货币型基金，首募资金共计49.11亿元。新设立基金中，天弘债券型发起式基金为国内首只发起式基金，天弘安康养老混合型基金为国内首只养老理财基金，创新产品的推出，进一步丰富了公司产品线的布局。

基金业绩方面，2012年市场持续震荡，天弘基金旗下绝大部分产品取得了正收益。其中，天弘丰利分级债券表现出色，全年实现收益回报16.70%，跑赢业绩基准16.33%，在同类型基金中位居前列。

2012年末旗下公募基金数量及资产净值构成

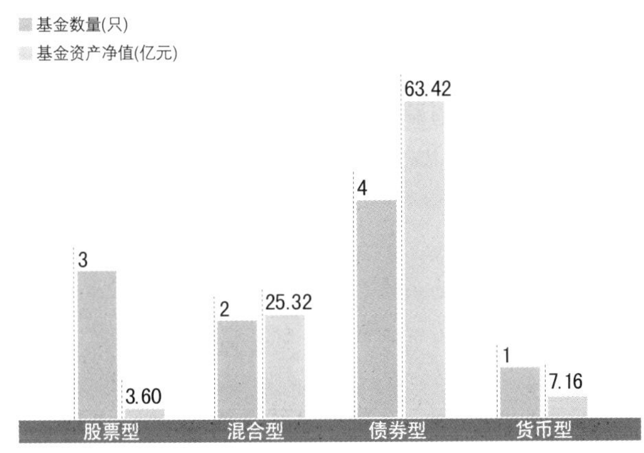

2012年新增基金数量及募集规模构成

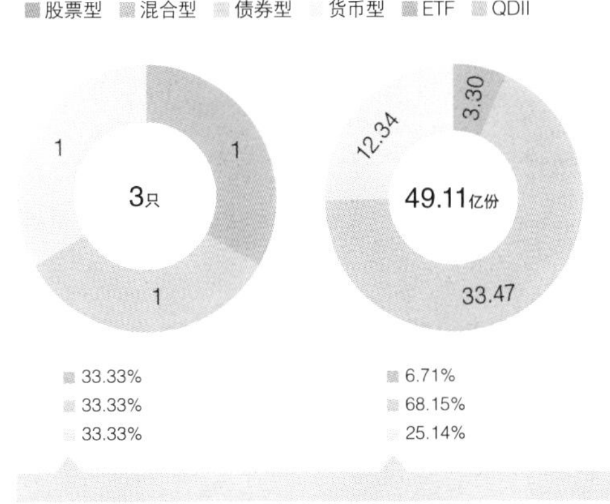

国海富兰克林基金管理有限公司

Franklin Templeton Sealand Fund Management Co., Ltd.

成立时间	2004年11月15日	注册资本	2.2亿元人民币	公司属性	中外合资
董事长	吴显玲	总经理	李雄厚*	督察长	储丽莉
联系电话	021-3855 5555	传真号码	021-6888 3050		
客服电话	400-700-4518　95105680	公司网址	www.ftsfund.com		
注册地址	广西南宁市西乡塘区总部路1号中国-东盟科技企业孵化基地一期C-6栋二层				
办公地址	上海浦东世纪大道8号上海国金中心二期9层				

* 李雄厚已于2012年9月离职。

公司发展概况

国海富兰克林基金管理有限公司(以下简称“国海富兰克林基金”)经中国证监会批准由国海证券股份有限公司和富兰克林邓普顿投资集团全资子公司邓普顿国际股份有限公司共同出资组建。2004年11月，公司在南宁注册成立，注册资本1亿元人民币。2007年，公司经过两次增资，注册资本增至2.2亿元人民币，两家股东分别持有公司股份51%和49%。

年度业务经营

截至2012年12月31日，国海富兰克林基金共管理12只公募基金，包括7只股票型基金、2只混合型基金、2只债券型基金和1只QDII基金。公募基金管理资产规模170亿元，较上年同期增加22亿元。

产品发行方面，2012年国海富兰克林基金新增3只公募基金，分别为1只股票型基金、1只债券型基金和1只QDII基金，首募资金共计18.87亿元。

基金业绩方面，2012年在市场持续震荡的环境下，国海富兰克林基金旗下绝大部分基金取得了正收益。其中，国富中小盘股票表现出色，全年实现收益回报24.97%，跑赢业绩基准23.85%，在股票型基金中排名第5。

2012年末旗下公募基金数量及资产净值构成

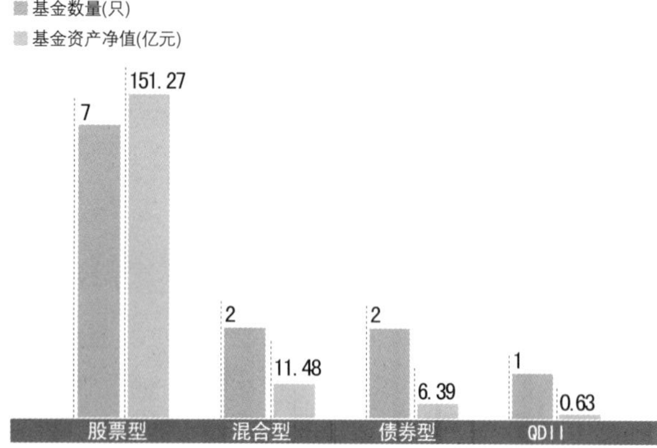

2012年新增基金数量及募集规模构成

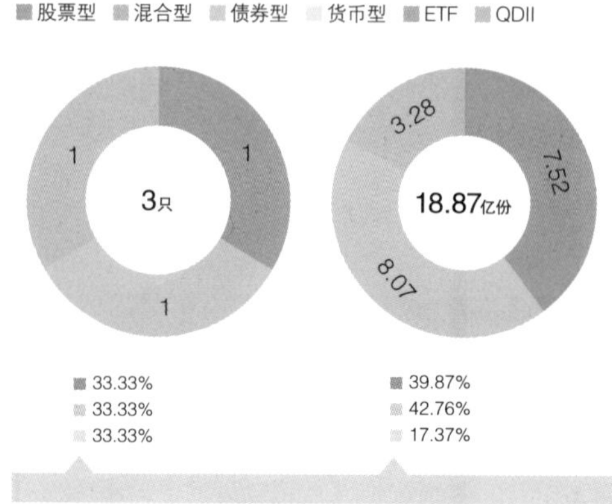

华泰柏瑞基金管理有限公司

Huatai-PineBridge Fund Management Co., Ltd.

成立时间	2004年11月18日	注册资本	2亿元人民币	公司属性	中外合资
董事长	齐亮	总经理	韩勇	督察长	陈晖
联系电话	021-3860 1777	传真号码	021-3860 1799		
客服电话	400-888-0001	公司网址	www.huatai-pb.com		
注册地址	上海浦东新区民生路1199弄上海证大五道口广场1号楼17层				
办公地址	上海浦东新区民生路1199弄上海证大五道口广场1号楼17层				

公司发展概况

华泰柏瑞基金管理有限公司(以下简称“华泰柏瑞基金”)原名友邦华泰基金管理有限公司，经中国证监会证监基金字[2004]178号文批准成立于2004年11月，公司注册资本1亿元人民币。2006年9月，公司注册资本增至2亿元人民币。现有股东包括华泰证券股份有限公司、柏瑞投资有限责任公司和苏州新区高新技术产业股份有限公司，分别持股49%、49%和2%。

年度业务经营

截至2012年12月31日，华泰柏瑞基金共管理15只公募基金，包括6只股票型基金、3只债券型基金、1只混合型基金、1只货币市场基金、3只ETF基金和1只QDII基金。公募基金管理资产规模387亿元，较上年同期增加253亿元。

产品发行方面，2012年全年华泰柏瑞基金募集设立了3只公募基金，分别为1只股票型基金、1只债券型基金和1只ETF基金，募集资金共计356亿元。其中，新设立的华泰柏瑞沪深300ETF为国内首只“T+0”跨市场ETF，成功募得资金330亿元，刷新了近6年来基金首发纪录。

基金业绩方面，2012年华泰柏瑞基金旗下大部分基金取得了正收益。其中，华泰柏瑞积极成长混合基金表现较好，全年实现净值增长12.01%，跑赢业绩基准5.69%，在同类型基金中排名靠前。

2012年末旗下公募基金数量及资产净值构成

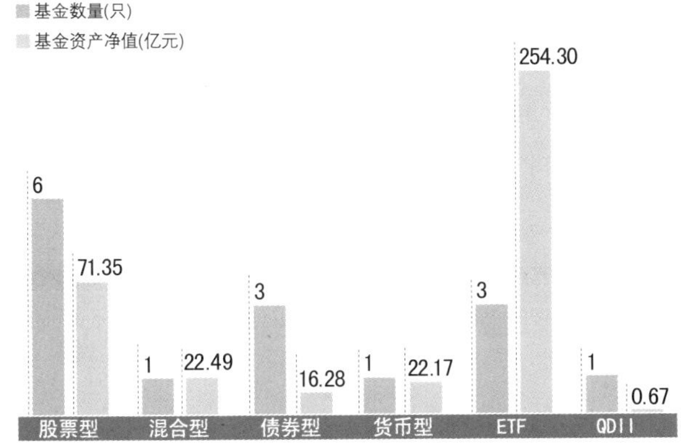

2012年度新基金数量及募集规模构成

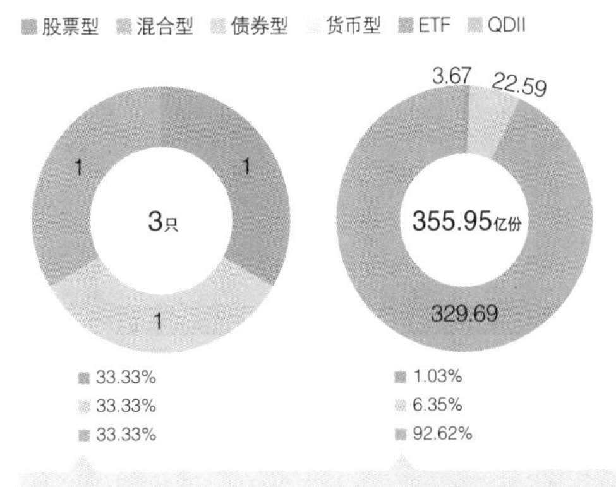

新华基金管理有限公司

New China Fund Management Co., Ltd.

成立时间	2004年12月9日	注册资本	1.6亿元人民币	公司属性	中 资
董 事 长	陈 重	总 经 理	张宗友	督 察 长	齐 岩
联系电话	010－6872 6666	传真号码	010- 8842 3303		
客服电话	400-819-8866	公司网址	www.ncfund.com.cn		
注册地址	重庆市江北区建新东路85号附1号1层1-1				
办公地址	北京市海淀区西三环北路11号海通时代商务中心C1座；重庆市渝中区较场口88号A座7-2				

公司发展概况

新华基金管理有限公司(以下简称“新华基金”)原名新世纪基金管理有限公司，经中国证监会证监基金字[2004]197号文批准于2004年12月在重庆成立，注册资本1亿元人民币，是我国首家在西部设立的基金管理公司。2009年9月公司更名为新华基金管理有限公司；2011年11月注册资本增至1.6亿元人民币，公司现有股东及股权结构为新华信托有限公司48%、陕西蓝潼投资有限公司30%、上海大众环境产业有限公司13.75%及杭州永原网络科技有限公司8.25%。

年度业务经营

截至2012年12月31日，新华基金共管理9只公募基金，包括6只股票型基金、2只混合型基金、1只债券型基金，公募基金管理资产规模117亿元，较上年同期增加52亿元，增长了82%。

产品发行方面，2012年新华基金新增2只公募基金，募集市场资金53亿元。

基金业绩方面，2012年新华基金旗下全部产品取得正收益。其中，新华行业周期轮换股票基金、新华灵活主题股票基金表现出色，分别实现净值增长28.83%、17.51%，在主动股票型基金中位居前列。

2012年末旗下公募基金数量及资产净值构成

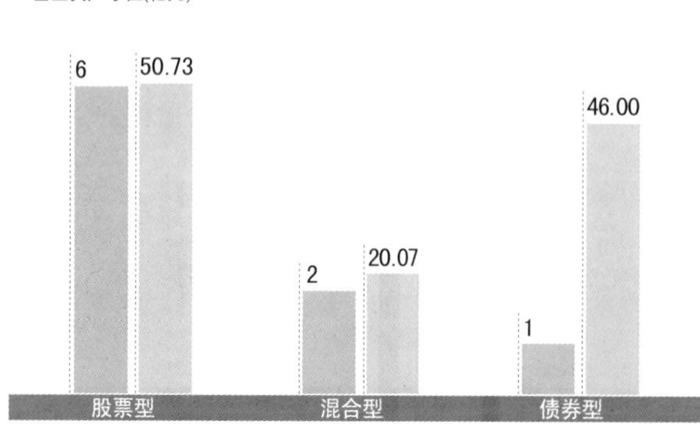

2012年新增基金数量及募集规模构成

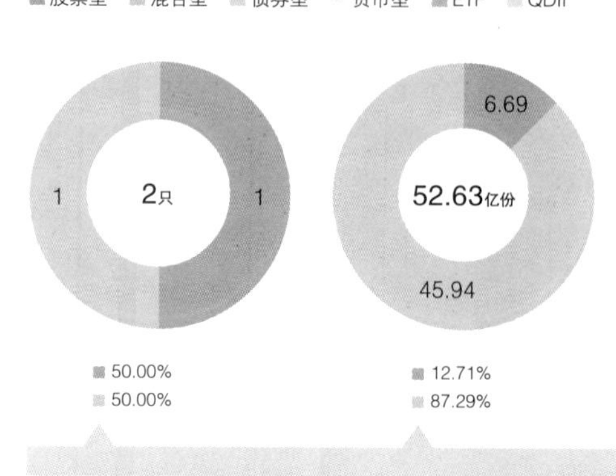

汇添富基金管理有限公司

China Universal Asset Management Co., Ltd.

成立时间	2005年2月3日	注册资本	1亿元人民币	公司属性	中 资
董 事 长	潘鑫军	总 经 理	林利军	督 察 长	李 文
联系电话	021-2893 2888	传真号码	021-2893 2998		
客服电话	400-888-9918	公司网址	www.99fund.com		
注册地址	上海市黄浦区大沽路288号6幢538室				
办公地址	上海市浦东新区富城路99号震旦国际大楼22楼				

公司发展概况

汇添富基金管理有限公司(以下简称“汇添富”)成立于2005年2月，总部设在上海陆家嘴，公司旗下设立了北京、南方两个分公司，以及全资子公司——汇添富资产管理(香港)。汇添富是中国首批获得QDII业务资格、专户业务资格、设立海外子公司并且获得RQFII业务资格的基金公司，同时是全国社会保障基金投资管理人。在投资管理领域，汇添富已形成公募、专户、国际、养老金四大块业务以及股票、固定收益、被动投资、海外投资、另类投资五大块投资领域协同发展的格局。

年度业务经营

截至2012年末，汇添富共管理27只证券投资基金，涵盖股票、指数、QDII、债券、货币市场基金等不同风险收益特征的产品。

产品发行方面，2012年汇添富共发行8只基金产品，包括国内首创的系列短期理财基金——汇添富理财30天、60天、14天、28天债券基金，国内首只实施场内实时申赎的货币基金——汇添富收益快线货币基金，以及汇添富季季红定期开放债券基金、汇添富多元收益债券基金、汇添富逆向投资股票基金。8只基金合计募集市场资金612亿元。

基金业绩方面，2012年，在市场震荡起伏的背景下，汇添富公司旗下基金均获得正收益，切实为投资者赢得财富增长。

2012年末旗下公募基金数量及资产净值构成

	股票型	混合型	债券型	货币型	ETF	QDII
基金数量(只)	10	3	9	2	1	2
基金资产净值(亿元)	353.24	44.75	115.15	90.12	2.15	4.83

2012年新增基金数量及募集规模构成

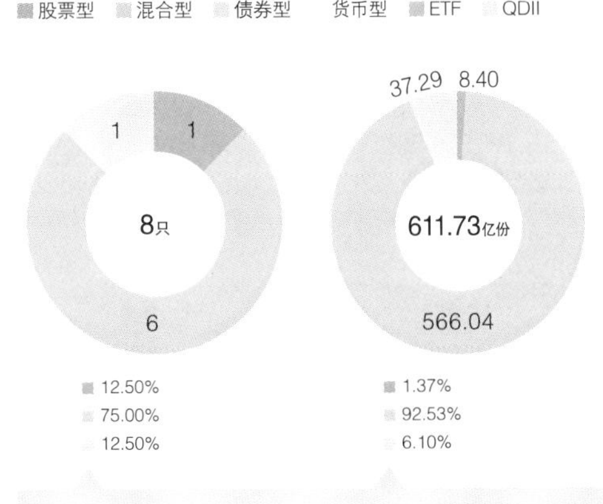

工银瑞信基金管理有限公司

ICBC Credit Suisse Asset Management Co., Ltd.

成立时间	2005年6月21日	注册资本	2亿元人民币	公司属性	中外合资
董事长	李晓鹏	总经理	郭特华	督察长	朱碧艳
联系电话	010-6658 3333	传真号码	010-6658 3158		
客服电话	400-811-9999	公司网址	www.icbccs.com.cn		
注册地址	北京市西城区金融大街丙17号北京银行大厦8层				
办公地址	北京市西城区金融大街丙17号北京银行大厦8层				

公司发展概况

工银瑞信基金管理有限公司(以下简称“工银瑞信基金”)经中国证监会证监基金字[2005]5号文批准于2005年6月在北京成立，注册资本2亿元人民币，是我国首家由商业银行直接发起设立并控股的合资基金管理公司。公司股东及股权结构为中国工商银行持股80%，瑞士信贷持股20%。

公司各项业务发展快速，目前拥有证券投资基金、QDII、企业年金、特定资产管理、社保基金投资管理人等多项业务资格。2011年11月，工银瑞信基金在香港设立全资子公司工银瑞信资产管理(国际)有限公司；2012年11月成立全资子公司工银瑞信投资管理有限公司。

年度业务经营

截至2012年12月31日，工银瑞信基金共管理28只公募基金。公募基金管理资产规模1 080亿元，较上年同期增加382亿元，在行业排名第8。

产品发行方面，2012年工银瑞信基金共募集设立7只公募基金，募集资金共计603亿元。

基金业绩方面，2012年工银瑞信基金旗下大部分基金取得正收益，其中工银添颐债券A、B表现出色，分别实现收益回报14.69%、13.98%，在债券型基金中分别排名第2、第3。

2012年末旗下公募基金数量及资产净值构成

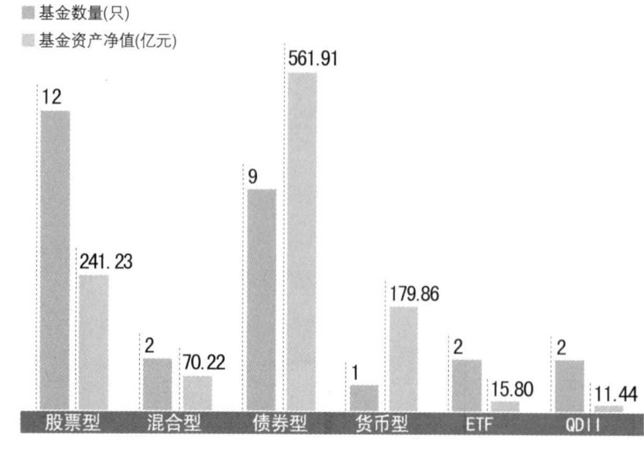

2012年新增基金数量及募集规模构成

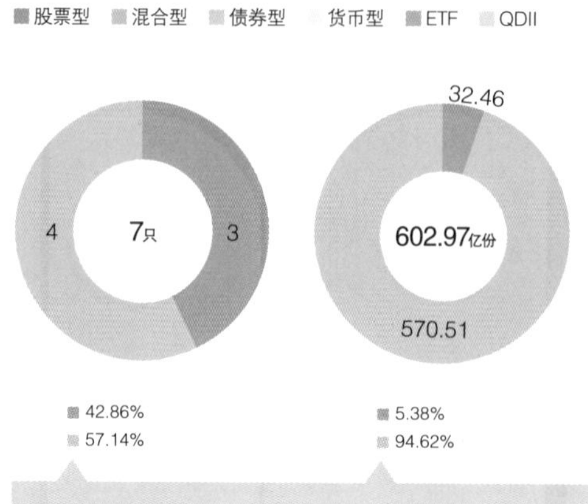

交银施罗德基金管理有限公司

Bank Of Communications Schroder Fund Management Co., Ltd.

成立时间	2005年8月4日	注册资本	2亿元人民币	公司属性	中外合资
董事长	钱文挥	总经理	战龙	督察长	苏奋
联系电话	021-6105 5050	传真号码	021-6105 5054		
客服电话	400-700-5000	公司网址	www.fund001.com		
注册地址	上海市浦东新区银城中路188号交通银行大楼二层(裙)				
办公地址	上海市浦东新区世纪大道201号渣打银行大厦10楼				

公司发展概况

交银施罗德基金管理有限公司(以下简称“交银施罗德基金”)经中国证监会证监基金字[2005]28号文批准设立，注册资本2亿元人民币，是我国首批由商业银行发起设立并控股的基金管理公司。公司股权结构为交通银行持股65%、施罗德投资管理有限公司持股30%、中国国际海运集装箱(集团)股份有限公司持股5%。

公司总部设在上海，在北京、广州、成都等地设有分公司。截至2012年12月31日，交银施罗德基金拥有员工211人，其中55%的员工具有硕士以上学历。

年度业务经营

截至2012年12月31日，交银施罗德基金共管理24只公募基金。公募基金管理资产规模573亿元，较上年同期增加95亿元。

产品发行方面，2012年交银施罗德基金新增6只公募基金，包括2只股票型基金、2只债券基金、1只混合型基金和1只QDII，募集资金共计143亿元。

基金业绩方面，2012年交银施罗德基金旗下绝大部分基金取得正收益。其中，交银先锋股票基金、交银稳健配置混合基金、交银信用添利债券基金表现出色，全年实现净值增长分别为19.63%、15.29%、14.24%，大幅度跑赢同期业绩基准收益率，在同类型基金排名中位居前列。

2012年末旗下公募基金数量及资产净值构成

	基金数量(只)	基金资产净值(亿元)
股票型	10	280.82
混合型	4	75.52
债券型	5	77.46
货币型	1	104.49
ETF	2	32.32
QDII	2	2.16

2012年新增基金数量及募集规模构成

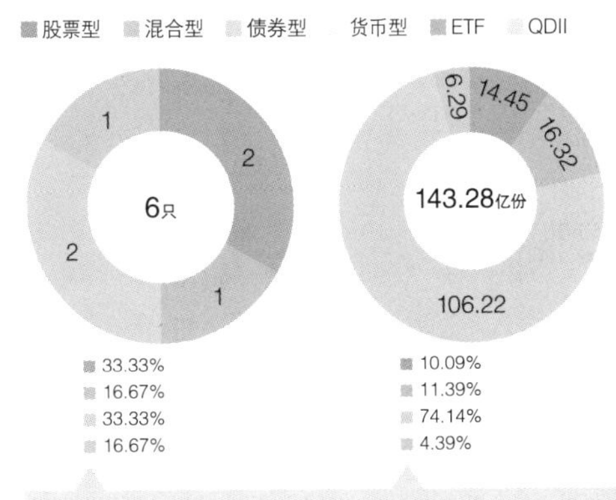

建信基金管理有限责任公司

CCB Principal Asset Management Co., Ltd.

成立时间	2005年9月19日	注册资本	2亿元人民币	公司属性	中外合资
董事长	江先周	总经理	孙志晨	督察长	路彩营
联系电话	010-6622 8001	传真号码	010-6622 8889		
客服电话	400-81-95533	公司网址	www.ccbfund.cn		
注册地址	北京市西城区金融大街7号英蓝国际金融中心16层				
办公地址	北京市西城区金融大街7号英蓝国际金融中心16层				

公司发展概况

建信基金管理有限责任公司(以下简称“建信基金”)经中国证监会证监基金字[2005]158号文批准于2005年9月在北京成立，注册资本2亿元人民币，是我国首批由商业银行发起设立的基金管理公司，公司股东包括中国建设银行股份有限公司、美国信安金融服务公司和中国华电集团资本控股有限公司，分别持股65%、25%及10%。

建信基金具有特定客户资产管理业务资格和合格境内机构投资者(QDII)资格。公司构建了较为完善的公募基金产品线，拥有多个特定客户资产管理计划，并为多家机构提供投资咨询服务。

年度业务经营

截至2012年12月31日，建信基金共管理28只公募基金。公募基金管理资产规模952亿元，较上年同期增加465亿元，增长95.54%。累计分红金额超过165亿元。

产品发行方面，2012年建信基金共募集设立6只公募基金，包括2只股票型基金、2只债券基金、1只混合型基金和1只QDII，募集资金共计586亿元。其中，新设立的建信央视50分级基金是国内首只跟踪媒体指数的分级基金。

基金业绩方面，2012年建信基金旗下绝大部分基金取得正收益。其中建信优势动力股票基金表现较好，全年实现净值增长10.81%，优于同期业绩基准表现。

2012年末旗下公募基金数量及资产净值构成

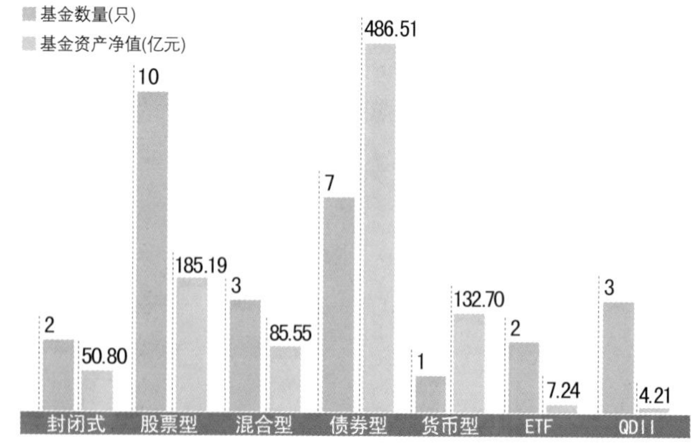

2012年新增基金数量及募集规模构成

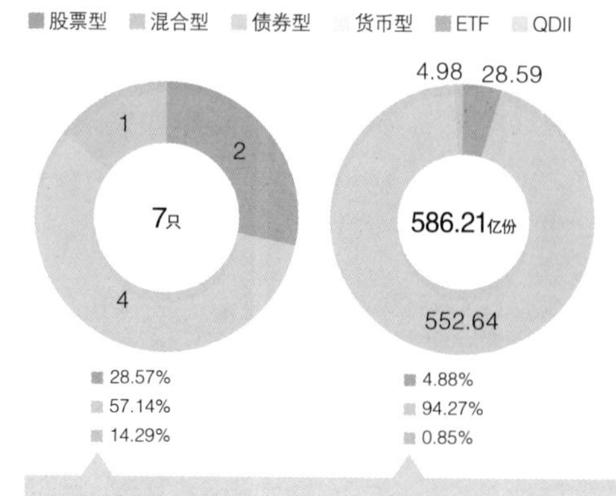

信诚基金管理有限公司

CITIC-Prudential Fund Management Co., Ltd.

成立时间	2005年9月30日	注册资本	2亿元人民币	公司属性	中外合资
董 事 长	张翔燕	总 经 理	王俊锋	督 察 长	唐世春
联系电话	021-6864 9788	传真号码	021-5012 0888		
客服电话	400-666-0066　021-5108 5168	公司网址	www.citicprufunds.com.cn		
注册地址	上海市浦东新区世纪大道8号上海国金中心汇丰银行大楼9层				
办公地址	上海市浦东新区世纪大道8号上海国金中心汇丰银行大楼9层				

公司发展概况

信诚基金管理有限公司(以下简称“信诚基金”)经中国证监会证监基金字[2005]142号文批准在北京成立，注册资本1亿元人民币。2008年12月，公司注册资本增至2亿元人民币。其中，中信信托有限责任公司、英国保诚集团分别持股49%，中新苏州工业园区创业投资有限公司持股2%。

2009年7月，信诚基金获得QDII(合格境内机构投资者)牌照；2011年12月，公司获得特定客户资产管理业务资格，进一步拓展了公司资产管理业务。

年度业务经营

截至2012年12月31日，信诚基金共管理19只公募基金。公募基金管理资产规模236亿元，较上年同期增加110亿元。

产品发行方面，2012年信诚基金共募集设立5只公募基金，包括2只股票型基金、3只债券型基金，募集资金共计70亿元。进一步完善了公司固定收益产品线的布局。

基金业绩方面，2012年信诚基金旗下大部分基金取得正收益。其中，信诚深度价值股票(LOF)基金表现较好，全年实现净值增长16.15%，跑赢业绩基准6.41%；信诚货币B基金实现收益回报4.5927%，信诚货币A基金实现收益回报4.3423%，分别在货币市场基金中排名靠前。

2012年末旗下公募基金数量及资产净值构成

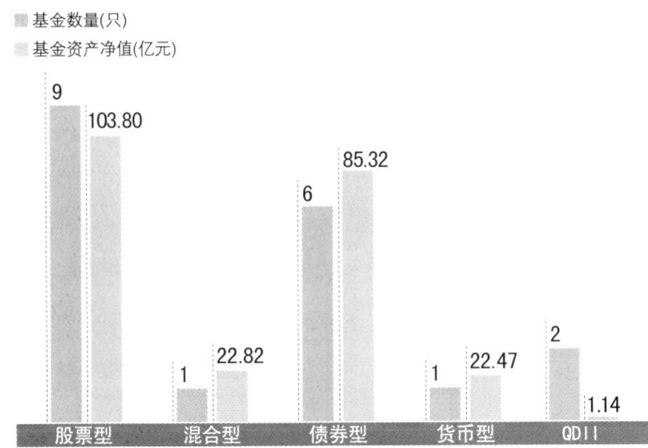

2012年新增基金数量及募集规模构成

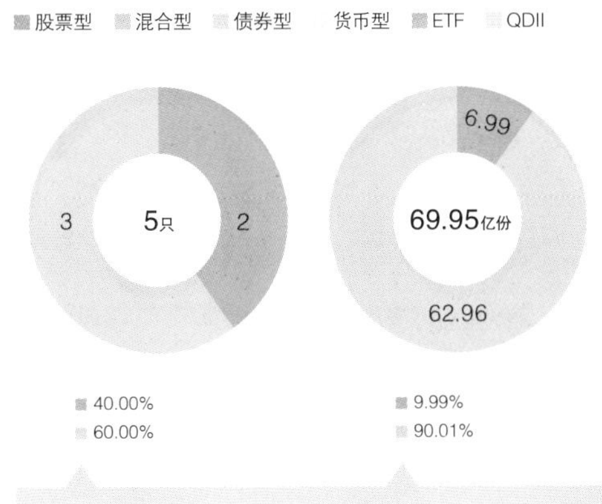

汇丰晋信基金管理有限公司

HSBC Jintrust Fund Management Co., Ltd.

成立时间	2005年11月16日	注册资本	2亿元人民币	公司属性	中外合资
董事长	杨小勇	总经理	王栋	督察长	古韵
联系电话	021-2037 6868	传真号码	021-2037 6999		
客服电话	021-2037 6888	公司网址	www.hsbcjt.cn		
注册地址	上海市浦东新区富城路99号震旦大厦35楼				
办公地址	上海市浦东新区世纪大道8号上海国金中心汇丰银行大楼17 楼				

公司发展概况

汇丰晋信基金管理有限公司(以下简称“汇丰晋信基金”)经中国证监会证监基金字[2005]172号文批准于2005年11月在上海成立，注册资本2亿元人民币。公司现有股东及股权结构为山西信托股份有限公司持有51%股权，汇丰环球投资管理(英国)有限公司持有49%股权。

年度业务经营

截至2012年12月31日，汇丰晋信基金共管理12只公募基金，包括7只股票型基金、3只混合型基金、1只债券型基金和1只货币市场基金。公募基金管理资产规模72.64亿元，与上年同期相比，公募基金管理资产规模略有下滑。

产品发行方面，2012年汇丰晋信基金新增1只股票型基金。该基金为指数股票型基金，成立于8月1日，募集市场资金2.64亿元。

基金业绩方面，2012年汇丰晋信基金旗下大部分基金取得正收益。其中，汇丰晋信2026周期混合基金表现较好，全年实现净值增长12.71%，跑赢业绩基准6.29%。

2012年末旗下公募基金数量及资产净值构成

基金数量(只)
基金资产净值(亿元)
7
46.75
3
20.13
1
0.57
1
5.19
股票型
混合型
债券型
货币型

2012年新增基金数量及募集规模构成

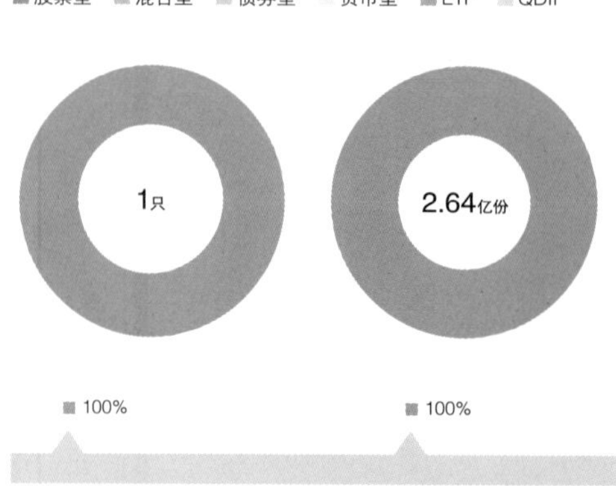

益民基金管理有限公司

YiMin Asset Management Co., Ltd.

成立时间	2005年12月12日	注册资本	1亿元人民币	公司属性	中 资
董 事 长	翁振杰	总 经 理	雷学军	督 察 长	刘 伟
联系电话	010-6310 5556	传真号码	010-6310 0588		
客服电话	400-650-8808 010-6310 5559			公司网址	www.ymfund.com
注册地址	重庆市渝中区上清寺路110号				
办公地址	北京市西城区宣武门外大街10号庄胜广场中央办公楼南翼13A				

公司发展概况

益民基金管理有限公司(以下简称“益民基金”)经中国证监会证监基金字[2005]192号文批准于2005年12月在重庆注册成立，注册资本1亿元人民币。公司现有股东及股权结构为重庆国际信托有限公司持股49%、中国新纪元有限公司持股31%、中山证券有限责任公司持股20%。

2012年2月，益民基金获得特定客户资产管理业务资格，进一步拓展了公司资产管理业务。

年度业务经营

截至2012年12月31日，益民基金共管理5只公募基金，包括3只混合型基金、1只债券型基金和1只货币市场基金。公募基金管理资产规模40.56亿元，与上年同期相比, 公募基金管理资产规模略有下滑。

产品发行方面，2012年益民基金新增1只混合型基金。该基金成立于8月16日，募集市场资金11.56亿元。

基金业绩方面，2012年益民基金旗下3只基金取得正收益。

2012年末旗下公募基金数量及资产净值构成

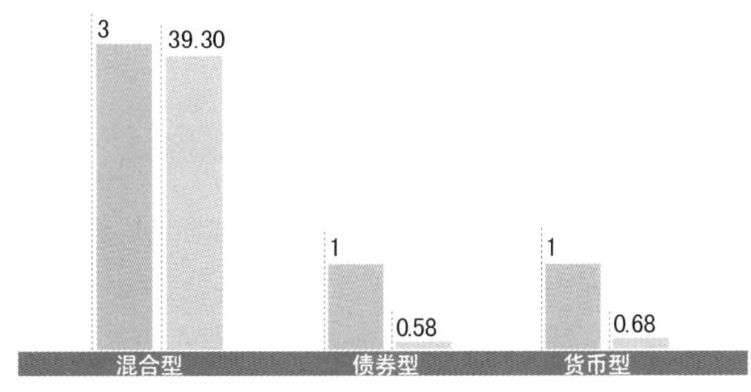

2012年新增基金数量及募集规模构成

股票型 混合型 债券型 货币型 ETF QDII

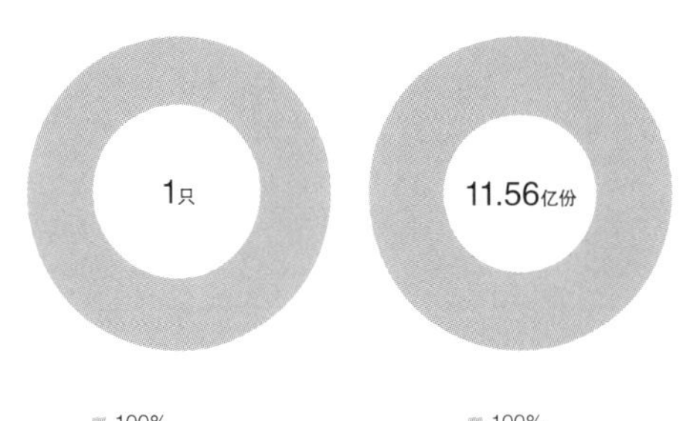

华商基金管理有限公司

Huashang Fund Management Co., Ltd.

成立时间	2005年12月20日	注册资本	1亿元人民币	公司属性	中 资
董 事 长	李晓安	总 经 理	王 锋	督 察 长	周亚红
联系电话	010-5857 3600	传真号码	010-5857 3520		
客服电话	400-700-8880 010-5857 3300			公司网址	www.hsfund.com
注册地址	北京市西城区平安里西大街28号中海国际中心19层				
办公地址	北京市西城区平安里西大街28号中海国际中心19层				

公司发展概况

华商基金管理有限公司(以下简称“华商基金”)经中国证监会证监基金字[2005]160号文批准在北京成立，注册资本1亿元人民币。公司现有股东及股权结构为华龙证券有限责任公司持有46%的股权，中国华电集团财务有限公司持有34%的股权。

年度业务经营

截至2012年12月31日，华商基金共管理12只公募基金，包括7只股票型基金、3只混合型基金、1只债券型基金和1只货币市场基金。公募基金管理资产规模72.64亿元，与上年同期相比，公募基金管理资产规模略有下滑。

产品发行方面，2012年华商基金新增3只公募基金，分别为2只股票型基金和 1只货币市场基金，募集市场资金共计12.64亿元。

基金业绩方面，2012年华商基金旗下大部分基金取得正收益。其中，华商领先企业混合基金表现出色，该基金全年实现净值增长17.28%，跑赢业绩基准10.80%，在混合型基金排名中名列榜首。

2012年末旗下公募基金数量及资产净值构成

■ 基金数量(只)
■ 基金资产净值(亿元)

股票型：5　75.38
混合型：3　144.11
债券型：3　17.09
货币型：1　5.13

2012年新增基金数量及募集规模构成

■股票型 ■混合型 ■债券型 货币型 ■ETF ■QDII

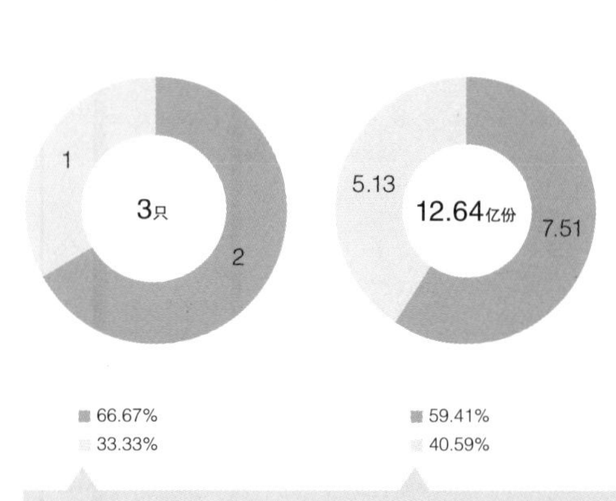

中邮创业基金管理有限公司

China Post & Capital Fund Management Co.,Ltd

成立时间	2006年5月8日	注册资本	1亿元人民币	公司属性	中外合资
董事长	吴涛	总经理	周克	督察长	郭建华
联系电话	010-8229 5160	传真号码	010-82295160转121		
客服电话	400-880-1618	公司网址	www.postfund.com.cn		
注册地址	北京市海淀区西直门北大街60号首钢国际大厦10层				
办公地址	北京市海淀区西直门北大街60号首钢国际大厦10层				

公司发展概况

中邮创业基金管理有限公司(以下简称“中邮创业基金”)经中国证监会证监基金字[2006]23号文批准于2006年5月在北京成立，注册资本1亿元人民币。2012年4月，原公司股东北京长安投资集团所持公司股份(24%)全部转让给三井住友银行, 股权变更后, 公司股东及股权结构为首创证券有限责任公司持股47%、中国邮政集团公司持股29%、三井住友银行股份有限公司持股24%，中邮创业基金变更为中外合资基金管理公司。

年度业务经营

截至2012年12月31日，中邮创业基金共管理8只公募基金，包括5只股票型基金、2只混合型基金和1只债券型基金。公募基金管理资产规模261亿元。

产品发行方面，2012年中邮创业基金共募集设立了2只公募基金，分别为1只股票型基金和1只债券基金，募集资金共计37.78亿元。

基金业绩方面，2012年中邮创业基金旗下大部分基金产品未能取得正收益。

2012年末旗下公募基金数量及资产净值构成

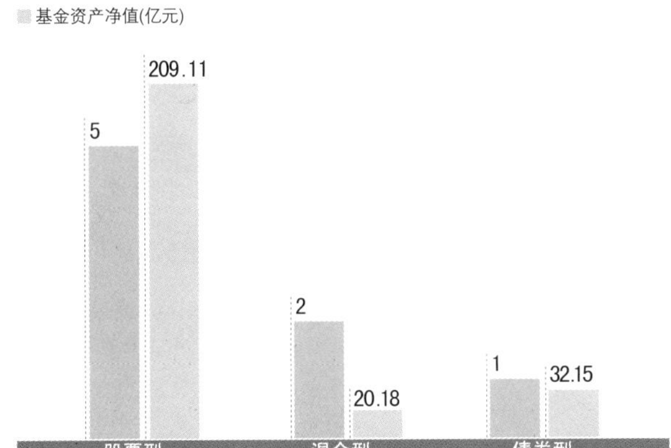

2012年新增基金数量及募集规模构成

信达澳银基金管理有限公司

First State Cinda Fund Management Co., Ltd.

成立时间	2006年6月5日	注册资本	1亿元人民币	公司属性	中外合资
董事长	何加武	总经理	王重昆*	督察长	黄晖
联系电话	0755-8317 2666	传真号码	0755-8319 9091		
客服电话	400-8888-118 0755-8316 0160			公司网址	www.fscinda.com
注册地址	广东省深圳市福田区深南大道7088号招商银行大厦24层				
办公地址	广东省深圳市福田区深南大道7088号招商银行大厦24层				

* 王重昆已于2012年12月离职。

公司发展概况

信达澳银基金管理有限公司(以下简称“信达澳银基金”)经中国证监会证监许可[2006]71号文批准于2006年6月在深圳注册成立，是国内首家由国有资产管理公司控股的基金管理公司，也是澳洲在中国合资设立的首家基金管理公司。公司股东及股权结构为中国信达资产管理股份有限公司出资5 400万元，占公司总股本的54%；康联首域集团有限公司出资4 600万元，占公司总股本的46%。

信达澳银基金总部设在深圳，在北京设有分公司。

年度业务经营

截至2012年12月31日，信达澳银基金共管理8只公募基金，包括5只股票型基金、1只混合型基金和2只债券型基金。公募基金管理资产规模57.24亿元。

产品发行方面，2012年信达澳银基金新增加公募基金2只，分别为1只股票型基金和1只债券型基金，募集市场资金共计9.57亿元。

基金业绩方面，2012年信达澳银基金旗下信达澳银精华灵活配置混合基金、信达澳银稳定价值债券两只产品，在弱市中表现较好，业绩排名居前。

2012年末旗下公募基金数量及资产净值构成

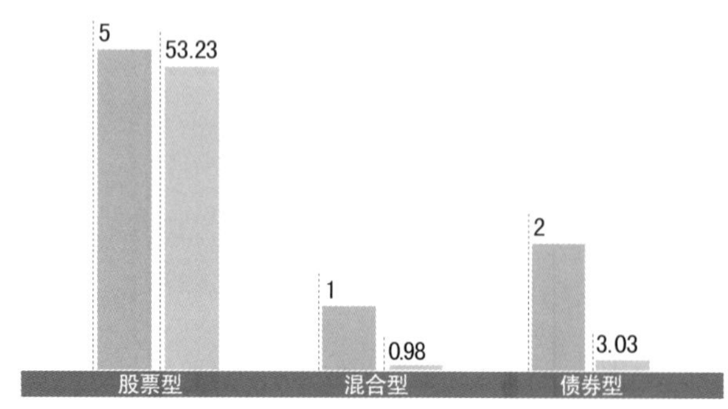

2012年新增基金数量及募集规模构成

诺德基金管理有限公司

Lord Abbett China Asset Management Co., Ltd.

成立时间	2006年6月8日	注册资本	1亿元人民币	公司属性	中外合资
董事长	杨忆风	总经理	潘福祥	督察长	张欣
联系电话	021-6887 9999	传真号码	021-6888 2526		
客服电话	400-888-0009			公司网址	www.lordabbettchina.com
注册地址	上海市浦东陆家嘴环路1233号汇亚大厦12楼				
办公地址	上海市浦东陆家嘴环路1233号汇亚大厦12楼				

公司发展概况

诺德基金管理有限公司(以下简称“诺德基金”)经中国证监会证监许可[2006]88号文批准，由诺德·安博特公司(LORD ABBETT)联合长江证券股份有限公司及清华控股有限公司共同出资，于2006年6月在上海成立。公司注册资本1亿元人民币，其中LORD ABBETT占股49%，长江证券占股30%，清华控股占股21%。该公司是国内首批外资相对控股的合资基金管理公司，也是首家有著名高校(清华大学)背景的基金管理公司。

2011年2月，诺德基金公司获得特定客户资产管理业务资格。

年度业务经营

截至2012年12月31日，诺德基金共管理9只公募基金，包括6只股票型基金、1只混合型基金和2只债券型基金。公募基金管理资产规模38.94亿元，与上年同期相比，略有增加。

产品发行方面，2012年诺德基金共募集设立3只公募基金，分别为2只股票型基金和1只债券型基金，募集市场资金共计14.69亿元。

基金业绩方面，2012年A股持续震荡，诺德中小盘股票基金表现相对较好，全年实现净值增长9.68%，跑赢同期业绩基准收益率7.86%。

2012年末旗下公募基金数量及资产净值构成

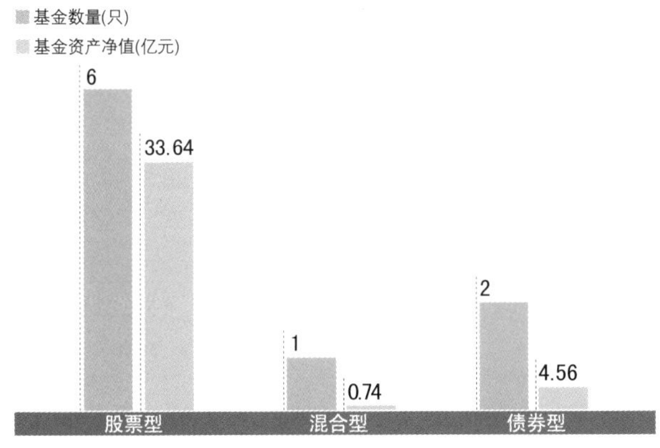

2012年新增基金数量及募集规模构成

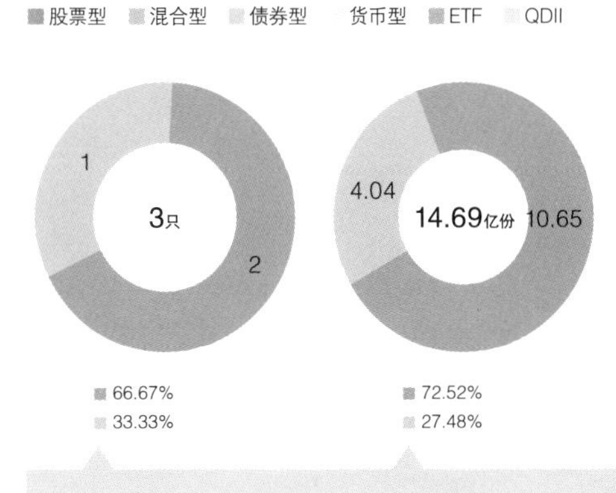

中欧基金管理有限公司

Lombarda China Fund Management Co., Ltd.

成立时间	2006年7月19日	注册资本	1.88亿元人民币	公司属性	中外合资
董事长	唐步	总经理	刘建平	督察长	黄桦
联系电话	021-6860 9600	传真号码	021-3383 0351		
客服电话	400-700-9700 021-6860 9700			公司网址	www.lcfunds.com
注册地址	上海浦东新区花园石桥路66号东亚银行金融大厦8层				
办公地址	上海浦东新区花园石桥路66号东亚银行金融大厦8层				

公司发展概况

中欧基金管理有限公司(以下简称“中欧基金”)经中国证监会证监许可[2006]102号文批准于2006年7月在深圳成立，注册资本1.2亿元人民币。2008年7月，公司注册地迁入上海；2012年4月，在北京设立分公司；2013年4月，中欧基金新增北京百骏投资有限公司为公司股东，并增加注册资本至1.88亿元人民币。其中，意大利意联银行股份合作公司持股35%、国都证券持股30%、北京百骏投资持股30%、万盛基业投资持股5%。

年度业务经营

截至2012年12月31日，中欧基金共管理12只公募基金，包括6只股票型基金、4只债券型基金、1只混合型基金和1只货币市场基金。公募基金管理资产规模85.66亿元，与上年同期相比，增加33.55亿元。

产品发行方面，2012年中欧基金新增3只公募基金，分别为1只股票型基金、1只债券型基金和1只货币市场基金，募集资金共计28.34亿元。

基金业绩方面，2012年中欧基金业绩整体稳步提升，旗下基金全部获得正收益。其中，中欧中小盘股票(LOF)基金表现出色，全年实现净值增长29.34%，超额收益24.63%，在股票型基金中排名第2。

2012年末旗下公募基金数量及资产净值构成

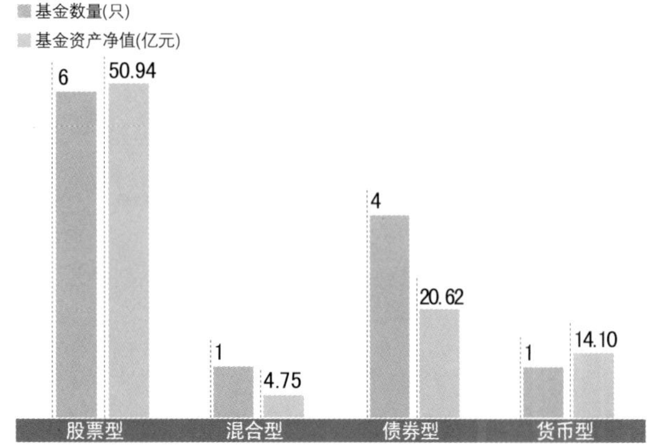

2012年新增基金数量及募集规模构成

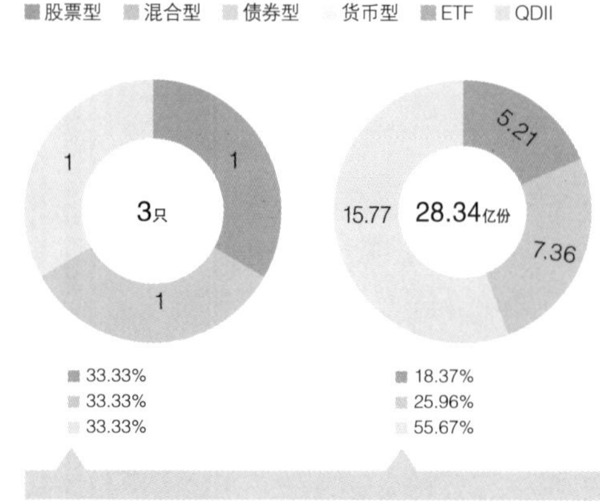

金元惠理基金管理有限公司

Value Partners Goldstate Fund Management Co., Ltd.

成立时间	2006年11月13日	注册资本	2.45亿元人民币	公司属性	中外合资
董事长	任开宇	总经理	张嘉宾	督察长	凌有法
联系电话	021-6888 1801	传真号码	021-6888 1875		
客服电话	400-666-0666 021-6160 1898			公司网址	www.jyvpfund.com
注册地址	上海浦东新区花园石桥路33号花旗集团大厦36楼3608室				
办公地址	上海浦东新区花园石桥路33号花旗集团大厦36楼3608室				

公司发展概况

金元惠理基金管理有限公司(以下简称“金元惠理基金”)原名金元比联基金管理有限公司，经中国证监会证监许可[2006]222号文批准于2006年11月在上海成立，注册资本1.5亿元人民币。2012年3月，公司原外方股东比利时联合投资公司将所持公司49%的股权转让给惠理基金管理香港有限公司，公司更名为金元惠理基金管理有限公司，成为国内首家港资入股的合资基金管理公司。2012年10月，公司注册资本增至2.45亿元人民币。其中金元证券股份有限公司持有51%的股权，惠理基金管理香港有限公司持有49%的股权。

年度业务经营

截至2012年12月31日，金元惠理基金共管理8只公募基金，包括4只股票型基金、3只混合型基金和1只债券型基金。公募基金管理资产规模9.04亿元。

产品发行方面，2012年金元惠理基金募集设立1只公募基金，为股票型基金。该基金于7月31日成立，募集资金7.29亿元。

基金业绩方面，2012年在弱市环境下，金元惠理基金旗下大部分基金获得正收益。

2012年末旗下公募基金数量及资产净值构成

基金数量(只)
基金资产净值(亿元)

	股票型	混合型	债券型
基金数量(只)	4	3	1
基金资产净值(亿元)	2.98	5.33	0.73

2012年新增基金数量及募集规模构成

股票型 混合型 债券型 货币型 ETF QDII

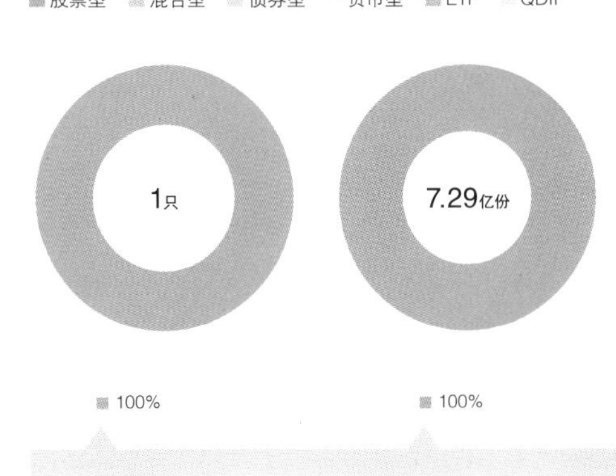

浦银安盛基金管理有限公司

AXA-SPDB Investment Management Co., Ltd.

成立时间	2007年8月5日	注册资本	2.4亿元人民币	公司属性	中外合资
董事长	姜明生	总经理	郁蓓华	督察长	喻庆
联系电话	021-2321 2888	传真号码	021-2321 2800		
客服电话	400-8828-999	公司网址	www.py-axa.com		
注册地址	上海市浦东新区浦东大道981号3幢316室				
办公地址	上海市卢湾区淮海中路381号中环广场38楼				

公司发展概况

浦银安盛基金管理有限公司(以下简称“浦银安盛基金”)是一家中法合资的银行系基金管理公司。公司由上海浦东发展银行股份有限公司、法国安盛投资管理公司、上海盛融投资有限公司共同发起设立，经中国证监会证监许可[2007]207号文批准于2007年8月在上海正式成立，注册资本2亿元人民币。2012年8月公司增加注册资本至2.4亿元人民币。其中，上海浦东发展银行持股51%、法国安盛投资管理有限公司持股39%、上海盛融投资有限公司持股10%。

年度业务经营

截至2012年12月31日，浦银安盛基金共管理9只公募基金，包括4只股票型基金、1只混合型基金、3只债券型基金和1只货币型基金，公募基金管理资产规模54.74亿元。

产品发行方面，2012年浦银安盛基金相继募集设立2只公募基金，分别为1只指数股票型基金和1只债券型基金，募集市场资金共计24.29亿元。

基金业绩方面，2012年在弱市环境下，浦银安盛基金运作满一年以上的基金全部取得正收益。

2012年末旗下公募基金数量及资产净值构成

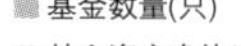

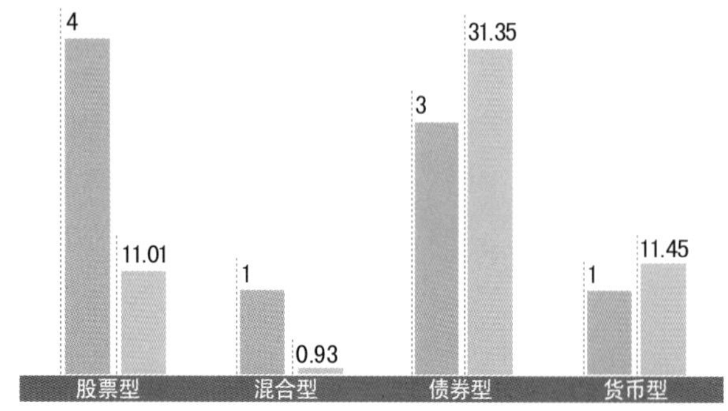

2012年新增基金数量及募集规模构成

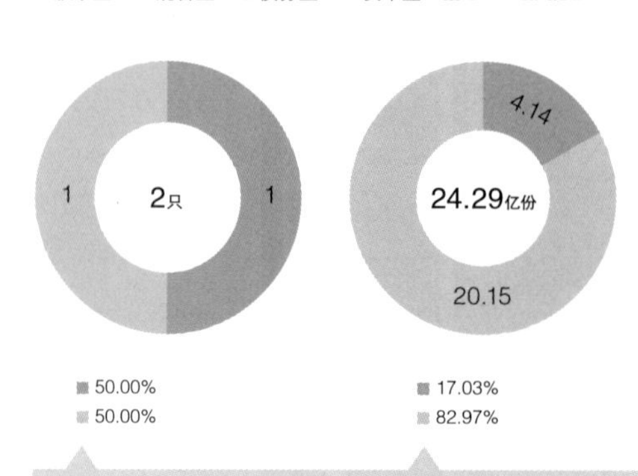

农银汇理基金管理有限公司

ABC-CA Fund Management Co., Ltd.

成立时间	2008年3月18日	注册资本	2亿零1元人民币	公司属性	中外合资
董事长	刁钦义	总经理	许红波	督察长	翟爱东
联系电话	021－6109 5588	传真号码	021－6109 5556		
客服电话	40068-95599 021-6109 5599			公司网址	www.abc-ca.com
注册地址	上海市浦东新区世纪大道1600号陆家嘴商务广场7层				
办公地址	上海市浦东新区世纪大道1600号陆家嘴商务广场7层				

公司发展概况

农银汇理基金管理有限公司(以下简称“农银汇理基金”)由中国农业银行、东方汇理资产管理公司及中国铝业股份有限公司共同出资组建，经中国证监会证监许可[2008]307号文批准于2008年3月在上海注册成立，该公司是我国成立的第二批银行系基金管理公司。注册资本2亿零1元人民币，三家股东分别持股51.67%、33.33%和15%。

年度业务经营

截至2012年12月31日，农银汇理基金共管理15只公募基金，包括10只股票型基金、3只债券型基金、1只混合型基金和1只货币型基金。公募基金管理资产规模184.92亿元，与上年同期相比，增加了39.57亿元。

产品发行方面，2012年农银汇理基金新增4只新基金，分别为3只股票型基金和1只债券型基金，共募集市场资金35.48亿元。

基金业绩方面，2012年农银行业成长股票基金表现较好，全年实现净值增长14.12%，超额收益7.06%。该基金自2008年4月成立至2012年末，累计实现净值增长75.25%，同期业绩基准收益率为-1.40%，超额收益76.65%，为投资者带来了满意的回报。

2012年末旗下公募基金数量及资产净值构成

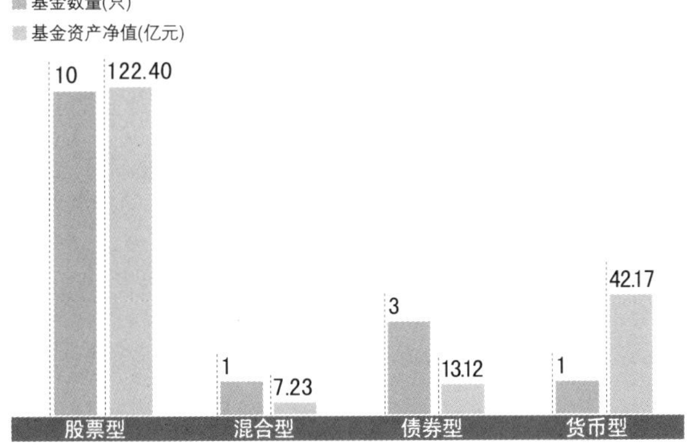

2012年新增基金数量及募集规模构成

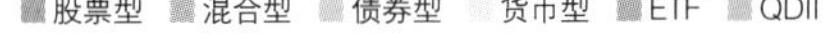

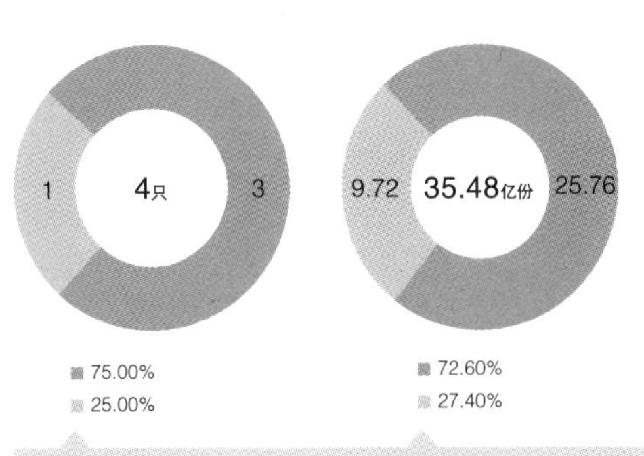

民生加银基金管理有限公司

MinSheng Royal Fund Management Co., Ltd.

成立时间	2008年11月3日	注册资本	3亿元人民币	公司属性	中外合资
董事长	万青元	总经理	俞岱曦	督察长	张力
联系电话	0755-2399 9888	传真号码	0755-2399 9800		
客服电话	400-8888-388	公司网址	www.msjyfund.com.cn		
注册地址	深圳市福田区益田路西福中路北新世界商务中心4201.4202-B				
办公地址	深圳市福田区益田路西福中路北新世界商务中心4203-B.4204				

公司发展概况

民生加银基金管理有限公司(以下简称“民生加银基金”)由中国民生银行、加拿大皇家银行和三峡财务公司共同发起设立，经中国证监会证监许可[2008]1187号文批准于2008年11月在深圳正式成立。公司注册资本2亿元人民币，是一家具有银行背景的中外合资基金管理公司。

2012年12月，民生加银基金增加注册资本至3亿元人民币，三家股东分别持股63.33%、30%和6.67%。

年度业务经营

截至2012年12月31日，民生加银基金共管理11只公募基金，包括5只股票型基金、3只债券型基金、2只混合型基金和1只货币型基金。公募基金管理资产规模210.88亿元，较上年同期增加159亿元，增长了308%。

产品发行方面，2012年民生加银基金加快布局旗下基金产品线，全年共募集设立5只新基金，分别为2只债券型基金、1只股票型基金、1只混合型基金和1只货币型基金，募集市场资金共计244.78亿元。

基金业绩方面，在震荡的市场环境下，2012年民生加银基金运作满一年以上的基金产品全部获得正收益。其中，民生加银增强收益债券A表现较好，全年实现收益回报13.74%，超越同期业绩比较基准收益率13.37%，在同类型基金中排名靠前。

2012年末旗下公募基金数量及资产净值构成

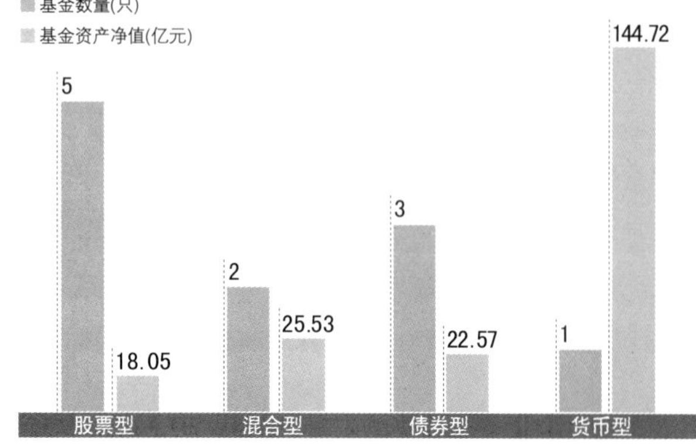

2012年新增基金数量及募集规模构成

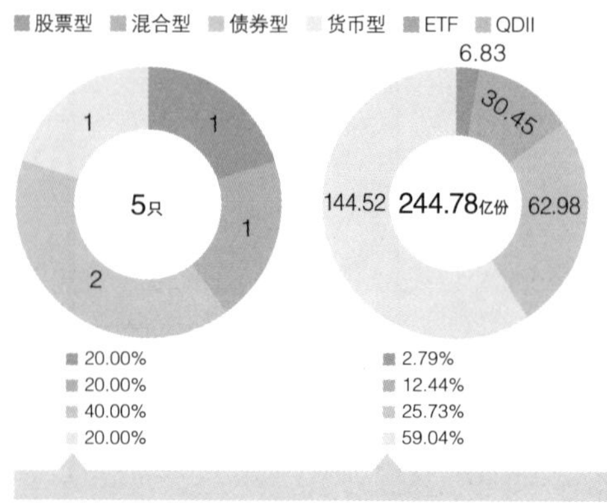

纽银梅隆西部基金管理有限公司

BNY Mellon Western Fund Management Co., Ltd.

成立时间	2010年7月20日	注册资本	3亿元人民币	公司属性	中外合资
董事长	安保和	总经理	胡斌*	督察长	徐剑钧
联系电话	021-3857 2888	传真号码	021-3857 2850		
客服电话	4007-007-818 021-3857 2666			公司网址	www.bnyfund.com
注册地址	上海市浦东新区世纪大道100号上海环球金融中心19层				
办公地址	上海市浦东新区世纪大道100号上海环球金融中心19层				

* 已于2012年12月28日离职，由安保和代任。

公司发展概况

纽银梅隆西部基金管理有限公司(以下简称“纽银梅隆西部基金”)由西部证券股份有限公司与纽约银行梅隆资产管理国际有限公司合资设立，经中国证监会证监许可[2010]864号文批准于2010年7月在上海成立。公司注册资本2亿元人民币，成为自2008年11月以后获批成立的首家基金管理公司，也是我国成立的第61家基金管理公司。2013年4月，公司注册资本增至3亿元人民币，两家股东持股比例分别为51%、49%。

年度业务经营

截至2012年12月31日，纽银梅隆西部基金共管理4只公募基金，包括1只股票型基金、1只混合型基金和2只债券型基金。公募基金管理资产规模20.94亿元，较上年同期增加14.29亿元。

产品发行方面，2012年纽银梅隆西部基金共募集设立2只公募基金，全部为债券型基金，募集市场资金共计19.85亿元。

基金业绩方面，2012年A股市场持续震荡，纽银梅隆西部基金旗下运作满一年的两只基金未能实现正收益。

2012年末旗下公募基金数量及资产净值构成

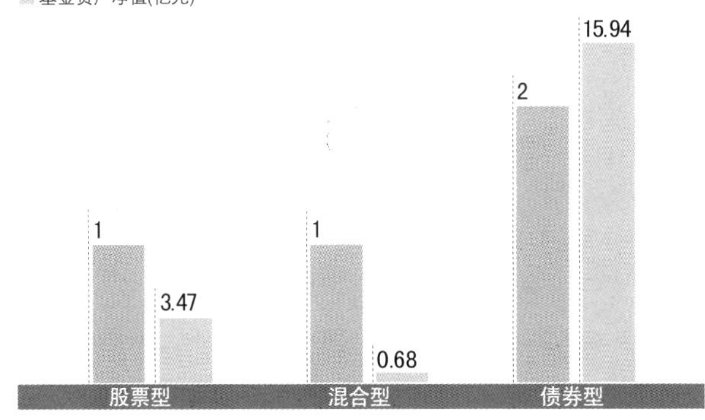

2012年新增基金数量及募集规模构成

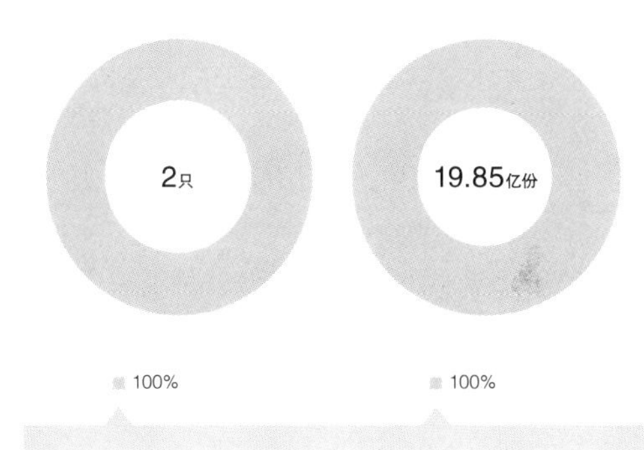

浙商基金管理有限公司

Zheshang Fund Management Co., Ltd.

成立时间	2010年10月21日	注册资本	3亿元人民币	公司属性	中 资
董 事 长	高 玮	总 经 理	周一烽	督 察 长	闻震宙
联系电话	0571-2819 1825	传真号码	0571-2819 1919		
客服电话	4000-679-908	公司网址	www.zsfund.com		
注册地址	浙江省杭州市下城区环城北路208号1801室				
办公地址	杭州市西湖区教工路18号世贸丽晶城欧美中心1号楼D区6层606室				

公司发展概况

浙商基金管理有限公司(以下简称“浙商基金”)由浙商证券股份有限公司、通联资本管理有限公司、养生堂有限公司和浙江浙大网新集团共同发起设立，经中国证监会证监许可[2010]1312号文批准于2010年10月在杭州成立，注册资本1亿元人民币，是我国首家注册在浙江省的基金管理公司。

2012年8月，公司增加注册资本至3亿元人民币，四家股东分别各持股25%。2012年12月，浙商基金在上海设立分公司。

年度业务经营

截至2012年12月31日，浙商基金共管理4只公募基金，包括2只股票型基金、1只混合型基金和1只债券型基金。公募基金管理资产规模12.59亿元，较上年同期增长了65.15%。

产品发行方面，2012年浙商基金全年共设立了3只不同类型的基金，募集市场资金共计14.27亿元，公司产品线正在建设与完善中。

基金业绩方面，2012年在震荡的市场环境下，浙商基金旗下大部分募集基金实现了正收益。

2012年末旗下公募基金数量及资产净值构成

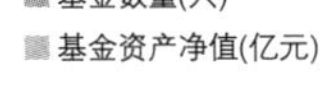

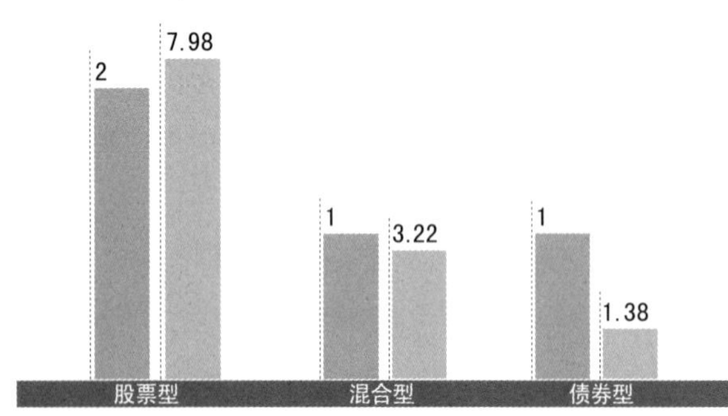

2012年新增基金数量及募集规模构成

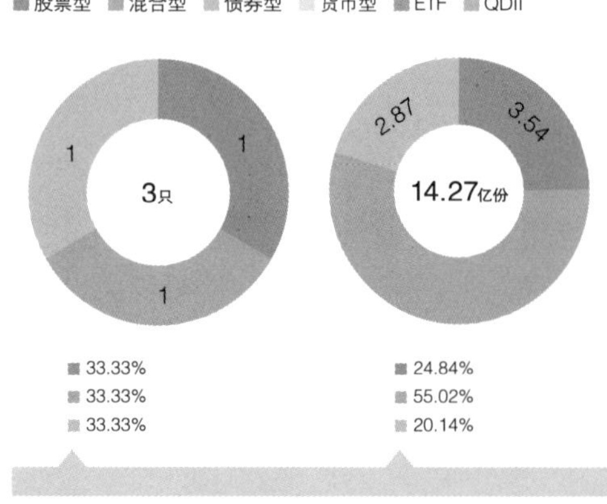

平安大华基金管理有限公司

Ping An UOB Fund Management Co., Ltd.

成立时间	2011年1月7日	注册资本	3亿元人民币	公司属性	中外合资
董 事 长	杨秀丽	总 经 理	李克难	督 察 长	肖宇鹏
联系电话	0755-2262 3179	传真号码	0755-2399 0088		
客服电话	400-800-4800	公司网址	www.fund.pingan.com		
注册地址	深圳市福田区大中华国际交易广场第八层				
办公地址	深圳市福田区大中华国际交易广场第八层				

公司发展概况

平安大华基金管理有限公司(以下简称“平安大华基金”)经中国证监会证监许可[2010]1917号文批准于2011年1月在深圳成立。公司注册资本为3亿元人民币，是目前国内注册资本金最高的基金管理公司之一。现有股东及股权结构为平安信托有限责任公司持股60.7%、新加坡大华资产管理有限公司持股25%、三亚盈湾旅业有限公司持股14.3%。

2012年12月，平安大华基金在深圳设立子公司深圳平安大华汇通财富管理有限公司，开展公司专项资产管理业务，这也是国内首批成立的公募基金专项子公司。

年度业务经营

截至2012年12月31日，平安大华基金共管理5只公募基金，包括2只股票型基金、2只混合型基金和1只债券型基金。公募基金管理资产规模53.31亿元，较上年同期增长了96%。

产品发行方面，2012年平安大华基金全年募集设立了3只公募基金，分别为2只混合型基金和1只债券型基金，募集市场资金共计38.35亿元。公司产品线和客户数量得到进一步拓展。

基金业绩方面，2012年平安大华基金旗下基金全部实现了正收益。

2012年末旗下公募基金数量及资产净值构成

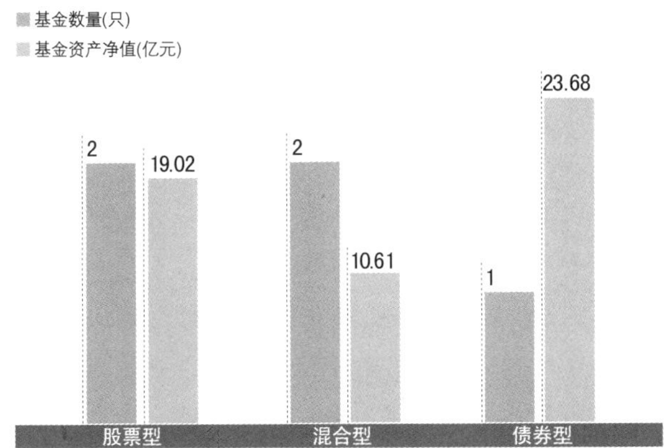

2012年新增基金数量及募集规模构成

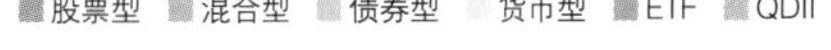

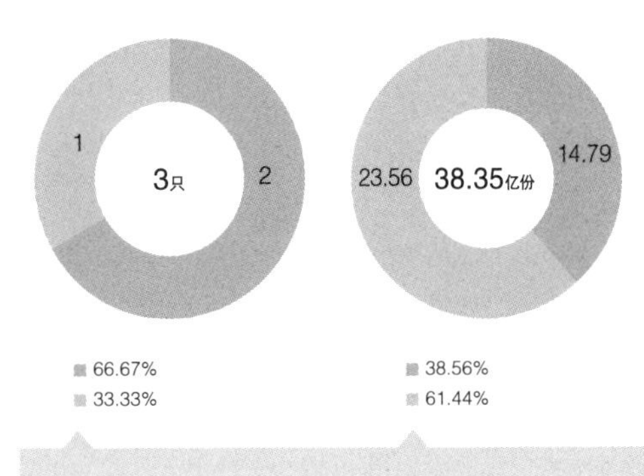

富安达基金管理有限公司

Fuanda Fund Management Co., Ltd.

成立时间	2011年4月27日	注册资本	2.88亿元人民币	公司属性	中 资
董 事 长	张华东	总 经 理	李剑锋	督 察 长	陈 宁
联系电话	021-6187 0999	传真号码	021-6187 0888		
客服电话	400-630-6999　021-6187 0666			公司网址	www.fadfunds.com
注册地址	上海市浦东新区世纪大道1568号中建大厦29层				
办公地址	上海市浦东新区世纪大道1568号中建大厦29层				

公司发展概况

富安达基金管理有限公司(以下简称“富安达基金”)由南京证券股份有限公司、江苏交通控股有限公司和南京河西新城区国有资产经营控股(集团)有限责任公司共同发起设立，经中国证监会证监许可[2011]544号文批准于2011年4月在上海正式成立，注册资本1.6亿元人民币。2012年12月，公司注册资本增至2.88亿元人民币，三家股东分别持有股份49%、26%和25%。

年度业务经营

截至2012年12月31日，富安达基金共管理3只公募基金，包括1只股票型基金、1只混合型基金和1只债券型基金。公募基金管理资产规模7.36亿元。

产品发行方面，2012年富安达基金共募集设立2只不同类型的新基金，分别为1只混合型基金和1只债券型基金，募集资金共计11.90亿元。

基金业绩方面，2012年富安达基金旗下一只基金实现正收益。

2012年末旗下公募基金数量及资产净值构成

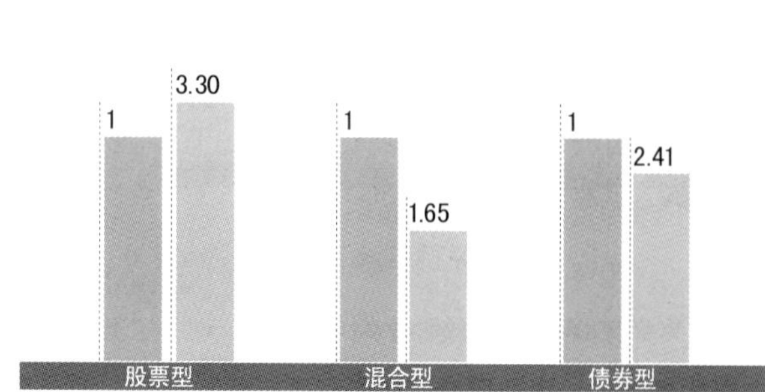

2012年新增基金数量及募集规模构成

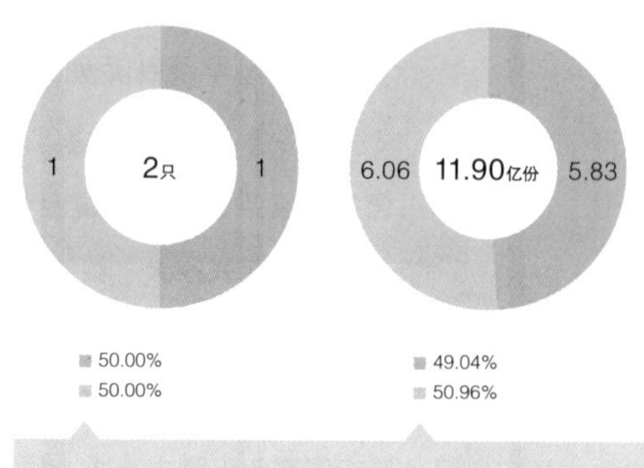

财通基金管理有限公司

Caitong Fund Management Co., Ltd.

成立时间	2011年6月21日	注册资本	2亿元人民币	公司属性	中 资
董 事 长	阮 琪	总 经 理	刘 未	督 察 长	黄 惠
联系电话	021-6888 6666	传真号码	021-6888 8169		
客服电话	400-820-9888	公司网址	www.ctfund.com		
注册地址	上海市虹口区吴淞路619号505室				
办公地址	上海市银城中路68号时代金融中心41楼				

公司发展概况

财通基金管理有限公司(以下简称“财通基金”)是我国成立的第65家基金管理公司。2011年6月，经中国证监会证监许可[2011]840号文批准在上海正式成立，注册资本1亿元人民币。2012年2月，公司注册资本增至2亿元人民币。其中，财通证券有限责任公司持股40%、杭州市工业资产经营投资集团有限公司持股30%、浙江升华拜克生物有限公司持股30%。

年度业务经营

截至2012年12月31日，财通基金共管理3只公募基金，包括2只混合型基金和1只债券型基金。公募基金管理资产规模25.38亿元，较上年同期增长了140%。

产品发行方面， 2012年财通基金共募集设立2只新基金，分别为1只债券型基金和1只混合型基金，募集资金共计39.54亿元。

基金业绩方面，2012年财通基金旗下三只基金全部实现正收益。

2012年末旗下公募基金数量及资产净值构成

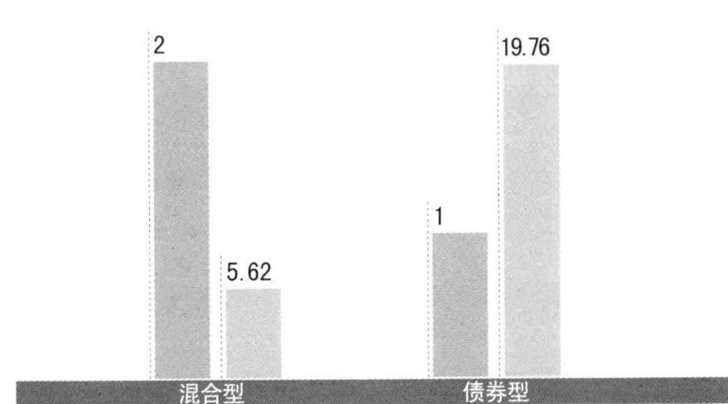

2012年新增基金数量及募集规模构成

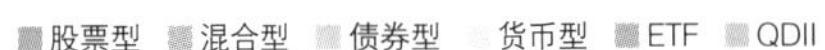

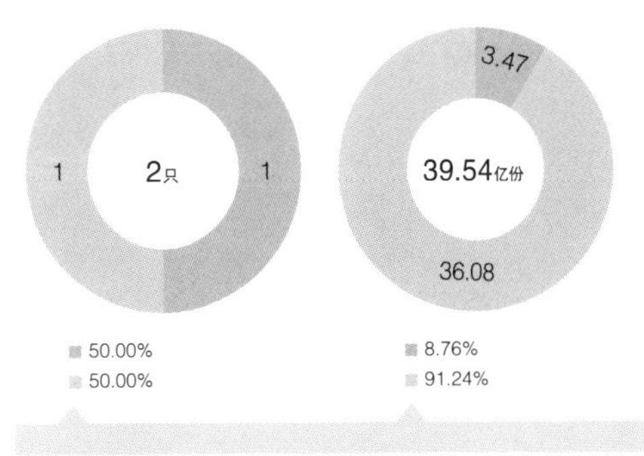

方正富邦基金管理有限公司

Founder Fubon Fund Management Co., Ltd.

成立时间	2011年7月8日	注册资本	2亿元人民币	公司属性	陆台合资
董事长	雷杰	总经理	邹牧	督察长	赖宏仁
联系电话	010-5730 3700	传真号码	010-5730 3716		
客服电话	400-818-0990	公司网址	www.founderff.com		
注册地址	北京市西城区太平桥大街18号丰融国际大厦11层9、11单元				
办公地址	北京市西城区太平桥大街18号丰融国际大厦11层9、11单元				

公司发展概况

方正富邦基金管理有限公司(以下简称“方正富邦基金”)是我国成立的首家陆台合资基金管理公司。2011年7月，经中国证监会证监许可[2011]1038号文批准在北京正式成立，注册资本2亿元人民币。公司股东包括方正证券股份有限公司、富邦证券投资信托股份有限公司，分别持股66.7%、33.3%。

年度业务经营

截至2012年12月31日，方正富邦基金共管理3只公募基金，包括2只股票型基金和1只货币型基金。公募基金管理资产规模9.69亿元。

产品发行方面，2012年方正富邦基金新增2只公募基金，分别为1只股票型基金和1只货币型基金，募集资金共计10.84亿元。

基金业绩方面，2012年方正富邦基金旗下运作满一年的方正富邦创新动力股票基金实现正收益。

2012年末旗下公募基金数量及资产净值构成

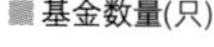

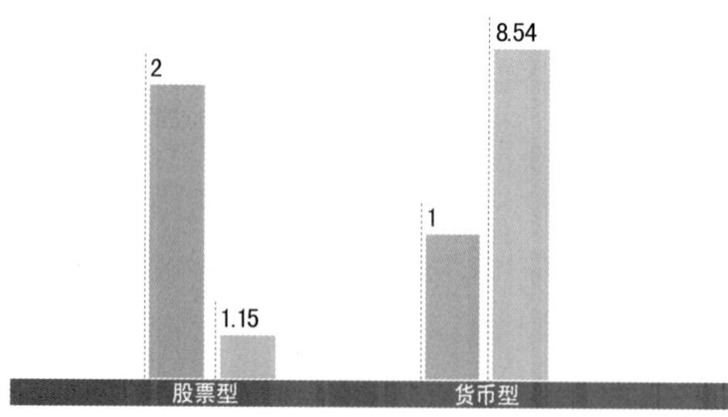

2012年新增基金数量及募集规模构成

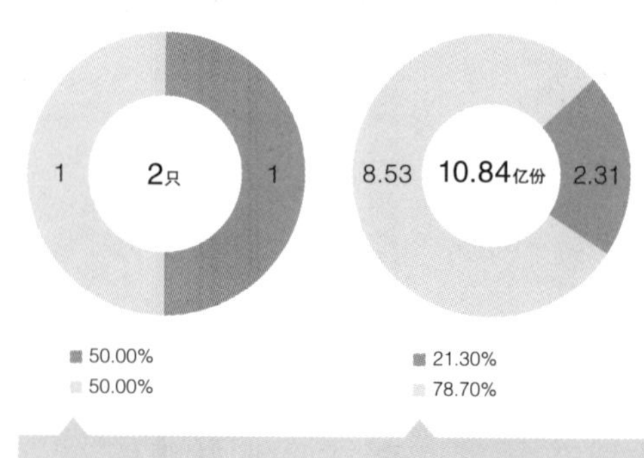

长安基金管理有限公司

ChangAn Fund Management Co.,Ltd.

成立时间	2011年9月5日	注册资本	2亿元人民币	公司属性	中 资
董 事 长	万跃楠	总 经 理	黄 陈	督 察 长	张洪水
联系电话	021-2032 9999	传真号码	021-5059 8018		
客服电话	400-820-9688	公司网址	www.changanfunds.com		
注册地址	上海市虹口区丰镇路806号3幢371室				
办公地址	上海市浦东新区芳甸路1088号紫竹国际大厦16层				

公司发展概况

长安基金管理有限公司(以下简称“长安基金”)由长安国际信托股份有限公司作为主要发起人，联合上海美特斯邦威服饰股份有限公司、上海磐石投资有限公司、兵器装备集团财务有限责任公司共同出资设立。经中国证监会证监许可[2011]1351号文批准于2011年9月在上海成立。注册资本2亿元人民币，四家股东分别持股40%、33%、18%、9%。

作为一家新基金管理公司，长安基金加快业务布局，公募基金、专户业务齐头并进。2011年12月，长安基金获得特定客户资产管理业务资格；2012年11月，长安基金设立子公司申请获批。

年度业务经营

2012年，长安基金相继募集设立了2只公募基金，全部为股票型基金。募集市场资金6.61亿元。

截至2012年12月31日，长安基金旗下共管理了2只公募基金，公募基金管理资产规模1.85亿元。

2012年末旗下公募基金数量及资产净值构成

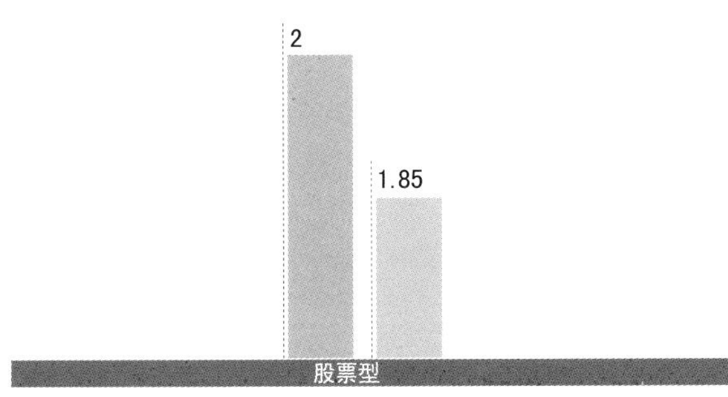

2012年新增基金数量及募集规模构成

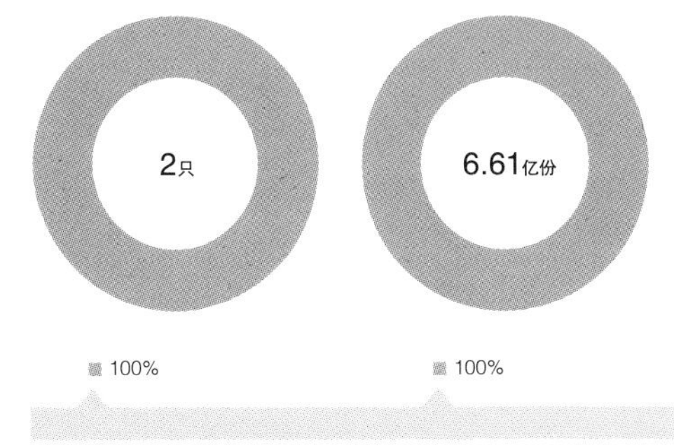

国金通用基金管理有限公司

GFund Management Co.,Ltd.

成立时间	2011年11月2日	注册资本	2.8亿元人民币	公司属性	中 资
董 事 长	纪 路	总 经 理	尹庆军	督 察 长	李修辞
联系电话	010-8800 5888	传真号码	010-8800 5666		
客服电话	4000-2000-18	公司网址	www.gfund.com		
注册地址	北京市怀柔区府前街三号楼3-6				
办公地址	北京市海淀区西三环北路87号国际财经中心D座14层				

公司发展概况

国金通用基金管理有限公司(以下简称“国金通用基金”)经中国证监会证监许可[2011]1661号文批准于2011年11月在北京成立，注册资本1.6亿元人民币。2012年9月，公司注册资本增至2.8亿元人民币，现有股东包括国金证券股份有限公司、苏州工业园区地产经营管理公司、广东宝丽华新能源股份有限公司和中国通用技术(集团)控股有限责任公司，出资比例分别为49%、19.5% 、19.5%和12%。

2012年5月，国金通用基金获得特定资产管理业务资格；同年12月，公司专户子公司申请被中国证监会正式受理。作为新成立的基金管理公司，国金通用基金的业务布局正在积极推进。

年度业务经营

国金通用基金自成立以来，发行设立了国金通用国鑫灵活配置一只混合型发起式基金，该基金也是国内首只权益类发起式基金。截至2012年12月31日，国金通用基金旗下共管理了1只公募基金。公募基金管理资产规模1.13亿元。

2012年末旗下公募基金数量及资产净值构成

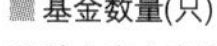

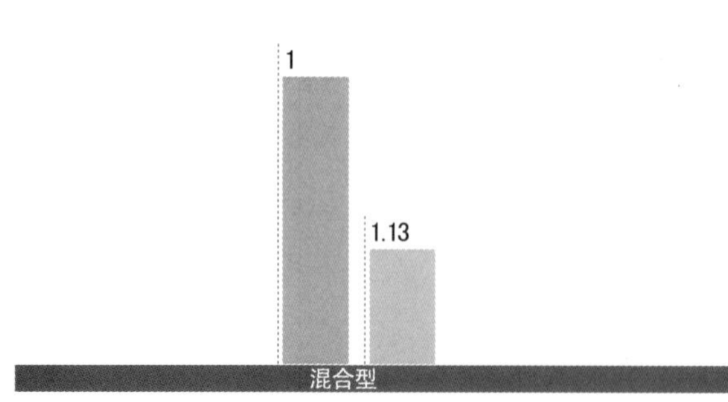

2012年新增基金数量及募集规模构成

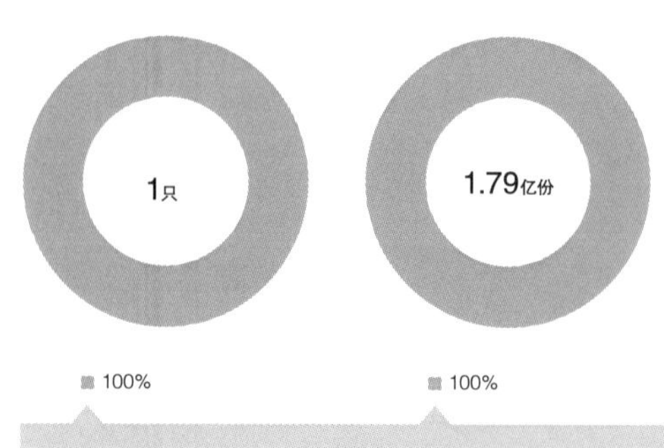

安信基金管理有限责任公司

Essence Fund Management Co.,Ltd.

成立时间	2011年12月6日	注册资本	3.5亿元人民币	公司属性	中 资
董 事 长	牛冠兴	总 经 理	王连志	督 察 长	孙晓奇
联系电话	0755-8250 9999	传真号码	0755-8279 9292		
客服电话	4008-088-088	公司网址	www.essencefund.com		
注册地址	广东省深圳市福田区益田路6009号新世界商务中心36层				
办公地址	广东省深圳市福田区益田路6009号新世界商务中心36层				

公司发展概况

安信基金管理有限责任公司(以下简称“安信基金”)经中国证监会证监许可[2011]1895号文批准于2011年12月在深圳成立，注册资本2亿元人民币。同时公司特定客户资产管理业务资格获得批准，成为国内首家公募基金与特定客户资产管理业务资格同时获批的基金管理公司。公司股东为安信证券股份有限公司、五矿资本控股有限公司和中广核财务有限责任公司，分别持股49%、36%和15%。

2012年7月，安信基金分别在北京、上海设立了分公司。

年度业务经营

安信基金自成立以来，积极推进公募基金业务和专户业务的开展。2012年全年共募集设立了3只公募基金，包括2只混合型基金和1只债券型基金。募集资金共计28.97亿元。

截至2012年12月31日，安信基金旗下共管理了3只公募基金，公募基金管理资产规模7.88亿元。

2012年末旗下公募基金数量及资产净值构成

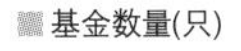

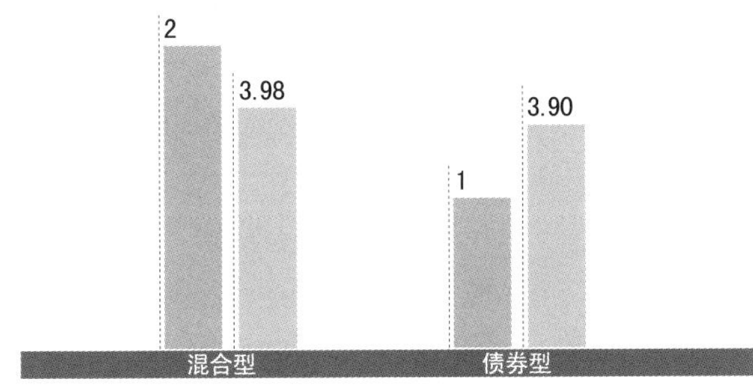

2012年新增基金数量及募集规模构成

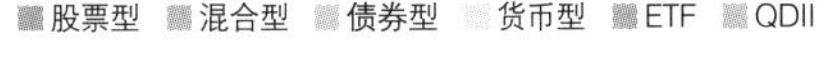

德邦基金管理有限公司

Tebon Fund Management Co.,LTD

成立时间	2012年3月27日	注册资本	1.2亿元人民币	公司属性	中 资
董 事 长	姚文平	总 经 理	易 强	督 察 长	唐涵颖
联系电话	021-2601 0999	传真号码	021-2601 0808		
客服电话	400-821-7788	公司网址	www.dbfund.com.cn		
注册地址	上海市虹口区吴淞路218号宝矿国际大厦35层				
办公地址	上海市虹口区吴淞路218号宝矿国际大厦35层				

公司发展概况

德邦基金管理有限公司(以下简称“德邦基金”)由德邦证券有限责任公司、西子联合控股有限公司和浙江省土产畜产进口集团有限公司共同出资设立，经中国证监会证监许可[2012]249号文批准于2012年3月在上海成立，是我国成立的第70家基金管理公司。公司同时获批特定客户资产管理业务资格，注册资本1.2亿元人民币，三家股东分别持股49%、31%和20%。

年度业务经营

2012年9月25日，德邦基金旗下首只公募基金——德邦优化配置股票型证券投资基金正式成立。在发展公募业务的同时，德邦基金还相继成立了包括权益类、固定收益类等在内的特定资产管理产品。

2012年末旗下公募基金数量及资产净值构成

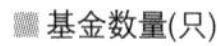

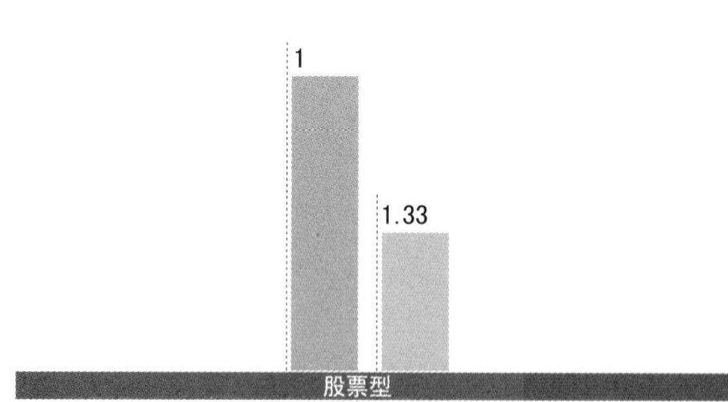

2012年新增基金数量及募集规模构成

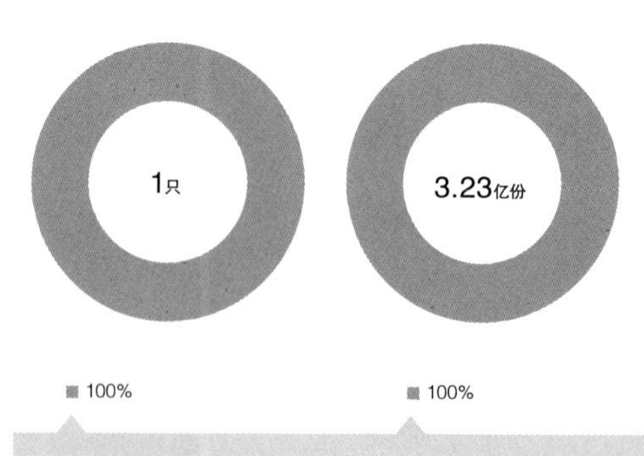

红塔红土基金管理有限公司

Hongta Hot land Asset Management Co., Ltd.

成立时间	2012年6月12日	注册资本	2亿元人民币	公司属性	中 资
董 事 长	况雨林	总 经 理	李 凌	督 察 长	王 园
联系电话	0755-3685 5888	传真号码	0755-3337 9033		
客服电话	0755-6186 5878	公司网址	www.htamc.com.cn		
注册地址	深圳市南山区粤兴二道6号武汉大学深圳产学研大楼B815房				
办公地址	深圳市南山区侨香路4068号智慧广场A座801				

公司发展概况

红塔红土基金管理有限公司(简称“红塔红土基金”)经中国证监会证监许可[2012]643号文批准于2012年6月在深圳成立，公募、专户资格同时获批，是国内首家注册在深圳前海的基金管理公司。公司总部位于深圳，注册资本2亿元人民币。其中，红塔证券股份有限公司持有49%的股份，深圳市创新投资集团有限公司持有26%的股份，北京市华远集团有限公司持有25%的股份。

年度业务经营

截至2012年12月31日，红塔红土基金尚未开展公募基金业务。

华宸未来基金管理有限公司

MIRAE Asset Management Co., Ltd.

成立时间	2012年6月20日	注册资本	2亿元人民币	公司属性	中外合资
董 事 长	刘晓兵	总 经 理	阙水深	督 察 长	兰飞燕
联系电话	021-2606 6999	传真号码	021-2601 0808		
客服电话	400-920-0699	公司网址	www.hcmiraefund.com		
注册地址	上海市虹口区四川北路859号中信广场16楼				
办公地址	上海市虹口区四川北路859号中信广场16楼				

公司发展概况

华宸未来基金管理有限公司(简称“华宸未来基金”)由华宸信托有限责任公司、咸阳步长医药科技发展有限公司和韩国未来资产基金管理公司共同发起设立，是首家中韩合资的基金管理公司。经中国证监会证监许可[2012]370号文批准公司于2012年6月在上海成立，注册资本2亿元人民币，三家股东分别持股40%、35%和25%。

年度业务经营

截至2012年12月31日，华宸未来基金尚未开展公募基金业务。

英大基金管理有限公司

Yingda Asset Management Co.,LTD

成立时间	2012年8月17日	注册资本	1.2亿元人民币	公司属性	中 资
董 事 长	陈书堂	总 经 理	刘光灿	督 察 长	张 宁
联系电话	010-5911 2288	传真号码	010-5911 2222		
客服电话	400-890-5288	公司网址	www.ydamc.com		
注册地址	北京市朝阳区东三环中路1号环球金融中心西塔22楼2201				
办公地址	北京市朝阳区东三环中路1号环球金融中心西塔22楼2201				

公司发展概况

英大基金管理有限公司(以下简称“英大基金”)由英大国际信托有限责任公司、中国交通建设股份有限公司和航天科工财务有限责任公司共同出资设立，经中国证监会证监许可[2012]759号文批准于2012年8月在北京正式成立，是我国成立的第73家基金管理公司。公司注册资本1.2亿元人民币，目前各家股东出资比例为49%、36%和15%。

年度业务经营

截至2012年12月31日，英大基金尚未开展公募基金业务。

太平洋资产管理

2012年度

公司大事记

2012.02 中国太保投资管理(香港)有限公司获得香港证券及期货事务监察委员会发牌，可以受托管理专业投资者资产并提供咨询服务。

2012.04 太平洋资产管理有限责任公司分别与长江财产保险股份有限公司和天安保险签约，成为其保险资金的委托资产管理人。

2012.05 太平洋资产管理有限责任公司与中国保险保障基金成功签订投资管理合同，成为其委托资产管理人。

2012.08 北京太平洋保险大厦物业服务中心正式获得ISO9001质量体系认证和ISO14001环境管理体系认证证书。

2012.09 太平洋资产管理有限责任公司第三方客户安信农业保险正式实施股票委托投资，完成了保监会新明确的保险机构选择租用券商交易单元模式下首笔业务。

2012.10 中国太平洋保险与国家开发银行在天津签署“太平洋—天津公共租赁房债权投资计划”协议。该债权投资计划募集资金100亿元人民币，其中首期募集资金50亿元人民币，投资天津市“十二五”期间规划建设的公租房项目。

2012.12 太平洋资产管理有限责任公司“太平洋稳健理财一号”成功登陆Wind资讯系统，通过借助第三方平台为吸引业外机构投资打下基础。

太平洋资产管理有限责任公司正式拿到保监会相关批复，可以开展保险业外受托资产管理业务，这是资产管理公司在受托管理业务上的重大突破。

太平洋资产管理有限责任公司

Pacific Asset Management Co., Ltd.

公司发展概况

太平洋资产管理有限责任公司由中国太平洋保险(集团)股份有限公司控股，于2006年6月成立。公司以“价值、平等、独立、分享”为投资文化，中长期发展愿景是：成为依托保险集团，面向中国财富管理市场，市场化经营的资产管理机构。

公司经营范围：管理运用自有资金及保险资金；委托资金管理业务；与资金管理业务相关的咨询业务；国家法律法规允许的其它资产管理业务。

公司以客户利益至上为宗旨，建立了完善的委托资金管理机制，以充分保护客户利益、公平对待每一个委托人；对委托资金分别设立账户封闭运作，有效防范道德风险；在投资决策上与委托方充分沟通，提供个性化投资服务。

公司员工具有较高的专业素养和实践经验，其中，8%获得博士学位，15%获得美国特许金融分析师(CFA)资格，20%的员工具有海外教育背景和海外金融业从业经验。

年度业务经营

太平洋资产管理有限责任公司坚持资产负债管理原则，注重投资资产净值增长。截至2012年12月31日，公司投资资产总额6 273.28亿元，较上年末增长20.1%；投资资产净值增长率5.5%，同比增加4.3个百分点。定息类资产方面，公司把握定息资产利率处在周期性相对高位的机遇，加大高收益定息资产的配置力度，净投资收益率进一步提高；权益类资产方面，公司加大对具有长期投资潜力和分红实力的大型蓝筹股的投资，从全年看权益类资产结构调整的效果逐步显现。

社会责任

社会公益活动

太平洋资产管理有限责任公司以承担社会责任为己任，积极投身社会公益事业，促进社会的和谐发展。在太平洋保险集团的统一指导下，公司利用自身的核心资源，持续投入教育公益，积极发动员工参与“责任照亮未来”品牌化公益活动，通过支教、捐赠、结对助学等一系列软硬件支持，为贫困地区的孩子带去了关爱。

第二章

基金托管人及托管业务

Custodians and Their Businesses

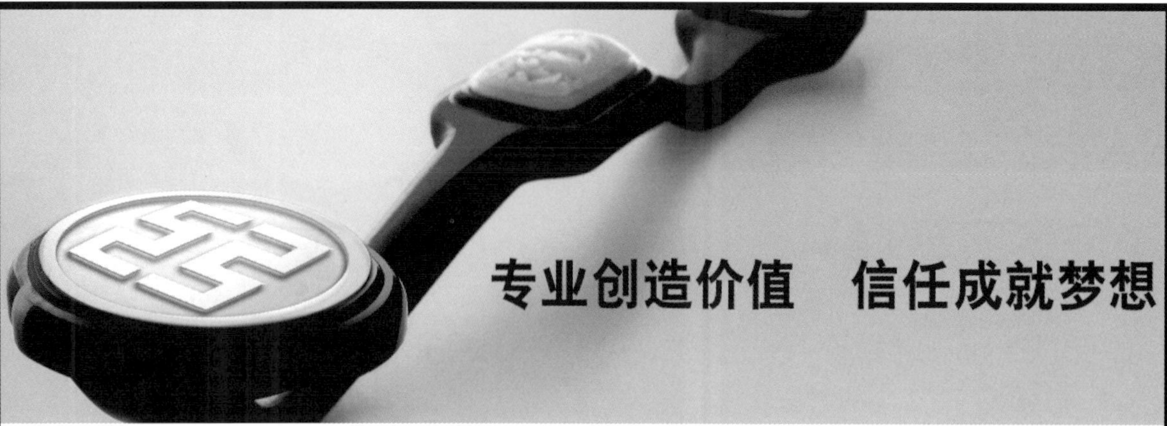

资产托管业务

2012年3月

工商银行成为北京QFLP托管业务试点银行，并托管多只QFLP产品，成为全国、北京市首只QFLP股权投资基金托管银行和北京地区托管QFLP产品最多的托管银行。

2012年5月

工商银行托管国内首只跨市场ETF——华泰柏瑞沪深300ETF；托管国内首只理财债券型基金——汇添富理财30天债券基金。

2012年6月

工银亚洲正式成立资产托管部。

2012年8月

工商银行托管国内首只发起式基金——天弘债券型发起式基金。

2012年10月

工商银行纽约分行开始为QDII产品提供美国市场托管服务。

2012年11月

工商银行托管国内首只分级型证券公司集合计划——国泰君安君得丰一号债券分级集合资产管理计划。

2012年12月

工商银行托管国内首只上市货币市场基金——汇添富收益快线货币市场基金。

2013年4月

工商银行托管国内首只期货公司证券投资类资产管理计划——华泰长城期货“月月增”1号估值套利资产管理计划。

工银澳门正式成立资产托管部。

成立日期	1984年1月1日	注册资本	349 018 545 827元	法人代表	姜建清
获得托管资格时间	1998年2月24日	资产托管部总经理	周月秋		
联系电话	010-6610 5799	传真号码	010-6610 5798		
公司网址	www.icbc.com.cn	电子邮箱	webmairster@icbc.com.cn		
办公地址	北京市西城区复兴门内大街55号				

基本情况

中国工商银行股份有限公司（以下简称"中国工商银行"）于1984年1月1日成立，2005年10月28日由国有商业银行整体改制为股份有限公司。2006年10月27日，中国工商银行在香港和上海成功实现首次同步公开发行（IPO），超额配售选择权行使前A+H总发行规模达191亿美元，是其时全球最大的首次公开发行项目。

中国工商银行业务跨越六大洲，境外网络扩展至39个国家和地区，通过17 125个境内机构、383个境外机构和1 771个代理行以及网上银行、电话银行和自助银行等分销渠道，向438万公司客户和3.93亿个人客户提供广泛的金融产品和服务，基本形成了以商业银行为主体，综合化、国际化的经营格局，在商业银行业务领域保持国内市场领先地位。

2012年，面对国内国际严峻复杂的经济金融形势，中国工商银行坚持“稳中求进”的总基调，统筹抓好经营管理各项工作，总体保持了盈利增长、业务发展、结构优化、风险可控的稳健态势。截至2012年末，不良贷款率降至0.85%；拨备覆盖率达295.55%，比上年末提升28.63个百分点；资本充足率和核心资本充足率分别提升至13.66%和10.62%。

通过持续努力和稳健发展，中国工商银行已经迈入世界领先大银行行列，成为全球市值最大、客户存款第一及盈利最多的上市银行。2012年，中国工商银行实现净利润2 386.91亿元，同比增长14.5%。不仅为股东和投资者带来了良好回报，也实现了自身的良性可持续发展。2012年，中国工商银行位居美国《福布斯》全球企业2 000强排行榜首位，这是该榜单推出10年来中国企业首次登顶。

托管业务介绍

1998年2月24日，中国工商银行获得中国证监会颁发的证券投资基金托管资格，并于同年3月托管首批规范的基金——基金开元和基金金泰，开启了国内托管市场的发展大幕。继证券投资基金后，工商银行又陆续获得了企业年金、信托、保险、证券公司资产管理、商业银行理财产品、合格境外机构投资者、合格境内机构投资者等托管资格。历经15年创新发展，中国工商银行已经成为国内业务资格最全、服务领域最广的托管银行。

一、托管业务规模持续领先

伴随中国经济的快速发展和证券市场的改革创新，中国工商银行资产托管规模迅猛增长，几乎每年都跨上一个新台阶：2003年突破500亿元，2004年突破1 000亿元，2005年突破2 000亿元，2006年突破4 000亿元，2007年突破10 000亿元，2009年突破20 000亿元，2011年4月末突破30 000亿元，截至2013年3月已突破40 000亿元。作为规模最大的托管银行，中国工商银行托管资产规模从60亿元起步，15年实现了近700倍的巨大跨越。

中国工商银行始终致力于为客户提供优质高效的托管服务，在激烈的市场竞争中牢牢占据行业领军地位。15年来，托管业务总规模、总收入和主要托管产品的市场占比均列行业首位，其中，证券投资基金托管规模占比30%，保险资产和企业年金基金占比保持在40%左右，跨境托管产品和其他产品市场占比均领先同业。

二、托管服务创新成果丰硕

作为最具创新能力的托管银行，中国工商银行主导和参与了国内托管领域的几乎每一次创新，在国内率先推出封闭式基金、开放式基金、指数基金、债券型基金、保本型基金、货币市场基金、LOF、ETF、复制基金和分级基金等创新基金产品的托管服务，并成为国内首家对保险资产进行全过程全金额托管的银行、首批QFII和QDII资产托管银行、首批企业年金基金托管银行和首批资产证券化产品托管银行，紧跟市场创新发展步伐，最大化地满足了客户需求，也促进了该行托管业务的发展。

中国工商银行还在国内率先开展绩效评估、风险管理等托管增值服务，可以为各类客户提供个性化的托管服务。在积极开展托管产品创新的同时，该行致力于为国内证券市场和托管市场制度创新出谋献策，在托管领域率先研发多项业务模式并推广成为行业标准，建立起了辐射国际国内两个市场，涉及资本、货币、实业三个领域的产品和服务体系。

2012年，中国工商银行开展基金公司中后台业务外包试点，在上报审批、设立机构、研发系统、完善规章制度等方面进行了积极准备；大力发展固定收益类基金托管产品，陆续推出理财型创新债券基金、首只跨市场ETF、首只发起式基金、首批场内货币市场基金、首只黄金ETF和首只债券ETF等；与资产管理机构开展联合创新，陆续推出了保险理财产品、票据、期货资产托管等新业务。

三、托管产品均衡快速发展

2012年，中国工商银行资产托管业务应对极为不利的市场环境挑战，积极开拓市场，强化市场营销，规范业务管理，提升服务品质，经营业绩完成情况良好，业务总体保持良好发展态势。

2012年，中国工商银行持续加大对重点产品的营销推动，完善客户分类服务和重点客户营销计划，在巩固存量客户的同时，各类增量客户不断增加，客户基础和客户关系进一步稳固，全年新增托管证券投资基金51只，累计282只，托管基金市场占比接近30%，继续领先同业。截至2012年末，中国工商银行签约年金客户超过17 000户，托管年金基金规模市场占有率达到40%，位列第一。

全球托管业务继续稳健发展，截至2012年末，托管QFII客户37家，QFII客户数量、托管本金继续位列中资行首位；新增QDII产品110个，累计产品数达300个，保持市场领先地位。其他各类托管业务均保持快速发展，主要托管业务规模均保持领先地位。

四、全球托管网络建设再上台阶

中国工商银行资产托管业务以全球化发展为总体目标，充分利用境内外分支机构和客户资源，搭建托管业务发展新平台，通过逐步完善业务架构，全球化托管服务网络建设已初具规模。目前工商银行除西藏分行以外的全部37家一级(直属)分行均已授权开办托管业务，国内托管业务网络布设基本完成。

工商银行始终保持全球化思维和视野，努力构建全球托管服务网络。近年来陆续培育工银亚洲、工银伦敦、工银纽约、工银首尔等启动并开展托管业务，推动工银印尼开办托管业务；同时与国际著名的全球托管银行建立了密切的沟通合作机制，结成了良好合作关系。该行致力于将资产托管业务打造成全球化产品精品线，成为能够为境内外投资者提供跨境、一站式、全方位证券服务的全球托管人。

五、科技系统创新层出不穷

中国工商银行作为国内唯一自主研发系统的托管银行，充分利用整体科技优势，瞄准资产托管市场技术前沿，设计出了一系列具有国内领先水平的资产托管业务系统，并不断进行升级完善，保证了托管业务的发展和满足客户个性化服务的需要，在托管系统建设方面始终保持业内领先地位。

2012年7月，工商银行顺利完成全行托管业务前中后台一体化流程改造，总分行间、营销与营运部门间业务处理流程得到明显优化，业务处理效率显著提升。同年，该行还研发和投产了法人客户融资托管业务综合服务系统、资产托管电子传真项目、受托户管理系统等一系列托管业务外围系统，业务的系统化营运水平得到极大提高。

2013年1月，工商银行投产资产外包处理系统，具备了为管理机构后台外包提供会计核算、资产估值、公司行动、报表管理等的服务能力，为承接资产管理机构业务外包做好了系统准备工作。

六、风控体系愈加完善

为切实维护各类委托人利益，中国工商银行始终坚持风险管理与业务发展并重的理念，建立了一套完整的托管业务内部风险控制机制，包括事前预防、事中防范和事后核查。工商银行开展托管业务15年来，在资产估值、会计核算、资金清算、证券交割等方面始终保持良好记录，风险控制收效明显。2005年，该行在国内率先启动并通过SAS70(后更名为ISAE3402)内控有效性国际专项审计，并从2009年起将ISAE3402托管业务审计年度化，截至2013年4月，六年获得无保留意见的控制及有效性报告。

2007年起，工商银行在国内托管银行中首家实施托管业务灾难恢复应急演练，确保托管业务在遇到突发事件或灾难时能够连续正常运营，更好地履行托管人职责。2009年12月，该行首次采取随机方式，成功实施灾难恢复应急演练，之后将灾难恢复随机应急演练年度化，作为国内唯一一家真正开展灾难恢复演练的托管银行，工商银行已达到灾后两小时内恢复业务处理的国际通行水准。同时工商银行推动ISAE3402审计和灾备项目向分行延伸，全行托管业务风险管控水平进一步提升。

七、彰显最佳托管银行品牌

2004年3月，在香港《亚洲货币》公布的首次针对中国大陆进行的最佳托管银行评选中，中国工商银行被评为唯一的“中国最佳托管银行”。此后连续多年获得英国《全球托管人》、香港《财资》、美国《环球金融》、内地《证券时报》、《上海证券报》等境内外权威财经媒体评选的近40项最佳托管银行大奖，该行资产托管部周月秋总经理2010年获得《财资》首次设立的年度最佳托管银行家个人大奖，2011年获得《金融理财》授予的“资产托管杰出成就奖”，成为获得奖项最多的国内托管银行。中国工商银行以优良的服务品质获得国内外金融领域的持续认可和广泛好评，其国际影响力和品牌知名度与日俱增。

托管证券投资基金业务概览

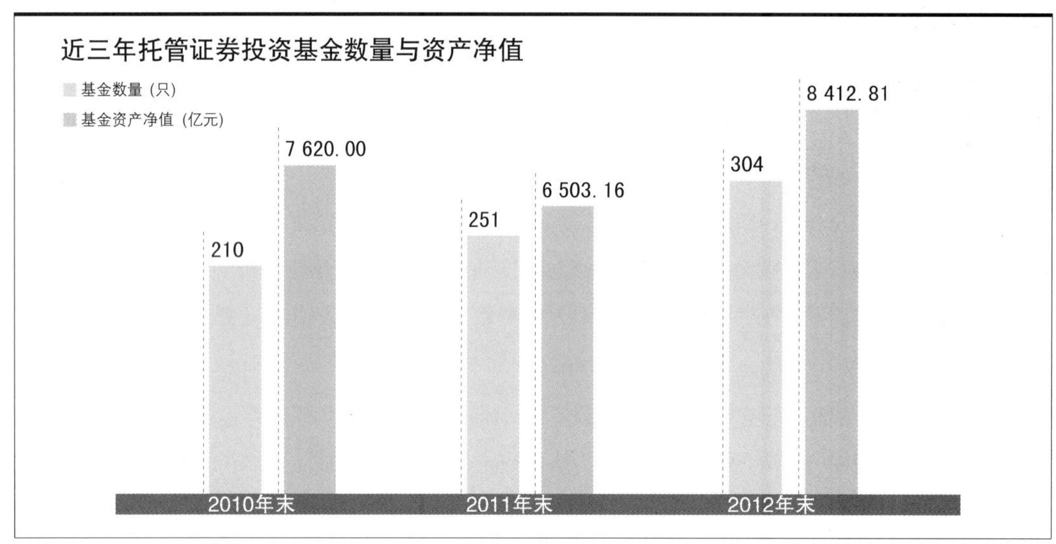

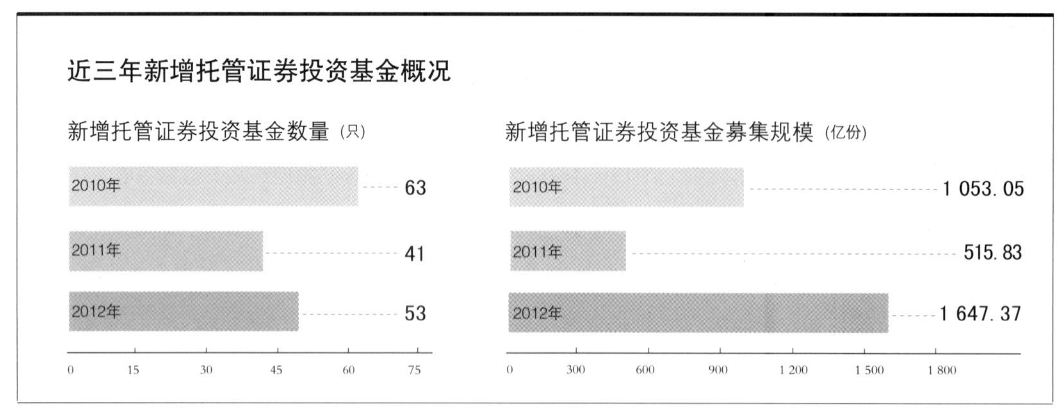

托管封闭式基金产品一览(截至2012年12月31日)

（单位：亿份；亿元）

序 号	基金简称	基金代码	设立日期	设立规模	期末资产净值	管理人
1	南方开元封闭	184688	1998.03.27	20.00	17.49	南方
2	华安安信封闭	500003	1998.06.22	20.00	19.07	华安
3	长盛同益封闭	184690	1999.04.08	20.00	17.16	长盛
4	鹏华普丰封闭	184693	1999.07.14	20.00	25.84	鹏华
5	南方天元封闭	184698	1999.08.25	30.00	25.79	南方

注：2012年12月24日金泰证券投资基金封闭期结束，转型为国泰金泰平衡混合基金。

托管开放式基金产品一览(截至2012年12月31日)

（单位：亿份；亿元）

序 号	基金简称	基金代码	设立日期	设立规模	期末资产净值	管理人
1	南方稳健成长混合	202001	2001.09.28	34.89	39.00	南方
2	鹏华行业成长混合	206001	2002.05.24	39.77	7.10	鹏华
3	南方宝元债券	202101	2002.09.20	49.03	12.27	南方
4	华安中国A股增强指数	040002	2002.11.08	30.94	65.16	华安
5	南方避险增值混合	202202	2003.06.27	51.93	116.70	南方
6	国联安稳健混合	255010	2003.08.08	36.66	1.38	国联安
7	融通蓝筹成长混合	161605	2003.09.30	7.66	16.87	融通
8	融通债券	161603	2003.09.30	8.73	7.34	融通
9	融通深证100指数	161604	2003.09.30	4.78	145.48	融通
10	富国天利增长债券	100018	2003.12.02	22.95	18.77	富国
11	广发聚富混合	270001	2003.12.03	31.32	51.73	广发
12	华安现金富利货币	040003	2003.12.30	42.54	179.08	华安
13	南方现金增利货币	202301	2004.03.05	80.50	489.30	南方
14	银河银泰混合	150103	2004.03.30	60.13	25.91	银河
15	申万菱信盛利精选混合	310308	2004.04.09	68.09	13.64	申万菱信
16	国联安小盘精选混合	257010	2004.04.12	83.25	16.80	国联安
17	兴全可转债混合	340001	2004.05.11	32.82	36.14	兴业全球
18	诺安平衡混合	320001	2004.05.21	22.07	53.46	诺安
19	博时精选股票	050004	2004.06.22	61.03	82.24	博时
20	广发稳健增长混合	270002	2004.07.26	22.97	65.52	广发
21	南方积极配置股票(LOF)	160105	2004.10.14	35.36	18.39	南方
22	申万菱信盛利强化配置混合	310318	2004.11.29	6.90	0.51	申万菱信

（续上表）

序号	基金简称	基金代码	设立日期	设立规模	期末资产净值	管理人
23	诺安货币	320002	2004.12.06	15.74	23.00	诺安
24	中银中国混合(LOF)	163801	2005.01.04	10.63	31.07	中银
25	东吴嘉禾优势精选混合	580001	2005.02.01	10.29	20.11	东吴
26	宝盈泛沿海增长股票	213002	2005.03.08	4.02	22.04	宝盈
27	融通巨潮100指数(LOF)	161607	2005.05.12	5.14	21.35	融通
28	广发货币	270004	2005.05.20	26.37	275.92	广发
29	国富中国收益混合	450001	2005.06.01	6.72	6.92	国海富兰克林
30	中银货币	163802	2005.06.07	12.49	302.51	中银
31	国联安安心成长混合	253010	2005.07.13	4.09	2.77	国联安
32	汇添富优势精选混合	519008	2005.08.25	10.25	26.19	汇添富
33	天弘精选混合	420001	2005.10.08	3.39	22.12	天弘
34	申万菱信新动力股票	310328	2005.11.10	6.70	23.59	申万菱信
35	富国天惠成长混合(LOF)	161005	2005.11.16	5.84	47.08	富国
36	诺安股票	320003	2005.12.19	3.79	112.52	诺安
37	广发聚丰股票	270005	2005.12.23	13.16	188.10	广发
38	中银增长股票	163803	2006.03.17	24.59	69.74	中银
39	国投瑞银核心企业股票	121003	2006.04.19	26.59	42.20	国投瑞银
40	建信货币	530002	2006.04.25	76.61	132.70	建信
41	广发策略优选混合	270006	2006.05.17	184.18	87.74	广发
42	博时平衡配置混合	050007	2006.05.31	23.65	18.73	博时
43	易方达价值精选股票	110009	2006.06.13	117.91	60.08	易方达
44	景顺长城新兴成长股票	260108	2006.06.28	59.23	20.07	景顺长城
45	申万菱信收益宝货币	310338	2006.07.07	12.60	3.77	申万菱信
46	南方稳健成长贰号混合	202002	2006.07.25	52.58	36.68	南方
47	汇添富均衡增长股票	519018	2006.08.07	49.36	136.66	汇添富
48	建信优选成长股票	530003	2006.09.08	61.15	24.65	建信
49	中银收益混合	163804	2006.10.11	24.11	29.52	中银
50	融通动力先锋股票	161609	2006.11.15	33.64	17.52	融通
51	南方绩优成长股票	202003	2006.11.16	124.77	76.90	南方
52	诺安价值增长股票	320005	2006.11.21	59.59	59.52	诺安
53	申万菱信新经济混合	310358	2006.12.06	31.07	28.63	申万菱信
54	嘉实策略混合	070011	2006.12.12	419.17	73.31	嘉实
55	建信优化配置混合	530005	2007.03.01	96.59	65.65	建信

（续上表）

序号	基金简称	基金代码	设立日期	设立规模	期末资产净值	管理人
56	汇添富成长焦点股票	519068	2007.03.12	99.99	68.99	汇添富
57	中海能源策略混合	398021	2007.03.13	97.45	33.87	中海
58	招商核心价值混合	217009	2007.03.30	96.08	32.98	招商
59	易方达价值成长混合	110010	2007.04.02	108.75	165.13	易方达
60	华安中小盘成长股票①	040007	2007.04.10	98.83	56.49	华安
61	博时第三产业股票②	050008	2007.04.12	98.83	66.75	博时
62	上投摩根内需动力股票	377020	2007.04.13	98.85	63.49	上投摩根
63	鹏华优质治理股票(LOF)	160611	2007.04.25	93.83	42.59	鹏华
64	南方成份精选股票③	202005	2007.05.14	106.45	94.12	南方
65	广发大盘成长混合	270007	2007.06.13	148.52	67.76	广发
66	景顺长城精选蓝筹股票	260110	2007.06.18	147.22	80.55	景顺长城
67	金元惠理宝石动力混合	620001	2007.08.15	48.99	3.67	金元惠理
68	南方多利增强债券④	202102	2007.08.28	89.77	18.88	南方
69	泰信双息双利债券⑤	290003	2007.10.31	7.43	1.58	泰信
70	南方隆元产业主题股票⑥	202007	2007.11.09	92.64	51.34	南方
71	国投瑞银成长优选股票⑦	121008	2008.01.10	28.72	12.73	国投瑞银
72	汇添富增强收益债券	519078	2008.03.06	50.50	12.37	汇添富
73	华夏希望债券	001011	2008.03.10	93.23	24.92	华夏
74	广发增强债券	270009	2008.03.27	48.28	15.78	广发
75	中银策略股票	163805	2008.04.03	46.52	13.90	中银
76	中海稳健收益债券	395001	2008.04.10	25.93	2.61	中海
77	浦银安盛价值成长股票	519110	2008.04.16	17.33	5.52	浦银安盛
78	诺安灵活配置混合	320006	2008.05.20	8.57	46.06	诺安
79	上投摩根双核平衡混合	373020	2008.05.21	14.23	4.37	上投摩根
80	国投瑞银稳健增长混合	121006	2008.06.11	4.69	33.76	国投瑞银
81	南方优选价值股票	202011	2008.06.18	11.40	18.26	南方
82	招商大盘蓝筹股票	217010	2008.06.19	8.61	6.19	招商
83	泰信优势增长混合	290005	2008.06.25	4.97	0.68	泰信
84	建信稳定增利债券	530008	2008.06.25	59.69	22.43	建信
85	汇添富蓝筹稳健混合	519066	2008.07.08	7.42	3.58	汇添富
86	广发核心精选股票	270008	2008.07.16	12.43	26.05	广发
87	嘉实多元债券	070015	2008.09.10	45.80	7.85	嘉实
88	景顺长城公司治理股票	260111	2008.10.22	2.73	1.82	景顺长城

（续上表）

序 号	基金简称	基金代码	设立日期	设立规模	期末资产净值	管理人
89	招商安心收益债券	217011	2008.10.22	54.40	3.55	招商
90	海富通稳健添利债券	519023	2008.10.24	31.80	6.73	海富通
91	南方恒元保本混合	202211	2008.11.12	22.11	33.97	南方
92	易方达科翔股票[8]	110013	2008.11.13	8.00	3.25	易方达
93	中银增利债券	163806	2008.11.13	22.50	46.19	中银
94	富国中证红利指数增强[9]	100032	2008.11.20	3.42	9.99	富国
95	建信核心精选股票	530006	2008.11.25	5.10	24.78	建信
96	申万菱信添益宝债券	310378	2008.12.04	23.79	3.17	申万菱信
97	浦银安盛优化收益债券	519111	2008.12.30	7.71	0.73	浦银安盛
98	广发沪深300指数	270010	2008.12.30	6.54	29.41	广发
99	国投瑞银货币	121011	2009.01.19	38.33	36.53	国投瑞银
100	交银优势行业混合	519697	2009.01.21	49.56	3.42	交银施罗德
101	汇添富价值精选股票	519069	2009.01.23	15.13	30.47	汇添富
102	华宝兴业增强收益债券	240012	2009.02.17	22.58	0.63	华宝兴业
103	诺安成长股票	320007	2009.03.10	11.68	13.94	诺安
104	国联安增利债券	253020	2009.03.11	30.72	11.35	国联安
105	嘉实量化阿尔法股票	070017	2009.03.20	29.61	7.81	嘉实
106	南方沪深300指数	202015	2009.03.25	15.81	27.04	南方
107	易方达行业领先股票	110015	2009.03.26	40.92	10.89	易方达
108	中银优选混合	163807	2009.04.03	19.97	5.83	中银
109	鹏华沪深300指数(LOF)	160615	2009.04.03	19.94	8.45	鹏华
110	华安强化收益债券	040012	2009.04.13	27.55	2.32	华安
111	融通内需驱动股票	161611	2009.04.22	29.55	4.08	融通
112	银华和谐主题混合	180018	2009.04.27	26.73	10.99	银华
113	诺安增利债券	320008	2009.05.27	16.13	0.80	诺安
114	博时信用债券	050011	2009.06.10	24.07	8.08	博时
115	申万菱信消费增长股票	310388	2009.06.12	14.64	3.69	申万菱信
116	广发聚瑞股票	270021	2009.06.16	70.71	38.54	广发
117	中海量化策略股票	398041	2009.06.24	16.46	2.68	中海
118	上投摩根纯债债券	371020	2009.06.24	18.01	0.88	上投摩根
119	汇添富上证综合指数	470007	2009.07.01	90.98	45.51	汇添富
120	华夏沪深300ETF联接[10]	000051	2009.07.10	247.72	205.29	华夏
121	新华泛资源优势混合	519091	2009.07.13	31.32	6.56	新华

（续上表）

序 号	基金简称	基金代码	设立日期	设立规模	期末资产净值	管理人
122	华泰柏瑞行业领先股票	460007	2009.08.03	22.50	7.54	华泰柏瑞
123	国投瑞银沪深300指数分级	161207	2009.10.14	32.16	7.73	国投瑞银
124	诺安中证100指数	320010	2009.10.27	21.10	10.27	诺安
125	建信沪深300指数(LOF)	165309	2009.11.05	53.26	31.69	建信
126	长盛量化红利股票	080005	2009.11.25	12.52	2.21	长盛
127	广发中证500指数(LOF)	162711	2009.11.26	86.36	35.25	广发
128	浦银安盛红利精选股票	519115	2009.12.03	3.70	1.27	浦银安盛
129	南方深证成份ETF联接	202017	2009.12.09	32.72	20.11	南方
130	富国沪深300指数增强	100038	2009.12.16	34.90	78.27	富国
131	天弘周期策略股票	420005	2009.12.17	6.99	1.98	天弘
132	汇添富策略回报股票	470008	2009.12.22	32.16	9.97	汇添富
133	华安动态灵活配置混合	040015	2009.12.22	28.85	5.63	华安
134	招商中小盘股票	217013	2009.12.25	26.27	4.56	招商
135	嘉实基本面50指数(LOF)	160716	2009.12.30	34.37	18.58	嘉实
136	鹏华中证500指数(LOF)	160616	2010.02.05	26.31	8.22	鹏华
137	国泰估值优势分级封闭	160212	2010.02.10	8.43	6.49	国泰
138	金元惠理核心动力股票	620005	2010.02.11	4.37	0.58	金元惠理
139	申万菱信沪深300价值指数	310398	2010.02.11	9.25	8.30	申万菱信
140	中海上证50指数增强	399001	2010.03.25	5.52	2.71	中海
141	易方达上证中盘ETF联接	110021	2010.03.31	20.89	10.05	易方达
142	国投瑞银沪深300金融地产指数(LOF)	161211	2010.04.09	17.23	18.79	国投瑞银
143	金鹰稳健成长股票	210004	2010.04.14	6.49	2.35	金鹰
144	海富通中小盘股票	519026	2010.04.14	12.37	8.66	海富通
145	华宝兴业上证180价值ETF联接	240016	2010.04.23	5.87	3.02	华宝兴业
146	诺安中小盘精选股票	320011	2010.04.28	14.29	11.36	诺安
147	汇添富民营活力股票	470009	2010.05.05	14.08	5.43	汇添富
148	富国通胀通缩主题股票	100039	2010.05.12	14.86	2.14	富国
149	建信上证社会责任ETF联接	530010	2010.05.28	23.96	4.15	建信
150	大成核心双动力股票	090011	2010.06.22	11.73	1.66	大成
151	招商深证100指数	217016	2010.06.22	6.62	1.73	招商
152	东吴新创业股票	580007	2010.06.29	4.34	1.10	东吴
153	新华行业周期轮换股票	519095	2010.07.21	3.48	3.14	新华
154	中海货币	392001	2010.07.28	29.59	35.35	中海

（续上表）

序号	基金简称	基金代码	设立日期	设立规模	期末资产净值	管理人
155	鹏华上证民企50ETF联接	206005	2010.08.05	5.72	2.67	鹏华
156	天弘深证成份指数(LOF)	164205	2010.08.12	4.41	0.75	天弘
157	南方小康ETF联接	202021	2010.08.27	9.00	2.42	南方
158	嘉实稳固收益债券	070020	2010.09.01	44.83	7.85	嘉实
159	金元惠理消费主题股票	620006	2010.09.15	4.07	0.67	金元惠理
160	汇添富医药保健股票	470006	2010.09.21	40.85	25.81	汇添富
161	海富通上证周期ETF联接	519027	2010.09.28	7.33	2.00	海富通
162	银华成长先锋混合	180020	2010.10.08	31.40	15.59	银华
163	申万菱信深证成指分级	163109	2010.10.22	7.12	72.68	申万菱信
164	南方广利回报债券	202105	2010.11.03	45.66	13.03	南方
165	融通深证成份指数股票	161612	2010.11.15	18.49	8.96	融通
166	建信内生动力股票	530011	2010.11.16	53.88	35.03	建信
167	华安上证龙头ETF联接	040190	2010.11.18	17.46	6.30	华安
168	广发行业领先股票	270025	2010.11.23	44.30	26.14	广发
169	农银货币	660007	2010.11.23	60.33	42.17	农银汇理
170	海富通稳固收益债券	519030	2010.11.23	26.97	3.43	海富通
171	天弘添利分级债券[11]	164206	2010.12.03	30.00	26.31	天弘
172	嘉实主题新动力股票	070021	2010.12.07	63.17	33.52	嘉实
173	招商上证消费80ETF联接	217017	2010.12.08	24.03	12.53	招商
174	中海环保新能源混合	398051	2010.12.09	9.46	3.99	中海
175	泰信发展主题股票	290008	2010.12.15	7.07	2.64	泰信
176	国投瑞银中证消费服务指数(LOF)	161213	2010.12.16	12.47	4.57	国投瑞银
177	金鹰主题优势股票	210005	2010.12.20	20.51	6.23	金鹰
178	华安稳固收益债券	040019	2010.12.21	27.34	12.46	华安
179	交银趋势股票	519702	2010.12.22	26.60	14.28	交银施罗德
180	鹏华消费优选股票	206007	2010.12.28	12.72	6.01	鹏华
181	建信保本混合	530012	2011.01.18	31.26	18.96	建信
182	汇添富保本混合	470018	2011.01.26	25.07	14.98	汇添富
183	富国上证综指ETF联接	100053	2011.01.30	7.45	3.39	富国
184	广发聚祥保本混合	270024	2011.03.15	41.09	24.32	广发
185	景顺长城中小盘股票	260115	2011.03.22	20.63	10.30	景顺长城
186	中海增强收益债券	395011	2011.03.23	6.98	2.09	中海
187	诺安上证新兴产业ETF联接	320014	2011.04.07	13.14	4.42	诺安

（续上表）

序号	基金简称	基金代码	设立日期	设立规模	期末资产净值	管理人
188	农银沪深300指数	660008	2011.04.12	32.98	19.96	农银汇理
189	大成保本混合	090013	2011.04.20	16.72	7.99	大成
190	博时卓越品牌股票(LOF)[12]	160512	2011.04.22	2.66	2.83	博时
191	鹏华丰盛债券	206008	2011.04.25	30.46	11.82	鹏华
192	海富通上证非周期ETF联接	519032	2011.04.27	3.81	1.47	海富通
193	兴全绿色投资股票(LOF)	163409	2011.05.06	20.22	13.16	兴业全球
194	金鹰保本混合	210006	2011.05.17	9.34	5.34	金鹰
195	南方中证50债券指数(LOF)	160123	2011.05.17	28.27	3.33	南方
196	富国天盈分级债券[13]	161015	2011.05.23	35.05	30.16	富国
197	申万菱信量化小盘股票(LOF)	163110	2011.06.16	5.13	1.72	申万菱信
198	汇添富可转换债券	470058	2011.06.17	9.23	2.92	汇添富
199	易方达安心回报债券	110027	2011.06.21	17.90	4.75	易方达
200	国投瑞银中证资源指数(LOF)	161217	2011.07.21	7.26	2.80	国投瑞银
201	易方达创业板ETF联接	110026	2011.09.20	3.77	2.00	易方达
202	广发制造业精选股票	270028	2011.09.20	7.96	2.28	广发
203	汇添富深证300ETF联接	470068	2011.09.28	3.36	1.27	汇添富
204	大成可转债增强债券	090017	2011.11.30	9.86	1.49	大成
205	财通价值动量混合	720001	2011.12.01	10.59	2.15	财通
206	富国产业债券	100058	2011.12.05	2.78	45.23	富国
207	嘉实周期优选股票	070027	2011.12.08	8.00	3.91	嘉实
208	华安信用四季红债券	040026	2011.12.08	5.37	36.37	华安
209	申万菱信可转债债券	310518	2011.12.09	6.50	0.93	申万菱信
210	博时天颐债券	050023	2012.02.29	20.62	5.71	博时
211	融通四季添利债券[14]	161614	2012.03.01	12.82	13.08	融通
212	诺安新动力混合	320018	2012.03.05	6.42	2.66	诺安
213	中海上证380指数	399011	2012.03.07	2.67	0.78	中海
214	南方新兴消费增长分级股票	160127	2012.03.13	19.30	4.08	南方
215	广发聚财信用债券	270029	2012.03.13	45.04	12.39	广发
216	嘉实中创400ETF联接	070030	2012.03.22	3.78	2.00	嘉实
217	融通创业板指数	161613	2012.04.06	4.87	1.55	融通
218	汇添富理财30天债券	470030	2012.05.09	244.42	67.11	汇添富
219	南方金利定期开放债券	160128	2012.05.17	16.22	16.75	南方
220	金鹰核心资源股票	210009	2012.05.23	4.03	1.61	金鹰

（续上表）

序号	基金简称	基金代码	设立日期	设立规模	期末资产净值	管理人
221	华安季季鑫短期理财债券	040030	2012.05.23	55.27	2.79	华安
222	华泰柏瑞沪深300ETF联接	460300	2012.05.29	3.67	1.68	华泰柏瑞
223	新华优选消费股票	519150	2012.06.13	6.69	1.37	新华
224	易方达永旭定期开放债券	161117	2012.06.19	16.85	17.34	易方达
225	银华中小盘股票	180031	2012.06.20	2.60	0.82	银华
226	中海保本混合	393001	2012.06.20	4.75	4.10	中海
227	富国高新技术产业股票	100060	2012.06.27	3.41	1.52	富国
228	招商中证大宗商品指数分级	161715	2012.06.28	10.63	3.38	招商
229	财通多策略稳健增长债券	720002	2012.07.13	36.08	19.76	财通
230	国投瑞银瑞福分级封闭⑮	121099	2012.07.17	60.00	73.82	国投瑞银
231	广发理财年年红债券	270043	2012.07.19	5.43	5.53	广发
232	融通医疗保健股票	161616	2012.07.26	3.36	1.81	融通
233	国泰信用债券	020027	2012.07.31	27.89	21.13	国泰
234	万家中证创业成长指数分级	161910	2012.08.02	4.12	1.64	万家
235	银华纯债信用债券(LOF)	161820	2012.08.09	19.45	31.04	银华
236	天弘债券发起式	420008	2012.08.10	33.47	13.32	天弘
237	南方理财14天债券	202303	2012.08.14	70.09	11.77	南方
238	华安逆向策略股票	040035	2012.08.16	2.32	1.72	华安
239	招商安盈保本混合	217024	2012.08.20	45.60	44.41	招商
240	建信双周理财债券	530014	2012.08.28	158.03	95.48	建信
241	华商中证500指数分级	166301	2012.09.06	3.45	0.61	华商
242	博时信用债纯债债券	050027	2012.09.07	13.77	12.50	博时
243	泰信基本面400指数分级	162907	2012.09.07	3.01	0.75	泰信
244	中银理财14天债券	380001	2012.09.24	63.89	183.79	中银
245	南方金粮油商品股票	202027	2012.09.25	3.37	1.50	南方
246	鹏华资源分级	160620	2012.09.27	6.43	1.76	鹏华
247	南方理财60天债券	202305	2012.10.19	51.08	8.14	南方
248	中银理财60天债券发起	380003	2012.10.26	31.54	34.36	中银
249	融通岁岁添利定期开放债券	161618	2012.11.06	31.20	31.30	融通
250	富国纯债债券发起	100066	2012.11.22	18.61	18.66	富国
251	天弘安康养老混合	420009	2012.11.28	3.30	3.20	天弘
252	招商理财7天债券	217025	2012.12.07	50.94	26.80	招商
253	中欧货币	166014	2012.12.12	15.77	14.10	中欧

（续上表）

序号	基金简称	基金代码	设立日期	设立规模	期末资产净值	管理人
254	广发纯债债券	270048	2012.12.12	28.15	28.18	广发
255	安信平稳增长混合发起	750005	2012.12.18	2.06	2.07	安信
256	财通保本混合发起	720003	2012.12.20	3.47	3.47	财通
257	汇添富收益快线货币	519888	2012.12.21	37.29	37.34	汇添富
258	新华纯债添利债券发起	519152	2012.12.21	45.94	46.00	新华
259	国泰金泰平衡混合⑯	519020	2012.12.24	—	18.30	国泰

注：①原安瑞证券投资基金转型；②原裕元证券投资基金转型；③原金元证券投资基金转型；④原南方多利中短期债券投资基金转型；⑤原泰信中短期债券投资基金转型；⑥原隆元证券投资基金转型；⑦原融鑫证券投资基金转型；⑧原科翔证券投资基金转型；⑨原汉鼎证券投资基金转型；⑩原华夏沪深300指数基金更名；⑪为创新封闭式基金，合同生效后5年（含）内封闭运作；⑫原博时裕泽封闭基金转型；⑬为创新封闭式基金，合同生效后3年（含）内封闭运作；⑭为创新封闭式基金，合同生效后2年（含）内封闭运作；⑮原国投瑞银瑞福分级股票型转型；⑯原金泰证券投资基金转型。

托管ETF基金产品一览（截至2012年12月31日）

（单位：亿份；亿元）

序号	基金简称	基金代码	设立日期	设立规模	期末资产净值	管理人
1	华夏上证50ETF	510050	2004.12.30	54.35	193.59	华夏
2	南方深证成份ETF	159903	2009.12.04	41.28	34.78	南方
3	易方达上证中盘ETF	510130	2010.03.29	27.52	11.98	易方达
4	华宝兴业上证180价值ETF	510030	2010.04.23	21.09	10.65	华宝兴业
5	建信上证社会责任ETF	510090	2010.05.28	4.20	4.02	建信
6	民企ETF	510070	2010.08.05	10.07	3.21	鹏华
7	南方小康ETF	510160	2010.08.27	6.57	2.87	南方
8	海富通上证周期ETF	510110	2010.09.19	9.67	2.97	海富通
9	华安上证龙头ETF	510190	2010.11.18	11.30	7.07	华安
10	招商上证消费80ETF	510150	2010.12.08	6.86	12.83	招商
11	富国上证综指ETF	510210	2011.01.30	3.20	3.60	富国
12	诺安上证新兴产业ETF	510260	2011.04.07	9.12	5.47	诺安
13	海富通上证非周期ETF	510120	2011.04.22	6.52	2.65	海富通
14	汇添富深证300ETF	159912	2011.09.16	5.22	2.15	汇添富
15	易方达创业板ETF	159915	2011.09.20	5.62	4.42	易方达
16	嘉实中创400ETF	159918	2012.03.22	2.87	2.34	嘉实
17	华泰柏瑞沪深300ETF	510300	2012.05.04	329.69	236.86	华泰柏瑞
18	华夏沪深300ETF	510330	2012.12.25	6.03	165.44	华夏

托管QDII基金产品一览(截至2012年12月31日)

(单位：亿份；亿元)

序号	基金简称	基金代码	设立日期	设立规模	期末资产净值	管理人
1	南方全球精选配置(QDII—FOF)	202801	2007.09.19	299.98	118.06	南方
2	上投摩根亚太优势股票(QDII)	377016	2007.10.22	295.72	116.17	上投摩根
3	易方达亚洲精选股票(QDII)	118001	2010.01.21	5.92	1.02	易方达
4	招商全球资源股票(QDII)	217015	2010.03.25	5.53	1.47	招商
5	国投瑞银新兴市场股票(QDII－LOF)	161210	2010.06.10	4.43	0.64	国投瑞银
6	汇添富亚澳成熟优选股票QDII	470888	2010.06.25	5.23	0.86	汇添富
7	博时大中华亚太精选股票(QDII)	050015	2010.07.27	5.55	0.87	博时
8	广发亚太精选股票(QDII)	270023	2010.08.18	5.41	1.42	广发
9	建信全球机遇股票(QDII)	539001	2010.09.14	6.82	2.58	建信
10	华安香港精选股票QDII	040018	2010.09.19	7.41	1.99	华安
11	富国全球债券(QDII－FOF)	100050	2010.10.20	8.28	1.04	富国
12	南方金砖四国指数(QDII)	160121	2010.12.09	6.37	1.83	南方
13	诺安全球黄金(QDII—FOF)	320013	2011.01.13	31.97	13.56	诺安
14	建信新兴市场股票(QDII)	539002	2011.06.21	4.27	1.28	建信
15	广发全球农业指数(QDII)	270027	2011.06.28	4.47	2.87	广发
16	富国全球顶级消费品股票(QDII)	100055	2011.07.13	3.73	1.46	富国
17	嘉实黄金(QDII—FOF—LOF)	160719	2011.08.04	5.68	2.55	嘉实
18	汇添富黄金及贵金属(QDII—LOF—FOF)	164701	2011.08.31	6.15	3.97	汇添富
19	景顺长城大中华股票(QDII)	262001	2011.09.22	2.91	0.52	景顺长城
20	诺安全球收益不动产(QDII)	320017	2011.09.23	6.82	2.90	诺安
21	博时标普500指数(QDII)	050025	2012.06.14	3.10	0.62	博时
22	富国中国中小盘股票(QDII)	100061	2012.09.04	2.50	0.48	富国

成立日期	2009年1月15日	注册资本	270 000 000 000元	法人代表	蒋超良
获得托管资格时间	1998年5月29日	托管业务部总经理	张 健		
联系电话	010-6320 1517	传真号码	010-6320 1816		
公司网址	www.abchina.com	电子邮箱	95599@abchina.com		
注册地址	北京市东城区建国门内大街69号				
办公地址	北京市西城区复兴门内大街28号凯晨世贸中心东座F9				

基本情况

中国农业银行是新中国设立的第一家商业银行，也是改革开放后第一家恢复成立的国家专业银行。中国农业银行最初成立于1951年，1979年2月再次恢复成立后，成为在农村经济领域占主导地位的国有专业银行。1994年中国农业发展银行分设，1996年农村信用社与农行脱离行政隶属关系，中国农业银行开始向国有独资商业银行转变。2009 年1月15日，中国农业银行完成工商变更登记手续，由国有独资商业银行整体改制为股份有限公司，并更名为“中国农业银行股份有限公司”。2010年7月15日和16日分别在上海证券交易所、香港联合交易所两地挂牌上市。

2012年，中国农业银行凭借全面的业务组合、庞大的分销网络和领先的技术平台，向最广大客户提供各种公司银行和零售银行产品和服务，同时开展自营及代客资金业务。截至2012年末，中国农业银行总资产132 443.42亿元，各项存款108 629.35亿元，各项贷款64 333.99亿元，资本充足率12.61%，不良贷款率1.33%，全年实现净利润1 451.31亿元。

2012年，在美国《财富》杂志全球500强排名中，中国农业银行位列第84位；在英国《银行家》杂志全球银行1 000强排名中，按2011年税前利润计，中国农业银行位列第5位。2012年，中国农业银行穆迪信用评级为A1/稳定。

作为一家面向“三农”、城乡联动、融入国际、综合经营的大型商业银行，中国农业银行秉承“大行德广伴您成长”的服务理念，坚持审慎稳健经营、可持续发展，立足城市和县域两大市场，充分发挥城乡联动优势，实施差异化竞争策略，依托庞大的分支机构、电子化网络和多元化的金融产品，不断朝着为最广大客户群体提供优质金融服务的现代化全能型银行的目标迈进。

托管业务介绍

1998年5月，经中国证监会和中国人民银行批准，中国农业银行成为国内首批获取证券投资基金托管业务资格的商业银行之一。同年7月，中国农业银行证券投资基金托管部成立。2004年9月，中国农业银行证券投资基金托管部更名为托管业务部。

中国农业银行是国内托管产品体系最为完善的托管银行之一，已全面覆盖证券投资基金托管、基金管理公司特定客户资产托管、券商资产管理托管、信托计划保管、商业银行理财产品托管、交易及专项资金托管、股权投资基金托管、保险资产托管、合格境外机构投资者(QFII)资产托管、合格境内机构投资者(QDII)资产托管、企业年金基金托管、农保(社保)资金保管等诸多品种。中国农业银行建立了满足各类投资者需求的托管服务体系，产品呈现多元化和系列化趋势。

中国农业银行托管业务发展势头良好。截至2012年12月31日，中国农业银行托管资产规模达29 738亿元，其中，托管证券投资基金140只(不含QDII基金)，净值规模达3 041.2亿元；托管保险资产规模达13 450亿元，居同业首位。中国农业银行合作客户广泛，与基金公司、保险公司、证券公司、信托公司、商业银行、全国社保基金理事会等海内外业内知名资产管理机构建立了托管合作关系。其服务对象遍布全国，从电力、烟草、石化、金融等大中型企业进一步延伸至行政事业单位、高端个人客户、基金会等社会团体。

中国农业银行托管服务水平业内领先。中国农业银行始终坚持以客户为中心，以市场需求为导向，通过持续优化流程，提高服务效率，提升服务质量，完善服务内容，以标准化的基础服务和个性化的增值服务满足各类客户的需求。2012年托管业务品牌声誉持续提升，荣获2012年度第十届中国财经风云榜“最佳资产托管银行”称号。

中国农业银行风控体系严密高效。中国农业银行按照国际标准严格完善风险管理制度，健全内部控制体系，构建风险控制组织架构，落实风险控制措施，有效防范和化解业务风险，切实履行托管人职责，确保托管资产安全。建立了异地灾难环境备份中心和应急方案，有效保证业务处理的连续性。2012年，中国农业银行再次通过了ISAE3402(原SAS70)国际内部控制审计。

中国农业银行托管业务系统水平领先。中国农业银行拥有功能强大的托管业务系统平台，技术性能安全稳定，系统集成管理具有前瞻性和先进性。2012年，中国农业银行加大系统开发力度，增加科技投入，继续推进全流程、自动化托管业务系统建设，推出业内领先的托管业务清算管理(CPS)系统，优化了清算资金汇划流程，提高了资金汇划风险控制水平。

中国农业银行托管业务部全体员工将继续本着“开拓进取、勤勉尽责、诚实守信、严谨自律”的执业原则，为广大客户提供安全、专业、高效的托管服务。

托管证券投资基金业务概览

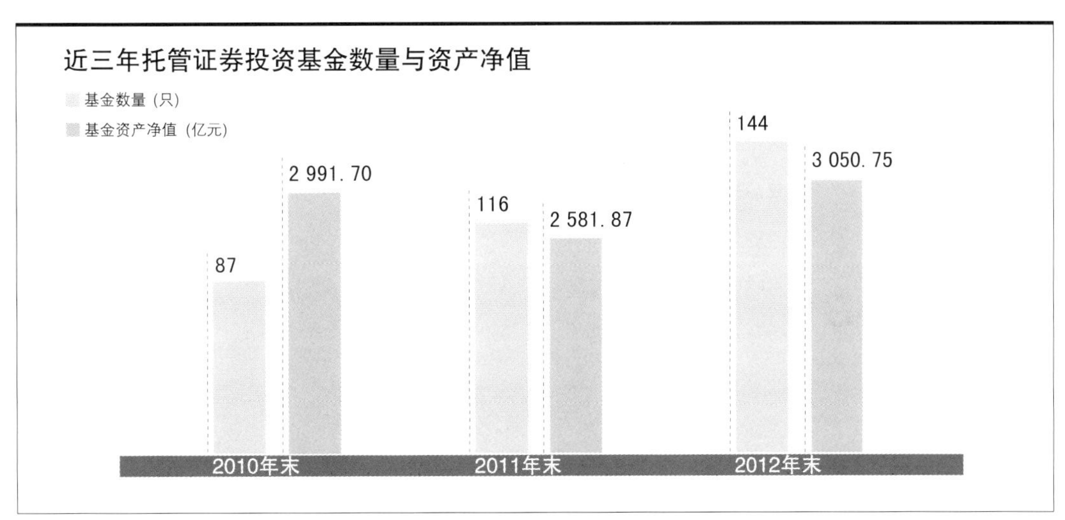

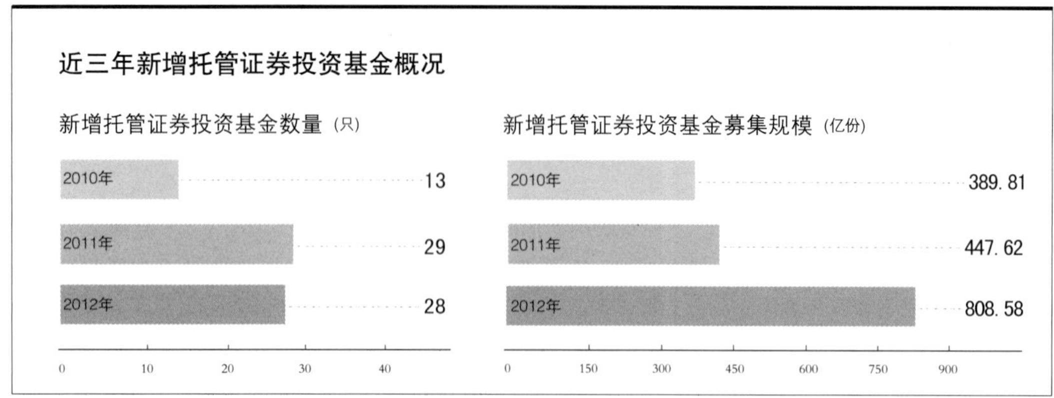

托管封闭式证券投资基金一览(截至2012年12月31日)

（单位：亿份）

序 号	基金代码	基金简称	首发规模	设立日期	管理人简称
1	500006	基金裕阳	20.00	1998.07.25	博时
2	500005	基金汉盛	20.00	1999.05.10	富国
3	184692	基金裕隆	30.00	1999.06.15	博时
4	184701	基金景福	30.00	1999.12.30	大成
5	184728	基金鸿阳	20.00	2001.12.10	宝盈
6	184721	基金丰和	30.00	2002.03.22	嘉实
7	184722	基金久嘉	20.00	2002.07.05	长城

托管开放式证券投资基金一览(截至2012年12月31日)

（单位：亿份）

序 号	基金代码	基金简称	首发规模	设立日期	管理人简称
1	100016	富国天源平衡混合	46.17	2002.08.16	富国
2	080001	长盛成长价值混合	31.67	2002.09.18	长盛
3	213001	宝盈鸿利收益混合	14.46	2002.10.08	宝盈
4	090001	大成价值增长混合	26.05	2002.11.11	大成
5	090002	大成债券	21.53	2003.06.12	大成
6	151001	银河稳健混合	11.87	2003.08.04	银河
7	151002	银河收益债券	18.02	2003.08.04	银河
8	510080	长盛全债指数增强债券	9.25	2003.10.25	长盛
9	519999	长信利息收益货币	70.43	2004.03.19	长信
10	510081	长盛动态精选混合	41.08	2004.05.21	长盛

（续上表）

序号	基金代码	基金简称	首发规模(亿份)	设立日期	管理人简称
11	260104	景顺长城内需增长股票	25.21	2004.06.25	景顺长城
12	161902	万家增强收益债券	21.94	2004.09.28	万家
13	090004	大成精选增值混合	13.36	2004.12.15	大成
14	519996	长信银利精选股票	11.83	2005.01.17	长信
15	100022	富国天瑞强势混合	16.39	2005.04.05	富国
16	160606	鹏华货币	33.54	2005.04.12	鹏华
17	398011	中海分红增利混合	6.03	2005.06.16	中海
18	020007	国泰货币	44.45	2005.06.21	国泰
19	519087	新华优选分红混合	6.19	2005.09.16	新华
20	519688	交银精选股票	48.75	2005.09.29	交银施罗德
21	162206	泰达宏利货币	46.43	2005.11.10	泰达宏利
22	519588	交银货币	47.41	2006.01.20	交银施罗德
23	162607	景顺长城资源垄断股票(LOF)	11.55	2006.01.26	景顺长城
24	519300	大成沪深300指数	18.13	2006.04.06	大成
25	550001	信诚四季红混合	30.06	2006.04.29	信诚
26	100025	富国天时	35.19	2006.06.05	富国
27	450002	国富弹性市值股票	29.13	2006.06.14	富兰克林
28	560001	益民货币市场	17.15	2006.07.17	益民
29	519029	华夏稳增混合	23.46	2006.08.09	华夏
30	200007	长城安心回报混合	14.17	2006.08.22	长城
31	590001	中邮核心优选股票	15.88	2006.09.28	中邮创业
32	260109	景顺长城内需贰号股票	55.28	2006.10.11	景顺长城
33	519692	交银成长股票	69.36	2006.10.23	交银施罗德
34	519100	长盛中证100指数	40.31	2006.11.22	长盛
35	162208	泰达宏利首选企业股票	85.40	2006.12.01	泰达宏利
36	580002	东吴双动力股票	21.44	2006.12.15	东吴
37	160610	鹏华动力增长混合(LOF)	110.23	2007.01.09	鹏华
38	519017	大成积极成长股票	106.12	2007.01.16	大成
39	213003	宝盈策略增长股票	95.68	2007.01.19	宝盈
40	020010	国泰金牛创新股票	88.85	2007.05.18	国泰
41	160910	大成创新成长混合(LOF)	120.78	2007.06.12	大成
42	560003	益民创新优势混合	72.38	2007.07.11	益民
43	590002	中邮核心成长股票	149.57	2007.08.17	中邮创业

（续上表）

序号	基金代码	基金简称	首发规模(亿份)	设立日期	管理人简称
44	000031	华夏复兴股票	49.99	2007.09.10	华夏
45	519039	长盛同德主题股票	122.57	2007.10.25	长盛
46	519019	大成景阳领先股票	88.38	2007.12.11	大成
47	100029	富国天成红利混合	3.41	2008.05.28	富国
48	519991	长信双利优选混合	5.11	2008.06.19	长信
49	450004	国富深化价值股票	7.59	2008.07.03	富兰克林
50	310368	申万菱信竞争优势股票	3.83	2008.07.04	申万菱信
51	519089	新华优选成长股票	2.78	2008.07.25	新华
52	620002	金元惠理成长动力混合	3.74	2008.09.03	金元惠理
53	350006	天治稳健双盈债券	7.88	2008.11.05	天治
54	398031	中海蓝筹混合	7.46	2008.12.03	中海
55	519989	长信利丰债券	8.19	2008.12.29	长信
56	620003	金元惠理丰利债券	14.75	2009.03.23	金元惠理
57	519698	交银先锋股票	44.71	2009.04.10	交银施罗德
58	580005	东吴进取策略混合	10.49	2009.05.06	东吴
59	530009	建信收益增强	79.64	2009.06.02	建信
60	161810	银华内需精选股票(LOF)	68.14	2009.07.01	银华
61	450008	国富沪深300指数	24.24	2009.09.03	富兰克林
62	090009	大成行业轮动股票	30.86	2009.09.08	大成
63	160119	南方500(LOF)	32.23	2009.09.25	南方
64	510010	交银上证180公司治理ETF	10.09	2009.09.25	交银施罗德
65	519686	交银上证180公司治理ETF联接	70.90	2009.09.29	交银施罗德
66	260112	景顺长城能源基建股票	9.34	2009.10.20	景顺长城
67	590003	中邮核心优势混合	39.42	2009.10.28	中邮创业
68	481010	工银中小盘成长股票	23.18	2010.02.10	工银瑞信
69	583001	东吴货币	44.33	2010.05.11	东吴
70	050014	博时创业成长股票	34.22	2010.06.01	博时
71	161713	招商信用添利债券封闭	21.17	2010.06.25	招商
72	110022	易方达消费行业股票	63.73	2010.08.20	易方达
73	161014	富国汇利分级债券	29.99	2010.09.09	富国
74	160915	大成景丰分级债券	32.45	2010.10.15	大成
75	163407	兴全沪深300指数(LOF)	29.55	2010.11.02	兴业全球
76	159905	工银深证红利ETF	6.07	2010.11.05	工银瑞信

（续上表）

序号	基金代码	基金简称	首发规模(亿份)	设立日期	管理人简称
77	481012	工银深证红利ETF联接	26.18	2010.11.09	工银瑞信
78	100051	富国可转债	42.65	2010.12.08	富国
79	090012	大成深证成长40ETF联接	31.30	2010.12.21	大成
80	159906	大成深证成长40ETF	4.99	2010.12.21	大成
81	162214	泰达宏利中小盘股票	27.09	2011.01.26	泰达宏利
82	164902	交银信用添利债券	18.95	2011.01.27	交银施罗德
83	585001	东吴中证新兴产业指数	19.77	2011.02.01	东吴
84	164808	工银四季收益债券	24.03	2011.02.10	工银瑞信
85	217018	招商安瑞进取债券	24.63	2011.03.17	招商
86	470028	汇添富社会责任股票	56.23	2011.03.29	汇添富
87	481013	工银消费服务行业股票	26.51	2011.04.21	工银瑞信
88	161116	易方达黄金主题(QDII—LOF—FOF)	26.57	2011.05.06	易方达
89	590006	中邮中小盘灵活配置混合	17.08	2011.05.10	中邮创业
90	688888	浙商聚潮产业成长股票	12.71	2011.05.17	浙商
91	070022	嘉实领先成长股票	27.71	2011.05.31	嘉实
92	159907	广发中小板300ETF	7.18	2011.06.03	广发
93	270026	广发中小板300联接	9.66	2011.06.09	广发
94	202212	南方保本混合	49.61	2011.06.21	南方
95	519704	交银先进制造股票	19.18	2011.06.22	交银施罗德
96	377240	上投摩根新兴动力股票	4.59	2011.07.13	上投摩根
97	450010	国富策略回报混合	10.14	2011.08.02	富兰克林
98	620007	金元惠理保本混合	2.78	2011.08.16	金元惠理
99	217020	招商安达保本混合	10.32	2011.09.01	招商
100	159913	交银深证300价值ETF	3.32	2011.09.22	交银施罗德
101	160125	南方中国中小盘股票(QDII—LOF)	3.00	2011.09.26	南方
102	519706	交银深证300价值联接	3.74	2011.09.28	交银施罗德
103	161017	富国中证500指数增强(LOF)	4.55	2011.10.12	富国
104	519979	长信内需成长股票	3.55	2011.10.20	长信
105	090016	大成内地消费主题指数	8.51	2011.11.08	大成
106	398061	中海消费主题精选股票	3.37	2011.11.09	中海
107	160808	长盛同瑞中证200指数分级	6.23	2011.12.06	长盛
108	260116	景顺长城核心竞争力股票	9.40	2011.12.20	景顺长城
109	470088	汇添富信用债债券	7.20	2011.12.20	汇添富

（续上表）

序 号	基金代码	基金简称	首发规模(亿份)	设立日期	管理人简称
110	360016	光大保德信行业轮动股票	9.26	2012.02.15	光大保德信
111	457001	国富亚洲机会股票(QDII)	3.28	2012.02.22	富兰克林
112	470098	汇添富逆向投资股票	8.40	2012.03.09	汇添富
113	090018	大成新锐产业股票	20.50	2012.03.20	大成
114	163111	申万菱信中小板指数分级	7.85	2012.05.08	申万菱信
115	270041	广发消费品精选股票	6.49	2012.06.12	广发
116	206013	鹏华金刚保本混合	18.60	2012.06.13	鹏华
117	470014	汇添富理财14天债券	117.85	2012.07.10	汇添富
118	070031	嘉实全球房地产(QDII)	8.36	2012.07.24	嘉实
119	620008	金元惠理新经济主题股票	7.29	2012.07.31	金元惠理
120	582003	东吴保本混合	7.76	2012.08.13	东吴
121	530019	建信社会责任股票	11.11	2012.08.14	建信
122	070035	嘉实理财宝7天债券	95.29	2012.08.29	嘉实
123	450018	国富恒久信用债券	8.07	2012.09.11	富兰克林
124	090021	大成月添利债券	51.19	2012.09.20	大成
125	750002	安信目标收益债券	19.47	2012.09.25	安信
126	100007	富国7天理财宝债券	97.11	2012.10.19	富国
127	519716	交银理财21天债券	85.06	2012.11.05	交银施罗德
128	161119	易方达新综合债券发起式(LOF)	13.84	2012.11.08	易方达
129	485119	工银信用纯债债券	39.00	2012.11.14	工银瑞信
130	090022	大成现金增利货币	48.66	2012.11.20	大成
131	260117	景顺长城支柱产业股票	10.93	2012.11.20	景顺长城
132	110050	易方达月月利理财债券	36.55	2012.11.26	易方达
133	233015	大摩量化配置股票	10.95	2012.12.11	摩根士丹利华鑫
134	206016	鹏华理财21天债券	20.90	2012.12.19	鹏华
135	519718	交银纯债债券	21.17	2012.12.19	交银施罗德
136	400018	东方央视财经50指数	5.46	2012.12.19	东方
137	020033	国泰民安增利债券	18.20	2012.12.26	国泰

成立日期	1983年10月31日	注册资本	2 538.39亿元人民币	法人代表	田国立
获得托管资格时间	1998年7月7日	托管部负责人	李爱华		
联系电话	010-6659 6485	传真号码	010-6659 4853		
公司网址	www.boc.cn	注册地址	北京西城区复兴门内大街1号		
办公地址	北京西城区复兴门内大街1号				

基本情况

1912年2月，经孙中山先生批准，中国银行正式成立。在中华人民共和国成立前的37年间，中国银行先后是当时的国家中央银行、国际汇兑银行和外贸专业银行。在动荡的历史年代，中国银行作为民族金融的支柱，以服务大众、振兴民族金融业为己任，稳健经营，锐意进取，各项业务取得了长足发展。新中国成立后，中国银行成为国家指定的外汇外贸专业银行，继续保持和发扬了顽强创业的企业精神，为国家对外经贸发展、开展经济建设做出了贡献。1994年，随着金融体制改革的深化，中国银行由外汇外贸专业银行向功能完善、服务全面的国有商业银行转化。1994年和1995年，中国银行分别成为香港地区、澳门地区的发钞银行。2004年8月26日，中国银行股份有限公司在北京注册成立，中国银行成为国家控股的股份制商业银行，标志中国银行向建立拥有良好公司治理机制的现代化股份制商业银行的目标迈出了一大步，中国银行历史翻开了新的一页。中国银行于2006年6月1日在香港联合交易所（股份代号：3988）上市，同年7月5日亦在上海证券交易所（股份代号：601988）挂牌上市，进一步扩大了中国银行在国际市场和国内市场的实力和影响力，为中国银行的百年品牌再添美誉。中国银行是国内主要金融服务提供商之一，业务范围涵盖商业银行、投资银行和保险领域，旗下有中银香港、中银国际、中银保险、中银基金、中银航空租赁、中银投资等控股金融机构。商业银行为中国银行的主营业务，包括公司金融、个人金融和金融市场等业务。目前，中国银行曾先后8次被《欧洲货币》评选为“中国最佳银行”和“中国最佳国内银行”，连续20年入选美国《财富》杂志“世界500强”企业，多次被《财资》评为“中国最佳国内银行”，被美国《环球金融》杂志评为“中国最佳外汇银行”。在美国斯坦福大学和IDG集团评选的全球竞争力品牌“中国TOP10”中，中国银行榜上有名。在A+H资本市场整体上市后，中国银行荣获《投资者关系》“最佳IPO投资者关系奖”等多个重要奖项。2010年中国银行在《亚洲银行家》亚洲零售银行卓越大奖评选中获“中国区贸易金融奖”、“亚太区最佳网点建设奖”、“亚太地区人民币业务清算奖”。2011年，中国银行荣获《21世纪经济报道》评选的“亚洲最具影响力银行”、“年度最佳中资私人银行”、“最佳企业公民奖”；荣获英国《金融时报》中国银行业产品创新奖。2012年，中国银行荣获中国银行业协会“年度贸易金融”大奖；荣获英国《银行家》“2012年度中国最佳银行”；荣获“中国资产托管服务公众满意最佳典范品牌”称号等。

作为中国金融行业的百年品牌，中国银行在注重稳健经营的同时积极进取，不断创新，创造了国内银行业的许多第一，在国际结算、外汇资金和贸易融资等领域得到业界和客户的广泛认可和赞誉。中国银行是中国国际化程度最高的银行。1929年，中国银行在伦敦设立第一家海外分行，此后在世界各大金融中心相继开设分支机构。中国银行在国内同业中率先引进国际管理技术人才和经营理念，不断向国际化一流大银行的目标迈进。截至2012年末，除在中国内地外，中国银行在香港、澳门及36个国家和地区拥有分支机构，海外员工数量超过22 000名，拥有广泛的国际银行网络。

托管业务介绍

一、基本概况

1998年7月，经中国证监会和中国人民银行核准，中国银行成为国内首批五家从事基金托管业务的银行之一，同年10月总行基金托管部成立。2005年初正式更名为“托管及投资者服务部”，进一步体现了以客户为中心的经营理念。

经过近15年的发展，中国银行拥有目前业内最为齐全的托管业务资质，取得了所有监管机构开办托管业务的批复，依托遍布全球一万多家境内外分支机构的网络优势，为全球客户的单一或全球市场投资提供本地托管与跨境托管服务。截至2012年末，中银集团托管资产规模逾4万亿元，是业内领先的大型托管银行。

二、亮点与优势

1. **托管业务起步早，托管经验丰富。**中国银行托管业务起步于1998年。2003年率先为中资保险公司的境内投资提供托管服务，2005年首开中资银行跨境托管之先河。多年的业务运营，使中国银行积累了丰富的托管业务经验。经过十余年的持续努力，中国银行托管业务领域和范围不断拓宽，拥有全面的业务资格、业内最为齐全和丰富的托管产品线，服务手段和内容不断深化，风险管理能力不断增强，积累了丰富的托管运作经验。

2. **产品创新引领市场。**中国银行致力于通过创新满足客户需求、引领市场潮流。在几乎所有的托管领域，中国银行均是首家或首批实践者。中国银行首批获得基金、保险、企业年金等托管资格，是国内首家社保资金托管银行与保险资金全托管银行之一，并首批为交易所交易基金(ETF)、QFII、QDII、RQFII、企业年金、信托计划、银行理财、券商资产管理计划等金融产品提供托管服务，RQFII市场份额占全行业第一；中国银行也是最早涉足机构客户QDII、资产证券化等创新业务的托管银行，2012年托管业内单一规模最大的开元信贷资产证券化项目。在托管服务方面，中国银行先后率先推出绩效评估、公司行动、风险分析等托管增值服务，并在业内首家推出“一站式”跨境托管服务。2012年更是抓住金融监管新政的历史机遇，成功推出业内居于领先地位的资本市场重大创新——跨境ETF及联接基金托管，境内跨市场沪深300EFT及联接基金，全面推进金融资产托管创新。

3. **托管客户类型全面。**中国银行拥有最为齐全的托管客户群，其中不但包括以社保基金与保险公司为代表的保险保障类机构、大型央企、主要的基金公司、证券公司、信托公司、商业银行和高端个人客户等客户，还包括众多国际知名金融机构客户。

4. **领先的“一站式”跨境托管能力。**中国银行依托海外机构优势，在国内同业中率先构建海内外一体化的托管综合服务平台。以中国银行担任全球托管行，在不同市场委任海外机构或外资托管行，建立全球托管网络，实现7×24小时全球服务，即“总行+主要海外机构(或外资托管行)”的托管模式，为机构和个人投资者的全球投资活动提供全面托管及相关金融服务。目前中国银行的托管境外投资客户数量和规模居市场领先地位。

5. 托管信息科技水平持续提升。中国银行立足于“国际一流托管银行”的目标，首创的全球托管系统(GCS)获中国人民银行评选的“2012年度银行科技发展奖”二等奖，也成为国内首家与中央国债登记结算公司系统对接直联的托管银行。中国银行通过自主开发与外部购买相结合，构建了功能强大的系统平台，可向客户提供全方位、全流程的托管服务。

6. 严密完善的风险内控体系。2012年中国银行托管业务已连续六年通过两种国际托管专业审计准则(最新标准为ISAE3402和SSAE16)，取得无保留意见的内控审计报告。中国银行通过建立严格的管理制度和规范的操作流程，结合业务经办复核、风控人员检查和系统管控等方式，有效控制账户管理、清算交收、核算估值、投资监督等业务过程中的潜在风险。为防止正常业务行为的意外中断，中国银行还制定了完备的“业务可持续计划(BCP)”应急预案，以保证业务的持续性和托管资金的安全性。

7. 卓越的品牌声誉。经过不懈的努力，“中银托管”品牌在业内建立起较高知名度，蜚声海外，取得了境内外客户、监管机构及同业的认同，近年来获得多项荣誉：2012年获得《经济》杂志“中国资产托管服务公众满意最佳典范品牌”、《首席财务官》杂志“最佳资产托管奖”、《金融理财》杂志“年度金牌创新力托管银行”等奖项。

托管证券投资基金业务概览

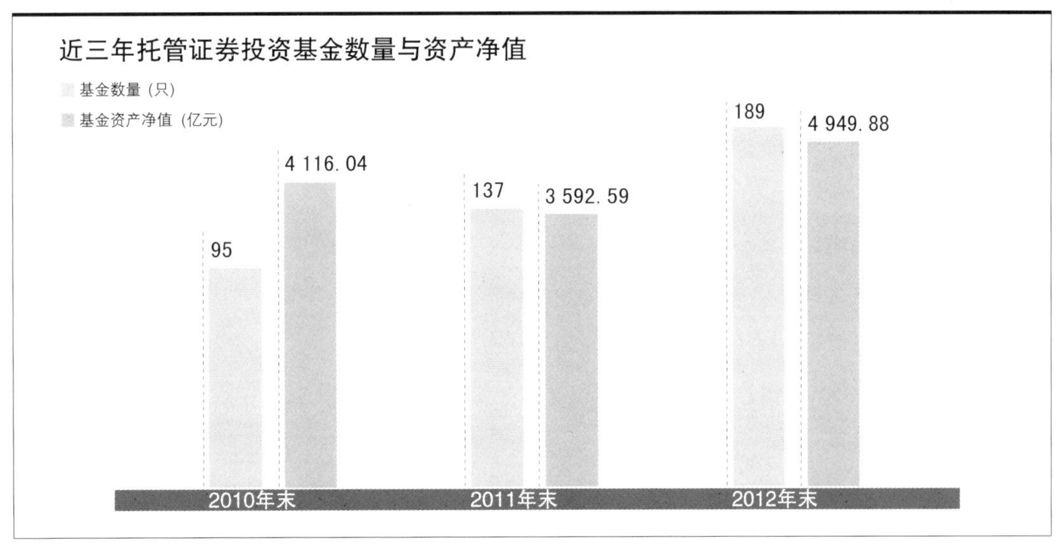

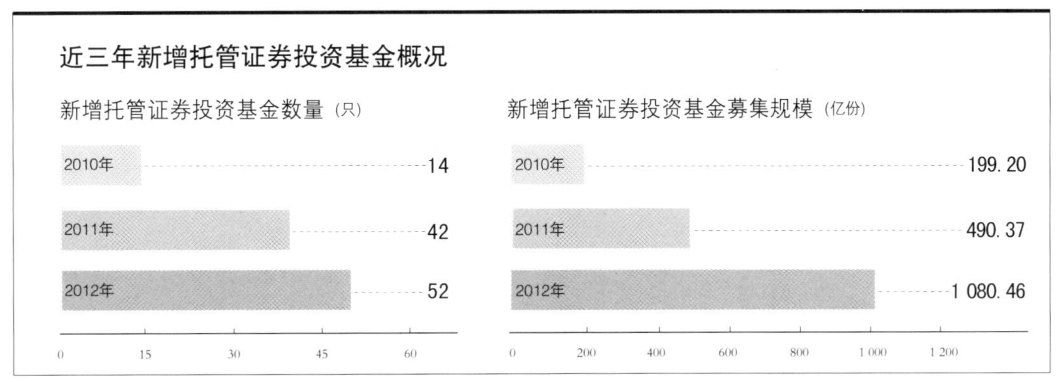

托管封闭式基金产品一览(截至2012年12月31日)

(单位：亿份；亿元)

序号	基金简称	基金代码	设立日期	设立规模	期末资产净值	管理人
1	大成景宏封闭	184691	1999.05.04	20.00	18.00	大成
2	长盛同盛封闭	184699	1999.11.05	30.00	31.06	长盛

托管开放式基金产品一览(截至2012年12月31日)

(单位：亿份；亿元)

序号	基金简称	基金代码	设立日期	设立规模	期末资产净值	管理人
1	易方达平稳增长混合	110001	2002.08.23	46.78	19.97	易方达
2	嘉实成长收益混合	070001	2002.11.05	20.02	50.56	嘉实
3	银华优势企业混合	180001	2002.11.13	16.83	27.74	银华
4	万家180指数	519180	2003.03.17	19.30	55.96	万家
5	金鹰成份优选混合	210001	2003.06.16	15.17	10.35	金鹰
6	嘉实增长混合	070002	2003.07.09	9.45	41.35	嘉实
7	嘉实稳健混合	070003	2003.07.09	10.30	94.59	嘉实
8	嘉实债券	070005	2003.07.09	5.87	9.96	嘉实
9	华夏回报混合	002001	2003.09.05	37.97	101.39	华夏
10	景顺长城优选股票	260101	2003.10.24	8.21	15.50	景顺长城
11	景顺长城动力平衡混合	260103	2003.10.24	5.41	39.74	景顺长城
12	景顺长城货币	260102	2003.10.24	4.74	9.77	景顺长城
13	易方达策略成长混合	110002	2003.12.09	20.35	42.14	易方达
14	泰信天天收益货币	290001	2004.02.10	60.23	5.33	泰信
15	海富通收益增长混合	519003	2004.03.12	130.74	27.00	海富通
16	嘉实服务增值行业混合	070006	2004.04.01	90.33	65.19	嘉实
17	招商先锋混合	217005	2004.06.01	16.05	47.02	招商
18	大成蓝筹稳健混合	090003	2004.06.03	22.34	101.62	大成
19	泰达宏利精选股票	162204	2004.07.09	20.16	37.69	泰达宏利
20	华夏大盘精选混合	000011	2004.08.11	19.28	24.87	华夏
21	易方达积极成长混合	110005	2004.09.09	11.58	51.45	易方达
22	海富通货币	519505	2005.01.04	9.65	91.86	海富通
23	易方达货币	110006	2005.02.02	36.22	681.28	易方达
24	景顺长城鼎益股票(LOF)	162605	2005.03.16	4.46	45.87	景顺长城
25	嘉实货币	070008	2005.03.18	29.47	249.73	嘉实
26	华泰柏瑞盛世中国股票	460001	2005.04.27	9.01	55.13	华泰柏瑞
27	南方高增长股票(LOF)	160106	2005.07.13	12.77	33.43	南方

（续上表）

序 号	基金简称	基金代码	设立日期	设立规模	期末资产净值	管理人
28	海富通股票	519005	2005.07.29	4.20	31.92	海富通
29	嘉实沪深300ETF联接(LOF)	160706	2005.08.29	8.67	294.14	嘉实
30	工银核心价值股票	481001	2005.08.31	43.47	87.01	工银瑞信
31	华宝兴业动力组合股票	240004	2005.11.17	5.35	17.28	华宝兴业
32	嘉实超短债债券	070009	2006.04.26	61.46	7.74	嘉实
33	银华优质增长股票	180010	2006.06.09	98.35	51.33	银华
34	嘉实主题混合	070010	2006.07.21	55.23	93.31	嘉实
35	华夏回报二号混合	002021	2006.08.14	63.27	51.87	华夏
36	易方达策略成长二号混合	112002	2006.08.16	36.57	38.37	易方达
37	大成2020生命周期混合	090006	2006.09.13	11.13	73.98	大成
38	国泰金鹏蓝筹混合	020009	2006.09.29	12.49	13.63	国泰
39	华宝兴业先进成长股票	240009	2006.11.07	61.14	23.04	华宝兴业
40	泰信优质生活股票	290004	2006.12.15	15.92	11.54	泰信
41	长盛同智优势混合(LOF)	160805	2007.01.05	108.39	17.68	长盛
42	国富潜力组合股票	450003	2007.03.22	87.57	38.61	国海富兰克林
43	海富通精选贰号混合	519015	2007.04.09	86.00	13.61	海富通
44	华泰柏瑞积极成长混合	460002	2007.05.29	89.21	22.49	华泰柏瑞
45	国泰沪深300指数	020011	2007.11.11	8.03	62.23	国泰
46	华夏行业股票(LOF)	160314	2007.11.22	124.24	61.05	华夏
47	国投瑞银稳定增利债券	121009	2008.01.11	41.96	13.37	国投瑞银
48	易方达稳健收益债券	110007	2008.01.29	114.57	8.16	易方达
49	银河成长股票	519668	2008.05.26	3.70	1.26	银河
50	嘉实研究精选股票	070013	2008.05.27	18.11	37.17	嘉实
51	长盛创新先锋混合	080002	2008.06.04	8.48	1.89	长盛
52	国泰金鹿保本混合	020018	2008.06.12	25.41	8.66	国泰
53	易方达中小盘股票	110011	2008.06.19	12.27	23.73	易方达
54	华泰柏瑞价值增长股票	460005	2008.07.16	4.06	5.25	华泰柏瑞
55	工银大盘蓝筹股票	481008	2008.08.04	14.35	4.18	工银瑞信
56	银华领先策略股票	180013	2008.08.20	3.58	10.70	银华
57	泰达宏利集利债券	162210	2008.09.26	22.94	27.54	泰达宏利
58	华宝兴业大盘精选股票	240011	2008.10.07	4.90	6.89	华宝兴业
59	华夏策略混合	002031	2008.10.23	15.84	10.88	华夏
60	国富强化收益债券	450005	2008.10.24	10.75	1.30	国海富兰克林

（续上表）

序号	基金简称	基金代码	设立日期	设立规模	期末资产净值	管理人
61	宝盈核心优势混合	213006	2009.03.17	7.77	0.89	宝盈
62	国富成长动力股票	450007	2009.03.25	11.10	5.75	国海富兰克林
63	泰信蓝筹精选股票	290006	2009.04.22	10.75	8.78	泰信
64	华泰柏瑞货币	460006	2009.05.06	23.40	22.17	华泰柏瑞
65	国泰区位优势股票	020015	2009.05.27	19.09	5.10	国泰
66	招商行业领先股票	217012	2009.06.19	44.75	9.43	招商
67	东方核心动力股票	400011	2009.06.24	7.72	1.39	东方
68	金鹰行业优势股票	210003	2009.07.01	21.67	7.96	金鹰
69	泰信债券增强收益	290007	2009.07.29	11.76	1.20	泰信
70	万家稳健增利债券	519186	2009.08.12	12.83	13.31	万家
71	嘉实回报混合	070018	2009.08.18	101.04	17.23	嘉实
72	海富通中证100指数(LOF)	162307	2009.10.30	20.87	11.66	海富通
73	易方达深证100ETF联接	110019	2009.12.01	189.25	77.61	易方达
74	大摩强收益债券	233005	2009.12.29	3.61	1.66	摩根士丹利华鑫
75	泰达宏利财富大盘指数	162213	2010.04.23	11.65	3.11	泰达宏利
76	华安行业轮动股票	040016	2010.05.11	18.06	6.19	华安
77	嘉实价值优势股票	070019	2010.06.07	39.32	30.21	嘉实
78	华泰柏瑞量化先行股票	460009	2010.06.22	7.33	1.19	华泰柏瑞
79	诺德中小盘股票	570006	2010.06.28	3.64	2.65	诺德
80	民生加银稳健成长股票	690004	2010.06.29	7.76	1.33	民生加银
81	博时宏观回报债券	050016	2010.07.27	21.49	2.02	博时
82	易方达岁丰添利债券	161115	2010.11.09	26.79	27.64	易方达
83	国富中小盘股票	450009	2010.11.23	30.52	18.63	国海富兰克林
84	国联安上证商品ETF联接	257060	2010.12.01	12.94	6.97	国联安
85	华泰柏瑞上证中小盘ETF联接	460220	2011.01.26	4.83	0.55	华泰柏瑞
86	长城中小盘股票	200012	2011.01.27	9.53	3.11	长城
87	易方达医疗保健行业股票	110023	2011.01.28	38.13	23.62	易方达
88	景顺长城稳定收益债券	261001	2011.03.25	15.74	1.36	景顺长城
89	国泰上证180金融ETF联接	020021	2011.03.31	9.84	5.28	国泰
90	诺德优选30股票	570007	2011.05.05	11.81	4.75	诺德
91	泰达宏利聚利分级债券	162215	2011.05.13	15.82	18.15	泰达宏利
92	国联安优选行业股票	257070	2011.05.23	13.67	7.70	国联安
93	长盛同鑫保本混合	080007	2011.05.24	30.32	12.36	长盛

（续上表）

序号	基金简称	基金代码	设立日期	设立规模	期末资产净值	管理人
94	金鹰中证技术领先指数增强	210007	2011.06.01	4.32	0.70	金鹰
95	泰信中证200指数	290010	2011.06.09	3.17	0.95	泰信
96	大成内需增长股票	090015	2011.06.14	14.30	4.86	大成
97	招商深证TMT50ETF联接	217019	2011.06.27	6.06	2.45	招商
98	银华永祥保本混合	180028	2011.06.28	14.29	7.40	银华
99	嘉实深证基本面120联接	070023	2011.08.01	8.27	4.67	嘉实
100	嘉实信用债券	070025	2011.08.08	36.66	15.94	嘉实
101	华宝兴业上证180成长ETF联接	240019	2011.08.09	6.37	1.80	华宝兴业
102	易方达资源行业股票	110025	2011.08.16	24.12	7.31	易方达
103	华安深证300指数（LOF）	160415	2011.09.02	6.08	2.61	华安
104	平安大华行业先锋股票	700001	2011.09.20	31.98	18.01	平安大华
105	华泰柏瑞信用增利债券	164606	2011.09.22	2.12	2.12	华泰柏瑞
106	泰信中小盘精选股票	290011	2011.10.26	2.62	0.78	泰信
107	海富通国策导向股票	519033	2011.11.16	5.53	0.55	海富通
108	中邮上证380指数增强	590007	2011.11.22	4.57	0.54	中邮创业
109	泰达宏利500指数分级	162216	2011.12.01	14.35	0.59	泰达宏利
110	长盛同禧信用增利债券	080009	2011.12.06	37.01	1.21	长盛
111	银华中证内地资源指数分级	161819	2011.12.08	13.02	9.01	银华
112	平安大华深证300指数增强	700002	2011.12.20	4.18	1.01	平安大华
113	嘉实安心货币	070028	2011.12.28	17.72	23.94	嘉实
114	工银中证500指数	164809	2012.01.31	3.41	1.46	工银瑞信
115	上投摩根健康品质生活股票	377150	2012.02.01	6.72	1.61	上投摩根
116	招商优势企业混合	217021	2012.02.01	14.12	0.83	招商
117	国泰中小板300成长ETF联接	020025	2012.03.15	6.93	0.70	国泰
118	景顺长城优信增利债券	261002	2012.03.15	18.11	1.70	景顺长城
119	诺德周期策略股票	570008	2012.03.21	5.68	1.14	诺德
120	长盛电子信息产业股票	080012	2012.03.27	4.37	1.51	长盛
121	诺安中证创业成长指数分级	163209	2012.03.29	12.09	1.39	诺安
122	信诚双盈分级债券	165517	2012.04.13	3.64	3.92	信诚
123	民生加银信用双利债券	690006	2012.04.25	50.29	7.37	民生加银
124	工银量化策略股票	481017	2012.04.26	24.33	9.96	工银瑞信
125	信诚周期轮动股票(LOF)	165516	2012.05.07	3.08	1.35	信诚
126	国富研究精选股票	450011	2012.05.22	7.52	2.44	国海富兰克林

（续上表）

序号	基金简称	基金代码	设立日期	设立规模	期末资产净值	管理人
127	诺安汇鑫保本混合	320020	2012.05.28	36.06	33.30	诺安
128	平安大华策略先锋混合	700003	2012.05.29	4.59	0.80	平安大华
129	华宝短融50	240021	2012.06.12	18.23	1.79	华宝兴业
130	华安双月鑫短期理财债券	040033	2012.06.14	55.27	3.12	华安
131	大成景恒保本混合	090019	2012.06.15	10.72	8.87	大成
132	景顺长城上证180等权重ETF联接	263001	2012.06.25	2.45	0.73	景顺长城
133	上投摩根分红添利债券	370021	2012.06.25	22.36	7.39	上投摩根
134	嘉实优化红利股票	070032	2012.06.26	5.89	1.41	嘉实
135	长盛同鑫二号保本混合	080015	2012.07.10	13.65	12.02	长盛
136	招商信用增强债券	217023	2012.07.20	37.19	33.30	招商
137	大成优选股票(LOF)	160916	2012.07.27	46.74	24.76	大成
138	华宝兴业资源优选股票	240022	2012.08.21	5.03	1.27	华宝兴业
139	大成中证500沪市ETF联接	090020	2012.08.28	3.22	0.57	大成
140	博时医疗保健行业股票	050026	2012.08.28	2.77	1.67	博时
141	诺德深证300指数分级	165707	2012.09.10	4.97	0.53	诺德
142	华夏安康债券	001031	2012.09.11	54.76	23.24	华夏
143	汇添富多元收益债券	470010	2012.09.18	19.88	5.33	汇添富
144	广发双债添利债券	270044	2012.09.20	21.14	10.56	广发
145	长盛添利30天理财债券	080016	2012.10.26	41.39	11.33	长盛
146	平安大华添利债券	700005	2012.11.27	23.56	23.68	平安大华
147	信诚理财7日盈债券	550012	2012.11.27	28.39	2.83	信诚
148	长盛添利60天理财发起式	080018	2012.11.29	22.52	23.29	长盛
149	大成理财21天债券发起式	090023	2012.11.29	36.21	13.35	大成
150	华泰柏瑞稳健收益债券	460008	2012.12.04	22.59	13.10	华泰柏瑞
151	国泰现金管理货币	020031	2012.12.11	32.80	22.61	国泰
152	国投瑞银纯债债券	121013	2012.12.11	25.81	25.89	国投瑞银
153	信诚添金分级债	555001	2012.12.12	30.93	30.90	信诚
154	银华中证中票50指数债券(LOF)	161821	2012.12.13	33.89	33.94	银华
155	华安信用增强债券	040045	2012.12.24	9.11	9.12	华安
156	长盛同丰分级债券	160810	2012.12.27	19.97	19.98	长盛

托管ETF基金产品一览(截至2012年12月31日)

(单位：亿份；亿元)

序号	基金简称	基金代码	设立日期	设立规模	期末资产净值	管理人
1	易方达深证100ETF	159901	2006.03.24	51.58	194.80	易方达
2	国联安上证商品ETF	510170	2010.11.26	9.42	11.15	国联安
3	华泰柏瑞上证中小盘ETF	510220	2011.01.26	3.48	0.88	华泰柏瑞
4	国泰上证180金融ETF	510230	2011.03.31	5.66	9.64	国泰
5	深证TMT50ETF	159909	2011.06.27	3.47	2.62	招商
6	嘉实深证基本面120ETF	159910	2011.08.01	4.86	5.15	嘉实
7	华宝兴业上证180成长ETF	510280	2011.08.04	8.22	3.73	华宝兴业
8	国泰中小板300成长ETF	159917	2012.03.15	3.45	0.72	国泰
9	嘉实沪深300ETF	159919	2012.05.07	193.33	411.33	嘉实
10	景顺长城上证180等权重ETF	510420	2012.06.12	12.70	4.10	景顺长城
11	大成中证500沪市ETF	510440	2012.08.24	5.41	0.93	大成

托管QDII基金产品一览(截至2012年12月31日)

(单位：亿份；亿元)

序号	基金简称	基金代码	设立日期	设立规模	期末资产净值	管理人
1	嘉实海外中国股票(QDII)	070012	2007.10.12	297.50	109.19	嘉实
2	工银全球股票(QDII)	486001	2008.02.14	31.56	10.39	工银瑞信
3	银华全球优选(QDII—FOF)	183001	2008.05.26	4.17	0.86	银华
4	长盛环球行业股票(QDII)	080006	2010.05.26	3.40	0.51	长盛
5	华泰柏瑞亚洲(QDII)	460010	2010.12.02	1.40	0.67	华泰柏瑞
6	信诚金砖四国配置(QDII—FOF—LOF)	165510	2010.12.17	3.99	0.61	信诚
7	海富通大中华股票(QDII)	519602	2011.01.27	8.22	0.81	海富通
8	招商标普金砖四国指数(QDII—LOF)	161714	2011.02.11	4.37	1.13	招商
9	华宝兴业成熟市场(QDII)	241002	2011.03.15	5.65	0.62	华宝兴业
10	大成标普500等权重指数QDII	096001	2011.03.23	8.23	0.98	大成
11	长信标普100等权重指数(QDII)	519981	2011.03.30	5.08	0.56	长信
12	博时抗通胀增强回报(QDII—FOF)	050020	2011.04.25	19.41	5.85	博时
13	华安大中华升级股票(QDII)	040021	2011.05.17	4.35	0.97	华安
14	信诚全球商品主题(QDII—FOF—LOF)	165513	2011.12.20	2.95	0.52	信诚
15	上投摩根全球天然资源股票(QDII)	378546	2012.03.26	4.13	0.57	上投摩根
16	易方达标普消费品指数增强(QDII)	118002	2012.06.04	3.84	0.59	易方达
17	建信全球资源股票(QDII)	539003	2012.06.26	4.98	0.34	建信
18	广发纳斯达克100指数(QDII)	270042	2012.08.15	2.55	1.36	广发
19	华夏恒生ETF	159920	2012.08.09	35.86	4.54	华夏
20	华夏恒生ETF联接	000071	2012.08.21	8.55	3.00	华夏

成立日期	2004年9月17日	注册资本	2 500亿元人民币	法人代表	王洪章
获得托管资格时间	1998年3月18日	托管部负责人	杨新丰		
联系电话	010-6759 5003	传真号码	010-6659 4853		
公司网址	www.ccb.com				
办公地址	北京市西城区闹市口大街1号院1号楼				

基本情况

中国建设银行股份有限公司拥有悠久的经营历史，其前身“中国人民建设银行”于1954年成立，1996年易名为“中国建设银行”。中国建设银行是中国四大商业银行之一。中国建设银行股份有限公司由原中国建设银行于2004年9月分立而成立，承继了原中国建设银行的商业银行业务及相关的资产和负债。中国建设银行(股票代码：939)于2005年10月27日在香港联合交易所主板上市，是中国四大商业银行中首家在海外公开上市的银行。2006年9月11日，中国建设银行又作为第一家H股公司晋身恒生指数。2007年9月25日中国建设银行A股在上海证券交易所上市并开始交易。A股发行后中国建设银行的已发行股份总数为：250 010 977 486股(包括240 417 319 880股H股及9 593 657 606股A股)。

截至2013 年6月30日，中国建设银行资产总额148 592.14亿元，较上年末增长6.34%。2013年上半年，中国建设银行实现净利润1 199.64亿元，较上年同期增长12.65%。年化资产回报率为1.66%，年化加权净资产收益率为23.90%。利息净收入1 876.60亿元，较上年同期增长10.59%。净利差为2.54%，较上年同期提高0.01个百分点。净利息收益率为2.71%，与上年同期持平。手续费及佣金净收入555.24亿元，较上年同期增长12.76%。

中国建设银行在中国内地设有1.4万余个分支机构，并在香港、新加坡、法兰克福、约翰内斯堡、东京、首尔、纽约、胡志明市、悉尼及墨尔本设有分行，在台北、莫斯科设有代表处，拥有建行亚洲、建银国际和建行伦敦等经营性全资子公司，海外机构已覆盖到全球13个国家和地区，基本完成在全球主要金融中心的网络布局，24小时不间断服务能力和基本服务架构已初步形成。中国建设银行筹建、设立村镇银行26家，拥有建信租赁、建信信托、中德住房储蓄银行、建信基金和建信人寿5家境内子公司，为客户提供一体化全面金融服务能力进一步增强。

中国建设银行得到市场和业界的支持和广泛认可。2012年，中国建设银行主要国际排名位次持续上升，先后荣获国内外知名机构授予的90多个重要奖项。中国建设银行在英国《银行家》杂志联合Brand Finance发布的“世界银行品牌500强”以及Interbrand发布的“2012年度中国最佳品牌”中，位列中国银行业首位；在美国《财富》杂志“世界500强排名”中列第77位，较上年上升31位。中国建设银行在2005年及自2009年起连续四年被国际权威杂志《全球托管人》评为“中国最佳托管银行”，在2007年及2008年连续被《财资》杂志评为“国内最佳托管银行”奖，并获和讯网2011年度和2012年度中国“最佳资产托管银行”奖，和境内权威经济媒体《每日经济观察》2012年度“最佳基金托管银行”奖。

中国建设银行总行设投资托管业务部，下设综合处、基金市场处、证券保险资产市场处、理财信托股权市场处、QFII托管处、核算处、清算处、监督稽核处、涉外资产核算团队、养老金托管处、托管业务系统规划与管理团队、上海备份中心等12个职能处室、团队，现有员工225人。自2007年起，托管部连续聘请外部会计师事务所对托管业务进行内部控制审计，并已经成为常规化的内控工作手段。

托管业务介绍

中国建设银行积极关注资本市场发展动向，真诚与优秀基金公司、证券公司、保险公司、企业年金等客户合作，不断优化产品结构，不失时机地推出新的托管产品。在服务客户方面，根据不同的客户需求，提供个性化服务，不断提高托管服务水平，使各项投资托管业务持续稳定发展。业务发展的主要特点是：

一、托管业务规模快速增长

截至2012年末，中国建设银行投资托管业务规模2.70万亿元，增幅31.07%。证券投资基金托管规模6 230.88亿元，稳居市场第二；新增托管证券投资基金61只，新增托管基金份额1 553亿份。保险资产托管规模4 194.85亿元， 较上年增长54.88%。合格境外机构投资者(QFII)客户新增8家，在台湾地区和私募股权投资机构领域领先国内同业。

投资托管业务坚持“紧盯市场、差别化营销”客户策略，积极营销优质目标客户，市场地位不断提升，于2013年6月末，该行投资托管规模2.77万亿元。托管证券投资基金新增只数、新增份额市场第一；合格境外机构投资者(QFII)托管新增客户5家，首单人民币境外机构投资者(RQFII)托管业务正式投入运营；保险资产托管规模4 707.73亿元，较上年末增长12.23%。成功托管国内首只债券交易型开放式指数基金(ETF)、美股跨境ETF；首批获许开办由企业年金基金投资管理人发行、监管部门备案确认的企业年金养老金产品托管业务；首只证券公司专项资产管理计划托管业务正式运营。

二、托管业务流程和风险控制进一步规范

中国建设银行遵守《证券投资基金法》和中国证监会、银监会、保监会、劳动和社会保障部等监管部门的规定，勤勉尽责，较好地履行了托管人的各项职责；通过优化业务流程和加强内控管理，防范操作风险；认真完成基金、特定客户资产管理业务、QFII、QDII投资、集合理财、保险托管资产和企业年金等托管业务的日常监督工作，发现问题及时核实和协调，对管理人的投资运作及时进行风险提示；按照中国证监会的要求，建立了相关的基金投资运作监督技术系统环境，切实保证托管资产的安全完整，维护了投资者的利益。

中国建设银行经安永会计师事务所根据国际同业普遍认同并接受的美国注册会计师协会(AICPA)颁布的服务机构第70号审计标准文件(SAS70)，完成了严格的内部控制审计。安永会计师事务所对中国建设银行托管业务流程和内部控制的优势给予了充分的肯定。中国建设银行成为取得国际同业普遍认同并接受的SAS70国际专项认证的托管银行。中国建设银行第三期托管服务SAS70(美国注册会计师协会(AICPA)颁布的服务机构第70号审计标准文件)内部控制审计于2010年6月份完成。审计为投资托管服务业务安全、稳定运营提供了可靠的保障。

三、投资托管业务运营服务水平进一步提高

在客户各类需求不断增加，托管业务品种和投资组合账户数量持续快速增长的情况下，中国建设银行及时准确完成了基金、特定客户资产管理业务、保险、证券、信托、QFII、QDII、养老金、实业投资托管等各类托管业务托管资产的资金清算、会计核算及估值、监督稽核工作，按时完成了各类托管资产日度、月度、季度、半年度及年度报表和报告工作；投资托管服务上海备份中心业务不断扩展，实现了托管业务在北京、上海两地的同时作业，保障了托管资产的安全运营和异地备份；按照新会计准则和中国证监会对于年度报告信息披露的要求，完成了大量托管数据追溯调整及报表的编制、复核工作，确保了新会计准则实施中第一次年度报告信息披露工作的圆满完成；作为首批中国证监会关于基金信息披露标准化工作试点的托管银行之一，中国建设银行顺利完成了XBRL系统开发、调试、培训及与基金公司联网测试工作，加快了基金信息披露标准化的工作进程。

托管证券投资基金业务概览

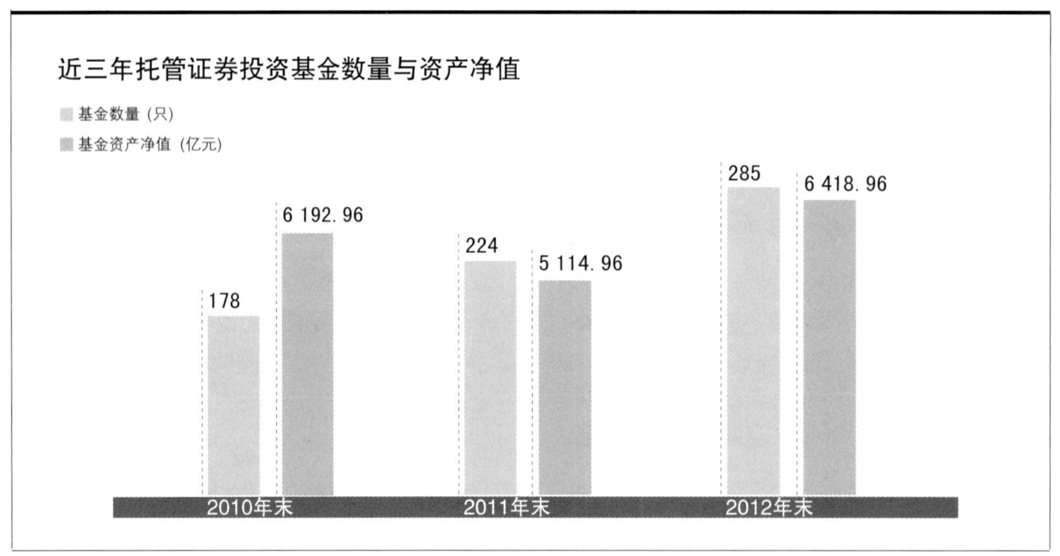

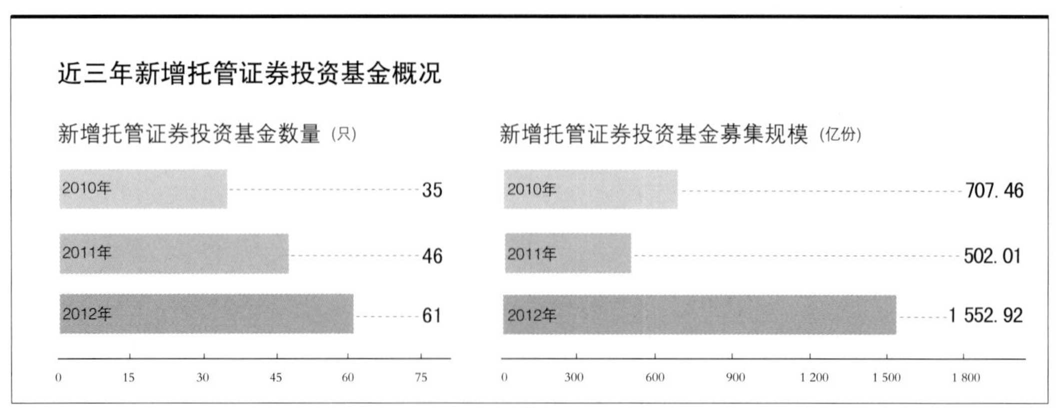

托管封闭式证券投资基金一览(截至2012年12月31日)

（单位：亿份）

序 号	基金代码	基金名称	设立份额	合同生效日	管理人
1	500008	基金兴华	20.00	1998.04.28	华夏
2	500002	基金泰和	20.00	1999.04.08	嘉实
3	500018	基金兴和	30.00	1999.07.14	华夏
4	500011	基金金鑫	30.00	1999.10.21	国泰
5	500038	基金通乾	20.00	2001.08.29	融通
6	500058	基金银丰	30.00	2002.08.15	银河

托管开放式证券投资基金一览(截至2012年12月31日)

（单位：亿份）

序 号	基金代码	基金名称	募集份额	合同生效日	管理人
1	000001	华夏成长混合	32.36830106	2001.12.18	华夏
2	161601	融通新蓝筹混合	22.18864742	2002.09.13	融通
3	050001	博时价值增长混合	30.46983711	2002.10.09	博时
4	240001	华宝兴业宝康消费品混合	15.40046055	2003.07.15	华宝兴业
5	240002	华宝兴业宝康配置混合	10.66581835	2003.07.15	华宝兴业
6	240003	华宝兴业宝康债券	12.87074042	2003.07.15	华宝兴业
7	050002	博时沪深300指数	51.2278486	2003.08.26	博时
8	200001	长城久恒平衡混合	12.83428734	2003.10.31	长城
9	180002	银华保本增值混合	60.72208769	2004.03.02	银华
10	003003	华夏现金增利货币	64.23528712	2004.04.07	华夏
11	240005	华宝兴业多策略股票	52.29237143	2004.05.11	华宝兴业
12	020005	国泰金马稳健混合	12.30737844	2004.06.18	国泰
13	180003	银华-道琼斯88指数	10.85412424	2004.08.11	银华
14	375010	上投摩根中国优势混合	16.68842673	2004.09.15	上投摩根
15	400001	东方龙混合	11.30234808	2004.11.25	东方
16	160505	博时主题行业股票(LOF)	12.08907078	2005.01.06	博时
17	410001	华富竞争力优选混合	6.00803457	2005.03.02	华富
18	240006	华宝兴业现金宝货币A	23.13988356	2005.03.31	华宝兴业
19	370010	上投摩根货币A	9.91196238	2005.04.13	上投摩根
20	002011	华夏红利混合	7.698534	2005.06.30	华夏
21	050006	博时稳定价值债券B	45.79053362	2005.08.24	博时
22	519001	银华价值优选股票	5.18839216	2005.09.27	银华
23	377010	上投摩根阿尔法股票	7.67319309	2005.10.11	上投摩根

（续上表）

序 号	基金代码	基金名称	募集份额	合同生效日	管理人
24	288002	华夏收入股票	5.43486644	2005.11.17	华夏
25	482002	工银货币	88.38501211	2006.03.20	工银瑞信
26	200006	长城消费增值股票	9.15198173	2006.04.06	长城
27	510180	华安上证180ETF	10.72807826	2006.04.13	华安
28	373010	上投摩根双息平衡混合	64.34951617	2006.04.26	上投摩根
29	162207	泰达宏利效率优选混合(LOF)	43.31970454	2006.05.12	泰达宏利
30	159902	华夏中小板ETF	39.65335792	2006.06.08	华夏
31	519690	交银稳健配置混合	70.11427455	2006.06.14	交银施罗德
32	240008	华宝兴业收益增长混合	23.39342609	2006.06.15	华宝兴业
33	410002	华富货币	8.51982753	2006.06.21	华富
34	483003	工银精选平衡混合	83.67767127	2006.07.13	工银瑞信
35	160607	鹏华价值优势股票(LOF)	18.75734451	2006.07.18	鹏华
36	288102	中信稳定双利债券	42.06143039	2006.07.20	华夏
37	040005	华安宏利股票	16.83963684	2006.09.06	华安
38	378010	上投摩根成长先锋股票	54.80643191	2006.09.20	上投摩根
39	050201	博时价值增长贰号混合	16.92536829	2006.09.27	博时
40	519013	海富通风格优势股票	22.17258171	2006.10.19	海富通
41	180012	银华富裕主题股票	50.69268393	2006.11.16	银华
42	000021	华夏优势增长股票	141.01845041	2006.11.24	华夏
43	550002	信诚精萃成长股票	32.69759359	2006.11.27	信诚
44	481004	工银稳健成长股票	122.28605754	2006.12.06	工银瑞信
45	610001	信达澳银领先增长股票	83.34367918	2007.03.08	信达澳银
46	519021	国泰金鼎价值混合	98.56972934	2007.04.11	国泰
47	570001	诺德价值优势股票	79.06975443	2007.04.19	诺德
48	519035	富国天博创新股票	47.54945539	2007.04.27	富国
49	161610	融通领先成长股票(LOF)	17.71153385	2007.04.30	融通
50	485105	工银增强收益债券A	36.80068016	2007.05.11	工银瑞信
51	240010	华宝兴业行业精选股票	99.98141906	2007.06.14	华宝兴业
52	481006	工银红利股票	58.40378996	2007.07.18	工银瑞信
53	162209	泰达宏利市值优选股票	118.67940891	2007.08.03	泰达宏利
54	200008	长城品牌优选股票	113.82918813	2007.08.06	长城
55	519694	交银蓝筹股票	117.41756475	2007.08.08	交银施罗德
56	110017	易方达增强回报债券A	29.96919786	2008.03.19	易方达

（续上表）

序号	基金代码	基金名称	募集份额	合同生效日	管理人
57	202009	南方盛元红利股票	62.13372685	2008.03.21	南方
58	519680	交银增利债券A/B	103.15946854	2008.03.31	交银施罗德
59	485107	工银添利债券A	48.28223135	2008.04.14	工银瑞信
60	213008	宝盈资源优选股票	0.52982717	2008.04.15	宝盈
61	040009	华安稳定收益债券A	31.30395745	2008.04.30	华安
62	340007	兴全社会责任股票	13.88444275	2008.04.30	兴业全球
63	213007	宝盈增强收益债券A/B	10.7367858	2008.05.15	宝盈
64	050010	博时特许价值股票	4.77192344	2008.05.28	博时
65	160612	鹏华丰收债券	20.99719647	2008.05.28	鹏华
66	410004	华富收益增强债券A	7.56843513	2008.05.28	华富
67	400007	东方策略成长股票	3.29260029	2008.06.03	东方
68	550003	信诚盛世蓝筹股票	4.55625581	2008.06.04	信诚
69	540004	汇丰晋信2026周期混合	3.34793474	2008.07.23	汇丰晋信
70	166002	中欧新蓝筹混合	3.25072353	2008.07.25	中欧
71	610002	信达澳银精华配置混合	5.33735213	2008.07.30	信达澳银
72	090008	大成强化收益债券	27.63416769	2008.08.06	大成
73	200009	长城稳健增利债券	12.89286072	2008.08.27	长城
74	630002	华商盛世成长股票	3.84936572	2008.09.23	华商
75	550004	信诚三得益债券A	19.92396119	2008.09.27	信诚
76	080003	长盛积极配置债券	13.61279052	2008.10.08	长盛
77	160613	鹏华盛世创新股票(LOF)	11.44932019	2008.10.10	鹏华
78	040011	华安核心股票	8.13364975	2008.10.22	华安
79	161010	富国天丰强化债券(LOF)	19.97741014	2008.10.24	富国
80	360008	光大保德信增利收益债券A	13.65539857	2008.10.29	光大保德信
81	571002	诺德灵活配置混合	2.38700716	2008.11.05	诺德
82	582001	东吴优信稳健债券A	14.8129189	2008.11.05	东吴
83	180015	银华增强收益债券	24.6619259	2008.12.03	银华
84	400009	东方稳健回报债券	10.18882238	2008.12.10	东方
85	410006	华富策略精选混合	2.59330736	2008.12.24	华富
86	200010	长城双动力股票	4.85606015	2009.01.15	长城
87	379010	上投摩根中小盘股票	8.25940005	2009.01.21	上投摩根
88	630003	华商收益增强债券A	12.44954391	2009.01.23	华商
89	360010	光大保德信均衡精选股票	10.40245412	2009.03.04	光大保德信

（续上表）

序 号	基金代码	基金名称	募集份额	合同生效日	管理人
90	573003	诺德增强收益债券	11.84234685	2009.03.04	诺德
91	481009	工银沪深300指数	36.05864301	2009.03.05	工银瑞信
92	020019	国泰双利债券A	19.79957326	2009.03.11	国泰
93	550006	信诚经典优债A	15.63621646	2009.03.11	信诚
94	690001	民生加银品牌蓝筹混合	27.18246402	2009.03.27	民生加银
95	610003	信达澳银稳定价值债券A	11.40081704	2009.04.08	信达澳银
96	162211	泰达宏利品质生活混合	12.94571231	2009.04.09	泰达宏利
97	166003	中欧稳健收益A	21.5179971	2009.04.24	中欧
98	519670	银河行业股票	6.92439832	2009.04.24	银河
99	519025	海富通领先成长股票	26.64517207	2009.04.30	海富通
100	160806	长盛同庆	146.85567144	2009.05.12	长盛
101	519185	万家精选股票	16.39271578	2009.05.18	万家
102	519113	浦银安盛精致生活混合	8.36466511	2009.06.04	浦银安盛
103	100035	富国优化增强债券A/B	58.1889121	2009.06.10	富国
104	200011	长城景气行业龙头混合	19.64240156	2009.06.30	长城
105	350007	天治趋势精选混合	5.25912573	2009.07.15	天治
106	690002	民生增强收益债券A	15.90509148	2009.07.21	民生加银
107	166005	中欧价值发现股票	7.14451115	2009.07.24	中欧
108	519987	长信恒利优势股票	9.84191354	2009.07.30	长信
109	213009	宝盈货币A	14.55089424	2009.08.05	宝盈
110	050012	博时策略配置混合	88.01443597	2009.08.11	博时
111	110020	易方达沪深300指数	167.41713086	2009.08.26	易方达
112	257050	国联安主题驱动股票	8.43660229	2009.08.26	国联安
113	550008	信诚优胜精选股票	23.55620361	2009.08.26	信诚
114	163808	中银中证100指数增强	35.56166654	2009.09.04	中银
115	206002	鹏华精选成长股票	30.13054771	2009.09.09	鹏华
116	620004	金元惠理价值增长股票	4.11971849	2009.09.11	金元惠理
117	233006	大摩领先优势股票	7.04231252	2009.09.22	摩根士丹利华鑫
118	570005	诺德成长优势股票	5.14582007	2009.09.22	诺德
119	040180	华安上证180ETF联接	11.24421642	2009.09.29	华安
120	240014	华宝兴业中证100指数	20.08465719	2009.09.29	华宝兴业
121	660004	农银策略价值股票	77.86540051	2009.09.29	农银汇理
122	161811	银华沪深300指数(LOF)	6.69901627	2009.10.14	银华

（续上表）

序 号	基金代码	基金名称	募集份额	合同生效日	管理人
123	160211	国泰中小盘成长股票(LOF)	45.12989593	2009.10.19	国泰
124	360011	光大保德信动态优选混合	7.3304485	2009.10.28	光大保德信
125	630005	华商动态阿尔法混合	22.9850114	2009.11.24	华商
126	610004	信达澳银中小盘股票	18.68390857	2009.12.01	信达澳银
127	162212	泰达宏利红利先锋股票	13.96033968	2009.12.03	泰达宏利
128	000061	华夏盛世精选股票	187.10173716	2009.12.11	华夏
129	540007	汇丰晋信中小盘股票	22.33309589	2009.12.11	汇丰晋信
130	519671	银河沪深300指数	8.7087893	2009.12.28	银河
131	050013	超大ETF联接	19.06056696	2009.12.29	博时
132	510020	超大ETF	14.06708966	2009.12.29	博时
133	580006	东吴新经济股票	8.00643535	2009.12.30	东吴
134	090010	大成中证红利指数	18.69617524	2010.02.02	大成
135	519093	新华钻石品质企业股票	19.36938537	2010.02.03	新华
136	690003	民生加银精选股票	24.74634611	2010.02.03	民生加银
137	213010	宝盈中证100指数增强	2.81223193	2010.02.08	宝盈
138	550009	信诚中小盘股票	6.03788107	2010.02.10	信诚
139	660005	农银中小盘股票	97.26189932	2010.03.25	农银汇理
140	163001	长信中证央企100指数(LOF)	7.42975017	2010.03.26	长信
141	162509	国联安双禧中证100指数	9.82019785	2010.04.16	国联安
142	270022	广发内需增长混合	42.25946137	2010.04.19	广发
143	233007	大摩卓越成长股票	22.63480779	2010.05.18	摩根士丹利华鑫
144	630006	华商产业升级股票	9.99077026	2010.06.18	华商
145	161813	银华信用债券(LOF)	22.95423328	2010.06.29	银华
146	519700	交银主题优选混合	32.34778165	2010.06.30	交银施罗德
147	519672	银河蓝筹精选股票	6.60588334	2010.07.16	银河
148	610005	信达澳银红利回报股票	5.94516801	2010.07.28	信达澳银
149	165508	信诚深度价值股票(LOF)	5.24023797	2010.07.30	信诚
150	630007	华商稳健双利债券A	19.87002518	2010.08.09	华商
151	160215	国泰价值经典股票(LOF)	12.76571824	2010.08.13	国泰
152	660006	农银汇理大盘蓝筹股票	39.16524337	2010.09.01	农银汇理
153	121012	国投瑞银优化增强债券A/B	39.86200594	2010.09.08	国投瑞银
154	164105	华富强化回报债券	19.98972737	2010.09.08	华富
155	320012	诺安主题精选股票	33.09062287	2010.09.15	诺安

（续上表）

序 号	基金代码	基金名称	募集份额	合同生效日	管理人
156	165509	信诚增强收益债券	22.65300754	2010.09.29	信诚
157	160617	鹏华丰润债券封闭	13.35072302	2010.12.02	鹏华
158	180025	银华信用双利债券A	30.60941395	2010.12.03	银华
159	233008	大摩消费领航混合	37.56261779	2010.12.03	摩根士丹利华鑫
160	240017	华宝兴业新兴产业股票	36.3225434	2010.12.07	华宝兴业
161	050018	博时行业轮动股票	14.00298664	2010.12.10	博时
162	519116	浦银安盛沪深300指数增强	8.14650876	2010.12.10	浦银安盛
163	376510	上投摩根大盘蓝筹股票	11.90182911	2010.12.20	上投摩根
164	671010	纽银策略优选股票	10.62757169	2011.01.25	纽银
165	519097	新华中小市值优选股票	7.4277342	2011.01.28	新华
166	202023	南方成长混合	22.16633494	2011.01.30	南方
167	165511	信诚中证500指数	3.74118555	2011.02.11	信诚
168	630009	华商稳定增利债券A	33.37849086	2011.03.15	华商
169	161816	银华中证等权90指数分级	32.39893022	2011.03.17	银华
170	161907	万家中证红利指数(LOF)	10.88413533	2011.03.17	万家
171	550010	信诚货币A	30.10111289	2011.03.23	信诚
172	161216	国投瑞银双债债券封闭A	12.37423155	2011.03.29	国投瑞银
173	200013	长城积极增利债券A	16.78143191	2011.04.12	长城
174	040020	华安升级主题股票	41.18599416	2011.04.22	华安
175	233009	大摩多因子策略股票	10.43431652	2011.05.17	摩根士丹利华鑫
176	519676	银河保本混合	10.57309407	2011.05.31	银河
177	630010	华商价值精选股票	12.77802231	2011.05.31	华商
178	610006	信达澳银产业升级股票	8.34707002	2011.06.13	信达澳银
179	540010	汇丰晋信科技先锋股票	5.75142303	2011.07.27	汇丰晋信
180	519678	银河消费驱动股票	5.24035493	2011.07.29	银河
181	165512	信诚新机遇股票(LOF)	4.24082517	2011.08.01	信诚
182	162712	广发聚利债券	3.35706574	2011.08.05	广发
183	320016	诺安多策略股票	12.4883463	2011.08.09	诺安
184	372010	上投摩根强化回报债券A	16.72579149	2011.08.10	上投摩根
185	020023	国泰事件驱动股票	17.30951151	2011.08.17	国泰
186	673010	纽银新动向混合	3.47308175	2011.08.18	纽银
187	162308	海富通稳进增利分级债券	2.20476483	2011.09.01	海富通
188	159911	鹏华深证民营ETF	5.68507072	2011.09.02	鹏华

（续上表）

序号	基金代码	基金名称	募集份额	合同生效日	管理人
189	206010	鹏华深证民营ETF联接	2.88321667	2011.09.02	鹏华
190	510290	南方上证380ETF	3.30429892	2011.09.16	南方
191	202025	南方380	3.24062176	2011.09.20	南方
192	519683	交银双利债券A/B	11.36101629	2011.09.26	交银施罗德
193	161818	银华消费分级股票	5.08574297	2011.09.28	银华
194	580008	东吴新产业精选股票	2.81575123	2011.09.28	东吴
195	080008	长盛同祥泛资源主题股票	9.41564638	2011.10.26	长盛
196	050022	博时回报灵活配置混合	6.06175102	2011.11.08	博时
197	233010	大摩深证300指数增强	4.21871132	2011.11.15	摩根士丹利华鑫
198	690007	民生加银景气行业股票	31.9832618	2011.11.22	民生加银
199	110035	易方达双债增强债券A	16.03975176	2011.12.01	易方达
200	410010	华富中小板指数增强型	6.7443138	2011.12.09	华富
201	161219	国投瑞银新兴产业混合(LOF)	6.49908474	2011.12.13	国投瑞银
202	040025	华安科技动力股票	8.97723871	2011.12.20	华安
203	730001	方正富邦创新动力股票	13.13157862	2011.12.26	方正富邦
204	160217	国泰信用互利分级债券	5.395726	2011.12.29	国泰
205	162010	长城久兆中小300指数分级	9.65751818	2012.01.30	长城
206	165515	信诚沪深300指数分级	3.90145246	2012.02.01	信诚
207	240020	华宝兴业医药生物优选股票	5.54322042	2012.02.28	华宝兴业
208	690008	民生中证内地资源主题指数	6.82579362	2012.03.08	民生加银
209	165806	东吴深证100指数增强(LOF)	3.85079709	2012.03.09	东吴
210	233011	大摩主题优选股票	4.4267278	2012.03.13	摩根士丹利华鑫
211	162510	国联安双力中小板分级	8.08948084	2012.03.23	国联安
212	050024	博时上证自然资源ETF联接	3.09488331	2012.04.10	博时
213	510410	博时上证自然资源ETF	9.10249589	2012.04.10	博时
214	206012	鹏华价值精选股票	3.34728308	2012.04.16	鹏华
215	200015	长城优化升级股票	5.23177241	2012.04.20	长城
216	161019	富国新天锋定期开放债券	9.45314447	2012.05.07	富国
217	162714	广发深证100指数分级	5.67583565	2012.05.07	广发
218	166105	信达澳银稳定增利分级债券	3.03937661	2012.05.07	信达澳银
219	040028	华安月月鑫短期理财债券A	182.21270243	2012.05.09	华安
220	229002	泰达宏利逆向股票	5.52493751	2012.05.23	泰达宏利
221	519034	海富通中证内地低碳指数	7.56109208	2012.05.25	海富通

（续上表）

序 号	基金代码	基金名称	募集份额	合同生效日	管理人
222	630011	华商主题精选股票	4.06300366	2012.05.31	华商
223	470060	汇添富理财60天债券A	160.52788278	2012.06.12	汇添富
224	750001	安信灵活配置混合	7.43292609	2012.06.20	安信
225	160417	华安沪深300指数分级	6.07221794	2012.06.25	华安
226	675011	纽银稳健双利债券A	14.60990934	2012.06.26	纽银
227	110030	易方达沪深300量化增强	2.4886558	2012.07.05	易方达
228	202108	南方润元A	85.57314826	2012.07.20	南方
229	164702	汇添富季季红定期开放债券	6.21837619	2012.07.26	汇添富
230	200016	长城保本混合	19.14749902	2012.08.02	长城
231	519712	交银阿尔法核心股票	11.44189796	2012.08.03	交银施罗德
232	690009	民生加银红利回报混合	30.44375837	2012.08.09	民生加银
233	485118	工银7天理财债券A	392.51879163	2012.08.22	工银瑞信
234	510430	银华上证50等权ETF	11.79868394	2012.08.23	银华
235	233012	大摩多元收益债券A	34.44879899	2012.08.28	摩根士丹利华鑫
236	180033	银华上证50等权ETF联接	2.85633117	2012.08.29	银华
237	206015	鹏华纯债债券	23.84767337	2012.09.03	鹏华
238	610007	信达澳银消费优选股票	6.52429303	2012.09.04	信达澳银
239	700004	平安大华保本混合	10.1908831	2012.09.11	平安大华
240	160809	长盛同辉深100等权重指数分级	8.44010149	2012.09.13	长盛
241	161118	易方达中小板指数分级	4.01025503	2012.09.20	易方达
242	519188	万家信用恒利债券A	14.83618238	2012.09.21	万家
243	020029	国泰6个月短期理财债券A	17.27620661	2012.09.25	国泰
244	370023	上投摩根中证消费指数	4.43742489	2012.09.25	上投摩根
245	001057	华夏理财30天债券A	25.6979509	2012.10.24	华夏
246	360019	光大添天盈季度理财债券A	20.51940874	2012.10.25	光大保德信
247	519714	交银沪深300行业等权指数	3.00448538	2012.11.07	交银施罗德
248	166902	民生加银平稳增利A	12.68143063	2012.11.15	民生加银
249	730002	方正富邦红利精选股票	2.30887866	2012.11.20	方正富邦
250	040038	华安日日鑫货币A	9.2658659	2012.11.26	华安
251	370024	上投摩根核心优选股票	2.83486257	2012.11.28	上投摩根
252	050028	博时安心收益定开债券A	23.22232428	2012.12.06	博时
253	210012	金鹰货币A	29.25440807	2012.12.07	金鹰
254	070037	嘉实纯债债券A	13.83944356	2012.12.11	嘉实

（续上表）

序号	基金代码	基金名称	募集份额	合同生效日	管理人
255	630012	华商现金增利货币A	5.12971848	2012.12.11	华商
256	100070	富国强收益定期开放债券A	8.74430779	2012.12.18	富国
257	690010	民生加银现金增利货币A	144.5070863	2012.12.18	民生加银
258	675021	纽银稳定增利债券A	5.22780613	2012.12.25	纽银
259	040042	华安7日鑫短期理财债券A	29.6500358	2012.12.26	华安
260	730003	方正富邦货币A	8.53037403	2012.12.26	方正富邦
261	511990	华宝兴业现金添益ETF	0.1802628	2012.12.27	华宝兴业

托管QDII基金一览(截至2012年12月31日)

（单位：亿份；亿元）

序号	基金代码	基金名称	募集份额	合同生效日	管理人
1	000041	华夏全球股票(QDII)	300.55638128	2007.10.09	华夏
2	241001	华宝兴业海外中国股票(QDII)	4.62709489	2008.05.07	华宝兴业
3	519601	海富通中国海外股票(QDII)	5.08856821	2008.06.27	海富通
4	519696	交银环球精选股票(QDII)	5.08425628	2008.08.22	交银施罗德
5	160213	国泰纳斯达克100指数(QDII)	5.55982545	2010.04.29	国泰
6	486002	工银全球精选股票(QDII)	5.85845815	2010.05.25	工银瑞信
7	160717	嘉实恒生中国企业(QDII–LOF)	10.16850356	2010.09.30	嘉实
8	206006	鹏华环球发现(QDII–FOF)	5.34464663	2010.10.12	鹏华
9	161815	银华抗通胀主题(QDII–FOF–LOF)	6.90933252	2010.12.06	银华
10	378006	上投摩根全球新兴市场股票(QDII)	3.49551403	2011.01.30	上投摩根
11	163813	中银全球策略(QDII–FOF)	10.59555415	2011.03.03	中银
12	229001	泰达宏利全球新格局(QDII–FOF)	4.42125592	2011.07.20	泰达宏利
13	162411	华宝兴业标普油气上游股票(QDII–LOF)	3.73243682	2011.09.29	华宝兴业
14	206011	鹏华美国房地产(QDII)	2.84943235	2011.11.25	鹏华
15	160416	华安标普石油指数(QDII–LOF)	5.29058682	2012.03.29	华安
16	160216	国泰大宗商品配置(QDII–LOF–FOF)	3.09291927	2012.05.03	国泰
17	519709	交银全球资源股票(QDII)	6.28520198	2012.05.22	交银施罗德
18	001061	华夏海外收益债券A(QDII)	19.77718869	2012.12.07	华夏
19	001063	华夏海外收益债券C(QDII)	19.77718869	2012.12.07	华夏
20	001065	华夏海外收益债券现汇(QDII)	19.77718869	2012.12.07	华夏
21	001066	华夏海外收益债券现钞(QDII)	19.77718869	2012.12.07	华夏

（资产托管业务）

1998年

交通银行成为首批获得托管业务资格的5家商业银行之一

2001年

交通银行成功代理发行并托管了中国第一只开放式基金——华安创新基金

2002年

托管了全国第一只纯债券基金——华夏债券基金

2002年底，交通银行在全国社保理事会托管行招标中排名第一，成为全国社保基金二家托管人之一。目前，交通银行负责托管全国社保基金委托资产的较多组合，并托管全国社保基金理事会的全部自营资产。

2003年

托管了国内第一只伞型基金——湘财合丰行业系列基金

交通银行在与日兴资产管理公司合作的过程中，初步探索了以公募基金形式成立的QFII托管运作模式。由于"日兴中国人民币国债母基金"是我国首只以公募基金形式申请的QFII，实际运作无先例可借鉴，为此，交通银行成功开创了"双信托"的模式，取得了监管部门的一致认可。

率先在业内提供绩效评估增值服务，研制基金风险管理与绩效评估系统，形成集成熟金融工程理论、方法和业务实践于一体的风险分析绩效评估体系。

2004年

托管了国内第一批准货币市场基金——博时现金收益基金

2005年

6月，交通银行托管亚洲债券二期中国子基金，是该基金在中国地区的唯一次托管人。

8月，交通银行获得劳动和社会保障部首批认定的企业年金基金账户管理与托管业务资格，成为五大银行中同时获得两项业务资格的两家商业银行之一。

（资产托管业务）

2006年

6月，交通银行获得产业投资基金托管资格，以强大的托管实力、缜密的产业基金托管方案，一举中标，成为国内首只大型契约型的产业投资基金——渤海产业投资基金的唯一托管银行。

8月，成为国内首批QDII业务托管银行，与境外托管代理行合作开始QDII托管业务。

交通银行通过SAS70的评审，这标志着交通银行资产托管部的内控水平达到了国际领先标准，也是最早通过该审计标准的托管银行之一。

2007年

7月，托管首单保险资产债权投资计划产品。

交通银行资产托管部荣获全国金融〞五一〞劳动奖状

交通银行荣获亚洲著名期刊《财资》杂志评选的“中国年度最佳次托管行”奖项

2008年

交通银行荣获《首席财务官》杂志评选的“最佳资产托管行”

2010年

交通银行荣获《首席财务官》杂志评选的“最佳资产托管奖”和“最佳企业年金服务奖”

成为中国保险保障基金投资资产唯一托管银行

成为国内首只参与股指期货的基金公司专户产品的托管银行

2011年

4月，托管全国首只国家级母基金——国创开元股权投资母基金。

交通银行再次荣获亚洲著名期刊《财资》杂志评选的“中国年度最佳次托管行”奖项

2012年

6月，交通银行与易方达基金管理公司合作的易方达恒生中国企业ETF及联接基金正式获批发行。该基金为国内首批跨境ETF产品，具有里程碑重要意义。

交通银行打造成为中国“养老金最大管理银行”

成立日期	1987年3月30日	注册资本	742.62亿元人民币	法人代表	牛锡明
获得托管资格时间	1998年7月3日	托管部负责人	刘树军		
联系电话	021-5878 1234	传真号码	021-6270 1265		
公司网址	ww.bankcomm.com	注册地址	浦东新区银城中路188号		
办公地址	上海市浦东新区银城中路188号				

基本情况

交通银行始建于1908年，是中国历史最悠久的银行之一，也是近代中国发钞行之一。交通银行先后于2005年6月和2007年5月在香港联交所、上交所挂牌上市，是中国2010年上海世博会的商业银行全球合作伙伴。目前，交通银行已经发展成为一家“发展战略明确、公司治理完善、机构网络健全、经营管理先进、金融服务优质、财务状况良好”的具有百年民族品牌的现代化商业银行。

托管业务介绍

交通银行托管业务走过了十多年不断发展创新之路，业务领域和范围不断拓宽，服务手段和服务内容不断深化，风险控制能力不断增强，逐步建立并形成了自身业务特色，已成为国内各类资产托管资格齐全的商业银行之一，在市场上树立了良好的服务形象。

交通银行托管业务起步于1998年，是国内第一批五家托管银行之一，拥有齐全的业务资格，包括证券投资基金托管业务资格、委托资产托管资格、全国社会保障基金理事会委托资产与自营资产托管资格、QFII托管资格、QDII托管资格、基本养老保险个人账户托管资格、农村社会保障基金托管资格、投资连结保险产品托管资格、保险资金股票投资托管资格、企业年金基金托管资格、产业投资基金托管资格等。

交通银行一直把业务创新作为托管业务发展的生命线，在国内托管行业中，始终走在业务创新的前列，具有丰富的多领域托管服务创新经验和能力，享有较好的业务创新声誉：托管国内第一只开放式基金，第一只纯债券基金，第一只伞型基金；成功当选亚洲债券二期(ABF2)中国子基金(准QFII)的次托管人；首批开展QFII托管业务；成功托管我国金融市场上第一单租赁权资产证券化业务；成功托管我国首只完全以人民币募集的区域性产业投资基金(渤海产业基金)；首次开展投资股权类集合资金信托计划托管业务，推出国内首单专户理财托管服务，是保险保障基金的唯一托管行等等。

交通银行在业务起步时就非常重视内控环境的建设，先后建立了一套比较完备、行之有效的内部风险控制机制。交通银行注重引入国际先进的风险管理理念，不断提升风险管理水平。2002年率先进行引入外部审计对托管业务开展内控评审的尝试，2006年成功将国际先进的SAS70内控审计标准应用于国内的托管实践，并作为一项长效措施坚持每年实施，已连续5年通过SAS70内控审计标准评审。这些风控措施的有效实施，在业务的实际运作中收到了很好的效果，业务运行十年来，保持了优良的运行纪录，托管业务的内控环境持续得到优化。

交通银行托管业务以快速的服务响应、专业的服务水准、良好的服务质量、灵活的系统功能打造了“专业用心、换您放心”的服务形象，在业内享有较好的口碑，得到了监管部门和客户的认可，被香港著名财经杂志《财资》评为中国地区最佳托管银行、国内《首席财务官》杂志评为最佳资产托管奖。

交通银行拥有功能先进的托管业务软、硬件系统，并每年投入大量费用进行系统升级。先进的托管技术系统具有足够快速的响应和处理能力，保证交通银行托管业务处理的安全性、稳定性和可靠性。

交通银行资产托管业务具有专业的服务能力，能为各类托管品种的委托资产提供资产保管、资金清算、会计核算与估值、交易监管等基本托管服务，确保资金汇划顺畅、资产估值准确、投资运作合规、资产保管安全。同时，针对不同客户的个性化需求进行分析研究，不断优化服务内容和服务手段，研发具有前瞻性、领先的托管服务内容，积极延伸托管增值服务，加大托管服务手段的电子化建设，以提供深入的、个性化的托管资产风险和绩效评估、交易清算管理和托管模式设计、网上托管服务等增值服务为目标，不断增加托管服务的附加值，为客户创造更优服务。

交通银行托管服务经过十多年发展已逐步被广大客户认可，形成了一定的品牌形象，与全国社保理事会、国内知名的基金公司、保险公司、证券公司、信托公司等金融机构建立了托管合作关系；在开展企业年金托管业务以来，其服务对象进一步延伸至全国涉及电力、航空、铁路运输、烟草、金融、石化、港口、基础设施建设等行业的数家大型企业。此外，交通银行资产托管业务也在积极与知名的全球托管银行展开紧密合作，为境内合格的机构投资者投资境外市场搭建高效的服务平台。

交通银行资产托管业务拥有一支年轻富有经验的业务运作团队，拥有一支专业的业务运作团队。该团队人员具有多年基金、证券和银行的从业经验，专业分布合理，职业技能优良，职业道德素质过硬，保证了交行的专业水准。

托管证券投资基金业务概览

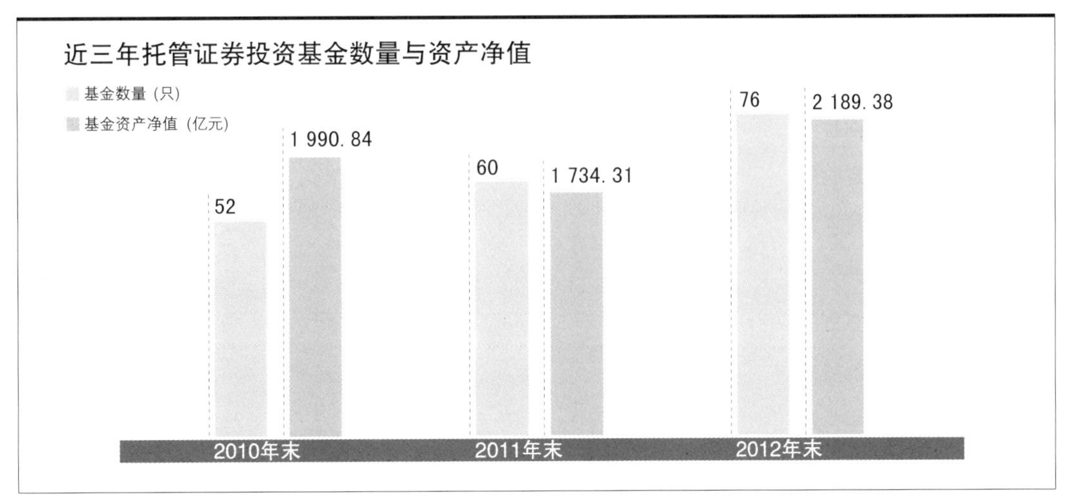

近三年新增托管证券投资基金概况

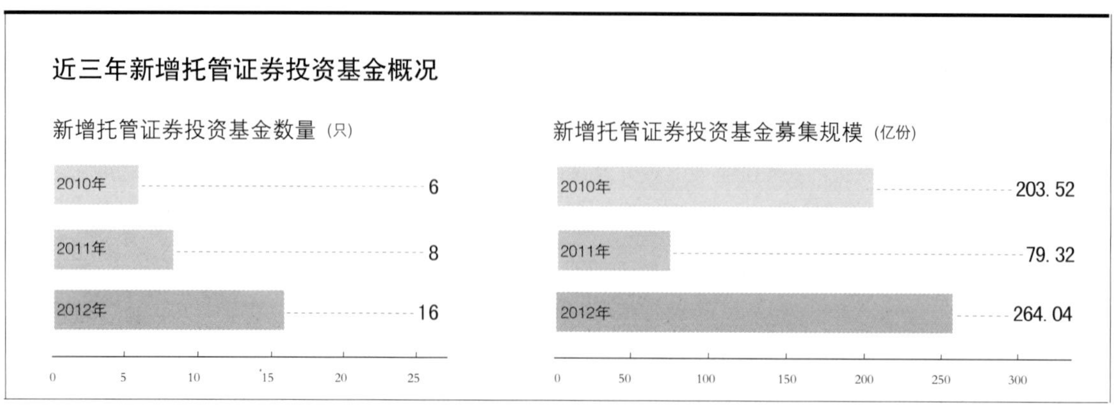

托管封闭式基金产品一览(截至2012年12月31日)

（单位：亿份；亿元）

序 号	基金简称	基金代码	设立日期	设立规模	期末资产净值	管理人
1	鹏华普惠封闭	184689	1999.01.06	20.00	19.08	鹏华
2	华安安顺封闭	500009	1999.06.15	30.00	30.28	华安
3	富国汉兴封闭	500015	1999.12.30	30.00	28.11	富国
4	易方达科瑞封闭	500056	2002.03.12	30.00	27.73	易方达

托管开放式基金产品一览(截至2012年12月31日)

（单位：亿份；亿元）

序 号	基金简称	基金代码	设立日期	设立规模	期末资产净值	管理人
1	华安创新混合	040001	2001.09.21	50.00	52.45	华安
2	国泰金鹰增长股票	020001	2002.05.08	22.26	19.59	国泰
3	华夏债券	001001	2002.10.23	51.33	33.06	华夏
4	泰达宏利成长股票	162201	2003.04.25	10.22	14.85	泰达宏利
5	泰达宏利周期股票	162202	2003.04.25	6.27	6.12	泰达宏利
6	泰达宏利稳定股票	162203	2003.04.25	9.81	1.81	泰达宏利
7	鹏华普天收益混合	160603	2003.07.12	3.43	22.80	鹏华
8	鹏华普天债券	160602	2003.07.12	7.98	11.13	鹏华
9	海富通精选混合	519011	2003.08.22	36.98	75.66	海富通
10	博时现金收益货币	050003	2004.01.16	62.86	468.87	博时
11	易方达上证50指数	110003	2004.03.22	50.49	191.63	易方达
12	融通行业景气混合	161606	2004.04.29	25.47	29.48	融通
13	鹏华中国50混合	160605	2004.05.12	24.45	43.49	鹏华
14	金鹰中小盘精选混合	162102	2004.05.27	5.46	14.93	金鹰

托管开放式基金产品一览(截至2012年12月31日)

(单位：亿份，亿元)

序号	基金简称	基金代码	设立日期	设立规模	期末资产净值	管理人
15	富国天益价值股票	100020	2004.06.15	10.34	85.10	富国
16	华安宝利配置混合	040004	2004.08.24	11.30	44.71	华安
17	中海优质成长混合	398001	2004.09.28	10.18	30.93	中海
18	银河银富货币	150005	2004.12.20	19.38	48.90	银河
19	银华货币	180008	2005.01.31	5.91	86.12	银华
20	泰达宏利风险预算混合	162205	2005.04.05	5.46	2.12	泰达宏利
21	万家公用事业行业股票(LOF)	161903	2005.07.15	3.10	6.06	万家
22	天治核心成长股票(LOF)	163503	2006.01.20	3.13	22.74	天治
23	汇丰晋信2016周期混合	540001	2006.05.23	29.22	5.09	汇丰晋信
24	大摩货币	163303	2006.08.17	13.32	25.81	摩根士丹利华鑫
25	汇丰晋信龙腾股票	540002	2006.09.27	14.36	7.47	汇丰晋信
26	长城久富股票(LOF)	162006	2007.02.12	5.00	20.59	长城
27	汇丰晋信动态策略混合	540003	2007.04.09	52.66	13.88	汇丰晋信
28	华夏蓝筹混合 (LOF)	160311	2007.04.24	5.00	83.39	华夏
29	博时新兴成长股票	050009	2007.07.06	5.00	96.30	博时
30	华安策略优选股票	040008	2007.08.02	5.00	79.98	华安
31	易方达科讯股票	110029	2007.12.18	8.00	42.37	易方达
32	建信优势动力封闭	150003	2008.03.19	46.43	42.35	建信
33	天治创新先锋股票	350005	2008.05.08	2.48	2.06	天治
34	农银行业成长股票	660001	2008.08.04	68.43	36.92	农银汇理
35	易方达科汇灵活配置混合	110012	2008.10.09	8.00	14.43	易方达
36	汇丰晋信平稳增利债券	540005	2008.12.03	19.45	0.57	汇丰晋信
37	金鹰红利价值混合	210002	2008.12.04	3.67	1.06	金鹰
38	农银恒久增利债券	660002	2008.12.23	118.40	1.88	农银汇理
39	农银平衡双利混合	660003	2009.04.08	64.66	7.23	农银汇理
40	汇丰晋信大盘股票	540006	2009.06.24	28.86	11.59	汇丰晋信
41	兴全磐稳增利债券	340009	2009.07.23	14.18	1.38	兴业全球
42	华富中证100指数	410008	2009.12.30	3.37	1.62	华富
43	光大保德信中小盘股票	360012	2010.04.14	8.89	9.90	光大保德信
44	鹏华信用增利债券	206003	2010.05.31	21.72	22.80	鹏华
45	汇丰晋信低碳先锋股票	540008	2010.06.08	6.66	3.12	汇丰晋信
46	工银双利债券	485111	2010.08.16	140.53	23.23	工银瑞信
47	长信量化先锋股票	519983	2010.11.18	3.25	0.98	长信
48	汇丰晋信消费红利股票	540009	2010.12.08	22.49	15.61	汇丰晋信

（续上表）

序号	基金简称	基金代码	设立日期	设立规模	期末资产净值	管理人
49	华夏亚债中国指数	001021	2011.05.25	29.27	25.45	华夏
50	博时深证基本面200ETF联接	050021	2011.06.10	2.89	1.36	博时
51	建信信用增强债券	165311	2011.06.16	7.61	8.46	建信
52	富安达优势成长股票	710001	2011.09.21	10.53	3.30	富安达
53	工银主题策略股票	481015	2011.10.24	6.32	1.93	工银瑞信
54	汇丰晋信货币	540011	2011.11.02	11.55	5.19	汇丰晋信
55	农银中证500指数	660011	2011.11.29	7.11	2.35	农银汇理
56	建信深证100指数增强	530018	2012.03.16	17.47	5.56	建信
57	富安达策略精选混合	710002	2012.04.25	5.83	1.65	富安达
58	金鹰中证500指数分级	162107	2012.06.05	3.93	1.13	金鹰
59	工银纯债定期开放债券	164810	2012.06.21	48.09	48.20	工银瑞信
60	富安达增强收益债券	710301	2012.07.25	6.06	2.41	富安达
61	光大保德信添盛双月理财债券	360021	2012.09.05	34.44	1.15	光大保德信
62	浦银安盛幸福回报债券	519118	2012.09.18	20.15	20.45	浦银安盛
63	浙商聚盈信用债债券	686868	2012.09.18	2.87	1.38	浙商
64	德邦优化股票	770001	2012.09.25	3.23	1.33	德邦
65	汇添富理财28天债券	471028	2012.10.18	17.08	3.02	汇添富
66	中邮稳定收益债券	590009	2012.11.21	32.02	32.15	中邮创业
67	金鹰元泰信用债债券	210010	2012.11.29	17.84	17.88	金鹰
68	诺安中小板等权重ETF联接	320022	2012.12.10	4.09	4.10	诺安

托管ETF基金产品一览(截至2012年12月31日)

（单位：亿份；亿元）

序号	基金简称	基金代码	设立日期	设立规模	期末资产净值	管理人
1	博时深证基本面200ETF	159908	2011.06.10	4.03	1.87	博时
2	诺安中小板等权重ETF	159921	2012.12.10	2.53	2.58	诺安

托管QDII基金产品一览(截至2012年12月31日)

（单位：亿份；亿元）

序号	基金简称	基金代码	设立日期	设立规模	期末资产净值	管理人
1	易方达恒生国企(QDII—ETF)	510900	2012.08.09	16.17	3.95	易方达
2	易方达恒生国企联接(QDII)	110031	2012.08.21	32.22	3.16	易方达

资产托管业务

2012年2月

兴业银行与安华农业保险股份有限公司签署银行间债券回购资金托管协议，实现保险资金传统投资托管业务零的突破。

2012年7月

兴业银行托管资产规模突破10 000亿元大关，列同类托管银行首位。

2012年8月

兴业银行托管首只产业基金“福建新一代信息技术产业基金”。

2012年11月

兴业银行荣获“最佳合作价值托管银行奖”、“2012年度最佳托管银行”。奖项分别由第一财经日报发起的“金融价值榜”和和讯网主办的“2012年第十届财经风云榜”颁发。

兴业银行取得中国银监会、证监会、外管局批复的QFII托管资格。

兴业银行在业内率先引进的深圳赢时胜公司的新一代托管业务系统顺利上线投产。

2012年12月

兴业银行荣获“年度卓越托管服务银行”。该奖项由经济观察报发起的“2011—2012年度中国卓越银行评选”颁发。

法定名称	兴业银行	法人代表	高建平	成立日期	1988年8月26日
注册资本	107.86亿元人民币	获得托管资格时间	2005年4月26日	托管部负责人	吴若曼
联系电话	021-5262 9999	传真号码	021-6215 9217		
公司网址	www.cib.com.cn	电子邮箱	irm@cib.com.cn		
办公地址	上海市江宁路168号兴业大厦20楼				

基本情况

兴业银行成立于1988年8月，是经国务院、中国人民银行批准成立的首批股份制商业银行之一，总行设在福建省福州市，2007年2月5日正式在上海证券交易所挂牌上市(股票代码：601166)，注册资本107.86亿元。

兴业银行主要经营范围包括：吸收公众存款；发放短期、中期和长期贷款；办理国内外结算；办理票据承兑与贴现；发行金融债券；代理发行、代理兑付、承销政府债券；买卖政府债券、金融债券；代理发行股票以外的有价证券；买卖、代理买卖股票以外的有价证券；资产托管业务；从事同业拆借；买卖、代理买卖外汇；结汇、售汇业务；从事银行卡业务；提供信用证服务及担保；代理收付款项及代理保险业务；提供保管箱服务；财务顾问、资信调查、咨询、见证业务；经中国银行业监督管理机构批准的其他业务。

开业二十多年来，兴业银行始终坚持“真诚服务，相伴成长”的经营理念，致力于为客户提供全面、优质、高效的金融服务。截至2012年三季度末，兴业银行资产总额达到29 646.86亿元，股东权益1 378.87亿元，不良贷款比率为0.45%，前三季度累计实现净利润263.41亿元。根据英国《银行家》杂志2012年发布的全球银行1 000强排名，兴业银行按总资产排名列第61位，按一级资本排名列第69位。

目前，兴业银行已在北京、上海、广州、深圳、南京、杭州、天津、沈阳、郑州、济南、重庆、武汉、成都、西安、福州、厦门、太原、昆明、长沙、宁波、温州、义乌、台州、东莞、佛山、无锡、南昌、合肥、乌鲁木齐、大连、青岛、南宁、哈尔滨、石家庄、呼和浩特、长春等全国主要城市设立了83家分行、676家分支机构；拥有全资子公司——兴业金融租赁有限责任公司和控股子公司——兴业国际信托有限公司；在上海、北京设有资金营运中心、信用卡中心、零售银行管理总部、私人银行部、资产托管部、银行合作服务中心、资产管理部、投资银行部、贸易金融部、可持续金融部等总行经营性机构；建立了网上银行“在线兴业”（www.cib.com.cn）、电话银行“95561”和手机银行“无线兴业”（wap.cib.com.cn），与全球1 000多家银行建立了代理行关系。

截至2012年三季末，兴业银行前十大股东依次为：福建省财政厅、恒生银行有限公司、新政泰达投资有限公司、福建烟草海晟投资管理有限公司、福建省龙岩市财政局、湖南中烟工业有限责任公司、内蒙古西水创业股份有限公司、中国电子信息产业集团有限公司、国际金融公司、易方达50指数证券投资基金。

托管业务介绍

一、服务理念及承诺

兴业银行以“服务源自真诚”作为资产托管业务的服务宗旨。高学历、经验丰富的专业化托管从业人员、严密有效的风险控制体系、先进完善的托管系统是兴业银行托管业务蓬勃发展的坚实基础。通过发挥全行资源优势和借助本行强大的结算、销售渠道，兴业银行在市场分析、产品研发、营销策划、募集发行到持续销售等环节上力求为客户资产管理提供更多的优质服务。

兴业银行承诺：兴业银行将严格恪守托管业务操守，凭借兴业银行专业化服务能力和处事认真负责的原则，在依法全力保障客户资产安全的前提下，努力实现客户资产运用的多元化需求。兴业银行将通过提供专业化服务、强化服务品质、持续关注细节，树立兴业一流资产托管业务品牌。

二、业务发展历程及现状

2005年2月，正式成立总行资产托管部。

2005年9月，托管首只开放式基金。

2006年8月，托管首只信托产品。

2007年3月，托管首只证券集合资产管理计划。

2007年5月，托管首只QDII产品。

2008年6月，托管首只PE基金。

2008年11月，托管首只定向资产。

2009年8月，托管首只银行理财产品。

2009年9月，托管首只基金专户产品。

2009年12月，托管首只集合资金TOT信托计划上线。

2010年6月，托管首只保险专项资产管理计划。

2011年3月，首单保险资金债权计划产品托管业务成功落地。

2011年9月，成功介入保险行业首单保险资金不动产投资业务。

2011年11月，托管业内首单投资于信托计划、银行理财等产品的定向资产管理计划。

2012年2月，与安华农业保险股份有限公司签署银行间债券回购资金托管协议，实现兴业银行保险资金传统投资托管业务零的突破。

2012年2月，托管业内首单投资于票据、委托贷款等产品的定向资产管理计划。

2012年7月，托管首单投资于融资融券的定向资产管理计划。

2012年8月，托管首只产业基金“福建新一代信息技术产业基金”。

2012年11月，取得银监会、证监会、外管局批复的QFII托管资格。

截至2012年末，兴业银行托管资产规模超过1.6万亿元，托管规模位列同类银行第一，托管产品数量和托管费收入的市场地位进入行业前五大名次。同时，兴业银行具有丰富的产品线，形成了包括证券投资基金、基金专户、集合资产计划、定向资产、保险资产、QDII资产、QFII资产、信托资产、私募股权基金、银行理财、产业基金、资产证券化等近十余项产品的托管体系，并且与投资基金业、资产管理业、信托业、保险业、证券业、银行同业建立了相互促进、共同发展的关系。

三、业务亮点

真诚服务，创新先行

兴业银行经过数年的发展，以托管服务专业化水准高、市场反应速度快、新产品理解能力强、系统开发响应及时等特点，在同行业中树立了良好的托管服务创新品牌形象，开创了托管业务的多个“率先”，内容涉及券商定向及集合票据投资、指数分级基金、短期类集合理财、滚动回购专项资产管理、伞形信托、融资融券、票据投资类保险产品、股指期货等多个方面。一系列业务创新举措，不仅推动了业务发展，提高了托管服务效率和水平，而且保障了投资者利益，屡获殊荣。兴业银行因优质托管服务创新获得2012年度业内“三项”大奖——2012第一财经金融价值榜“最佳合作价值托管银行”奖、和讯网第十届财经风云榜“2012年度最佳资产托管银行”奖、《经济观察》报第四届中国卓越银行评选“卓越托管服务银行”奖。

整体协同、功能全面、灵活高效的托管业务信息系统集群

兴业银行坚持“统筹规划、分步实施”、“资源整合、特色发展”的思路，经过多年持续的系统研发，建成了实现客户信息交互、托管业务处理、全行关联支撑、外围增值服务等各类功能的托管业务信息系统集群。前端客户交互上，提供了托管网银、电子传真、深证通电子指令、银企直联等多种可选的电子化信息交换模式；在后端的银行账务处理上，通过核心系统直联划款、保证金三方存管、现金管理理财等全行专业系统的对接，提供对托管业务强大的关联支撑；通过风险评估绩效分析系统，账户管理TA系统、年金受托管理系统，根据客户业务开展的需要提供增值服务。

在托管业务核心处理系统方面，与深圳市赢时胜公司进行全面合作开发，建成全资产、全品种、全流程、全功能，满足政策监管要求、符合市场运作规则、运行稳定可靠的托管运营系统平台，并在特色业务创新、多账户管理体系、业务流程再造、高性能批处理能力、内部安全控制、精细化经营管理、关联系统集成等方面加以提升，在全行业领先推出新一代资产托管业务系统，将进一步为兴业银行长期的托管业务安全运营及快速拓展打下坚实强大的系统基础。

重视有效控制与支持创新发展并举的风险管控

兴业银行资产托管业务坚持贯彻“内控优先”的要求和“全面、审慎、有效、独立”的内控原则，在内部控制环境、风险识别和评估、内部控制活动、信息交流与反馈、监督评价与纠正等方面不断强化内部控制措施，健全内部控制机制，确保资产托管业务在依法、合规、安全、稳健的基础上快速发展，建立了架构清晰、控制有效的内部控制机制，内部控制的要求在各重要环节均得到有效执行。

兴业银行的资产托管业务有着严谨而高效的合同文本审核流程，所有的托管业务合同文本，均通过高素质的专家级法务员工审核把关，既有业内领先的响应速度，能保证业务的发展壮大，又以其精湛的专业素质，在业务开展过程中准确把控合规风险，充分维护投资者利益和托管银行自身权益。

2009年12月，外部审计师对兴业银行资产托管业务在相关审计期间内所实施的相关内部控制，在SAS70(美国注册会计师协会审计准则公告第70号)控制及有效性测试独立审计报告中发表了意见，给出了控制描述表达适当，控制目标可以实现的基本结论。

四、积极发挥行业作用

兴业银行主动加强与银行业协会、证券业协会以及基金业协会的沟通；参与行业研讨与专项工作，为推动整个行业的健康发展献计献策；为了维护中国银行业资产托管业务的正常市场秩序，规范托管业务行为，兴业银行还积极参与了《中国银行业资产托管业务自律公约》的修订与签署以及《中国资产托管行业发展报告》的编写工作；同时积极组织参与协会举办的各项培训，做好证券业协会证券执业人员的管理。

托管证券投资基金业务概览

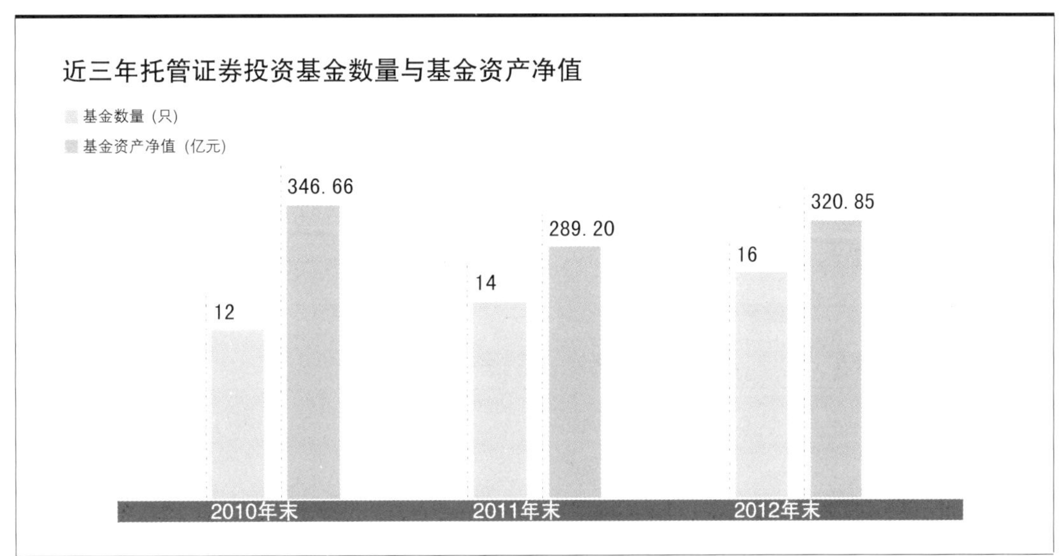

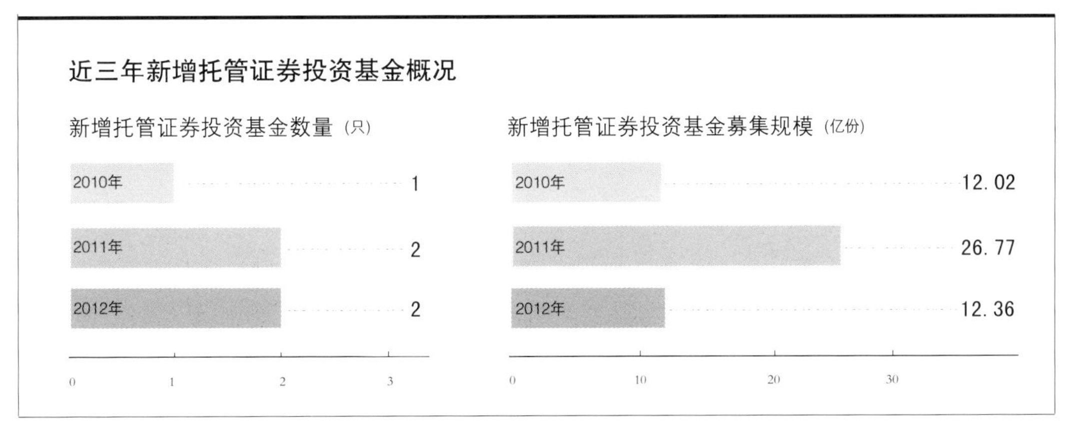

托管开放式证券投资基金一览

（单位：亿份；亿元）

序号	基金简称	基金代码	设立日期	设立规模	期末资产净值	管理人
1	兴全趋势投资混合(LOF)	163402	2005.11.03	9.28	103.93	兴业全球
2	长盛货币	080011	2005.12.12	36.02	41.43	长盛
3	光大保德信红利股票	360005	2006.03.24	5.32	25.54	光大保德信
4	兴全货币	340005	2006.04.27	17.30	7.32	兴业全球
5	兴全全球视野股票	340006	2006.09.20	32.90	62.24	兴业全球
6	万家和谐增长混合	519181	2006.11.30	4.92	13.77	万家
7	中欧新趋势股票(LOF)	166001	2007.01.29	68.75	16.40	中欧
8	天弘永利债券	420002	2008.04.18	6.85	10.33	天弘
9	万家双引擎灵活配置混合	519183	2008.06.27	3.54	0.57	万家
10	天弘永定价值成长股票	420003	2008.12.02	2.91	0.87	天弘
11	兴全有机增长混合	340008	2009.03.25	19.80	16.12	兴业全球
12	中欧沪深300指数增强(LOF)	166007	2010.06.24	12.02	1.89	中欧
13	民生加银内需增长股票	690005	2011.01.28	11.83	4.51	民生加银
14	兴全保本混合	163411	2011.08.03	14.93	8.72	兴业全球
15	中邮战略新兴产业股票	590008	2012.06.12	5.76	0.61	中邮创业
16	银河领先债券	519669	2012.11.29	6.60	6.62	银河

说明：以上数据截至2012年12月31日。

中国民生银行
CHINA MINSHENG BANKING CORP., LTD.

成立日期	1996年1月12日	注册资本	283.655亿元人民币	法人代表	董文标
获得托管资格时间	2004年7月9日	托管部负责人	杨春萍		
联系电话	010-5856 0666	传真号码	010-5856 0794		
公司网址	www.cmbc.com.cn	电子邮箱	service@cmbc.com.cn		
办公地址	北京市西城区复兴门内大街2号				
注册地址	北京市西城区复兴门内大街2号				

基本情况

中国民生银行于1996年1月12日在北京正式成立，是中国首家主要由非公有制企业入股的全国性股份制商业银行，同时又是严格按照《公司法》和《商业银行法》建立的规范的股份制金融企业。多种经济成份在中国金融业的涉足和实现规范的现代企业制度，使中国民生银行有别于国有银行和其他商业银行，而为国内外经济界、金融界所关注。作为中国银行业改革的试验田，民生银行17年来锐意改革、积极进取，业务不断拓展，规模不断扩大，效益逐年递增，保持了快速健康的发展势头，为推动中国银行业的改革创新做出了积极贡献。

2000年12月19日，中国民生银行A股股票(600016)在上海证券交易所挂牌上市。2003年3月18日，中国民生银行40亿元可转换公司债券在上交所正式挂牌交易。2004年11月8日，中国民生银行通过银行间债券市场成功发行了58亿元人民币次级债券，成为中国第一家在全国银行间债券市场成功私募发行次级债券的商业银行。2005年10月26日，民生银行成功完成股权分置改革，成为国内首家完成股权分置改革的商业银行，为中国资本市场股权分置改革提供了成功范例。2009年11月26日，中国民生银行在香港交易所挂牌上市。站在新的历史起点，中国民生银行确定了“做民营企业的银行、小微企业的银行、高端客户的银行”的市场定位，积极推动管理架构和组织体系的调整、业务结构的调整和科技平台的建设，努力实现二次腾飞，打造成特色银行和效益银行，为客户和投资者创造更大的价值和回报。2010年8月，商贷通贷款余额突破1 000亿元，并作为银行业唯一典型入选中央电视台经济频道【十一五——中国经验】系列报道。2011年3月末，总资产首次突破2万亿元，达到20 427.00亿元。2012年3月，中国民生银行在境外设立的第一家分行——香港分行正式开业，标志着中国民生银行迈出国际化战略的历史性一步。

中国民生银行自上市以来，按照“团结奋进，开拓创新，培育人才；严格管理，规范行为，敬业守法；讲究质量，提高效益，健康发展”的经营发展方针，在改革发展与管理等方面进行了有益探索，先后推出了“大集中”科技平台、“两率”考核机制、“三卡”工程、独立评审制度、八大基础管理系统、集中处理商业模式及事业部改革等制度创新，实现了低风险、快增长、高效益的战略目标，树立了充满生机与活力的崭新的商业银行形象。

截至2012年12月31日，中国民生银行资产总额31 210.01亿元，存款总额19 261.94亿元，贷款和垫款总额

13 846.1亿元，实现净利润375.63亿元，不良贷款率0.76%，保持国内领先水平。

截至2012年12月31日，中国民生银行在北京、上海、广州、深圳、武汉、大连、太原、石家庄、杭州、南京、重庆、西安、福州、济南、宁波、成都、汕头、天津、昆明、泉州、苏州、青岛、温州、厦门、郑州、长沙、长春、合肥、南昌、南宁、呼和浩特、沈阳、香港设立了33家分行，分支机构总数量达到668家。

民生银行的高速发展在国内受到公众和业界的高度关注和认同。2004年在“中国最具生命力企业”评选中，民生银行排名第十八位，获得了“2004年中国最具生命力百强企业”称号；2005年度中国企业信息化500强中，民生银行排名第22位；在“2005年度财经风云榜”评选活动中，民生银行荣获“2005年度最佳网上银行”称号；在“2006民营上市公司100强”中位列第一名，并在市值、社会贡献两项分榜单中名列第一；2007年11月，民生银行获得2007第一财经金融品牌价值榜十佳中资银行称号，同时荣获《21世纪经济报道》等机构评选的“最佳贸易融资银行奖”；2007年12月，民生银行“非凡理财”产品业务获得“中国银行业卓越创新奖”和“中国银行业最佳个人理财品牌”；2008年4月，民生银行荣获第四届中国上市公司董事会“金圆桌奖”；2008年7月，民生银行荣获“2008年中国最具生命力百强企业”第三名；2009年民生银行荣获第一财经金融价值榜最佳小微企业服务奖；2009年5月，荣获《亚洲银行家》评选的“中国区贸易金融成就奖”；2009年11月，民生银行在21世纪亚洲金融年会上荣获“2009年亚洲最佳风险管理银行”和“2009年小微企业金融服务创新奖”；2009年12月，民生银行获得“最佳服务私人银行”、“2009年最佳零售银行”、“2009年度最佳营销与服务团队”奖以及“2009年最受尊敬银行”大奖。2012年，在中国社科院发布的企业社会责任蓝皮书(2012)中，民生银行获评“中国银行业社会责任发展指数第一名”；《21世纪经济报道》授予民生银行“2012年度VC/PE最佳托管银行”。

托管业务介绍

2004年7月9日，经中国证券监督管理委员会和中国银行业监督管理委员会批准，中国民生银行获得证券投资基金托管资格，从此正式加入托管银行的行列。

一、多元战略日趋成型

民生银行以产业链和资金链为依托，以重点产品为着力点，深入整合内部资源，持续搭建外部平台，在证券投资基金、基金专户理财托管、证券公司客户资产管理计划、保险债券计划、股权投资基金和大宗商品交易所交易资金托管等细分市场领域保持快速增长。截至2012年12月31日，民生银行资产托管(含保管)规模折合人民币为9 897.63亿元，比上年末增长159.67%，实现托管业务收入9.97亿元，同比增幅153.69%，实现托管业务规模与效益的快速增长。

二、托管产品日渐多元

民生银行通过精品化营销策略，积极推动“托管+代销”、“托管+理财”、“托管+投行”、“托管+支付”等创新业务模式的实施，大力培育证券投资基金、券商集合理财、私募基金等颇具成长性的市场，奠定竞争优势。2011—2012年间，民生银行累计新增5只托管代销基金，全面覆盖了股票型、混合型、债券型、指数型以及短期理财型基金产品，首募新增托管规模达243.8亿元。其中，在权益类市场极为低迷的环境下，民生银行凭借强劲的销售实力为浙商聚潮新思维混合型基金募集销售近7亿元，在同期全市场首发成立的新基金产品中，民生银行单只首募规模相比较国有大行以及其他股份制商业银行，排名位列行业前三。此外，民生银行在基金专户业务、股权投资基金、保险债权投资计划等各类托管业务方面取得显著成果，规模居于业界前列。

三、托管服务日臻完善

民生银行秉承托管人的专业职责，建立了一套严谨高效的内部风险控制机制，明确岗位设置与业务流程，设立标准化的操作规程，勤勉尽责，恪守己任，成立至今实现了托管业务运营无差错，并连续多年通过ISAE3402国际认证项目，同时，民生银行采用了专业先进的资产托管业务处理系统，实现了与核心系统、管理人系统等的无缝衔接，系统效率更高、扩展性更强、功能更加完善，极大地提高了托管资产的清算、核算和监控的业务处理能力，并设置服务专员岗位推行全程跟踪服务，全面优化业务流程，提升客户满意度。

四、品牌效应日益呈现

民生银行多年来始终如一地专注于品牌建设，并于2007年正式推出了“托付民生·安享财富”的托管业务品牌，塑造产品创新、服务专业、效益优异、流程先进的特色托管银行形象，并通过一系列的整合服务，全力践行“托付民生·安享财富”的品牌理念，不断提升托管业务的专业价值，持续推进全面优质的托管服务，获得了业界的一致认可和用户的广泛好评，2012年，民生银行资产托管业务先后获得《21世纪经济报道》“2012年度VC/PE最佳托管银行”、《金融理财》“2012年度金牌服务力托管银行”和清科集团“2012年中国VC/PE最佳托管银行5强”，品牌影响力持续提高。

托管证券投资基金业务概览

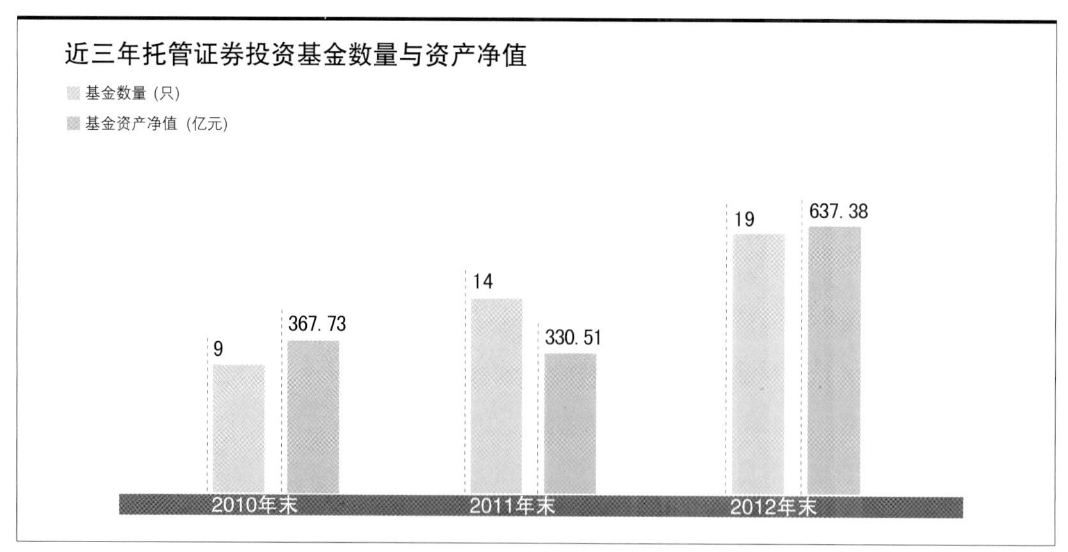

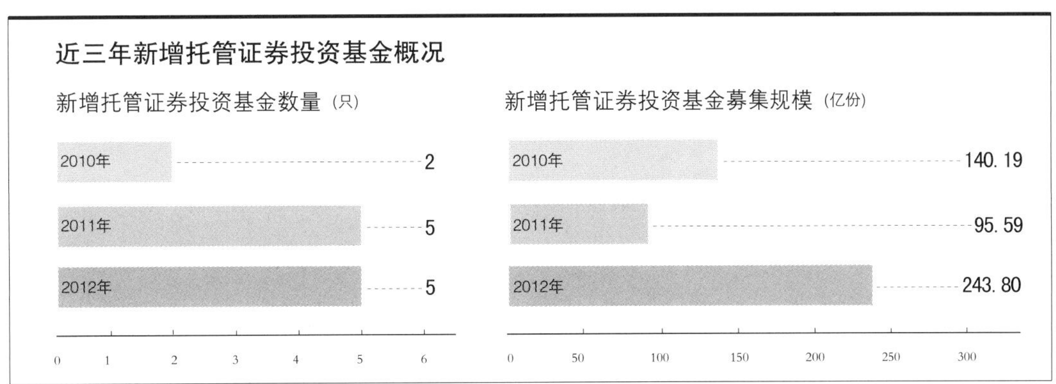

托管开放式证券投资基金一览

（单位：亿份；亿元）

序号	基金简称	基金代码	设立日期	设立规模	期末资产净值	管理人
1	天治品质优选混合	350002	2005.01.12	12.13	0.96	天治
2	东方精选混合	400003	2006.01.11	3.46	58.72	东方
3	融通易支付货币	161608	2006.01.19	28.23	62.63	融通
4	天治天得利货币	350004	2006.07.05	10.96	5.64	天治
5	东方金账簿货币	400005	2006.08.02	4.90	9.78	东方
6	长信增利动态策略股票	519993	2006.11.09	5.81	24.35	长信
7	华商领先企业混合	630001	2007.05.15	30.34	60.99	华商
8	银华深证100指数分级	161812	2010.05.07	22.04	140.52	银华
9	华商策略精选混合	630008	2010.11.09	118.15	54.80	华商
10	光大保德信信用添益债券	360013	2011.05.16	26.27	5.09	光大保德信
11	工银添颐债券	485114	2011.08.10	51.50	12.39	工银瑞信
12	建信深证基本面60ETF联接	530015	2011.09.08	9.28	3.23	建信
13	国投瑞银瑞源保本混合	121010	2011.12.20	4.64	2.85	国投瑞银
14	浙商聚潮新思维混合	166801	2012.03.08	7.85	3.22	浙商
15	建信转债增强债券	530020	2012.05.29	52.80	9.07	建信
16	工银深证100指数分级	164811	2012.10.25	4.71	1.20	工银瑞信
17	农银行业轮动股票	660015	2012.11.14	5.32	5.33	农银汇理
18	建信月盈安心理财债券	530028	2012.12.20	173.13	173.38	建信

托管ETF基金产品

（单位：亿份；亿元）

序号	基金简称	基金代码	设立日期	设立规模	期末资产净值	管理人
1	深证F60ETF	159916	2011.09.08	3.89	3.22	建信

说明：以上数据截至2012年12月31日。

中国邮政储蓄银行 | 大事记

POSTAL SAVINGS BANK OF CHINA | MAJOR EVENTS

（资产托管业务）

2012年7月19日

邮储银行接到中国保监会关于商业银行从事保险资金托管业务的评估意见函，正式获准从事保险资金托管业务。至此，邮储银行托管业务品种已涵盖证券投资基金、基金专户理财、商业银行理财产品、信托计划、私募基金、券商定向理财以及保险资金等多个资产类型，可为客户提供多领域、全方位、个性化的托管服务。

2012年12月31日

邮储银行托管规模达到1 943.87亿元，相较2009年末增长近20倍；托管合作机构达100余家，覆盖基金公司、信托公司、商业银行、证券公司、保险公司等各类资产管理机构。

中国邮政储蓄银行
POSTAL SAVINGS BANK OF CHINA

成立日期	2007年3月6日	注册资本	450亿元人民币	法人代表	李国华
获得托管资格时间	2009年7月23日	托管部负责人	胡 涛		
联系电话	010-6885 8126	传真号码	010-6885 8120		
公司网址	www.psbc.com	注册地址	北京市西城区金融大街3号		
办公地址	北京市西城区金融大街3号A座				

基本情况

中国邮政储蓄银行成立于2007年3月，是在改革邮政储蓄管理体制的基础上组建的全功能商业银行，其前身是1986年恢复开办的邮政储蓄。根据国务院金融体制改革的总体安排，在改革原有邮政储蓄管理体制基础上，2007年3月中国邮政储蓄银行有限责任公司正式成立。2012年1月21日，经国务院同意并经中国银行业监督管理委员会批准，中国邮政储蓄银行有限责任公司依法整体变更为中国邮政储蓄银行股份有限公司。

中国邮政储蓄银行经过改制前后26年的不懈努力，已成为全国网点规模最大、网点覆盖面最广、客户最多的金融服务机构。截至2012年10月底，中国邮政储蓄银行拥有营业网点3.9万多个，ATM4万多台，提供电话银行、网上银行、手机银行、电视银行等电子服务渠道，服务触角遍及广袤城乡；拥有本外币账户数逾12亿户，客户总数近6亿人，本外币存款余额超过4.5万亿元，居全国银行业第五位；资产总规模突破4.7万亿元，居全国银行业第六位，资产质量良好，资本回报率高。

在各级政府、金融监管部门以及社会各界的关心支持下，中国邮政储蓄银行充分依托覆盖城乡的网络优势，坚持服务“三农”、服务中小企业、服务社区的定位，自觉承担起“普之城乡，惠之于民”的社会责任，走出了一条 “普惠金融”的发展道路。中国邮政储蓄银行将继续依托网络优势，按照公司治理架构和商业银行管理要求，不断丰富业务品种，不断完善营销渠道，不断提升服务能力，为广大客户提供更全面、更便捷的金融服务，打造成为一家资本充足、内控严密、营运安全、功能齐全、竞争力强的大型零售商业银行。

托管业务介绍

2009年7月23日，经中国证券监督管理委员会(证监许可[2009]673号)和中国银行业监督管理委员会联合批准，中国邮政储蓄银行获得证券投资基金托管资格，成为我国第16家托管银行。2012年7月，经中国保险监督管理委员会(保监资金评估函[2012]1号)批准，中国邮政储蓄银行获得保险资金托管资格。

作为基金托管人，中国邮政储蓄银行严格遵守国家有关托管业务的法律法规、行业监管规章和行内有关有关管理规定，守法经营、规范运作、严格监察，确保业务的稳健运行，保证基金财产的安全完整，确保有关信息的真实、准确、完整、及时,保护基金份额持有人的合法权益。

在内部控制组织结构上，中国邮政储蓄银行设有风险与内控管理委员会，负责全行风险管理与内部控制工作，对托管业务风险控制工作进行检查指导。托管业务部专门设置风险控制组，配备了专职内控人员负责托管业务的内控监督工作，具有独立行使监督稽核的职权和能力。

在内部控制制度及措施上，中国邮政储蓄银行托管业务部具备系统、完善的制度控制体系，建立了管理制度、控制制度、岗位职责、业务操作流程，可以保证托管业务的规范操作和顺利进行；业务人员具备从业资格；业务管理严格实行复核、审核、检查制度，授权工作实行集中控制，业务印章按规程保管、存放、使用，账户资料严格保管，制约机制严格有效；业务操作区专门设置，封闭管理，实施音像监控；业务信息由专职信息披露人员负责，防止泄密；业务实现自动化操作，防止人为事故的发生，技术系统完整、独立。

中国邮政储蓄银行坚持以客户为中心 、以服务为基础的经营理念，依托专业的托管团队、灵活的托管业务系统、规范的托管管理制度、健全的内控体系、运作高效的业务处理模式，为广大基金份额持有人和众多资产管理机构提供安全、高效、专业、全面的托管服务，并获得了合作伙伴一致好评。

截至2012年12月31日，中国邮政储蓄银行托管规模近2 000亿元。其中，托管的证券投资基金共17只。至今，中国邮政储蓄银行已形成涵盖证券投资基金、基金公司特定客户资产管理计划、信托计划、银行理财产品(本外币)、私募基金、保险资金、券商资管计划等多种类型的托管产品体系。

托管证券投资基金业务概览

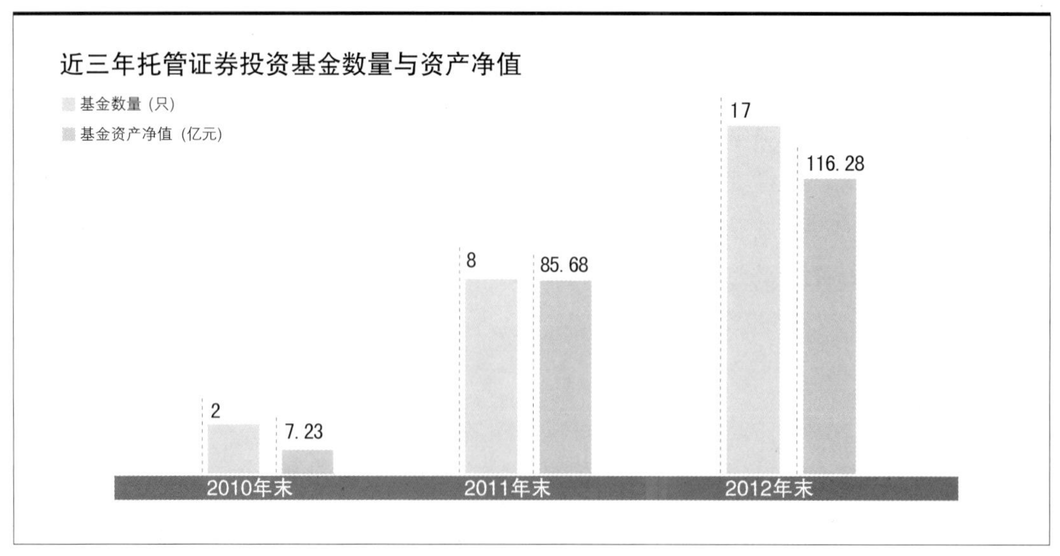

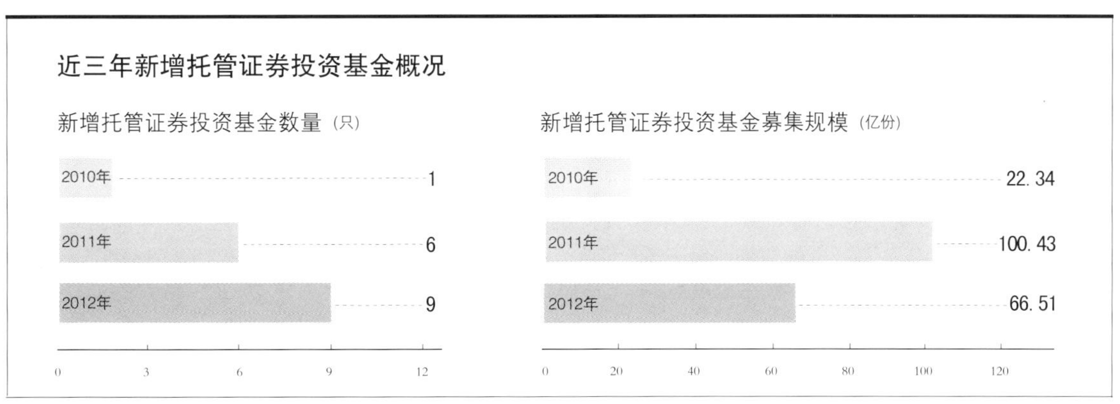

托管开放式基金产品一览

基金代码	基金简称	基金规模(亿份)	成立日期	基金管理人
166006	中欧中小盘股票	3.21	2009.12.30	中欧基金管理有限公司
519985	长信中短债	3.23	2010.06.28	长信基金管理有限责任公司
400015	东方增长中小盘混合	0.58	2011.12.28	东方基金管理有限责任公司
160618	鹏华丰泽分级债券	21.49	2011.12.08	鹏华基金管理有限公司
164208	天弘丰利分级债券	13.45	2011.11.23	天弘基金管理有限公司
163003	长信利鑫分级债券	5.43	2011.06.24	长信基金管理有限责任公司
161908	万家添利分级债券	2.17	2011.06.02	万家基金管理有限公司
400013	东方保本混合	7.57	2011.04.14	东方基金管理有限责任公司
400016	东方强化收益债券	3.46	2012.10.09	东方基金管理有限责任公司
040036	华安安心收益债券	6.53	2012.09.07	华安基金管理有限公司
540012	汇丰晋信恒生A股行业指数	11.85	2012.08.01	汇丰晋信基金管理有限公司
420006	天弘现金管家货币	7.16	2012.06.20	天弘基金管理有限公司
519117	浦银安盛基本面400指数	2.39	2012.05.14	浦银安盛基金管理有限公司
660012	农银汇理消费主题股票	5.45	2012.04.24	农银汇理基金管理有限公司
166012	中欧信用增利分级债券	7.64	2012.04.16	中欧基金管理有限公司
162105	金鹰持久回报债券	5.25	2012.03.09	金鹰基金管理有限公司
740001	长安宏观策略股票	0.55	2012.03.09	长安基金管理有限公司

说明：以上数据截至2012年12月31日。

企业社会责任

2012年可持续发展评级机构崇德公司(RepuTex)公布恒生可持续发展指数2012年度分析报告，获评“内地上市公司可持续发展十强”第3名，可持续发展评级A。

2012年获评润灵环球责任评级(RKS)发布A股上市公司社会责任信息披露评级，浦发银行在582家A股上市公司中排名第8位，位居银行业第3位,评级展望“稳定”。

2012年获评中国银行业协会“中国银行业最具社会责任金融机构奖”、“最佳社会责任实践案例奖”。

2012年获评WTO经济导刊“金蜜蜂企业社会责任中国榜——金蜜蜂企业”、“金蜜蜂优秀企业社会责任报告·客户专项奖”。

金融服务

2012年度获评《亚洲银行家》杂志“中国最佳零售支付产品——浦发银行 中国移动浦发银行借贷合一联名卡”、“中国最佳储蓄产品——浦发银行周周赢”

2012年获评《21世纪经济报道》“亚洲最佳风险管理银行”奖，入围2012年亚洲银行竞争力排行榜十强

2012年获评《首席财务官》杂志“最信赖银行大奖”、“最佳公司金融品牌奖”、“最佳中小企业服务品牌”、“最佳绿色银行奖”

2012年获评《第一财经金融价值榜》“年度村镇银行”奖项

2012年获评《理财周报》“2012最受尊敬银行”、“2012最佳零售银行”

2012年获评《中国证券报》“中国上市公司金牛奖百强”

2012年获评《每日经济新闻》“最佳公司治理奖”

2012年获评《中国经营报》卓越竞争力对公业务银行

2012年获评《证券时报》、《新财富杂志》2012年度中国金融IT最佳创新案例——浦发联名卡、最佳电子服务银行、最佳手机银行、最佳银行网站。

2012年获评上海金融创新成果一等奖(商业银行股权基金综合金融服务)

2012年信用卡业务获评《世界》“2012年度最具品牌影响力信用卡领袖奖”、《上海证券报》2012年度最佳信用卡，中移动浦发联名卡荣获《亚洲银行家》“中国最佳零售支付产品”。

2012年信用卡客服中心获评中国电子商会“2012中国最佳呼叫中心运营奖”。

国际排名

2012年《银行家》杂志“世界1000强银行排名”，按照核心资本计，进入全球银行60强之列，排名全球第57位，较上年(64位)上升7位，在上榜中资银行中排名第8

2012年，英国《银行家》杂志“全球金融品牌500强”榜单，排名第62位，跳升29位，位列亚洲银行第12位，中资银行第7位，品牌资产24.5亿美元

2012年，在《福布斯》杂志发布的全球企业2000强榜单中，浦发银行成功跻身全球企业200强之列，居第153位，居上榜中资企业第11位以及上榜中资银行第6位

2012年，国际三大评级机构之一的穆迪投资者服务公司(穆迪)发布浦发银行信用评级报告，其中长期存款评级维持在Baa3，外币存款评级维持在Prime-3，财务实力评级维持在D(对应的基础信用评估为Ba2)，所有评级的展望均为稳定。

注：以上内容摘自浦发银行2012年年度报告、公司2012年企业社会责任报告。

成立日期	1992年10月19日	注册资本	186.53亿元人民币	法人代表	吉晓辉
获得托管资格时间	2003年9月10日	托管部负责人	李 桦		
联系电话	021-6161 8888	客服电话	95528		
公司网址	www.spdb.com.cn	注 册 地址	上海市浦东新区浦东南路500号		
办公地址	上海市中山东一路12号				

基本情况

上海浦东发展银行股份有限公司(以下简称“浦发银行”)是1992年8月28日经中国人民银行批准设立、1993年1月9日开业、1999年在上海证券交易所挂牌上市(股票交易代码：600000)的全国性股份制商业银行，总行设在上海。目前注册资本金186.53亿元。

秉承“笃守诚信、创造卓越”的经营理念，浦发银行积极探索金融创新，资产规模持续扩大，经营实力不断增强。至2012年末，公司总资产规模达31 457亿元，本外币贷款余额15 446亿元，各项存款余额21 344亿元，实现税后利润341.86亿元。目前，在全国29个省、市、自治区设立了38家直属分行、824个营业机构，架构起全国性商业银行的经营服务格局，并以香港分行开业、伦敦代表处获批为标志，迈出国际化经营的实质性步伐。

上市以来，浦发银行连续多年被《亚洲周刊》评为“中国上市公司100强”；2010年3月，浦发银行荣膺《亚洲银行家》“2005—2009亚洲地区最佳上市银行”，4月荣膺“2010年度中国最强银行”；在《财富》杂志推出的2011年中国上市公司500强排行中，浦发银行凭借优异的经营业绩再次入围国内企业百强，排名第72位； 2012年7月，英国《银行家》杂志发布2012年世界银行1 000强排名，浦发银行按核心资本计位居全球第57位(较上年上升7位，在上榜中资银行中排名第8)，按总资产计位居全球第56位，表现出良好的综合竞争优势和增长势头。

托管业务介绍

浦发银行资产托管部成立于2003年，起初名为基金托管部，主要从事开放式基金托管、委托资产托管业务，后逐渐拓展到社会保障基金托管、直接股权基金托管、养老金托管、保险公司资产托管、证券公司资产托管、信托公司财产保管、专项资金托管、合格境内机构投资者(QDII)托管及银行理财产品托管等业务领域，并于2006年更名为资产托管部。资产托管部是负责全行各类投资托管业务经营与管理的职能部门。具体负责托管业务的市场开发和营销、托管产品的研究和设计、业务运营服务、风险防范和控制等；负责对托管产品业务的制度管理、规则制定、业务培训等，对全行资产托管业务的整体经营(损益)负责。在服务产品上，浦发银行力图为不同行业、不同类型客户和不同的资产设计提供个性化、专业化和系列化服务，从而在市场中树立为机构投资者提供个性化、专业化托管服务的品牌和形象。目前已构建了较为完整的托管产品系列20余个品种，托管业务涉及境内外资本、实业和资金等多个市场，是国内托管业务资格最多、托管产品线最齐全的银行之一。截至2012年12月底，浦发银行期末运作资产托管规模余额达7 865亿元，相比2011年的2 971亿元增长了1.6倍。12月底尚在运营阶段的托管组合为3 206个，相比2011年末的1 673个增加92%，全行2012年累计运作托管组合5 223个。2012年当年实现托管费收入8.17亿元。

亮点与优势

1. **资质齐全，产品丰富**。浦发银行自上世纪九十年代后期就探索性地开展了国内首批创业投资企业的托管业务，于2003年9月取得中国证监会和银监会共同批复的证券投资基金托管业务资格。目前已拥有全面的托管业务资格。获准证券投资基金、证券公司受托理财业务、专项资金、保险公司资金、直接股权、信托计划、QFII/QDII、委托资产、社保基金、企业年金基金等多项资产托管业务资格，形成了能够满足各类投资者需求的托管业务体系,产品呈现多元化和系列化趋势。

2. **理念领先，个性服务**。浦发银行的托管业务理念为“构建大托管业务平台，走专业化道路”，将机构客户作为重点培养的客户群体，这既是因为浦发银行长期以来以公司业务为主导的特色培养和积累了一批丰富的公司和机构客户资源，也是扬长避短，实现差异化竞争的一个重要手段。

3. **精耕细作，树立品牌**。资产托管解决方案作为“浦发创富”中的五大特色解决方案之一，依托完善的服务系统、高素质的专业团队、多年的实践积累而推出的囊括委托资产托管、股权基金托管、证券投资基金托管、社会保障基金托管、信托计划托管、专项资金托管、QFII/QDII、保险资产托管等服务的企业资产托管解决方案，为企业提供坚实稳定的托管服务，安全守护企业的财富根基，为企业大展宏图创造稳固的后方支持。倾力守护财富根基，提供稳定成长的支持与保障，助企业通往高远未来。

4. **创新服务，形成特色**。浦发银行根据行业发展趋势及本行托管业务实际情况，选择在直接股权基金、专项资金托管产品两大特色领域精耕细作，通过产品和营销创新、服务和技术保障、坚持品牌战略、整合相关产品提供综合金融服务，不仅取得了客户的信任和市场的认可，也得到了业界的认同。根据中国银行业协会统计数据，浦发银行托管的股权基金规模和只数，始终保持业内第一，市场规模占比连续四年保持20%以上，树立了行业品牌和地位，成为资产托管服务创新的典范。

5. **系统先进，功能强大**。浦发银行新一代托管业务系统正在积极建设之中，仍然坚持以“提高系统的业务直通率、流程化、批量处理能力和自动处理能力、降低系统和运营风险”为目的，以“服务业务原则、科技创新原则、持续稳健原则”为指导，突出模块化作为系统搭建的核心。倡导以流程绩效提升为着力点的改进方法,突破了职能部门设置所带来的边界,将所有的产品按照设计、生产、营销模式、交付渠道等维度分解,然后将归属于不同产品的相同职能抽取出来并加以优化，从而改进运营效率。

6. **风控严密，运作规范**。浦发银行拥有严格的内控制度，成立了托管服务合肥异地灾备中心，采取“两地两中心”的布局方式，实现人员、设备、系统、数据的双备份。根据合规、风控的工作要求，定期更新托管业务规章制度体系，制定应急业务流程，加强托管业务操作风险管理，打造长效控制机制，建立并定期组织异地灾备演练。引进SAS70、ISAE 3402等权威认证已在风险监控的工作计划之中。

7. **队伍稳定，素质优良**。浦发银行已有36家分行开展托管业务，拥有众多托管经验丰富，熟悉市场环境及政策法规的专业人员，为客户提供高质量的属地化托管服务。同时由总行制定各类托管产品标准协议及运营流程、托管系统权限管理策略、托管业务的培训、托管业务提示与通知、托管运营人员管理、分行考核评价机制等，确保总、分行在统一框架内开展托管运营各项工作，体现了全行托管运营的合规性与一致性。

浦发银行2012年的创新之路

1. **推出公益慈善基金托管**。2012年9月，浦发银行和上海市慈善基金会在上海携手推出“阳光慈善”托管综合服务产品，将银行托管机制引入官办基金组织。“阳光慈善”托管解决方案，把商业银行托管人制度独创性地引入到公益慈善领域。慈善机构以产品项目的名义在托管银行开立独立的资金托管账户，托管银行通过全程全额的托管服务来保障和监管每一分善款的安全和使用，为公益慈善事业实现阳光透明运作，提供了特色服务，该托管机制的持续引入有助于扩大我国公益基金托管规模。

2. **开办信用中介（或支付媒介类）托管**。浦发银行与通联支付合作开发的“支付+托管”的电子商务托管新产品经过系统平台上线、测试对接等，将托管机制运用范围由目前金融证券投资领域拓展到更为广阔的商事领域，为资产托管业务持续快速增长开辟新的发展空间。

3. **浦发银行2012年10月受托成为国内首单受托境外理财（QDII）集合资金信托计划——“大中华债券投资集合资金信托计划”的主托管行**。浦发银行作为信托计划的主托管行，指定花旗为次托管行，强强联手为信托计划的投资运作提供涵盖香港、美国、新加坡和欧洲等多个境外及国际市场的全球托管服务。该业务模式的推出不仅降低了中国企业海外发债成本，推动了中资机构走向国际化，而且拓展了QDII境外债券投资市场，帮助投资者进行海外资产配置。

报告期末，浦发银行实现资产托管业务规模7 865亿元，比2011年增长190%；全年实现托管费收入8.17亿元，比2011年增长148%。

托管证券投资基金业务概览

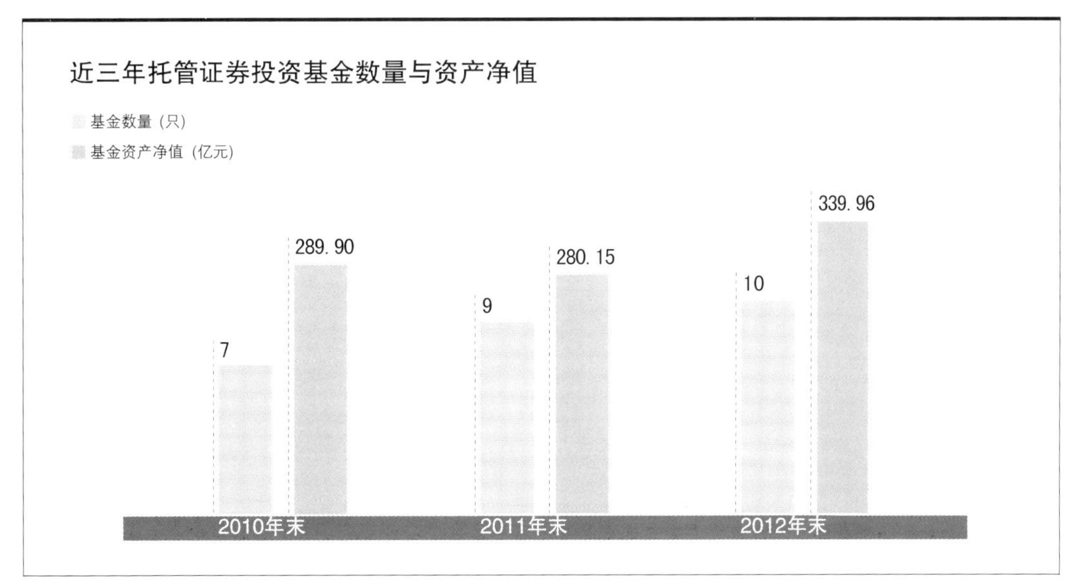

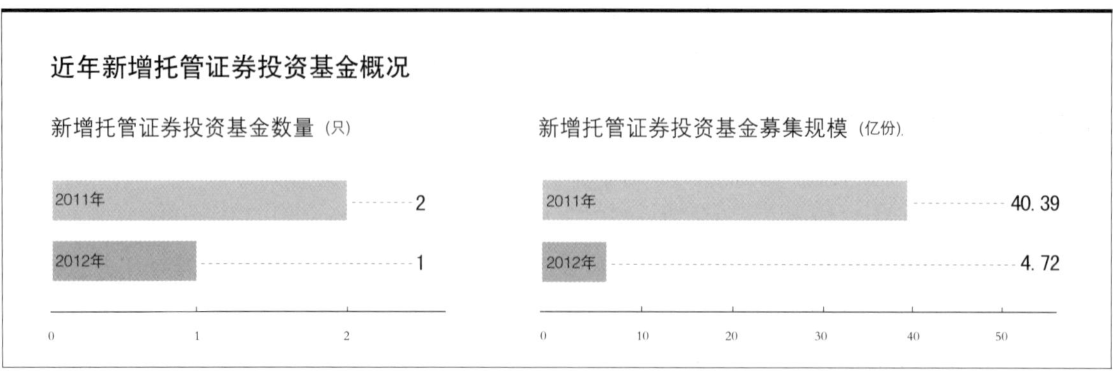

托管开放式证券投资基金一览

基金代码	基金简称	基金类型	成立日期	基金规模(亿元)	管理人
020002	国泰金龙债券证券投资基金	债券型	2003.12.02	44.98	国泰
020003	国泰金龙行业精选证券投资基金	混合型	2003.12.05	4.16	国泰
350001	天治财富增长证券投资基金	混合型	2004.06.29	2.04	天治
162703	广发小盘成长股票型证券投资基金	股票型	2005.02.02	83.40	广发
519518	汇添富货币市场基金	货币型	2006.03.23	62.21	汇添富
519994	长信金利趋势股票型证券投资基金	股票型	2006.04.30	62.72	长信
070099	嘉实优质企业股票型证券投资基金	股票型	2007.12.08	89.09	嘉实
253050	国联安货币市场证券投资基金	货币型	2011.01.26	4.54	国联安
180029	银华永泰积极债券型证券投资基金	债券型	2011.12.28	1.02	银华
253070	国联安中债信用债指数增强型发起式证券投资基金	指数型	2012.12.12	4.73	国联安

说明：以上数据截至2012年12月31日。

招商银行股份有限公司

成立日期	1987年4月8日	注册资本	215.77亿元	法人代表	傅育宁
获得托管资格时间	2002年11月6日	托管部负责人	吴晓辉		
联系电话	0755-8319 9084	公司网址	www.cmbchina.com		
办公地址	深圳市深南大道7088号招商银行大厦				

托管证券投资基金业务概览

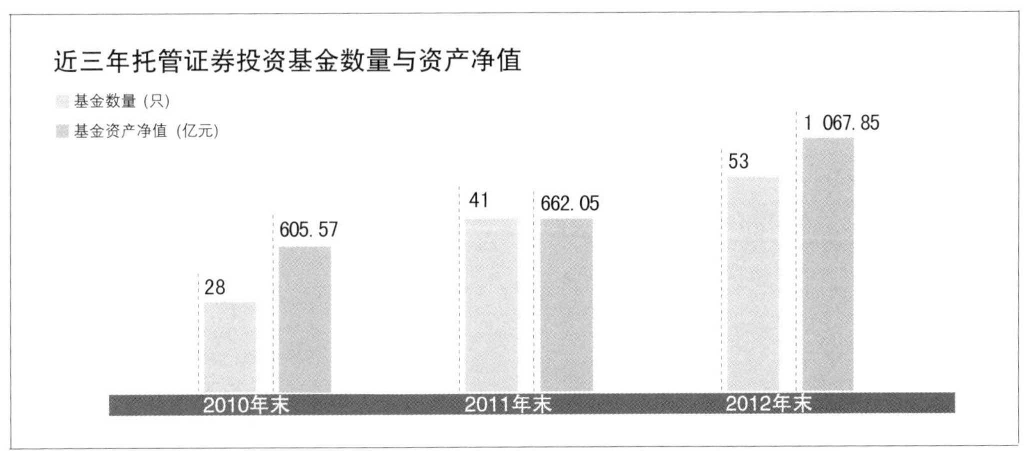

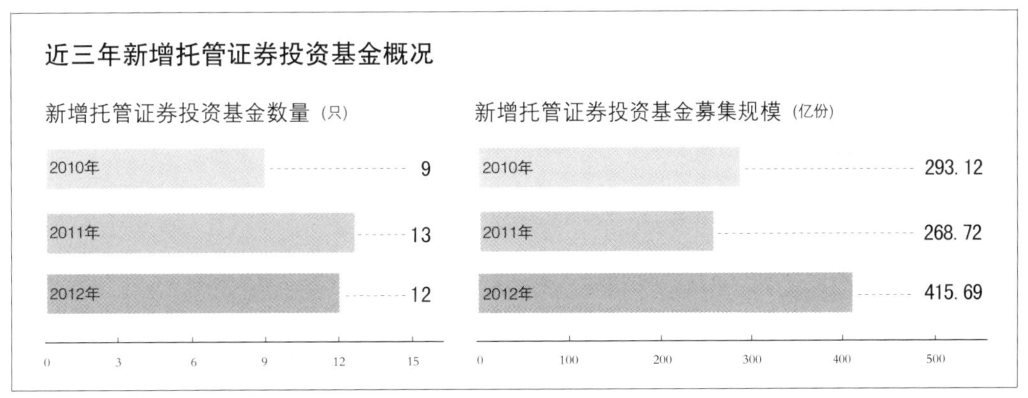

中国光大银行股份有限公司

成立日期	1992年8月18日	注册资本	404.3479亿元	法人代表	唐双宁
获得托管资格时间	2002年10月23日	托管部负责人	曾闻学		
联系电话	010-6363 9157	传真号码	010-6363 9132		
公司网址	www.cebbank.com				
办公地址	北京市西城区太平桥大街25号中国光大中心				

托管证券投资基金业务概览

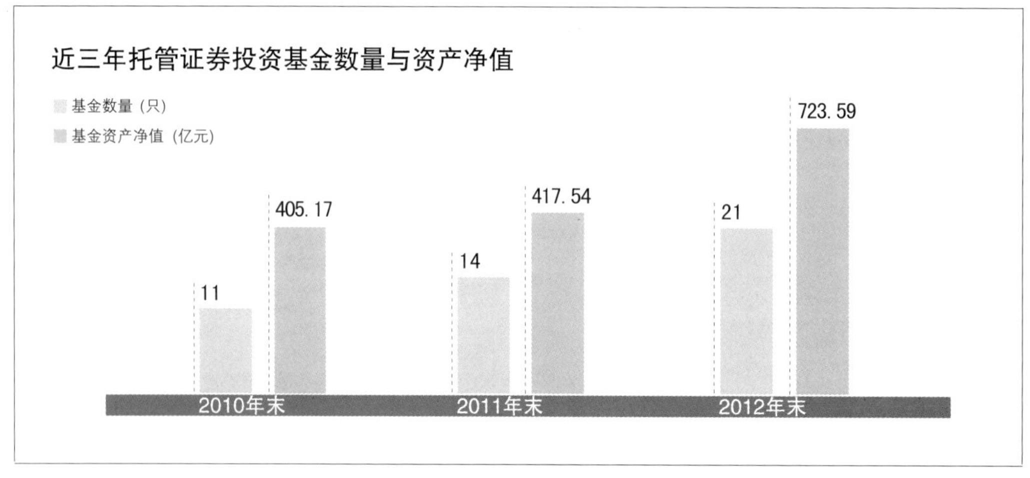

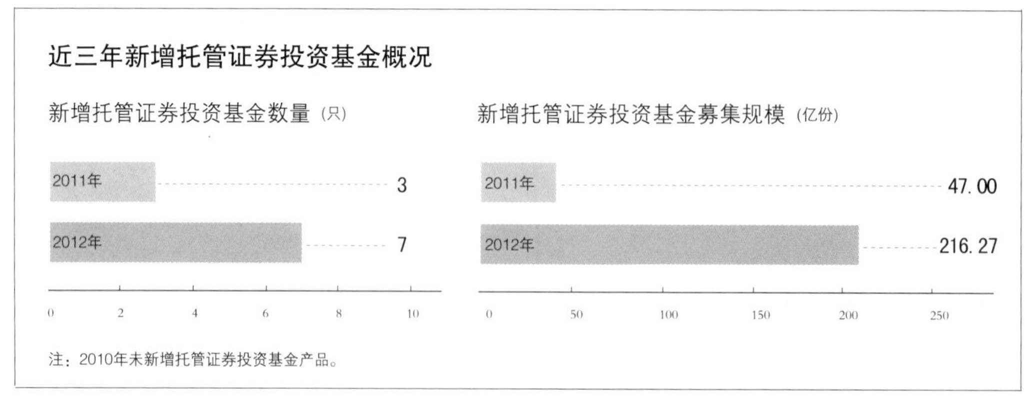

平安银行股份有限公司

成立日期	1987年12月22日	注册资本	51.23亿元人民币	法人代表	孙建一
获得托管资格时间	2008年8月6日	托管部负责人	陈正涛		
联系电话	0755-8208 8888	传真号码	0755-8208 0406		
公司网址	www.bank.pingan.com				
办公地址	广东省深圳市罗湖区深南东路5047号				

托管证券投资基金业务概览

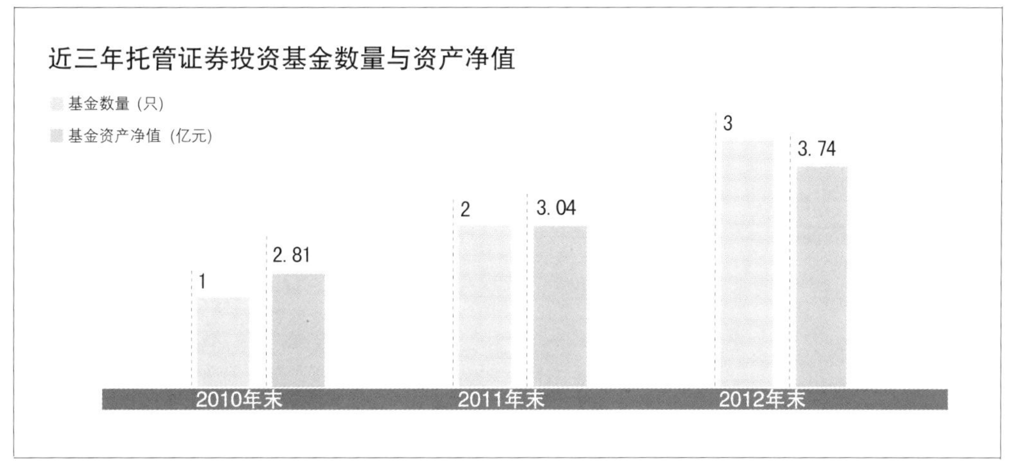

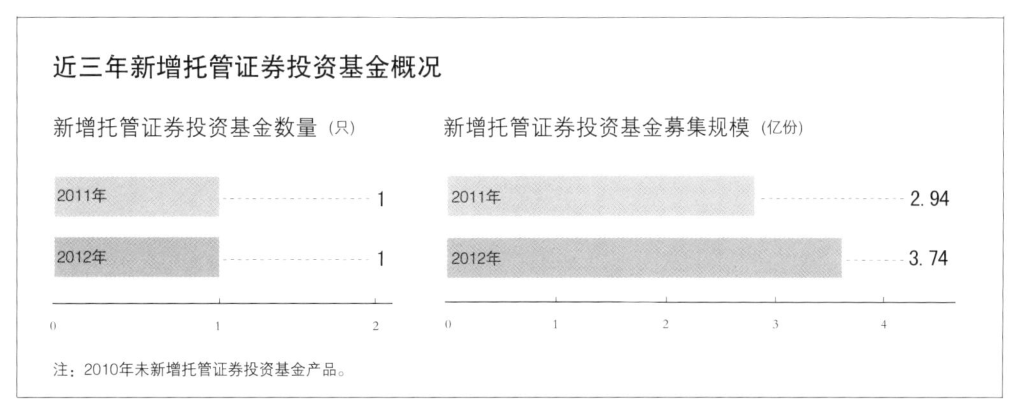

中信银行股份有限公司

成立日期	1987年4月7日	注册资本	467.873亿元人民币	法人代表	田国立
获得托管资格时间	2004年8月18日	托管部负责人	刘 勇		
联系电话	010-6555 6812	传真号码	010-6555 0832		
公司网址	www.bank.ecitic.com				
办公地址	北京市东城区朝阳门北大街8号富华大厦C座				

托管证券投资基金业务概览

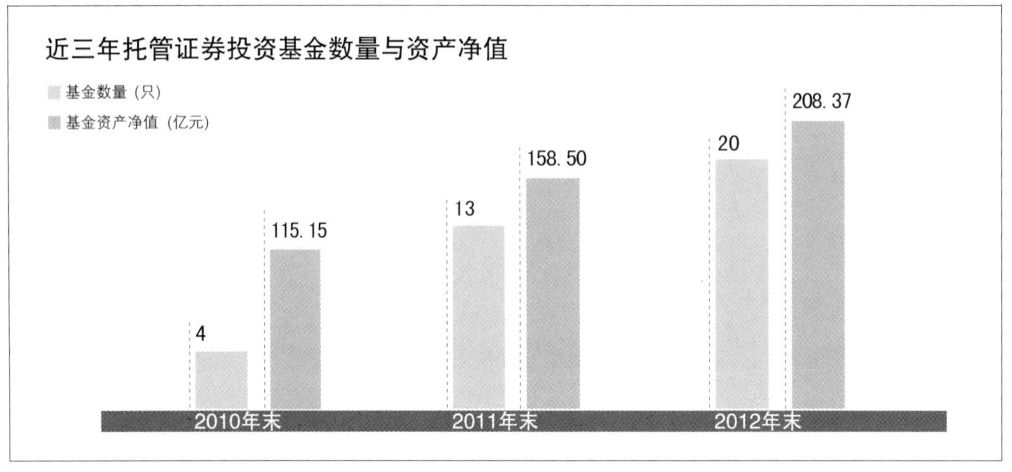

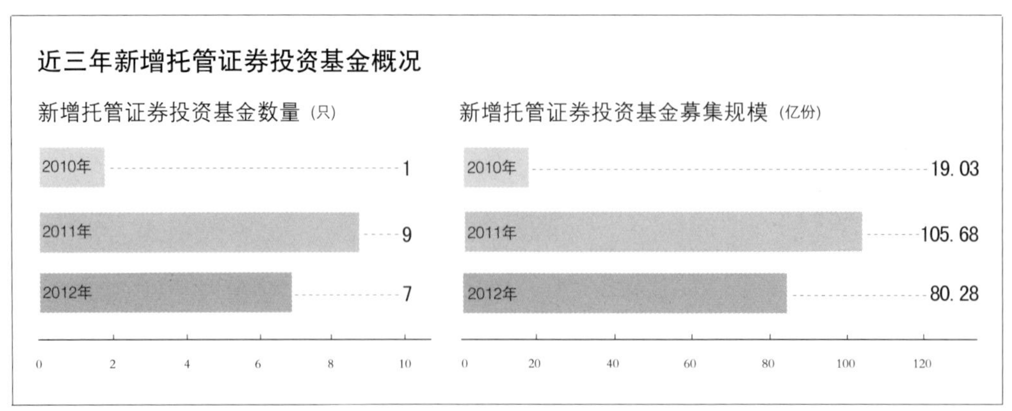

华夏银行股份有限公司

成立日期	1992年10月14日	注册资本	68.50亿元人民币	法人代表	吴 建
获得托管资格时间	2005年2月23日	托管部负责人	毛剑鸣		
联系电话	010-8523 8667	传真号码	010-8523 8680		
公司网址	www.hxb.com.cn				
办公地址	北京市东城区建国门内大街22号华夏银行大厦				

托管证券投资基金业务概览

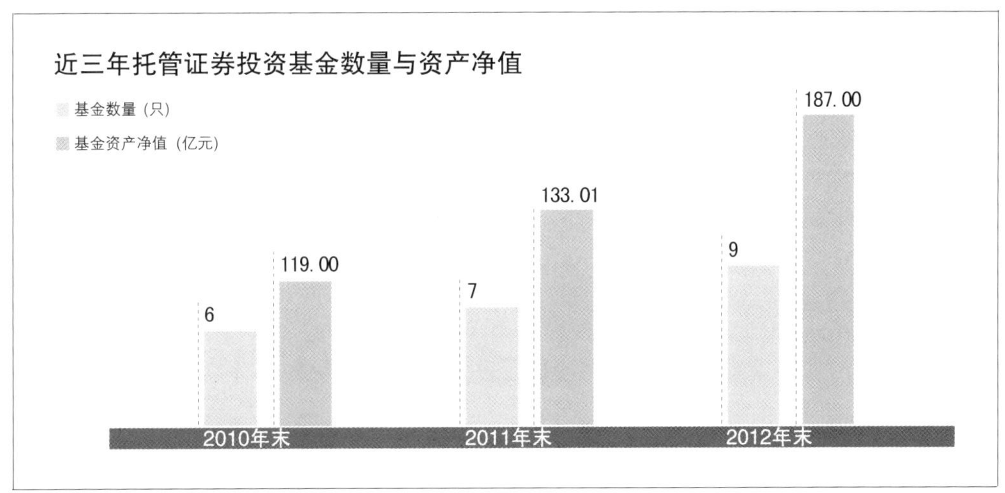

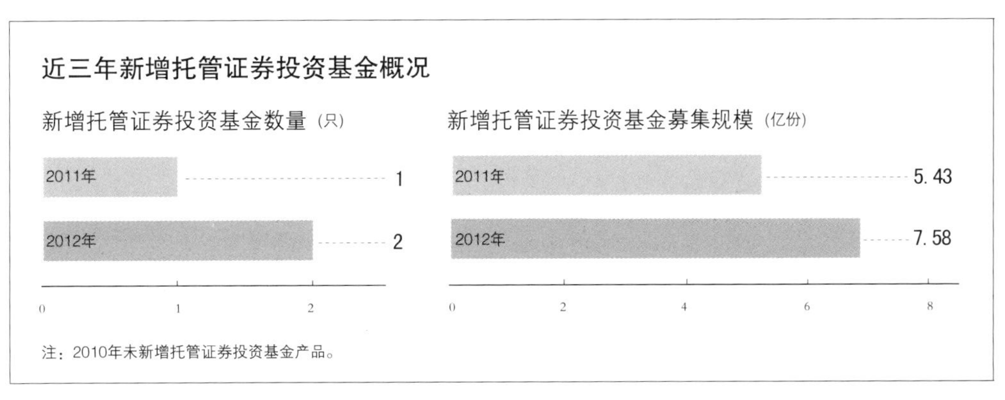

北京银行股份有限公司

成立日期	1996年1月29日	注册资本	88亿元人民币	法人代表	闫冰竹
获得托管资格时间	2008年6月3日	托管部负责人	刘 晔		
联系电话	010-6622 3584	公司网址	www.bankofbeijing.com.cn		
办公地址	北京市西城区金融大街丙17号				

托管证券投资基金业务概览

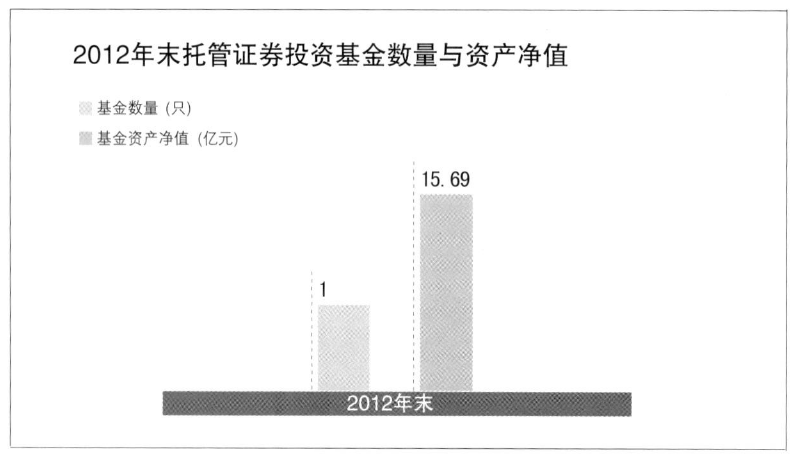

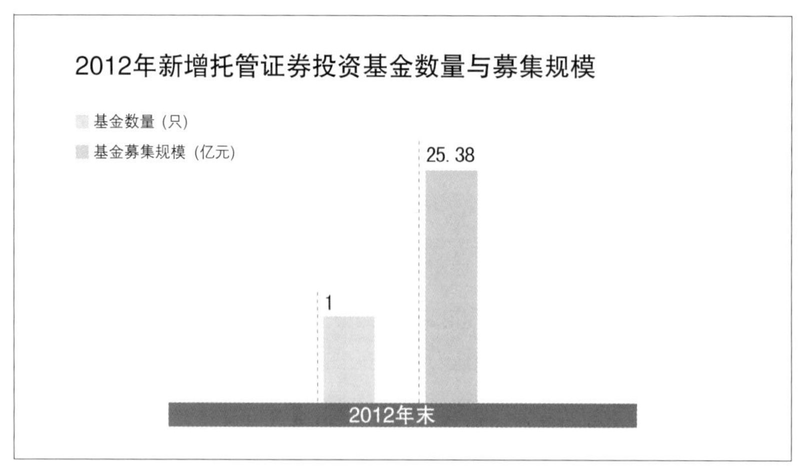

上海银行股份有限公司

成立日期	1995年12月29日	注册资本	42.34亿元人民币	法人代表	范一飞
获得托管资格时间	2009年8月18日	托管部负责人	张 梅		
联系电话	021-6847 6939	公司网址	www.bankofshanghai.com		
办公地址	上海市浦东新区银城中路168号				

托管证券投资基金业务概览

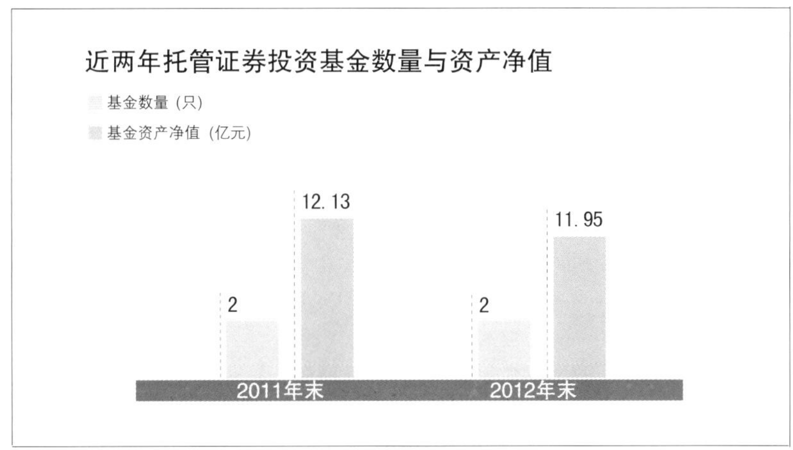

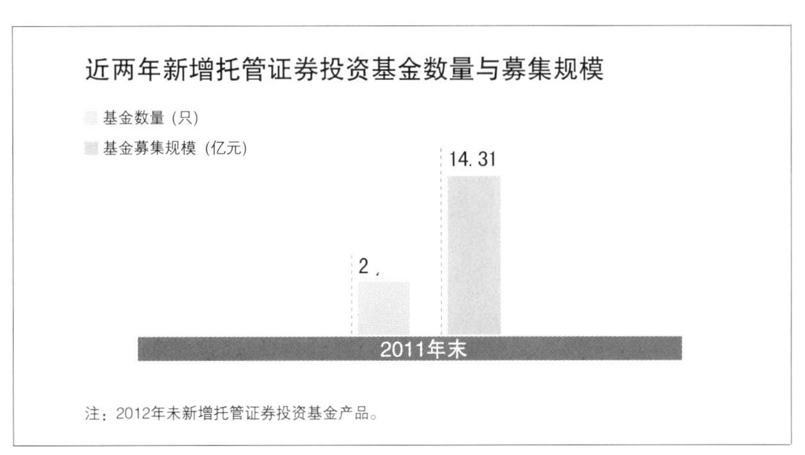

注：2012年未新增托管证券投资基金产品。

广发银行股份有限公司

成立日期	1988年7月8日	注册资本	154亿元人民币	法人代表	董建岳
获得托管资格时间	2009年5月4日	托管部负责人	禄金山		
联系电话	010-6516 9565	传真号码	010-6516 9555		
公司网址	www.cgbchina.com.cn				
办公地址	北京市东城区大华路2号广发银行大厦四层				

托管证券投资基金业务概览

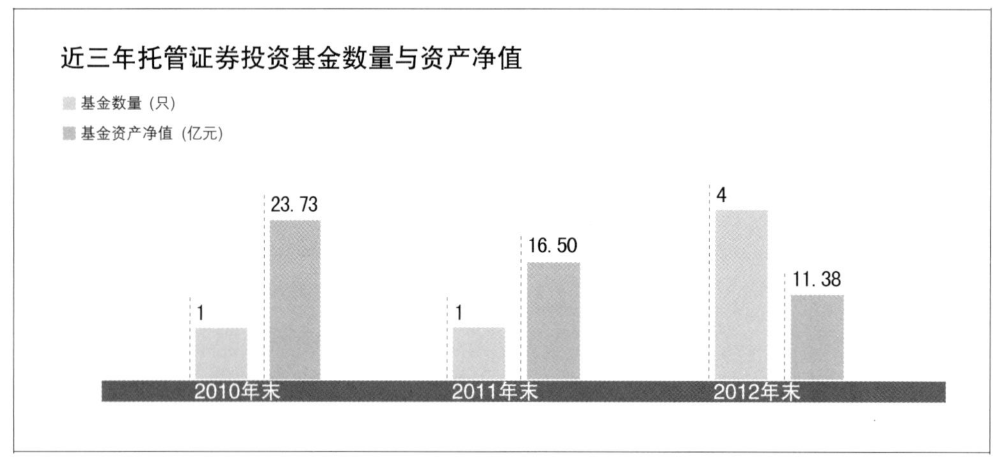

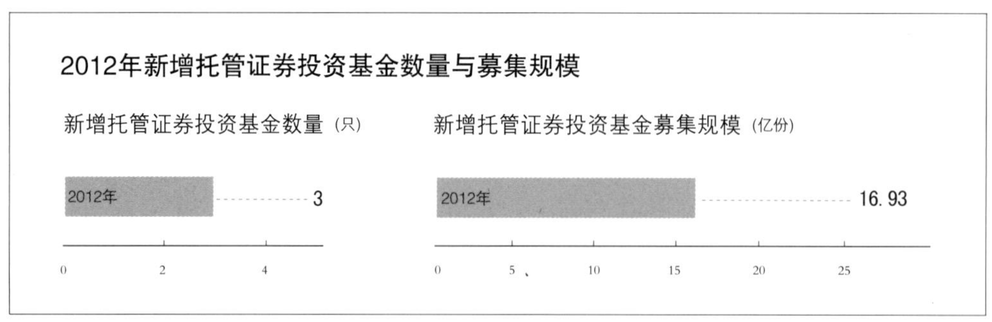

渤海银行股份有限公司

成立日期	2005年12月30日	注册资本	85亿元人民币	法人代表	刘宝凤
获得托管资格时间	2010年6月29日	托管部负责人	赵亚萍		
联系电话	022-5831 6243	传真号码	022-5831 6528		
公司网址	www.cbhb.com.cn				
办公地址	天津市河西区马场道201-205号				

托管证券投资基金业务概览

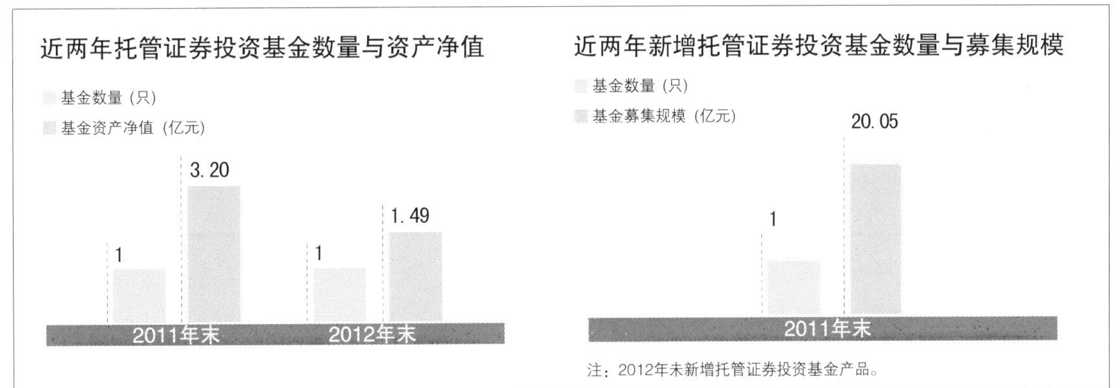

宁波银行股份有限公司

成立日期	1997年3月31日	注册资本	18.83亿元人民币	法人代表	陆光裕
获得托管资格时间	2012年10月30日	托管部负责人	陈 辰		
联系电话	0574-8906 8357	传 公司网址	www.nbcb.com.cn		
办公地址	浙江省宁波市鄞州区宁南南路700号				

（说明：本年度该银行未开展基金托管业务）

第三章

其他服务机构

Other Fund Service Providers

中国工商银行
INDUSTRIAL AND COMMERCIAL BANK OF CHINA
大事记
MAJOR EVENTS

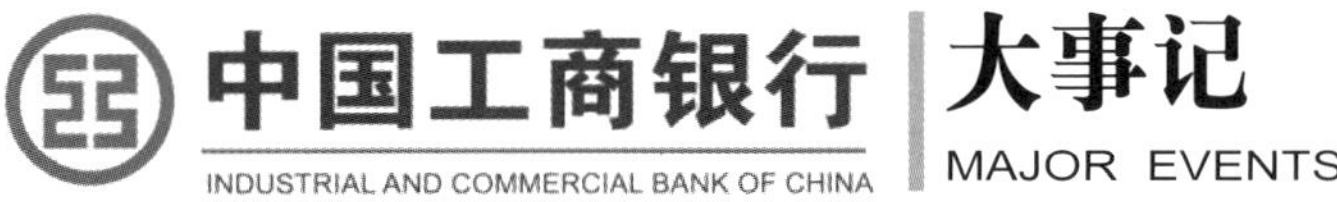

（基金代销业务）

2011年1月

中国工商银行托管发行国内首支以黄金为投资对象的基金——诺安全球黄金基金，该基金以32.13亿元的总募集额创下当年QDII基金发行纪录。

2011年1月至今

中国工商银行开展“倾心回馈”基金定投优惠活动。

2011年4月至今

中国工商银行开展个人电子银行基金申购费率优惠活动。

2011年6月

中国工商银行推出第十批共111支基金定投产品。

2012年5月

中国工商银行托管发行国内首支理财型基金——汇添富理财30天基金，募集规模244亿元，开启了国内理财型基金大发展的序幕。

2012年8月

中国工商银行作为主代销银行代理发行工银瑞信7天理财基金，助推该基金以393亿元的总募集规模创造国内债券型基金发行新纪录。

中国工商银行托管发行国内首支发起式基金——天弘债券型发起式基金，募集规模33.47亿元。

成立日期	2005年10月28日	注册资本	349 018 545 827元	法人代表	姜建清
获得基金代销资格时间	2001年8月31日	个金部负责人	李卫平		
客服电话	95588	传真号码	010-6610 7914		
公司网址	www.icbc.com.cn	办公地址	北京市西城区复兴门内大街55号		

基本情况

中国工商银行股份有限公司（以下简称“中国工商银行”）于1984年1月1日成立，2005年10月28日由国有商业银行整体改制为股份有限公司。2006年10月27日，中国工商银行在香港和上海成功实现首次同步公开发行(IPO)，超额配售选择权行使前A+H总发行规模达191亿美元，是其时全球最大的首次公开发行项目。

中国工商银行业务跨越六大洲，境外网络扩展至39个国家和地区，通过17 125个境内机构、383个境外机构和1 771个代理行以及网上银行、电话银行和自助银行等分销渠道，向438万公司客户和3.93亿个人客户提供广泛的金融产品和服务，基本形成了以商业银行为主体，综合化、国际化的经营格局，在商业银行业务领域保持国内市场领先地位。

2012年，面对国内国际严峻复杂的经济金融形势，中国工商银行坚持“稳中求进”的总基调，统筹抓好经营管理各项工作，总体保持了盈利增长、业务发展、结构优化、风险可控的稳健态势。截至2012年末，不良贷款率降至0.85%；拨备覆盖率达295.55%，比上年末提升28.63个百分点；资本充足率和核心资本充足率分别提升至13.66%和10.62%。

通过持续努力和稳健发展，中国工商银行已经迈入世界领先大银行行列，成为全球市值最大、客户存款第一及盈利最多的上市银行。2012年，中国工商银行实现净利润2 386.91亿元，同比增长14.5%。不仅为股东和投资者带来了良好回报，也实现了自身的良性可持续发展。2012年，中国工商银行位居美国《福布斯》全球企业2 000强排行榜首位，这是该榜单推出10年来中国企业首次登顶。

基金代销业务介绍

2001年8月，中国工商银行经中国人民银行和中国证券监督管理委员会批准获得了代销开放式基金业务资格。作为国内最大的商业银行，中国工商银行携手国内各家优秀的基金管理公司，共同致力于基金事业的发展以及为客户提供全面、专业的基金理财服务。在过去的12年中，面对日趋激烈的市场竞争形势和渠道多元化的挑战，中国工商银行不断加快代理基金业务创新，完善客户服务体系，加强投资者教育，代理基金业务获得了快速发展，在基金销售额、基金资产净值等多项指标上位居同业第一。

一、基金产品线不断丰富完善

为满足客户多元化基金投资需求，中国工商银行不断丰富代理基金产品线，目前已建立起数量众多、覆盖广泛、品类齐全的代理基金产品体系，2012年末代销基金支数达到926支，有效满足客户对各类基金产品的投资需求。

二、多元化的服务渠道为客户提供便捷高效的基金理财服务

中国工商银行通过境内36家分行的1.7万个营业网点为客户办理开放式基金认购、申购、赎回等业务。网上银行、电话银行、手机银行、自助终端等电子银行渠道也可以接受客户的基金业务申请，为客户提供跨越时空的便捷服务。

三、开展全方位的业务创新

中国工商银行不断开展代理基金业务创新，近年来先后推出了基金定投业务、基智定投业务、“利添利”账户理财业务等一系列基金业务，不断强化基金服务能力，为满足客户更加专业、更加全面的基金理财服务需求奠定了坚实基础。

四、业务规模保持国内领先

近年来，中国工商银行代理基金业务一直保持国内领先地位，基金销售额、基金资产净值在四大银行的占比基本均保持在40%以上。2012年，工商银行累计代理销售基金7 447亿元，代销基金资产净值4 833亿元，基金客户超过1 618万，在基金销售额、基金资产净值等方面继续保持同业领先地位。

五、开展形式多样的投资者教育活动

为引导客户逐步建立正确的投资理念，学会客观评价基金业绩和投资价值，理性参与基金投资，中国工商银行在全国开展了“买2有理”、“同舟共济、共创未来” 等一系列主题营销活动及投资者教育活动，引导客户从宏观经济趋势、企业盈利水平、证券市场估值水平等方面分析基金的投资风险及机会，树立正确的投资理念，努力实现理性投资、财富增值。

成立日期	2009年1月15日	注册资本	270 000 000 000元	法人代表	蒋超良
获得基金代销资格时间	2001年12月12日	部门负责人	王　彤（主持工作）		
客服电话	95599	传真号码	010-8510 9219		
公司网址	www.abchina.com	办公地址	北京市东城区建国门内大街69号		

基本情况

中国农业银行是新中国设立的第一家商业银行，也是改革开放后第一家恢复成立的国家专业银行。中国农业银行最初成立于1951年，1979年2月再次恢复成立后，成为在农村经济领域占主导地位的国有专业银行。1994年中国农业发展银行分设，1996年农村信用社与农行脱离行政隶属关系，中国农业银行开始向国有独资商业银行转变。2009年1月15日，中国农业银行完成工商变更登记手续，由国有独资商业银行整体改制为股份有限公司，并更名为“中国农业银行股份有限公司”。2010年7月15日和16日分别在上海证券交易所、香港联合交易所两地挂牌上市。

2012年，中国农业银行凭借全面的业务组合、庞大的分销网络和领先的技术平台，向最广大客户提供各种公司银行和零售银行产品和服务，同时开展自营及代客资金业务。截至2012年末，中国农业银行总资产132 443.42亿元，各项存款108 629.35亿元，各项贷款64 333.99亿元，资本充足率12.61%，不良贷款率1.33%，全年实现净利润1 451.31亿元。

2012年，在美国《财富》杂志全球500强排名中，中国农业银行位列第84位；在英国《银行家》杂志全球银行1 000强排名中，按2011年税前利润计，中国农业银行位列第5位。2012年，中国农业银行穆迪信用评级为A1/稳定。

作为一家面向“三农”、城乡联动、融入国际、综合经营的大型商业银行，中国农业银行秉承“大行德广伴您成长”的服务理念，坚持审慎稳健经营、可持续发展，立足城市和县域两大市场，充分发挥城乡联动优势，实施差异化竞争策略，依托庞大的分支机构、电子化网络和多元化的金融产品，不断朝着为最广大客户群体提供优质金融服务的现代化全能型银行的目标迈进。

基金代销业务介绍

2001年，经中国人民银行，中国证监会批准，中国农业银行正式获得开放式基金代理销售业务资格。自开办基金代销业务以来，农业银行严格依据有关法规，积极稳妥推进基金代理销售工作，基金业务呈现稳步发展的态势。

近年来，农业银行代理70余家基金管理公司和券商的800余只产品，涵盖了股票型、混合型、债券型、保本型、货币型、LOF、ETF联接、创新式基金、QDII基金等所有的基金类型，与位居市场前列的基金公司建立了广泛深入的合作关系。自2011年以来，农业银行通过开展"基金宝•财富讲坛"、“基金宝•感恩十年"、“百县千镇”、“基金健诊”等活动，着力培育客户资源，整合销售渠道，提高从业人员素质，实现了基金业务的持续健康发展。截至2012年末，全年共销售基金2 344.22亿元，同比增长130.87%。

抓创新，紧密跟踪市场前沿，着力提升产品质量

2012年，农业银行继续坚持“精品化”策略，优选具有成长性、稀缺性、前瞻性的产品，合理安排产品的发行节奏和数量，树立在基金发行市场中重质量、重产品的品牌形象。

一是率先布局理财基金。农业银行与汇添富基金公司合作，于2012年6月成功发行了业内首只投资期限为14天的理财基金——汇添富理财14天基金，农行渠道募集规模达到116亿元，远超过新基金平均募集规模。

二是发行REITs、央视50指数基金等创新产品。除理财基金外，农业银行还托管发行了投资于全球REITs市场的嘉实全球房地产基金以及国内第一只权威媒体指数基金——东方央视财经50指数基金等行业领先的产品，在产品风格同质化、竞争白热化的市场中为客户提供具有投资价值的产品。

三是从简单代销向选择优质产品转变。为维护客户利益，农业银行在产品选择上不再是被动接受，简单完成各种基金的上线，而是主动把关，精挑细选优质产品，在产品设计之初，注重与基金公司进行充分的沟通协调，保证产品发展的“先天条件”。

抓产品，顺势调整产品结构，全力维护客户利益

一是顺应市场形势，调整产品结构。面对资本市场宽幅震荡、偏股型基金亏损严重的形势，农业银行从客户利益出发，果断调整产品销售结构，由以权益类产品为主改为以固定收益类产品为主。2012年托管发行的权益类基金产品数量较2011年减少，固定收益类基金产品相应增加，对产品结构的大幅调整顺应了市场走势，最大程度保证了投资者收益。

二是精挑细选，适时开展绩优基金持续营销活动。在做好重点基金发行工作的同时，农业银行积极研判证券市场形势，联合第三方独立评价机构，从代销的近千只基金中选出业绩优良的部分基金产品，开展持续营销活动，并在“春天行动”、“激情仲夏”、“赢在金秋”等零售业务综合性营销活动中，将绩优基金重点推介给广大客户。据海通证券金融产品研究中心的统计数据，2012年，业绩排名前十的偏股型基金中，农业银行托管的产品占4只。农业银行在弱市中采取的精品策略，赢得了投资者的认可，良好的产品业绩大大提高了农业银行在基金代销和托管市场上的影响力，进一步提升了品牌形象。

抓队伍，开展专题分层培训，稳步提升人员技能

近年来，农业银行建立了一支具有较高专业水准、为投资者高度负责的基金业务队伍和理财师团队，拥有一大批业务熟练、投资理财知识经验丰富的基金业务从业人员和17 000多名拥有AFP、CFP资格的理财师，可根据客户需求提供专业化的理财服务。为了提高各级行基金业务人员的管理水平和营销技能,制定培训规划,农业银行联合多家知名基金公司、培训机构及著名高校，汇集优秀的师资队伍，形成了一套基金业务菜单式分层培训课程体系。在培训内容上，通过介绍基金业务知识、资产投资研究分析、客户营销技能技巧等分层培训，提升业务人员的业务管理水平和客户服务技能；在培训范围上，在走进城市行的同时，又通过“百县千镇”产品宣讲等活动，将基金业务深入推广到县域基层行，向各行传达了较为全面的基金业务知识。

抓服务，开展系列营销活动——“基金宝·感恩十年”

2012年6月，农业银行在四川成都举办“基金宝•感恩十年”客户关爱行动启动仪式，发布《投资者关爱宣言》，向社会各界做出“尽忠职守、谨慎勤勉、诚信销售、诚挚服务，全心全意维护投资者权益”的庄严承诺。“基金宝•感恩十年”营销服务活动以“感恩于心、关爱于行”为主题，面向客户开展了包括“一声感谢，一次联络，一回邀约，一件礼物，一场沙龙，一次健诊，一份惊喜，一段旅程，一次尝试和一个梦想”在内的“十个一”客户回馈服务，加强客户关怀、提高服务层次、提升服务品质。农业银行与基金公司、培训公司等携手合作，开展了丰富多彩的客户回馈服务，将“十个一”客户服务落到实处。2012年累计发送感谢信57.2万封，开展理财沙龙、答谢会、财富报告会等客户活动115场，为超过9 000位现场客户普及了投资知识，组织“一段旅程”活动31场，邀请了近2 000名客户走进基金公司、访问上市企业等。

2012年8月，农业银行组织开展“基金健诊周”活动，全国14家分行、1 200余家网点开展了“基金健诊周”活动，采用网点坐诊、集中会诊、送诊上门等多种方式，为4.2万名基金客户提供了基金健诊服务，累计健诊基金资产102亿元，活动得到基金投资者的热烈欢迎和高度评价。

中国建设银行 China Construction Bank | 大事记 MAJOR EVENTS

（基金代销业务）

2011年6月

建行与《中国证券报》携手共同主办了第二届“建行•中证报金牛基金巡讲”活动，在延续2010年巡讲活动取得圆满成功的基础上，2011年的“金牛”基金巡讲活动增加到25场次，由建信基金管理公司、泰达宏利基金管理公司、华安基金管理公司、银华基金管理公司、国泰基金管理公司、东吴基金管理公司、摩根士丹利华鑫基金管理公司、信诚基金管理公司、上投摩根基金管理公司、海富通基金管理公司、易方达基金管理公司、博时基金管理公司、富国基金管理公司、华富基金管理公司、南方基金管理公司、银河基金管理公司等16家荣获中国基金业金牛奖的基金管理公司承办，并增加了网络媒体的参与。开展“金牛”基金系列巡讲活动对提升建行代销基金品牌的知名度和市场影响力，提升客户服务水平，深化投资者教育工作具有重大意义。

为加大中西部城市基金定投的推广力度，建行联合基金管理公司开展以定投为核心的“理财长征路”主题营销活动， 2011年4月到9月期间在14个省40个地区和城市累计举办主题活动47场，现场参与人数达到6 200人次，获得了广大投资人的认可和良好的社会反响。

为满足客户需要，拓展创新业务功能与营销服务模式，建行自2011年6月起开通基金定投批量签约业务，通过基金销售后台管理系统为投资人集中、批量办理基金定投签约业务，为营销人员走出柜台，深入企业、社区主动拓展新客户群体，开展定投营销活动提供了支持。

2012年

为深化“以客户为中心”的理念，提升客户经理营销能力和服务水平，自2012年3月—12月，建行在全国范围内开展“基金服务万里行”活动，内容包括基金健诊、定投讲座、千元工程等各类主题营销活动。“基金服务万里行”活动开展以来，各地活动如火如荼进行，全国举办基金健诊活动共2 000余场次，累计健诊中高端基金客户15万人，盘活套牢基金资产100亿元左右，在客户群体和基金公司中获得了广泛的好评。

为应对激烈的市场竞争，2012年建行继续加大产品研发与业务创新的投入，年内首批代销创新短期理财债券基金；开发完成外币计价基金交易的功能上线，并成功代销多只外币计价基金产品；实现了跨TA转换功能并成功上线运行；完成了基金智能定投功能的开发上线；配合中登进行数据接口改造功能等，进一步显现创新推动业务发展的重要作用。

为进一步加强销售管理，规范销售行为，确保投资者合法权益，2012年建行在产品销售上加大管理力度，进一步明确完善销售价格体系，规范销售行为；积极贯彻销售适用性原则，向适合的客户销售合适的产品；建立完善应急机制，妥善处理解决客户投诉事件，确保投资者合法权益得到保护。

成立日期	2004年9月17日	注册资本	2 500亿元人民币	法人代表	王洪章
获得基金代销资格时间	2001年9月14日	部门负责人	康　义		
客服电话	95533	传真号码	010-6621 8888		
公司网址	www.ccb.com	办公地址	北京市西城区金融大街25号		

基本情况

中国建设银行股份有限公司拥有悠久的经营历史，其前身“中国人民建设银行”于1954年成立，1996年易名为“中国建设银行”。中国建设银行是中国四大商业银行之一。中国建设银行股份有限公司由原中国建设银行于2004年9月分立而成立，承继了原中国建设银行的商业银行业务及相关的资产和负债。中国建设银行(股票代码：939)于2005年10月27日在香港联合交易所主板上市，是中国四大商业银行中首家在海外公开上市的银行。2006年9月11日，中国建设银行又作为第一家H股公司晋身恒生指数。2007年9月25日中国建设银行A股在上海证券交易所上市并开始交易。A股发行后中国建设银行的已发行股份总数为：250 010 977 486股(包括240 417 319 880股H股及9 593 657 606股A股)。

截至2013年6月30日，中国建设银行资产总额148 592.14亿元，较上年末增长6.34%。2013年上半年，中国建设银行实现净利润1 199.64亿元，较上年同期增长12.65%。年化资产回报率为1.66%，年化加权净资产收益率为23.90%。利息净收入1 876.60亿元，较上年同期增长10.59%。净利差为2.54%，较上年同期提高0.01个百分点。净利息收益率为2.71%，与上年同期持平。手续费及佣金净收入555.24亿元，较上年同期增长12.76%。

中国建设银行在中国内地设有1.4万余个分支机构，并在香港、新加坡、法兰克福、约翰内斯堡、东京、首尔、纽约、胡志明市、悉尼及墨尔本设有分行，在台北、莫斯科设有代表处，拥有建行亚洲、建银国际和建行伦敦等经营性全资子公司，海外机构已覆盖到全球13个国家和地区，基本完成在全球主要金融中心的网络布局，24小时不间断服务能力和基本服务架构已初步形成。中国建设银行筹建、设立村镇银行26家，拥有建信租赁、建信信托、中德住房储蓄银行、建信基金和建信人寿5家境内子公司，为客户提供一体化全面金融服务能力进一步增强。

中国建设银行得到市场和业界的支持和广泛认可。2012年，中国建设银行主要国际排名位次持续上升，先后荣获国内外知名机构授予的90多个重要奖项。中国建设银行在英国《银行家》杂志联合Brand Finance发布的“世界银行品牌500强”以及Interbrand发布的“2012年度中国最佳品牌”中，位列中国银行业首位；在美国《财富》杂志“世界500强排名”中列第77位，较上年上升31位。中国建设银行在2005年及自2009年起连续四年被国际权威杂志《全球托管人》评为“中国最佳托管银行”，在2007年及2008年连续被《财资》杂志评为“国内最佳托管银行”奖，并获和讯网2011年度和2012年度中国“最佳资产托管银行”奖，和境内权威经济媒体《每日经济观察》2012年度“最佳基金托管银行”奖。

中国建设银行总行设投资托管业务部，下设综合处、基金市场处、证券保险资产市场处、理财信托股权市场处、QFII托管处、核算处、清算处、监督稽核处、涉外资产核算团队、养老金托管处、托管业务系统规划与管理团队、上海备份中心等12个职能处室、团队，现有员工225人。自2007年起，托管部连续聘请外部会计师事务所对托管业务进行内部控制审计，并已经成为常规化的内控工作手段。

代销基金业务介绍

中国建设银行(以下简称“建行”)自2001年11月起开办基金代理业务，是国内首批获得开放式基金代销资格的商业银行之一。自业务开办以来，建行始终秉承“精品策略、不断创新、贴近市场、服务客户”的原则，努力为客户选择好公司、好基金，满足客户财富增值的投资理财需要。

截至2012年末，建行累计与63家基金管理公司建立合作关系，代销基金数量1 200余只，代销的产品类型包括股票型(指数型)、混合型(保本型)、债券型、货币市场基金以及ETF联接基金、分级基金等各种创新产品，基金客户数超过1 500万人，基金存量份额达到4 900亿份，基金代理业务市场份额稳居同业第二位。

在产品创新方面，建行与基金管理公司积极合作，几乎参与了国内基金行业所有的创新产品；在营销队伍建设方面，建行已经有近4万人通过了基金销售从业人员资格考试，同时还有1万多人获得AFP/CFP资格证书，超过4万人通过了行内组织的考试，并获得理财师资格；在风险防范方面，建行建立了较为完善的内控体系和风险防范机制，严格遵守监管部门的各项法规制度，确保合规经营和规范销售。

成立日期	1987年3月30日	注册资本	742.62亿元人民币	法人代表	牛锡明
获得基金代销资格时间	2001年7月	部门负责人	陶　文		
联系电话	021-5878 1234	客服电话	95559		
公司网址	www.bankcomm.com	办公地址	上海市浦东新区银城中路188号		

基本情况

交通银行始建于1908年，是中国历史最悠久的银行之一，也是近代中国发钞行之一。交通银行先后于2005年6月和2007年5月在香港联交所、上交所挂牌上市，是中国2010年上海世博会的商业银行全球合作伙伴。根据英国《银行家》杂志公布的2009年全球1 000家银行排名，交通银行总资产排名位列第56位，一级资本排名位列第49位。

代销基金业务介绍

2001年7月，经中国人民银行和中国证券监督管理委员会批准，交通银行获得开放式基金认购、申购、赎回和注册登记代理业务资格，成为我国首家获得开放式基金代理业务资格的商业银行。

2008年，交通银行在基金代销业务上，坚持遵循“交银基金超市”的服务品牌和“用心给您更多”的服务理念，以市场为导向，以客户为中心，引入国际基金评级机构晨星资讯公司，推出“智慧选基”精选基金品牌，以国际化为标准，以科技化为手段，以品种与数量领先，在业内保持了相对优势地位。

2010年7月，交通银行推出基金营养组合，基金营养组合是该行为沃德财富客户、交银理财客户推出的专享理财服务，针对不同风险承受能力的投资者，提供相适应的“智慧选基”基金营养组合，包括激进成长型、标准成长型、标准稳健型、保守稳健型、积极保守型、标准保守型六种经典基金营养组合。基金营养组合是基金销售模式的创新，在业内尚属首家。它是从资产配置的角度进行销售，从客户财富管理的角度合理配置基金产品，在分析客户需求和风险承受能力后，针对不同的客户推介相适合的基金组合，体现了该行“以客户为中心，将适合的产品销售给适合的客户”的销售原则。

2011年2月，交通银行应广大客户的需求，在单笔申购基金营养组合的投资模式基础上，在业内率先推出了基金营养组合定投。该业务功能一是贴近客户需求，便于客户投资。交通银行根据客户投资风险偏好推出6款定投套餐组合；二是创新营销，首创基金组合定投。交通银行根据各开放式基金运行情况、资本市场近期走势优中选优，形成“1+1〉2”的销售成果；三是强强联手，与专业第三方基金评估机构——晨星公司合作，科学甄选和调整基金组合；四是借“组合投资”与“定额定投”的有机结合，做好了投资者教育及基础客户培养。

2011年3月，交通银行推出基金“快溢通”业务，该业务的推出是基金投资理财业务迈向智能化管理的重要一步，能有效解决客户闲散基金投资的不便利性，能时时关注客户闲散资金，主动打理客户财富，能在一定程度上使客户资金流动自如，溢出增值，提升客户在交通银行的基金投资体验。

2011年11月，为更好地对基金持有人做好基金售后服务，交通银行在个人网上银行增加“基金诊断”功能。为投资者展示各个分类维度下排名前列的基金产品，并对该基金与同类产品均值的比较进行描述。增加了投资者对持有基金产品的了解，以便客户做出合理的投资选择。

2012年10月，为更好服务客户，交通银行对定期定额业务进行了优化，增加了“按自然日”和“按交易日”两类扣款周期，为客户提供更个性化的定投周期选择。

2012年10月，根据监管要求，交通银行增加对单一客户单日单笔上限和单日累计交易金额上限控制，对超过金额上限的会交易挡回，并告知客户。

2012年11月，交通银行基金系统新增外币交易功能，可实现美元、港币等多币种基金投资的资金交易清算功能。满足了持有外币客户投资公募基金的需求。

2012年12月，为提升基金的交易结算功能，交通银行在现有基金“快溢通”业务上增加基金“快溢通”关联信用卡服务，该业务能时时关注客户闲散资金，主动打理客户财富，签约客户可享受在借记卡中自动申购货币基金，在关联信用卡还款日前根据货币基金赎回到账日时间进行自动赎回，自动完成信用卡还款业务。

代销基金产品概况

2012年末，交通银行基金代销产品基本全覆盖市场上的全部类型产品，共与66家基金管理公司开展公募基金合作业务，共计代销1 055只开放式基金，其中与21家基金管理公司开展专户基金合作业务；与34家基金管理公司开展公募基金托管业务；是代销开放式基金品种最全、数量最多的商业银行之一。

浦发银行获奖情况（2012）

评奖机构	奖项名称
英国《银行家》杂志“2012年全球银行品牌500强排行榜”	公司以24.5亿美元的品牌价值位居总榜单第62位。
英国《银行家》杂志“2012年全球银行1000强”榜单	公司按照核心资本计进入全球银行60强之列，排名全球第57位，较2011年上升7位，在上榜中资银行中排名第8；公司按资产总额计排全球第56位。
《福布斯》杂志发布的2012年全球企业2000强榜单	公司跻身全球企业200强之列，居第153位，居上榜中资企业第11位以及上榜中资银行第6位。
《亚洲银行家》杂志	获评“中国最佳零售支付产品——中国移动浦发银行借贷合一联名卡”、“中国最佳储蓄产品——浦发银行周周赢”。
《21世纪经济报道》	获评“亚洲最佳风险管理银行”奖，入围2012年亚洲银行竞争力排行榜十强”。
《理财周报》	获评“2012最受尊敬银行”、“2012最佳零售银行”。
《中国证券报》	获评2012年“中国上市公司金牛奖百强”。

注：以上摘自浦发银行2012年度报告。

成立日期	1992年10月19日	注册资本	186.53亿元人民币	法人代表	吉晓辉
获得基金代销资格时间	2002年7月	部门负责人	谢 红		
联系电话	021-6161 8888	客服电话	95528		
公司网址	www.spdb.com.cn	办公地址	上海市中山东一路12号		

基本情况

上海浦东发展银行股份有限公司(以下简称“浦发银行”)是1992年8月28日经中国人民银行批准设立、1993年1月9日开业、1999年在上海证券交易所挂牌上市(股票交易代码：600000)的全国性股份制商业银行，总行设在上海。目前，注册资本金186.53亿元。

秉承“笃守诚信、创造卓越”的经营理念，浦发银行积极探索金融创新，资产规模持续扩大，经营实力不断增强。至2012年末，公司总资产规模达31 457亿元，本外币贷款余额15 446亿元，各项存款余额21 344亿元，实现税后利润341.86亿元。目前，在全国29个省、市、自治区设立了38家直属分行、824个营业机构，架构起全国性商业银行的经营服务格局，并以香港分行开业、伦敦代表处获批为标志，迈出国际化经营的实质性步伐。

上市以来，浦发银行连续多年被《亚洲周刊》评为“中国上市公司100强”；2010年3月，浦发银行荣膺《亚洲银行家》“2005—2009亚洲地区最佳上市银行”，4月荣膺“2010年度中国最强银行”；在《财富》杂志推出的2011年中国上市公司500强排行中，浦发银行凭借优异的经营业绩再次入围国内企业百强，排名第72位；2012年7月，英国《银行家》杂志发布2012年世界银行1 000强排名，浦发银行按核心资本计位居全球第57位(较上年上升7位，在上榜中资银行中排名第8)，按总资产计位居全球第56位，表现出良好的综合竞争优势和增长势头。

基金代销业务介绍

浦发银行“基金精品屋”引导专业服务理念

浦发银行自2002年开办基金代销业务以来，为满足广大客户的投资要求，致力于与品牌基金公司的业务合作，大力推进各类优秀产品的代销，把基金业务作为一项长远的发展战略加以布置和落实，并坚持长抓不懈。截至2012年12月末，合作代销基金公司近43家，代销基金产品超过900只，产品销量稳步增长，销售人员持证覆盖率高，交易渠道逐渐从柜面延伸到电话银行、网上银行和手机银行，且开通了准7x24小时的交易服务，各类客户均可享受到相应的专业服务。在业务特色之路的探求需要下，在践行企业社会责任的感召下，浦发银行从2006年起全力打造“基金精品屋”，在构建基金超市的基础上，确立了“专业+便捷”为主打的差异化发展战略，体现“基金精品屋”的品牌效应。

回顾一下“基金精品屋”的发展历程：

(一) 2006年，率先联合晨星资讯(中国)，以第三方独立、客观的基金评级为切入点，为广大客户精选晨星四星以上基金产品，并在网上银行推出资讯与交易一体化的“基金精品屋•基金频道”，为客户提供一站式基金服务。

(二) 2007年，在独立第三方评级基础上，集合研发团队的智慧，建立了自身的基金优选标准和流程，量化分析基金表现，针对不同风险偏好客户推出每季一期“基金精品屋•优中选优”，实现优质基金的二次筛选，让投资有的放矢。

(三) 2008年，全面提升服务的品质，特邀12家品牌基金公司组建“基金精品屋•专家顾问团”，共同编写投资策略手册，开设专家顾问团专栏，发布市场投资观点，通过搭建服务平台，让客户受益于银行专业化理财服务。

(四) 2009年，持续推进长期投资理念，在优中优选的基础上，大力宣传“基金精品屋•轻松定投”，针对不同客户需求和人生目标进行匹配，细化了“快乐宝贝”、“财富快车”和“幸福晚年”等定投计划，变单一的产品销售为通过财富规划服务来销售产品。

(五) 2010年，为改变市场中基金销售存在的“有销售，无售后”的现状，提升基金服务水平和客户满意度，该行推出了“基金精品屋•基金诊断”，为客户提供免费的一站式诊断规划及监控跟踪服务，科学调整现有基金的配置，树立健康的投资理念。在由北京青年报、上海《理财周刊》、第一财经日报等机构联合主办的北青2010“财星榜”年度评选中，浦发银行“基金诊断”荣获年度“最佳基金诊断服务奖”。

(六) 2011年，浦发银行将“基金诊断”与保险规划等理财功能融合，在业内率先研发并推出“全方位财富规划”，形成并完善了该行系统化理财规划服务功能，在展现浦发银行专业财富管理能力的同时，也在客户面前树立良好的专业化服务形象，提升浦发银行“领先性”银行的品牌战略目标。

经过几年的精耕细作，浦发银行“基金精品屋”品牌在业内和客户中获得较好的评价，并在2007年获得了世界经理人杂志评选的“2007年度中国最值得信赖的银行理财产品特别奖”。让客户真正受益于银行专业化的理财服务，让老百姓投资理财的过程变得轻松，“专业＋便捷”的品牌内涵一直是浦发银行长期不懈追求的目标。在提升基金专业服务的同时，浦发银行还积极贯彻“笃守诚信、创造卓越”的经营宗旨，将基金业务发展和社会责任紧密结合，积极贯彻落实监管要求，主动做好客户销售适应性工作和开展形式多样的投资者教育工作，着力提高全民的理财意识和能力。

第四章

境外机构

Overseas Institutions

HSBC 汇丰

集团概况

汇丰集团是全球规模最大的银行及金融机构之一，在全球各地的发达市场和新兴市场拥有约6 900间附属分支机构。汇丰集团尽握市场的发展潜力，帮助客户开拓商机，促进商业繁荣与经济发展，帮助人们成就梦想。

汇丰控股在伦敦、香港、纽约、巴黎及百慕大等证券交易所上市，全球股东超过220 000名，分布于129个国家和地区。

香港上海汇丰银行有限公司于1865年在香港和上海成立，此后从未间断在中国的服务。香港上海汇丰银行有限公司是汇丰集团的创始成员和集团在亚太区的旗舰。汇丰通过零售银行及财富管理业务、工商金融业务、环球银行及资本市场业务，以及环球私人银行业务，为约6 000万客户提供服务。汇丰的服务网络遍布欧洲、亚太地区、美洲、中东及非洲80多个国家和地区。汇丰银行的目标是成为公认的领先国际银行。

香港上海汇丰银行有限公司是在内地投资最多的外资银行之一，在投资自身发展的同时，也入股内地中资金融机构，其中包括入股交通银行19%的股份以及上海银行8%的股份。

汇丰银行(中国)有限公司作为首批本地注册的外资法人银行于2007年4月2日正式开业，由设于香港特别行政区的母行——香港上海汇丰银行有限公司全资拥有，其前身是香港上海汇丰银行有限公司的原中国内地分支机构。汇丰中国的网点遍及45个主要城市，是中国内地网点最多、地域覆盖最广的外资银行。

业务概况

财务稳健且实力过人

汇丰是世界上资本最充足的银行之一，于2012年12月的核心第一级资本比率为12.3%。亚洲汇丰的信贷评级为Aa2(穆迪) / AA-(标普)。

汇丰的资产负债表规模庞大且资本充足，加上独特的地域优势及多样化的产品，在同业之中脱颖而出。汇丰非常注重证券服务，加上雄厚财务实力的支持，可不断满足投资客户需求。在金融服务业面对并购、法规转变及前景不明朗之下，汇丰有与众不同的优势。

汇丰证券服务

汇丰证券服务负责汇丰银行集团的基金服务，是汇丰环球银行及资本市场的核心业务。汇丰证券服务为国际资产管理业提供全面的全球、地区及本地基金服务，包括基金行政管理、全球托管、企业信托及贷款代理与次托管结算及服务。

汇丰证券服务为全球领先的证券及基金服务商之一，客户可在多个时区、使用多种货币或语言，使用汇丰全球最大的基金服务网络，获得所需建议及协助。汇丰证券服务可借助覆盖全球的汇丰集团网络，为客户提供真正遍及全球网络的各种批发及零售银行产品。

托管服务

汇丰证券服务的托管网络覆盖超过90个市场，其中41个由汇丰属下公司经营，截至2012年12月31日，有6万亿美元之托管资产。

汇丰中国向境外机构投资者提供B股次托管和清算服务，并向合格境外机构投资者(QFII)提供A股证券托管服务，在B股和QFII 托管服务中均拥有领先的市场份额。汇丰中国是首家获准为银行间市场投资者提供债券结算代理服务的外资银行，亦是首家人民币合格境外机构投资者(RQFII)外资托管银行。

基金服务

凭借百余年的业务经验，加上立足飞跃发展的东方市场，该行对当地市场有独到而深入的了解。除继续在发达市场发展之外，汇丰证券服务更是亚洲地区同业的领导者之一。汇丰证券服务为2.7万亿美元之资产提供基金行政管理服务。

此外，该行采用全球经营模式，可满足客户的长期需求。汇丰开创亚洲基金管理的先河，目前更成为同业中的翘楚，管理全亚洲最大的基金服务网络。该行的传统产品部门是香港、马来西亚、新加坡及韩国的最大基金管理公司之一，客户包括亚洲一众顶尖的基金经理及保险公司，而该等公司为数以千计的零售及机构客户管理单位信托及互惠基金。

公司发展纪事(2011—2012)

2011年

- 首家也是唯一一家获准在上海和深圳市场为QFII客户提供ETF申购和赎回的QFII保管托管银行。
- 首家为人民币合格境外机构投资者(RQFII)提供保管托管服务的外资银行。
- 汇丰共同主持中国的Securities Market Practice Group 及积极参与一系列的市场举措，旨在加强中国证券行业惯例的标准化和统一。

2012年

- 唯一一家成功协助外国保险公司进入银行间债券市场的外资银行。
- 参与首批跨境ETF QDII业务的境外托管业务。

汇丰证券服务所获荣誉(2011—2012)

The Asset Triple A Awards	2011年度全球托管人新星 2011—2012 最佳过户代理人 2011—2012 最佳亚太零售基金行政管理人 2011—2012 最佳亚太次托管人 2012 最佳中国次托管人
Global Custodian	2011及2012 Global Custody Survey, 荣获亚太区最高评分托管人。 2011及2012 Agent Bank in Emerging MarkeSurvey, 荣获亚太区及最高评分次托管人。

T. Rowe Price是一家独立的资产管理公司，帮助全球机构投资者和个人投资者实现其长期目标。本公司专注于提供投资管理及相关服务，所管理的资产总额达6 140亿美元[1]

- 由Thomas Rowe Price, Jr.创办于1937 年
- 总部设在美国马里兰州巴尔的摩市，在四大洲设有16 个分支机构
- 机构资产占所管理的资产总额的50%以上
- 为主权机构、大型公司、公共退休计划、基金会、捐赠基金和金融中介管理资产
- 提供涉及多种资产类别、资本规模、板块和风格的全面投资策略。

  投资区域包括：

股票	固定收益
美国	美国
欧洲	欧洲
亚太地区	新兴市场
新兴市场	全球
全球	全球(除美国以外)
全球 (除美国以外)	

- 投资工具包括独立财户、 分理基金、信托、 机构共同基金和混合基金
- 全球员工超过5 000 人，包括426位专业投资人员
- 本公司是一家上市公司(TROW)，是标准普尔500指数中为数不多的独立投资管理公司之一
- 以市值计为全美第三大纯资产管理公司[2]

根基稳固：

本公司组织稳定，眼光长远，形成了一种以追求卓越业绩为目标的商业方法，这种方法已经被证明有效。

- 稳健的资产负债表（无长期债务，可观的流动资产以及股东权益）和多元化的业务模式表明，我们始终注意保持稳定。
- 多元化的股票和固定收益投资产品以及多元化的客户群，有助于降低业务波动风险，使我们可以在变化的市场中持续投资于人才，技术和资源。
- 运用集体智慧，为客户提供一致的业务管理和投资方法，经受了各种市场周期和经济形势的考验。

宝贵的经验：

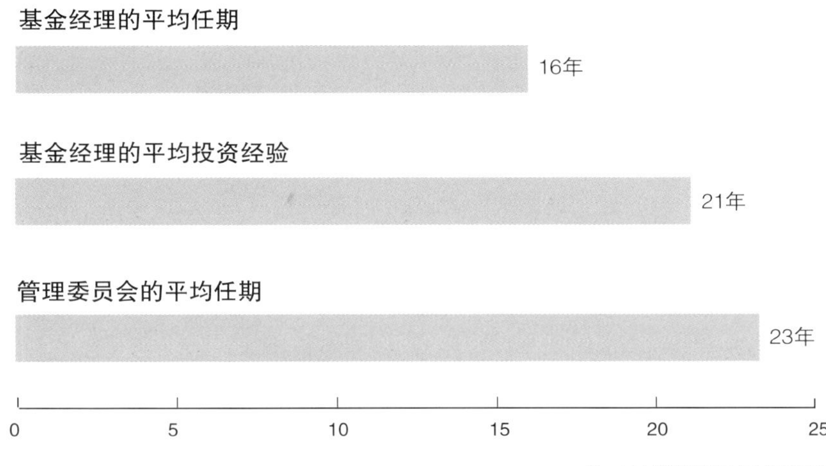

注：以上统计截至2013年6月30日

稳 健：

我们采取自下而上的基本面研究的投资方法，提供卓越的投资管理服务。

- 我们拥有专有的全球研究平台，共有202[3]位专业分析师
- 通过公司现场考察、管理层访谈、以及与供应商、竞争对手、经销商和客户会面来收集信息
- 投资经理力求避免不适当的风险，着力于追求长期持续超额回报
- 在区域、板块、行业和公司层面进行严格的基本面分析
- 各种投资风格和策略的观点跨部门快速分享的机制，使基金经理能够迅速发掘和把握机会

来自多元视角的信息：

我们拥有才华出众的多元化专业人员队伍，通过整合他们的个人观点，为客户基金提供行之有效的投资机会

- 高素质、多元化的专业人员，对投资事业充满热忱
- 智慧型合作：在评价分析师和行业专家时，我们不仅要看他们的投资建议是否能带来绩效，也要看他们是否有能力向整个投资团队沟通他们的观点

充分利用我们的知识共享平台

共同的目标：

我们的同仁致力于提供卓越的服务和指导，以客户利益为先。

- 我们的客户服务人员平均拥有17年的从业经验，他们善于倾听，能够理解和处理客户面临的复杂问题
- 我们为客户安排专门的单点联系人，专注于满足客户的长期需求
- 我们为客户寻求可持续的长期投资绩效，而非短期销售或资产增长
- 我们只专注于投资管理及相关服务，有强烈的受托责任感，使我们的目标和客户的目标和谐一致

1937年， Thomas Rowe Price, Jr.秉持一个很简单的商业原则创办本公司：客户利益所在即是本公司利益之所在。时至今日，T. Rowe Price仍然奉行这个原则。

我们诚邀您进一步了解我们公司以及我们稳健的长期投资方法
请浏览我们的网站：troweprice.com/truth

数据截至2013年6月30日。本资料由T. Rowe Price Hong Kong Limited(“TRPHK”)在香港境内发布。TRPHK的注册地址为香港中环康乐广场1号怡和大厦21楼，受香港证券及期货事务监察委员会监督管理。本资料仅供专业投资者使用，未经TRPHK事先同意不得再次发布。

本资料由 T. Rowe Price International Ltd(“TRPIL”) 在香港境外发布。TRPIL的注册地址为60 Queen Victoria Street, London EC4N 4TZ，经英国金融服务管理局(“FSA”) 授权并受其监督管理。本资料并不意图面向FSA定义的零售客户。

本资料仅供参考，不应视作对任何普信产品或服务的推销。我们提请读者注意，普信在没有相关许可证或许可证免除条款的前提下，不可提供任何产品或服务。未经普信事先书面同意，本资料不得再次发布。本资料的内容没有经过资料演示所在司法管辖区的任何监管机构或任何其他监管机构的审核。本资料不构成投资建议，不应完全依赖于它。投资者在做出投资决定前需考虑自身情况。

T. Rowe Price, Invest With Confidence和Bighorn Sheep 与普信两个中文字符标识为T. Rowe Price Group, Inc. 的商标。

1.为T. Rowe Price集团公司截至2013年6月30日管理的资产总和。T. Rowe Price集团公司包括T. Rowe Price Associates, Inc. T. Rowe Price International Ltd.,T. Rowe Price Hong Kong Limited, T. Rowe Price Singapore Private Ltd. 和T. Rowe Price (Canada), Inc。

2. 截至2013年6月30日之市值。资料来源：FactSet，公司报告。包括列出的占资产管理收入90%以上的公司。

3.截至2013年6月30日，拥有8位部门基金经理、5位基金经理/分析师、134位研究分析师、23位副研究分析师、28位定量分析师以及3位特别分析师。

第五部分 附 录

Part V Appendices

附录一　基金法律法规(2012)

2012年颁布的基金法律、法规文件一览

颁布日期	基金法律文件
2012年12月28日	中华人民共和国证券投资基金法（2012修订版）
颁发日期	**基金法规文件**
2012年03月16日	证券投资基金信息披露XBRL模板第2号《净值公告》
2012年06月12日	关于基金从业人员投资证券投资基金有关事项的规定
2012年06月19日	关于修改《证券投资基金运作管理办法》第六条及第十二条的决定
2012年07月27日	关于实施《合格境外机构投资者境内证券投资管理办法》有关问题的规定
2012年09月20日	证券投资基金管理公司管理办法
	关于实施《证券投资基金管理公司管理办法》有关问题的规定
2012年09月26日	关于实施《基金管理公司特定客户资产管理业务试点办法》有关问题的规定
	基金管理公司单一客户资产管理合同内容与格式准则（2012年修订）
	基金管理公司特定多个客户资产管理合同内容与格式准则（2012年修订）
	基金管理公司特定客户资产管理业务试点办法
2012年10月26日	证券投资基金托管业务管理办法（征求意见稿）
	《证券投资基金托管资格管理办法》修订暨《证券投资基金托管业务管理办法（征求意见稿）》起草说明
	《证券投资基金托管业务管理办法》修订对照
2012年10月29日	证券投资基金管理公司子公司管理暂行规定
2012年11月15日	基金管理公司开展投资、研究活动防控内幕交易指导意见
2012年11月20日	保险机构销售证券投资基金管理暂行规定（征求意见稿）
	《保险机构销售证券投资基金管理暂行规定（征求意见稿）》起草说明
2012年12月27日	证券投资基金销售机构通过第三方电子商务平台开展证券投资基金销售业务指引（试行）（征求意见稿）
	证券投资基金销售机构通过第三方电子商务平台开展证券投资基金销售业务指引（试行）（起草说明）
2012年12月30日	资产管理机构开展公募证券投资基金管理业务暂行规定（征求意见稿）
	资产管理机构开展公募证券投资基金管理业务暂行规定（起草说明）

中华人民共和国主席令

第71号

《中华人民共和国证券投资基金法》已由中华人民共和国第十一届全国人民代表大会常务委员会第三十次会议于2012年12月28日修订通过，现将修订后的《中华人民共和国证券投资基金法》公布，自2013年6月1日起施行。

中华人民共和国主席：胡锦涛

二〇一二年十二月二十八日

中华人民共和国证券投资基金法（2012修订版）

目 录

第一章 总则

第一条 为了规范证券投资基金活动，保护投资人及相关当事人的合法权益，促进证券投资基金和资本市场的健康发展，制定本法。

第二条 在中华人民共和国境内，公开或者非公开募集资金设立证券投资基金（以下简称基金），由基金管理人管理，基金托管人托管，为基金份额持有人的利益，进行证券投资活动，适用本法；本法未规定的，适用《中华人民共和国信托法》、《中华人民共和国证券法》和其他有关法律、行政法规的规定。

第三条 基金管理人、基金托管人和基金份额持有人的权利、义务，依照本法在基金合同中约定。

基金管理人、基金托管人依照本法和基金合同的约定，履行受托职责。

通过公开募集方式设立的基金（以下简称公开募集基金）的基金份额持有人按其所持基金份额享受收益和承担风险，通过非公开募集方式设立的基金（以下简称非公开募集基金）的收益分配和风险承担由基金合同约定。

第四条 从事证券投资基金活动，应当遵循自愿、公平、诚实信用的原则，不得损害国家利益和社会公共利益。

第五条 基金财产的债务由基金财产本身承担，基金份额持有人以其出资为限对基金财产的债务承担责任。但基金合同依照本法另有约定的，从其约定。

基金财产独立于基金管理人、基金托管人的固有财产。基金管理人、基金托管人不得将基金财产归入其固有财产。

基金管理人、基金托管人因基金财产的管理、运用或者其他情形而取得的财产和收益，归入基金财产。

基金管理人、基金托管人因依法解散、被依法撤销或者被依法宣告破产等原因进行清算的，基金财产不属于其清算财产。

第六条 基金财产的债权，不得与基金管理人、基金托管人固有财产的债务相抵销；不同基金财产的债权债务，不得相互抵销。

第七条 非因基金财产本身承担的债务，不得对基金财产强制执行。

第八条 基金财产投资的相关税收，由基金份额持有人承担，基金管理人或者其他扣缴义务人按照国家有关税收征收的规定代扣代缴。

第九条 基金管理人、基金托管人管理、运用基金财产，基金服务机构从事基金服务活动，应当恪尽职守，履行诚实信用、谨慎勤勉的义务。

基金管理人运用基金财产进行证券投资，应当遵守审慎经营规则，制定科学合理的投资策略和风险管理制度，有效防范和控制风险。

基金从业人员应当具备基金从业资格，遵守法律、行政法规，恪守职业道德和行为规范。

第十条 基金管理人、基金托管人和基金服务机构，应当依照本法成立证券投资基金行业协会（以下简称基金行业协会），进行行业自律，协调行业关系，提供行业服务，促进行业发展。

第十一条 国务院证券监督管理机构依法对证券投资基金活动实施监督管理；其派出机构依照授权履行职责。

第二章 基金管理人

第十二条 基金管理人由依法设立的公司或者合伙企业担任。

公开募集基金的基金管理人，由基金管理公司或者经国务院证券监督管理机构按照规定核准的其他机构担任。

第十三条 设立管理公开募集基金的基金管理公司，应当具备下列条件，并经国务院证券监督管理机构批准：

（一）有符合本法和《中华人民共和国公司法》规定的章程；

（二）注册资本不低于一亿元人民币，且必须为实缴货币资本；

（三）主要股东应当具有经营金融业务或者管理金融机构的良好业绩、良好的财务状况和社会信誉，资产规模达到国务院规定的标准，最近三年没有违法记录；

（四）取得基金从业资格的人员达到法定人数；

（五）董事、监事、高级管理人员具备相应的任职条件；

（六）有符合要求的营业场所、安全防范设施和与基金管理业务有关的其他设施；

（七）有良好的内部治理结构、完善的内部稽核监控制度、风险控制制度；

（八）法律、行政法规规定的和经国务院批准的国务院证券监督管理机构规定的其他条件。

第十四条 国务院证券监督管理机构应当自受理基金管理公司设立申请之日起六个月内依照本法第十三条规定的条件和审慎监管原则进行审查，作出批准或者不予批准的决定，并通知申请人；不予批准的，应当说明理由。

基金管理公司变更持有百分之五以上股权的股东，变更公司的实际控制人，或者变更其他重大事项，应当报经国务院证券监督管理机构批准。国务院证券监督管理机构应当自受理申请之日起六十日内作出批准或者不予批准的决定，并通知申请人；不予批准的，应当说明理由。

第十五条 有下列情形之一的，不得担任公开募集基金的基金管理人的董事、监事、高级管理人员和其他从业人员：

（一）因犯有贪污贿赂、渎职、侵犯财产罪或者破坏社会主义市场经济秩序罪，被判处刑罚的；

（二）对所任职的公司、企业因经营不善破产清算或者因违法被吊销营业执照负有个人责任的董事、监事、厂长、高级管理人员，自该公司、企业破产清算终结或者被吊销营业执照之日起未逾五年的；

（三）个人所负债务数额较大，到期未清偿的；

（四）因违法行为被开除的基金管理人、基金托管人、证券交易所、证券公司、证券登记结算机构、期货交易所、期货公司及其他机构的从业人员和国家机关工作人员；

（五）因违法行为被吊销执业证书或者被取消资格的律师、注册会计师和资产评估机构、验证机构的从业人员、投资咨询从业人员；

（六）法律、行政法规规定不得从事基金业务的其他人员。

第十六条 公开募集基金的基金管理人的董事、监事和高级管理人员，应当熟悉证券投资方面的法律、行政法规，具有三年以上与其所任职务相关的工作经历；高级管理人员还应当具备基金从业资格。

第十七条 公开募集基金的基金管理人的法定代表人、经营管理主要负责人和从事合规监管的负责人的选任或者改任，应当报经国务院证券监督管理机构依照本法和其他有关法律、行政法规规定的任职条件进行审核。

第十八条 公开募集基金的基金管理人的董事、监事、高级管理人员和其他从业人员，其本人、配偶、利害关系人进行证券投资，应当事先向基金管理人申报，并不得与基金份额持有人发生利益冲突。

公开募集基金的基金管理人应当建立前款规定人员进行证券投资的申报、登记、审查、处置等管理制度，并报国务院证券监督管理机构备案。

第十九条 公开募集基金的基金管理人的董事、监事、高级管理人员和其他从业人员，不得担任基金托管人或者其他基金管理人的任何职务，不得从事损害基金财产和基金份额持有人利益的证券交易及其他活动。

第二十条 公开募集基金的基金管理人应当履行下列职责：

（一）依法募集资金，办理基金份额的发售和登记事宜；

（二）办理基金备案手续；

（三）对所管理的不同基金财产分别管理、分别记账，进行证券投资；

（四）按照基金合同的约定确定基金收益分配方案，及时向基金份额持有人分配收益；

（五）进行基金会计核算并编制基金财务会计报告；

（六）编制中期和年度基金报告；

（七）计算并公告基金资产净值，确定基金份额申购、赎回价格；

（八）办理与基金财产管理业务活动有关的信息披露事项；

（九）按照规定召集基金份额持有人大会；

（十）保存基金财产管理业务活动的记录、账册、报表和其他相关资料；

（十一）以基金管理人名义，代表基金份额持有人利益行使诉讼权利或者实施其他法律行为；

（十二）国务院证券监督管理机构规定的其他职责。

第二十一条 公开募集基金的基金管理人及其董事、监事、高级管理人员和其他从业人员不得有下列行为：

（一）将其固有财产或者他人财产混同于基金财产从事证券投资；

（二）不公平地对待其管理的不同基金财产；

（三）利用基金财产或者职务之便为基金份额持有人以外的人牟取利益；

（四）向基金份额持有人违规承诺收益或者承担损失；

（五）侵占、挪用基金财产；

（六）泄露因职务便利获取的未公开信息、利用该信息从事或者明示、暗示他人从事相关的交易活动；

（七）玩忽职守，不按照规定履行职责；

（八）法律、行政法规和国务院证券监督管理机构规定禁止的其他行为。

第二十二条 公开募集基金的基金管理人应当建立良好的内部治理结构，明确股东会、董事会、监事会和高级管理人员的职责权限，确保基金管理人独立运作。

公开募集基金的基金管理人可以实行专业人士持股计划，建立长效激励约束机制。

公开募集基金的基金管理人的股东、董事、监事和高级管理人员在行使权利或者履行职责时，应当遵循基金份额持有人利益优先的原则。

第二十三条 公开募集基金的基金管理人应当从管理基金的报酬中计提风险准备金。

公开募集基金的基金管理人因违法违规、违反基金合同等原因给基金财产或者基金份额持有人合法权益造成损失，应当承担赔偿责任的，可以优先使用风险准备金予以赔偿。

第二十四条 公开募集基金的基金管理人的股东、实际控制人应当按照国务院证券监督管理机构的规定及时履行重大事项报告义务，并不得有下列行为：

（一）虚假出资或者抽逃出资；

（二）未依法经股东会或者董事会决议擅自干预基金管理人的基金经营活动；

（三）要求基金管理人利用基金财产为自己或者他人牟取利益，损害基金份额持有人利益；

（四）国务院证券监督管理机构规定禁止的其他行为。

公开募集基金的基金管理人的股东、实际控制人有前款行为或者股东不再符合法定条件的，国务院证券监督管理机构应当责令其限期改正，并可视情节责令其转让所持有或者控制的基金管理人的股权。

在前款规定的股东、实际控制人按照要求改正违法行为、转让所持有或者控制的基金管理人的股权前，国务院证券监督管理机构可以限制有关股东行使股东权利。

第二十五条 公开募集基金的基金管理人违法违规，或者其内部治理结构、稽核监控和风险控制管理不符合规定的，国务院证券监督管理机构应当责令其限期改正；逾期未改正，或者其行为严重危及该基金管理人的稳健运行、损害基金份额持有人合法权益的，国务院证券监督管理机构可以区别情形，对其采取下列措施：

（一）限制业务活动，责令暂停部分或者全部业务；

（二）限制分配红利，限制向董事、监事、高级管理人员支付报酬、提供福利；

（三）限制转让固有财产或者在固有财产上设定其他权利；

（四）责令更换董事、监事、高级管理人员或者限制其权利；

（五）责令有关股东转让股权或者限制有关股东行使股东权利。

公开募集基金的基金管理人整改后，应当向国务院证券监督管理机构提交报告。国务院证券监督管理机构经验收，符合有关要求的，应当自验收完毕之日起三日内解除对其采取的有关措施。

第二十六条 公开募集基金的基金管理人的董事、监事、高级管理人员未能勤勉尽责，致使基金管理人存在重大违法违规行为或者重大风险的，国务院证券监督管理机构可以责令更换。

第二十七条 公开募集基金的基金管理人违法经营或者出现重大风险，严重危害证券市场秩序、损害基金份额持有人利益的，国务院证券监督管理机构可以对该基金管理人采取责令停业整顿、指定其他机构托管、接管、取消基金管理资格或者撤销等监管措施。

第二十八条 在公开募集基金的基金管理人被责令停业整顿、被依法指定托管、接管或者清算期间，或者出现重大风险时，经国务院证券监督管理机构批准，可以对该基金管理人直接负责的董事、监事、高级管理人员和其他直接责任人员采取下列措施：

（一）通知出境管理机关依法阻止其出境；

（二）申请司法机关禁止其转移、转让或者以其他方式处分财产，或者在财产上设定其他权利。

第二十九条 有下列情形之一的，公开募集基金的基金管理人职责终止：

（一）被依法取消基金管理资格；

（二）被基金份额持有人大会解任；

（三）依法解散、被依法撤销或者被依法宣告破产；

（四）基金合同约定的其他情形。

第三十条 公开募集基金的基金管理人职责终止的，基金份额持有人大会应当在六个月内选任新基金管理人；新基金管理人产生前，由国务院证券监督管理机构指定临时基金管理人。

公开募集基金的基金管理人职责终止的，应当妥善保管基金管理业务资料，及时办理基金管理业务的移交手续，新基金管理人或者临时基金管理人应当及时接收。

第三十一条 公开募集基金的基金管理人职责终止的，应当按照规定聘请会计师事务所对基金财产进行审计，并将审计结果予以公告，同时报国务院证券监督管理机构备案。

第三十二条 对非公开募集基金的基金管理人进行规范的具体办法，由国务院金融监督管理机构依照本章的原则制定。

第三章 基金托管人

第三十三条 基金托管人由依法设立的商业银行或者其他金融机构担任。

商业银行担任基金托管人的，由国务院证券监督管理机构会同国务院银行业监督管理机构核准；其他金融机构担任基金托管人的，由国务院证券监督管理机构核准。

第三十四条 担任基金托管人，应当具备下列条件：

（一）净资产和风险控制指标符合有关规定；

（二）设有专门的基金托管部门；

（三）取得基金从业资格的专职人员达到法定人数；

（四）有安全保管基金财产的条件；

（五）有安全高效的清算、交割系统；

（六）有符合要求的营业场所、安全防范设施和与基金托管业务有关的其他设施；

（七）有完善的内部稽核监控制度和风险控制制度；

（八）法律、行政法规规定的和经国务院批准的国务院证券监督管理机构、国务院银行业监督管理机构规定的其他条件。

第三十五条 本法第十五条、第十八条、第十九条的规定，适用于基金托管人的专门基金托管部门的高级管理人员和其他从业人员。

本法第十六条的规定，适用于基金托管人的专门基金托管部门的高级管理人员。

第三十六条 基金托管人与基金管理人不得为同一机构，不得相互出资或者持有股份。

第三十七条 基金托管人应当履行下列职责：

（一）安全保管基金财产；

（二）按照规定开设基金财产的资金账户和证券账户；

（三）对所托管的不同基金财产分别设置账户，确保基金财产的完整与独立；

（四）保存基金托管业务活动的记录、账册、报表和其他相关资料；

（五）按照基金合同的约定，根据基金管理人的投资指令，及时办理清算、交割事宜；

（六）办理与基金托管业务活动有关的信息披露事项；

（七）对基金财务会计报告、中期和年度基金报告出具意见；

（八）复核、审查基金管理人计算的基金资产净值和基金份额申购、赎回价格；

（九）按照规定召集基金份额持有人大会；

（十）按照规定监督基金管理人的投资运作；

（十一）国务院证券监督管理机构规定的其他职责。

第三十八条 基金托管人发现基金管理人的投资指令违反法律、行政法规和其他有关规定，或者违反基金合同约定的，应当拒绝执行，立即通知基金管理人，并及时向国务院证券监督管理机构报告。

基金托管人发现基金管理人依据交易程序已经生效的投资指令违反法律、行政法规和其他有关规定，或者违反基金合同约定的，应当立即通知基金管理人，并及时向国务院证券监督管理机构报告。

第三十九条 本法第二十一条、第二十三条的规定，适用于基金托管人。

第四十条 基金托管人不再具备本法规定的条件，或者未能勤勉尽责，在履行本法规定的职责时存在重大失误的，国务院证券监督管理机构、国务院银行业监督管理机构应当责令其改正；逾期未改正，或者其行为严重影响所托管基金的稳健运行、损害基金份额持有人利益的，国务院证券监督管理机构、国务院银行业监督管理机构可以区别情形，对其采取下列措施：

（一）限制业务活动，责令暂停办理新的基金托管业务；

（二）责令更换负有责任的专门基金托管部门的高级管理人员。

基金托管人整改后，应当向国务院证券监督管理机构、国务院银行业监督管理机构提交报告；经验收，符合有关要求的，应当自验收完毕之日起三日内解除对其采取的有关措施。

第四十一条 国务院证券监督管理机构、国务院银行业监督管理机构对有下列情形之一的基金托管人，可以取消其基金托管资格：

（一）连续三年没有开展基金托管业务的；

（二）违反本法规定，情节严重的；

（三）法律、行政法规规定的其他情形。

第四十二条 有下列情形之一的，基金托管人职责终止：

（一）被依法取消基金托管资格；

（二）被基金份额持有人大会解任；

（三）依法解散、被依法撤销或者被依法宣告破产；

（四）基金合同约定的其他情形。

第四十三条 基金托管人职责终止的，基金份额持有人大会应当在六个月内选任新基金托管人；新基金托管人产生前，由国务院证券监督管理机构指定临时基金托管人。

基金托管人职责终止的，应当妥善保管基金财产和基金托管业务资料，及时办理基金财产和基金托管业务的移交手续，新基金托管人或者临时基金托管人应当及时接收。

第四十四条 基金托管人职责终止的，应当按照规定聘请会计师事务所对基金财产进行审计，并将审计结果予以公告，同时报国务院证券监督管理机构备案。

第四章 基金的运作方式和组织

第四十五条 基金合同应当约定基金的运作方式。

第四十六条 基金的运作方式可以采用封闭式、开放式或者其他方式。

采用封闭式运作方式的基金（以下简称封闭式基金），是指基金份额总额在基金合同期限内固定不变，基金份额持有人不得申请赎回的基金；采用开放式运作方式的基金（以下简称开放式基金），是指基金份额总额不固定，基金份额可以在基金合同约定的时间和场所申购或者赎回的基金。

采用其他运作方式的基金的基金份额发售、交易、申购、赎回的办法，由国务院证券监督管理机构另行规定。

第四十七条 基金份额持有人享有下列权利：

（一）分享基金财产收益；

（二）参与分配清算后的剩余基金财产；

（三）依法转让或者申请赎回其持有的基金份额；

（四）按照规定要求召开基金份额持有人大会或者召集基金份额持有人大会；

（五）对基金份额持有人大会审议事项行使表决权；

（六）对基金管理人、基金托管人、基金服务机构损害其合法权益的行为依法提起诉讼；

（七）基金合同约定的其他权利。

公开募集基金的基金份额持有人有权查阅或者复制公开披露的基金信息资料；非公开募集基金的基金份额持有人对涉及自身利益的情况，有权查阅基金的财务会计账簿等财务资料。

第四十八条 基金份额持有人大会由全体基金份额持有人组成，行使下列职权：

（一）决定基金扩募或者延长基金合同期限；

（二）决定修改基金合同的重要内容或者提前终止基金合同；

（三）决定更换基金管理人、基金托管人；

（四）决定调整基金管理人、基金托管人的报酬标准；

（五）基金合同约定的其他职权。

第四十九条 按照基金合同约定，基金份额持有人大会可以设立日常机构，行使下列职权：

（一）召集基金份额持有人大会；

（二）提请更换基金管理人、基金托管人；

（三）监督基金管理人的投资运作、基金托管人的托管活动；

（四）提请调整基金管理人、基金托管人的报酬标准；

（五）基金合同约定的其他职权。

前款规定的日常机构，由基金份额持有人大会选举产生的人员组成；其议事规则，由基金合同约定。

第五十条 基金份额持有人大会及其日常机构不得直接参与或者干涉基金的投资管理活动。

第五章 基金的公开募集

第五十一条 公开募集基金，应当经国务院证券监督管理机构注册。未经注册，不得公开或者变相公开募集基金。

前款所称公开募集基金，包括向不特定对象募集资金、向特定对象募集资金累计超过二百人，以及法律、行政法规规定的其他情形。

公开募集基金应当由基金管理人管理，基金托管人托管。

第五十二条 注册公开募集基金，由拟任基金管理人向国务院证券监督管理机构提交下列文件：

（一）申请报告；

（二）基金合同草案；

（三）基金托管协议草案；

（四）招募说明书草案；

（五）律师事务所出具的法律意见书；

（六）国务院证券监督管理机构规定提交的其他文件。

第五十三条 公开募集基金的基金合同应当包括下列内容：

（一）募集基金的目的和基金名称；

（二）基金管理人、基金托管人的名称和住所；

（三）基金的运作方式；

（四）封闭式基金的基金份额总额和基金合同期限，或者开放式基金的最低募集份额总额；

（五）确定基金份额发售日期、价格和费用的原则；

（六）基金份额持有人、基金管理人和基金托管人的权利、义务；

（七）基金份额持有人大会召集、议事及表决的程序和规则；

（八）基金份额发售、交易、申购、赎回的程序、时间、地点、费用计算方式，以及给付赎回款项的时间和方式；

（九）基金收益分配原则、执行方式；

（十）基金管理人、基金托管人报酬的提取、支付方式与比例；

（十一）与基金财产管理、运用有关的其他费用的提取、支付方式；

（十二）基金财产的投资方向和投资限制；

（十三）基金资产净值的计算方法和公告方式；

（十四）基金募集未达到法定要求的处理方式；

（十五）基金合同解除和终止的事由、程序以及基金财产清算方式；

（十六）争议解决方式；

（十七）当事人约定的其他事项。

第五十四条 公开募集基金的基金招募说明书应当包括下列内容：

（一）基金募集申请的准予注册文件名称和注册日期；

（二）基金管理人、基金托管人的基本情况；

（三）基金合同和基金托管协议的内容摘要；

（四）基金份额的发售日期、价格、费用和期限；

（五）基金份额的发售方式、发售机构及登记机构名称；

（六）出具法律意见书的律师事务所和审计基金财产的会计师事务所的名称和住所；

（七）基金管理人、基金托管人报酬及其他有关费用的提取、支付方式与比例；

（八）风险警示内容；

（九）国务院证券监督管理机构规定的其他内容。

第五十五条 国务院证券监督管理机构应当自受理公开募集基金的募集注册申请之日起六个月内依照法律、行政法规及国务院证券监督管理机构的规定进行审查，作出注册或者不予注册的决定，并通知申请人；不予注册的，应当说明理由。

第五十六条 基金募集申请经注册后，方可发售基金份额。

基金份额的发售，由基金管理人或者其委托的基金销售机构办理。

第五十七条 基金管理人应当在基金份额发售的三日前公布招募说明书、基金合同及其他有关文件。

前款规定的文件应当真实、准确、完整。

对基金募集所进行的宣传推介活动，应当符合有关法律、行政法规的规定，不得有本法第七十八条所列行为。

第五十八条 基金管理人应当自收到准予注册文件之日起六个月内进行基金募集。超过六个月开始募集，原注册的事项未发生实质性变化的，应当报国务院证券监督管理机构备案；发生实质性变化的，应当向国务院证券监督管理机构重新提交注册申请。

基金募集不得超过国务院证券监督管理机构准予注册的基金募集期限。基金募集期限自基金份额发售之日起计算。

第五十九条 基金募集期限届满，封闭式基金募集的基金份额总额达到准予注册规模的百分之八十以上，开放式基金募集的基金份额总额超过准予注册的最低募集份额总额，并且基金份额持有人人数符合国务院证券监督管理机构规定的，基金管理人应当自募集期限届满之日起十日内聘请法定验资机构验资，自收到验资报告之日起十日内，向国务院证券监督管理机构提交验资报告，办理基金备案手续，并予以公告。

第六十条 基金募集期间募集的资金应当存入专门账户，在基金募集行为结束前，任何人不得动用。

第六十一条 投资人交纳认购的基金份额的款项时，基金合同成立；基金管理人依照本法第五十九条的规定向国务院证券监督管理机构办理基金备案手续，基金合同生效。

基金募集期限届满，不能满足本法第五十九条规定的条件的，基金管理人应当承担下列责任：

（一）以其固有财产承担因募集行为而产生的债务和费用；

（二）在基金募集期限届满后三十日内返还投资人已交纳的款项，并加计银行同期存款利息。

第六章 公开募集基金的基金份额的交易、申购与赎回

第六十二条 申请基金份额上市交易，基金管理人应当向证券交易所提出申请，证券交易所依法审核同意的，双方应当签订上市协议。

第六十三条 基金份额上市交易，应当符合下列条件：

（一）基金的募集符合本法规定；

（二）基金合同期限为五年以上；

（三）基金募集金额不低于二亿元人民币；

（四）基金份额持有人不少于一千人；

（五）基金份额上市交易规则规定的其他条件。

第六十四条 基金份额上市交易规则由证券交易所制定，报国务院证券监督管理机构批准。

第六十五条 基金份额上市交易后，有下列情形之一的，由证券交易所终止其上市交易，并报国务院证券监督管理机构备案：

（一）不再具备本法第六十三条规定的上市交易条件；

（二）基金合同期限届满；

（三）基金份额持有人大会决定提前终止上市交易；

（四）基金合同约定的或者基金份额上市交易规则规定的终止上市交易的其他情形。

第六十六条 开放式基金的基金份额的申购、赎回、登记，由基金管理人或者其委托的基金服务机构办理。

第六十七条 基金管理人应当在每个工作日办理基金份额的申购、赎回业务；基金合同另有约定的，从其约定。

投资人交付申购款项，申购成立；基金份额登记机构确认基金份额时，申购生效。

基金份额持有人递交赎回申请，赎回成立；基金份额登记机构确认赎回时，赎回生效。

第六十八条 基金管理人应当按时支付赎回款项，但是下列情形除外：

（一）因不可抗力导致基金管理人不能支付赎回款项；

（二）证券交易场所依法决定临时停市，导致基金管理人无法计算当日基金资产净值；

（三）基金合同约定的其他特殊情形。

发生上述情形之一的，基金管理人应当在当日报国务院证券监督管理机构备案。

本条第一款规定的情形消失后，基金管理人应当及时支付赎回款项。

第六十九条 开放式基金应当保持足够的现金或者政府债券，以备支付基金份额持有人的赎回款项。基金财产中应当保持的现金或者政府债券的具体比例，由国务院证券监督管理机构规定。

第七十条 基金份额的申购、赎回价格，依据申购、赎回日基金份额净值加、减有关费用计算。

第七十一条 基金份额净值计价出现错误时，基金管理人应当立即纠正，并采取合理的措施防止损失进一步扩大。计价错误达到基金份额净值百分之零点五时，基金管理人应当公告，并报国务院证券监督管理机构备案。

因基金份额净值计价错误造成基金份额持有人损失的，基金份额持有人有权要求基金管理人、基金托管人予以赔偿。

第七章 公开募集基金的投资与信息披露

第七十二条 基金管理人运用基金财产进行证券投资，除国务院证券监督管理机构另有规定外，应当采用资产组合的方式。

资产组合的具体方式和投资比例，依照本法和国务院证券监督管理机构的规定在基金合同中约定。

第七十三条 基金财产应当用于下列投资：

（一）上市交易的股票、债券；

（二）国务院证券监督管理机构规定的其他证券及其衍生品种。

第七十四条 基金财产不得用于下列投资或者活动：

（一）承销证券；

（二）违反规定向他人贷款或者提供担保；

（三）从事承担无限责任的投资；

（四）买卖其他基金份额，但是国务院证券监督管理机构另有规定的除外；

（五）向基金管理人、基金托管人出资；

（六）从事内幕交易、操纵证券交易价格及其他不正当的证券交易活动；

（七）法律、行政法规和国务院证券监督管理机构规定禁止的其他活动。

运用基金财产买卖基金管理人、基金托管人及其控股股东、实际控制人或者与其有其他重大利害关系的公司发行的证券或承销期内承销的证券，或者从事其他重大关联交易的，应当遵循基金份额持有人利益优先的原则，防范利益冲突，符合国务院证券监督管理机构的规定，并履行信息披露义务。

第七十五条 基金管理人、基金托管人和其他基金信息披露义务人应当依法披露基金信息，并保证所披露信息的真实性、准确性和完整性。

第七十六条 基金信息披露义务人应当确保应予披露的基金信息在国务院证券监督管理机构规定时间内披露，并保证投资人能够按照基金合同约定的时间和方式查阅或者复制公开披露的信息资料。

第七十七条 公开披露的基金信息包括：

（一）基金招募说明书、基金合同、基金托管协议；

（二）基金募集情况；

（三）基金份额上市交易公告书；

（四）基金资产净值、基金份额净值；

（五）基金份额申购、赎回价格；

（六）基金财产的资产组合季度报告、财务会计报告及中期和年度基金报告；

（七）临时报告；

（八）基金份额持有人大会决议；

（九）基金管理人、基金托管人的专门基金托管部门的重大人事变动；

（十）涉及基金财产、基金管理业务、基金托管业务的诉讼或者仲裁；

（十一）国务院证券监督管理机构规定应予披露的其他信息。

第七十八条 公开披露基金信息，不得有下列行为：

（一）虚假记载、误导性陈述或者重大遗漏；

（二）对证券投资业绩进行预测；

（三）违规承诺收益或者承担损失；

（四）诋毁其他基金管理人、基金托管人或者基金销售机构；

（五）法律、行政法规和国务院证券监督管理机构规定禁止的其他行为。

第八章 公开募集基金的基金合同的变更、终止与基金财产清算

第七十九条 按照基金合同的约定或者基金份额持有人大会的决议，基金可以转换运作方式或者与其他基金合并。

第八十条 封闭式基金扩募或者延长基金合同期限，应当符合下列条件，并报国务院证券监督管理机构备案：

（一）基金运营业绩良好；

（二）基金管理人最近二年内没有因违法违规行为受到行政处罚或者刑事处罚；

（三）基金份额持有人大会决议通过；

（四）本法规定的其他条件。

第八十一条 有下列情形之一的，基金合同终止：

（一）基金合同期限届满而未延期；

（二）基金份额持有人大会决定终止；

（三）基金管理人、基金托管人职责终止，在六个月内没有新基金管理人、新基金托管人承接；

（四）基金合同约定的其他情形。

第八十二条 基金合同终止时，基金管理人应当组织清算组对基金财产进行清算。

清算组由基金管理人、基金托管人以及相关的中介服务机构组成。

清算组作出的清算报告经会计师事务所审计，律师事务所出具法律意见书后，报国务院证券监督管理机构备案并公告。

第八十三条 清算后的剩余基金财产，应当按照基金份额持有人所持份额比例进行分配。

第九章 公开募集基金的基金份额持有人权利行使

第八十四条 基金份额持有人大会由基金管理人召集。基金份额持有人大会设立日常机构的，由该日常机构召集；该日常机构未召集的，由基金管理人召集。基金管理人未按规定召集或者不能召开的，由基金托管人召集。

代表基金份额百分之十以上的基金份额持有人就同一事项要求召开基金份额持有人大会，而基金份额持有人大会的日常机构、基金管理人、基金托管人都不召集的，代表基金份额百分之十以上的基金份额持有人有权自行召集，并报国务院证券监督管理机构备案。

第八十五条 召开基金份额持有人大会，召集人应当至少提前三十日公告基金份额持有人大会的召开时间、会议形式、审议事项、议事程序和表决方式等事项。

基金份额持有人大会不得就未经公告的事项进行表决。

第八十六条 基金份额持有人大会可以采取现场方式召开，也可以采取通讯等方式召开。

每一基金份额具有一票表决权，基金份额持有人可以委托代理人出席基金份额持有人大会并行使表决权。

第八十七条 基金份额持有人大会应当有代表

二分之一以上基金份额的持有人参加，方可召开。

参加基金份额持有人大会的持有人的基金份额低于前款规定比例的，召集人可以在原公告的基金份额持有人大会召开时间的三个月以后、六个月以内，就原定审议事项重新召集基金份额持有人大会。重新召集的基金份额持有人大会应当有代表三分之一以上基金份额的持有人参加，方可召开。

基金份额持有人大会就审议事项作出决定，应当经参加大会的基金份额持有人所持表决权的二分之一以上通过；但是，转换基金的运作方式、更换基金管理人或者基金托管人、提前终止基金合同、与其他基金合并，应当经参加大会的基金份额持有人所持表决权的三分之二以上通过。

基金份额持有人大会决定的事项，应当依法报国务院证券监督管理机构备案，并予以公告。

第十章 非公开募集基金

第八十八条 非公开募集基金应当向合格投资者募集，合格投资者累计不得超过二百人。

前款所称合格投资者，是指达到规定资产规模或者收入水平，并且具备相应的风险识别能力和风险承担能力、其基金份额认购金额不低于规定限额的单位和个人。

合格投资者的具体标准由国务院证券监督管理机构规定。

第八十九条 除基金合同另有约定外，非公开募集基金应当由基金托管人托管。

第九十条 担任非公开募集基金的基金管理人，应当按照规定向基金行业协会履行登记手续，报送基本情况。

第九十一条 未经登记，任何单位或者个人不得使用“基金”或者“基金管理”字样或者近似名称进行证券投资活动；但是，法律、行政法规另有规定的除外。

第九十二条 非公开募集基金，不得向合格投资者之外的单位和个人募集资金，不得通过报刊、电台、电视台、互联网等公众传播媒体或者讲座、报告会、分析会等方式向不特定对象宣传推介。

第九十三条 非公开募集基金，应当制定并签订基金合同。基金合同应当包括下列内容：

（一）基金份额持有人、基金管理人、基金托管人的权利、义务；

（二）基金的运作方式；

（三）基金的出资方式、数额和认缴期限；

（四）基金的投资范围、投资策略和投资限制；

（五）基金收益分配原则、执行方式；

（六）基金承担的有关费用；

（七）基金信息提供的内容、方式；

（八）基金份额的认购、赎回或者转让的程序和方式；

（九）基金合同变更、解除和终止的事由、程序；

（十）基金财产清算方式；

（十一）当事人约定的其他事项。

基金份额持有人转让基金份额的，应当符合本法第八十八条、第九十二条的规定。

第九十四条 按照基金合同约定，非公开募集基金可以由部分基金份额持有人作为基金管理人负责基金的投资管理活动，并在基金财产不足以清偿其债务时对基金财产的债务承担无限连带责任。

前款规定的非公开募集基金，其基金合同还应载明：

（一）承担无限连带责任的基金份额持有人和其他基金份额持有人的姓名或者名称、住所；

（二）承担无限连带责任的基金份额持有人的除名条件和更换程序；

（三）基金份额持有人增加、退出的条件、程序以及相关责任；

（四）承担无限连带责任的基金份额持有人和其他基金份额持有人的转换程序。

第九十五条 非公开募集基金募集完毕，基金管理人应当向基金行业协会备案。对募集的资金总额或者基金份额持有人的人数达到规定标准的基金，基金行业协会应当向国务院证券监督管理机构报告。

非公开募集基金财产的证券投资，包括买卖公开发行的股份有限公司股票、债券、基金份额，以及国务院证券监督管理机构规定的其他证券及其衍生品种。

第九十六条 基金管理人、基金托管人应当按照基金合同的约定，向基金份额持有人提供基金信息。

第九十七条 专门从事非公开募集基金管理业务的基金管理人，其股东、高级管理人员、经营期限、管理的基金资产规模等符合规定条件的，经国务院证券监督管理机构核准，可以从事公开募集基金管理业务。

第十一章 基金服务机构

第九十八条 从事公开募集基金的销售、销售支付、份额登记、估值、投资顾问、评价、信息技术系统服务等基金服务业务的机构，应当按照国务院证券监督管理机构的规定进行注册或者备案。

第九十九条 基金销售机构应当向投资人充分揭示投资风险，并根据投资人的风险承担能力销售不同风险等级的基金产品。

第一百条 基金销售支付机构应当按照规定办理基金销售结算资金的划付，确保基金销售结算资金安全、及时划付。

第一百零一条 基金销售结算资金、基金份额独立于基金销售机构、基金销售支付机构或者基金份额登记机构的自有财产。基金销售机构、基金销售支付机构或者基金份额登记机构破产或者清算时，基金销售结算资金、基金份额不属于其破产财产或者清算财产。非因投资人本身的债务或者法律规定的其他情形，不得查封、冻结、扣划或者强制执行基金销售结算资金、基金份额。

基金销售机构、基金销售支付机构、基金份额登记机构应当确保基金销售结算资金、基金份额的安全、独立，禁止任何单位或者个人以任何形式挪用基金销售结算资金、基金份额。

第一百零二条 基金管理人可以委托基金服务机构代为办理基金的份额登记、核算、估值、投资顾问等事项，基金托管人可以委托基金服务机构代为办理基金的核算、估值、复核等事项，但基金管理人、基金托管人依法应当承担的责任不因委托而免除。

第一百零三条 基金份额登记机构以电子介质登记的数据，是基金份额持有人权利归属的根据。基金份额持有人以基金份额出质的，质权自基金份额登记机构办理出质登记时设立。

基金份额登记机构应当妥善保存登记数据，并将基金份额持有人名称、身份信息及基金份额明细等数据备份至国务院证券监督管理机构认定的机构。其保存期限自基金账户销户之日起不得少于二十年。

基金份额登记机构应当保证登记数据的真实、准确、完整，不得隐匿、伪造、篡改或者毁损。

第一百零四条 基金投资顾问机构及其从业人员提供基金投资顾问服务，应当具有合理的依据，对其服务能力和经营业绩进行如实陈述，不得以任何方式承诺或者保证投资收益，不得损害服务对象的合法权益。

第一百零五条 基金评价机构及其从业人员应当客观公正，按照依法制定的业务规则开展基金评价业务，禁止误导投资人，防范可能发生的利益冲突。

第一百零六条 基金管理人、基金托管人、基金服务机构的信息技术系统，应当符合规定的要求。国务院证券监督管理机构可以要求信息技术系统服务机构提供该信息技术系统的相关资料。

第一百零七条 律师事务所、会计师事务所接受基金管理人、基金托管人的委托，为有关基金业务活动出具法律意见书、审计报告、内部控制评价报告等文件，应当勤勉尽责，对所依据的文件资料内容的真实性、准确性、完整性进行核查和验证。其制作、出具的文件有虚假记载、误导性陈述或者重大遗漏，给他人财产造成损失的，应当与委托人承担连带赔偿责任。

第一百零八条 基金服务机构应当勤勉尽责、恪尽职守，建立应急等风险管理制度和灾难备份系统，不得泄露与基金份额持有人、基金投资运作相关的非公开信息。

第十二章 基金行业协会

第一百零九条 基金行业协会是证券投资基金行业的自律性组织，是社会团体法人。

基金管理人、基金托管人应当加入基金行业协会，基金服务机构可以加入基金行业协会。

第一百一十条 基金行业协会的权力机构为全体会员组成的会员大会。

基金行业协会设理事会。理事会成员依章程的规定由选举产生。

第一百一十一条 基金行业协会章程由会员大会

制定，并报国务院证券监督管理机构备案。

第一百一十二条 基金行业协会履行下列职责：

（一）教育和组织会员遵守有关证券投资的法律、行政法规，维护投资人合法权益；

（二）依法维护会员的合法权益，反映会员的建议和要求；

（三）制定和实施行业自律规则，监督、检查会员及其从业人员的执业行为，对违反自律规则和协会章程的，按照规定给予纪律处分；

（四）制定行业执业标准和业务规范，组织基金从业人员的从业考试、资质管理和业务培训；

（五）提供会员服务，组织行业交流，推动行业创新，开展行业宣传和投资人教育活动；

（六）对会员之间、会员与客户之间发生的基金业务纠纷进行调解；

（七）依法办理非公开募集基金的登记、备案；

（八）协会章程规定的其他职责。

第十三章 监督管理

第一百一十三条 国务院证券监督管理机构依法履行下列职责：

（一）制定有关证券投资基金活动监督管理的规章、规则，并行使审批、核准或者注册权；

（二）办理基金备案；

（三）对基金管理人、基金托管人及其他机构从事证券投资基金活动进行监督管理，对违法行为进行查处，并予以公告；

（四）制定基金从业人员的资格标准和行为准则，并监督实施；

（五）监督检查基金信息的披露情况；

（六）指导和监督基金行业协会的活动；

（七）法律、行政法规规定的其他职责。

第一百一十四条 国务院证券监督管理机构依法履行职责，有权采取下列措施：

（一）对基金管理人、基金托管人、基金服务机构进行现场检查，并要求其报送有关的业务资料；

（二）进入涉嫌违法行为发生场所调查取证；

（三）询问当事人和与被调查事件有关的单位和个人，要求其对与被调查事件有关的事项作出说明；

（四）查阅、复制与被调查事件有关的财产权登记、通讯记录等资料；

（五）查阅、复制当事人和与被调查事件有关的单位和个人的证券交易记录、登记过户记录、财务会计资料及其他相关文件和资料；对可能被转移、隐匿或者毁损的文件和资料，可以予以封存；

（六）查询当事人和与被调查事件有关的单位和个人的资金账户、证券账户和银行账户；对有证据证明已经或者可能转移或者隐匿违法资金、证券等涉案财产或者隐匿、伪造、毁损重要证据的，经国务院证券监督管理机构主要负责人批准，可以冻结或者查封；

（七）在调查操纵证券市场、内幕交易等重大证券违法行为时，经国务院证券监督管理机构主要负责人批准，可以限制被调查事件当事人的证券买卖，但限制的期限不得超过十五个交易日；案情复杂的，可以延长十五个交易日。

第一百一十五条 国务院证券监督管理机构工作人员依法履行职责，进行调查或者检查时，不得少于二人，并应当出示合法证件；对调查或者检查中知悉的商业秘密负有保密的义务。

第一百一十六条 国务院证券监督管理机构工作人员应当忠于职守，依法办事，公正廉洁，接受监督，不得利用职务牟取私利。

第一百一十七条 国务院证券监督管理机构依法履行职责时，被调查、检查的单位和个人应当配合，如实提供有关文件和资料，不得拒绝、阻碍和隐瞒。

第一百一十八条 国务院证券监督管理机构依法履行职责，发现违法行为涉嫌犯罪的，应当将案件移送司法机关处理。

第一百一十九条 国务院证券监督管理机构工作人员在任职期间，或者离职后在《中华人民共和国公务员法》规定的期限内，不得在被监管的机构中担任职务。

第十四章 法律责任

第一百二十条 违反本法规定，未经批准擅自设立基金管理公司或者未经核准从事公开募集基金管理业务的，由证券监督管理机构予以取缔或者责令改正，没收违法所得，并处违法所得一倍以上五倍以下罚款；没有违法所得或者违法所得不足一百万元的，并处十万元以上一百万元以下罚款。对直接负责的主管人员和其他直接责任人员给予警告，并处三万元以上三十万元以下罚款。

基金管理公司违反本法规定，擅自变更持有百分之五以上股权的股东、实际控制人或者其他重大事项的，责令改正，没收违法所得，并处违法所得一倍以上五倍以下罚款；没有违法所得或者违法所得不足五十万元的，并处五万元以上五十万元以下罚款。对直接负责的主管人员给予警告，并处三万元以上十万元以下罚款。

第一百二十一条 基金管理人的董事、监事、高级管理人员和其他从业人员，基金托管人的专门基金托管部门的高级管理人员和其他从业人员，未按照本法第十八条第一款规定申报的，责令改正，处三万元以上十万元以下罚款。

基金管理人、基金托管人违反本法第十八条第二款规定的，责令改正，处十万元以上一百万元以下罚款；对直接负责的主管人员和其他直接责任人员给予警告，暂停或者撤销基金从业资格，并处三万元以上三十万元以下罚款。

第一百二十二条 基金管理人的董事、监事、高级管理人员和其他从业人员，基金托管人的专门基金托管部门的高级管理人员和其他从业人员违反本法第十九条规定的，责令改正，没收违法所得，并处违法所得一倍以上五倍以下罚款；没有违法所得或者违法所得不足一百万元的，并处十万元以上一百万元以下罚款；情节严重的，撤销基金从业资格。

第一百二十三条 基金管理人、基金托管人违反本法规定，未对基金财产实行分别管理或者分账保管，责令改正，处五万元以上五十万元以下罚款；对直接负责的主管人员和其他直接责任人员给予警告，暂停或者撤销基金从业资格，并处三万元以上三十万元以下罚款。

第一百二十四条 基金管理人、基金托管人及其董事、监事、高级管理人员和其他从业人员有本法第二十一条所列行为之一的，责令改正，没收违法所得，并处违法所得一倍以上五倍以下罚款；没有违法所得或者违法所得不足一百万元的，并处十万元以上一百万元以下罚款；基金管理人、基金托管人有上述行为的，还应当对其直接负责的主管人员和其他直接责任人员给予警告，暂停或者撤销基金从业资格，并处三万元以上三十万元以下罚款。

基金管理人、基金托管人及其董事、监事、高级管理人员和其他从业人员侵占、挪用基金财产而取得的财产和收益，归入基金财产。但是，法律、行政法规另有规定的，依照其规定。

第一百二十五条 基金管理人的股东、实际控制人违反本法第二十四条规定的，责令改正，没收违法所得，并处违法所得一倍以上五倍以下罚款；没有违法所得或者违法所得不足一百万元的，并处十万元以上一百万元以下罚款；对直接负责的主管人员和其他直接责任人员给予警告，暂停或者撤销基金或证券从业资格，并处三万元以上三十万元以下罚款。

第一百二十六条 未经核准，擅自从事基金托管业务的，责令停止，没收违法所得，并处违法所得一倍以上五倍以下罚款；没有违法所得或者违法所得不足一百万元的，并处十万元以上一百万元以下罚款；对直接负责的主管人员和其他直接责任人员给予警告，并处三万元以上三十万元以下罚款。

第一百二十七条 基金管理人、基金托管人违反本法规定，相互出资或者持有股份的，责令改正，可以处十万元以下罚款。

第一百二十八条 违反本法规定，擅自公开或者变相公开募集基金的，责令停止，返还所募资金和加计的银行同期存款利息，没收违法所得，并处所募资金金额百分之一以上百分之五以下罚款。对直接负责的主管人员和其他直接责任人员给予警告，并处五万元以上五十万元以下罚款。

第一百二十九条 违反本法第六十条规定，动用募集的资金的，责令返还，没收违法所得，并处违法所得一倍以上五倍以下罚款；没有违法所得或者违法所得不足五十万元的，并处五万元以上五十万元以下罚款；对直接负责的主管人员和其他直接责任人员给予警告，并处三万元以上三十万元以下罚款。

第一百三十条 基金管理人、基金托管人有本法第七十四条第一款第一项至第五项和第七项所列行为之一，或者违反本法第七十四条第二款规定的，责令改正，处十万元以上一百万元以下罚款；对直接负责的主管人员和其他直接责任人员给予警告，暂停或者撤销基金从业资格，并处三万元以上三十万元以下罚款。

基金管理人、基金托管人有前款行为，运用基金财产而取得的财产和收益，归入基金财产。但是，法律、行政法规另有规定的，依照其规定。

第一百三十一条 基金管理人、基金托管人有本法第七十四条第一款第六项规定行为的，除依照《中华人民共和国证券法》的有关规定处罚外，对直接负责的主管人员和其他直接责任人员暂停或者撤销基金从业资格。

第一百三十二条 基金信息披露义务人不依法披露基金信息或者披露的信息有虚假记载、误导性陈述或者重大遗漏的，责令改正，没收违法所得，并处十万元以上一百万元以下罚款；对直接负责的主管人员和其他直接责任人员给予警告，暂停或者撤销基金从业资格，并处三万元以上三十万元以下罚款。

第一百三十三条 基金管理人或者基金托管人不按照规定召集基金份额持有人大会的，责令改正，可以处五万元以下罚款；对直接负责的主管人员和其他直接责任人员给予警告，暂停或者撤销基金从业资格。

第一百三十四条 违反本法规定，未经登记，使用“基金”或者“基金管理”字样或者近似名称进行证券投资活动的，没收违法所得，并处违法所得一倍以上五倍以下罚款；没有违法所得或者违法所得不足一百万元的，并处十万元以上一百万元以下罚款。对直接负责的主管人员和其他直接责任人员给予警告，并处三万元以上三十万元以下罚款。

第一百三十五条 违反本法规定，非公开募集基金募集完毕，基金管理人未备案的，处十万元以上三十万元以下罚款。对直接负责的主管人员和其他直接责任人员给予警告，并处三万元以上十万元以下罚款。

第一百三十六条 违反本法规定，向合格投资者之外的单位或者个人非公开募集资金或者转让基金份额的，没收违法所得，并处违法所得一倍以上五倍以下罚款；没有违法所得或者违法所得不足一百万元的，并处十万元以上一百万元以下罚款。对直接负责的主管人员和其他直接责任人员给予警告，并处三万元以上三十万元以下罚款。

第一百三十七条 违反本法规定，擅自从事公开募集基金的基金服务业务的，责令改正，没收违法所得，并处违法所得一倍以上五倍以下罚款；没有违法所得或者违法所得不足三十万元的，并处十万元以上三十万元以下罚款。对直接负责的主管人员和其他直接责任人员给予警告，并处三万元以上十万元以下罚款。

第一百三十八条 基金销售机构未向投资人充分揭示投资风险并误导其购买与其风险承担能力不相当的基金产品的，处十万元以上三十万元以下罚款；情节严重的，责令其停止基金服务业务。对直接负责的主管人员和其他直接责任人员给予警告，撤销基金从业资格，并处三万元以上十万元以下罚款。

第一百三十九条 基金销售支付机构未按照规定划付基金销售结算资金的，处十万元以上三十万元以下罚款；情节严重的，责令其停止基金服务业务。对直接负责的主管人员和其他直接责任人员给予警告，撤销基金从业资格，并处三万元以上十万元以下罚款。

第一百四十条 挪用基金销售结算资金或者基金份额的，责令改正，没收违法所得，并处违法所得一倍以上五倍以下罚款；没有违法所得或者违法所得不足一百万元的，并处十万元以上一百万元以下罚款。对直接负责的主管人员和其他直接责任人员给予警告，并处三万元以上三十万元以下罚款。

第一百四十一条 基金份额登记机构未妥善保存或者备份基金份额登记数据的，责令改正，给予警告，并处十万元以上三十万元以下罚款；情节严重的，责令其停止基金服务业务。对直接负责的主管人员和其他直接责任人员给予警告，撤销基金从业资格，并处三万元以上十万元以下罚款。

基金份额登记机构隐匿、伪造、篡改、毁损基金份额登记数据的，责令改正，处十万元以上一百万元以下罚款，并责令其停止基金服务业务。对直接负责的主管人员和其他直接责任人员给予警告，撤销基金从业资格，并处三万元以上三十万元以下罚款。

第一百四十二条 基金投资顾问机构、基金评价机构及其从业人员违反本法规定开展投资顾问、基金评价服务的，处十万元以上三十万元以下罚款；情节严重的，责令其停止基金服务业务。对直接负责的主管人员和其他直接责任人员给予警告，撤销基金从业资格，并处三万元以上十万元以下罚款。

第一百四十三条 信息技术系统服务机构未按照规定向国务院证券监督管理机构提供相关信息技术系统资料，或者提供的信息技术系统资料虚假、有重大遗漏的，责令改正，处三万元以上十万元以下罚款。对直接负责的主管人员和其他直接责任人员给予警告，并处一万元以上三万元以下罚款。

第一百四十四条 会计师事务所、律师事务所未勤勉尽责，所出具的文件有虚假记载、误导性陈述或者重大遗漏的，责令改正，没收业务收入，暂停或者撤销相关业务许可，并处业务收入一倍以上五倍以下罚款。对直接负责的主管人员和其他直接责任人员给予警告，并处三万元以上十万元以下罚款。

第一百四十五条 基金服务机构未建立应急等风险管理制度和灾难备份系统，或者泄露与基金份额持有人、基金投资运作相关的非公开信息的，处十万元以上三十万元以下罚款；情节严重的，责令其停止基金服务业务。对直接负责的主管人员和其他直接责任人员给予警告，撤销基金从业资格，并处三万元以上十万元以下罚款。

第一百四十六条 违反本法规定，给基金财产、基金份额持有人或者投资人造成损害的，依法承担赔偿责任。

基金管理人、基金托管人在履行各自职责的过程中，违反本法规定或者基金合同约定，给基金财产或者基金份额持有人造成损害的，应当分别对各自的行为依法承担赔偿责任；因共同行为给基金财产或者基金份额持有人造成损害的，应当承担连带赔偿责任。

第一百四十七条 证券监督管理机构工作人员玩忽职守、滥用职权、徇私舞弊或者利用职务上的便利索取或者收受他人财物的，依法给予行政处分。

第一百四十八条 拒绝、阻碍证券监督管理机构及其工作人员依法行使监督检查、调查职权未使用暴力、威胁方法的，依法给予治安管理处罚。

第一百四十九条 违反法律、行政法规或者国务院证券监督管理机构的有关规定，情节严重的，国务院证券监督管理机构可以对有关责任人员采取证券市场禁入的措施。

第一百五十条 违反本法规定，构成犯罪的，依法追究刑事责任。

第一百五十一条 违反本法规定，应当承担民事赔偿责任和缴纳罚款、罚金，其财产不足以同时支付时，先承担民事赔偿责任。

第一百五十二条 依照本法规定，基金管理人、基金托管人、基金服务机构应当承担的民事赔偿责任和缴纳的罚款、罚金，由基金管理人、基金托管人、基金服务机构以其固有财产承担。

依法收缴的罚款、罚金和没收的违法所得，应当全部上缴国库。

第十五章 附 则

第一百五十三条 在中华人民共和国境内募集投资境外证券的基金，以及合格境外投资者在境内进行证券投资，应当经国务院证券监督管理机构批准，具体办法由国务院证券监督管理机构会同国务院有关部门规定，报国务院批准。

第一百五十四条 公开或者非公开募集资金，以进行证券投资活动为目的设立的公司或者合伙企业，资产由基金管理人或者普通合伙人管理的，其证券投资活动适用本法。

第一百五十五条 本法自2013年6月1日起施行。

证券投资基金管理公司管理办法

第一章 总 则

第一条 为了加强对证券投资基金管理公司的监督管理，规范证券投资基金管理公司的行为，保护基金份额持有人及相关当事人的合法权益，根据《证券投资基金法》、《公司法》和其他有关法律、行政法规，制定本办法。

第二条 本办法所称证券投资基金管理公司（以下简称基金管理公司），是指经中国证券监督管理委员会（以下简称中国证监会）批准，在中华人民共和国境内设立，从事证券投资基金管理业务和中国证监会许可的其他业务的企业法人。

第三条 基金管理公司应当遵守法律、行政法规、中国证监会的规定和中国证券投资基金业协会的自律规则，恪守诚信，审慎勤勉，忠实尽责，为基金份额持有人的利益管理和运用基金财产。

第四条 中国证监会及其派出机构依照《证券投资基金法》、《公司法》等法律、行政法规、中国证监会的规定和审慎监管原则，对基金管理公司及其业务活动实施监督管理。

第五条 中国证券投资基金业协会依据法律、行政法规、中国证监会的规定和自律规则，对基金管理公司及其业务活动进行自律管理。

第二章 基金管理公司的设立

第六条 设立基金管理公司，应当具备下列条件：

（一）股东符合《证券投资基金法》和本办法的规定；

（二）有符合《证券投资基金法》、《公司法》以及中国证监会规定的章程；

（三）注册资本不低于1亿元人民币，且股东必须以货币资金实缴，境外股东应当以可自由兑换货币出资；

（四）有符合法律、行政法规和中国证监会规定的拟任高级管理人员以及从事研究、投资、估值、营销等业务的人员，拟任高级管理人员、业务人员不少于15人，并应当取得基金从业资格；

（五）有符合要求的营业场所、安全防范设施和与业务有关的其他设施；

（六）设置了分工合理、职责清晰的组织机构和工作岗位；

（七）有符合中国证监会规定的监察稽核、风险控制等内部监控制度；

（八）经国务院批准的中国证监会规定的其他条件。

第七条 申请设立基金管理公司，出资或者持有股份占基金管理公司注册资本的比例（以下简称持股比例）在5%以上的股东，应当具备下列条件：

（一）注册资本、净资产不低于1亿元人民币，资产质量良好；

（二）持续经营3个以上完整的会计年度，公司治理健全，内部监控制度完善；

（三）最近3年没有因违法违规行为受到行政处罚或者刑事处罚；

（四）没有挪用客户资产等损害客户利益的行为；

（五）没有因违法违规行为正在被监管机构调查，或者正处于整改期间；

（六）具有良好的社会信誉，最近3年在金融监管、税务、工商等行政机关，以及自律管理、商业银行等机构无不良记录。

第八条 基金管理公司的主要股东是指持有基金管理公司股权比例最高且不低于25%的股东。

主要股东除应当符合本办法第七条规定的条件外，还应当具备下列条件：

（一）从事证券经营、证券投资咨询、信托资产管理或者其他金融资产管理业务；

（二）注册资本不低于3亿元人民币；

（三）具有较好的经营业绩，资产质量良好。

第九条 中外合资基金管理公司中，持股比例最高的境内股东应当具备本办法第八条规定的主要股东的条件，其他持股比例在5%以上的境内股东应当具备本办法第七条规定的条件。

中外合资基金管理公司的境外股东应当具备下列条件：

（一）为依其所在国家或者地区法律设立，合法存续并具有金融资产管理经验的金融机构，财务稳健，资信良好，最近3年没有受到监管机构或者司法机关的处罚；

（二）所在国家或者地区具有完善的证券法律和监管制度，其证券监管机构已与中国证监会或者中国证监会认可的其他机构签订证券监管合作谅解备忘录，并保持着有效的监管合作关系；

（三）实缴资本不少于3亿元人民币的等值可自由兑换货币；

（四）经国务院批准的中国证监会规定的其他条件。

香港特别行政区、澳门特别行政区和台湾地区的投资机构比照适用前款规定。

第十条 基金管理公司股东的持股比例应当符合中国证监会的规定。中外合资基金管理公司外资持股比例或者拥有权益的比例，累计（包括直接持有和间接持有）不得超过我国证券业对外开放所做的承诺。

第十一条 一家机构或者受同一实际控制人控制的多家机构参股基金管理公司的数量不得超过2家，其中控股基金管理公司的数量不得超过1家。

第十二条 申请设立基金管理公司，申请人应当按照中国证监会的规定报送设立申请材料。

主要股东应当组织、协调设立基金管理公司的相关事宜，对申请材料的真实性、完整性负主要责任。

第十三条 申请期间申请材料涉及的事项发生重大变化的，申请人应当自变化发生之日起5个工作日内向中国证监会提交更新材料；股东发生变动的，应当重新报送申请材料。

第十四条 中国证监会依照《行政许可法》和《证券投资基金法》的规定，受理基金管理公司设立申请，并进行审查，做出决定。

第十五条 中国证监会审查基金管理公司设立申请，可以采取下列方式：

（一）征求相关机构和部门关于股东条件等方面的意见；

（二）采取专家评审、核查等方式对申请材料的内容进行审查；

（三）自受理之日起5个月内现场检查基金管理公司设立准备情况。

第十六条 中国证监会批准设立基金管理公司的，申请人应当自收到批准文件之日起30日内向工商行政管理机关办理注册登记手续；凭工商行政管理机关核发的《企业法人营业执照》向中国证监会领取《基金管理资格证书》。

中外合资基金管理公司还应当按照法律、行政法规的规定，申领《外商投资企业批准证书》，并开设外汇资本金账户。

基金管理公司应当自工商注册登记手续办理完毕之日起10日内，在中国证监会指定的报刊上将公司成立事项予以公告。

第三章 基金管理公司的变更、解散

第十七条 基金管理公司变更下列重大事项，应当报中国证监会批准：

（一）变更持股5%以上的股东；

（二）变更持股不足5%但对公司治理有重大影响的股东；

（三）变更股东的持股比例超过5%；

（四）修改公司章程重要条款；

（五）中国证监会规定的其他重大事项。

第十八条 基金管理公司变更股东、注册资本、股东持股比例后，股东的条件、股东的持股比例、股东参股基金管理公司的数量、注册资本等应当符合中国证监会的规定。

第十九条 基金管理公司的股东处分其股权，应当遵守下列规定：

（一）股东转让股权应当诚实守信，遵守在认购、受让股权时所做的承诺，不得损害基金份额持有人的合法权益；

（二）股东转让股权应当遵守《公司法》的规定，不得采取虚报转让价格等不正当手段损害其他股东的合法权益；

（三）股东与受让方应当就转让期间的有关事宜明确约定，确保不损害基金管理公司和基金份额持有人的合法权益，股东及受让方不得通过股权代持、股权托管、信托合同、秘密协议等形式处分其股权；

（四）相关的变更股东事项未经中国证监会批准并履行相关法律程序，转让方应当继续履行股东义务，承担相应责任，受让方不得以任何形式行使股东权利；

（五）法律、行政法规和公司章程的其他规定。

第二十条 基金管理公司增加的注册资本，股东必须以货币资金实缴。

第二十一条 基金管理公司变更重大事项，应当自董事会或者股东（大）会做出决议之日起60日内按照中国证监会的规定提出变更申请；涉及股东股权转让的，基金管理公司未按照规定提出申请时，相关股东可以直接提出申请。

第二十二条 中国证监会依照《行政许可法》和《证券投资基金法》的规定，受理基金管理公司变更重大事项的申请，并进行审查，做出决定。

第二十三条 中国证监会可以采取约请相关人员谈话、专家评审、核查等方式，审查基金管理公司变更重大事项的申请。

涉及变更基金管理公司主要股东、合计持股比例超过50%以上的股东，或者提名董事人数最多的股东的，中国证监会比照本办法关于基金管理公司设立的规定进行审查。

第二十四条 基金管理公司的重大变更事项涉及变更工商登记的，基金管理公司应当自收到批准文件之日起30日内向工商行政管理机关办理变更登记手续。

基金管理公司变更为中外合资的，还应当按照有关规定申领《外商投资企业批准证书》，并开设外汇资本金账户。

第二十五条 基金管理公司高级管理人员的选任或者改任，应当按照法律、行政法规和中国证监会的规定办理。

第二十六条 基金管理公司的重大变更事项涉及《基金管理资格证书》内容变更的，基金管理公司应当向中国证监会换领《基金管理资格证书》。

第二十七条 基金管理公司应当按照法律、行政法规和中国证监会的规定将重大变更事项予以公告。

第二十八条 基金管理公司的解散，应当在中国证监会取消其基金管理资格后进行。

基金管理公司的解散应当按照《公司法》等法律、行政法规的规定办理。

第四章 基金管理公司子公司及分支机构的设立、变更、撤销

第二十九条 基金管理公司可以根据专业化经营管理的需要，设立子公司、分公司或者中国证监会规定的其他形式的分支机构。

子公司可以从事特定客户资产管理、基金销售以及中国证监会许可的其他业务。分公司或者中国证监会规定的其他形式的分支机构，可以从事基金品种开发、基金销售以及基金管理公司授权的其他业务。

基金管理公司应当结合自身实际，合理审慎构建和完善经营管理组织模式，设立子公司、分支机构应当进行充分的评估论证，并履行必要的内部决策程序。

第三十条 基金管理公司子公司应当由基金管理公司控股，从事相关业务应当符合有关法律法规的规定。基金管理公司与子公司及各子公司之间应当建立必要的隔离墙制度，防止可能出现的风险传递和利益冲突。

基金管理公司应当建立有效的监督管理制度，加强对子公司、分支机构的业务、人员、财务等的监督和日常管理，分支机构不得以承包、租赁、托管、合作等方式经营。

基金管理公司可以设立办事处，办事处不得从事经营性活动。

第三十一条 基金管理公司设立子公司、分支机构，应当具备下列条件：

（一）公司治理健全，内部监控完善，经营稳定，有较强的持续经营能力；

（二）公司最近1年内没有因违法违规行为受到行政处罚或者刑事处罚；

（三）公司没有因违法违规行为正在被监管机构调查，或者正处于整改期间；

（四）拟设立的子公司、分支机构有符合规定的名称、办公场所、业务人员、安全防范设施和与业务有关的其他设施；

（五）拟设立的子公司、分支机构有明确的职责和完善的管理制度；

（六）中国证监会规定的其他条件。

第三十二条 基金管理公司设立子公司、分支机构，应当自董事会或者股东（大）会做出决议之日起60日内，按照中国证监会的规定报送申请材料。

第三十三条 中国证监会依照《行政许可法》和《证券投资基金法》的规定，受理基金管理公司设立子公司、分支机构的申请，并进行审查，做出决定。

中国证监会可以对拟设立的子公司、分支机构进行现场检查。

第三十四条 基金管理公司变更、撤销分支机构，应当自变更、撤销之日起15日内向中国证监会和所在地中国证监会派出机构报告。

基金管理公司设立、变更或者撤销办事处，应当自设立、变更或者撤销之日起15日内向中国证监会和所在地中国证监会派出机构报告。

第三十五条 基金管理公司设立分支机构，应当自收到批准文件之日起30日内向工商行政管理机关办理登记注册手续。

基金管理公司变更、撤销分支机构，应当按照有关规定向工商行政管理机关办理有关手续。

第三十六条 基金管理公司应当按照法律、行政法规和中国证监会的规定将子公司、分支机构的设立、变更或者撤销事项予以公告。

第五章 基金管理公司的治理和经营

第三十七条 基金管理公司应当按照《公司法》等法律、行政法规和中国证监会的规定，建立组织机构健全、职责划分清晰、制衡监督有效、激励约束合理的治理结构，保持公司规范运作，维护基金份额持有人的利益。

公司治理应当遵循基金份额持有人利益优先的基本原则。基金管理公司及其股东和公司员工的利益与基金份额持有人的利益发生冲突时，应当优先保障基金份额持有人的利益。

第三十八条 基金管理公司的股东应当履行法定义务，不得虚假出资、抽逃或者变相抽逃出资。

基金管理公司的股东不得为其他机构或者个人代持基金管理公司的股权，不得委托其他机构或者个人代持股权。基金管理公司的股东及其实际控制人不得以任何形式占有或者转移基金管理公司资产。

基金管理公司的主要股东应当秉承长期投资理念，并书面承诺持有基金管理公司股权不少于3年。

第三十九条 基金管理公司应当明确股东（大）会的职权范围和议事规则。

基金管理公司应当建立与股东之间的业务和客户关键信息隔离制度。基金管理公司的股东及其实际控制人应当通过股东（大）会依法行使权利，不得越过股东（大）会、董事会任免基金管理公司的董事、监事、高级管理人员，或者直接干预基金管理公司的经营管理、基金财产的投资运作；不得在证券承销、证券投资等业务活动中要求基金管理公司为其提供配合，损害基金份额持有人和其他当事人的合法权益。

基金管理公司的单个股东或者有关联关系的股东合计持股比例在50%以上的，上述股东及其控制的机构不得经营公募或者类似公募的证券资产管理业务。

第四十条 基金管理公司的主要股东在公司不能正常经营时，应当召集其他股东及有关当事人，按照有利于保护基金份额持有人利益的原则妥善处理有关事宜。

第四十一条 基金管理公司应当明确董事会的职权范围和议事规则。董事会应当按照法律、行政法规和公司章程的规定，制定公司基本制度，决策有关重大事项，监督、奖惩经营管理人员。董事会会议由董事长召集和主持，董事会和董事长不得越权干预经营管理人员的具体经营活动。

董事会对经营管理人员的考核，应当关注基金长期投资业绩、公司合规和风险控制等维护基金份额持有人利益的情况，不得以短期的基金管理规模、盈利增长等为主要考核标准。

基金管理公司的总经理应当为董事会成员。基金管理公司的单个股东或者有关联关系的股东合计持股比例在50%以上的，与上述股东有关联关系的董事不得超过董事会人数的1/3。

第四十二条 基金管理公司应当建立健全独立董事制度，独立董事人数不得少于3人，且不得少于董事会人数的1/3。

独立董事应当独立于基金管理公司及其股东，以基金份额持有人利益最大化为出发点，勤勉尽责，依法对基金财产和公司运作的重大事项独立作出客观、公正的专业判断。

第四十三条 基金管理公司的董事会审议下列事项，应当经过2/3以上的独立董事通过：

（一）公司及基金投资运作中的重大关联交易；

（二）公司和基金审计事务，聘请或者更换会计师事务所；

（三）公司管理的基金的半年度报告和年度报告；

（四）法律、行政法规和公司章程规定的其他事项。

第四十四条 基金管理公司应当建立健全督察长制度，督察长由董事会聘任，对董事会负责，对公司经营运作的合法合规性进行监察和稽核。

督察长发现公司存在重大风险或者有违法违规行为，应当告知总经理和其他有关高级管理人员，并向董事会、中国证监会和公司所在地中国证监会派出机构报告。

第四十五条 基金管理公司应当加强监事会或者执行监事对公司财务、董事会履行职责的监督作用，维护股东合法利益。

监事会应当包括股东代表和公司职工代表，其中职工代表的比例不得少于监事会人数的1/2。不设监事会的，执行监事中至少有1名职工代表。

监事会和监事会主席、执行监事不得越权干预经营管理人员的具体经营活动。

第四十六条 基金管理公司的总经理负责公司的经营管理。基金管理公司的高级管理人员及其他工作人员应当忠实、勤勉地履行职责，不得为股东、本人或者他人谋取不正当利益。

第四十七条 基金管理公司的董事、监事、高级管理人员、股东及有关各方，在基金管理公司主要股东不能正常经营或者基金管理公司股权转让期间，应当依法履行职责，恪尽职守，做好风险防范的安排，保证公司正常经营，基金份额持有人利益不受损害。

第四十八条 基金管理公司应当坚持稳健经营理念，管理资产规模应当与自身的人员储备、投研和客户服务能力、信息技术系统承受度、风险管理和内部监控水平相匹配，切实维护基金份额持有人的长远利益。

第四十九条 基金管理公司应当按照中国证监会的规定，建立科学合理、控制严密、运行高效的内部监控体系，制定科学完善的内部监控制度，保持经营运作合法、合规，保持公司内部监控健全、有效。

第五十条 基金管理公司应当建立健全由授权、研究、决策、执行和评估等环节构成的投资管理系统，公平对待其管理的不同基金财产和客户资产。

第五十一条 基金管理公司应当建立完善的基金财务核算与基金资产估值系统，严格遵守国家有关规定，及时、准确和完整地反映基金财产的状况。

第五十二条 基金管理公司应当遵守相关法律法规、行业监管要求、行业技术标准，遵循安全性、实用性、可操作性原则，建立与公司发展战略和业务操作相适应的信息技术系统。

第五十三条 基金管理公司应当建立健全人力资源管理制度，规范岗位职责，强化员工培训，建立与公司发展相适应的激励约束机制、基金从业人员与基金份额持有人的利益绑定机制，为公司经营管理和持续发展提供人力资源支持。

第五十四条 基金管理公司应当建立和完善客户服务标准，加强销售管理，规范基金宣传推介，不得有不正当销售或者不正当竞争的行为。

第五十五条 基金管理公司应当保持良好的财务状况，满足公司运营、业务发展和风险防范的需要。

基金管理公司应当建立健全财务管理制度，严格执行国家财经法律法规，相关资金或者资产必须列入符合规定的本单位会计账簿。

第五十六条 基金管理公司按照审慎经营原则和业务发展需要，可以相应增加注册资本。

基金管理公司应当按照规定提取风险准备金。

第五十七条 基金管理公司应当按照中国证监会的规定，管理和运用固有资金。

基金管理公司管理、运用固有资金，应当保持公司的正常运营，不得损害基金份额持有人的合法权益。

第五十八条 基金管理公司应当建立突发事件处理预案制度，对发生严重影响基金份额持有人利益、可能引起系统性风险、严重影响社会稳定的突发事件，按照预案妥善处理。

第五十九条 基金管理公司可以根据自身发展战略的需要，委托资质良好的基金服务机构代为办理基金份额登记、核算、估值以及信息技术系统开发维护等业务，但基金管理公司依法应当承担的责任并不因委托而免除。

委托基金服务机构代为办理部分业务的，基金管理公司应当进行充分的评估论证，履行必要的内部决策程序，审慎确定委托办理业务的范围、内容以及受托基金服务机构，并制定委托办理业务的风险管理和应急处理制度，加强对受托基金服务机构的评价和约束，确保业务信息的保密性和安全性，维护基金份额持有人的合法权益以及公司的商业秘密等。

第六十条 基金管理公司与基金服务机构签署委托协议后10日内，应当向中国证监会和所在地中国证监会派出机构报告委托办理业务的范围、内容、受托基金服务机构的基本情况和业务准备情况、主要风险及相应的风险防范措施等。基金管理公司应当在基金招募说明书、基金合同、基金年度报告、基金半年度报告以及基金管理公司年度报告中披露委托办理业务的有关情况。

开展受托业务的基金服务机构应当具有健全的治理结构，经营运作规范，财务状况良好，有与受托办理业务相适应的专业人才队伍、营业场所、安全防范设施和技术设施等，并具有完善的内部控制、风险管理、应急处理制度和业务操作流程等。基金服务机构及其从业人员开展相关受托业务应当恪尽职守、诚实守信、谨慎勤勉，确保受托业务运作安全有效，并保守商业秘密，不得泄露或者利用受托业务知悉的非公开信息牟利，不得损害基金份额持有人的合法权益。

第六章 监督管理

第六十一条 基金管理公司、基金管理公司的股东申请批准有关事项，隐瞒有关情况或者提供虚假材料的，中国证监会不予受理；已经受理的，不予批准。

第六十二条 中国证监会依照法律、行政法规、中国证监会规定和审慎监管原则对基金管理公司的公司治理、内部监控、经营运作、风险状况，以及相关业务活动进行非现场检查和现场检查。

第六十三条 非现场检查主要以审阅基金管理公司报送材料的方式进行。

基金管理公司应当向中国证监会和所在地中国证监会派出机构报送下列材料：

（一）经具有证券相关业务资格的会计师事务所审计的基金管理公司年度报告；

（二）由具有证券相关业务资格的会计师事务所出具的基金管理公司内部监控情况的年度评价报告；

（三）监察稽核季度报告和年度报告；

（四）中国证监会根据审慎监管原则要求报送的其他材料。

第六十四条 基金管理公司应当自年度结束之

日起3个月内报送基金管理公司年度报告和年度评价报告；自季度结束之日起15日内报送监察稽核季度报告，自年度结束之日起30日内报送监察稽核年度报告。

第六十五条 基金管理公司发生下列情形之一的，应当在5日内向中国证监会和所在地中国证监会派出机构报告：

（一）变更持股5%以下的股东；

（二）变更股东的持股比例不超过5%；

（三）变更名称、住所；

（四）股东同比例增减注册资本；

（五）修改公司章程一般条款；

（六）公司及其董事、高级管理人员、基金经理受到刑事、行政处罚；

（七）公司及其董事、高级管理人员、基金经理被监管机构或者司法机关调查；

（八）公司财务状况发生重大不利变化；

（九）因公司过失遭受重大投诉；

（十）面临重大诉讼；

（十一）对公司经营产生重大影响的其他事项。

发生前款第（六）项至第（十一）项规定事项的，基金管理公司应当书面通知全体股东。

基金管理公司发生本办法第五十八条规定的突发事件的，应当立即向中国证监会和所在地中国证监会派出机构报告。

第六十六条 基金管理公司股东发生下列情形之一的，应当书面通知公司，并在5日内向中国证监会和公司所在地中国证监会派出机构报告：

（一）名称、住所变更；

（二）控股股东或者实际控制人变更；

（三）主要股东连续3年亏损；

（四）所持股权被司法机关采取诉讼保全等措施；

（五）决定处分其股权；

（六）发生合并、分立或者进行重大资产、债务重组；

（七）被监管机构或者司法机关立案调查；

（八）被采取责令停业整顿、指定托管、接管或者撤销等监管措施或者进入破产清算程序；

（九）对公司运作产生重大影响的其他事项。

第六十七条 中外合资基金管理公司的境外股东，其注册地或者主要经营活动所在地的主管当局对境外投资有备案要求的，该境外股东在依法取得中国证监会的批准文件后，如向其注册地或者主要经营活动所在地的主管当局提交有关备案材料，应当同时将副本报送中国证监会。

第六十八条 中国证监会可以采取下列措施对基金管理公司进行现场检查，并根据日常监管情况确定现场检查的对象、内容和频率：

（一）进入基金管理公司及其子公司、分支机构进行检查；

（二）要求基金管理公司提供与检查事项有关的文件、会议记录、报表、凭证和其他资料；

（三）询问基金管理公司的工作人员，要求其对有关检查事项做出说明；

（四）查阅、复制基金管理公司与检查事项有关的文件、资料，对可能被转移、隐匿或者毁损的文件、资料予以封存；

（五）检查基金管理公司的信息技术系统；

（六）中国证监会规定的其他措施。

第六十九条 中国证监会对基金管理公司进行现场检查时，检查人员不得少于2人，并应当出示合法证件；检查人员少于2人或者未出示合法证件的，基金管理公司有权拒绝检查。

中国证监会可以聘请注册会计师、律师等专业人员为检查工作提供专业服务。

第七十条 基金管理公司及有关人员应当配合中国证监会进行检查，不得以任何理由拒绝、拖延提供有关资料，或者提供不真实、不准确、不完整的资料。

第七十一条 中国证监会对基金管理公司进行现场检查后，应当向被检查的基金管理公司出具检查结论。

第七十二条 中国证监会可以根据监管需要，建立基金管理公司风险控制指标监控体系和监管综合评价体系。对于相关风险控制指标、监管综合评价指标不符合规定的，中国证监会可以责令公司限期改正，并可以采取要求公司增加注册资本金、提高风险准备金提取比例、暂停部分或者全部业务等行政监管措施。

第七十三条 违反本办法的规定，有下列情形之一的，中国证监会责令改正，给予警告，并处3万元以下的罚款，对直接负责的主管人员和其他直接责任人员给予警告，撤销任职资格或者基金从业资格，并处3万元以下的罚款：

（一）未经批准持有基金管理公司5%以上股权，或者通过提供虚假申请材料等方式成为基金管理公司股东；

（二）委托他人或者接受他人委托持有基金管理公司的股权；

（三）基金管理公司的股东及其实际控制人占有或者转移基金管理公司资产；

（四）基金管理公司的股东及其实际控制人在证券承销、证券投资等业务活动中，强令、指使、接受基金管理公司为其提供配合，损害基金份额持有人和其他当事人的合法权益。

第七十四条 违反本办法的规定，有下列情形之一的，中国证监会责令改正，并对负有责任的股东、实际控制人、董事、监事、高级管理人员以及直接责任人员等可以采取监管谈话、出具警示函、暂停履行职务等行政监管措施：

（一）基金管理公司的股东、实际控制人越过股东（大）会、董事会任免基金管理公司的董事、监事、高级管理人员；

（二）基金管理公司的股东、实际控制人越过股东（大）会、董事会直接干预基金管理公司的经营管理或者基金财产的投资运作；

（三）基金管理公司及其股东、实际控制人未及时履行报告义务；

（四）基金管理公司董事会对经营管理人员的考核不符合规定。

第七十五条 基金管理公司出现下列情形之一的，中国证监会责令其限期整改，整改期间可以暂停受理及审核其基金产品募集申请或者其他业务申请，并对负有责任的董事、监事、高级管理人员以及直接责任人员可以采取监管谈话、出具警示函、暂停履行职务等行政监管措施：

（一）公司治理不健全，严重影响公司的独立性、完整性和统一性；

（二）公司内部控制制度不完善，相关制度不能有效执行，存在重大风险隐患或者发生较大风险事件；

（三）对子公司、分支机构管理松懈，或者选聘的基金服务机构不具备基本的资质条件，存在重大风险隐患或者发生较大风险事件；

（四）发生重大违法违规行为。

基金管理公司逾期未完成整改的，中国证监会可以停止批准其增设子公司或者分支机构；限制分配红利，限制其向负有责任的董事、监事、高级管理人员支付报酬、提供福利；责令其更换负有责任的董事、监事、高级管理人员或者限制权利。情节特别严重的，中国证监会可以采取指定其他机构托管、接管或者撤销等监管措施，对负有责任的董事、监事、高级管理人员以及直接责任人员给予警告，并处3万元以下的罚款。

第七十六条 基金管理公司的净资产低于4000万元人民币，或者现金、银行存款、国债等可运用的流动资产低于2000万元人民币且低于公司上一会计年度营业支出的，中国证监会可以暂停受理及审核其基金产品募集申请或者其他业务申请，并限期要求改善财务流动性。财务状况持续恶化的，中国证监会责令其进行停业整顿。

被责令停业整顿的，基金管理公司应当在规定的期限内将其管理的基金资产委托给中国证监会认可的基金管理公司进行管理。逾期未按照要求委托管理的，中国证监会可以指定其他机构对其基金管理业务进行托管。

第七十七条 基金服务机构违反本办法的规定，泄露或者利用受托业务知悉的非公开信息牟利，损害基金份额持有人合法权益的，责令改正，给予警告，并处3万元以下的罚款。对直接负责的主管人员和其他直接责任人员给予警告，并处3万元以下的罚款。

第七十八条 基金管理公司、基金管理公司的股东及实际控制人、基金服务机构及其直接负责的主管人员和其他直接责任人员违反本办法以及其他相关规定，依法应予行政处罚的，依照有关规定进行行政处罚；涉嫌犯罪的，依法移送司法机关，追究其刑事责任。

第七章 附则

第七十九条 本办法所称中外合资基金管理公司，包括境外股东与境内股东共同出资设立的基金管理公司和境外股东受让、认购境内基金管理公司股权而变更的基金管理公司。

第八十条 基金管理公司设立子公司的具体管理办法，由中国证监会另行规定。

第八十一条 本办法自2012年11月1日起施行。《证券投资基金管理公司管理办法》（证监会令第22号）同时废止。

证券投资基金托管业务管理办法（征求意见稿）

第一章 总则

第一条 为了规范证券投资基金托管业务,维护证券投资基金托管业务竞争秩序,保护基金份额持有人及相关当事人合法权益,促进证券投资基金健康发展,根据《证券投资基金法》、《银行业监督管理法》及其他相关法律、行政法规,制定本办法。

第二条 本办法所称证券投资基金（以下简称基金）托管，是指由依法设立并取得基金托管资格的商业银行担任托管人，对公开募集设立的基金依法履行安全保管基金财产、办理清算交割、复核审查资产净值、开展投资监督、召集基金份额持有人大会等职责的行为。

第三条 商业银行从事基金托管业务,应当经中国证券监督管理委员会（以下简称中国证监会）和中国银行业监督管理委员会（以下简称中国银监会）核准,依法取得基金托管资格。

未取得基金托管资格的商业银行,不得从事基金托管业务。

第四条 基金托管人应当遵守法律、行政法规、基金合同和基金托管协议的约定，恪守职业道德和行为规范，诚实信用、谨慎勤勉，为基金份额持有人利益履行基金托管职责。

第五条 基金托管人的专门基金托管部门的高级管理人员和其他从业人员应当忠实、勤勉地履行职责，不得从事损害基金财产和基金份额持有人利益的证券交易及其他活动。

第六条 中国证监会、中国银监会依照法律法规和审慎监管原则，对基金托管人及其基金托管业务活动实施监督管理。

第七条 中国证券投资基金业协会依据法律法规和自律规则，对基金托管人及其基金托管业务活动进行自律管理。

第二章 基金托管机构

第八条 申请基金托管资格的商业银行（以下简称申请人），应当具备下列条件:

（一）最近3个会计年度的年末净资产均不低于20亿元人民币，资本充足率等风险控制指标符合监管部门的有关规定;

（二）设有专门的基金托管部门，部门设置能够保证托管业务运营的完整与独立;

（三）基金托管部门拟任高级管理人员符合法定条件，基金托管部门取得基金从业资格的人员不低于部门员工人数的1/2，拟从事基金清算、核算、投资监督、信息披露、内部稽核监控等业务的执业人员不少于8人,并具有基金从业资格，其中，核算、监督等核心业务岗位人员应具备2年以上托管业务从业经验；

（四）有安全保管基金财产、确保基金财产完整与独立的条件；

（五）有安全高效的清算、交割系统；

（六）基金托管部门有满足营业需要的固定场所、配备独立的安全监控系统；

（七）基金托管部门配备独立的托管业务技术系统，包括网络系统、应用系统、安全防护系统、数据备份系统；

（八）有完善的内部稽核监控制度和风险控制制度；

（九）最近3年无重大违法违规记录；

（十）法律、行政法规规定的和经国务院批准的中国证监会、中国银监会规定的其他条件。

第九条 申请人应当具有健全的清算、交割业务制度，清算、交割系统应当符合下列规定：

（一）系统内证券交易结算资金及时汇划到账；

（二）从交易所、证券登记结算机构安全接收交易结算数据；

（三）与基金管理人、基金注册登记机构、证券登记结算机构等相关业务机构的系统安全对接；

（四）依法执行基金管理人的投资指令，及时办理清算、交割事宜。

第十条 申请人的基金托管营业场所、安全防范设施、与基金托管业务有关的其他设施和相关制度，应当符合下列规定：

（一）基金托管部门的营业场所相对独立，配备门禁系统；

（二）接触到基金交易数据的业务岗位有单独的办公场所，无关人员不能随意进入；

（三）有完善的基金交易数据保密制度；

（四）有安全的基金托管业务数据备份系统；

（五）有基金托管业务的应急处理方案，具备应急处理能力。

第十一条 申请人应当向中国证监会报送下列申请材料，同时抄报中国银监会：

（一）申请书；

（二）具有证券业务资格的会计师事务所出具的净资产和资本充足率专项验资报告；

（三）设立专门基金托管部门的证明文件，确保部门业务运营完整与独立的说明与承诺；

（四）内部机构设置和岗位职责规定；

（五）基金托管部门拟任高级管理人员和执业人员基本情况，包括拟任高级管理人员任职材料，拟任执业人员名单、履历、基金从业资格证明复印件、专业培训及岗位配备情况；

（六）关于安全保管基金财产有关条件的报告；

（七）关于基金清算、交割系统的运行测试报告；

（八）办公场所平面图、安全监控系统设计方案和安装调试情况报告；

（九）基金托管业务备份系统设计方案和应急处理方案、应急处理能力测试报告；

（十）相关业务规章制度，包括业务管理、操作规程、基金会计核算、基金清算、信息披露、内部稽核监控、内控与风险管理、信息系统管理、从业人员管理、保密与档案管理、重大可疑情况报告、应急处理及其他履行基金托管人职责所需的规章制度；

（十一）开办基金托管业务的商业计划书；

（十二）中国证监会、中国银监会规定的其他材料。

第十二条 中国证监会应当自收到申请材料之日起5个工作日内作出是否受理的决定。申请材料齐全、符合法定形式的，向申请人出具书面受理凭证；申请材料不齐全或者不符合法定形式的，应当一次告知申请人需要补正的全部内容。

第十三条 中国证监会应当自受理申请材料之日起20个工作日内作出行政许可决定。中国证监会作出予以核准决定的，应当会签中国银监会；作出不予核准决定的，应当说明理由并告知申请人，行政许可程序终止。

中国银监会应当自收到会签件之日起20个工作日内，作出行政许可决定。中国银监会作出予以核准决定的，中国证监会和中国银监会共同签发批准文件，并由中国证监会颁发基金托管业务许可证；中国银监会作出不予核准决定的，应当说明理由并告知申请人,行政许可程序终止。

第十四条 中国证监会、中国银监会在作出核准决定前,可以采取下列方式进行审查:

（一）以专家评审、核查等方式审查申请材料的内容;

（二）联合对商业银行拟设立基金托管部门的筹建情况进行现场检查,现场检查由两名以上工作人员进行,现场检查的时间不计算在前条规定的期限内。

第十五条 取得基金托管资格的商业银行为基金托管人。基金托管人应当及时办理基金托管部门高级管理人员的任职手续。

第三章 托管职责的履行

第十六条 基金托管人在与基金管理人订立基金合同、基金招募说明书、基金托管协议等法律文件前,应当从保护基金份额持有人角度,对涉及投资范围与投资限制、基金费用、收益分配、会计估值、信息披露等方面的条款进行评估,确保相关约定合规清晰、风险揭示充分、会计估值与披露安排科学合理。在基金托管协议中,还应对托管人与管理人之间的业务监督与协作等职责进行详细约定。

第十七条 基金托管人应当安全保管基金财产，按照相关规定和托管协议约定履行下列职责：

（一）为所托管的不同基金财产分别设置资金账户、证券账户等投资交易必需的相关账户，确保基金财产的独立与完整；

（二）建立与基金管理人的对账机制，定期核对资金头寸、证券账目、资产净值等数据，及时核查认购与申购资金的到账、赎回资金的支付以及投资资金的支付与到账情况，并对基金的会计凭证、交易记录、合同协议等重要文件档案保存15年以上；

（三）对基金财产投资信息和相关资料负保密义务，不向任何机构或个人泄露相关信息和资料，法律、行政法规和其他有关规定、监管机构及审计要求除外。

第十八条 基金托管人应当与相关证券登记结算机构签订结算交收协议，依法承担作为市场结算参与人的相关职责。

基金托管人与基金管理人应当签订结算交收协议，明确双方在基金清算交收及相关风险控制方面的职责。基金清算交收过程中，出现基金财产中资金或证券不足以交收的，基金托管人应当及时通知基金管理人，督促基金管理人积极采取措施、最大程度控制违约交收风险与相关损失，并报告中国证监会。

第十九条 基金托管人与基金管理人应当按照《企业会计准则》及中国证监会的有关规定进行估值核算，对各类金融工具的估值方法予以定期评估。当基金托管人发现基金份额净值计价出现错误时，应当提示基金管理人立即纠正，并采取合理措施防止损失进一步扩大。当基金托管人发现基金份额净值计价出现重大错误或估值出现重大偏离时，应当提示基金管理人依法履行披露和报告义务。

第二十条 基金托管人应当依法办理与基金托管业务有关的信息披露事项，包括但不限于：披露基金托管协议，对基金定期报告中有关基金财务报告等信息进行复核审查并出具意见，在基金年报报告和半年度报告中出具托管人报告，就专门基金托管部门负责人变动等重大事项发布临时公告。

第二十一条 基金托管人应当制定基金投资监督标准与监督流程，通过设置预警指标等方式对基金合同生效之后所托管基金的投资范围、投资比例、投资风格、投资限制、关联方交易等进行严格监督，及时提示基金管理人违规风险。

当发现基金管理人发出但未执行的投资指令或者已经生效的投资指令违反法律、行政法规和其他相关规定，或者基金合同约定，应当依法履行通知基金管理人等程序，并及时报告中国证监会，持续跟进基金管理人的后续处理，督促基金管理人依法履行披露义务。基金管理人的上述违规失信行为给基金财产或者基金份额持有人造成损害的，基金托管人应当督促基金管理人及时予以赔偿。

第二十二条 基金托管人应当对所托管基金履行法律法规、基金合同有关收益分配约定情况进行定期复核，对于发现的基金收益分配违规失信行为，应及时通知基金管理人，并报告中国证监会。

第二十三条　对于转换基金运作方式、更换基金管理人等需召开基金份额持有人大会审议的事项，基金托管人应积极配合基金管理人召集基金份额持有人大会；当基金管理人未按规定召集或者不能召集时，基金托管人应按规定召集基金份额持有人大会，并依法履行对外披露与报告义务。

第二十四条　基金托管人在取得基金托管资格后，不得长期不开展基金托管业务，在从事基金托管业务过程中，不得进行不正当竞争,不得利用非法手段垄断市场，不得违反托管协议约定将部分或者全部托管的基金财产委托他人托管。

第二十五条　基金托管人应当按照市场化原则，综合考虑基金托管规模、产品类别、服务内容、业务处理难易程度等因素，与基金管理人协商确定基金托管费用的计算方式和方法。

基金托管费用的计提方式和计算方法应在基金合同、基金招募说明书中明确列示。

第四章　托管业务内部控制

第二十六条　基金托管人应当按照相关法律法规，针对基金托管业务建立科学合理、控制严密、运行高效的内部控制体系，保持托管业务内部控制制度健全、执行有效。

基金托管人应当每年聘请具有从事证券相关业务资格的会计师事务所，或者由托管人内部审计部门组织，针对基金托管法定业务和增值业务的内部控制制度建设与实施情况，开展相关审查与评估，出具评估报告。

第二十七条　基金托管人应当建立突发事件处理预案制度，对发生严重影响基金份额持有人利益、可能引发系统性风险或者严重影响社会稳定的突发事件，按照预案妥善处理。

第二十八条　基金托管人应当健全从业人员管理制度，完善信息管理及保密制度，加强对基金托管部门从业人员执业行为及投资证券投资基金等相关活动的管理。基金托管部门的基金从业人员不得利用未公开信息为自己或者他人谋取利益。

第二十九条　基金托管人应当根据托管业务发展及其风险控制的需要，不断完善托管业务信息技术系统，配置足够的托管业务人员，规范岗位职责，加强职业培训，保证托管服务质量。

第三十条　基金托管人应当依法采取措施,确保基金托管和基金销售业务相互独立,切实保障基金财产的完整与独立。

第三十一条　基金托管人根据业务发展的需要，按照法规规定和托管协议约定委托符合条件的境外资产托管人开展境外资产托管业务的，应当对境外资产托管人进行尽职调查，制定遴选标准与程序，健全相关的业务风险管理和应急处理制度，加强对境外资产托管人的监督与约束。

第三十二条　基金托管人在法定托管职责之外依法开展基金服务外包等增值业务的，应当设立专门的团队与业务系统，与原有基金托管业务团队之间建立必要的业务隔离，有效防范潜在的利益冲突。

第五章　监督管理与法律责任

第三十三条　相关机构申请基金托管资格，隐瞒有关情况或者提供虚假申请材料的,中国证监会、中国银监会不予受理或者不予行政许可,并给予警告,申请人在一年内不得再次申请基金托管资格。

申请人以欺骗、贿赂等不正当手段取得基金托管资格的,中国证监会商中国银监会撤销基金托管资格,处以警告、罚款,由中国证监会注销基金托管业务许可证；中国银监会可以区别不同情形,责令申请人对直接负责的主管人员和其他直接责任人员给予纪律处分,或者对其给予警告、罚款,或者禁止其一定期限直至终身从事银行业工作；申请人在3年内不得再次申请基金托管资格；涉嫌犯罪的依法移送司法机关,追究刑事责任。

第三十四条　未取得基金托管资格擅自开办基金托管业务的，责令改正，并处以警告、罚款；对直接负责的主管人员和其他直接责任人员，处以警告、罚款。

第三十五条　基金托管人应当根据中国证监会的要求，履行下列信息报送义务：

（一）基金投资运作监督报告；

（二）基金托管业务运营情况报告；

（三）基金托管业务内部控制年度评估报告；

（四）中国证监会根据审慎监管原则要求报送的其他材料。

第三十六条 当基金托管人发生下列情形之一的，应当自发生之日起5日内向中国证监会报告：

（一）专门基金托管部门的设置发生重大变更；

（二）托管人或其专门基金托管部门的名称、住所发生变更；

（三）专门基金托管部门的高级管理人员发生变更；

（四）托管人及专门基金托管部门的高级管理人员受到刑事、行政处罚，或者被监管机构、司法机关调查；

（五）涉及托管业务的重大诉讼或者仲裁；

（六）与基金托管业务相关的其他重大事项。

第三十七条 中国证监会可以根据日常监管情况，对基金托管人的专门基金托管部门进行现场检查，并采取下列措施：

（一）要求提供与检查事项有关的文件、会议记录、报表、凭证和其他资料，查阅、复制与检查事项有关的文件；

（二）询问相关工作人员，要求其对有关检查事项做出说明；

（三）检查基金托管业务系统；

（四）中国证监会规定的其他措施。

中国证监会进行现场检查后，应当向被检查的基金托管人出具检查结论。基金托管人及有关人员应当配合中国证监会进行检查，不得以任何理由拒绝、拖延提供有关材料，或者提供不真实、不准确、不完整的资料。

第三十八条 基金托管人违反本办法规定，中国证监会应责令限期整改，整改期间可以暂停其办理新的基金托管业务；对直接负责的基金托管业务主管人员和其他直接责任人员，可以采取监管谈话、出具警示函等行政监管措施。

第三十九条 对有下列情形之一的基金托管人，中国证监会商中国银监会可以依法取消其基金托管资格，依法给予罚款；对直接负责的主管人员和其他直接责任人员,中国证监会依法给予罚款,可以并处暂停或者吊销基金从业资格,中国银监会可以并处禁止一定期限直至终身从事银行业工作：

（一）连续三年没有开展基金托管业务的；

（二）未能在规定时间内通过整改验收的；

（三）违反法律法规，情节严重的；

（四）法律法规规定的其他情形。

第六章 附则

第四十条 本办法适用于境内法人商业银行。

第四十一条 本办法自年月日起施行，《证券投资基金托管资格管理办法》（中国证监会 中国银监会令[2004]26号）同时废止。

证券投资基金管理公司子公司管理暂行规定

第一章 总则

第一条 为了适应证券投资基金管理公司（以下简称基金管理公司）专业化经营管理的需要，规范证券投资基金管理公司子公司（以下简称子公司）的行为，保护基金份额持有人及相关当事人的合法权益，根据《证券投资基金法》、《公司法》、《证券投资基金管理公司管理办法》和其他有关法律法规，制定本规定。

第二条 本规定所称子公司是指依照《公司法》设立，由基金管理公司控股，经营特定客户资产管理、基金销售以及中国证监会许可的其他业务的有限责任公司。

第三条 基金管理公司设立子公司应当充分考虑自身的财务实力和管理能力，全面评估论证，合理审慎决策，不得因设立子公司损害基金份额持有人的利益。

第四条 子公司的设立、变更、终止以及业务活动、监督管理等事项，应当遵守有关法律法规的规定。

第五条 中国证监会及其派出机构依照《证券投资基金法》、《公司法》等法律、行政法规、中国证监会的规定和审慎监管原则，对子公司及其有关业务活动实施监督管理。

第六条 中国证券投资基金业协会依据法律、行政法规、中国证监会的规定和自律规则，对子公司及其有关业务活动进行自律管理。

第二章 子公司的设立

第七条 经中国证监会批准，基金管理公司可以设立全资子公司，也可以与其他投资者共同出资设立子公司。

参股子公司的其他投资者应当具备下列条件：

（一）在技术合作、管理服务、人员培训或者营销渠道等方面具备较强优势；

（二）有助于子公司健全治理结构、提高竞争能力、促进子公司持续规范发展；

（三）最近3年没有因违法违规行为受到重大行政处罚或者刑事处罚；

（四）没有因违法违规行为正在被监管机构调查，或者正处于整改期间；

（五）具有良好的社会信誉，最近3年在金融监管、税务、工商等部门以及自律管理、商业银行等机构无重大不良记录；

（六）中国证监会规定的其他条件。

第八条 子公司的股东不得为其他机构或者个人代持子公司的股权，任何机构或者个人不得委托其他机构或者个人代持子公司的股权。

第九条 基金管理公司设立子公司应当以自有资金出资。子公司的注册资本应当不低于2 000万元人民币。

第十条 设立子公司，应当向中国证监会提交下列申请材料：

（一）各股东对符合参股子公司各项条件及提交申请材料真实、准确、完整、合规的承诺函；

（二）申请报告，内容至少包括设立子公司的目的，子公司的名称、经营范围、设立方案、股东资格条件等，并应由股东签字盖章；

（三）可行性研究报告，内容至少包括设立子公司的必要性和可行性，股东的基本情况及具备的优势条件，子公司的组织管理架构，子公司的业务发展规划等；

（四）各股东设立子公司的决议、决定及发起协议；

（五）在基金行业任职的自然人股东，其任职机构对该自然人参股子公司出具的无异议函；

（六）各股东之间的关联关系说明及子公司的股权结构图；

（七）基金管理公司防范与其子公司之间出现风险传递和利益冲突的制度安排；

（八）子公司拟任高级管理人员的简历（参照

证券投资基金行业高级管理人员任职资格申请表填写）、身份证明复印件及基金从业资格证明文件复印件；

（九）子公司章程草案；

（十）子公司的主要管理制度；

（十一）设立子公司准备情况的说明材料，内容至少包括主要业务人员的资格条件和到位情况，办公场所购置、租赁及相关设备购置方案，工商名称预核准情况等；

（十二）基金管理公司出具的不与子公司进行损害基金份额持有人利益或者显失公平的关联交易，经营行为不与子公司存在利益冲突的承诺函，以及其他股东对子公司的持续规范发展提供支持的安排；

（十三）律师事务所出具的法律意见书；

（十四）中国证监会规定的其他文件。

第十一条 设立子公司拟开展特定客户资产管理业务、基金销售业务的，还应当同时按照《基金管理公司特定客户资产管理业务试点办法》、《证券投资基金销售管理办法》的相关要求报送申请材料。

第十二条 中国证监会依照法律、行政法规、中国证监会的规定和审慎监管原则对申请人的申请进行审查，并自受理申请之日起60日内作出批准或者不予批准的决定。

未经中国证监会批准，基金管理公司不得设立或者变相设立子公司。

第三章 子公司的治理与运营

第十三条 基金管理公司与其子公司、受同一基金管理公司控制的子公司之间不得进行损害基金份额持有人利益或者显失公平的关联交易，经营行为不得存在利益冲突。

第十四条 基金管理公司不得利用其控股地位损害子公司、子公司其他股东或者子公司客户的合法权益。

第十五条 基金管理公司与其子公司、受同一基金管理公司控制的子公司之间应当建立有效的风险隔离墙制度，防止可能出现的风险传递和利益冲突。

第十六条 基金管理公司应当根据自身发展战略，合理确定子公司的发展方向和经营计划。

基金管理公司应当指定相应职能部门，定期评估子公司发展方向和经营计划的执行情况。

第十七条 在维护子公司独立法人经营自主权的前提下，基金管理公司应当加强与子公司的业务协同和资源共享，建立覆盖整体的风险管理和内部审计体系，提高整体运营效率和风险防范能力。

第十八条 基金管理公司应当根据整体发展战略和子公司经营需求，按照合规、精简、高效的原则，指导子公司建立健全治理结构。

第十九条 基金管理公司可以依照有关规定或者合同的约定，为子公司的研究、风险控制、监察稽核、人力资源管理、信息技术和运营服务等方面提供支持和服务。

第二十条 基金管理公司应当建立关联交易管理制度，规范与子公司间的关联交易行为。发生关联交易的，应当履行必要的内部程序并在基金招募说明书、基金合同、基金年度报告、基金半年度报告、基金季度报告、基金管理公司年度报告以及监察稽核年度报告等相关文件中及时进行详细披露。

第二十一条 基金管理公司管理的投资组合与子公司管理的投资组合之间，不得违反有关规定进行交易。

第二十二条 基金管理公司应当对外公开披露其董事、监事、高级管理人员以及其他从业人员参股子公司、在子公司兼任职务或者领薪的情况，并在基金管理公司年度报告、监察稽核年度报告中详细说明。

第二十三条 子公司应当按照《公司法》等法律、行政法规和中国证监会的规定，建立科学完善的公司治理，实施有效的风险管理和内部控制机制，保持公司规范有序运作。

第二十四条 子公司应当参照《基金行业人员离任审计及审查报告内容准则》的要求，建立对高级管理人员和投资经理的离任审计或者离任审查制度。

第二十五条 子公司的董事、监事、高级管理人员以及其他从业人员应当遵守法律法规，恪守职业道德和行为规范，履行诚实守信、谨慎勤勉的义务，维护客户利益和公司资产安全，不得从事损害基金份额持有人、其他客户以及基金管理公司利益的活动。

在有效防范利益冲突和利益输送的前提下，基金管理公司、子公司及其相关从业人员可以投资本公司管理的资产管理计划，与资产委托人共担风险、共享收益，并应自投资之日起5个工作日内向中国证监会申报所投资资产管理计划的名称、时间、价格、数额等信息。

第二十六条 子公司不得直接或者间接持有基金管理公司、受同一基金管理公司控股的其他子公司的股权，或者以其他方式向基金管理公司、受同一基金管理公司控股的其他子公司投资。

第二十七条 子公司有下列情形之一的，应当停止办理新的特定客户资产管理、基金销售等业务，并依法妥善处理客户资产：

（一）基金管理公司所持子公司股权被司法机关采取诉讼保全等措施；

（二）基金管理公司被采取责令停业整顿、指定托管、接管、撤销等监管措施或者进入破产清算程序；

（三）对子公司运作产生重大不良影响的其他事项。

第四章 监督检查

第二十八条 子公司设立申请材料存在虚假记载或者重大遗漏的，中国证监会不予受理；已经受理的，不予批准。

第二十九条 中国证监会可以对子公司的公司治理、内部控制、经营运作、风险状况以及相关业务活动，进行非现场检查和现场检查。

第三十条 子公司变更下列重大事项，应当在事前向中国证监会和基金管理公司所在地中国证监会派出机构报告：

（一）基金管理公司转让所持有的子公司股权；

（二）变更持股25%以上的股东；

（三）变更经营范围；

（四）公司合并、分立或者解散；

（五）中国证监会规定的其他重大事项。

第三十一条 子公司发生下列情形之一的，应当自发生之日起5日内向中国证监会和基金管理公司所在地中国证监会派出机构报告：

（一）变更名称、住所；

（二）变更持股25%以下的股东；

（三）变更注册资本或者股东出资比例；

（四）变更董事、监事、高级管理人员和投资经理；

（五）修改公司章程；

（六）以固有资金对外投资；

（七）发生重大关联交易；

（八）公司财务状况发生重大不利变化；

（九）公司涉及重大诉讼或者受到重大处罚；

（十）对公司经营产生重大影响的其他事项。

第三十二条 基金管理公司向中国证监会和基金管理公司所在地中国证监会派出机构报送的公司年度报告、内部控制评价报告、监察稽核季度报告、监察稽核年度报告、财务报表等资料，应当包含子公司的有关情况，必要时应当单独报送反映子公司治理结构、内部控制、业务运营、财务状况等情况的资料。

第三十三条 因子公司经营而发生影响或者可能影响基金管理公司经营管理、财务状况、风险控制或者客户资产安全的重大事件的，基金管理公司应当立即向中国证监会和基金管理公司所在地中国证监会派出机构报送临时报告。

第三十四条 违反本规定，有下列情形之一的，中国证监会责令改正，并可以对直接负责的主管人员和其他直接责任人员，采取监管谈话、出具警示函、暂停履行职务、认定为不适宜担任相关职务者等行政监管措施：

（一）设立申请材料存在虚假信息或者重大遗漏；

（二）委托他人或者接受他人委托持有子公司的股权；

（三）子公司违反本规定第十三条的要求，经营存在利益冲突的业务，进行损害基金份额持有人利益或者显失公平的关联交易；

（四）子公司未按照本规定第三十条、第三十一条的要求及时报告有关事项；

（五）子公司从事损害基金份额持有人、其他客户以及基金管理公司利益的活动；

（六）子公司违反勤勉尽责义务或者规避监管的其他行为。

第三十五条 子公司及其从业人员违反法律、行政法规、中国证监会的规定，依法应予行政处罚的，依照有关规定进行行政处罚；涉嫌犯罪的，依法移送司法机关，追究刑事责任。

第三十六条 子公司违法经营或者出现重大风险，严重危及市场秩序、损害基金份额持有人及其他客户利益的，中国证监会可以采取暂停子公司业务或责令基金管理公司清理、撤销子公司等行政监管措施。

第三十七条 有下列情形之一，中国证监会责令基金管理公司限期整改，整改期间暂停受理及审核该公司基金产品募集申请或者其他业务申请，并可以对负有责任的董事、监事、高级管理人员以及直接责任人员采取监管谈话、出具警示函、暂停履行职务、认定为不适宜担任相关职务者等行政监管措施：

（一）未经中国证监会批准，擅自设立子公司；

（二）未经事前向中国证监会报告，擅自处置子公司股权；

（三）违反本规定第十三条的要求，经营存在利益冲突的业务，进行损害基金份额持有人利益或者显失公平的关联交易；

（四）未按照本规定第二十条的要求披露关联交易；

（五）违反本规定第二十一条进行交易；

（六）未按照本规定第二十二条披露和报告其董事、监事、高级管理人员以及其他从业人员参股子公司、在子公司任职或者领薪的情况；

（七）未按照本规定第三十二条、第三十三条的要求报送有关材料，或者报送的材料存在虚假记载、重大遗漏；

（八）子公司出现本规定第三十四条、第三十五条和第三十六条所列违规行为；

（九）怠于对子公司的管理，导致子公司的治理和运营不合规或者出现较大风险的其他情形。

第三十八条 基金管理公司通过受让、认购股权等方式控股子公司的，适用本规定。

基金管理公司在境外设立子公司的，按照相关规定执行。

第三十九条 本规定自2012年11月1日起施行。

资产管理机构开展公募证券投资基金管理业务暂行规定（征求意见稿）

第一条 为了规范符合条件的资产管理机构开展公开募集证券投资基金（以下简称基金）管理业务，维护基金份额持有人合法权益，促进基金行业和资本市场持续健康发展，根据《证券法》、《保险法》、《证券投资基金法》等法律法规，制定本规定。

第二条 本规定所称资产管理机构是指在中国境内依法设立的证券公司、保险资产管理公司以及专门从事非公开募集证券投资基金管理业务的基金管理机构（以下简称私募证券基金管理机构）。

第三条 资产管理机构向中国证券监督管理委员会（以下简称中国证监会）申请开展基金管理业务，中国证监会依法核准其业务资格。

第四条 中国证监会及其派出机构依法对资产

管理机构从事基金管理业务活动进行监督管理。

中国证券投资基金业协会（以下简称基金业协会）对资产管理机构从事基金管理业务活动实行自律管理。

第五条 申请开展基金管理业务的资产管理机构，应当符合下列条件：

（一）具有3年以上证券资产管理经验；

（二）公司治理完善，内部控制健全，风险管理有效；

（三）经营状况良好，财务稳健，最近3年连续盈利；

（四）诚信合规，最近3年在监管部门无重大违法违规记录，没有因违法违规行为正在被监管机构调查，或者正处于整改期间；

（五）为基金业协会会员；

（六）中国证监会规定的其他条件。

第六条 证券公司申请开展基金管理业务，除符合第五条规定外，还应当符合下列条件：

（一）管理资产规模不低于200亿元；

（二）最近12个月各项风险控制指标持续符合规定标准；

（三）最近1个季度末净资本不低于10亿元人民币；

（四）最近1年中国证监会分类评价级别在B类以上。

第七条 保险资产管理公司申请开展基金管理业务，除符合第五条规定外，还应当符合下列条件：

（一）管理资产规模不低于200亿元；

（二）最近12个月偿付能力指标持续符合监管要求。

第八条 私募证券基金管理机构申请开展基金管理业务，除符合第五条规定外，还应当符合下列条件：

（一）实缴资本不低于1 000万元；

（二）最近三年资产管理规模均不低于30亿元。

第九条 资产管理机构申请开展基金管理业务，比照基金管理公司设立申请向中国证监会提交有关申请材料。

中国证监会依法对资产管理机构的申请进行审核。批准基金管理业务资格的，向其核发《基金管理资格证书》。

第十条 资产管理机构开展基金管理业务，应当遵守法律、行政法规、中国证监会的规定，恪守诚信，审慎勤勉，忠实尽责，为基金份额持有人的利益管理和运用基金财产。

第十一条 资产管理机构开展基金管理业务，应当设立专门的基金业务部门，安全防范设施和与基金管理业务有关的其他设施齐备，并建立严格的防火墙制度，隔离业务风险，有效防范利益输送和利益冲突。

第十二条 资产管理机构应当建立公平交易和关联交易管理制度，完善公平交易和异常交易监控机制，公平对待管理的不同资产，防范内幕交易。

第十三条 资产管理机构开展基金管理业务应当有符合法律、行政法规和中国证监会规定的拟任高级管理人员，从事投资、研究业务并取得基金从业资格的专业人员不少于10人。

基金业务部门的高级管理人员、从业人员应当遵守法律法规，恪守职业道德和行为规范，履行诚实守信、谨慎勤勉的义务，不得从事损害基金份额持有人利益的活动。

第十四条 中国证监会依照法律法规对资产管理机构开展基金管理业务情况进行非现场检查和现场检查。

第十五条 资产管理机构开展基金管理业务违反相关法律法规以及中国证监会规定的，中国证监会依法对资产管理机构及其直接负责的主管人员和其他直接责任人员采取行政监管措施。依法应予行政处罚的，依照有关规定进行行政处罚；涉嫌犯罪的，依法移送司法机关，追究刑事责任。

第十六条 证券公司通过其控股的资产管理子公司开展基金管理业务的，比照本规定执行。

第十七条 资产管理机构开展基金管理业务，本规定没有规定的，适用《证券投资基金法》及相关法律法规和中国证监会的规定。

第十八条 本规定自 年 月 日起施行。

附录二 基金行业大事记要(2012)

一月份 JANUARY

1-04

为规范基金管理公司、证券公司人民币合格境外机构投资者境内证券投资试点工作，中国人民银行下发《关于〈实施基金管理公司、证券公司人民币合格境外机构投资者境内证券投资试点办法〉有关事项的通知》。

1-10

兴业全球基金管理公司旗下专户产品“兴业趋势一号”日前成功实践侧袋账户的交易结算机制。这是国内基金业首次应用侧袋账户机制，用以分割非流动性资产以公平保护持有人利益，在解决基金估值问题上又开辟了一种崭新的解决方案。

1-10

中国证监会基金监管部日前下发《分级基金产品审核指引》，对分级基金的认/申购门槛、杠杆上限等做出了规定。

1-11

汇添富人民币债券基金与海通中国人民币收益基金在香港正式发售，成为国内首批在香港发售的RQFII产品。

1-16

中国证监会副主席姚刚在香港”亚洲金融论坛”上表示，中国证监会正考虑进一步扩大人民币合格境外投资者(RQFII)额度，同时将适度放宽企业境外上市条件。

1-19

大成优选股票基金发布公告，由于2011年业绩不佳，对该基金持有人进行一定的补偿。这是自从2001年以来，公募基金首次对基金持有人的损失进行补偿。

1-30

交通银行与国投瑞银基金管理公司合作的国投瑞银鸿瑞4号期货套利专户产品获批，成为我国正式批准的首个商品期货基金专户，这也是基金专户领域产品创新的又一举措。

1-31

中国证监会基金部近日下发《关于加强新股询价申购管理有关问题的通知》，要求基金管理公司高度重视新股询价申购。

二月份 FEBRUARY

2-02

国内首例基金不分红案首次得到中国证监会书面复函。

2-07

A股首例基金公司罢免上市公司董事长议案未获通过。重庆啤酒2012年第一次临时股东大会在重庆召开，会上大成基金提案罢免重啤董事长黄明贵董事职务的议案未获通过，赞成罢免的仅占2.48%。

国内首只逆向投资基金——汇添富逆向投资股票基金通过农业银行及其他渠道正式发售。

2-09

财通基金管理公司注册资本由1亿元增至2亿元，拉开了2012年新基金管理公司增资的序幕。

2-10

中国证监会公布修订后的《期货市场客户开户管理规定》。新规定解决了公募基金股指期货的开户问题。

2-12

深圳证监局召开辖区基金公司总经理会议，要求辖区基金公司加强内部控制、重视公司治理，并要求基金公司成立领导工作小组，专项强化内部控制和公司治理。

全球首只人民币黄金ETF——恒生人民币黄金交易型开放式指数基金(ETF)在香港联合交易所挂牌上市，这也是香港市场首只以人民币计价的黄金ETF。

2-15

富国指数增强子品牌发布会暨”超越”系列微电影首映礼在北京举行，这是国内基金业推出的首部《超越》系列微电影，实现了基金营销方式的又一种创新。

摩根士丹利华鑫基金管理公司发布公告，旗下大摩基础行业基金以通讯方式召开基金持有人大会，修改基金合同的议案获持有人大会通过。这是近5年基金公司首次主动

二月份 FEBRUARY

召开持有人大会修改基金合同。

2-17

南方和国投瑞银两家基金管理公司分别获得中国金融期货交易所股指期货交易编码，成为业内首批获得公募基金期指交易编码的基金公司。2月21日，两家公司获得中金所的正式批文，标志着公募基金参与股指期货投资的大幕正式拉开。

2-22

中国证监会下发首批独立基金销售机构牌照，好买基金、深圳众禄、诺亚财富、东方财富等4家机构的下属专业子公司首批获牌。第三方基金销售市场破冰，意味国内基金销售和服务领域的长期格局将出现新的变机。

国内首只创新期间债券型基金——国联安定期开放债券基金募集成立。该基金属于混合债券型基金，以定期开放方式运作。

三月份 MARCH

3-01

嘉实基金旗下第三家子公司——嘉实财富管理有限公司在上海完成工商登记注册成立。这是继华夏基金参股设立华夏人理财顾问有限公司之后，国内第二家基金公司涉足第三方销售领域。

3-05

易宝支付获得由中国证监会颁发的基金第三方支付牌照，成为第四家获批从事基金销售支付结算的第三方支付企业。

3-08

惠理基金管理香港有限公司受让比利时联合资产管理有限公司持有金元比联基金管理公司的全部股权，金元比联基金管理有限公司正式更名为金元惠理基金管理有限公司。

3-22

国内首只汇聚中小板和创业板成长精品的指数基金——嘉实中创400交易型开放式指数基金募集成立。托管银行为中国工商银行。

3-23

为配合沪深300ETF推出，上海证券交易所发布修订后的《上海证券交易所交易型开放式指数基金业务实施细则》，明确了跨市场、跨境ETF的买卖、申购、赎回相关事宜。

3-26

首批跨市场ETF——嘉实沪深300ETF与华泰柏瑞沪深300ETF同时获得中国证监会批准，这标志着ETF的运作由单市场拓展到横跨沪深两市。

3-27

德邦基金管理有限公司在上海注册成立，注册资本1.20亿元人民币。成为2012年首家获批成立的新基金管理公司。至此，国内公募基金管理公司总数达到70家。

3-30

中国证监会颁发《证券投资基金信息披露XBRL模板第2号〈净值公告〉》。

四月份 APRIL

4-03

经国务院批准，中国证监会、央行和外管局决定新增RQFII投资额度500亿元，用于发行以内地A股指数为标的、以人民币计价、在香港交易所上市的ETF产品；此举标志着RQFII的发展进入一个新阶段。

4-05

沪深300ETF正式面市。华泰柏瑞沪深300ETF和嘉实沪深300ETF同时发售，这标志着跨市场ETF正式进入中国资本市场。

4-10

长盛同庆可分离交易股票型证券投资基金持有人大会在北京召开，国内首只分级基金转型方案获得通过。

4-11

光大保德信基金公司与第三方基金销售机构诺亚正行合作推出首只专户产品，这是诺亚正行首次与公募基金合作，此举掀开了第三方销售与公募基金合作的序幕。

4-19

2012上海基金业投资者保护产品发布会在上海举行，上海地区36家基金管理公司、4家独立基金销售机构等主要负责人参加本次会议。

4-20

中国证监会下发《关于基金从业人员投资证券投资基金有关事项的规定（征求意见稿）》，向社会各界公开征求意见。同时在其官网向社会公示基金管理公司设立申请审核流程及在审公司情况。

四月份 APRIL

4-20

2012（第七届）中国证券投资基金业年会暨机构投资者高层论坛在北京召开。本届年会主题为“战略与对策”。来自监管部门、行业机构代表、专家学者、媒体代表约300人出席会议，围绕着基金行业发展亟待解决的系列问题进行了深入研讨。

4-25

中邮创业基金管理公司发布公告，公司股东北京长安投资集团有限公司将其持有的24%股份全部转让给三井住友银行股份有限公司。由此该公司性质由中资变更为中外合资基金公司。

基金一季报披露完毕。66家基金公司旗下919只基金一季度扭亏为盈，实现盈利380.51亿元。

五月份 MAY

5-04

中国证监会颁发《关于修改〈证券投资基金运作管理办法〉第六条及第十二条的决定（征求意见稿）》，向社会公开征求意见。该《决定》显示监管层放松对基金产品申报数量的限制，下调基金募集金额和募集份额。

5-07

华夏基金管理公司正式发布王亚伟离职公告，基金行业旗帜人物王亚伟正式离开公募基金行业。

5-08

中国证监会基金监管部主任王林对外表示，目前有23家获得合格境外机构投资者（QFII）资格的境外机构正在申请首批投资额度67亿美元，37家已在境内投资运作的QFII在申请追加投资额度125亿美元。

国内首只开放式标准股票型基金国泰金鹰增长基金成立10周年。国泰基金管理公司从持有人中寻找故事，海选主题与演员，制作了国内基金行业首部海选微电影——《绽放幸福》。

5-10

基金行业元老级人物——华夏基金管理公司范勇宏辞去总经理职务，转任公司副董事长。该事件引发行业强烈关注。

5-11

经中国证监会批准，支付宝、财付通、快钱三家支付领域的公司获得基金第三方支付牌照。至此，国内获批开展基金支付结算业务的支付企业已达七家。

5-12

长安基金管理公司总经理曹阳辞职，由公司副总经理盛军代任总经理。

5-21

上海证券交易所发布《关于交易所交易基金作为融资融券标的证券相关事项的通知》，对融资融券的证券范围进行相应的调整。

5-23

中国证监会召开“打击证券期货违法犯罪专项工作”通气会，通报三起分别涉及基金经理“老鼠仓”、内幕交易和信披违规的案件。其中，交银施罗德原基金经理郑拓“老鼠仓”涉案金额高达5亿余元，涉嫌构成犯罪，已被公安机关依法采取强制措施。

5-25

格力电器发布2011年年度股东大会决议公告，公司前十大股东耶鲁大学及鹏华基金推举的冯继勇获得113.66%的得票率，成为公司新董事，这是QFII与国内基金首次推选董事并获任。

5-28

首批跨市场ETF——华泰柏瑞沪深300ETF基金和嘉实沪深300ETF基金正式上市交易。

六月份 JUNE

6-02

万家基金管理公司发布公告称，公司总经理杨峰辞职，由董事长毕玉国代任总经理。

6-04

汇添富基金管理公司发布公告称，公司董事长桂水发辞职，由原东方证券股份有限公司董事长潘鑫军接任董事长。

华泰柏瑞沪深300ETF和嘉实沪深300ETF正式进入融资融券标的证券名单，中国股市融资融券标的证券范围由此扩大至278只股票和9只ETF。

6-06

筹备已久的中国证券投资基金业协会在北京举行主席团会议和会员大会。经选举，协会筹备组组长孙杰

六月份 JUNE

当选为协会会长，华夏基金副董事长范勇宏当选为协会兼职副会长，南方基金总经理高良玉当选为监事长。此外还选举产生了专职副会长、其他兼职副会长等。

深圳众禄基金销售有限公司正式开卖基金，成为国内首家正式试业的第三方基金销售机构，这意味着基金第三方销售正式拉开序幕。

6-07

中国证券投资基金业协会成立大会暨第一届年会在北京召开，中国证监会主席郭树清为基金业协会揭牌，并发表题为"我们需要一个强大的财富管理行业"的讲话。

6-08

中国保监会资金运用部近日召集国内证券公司、基金公司高管闭门开会。会上透露，未来将引入证券公司和基金公司等非保险金融机构对保险资金进行资产管理。

6-12

红塔红土基金管理有限公司在深圳注册成立，注册资本2亿元人民币，这是2012年获批的第3家基金管理公司，也是国内成立的第72家基金管理公司。

随着广发消费品精选、汇添富理财60天理财债基、华宝兴业中证短融50指数基金、景顺长城上证180等权重ETF和中邮战略新兴产业5只基金同日成立，我国公募基金总数达到1 003只，正式突破1 000只大关，标志着基金业进入一个全新的"千基"时代。

6-15

中国证监会下发《关于修改〈证券投资基金销售管理办法〉第十条、第十一条及第十二条的决定(征求意见稿)》，同时颁发《关于基金从业人员投资证券投资基金有关事项的规定》。

6-20

中国证监会修改并发布《证券投资基金运作管理办法》、拟修改《基金管理公司特定客户资产管理业务试点办法》及其配套规则，同时就《证券投资基金管理公司管理办法》及其配套规则修订草案公开征求意见；全面放松基金业的管制。

华宸未来基金管理有限公司在上海注册成立，注册资本2亿元人民币。公司外方股东为韩国未来资产，这也是首家进军中国内地的韩国基金管理公司。

6-21

中国银行业协会在北京召开《中国资产托管行业发展报告(2011)》发布会暨托管行业发展论坛，同时举行了中国银行业资产托管业务自律公约签约仪式。

6-28

十一届全国人大常委会第二十七次会议初次审议《证券投资基金法(修订草案)》，草案将非公开募集基金纳入调整范围。

6-29

中国证监会下发《基金管理公司特定客户资产管理业务试点办法》征求意见稿，明确将基金专户范围扩大至非上市企业股权、债权、收益权，基金专户投资范围横跨一、二级市场，投资方式更灵活。

香港证监会批准华夏沪深300指数ETF在香港联合交易所上市，这是全球首只人民币合格境外机构投资者(RQFII)A股ETF，由华夏基金(香港)有限公司发行。

中国证监会核准华夏基金恒生指数ETF和易方达中国企业指数ETF发行，国内首批港股ETF基金正式获批。

6-30

截至2012年6月30日，公募基金业正式迈入"千基时代"。正式运作的公募基金数量达到1 026只，合计资产管理规模24 436.34亿元。

七月份 JULY

7-12

由十一届全国人大常委会第二十七次会议初次审议的《证券投资基金法(修订草案)》全文公布，并向社会公开征求意见。其主要修订内容包括四方面：将非公开募集基金纳入调整范围；加强投资者的权益保护；修改完善公开募集基金的部分规定；增加对基金服务机构的规定。

7-20

中国证监会下发《基金管理公司开展投资、研究活动防控内幕交易指导意见(征求意见稿)》。

7-23

中国保监会颁发《保险资金委托投资管理暂行办法》，允许保险资金委托保险资产管理公司、证券公司和基金管理公司进行投资管理。

国内首款兼具自动申赎货币基

七月份 JULY

金、货币基金自动偿还贷记卡欠款功能的信用卡——工银货币基金信用卡正式推出。该卡由中国工商银行与工银瑞信基金管理公司联合推出。

7-27

中国证监会颁发《关于实施〈合格境外机构投资者境内证券投资管理办法〉有关问题的规定》，大幅降低QFII资格要求，提高持股比例上限，增加运作便利。

深圳发展银行股份有限公司正式更名为平安银行股份有限公司。

八月份 AUGUST

8-01

浙商基金管理公司注册资本由1亿元增至3亿元。

8-03

申万菱信基金管理公司总经理于东升辞职，由公司董事长姜国芳代任。

8-05

《证券投资基金法》(修改草案)结束第一轮公开征求意见，该草案经过全国人大常委会初审，在私募股权投资基金监管方面发生了重大变化。

8-08

易方达基金管理公司和博时基金管理公司同时获得深圳证券交易所黄金ETF开发资格，成为国内首批获得深交所黄金ETF开发资格的基金管理公司。

8-09

农银汇理基金管理公司董事长杨琨辞职，由中国农业银行投资总监刁钦义接任。

国内首批跨境ETF——华夏恒生交易型开放式指数证券投资基金和易方达恒生中国企业交易型开放式指数证券投资基金正式成立，募集市场资金分别为35.85亿元和16.17亿元。

8-10

国内首只发起式基金——天弘债券型发起式证券投资基金募集成立，首募规模33.47亿份。其中公司发起份额10 000 800.08份，占募集总份额的0.2988%，承诺持有期限三年，托管银行为中国工商银行。

8-11

浦银安盛基金管理公司注册资本由2亿元增至2.4亿元。

8-14

随着南方理财14天债券基金合同生效成立，2012年新成立的债券型基金数量已经达到43只，募集资金合计1 707.66亿元，均创下历年债券型基金发行新高。

8-15

中国证监会召集上海证券交易所、国泰基金管理公司、华安基金管理公司等机构沟通黄金ETF产品创新方案。

8-17

英大基金管理有限公司在北京注册成立，注册资本1.20亿元，成为我国第73家基金管理公司。

8-22

中国证监会正式发布修订后的《券商资管业务政策（征求意见稿）》，重点删除“产品因连续20个交易日资产净值低于1亿元人民币应终止运行”的规定。

工银瑞信7天理财债券型证券投资基金正式成立，首募规模392.52亿份，成为近五年来首募规模最大的基金产品。

中国证监会下发《证券公司客户资产管理业务试行办法(征求意见稿)》及部分配套实施细则(征求意见稿)。

8-25

上海基德基金销售有限公司获批基金销售业务资格。至此，国内独立基金销售机构增加至9家。

8-27

由上海证券交易所主办的“机构投资者创新服务”座谈会在上海召开。

8-29

中国证监会下发《证券公司代销金融产品管理规定(草案)》征求意见稿。

2012年度基金半年报披露完毕。67家基金管理公司旗下1 085只基金上半年盈利合计997.56亿元，成为2010年以来盈利最多的上半年。

8-30

银华基金管理公司发布《关于银华中证等权重90指数分级证券投资基金办理不定期份额折算业务的公告》，国内首只分级基金到点折算正式启动。

国内首批多资产指数——中证银华股债恒定组合指数系列正式发布，该指数由银华基金管理公司冠名定制。

九月份 SEPTEMBER

9-05

上海证监局向辖区内基金管理公司下发《关于基金公司深入开展“积极回报投资者”专项工作的通知》，通知要求切实保护投资者，帮助投资者客观、理性地看待投资回报，引导其树立理性投资的理念。

9-06

华宝兴业基金管理公司与全球资产管理规模最大的商品交易顾问（CTA）基金公司元盛资产管理的子公司建立期货投资技术合作关系。这是国内基金管理公司首次引入海外领先对冲基金公司的CTA投资策略，拓展国内期货资产管理市场。

据上海证券交易所和深圳证券交易所相关数据统计，沪深两市ETF总融资余额首度突破10亿元大关，达到10.68亿元。

9-07

中国证监会召集重阳投资、星石投资、凯石投资以及四家私募股权投资公司和华润信托代表召开内部座谈会，就公募基金投资行为散户化、如何发展机构投资者等议题进行讨论。

9-12

深圳证监局日前召集南方、博时、大成、景顺长城、摩根士丹利华鑫等基金管理公司召开座谈会，就进一步推动基金公司参与上市公司治理的问题进行探讨。

9-14

兴业全球基金管理公司发布公告称，以“缔约过失”起诉江苏熔盛重工有限公司，起诉主体是公司旗下的兴业全球趋势基金。

华夏基金管理公司报批的5只国内首批行业系列ETF发起式基金和鹏华基金管理公司报批的国内首只主投中小企业债发起式基金同时获批。

9-17

由中证指数有限公司主办的“第六届指数与指数化投资”论坛在上海召开。中国证监会基金部副主任胡家夫在会上表示，证监会正着手修订《基金管理公司特定客户资产管理业务试点办法》、《证券投资基金运作管理办法》和《证券投资基金销售管理办法》。

基金评级机构晨星（中国）研究中心日前发布《中国公募基金公司综合量化评估报告（2012年2季度）》，南方基金管理公司共夺4个第一，1个第三，综合得分83.02，在公募基金行业中排名第一位。

9-19

合格境内机构投资者（QDII）出海投资5周年。

9-20

中国证监会宣布新一届领导班子成员调整完成：郭树清担任证监会主席，庄心一、姚刚、刘新华、黎晓宏（纪委书记）、姜洋担任副主席；吴利军、张育军担任主席助理。其中，姚刚分管发行部和创业板部，张育军分管基金部和机构部。

据国家外汇管理局数据显示，截至9月19日，国内获批合格境外机构投资者（QFII）投资额度突破300亿美元，达到308.18亿美元。

9-23

全国人大常委、财经委副主任委员吴晓灵近日表示，《证券投资基金法》已通过全国人大常委会一审，准备提请二审。

9-24

由深圳证监局主办的“前海·财富管理的新机遇”论坛在深圳举行，中国证监会基金部主任王林出席论坛并表示，基金法将在基金业务门槛、基金审核通道、基金销售渠道、基金费率、基金从业人员证券投资等方面做出进一步的调整优化。

9-25

原博时基金管理公司总经理肖风出任民生通惠资管公司董事长和万向信托有限公司董事长。

上海证券交易所赴北美地区组织中国资本市场推介会，中国证监会、国家外汇管理局、部分托管银行、基金管理公司和证券公司相关负责人受邀参加。

9-26

富国基金管理公司子公司——富国资产管理（香港）有限公司注册登记手续办理完毕。至此，国内基金管理公司香港子公司增至15家。

国内首批9家非保险类投资管理机构获准管理保险资金，分别是博时、嘉实、大成、华安、诺安、华泰柏瑞、海富通7家基金管理公司及两家证券公司。

9-27

中国证监会正式颁发《基金管理公司特定客户资产管理业务试点办法》，同时下发《证券投资基金管理公司子公司管理暂行规定（征求意见稿）》。

9-28

国内首只涵盖全市场的债券指数基金——易方达中债新综合债券指数发起式证券投资基金（LOF）正式发售，这也是国内首只债券指数化投资的发起式基金。

原华夏基金管理公司副总经理、华夏大盘精选证券投资基金基金经理王亚伟在深圳前海成立深圳千合资本管理有限公司，正式进军私募基金领域。

十月份 OCTOBER

10-08

国内首只期限为28天的短期理财基金——汇添富理财28天债券基金通过交通银行及各大银行和券商机构正式发售，该产品标志着理财基金细分向纵深发展。

中国证监会披露的基金募集申请核准进度公示表显示，基金公司首次上报交易型货币市场基金：银华和华宝兴业两家基金公司同时上报该创新型货币基金。

国泰基金管理公司发布召开金泰证券投资基金基金份额持有人大会提示性公告，国内首只封闭式基金转型正式启动。

10-09

中国债券信息网发布最新统计数据显示，截至2012年9月底，基金总持债量首次突破2万亿元大关，达到20 078.97亿元，再创历史新高。

招商银行和招商证券发布公告，两家公司分别受让荷兰国际集团持有的招商基金管理公司股权，招商基金管理公司将变成招商系控股100%的基金管理公司。

10-10

南方、国泰和汇添富3家基金公司申报的货币基金网上直销“T+0赎回”业务获证监会批准，成为首批可以实现“T+0赎回”的公募基金产品。这一赎回机制的变革，标志着货币基金具有了银行活期存款一样的便利性，货币基金创新向支付时代迈出了突破性的一步。

国务院发布最新一批取消和调整的行政审批项目，其中涉及基金行业相关项目共计2项，分别为取消基金管理公司副总经理选任或者改任审核，基金代销业务资格核准权下放。

国内首只养老理财基金——天弘安康养老基金正式获得证监会批准，标志着公募基金首度进军养老理财领域。该基金股票投资比例设定为0–30%，首次突破中国证监会对股票30%、债券20%的比例限制。

中国证监会新任主席助理张育军召集管理资产规模排名前20名的基金管理公司高管召开座谈会，就基金法修订、基金公司设立子公司等重点问题进行探讨。

10-11

国内首只直接投资海外债券市场的QDII——华夏海外收益债券型证券投资基金获证监会批准。

全球首只双柜台上市人民币ETF——嘉实MSCI中国A股指数ETF正式发售。该基金由嘉实旗下香港子公司嘉实国际资产管理有限公司推出。

10-15

国内首只明确投资中小企业债券的纯债基金——鹏华中小企业债券基金正式发售。该基金采用发起式募集方式，鹏华基金公司自有资金投资1 000万元，持有期限不少于三年。

10-17

中国证监会基金部向基金公司、基金注册登记机构和基金销售机构下发《关于规范短期理财基金产品赎回业务工作的通知》，对于投资人赎回失败情况进行系统规范。

10-18

中国保监会日前召集各大保险集团、保险资产管理公司负责人，以及受托管理保险资金的券商和基金公司主要负责人举行座谈会，表示保险资产评估市场、选择外部管理人的工作将会在年末正式启动。

10-22

嘉实基金管理公司旗下子公司嘉实财富管理有限公司向中国证监会申报基金销售资格，成为国内首家申请第三方销售牌照的基金公司子公司。

国内首只商业模式基金——兴全商业模式优选股票型证券投资基金获批。

10-23

第十一届全国人大常委会第二十九次会议二审《中华人民共和国证券投资基金法(修订草案)》。

10-24

华夏基金、嘉实基金、中金公司等9家机构受邀参加由中国上市公司协会主办的“倡导独立董事、监事会最佳实践机构投资者座谈会”。中国证监会基金部副主任徐浩在座谈会上指出，基金公司应提升公司治理水平，并积极参与上市公司治理。

10-26

2012年基金三季报披露完毕，在基础市场整体走弱背景下，68家基金公司旗下1 175只基金三季度共计亏损749.74亿元，未能延续此前的赚钱势头。

10-30

中国证监会主席助理张育军赴广州调研，与基金管理公司等机构人士交流，探讨基金公司设立专户子公司事宜。

10-31

中国证监会就《证券投资基金托管资格管理办法》修订为《证券投资基金托管业务管理办法》对外公开征求意见，探讨基金托管资格向在华外资法人银行开放。

十一月份 NOVEMBER

11-01

修订后的《证券投资基金管理公司子公司管理暂行规定》正式实施，打开了基金公司专户子公司的业务大门。

11-07

国投瑞银基金管理公司总经理尚健因个人原因辞职。

中国基金业协会发布《关于基金管理公司副总经理任职备案事项的通知》，将基金公司副总经理任职由审批制改为备案制。

11-08

国内首只场内T+0货币市场基金——汇添富收益快线货币基金获批，这是国内货币基金领域的一次重要创新。该基金由汇添富基金联手上交所和中登公司共同推出。

国内首只信用债指数基金——国联安中债信用债指数增强型发起式证券投资基金获批。

11-12

安信平稳增长混合型发起式证券投资基金获批，这是自2006年以来国内首只股票仓位下限为零的混合型基金。

11-14

国内首只发起式保本基金——财通保本混合型发起式证券投资基金获批。

11-15

汇丰晋信基金管理公司总经理李选进辞职。至此，2012年离职的基金公司总经理人数达到13人，创下基金公司高管离职新高。

11-16

国内首批基金管理公司子公司诞生。工银瑞信、嘉实基金、平安大华分别获得设立基金公司子公司批文，这是基金行业首次获准设立基金公司子公司。

11-19

中国证监会副主席刘新华日前表示，RQFII总额度已达到2 700亿元人民币，未来将继续增加新的RQFII额度。

国内首只媒体指数基金——东方央视50财经指数增强型证券投资基金正式发行。

11-20

中国证监会下发《保险机构销售证券投资基金管理暂行规定(征求意见稿)》及《基金管理公司开展投资、研究活动防控内幕交易指导意见》。

“2012新浪金麒麟论坛”在北京召开，中国证监会基金部副主任徐浩在会上表示，将进一步加强对基金业的监管，放松管制。

11-21

“2012基金管理公司突围发展圆桌会”在北京香山召开，中国证监会基金部副主任汤晓东、中国基金业协会会长孙杰、华夏基金党委书记范勇宏、银华基金王立新、广发基金林传辉等基金公司高管以及托管银行、代销银行基金业务负责人约60人出席会议，就目前影响基金行业发展的重点问题进行了讨论。会议由《中国证券投资基金年鉴》主办，通力律师事务所协办。

11-22

2012年证券投资基金销售人员从业考试网上报名工作正式开始，暂停两年的证券投资基金销售从业人员考试重启。

11-23

中国证监会在其官网上发布《证券投资基金销售业务资格申请材料的内容与格式》。

11-26

广发基金管理公司发布公告称，为网上直销钱袋子客户提供还款服务。这是国内首次实现货币基金支持车贷、房贷还款及银行信用卡还款。

国内首只纯债分级发起式基金——中海惠裕纯债分级债券型发起式证券投资基金获批。

11-27

上证综指收盘价跌破2000点，创业板、中小板为首的小盘股集体暴跌。这是自2009年以来首次跌破2000点。

中国证监会相关部门负责人表示，严禁基金利用佣金支付损害投资人利益。

11-28

中国证监会国际合作部主任童道驰表示，将进一步放宽合格境外机构投资者和人民币合格境外机构投资者额度。

11-29

国泰基金管理公司上报国内首只国债ETF——上证5年期国债交易型开放式指数基金及其联接基金。

博时基金管理公司上报国内首只企业债ETF——上证企债30交易型开放式指数基金及其联接基金。

十二月份 DECEMBER

12-01

第三届“中美基金经理论坛暨香山财富论坛”在广州召开，50多位来自中国和美国的知名基金经理共同研讨中美经济与资本市场走向，探索中国财富管理业的未来。广东省副省长陈云贤，中投公司副总经理、首席投资官李克平出席论坛并发表主题演讲。

12-02

第十一届中国证券投资基金国际论坛在深圳举行。本次论坛主题为“建设现代财富管理行业”。会议由中国证券投资基金业协会、深圳市人民政府、中国资本市场学院、资本市场研究会联合主办。

12-05

国内首只主投美股的跨时区ETF——国泰纳斯达克100交易型开放式指数基金正式上报证监会。

12-07

国内首只直接投资海外债券市场的QDII——华夏海外收益债券基金募集成立，募集份额19.77亿元，远高于同期成立的其他类型QDII产品。

12-08

中国证监会主席郭树清在第三届“上证法治论坛”上表示，应推动制定或修订公司法、证券法、基金法等法律法规。

12-12

国内首只B类杠杆份额每年定期开放的分级债基——信诚添金分级债券型证券投资基金募集成立，该基金也是首只B类份额不上市交易、首度引入利差概念的分级债基。

12-13

中国证监会下发《关于深化基金审核制度改革有关问题的通知》及其配套措施，全面改革基金产品审核制度。

国内首批黄金ETF——华安易富黄金交易型开放式基金及其联接基金和国泰黄金交易型开放式基金及其联接基金正式上报证监会。

12-14

国内首只上市交易型货币基金——华宝兴业现金添益交易型货币市场基金获批。

12-24

全国人大常委会三审《证券投资基金法》修订草案。

12-25

中国证监会宣布，扩大商业银行设立基金管理公司试点范围已获国务院批准。

12-26

国内首只按年度结转收益的交易型货币基金——银华交易型货币市场基金获批。

国内首只以中证500指数为跟踪标的交易型开放式指数基金——南方中证500交易型开放式指数证券投资基金获批。

国内首只“轮动增强”债券型基金——上投摩根轮动添利债券型证券投资基金正式发行。

中国证券投资基金业协会下发《基金管理公司代表基金对外行使投票表决权工作指引》及起草说明。

12-27

中国证监会下发《证券投资基金销售机构通过第三方电子商务平台开展证券投资基金销售业务指引（试行）（征求意见稿）》。

中国证监会基金部下发《关于实施基金产品网上申报与审核的通知》。

12-28

全国人大常委会第三十次会议表决通过修订后的《证券投资基金法》，风险投资、私募股权投资未纳入《基金法》。

12-30

中国证监会发布《资产管理机构开展公募证券投资基金管理业务暂行规定（征求意见稿）》，明确允许证券公司、保险资产管理公司、私募证券基金管理机构等三类机构直接开展公募基金管理业务。

12-31

中国基金业协会颁发《中国证券投资基金业协会资产管理类特别会员入会工作指引》，同时公布加入协会的25家资产管理类机构名单。

华夏基金管理公司发布“关于设立华夏资本管理公司”的公告。至此，自2012年11月1日起《证券投资基金管理公司子公司管理暂行规定》施行以来，国内已有12家基金管理公司分别设立了子公司。

附录三　基金行政许可摘要（2012）

基金法律文件颁布

颁发日期	通过机构	颁布法律
2012.12.28	第十一届全国人民代表大会常务委员会第三十次会议修订	中华人民共和国证券投资基金法(修订版)

基金法规文件颁发

颁发日期	批准文号	颁发文件
2012.03.16	证监会公告[2012]5号	证券投资基金信息披露XBRL模板第2号《净值公告》
2012.06.12	证监会公告[2012]15号	关于基金从业人员投资证券投资基金有关事项的规定
2012.06.19	证监会令[第79号]	关于修改《证券投资基金运作管理办法》第六条及第十二条的决定
2012.07.27	证监会公告[2012]17号	实施《合格境外机构投资者境内证券投资管理办法》有关问题的规定
2012.09.20	证监会令[第84号]	证券投资基金管理公司管理办法
2012.09.26	证监会公告[2012]23号	关于实施《基金管理公司特定客户资产管理业务试点办法》有关问题的规定
2012.09.26	证监会公告[2012]24号	基金管理公司单一客户资产管理合同内容与格式准则(2012年修订)
2012.09.26	证监会公告[2012]25号	基金管理公司特定多个客户资产管理合同
2012.09.20	证监会公告[2012]26号	实施《证券投资基金管理公司管理办法》有关问题的规定
2012.09.26	证监会令[第83号]	基金管理公司特定客户资产管理业务试点办法
2012.10.29	证监会公告[2012]32号	证券投资基金管理公司子公司管理暂行规定
2012.11.15	证监会公告[2012]38号	实施《基金管理公司开展投资、研究活动防控内幕交易指导意见》

基金管理公司设立获批

获批日期	批准文号	获批基金管理公司	注册资本	注册地	公司性质
2012.02.27	证监许可[2012]249号	德邦基金管理有限公司	1.2亿元	上海	中资
2012.03.21	证监许可[2012]370号	华宸未来基金管理有限公司	2亿元	上海	中外合资
2012.05.10	证监许可[2012]643号	红塔红土基金管理有限公司	2亿元	深圳	中资
2012.06.05	证监许可[2012]759号	英大基金管理有限公司	1.2亿元	北京	中资

（续上表）

获批日期	批准文号	获批基金管理公司	注册资本	注册地	公司性质
2012.12.20	证监许可[2012]1717号	江信基金管理有限公司	1亿元	北京	中资
	证监许可[2012]1719号	中原英石基金管理有限公司	2亿元	上海	中外合资
2012.12.26	证监许可[2012]1746号	华润元大基金管理有限公司	2亿元	深圳	内地台合资
2012.12.27	证监许可[2012]1751号	前海开源基金管理有限公司	1.2亿元	深圳	中资

基金管理公司子公司获批

获批日期	批准文号	获批基金公司子公司	注册资本	注册地	股本性质
2012.11.14	证监许可[2012]1492号	工银瑞信投资管理有限公司	5 000万元	上海	全资
	证监许可[2012]1493号	嘉实资本管理有限公司	10 000万元	北京	全资
	证监许可[2012]1494号	深圳平安大华汇通财富管理有限公司	2 000万元	深圳	全资
2012.12.11	证监许可[2012]1648号	北京方正富邦创融资产管理有限公司	2 000万元	北京	全资
	证监许可[2012]1669号	长安财富资产管理有限公司	5 000万元	上海	全资
	证监许可[2012]1671号	华夏资本管理有限公司	5 000万元	深圳	控股
2012.12.19	证监许可[2012]1709号	北京天地方中资产管理有限公司(天弘基金)	2 000万元	北京	全资
2012.12.20	证监许可[2012]1718号	鹏华资产管理(深圳)有限公司	3 000万元	深圳	全资
2012.12.28	证监许可[2012]1758号	富安达资产管理(上海)有限公司	2 000万元	上海	全资
	证监许可[2012]1759号	深圳市红晟资产管理有限公司(红塔红土基金)	2 000万元	深圳	全资
	证监许可[2012]1760号	上海兴全睿众资产管理有限公司(兴业全球基金)	2 000万元	上海	全资
	证监许可[2012]1761号	北京千石创富资本管理有限公司(国金通用基金)	2 000万元	北京	全资

基金管理公司香港子公司获批

获批日期	批准文号	获批基金公司香港子公司	注册资本	注册地	股本性质
2012.03.15	证监许可[2012]348号	银华基金管理公司(香港)有限公司	3 000万元港元	香港	全资
2012.05.17	证监许可[2012]668号	富国资产管理(香港)有限公司	6 000万元港币	香港	全资
2012.12.19	证监许可[2012]1710号	融通国际资产管理(香港)有限公司	3 734万元港元	香港	全资
2012.12.20	证监许可[2012]1716号	招商资产管理(香港)有限公司	5 000万元港元	香港	全资
	证监许可[2012]1720号	长盛基金(香港)有限公司	3 000万元港元	香港	全资

基金托管资格获批

获批日期	批准文号	获批商业银行
2012.10.30	证监许可[2012]1432号	宁波银行股份有限公司

基金销售资格获批

获批日期	批准文号	获批机构
2012.02.20	证监许可[2012]203号	诺亚正行(上海)投资顾问有限公司
2012.02.27	证监许可[2012]206号	上海东方财富投资顾问有限公司
	证监许可[2012]207号	上海好买财富管理有限公司
	证监许可[2012]208号	深圳众禄投资顾问有限公司
2012.04.05	证监许可[2012]446号	浙江同花顺经济信息咨询有限公司
	证监许可[2012]471号	上海长量信息科技发展有限公司
2012.04.06	证监许可[2012]481号	杭州数米网科技有限公司
2012.05.02	证监许可[2012]599号	江苏金百临投资咨询有限公司
2012.05.08	证监许可[2012]633号	北京金昌投资咨询有限公司
2012.06.14	证监许可[2012]817号	北京展恒投资管理有限公司
	证监许可[2012]824号	和讯信息科技有限公司
2012.08.13	证监许可[2012]1101号	上海基德金融信息技术服务有限公司
2012.09.04	证监许可[2012]1196号	深圳市新兰德证券投资咨询有限公司
2012.10.16	证监许可[2012]1365号	天津凤凰财富资产管理有限公司
2012.11.20	证监许可[2012]1551号	北京中期世纪时代科技有限公司
2012.11.30	证监许可[2012]1620号	太平洋证券股份有限公司
2012.12.27	证监许可[2012]1752号	开源证券有限责任公司
	证监许可[2012]1754号	北京创金启富投资管理有限公司
	证监许可[2012]1755号	嘉实财富管理有限公司
2012.12.31	证监许可[2012]1756号	杭州金观诚投资管理有限公司
2012.04.22	证监许可[2012]536号	郑州银行股份有限公司
2012.05.02	证监许可[2012]600号	厦门银行股份有限公司
2012.07.02	证监许可[2012]888号	广州农村商业银行股份有限公司
2012.09.04	证监许可[2012]1197号	成都农村商业银行股份有限公司
2012.10.10	证监许可[2012]1342号	吉林银行股份有限公司
2012.12.05	证监许可[2012]1631号	苏州银行股份有限公司
2012.12.27	证监许可[2012]1753号	珠海华润银行股份有限公司

基金管理公司股权变更获批

获批日期	批准文号	获批基金管理公司	公司股权变更情况
2012.01.18	证监许可[2012]86号	银华基金管理有限公司	公司原股东山西海鑫实业股份有限公司将其持有的20%股权转让给西南证券股份有限公司。股权变更后公司股权结构为：西南证券股份有限公司出资98 000 000元，持股49%；第一创业证券有限责任公司出资58 000 000元，持股29%；东北证券股份有限公司出资42 000 000元，持股21%；山西海鑫实业股份有限公司出资2 000 000元，持股1%。
2012.02.23	证监许可[2012]236号	诺安基金管理有限公司	公司原股东北京中关村科学城建设股份有限公司将其持有的20%股权转让给大恒新纪元科技股份有限公司。股权变更后公司股权结构为：中国对外经济贸易信托有限公司出资6 000万元，持股40%；深圳市捷隆投资有限公司出资6 000万元，持股40%；大恒新纪元科技股份有限公司出资3 000万元，持股20%。
2012.03.02	证监许可[2012]276号	金元比联基金管理有限公司①	公司原外方股东比利时联合资产管理有限公司将其持有公司49%的股权转让给惠理基金管理香港有限公司。
2012.03.06	证监许可[2012]293号	中邮创业基金管理有限公司	公司原股东北京长安投资集团有限公司将其持有的2 400万元出资全部转让给三井住友银行股份有限公司。股权变更后，公司股权结构为：首创证券有限责任公司出资4 700万元，持股47%；中国邮政集团公司出资2 900万元，持股29%；三井住友银行股份有限公司出资2 400万元，持股24%。

①已更名为金元惠理基金管理有限公司

基金管理公司注册资本变更获批

获批日期	批准文号	获批基金管理公司	公司注册资本变更情况
2012.01.20	证监许可[2012]98号	财通基金管理有限公司	公司注册资本由1亿元增至2亿元。变更注册资本后，公司股权结构为：财通证券有限责任公司出资8 000万元，持股40%；杭州市工业资产经营投资集团有限公司出资6 000万元，持股30%；浙江升华拜克生物股份有限公司出资6 000万元，持股30%。

（续上表）

获批日期	批准文号	获批基金管理公司	公司注册资本变更情况
2012.02.17	证监许可[2012]196号	天弘基金管理有限公司	公司注册资本由2亿元增至2.4亿元。变更注册资本后，公司股权结构为：上海浦东发展银行股份有限公司出资12 240万元，持股51%；法国安盛投资管理公司出资9 360万元，持股39%；上海盛融投资有限公司出资2 400万元，持股10%。
2012.02.23	证监许可[2012]235号	摩根士丹利华鑫基金管理有限公司	公司注册资本由1亿元增至2.275亿元。变更注册资本后，公司股权结构为：华鑫证券有限责任公司出资9 000万元，持股39.56%；摩根士丹利国际控股公司出资8 500万元，持股37.363%；深圳市招融投资控股有限公司出资1 500万元，持股6.593%；汉唐证券有限责任公司出资1 500万元，持股6.593%；深圳市中技实业（集团）有限公司出资1 250万元，持股
2012.03.12	证监许可[2012]325号	天治基金管理有限公司	公司注册资本由1.3亿元增至1.6亿元。变更注册资本后，公司股权结构为：吉林省信托有限责任公司出资7 800万元，持股48.75%；中国吉林森林工业集团有限责任公司出资6 200万元，持股38.75%；吉林市国有资产经营有限责任公司出资2 000万元，持股12.50%。
2012.04.17	证监许可[2012]514号	浦银安盛基金管理有限公司	公司注册资本由2亿元增至2.4亿元。变更注册资本后，公司股权结构为：上海浦东发展银行股份有限公司出资12 240万元，持股51%；法国安盛投资管理公司出资9 360万元，持股39%；上海盛融投资有限公司出资2 400万元，持股10%。
2012.06.18	证监许可[2012]837号	浙商基金管理有限公司	公司注册资本由1亿元增至3亿元。变更注册资本后，公司股权结构为：浙商证券有限责任公司出资7 500万元，持股25%；浙江浙大网新集团有限公司出资7 500万元，持股25%；通联资本管理有限公司出资7 500万元，持股25%；养生堂有限公司出资7 500万元，持股25%。
2012.08.31	证监许可[2012]1171号	国金通用基金管理有限公司	公司注册资本由1.6亿元增至2.8亿元。变更注册资本后，公司股权结构为：国金证券股份有限公司出资13 720万元，持股49%；苏州工业园区地产经营管理公司出资5 460万元，持股19.5%；广东宝丽华新能源股份有限公司出资5 460万元，持股19.5%；中国通用技术（集团）控股有限责任公司出资3 360万元，持股12%。

（续上表）

获批日期	批准文号	获批基金管理公司	公司注册资本变更情况
2012.09.27	证监许可[2012]1297号	金元惠理基金管理有限公司	公司注册资本由1.5亿元增至2.45亿元。变更注册资本后，公司股权结构为：金元证券股份有限公司出资12 495万元，持股51%；惠理基金管理香港有限公司出资12 005万元，持股49%。
2012.10.25	证监许可[2012]1391号	长安基金管理有限公司	公司注册资本由1亿元增至2亿元。变更注册资本后，公司股权结构为：长安国际信托股份有限公司出资8 000万元，持股40%；上海美特斯邦威服饰股份有限公司出资6 600万元，持股33%；上海磐石投资有限公司出资3 600万元，持股18%；兵器装备集团财务有限责任公司出资1 800万元，持股9%。
2012.10.31	证监许可[2012]1427号	博时基金管理有限公司	公司注册资本由1亿元增至2.5亿元。变更注册资本后，公司股权结构为：招商证券股份有限公司出资12 250万元，持股49%；中国长城资产管理公司出资6 250万元，持股25%；天津港（集团）有限公司出资1 500万元，持股6%；璟安股权投资有限公司出资1 500万元，持股6%；上海盛业股权投资有限公司出资1 500万元，持股6%；丰益实业发展有限公司出资1 500万元，持股6%；广厦建设集团有限责任公司出资500万元，持股2%。

基金管理公司高管任命获批

获批日期	批准文号	获批基金管理公司	任命高管
2012.01.06	证监许可[2012]14号	民生加银基金管理有限公司	朱晓光任公司副总经理 张力任公司督察长
	证监许可[2012]15号	金元比联基金管理有限公司①	潘江任公司投资总监
2012.01.13	证监许可[2012]56号	中银基金管理有限公司	宁敏任公司副总经理
2012.01.18	证监许可[2012]87号	农银汇理基金管理有限公司	翟爱东任公司督察长
2012.01.19	证监许可[2012]94号	华安基金管理有限公司	尚志民任公司副总经理
2012.02.02	证监许可[2012]148号	民生加银基金管理有限公司	俞岱曦任公司总经理
2012.02.09	证监许可[2012]171号	方正富邦基金管理有限公司	赖宏仁任公司督察长
	证监许可[2012]264号	国联安基金管理有限公司	邵杰军任公司总经理
	证监许可[2012]265号	金元比联基金管理有限公司②	符刃任公司运营总监 凌有法任公司督察长

①已变更为金元惠理基金管理有限公司。
②已变更为金元惠理基金管理有限公司。

（续上表）

获批日期	批准文号	获批基金管理公司	任命高管
2012.02.29	证监许可[2012]266号	易方达基金管理有限公司	肖坚、陈志民任公司副总经理
	证监许可[2012]267号	兴业全球基金管理有限公司	王晓明任公司副总经理
2012.03.07	证监许可[2012]297号	汇添富基金管理有限公司	雷继明任公司副总经理
2012.03.15	证监许可[2012]342号	民生加银基金管理有限公司	吴剑飞任公司副总经理
2012.03.21	证监许可[2012]369号	国联安基金管理有限公司	周浩任公司督察长
2012.04.16	证监许可[2012]512号	万家基金管理有限公司	李振伟任公司督察长
2012.04.18	证监许可[2012]520号	景顺长城基金管理有限公司	邓体顺任公司副总经理
	证监许可[2012]521号	华夏基金管理有限公司	林浩任公司副总经理
2012.04.20	证监许可[2012]537号	天弘基金管理有限公司	童建林任公司督察长
2012.04.28	证监许可[2012]585号	浦银安盛基金管理有限公司	李宏宇任公司副总经理
	证监许可[2012]586号	招商基金管理有限公司	欧志明任公司督察长
2012.05.16	证监许可[2012]656号	摩根士丹利华鑫基金管理有限公司	沈良任公司副总经理
2012.05.28	证监许可[2012]709号	中欧基金管理有限公司	周蔚文任公司副总经理
2012.06.04	证监许可[2012]757号	汇添富基金管理有限公司	潘鑫军任公司董事长
2012.06.12	证监许可[2012]799号	中海基金管理有限公司	俞忠华任公司副总经理
2012.07.02	证监许可[2012]877号	华夏基金管理有限公司	滕天鸣任公司总经理
	证监许可[2012]881号	长城基金管理有限公司	彭洪波、桑煜任公司副总经理
2012.07.03	证监许可[2012]893号	国金通用基金管理有限公司	尹庆军任公司总经理 李修辞任公司督察长
2012.07.04	证监许可[2012]901号	易方达基金管理有限公司	陈彤任公司副总经理
2012.07.12	证监许可[2012]930号	银华基金管理有限公司	王珠林任公司董事长
2012.07.23	证监许可[2012]958号	浦银安盛基金管理有限公司	郁蓓华任公司总经理
	证监许可[2012]959号	德邦基金管理有限公司	白仲光任公司副总经理
2012.08.06	证监许可[2012]1037号	中银基金管理有限公司	李道滨任公司总经理
2012.08.07	证监许可[2012]1063号	东方基金管理有限责任公司	李景岩任公司督察长
2012.08.09	证监许可[2012]1095号	方正富邦基金管理有限公司	杨广明任公司副总经理
	证监许可[2012]1096号	农银汇理基金管理有限公司	刁钦义任公司董事长
2012.08.16	证监许可[2012]1114号	英大基金管理有限公司	陈书堂任公司董事长
	证监许可[2012]1115号	国泰基金管理有限公司	林海中任公司督察长
2012.09.13	证监许可[2012]1218号	东吴基金管理有限公司	任少华任公司总经理
2012.09.18	证监许可[2012]1229号	方正富邦基金管理有限公司	邹牧任公司总经理
	证监许可[2012]1230号	华安基金管理有限公司	章国富、秦军任公司副总经理 薛珍任公司督察长
	证监许可[2012]1231号	中欧基金管理有限公司	朱彦任公司副总经理 黄桦任公司督察长
	证监许可[2012]1232号	东方基金管理有限责任公司	孙晔伟任公司总经理
2012.10.12	证监许可[2012]1361号	富国基金管理有限公司	范伟隽任公司督察长

（续上表）

获批日期	批准文号	获批基金管理公司	任命高管
2012.10.17	证监许可[2012]1372号	长安基金管理有限公司	黄陈任公司总经理
2012.11.06	证监许可[2012]1461号	红塔红土基金管理有限公司	王园任公司督察长
2012.11.09	证监许可[2012]1482号	汇丰晋信基金管理有限公司	王栋任公司总经理
2012.11.20	证监许可[2012]1550号	南方基金管理有限公司	杨小松任公司督察长
2012.11.28	证监许可[2012]1597号	万家基金管理有限公司	吕宜振任公司总经理
2012.12.26	证监许可[2012]1745号	泰信基金管理有限公司	葛航任公司总经理

基金托管银行高管任命获批

获批日期	批准文号	获批基金托管银行	任命高管
2012.01.12	证监许可[2012]45号	兴业银行股份有限公司	吴若曼任基金托管部门总经理
2012.04.12	证监许可[2012]503号	华夏银行股份有限公司	毛剑鸣任基金托管部门总经理
2012.04.16	证监许可[2012]511号	民生银行股份有限公司	刘闵棠任基金托管部门总经理
2012.04.23	证监许可[2012]540号	交通银行股份有限公司	刘树军任基金托管部门副总经理
2012.07.23	证监许可[2012]960号	上海银行股份有限公司	张梅任基金托管部门总经理
	证监许可[2012]961号	中国建设银行股份有限公司	杨新丰任基金托管部门总经理
2012.08.06	证监许可[2012]1036号	中国建设银行股份有限公司	郑绍平、尹东任基金托管部门副总经理
2012.08.16	证监许可[2012]1113号	平安银行股份有限公司	叶萍任基金托管部门总经理
2012.09.25	证监许可[2012]1281号	招商银行股份有限公司	吴晓辉任资产托管部总经理
	证监许可[2012]1285号	上海浦东发展银行股份有限公司	李桦任基金托管部门总经理 张险峰任基金托管部门副总经理
	证监许可[2012]1286号	北京银行股份有限公司	刘晔任基金托管部门副总经理
2012.10.31	证监许可[2012]1433号	宁波银行股份有限公司	陈晨任基金托管部门副总经理

合格境外机构投资者托管资格获批

获批时间	批准文号	获批托管机构
2012.05.04	证监许可[2012]634号	三菱东京日联银行（中国）有限公司
2012.11.06	证监许可[2012]1471号	兴业银行股份有限公司

合格境外机构投资者资格获批

获批日期	批准文号	获批境外机构
2012.01.04	证监许可[2012]1号	新韩法国巴黎资产运用株式会社
	证监许可[2012]2号	家庭医生退休基金
	证监许可[2012]3号	国民年金(韩国)
2012.01.30	证监许可[2012]131号	三商美邦人寿保险股份有限公司
2012.01.31	证监许可[2012]142号	保德信证券投资信托股份有限公司
	证监许可[2012]143号	信安环球投资有限公司
	证监许可[2012]143号	医院管理局公积金计划
2012.02.03	证监许可[2012]162号	全球人寿保险股份有限公司
	证监许可[2012]163号	大众信托基金有限公司
2012.02.24	证监许可[2012]237号	明治安田资产管理有限公司
2012.02.27	证监许可[2012]245号	国泰人寿保险股份有限公司
	证监许可[2012]246号	三井住友银行株式会社
2012.03.01	证监许可[2012]269号	富邦人寿保险股份有限公司
2012.03.05	证监许可[2012]286号	美国友邦保险有限公司
	证监许可[2012]287号	纽伯格伯曼欧洲有限公司
2012.03.07	证监许可[2012]296号	马来西亚国库控股公司
2012.03.09	证监许可[2012]319号	资本研究与管理公司
2012.03.14	证监许可[2012]341号	日本东京海上资产管理株式会社
2012.03.29	证监许可[2012]417号	韩亚大投证券株式会社
2012.03.30	证监许可[2012]419号	兴元资产管理有限公司
	证监许可[2012]420号	冈三资产管理股份有限公司
	证监许可[2012]421号	摩根资产管理(英国)有限公司
	证监许可[2012]422号	伦敦市投资管理有限公司
2012.04.18	证监许可[2012]519号	预知投资管理公司
2012.04.20	证监许可[2012]533号	东部资产运用株式会社
	证监许可[2012]534号	骏利资产管理有限公司
2012.04.26	证监许可[2012]571号	瑞稻穗投信投资顾问有限公司
2012.04.28	证监许可[2012]588号	瀚森全球投资有限公司
2012.05.02	证监许可[2012]598号	欧利盛资产管理有限公司
2012.05.03	证监许可[2012]616号	中银国际英国保诚资产管理有限公司
2012.05.04	证监许可[2012]617号	富敦资金管理有限公司
2012.05.07	证监许可[2012]628号	利安资金管理公司
2012.05.23	证监许可[2012]691号	忠利基金管理有限公司
2012.05.24	证监许可[2012]697号	威廉一博莱公司
2012.05.28	证监许可[2012]728号	天达资产管理有限公司

（续上表）

获批日期	批准文号	获批境外机构
2012.06.04	证监许可[2012]751号	三菱日联资产管理公司
	证监许可[2012]752号	安智投资管理亚太（香港）有限公司
2012.07.12	证监许可[2012]939号	中银集团人寿保险有限公司
2012.08.06	证监许可[2012]1032号	德克萨斯大学体系董事会
	证监许可[2012]1033号	南山人寿保险股份有限公司
	证监许可[2012]1034号	霍尔资本有限公司
2012.08.07	证监许可[2012]1074号	工银瑞信资产管理（国际）有限公司（人民币）
	证监许可[2012]1075号	广发国际资产管理有限公司（人民币）
2012.08.10	证监许可[2012]1100号	Suva瑞士国家工伤保险机构
2012.08.21	证监许可[2012]1147号	惠理基金管理香港有限公司
2012.08.28	证监许可[2012]1163号	安大略退休金管理委员会
2012.08.31	证监许可[2012]1177号	教会养老基金
2012.09.03	证监许可[2012]1194号	麦格里银行有限公司
2012.09.20	证监许可[2012]1243号	瑞典第二国家养老基金
	证监许可[2012]1244号	海通资产管理（香港）有限公司
	证监许可[2012]1293号	IDG资本管理（香港）有限公司
2012.09.25	证监许可[2012]1289号	卡塔尔控股有限责任公司
	证监许可[2012]1290号	杜克大学
2012.09.26	证监许可[2012]1291号	瑞士盈丰银行股份有限公司
2012.10.26	证监许可[2012]1402号	贝莱德资产管理北亚有限公司
	证监许可[2012]1403号	海拓投资管理公司
	证监许可[2012]1404号	上投摩根资产管理（香港）有限公司
	证监许可[2012]1405号	新思路投资有限公司
	证监许可[2012]1406号	奥博医疗顾问有限公司
2012.11.05	证监许可[2012]1403号	全球保险集团美国投资管理有限公司
	证监许可[2012]1458号	摩根证券投资信托股份有限公司
2012.11.07	证监许可[2012]1468号	鼎晖投资咨询新加坡有限公司
2012.11.12	证监许可[2012]1488号	瑞典北欧斯安银行有限公司
	证监许可[2012]1489号	嘉实国际资产管理有限公司
2012.11.19	证监许可[2012]1567号	大和住银投信投资顾问株式会社
2012.11.21	证监许可[2012]1555号	灰石投资管理有限公司
	证监许可[2012]1556号	统一证券投资信托股份有限公司
2012.11.27	证监许可[2012]1592号	毕盛资产管理有限公司
2012.12.11	证监许可[2012]1644号	易方达资产管理（香港）有限公司
	证监许可[2012]1645号	高瓴资本管理有限公司

（续上表）

获批日期	批准文号	获批境外机构
2012.12.11	证监许可[2012]1646号	中信证券国际投资管理（香港）有限公司
2012.12.11	证监许可[2012]1647号	太平洋投资策略有限公司
2012.12.13	证监许可[2012]1679号	永丰证券投资信托股份有限公司
2012.12.17	证监许可[2012]1692号	国投瑞银资产管理（香港）有限公司
	证监许可[2012]1693号	富国资产管理（香港）有限公司
2012.12.25	证监许可[2012]1732号	华夏基金（香港）有限公司

证券投资基金募集获批

序号	获批日期	批准文号	获批证券投资基金	管理人	托管人
1	2012.01.04	证监许可[2012]5号	金鹰核心资源股票型证券投资基金	金鹰	工商银行
2	2012.01.04	证监许可[2012]6号	长信可转债债券型证券投资基金	长信	平安银行
3	2012.01.05	证监许可[2012]13号	中创400交易型开放式指数证券投资基金及其联接基金	嘉实	工商银行
4	2012.01.12	证监许可[2012]44号	南方金利定期开放债券型证券投资基金	南方	工商银行
5	2012.01.18	证监许可[2012]85号	富国高新技术产业股票型证券投资基金	富国	工商银行
6	2012.01.18	证监许可[2012]88号	信诚双盈分级债券型证券投资基金	信诚	中国银行
7	2012.01.18	证监许可[2012]91号	浙商沪深300指数分级证券投资基金	浙商	华夏银行
8	2012.01.21	证监许可[2012]101号	国联安双佳信用分级债券型证券投资基金	国联安	光大银行
9	2012.01.21	证监许可[2012]102号	农银汇理消费主题股票型证券投资基金	农银汇理	邮储银行
10	2012.01.21	证监许可[2012]103号	上证180等权重交易型开放式指数证券投资基金及其联接基金	景顺长城	中国银行
11	2012.01.21	证监许可[2012]111号	金鹰持久回报分级债券型证券投资基金	金鹰	邮储银行
12	2012.01.30	证监许可[2012]129号	中欧信用增利分级债券型证券投资基金	中欧	邮储银行
13	2012.01.30	证监许可[2012]130号	长安沪深300非周期行业指数证券投资基金	长安	广发银行
14	2012.02.02	证监许可[2012]149号	银河通利分级债券型证券投资基金	银河	北京银行
15	2012.02.03	证监许可[2012]161号	汇丰晋信制造先锋股票型证券投资基金	汇丰晋信	建设银行
16	2012.02.09	证监许可[2012]172号	信达澳银消费优选股票型证券投资基金	信达澳银	建设银行
17	2012.02.09	证监许可[2012]173号	诺安汇鑫保本混合型证券投资基金	诺安	中国银行
18	2012.02.16	证监许可[2012]192号	招商产业债券型证券投资基金	招商	中信银行
19	2012.02.16	证监许可[2011]193号	富安达策略精选灵活配置混合型证券投资基金	富安达	交通银行
20	2012.02.16	证监许可[2012]194号	长盛电子信息产业股票型证券投资基金	长盛	中国银行
21	2012.02.16	证监许可[2012]195号	民生加银信用双利债券型证券投资基金	民生加银	中国银行
22	2012.02.16	证监许可[2012]197号	申万菱信中小板指数分级证券投资基金	申万菱信	农业银行
23	2012.02.20	证监许可[2012]204号	工银瑞信基本面量化策略股票型证券投资基金	工银瑞信	中国银行

（续上表）

序号	获批日期	批准文号	获批证券投资基金	管理人	托管人
24	2012.02.27	证监许可[2012]243号	长城保本混合型证券投资基金	长城	建设银行
25	2012.02.27	证监许可[2012]244号	华商中证500指数分级证券投资基金	华商	工商银行
26	2012.02.27	证监许可[2012]247号	金鹰中证500指数分级证券投资基金	金鹰	交通银行
27	2012.02.27	证监许可[2012]248号	平安大华策略先锋混合型证券投资基金	平安大华	中国银行
28	2012.02.27	证监许可[2012]252号	泰信中证锐联基本面400指数分级证券投资基金	泰信	工商银行
29	2012.03.01	证监许可[2012]270号	华宝兴业中证短融50指数债券型证券投资基金	华宝兴业	中国银行
30	2012.03.02	证监许可[2012]274号	交银施罗德阿尔法核心股票型证券投资基金	交银施罗德	建设银行
31	2012.03.02	证监许可[2012]275号	银华中小盘精选股票型证券投资基金	银华	工商银行
32	2012.03.05	证监许可[2012]278号	华安沪深300指数分级证券投资基金	华安	建设银行
33	2012.03.05	证监许可[2012]283号	招商中证大宗商品股票指数分级证券投资基金	招商	工商银行
34	2012.03.05	证监许可[2012]284号	博时标普500指数型证券投资基金	博时	工商银行
35	2012.03.07	证监许可[2012]295号	广发消费品精选股票型证券投资基金	广发	农业银行
36	2012.03.08	证监许可[2012]302号	农银汇理深证100指数增强型证券投资基金	农银汇理	光大银行
37	2012.03.08	证监许可[2012]303号	易方达纯债债券型证券投资基金	易方达	招商银行
38	2012.03.09	证监许可[2012]320号	嘉实全球房地产证券投资基金	嘉实	农业银行
39	2012.03.12	证监许可[2012]322号	建信全球资源股票型证券投资基金	建信	中国银行
40	2012.03.12	证监许可[2012]323号	易方达永旭添利定期开放债券型证券投资基金	易方达	工商银行
41	2012.03.12	证监许可[2012]324号	万家中证创业成长指数分级证券投资基金	万家	工商银行
42	2012.03.16	证监许可[2012]358号	鹏华中证A股资源产业指数分级证券投资基金	鹏华	工商银行
43	2012.03.16	证监许可[2012]359号	纽银事件驱动股票型证券投资基金	纽银梅隆西部	建设银行
44	2012.03.23	证监许可[2012]392号	华泰柏瑞沪深300交易型开放式指数证券投资基金及联接基金	华泰柏瑞	工商银行
45	2012.03.23	证监许可[2012]393号	嘉实沪深300交易型开放式指数证券投资基金	嘉实	中国银行
46	2012.03.23	证监许可[2012]401号	国投瑞银中证海外中国品牌80指数证券投资基金(LOF)	国投瑞银	工商银行
47	2012.03.23	证监许可[2012]402号	长信量化中小盘股票型证券投资基金	长信	交通银行
48	2012.03.31	证监许可[2012]426号	富兰克林国海中证100指数增强型分级证券投资基金	国海富兰克林	中国银行
49	2012.03.31	证监许可[2012]427号	财通多策略稳健增长债券型证券投资基金	财通	工商银行
50	2012.03.31	证监许可[2012]428号	汇添富多元收益债券型证券投资基金	汇添富	中国银行
51	2012.04.05	证监许可[2012]440号	国投瑞银瑞泽中证创业成长指数分级证券投资基金	国投瑞银	工商银行
52	2012.04.05	证监许可[2012]441号	上投摩根分红添利债券型证券投资基金	上投摩根	中国银行
53	2012.04.05	证监许可[2012]442号	安信策略精选灵活配置混合型证券投资基金	安信	建设银行
54	2012.04.09	证监许可[2012]482号	鹏华金刚保本混合型证券投资基金	鹏华	农业银行
55	2012.04.09	证监许可[2012]483号	纽银稳健双利债券型证券投资基金	纽银梅隆西部	建设银行
56	2012.04.09	证监许可[2012]484号	建信社会责任股票型证券投资基金	建信	农业银行

（续上表）

序号	获批日期	批准文号	获批证券投资基金	管理人	托管人
57	2012.04.09	证监许可[2012]485号	国泰信用债券型证券投资基金	国泰	工商银行
58	2012.04.12	证监许可[2012]504号	建信转债增强债券型证券投资基金	建信	民生银行
59	2012.04.12	证监许可[2012]505号	金元惠理新经济主题股票型证券投资基金	金元惠理	农业银行
60	2012.04.12	证监许可[2012]506号	东吴保本混合型证券投资基金	东吴	农业银行
61	2012.04.23	证监许可[2012]539号	华安季季鑫短期理财债券型证券投资基金	华安	工商银行
62	2012.04.23	证监许可[2012]541号	华安月月鑫短期理财债券型证券投资基金	华安	建设银行
63	2012.04.24	证监许可[2012]551号	诺德深证300指数分级证券投资基金	诺德	中国银行
64	2012.04.24	证监许可[2012]553号	银华大中华行业先锋证券投资基金	银华	建设银行
65	2012.04.25	证监许可[2012]556号	汇添富理财30天债券型证券投资基金	汇添富	工商银行
66	2012.04.25	证监许可[2012]557号	汇添富理财60天债券型证券投资基金	汇添富	建设银行
67	2012.04.26	证监许可[2012]565号	交银施罗德荣安保本混合型证券投资基金	交银施罗德	中信银行
68	2012.04.26	证监许可[2012]566号	平安大华保本混合型证券投资基金	平安大华	建设银行
69	2012.04.26	证监许可[2012]567号	大成景恒保本混合型证券投资基金	大成	中国银行
70	2012.04.26	证监许可[2012]568号	广发纳斯达克100指数证券投资基金	广发	中国银行
71	2012.04.26	证监许可[2012]569号	南方润元纯债债券型证券投资基金	南方	建设银行
72	2012.04.28	证监许可[2012]587号	融通医疗保健行业股票型证券投资基金	融通	工商银行
73	2012.05.07	证监许可[2012]625号	工银瑞信纯债定期开放债券型证券投资基金	工银瑞信	交通银行
74	2012.05.07	证监许可[2012]626号	交银施罗德沪深300行业分层等权重指数证券投资基金	交银施罗德	建设银行
75	2012.05.07	证监许可[2012]627号	易方达量化衍伸股票型证券投资基金	易方达	建设银行
76	2012.05.10	证监许可[2012]635号	天弘现金管家货币市场基金	天弘	邮储银行
77	2012.05.21	证监许可[2012]672号	光大保德信添天利季度开放短期理财债券型证券投资基金	光大保德信	光大银行
78	2012.05.21	证监许可[2012]677号	富安达增强收益债券型证券投资基金	富安达	交通银行
79	2012.05.21	证监许可[2012]678号	摩根士丹利华鑫多元收益债券型证券投资基金	摩根士丹利华鑫	建设银行
80	2012.05.21	证监许可[2012]679号	长盛同鑫二号保本混合型证券投资基金	长盛	中国银行
81	2012.05.21	证监许可[2012]680号	易方达中小板指数分级证券投资基金	易方达	建设银行
82	2012.05.21	证监许可[2012]681号	华安双月鑫短期理财债券型证券投资基金	华安	中国银行
83	2012.05.22	证监许可[2012]684号	嘉实优化红利股票型证券投资基金	嘉实	中国银行
84	2012.05.22	证监许可[2012]685号	华宝兴业资源优选股票型证券投资基金	华宝兴业	中国银行
85	2012.05.22	证监许可[2012]687号	银河主题策略股票型证券投资基金	银河	中信银行
86	2012.05.24	证监许可[2012]698号	益民核心增长灵活配置混合型证券投资基金	益民	光大银行
87	2012.05.24	证监许可[2012]699号	博时医疗保健行业股票型证券投资基金	博时	中国银行
88	2012.05.25	证监许可[2012]703号	华安逆向策略股票型证券投资基金	华安	工商银行
89	2012.06.08	证监许可[2012]782号	银华纯债信用主题债券型证券投资基金(LOF)	银华	工商银行
90	2012.06.08	证监许可[2012]783号	上证50等权重交易型开放式指数证券投资基金及其联接基金	银华	建设银行

（续上表）

序号	获批日期	批准文号	获批证券投资基金	管理人	托管人
91	2012.06.12	证监许可[2012]796号	华宝兴业沪深300沪市交易型开放式指数证券投资基金及其联接基金	华宝兴业	建设银行
92	2012.06.14	证监许可[2012]822号	华夏恒生交易型开放式指数证券投资基金及联接基金	华夏	中国银行
93	2012.06.14	证监许可[2012]823号	易方达恒生中国企业交易型开放式指数证券投资基金及联接基金	易方达	交通银行
94	2012.06.15	证监许可[2012]827号	长盛同辉深证100等权重指数分级证券投资基金	长盛	建设银行
95	2012.06.19	证监许可[2012]841号	广发理财年年红债券型证券投资基金	广发	工商银行
96	2012.06.19	证监许可[2012]842号	汇添富理财14天债券型证券投资基金	汇添富	农业银行
97	2012.06.19	证监许可[2012]843号	民生加银红利回报灵活配置混合型证券投资基金	民生加银	建设银行
98	2012.06.25	证监许可[2012]851号	中证500沪市交易型开放式指数证券投资基金及其联接基金	大成	中国银行
99	2012.07.02	证监许可[2012]878号	招商信用增强债券型证券投资基金	招商	中国银行
100	2012.07.02	证监许可[2012]879号	浦银安盛幸福回报定期开放债券型证券投资基金	浦银安盛	交通银行
101	2012.07.02	证监许可[2012]883号	鹏华全球上市私募股权股票型证券投资基金	鹏华	建设银行
102	2012.07.09	证监许可[2012]911号	上投摩根中证消费服务领先指数证券投资基金	上投摩根	建设银行
103	2012.07.09	证监许可[2012]914号	东方强化收益债券型证券投资基金	东方	邮储银行
104	2012.07.09	证监许可[2012]915号	万家信用恒利债券型证券投资基金	万家	建设银行
105	2012.07.09	证监许可[2012]916号	富兰克林国海恒久信用债券型证券投资基金	国海富兰克林	农业银行
106	2012.07.13	证监许可[2012]931号	鹏华纯债债券型证券投资基金	鹏华	建设银行
107	2012.07.13	证监许可[2012]938号	泰信现代服务业股票型证券投资基金	泰信	工商银行
108	2012.07.13	证监许可[2012]940号	博时信用债纯债债券型证券投资基金	博时	工商银行
109	2012.07.13	证监许可[2012]941号	德邦优化配置股票型证券投资基金	德邦	交通银行
110	2012.07.16	证监许可[2012]947号	浙商聚盈信用债债券型证券投资基金	浙商	交通银行
111	2012.07.23	证监许可[2012]951号	华安安心收益债券型证券投资基金	华安	邮储银行
112	2012.07.23	证监许可[2012]952号	中银保本混合型证券投资基金	中银	招商银行
113	2012.07.23	证监许可[2012]953号	国金通用国鑫灵活配置混合型发起式证券投资基金	国金通用	光大银行
114	2012.07.23	证监许可[2012]954号	南方理财60天债券型证券投资基金	南方	工商银行
115	2012.07.23	证监许可[2012]955号	富国中国中小盘(香港上市)股票证券投资基金	富国	工商银行
116	2012.07.23	证监许可[2012]956号	南方理财14天债券型证券投资基金	南方	工商银行
117	2012.07.23	证监许可[2012]957号	天弘债券型发起式证券投资基金	天弘	工商银行
118	2012.08.06	证监许可[2012]1035号	东吴内需增长混合型证券投资基金	东吴	交通银行
119	2012.08.06	证监许可[2012]1044号	国泰6个月短期理财债券型证券投资基金	国泰	建设银行
120	2012.08.06	证监许可[2012]1045号	嘉实增强收益定期开放债券型证券投资基金	嘉实	招商银行
121	2012.08.06	证监许可[2012]1046号	广发双债添利债券型证券投资基金	广发	中国银行
122	2012.08.06	证监许可[2012]1047号	嘉实理财宝7天债券型证券投资基金	嘉实	农业银行
123	2012.08.06	证监许可[2012]1048号	招商安盈保本混合型证券投资基金	招商	工商银行

（续上表）

序号	获批日期	批准文号	获批证券投资基金	管理人	托管人
124	2012.08.06	证监许可[2012]1049号	上投摩根核心优选股票型证券投资基金	上投摩根	建设银行
125	2012.08.06	证监许可[2012]1050号	工银瑞信7天理财债券型证券投资基金	工银瑞信	建设银行
126	2012.08.07	证监许可[2012]1064号	天弘安康养老混合型证券投资基金	天弘	工商银行
127	2012.08.07	证监许可[2012]1065号	中小板等权重交易型开放式指数证券投资基金	诺安	交通银行
128	2012.08.07	证监许可[2012]1066号	南方金粮油商品股票型证券投资基金	南方	工商银行
129	2012.08.07	证监许可[2012]1067号	华夏安康信用优选债券型证券投资基金	华夏	中国银行
130	2012.08.07	证监许可[2012]1068号	安信目标收益债券型证券投资基金	安信	农业银行
131	2012.08.08	证监许可[2012]1069号	光大保德信添天盈季度理财债券型证券投资基金	光大保德信	建设银行
132	2012.08.08	证监许可[2012]1070号	平安大华添利债券型证券投资基金	平安大华	中国银行
133	2012.08.08	证监许可[2012]1071号	光大保德信添盛双月理财债券型证券投资基金	光大保德信	交通银行
134	2012.08.08	证监许可[2012]1072号	易方达中债新综合债券指数发起式证券投资基金(LOF)	易方达	农业银行
135	2012.08.16	证监许可[2012]1112号	建信双周安心理财债券型证券投资基金	建信	工商银行
136	2012.08.17	证监许可[2012]1123号	工银瑞信睿智深证100指数分级证券投资基金	工银瑞信	民生银行
137	2012.08.27	证监许可[2012]1153号	中邮稳定收益债券型证券投资基金	中邮创业	交通银行
138	2012.08.27	证监许可[2012]1154号	汇添富理财28天债券型证券投资基金	汇添富	交通银行
139	2012.08.27	证监许可[2012]1155号	大成月添利理财债券型证券投资基金	大成	农业银行
140	2012.08.27	证监许可[2012]1156号	农银汇理行业轮动股票型证券投资基金	农银汇理	民生银行
141	2012.09.04	证监许可[2012]1191号	景顺长城支柱产业股票型证券投资基金	景顺长城	农业银行
142	2012.09.04	证监许可[2012]1192号	银河领先债券型证券投资基金	银河	兴业银行
143	2012.09.13	证监许可[2012]1219号	鹏华中小企业纯债债券型发起式证券投资基金	鹏华	招商银行
144	2012.09.13	证监许可[2012]1220号	工银瑞信信用纯债债券型证券投资基金	工银瑞信	农业银行
145	2012.09.13	证监许可[2012]1221号	上证主要消费交易型开放式指数发起式证券投资基金	华夏	建设银行
146	2012.09.13	证监许可[2012]1222号	上证原材料交易型开放式指数发起式证券投资基金	华夏	建设银行
147	2012.09.13	证监许可[2012]1223号	上证医药卫生交易型开放式指数发起式证券投资基金	华夏	建设银行
148	2012.09.13	证监许可[2012]1224号	上证能源交易型开放式指数发起式证券投资基金	华夏	建设银行
149	2012.09.13	证监许可[2012]1225号	上证金融地产交易型开放式指数发起式证券投资基金	华夏	建设银行
150	2012.09.18	证监许可[2012]1233号	浙商聚潮策略配置混合型证券投资基金	浙商	交通银行
151	2012.09.18	证监许可[2012]1234号	华夏理财30天债券型证券投资基金	华夏	建设银行
152	2012.09.18	证监许可[2012]1235号	富国纯债债券型发起式证券投资基金	富国	工商银行
153	2012.09.18	证监许可[2012]1236号	方正富邦红利精选股票型证券投资基金	方正富邦	建设银行
154	2012.09.18	证监许可[2012]1237号	国联安中证医药100指数证券投资基金	国联安	交通银行
155	2012.09.18	证监许可[2012]1238号	摩根士丹利华鑫量化配置股票型证券投资基金	摩根士丹利华鑫	农业银行
156	2012.09.25	证监许可[2012]1280号	富国7天理财宝债券型证券投资基金	富国	农业银行

（续上表）

序号	获批日期	批准文号	获批证券投资基金	管理人	托管人
157	2012.09.25	证监许可[2012]1282号	交银施罗德理财21天债券型证券投资基金	交银施罗德	农业银行
158	2012.09.25	证监许可[2012]1287号	交银施罗德纯债债券型发起式证券投资基金	交银施罗德	农业银行
159	2012.10.08	证监许可[2012]1305号	工银瑞信14天理财债券型发起式证券投资基金	工银瑞信	招商银行
160	2012.10.08	证监许可[2012]1306号	大成现金增利货币市场基金	大成	农业银行
161	2012.10.08	证监许可[2012]1307号	中银理财60天债券型发起式证券投资基金	中银	工商银行
162	2012.10.08	证监许可[2011]1308号	博时安心收益定期开放债券型证券投资基金	博时	建设银行
163	2012.10.08	证监许可[2012]1309号	招商央视财经50指数证券投资基金	招商	中国银行
164	2012.10.08	证监许可[2012]1323号	华夏海外收益债券型证券投资基金	华夏	建设银行
165	2012.10.08	证监许可[2012]1324号	国泰现金管理货币市场基金	国泰	中国银行
166	2012.10.08	证监许可[2012]1325号	新华纯债添利债券型发起式证券投资基金	新华	工商银行
167	2012.10.10	证监许可[2012]1343号	长盛添利30天理财债券型证券投资基金	长盛	中国银行
168	2012.10.10	证监许可[2012]1344号	东方央视财经50指数增强型证券投资基金	东方	农业银行
169	2012.10.10	证监许可[2012]1345号	中欧货币市场基金	中欧	工商银行
170	2012.10.10	证监许可[2012]1346号	诺安双利债券型发起式证投资基金	诺安	招商银行
171	2012.10.12	证监许可[2012]1358号	银华中证中票50指数债券型证券投资基金（LOF）	银华	中国银行
172	2012.10.12	证监许可[2012]1359号	南方安心保本混合型证券投资基金	南方	招商银行
173	2012.10.12	证监许可[2012]1360号	融通丰利四分法证券投资基金	融通	工商银行
174	2012.10.16	证监许可[2012]1369号	国投瑞银纯债债券型证券投资基金	国投瑞银	中国银行
175	2012.10.16	证监许可[2012]1370号	广发纯债债券型证券投资基金	广发	工商银行
176	2012.10.16	证监许可[2012]1371号	平安大华新兴产业股票型证券投资基金	平安大华	民生银行
177	2012.10.18	证监许可[2012]1383号	华泰柏瑞稳健收益债券型证券投资基金	华泰柏瑞	中国银行
178	2012.10.22	证监许可[2012]1384号	兴全商业模式优选股票型证券投资基金（LOF）	兴业全球	光大银行
179	2012.11.02	证监许可[2012]1439号	鹏华理财21天债券型证券投资基金	鹏华	农业银行
180	2012.11.02	证监许可[2012]1440号	富安达现金通货币市场证券投资基金	富安达	交通银行
181	2012.11.02	证监许可[2012]1441号	万家14天理财债券型证券投资基金	万家	农业银行
182	2012.11.02	证监许可[2012]1442号	华安日日鑫货币市场基金	华安	建设银行
183	2012.11.02	证监许可[2012]1443号	民生加银现金增利货币市场基金	民生加银	建设银行
184	2012.11.02	证监许可[2012]1444号	金鹰货币市场证券投资基金	金鹰	建设银行
185	2012.11.02	证监许可[2012]1445号	易方达月月利理财债券型证券投资基金	易方达	农业银行
186	2012.11.02	证监许可[2012]1446号	中银纯债债券型证券投资基金	中银	招商银行
187	2012.11.02	证监许可[2012]1447号	安信平稳增长混合型发起式证券投资基金	安信	工商银行
188	2012.11.02	证监许可[2012]1448号	中海惠裕纯债分级债券型发起式证券投资基金	中海	招商银行
189	2012.11.02	证监许可[2012]1449号	汇添富收益快线货币市场基金	汇添富	工商银行
190	2012.11.02	证监许可[2012]1450号	国联安中债信用债指数增强型发起式证券投资基金	国联安	浦发银行
191	2012.11.02	证监许可[2012]1452号	信达澳银信用债债券型证券投资基金	信达澳银	中信银行

（续上表）

序号	获批日期	批准文号	获批证券投资基金	管理人	托管人
192	2012.11.05	证监许可[2012]1453号	易方达双月利理财债券型证券投资基金	易方达	建设银行
193	2012.11.05	证监许可[2012]1454号	纽银稳定增利债券型发起式证券投资基金	纽银梅隆西部	建设银行
194	2012.11.05	证监许可[2012]1455号	嘉实纯债债券型发起式证券投资基金	嘉实	建设银行
195	2012.11.05	证监许可[2012]1456号	金元惠理惠利保本混合型证券投资	金元惠理	农业银行
196	2012.11.06	证监许可[2012]1462号	信诚理财7日盈债券型证券投资基金	信诚	中国银行
197	2012.11.06	证监许可[2012]1463号	诺安纯债定期开放债券型证券投资基金	诺安	工商银行
198	2012.11.06	证监许可[2012]1464号	国联安保本混合型证券投资基金	国联安	工商银行
199	2012.11.06	证监许可[2012]1465号	上投摩根轮动添利债券型证券投资基金	上投摩根	建设银行
200	2012.11.06	证监许可[2012]1466号	大成理财21天债券型发起式证券投资基金	大成	中国银行
201	2012.11.07	证监许可[2012]1467号	华商现金增利货币市场基金	华商	建设银行
202	2012.11.09	证监许可[2012]1472号	招商理财7天债券型证券投资基金	招商	工商银行
203	2012.11.09	证监许可[2012]1473号	长盛添利60天理财债券型发起式证券投资基金	长盛	中国银行
204	2012.11.09	证监许可[2012]1474号	财通可持续发展主题股票型证券投资基金	财通	工商银行
205	2012.11.09	证监许可[2012]1475号	华商红利优选灵活配置混合型证券投资基金	华商	工商银行
206	2012.11.09	证监许可[2012]1476号	富国强收益定期开放债券型证券投资基金	富国	建设银行
207	2012.11.09	证监许可[2012]1477号	南方理财30天债券型证券投资基金	南方	建设银行
208	2012.11.09	证监许可[2012]1478号	长城岁岁金理财债券型证券投资基金	长城	工商银行
209	2012.11.09	证监许可[2012]1479号	富国强回报定期开放债券型证券投资基金	富国	工商银行
210	2012.11.09	证监许可[2012]1480号	华安纯债债券型发起式证券投资基金	华安	农业银行
211	2012.11.09	证监许可[2012]1481号	财通保本混合型发起式证券投资基金	财通	工商银行
212	2012.11.15	证监许可[2012]1518号	万家强化收益定期开放债券型证券投资基金	万家	华夏银行
213	2012.11.15	证监许可[2012]1519号	方正富邦货币市场基金	方正富邦	建设银行
214	2012.11.15	证监许可[2012]1520号	万家岁得利定期开放债券型发起式证券投资基金	万家	工商银行
215	2012.11.15	证监许可[2012]1522号	浦银安盛战略新兴产业混合型证券投资基金	浦银安盛	交通银行
216	2012.11.15	证监许可[2012]1523号	信诚添金分级债券型证券投资基金	信诚	中国银行
217	2012.11.15	证监许可[2012]1524号	建信月盈安心理财债券型证券投资基金	建信	民生银行
218	2012.11.19	证监许可[2012]1535号	浙商聚潮多策略量化混合型证券投资基金	浙商	民生银行
219	2012.11.19	证监许可[2012]1536号	广发理财30天债券型证券投资基金	广发	工商银行
220	2012.11.19	证监许可[2012]1537号	金鹰元丰保本混合型证券投资基金	金鹰	工商银行
221	2012.11.19	证监许可[2012]1538号	华夏理财21天债券型证券投资基金	华夏	工商银行
222	2012.11.19	证监许可[2012]1539号	华安7日鑫短期理财债券型证券投资基金	华安	建设银行
223	2012.11.19	证监许可[2012]1540号	海富通现金管理货币市场基金	海富通	工商银行
224	2012.11.19	证监许可[2012]1541号	建信双月安心理财债券型证券投资基金	建信	招商银行
225	2012.11.19	证监许可[2012]1542号	景顺长城沪深300等权重交易型开放式指数证券投资基金	景顺长城	农业银行
226	2012.11.19	证监许可[2012]1543号	长盛同丰分级债券型证券投资基金	长盛	中国银行
227	2012.11.19	证监许可[2012]1544号	民生加银积极成长混合型发起式证券投资基金	民生加银	建设银行

（续上表）

序号	获批日期	批准文号	获批证券投资基金	管理人	托管人
228	2012.11.19	证监许可[2012]1545号	鹏华产业债债券型证券投资基金	鹏华	建设银行
229	2012.11.21	证监许可[2012]1557号	招商标普高收益红利贵族指数增强型证券投资基金	招商	中国银行
230	2012.11.21	证监许可[2012]1558号	泰达宏利沪深300指数分级证券投资基金	泰达宏利	农业银行
231	2012.11.27	证监许可[2012]1586号	中银理财30天债券型证券投资基金	中银	招商银行
232	2012.11.27	证监许可[2012]1587号	汇添富理财21天债券型发起式证券投资基金	汇添富	中国银行
233	2012.11.27	证监许可[2012]1588号	嘉实中证500交易型开放式指数证券投资基金	嘉实	建设银行
234	2012.11.27	证监许可[2012]1589号	长安货币市场证券投资基金	长安	广发银行
235	2012.11.27	证监许可[2012]1594号	农银汇理低估值高增长股票型证券投资基金	农银汇理	交通银行
236	2012.11.28	证监许可[2012]1595号	钮银量化阿尔法混合型证券投资基金	纽银梅隆西部	农业银行
237	2012.11.28	证监许可[2012]1596号	国泰民安增利债券型发起式证券投资基金	国泰	农业银行
238	2012.11.29	证监许可[2012]1606号	工银瑞信60天理财债券型证券投资基金	工银	兴业银行
239	2012.11.29	证监许可[2012]1607号	泰达宏利信用合利定期开放债券型证券投资基金	泰达宏利	中国银行
240	2012.11.29	证监许可[2012]1608号	中银理财7天债券型证券投资基金	中银	招商银行
241	2012.11.29	证监许可[2012]1609号	东吴鼎利分级债券型证券投资基金	东吴	交通银行
242	2012.12.05	证监许可[2012]1627号	华安信用增强债券型证券投资基金	华安	中国银行
243	2012.12.05	证监许可[2012]1628号	中欧中证大宗商品股票指数分级证券投资基金	中欧	兴业银行
244	2012.12.05	证监许可[2012]1629号	上证180高贝塔交易型开放式指数证券投资基金	上投摩根	中国银行
245	2012.12.05	证监许可[2012]1630号	鹏华国有企业债债券型证券投资基金	鹏华	建设银行
246	2012.12.05	证监许可[2012]1632号	融通标普中国可转债指数增强型证券投资基金	融通	农业银行
247	2012.12.05	证监许可[2012]1633号	博时理财30天债券型证券投资基金募集	博时	建设银行
248	2012.12.05	证监许可[2012]1634号	易方达天天理财货币市场基金	易方达	工商银行
249	2012.12.05	证监许可[2012]1635号	农银汇理7天理财债券型证券投资基金	农银汇理	建设银行
250	2012.12.06	证监许可[2012]1636号	工银瑞信标普全球自然资源指数证券投资基金(LOF)	工银瑞信	中国银行
251	2012.12.10	证监许可[2012]1649号	安信现金管理货币市场基金	安信	建设银行
252	2012.12.10	证监许可[2012]1650号	建信央视财经50指数分级发起式证券投资基金	建信	交通银行
253	2012.12.10	证监许可[2012]1651号	华宝兴业现金添益交易型货币市场基金	华宝兴业	建设银行
254	2012.12.10	证监许可[2012]1652号	广发新经济股票型发起式证券投资基金	广发	招商银行
255	2012.12.10	证监许可[2012]1653号	华夏沪深300交易型开放式指数证券投资基金	华夏	工商银行
256	2012.12.10	证监许可[2012]1654号	国泰国证房地产行业指数分级证券投资基金	国泰	中国银行
257	2012.12.13	证监许可[2012]1680号	中银稳健添利债券型发起式证券投资基金	中银	招商银行
258	2012.12.13	证监许可[2012]1681号	嘉实中证中期企业债指数证券投资基金(LOF)	嘉实	中国银行
259	2012.12.13	证监许可[2012]1682号	华商大盘量化精选灵活配置混合型证券投资基金	华商	华夏银行
260	2012.12.13	证监许可[2012]1683号	华商价值共享精选灵活配置混合型发起式证券投资基金	华商	建设银行
261	2012.12.13	证监许可[2012]1684号	摩根士丹利华鑫双利增强债券型证券投资基金	摩根士丹利华鑫	建设银行
262	2012.12.13	证监许可[2012]1685号	招商双债增强分级债券型证券投资基金	招商	农业银行

（续上表）

序号	获批日期	批准文号	获批证券投资基金	管理人	托管人
263	2012.12.13	证监许可[2012]1686号	工银瑞信保本2号混合型发起式证券投资基金	工银瑞信	光大银行
264	2012.12.13	证监许可[2012]1687号	民生加银策略精选灵活配置混合型证券投资基金	民生加银	建设银行
265	2012.12.19	证监许可[2012]1696号	银华交易型货币市场基金	银华	建设银行
266	2012.12.19	证监许可[2012]1699号	大成中证100交易型开放式指数证券投资基金	大成	中国银行
267	2012.12.19	证监许可[2012]1706号	长城久利保本混合型证券投资基金	长城	建设银行
268	2012.12.19	证监许可[2012]1707号	信诚优质纯债债券型证券投资基金	信诚	中信银行
269	2012.12.19	证监许可[2012]1708号	长信利众分级债券型证券投资基金	长信	上海浦发银行
270	2012.12.19	证监许可[2012]1715号	融通7天理财债券型证券投资基金	融通	工商银行
271	2012.12.21	证监许可[2012]1727号	中证500交易型开放式指数证券投资基金	南方	农业银行
272	2012.12.26	证监许可[2012]1743号	中银标普全球精选自然资源等权重指数证券投资基金	中银	招商银行
273	2012.12.26	证监许可[2012]1744号	申万菱信定期开放债券型发起式证券投资基金	申万菱信	工商银行
274	2012.12.28	证监许可[2012]1762号	易方达沪深300交易型开放式指数发起式证券投资基金	易方达	建设银行
275	2012.12.26	证监许可[2012]1763号	嘉实增强信用定期开放债券型证券投资基金	嘉实	工商银行
276	2012.12.26	证监许可[2012]1764号	浦银安盛6个月定期开放债券型证券投资基金	浦银安盛	招商银行
277	2012.12.31	证监许可[2012]1767号	南方中债中期票据指数债券型发起式证券投资基金	南方	中国银行
278	2012.12.31	证监许可[2012]1768号	交银施罗德理财60天债券型证券投资基金	交银施罗德	建设银行

附录四 机构名录

基金管理公司

基金公司	董事长	总经理	注册资本(万元)	成立日期	注册地址	办公地址	邮编	联系电话	传真号码	公司网址	电子邮箱
国泰	陈勇胜	金 旭	11 000	1998-03-05	上海市浦东新区世纪大道100号上海环球金融中心39层	上海市世纪大道100号上海环球金融中心39层	200120	021-3856 1600	021-3856 1800	www.gtfund.com	service@gtfund.com
南方	吴万善	高良玉	15 000	1998-03-06	深圳市福田中心区福华一路6号免税商务大厦31-33层	深圳市福田中心区福华一路6号免税商务大厦31-33层	518048	0755-8276 3888	0755-8276 3889	www.nffund.com	service@nffund.com
华夏	王东明	滕天鸣	23 800	1998-04-09	北京市顺义区天竺空港工业区A区	北京市西城区金融大街33号通泰大厦B座12层	100032	010-8806 6688	010-8806 6508	www.chinaamc.com	service@chinaamc.com
华安	朱仲群	李 勍	15 000	1998-06-04	上海市浦东新区浦东南路360号新上海国际大厦38层	上海市浦东新区世纪大道8号上海国金中心二期31层	200120	021-3896 9999	021-3362 6962	www.huaan.com.cn	service@huaan.com.cn
博时	杨 鹤	吴姚东	25 000	1998-07-13	深圳市福田区深南大道7088号招商银行大厦29层	深圳市福田区深南大道7088号招商银行大厦29层	518040	0755-8316 9999	0755-8319 5140	www.bosera.com	service@bosera.com
鹏华	何 如	邓召明	15 000	1998-12-22	深圳市福田区福华三路168号深圳国际商会中心43层	深圳市福田区福华三路168号深圳国际商会中心43层	518048	0755-8202 1222	0755-8202 1155	www.phfund.com.cn	service@mail.phfund.com.cn
嘉实	安 奎	赵学军	15 000	1999-03-25	上海市浦东新区世纪大道8号上海国金中心二期23楼01-03单元	北京市建国门北大街8号华润大厦8层	100005	010-6521 5588	010-6518 5678	www.jsfund.cn	service@jsfund.cn
长盛	凤良志	周 兵	15 000	1999-03-26	深圳市福田中心区福中三路诺德金融中心主楼10D	北京市海淀区北太平庄路18号城建大厦A座21层	100088	010-8201 9988	010-8225 5988	www.csfunds.com.cn	services@csfunds.com.cn
大成	张树忠	王 颢	20 000	1999-04-12	深圳市福田区深南大道7088号招商银行大厦32层	深圳市福田区深南大道7088号招商银行大厦32层	518040	0755-8318 3388	0755-8319 9588	www.dcfund.com.cn	callcenter@dcfund.com.cn
富国	陈 敏	窦玉明[1]	18 000	1999-04-13	上海市浦东新区世纪大道8号上海国金中心二期16-17层	上海市浦东新区世纪大道8号上海国金中心二期16-17层	200120	021-2036 1818	021-2036 1616	www.fullgoal.com.cn	public@fullgoal.com.cn
易方达	叶俊英	刘晓艳	12 000	2001-04-17	广东省珠海市横琴新区宝中路3号4004-8室	广州市天河区珠江新城珠江东路30号广州银行大厦40-43楼	510620	020-3879 7888	020-3879 9488	www.efunds.com.cn	service@efunds.com.cn
宝盈	李建生	汪 钦	10 000	2001-05-18	广东省深圳市福田区深圳特区报业大厦第15层	广东省深圳市福田区深圳特区报业大厦第15层	518034	0755-8327 6688	0755-8351 5599	www.byfunds.com	public@byfunds.com
融通	田德军	奚星华	12 500	2001-05-22	深圳市南山区华侨城汉唐大厦13、14层	深圳市南山区华侨城汉唐大厦13、14层	518053	0755-2694 8666	0755-2693 5005	www.rtfund.com	service@mail.rtfund.com
银华	王珠林	王立新	20 000	2001-05-28	广东省深圳市深南大道6008号特区报业大厦19层	北京市东城区东长安街1号东方广场东方经贸城C2办公楼15层	100738	010-5816 3000	010-5816 2888	www.yhfund.com.cn	yhjj@yhfund.com.cn
长城	杨光裕	熊科金	15 000	2001-12-27	深圳市福田区益田路6009号新世界商务中心41层	深圳市福田区益田路6009号新世界商务中心41层	518026	0755-2398 2338	0755-2398 2328	www.ccfund.com.cn	support@ccfund.com.cn
泰达宏利	刘惠文	刘青山	18 000	2002-06-06	北京市西城区金融大街7号英蓝国际金融中心南楼三层	北京市西城区金融大街7号英蓝国际金融中心南楼三层	100033	010-6657 7777	010-6657 7666	www.mfcteda.com	irm@mfcteda.com
国投瑞银	钱 蒙	刘纯亮	10 000	2002-06-13	上海市虹口区东大名路638号7层	深圳市福田区金田路4028号荣超经贸中心46层	518035	0755-8357 5999	0755-8290 4048	www.ubssdic.com	service@ubssdic.com
银河	徐 旭	尤象都	15 000	2002-06-14	上海市浦东新区世纪大道1568号中建大厦15层	上海市浦东新区世纪大道1568号中建大厦15层	200122	021-3856 8888	021-3856 8800	www.galaxyasset.com	callcenter@galaxyasset.com
万家	毕玉国	吕宜振	10 000	2002-08-23	上海市浦东新区浦电路360号陆家嘴投资大厦9层	上海市浦东新区浦电路360号陆家嘴投资大厦9层	200122	021-3861 9999	021-3861 9888	www.wjasset.com	callcenter@wjasset.com
金鹰	刘 东	殷克胜	25 000	2002-12-25	珠海市吉大九洲大道东段商业银行大厦7楼16单元	广东省广州市天河区体育西路189号城建大厦22、23楼	510620	020-8328 2855	020-8328 2856	www.gefund.com.cn	csmail@gefund.com.cn
招商	马蔚华	许小松	21 000	2002-12-27	深圳市深南大道7088号招商银行大厦28层	深圳市深南大道7088号招商银行大厦28层	518040	0755-8319 6351	0755-8307 6974	www.cmfchina.com	cmf@cmfchina.com
华宝兴业	郑安国	裴长江	15 000	2003-03-07	上海市浦东新区世纪大道100号上海环球金融中心58楼	上海市浦东新区世纪大道100号上海环球金融中心58楼	200120	021-3850 5888	021-3850 5777	www.fsfund.com	fsf@fsfund.com
摩根士丹利华鑫	王文学	于 华	22 750	2003-03-14	深圳福田区中心四路1号嘉里建设广场第二座第17层01-04室	深圳福田区中心四路1号嘉里建设广场第二座第17层	518033	0755-8831 8883	0755-8299 0384	www.msfunds.com.cn	services@msfunds.com.cn
国联安	符学东	邵杰军	15 000	2003-04-03	上海市浦东新区陆家嘴环路1318号星展银行大厦9楼	上海市浦东新区陆家嘴环路1318号星展银行大厦9楼	200121	021-3899 2888	021-5015 1880	www.gtja-allianz.com	customer.service@gtja-allianz.com
海富通	张文伟	田仁灿	15 000	2003-04-18	上海市浦东新区花园石桥路66号东亚银行金融大厦36-37层	上海市浦东新区花园石桥路66号东亚银行金融大厦36-37层	200120	021-3865 0999	021-5047 9997	www.hftfund.com	info@hftfund.com
长信	田 丹	蒋学杰	15 000	2003-05-09	上海市浦东新区银城中路68号时代金融中心9楼	上海市浦东新区银城中路68号时代金融中心9楼	200120	021-6100 9999	021-6100 9800	www.cxfund.com.cn	service@cxfund.com.cn
泰信	孟凡利[2]	葛 航	20 000	2003-05-23	上海市浦东新区浦东南路256号华夏银行大厦37层	上海市浦东新区浦东南路256号华夏银行大厦36、37层	200120	021-2089 9188	021-2089 9008	www.ftfund.com	service@ftfund.com
天治	高福波	赵玉彪	16 000	2003-05-27	上海市浦东新区莲振路298号4号楼231室	上海市复兴西路159号	200031	021-6037 4800	021-6037 4934	www.chinanature.com.cn	marketing@chinanature.com.cn
景顺长城	赵如冰	许义明	13 000	2003-06-12	深圳市福田区中心四路1号嘉里建设广场第一座21层	深圳市福田区中心四路1号嘉里建设广场第一座21层	518048	0755-8237 0388	0755-2238 1339	www.invescogreatwall.com	investor@invescogreatwall.com
广发	王志伟	林传辉	12 000	2003-08-05	广东省珠海市横琴新区宝中路3号4004-56室	广州市海珠区琶洲大道东1号保利国际广场南塔31-33层	510308	020-8393 6666	020-8989 9158	www.gffunds.com.cn	services@gf-funds.com
兴业全球	兰 荣	杨 东	15 000	2003-09-30	上海市黄浦区金陵东路368号	上海市浦东张杨路500号时代广场20楼	200122	021-2039 8888	021-2039 8858	www.xyfunds.com.cn	service@xyfunds.com.cn
诺安	秦维舟	奥成文	15 000	2003-12-09	深圳市深南大道4013号兴业银行大厦19-20层	深圳市深南大道4013号兴业银行大厦19-20层	518048	0755-8302 6688	0755-8302 6677	www.lionfund.com.cn	services@lionfund.com.cn
申万菱信	姜国芳	过振华	15 000	2004-01-15	上海市淮海中路300号香港新世界大厦40层	上海市淮海中路300号香港新世界大厦40层	200021	021-2326 1188	021-2326 1199	www.swsmu.com	service@swsmu.com
中海	陈浩鸣	黄 鹏	14 666.67	2004-03-18	上海市浦东新区银城中路68号2905-2908及30层	上海市浦东新区银城中路68号2905-2908及30层	200120	021-3842 9808	021-6841 9525	www.zhfund.com	service@zhfund.com

①已于2013年6月离职，由陈敏(代任)；②已于2013年6月离职，由葛航(代任)。

（续上表）

基金公司	董事长	总经理	注册资本(万元)	成立日期	注册地址	办公地址	邮　编	联系电话	传真号码	公司网址	电子邮箱
华富	章宏韬	姚怀然	12 000	2004-04-19	上海市浦东新区陆家嘴环路1000号31层	上海市浦东新区陆家嘴环路1000号31层	200120	021-6888 6996	021-6888 7997	www.hffund.com	hf@hffund.com
光大保德信	林　昌	傅德修[1]	16 000	2004-04-22	上海市延安东路222号外滩中心大厦46层	上海市延安东路222号外滩中心大厦46层	200002	021-3307 4700	021-6335 1152	www.epf.com.cn	epfservice@epf.com.cn
上投摩根	陈开元	章硕麟	25 000	2004-05-12	上海市浦东富城路99号震旦国际大厦20层	上海市浦东富城路99号震旦国际大厦20层	200120	021-3879 4888	021-6841 6113	www.51fund.com	services@jpmf-sitico.com
东方	崔　伟	孙晔伟	20 000	2004-06-11	北京市西城区锦什坊街28号1-4层	北京市西城区锦什坊街28号1-4层	100033	010-6629 5888	010-6629 5999	www.orient-fund.com	services@orient-fund.com
中银	谭　炯	李道滨	10 000	2004-08-12	上海市浦东新区银城中路200号中银大厦45层	上海市浦东新区银城中路200号中银大厦26层、45层	200120	021-3883 4999	021-6887 2488	www.bocim.com	ClientService@bocim.com
东吴	吴永敏	任少华	10 000	2004-09-02	上海市浦东新区源深路279号	上海市浦东新区源深路279号	200135	021-5050 9888	021-5050 9884	www.scfund.com.cn	services@scfund.com.cn
天弘	李　琦	郭树强	18 000	2004-11-08	天津市河西区马场道59号天津国际经济贸易中心A座16层	天津市河西区马场道59号天津国际经济贸易中心A座16层	300203	022-8331 0208	022-8386 5563	www.thfund.com.cn	service@thfund.com.cn
国海富兰克林	吴显玲	李雄厚	22 000	2004-11-15	广西南宁市西乡塘区总部路1号中国东盟科技企业孵化基地一期C-6栋二层	上海浦东新区世纪大道8号上海国金中心二期9层	200120	021-3855 5555	021-6888 3050	www.ftsfund.com	service@ftsfund.com
华泰柏瑞	齐　亮	韩　勇	20 000	2004-11-18	上海浦东民生路1199弄证大五道口广场1号楼17层	上海浦东民生路1199弄证大五道口广场1号楼17层	200135	021-3860 1777	021-3860 1799	www.huatai-pb.com	cs4008880001@huatai-pb.com
新华	陈　重	张宗友	16 000	2004-12-09	重庆市江北区建新东路85号附1号1层1-1	北京海淀区西三环北路11号海通时代商务中心C1座	100089	010-6872 6666	010-8842 3358	www.ncfund.com.cn	service@ncfund.com.cn
汇添富	潘鑫军	林利军	10 000	2005-02-03	上海市黄浦区大沽路288号6幢538室	上海市富城路99号震旦国际大楼22楼	200120	021-2893 2888	021-2893 2998	www.99fund.com	service@99fund.com
工银瑞信	李晓鹏	郭特华	20 000	2005-06-21	北京市西城区金融大街丙17号北京银行大厦8层	北京市西城区金融大街丙17号北京银行大厦8层	100033	010-6658 3333	010-6658 3158	www.icbccs.com.cn	customerservice@icbccs.com.cn
交银施罗德	钱文挥	战　龙	20 000	2005-08-04	上海市浦东新区银城中路188号交通银行大楼二层(裙)	上海市浦东新区世纪大道201号渣打银行大厦10楼	200120	021-6105 5050	021-6105 5054	www.fund001.com	services@jysld.com
建信	江先周	孙志晨	20 000	2005-09-19	北京市西城区金融大街7号英蓝国际金融中心16层	北京市西城区金融大街7号英蓝国际金融中心16层	100033	010-6622 8001	010-6622 8889	www.ccbfund.cn	service@ccbfund.cn
信诚	张翔燕	王俊锋	20 000	2005-09-30	上海市世纪大道8号上海国金中心汇丰银行大楼9层	上海市世纪大道8号上海国金中心汇丰银行大楼9层	200120	021-6864 9788	021-5012 0888	www.citicprufunds.com.cn	fund@citicpru.com.cn
汇丰晋信	杨小勇	王　栋	20 000	2005-11-16	上海市浦东新区富城路99号震旦大厦35层	上海市浦东新区世纪大道8号上海国金中心汇丰银行大楼17楼	200120	021-2037 6868	021-2037 6999	www.hsbcjt.cn	services@hsbcjt.cn
益民	翁振杰	雷学军	10 000	2005-12-12	重庆市渝中区上清寺路110号	北京市西城区宣武门外大街10号庄胜广场中央办公楼南翼13A	100052	010-6310 5556	010-6310 0588	www.ymfund.com	service@ymfund.com
华商	李晓安	王　锋	10 000	2005-12-20	北京市西城区平安里西大街28号中海国际中心19层	北京市西城区平安里西大街28号中海国际中心19层	100035	010-5857 3600	010-5857 3520	www.hsfund.com	services@hsfund.com
中邮创业	吴　涛	周　克	10 000	2006-05-08	北京市海淀区西直门北大街60号首钢国际大厦10层	北京市海淀区西直门北大街60号首钢国际大厦10层	100082	010-8229 5160	010-8229 5160转121	www.postfund.com.cn	info@postfund.com.cn
信达澳银	何加武	王重昆[2]	10 000	2006-06-05	深圳市福田区深南大道7088号招商银行大厦24层	深圳市福田区深南大道7088号招商银行大厦24层	518040	0755-8317 2666	0755-8319 6151	www.fscinda.com	service@fscinda.com
诺德	杨忆风	潘福祥	10 000	2006-06-08	上海市浦东新区陆家嘴环路1233号汇亚大厦12层	上海市浦东新区陆家嘴环路1233号汇亚大厦12层	200120	021-6887 9999	021-6888 2526	www.lordabbettchina.com	service@lordabbettchina.com
中欧	唐　步	刘建平	18 800	2006-07-19	上海浦东新区花园石桥路66号东亚银行金融大厦8层	上海市浦东新区花园石桥路66号东亚银行金融大厦8层	200120	021-6860 9600	021-3383 0351	www.lcfunds.com	service@lcfunds.com
金元惠理	任开宇	张嘉宾	24 500	2006-11-13	上海浦东新区陆家嘴花园石桥路33号花旗集团大厦3608室	上海浦东新区陆家嘴花园石桥路33号花旗集团大厦3608室	200120	021-6888 1801	021-6888 1875	www.jyvpfund.com	service@jyvpfund.com
浦银安盛	姜明生	郁蓓华	24 000	2007-08-05	上海市浦东新区浦东大道981号3幢316室	上海市淮海中路381号中环广场38楼	200020	021-2321 2888	021-2321 2800	www.py-axa.com	service@py-axa.com
农银汇理	刁钦义	许红波	20 100	2008-03-18	上海市浦东新区世纪大道1600号陆家嘴商务广场7层	上海市浦东新区世纪大道1600号陆家嘴商务广场7层	200122	021-6109 5588	021-6109 5556	www.abc-ca.com	service@abc-ca.com.cn
民生加银	万青元	俞岱曦	30 000	2008-11-03	深圳市福田区益田路新世界商务中心42楼	深圳市福田区益田路6009号新世界商务中心42楼	518026	0755-2399 9888	0755-2399 9800	www.msjyfund.com.cn	services@msjyfund.com.cn
纽银梅隆西部	安保和	胡　斌[3]	30 000	2010-07-20	上海市浦东新区世纪大道100号上海环球金融中心19楼	上海市浦东新区世纪大道100号上海环球金融中心19楼	200120	021-3857 2888	021-3857 2850	www.bnyfund.com	service@bnyfund.com
浙商	高　玮	周一烽	30 000	2010-10-21	浙江省杭州市下城区环城北路208号1801室	杭州市西湖区教工路18号世贸丽晶城欧美中心1号楼D区6层606室	310012	0571-2819 1825	0571-2819 1919	www.zsfund.com	services@zsfund.com
平安大华	杨秀丽	李克难	30 000	2011-01-07	深圳市福田区大中华国际交易广场八层	深圳市福田区大中华国际交易广场八层	518028	0755-2262 5535	0755-2399 0088	www.fund.pingan.com	fundservice@pingan.com.cn
富安达	张华东	李剑锋	28 800	2011-04-27	上海市浦东新区世纪大道1568号中建大厦29层	上海市浦东新区世纪大道1568号中建大厦29层	200122	021-6187 0999	021-6187 0888	www.fadfunds.com	service@fadfunds.com
财通	阮　琪	刘　未	20 000	2011-06-21	上海市虹口区吴淞路619号505室	上海市浦东陆家嘴银城中路68号时代金融中心41楼	200120	021-6888 6666	021-6888 8169	www.ctfunds.com	service@ctfund.com
方正富邦	雷　杰	邹　牧	20 000	2011-07-08	北京西城区太平桥大街18号丰融国际大厦11层9、11单元	北京西城区太平桥大街18号丰融国际大厦11层9、11单元	100032	010-5730 3700	010-5730 3716	www.founderff.com	services@jfounderff.com
长安	万跃楠	黄　陈	20 000	2011-09-05	上海市虹口区丰镇路806号3幢371室	上海市浦东新区芳甸路1088号紫竹国际大厦16层	201204	021-2032 9999	021-5059 8018	www.changanfunds.com	service@changanfunds.com
国金通用	纪　路	尹庆军	28 000	2011-11-02	北京市怀柔区府前街三号楼3-6	北京市海淀区西三环北路87号国际财经中心D座14层	100089	010-8800 5888	010-8800 5666	www.gfund.com	service@gfund.com
安信	牛冠兴	王连志	35 000	2011-12-06	深圳市福田区益田路6009号新世界商务中心36层	深圳市福田区益田路6009号新世界商务中心36层	518025	0755-8250 9999	0755-8279 9292	www.essencefund.com	service@essencefund.com
德邦	姚文平	易　强	12 000	2012-03-27	上海市虹口区吴淞路218号宝矿国际大厦35层	上海市虹口区吴淞路218号宝矿国际大厦35层	200080	021-2601 0999	021-2601 0808	www.dbfund.com.cn	service@dbfund.com.cn
红塔红土	况雨林	李　凌	20 000	2012-06-12	深圳市南山区粤兴二道6号武汉大学深圳产学研大楼B815房	深圳市南山区侨香路4068号智慧广场A座801	518040	0755-3685 5888	0755-3337 9033	www.htamc.com.cn	htservice@htamc.com.cn
华宸未来	刘晓兵	阚水深	20 000	2012-06-20	上海市虹口区四川北路859号中信广场16层	上海市虹口区四川北路859号中信广场16层	200085	021-2606 6999	021-2601 0808	www.hcmiraefund.com	services@hcmiraefund.com
英大	陈书堂	刘光灿	1 2000	2012-08-17	北京市朝阳区东三环中路1号环球金融中心西塔22楼2201	北京市朝阳区东三环中路1号环球金融中心西塔22楼2201	100020	010-5911 2288	010-5911 2222	www.ydamc.com	ydamc@ydamc.com

①已于2013年1月离职，由林昌(代任)；②已于2012年12月离职，由何加武(代任)；③已于2012年12月离职，由安保和(代任)。

基金托管银行

基金托管银行	所属部门	部门负责人	取得基金托管资格时间	办公地址	联系电话
中国工商银行股份有限公司	资产托管部	周月秋	1998-02-24	北京市西城区复兴门内大街55号	010-66105799
中国农业银行股份有限公司	托管业务部	张　健	1998-05-29	北京市西城区复兴门内大街28号凯晨世贸中心东座	010-63201517
中国银行股份有限公司	托管及投资者服务部	李爱华	1998-07-07	北京市西城区复兴门内大街 1 号	010-66594912
中国建设银行股份有限公司	投资托管服务部	杨新丰	1998-03-18	北京市西城区闹市口大街1号院1号楼	010-67595003
交通银行股份有限公司	资产托管部	刘树军	1998-07-03	上海市浦东新区银城中路188号	021-58781234
华夏银行股份有限公司	资产托管部	毛剑鸣	2005-02-23	北京市东城区建国门内大街22号华夏银行大厦	010-85238667
中国光大银行股份有限公司	基金托管部	曾闻学	2002-10-23	北京市西城区太平桥大街25号中国光大中心	010-68560671
招商银行股份有限公司	资产托管部	吴晓辉	2002-11-06	深圳市深南大道7088号招商银行大厦	0755-83199084
中信银行股份有限公司	托管中心	刘　勇	2004-08-18	北京市东城区朝阳门北大街8号富华大厦C座	010-65556812
中国民生银行股份有限公司	资产托管部	杨春萍	2004-07-09	北京市西城区复兴门内大街2号	010-58560666
兴业银行股份有限公司	资产托管部	吴若曼	2005-04-26	上海市江宁路168号兴业大厦9层	021-62677777
上海浦东发展银行股份有限公司	资产托管部	李　桦	2003-09-10	上海市中山东一路12号	021-61618888
北京银行股份有限公司	资产托管部	刘　晔	2008-06-03	北京市西城区金融大街丙17号	010-66223584
平安银行股份有限公司	资产托管部	陈正涛	2008-08-06	广东省深圳市深南东路5047号深圳发展银行大厦27层	0755-82088888
广发银行股份有限公司	资产托管部	禄金山	2009-05-04	北京市东城区大华路2号广发银行大厦四层	010-65169565
中国邮政储蓄银行股份有限公司	托管业务部	胡　涛	2009-07-23	北京市西城区金融大街3号A座	010-68858126
上海银行股份有限公司	资产托管部	张　梅	2009-08-18	上海市银城中路168号	021-68476939
渤海银行股份有限公司	基金托管部	赵亚萍	2010-06-29	天津市河西区马场道201-205号	022-58316243
宁波银行股份有限公司	资产托管部	陈　辰	2012-10-30	浙江省宁波市鄞州区宁南南路700号	0574-89068357

基金管理公司股东

基金管理公司	公司属性	公司股东	持股比例(%)
国泰基金管理有限公司	中外合资	中国建银投资有限责任公司	60.00
		意大利忠利集团	30.00
		中国电力财务有限公司	10.00
南方基金管理有限公司	中 资	华泰证券股份有限公司	45.00
		深圳市投资控股有限公司	30.00
		厦门国际信托有限公司	15.00
		兴业证券股份有限公司	10.00
华夏基金管理有限公司	中外合资	中信证券股份有限公司	49.00
		南方工业资产管理有限责任公司	11.00
		山东省农村经济开发投资公司	10.00
		加拿大鲍尔集团	10.00
		青岛海鹏科技投资有限公司	10.00
		无锡市国联发展(集团)有限公司	10.00
华安基金管理有限公司	中 资	上海国际信托有限公司	20.00
		上海电气(集团)总公司	20.00
		上海锦江国际投资管理有限公司	20.00
		上海工业投资(集团)有限公司	20.00
		国泰君安投资管理股份有限公司	20.00
博时基金管理有限公司	中 资	招商证券股份有限公司	49.00
		中国长城资产管理公司	25.00
		天津港(集团)有限公司	6.00
		璟安股权投资有限公司	6.00
		上海盛业股权投资有限公司	6.00
		丰益实业发展有限公司	6.00
		广厦建设集团有限责任公司	2.00
鹏华基金管理有限公司	中外合资	国信证券股份有限公司	50.00
		意大利欧利盛资本资产管理股份公司	49.00
		深圳市北融信投资发展有限公司	1.00
嘉实基金管理有限公司	中外合资	中诚信托有限责任公司	40.00
		德意志资产管理(亚洲)有限公司	30.00
		立信投资有限责任公司	30.00
长盛基金管理有限公司	中外合资	国元证券股份有限公司	41.00
		新加坡星展银行有限公司	33.00
		安徽省信用担保集团有限公司	13.00
		安徽省投资集团有限责任公司	13.00

（续上表）

基金管理公司	公司属性	公司股东	持股比例(%)
大成基金管理有限公司	中资	中泰信托有限责任公司	48.00
		中国银河投资管理有限公司	25.00
		光大证券股份有限公司	25.00
		广东证券股份有限公司	2.00
富国基金管理有限公司	中外合资	海通证券股份有限公司	27.775
		申银万国证券股份有限公司	27.775
		加拿大蒙特利尔银行	27.775
		山东省国际信托投资公司	16.675
易方达基金管理有限公司	中资	广东粤财信托有限公司	25.00
		广发证券股份有限公司	25.00
		盈峰投资控股集团有限公司	25.00
		广东省广晟资产经营有限公司	16.67
		广州市广永国有资产经营有限公司	8.33
宝盈基金管理有限公司	中资	中铁信托有限责任公司	75.00
		中国对外经济贸易信托有限公司	25.00
融通基金管理有限公司	中外合资	新时代证券有限责任公司	60.00
		日兴资产管理有限公司	40.00
银华基金管理有限公司	中资	西南证券股份有限公司	49.00
		第一创业证券股份有限公司	29.00
		东北证券有限责任公司	21.00
		山西海鑫实业股份有限公司	1.00
长城基金管理有限公司	中资	长城证券有限责任公司	47.059
		东方证券股份有限公司	17.647
		中原信托有限公司	17.647
		北方国际信托股份有限公司	17.647
泰达宏利基金管理有限公司	中外合资	北方国际信托股份有限公司	51.00
		宏利资产管理(香港)有限公司	49.00
国投瑞银基金管理有限公司	中外合资	国投信托有限公司	51.00
		瑞士银行股份有限公司(UBS AG)	49.00
银河基金管理有限公司	中资	中国银河金融控股有限责任公司	50.00
		中国石油天然气集团公司	12.50
		上海市城市建设投资开发总公司	12.50
		首都机场集团公司	12.50
		湖南电广传媒股份有限公司	12.50

（续上表）

基金管理公司	公司属性	公司股东	持股比例(%)
万家基金管理有限公司	中 资	齐鲁证券有限公司	49.00
		新疆国际实业股份有限公司	40.00
		山东省国有资产投资控股有限公司	11.00
金鹰基金管理有限公司	中外合资	广州证券有限责任公司	49.00
		广州药业股份有限公司	20.00
		广东美的电器股份有限公司	20.00
		东亚联丰投资管理有限公司	11.00
招商基金管理有限公司	中外合资	招商银行股份有限公司	33.40
		招商证券股份有限公司	33.30
		荷兰投资(ING Asset Management B.V.)	33.30
华宝兴业基金管理有限公司	中外合资	华宝信托有限责任公司	51.00
		法国领先资产管理有限公司	49.00
摩根士丹利华鑫基金管理有限公司	中外合资	华鑫证券有限责任公司	39.560
		摩根士丹利国际控股公司	37.363
		深圳市招融投资控股有限公司	10.989
		汉唐证券有限责任公司	6.593
		深圳市中技实业(集团)有限公司	5.495
国联安基金管理有限公司	中外合资	国泰君安证券股份有限公司	51.00
		德国安联集团	49.00
海富通基金管理有限公司	中外合资	海通证券股份有限公司	51.00
		法国巴黎投资管理BE控股公司	49.00
长信基金管理有限责任公司	中 资	长江证券股份有限公司	49.00
		上海海欣集团股份有限公司	34.33
		武汉钢铁股份有限公司	16.67
泰信基金管理有限公司	中 资	山东省国际信托有限公司	45.00
		江苏省投资管理有限责任公司	30.00
		青岛国信实业有限公司	25.00
天治基金管理有限公司	中 资	吉林省信托有限责任公司	48.75
		中国吉林森林工业集团有限责任公司	38.75
		吉林市国有资产经营有限责任公司	12.50
景顺长城基金管理有限公司	中外合资	长城证券有限责任公司	49.00
		景顺资产管理有限公司	49.00
		开滦(集团)有限责任公司	1.00
		大连实德集团有限公司	1.00

（续上表）

基金管理公司	公司属性	公司股东	持股比例(%)
广发基金管理有限公司	中 资	广发证券股份有限公司	48.33
		烽火通信科技股份有限公司	16.67
		深圳市前海香江金融控股集团有限公司	16.67
		康美药业股份有限公司	10.00
		广州科技风险投资有限公司	8.33
兴业全球基金管理有限公司	中外合资	兴业证券股份有限公司	51.00
		全球人寿保险国际公司	49.00
诺安基金管理有限公司	中 资	中国对外经济贸易信托投资有限公司	40.00
		深圳市捷隆投资有限公司	40.00
		大恒新纪元科技股份有限公司	20.00
申万菱信基金管理有限公司	中外合资	申银万国证券股份有限公司	67.00
		三菱UFJ信托银行株式会社	33.00
中海基金管理有限公司	中外合资	中海信托股份有限公司	41.591
		国联证券股份有限公司	33.409
		法国爱德蒙得洛希尔银行股份有限公司	25.000
华富基金管理有限公司	中 资	华安证券股份有限公司	49.00
		安徽省信用担保集团有限公司	27.00
		合肥兴泰控股集团有限公司	24.00
光大保德信基金管理有限公司	中外合资	光大证券股份有限公司	55.00
		美国保德信投资管理有限公司	45.00
上投摩根基金管理有限公司	中外合资	上海国际信托投资有限公司	51.00
		摩根富林明资产管理(英国)有限公司	49.00
东方基金管理有限公司	中 资	东北证券股份有限公司	64.00
		河北省国有资产控股运营有限公司	27.00
		渤海国际信托有限公司	9.00
中银基金管理有限公司	中外合资	中国银行股份有限公司	83.50
		贝莱德投资管理(英国)有限公司	16.50
东吴基金管理有限公司	中 资	东吴证券股份有限公司	49.00
		上海兰生(集团)有限公司	30.00
		江阴澄星实业集团有限公司	21.00
天弘基金管理有限公司	中 资	天津信托投资有限责任公司	48.00
		内蒙古君正能源化工股份有限公司	36.00
		芜湖高新投资有限公司	16.00
国海富兰克林基金管理有限公司	中外合资	国海证券股份有限公司	51.00
		邓普顿国际股份有限公司	49.00

（续上表）

基金管理公司	公司属性	公司股东	持股比例(%)
华泰柏瑞基金管理有限公司	中外合资	华泰证券股份有限公司	49.00
		柏瑞投资有限责任公司	49.00
		苏州新区高新技术产业股份有限公司	2.00
新华基金管理有限公司	中 资	新华信托股份有限公司	48.00
		陕西蓝潼投资有限公司	30.00
		上海大众环境产业有限公司	13.75
		杭州永原网络科技有限公司	8.25
汇添富基金管理有限公司	中 资	东方证券股份有限公司	47.00
		文汇新民联合报业集团	26.50
		东航金戎控股有限责任公司	26.50
工银瑞信基金管理有限公司	中外合资	中国工商银行股份有限公司	80.00
		瑞士信贷银行股份有限公司	20.00
交银施罗德基金管理有限公司	中外合资	交通银行股份有限公司	65.00
		施罗德投资管理有限公司	30.00
		中国国际海运集装箱(集团)股份有限公司	5.00
建信基金管理有限责任公司	中外合资	中国建设银行股份有限公司	65.00
		美国信安金融服务公司	25.00
		中国华电集团资本控股有限公司	10.00
信诚基金管理有限公司	中外合资	中信信托有限责任公司	49.00
		英国保诚集团股份有限公司	49.00
		中新苏州工业园区创业投资有限公司	2.00
汇丰晋信基金管理有限公司	中外合资	山西信托股份有限公司	51.00
		汇丰环球投资管理(英国)有限公司	49.00
益民基金管理有限公司	中 资	重庆国际信托有限公司	49.00
		中国新纪元有限公司	31.00
		中山证券有限责任公司	20.00
华商基金管理有限公司	中 资	华龙证券有限责任公司	46.00
		中国华电集团财务有限公司	34.00
		济钢集团有限公司	20.00
中邮创业基金管理有限公司	中 资	首创证券有限责任公司	47.00
		中国邮政集团公司	29.00
		三井住友银行股份有限公司	24.00
信达澳银基金管理有限公司	中外合资	中国信达资产管理股份有限公司	54.00
		康联首域集团有限公司	46.00
诺德基金管理有限公司	中外合资	诺德·安博特公司	49.00
		长江证券有限责任公司	30.00
		清华控股有限公司	21.00

（续上表）

基金管理公司	公司属性	公司股东	持股比例(%)
中欧基金管理有限公司	中外合资	意大利意联银行股份合作公司	35.00
		国都证券有限责任公司	30.00
		北京百骏投资有限公司	30.00
		万盛基业投资有限责任公司	5.00
金元惠理基金管理有限公司	中外合资	金元证券股份有限公司	51.00
		惠理基金管理香港有限公司	49.00
浦银安盛基金管理有限公司	中外合资	上海浦东发展银行股份有限公司	51.00
		法国安盛投资管理有限公司	39.00
		上海盛融投资有限公司	10.00
农银汇理基金管理有限公司	中外合资	中国农业银行股份有限公司	51.67
		东方汇理资产管理公司	33.33
		中国铝业股份有限公司	15.00
民生加银基金管理有限公司	中外合资	中国民生银行股份有限公司	63.33
		加拿大皇家银行	30.00
		三峡财务有限责任公司	6.67
纽银梅隆西部基金管理有限公司	中外合资	西部证券股份有限公司	51.00
		纽约银行梅隆资产管理国际有限公司	49.00
浙商基金管理有限公司	中 资	浙商证券股份有限公司	25.00
		浙江浙大网新集团有限公司	25.00
		通联资本管理有限公司	25.00
		养生堂有限公司	25.00
平安大华基金管理有限公司	中外合资	平安信托有限责任公司	60.70
		新加坡大华资产管理有限公司	25.00
		三亚盈湾旅业有限公司	14.30
富安达基金管理有限公司	中 资	南京证券股份有限公司	49.00
		江苏交通控股有限公司	26.00
		南京市河西新城区国有资产经营控股(集团)有限责任公司	25.00
财通基金管理有限公司	中 资	财通证券有限责任公司	40.00
		杭州市工业资产经营投资集团有限公司	30.00
		浙江升华拜克生物股份有限公司	30.00
方正富邦基金管理有限公司	陆台合资	方正证券股份有限公司	66.70
		富邦证券投资信托股份有限公司	33.30
长安基金管理有限公司	中资	长安国际信托股份有限公司	40.00
		上海美特斯邦威服饰股份有限公司	33.00
		上海磐石投资有限公司	18.00
		兵器装备集团财务有限责任公司	9.00
国金通用基金管理有限公司	中 资	国金证券股份有限公司	49.00
		苏州工业园区地产经营管理公司	19.50
		广东宝丽华新能源股份有限公司	19.50
		中国通用技术(集团)控股有限责任公司	12.00

（续上表）

基金管理公司	公司属性	公司股东	持股比例(%)
安信基金管理有限责任公司	中 资	安信证券股份有限公司	49.00
		五矿资本控股有限公司	36.00
		中广核财务有限责任公司	15.00
德邦基金管理有限公司	中 资	德邦证券有限责任公司	49.00
		西子联合控股有限公司	31.00
		浙江省土产畜产进出口集团有限公司	20.00
红塔红土基金管理有限公司	中 资	红塔证券股份有限公司	49.00
		深圳市创新投资集团有限公司	26.00
		北京市华远集团有限公司	25.00
华宸未来基金管理有限公司	中外合资	华宸信托有限责任公司	40.00
		咸阳步长医药科技发展有限公司	35.00
		韩国未来资产基金管理公司	25.00
英大基金管理有限公司	中 资	英大国际信托有限责任公司	49.00
		中国交通建设股份有限公司	36.00
		航天科工财务有限责任公司	15.00

基金销售机构

基金管理公司直销机构

国泰基金管理有限公司

直销柜台

地址：深圳市福田区益田路与福华三路东交汇处深圳国际商会中心1206、1208

电话：0755-88315935　传真：0755-88315929

上海直销柜台

地址：上海浦东新区世纪大道100号上海环球金融中心39楼

客服专线：400-888-8688

电话：021-38561795　传真：021-68775881

公司网址：www.gtfund.com

北京直销柜台

地址：中国北京市西城区金融大街7号第5层525-530单元

电话：010-66553055　传真：010-66553082

国泰基金电子交易平台

交易网站：www.gtfund.com

电话：010-38561739

南方基金管理有限公司

直销中心

地址：广东省深圳市福田中心区福华一路六号免税商务大厦塔楼31、32、33层

电话：0755-82763905　0755-82763888

传真：0755-82763900　0755-82763889

客服热线：400-889-8899　客服传真：0755-83887777

北京分公司

地址：北京市西城区武定侯街6号卓著中心1603室

电话：010-66573399　传真：010-66573868

上海分公司

地址：上海市浦东南路528号证券大厦南塔19层1901室

电话：021-68817000　传真：021-68817654

合肥分公司

地址：安徽省合肥市政务区潜山南路188号蔚蓝商务港A座714-722室

电话：0551-63819421

传真：0551-63814688

网上交易专线：400-889-8899转4

专户理财热线电话：400-889-8899转0

华安基金管理有限公司

上海投资理财中心

地址：上海市浦东新区世纪大道8号上海国金中心二期31层

电话：021-38969960　传真：021-68863223

北京投资理财中心

地址：北京市西城区金融街7号英蓝国际金融中心522室

电话：010-57635999　传真：010-66214061

广州投资理财中心

地址：广州市天河区华夏路10号富力中心1203室

电话：020-38199200　传真：020-38927962

西安投资理财中心

地址：西安市碑林区南关正街88号长安国际中心A座706室

电话：029-87651811　传真：029-87651820

成都投资理财中心

地址：成都市人民南路四段19号威斯顿联邦大厦12层1211K-1212L

电话：028-85268583　传真：028-85268827

沈阳投资理财中心

地址：沈阳市沈河区北站路59号财富中心E座2103室

电话：024-22522733　传真：024-22521633

华安电子交易网站：www.huaan.com.cn

华安电子交易手机网站：wap.huaan.com.cn

华安电子交易热线：40088-50099

华夏基金管理有限公司

北京分公司投资理财中心

地址：北京市西城区金融大街33号通泰大厦B座1层

电话：010-88087226/27/28

传真：010-88087225

北京海淀投资理财中心

地址：北京市海淀区中关村南大街11号光大国信大厦一层

电话：010-68458998/68458698/68458718

传真：010-68458598

北京朝阳投资理财中心

地址：北京市朝阳区东三环中路24号双井乐成中心B座1层102

电话：010-67718442/49　传真：010-67718470

北京东中街投资理财中心
地址：北京市东城区东中街29号东环广场B座一层
电话：010-64185181/82/83 传真：010-64185180

北京科学院南路投资理财中心
地址：北京市海淀区中关村科学院南路9号（新科祥园小区大门口一层）
电话：010-82523197/98/99 传真：010-82523196

北京崇文投资理财中心
地址：北京市东城区广渠门内大街35号（富贵园购物中心）首层东区F1-3
电话：010-67146300/400 传真：010-67133146

北京世纪城投资理财中心
地址：北京市海淀区蓝靛厂时雨园甲2-4号
电话：010-88892832/33/35 传真：010-88892830

北京西三环投资理财中心
地址：北京市海淀区紫竹院路88号紫竹花园一期B座01号
电话：010-52723105/06/07 传真：010-52723103

北京亚运村投资理财中心
地址：北京市朝阳区慧忠里103号洛克时代广场A座一层
电话：010-84871036/37/38/39 传真：010-84871035

北京望京投资理财中心
地址：北京市朝阳区望京南湖东园122楼博泰国际商业广场一层F-36号
电话：010-64743055/2505/0335/5375
传真：010-64746885

北京朝外大街投资理财中心
地址：北京市朝阳区朝外大街6号新城国际6号楼101号
电话010-65336099/6579/6079

北京东四环投资理财中心
地址：北京市朝阳区八里庄西里100号1幢103号
电话：010-85869585

上海分公司投资理财中心
地址：上海市浦东新区陆家嘴环路1318号101A室
电话：021-58771599/2855 传真：021-68547277

上海联洋投资理财中心
地址：上海市浦东新区长柳路115号（200135）
电话：021-68547366/7586/7566

深圳分公司投资理财中心
地址：深圳市福田区民田路新华保险大厦108室
电话：0755-82033033/88264716/88264710
传真：0755-82031949

南京分公司投资理财中心
地址：南京市长江路69号江苏保险大厦一楼
电话：025-84733916/3917/3918 传真：025-84733928

杭州分公司投资理财中心
地址：杭州市西湖区杭大路15号嘉华国际商务中心105室
电话：0571-89716606/6607/6608/6609
传真：0571-89716611

广州分公司投资理财中心
地址：广州市天河区珠江新城华穗路180号（君玥公馆）A座首层
电话：020-38067290/7291 传真：020-38067232

广州天河投资理财中心
地址：广州市天河区天河北路579-B号协和新世界一层
电话：020-38460001/1058/1152
传真：020-38461077

博时基金管理有限公司

总公司
地址：深圳市福田区深南大道7088号招商银行大厦29-30层
电话：0755-83169999 传真：0755-83195190

北京分公司及北京直销中心
地址：北京市建国门内大街18号恒基中心1座23层
电话：010-65187055 传真：0755-83195140
统一服务热线：95105568

上海分公司
名称：博时基金管理有限公司上海分公司
地址：上海市黄浦区中山南路28号久事大厦25层
电话：021-33024909 传真：021-63305180

客服中心
地址：北京市建国门内大街18号恒基中心1座23层博时客服中心

鹏华基金管理有限公司

直销中心
地址：深圳市福田区福华三路168号深圳国际商会中心43层
电话：0755-82021233 传真：0755-82021155

北京分公司
地址：北京市西城区金融大街甲9号金融街中心南楼502房
电话：010-88082426 传真：010-88082018

上海分公司
地址：上海市浦东新区花园石桥路33号花旗集团大厦801B室
电话：021－58825962 传真：021-68876821/68876900

武汉分公司
地址：武汉市江汉区建设大道568号新世界国贸大厦I座1001室
直销电话：027-85557881 传真：027-85557973

广州分公司
地址：广州市珠江新城华夏路10号富力中心24楼07单元
电话：020-38927993 传真：020-38927990

嘉实基金管理有限公司

北京直销中心
地址：北京市朝阳区建国路91号金地中心A座6层

电话：010–65215588　　传真：010–65180615

上海直销中心

地址：上海市浦东新区世纪大道8号上海国金中心二期23楼01–03单元

电话：021–38789658　　传真：021–68880023

成都分公司

地址：成都市人民南路一段86号城市之心30H

电话：028–86202100　　传真：028–86202100

深圳分公司

地址：深圳市深南东路5047号发展银行大厦附楼二楼

电话：0755–25870686　　传真：0755–25870663

青岛分公司

地址：青岛市市南区香港中路10号颐和国际大厦A座3502室

电话：0532–66777766　　传真：0532–66777676

杭州分公司

地址：杭州市西湖区杭大路15号嘉华国际商务中心313室

电话：0571–87759328　　传真：0571–87759331

福州分公司

地址：福州市鼓楼区五四路158号环球广场25层04单元

电话：0591–88013673　　传真：0591–88013670

南京分公司

地址：南京市白下区中山东路288号新世纪广场A座4202室

电话：025–66671118　　传真：025–66671100

广州分公司

地址：广州市天河区天河北路183号大都会广场2415–2416室

电话：020–87555163　　传真：020–81552120

长盛基金管理有限公司

直销中心

地址：北京市海淀区北太平庄路 18号城建大厦A座20层

电话：010–82019799/82019795

传真：010–82255981/82255982

上海分公司

地址：上海市浦东新区浦东南路 256 号华夏银行大厦1601室

电话：021–68889056　　传真：021–68869156

华南营销中心

地址：上海市浦东新区民生路1199弄证大五道口1号楼3楼

电话：0755–88267980　　传真：0755–82022118

杭州分公司

地址：杭州市教工路18号世贸丽晶城欧美中心1号楼C区808室

电话：0571–89712788　　传真：0571–89712757

郑州分公司

地址：郑州市金水路226号楷林国际大厦818室

电话：0371–86023880　　传真：0371–86023890

成都分公司

地址：成都市顺城大街8号中环广场2座26楼05室

电话：028–66338868　　传真：028–66338788

北京分公司

地址：北京市海淀区北太平庄路18号城建大厦A座9层

电 话：010–82019988　　传 真：010–82274129

富国基金管理有限公司

直销机构

地址：上海市浦东新区世纪大道8号上海国金中心二期16–17层

电话：021–20361818

传真：021–20361616

客户服务热线：95105686　　400–888–0688

北京分公司

地址：北京市西城区武定侯街6号卓著中心508室

电话：010–82292390　　传真：010–82292350

深圳分公司

地址：广东省深圳市南山区深南大道以北9030号沙河世纪假日广场A507

电话：0755–86621796　　传真：0755–86626436

成都分公司

地址：四川省成都市提督街88号四川建行大厦2801室

电话：028–86767800　　传真：028–86767800

广州分公司

地址：广州市天河区珠江新城临江大道57号8E房

电话：020–22008769　　传真：020–22008766

易方达基金管理有限公司

直销机构：

地址：广州市体育西路189号城建大厦25–28楼

客服电话：400–881–8088

电话：020–85102506

传真：400–881–8099

北京直销中心

地址：北京市西城区金融街20号B座8层

电话：010–63213377　　传真：400–881–8099

上海直销中心

地址：上海市世纪大道88号金茂大厦2706–2708室

电话：021–50476668　　传真：400–881–8099

宝盈基金管理有限公司

直销机构

地址：深圳市深南大道6008号深圳特区报业大厦15层

电话：0755–83276688　　传真：0755–83515599

北京办事处
地址：北京市西城区月坛北街2号月坛大厦B607室
电话：010–68083668　　传真：010–68083245

上海办事处
地址：上海浦东新区浦东南路379号金穗大厦24层B座
电话：021–58889676　　传真：021–58889679

融通基金管理有限公司

深圳投资理财中心
地址：深圳市南山区华侨城汉唐大厦13、14层
电话：0755–26947583　　传真：0755–26935139
客服电话：400–883–8088　0755–26948088

北京分公司
地址：北京市西城区金融大街35号国际企业大厦C座1241–1243室
电话：010–66190975　　传真：010–88091635

上海分公司
地址：上海市世纪大道8号国金中心汇丰银行大楼6楼601–602
电话：021–38424889　　传真：021–38424884

银华基金管理有限公司

北京直销中心
地址：北京市东城区东长安街1号东方广场东方经贸城C2办公楼10层
电话：010–58162950　　传真：010–58162951

深圳直销中心
地址：广东省深圳市深南大道6008号特区报业大厦19层
电话：0755–83515002　　传真：0755–83515082

上海分公司
地址：上海市浦东福山路500号城建国际中心702室
电话：021–50817001　　传真：021–50817055

长城基金管理有限公司

公司总部
地址：深圳市福田区益田路6009号新世界商务中心41层
电话：0755–23982338　　传真：0755–23982328

深圳分公司
地址：深圳市福田区益田路新世界商务中心4002、4003
电话：0755–23982257　　传真：0755–23982328

北京分公司
地址：北京市西城区金融大街7号英蓝国际金融中心F916–F917单元
电话：010–88091157–8020
传真：010–88091075–8002

上海分公司
地址：上海市浦东新区浦东南路256号1804室
电话：021–51150756　　传真：021–51150756

泰达宏利基金管理有限公司

直销中心
地址：北京市西城区金融大街7号英蓝国际金融中心南楼三层
电话：010–66577619　　010–66577617
传真：010–66577760/61
公司网址：www.mfcteda.com
客服电话：400–698–8888

北京分公司
地址：北京市宣武区宣外大街10号庄胜广场北翼1501–1507室
电话：010–66577553　　传真：010–63100786

上海分公司
地址：上海市浦东新区银城中路200号4306室
电话：021–68878355　　传真：021–68878360

广州分公司
地址：广州市天河区珠江新城华夏路10号富力中心1307
电话：020–38927333　　传真：020–38928155

泰达宏利基金网上直销系统
交易系统网址：https://etrade.mfcteda.com/etrading/
客服电话：400–698–8888　　010–66555662

国投瑞银基金管理有限公司

直销中心
地址：深圳市福田区金田路4028号荣超经贸中心46层
电话：0755–83575993　　0755–83575994
传真：0755–82904048　　0755–82904007
客服电话：400–880–6868
公司网址：www.ubssdic.com

上海分公司
地址：上海市虹口区东大名路638号6层
电话：021–25059999　　传真：021–35315989

北京分公司
地址：北京市西城区金融大街7号英蓝国际金融中心815室
电话：010–66555550–1801　　传真：010–66555553

广州分公司
地址：广州市天河区珠江新城华夏路10号富力中心903单元
电 话：020–38928925

深圳分公司
地址：中国广东省深圳市福田区金田路4028号荣超经贸中心46层
电话：0755–83575999　　传真：0755–82904007

银河基金管理有限公司

上海销售服务部
地址：上海市世纪大道1568号中建大厦15楼
电话：021–38568507　　传真：021–38568985

机构理财部
地址：北京市西城区月坛西街6号A–F座3楼
电话：010–68061308　　021–38568666
传真：010–68017906

北京分公司
地址：北京市西城区西直门外大街1号西环广场T3座15楼B5
电话：010–58301616　　传真：010–58301156

广州分公司
地址：广州市越秀区天河路1号锦绣联合商务大厦25楼2515室
电话：020–37602205　　传真：020–37602384

哈尔滨分公司
地址：哈尔滨市南岗区花园街310号恒运大厦5层
电话：0451–53928808　　传真：0451–53905578

南京分公司
地址：江苏省南京市江东中路201号3楼
电话：025–84671299　　传真：025–84671298

深圳分公司
地址：深圳市福田区景田西路17号赛格景苑2楼
电话：0755–82707533　　传真：0755–82707533

万家基金管理有限公司

直销机构
地址：上海市浦东新区浦电路360号陆家嘴投资大厦9层
电话：021–38619999　　传真：021–38619888
客服电话：400–888–0800　　021–68644599
公司网址：www.wjasset.com

金鹰基金管理有限公司

直销中心
地址：广州市天河区体育西路189号城建大厦22–23层
服务热线：4006–135–888

广州分公司
地址：广州市天河区体育西路189号城建大厦22–23层
服务热线：400–6135–888
前台总机：020–83282855

北京分公司
地址：北京市西城区西单民丰胡同31号中水大厦303室
服务热线：010–66159951

上海分公司
上海市静安区南京西路758号17E室
服务热线：021–62178800

深圳分公司
地址：深圳市深南大道2008号中国凤凰大厦17G室
服务热线：0755–23945578

招商基金管理有限公司

电子商务网上交易平台
交易网站：www.cmfchina.com
交易电话：400–887–9555
电话：0755–83195018　　传真：0755–83199059

华东机构理财中心
地址：上海市浦东南路588号浦发大厦29楼AK单元
电话：021–58796636

华南机构理财中心
地址：深圳市深南大道7088号招商银行大厦23楼
电话：0755– 8319637

华北机构理财中心
地址：北京市西城区武定侯街6号卓著中心2001室
电话：010–66290510

养老金业务部
地址：北京市西城区武定侯街6号卓著中心2001室
电话：010–66290590

直销交易服务联系方式
地址：深圳市深南大道7088号招商银行大厦23层招商基金市场部客户服务中心
电话：0755–83196359　　0755–83196358
传真：0755–83196360　　备用传真：0755–83199266

华宝兴业基金管理有限公司

直销柜台
地址：上海市世纪大道88号金茂大厦48层
电话：021–38505731/38505732
传真：021–50499663/50499667/50988055

直销e 网金
网上交易网址：www.fsfund.com。

北京分公司
地址：北京市朝阳区建国门外大街乙12号双子座大厦西塔2503室
北京分公司总机电话：010 –58260666

深圳分公司
地址：深圳市福田区福中三路诺德大厦16G单元
电话：0755–82028856

摩根士丹利华鑫基金管理有限公司

直销中心
地址：深圳市福田区中心四路1号嘉里建设广场第二座第17层01–04室
电话：0755–88318898　　传真：0755–82990631

北京分公司
地址：北京市西城区太平桥大街18号丰融国际大厦1005室
电话：010–66155568
传真：010–66158135

上海分公司
地址：上海市浦东新区陆家嘴环路1000号恒生银行大厦45楼011—111单元
电话：021—63343311　　传真：021—63343988

网上直销系统
交易系统网址：https://etrade.msfunds.com.cn/etrading
统一客服电话：400—8888—668

海富通基金管理有限公司

直销中心
地址：上海市浦东新区陆家嘴花园石桥路66号东亚银行金融大厦36—37层
电话：021—38650999　　传真：021—33830160
客户服务电话：40088—40099
公司网址：www.hftfund.com

国联安基金管理有限公司

北京办事处
地址：北京市西城区金融大街28号盈泰中心2号楼10层
电话：010—59312802

长信基金管理有限责任公司

直销中心：
地址：上海市银城中路68号时代金融中心9楼
总机：021—61009999　　传真：021—61009800
客户服务专线：400—700—5566(免长话费)

北京分公司
地址：北京市西城区金融大街17号中国人寿中心6层604室
电话：010—68042292

深圳分公司
地址：深圳市福田区益田路新世界商务中心608室
传真：0755—23980586

武汉办事处
地址：武汉市江汉区新华下路特8号长江证券大楼210室
传真：027—85809513

泰信基金管理有限公司

地址：上海市浦东新区浦东南路256号华夏银行大厦36、37层
电话：021—20899058　　传真：021—20899060
客服电话：021—38784566
公司网址：www.ftfund.com

北京分公司
地址：北京市西城区广成街4号院1号楼305、306室
电话：010—66215978—506
传真：010—66215968

深圳分公司
地址：深圳市福田区深南大道与民田路交界西南新华保险大厦1308
电话：0755—33988759
传真：0755—33988757

天治基金管理有限公司

直销中心
地址：上海市复兴西路159号
电话：021—64718300　　传真：021—64375409
客服电话：400—886—4800　021—34064800
公司网址：www.chinanature.com.cn

电子直销
天治基金网上交易平台"E天网"　etrade.chinanature.com.cn

北京分公司
地址：北京市西城区复兴门内金融大街19号富凯大厦B703A号
电话：010—66578008　　传真：010—66574339

景顺长城基金管理有限公司

直销中心
地址：深圳市中心四路1号嘉里建设广场第1座21层
电话：0755—82370388—1661　传真：0755—22381325
客服电话：400—8888—606
公司网址：www.invescogreatwall.com

北京分公司
地址：北京市西城区金融街7号英蓝国际金融中心608—610
联系电话：010—66555001

上海分公司
地址：上海市陆家嘴银城中路168号上海银行大厦1610室
电话：021—58778220

广州分公司
地址：广州市天河区珠江新城华夏路8号合景国际金融广场902室
电话：020—38478762

广发基金管理有限公司

广州分公司
地址：广州市海珠区琶洲大道东1号保利国际广场南塔32楼
直销中心电话：020—89899073 020—89899042
传真：020—89899069　　020—89899070

北京分公司
地址：北京市宣武区宣武门外大街甲1号环球财讯中心D座11层
电话：010—68083368　　传真：010—68083078

上海分公司
地址：上海市浦东新区陆家嘴东路166号中国保险大厦2908室
电话：021—68885310　　传真：021—68885200

深圳理财中心
地址：深圳市福田区民田路178号华融大厦24楼05室
电话：0755-82701982　　传真：0755-82572169

杭州理财中心
地址：杭州市西湖区华星路2-2号
电话：0571-81903158　　传真：0571-81903158

网上交易
网上交易系统网址：www.gffunds.com.cn
客服电话：95105828　　020-83936999
客服传真：020-34281105

兴业全球基金管理有限公司

直销柜台
地址：上海市浦东张杨路500号时代广场20楼
直销电话：021-58368886/58368919
客服电话：400-678-0099　　021-38824536
传真：021-58368869/58368915

网上直销
交易网站：trade.xyfunds.com.cn
客服电话：400-678-0099　　021-38824536

北京分公司
地址：北京市西城区锦什坊街26号恒奥中心C座508室
电话：010-66218629

诺安基金管理有限公司

深圳直销中心
地址：深圳市深南大道4013号兴业银行大厦19—20层
电话：0755－83026688　　传真：0755－83026677

北京分公司
地址：北京市朝阳区光华路甲14号诺安大厦8-9层
电话：010－65863688　　传真：010－51309999

上海分公司
地址：上海市浦东新区浦东南路528号上海证券大厦南塔2208室
电话：021-68824617　　传真：021-68824617

广州分公司
地址：广州市珠江新城华夏路10号富力中心502
电话：020－38393680　　传真：020－38393680

西部营销中心
办公地址：成都市锦江区下东大街216号喜年广场2407
电话：028-86586055　　传真：028-86586055

申万菱信基金管理有限公司

直销中心
地址：上海市淮海中路 300号香港新世界大厦40层
电话：021-23261188　　传真：021-23261199
客服电话：400-880-8588　　021-962299
公司网址：www.swsmu.com

上海理财中心
地址：上海市淮海中路300号香港新世界大厦40层
电话：021-23261188　　传真：021-23261199

北京分公司
地址：北京西城区金融大街19号富凯大厦B座1006室
电话：010-66574388　　传真：010-66574399

广州分公司
地址：广州天河区黄埔大道西76号富力盈隆广场41层4106室
电话：020-38391578　　传真：020-38392552

中海基金管理有限公司
地址：上海市浦东新区银城中路68号2905-2908室及30层
电话：021-68419518　　传真：021-68419328
客服电话：400-888-9788　　021-38789788
公司网址：www.zhfund.com

北京分公司
地址：北京市西城区复兴门内大街158号远洋大厦F211B单元
电话：010-66493583　　传真：010-66425292

华富基金管理有限公司
地址：上海市浦东新区陆家嘴环路1000号31层
电话：400-700-8001　　021-68886996
传真：021-68887997
公司网址：www.hffund.com

光大保德信基金管理有限公司

投资理财中心
地址：上海市延安东路222号外滩中心46楼
电话：021-63352934　　021-63352937
传真：021-63350429
客服电话：400-820-2888　　021-53524620
公司网址：www.epf.com.cn

上投摩根基金管理有限公司

上海贵宾理财中心
地址：上海市浦东富城路99号震旦国际大楼20楼
电话：400-889-4888　　021-38794888
传真：021-68416113

北京贵宾理财中心
地址：北京市西城区金融街七号英蓝国际金融中心19层1925室
电话：010-58369199
传真：010-58369138

深圳贵宾理财中心
地址：深圳市罗湖区深南东路5001号华润大厦2705-07室
电话：0755-82690060
传真：0755-82690104

公司电子交易系统

www.51fund.com

客服热线：400-889-4888

厦门分公司

地址：中国厦门市莲岳路1号磐基中心2108A

电话：400-889-4888　　传真：0592-2381669

东方基金管理有限责任公司

公司总部

地址：北京市西城区锦什坊街28号1-4层

联系电话：010-66295888　　传真：010-66295999

客户服务电话：400-628-5888

中银基金管理有限公司

直销中心

地址：上海市浦东新区银城中路200号中银大厦26、45楼

电话：021-38834999　　400-888-5566

传真：021-68872488

电子信箱：clientservice@bocim.com

网上直销平台

公司网址：www.bocim.com

北京分公司

地址：北京西城区武定侯街2号泰康国际大厦1901-02，1907-11

电话：010-88000688　　传真：010-88000488/0588

华南分公司

地址：广州市天河区珠江新城珠江西路5号广州国际金融中心主塔写字楼第38层04单元

东吴基金管理有限公司

直销中心

地址：上海市浦东新区源深路279号

电话：021-50509880　　传真：021-50509884

客服电话：021-50509666　　公司网址：www.scfund.com.cn

北京办事处（筹）

地址：北京市西城区金融街富凯大厦B座803室

电话：010-66573905　　66573907

传真：010-66574409

天弘基金管理有限公司

天津理财中心

地址：天津市河西区马场道59号天津国际经济贸易中心A座16层

电话：022-83310208　　传真：022-83865569

客服电话：400-710-9999　　022-83310988

公司网址：www.thfund.com.cn

北京分公司

地址：北京市西城区金融大街一号甲1号楼15层

电话：010-83571789-6287　　传真：010-83571800

上海分公司

地址：上海市浦东新区陆家嘴环路166号未来资产大厦8楼B单元

电话：021-50128808　　传真：010-50128801

广州分公司

地址：广州市天河区珠江新城华夏路10号富力中心写字楼第10层08单元

电话：020-38927920　　传真：020-38927921

国海富兰克林基金管理有限公司

上海分公司

地址：上海浦东世纪大道8号上海国金中心二期9层

电话：021-3855 5678

传真：021-6887 0708

北京分公司

地址：北京市西城区武定侯街2号泰康国际大厦1507室

电话：010-59315299

传真：010-59315298

深圳分公司

地址：深圳市罗湖区深南东路5002号地王大厦2507室

电话：0755-82090940　　传真：0755-82090937

华泰柏瑞基金管理有限公司

直销中心

地址：上海浦东新区民生路1199弄上海证大五道口广场1号17层

电话：021-38601777　　传真：021-50103016

客服电话：400-888-0001　　021-38784638

公司网址：www.huatai-pb.com

北京分公司

地址：北京市西城区太平桥大街丰盛胡同28号中国太平洋保险大厦1802室

电话：010-6622-0357　　传真：010-6622-0347

客服：400-888-0001

深圳分公司

地址：深圳市罗湖区深南东路5001号华润大厦508单元

电话：0755-8269-0466　　传真：0755-8269-0404

客服：400-888-0001

新华基金管理有限公司

北京直销中心

地址：北京市海淀区西三环北路11号海通时代商务中心C1座

电话：010-68730999　　传真：010-68731199

网上交易地址：www.ncfund.com.cn

汇添富基金管理有限公司

直销中心

地址：上海市富城路99号震旦国际大楼21楼

电话：021-28932823　　传真：021-28932803
客服电话：400-888-9918
公司网址：www.99fund.com

南方分公司
地址：广州市天河区珠江东路13号高德置地广场第3期E座9楼01单元
电话：020-83983296　　传真：020-83983289

北京分公司
地址：北京市西城区金融街19号富凯大厦B座1703室
电话：010-66575118　　传真：010-66575571

工银瑞信基金管理有限公司

直销中心
地址：北京市西城区金融大街丙17号北京银行大厦8层
电话：400-811-9999　　010-58698918
传真：010-66583158
公司网址：www.icbccs.com.cn

交银施罗德基金管理有限公司

直销中心
地址：上海市浦东新区世纪大道201号渣打银行大厦10楼
电话：021-61055027　　传真：021-61055054
客服电话：400-700-5000　　021-61055000

西部营销中心
地址：四川省成都市人民南路二段18号川信大厦16层2-2号
邮编：610000
联系电话：028-86199196　　传真：028-86199326

网上交易
公司网址：www.jyfund.com　www.jysld.com
www.bocomschroder.com

北京分公司
地址：北京市西城区金融大街7号英蓝国际金融中心11层1105室
电话：010-88091078　　传真：010-88091167

广州分公司
地址：广州市珠江新城华夏路10号富力中心907
电话：020-38927213　　传真：020-38927211

建信基金管理有限责任公司

北京总公司
地址：北京市西城区金融大街7号英蓝国际金融中心16层
客服电话：010-66228000　　400-81-95533
客服传真：010-66228001　　客服邮箱：service@ccbfund.cn
直销电话：010-66228800　　直销传真：010-66228801
公司网址：www.ccbfund.cn

深圳分公司
地址：深圳市福田区中心区福中三路诺德金融中心9F
电话：0755-88322278

成都分公司
地址：成都市提督街88号四川建行大厦2809室
电话：028-86766292

北京分公司
地址：北京市西城区金融大街7号英蓝国际金融中心1630室
电话：010-66228888

上海分公司
地址：上海市浦东新区陆家嘴环路900号世界金融大厦36层A座
电话：021-68490095

信诚基金管理有限公司

直销中心
地址：上海市浦东新区世纪大道8号上海国金中心汇丰银行大楼9层
电话：021-50120888
公司网址：www.citicprufunds.com.cn.

益民基金管理有限公司

直销中心
地址：北京西城区宣外大街10号庄胜广场中央办公楼南翼13A
电话：010-63102987　　传真：010-63100608
客服电话：400-6508808　　公司网址：www.ymfund.com

北京分公司
地址：北京市宣武区宣武门外大街10号庄胜广场中央办公楼南翼13A
电话：010-63105556　　传真：010-63100508

深圳分公司
地址：深圳市福田区民田路178号华融大厦1609室
电话：0755-82707410　　传真：0755-82707411

华商基金管理有限公司

直销中心
地址：北京市西城区平安里西大街28号中海国际中心19层
电话：010-58573768　　传真：010-58573737
公司网址：www.hsfund.com

中邮创业基金管理有限公司

直销中心
地址：北京市海淀区西直门北大街60号首钢国际大厦10层
电话：010-82290840　　传真：010-82294138
网址：www.postfund.com.cn

广州理财中心
地址：广州市越秀区明月二路24号一楼东部
电话：020-22013671　　传真：020-22013837

信达澳银基金管理有限公司

直销中心

地址：广东省深圳市福田区深南大道7088号招商银行大厦24层
电话：0755-83077068　　传真：0755-83077038
客服电话：400-8888-118　　0755-83160160
客服传真：0755-83077039
公司网址：www.fscinda.com

北京分公司

地址：北京市西城区月坛北街26号恒华国际大厦写字楼606室
电话：010-58569988　　传真：010-58564084

诺德基金管理有限公司

公司总部

地址：上海市浦东陆家嘴环路1233号汇亚大厦12楼
客服电话：400-888-0009　　021-68604888
传真：021-68882526
公司网址：www.lordabbettchina.com

中欧基金管理有限公司

直销中心

地址：上海市浦东新区花园石桥路66号东亚银行金融大厦8层
电话：021-68609602　　传真：021-68609601
客服务电话：021-68609700　　400-700-9700
公司网址：www.lcfunds.com

北京分公司

地址：北京市西城区复兴门南大街2号天银大厦A座9层A036室
电话：010-63082759　　传真：010-63082751

金元惠理基金管理有限公司

公司总部

地址：上海市浦东新区花园石桥路33号花旗集团大厦3608
电话：021-68882850　　传真：021-68882865
客服电话：400-666-0666　　021-61601898
公司网址：www.jykbc.com

浦银安盛基金管理有限公司

上海直销中心

地址：中国上海市淮海中路381号中环广场38楼
电话：021-23212899　　传真：021-23212890
客服电话：400-8828-999　　021-33079999

电子直销　交易网站：www.py-axa.com

农银汇理基金管理有限公司

直销机构

地址：上海浦东世纪大道1600号陆家嘴商务广场7楼
电话：021-61095610　　传真：021-61095422
客服电话：40068-95599　021-61095599
公司网址：www.abc-ca.com

纽银梅隆西部基金管理有限公司

直销机构

地址：上海市浦东新区世纪大道100号上海环球金融中心19楼
电话：021-38572888　　传真：021-38572860
客服电话：4007-007-818　　021-38572666
公司网址：www.bnyfund.com

浙商基金管理有限公司

公司总部

地址：浙江省杭州市文三路90号东部软件园1号楼2楼
电话：0571-28191852　　传真：0571-28191836
客户服务电话:0571-28822288　4006-321-321
公司网址:http://www.zsfund.com

直销中心

地址：浙江省杭州市文三路 90 号东部软件园 1 号楼 2 楼
电话：0571-28191820　　传真：0571-28191836

上海分公司直销中心

办公地址：上海市浦东新区陆家嘴西路 99 号万向大厦 10 楼
电话：021-60350852　　传真：021-60350919

网上直销

网址：www.zsfund.com

平安大华基金管理有限公司

直销中心

地址：深圳市福田区金田路大中华国际交易广场第八层
直销电话：0755-22627627 直销传真：0755-23990088
客服电话：400-800-4800
网址：www.fund.pingan.com

网上交易平台

网址：www.fund.pingan.com
客服电话：400-800-4800

富安达基金管理有限公司

公司总部

地址：上海市浦东新区世纪大道1568号中建大厦29层
客服电话：400-630-6999（免长途）　021-61870666
公司总机：021-61870999　　传真：021-61870888
公司网站：www.fadfunds.com

财通基金管理有限公司

公司总部

地址：上海市银城中路68号时代金融中心41楼

电话：021—68886666　　传真：021—68888321
客户服务电话：4008—209—888
公司网址：www.ctfund.com

方正富邦基金管理有限公司

公司总部
地址：北京市西城区太平桥大街18号丰融国际大厦11层1、9、11、12单元
电话：010—57303700　　传真：010—57303716
客户服务电话：400—818—0990
网址：www.founderff.com

长安基金管理有限公司

公司总部
地址：上海市浦东新区芳甸路1088号紫竹国际大厦16层
公司总机：021—20329999　　传真：021—50598018
网址：www.changanfunds.com

国金通用基金管理有限公司

公司总部
地址：北京市海淀区西三环北路87号国际财经中心D座14层
公司电话：010—88005888　　传真：010—88005666
客服电话：4000—2000—18
网站：www.gfund.com

安信基金管理有限责任公司

公司总部
地址：深圳市福田区益田路6009号新世界商务中心36层
公司总机：0755—82509999　　公司传真：0755—82799292
热线电话：4008—088—088（免长途费）
公司网站：www.essencefund.com

德邦基金管理有限公司

公司总部
地址：广东省深圳市福田区益田路6009号新世界商务中心36层
电话：0755－82509820　　传真：0755－82509920
客户服务电话：4008—088—088
公司网站：www.essencefund.com

华宸未来基金管理有限公司

公司总部
地址：上海虹口区四川北路859号中信广场16楼
公司总机：021—26066999
客服热线：400—920—0699
网址：www.hcmiraefund.com

红塔红土基金管理有限公司

公司总部
地址：深圳市南山区侨香路4068号智慧广场A座801
总机：0755—36855888　　传真：0755—33379033
客服热线：0755—61865878
网址：www.htamc.com.cn

英大基金管理有限公司

公司总部
地址：北京市朝阳区东三环中路1号环球金融中心西塔22楼
公司总机：010—59112288　　公司传真：010—59112222
客服热线：010—57835666
客服传真：010—85878087
网址：www.ydamc.com

基金代销机构——商业银行

中国工商银行股份有限公司
基金销售业务核准时间：2001年8月
地址：北京市西城区复兴门内大街55号
客服电话：95588
网址：www.icbc.com.cn

中国农业银行股份有限公司
基金销售业务核准时间：2001年12月
地址：北京市东城区建国门内大街69号
客服电话：95599
网址：www.abchina.com

中国银行股份有限公司
基金销售业务核准时间：2001年12月
地址：北京市西城区复兴门内大街1号
客服电话：95566
网址：www.boc.cn

中国建设银行股份有限公司
基金销售业务核准时间：2001年7月
地址：北京市西城区金融大街25号
客服电话：95533
网址：www.ccb.com

交通银行股份有限公司
基金销售业务核准时间：2001年9月
地址：上海市银城中路188号
客服电话：95559
网址：www.bankcomm.com

中信银行股份有限公司
基金销售业务核准时间：2002年1月
地址：北京市东城区朝阳门北大街8号富华大厦C座
客服电话：95558
网址：www.ecitic.com

平安银行股份有限公司
基金销售业务核准时间：2002年5月
地址：广东省深圳市深南东路5047号
客服电话：95501
网址：www.bank.pingan.com

上海浦东发展银行股份有限公司
基金销售业务核准时间：2002年7月
地址：上海市中山东一路12号
客服电话：95528
网址：www.spdb.com.cn

招商银行股份有限公司
基金销售业务核准时间：2001年12月
地址：广东省深圳市深南大道7088号招商银行大厦
客服电话：95555
网址：www.cmbchina.com

兴业银行股份有限公司
基金销售业务核准时间：2002年8月
地址：上海市江宁路168号兴业大厦9层
客服电话：95561
网址：www.cib.com.cn

中国民生银行股份有限公司
基金销售业务核准时间：2002年9月
地址：北京市西城区复兴门内大街2号
客服电话：95568
网址：www.cmbc.com.cn

中国光大银行股份有限公司
基金销售业务核准时间：2003年1月
地址：北京市西城区复兴门外大街6号光大大厦
客服电话：95595
网址：www.cebbank.com

北京银行股份有限公司
基金销售业务核准时间：2004年10月
地址：北京市西城区金融大街丙17号
客服电话：010—96169
网址：www.bankofbeijing.com.cn

华夏银行股份有限公司
基金销售业务核准时间：2004年11月
地址：北京市东城区建国门内大街22号华夏银行大厦
客服电话：95577
网址：www.hxb.com.cn

上海银行股份有限公司
基金销售业务核准时间：2005年1月
地址：上海市黄浦区中山东二路585号
客服电话：021—962888
网址：www.bankofshanghai.com

广东发展银行股份有限公司
基金销售业务核准时间：2005年7月
地址：广州市农林下路83号广发银行大厦
客服电话：95508
网址：www.gdb.com.cn

中国邮政储蓄银行有限责任公司
基金销售业务核准时间：2006年7月
地址：北京市西城区金融大街3号
客服电话：95580
网址：www.psbc.com

宁波银行股份有限公司
基金销售业务核准时间：2008年2月
地址：宁波市中山东路294号
客服电话：96528
网址：www.nbcb.com.cn

上海农村商业银行股份有限公司
基金销售业务核准时间：2008年2月
地址：上海市延安西路728号华敏翰尊国际
客服电话：021-962999
网址：www.srcb.com

北京农村商业银行股份有限公司
基金销售业务核准时间：2008年4月
地址：北京市西城区阜成门内大街410号
客服电话：96198
网址：www.bjrcb.com

青岛银行股份有限公司
基金销售业务核准时间：2008年5月
地址：青岛市香港中路68号
客服电话：0532-96588　400-66-96588
网址：www.qdccb.com

徽商银行股份有限公司
基金销售业务核准时间：2008年7月
地址：合肥市安庆路79号徽商银行大厦
客服电话：4008896588　96588
网址：www.hsbank.com.cn

浙商银行股份有限公司
基金销售业务核准时间：2008年8月
地址：杭州市庆春路288号
客服电话：95527
网址：www.czbank.com

东莞银行股份有限公司
基金销售业务核准时间：2008年10月
地址：东莞市城区运河东一路193号
客服电话：0769-96228
网址：www.dongguanbank.cn

南京银行股份有限公司
基金销售业务核准时间：2008年10月
地址：南京市淮海路50号
客服电话：400-889-6400
网址：www.njcb.com.cn

杭州银行股份有限公司
基金销售业务核准时间：2009年1月
地址：杭州市凤起路432号
客服电话：400-8888-508　0571-96523
网址：www.hccb.com.cn

临商银行股份有限公司
基金销售业务核准时间：2009年2月
地址：临沂市沂蒙路336号
客服电话：4006996588
网址：www.lsbchina.com

温州银行股份有限公司
基金销售业务核准时间：2009年5月
地址：温州市车站大道196号
客服电话：0577-96699
网址：www.wzbank.com.cn

汉口银行股份有限公司
基金销售业务核准时间：2009年6月
地址：武汉市建设大道933号
客服电话：027-96558　400-609-6558
网址：www.hkbchina.com

江苏银行股份有限公司
基金销售业务核准时间：2009年9月
地址：南京市洪武北路55号置地广场
客服电话：4008696098　96098
网址：www.jsbchina.cn

渤海银行股份有限公司
基金销售业务核准时间：2009年10月
地址：天津市河西区马场道-205号
客服电话：4008888811
网址：www.cbhb.com.cn

江苏张家港农村商业银行股份有限公司
基金销售业务核准时间：2009年12月
地址：江苏省张家港市人民中路66号
客服电话：0512-96065
网址：www.zrcbank.com

深圳农村商业银行股份有限公司
基金销售业务核准时间：2010年1月
地址：深圳市深南东路3038号合作金融大厦
客服电话：961200

网址：www.961200.net

洛阳银行股份有限公司
基金销售业务核准时间：2010年1月
地址：洛阳新区开元大道256号
客服电话：96699
网址：www.bankofluoyang.com.cn

乌鲁木齐商业银行股份有限公司
基金销售业务核准时间：2010年2月
地址：乌鲁木齐市新华北路8号
客服电话：96518
网址：www.uccb.com.cn

烟台银行股份有限公司
基金销售业务核准时间：2010年6月
地址：山东省烟台市芝罘区海港路25-18号
客服电话：4008311777
网址：www.yantaibank.com

齐商银行股份有限公司
基金销售业务核准时间：2010年9月
地址：山东省淄博市张店区金晶大道105号
客服电话：0533-96588
网址：www.qsbank.cc

浙江民泰商业银行股份有限公司
基金销售业务核准时间：2010年10月
地址：浙江省温岭市三星大道168号
客服电话：400-889-6521
网址：www.mintaibank.com

大连银行股份有限公司
基金销售业务核准时间：2010年10月
地址：大连市中山区中山路88号
客服电话：4006640099
网址：www.bankofdl.com

哈尔滨商业银行股份有限公司
基金销售业务核准时间：2010年10月
地址：哈尔滨市道里区尚志大街160号
客服电话：4006096358　　95537
网址：www.hrbcb.com.cn

重庆银行股份有限公司
基金销售业务核准时间：2010年11月
地址：重庆市渝中区邹容路153号
客服电话：96899/4007096899
网址：www.cqcbank.com

浙江稠州商业银行股份有限公司
基金销售业务核准时间：2010年11月
地址：浙江省义乌市江滨路义乌乐园东侧
客服电话：0571-96527/4008096527
网址：www.czcb.com.cn

天津银行股份有限公司
基金销售业务核准时间：2011年2月
地址：天津市河西区友谊路15号
客服电话：4006960296/022-960296
网址：www.tccb.com.cn

东莞农村商业银行股份有限公司
基金销售业务核准时间：2011年2月
地址：东莞市城区南城路2号
客服电话：0769-961122
网址：www.dgrcc.com

河北银行股份有限公司
基金销售业务核准时间：2011年5月
地址：河北省石家庄市平安北大街28号
客服电话：4006129999/0311-96368
网址：www.sccb.com.cn

嘉兴银行股份有限公司
基金销售业务核准时间：2011年6月
地址：浙江省嘉兴市建国南路409号
客服电话：0573-96528/4008396528
网址：www.jxccb.com

广州银行股份有限公司
基金销售业务核准时间：2011年7月
地址：广州市广州大道北195号
客服电话：020-96699
网址：www.gzcb.com.cn

常熟农村商业银行股份有限公司
基金销售业务核准时间：2011年7月
地址：江苏省常熟市新世纪大道58号
客服电话：962000
网址：www.csrcbank.com

顺德农村商业银行股份有限公司
基金销售业务核准时间：2011年8月
地址：广东省佛山市顺德区大良新城区拥翠路2号
客服电话：0757-22223388
网址：www.sdebank.com

重庆农村商业银行股份有限公司
基金销售业务核准时间：2011年8月

地址：重庆市江北区洋河东路10号
客服电话：966866
网址：www.cqrcb.com

西安银行股份有限公司
基金销售业务核准时间：2011年9月
地址：西安市东四路35号
客服电话：029-96779
网址：www.96779.com.cn

长沙银行股份有限公司
基金销售业务核准时间：2011年9月
地址：湖南省长沙市芙蓉中路1段433号
客服电话：96511
网址：www.cscb.cn

金华银行股份有限公司
基金销售业务核准时间：2011年9月
地址：浙江省金华市金东区光南路668号
客服电话：0579-96528/4007116668
网址：www.jhccb.com.cn

包商银行股份有限公司
基金销售业务核准时间：2011年9月
地址：内蒙古包头市青山区钢铁大街6号
客服电话：976210(宁波、深圳)/96016(内蒙)
网址：www.bsb.com.cn

吴江农村商业银行股份有限公司
基金销售业务核准时间：2011年9月
地址：江苏省吴江市中山南路1777号
客服电话：96068
网址：www.wjrcb.com

江南农村商业银行股份有限公司
基金销售业务核准时间：2011年9月
地址：江苏省常州市延陵中路668号
客服电话：96005
网址：www.jnbank.cc

江阴农村商业银行股份有限公司
基金销售业务核准时间：2011年9月
地址：江苏省江阴市澄江中路1号
客服电话：0510-96078
网址：www.jybank.com.cn

昆山农村商业银行股份有限公司
基金销售业务核准时间：2011年10月
地址：江苏省昆山市前进中路219号
客服电话：0512-57379216
网址：www.96079.com.cn

郑州银行股份有限公司
基金销售业务核准时间：2012年4月
地址：郑州市郑东新区商务外环22号郑银大厦
客服电话：4000967585
网址：www.zzbank.cn

厦门银行股份有限公司
基金销售业务核准时间：2012年5月
地址：厦门市思明区湖滨北路101号商业银行大厦
客服电话：0592-96319
网址：www.xmccb.com

广州农村商业银行股份有限公司
基金销售业务核准时间：2012年7月
地址：广东省广州市天河区珠江新城华夏路1号
客服电话：961111
网址：www.961111.cn

成都农村商业银行股份有限公司
基金销售业务核准时间：2012年9月
地址：四川省成都市武侯区科华中路新5号
客服电话：028-962711
网址：www.cdrcb.com

吉林银行股份有限公司
基金销售业务核准时间：2012年10月
地址：吉林省长春市东南湖大道1817号
客服电话：400-88-96666
网址：www.jlbank.com.cn

苏州银行股份有限公司
基金销售业务核准时间：2012年12月
地址：江苏省苏州市吴中区东吴北路143号
客服电话：96067
网址：www.suzhoubank.com

珠海华润股份有限公司
基金销售业务核准时间：2012年12月
地址：广东省珠海市香洲区吉大九洲大道东1346号
客服电话：4008800338
网址：www.crbank.com.cn

基金代销机构—证券公司

国泰君安证券股份有限公司
基金销售业务核准时间：2002年7月
地址：上海市浦东新区银城中路168号上海银行大厦29层
电话：400-8888-666
网址：www.gtja.com

广发证券股份有限公司
基金销售业务核准时间：2002年8月
地址：广东省广州市天河北路183号大都会广场5、18、19、36、38、41和42楼
电话：020-87555305
网址：www.gf.com.cn

国信证券股份有限公司
基金销售业务核准时间：2002年8月
地址：深圳市红岭中路1012号国信证券大厦16-26层
电话：95536
网址：www.guosen.com.cn

招商证券股份有限公司
基金销售业务核准时间：2002年8月
地址：深圳市福田区益田路江苏大厦A座38-45层
电话：95565
网址：www.newone.com.cn

华泰联合证券有限责任公司
基金销售业务核准时间：2002年8月
地址：深圳市深南东路5047号发展银行大厦25层
电话：400-8888-555
网址：www.lhzq.com

中信证券股份有限公司
基金销售业务核准时间：2002年8月
地址：北京市朝阳区新源南路6号京城大厦三层
电话：95558
网址：www.cs.ectitic.com

海通证券股份有限公司
基金销售业务核准时间：2002年10月
地址：上海市广东路689号海通证券大厦
电话：95553
网址：www.htsec.com

申银万国证券股份有限公司
基金销售业务核准时间：2002年10月
地址：上海市常熟路171号
电话：95523 400-889-5532
网址：www.sywg.com.cn

西南证券股份有限公司
基金销售业务核准时间：2003年1月
地址：重庆市渝中区临江支路2号合景国际大厦A座22-25层
电话：400-8096-096
网址：www.swsc.com.cn

华龙证券有限责任公司
基金销售业务核准时间：2003年1月
地址：甘肃省兰州市城关区东岗西路638号
电话：400-689-8888
网址：www.hlzqgs.com

大同证券有限责任公司
基金销售业务核准时间：2003年1月
地址：山西省太原市青年路8号
电话：0351-4167056
网址：www.dtsbc.com.cn

民生证券股份有限公司
基金销售业务核准时间：2003年1月
地址：北京市东城区建国门内大街28号民生金融中心A座16-20层
电话：400-6198-888
网址：www.mszq.com

山西证券股份有限公司
基金销售业务核准时间：2003年1月
地址：山西省太原市府西街69号山西国际贸易中心
电话：0351-8686868
网址：www.sxzq.net

长江证券股份有限公司
基金销售业务核准时间：2003年2月
地址：武汉市江汉区新华路特8号
电话：400-8888-999
网址：www.cjsc.com.cn

中信万通证券有限责任公司
基金销售业务核准时间：2003年2月
地址：青岛市崂山区深圳路222号青岛国际金融广场20层
电话：0532-96577
网址：www.zxwt.com.cn

广州证券有限责任公司
基金销售业务核准时间：2003年2月
地址：广州市先烈中路69号东山广场主楼5楼
电话：020-961303
网址：www.gzs.com.cn

兴业证券股份有限公司
基金销售业务核准时间：2003年2月
地址：浦东新区民生路1199弄证大 五道口广场1号楼21层标力大厦18层
电话：400-8888-123
网址：www.xyzq.com.cn

华泰证券股份有限公司
基金销售业务核准时间：2003年2月
地址：南京市中山东路90号华泰证券大厦
电话：400-8888-168
网址：www.htsc.com.cn

渤海证券股份有限公司
基金销售业务核准时间：2003年2月
地址：天津市河西区宾水道3号
电话：400-651-5988
网址：www.ewww.com.cn www.bhzq.com

中信证券(浙江)有限责任公司
基金销售业务核准时间：2003年2月
地址：杭州市中河南路11号万凯庭院商务楼A座
电话：0571-96598
网址：www.bigsun.com.cn

万联证券有限责任公司
基金销售业务核准时间：2003年2月
地址：广州市中山二路18号广东电信广场36、37层
电话：400-8888-133
网址：www.wlzq.com.cn

国元证券股份有限公司
基金销售业务核准时间：2003年2月
地址：安徽省合肥市寿春路179号国元大厦
电话：400-8888-777
网址：www.gyzq.com.cn

湘财证券有限责任公司
基金销售业务核准时间：2003年3月
地址：湖南省长沙市天心区湘府中路198号标志商务中心11楼
电话：400-888-1551
网址：www.xcsc.com

东吴证券股份有限公司
基金销售业务核准时间：2003年12月
地址：苏州工业园区翠园路181号
电话：0512-96288
网址：www.dwjq.com.cn

东方证券股份有限公司
基金销售业务核准时间：2004年4月
地址：上海市中山南路318号2号楼
电话：95503
网址：www.dfzq.com.cn

光大证券股份有限公司
基金销售业务核准时间：2004年4月
地址：上海市静安区新闸路1508号
电话：400-8888-788
网址：www.ebscn.com

上海证券有限责任公司
基金销售业务核准时间：2004年5月
地址：上海市西藏中路336号
电话：021-962518 400-891-8918
网址：www.962518.com

国联证券股份有限公司
基金销售业务核准时间：2004年6月
地址：江苏省无锡市太湖新城金融一街8号国联金融大厦
电话：95570
网址：www.glsc.com.cn

浙商证券有限责任公司
基金销售业务核准时间：2004年6月
地址：浙江省杭州市杭大路1号黄龙世纪广场A座6-7楼
电话：0571-967777
网址：www.stocke.com.cn

平安证券有限责任公司
基金销售业务核准时间：2004年8月
地址：深圳市福田区金田路大中华国际交易广场8楼
电话：400-8816-168
网址：www.pingan.com

华安证券有限责任公司
基金销售业务核准时间：2004年8月
地址：安徽省合肥市庐阳区阜南路166号润安大厦
电话：96518 400-809-6518
网址：www.huaans.com.cn

东北证券股份有限公司
基金销售业务核准时间：2004年7月
地址：吉林省长春市自由大路1138号证券大厦
电话：400-600-0686
网址：www.nesc.cn

南京证券有限责任公司
基金销售业务核准时间：2004年8月
地址：南京市玄武区鼓楼大钟亭8号

电话：400—828—5888
网址：www.njzq.com.cn

长城证券股份有限公司
基金销售业务核准时间：2004年8月
地址：深圳市福田区深南大道6008号特区报业大厦
电话：0755—33680000 400—6666—888
网址：www.cgws.com

国海证券有限责任公司
基金销售业务核准时间：2004年9月
地址：广西自治区南宁市滨湖路46号
电话：400—8888—100
网址：www.ghzq.com.cn

财富证券有限责任公司
基金销售业务核准时间：2004年9月
地址：湖南省长沙市芙蓉中路二段80号顺天财富中心
电话：0731—84403350
网址：www.cfzq.com

东莞证券有限责任公司
基金销售业务核准时间：2004年9月
地址：广东省东莞市莞城区可园南路1号金源中心
电话：0769—961130
网址：www.dgzq.com.cn

东海证券有限责任公司
基金销售业务核准时间：2004年9月
地址：上海市浦东新区东方路989号中达广场
电话：0519—8166222
网址：www.longone.com.cn

中原证券股份有限公司
基金销售业务核准时间：2004年10月
地址：郑州市郑东新区商务外环路10号
电话：0371—967218 400—8139—666
网址：www.ccnew.com

国都证券有限责任公司
基金销售业务核准时间：2004年11月
地址：北京市东城区东直门南大街3号国华投资大厦
电话：400—8188—118
网址：www.guodu.com

恒泰证券股份有限公司
基金销售业务核准时间：2004年11月
地址：内蒙古呼和浩特市新城区新华东街111号
电话：0471—4961259
网址：www.cnht.com.cn

中银国际证券有限责任公司
基金销售业务核准时间：2004年11月
地址：上海市浦东银城中路200号中银大厦39F
电话：400—620—8888
网址：www.bocichina.com

齐鲁证券有限公司
基金销售业务核准时间：2004年11月
地址：济南市经七路86号
电话：95538
网址：www.qlzq.com.cn

华西证券有限责任公司
基金销售业务核准时间：2004年11月
地址：成都市陕西街239号
电话：400—8888—818
网址：www.hx168.com.cn

国盛证券有限责任公司
基金销售业务核准时间：2004年11月
地址：南昌市北京西路88号江信国际金融大厦
电话：400—8222—111
网址：www.gsstock.com

新时代证券有限责任公司
基金销售业务核准时间：2004年11月
地址：北京市西城区金融大街1号A座8层
电话：010—68083601
网址：www.xsdzq.cn

华林证券有限责任公司
基金销售业务核准时间：2004年11月
地址：深圳市福田区民田路178号华融大厦6楼
电话：400—8802—888
网址：www.chinalions.com

中国国际金融有限公司
基金销售业务核准时间：2004年12月
地址：北京市建国门外大街1号国贸大厦2座
电话：010—65051166
网址：www.cicc.com.cn

宏源证券股份有限公司
基金销售业务核准时间：2004年12月
地址：新疆自治区乌鲁木齐市建设路2号宏源大厦
电话：4008—000—562
网址：www.hysec.com

广发华福证券有限责任公司
基金销售业务核准时间：2005年1月

地址：福州市五四路新天地大厦7、8层
电话：0591–96326
网址：www.hfzq.com.cn

世纪证券有限责任公司

基金销售业务核准时间：2005年2月
地址：深圳市深南大道7088号招商银行大厦
电话：0755–83199511
网址：www.csco.com.cn

德邦证券有限责任公司

基金销售业务核准时间：2005年2月
地址：上海浦东新区福山路500号城建国际中心26楼
电话：021–68761616–8125
网址：wwebon.com.cw.tn

第一创业证券有限责任公司

基金销售业务核准时间：2005年3月
地址：深圳市罗湖区笋岗路12号中民时代广场B座
电话：400–888–1888
网址：www.firstcapital.com.cn

金元证券股份有限公司

基金销售业务核准时间：2005年4月
地址：深圳市福田区深南大道4001号时代金融中心
电话：400–8888–228
网址：www.jyzq.com.cn

西部证券股份有限公司

基金销售业务核准时间：2005年4月
地址：陕西省西安市东新街232号信托大厦
电话：96708
网址：www.westsecu.com

中航证券有限公司

基金销售业务核准时间：2005年4月
地址：南昌市红谷滩中心区红谷中大道1619号国际金融大厦41层
电话：400–8866–567
网址：www.scstock.com

中信建投证券有限责任公司

基金销售业务核准时间：2005年12月
地址：北京市东城区朝内大街188号
电话：400–8888–108
网址：www.csc108.com

财通证券经纪有限责任公司

基金销售业务核准时间：2006年7月
地址：浙江省杭州市解放路111号
电话：0571–96336
网址：www.ctsec.com

安信证券股份有限公司

基金销售业务核准时间：2007年4月
地址：深圳市福田区金田路4018号安联大厦
电话：4008–001–001
网址：www.essences.com.cn

中国银河证券股份有限公司

基金销售业务核准时间：2007年5月
地址：北京市西城区金融街35号国际企业大厦C座
电话：400–8888–888
网址：www.chinastock.com.cn

华鑫证券有限责任公司

基金销售业务核准时间：2008年1月
地址：上海市肇嘉浜路750号
电话：021–64339000
网址：www.cfsc.com.cn

瑞银证券有限责任公司

基金销售业务核准时间：2008年2月
地址：北京市西城区金融大街7号英蓝国际金融中心
电话：010–58328888　　400–887–8827
网址：www.ubs.com

国金证券有限责任公司

基金销售业务核准时间：2008年3月
地址：成都市东城根上街95号
电话：400–6600–109
网址：www.gjzq.com.cn

中国建银投资证券有限责任公司

基金销售业务核准时间：2008年3月
地址：深圳市福田区益田路与福华三路交界处
深圳国际商会中心
电话：400–6008–008
网址：www.cjis.cn

中山证券有限责任公司

基金销售业务核准时间：2008年3月
地址：深圳市福田区益田路6009号新世界中心29层
电话：0755–82943750
网址：www.zszq.com.cn

红塔证券股份有限公司

基金销售业务核准时间：2008年3月
地址：昆明市北京路155号附1号红塔大厦
电话：0871–3577888

网址：www.hongtazq.com

日信证券有限责任公司

核准基金销售资格时间：2008年5月

地址：北京西城区闹市口1号长安兴融中心西楼11层

电话：010-88086830

网址：www.rxzq.com.cn

西藏同信证券有限责任公司

基金销售业务核准时间：2008年5月

地址：上海市永和路118弄东方企业园24号

电话：400-8811-177

网址：www.xzsec.com

方正证券股份有限公司

基金销售业务核准时间：2008年6月

地址：湖南长沙芙蓉中路二段华侨国际大厦22－24层

电话：0731-95571

网址：www.foundersc.com

联讯证券有限责任公司

基金销售业务核准时间：2008年6月

地址：广东省惠州市下埔路14号

电话：400-8888-929

网址：www.lxzq.com.cn

天源证券经纪有限公司

基金销售业务核准时间：2008年8月

地址：深圳市民田路新华保险大厦18楼

电话：400-6543-218

网址：www.tyzq.com.cn

江海证券有限公司

基金销售业务核准时间：2008年8月

地址：哈尔滨市香坊区赣水路56号

电话：400-666-2288

网址：www.jhzq.com.cn

银泰证券有限责任公司

基金销售业务核准时间：2008年12月

地址：深圳市福田区竹子林四路紫竹七道18号光大银行大厦

电话：0755-83703759

网址：www.ytzq.net

中国民族证券有限责任公司

基金销售业务核准时间：2008年12月

地址：北京市西城区金融大街5号新盛大厦A座6-9层

电话：400-8895-618

网址：www.e5618.com

华宝证券经纪有限责任公司

基金销售业务核准时间：2009年1月

地址：上海市陆家嘴环路166号未来资产大厦

电话：400-820-9898

网址：www.cnhbstock.com

厦门证券有限公司

基金销售业务核准时间：2009年1月

地址：厦门市莲前西路2号莲富大厦17楼

电话：0592-5163588

网址：www.xmzq.com.cn

爱建证券有限责任公司

基金销售业务核准时间：2009年1月

地址：上海市南京西路758号(博爱大厦)20层-25层

电话：021-32229888

网址：www.ajzq.com

英大证券有限责任公司

基金销售业务核准时间：2009年3月

地址：深圳市深南中路华能大厦30楼

电话：4008-698-698

网址：www.vsun.com

信达证券股份有限公司

基金销售业务核准时间：2009年7月

地址：北京市西城区闹市口大街9号院1号楼信达金融中心

电话：400-8008-899

网址：www.cindasc.com

东兴证券股份有限公司

基金销售业务核准时间：2009年7月

地址：北京市西城区金融大街5号新盛大厦B座12-15层

电话：400-8888-993

网址：www.dxzq.net

华融证券股份有限公司

基金销售业务核准时间：2009年9月

地址：北京市西城区金融大街8号A座3层

电话：010-58568118

网址：www.hrsec.com.cn

天风证券有限责任公司

基金销售业务核准时间：2009年11月

地址：武汉市东湖新技术开发区关东园路2号高科大厦四楼

电话：027-87618882/027-86711410

网址：www.tfzq.com

大通证券股份有限公司

基金销售业务核准时间：2009年12月

地址：大连市中山区延安路1号保嘉大厦
电话：400—8169—169
网址：www.estock.com

财达证券有限责任公司
基金销售业务核准时间：2009年12月
地址：石家庄市桥西区自强路35号庄家金融大厦
电话：400—6128—888
网址：www.s10000.com

中天证券有限责任公司
基金销售业务核准时间：2010年1月
地址：沈阳市和平区光荣街23甲
电话：400—6180—315
网址：www.stockren.com

财富里昂证券有限责任公司
基金销售业务核准时间：2010年2月
地址：上海浦东世纪大道100号上海环球金融中心9楼
电话：400—6180—315
网址：www.cf—clsa.com

五矿证券经纪有限责任公司
基金销售业务核准时间：2010年4月
地址：深圳市福田区荣超经贸中心47楼
电话：40018—40028
网址：www.wkzq.com.cn

北京高华证券有限责任公司
基金销售业务核准时间：2010年5月
地址：北京市西城区金融大街7号英蓝国际中心18楼
电话：010—66273040
网址：www.ghsl.cn

华创证券有限责任公司
基金销售业务核准时间：2010年6月
地址：贵州省贵阳市中华北路216号华创大厦
电话：0851—960872
网址：www.hczq.com

恒泰长财证券有限责任公司
基金销售业务核准时间：2010年7月
地址：长春市长江路经济开发区人民大街280号科技城2层A—33段
电话：0431—82945299
网址：www.cczq.net

万和证券经纪有限公司
基金销售业务核准时间：2010年9月
地址：海口市南沙路49号通信广场二楼
电话：0755—25170332
网址：www.wanhesec.com

中邮证券有限责任公司
基金销售业务核准时间：2010年11月
地址：陕西省西安市太白北路320号华弘大厦
电话：400—8888—005
网址：www.cnpsec.com.cn

首创证券有限责任公司
基金销售业务核准时间：2011年2月
地址：北京市西城区德胜门外大街115号德胜尚城E座
电话：4006200620
网址：www.sczq.com.cn

国开证券有限责任公司
基金销售业务核准时间：2011年5月
地址：北京市东城区东直门南大街3号国华投资大厦17层
电话：010—85285202　　010—85285217
网址：www.stockfly.com.cn

太平洋证券股份有限公司
基金销售业务核准时间：2012年11月
地址：云南省昆明市青年路389号志远大厦18层
电话：0871—8898130
网址：www.tpyzq.com

开源证券有限责任公司
基金销售业务核准时间：2012年12月
地址：陕西省西安市雁塔区锦业路1号都市之门B座5层
电话：4008608866
网址：www.sxkyzq .com

基金代销机构—证券投资咨询机构

天相投资顾问有限公司

基金销售业务核准时间：2004年7月
地址：北京市西城区金融大街19号富凯大厦B座701
电话：010—66045566
网址：www.txsec.com

江苏金百临投资咨询有限公司

基金销售业务核准时间：2012年5月
地址：江苏省无锡市滨湖区锦溪路99号
电话：0510—82798298
网址：www.jsjbl.com

鼎信汇金（北京）投资管理有限公司

基金销售业务核准时间：2012年5月
地址：北京市海淀区中关村东路1号院8号楼1701室
电话：010—82151989
网址：www.9ifund.com

和讯信息科技有限公司

基金销售业务核准时间：2012年6月
地址：北京市 朝阳区朝外大街22号1002室
电话：010—85625158
网址：www.hexun.com

深圳市新兰德证券投资咨询有限公司

基金销售业务核准时间：2012年9月
地址：深圳市福田区华强北路赛格科技园4栋10层1006#
电话：0755—88394666
网址：www.new—rand.cn

基金代销机构—独立基金销售机构

诺亚正行（上海）基金销售投资顾问有限公司

基金销售业务核准时间：2012年2月
地址：上海市浦东新区银城中路68号8楼
电话：021—38600676
网址：www.noah—fund.com

深圳众禄基金销售有限公司

基金销售业务核准时间：2012年2月
地址：深圳市深南东路5047号深圳发展银行大厦25层
电话：4006788887
网址：www.jjmmw.com

上海天天基金销售有限公司

基金销售业务核准时间：2012年2月
地址：上海市徐汇区龙田路190号2号楼东方财富大厦2楼
电话：4001818188
网址：www.1234567.com.cn

上海好买基金销售有限公司

基金销售业务核准时间：2012年2月
地址：上海市浦东新区浦东南路1118号903—906室
电话：400—700—9665
网址：www.ehowbuy.com

杭州数米基金销售有限公司

基金销售业务核准时间：2012年4月
地址：浙江省杭州市滨江区江南大道3588号12楼
电话：4000—766—123
网址：www.fund123.cn

上海长量基金销售投资顾问有限公司

基金销售业务核准时间：2012年4月
地址：上海市浦东新区浦东大道555号裕景国际B座16层
电话：400—089—1289
网址：www.erichfund.com

浙江同花顺基金销售有限公司

基金销售业务核准时间：2012年4月
地址：浙江省杭州市西湖区文二西路1号903室
电话：4008—773—772
网址：www.5ifund.com

北京展恒基金销售有限公司

基金销售业务核准时间：2012年6月
地址：北京市 朝阳区华严北里2号民建大厦6层
电话：4008886661
网址：www.myfund.com

上海利得基金销售有限公司

基金销售业务核准时间：2012年8月
地址：上海市 浦东新区东方路989号中达广场2楼
电话：400—0056—355
网址：www.jidefund.com

深圳市前海凤凰财富基金销售有限公司

基金销售业务核准时间：2012年10月
地址：深圳市南山区侨香路 4068号智慧广场B座2单元1302
电话：400—006—7599
网址：www.fhcaifu.com

中期时代基金销售(北京)有限公司

基金销售业务核准时间：2012年11月
地址：北京市 朝阳区建国门外光华路14号1幢11层1103号
电话：95162
网址：www.cifcofund.com

杭州金观诚基金销售有限公司

基金销售业务核准时间：2012年12月
地址：浙江省杭州市西湖区教工路18号EAC欧美中心A座C区805室
电话：4000580068
网址：www.jincheng-fund.com

北京创金启富投资管理有限公司

基金销售业务核准时间：2012年12月
地址：北京市西城区民丰胡同31号5号楼215A
电话：010-66154828
网址：www.5irich.com

嘉实财富管理有限公司

基金销售业务核准时间：2012年12月
地址：上海浦东新区世纪大道8号国金中心二期46楼06-10单元
电话：010-85572999　　400-021-8850
网址：www.harvestwm.cn